SAZ

Théologie Pratique en Dialogue
Praktische Theologie im Dialog

Collection fondée par Leo Karrer
Dirigée par
François-Xavier Amherdt et Salvatore Loiero

Volume 58

Massimiliano Scalici

«TROISIÈME TESTAMENT» ET NOUVELLE ÉVANGÉLISATION

L'autobiographie comme composante analogique de la Révélation

De l'hypothèse d'une théologie autobiographique à une pastorale autobiographique d'évangélisation

Préface de François-Xavier Amherdt

Schwabe Verlag

Thèse présentée à la Faculté de théologie de l'Université de Fribourg (Suisse) pour obtenir le grade de docteur.
Approuvée par la Faculté de théologie sur la proposition des Professeurs François-Xavier Amherdt (1er rapporteur), Barbara Hallensleben (2e rapporteur), Joachim Negel et Innocent Himbaza.
Fribourg, le 29 octobre 2020, Prof. Mariano Delgado, Doyen de la Faculté et président du Jury.
Nous remercions les Professeurs François-Xavier Amherdt et Salvatore Loiero d'avoir bien voulu accueillir cette étude dans la collection « Théologie pratique en dialogue » qu'ils dirigent.

L'étape de la prépresse de cette publication a été soutenue par le Fonds national suisse de la recherche scientifique.

MIX
Papier aus verantwortungsvollen Quellen
FSC www.fsc.org FSC® C083411

Information bibliographique de la Deutsche Nationalbibliothek
La Deutsche Nationalbibliothek a répertorié cette publication dans la Deutsche Nationalbibliografie; les données bibliographiques détaillées peuvent être consultées sur Internet à l'adresse http://dnb.dnb.de.

Conception de la couverture: icona basel gmbh, Basel
Couverture: STROH Design, Kathrin Strohschnieder, Oldenburg
Conception graphique: icona basel gmbh, Basel
Composition: Schwabe Verlag, Berlin
Impression: CPI books GmbH, Leck
Printed in Germany
ISBN Livre imprimé 978-3-7965-4356-2
ISBN eBook (PDF) 978-3-7965-4357-9
DOI 10.24894/978-3-7965-4357-9
L'e-book est identique à la version imprimée et permet la recherche plein texte.
En outre, la table des matières et les titres sont reliés par des hyperliens.

rights@schwabe.ch
www.schwabe.ch

À l'Esprit Saint,
qui m'a chuchoté cette pensée régénératrice
lors d'un moment d'obscurité et de solitude dans ma vie humaine et sacerdotale,
qui m'a poussé à accomplir cette recherche doctorale en Théologie,
et qui m'a également accompagné dans une telle entreprise à la fois difficile et fascinante
que je veux bien mettre au service de l'annonce de l'Évangile et de la transmission de la foi :

**« On ne peut pas vivre comme des résignés qui vont vers une destinée inexorable.
Le renouvellement de l'Épouse dépend du courage prophétique
de ceux qui n'étouffent pas les rêves de l'Esprit. »**

Préface

C'est un ouvrage « puissant » que vous tenez dans les mains et avez sous les yeux. Il reprend l'intégralité de la recherche de l'Abbé Massimiliano Scalici à la Faculté de théologie de l'Université de Fribourg, que j'ai eu la joie d'accompagner. Elle a également bénéficié des expertises d'autres professeurs de Fribourg, représentants des diverses disciplines concernées par la démarche : la dogmaticienne Barbara Hallensleben, le spécialiste de théologie fondamentale Joachim Negel, les biblistes Philippe Lefebvre et Innocent Himbaza et le doyen et historien de l'Église Mariano Delgado.

Une approche transdisciplinaire

Si le prêtre sicilien M. Scalici est venu rédiger sa thèse à Fribourg, c'est à cause de la tradition inaugurée par le professeur émérite Ambroise Binz de l'Université locale, considérant l'autobiographie comme moyen de formation, de guérison et de pastorale. La méthodologie de cette ample et forte dissertation, bâtie comme un arc en plein-cintre, est à la fois interdisciplinaire au sein de la théologie même, entre approches dogmatique, biblique, fondamentale et pastorale-pratique, et trans- ou métadisciplinaire, en dialogue avec les sciences littéraires et humaines autour de l'autobiographie, grâce aux diverses formations de l'auteur en anthropologie théologique à l'*Istituto Teologico Pugliese* de Molfetta et à l'école d'autobiographie italienne [la *Libera Università dell'Autobiografia (LUA)*] d'Anghiari, dirigée par Duccio Demetrio, l'un des spécialistes européens du domaine, avec Georges Gusdorf et Philippe Lejeune.

Dans le contexte actuel de crise de l'évangélisation, les ouvertures transdisciplinaires de la recherche s'avèrent bienvenues, notamment le concept d'« identité testimoniale », selon lequel le récit autobiographique reconfigure non seulement le lecteur – l'identité narrative de Paul Ricœur –, mais également l'auteur.

Au service de l'analogie de la Révélation

Tout d'abord, en s'efforçant d'introduire davantage l'autobiographie dans la Révélation divine (« Dieu se révèle en se racontant lui-même », selon *Dei Verbum* 2), M. Scalici apporte une compréhension plus aiguisée de la sacramentalité de la Parole, par laquelle le Seigneur assure sa « présence réelle » (selon le numéro 56 de *Verbum Domini* de Benoît XVI).

La thèse fait avancer la réflexion sur une question incontournable en théologie : l'analogie. À partir de la conception philosophique de l'analogie développée par saint Thomas d'Aquin en termes de « proportion et d'attribution », puis par l'école thomiste sous le titre d'*analogia entis*, l'auteur parvient à ce que l'on appelle les « analogies de la foi ». Ce faisant, le travail de M. Scalici explore le sujet de l'analogie dans le cadre de la Révélation, tout en en continuant l'œuvre de « christologisation » entreprise notamment par le théologien luthérien Eberhard Jüngel et par le théologien catholique Hans Urs von Balthasar. Ainsi, « l'analogie parabolique d'Avent » du premier penseur (« Dieu vient à la parole humaine tel que les paraboles révèlent son Royaume ») et l'analogie du Beau du second (« Dieu se manifeste dans la beauté paradoxale de la figure du Christ en croix ») vont former comme les coordonnées d'une analogie sacramentelle d'incarnation. Celle-ci constitue proprement le noyau de l'hypothèse théologique proposée par l'auteur et mise en évidence par le 1er sous-titre du travail : « L'autobiographie comme composante analogique de la Révélation ». Il s'agit de montrer qu'en racontant Dieu dans les textes scripturaires, sous l'action de l'Esprit, les écrivains bibliques se racontent eux-mêmes. En cela, Jésus-Christ, le narrateur narrant Dieu, demeure le « Proto-autobiographe » divin.

L'hypothèse du « troisième Testament »

En étudiant ce qu'il appelle la « christosacramentalité de la Parole-Écriture » et ses composantes analogiques et synesthésiques mobilisant les cinq sens selon Johannes Hoff, l'auteur articule les trois étapes de la Révélation-Tradition, à savoir que le Verbe de Dieu se fait parole (« il s'emparole »), 1re étape déjà dans l'Ancien Testament ; puis le Verbe se fait chair, parole « à voir » et image « à entendre », 2e étape de l'Incarnation ; ensuite il s'incarne dans les témoignages personnels au long de l'histoire, chez les hagiographes bibliques et dans la Tradition orale, 3e étape.

C'est ainsi que M. Scalici parvient au titre même de son travail, le « troisième Testament » ou testament autobiographique, au sein et en prolongement des deux Testaments du canon scripturaire. Pour y parvenir, il développe, grâce à la théologie du « disciple bien-aimé » dans l'évangile de Jean et aux écrits de Paul Beauchamp, la notion de « théologie testimoniale ».

Par ce biais, la thèse sert de commentaire à un autre numéro de *Verbum Domini* (97) intitulé « Parole de Dieu et témoignage chrétien », dans la ligne même du concile de Trente. Elle montre ainsi que les innombrables histoires humaines possèdent la capacité autobiographique, synesthésique et christosacramentelle de faire sous un autre mode le récit de l'unique Histoire de l'Humanité de Dieu, comme le dévoilement de l'Évangile inscrit dans le cœur des hommes.

Une pastorale autobiographique d'évangélisation

C'est ainsi qu'après avoir mis en place les claveaux dogmatique et biblique d'une théologie autobiographique et avoir placé en clé de voûte les transcendantaux ou conditions de possibilité du troisième Testament, l'auteur peut passer sur l'autre versant de l'arc, celui de la Tradition, et déployer une pastorale autobiographique d'évangélisation, dans la perspective de la nouvelle évangélisation (2e sous-titre de la dissertation).

À cet effet, il a recours au récit « profane » du *Petit Prince* de Saint-Exupéry, certes hyperconnu, mais dont il renouvelle de façon originale l'approche, grâce à une relecture autobiographique à proprement parler et en vertu des trois *mimèsis* (préfiguration – configuration – refiguration) de Paul Ricœur, et qu'il intègre aux phases de ses « cénacles autobiographiques ».

Pratiques andragogiques

En se maintenant ainsi dans une perspective épistémologique inductive de recherche-action, l'Abbé Scalici analyse alors, à la lumière des premières parties de l'ouvrage, diverses pratiques andragogiques italiennes basées sur les récits de vie, telles la proposition formative pour les prêtres dans l'Église des Pouilles (*Guide di comunità*), les semaines de synodalité presbytérale du diocèse de Padova (*Settimane di sinodalità presbiterale*) et la praxis d'une « aumônerie de miséricorde » dans les prisons italiennes (selon les directives du *DB* pour la *Chiesa in carcere*).

Comme couronnement de la recherche, M. Scalici rapporte en détail la triple expérience de cercles d'auto-narration ou *cenacoli autobiografici* qu'il a menée récemment en Sardaigne et qui met en œuvre l'ensemble des éléments esquissés antérieurement dans la dissertation (groupes de paroissiens de St-Vincent-de-Paul à Sassari, d'agents pastoraux de la *Caritas* d'Alghero et deux groupes dans la prison d'Alghero). À l'intérieur de ces cénacles, jouant sur les langages autobiographiques et synesthésiques, l'unique Évangile que le Seigneur, en plus de le confier aux apôtres et aux évangélistes, a inscrit également dans les cœurs mêmes des hommes, jaillit *sous un autre mode*, proprement le mode analogique qu'est le « troisième Testament ».

Signalons enfin que la rédaction de la thèse a en quelque sorte accompagné l'évolution pastorale de l'Abbé Scalici, notamment à travers son expérience avec les détenus sardes, et l'a comme conduit à être nommé en 2020 aumônier de la grande prison de Palerme.

La grâce des langues

De langue maternelle italienne, Massimiliano Scalici a fait le pari – un peu fou – de rédiger son travail en français. J'ai pu constater moi-même dans mon accompagnement l'évolution positive dans sa maîtrise de la langue de Saint-Exupéry. Le résultat en est une écriture riche et précise, certes complexe comme peuvent l'être les phrases des théologiens italophones – ou germanophones. Il vaut la peine d'entrer dans la terminologie de l'auteur et d'apprivoiser son vocabulaire, car cela permet au lecteur de goûter la finesse et les méandres de la réflexion, et ainsi d'adopter définitivement l'autobiographie comme catégorie théologique, en français comme en italien !

Abbé François-Xavier AMHERDT
Professeur de théologie pastorale, pédagogie religieuse
et homilétique à la Faculté de théologie de l'Université de Fribourg,
accompagnateur de la dissertation doctorale

Fig. 1 : Structure de la thèse.

Sommaire

Avant-propos autobiographique

Dès mon enfance, j'ai nourri plus d'intérêt pour l'écriture que pour la lecture. Écrire était pour moi la manière la plus adéquate d'exprimer mes réflexions, mes émotions et mes sentiments. À l'âge de neuf ans j'avais déjà une petite fiancée. Lui écrire une carte ou rédiger des pensées sur elle dans mon cahier cadenassé – communément connu comme « journal secret » ou « journal intime » –, c'était transmettre ce que la communication orale n'arrivait pas à véhiculer. L'âge de l'adolescence atteint, j'en suis venu à l'écriture épistolaire. La lettre était un moyen efficace et éloquent pour resserrer mes liens d'amitié avec des amis lointains, d'autant plus qu'à cette époque-là les *social networks*, tels les ordinateurs et les tablettes, n'étaient pas encore arrivés, et les téléphones portables n'existaient pas non plus. Puis, à l'âge de trente ans, lors de ma licence canonique en anthropologie théologique, j'ai eu l'occasion de connaître et de pratiquer l'écriture autobiographique. Bref, l'écriture m'accompagnait et me faisait grandir, tout en marquant profondément ma vie. Elle s'avérait un élément si déterminant par rapport à ma formation humaine et culturelle que j'ai bientôt décidé d'en envisager un approfondissement théorique.

Si auparavant écrire était simplement une passion, la licence canonique obtenue, l'écriture, plus précisément l'*écriture du moi*, ainsi que l'appellent les experts en autobiographie, est devenue une véritable voie de recherche. C'est ainsi qu'en 2004, je suis parvenu à la *Libera Università dell'Autobiografia* (*LUA*) à Anghiari, en Toscane (Italie). Fondée en 1998 par Duccio Demetrio et Saverio Tutino, j'y ai suivi des parcours de formation différenciés qui m'ont permis d'acquérir un savoir théorique et des compétences professionnelles dans le champ autobiographique, ce qui jetait les bases d'un travail scientifique futur. De fait, quelques années plus tard, j'ai décidé d'entreprendre une recherche doctorale sur l'autobiographie considérée sous l'angle théologique.

Choisir l'Université fribourgeoise n'a pas été un pur hasard. Car Fribourg est la ville suisse d'Ambroise Binz, un ancien professeur de Théologie pastorale et de Pédagogie des adultes. Celui-ci, durant les dernières décennies du siècle passé, a été un pionnier de parcours pastoraux et pédagogiques de type autobiographique offerts notamment à ses étudiants, ceux de l'*Institut romand de formation aux ministères* (IFM) à Fribourg, et ceux de la Faculté de Théologie de l'Université de Strasbourg. Pour cette raison, aujourd'hui, je suis accompagné dans la rédaction de ma thèse par celui qui a pris pour ainsi dire l'héritage académique de Binz, à savoir le professeur François-Xavier Amherdt, ancien directeur de l'IFM et actuel titulaire de la chaire de Théologie pastorale, Pédagogie religieuse et Homilétique à la Faculté de Théologie de l'Université de Fribourg.

L'expérience jusqu'ici résumée et racontée s'est avérée de fait constituer une sorte de baromètre théologique relativement à ma recherche. Et cela à deux titres. Premièrement, parce qu'à la base de ce travail il y a une passion pour l'écriture qui est ensuite devenue passion pour l'Écriture. D'ailleurs, toute recherche mue par la passion parvient à son terme. Plus que cela, si l'on n'est pas passionné, une recherche, quelle qu'elle soit, ne débute même pas. Cela vaut aussi pour la théologie, laquelle, en plus d'intellectuels fins, c'est-à-dire des esprits cultivés, demande des cœurs enflammés et amoureux de la Vérité recherchée. Deuxièmement, marquant toute ma vie, l'écriture s'est révélée comme un véritable moyen d'auto-expression. De fait, au fur et à mesure que je pratiquais l'écriture autobiographique je me rendais compte que j'étais ce que j'écrivais. D'où l'intuition qu'à côté de la passion, l'expérience peut constituer une ressource complémentaire assez précieuse dont la recherche théologique est également susceptible de tirer parti. Bref, les capacités spéculatives et rationnelles seules ne suffisent pas. Car, de même que le trésor anthropologique de l'intelligence, on peut puiser en soi-même aussi le trésor de l'intuition, de l'expérience et de l'autoréflexion, en tant que dons de l'Esprit susceptibles d'être mis au service de la foi. Par conséquent, il faut reconnaître que souvent, ce sont proprement certaines expériences de vie qui engendrent des parcours de recherche et qui demandent pour cela même à être mises en valeur, telles des intuitions précieuses et de véritables sources scientifiques suggérées par l'Esprit Saint lui-même.

Si cela était vrai, à savoir pouvoir intégrer à la voie spéculative l'expérience de vie, ce ne serait pourtant pas une manière sentimentale ou naïve de faire de la théologie. À cet égard, la littérature sapientielle de la Bible, imprégnée de sagesse populaire, témoigne d'un retour de la théologie au peuple, dans la mesure où les hagiographes concernés n'appartenaient pas tant, d'après le bibliste Beauchamp, au milieu sacerdotal qu'au milieu social laïc. Par conséquent, le véritable défi de la théologie, aujourd'hui, ne serait-il pas celui-ci : s'affranchir d'un langage trop philosophique et revenir à un langage à la fois prophétique et actuel à même de parler à toute génération et à toute classe sociale ?

Face à un tel défi, la tâche du témoignage autobiographique de la foi chrétienne, l'objet de cette recherche, vise proprement à réécrire et à redire la Parole de la Révélation d'une manière très proche des gens. Car la Révélation parvenant par le mystère de l'incarnation, le récit autobiographique de la foi peut mieux et plus efficacement favoriser la conciliation entre la vie et la Bonne Nouvelle. C'est pourquoi, l'écriture autobiographique étant à juste titre un phénomène anthropologique, je souhaite que la corrélation entre recherche théologique et expérience de vie, que ce travail entend mettre en place, puisse offrir une contribution profitable pour l'action pastorale de l'Église, notamment pour l'évangélisation.

Introduction

La présente recherche entend explorer le sujet de l'autobiographie sous l'angle théologique. Et, peut-être, cela est un fait nouveau. Car, s'il est désormais indéniable que les disciplines dogmatiques, bibliques et pastorales ont reconnu le statut théologique de la narration, il n'en va pas de même pour l'autobiographie, malgré sa nature narrative qui fait d'elle une auto-narration[1]. Pourtant, si jusqu'à présent il semblerait prématuré de parler d'autobiographie en termes théologiques stricto sensu, elle a déjà fait, quoique timidement et partiellement, son entrée dans le domaine pastoral de la théologie, en catéchèse aussi bien qu'en formation pastorale et spirituelle[2]. C'est pourquoi explorer l'aspect théologique d'un sujet au premier abord étranger à la théologie, surtout à la théologie fondamentale et biblique, va être un véritable défi[3]. Cela dit, le but de ce travail est déjà dévoilé, et il consiste à essayer d'argumenter les raisons de l'hypothèse de travail que voici : la reconnaissance de l'autobiographie comme catégorie théologique et, par conséquent, la possibilité d'une théologie autobiographique et d'une pastorale autobiographique.

Pour ce faire, il est nécessaire au début de cette réflexion d'expliciter nos précompréhensions conceptuelles. Qu'entendons-nous exactement par « autobiographie » ? Disons tout de suite qu'il faut considérer deux manières de comprendre l'autobiographie, car celle-ci peux revêtir deux formes. Au sens très strict, l'autobiographie est une modalité scripturaire d'« écriture du moi », selon une des définitions venant des experts et des amateurs en autobiographie que je vais considérer plus loin[4]. Au sens strict, l'autobiographie peut aussi s'exprimer à travers le récit oral, sans faire dès lors recours à l'écriture, en l'occurrence à l'auto-écriture. Tels sont les sens que je vais donner à l'autobiographie au cours de ce travail, et telles sont les modalités et donc les formes complémentaires prévues et visées par le « cénacle autobiographique ». Ce dernier, recouvrant la dimension pragmatique de la re-

1 La question relative au statut théologique de la narration sera abordée au chap. 1, tandis que l'aspect narratif de l'Écriture va être envisagé notamment au chap. 2, à travers les études bibliques de Beauchamp et d'Aletti. Concernant la dimension narrative et autobiographique de la théologie pastorale, elle fera l'objet du chap. 6. Enfin, le chapitre 7 sera consacré à une proposition autobiographique à proprement parler d'évangélisation.

2 Une riche bibliographie relative au sujet de la narration et de l'autobiographie par rapport à la formation spirituelle, catéchétique et pastorale est présentée au chap. 6 (voir notamment *infra*, 6. 2 et 6. 3).

3 L'hypothèse d'une théologie autobiographique va être explorée et exposée au chap. 3, tandis que ses conditions de possibilité feront l'objet du chap. 4.

4 Par rapport au domaine francophone, je vais faire référence à G. Gusdorf et à P. Lejeune ; par rapport au domaine italophone, je vais considérer D. Demetrio (chap. 3). Se reporter à ce même chapitre pour les références bibliographiques.

cherche, se veut un supplément argumentatif et l'accomplissement même de la thèse que je pose et propose à l'attention de la réflexion dogmatique aussi bien qu'à l'attention de la théologie pratique et de l'action pastorale, notamment celle visant l'évangélisation[5]. De toute façon, ainsi comprise, l'autobiographie n'est pas qu'un genre littéraire, de l'avis d'Ivano Gamelli, un des membres du comité scientifique de la *LUA*[6]. Car, s'il est vrai que se raconter est un besoin existentiel inscrit dans l'être humain, du fait de sa nature anthropologique, l'autobiographie est un polyèdre culturel impliquant « une déclinaison plurielle d'approches, méthodes et stratégies », notamment dans les lieux de la formation et du soin[7]. Duccio Demetrio, cofondateur de la *LUA*, définit l'autobiographie comme un voyage d'introspection, non pas au seul niveau psychologique ou psychanalytique[8], mais surtout et premièrement au niveau pédagogique, par lequel l'homme se pose sans cesse la question relative à la *forme*

5 L'expérience pragmatique du « cénacle autobiographique », en tant que praxis d'une pastorale d'évangélisation que je propose, va faire l'objet du chap. 7.

6 Cf. I. Gamelli, « Non solo un genere letterario », dans Id. (dir.), *Il prisma autobiografico. Riflessi interdisciplinari del racconto di sé*, Unicopoli, Milano, 2003, pp. 7–16.

7 *Ibid.*, p. 8, je traduis.

8 Sur le rapport entre écriture de soi et psychanalyse, voir les ouvrages du spécialiste Jean-François Chiantaretto signalés ci-après : Id. (dir.), *Écritures de soi, écritures des limites*, Hermann, Paris, 2014 ; Id., *De l'acte autobiographique. Le psychanalyste et l'écriture autobiographique*, Champ Vallon, Ceyzérieu, 1998 ; Id., A. Clancier, A. Roche, *Autobiographie, journal intime et psychanalyse*, Économica Anthropos, Paris, 2005. Concernant le versant de la psychologie par rapport à la pratique autobiographique, se reporter aux ouvrages suivants : G. Pineau, J.-L. Le Grand, *Les histoires de vie*, PUF, Paris, 19962 ; G. Pineau, G. Jobert (dir.), *Les histoires de vie*, t. 1 : *Utilisation pour la formation* ; t. 2 : *Approches multidisciplinaires*, L'Harmattan, Paris, 1989 ; T. Sarbin (dir.), *Narrative Psychology. The Storied Nature of Human Conduct*, Praeger, New York, 1996 ; L.-E. Angus, K.-K. Hardtke, « Margaret's story : An intensive case analysis of insight and narrative process change in client-centred psychotherapy », dans L. G. Castonguay, C. Hill (éd.), *Insight in Psychotherapy*, American Psychological Association, Washington, 2007, pp. 187–205 ; P.-J. Bauer, L.-A. Hertsgaard, G.-A. Dow, « After eight months have passed : long term recall of events by one and two year old children », *Memory* 2 (1994), pp. 353–382 ; R. Bergner, « Therapeutic storytelling revisited », *American Journal of Psychotherapy* 61 (2007), pp. 149–162 ; J. Bruner, *Autobiografia. Alla ricerca della mente*, Armando, Roma, 1984 ; Id., « La costruzione narrativa della realtà », dans M. Ammaniti, D. Stern (dir.), *Rappresentazioni e narrazioni*, Laterza, Roma-Bari, 1991, pp. 17–42 ; Id., *La cultura dell'educazione. Nuovi orizzonti per la scuola*, Feltrinelli, Milano, 1998 ; Id., *La fabbrica delle storie. Diritto, letteratura, vita*, Laterza, Roma / Bari, 2002 ; Id., *La ricerca del significato. Per una psicologia culturale*, Bollati Boringhieri, Torino, 1997 ; Id., « L'invenzione dell'io : l'autobiografia e le sue orme », dans D.-R. Olson, N. Torrance (dir.), *Alfabetizzazione e oralità*, Raffaello Cortina, Milano, 1995, pp. 137–157 ; M.-A. Conway, « Memory and the self », *Journal of Memory and Language* 53 (2005), pp. 594–628 ; J. De La Torre, « The therapist tells a story : A technique in brief psychotherapy », *Bulletin of the Menninger Clinic*, 36 (1972), pp. 606–6 16 ; G. Dimaggio, A. Montano, R. Popolo, G. Salvatore, *Terapia metacognitiva interpersonale dei disturbi di personalità*, Raffaello Cortina, Milano, 2013.

que sa propre vie est censée prendre[9]. Cela fait de l'auto-écriture, dès que l'écriture est apparue, un processus autoformatif conscient visant la connaissance de soi et la connexion du je avec le moi. L'histoire a bien montré une telle tâche. En effet, la fécondité de l'écriture du moi conduit l'autobiographe à une recherche autoformative à même de rassembler les diverses expériences éparpillées, d'historiciser sa propre existence, de donner un sens à sa vie, bref, de construire une identité personnelle neuve[10].

Quant à son origine, l'autobiographie est un phénomène littéraire ancien. Gusdorf fait remonter les « écritures du moi » même à la Bible et aux œuvres d'Homère, telles les formes archétypales où, sous inspiration divine, l'homme a pour la première fois posé les questions existentielles des fondements et du moi : « qui suis-je ? », « d'où je viens ? », « vers où je vais ? »[11] C'est pourquoi, ce n'est pas dans l'étymologie du mot, mais dans les premiers témoignages autobiographiques qu'il faut rechercher la naissance de l'autobiographie. D'ailleurs, dans le milieu de la tradition littéraire latino-chrétienne où prennent forme les écritures du moi les plus anciennes et les plus explicites, le mot « autobiographie » n'y est guère présent, à commencer par *Les Confessions* de saint Augustin, le premier grand modèle de récit autobiographique de type théologique du fait du récit de la foi et du témoignage visant la spiritualité chrétienne qu'il contient. C'est à partir de l'âge de la Renaissance que la notion d'autobiographie devient l'expression de l'autonomie de l'individu. Cependant, si « le Moyen Âge n'a pas connu d'individus – Dieu excepté – conçus en tant que sujets autonomes, il a existé dès cette époque des processus d'individuation sans individualisation (qu'on songe à la tradition des "confessions" monastiques ou même à l'idéal chevaleresque de la prouesse individuelle) »[12]. L'autobiographie est particulièrement « en vogue » pendant la Révolution française, mais c'est surtout à l'époque du romantisme qu'elle connaît une grosse production d'écrits[13].

Aujourd'hui, en dépit de la thèse de Lyotard, selon laquelle l'âge postmoderne est l'âge post-narratif par excellence décrétant la fin des grandes narrations[14], l'autobiographie est en

9 Cf. D. Demetrio, « Il sogno antico di imparare ad apprendere da soli », dans I. Gamelli (dir.), *Il prisma autobiografico*, pp. 17–32, ici p. 25. Donner forme à sa propre vie, c'est, selon Demetrio, parvenir à une réalisation personnelle et existentielle.

10 Un tel processus, débouchant sur des gains formatifs, voire autoformatifs et performatifs, sera illustré au cours du chap. 3, et il sera également appliqué au récit autobiographique du *Petit Prince* envisagé au chap. 5.

11 Se reporter à *infra*, 3. 2.1.1.

12 P. Monnet, J.-C. Schmitt (dir.), *Autobiographies souveraines*, Publications de la Sorbonne, Paris, 2012, p. 20.

13 Pour un aperçu historique sur l'autobiographie et les différents écrits du moi, se reporter à P.-J. Dufief, *Les écritures de l'intime de 1800 à 1914 : autobiographies, mémoires, journaux intimes et correspondances*, Bréal, Paris, 2001.

14 Cf. J.-F. Lyotard, *La condition postmoderne : rapport sur le savoir*, Minuit, Paris, 1979.

revanche un phénomène redécouvert faisant désormais l'intérêt surtout des disciplines pédagogiques. On songe à certains milieux de formation et d'éducation des adultes, où l'autobiographie est considérée comme un moyen autoformatif et performatif par lequel l'adulte vise à s'améliorer, à se réconcilier avec son histoire personnelle et à se replonger dans le jeu de la vie[15]. On songe aussi aux cercles autobiographiques et aux écoles d'autobiographie[16].

15 Pour un approfondissement sur la formation des adultes impliquant la narration et l'auto-narration dans le domaine de la pédagogie et des sciences de l'éducation, je signale les textes suivants : COLL., *Autoformazione*, *Adultità* 10 (1999) ; A. ANTONIETTI, S. RORA, *Raccontare l'apprendimento. Il diario narrativo : come ricostruire e monitorare percorsi formativi*, Raffaello Cortina, Milano, 2004 ; R.-C. ATKINSON, R.-M. SHIFFRIN, « Human memory. A proposed system and its control processes », dans K.-W. SPENCE, J.-T. SPENCE, *The Psychology of Learning and Motivation : Advances in Research and Theory*, Academic Press, New York, 1968, pp. 89–195 ; V.-A. BALDASSARRE, L. DI GREGORIO, A. CH. SCARDICCHIO, *La vita come paradigma. L'Autobiografia come strategia di Ricerca-Form-Azione*, dir. par V.A. Baldassarre, Edizioni dal Sud, Modugno (Ba), 1999 ; G. BONVALOT, B. COURTOIS, « L'autobiographie-projet », dans *Revue Éducation Permanente*, 72/73 (1984) ; F. CAMBI, *L'autobiografia come metodo formativo*, Laterza, Roma-Bari, 2002 ; D. DEMETRIO, *L'età adulta*, NIS, Roma, 1990 ; ID., « La ricerca autobiografica come cura di sé e processo cognitivo », dans *Animazione sociale*, 7 (1994), pp. 55–61 ; ID., « Fare, essere in formazione », *Adultità* 2 (1995), pp. 2–8 ; ID., *Il gioco della vita. Kit autobiografico. Trenta proposte per il piacere di raccontarsi*, Guerini e Associati, Milano, 1997 ; ID. (dir.), *L'educatore auto(bio)grafo. Il metodo delle storie di vita nelle relazioni di aiuto*, Unicopoli, Milano, 1999 ; ID. (dir.), *Raccontarsi. L'autobiografia come cura di sé*, Raffaello Cortina, Milano, 2001 ; ID. (dir.), *Autoanalisi per non pazienti. Inquietudine e scrittura di sé*, Raffaello Cortina, Milano, 2003 ; ID. (dir.), *Ricordare a scuola. Fare memoria e didattica autobiografica*, Laterza, Roma / Bari, 2003 ; P. DOMINICÉ, *L'histoire de vie comme processus de formation*, L'Harmattan, Paris, 1990 ; L. FORMENTI, I. GAMELLI, *Quella volta che ho imparato. La conoscenza di sé nei luoghi dell'educazione*, Raffaello Cortina, Milano 1998 ; L. FORMENTI, *La formazione autobiografica. Confronti tra modelli e riflessioni tra teoria e prassi*, Guerini Associati, Milano, 1998 ; I. GAMELLI (dir.), *Il prisma autobiografico. Riflessi interdisciplinari del racconto di sé ;* C. KANEKLIN, G. SCARATTI (dir.), *Formazione e narrazione. Costruzione di significato e processi di cambiamento personale e organizzativo*, Raffaello Cortina, Milano, 1998 ; M.-S. KNOWLES, *La formazione degli adulti come autobiografia. Il percorso di un educatore tra esperienza ed idee*, [titre original : *The Making of an Adult Educator : An Autobiographical Journey*, Jossey-Bass, San Francisco, 1989, trad. par L. Formenti], Raffaello Cortina, Milano, 1996 ; G. LEONE, *La memoria autobiografica. Conoscenza di sé e appartenenze sociali*, Carocci, Roma, 2001 ; R. MANTEGAZZA (dir.), « Verso una pedagogia narrativa », dans CENTRO DI EDUCAZIONE ALLA MONDIALITÀ, *Per una pedagogia narrativa. Riflessioni, tracce, progetti*, EMI, Bologna, 1996, pp. 7–10 ; L. MORENI, *Lo specchio del racconto : educare alla relazione e curare con la scrittura*, Unicopoli, Milano, 2003 ; M. PINEAU, *Produire sa vie : autoformation et autobiographie*, Edilig / Albert Saint-Martin, Paris / Montréal, 1983 ; B. SCHETTINI, « Il lavoro autobiografico come ricerca e formazione in età adulta », dans V. SARRACINO, M.-R. STROLLO (dir.), *Ripensare la formazione*, Liguori, Napoli, 2000, pp. 183–219 ; M.-R. STROLLO, *Le memorie dell'uomo. Il lavoro narrativo della mente fra retrospettiva, prospetticità e autobiografia*, Guerini Studio, Milano, 2004.

16 En Italie, à Anghiari, un ancien bourg médiéval de la Toscane, existe la *Libera Università dell'Autobiografia* (*LUA*), fondée par Saverio Tutino et Duccio Demetrio, l'expert majeur italien en champ autobiographique. À la *LUA* j'ai vécu un temps de préparation scientifique, en suivant pendant 5 ans trois parcours différents visant la pratique autobiographique et l'acquisition des méthodologies auto-

Et on songe également à certains psychologues et psychanalystes qui utilisent la méthode autobiographique en tirant parti des effets thérapeutiques qui en découlent[17].

L'autobiographie, étant affaire de langage et de communication, est un phénomène anthropologique à part entière. C'est pourquoi elle peut être abordée par toutes les sciences humaines. Par conséquent, la théologie se situant dans ce même domaine, notamment la théologie biblique qui s'occupe nécessairement du langage de la Révélation, l'autobiographie en tant que genre littéraire peut dès lors revendiquer son droit de cité au sein de la théologie. Et pourtant, elle n'a jamais fait l'objet de l'étude théologique, au moins d'une manière explicite. D'autre part, le fait que le mot « autobiographie » vis-à-vis de l'Écriture peut engendrer une gêne, cela est une réaction tout à fait compréhensible, si l'on considère que pendant bien des siècles la théologie n'a pas tiré parti du concept de « narration ». Il a fallu attendre la découverte de Von Rad pour qu'un tel concept ne soit plus considéré comme « étranger » à la théologie[18]. Car les « traditions » qu'il a repérées à l'intérieur du corpus biblique font de la Bible une « collection » de récits. Et bien que l'étude de Von Rad impliquât bel et bien une « théologie des traditions », la mise en jeu, pour la première fois en 1973, d'une « théologie narrative » dans le cadre d'une revue scientifique, telle *Concilium*, a heurté la sensibilité du savoir théologique de l'époque[19]. En revanche, la provocation de *Concilium* en est revenue à solliciter la théologie dogmatique, laquelle commença finalement à envisager sérieusement et consciemment une perspective nouvelle, celle de la narration, destinée à connaître par la suite des développements assez importants. De fait, la théologie narrative est allée progressivement en s'affirmant et en se consolidant jusqu'à présent, dans le domaine biblique aussi bien que dans le domaine dogmatique[20].

Or, considérer l'autobiographie au sens théologique – ce qui est la tentative de cette recherche –, entraîne une interprétation nouvelle et complémentaire visant la théologie de la Parole, à l'exemple de ce qui s'est passé relativement à la théologie narrative. Car, au bout du compte, qu'a voulu faire celle-ci sinon « théologiser », c'est-à-dire convertir en notion théologique un concept considéré comme « étranger » à la théologie, à savoir : la narration ? Or, si la catégorie de « révélation » a pu être relue et interprétée comme narration, le concept théologique d'« autorévélation » consacré par Vatican II[21] n'aurait-il pas lui aussi de bonnes chances d'être relu comme « autonarration » divine ? D'autant plus que Dieu pour se raconter, c'est-à-dire pour se révéler lui-même, fait recours au langage humain. Somme toute,

biographiques. Une telle formation m'a permis d'acquérir le savoir et les compétences spécifiques nécessaires en vue d'une recherche théologique sur le sujet de l'autobiographie.

17 Voir *supra*, n. 8

18 Voir *infra*, 1. 1.2.

19 Voir notamment *infra*, 1. 1.2.

20 Le cheminement de la théologie narrative sera illustré au chap. 1 (voir notamment *infra*, 1. 1).

21 Cf. *DV* 2.

envisager l'autobiographie sous l'angle théologique, ce serait faire progresser vers l'avant la théologie narrative elle-même. Cela étant, le pas en direction d'une théologisation du concept autobiographique pourrait paraître minime et restreint. Et pourtant, cela n'est pas une chose immédiate, ni évidente.

Vouloir se révéler lui-même aux hommes a impliqué pour Dieu de communiquer à travers la langue même des hommes. Pour ce faire, il a rendu la parole humaine apte à dire Dieu, car celle-ci, quant à elle, ne dispose pas d'une telle possibilité. C'est ladite « analogie », laquelle a une histoire ancienne et élaborée remontant à saint Thomas d'Aquin. Cependant, si à l'origine l'*analogia entis* est développée dans le champ philosophique comme possibilité de dire Dieu – ce à quoi ce travail va bientôt se confronter[22] –, l'analogie va ensuite connaître un véritable tournant, produit par la mise en cause, surtout de la part de la théologie protestante, de l'*analogia entis* elle-même. En fait, à partir du théologien luthérien Jüngel et du théologien catholique von Balthasar, provoqués par Barth, lequel stigmatise l'*analogia entis* et lui nie toute valeur, l'analogie de l'être va « déménager », en passant du contexte philosophique initial à un contexte théologique à proprement parler, jusqu'à être qualifiée d'analogie de la foi. De ce fait, si l'*analogia entis* naît pour qu'un discours sur Dieu soit possible, notamment un discours de type rationnel et ontologique, l'analogie « revisitée », en plus de cette dimension ontologique, se revendique comme la seule possibilité du discours même de Dieu, c'est-à-dire de sa révélation aux hommes, ce qui suscite et entraîne les données mêmes de la Révélation. Cela signifie bel et bien, et c'est l'élément crucial du tournant analogique, que l'analogie connaît une véritable « christologisation ». Si bien que Balthasar qualifie le Christ lui-même de véritable « *analogia entis* concrète »[23].

Si donc le mystère de l'incarnation implique l'analogie, l'Évangile, la Révélation plénière et définitive de Dieu dans son Verbe, se présente, d'après Jüngel, comme l'avènement même de l'analogie. Quant à cette dernière, elle apparaît dès lors comme « affaire de langage ». De ce fait, puisqu'il souligne l'aspect « audible » de l'analogie du fait de la parole humaine du Verbe, Jüngel va faire office de premier pilier sur lequel repose l'hypothèse analogique que j'essaie de proposer et de défendre.

Le second pilier, c'est von Balthasar. En accentuant l'aspect « visible » de la Révélation, le théologien suisse élabore une théologie analogique autour du *beau* qu'il déduit d'un des transcendantaux de l'être. C'est pourquoi, dans la mesure où elle envisage Dieu en tant que l'*Être* suprême et incréé, son esthétique théologique puise ses sources dans la conception analogique du docteur angélique. Et pourtant, tandis que Jüngel relève *sic et simpliciter* l'aporie de l'*analogia entis*, du fait que celle-ci aboutit à l'Être divin comme à un *mystère*

22 La question analogique, en tant que fondement de l'hypothèse théologique proposée dans ce travail, traverse toute la recherche, et elle va être posée, explorée et définie notamment au cours du chap. 1.

23 Voir *infra* 1. 3.1, notamment la n. 383.

inconnu, et ne parvient pour cela même qu'à un Dieu inconnaissable, pour von Balthasar aussi l'*analogia entis* s'avère en quelque sorte insuffisante. Car, ce n'est plus l'être divin en tant que tel, mais le Christ, le beau divin par excellence et la *Figure* avec majuscule, qui détermine en tant qu'*analogatus-analogans* l'analogie elle-même. Celui-ci ne se livre cependant que dans la mesure où les trois figures christologiques, l'Écriture, l'Eucharistie et l'Église, le médiatisent.

Bref, ces deux théologiens-piliers vont de ce fait constituer comme les bases d'une nouvelle élaboration analogique s'appuyant sur les deux catégories christologiques principales, la *parole* et l'*image*, représentées ainsi ici respectivement par l'analogie évangélique de Jüngel et l'analogie esthétique de Balthasar. Le premier préalable théologique posé, j'en viens au second préalable théologique de la présente recherche visant ladite « sacramentalité de la Parole ».

Il s'agit d'explorer un thème qui a été évoqué notamment par Benoît XVI, et que je vais essayer de développer dans le cadre d'une économie événementielle d'incarnation[24]. Car la Parole de Dieu étant son Verbe, elle connaît trois étapes principales qui constituent son chemin de révélation, lequel est aussi un chemin d'« incarnation ». Ainsi, dans la première étape, le Verbe « s'emparole » moyennant l'Écriture. C'est un néologisme que je tire du bibliste espagnol Carballo, lequel exprime cette première incarnation du Verbe correspondant à la mise par écrit de la Parole par l'expression « empalabraciòn »[25]. Dans la deuxième étape, celle de l'événement Jésus-Christ, le Verbe se fait chair. C'est le sommet de l'incarnation. Finalement, dans la troisième étape, celle relevant du mystère de l'Église, le Verbe se fait « corps des croyants ».

Or, ce cheminement d'incarnation de la Parole ne saurait être qu'une économie « christosacramentelle », car la Parole qui s'incarne, c'est le Christ, le sacrement du Père, et pour cela même, le sacrement-source. Par conséquent, cette incarnation impliquant l'Écriture aussi bien que la communauté des croyants, ces deux figures christologiques ne sont que deux *modalités* ou *formes*, à côté de l'Eucharistie, par lesquelles Dieu « se rend analogue » et donc présent en vertu de la sacramentalité de la Parole qui habite l'Écriture aussi bien que le témoignage des croyants.

Ces préalables théologiques posés, les deux composantes que je vais repérer à l'intérieur de l'Écriture aussi bien qu'au sein du témoignage des croyants seront deux composantes à la fois analogiques et sacramentelles, voire christosacramentelles. Il va s'agir de la composante autobiographique et de la composante synesthésique. En effet, le mystère de l'incarnation n'affecte pas seulement la parole humaine, mais il implique également tous les

24 Ce second préalable théologique va faire l'objet du chap. 2.
25 Voir *infra*, 2. 1.1, notamment la cit. de la n. 515.

sens du corps humain. Autrement dit, se faisant chair, le Verbe de Dieu devient perceptible par tous les cinq sens. C'est pourquoi témoignage verbal et expérience corporelle apparaissent comme les coordonnées d'une synesthésie théologique par laquelle la parole n'est pas seulement une affaire d'écoute, mais aussi une question de vision. Elle devient alors une parole imagée en plus d'une parole écoutée, du fait qu'elle se rend visible dans le sujet humain qui l'annonce et qui, en tant que figure sacramentelle, lui donne corps. De même, l'image du corps du Christ aussi bien que celle du corps des croyants, à partir des apôtres, en tant que premiers témoins de l'expérience chrétienne, n'est pas seulement une image perçue par les yeux, mais elle est aussi une image « emparolée ». Car la figure se traduit par l'annonce même des témoins. C'est pourquoi croire à cette annonce, c'est voir l'Image même du Verbe. C'est donc à partir de cette considération analogique et sacramentelle que j'essaie de proposer une théologie autobiographique qui, en plus, est une théologie synesthésique.

De ce fait, si l'autobiographie, en plus d'une parole « audible », demande la « visibilité » du sujet qui la porte, la proposition de l'autobiographie comme composante analogique de la Révélation ne saurait pas ne pas s'appuyer sur les analogies susmentionnées, celle évangélique de Jüngel et celle esthétique de Balthasar. Bref, le témoignage rendu à la Parole et à l'Image se configurant, au cours de ce travail, comme un témoignage autobiographique, l'autobiographie pourrait avoir de bonnes chances d'être comptée comme une composante analogique de la Révélation elle-même, entendue selon ses deux voies complémentaires et non distinctes, comme le voulait ladite « théorie des deux sources » exclue par Trente, à savoir : l'Écriture *et* la Tradition.

Or, si la parole traduit en son oral et en signe écrit la pensée humaine, ainsi que le remarque le théologien orthodoxe Boulgakov, parler est essentiellement se dire, se raconter. Il en va de même pour l'écriture. C'est pourquoi écrire, de même que parler, n'est jamais une action neutre, car qui écrit amène toujours des traces de soi, comme le disait d'ailleurs l'enseignante de mon premier séminaire autobiographique Marta Lobascio : « Jamais personne n'écrit un texte sans dire quelque chose de soi-même ». Dans toute écriture, l'esprit de l'écrivain est toujours présent. Et bien qu'un écrit puisse ne pas contenir de références explicites à la vie de son scripteur, une certaine trace de celui-ci, quoiqu'infime, est toujours présente.

Dans cette visée, la Révélation de Dieu consistant en des paroles (constituées de lettres) accompagnées par des actions, la parole humaine acquiert une valeur révélatrice double, relevant de Dieu aussi bien que de l'homme, ainsi que Vatican II l'affirme avec force[26]. C'est pourquoi repérer dans le contexte biblique de l'Écriture sainte l'essence autobiographique latente en toute écriture humaine veut dire considérer la Parole même de Dieu comme un message divin impliquant un univers personnel, et regagner par conséquent l'aspect subjec-

26 Cf. *GS* 22.

tif qui est à la base de la communication. À ce propos, l'intuition de Jüngel affirmant que Dieu parle même à partir « du dedans » de l'homme, non seulement confirme ce que nous venons de dire, mais elle s'avère un argument fort appuyant la thèse autobiographique visant la Révélation que j'essaie de défendre. Ce discours rejoint également la pensée de Benoît XVI, lorsque, dans l'exhortation post-synodale sur la Parole de Dieu, il affirme :« Il y a un rapport étroit entre le témoignage de l'Écriture, comme attestation que la parole de Dieu donne d'elle-même, et le témoignage de vie des croyants. L'un implique l'autre et y conduit »[27]. De même Aletti, un des experts majeurs en exégèse narrative, affirme que les clauses « nous l'avons rencontré vivant, ressuscité » ou « le Ressuscité ne s'est manifesté qu'à nous ses témoins » (cf. Ac 10,41) « font désormais partie intégrante et inaliénable de la Bonne Nouvelle, indiquant, à n'en pas douter, que les témoins deviennent encore plus inséparables de celui qu'ils annoncent »[28]. C'est pourquoi, comme le récit autobiographique et le témoin autobiographique donnent corps à la Parole, cela s'inscrit dans la visée de la centralité de la question autobiographique au sein de la Révélation et de l'annonce, ce qui constitue l'hypothèse de ce travail théologique.

Si nous partons du titre de la thèse, l'expression « troisième Testament » entend proprement souligner et mettre au jour la dimension testimoniale (du témoignage) traversant la Révélation, ce qui implique l'Écriture aussi bien que la Tradition. Or, le témoignage scripturaire ne pouvant pas se passer de la vie des hagiographes, cela implique que ce « troisième Testament » revête une signification autobiographique. Par conséquent, ce qui advient à l'intérieur de l'Écriture devient un fait paradigmatique par rapport à l'évangélisation, le cœur même de la Tradition. C'est pourquoi l'évangélisation constitue, à côté de l'Écriture, l'autre champ d'exploration de cette recherche théologique autour de l'autobiographie.

En particulier, je vais approfondir le sujet de la « nouvelle évangélisation », en tant que proposition d'un renouveau de l'annonce lancée par Jean-Paul II. En fait, un tel renouveau ne vise pas l'objet de l'annonce qu'est l'Évangile, mais, dans l'intention du pape polonais, il concerne surtout les acteurs de l'annonce, à savoir les évangélisateurs, ce qui met à part entière en jeu l'autobiographie, du fait du témoignage requis. Quel meilleur renouveau de l'évangélisation que celui qui affecte *l'ardeur, les expressions et les méthodes* mêmes de l'annonce, ainsi que Jean-Paul II l'indique ? Or, de telles exigencesne peuvent qu'impliquer en premier lieu les sujets de l'évangélisation, ce qui met bel et bien en jeu une annonce autobiographique. Ce que nous appelons le « cénacle autobiographique » s'insère dès lors dans les lignes tracées par la nouvelle évangélisation.

27 *VD* 97. Voir *infra*, 4. 4.2.
28 J.-N. ALETTI, *Quand Luc raconte. Le récit comme théologie*, Cerf, Paris, 1998, p. 128.

Tel étant le scénario théologique et pastoral du sujet que je vais envisager, j'en viens aux questions méthodologiques. La thèse se déploie au long de trois parties correspondant aux trois domaines envisagés : le domaine dogmatique, le domaine biblique et le domaine pastoral. Cela met au jour la transversalité théologique du sujet traité. Dans la première partie, je pose les prolégomènes théologiques de l'hypothèse autobiographique du discours *de* Dieu et *sur* Dieu, à savoir : la question analogique, en tant que premier préalable théologique, et la question sacramentelle de la Parole de Dieu, en tant que second préalable théologique. Dans la deuxième partie, constituant le cœur de la thèse, j'essaie d'explorer la question d'une théologie comme autobiographie. Cela va m'amener à envisager d'abord l'évangile de Jean, en tant qu'attestation canonique et scripturaire d'une théologie autobiographique, et ensuite un témoignage extra-biblique que je vais situer dans le sillage de la Tradition, à savoir : *Le Petit Prince*, le conte autobiographique de Saint-Exupéry. En effet, tout comme l'Écriture, la Tradition est marquée, elle aussi, par le courant autobiographique, ainsi que l'attestent les divers témoignages spirituels de type autobiographique traversant l'histoire de l'Église. À ce stade central de la thèse, la rencontre des deux voies de la Révélation se veut le carrefour idéal pour expliciter le concept de « troisième Testament » et détecter les conditions mêmes de possibilité de l'hypothèse d'une théologie autobiographique. Et c'est également à ce stade central du développement de la thèse que cet aspect de la Révélation, qualifié par l'Église catholique de « Tradition », va s'avérer le transcendantal théologique essentiel, c'est-à-dire la condition de possibilité sur laquelle peut reposer l'hypothèse même d'une théologie comme autobiographie.

Finalement, dans la troisième partie, je vais me confronter aux enjeux de l'évangélisation, notamment de la « nouvelle évangélisation », vis-à-vis de la proposition autobiographique en tant que praxis pastorale. En ce sens, ledit « cénacle autobiographique » se veut la concrétisation d'une pastorale autobiographique d'évangélisation.

Si la présentation des différents domaines de la thèse et des phases de son développement a fait émerger la transversalité théologique du sujet, la nature anthropologique du thème autobiographique met également en jeu l'interdisciplinarité de la recherche. Car l'autobiographie, étant d'abord une expression littéraire inhérente au langage humain, constitue un carrefour anthropologique qui voit converger diverses et différentes sciences humaines. De fait, comme le sujet va toucher, en sus de la théologie, d'autres sciences telles la pédagogie, notamment le domaine visant l'éducation des adultes, la philosophie, la narratologie, la rhétorique et la littérature, pour en énumérer quelques-unes, le défi qui attend cette recherche consiste à mettre en place un travail scientifique de type transdisciplinaire, appelé aussi « métadisciplinaire ». Il s'agit d'un modèle, toujours situé au sein du champ d'étude et d'exploration de la théologie, qui ne se borne pas à une tâche de confrontation entre les différentes sciences humaines, mais qui essaie d'atteindre un niveau d'intégration réciproque où celles-ci confluent en un savoir scientifique partagé et « omni-compréhensif »[29].

Ce travail peut se prévaloir d'une source directe et privilégiée, à savoir l'interview de l'ancien professeur aux Facultés de Théologie de Fribourg et de Strasbourg Ambroise Binz, laquelle est reportée intégralement à l'intérieur de ce travail[30]. De même, quoique sous une forme anonyme, des témoignages directs et des fragments autobiographiques issus des ateliers relatifs à l'expérience des « cénacles »[31] vont constituer d'autres sources précieuses qui pourront corroborer et étayer la validité de ces tout premiers essais de pastorale autobiographique visant l'évangélisation.

En plus, des annexes[32], constituées par divers documents inhérents aux expériences présentées à l'intérieur de la troisième partie de ce travail, sont mises à la disposition du lecteur, tout en complétant et soutenant la dimension pastorale et pragmatique du sujet exploré.

Par rapport à la question du « cadrage » de la problématique, le sujet de la présente recherche ne concernant ni un auteur ni un ouvrage, mais un thème, l'espace très ample où la thèse se déploie pourrait rendre difficile la tâche du lecteur, qui est aussi celle de saisir les limites mêmes du champ d'investigation. C'est pourquoi, afin de faciliter l'intelligibilité du projet, j'ai voulu concevoir la structure de la thèse comme un arc en plein cintre, dont l'ensemble des éléments architectoniques puisse rendre raison du « cadrage théologique » délimitant le travail, à savoir : les deux piliers, les claveaux et la clef de voûte, laquelle garantit la stabilité de l'arc lui-même.

D'abord, concernant les deux piliers, ils vont représenter tout ce qui précède une recherche et tout ce qui l'étaye. En l'occurrence, le premier pilier est constitué par l'acquisition du savoir thématique et des compétences scientifiques, ce qui concerne la préparation lointaine comprenant les études consacrées au sujet de la thèse et les connaissances culturelles ainsi que les repères bibliographiques y relatifs. Le second pilier est constitué par l'équipement scientifique et méthodologique du travail : introduction, conclusions, notes, bibliographie, citations, indications textuelles, etc.

29 Cf. M. Midali, *Teologia pratica*, vol. I, LAS, Roma, 2005, p. 323 ; cf. I. Siviglia, *Antropologia teologica in dialogo*, Dehoniane, Bologna, 2007, pp. 65–71.

30 Se situant dans le cadre du chap. 6, cette interview entend recueillir le témoignage du professeur suisse susmentionné et de son équipe de travail visant le premier essai, en Europe, de l'emploi de la méthode autobiographique dans le cadre de la formation de jeunes étudiants en théologie et dans le cadre de la catéchèse.

31 Il s'agit de quatre cercles autobiographiques, présentés au chap. 7, que j'ai mis en place en Italie, en Sardaigne, en 2019. Constitués d'ateliers autobiographiques, ces cénacles ont vu la participation de trois types de personnes, en l'occurrence : un groupe de fidèles d'une paroisse de Sassari, un groupe d'agents pastoraux engagés dans la *Caritas* du diocèse d'Alghero et deux groupes de personnes détenues dans la prison d'Alghero. Des témoignages issus de ces quatre cénacles j'ai pu saisir les récits inscrits dans le contexte dudit « troisième Testament ».

32 Les annexes sont situées en fin d'ouvrage.

Pour ce qui est des claveaux formant l'arc en plein cintre, chaque pierre représente un chapitre de la thèse. Ainsi, correspondant au premier claveau, le premier chapitre envisage le *status quaestionis* relativement au cheminement de la théologie narrative, et il explore la question analogique, en tant que premier préalable théologique de la recherche.

Le deuxième claveau, figurant le chapitre 2, pose le second préalable théologique, à savoir la « christosacramentalité de la Parole-Écriture », et les composantes analogiques qui l'habitent, l'autobiographie et la synesthésie.

Dans le chapitre 3, correspondant au troisième claveau, je vais essayer d'explorer la théologie autobiographique attestée par la figure du disciple bien-aimé, autour de laquelle le quatrième évangile naît et se constitue lui-même. Puis, j'en viendrai à analyser premièrement les théories autobiographiques défendues notamment par les spécialistes majeurs du domaine, à savoir Gusdorf, Lejeune et Demetrio ; ensuite, je présenterai la réflexion philosophique de Paul Ricœur concernant la narration. Enfin, en faisant converger dans un croisement interdisciplinaire la théologie johannique, les théories autobiographiques et la philosophie narrative de Ricœur, j'essaierai de configurer une théologie autobiographique, en tentant, de ce fait, une opération transdisciplinaire ou métadisciplinaire.

Représentant le claveau central de l'arc en plein cintre, le quatrième chapitre se veut le centre de la recherche, car il va mettre au jour le concept de « troisième Testament » annoncé par le titre de la thèse. Cependant, ce testament, constitué en son essence même d'un témoignage autobiographique, sera présenté dans le cadre de la Révélation en tant que telle, ce qui signifie à la fois l'Écriture et la Tradition en guise de ses deux parties constitutives. Par conséquent, ce chapitre va compléter à propos du sujet de l'autobiographie la réflexion dogmatique touchant l'Écriture et va ouvrir la réflexion dogmatique et pastorale touchant la Tradition, notamment ce qui est au cœur de celle-ci, à savoir l'évangélisation. De plus, cette pierre centrale constituant en même temps la clef de voûte de l'arc tout entier, puisqu'elle maintient tous les voussoirs en déterminant la stabilité même de l'arc, ce chapitre se veut aussi le moment transcendantal de la thèse, du fait qu'il pose les conditions de possibilité de l'hypothèse d'une théologie autobiographique.

Le cinquième claveau, correspondant au chapitre 5, va envisager, dans le sillage du témoignage autobiographique de la Tradition, le récit du *Petit Prince* d'Antoine de Saint-Exupéry. Ce choix est déterminé d'abord par le fait que ce texte, telles les paraboles de l'Évangile, parle de Dieu sans nommer Dieu, ce qui va appuyer la thèse selon laquelle le troisième Testament habite toutes les histoires des hommes, dans le cœur desquels l'Évangile est également inscrit. Puis, comme il s'agit d'un texte que l'auteur a voulu truffer d'images, cela établit une certaine cohérence thématique avec les catégories christologiques et analogiques de *parole* et d'*image*, dont chacune se relie aux analogies parabolique et esthétique de Jüngel et Balthasar.

Indiqué par le sixième claveau, le chapitre 6 voit le sujet de l'autobiographie entrer en interaction avec le thème de l'évangélisation, dans le scénario de la « nouvelle évangélisation », telle que proposée et esquissée par Jean-Paul II. C'est pourquoi la catéchèse narrative, la pastorale d'engendrement et les débuts d'une pastorale autobiographique, à partir de l'expérience mise en place par Ambroise Binz, un pionnier de l'approche autobiographique en catéchèse et en formation pédagogique et pastorale des adultes, seront considérés comme les fruits mûrs et les expressions mêmes de la « nouvelle évangélisation ».

Enfin, le septième claveau va représenter le chapitre consacré aux ateliers que j'ai mis en place tout récemment et qui constituent la proposition des « cénacles autobiographiques ». Il s'agit de cercles autobiographique (cénacles) qui se concrétisent telles de petites communautés engendrant lesdits récits « trito-testamentaires » de la Tradition. De ce fait, le « cénacle autobiographique » se veut la proposition d'une praxis pastorale autobiographique qui vise à l'évangélisation. Toutefois, cette annonce du Christ ne viendra pas de l'évangélisateur, mais elle jaillit des récits de vie mêmes des membres du cénacle, car *le Seigneur a inscrit également son Évangile dans les cœurs mêmes des hommes*, ainsi que l'attestent les débats de Trente[33].

Concernant le style rédactionnel, puisqu'il s'agit d'une recherche consacrée à l'autobiographie, la première personne du singulier me semble la forme la plus adaptée et la plus conforme au sujet traité. Cependant, dans certains passages rappelant par exemple des réflexions envisagées auparavant et dont le lecteur est dès lors informé, le « nous » va en l'occurrence associer le lecteur avec le rédacteur de la thèse. Par conséquent, le « je » avertit le lecteur que le rédacteur est en train d'introduire un autre sujet, soit de développer des réflexions nouvelles.

Ainsi, m'engageant dans une posture et une attitude qui soient le plus possible conformes à celles que chaque chercheur est censé assumer, je souhaite que la présente recherche théologique se caractérise par une rigueur scientifique de la méthodologie et des argumentations, mais aussi par une cohérence interne à l'égard de tout ce qui a été exposé dans cette introduction. Je souhaite également que ce travail puisse comporter une certaine originalité, non seulement pour le savoir neuf apporté à la théologie du fait du sujet envisagé, à savoir l'autobiographie, mais aussi pour la perspective nouvelle adoptée, en l'occurrence l'autobiographie considérée en mode théologique. Finalement, j'espère que la thèse du « troisième Testament » pourra contribuer à donner à ce qui constitue le cœur de l'action pastorale de l'Église, c'est-à-dire l'évangélisation, un nouvel élan aussi bien que ce renouveau concernant l'ardeur, les méthodes et les expressions, tel que souhaité et demandé dans la proposition de la « nouvelle évangélisation » émise par Jean-Paul II.

33 Cette affirmation issue du Concile de Trente et envisagée dans le chap. 4 va être un second argument, en plus de celui suggéré par Jüngel, appuyant la thèse du « troisième Testament » et, par conséquent, celle d'une théologie autobiographique.

Première partie
Les prolégomènes théologiques

De l'hypothèse autobiographique du discours *de* et *sur* Dieu

La question analogique et sacramentelle
dans le cadre d'une théologie de la Parole de Dieu

Le but de cette recherche, ainsi que nous l'avons annoncé dans l'introduction, est celui d'envisager le sujet de l'autobiographie, au premier abord étranger à la théologie à proprement parler, dans une perspective théologique, telle une expression ou composante analogique même de la Révélation et de l'évangélisation. C'est pourquoi atteindre un tel objectif signifie bel et bien formuler l'hypothèse d'une théologie autobiographique.

Sous l'angle littéraire, l'autobiographie relève pour cela même du domaine multidisciplinaire des sciences humaines. Par conséquent, la théologie se situant dans ce même domaine, notamment la théologie biblique qui s'occupe nécessairement du langage de la Révélation, l'autobiographie en tant que genre littéraire a pleinement droit de cité même dans la théologie. Toutefois, nous le verrons, si au plan littéraire elle assume une configuration qui est assez facile à détecter, au plan anthropologique, en tant que dimension interne et personnelle de l'esprit humain, mais aussi en tant qu'attitude pédagogique, psychologique et spirituelle, l'autobiographie demeure plutôt cachée. C'est pourquoi, qu'elle soit susceptible de porter sur la théologie de la Révélation elle-même n'est pas une évidence[34]. Et pourtant, prise au sens théologique, l'autobiographie, non seulement concerne la Parole de Dieu, en tant que voie analogique par laquelle Dieu se dit, mais elle concerne Dieu même, lequel se révèle et, pour cela même, *se raconte*.

Une telle considération de l'autobiographie comporte une interprétation ultérieure de la théologie de la Parole, à l'exemple de ce qu'a fait la théologie narrative. Car, au bout du compte, qu'a voulu accomplir cette dernière sinon convertir un concept considéré comme « étranger » à la théologie – au moins jusqu'à von Rad –, telle la narration ? C'est depuis lors qu'on a pris au sérieux le fait que la Bible est foncièrement une « collection » de récits et qu'on a également commencé à considérer le Dieu qui *s'y révèle* comme le Dieu qui *se raconte*.

C'est pourquoi, envisager une expression anthropologique apparemment étrangère à la théologie, telle l'autobiographie, sous l'angle théologique, ce serait faire faire à la théologie narrative un pas supplémentaire. Autrement dit, si la catégorie de « révélation » a pu être relue et interprétée comme *narration*, pourquoi ne pas pouvoir relire le concept

34 Le fait qu'elle soit équipée de méthodologies propres et nantie d'un but pédagogique de type formatif et performatif détermine à mon avis que l'autobiographie puisse être comptée à juste titre parmi les sciences humaines.

théologique d'« autorévélation », consacré par Vatican II[35], au sens d'« autonarration » divine ? De fait, en tant que sujet personnel, Dieu se dit, raconte sa vie divine, bien qu'il le fasse à travers le langage humain.

Or, si cela est possible, ce n'est que parce que Dieu rend la parole humaine « analogique », c'est-à-dire apte à dire Dieu, ainsi que nous le verrons à l'aide notamment du théologien luthérien E. Jüngel. Mais pas seulement. Car, s'agissant d'une Parole divine vive et efficace, malgré la lettre humaine qui la porte, l'autobiographie, au sens théologique, est susceptible d'une qualification même de « sacramentelle ». C'est pourquoi la tâche de la première partie de ce travail consiste à envisager à côté du thème de l'analogie celui de la sacramentalité de la Parole, voire de la « Parole-Écriture », ainsi que le précise le théologien suisse von Balthasar, afin d'établir les *praeambula* théologiques qui vont étayer l'hypothèse d'une théologie autobiographique.

Dès lors, dans le cadre d'une théologie de la Parole de Dieu orientée selon une logique d'incarnation, je vais consacrer le premier chapitre au sujet de l'analogie, en tant qu'objet à la fois matériel et formel de la Révélation elle-même. Pour ce faire, mon choix tombe sur deux types d'analogie qui sont plus que d'autres susceptibles d'assumer une fonction sacramentelle, à savoir l'analogie évangélique de Jüngel et l'analogie esthétique de H.U. von Baltasar, et qui peuvent également servir à constituer les coordonnées théologiques de la sacramentalité de la Parole de Dieu. Faisant l'objet du deuxième chapitre, cette sacramentalité, que je vais expliciter dans les termes d'une « christosacramentalité » de la « Parole-Écriture », repose sur deux composantes analogiques qualifiées respectivement d'« autobiographique » et de « synesthésique ».

À travers une pareille reformulation analogique de la Parole de Dieu, je vais donc essayer de poser les bases d'une théologie autobiographique susceptible d'offrir à la théologie fondamentale qui étudie la Révélation une nouvelle perspective.

35 Cf. *DV* 2.

Chapitre 1

LA THÉOLOGIE NARRATIVE ET LES ANALOGIES DE LA FOI. PRÉAMBULES THÉOLOGIQUES

La première tâche de ce chapitre initial est de présenter le cadre où une théologie autobiographique devra se situer. Si celle-ci vise à une réinterprétation de l'« autorévélation » divine au sens d'une « autonarration », il est tout d'abord nécessaire de parcourir le chemin de la théologie narrative, à partir du commencement et jusqu'à ses récents développements.

Une fois que l'encadrement narratif sera esquissé, je vais aborder le second objectif du chapitre, qui m'amènera à me confronter à la question analogique. Il s'agit d'ailleurs d'un sujet incontournable, dès lors que ma recherche vise à qualifier l'autobiographie comme étant l'une des expressions qui véhiculent la Révélation elle-même, ce qui fait d'elle une expression analogique.

L'analogie, à partir notamment de saint Thomas d'Aquin, qui l'a consacrée « officiellement » comme discours philosophique et théologique sur Dieu, est le seul langage apte à dire le mystère divin. Non seulement elle est la *conditio sine qua non* d'un discours *sur* Dieu qui a l'homme comme sujet, telle la théologie en tant que science qui réfléchit et mène des recherches sur les vérités révélées, mais elle est aussi l'expression du discours *de* Dieu, c'est-à-dire la Révélation divine elle-même qui a Dieu comme sujet. C'est pourquoi, voulant révéler le mystère de sa vie « tripersonnelle » et son insondable dessein sur l'humanité, Dieu lui-même a élevé le langage humain au niveau de langage théologique. Ce « rang » élevé du langage humain ne provient pourtant pas du fait de l'inspiration de la Parole de Dieu *sic et simpliciter*, mais de l'incarnation elle-même, par laquelle « les paroles de Dieu, passant par les langues humaines, sont devenues semblables au langage des hommes, de même que jadis le Verbe du Père éternel, ayant pris l'infirmité de notre chair, est devenu semblable aux hommes »[36].

Telle est la raison qui a conduit des théologiens influents, le catholique von Balthasar aussi bien que le luthérien Jüngel, à aborder l'analogie comme une question préalable et indispensable de tout discours théologique. C'est pourquoi moi aussi, voulant argumenter en faveur d'un discours théologique au sens autobiographique, je ne saurais me passer d'envisager le sujet de l'analogie.

36 *DV* 12.

Pour ce faire, au cours de ce premier chapitre, j'analyserai les analogies des théologiens susmentionnés, celle « esthétique » et celle « évangélique », lesquelles ont marqué d'une manière importante la théologie fondamentale par rapport à la Révélation. Désignant l'Évangile comme étant foncièrement l'« avènement de l'analogie » ou « l'analogie d'Avent », alors que Jésus lui-même, « Parabole du Père », raconte et révèle Dieu, Jüngel fonde son discours analogique sur le Verbe fait chair et fait dès lors « Parole ». Par conséquent, il considère le mystère de l'incarnation, le sommet de la Révélation, comme étant un « événement de langage ». De son côté Balthasar, qualifiant le Verbe de « Figure », présente l'événement de l'incarnation comme la manifestation ou l'apparition de la Beauté divine. C'est pourquoi, dans une telle visée analogique de type esthétique, Jésus-Christ devient l'événement « imagé » la Révélation, à l'égard duquel l'Écriture joue le rôle de « figure christologique ».

L'analogie évangélique et l'analogie esthétique ayant marqué un tournant dans l'histoire de la théologie, ce n'est donc pas un hasard si mon choix tombe sur elles. D'abord parce que, soulignant deux catégories christologiques, celle de « parole » et celle d'« image », ces analogies vont s'avérer fondamentales par rapport à un discours autobiographique visant la Révélation qui se veut pour cela même un discours analogique. Cela fait dès lors de l'élément analogique la clef herméneutique de l'hypothèse autobiographique telle que je la propose. Mais pas seulement. Le caractère « quasi-sacramentel » que les deux analogies recèlent va jeter les bases d'une théologie autobiographique de la Parole qui revendique également un statut sacramentel.

1.1. Le cheminement de la théologie narrative. *Status quaestionis*

1.1.1. L'essence narrative de la Révélation

Largement partagé par la réflexion dogmatique des théologiens majeurs des deux derniers siècles et scellé par Vatican II, le concept théologique chrétien de « révélation » exprime précisément l'*autorévélation* ou *autocommunication* de Dieu, lequel, voulant « se révéler en personne »[37] et « se communiquer lui-même »[38], fait connaître, d'abord par les prophètes, puis éminemment et définitivement par son Fils, sa vie trinitaire. « Se révéler » n'est pas loin de « se raconter », de « se dire », raison pour laquelle le bibliste Mannucci, relisant le prologue du quatrième Évangile dans une visée narrative, affirme ceci :

37 *DV* 2.
38 *DV* 6.

Le but de l'incarnation du Verbe, c'est raconter Dieu, faire connaître Dieu ; le Jésus de Jean est le narrateur de Dieu le Père ; le quatrième évangile est l'Évangile narrant, l'Évangile qui *raconte Jésus, le narrateur de Dieu*. Certes, nous traduisons le verbe *exêgéomai* de Jn 1,18 par *raconter* (Vulgate : *ipse enarravit*), par "raconter en commentant" : cette signification est communément acceptée dans les versions et dans les commentaires sur Jean, et elle convient très bien au Prologue qui est un hymne à *la Parole*. « Voir Dieu » (*ò theós*) directement, entreprise impossible pour l'homme, est remplacé par l'acte de Jésus-Christ de « raconter Dieu – parler de Dieu », lui qui est la Parole de Dieu en personne, cette Parole qui est elle-même *Dieu* (*theós*), devenue chair[39].

Il est surprenant de noter dans ce dernier passage combien la remarque concernant la Révélation, en tant que récit remplaçant la vision de Dieu, rapproche la conception du bibliste italien de la pensée de Balthasar. De fait, ce dernier, qualifiant l'Écriture de *vision de la res carnis Jesu,* considère le récit biblique comme offrant la vision du Verbe[40]. Mais il y a plus. Le *récit* ne se limite pas à demander *l'écoute* de la foi, mais il requiert aussi le *regard* de la foi, s'il est vrai que *raconter*, c'est *faire voir* [41].

Assumant la forme d'hymnes liturgiques, de codes législatifs, de récits historiques et étiologiques, de prières, de réflexions sapientiales, d'évangiles, d'épîtres et de littérature apocalyptique, tous les genres littéraires qui appartiennent au *corpus* biblique partagent une matrice narrative commune[42]. C'est pourquoi, la narration évangélique étant en fonction de la structure narrative de la foi[43], comme l'a bien souligné Theobald, le genre litté-

39 V. Mannucci, *Giovanni il Vangelo narrante. Introduzione all'arte narrativa del quarto Vangelo*, Dehoniane, Bologna, 1993, p. 36, je traduis.

40 Dans le cadre de l'analogie esthétique de Balthasar, l'Écriture, médiatisant la vision de la *res carnis Jesu,* c'est-à-dire la figure du Verbe incarné qui se manifeste dans la chair de Jésus, est pour cela même qualifiée de « figure christique » ou « christologique ». Voir *infra*, notamment, 1.3.2., 2.3.1. et chap. 4.

41 Ce passage esquisse déjà l'essence « synesthésique » de la « Parole-Écriture » que je vais traiter plus loin par rapport à ma proposition de reformulation théologique de l'analogie ainsi que par rapport au sujet de la sacramentalité de la « Parole-Écriture » (voir *infra*, 2.3.1). Cette dernière formule sera explicitée au cours de ma réflexion (voir *infra*, 2. 1).

42 Divers et nombreux sont les théologiens qui argumentent en faveur d'une structure narrative fondamentale rassemblant tous les livres de la Bible, comme le dit C. Scordato : « *Anche se non tutti i libri della Scrittura hanno un impianto narrativo, la struttura finale della Bibbia, in quanto storia narrata, è narrativa* » [C. Scordato, « Lo statuto epistemologico della teologia narrativa », dans G. Alcamo (éd.), *Far toccare Dio. La narrazione nella catechesi*, Paoline, Cinisello Balsamo, 2016, pp. 45–75, ici p. 55]. Du même avis est également Balaguer citant Thiemann, selon lequel l'action de Dieu est antérieure à la spéculation. C'est pourquoi, ne prenant pas ses sources dans l'homme, mais dans l'action révélatrice de Dieu, la théologie ne peut être que narrative [cf. V. Balaguer, « La teologia narrativa », *Scripta theologica* 28 (3/1996), pp. 689–712, ici p. 691]. La Bible, d'ailleurs, a été écrite pour être transmise et racontée, ainsi que cela se manifeste dans l'Ancien Testament par la confession de foi la plus ancienne, à savoir Dt 26,5–9, et comme l'atteste le Nouveau Testament dans plusieurs passages, 1 Jn 1,1–4 tout particulièrement. Même le prologue johannique, malgré sa forme argumentativo-conceptuelle, constitue un « récit "argumentant" » (cf. V. Mannucci, *Giovanni il Vangelo narrante*, pp. 36–38).

43 Cf. C. Theobald, « I racconti di Dio », *Il regno – Attualità* 2/2010, pp. 50–62, ici pp. 60–61 ; Id., « La foi a une histoire. La structure narrative de la transmission et sa régulation ecclésiale », dans

raire « évangile » peut être défini ainsi : « Les évangiles sont des récits de conversion qui ne mettent pas seulement en scène l'itinéraire de Jésus, du début jusqu'à la fin, mais en même temps ce qu'il devient en et pour ceux et celles dont l'itinéraire croise le sien »[44]. Une telle structure narrative inclut aussi le recueil paulinien, à commencer par la première épître aux Thessaloniciens, « lettre [qui] raconte une narration »[45] : « [...] De tous côtés votre foi en Dieu s'est répandue, si bien que nous n'avons plus besoin d'en rien dire. On raconte là-bas comment nous sommes venus chez vous, et comment vous vous êtes tournés vers Dieu... » (1 Th 1,8-9). Dans la première lettre aux Corinthiens (cf. 1 Co 11,23-29 ; 15,1-11) aussi, à l'exemple du Christ lui-même « trahi », c'est-à-dire « livré », la narration de l'itinérance apostolique de l'apôtre devient transmission « eucharistique » de sa vie offerte, d'après l'épilogue christologique des évangiles[46]. Mais c'est surtout l'œuvre lucanienne qui offre le témoignage narratif le plus important, tout en s'exprimant *ad intra* par le biais de narrations liées à la vie de Jésus et « réadaptées » aux événements apostoliques et ecclésiaux, et *ad extra* par le biais d'une prolifération de récits de foi, comme l'attestent les Actes : « ...ils réunirent l'Église et se mirent à rapporter tout ce que Dieu avait fait avec eux, et comment il avait ouvert aux païens la porte de la foi » (Ac 14,27).

En tant que forme d'évangélisation, la narration va son chemin aussi après la période apostolique. Au Xe siècle, Augustin, évêque d'Hippone, rappelait à un catéchiste la nécessité de présenter au catéchumène un récit complet de l'histoire du salut, à partir du 1er verset de la Genèse jusqu'à la période actuelle de l'Église : « Propose-toi donc cet amour comme fin à laquelle tu rapporteras tout ce que tu diras ; et quoi que tu racontes, raconte-le de telle manière que ton auditeur en entendant croie, en croyant espère, et en espérant aime »[47]. Paradigme narratif par excellence, l'Écriture sacrée oriente toute la doctrine chrétienne, de la catéchèse à l'homilétique des Pères jusqu'à l'avènement du thomisme, au moment où l'expression à tendance essentialiste de la théologie risque de remplacer la forme kérygmatique initiale.

Depuis lors, l'annonce chrétienne a connu un déclin narratif progressif qui s'est étendu jusqu'à l'époque moderne et post-moderne. De fait, nous sommes actuellement parvenus, comme le dit le pastoraliste Pollo, au stade où l'on se questionne sur la validité d'une « forme d'évangélisation » qui, depuis quelque temps, « a adopté la figure précise mais aride du langage cultivé, isolé, par rapport à la parole commune, comme une oasis

Équipe Européenne de Catéchèse, *La catéchèse narrative. Actes du congrès de l'Équipe Européenne de Catéchèse. Cracovie, du 26 au 31 mai 2010*, dir. par E. Biemmi et A. Fossion, Lumen Vitae, Bruxelles, 2011, pp. 27–45.

44 C. Theobald, « La foi a une histoire », p. 33.

45 *Ibid.*, p. 34, j'explicite.

46 Cf. *ibid.*, p. 35.

47 S. Augustin, *De catechizandis rudibus*, IV, 8 : *PL* 40, 316.

dans un désert, vidé de référence concrète et de retentissement affectif, émotionnel et existentiel »[48]. Cependant, il faut remarquer que, déjà avant Vatican II, dans le sillage du mouvement biblique qui a pris son essor dans les premières années du XXe siècle, tout en promouvant l'application de la méthode historico-critique à l'exégèse biblique, on peut noter des contributions importantes de « redécouverte » de la narration.

1.1.2. Le tournant narratif en théologie

Le bibliste qui, le premier, remet en route la réflexion narrative relativement à la Parole de Dieu, c'est Von Rad. Ayant conçu l'Ancien Testament comme « annonce de la foi d'Israël en forme d'histoire racontée (Nacherzählung) »[49], il propose une « théologie vétérotestamentaire des traditions », où les faits historiques d'Israël sont médiatisés par des traditions kérygmatiques[50]. Ensuite, E. Kasëmann, percevant les liens existant entre *kérygme* et *avènement*, relève également qu'alors même que les évangiles racontent l'événement-Jésus de Nazareth, ils l'annoncent, et en l'annonçant, ils le racontent[51].

C'est surtout à partir des années septante (soixante-dix) que se produit un véritable tournant narratif en théologie[52]. En Europe, pour faire face à la crise du langage religieux, le philologue H. Weinrich et le théologien J.-B. Metz reprennent en considération le modèle narratif, disparu lors de l'avènement de l'hellénisation de la culture occidentale, et même déjà avec la culture grecque au sein de laquelle « le récit (le "mythe") était depuis longtemps subordonné à la pensée logique (le "logos") »[53]. Ainsi, en 1973, dans un célèbre article qui a fait du bruit, non seulement parce qu'il était publié par la revue scientifique *Concilium*, mais également à cause de son « opposition » à la science historique contemporaine tout à fait désintéressée de la narration, Weinrich rappelle que le premier christianisme était essentiellement « une communauté narrative »[54], alors même qu'il propose

48 M. Pollo, « Narrazione e linguaggio simbolico nell'evangelizzazione », *Note di Pastorale Giovanile* 15 (5/1981), Elledici, Leumann (TO), pp. 29–38, ici p. 30, je traduis.

49 A. Spreafico, *Esegesi dell'Antico Testamento*, dans G. Canobbio, P. Coda (éds.), *La teologia del XX secolo. Un bilancio. Prospettive storiche*, vol. 1, Citta Nuova, Roma, 2003, pp. 89–129, ici p. 121, je traduis.

50 Cf. G. von Rad, *Théologie de l'Ancien Testament*, 1 : *Théologie des traditions historiques d'Israël* [trad. en français par Étienne de Peyer], Labor et Fides, Genève, 1963.

51 Cf. E. Käsemann, *Il problema del Gesù storico*, dans Id. (dir.), *Saggi esegetici*, Marietti, Casale Monferrato, 1985, pp. 30–57.

52 Pour aller plus loin, se reporter à D. Mieth, *La possibilità di raccontare il futuro. Riflessioni sulla teologia narrativa sotto la guida di Robert Musil e Thomas Mann*, dans Id. – E. Schillebeeckx – H. Snijdewind (dir.), *Cammino e visione. Universalità e regionalità della teologia del XX secolo*, Queriniana, Brescia, 1996, pp. 163–183.

53 H. Weinrich, « Théologie narrative », *Concilium* 85 (1973), pp. 47–55, ici p. 51.

54 *Ibid.*, p. 49.

Jésus-Christ dans le contexte d'une société post-narrative. Cette communauté narrative primitive, entrant en contact avec le monde hellénistique de la pensée philosophique grecque, avait pourtant fini par perdre son essence et son « innocence narrative » initiales, ce qui fait que « ce n'est pas le Logos qui fut transformé en récit, mais les récits bibliques qui furent logicisés »[55]. C'est pourquoi, comme alternative à une théologie argumentative qui trop souvent se réduit à des arguments abstraits et purement conceptuels, le philologue propose, avec bien du courage, une « théologie narrative » – davantage conforme à la structure de la foi et obéissant à une Révélation faite histoire – dans laquelle événements et *Parole* deviennent les éléments constitutifs d'une narration destinée au témoignage. De ce fait, le recouvrement du langage narratif de la foi biblique et chrétienne commence depuis lors à être perçu comme une exigence incontournable de l'annonce d'un événement narré qui, dans un temps post-narratif, demande à être à nouveau raconté[56].

Disciple de Rahner et fondateur d'une théologie qui visait à répondre à la question concernant la médiation de la foi chrétienne dans la société contemporaine[57], Metz argumente en faveur de l'historicité de l'événement chrétien du salut, dans sa « Petite apologie du récit »[58] parue dans le même numéro de *Concilium* de 1973. Se situant dans le contexte d'une « théologie politique », fondée sur l'émancipation du sujet humain comprise dans un sens spécifiquement théologique[59], son apologie narrative demeure un appel invitant l'homme croyant, en tant que sujet « illuminé » par la foi chrétienne, à prendre toutes ses distances vis-à-vis d'une religion chrétienne bourgeoise, influencée par les positions anti-éthiques, anti-ecclésiales et anti-théologiques de l'Illuminisme rationaliste, où la foi court le risque de devenir une réalité privatisée et un fait de culture et de spéculation rationnelle[60]. À l'opposé, dans le monde et dans la société contemporaine, la communauté chrétienne, loin de toute tentation d'idéologisation et de positivisme théologique, est appelée à assumer un rôle théologico-politique responsable, basé sur la réalité concrète historico-salvifique de l'événement Jésus-Christ qui se passe toujours dans et par la chair, dans et par l'histoire. Le théologien allemand met d'ailleurs en garde contre le risque théologique de type bultmannien qui, faisant passer de façon tout à fait anhistorique le salut scellé dans le Christ par-dessus la tête des hommes marqués par leur histoire de

55 *Ibid.*

56 Cf. *ibid.*, pp. 52–55.

57 Cf. J.-B. Metz, « La teologia politica in discussione », dans Id. (dir.), *Dibattito sulla teologia politica*, Queriniana, Brescia, 1974, pp. 254–255.

58 Cf. Id., « Petite apologie du récit », *Concilium* 85 (1973), pp. 57–69.

59 Cf. Id., *La foi, dans l'histoire et dans la société : Essai de théologie fondamentale pratique,* traduit de l'allemand par Paul Corset et Jean-Louis Schlegel, Cerf, Paris, 1979.

60 Cf. M. Petricola, *La rilevanza del cristianesimo come* paradosso *e* con-compassione. *Itinerari teologico-fondamentali in I. Mancini e J.-B. Metz*, Pontificia Università Gregoriana, Roma, 2015, pp. 208–211.

souffrance, prive d'emblée ceux-ci, précisément, de la douloureuse situation historique de la « non-identité »[61]. C'est pourquoi, afin de sauvegarder le discours intramondain et historique de la souffrance comme réalité salvifique, à la lumière de l'histoire trinitaire qui atteint son sommet dans la *kénosis* de Dieu sur la croix[62], Metz, constatant la limite de la théologie argumentative et spéculative, propose finalement une thèse théologique alternative : « Une théologie du salut qui ne conditionne ou ne suspend pas l'histoire du salut, ni n'ignore la non-identité de l'histoire de la souffrance, c'est-à-dire ne la traverse pas dialectiquement, ne peut pas être développée seulement avec des arguments, elle doit toujours l'être d'une manière narrative, foncièrement elle est une théologie commémorative et narrative[63]. » Pourtant, bien qu'invitant la théologie à un retour narratif, il ne précise pas de quelle manière il est possible d'y revenir.

1.1.3. Les reformulations de la théologie narrative en postmodernité

Les arguments sotériologiques apportés par Metz en faveur d'une théologie narrative ne vont pas convaincre Jüngel. C'est pourquoi, aux raisons foncièrement existentielles et spéculatives concernant davantage la sphère anthropologique que la sphère théologique, le théologien luthérien va opposer des raisons théologiques. D'après Jüngel, une théologie narrative ne peut prendre sa source que dans l'histoire de l'humanité de Dieu qu'est Jésus-Christ[64]. Le Christ, l'humain de Dieu qui a assumé la chair humaine, est le divin qui parle humain, dès lors qu'il a assumé le langage même des hommes. C'est lui qui a raconté Dieu par les paraboles évangéliques. C'est pourquoi, Jüngel peut qualifier l'homme Jésus de « parabole de Dieu »[65]. À partir de cet événement de l'humanité de Dieu, à partir de cet accès de Dieu au langage humain, ce dernier reçoit la capacité d'être un discours qui correspond à Dieu. Cette correspondance, qui trouve son expression et son accomplissement dans l'Évangile, est précisément l'« analogie » mise en place par le théologien luthérien. Constatant une certaine insuffisance de l'analogie classique thomiste qui laissait foncièrement Dieu dans la position d'*inconnu* et de *mystère*, Jüngel trouve dans « l'analogie évangélique » la seule expression humaine adéquate pour dire Dieu. Celui-ci, cessant

61 C'est-à-dire l'expérience douloureuse de l'injustice, de l'inégalité, de la faute et de la finitude humaine, y compris la mort. Cf. J.-B. Metz, « Petite apologie du récit », pp. 63–65.

62 Cf. *ibid.*, p. 65.

63 *Ibid.*, p. 66.

64 Cf. E. Jüngel, *Dieu Mystère du monde. Fondement de la théologie du Crucifié dans le débat entre théisme et athéisme,* t. II, [titre original : *Gott als Geheimnis der Welt. Zur Begründung der Theologie des Gekreuzigten im Streit zwischen Theismus und Atheismus*, Mohr Siebeck, Tübingen, 1977, trad. de l'all. sous la direction de Horst Hombourg], Cerf, Paris, 1983, pp. 121–145.

65 *Ibid.*, p. 104. Cf. aussi : E. Schillebeeckx, *Gesù la storia di un vivente*, Queriniana, Brescia, 1976 ; E. Schweizer, *Gesù, la parabola di Dio. Il punto sulla vita di Gesù*, Queriniana, Brescia, 1996.

ainsi d'être le Dieu inconnaissable, est l'histoire toujours « advenante » – grâce au langage analogique de la narration – qui a imprimé un tournant décisif à l'histoire des hommes[66]. Par conséquent, cette humanité de Dieu, par le fait même d'être histoire, demande à être racontée[67].

De cette manière, à partir des arguments théologiques de Jüngel, la théologie narrative n'est plus envisagée en tant que thématique répondant aux besoins existentiels de l'homme, comme selon l'apologie de Metz. Exigeant nécessairement des raisons théologiques, elle commence à s'imposer comme dimension inhérente à la Révélation elle-même, en tant que forme d'un discours qui correspond à Dieu[68].

D'autres auteurs tels Molari, Wacker, Cooper et Navone, déplaçant la réflexion théologique sur la dimension narrative de la Révélation et de la foi dans un contexte ecclésiologique et pastoral, essaient de tracer le profil d'« une théologie compétente dans l'analyse des récits salvifiques et soucieuse d'entretenir les capacités narratives de la communauté ecclésiale »[69].

Dernièrement, plus de quarante ans après la proposition théologico-narrative lancée par *Concilium*, c'est, du côté catholique, le théologien jésuite Theobald qui essaie de repositionner la théologie narrative[70] dans le contexte dogmatique de la Révélation et de la transmission de la foi. Si la théologie narrative esquissée par Metz repose sur le principe anthropologico-sotériologique du récit, en tant que réponse aux aspirations de l'homme en situation de « non-identité dans la faute, dans le destin de finitude et de mort »[71], réponse que seule « une théologie commémorative et narrative »[72] peut donner, la théologie narrative proposée à nouveaux frais par Theobald dans le contexte d'une époque « post-métaphysique »[73] ne doit pas uniquement attacher son statut scientifique et son

66 Cf. E. Jüngel, *Dieu Mystère du monde,* t. II, pp. 92–145.

67 Cf. *ibid.,* pp. 131–132.

68 Ce résumé ne se veut pas ni ne peut ici être exhaustif par rapport à la présentation plus complète et plus détaillée de la pensée théologique de Jüngel, sur laquelle je vais revenir, lui consacrant le paragraphe suivant (cf. *infra*, 1. 2).

69 C. Molari, *Natura e ragioni di una teologia narrativa*, dans B. Wacker, *Teologia narrativa*, Queriniana, Brescia, 1981, pp. 5–29, ici p. 7, je traduis. Cf. aussi B. Wacker, *Teologia narrativa* ; J. Navone, *L'amore evangelico : una teologia narrativa*, Borla, Roma, 1986 ; J. Navone – T. Cooper, *Narratori della Parola*, Piemme, Casale Monferrato, 1986.

70 Pour une vision approfondie de ce sujet tel que traité par Theobald, se reporter aux ouvrages suivants : C. Theobald, *Le christianisme comme style. Une manière de faire de la théologie en postmodernité,* t. 1, Cerf, Paris, 2007, pp. 459–481 ; Id., *« Dans les traces... » de la constitution « Dei Verbum » du concile Vatican II. Bible, théologie et pratiques de lecture*, Cerf, Paris, 2009, pp. 109–116 ; Id., « I racconti di Dio », pp. 50–62 ; Id., « La foi a une histoire », pp. 27–45.

71 J.-B. Metz, « Petite apologie du récit », p. 63.

72 *Ibid.,* p. 66.

73 Après l'époque où soit la métaphysique de la pensée philosophique soit les grandes religions monothéistes imposaient leurs conceptions particulières de l'univers et un style de vie spécifique comme

importance théologique à l'exigence de *se confronter* aux divers styles de vie de la société contemporaine pluraliste et laïciste. Si elle ne veut pas passer pour une mode, mais être véritablement fondée théologiquement et philosophiquement, assumant de ce fait la tâche d'une théologie chrétienne adéquate à une société post-métaphysique et postmoderne, la théologie narrative est censée faire ressortir la même analogie qu'habite la Révélation. Selon cette dernière, « la *forme* de la mémoire biblique, tissée de récits et d'évaluations, est l'"expression" parfaite du *contenu* de cette mémoire, dessein de Dieu "structuré" par sa manière unique de se livrer à nos évaluations et à nos récits »[74]. D'où la *question stylistique* fondamentale[75] soulevée par le jésuite du Centre Sèvres : « Oui ou non, y a-t-il *concordance*, et si oui laquelle, entre *ce que* tel texte biblique ou discours théologique veut communiquer et *sa manière* de le faire ? »[76] Il s'agit certainement d'une question radicale, dès lors que l'enjeu d'une théologie narrative qui se veut précise et médiatrice est bien « l'Évangile, "le mystère", la "foi" [...] ou aussi la correspondance mystérieuse de "la foi" avec le "point de vue" de Dieu »[77].

Afin d'y répondre, Theobald se confronte d'abord aux arguments qu'ont fait valoir quelques auteurs qui le précèdent. Ainsi, suivant les traces de Beauchamp qui s'appuie sur des raisons anthropologiques, Sesboüé fonde la nécessité du récit dans la capacité de ce dernier de répondre à un « manque », voire à un « manquement » humain, à l'exemple du récit biblique, lequel comporte l'expression des « deux composantes de notre salut, libération de la finitude et libération du mal »[78]. Il n'en va pas de même, selon Theobald, chez Metz, qui, face à l'histoire de la souffrance, de la faute et des vaincus, fait appel au

norme universelle, les sociétés modernes vivent un temps que Theobald et d'autres penseurs contemporains qualifient de « post-métaphysique ». Il s'agit d'une époque caractérisée par un fort pluralisme de pensée laïque, autoréférentielle et relativiste, où l'interrogation à propos de l'avenir des sociétés humaines court le risque d'être confisquée par les biosciences et les biotechnologies, soucieuses de quelque manière de la « naturaliser » et de la résoudre en termes de science-fiction (cf. C. THEOBALD, « I racconti di Dio », pp. 51–55).

74 C. THEOBALD, « I racconti di Dio », p. 51, je traduis. De ce fait, la théologie narrative, déjà plurielle en elle-même à cause des divers et différents *récits* et *figures* de la foi qui la composent, loin de *se confronter* tout simplement à un monde également pluraliste en lui-même, afin de se montrer « adéquate » à ce dernier, n'a qu'à assumer cette *forme* plurielle de la Révélation. Faisant ainsi, elle peut jouer le rôle d'« analogué » de la société laïque multiforme et complexe, postmoderne et post-métaphysique.

75 La qualification de « stylistique » veut exprimer proprement la *manière* analogique de la Révélation selon laquelle la *forme*, a savoir l'expression biblique correspond ou *concorde* avec le *contenu* véhiculé, c'est-à-dire Dieu même qui s'y révèle.

76 Id., *« Dans les traces... »*, p. 110. Cf. aussi Id., « I racconti di Dio », p. 59.

77 ID., « Iraccontidi Dio », p. 59, je traduis.

78 ID., *Le christianisme comme style,* t. I, p. 473.

récit comme forme d'une « sotériologie purement spéculative »[79]. Enfin, le théologien luthérien Jüngel, offrant des raisons proprement théologiques, affirme, toujours pour Theobald, que l'humanité de Dieu, événement qui a imprimé un tournant à l'histoire humaine, ne peut être racontée que par le biais d'un langage conforme à l'histoire, à savoir le langage de la narration biblique[80]. Et pourtant, cette narration biblique demande à être sauvegardée du risque d'une multiplication « apocryphe » de récits[81]. Raison pour laquelle, parmi les divers genres littéraires qui entrelacent l'intrigue biblique, il existe aussi, comme Jüngel ne manque pas de le souligner[82], la forme argumentative, notamment celle des « lettres apostoliques au caractère fortement discursif »[83]. C'est bien cette forme discursive, selon Jüngel, qui fait barrage aux menaces des récits apocryphes, tout en sauvegardant la narration évangélique. Cela comporte que « Dieu n'a pas d'histoires, il est histoire »[84], car la seule histoire et la seule image qu'il offre à la contemplation est son Fils crucifié[85]. Or, bien que l'argument de Jüngel – d'après Theobald – n'emporte pas totalement l'adhésion, notamment sa concentration théologique autour du Crucifié qui suspend tout récit et interdit n'importe quelle image, « on ne peut nier, précise Theobald, qu'il [Jüngel] a touché, comme en passant, au principe même d'une "dogmatique narrative" qui consiste à mettre en évidence la concordance absolue entre la forme et le contenu de la mémoire biblique »[86]. C'est donc à partir de la suggestion offerte par le théologien luthérien que le théologien de Paris essaie de refonder la théologie narrative. En fait, affirmant qu'il y a une « concordance absolue entre *ce qu'il* [Dieu] *est* et sa *manière* de se livrer entre nos mains »[87], Theobald repère cette concordance dans la « sainteté de Dieu », sainteté qui « demande à être racontée »[88].

79 *Ibid.* La raison sotériologique avancée par Metz pour défendre la place du récit biblique repose sur la *memoria passionis* en tant que récit qui raconte un salut s'accomplissant *par* la souffrance. Tandis que les raisons anthropologiques apportées par Sesboüé plaident d'abord en faveur du récit comme expression de libération *de* toute forme de chaînes.

80 Cf. *ibid.*

81 Dans le contexte de l'argumentation de Jüngel visant à sauvegarder l'objet même du récit, à savoir le Christ, l'histoire humaine et unique de Dieu, le terme « apocryphe » désigne le risque dont un récit peut être atteint, lorsqu'à la place de faire ressortir cette Histoire, celui-ci véhicule plutôt la fonction soit pragmatique, soit morale ou exemplaire. Je me confronterai de manière particulière à cette question plus loin (voir *infra*, 1.2.3, notamment la n. 247).

82 Cf. E. Jüngel, *Dieu Mystère du monde,* t. II, pp. 143–144.

83 C. Theobald, *Le christianisme comme style,* t. I, p. 475.

84 E. Jüngel, *Dieu Mystère du monde,* t. II, pp. 144–145.

85 Cf. C. Theobald, *Le christianisme comme style,* t. I, p. 475.

86 *Ibid.*, j'explicite.

87 Id., *« Dans les traces... »*, p. 113, j'explicite.

88 *Ibid.*

Laissant donc reposer la théologie narrative sur le *principe stylistique* soit *esthétique* de concordance entre la forme et le contenu[89], le théologien jésuite applique ce principe à la fois aux textes et aux témoins. L'appliquant aux *textes*, il montre que ce principe de concordance, formulé dans l'abrégé « sainteté de Dieu », ne peut s'accomplir que moyennant la narration. De fait, notant la limite de la disproportion entre la sainteté « démesurée » de Dieu et la mesure humaine, Theobald remarque que « ne pouvant jamais être défini, *l'incomparable demande donc à être raconté* ; raconté *dans une multiplication de récits* »[90]. D'ailleurs, ayant assumé une figure historique dans la personne du Christ, l'incomparable de Dieu s'est fait histoire (une fois pour toutes). Cette histoire divine, racontée dans « la grande intrigue biblique, déjà plurielle en elle-même »[91], engendre, d'après lui, une multiplication de récits, à partir des récits bibliques, dans leur multiformité d'expressions et de genres littéraires, jusqu'à la forme plurielle de la théologie dogmatique, y compris les récits de foi et les écrits spirituels et hagiographiques, « calqués sur les récits évangéliques » et convergeant « dans une immense multiplication de récits »[92]. Ainsi, transgressant la pensée jüngelienne, selon laquelle « Dieu n'a pas d'his-

89 Cf. Id., « *I racconti di Dio* », pp. 59–60. Ce « principe de concordance entre la *forme* ou les *formes* de communication, inhérente(s) à la mémoire biblique, et son *contenu* » (Id., *« Dans les traces... »*, p. 112), que Theobald qualifie d'« esthétique » en plus de stylistique, ne constitue pas, en réalité, un concept théologique tout à fait neuf et innovateur. C'est Jüngel qui, ayant suffisamment argumenté autour de cette correspondance, repère dans le langage narratif de l'Évangile – en tant que « raccourci » pour ainsi dire de Jésus-Christ, la parabole de Dieu – l'analogie (la *forme*) adéquate pour dire l'humanité de Dieu (le *contenu*). Il paraît donc assez étonnant que Theobald en parle en termes d'hypothèse : « Mon hypothèse est qu'il y a théologie, et théologie narrative en particulier, quand son contenu et sa forme concordent absolument. On pourrait donc dire que la dogmatique narrative est vraiment à la hauteur de son propre programme si, dans un même mouvement de pensée, la *forme* de sa mémoire faite de récits, de débats et de structures régulatrices est l'expression parfaite du *contenu* théologal de cette mémoire, dessein de Dieu "structuré" par sa façon unique de se livrer à nos récits *et* à nos débats. » (C. Theobald, *Le christianisme comme style,* t. I, p. 472) En revanche, l'application « théologale » qu'il en fait, lorsqu'il étend ce principe aux « témoins », appelés en tant que croyants à « correspondre » au contenu de la mémoire biblique, c'est-à-dire à « la sainteté de Dieu elle-même », paraît plus originale. D'ailleurs, son essai, intitulé, non sans raison, *Le christianisme comme style*, a un objectif donné et relève un défi précis. L'objectif : dépasser l'attitude théologique traditionnelle, réduite à transmettre de purs contenus doctrinaux, tout en accentuant la présentation du christianisme comme façon « hospitalière » d'habiter le monde et comme *style* de *styles*, révélateur d'une identité chrétienne déjà plurielle en elle-même, et porteur de crédibilité dans un monde marqué par le pluralisme de visions, de pensées et de discours, qui attend d'être « hébergé ». Le défi : face à une société postmoderne et post-narrative où il ne semble plus qu'il y ait de la place pour l'efficacité de la narration, la théologie saura-t-elle assumer une « posture » narrative à même d'offrir un témoignage de la vérité marqué de la force performative des récits de Dieu ?

90 C. Theobald, *Le christianisme comme style,* t. I, p. 478. Voir *infra*, 1.2.4.2, où je mets en cause la thèse de Theobald « Dieu ne pouvant être défini... demande à être raconté », en tant qu'argument qu'il fait valoir contre l'axiome de Jüngel « Dieu n'a pas d'histoires, il est histoire ».

91 C. Theobald, *« Dans les traces... »*, p. 113.

92 *Ibid.,* p. 114.

toires, il est histoire »[93], Theobald appuie sa thèse autour des « récits de Dieu » sur une affirmation de l'épître aux Hébreux : « "Il convenait, en effet, écrit son auteur, à celui pour qui et par qui tout existe, de conduire à la gloire *une multitude de fils*" (He 2,10). Cette extraordinaire transgression n'indique-t-elle pas que le Dieu de Jésus-Christ a bel et bien une multitude d'histoires ? »[94]

Appliqué aux témoins, le principe de concordance met en corrélation le récit du Dieu trois fois Saint de la mémoire biblique avec la vie des croyants, de manière à ce qu'« il assume alors plus concrètement le nom de "sainteté" : forme de vie (*modus vivendi*) qui correspond tout à fait à ce qu'elle signifie, à savoir la sainteté même de Dieu »[95]. Parmi ces témoins, « quiconque » est inclus, qu'il soit celui (ou celle) n'ayant pas encore de foi ou ayant une foi simple et initiale ou qu'il soit celui (ou celle) qui, « sans devenir disciple, se découvre bénéficiaire d'un acte de "foi" : "Va, mon fils, ma fille, ta foi t'as sauvé/e" (cf. Mc 2,5 ; 5,34) »[96]. De fait, à l'intérieur de son dessein universel de salut où Dieu est le « sujet de la grande intrigue de l'histoire et du monde »[97], ce qui compte, ce n'est pas seulement l'acte de foi ou « acte doxologique »[98] des disciples du Christ, en tant qu'« acte

93 E. Jüngel, *Dieu Mystère du monde,* t. II, pp. 144–145.

94 C. Theobald, *Le christianisme comme style,* t. I, p. 477. À partir de l'unique et incomparable « engendré » (cf. Ps 2 ; 110 ; Is 53,8) qu'est le Fils, Dieu engendre par « grâce » une multitude de fils, à savoir une multitude d'« uniques » et d'« incomparables », comme le précise Theobald lui-même, car « l'engendrement gracieux d'un tel ou d'une telle à l'image de l'Unique les rend *incomparables* » (*ibid.*, p. 478). Cette théologie de l'engendrement de l'« Unique » et des « uniques », ne saurait être compréhensible hors du contexte de l'*analogia regni* ou de l'analogie de la « rencontre », autour de laquelle s'articule l'argumentation théologique de Theobald. Sur ce sujet je reviendrai au cours du paragraphe suivant (cf. *infra*, 1.2.4). Ici, je veux seulement introduire la question qui touche à la différence entre l'Histoire et les histoires, et qui fait l'objet d'un différend entre Jüngel et Theobald. Si Jüngel défend à tout prix l'unicité de l'Histoire de Dieu, Theobald, par contre, se prononce en faveur de la thèse opposée, à savoir que Dieu a une multitude d'histoires. Cette dernière trouverait son analogue, de l'avis du théologien de Paris, dans la « multitude de fils » d'He 2,10 qui devient, de ce fait, cette « multitude de récits » dont la *forme* « correspond » à l'Unique (*contenu*). Bien que le lien établi par Theobald entre « les fils engendrés » d'He 2,10 et « les récits de Dieu » apparaisse faible, du fait que cette explicitation théologique susceptible d'une véritable mise en valeur des deux réalités y fait défaut, Theobald touche à un discours « analogique » qui englobe, dans le sillage de la Tradition, tout débat, toute réflexion théologique, toute hagiographie et tout témoignage auxquels Dieu se livre (cf. Id., « I racconti di Dio », p. 56). Une telle perspective va se croiser en partie avec la réalité théologique qui constitue le noyau de ma recherche et que je vais définir avec la formule de « troisième Testament » (voir *infra*, chap. 4). Il s'agit du témoignage autobiographique où tous les « hommes-récits », pour utiliser une expression de Beauchamp (voir *infra*, 4.3.1), s'avèrent les « analogues » (ou les « uniques » engendrés dont parle Theobald) de celui (l'« Unique ») qui, par eux, « se rend analogue » (voir *infra*, n. 174), tout en se révélant lui-même *sous le mode* du témoignage trito-testamentaire (voir aussi *infra*, chap. 4).

95 C. Theobald, « I racconti di Dio », p. 59, je traduis, ainsi que les passages suivants.

96 *Ibid.*, p. 58.

97 *Ibid.*

98 *Ibid.* ; cf. aussi *ibid.* p. 62, n. 45.

d'évaluation et de pondération »[99] ou « acte de liberté sans aucune garantie »[100], comme le définit Theobald, mais aussi la foi humaine, reconnue par Jésus comme une « foi grande » (Lc 7,9), une foi qui ouvre devant l'Écriture un horizon suffisamment large pour accueillir tout le monde[101]. Cela étant, « la théologie – dit Theobald – est aujourd'hui appelée à assumer une attitude hospitalière, non pas exempte de critique évidemment, envers toutes les manifestations d'une "foi" en la vie et en l'avenir de l'humanité, n'importe comment d'ailleurs ces résurgences se présentent et à n'importe quelle profondeur elles se trouvent »[102].

Les points communs entre Theobald et Jüngel sautent aux yeux. D'abord, cette « concordance » entre le contenu et la forme, entre *ce que Dieu est* et sa *manière* de se livrer aux hommes, correspond en fait à la question analogique, abordée par Jüngel – comme le reconnaît Theobald lui-même[103] –, d'un discours adéquat à l'humanité de Dieu. Puis, que pour Theobald ce soit la sainteté de Dieu qui demande à être racontée, tandis que pour Jüngel c'est l'histoire qui, du fait de sa nature même, demande à être racontée – à plus forte raison l'histoire de l'humanité de Dieu qui a imprimé un tournant à l'histoire des hommes –, cela me paraît être une *correspondance de termes* qui, en réalité, n'entraîne pas de changements importants[104].

Au fond, le seul point où se manifeste une véritable divergence entre les deux théologiens est la distinction entre l'Histoire et les histoires. Ainsi, d'un côté, Jüngel met en exergue l'axiome « Dieu n'a pas d'histoires, il est histoire », ce qui interdit toute figure et toute histoire face à la seule image du Christ, histoire unique et singulière (*ephapax*) de l'humanité de Dieu ; de l'autre côté, Theobald avance la thèse selon laquelle « le Dieu de Jésus-Christ a bel et bien une multitude d'histoires », à partir des innombrables récits de

99 *Ibid.*, p. 57.
100 *Ibid.*, p. 52.
101 Cette ouverture universelle de l'Écriture, mentionnée par Théobald, projette la Révélation en avant vers le courant de la Tradition, où tous les hommes, même ceux qui gardent une foi implicite dans le Christ (ou foi humaine, ainsi que l'appelle Theobald), sont sujets de la Révélation. C'est proprement ce à quoi ma recherche essaie de parvenir, lorsque je vais saisir dans le témoignage autobiographique dudit « troisième Testament » une correspondance analogique entre la forme et le contenu de la Révélation, à partir de la Parole-Écriture jusqu'à la Tradition orale (voir *infra*, chap. 4, notamment 4.3.2). Toutefois, cette foi humaine (ou implicite) est ambiguë, chez Theobald, car elle n'est proprement pas une foi christologique, qu'elle soit implicite ou explicite, ainsi que je la comprends et ainsi que je l'explicite à la n. 385. Par contre, pour le théologien de Paris, elle est « une "foi" en la vie et en l'avenir de l'humanité » ainsi qu'il le dit lui-même (voir *infra*, la cit. attachée à la n. 102).
102 C. Theobald, « I racconti di Dio », p. 58.
103 Cf. C. Theobald, *Le christianisme comme style*, t. I, p. 475 ; Id., « I racconti di Dio », p. 56.
104 Pour donner quelques exemples : « le discours adéquat sur Dieu » ou « la correspondance du discours humain à Dieu » de Jüngel devient chez Theobald « la concordance entre la forme et le contenu » ; ou encore, « l'histoire de l'humanité de Dieu » (Jüngel) devient « la sainteté de Dieu » (Theobald).

la « grande intrigue biblique » jusqu'à ceux que celle-ci engendre. Sur cette question, il y a, sans doute, un malentendu, sur lequel je reviendrai plus loin, au cours du paragraphe entièrement consacré à la réflexion jüngelienne[105].

À la fin de cette présentation historique et théologique du cheminement de la théologie narrative, une évaluation s'impose. Le tournant narratif, depuis la « théologie des traditions » de von Rad jusqu'à « la structure narrative de la foi » soulignée par Theobald, a sans doute amené la théologie biblique aussi bien que la théologie fondamentale à une nécessaire redécouverte du récit, conformément à la forme foncièrement narrative du message et même du langage de la Révélation. Jüngel reste, à mon avis, celui qui a offert à la théologie narrative des arguments toujours valides et convaincants méritant, pour cela même, d'être ultérieurement approfondis. Cela vaut aussi pour une vision théologique qui, à côté de la dimension proprement narrative, souhaite inclure également la dimension autobiographique, soit par rapport à la Révélation, soit par rapport à l'annonce de la foi. Mais je voudrais remarquer ici qu'à Jüngel, on doit surtout attribuer le mérite d'avoir envisagé la théologie narrative en termes d'analogie. De fait, la qualification analogique de la narration biblique, où Dieu, venant au monde, accède au langage humain[106], ouvre un chemin important par rapport au mystère de la Révélation, notamment à l'égard de la sacramentalité de la Parole, question que je vais explorer au chapitre 2.

1.2. L'Évangile comme « analogie d'Avent » dans la pensée théologique d'Eberhard Jüngel

1.2.1. L'aporie de l'*analogia entis* d'après l'analyse philosophico-théologique de Jüngel

À ce stade de ma réflexion, plusieurs raisons m'amènent à consacrer à la pensée théologique d'Eberhard Jüngel un certain espace. Premièrement, parce qu'abordant le sujet de la Révélation, il a dû également envisager – d'une façon assez approfondie – le sujet de l'analogie, une question théologique incontournable qui, suite à la contestation de l'*analogia entis* de la part de Barth, a été au centre du débat théologique entre catholiques et protestants[107].

105 Voir *infra*, 1.2.3.

106 Cf. E. Jüngel, *Dieu Mystère du monde*, t. II, p. 98.

107 Cf. *ibid.*, pp. 92–100. Il est opportun de signaler d'ores et déjà quelques repères bibliographiques concernant la question analogique en théologie, qui se développe à partir de s. Thomas d'Aquin, et qui connaît des évolutions, suite notamment aux critiques sévères que le théologien protestant Barth émet contre l'analogie classique. Pour un approfondissement de l'*analogia entis*, voir B. Montagnes, *La doctrine de l'analogie de l'être d'après saint Thomas d'Aquin*, Nauwelaerts, Louvain-Paris, 1963 (notamment pp. 65–114) ; C. Fabro, *Opere Complete*, vol. 10 : *Dio. Introduzione al problema teologico*, Editrice del Verbo Incarnato, Segni (Roma), 2007, notamment les pp. 97–123 consacrées à la

Deuxièmement, parce que c'est sur une conception analogique, qu'on qualifie communément d'« évangélique », mais que je préfère appeler « analogie d'Avent »[108], comme Jüngel lui-même a voulu la nommer, qu'il appuie sa proposition théologico-narrative[109]. Troisièmement, parce que les arguments que Jüngel invoque, afin de justifier, non seulement la nécessité de la Révélation, mais aussi l'*accès* de Dieu au langage humain en modalité *narrative*, sont à mon avis convaincants et restent toujours valides. Et finalement, parce qu'il touche, bien que de manière indirecte, à l'aspect autobiographique et, comme en passant, même à l'aspect sacramentel de la Révélation[110]. Pour ces raisons, qui concernent pleinement le sujet de ma recherche et dont celle-ci tire parti, je vais parcourir l'articulation de la réflexion théologique de ce théologien luthérien.

Dans son précieux ouvrage *Dieu Mystère du monde*, avant de montrer *comment* le langage humain peut *dire Dieu*, Jüngel se pose la question préalable « si Dieu est humai-

connaissance analogique de Dieu à partir de la doctrine thomiste ; M. SEGURÓ, « *Analogia entis* : la disputa cayetano-suarista como antesala para una teoría actual de la analogía (M. Beuchot) », *Rivista di Filosofia Neo-Scolastica*, 103/1 (2011), pp. 3–20 ; P. BLANCO, « *Analogia entis, analogia fidei.* Karl Barth dialoga con teólogos católicos », *Scripta Theologica* 51 (2019), pp. 67–95. Une bonne synthèse de l'analogie *esthétique* et *kénotique* de Balthasar, aussi bien que de l'analogie évangélique ou *parabolique* de Jüngel, est offerte par le texte d'Henriette Danet, qui est constitué de l'essentiel de sa thèse de théologie présentée en 1985 à l'Institut Catholique de Paris (cf. H. DANET, *Gloire et croix de Jésus-Chist. L'analogie chez H. Urs von Balthasar comme introduction à sa christologie*, Desclée, Paris, 1987, surtout les pp. 21–103). Pour la question concernant l'*analogia entis* par rapport à l'*analogia fidei*, se reporter à H.-U. VON BALTHASAR, *Karl Barth. Présentation et interprétation de sa théologie*, Cerf, Paris, 2008 (surtout les pp. 135–254). Ce dernier texte offre une illustration de la position de Barth lequel, comme on le sait, rejette catégoriquement l'*analogia entis*. Balthasar essaie de plaider en faveur de Barth car sa perspective christocentrique, celle de la Révélation, est effectivement la seule voie pour connaître « Dieu selon Dieu », par la grâce que Dieu offre à la créature humaine : « Dieu ne peut être connu que par Dieu et que par Dieu seul » (expression barthienne citée par Balthasar dans *ibid.*, p. 244). Par conséquent, Dieu ne peut pas être connu tel qu'il est par la seule intelligence et par la seule connaissance naturelle car cela mettrait la créature au même niveau que Dieu, en gommant toute distance entre Dieu et l'homme : « De quelque manière que l'on décrive la capacité humaine de connaître – qu'on lui attribue une extension plus ou moins grande –, l'affirmation selon laquelle Dieu ne peut être connu que par Dieu (nous parlons de Dieu tel qu'il s'est révélé dans sa Parole) n'est pas fondée et déduite à partir de telle ou telle conception de la capacité humaine de connaître » (citation de Barth reprise par Balthasar dans *ibid.*, p. 245). Pour autant, ce qui pousse Balthasar à sauver Barth, c'est que l'*analogia fidei* inclut l'*analogia entis*. Cela signifie que l'*ordre de la création* est inclus dans l'*ordre de l'incarnation*, car la première est en vue et en fonction de la seconde (cf. *ibid.*, pp. 248–251). Je signale également un recueil de contributions théologiques, publié récemment sous la direction de Jean-Louis SOULETIE, illustrant les diverses requalifications de l'analogie classique mises en place par des théologiens et des philosophes de la modernité et de la postmodernité (cf. ID. (dir.), *Nommer Dieu. L'analogie revisitée*, Lessius, Namur, 2016).

108 E. JÜNGEL, *Dieu Mystère du monde*, t. II, p. 98.

109 Cf. *ibid.*, pp. 126–145.

110 Cf. *ibid.*, respectivement pp. 114–115, n. 187, et pp. 113, 136.

nement dicible »[111]. La réponse, affirmative, qui repose sur le présupposé double considérant « *Dieu et l'homme* comme êtres de langage, chacun à sa façon particulière »[112], constitue la *conditio sine qua non* du discours *sur* Dieu, question centrale et décisive de la théologie[113]. Tandis qu'à l'égard de la question qui demeure au cœur de l'ouvrage jüngelien, « *comment* peut-on correspondre à Dieu ? »[114], la réponse se développe à partir des « limites » que Jüngel attribue à l'*analogia entis,* telle qu'explorée par saint Thomas[115].

Même si Dieu reste foncièrement « indicible », expression qui résume ladite théologie « apophatique », pour le grand docteur dominicain un certain discours sur Dieu est néanmoins possible[116]. Pourtant, il faut savoir si Dieu peut être exprimé en paroles hu-

111 *Ibid.*, p. 14. À partir du présupposé dérivant des données de la Révélation, à savoir le fait même que Dieu s'est exprimé, Jüngel affirme que « toute théologie est dépendante d'une "religion positive" » (*ibid.* p. 12). La position de certaines théologies chrétiennes anciennes selon lesquelles « un discours sur Dieu ne pourrait dire en principe que ce qu'il *n*'est *pas* : *Deus definiri nequit* » (*ibid.,* p. 15), est donc combattue par Jüngel. En revanche, la thèse qu'il défend dans son ouvrage *Dieu mystère du monde* est celle d'un « Dieu dicible », car l'historicité de la Révélation et son expression langagière suffisent pour le théologien luthérien à une conception positive ou cataphatique du mystère.

112 *Ibid.,* p. 15, n. 3. Voir *infra* 2.1.2.

113 Il est important de distinguer, dès maintenant, la théologie en tant que science humaine de la théologie inhérente à la Révélation elle-même, du fait que la première se veut uniquement « discours *sur* Dieu », tandis que la seconde est « le discours *de/sur* Dieu », où *de* et *sur* s'avèrent les termes inséparables de l'analogie, voie incontournable de la Révélation elle-même. Car, Dieu parlant de lui-même, des hommes et de tout ce qui concerne le salut à partir de ce que des hommes ont dit et ont écrit *sur* Dieu, toute parole qui sort de la bouche de Dieu est en même temps parole humaine, quoique inspirée, qui sort de la bouche et de la plume des hommes. Voir aussi *infra*, n. 189.

114 E. Jüngel, *Dieu Mystère du monde*, t. II., p. 15, je souligne.

115 L'*analogia entis* s'avère insuffisante, d'après Jüngel, car si elle pensait être une voie positive d'un discours sur Dieu, finalement elle ne jouera que le rôle de *via negativa*, comme le remarque aussi Danet : « La prémisse de l'analogie métaphysique renferme une contradiction interne insoluble. L'argument de causalité ou de dépendance Dieu/homme (Kant, Schleiermacher) représente la surdétermination a priori d'une relation ; la conclusion aboutit, au contraire, à une indétermination. Dieu est déterminé, en définitive, comme indéterminable. » (H. Danet, *Gloire et croix de Jésus-Christ*, p. 63)

116 Déjà proposée par Denys l'Aréopagite et Jean Damascène, l'expression « apophatique » désigne la *via negationis* en tant que la seule manière de parler de Dieu, c'est dire ce qu'il n'est pas (cf. E. Jüngel, *Dieu Mystère du monde*, t. II, pp. 17–37). Par contre, la position de Thomas d'Aquin penche plutôt du côté d'un Dieu qui est en quelque manière, précisément celle analogique, « dicible » – faute de quoi aucun discours théologique ne serait possible –, mais qu'il n'est pas connaissable tel qu'il est. C'est pourquoi on ne peut arriver à en démontrer et en affirmer que l'existence, par les voies naturelle, rationnelle et philosophique. Cependant, il s'agit d'une connaissance qui « nous le représente comme le profondément inconnu » (*ibid.*, p. 33). Seule la foi fait accéder à la vérité des articles de foi, car le véritable « savoir, pour Thomas, signifie voir » (*ibid.*, p. 29). Et pourtant, *voir* correspond à la vision de la foi. Même les définitions de Dieu affirmant sa perfection absolue (*via eminentiae*) sont adéquates quant à leur signification, mais non pas quant à ce que Dieu est en lui-même. De la sorte, en définitive, « l'herméneutique de l'impossibilité de dire Dieu maintient l'essence de Dieu, semble-t-il, comme mystère », de l'avis de Jüngel (*ibid.*, p. 37). Dans un tel cadre, « quand la théolo-

maines, de manière telle que celles-ci correspondent réellement à son être, ce qui conduit Thomas d'Aquin à trouver une telle correspondance dans le langage analogique[117].

Déjà, dans la pensée de Jean Damascène, une théologie qui procède par une voie de négation est préférable à une théologie affirmative, car cette dernière risquerait de réduire la divinité à des assertions insuffisantes[118]. Malgré son être indicible et inconcevable, moyennant la Révélation, la loi et les prophètes d'abord, et finalement le Fils, Seigneur et Sauveur Jésus-Christ, Dieu s'est rendu connaissable selon la mesure de la capacité humaine de comprendre[119]. Mais pas en tout cas par rapport à son essence et à sa nature, lesquelles demeurent inconnaissables[120].

Pour Thomas d'Aquin, Dieu est connaissable en tant que cause d'effets et donc à partir de ses effets[121]. D'ailleurs, sa théologie des cinq voies de la connaissance de l'existence de Dieu repose sur le principe de causalité. Et pourtant, malgré le fait qu'existence et essence de Dieu ne font qu'un, on ne peut en « démontrer » que l'existence. Les appellations de Dieu elles-mêmes, parvenant par la Révélation, disent une certaine « quiddité » de Dieu de manière imparfaite. C'est pourquoi, si le langage est adéquat par rapport à la signification des mots, par rapport à « la *manière dont* ces mots exercent leur fonction signifiante *(modus significandi)* », il reste « un discours *inadéquat* sur Dieu »[122]. Or, c'est bien en cela que consiste l'*analogia entis* de Thomas d'Aquin. Cependant, entrer dans les méandres de cette analogie, c'est tout d'abord revenir à la source de ladite doctrine, à savoir recourir à la théorie analogique d'Aristote, où Thomas d'Aquin lui-même puise sa matière.

Aristote fixe deux typologies analogiques : l'analogie métaphorique (la seule qu'il appelle « *katà analogon* »), et l'analogie qu'on peut dénommer – à l'aide de Jüngel – « logique »[123].

Dans le premier modèle l'analogie, fonctionnant comme une métaphore, c'est-à-dire un transfert de langage, établit qu'entre des choses très différentes il y ait une certaine correspondance. Cette correspondance fait donc que les éléments entièrement différents aient des *rapports semblables*. Un des exemples par lequel Aristote explique ce type d'analogie, c'est ceci : comme la vieillesse (*a*) se rapporte à la vie (*b*), le soir (*c*) se rapporte

gie parle de Dieu, elle le tait encore davantage », du fait que le langage humain « parlant de Dieu reste en arrière de lui » (*ibid.*, les deux citations).

117 Cf. *ibid.*, p. 16.

118 Cf. *ibid.*, p. 20.

119 Cf. *ibid.*, p. 22.

120 Cf. *ibid.*, p. 23.

121 Cf. *ibid.*, p. 24.

122 *Ibid.*, p. 36.

123 Cf. *ibid.*, p. 70.

à la journée (*d*). De là l'engendrement des expressions métaphoriques, où le soir peut être appelé « vieillesse du jour », et la vieillesse peut être définie « soir de la vie »[124].

Dans le second modèle, les éléments entre eux non comparables entrent en relation moyennant un élément commun. Si les noms sont classés en univoques, équivoques et analogues, c'est grâce à ces derniers que ce type d'analogie peut fonctionner, car le nom analogue fait fonction de médiation. Par exemple, « sain » peut qualifier des choses totalement différentes et non cohérentes entre elles, et pourtant, cela est dit de chacune d'elles[125]. Ce qui fait qu'en l'occurrence « le fondement de la dénomination analogique consiste donc en ce que des choses *diverses* ont des *rapports divers* à *un point commun*, duquel – comme d'un ontologiquement premier – "l'autre dépend pareillement, et par la médiation duquel il est nommé comme il est nommé" »[126]. Si dans le premier modèle analogique on se trouve confronté à « une proportion qui, sur la base de rapports semblables (identiques) entre des valeurs dissemblables, rend celles-ci comparables entre elles au sein d'un rapport de rapports »[127], dans le second modèle, l'analogie fonctionne « sur la base des rapports, entre eux non comparables, de choses différentes à l'un qui leur est commun »[128]. Ce qui fait qu'une telle analogie d'attribution « est constituée par un "*analogans*", dont dépend comme "*analogatum*" ce qui reçoit chaque fois de lui son nom »[129].

Réadaptée par Thomas d'Aquin au discours métaphysique, l'analogie, surtout celle relative au second modèle aristotélicien, devient le seul langage qui convienne à un discours responsable sur Dieu, tout en assumant une importance capitale, soit face à l'apophatisme, soit face au panthéisme[130]. Il s'agit donc d'appliquer à Dieu, non de manière univoque ni non plus de manière équivoque, mais de manière analogue, les prédicats affirmatifs par lesquels le langage humain désigne l'être des créatures. Ce qui fait que,

124 Cf. *ibid.*, p. 71. Dans cette analogie métaphorique les quatre éléments se disposent selon le schéma $a : b = c : d$.

125 Dans l'analogie logique les éléments non comparables *b*, *c* et *d* partagent avec *a* une attribution commune.

126 *Ibid.*, p. 75.

127 *Ibid.* En raison de ces rapports de proportionnalité, cette analogie a été surnommée aussi « *analogia proportionalitatis* » (analogie de proportionnalité).

128 *Ibid.* Ce point en commun dont les autres différentes grandeurs *dépendent*, établit une analogie de rapport, appelée aussi *analogia proportionis* – à ne pas confondre avec l'*analogia proportionalitatis* du premier modèle aristotélicien – ou analogie « d'attribution » ou encore analogie « d'ordination ».

129 *Ibid.*, p. 77.

130 L'analogie thomiste est la voie pour parler de Dieu sans « équivoquer » – ce qui conduirait à l'apophatisme –, et sans « univociser » – ce qui ouvrirait les portes au panthéisme. Le premier risque, c'est le cas où, par crainte d'« équivoquer » le discours sur Dieu, il vaut mieux dire ce qu'il n'est pas. Tandis que le second risque arrive quand, disant Dieu, on attribue l'être également soit à l'*esse a se* (l'être *per essentiam*), Dieu, soit à l'*esse ab alio* (l'être *per participationem*), la créature, tout en annulant ainsi la proportionnalité même de l'être.

passant du domaine purement logico-linguistique au domaine ontologique, l'*analogia nominum* ou analogie de la dénomination devient « un moyen terme entre l'univocité et l'équivocité »[131] qui ne peut qu'impliquer l'être impliquer l'être[132]. Celui-ci constitue finalement l'élément *commun*, l'*analogans,* que les *analogata*, Dieu et la créature, partagent.

Or l'*être*, selon l'ordre de la connaissance, est attribué à l'homme comme *premier* (*per prius*), et par conséquent (*per posterius*) à Dieu en tant que cause, ce qui ne convient pas à un discours analogique sur Dieu. Car, en ce cas, « Dieu ne serait pas mis en valeur comme origine de l'être, mais, à l'inverse, il serait au même rang que les *multa*, référé à un *unum* qui lui serait alors nécessairement supérieur »[133]. Or, l'ordre logique n'est pas toujours symétrique à l'ordre ontologique. De fait, pour mieux expliciter cette analogie de dénomination selon l'ordre de la connaissance, Jüngel souligne que « ... si Dieu n'est connu que par ses œuvres comme étant leur cause, on pourrait alors dire de lui tout au plus qu'il est *la cause* des perfections qui sont pourtant *absolute et affirmative* dites de *lui-même.* Il faudrait alors appeler Dieu "bon" parce qu'il est la cause du bien, et seulement pour cette raison. Or cela, Thomas l'avait écarté comme inexact »[134]. En d'autres termes, la voie seule de la causalité s'avère insuffisante.

Il faut donc que Dieu ne soit pas rapporté à l'*unum* comme à un troisième terme, mais à l'*unum* comme à lui-même. Or, une analogie de dénomination théologiquement pertinente, où « l'*unum* envisagé comme cause se rapporte à l'unique point commun, qui est le fondement herméneutique de l'appellation analogique, parce qu'il possède ce point commun – de manière tout à fait primordiale – [...] de telle sorte qu'il est identique à lui »[135], pour l'Aquinate, ne pourrait être que l'analogie d'attribution[136].

131 E. JÜNGEL, *Dieu Mystère du monde*, t. II., p. 78.

132 L'emploi de l'analogie aristotélicienne, que l'Aquinate fait au sein d'un discours ontologique et métaphysique, engendre la dénomination tardive – remontant au XVe siècle – d'*analogia entis*. Le fait que Thomas a toujours entendu l'analogie en tant qu'analogie « de dénomination », signifie bel et bien qu'elle reste foncièrement une analogie logique des *noms* et du *langage*, sous-entendant « en même temps quel étant il s'agit de nommer », qui, pour cela même, « ne peut pas être séparée sans plus de la question de l'être de l'étant » (*ibid.*, pp. 62–63). En d'autres termes, il s'agit d'une analogie de dénomination qui implique forcément la réalité de l'être. C'est pourquoi l'Aquinate n'en parle nulle part expressément en termes d'*analogia entis*.

133 *Ibid.*, p. 81. Cet *unum*, l'être, selon l'ordre de la logique ou de la connaissance, est attribué à l'homme en tant qu'effet et à Dieu en tant que cause. Mais cela étant, cet être (*unum*) correspondant à l'*analogans* serait supérieur aux *relata* (Dieu et la créature), par conséquent Dieu ne se distinguerait de la créature qu'en tant que cause. C'est pourquoi, dans un discours analogique sur Dieu, le principe de causalité ne saurait donner la priorité ontique à Dieu.

134 *Ibid.*, pp. 81–82. Cf. *S. Th.* I, *q.* 13, *a.* 5 ; *q.* 13, *a.* 6.

135 *Ibid.*, p. 83.

136 L'analogie de proportionnalité, qualifiée aussi d'« analogie de proportionnalité propre », exprime une similitude de rapport. Chaque catégorie d'entités a une manière propre d'être, et parmi ces manières d'être il y a une certaine ressemblance de rapport. Par exemple, tel Dieu qui est à son être, l'homme

Une telle analogie, dénommée aussi « analogie d'attribution intrinsèque » – car entre Dieu et la créature se passe un rapport simple de causalité efficiente qui comporte une *dépendance* de l'effet à la cause –, implique non pas une postériorité de cette dernière, mais au contraire une *priorité* de la cause par rapport à l'effet. C'est proprement l'opposé du panthéisme, voire sa réfutation la plus explicite. De fait, ce n'est que dans la quatrième voie (fondée sur le concept de participation et sur l'analogie d'attribution), où Dieu est qualifié de « cause de l'être », que saint Thomas atteint Dieu en tant que Créateur de toutes les entités[137]. L'analogué secondaire (entité) ne peut être conçu et défini qu'en relation à l'analogué principal (Dieu), qui entre intrinsèquement dans l'analogué secondaire en tant que sa cause efficiente. En d'autres termes, alors qu'on parle d'*ens ab alio*, l'*alio* (l'*Aseitas*) entre intrinsèquement et directement dans la créature ou analogué secondaire, lui donnant une partie de son *Ens a se*. Cela n'est possible que parce que l'analogué principal, Dieu, coïncide avec l'*analogans*, l'être. En d'autres termes, Dieu n'a pas l'être, il l'est, tandis que dans la créature il n'y a pas de coïncidence entre l'être et l'étant, car celui-ci n'est l'être que parce qu'il le reçoit. Ainsi être/essence/entité sont intrinsèquement et formellement attribués également à l'analogué secondaire, non pas en vertu de la proportionnalité, mais en vertu de l'attribution fondée sur la causalité efficiente[138].

Si donc selon l'*ordre de la connaissance*, concernant la signification (*modus significandi*) du langage humain, celui-ci « fonctionne comme *analogans* herméneutique, et le discours sur Dieu [fonctionne] comme *analogatum* herméneutique »[139], dans l'analogie proprement théologique du discours sur Dieu, l'état des choses est structuré juste à l'opposé. Car, en l'occurrence, « Dieu est exprimé dans l'*analogatum* herméneutique comme *analogans* ontique *(causa)*, et par contre le monde comme *analogatum* ontique *(causa-*

est au sien, de même que l'animal, la plante et le minéral sont à leurs êtres. L'essence de Dieu et celle des créatures susmentionnées sont substantiellement différentes, néanmoins elles sont semblables, car chacune a l'être qui lui est proportionné (ressemblance proportionnelle et non pas de l'un avec l'autre). Il s'agit donc d'une ressemblance de rapports concernant la manière d'avoir – chacun à sa manière – l'être qui lui correspond ou qui lui est proportionné. C'est un rapport complexe, un rapport de rapports ou de proportions, et pour cela même, un rapport extérieur. Néanmoins, l'analogie de proportionnalité sert à remarquer la diversité infinie ou substantielle entre l'essence des entités créées et celle de l'*Ens a se*. C'est pourquoi, si l'analogie d'attribution intrinsèque demeure pour saint Thomas d'Aquin la plus apte à un discours sur Dieu, c'est parce que, d'après Jüngel, « l'analogie dite d'attribution, lorsqu'il s'agit du discours analogique sur Dieu, a absorbé en soi l'analogie dite de proportionnalité » *(ibid.*, p. 83).

137 Cf. *S. Th.*, I, *q*. 2, *a*. 3.

138 Cf. R.-M. McInerny, *The Logic of Analogy. An Interpretation of St Thomas*, Martinus Nijhoff / The Hague, Netherlands, 1971, pp. 80–125.

139 E. Jüngel, *Dieu Mystère du monde,* t. II, p. 84, j'explicite.

tum) »[140]. Dieu étant l'ontologiquement premier, il est aussi l'« ontiquement causatif »[141], celui qui ne reçoit pas l'être, parce qu'il l'est[142].

À partir de cela, la réaction de Jüngel face aux limites et à l'insuffisance de l'*analogia entis*, une insuffisance déjà constatée et âprement critiquée par Barth[143], va être davantage compréhensible. De fait, bien que Dieu soit « présupposé comme la condition, elle-même inconditionnée, du monde »[144], Jüngel estime que ladite analogie gêne, car par elle Dieu reste inconnaissable et inaccessible[145]. Entre celui-ci et l'homme, l'analogie

140 *Ibid.*

141 *Ibid.*, p. 77.

142 Cf. *ibid.*, p. 83. L'analogie est foncièrement un outil logique. Néanmoins, voulant l'appliquer à l'être, nous avons une heureuse coïncidence entre la *ratio* propre du nom et ce qui vient en premier *secundum esse* : « [...] nei nomi analogicamente comuni a Dio e alla creatura, quest'ultima è il per prius *e la* ratio propria, *dobbiamo infatti far riferimento al significato creaturale, modellarlo e renderlo quindi applicabile a Dio. Allo stesso tempo, siamo consapevoli che ciò che nominiamo per ultimo è primo in senso ontologico. Qualunque coincidenza del* per prius secundum impositionem nominis *col* per prius secundum esse è appunto questo : una *coincidenza* per accidens » (R.-M. McInerny, *L'analogia in Tommaso d'Aquino*, Armando Editore, Roma, 1999, p. 173).

143 Cf. H.-U. von Balthasar, *Karl Barth. Présentation et interprétation de sa théologie*, pp. 135–254. Voir aussi *supra,* n. 107. Dans un cadre qui défend l'autorité de la foi (*fides quae*), au sens éminemment christologique, et l'autonomie du sujet croyant (*fides qua*), au sens spécifiquement ecclésiologique, Christopher Asprey présente une intéressante synthèse des analogies qui relève respectivement de la théologie de l'action de Karl Barth et de l'ontologie sociale de Dietrich Bonhoeffer. Par rapport au théologien réformé bâlois, il ressort que l'*analogia entis* est tout à fait incompatible avec la donnée de la Révélation, car elle s'efforce de saisir Dieu par une voie ontologique qui part du bas. En revanche, ce qu'offre la Révélation est essentiellement une analogie qui décèle un *Dieu pour l'homme*, une analogie « relationnelle » qui, dans le Christ, atteint son sommet et qui, à partir du Christ, relie l'homme à Dieu. Il s'agit donc d'une analogie proprement théologique qui prend ses distances d'une *analogie de l'être*, foncièrement métaphysique, à échafaudage philosophique, dépourvue pour cela même de l'incontournable contrainte christologique. Tandis que c'est proprement par cette dernière que Dieu révèle qui il est (théologie immanente) en ce qu'il fait (théologie économique). L'œuvre de Dieu, c'est le Christ mort et ressuscité, sujet de l'économie salvifique. C'est pourquoi l'analogie de la foi défendue par Barth, d'après Asprey, est susceptible d'être comprise comme une *analogie de l'action* (cf. C. Asprey, « Karl Barth et Dietrich Bonhoeffer : actualisme théologique ou ontologie sociale », dans J.-L. Souletie (dir.), *Nommer Dieu. L'analogie revisitée*, pp. 161–194, notamment pp. 166–178).

144 E. Jüngel, *Dieu Mystère du monde,* t. II, p. 86.

145 Thomas d'Aquin avait consacré sa recherche théologique à la *demonstratio philosophica* de l'existence de Dieu. Dès lors, l'*analogia entis* ne se borne qu'à atteindre ce but. Se basant sur l'« être divin » en tant qu'*analogans* ontique des *relata* (ou des analogués), Dieu et les créatures, le discours théologique de l'*analogia entis* se situe au niveau de la création – entendue évidemment au sens métaphysique. Son insuffisance théologique découle du contournement de la donnée de la Révélation, précisément de la christologie. Cela amènera Barth à revendiquer une analogie correspondant aux instances de la foi, analogie que le théologien protestant va pour cela même dénommer *analogia fidei.* Cette exigence théologique n'est pas relevée seulement du côté réformé. Ainsi que Balthasar, d'autres théologiens catholiques s'engageront à retravailler la doctrine analogique (cf. J. Maritain, *Distinguer pour unir ou les Degrés du savoir*, V, 25, « La suranalogie de la foi », dans *Œuvres Complètes*, vol. IV (1929–1932), Desclée de Brouwer, Fribourg/Paris, 1983, pp. 697–702 ; C. Journet, *Connaissance et inconnaissance de Dieu*, Saint-Maurice, 1969 (rééd. 1996), pp. 87–89 ; T.-D. Humbrecht, « L'ana-

établit un rapport analogique soulignant la différence et l'écart plus que la proximité[146]. Même chez Kant, qui adopte la doctrine classique de l'analogie, « Dieu et l'homme restent non seulement infiniment distincts, mais encore *toto coelo* dissemblables »[147].

logie au travail. Son importance en théologie, lorsqu'elle est présente et aussi lorsqu'elle manque », *Communio* 215 (2011), pp. 11–22, notamment p. 18 ; T. MICHELET, *« Sacra doctrina ». Mystère et sacramentalité de la Parole dans la Somme de théologie de S. Thomas d'Aquin*, Thèse de Doctorat de Théologie sous la direction du Pr. B.-D. de la Soujeole, Université de Fribourg (Suisse), 2016, notamment pp. 88–141). Même Vatican II, qui ne cite pas l'*analogia entis*, mais qui mentionne en revanche l'*analogia fidei* (cf. *DV* 12), tel « *un hapax* dans l'ensemble de l'œuvre conciliaire », fait appel à la nécessité d'approches analogiques relevant des données de la foi, ainsi que Theobald ne manque pas de le souligner [C. THEOBALD, « "Analogia Regni" : approche contextuelle du "principe" de la théologie chrétienne », dans J.-L. SOULETIE (dir.), *Nommer Dieu. L'analogie revisitée*, pp. 41–87, ici p. 58]. Dans la récente collection de contributions qu'il a dirigée, Souletie fait écho aux exigences théologiques actuelles qui invoquent une analogie « revisitée » répondant davantage aux instances et aux enjeux d'un contexte culturel de type pluraliste : « Re-théologiser l'analogie de l'être a consisté, pour les théologiens contemporains, à opérer une modification de cette notion comme l'attestent les différends examinés dans ce livre et les alternatives théologiques qui ont été déployées avec l'ontologie trinitaire, le Règne de Dieu, la sacramentalité de la foi. Cette recomposition de la théologie de l'analogie s'est opérée sous la pression des philosophies de Kant à Heidegger. Elle a aussi été nécessaire pour penser la relation de l'homme à son monde dans la modernité libérale, pluraliste et démocratique. À ce titre, la méthode qu'esquisse cet ouvrage vaudra pour d'autres analogies qui n'apparaissent pas toujours clairement dans le discours chrétien. Elle peut s'avérer utile quand nos contemporains cherchent à penser la liberté de l'homme et son autonomie. À titre d'ouverture, à la fin de ce livre nous pouvons, à l'écoute de cette requête anthropologique moderne, amorcer les enjeux d'une théologie chrétienne du sujet qui exploite l'analogie selon un personnalisme chrétien développé par le théologien allemand Walter Kasper. » [ID. (dir.), *Nommer Dieu. L'analogie revisitée*, p. 223]

146 Cf. E. JÜNGEL, *Dieu Mystère du monde*, t. II, p. 86. Dans sa contribution récemment parue, Vincent Holzer relève que cette « différence » ou « écart », pour Balthasar aussi bien que pour le jésuite germano-polonais Przywara, n'est pas un échec de l'*analogia entis*. Au contraire, c'est une ressource dont Balthasar tire parti au profit d'une christologie et d'une théologie trinitaire qui réinterprètent les différences remarquées dans l'*analogia entis* avec une originalité théologique, tout en la faisant remonter à la diversité même des personnes divines, aussi bien qu'au mystère théandrique de la personne du Christ. Cela vaut de même pour Przywara, préoccupé d'assurer à l'analogie thomiste le rôle de maintenir Dieu et l'homme dans une distance équilibrée qui garantit l'altérité et la primauté ontique de Dieu, à laquelle la créature est ontologiquement et noétiquement ordonnée. En d'autres termes, une analogie qui mette Dieu et la créature dans un rapport qui, de la « toujours plus grande dissemblance », atteint « la plus étroite ressemblance » [Cf. V. HOLZER, « L'"analogie de l'être" et l'irruption de la "différence ontologique" : approche historique d'une mutation théologique », dans J.-L. SOULETIE (dir.), *Nommer Dieu. L'analogie revisitée*, pp. 11–39].

147 E. JÜNGEL, *Dieu Mystère du monde*, t. II, p. 90. L'analogie, chez Kant, ne désigne ni une simple ressemblance imparfaite ni même une ressemblance concernant les entités, comme il l'explique dans les *Prolégomènes* à la métaphysique : « Une connaissance de ce genre est par *analogie*, mot qui signifie non pas, comme on l'entend communément, une ressemblance imparfaite entre deux choses, mais une ressemblance complète de deux rapports entre des choses tout à fait dissemblables » (E. KANT, *Prolégomènes à toute métaphysique future qui voudra se présenter comme science*, dans ID., *Œuvres philosophiques*, t. II : *Des Prolégomènes aux écrits de 1791*, édition publiée sous la direction de F. ALQUIÉ, trad. de l'all. par J. Rivelaygue, Gallimard, Paris, 1985, pp. 15–172, ici p. 142). Or, dans l'analogie classique, c'est l'être qui devrait déterminer la relation entre les étants.

La position théologique de Jüngel tranche de ce fait la question métaphysique de manière nette, tout en se distinguant des autres positions théologiques réformées :

> La foi au Dieu identique à l'homme Jésus force la théologie à contester déjà la prémisse de la tradition métaphysique [...]. En face de cette tradition, se pose, pour des raisons aussi bien christologiques qu'herméneutiques, la question décisive pour le problème de la possibilité de dire Dieu : à savoir l'énonciation, en fait indispensable, de la *distinction* entre Dieu et l'homme ne peut avoir valeur que comme affirmation d'une totale *hétérogénéité*. Nous avons des motifs christologiques de demander s'il n'y a pas un anthropomorphisme qui, à partir de Dieu même, est rendu possible, demandé, voire exigé, et qui laisse tout autant derrière lui la naïveté de l'anthropomorphisme « dogmatique » que le scepticisme de l'anthropomorphisme « symbolique ». En un mot : y a-t-il un usage théologique de l'analogie qui réponde à la foi en l'incarnation de Dieu ?[148]

Étant entendu que, pour Jüngel, l'analogie demeure le seul langage théologique possible, le seul apte à dire Dieu[149] et que « sans l'analogie on ne saurait parvenir à aucun discours responsable sur Dieu »[150], avant d'établir « de quelle sorte d'analogie il est question dans la

Mais *la dissemblance* entre ces derniers, remarquée par Kant, aussi bien que par Przywara, fait qu'il n'y a aucun *genre d'être* en commun entre Dieu et l'homme. C'est pourquoi, pour Kant, l'accès à Dieu n'est possible que par une voie analogique, purement conceptuelle, où l'idée d'un être suprême, Dieu, n'est pas posée comme une déduction, ni comme une induction, mais comme un postulat.

148 E. Jüngel, *Dieu Mystère du monde*, t. II, pp. 90–91. L'« anthropomorphisme dogmatique » est une façon « naïve » de parler de Dieu comme d'un homme, sans considérer la nette dissemblance conceptuelle qui existe entre les deux réalités, tandis que l'« anthropomorphisme symbolique » est l'attitude opposée consistant à se méfier d'une conceptualisation anthropomorphique qui parle de Dieu en termes humains. Voir aussi *infra*, n. 182.

149 Que l'analogie soit un discours humain incontournable et approprié à Dieu est dû au fait que « le langage humain ne connaît que des paroles humaines. Mais à l'inverse, la distinction fondamentale entre Dieu et l'homme risque de se perdre si la Parole de Dieu ne reste pas, de la même façon, fondamentalement distincte de toutes les paroles du langage humain » (*ibid.*, p. 14). Dans la mesure où la Parole de Dieu « ne relève pas nécessairement du langage humain », car « Parole de Dieu, elle n'est pas aussi parole de l'homme » (*ibid.*, p. 13), l'analogie reste un *medium*, c'est-à-dire un discours théologique en langage humain fonctionnant comme « moyen de connaissance » (*ibid.*, p. 96), qui rapproche *l'homme de Dieu*, tout en maintenant une distinction nette entre eux. Cependant, si une analogie ainsi conçue mène, d'après Jüngel (et même selon Kant), à une aporie, telle l'analogie classique, cela donnerait raison à Kant. De fait, Dieu et l'homme étant nettement dissemblables, la seule analogie possible ne saurait être que d'ordre conceptuel, dès lors que, d'après Kant, de Dieu on ne peut parler qu'en termes de « postulat » – et donc même pas dans les termes de l'*analogia entis* (voir *supra*, n. 147). Or, pour Jüngel, il s'agit bel et bien d'établir quelle analogie peut dire Dieu « humainement sans manquer sa divinité » (*ibid.*, p. 14) et quelle analogie, consciente du caractère inadéquat du langage humain, a également « la certitude [qu'] une adéquation finale l'accompagne, et que cette certitude s'affirme expressément comme pertinente » (*ibid.*, p. 16, j'explicite). Finalement, pour Jüngel, l'unique analogie apte à jouer le rôle de correspondance et de conformité de la parole humaine à la réalité divine qu'elle exprime et désigne est, à l'opposé soit de l'analogie thomiste soit de la réinterprétation qu'en fait Kant, un *medium* qui rapproche *Dieu de l'homme*, dès lors que c'est Dieu qui accède au langage humain. Je vais y revenir plus loin.

150 *Ibid.*, p. 92. « Aucun discours », soit celui explicite des théologies *cataphatiques* qui disent Dieu par affirmation, soit celui implicite des théologies *apophatiques* qui disent Dieu par négation.

perspective de la théologie »[151] le théologien luthérien ne manque pas d'abord de relever les limites de l'*analogia entis*, souvent mal comprise, ainsi que l'atteste sa correction de l'interprétation qu'en avait faite Barth. De fait, celui-ci, craignant que l'*analogia entis* laisse « échapper la différence entre Dieu et l'homme » – thèse qui s'avère trompeuse car, selon Jüngel l'*analogia entis* opérerait juste le contraire, comme je vais le dire –, prend toutes ses distances vis-à-vis de l'*analogia entis,* « en négligeant la proximité de Dieu »[152]. C'est pourquoi il propose, par contre, l'*analogia fidei* – dont il fait la *conditio sine qua non* de sa théologie – comme la seule manière tout à fait appropriée de dire Dieu et le seul langage où Dieu se dit[153]. Cependant, il reste qu'au nom d'une altérité absolue, Barth sacrifie la proximité de Dieu, ce qui est exactement le contraire, dans la mesure où le mystère de l'incarnation rapproche Dieu de l'homme.

Les apories de l'analogie sautent donc aux yeux de Jüngel :

> L'aporie théologique où mène la forme classique de l'analogie s'est révélée dans la philosophie de Kant [...]. La "connaissance par analogie", mise en œuvre par Kant en vue du discours sur Dieu, introduit l'analogie comme un moyen pour une détermination plus approchante de l'idée de Dieu, qui autrement reste vide. Le x à connaître se présente alors comme un inconnu. C'est seulement à l'aide d'une détermination des idées selon l'analogie qu'il accède au langage. Mais de manière telle que le discours sur Dieu ainsi établi n'est qu'improprement justifié [...]. Le discours sur Dieu que permet la "connaissance par analogie" reste au fond un accessoire de langage qui n'est indispensable que dans la mesure où il faut que les objets se laissent *déterminer* par des idées. Tout ce qu'on peut alors formuler est la reconnaissance que Dieu est inconnaissable. Et pour reconnaître ce caractère inconnaissable de Dieu, il faut que quelque chose soit effectivement dit de Dieu. Si cela aussi n'était pas possible, ce caractère inconnaissable même ne saurait être reconnu. On en viendrait à l'absence totale de connaissance. L'analogie sert donc ici à exprimer le Dieu inconnaissable dans son caractère inconnaissable[154].

Pour Jüngel, l'analogie classique ne servirait donc qu'à affirmer que Dieu est un mystère insaisissable. D'ailleurs, Przywara lui-même remarque que c'est « dans l'analogie comme "analogie de la dissemblance toujours plus grande" que Dieu est puissant et se révèle, celui

151 *Ibid.*

152 *Ibid.*, p. 94 (les deux citations).

153 La pointe de l'iceberg des positions réformées où Dieu demeure le « tout autre » reste Barth, surtout le premier Barth, même si la théologie du second Barth – suite à l'accusation de la part notamment de Bonhoeffer d'un certain positivisme de la révélation, où celle-ci se présente de manière unilatérale, sans se prévaloir d'aucune médiation humaine – va subir une modification considérable « au cours de son travail sur la dogmatique de l'Église » (*ibid.*). C'est ce que Danet, pour sa part, ne manque pas de souligner : « Le jeune Barth, s'opposant aux réductions de la religion naturelle, plaide en faveur du "laisser Dieu être Dieu". Il creuse alors la distance entre le monde de l'humain et la réalité divine. Le Barth de la maturité, au contraire, redoute que l'analogie (dans la mesure sans doute où il la comprend mieux) nuise à la proximité divine. D'une manière générale, l'ensemble des critiques portées par le courant néo-barthien contre le danger de réduire l'altérité divine font preuve d'une compréhension assez légère de l'analogie. » (H. Danet, *Gloire et croix de Jésus-Christ*, pp. 61–62)

154 E. Jüngel, *Dieu Mystère du monde,* t. II, pp. 94–95.

qui n'est pas Dieu, si tu le comprends »[155]. Bref, si Dieu, en tant qu'*analogans ontique*, reste inconnu à l'être créé qui relève de l'*analogatum ontologique*, l'*analogia entis*, résumée par Przywara, en fonction du quatrième Concile du Latran, comme la « dissemblance toujours plus grande dans une ressemblance si grande soit-elle »[156], « laisse chacun des quatre *relata* être pour soi-même »[157]. De ce fait, Dieu demeurant un mystère inconnaissable et, pour cela même, un concept, une idée – ce n'est pas pour rien d'ailleurs que Dieu reste pour Kant un postulat –, une analogie ainsi conçue n'est qu'une analogie de type nominatif (*analogia nominum*)[158] où « les *relata* ne sont pris en considération linguistiquement qu'autant qu'ils sont nommés »[159]. Mais pas seulement. Chacun des *relata* étant *pour soi-même*, ce qui met en rapport les *relata* entre eux ne fonctionne qu'en « *ens minimum* en face duquel les choses (entièrement différentes) sont quelque chose en soi et donc ont une valeur d'être propre et supérieure à celle de l'*ens minimum* »[160].

Or, si ce moyen de connaissance qu'est l'*analogia entis*, mettant en rapport les *relata*, laisse ceux-ci être chacun pour soi-même « de sorte que les relations entre eux leur restent tout à fait extérieures »[161], cela signifie qu'elle n'apporte pas une détermination nouvelle aux *relata*, ni ne fait parvenir « à un nouvel être »[162]. Bien que l'*analogia attributionis,* établissant des rapports de dépendance des *relata* à l'analogué principal, s'efforce de dépasser la limite de l'*analogia proportionalitatis*, Jüngel se rend compte que ce « système de relations extérieur aux *relata* détermine l'analogie, mais sans que l'analogie détermine les *relata* »[163]. C'est pourquoi l'*analogia entis*, venant de l'analogie logique et rhétorique (de nature conceptuelle et nominale), est foncièrement une *analogia nominum*, dont le langage est subordonné à la connaissance – ce qui « correspond à la règle hermé-

155 E. Przywara, « Metaphysik, Religion, Analogie », dans Id., *Analogia entis. Metaphysik, Schriften*, vol. III, Johannes-Verlag, Einsiedeln, 1962, p. 334, citant le Concile du Latran IV [« … *quia inter creatorem et creaturam non potest similitudo notari, quin inter eos maior sit dissimilitudo notanda.* » (*Denz.* 806)], et se référant à saint Augustin [« *attingere aliquantum mente Deum magna beatitudo est, comprehendere autem omnino impossibile.* » (*Sermo* 117, 3, 5 (*PL* 38, 663)], cit. dans E. Jüngel, *Dieu Mystère du monde*, t. II, p. 95.

156 E. Jüngel, *Dieu Mystère du monde*, t. II, p. 95.

157 *Ibid.*, p. 96. Les *relata* auxquels Jüngel se réfère se disposent analogiquement selon le schème $x : a = b : c$, où Dieu reste un x, un inconnu, c'est-à-dire un mystère inconnaissable (voir *infra*, n. 176). Cf. *ibid.*, pp. 95–96.

158 Cf. *ibid.*, p. 96. En fin de compte, par cette expression, Jüngel parvient à l'appellation originelle de l'analogie thomiste, car Thomas d'Aquin, qui n'a jamais employé l'expression « *analogia entis* », n'a entendu l'analogie que comme analogie de dénomination (cf. *ibid.*, p. 63, n. 104). Voir *supra*, n. 132.

159 *Ibid.*, p. 96.

160 *Ibid.*, p. 95.

161 *Ibid.*, p. 96.

162 *Ibid.*

163 *Ibid.*

neutique de Thomas, que l'ordre du langage doit suivre l'ordre de la connaissance »[164]. Cette analogie, où « seuls les *relata* sont objets de langage, non les relations »[165], aboutit dès lors à un Dieu qui n'est qu'un *mystère*[166], un inconnu (X), et ne parvient également – par une voie analogique philosophico-métaphysique de proportionnalité et d'attribution basée sur le principe de causalité – qu'au fait ontologique de son existence.

Cela étant, une analogie prise ainsi, où « même la médiation entre créateur et créature en un troisième terme conciliateur, grâce à l'*analogia entis* et à l'*analogia nominum* qui lui est inhérente, reste exclue », demeure, d'après Jüngel, « la gardienne du mystère »[167]. C'est pourquoi non seulement les positions polémiques protestantes ont mal compris l'analogie, mais même la crainte de Barth – que l'*analogia entis* laisserait échapper la

164 *Ibid.*, p. 80.

165 *Ibid.*, p. 96.

166 Pour Jungel, une théologie, concevant Dieu comme mystère (*Geheimnis*) inaccessible, part du présupposé que la *question sur Dieu* est inscrite dans la nature humaine. Pourtant, il existe une différence insurmontable entre ce qu'on pense de Dieu (le questionnement sur Dieu) et Dieu lui-même. La théologie négative, issue de l'analogie classique, laquelle est à son tour héritière de la conception platonicienne de Dieu en tant qu'idée indicible et inconcevable (cf E. JÜNGEL, *Dieu Mystère du monde*, t. II, p. 19), naît proprement de la conception de la supériorité et de la priorité ontologique de la pensée sur le langage. D'où le fait que la pensée fait accéder au langage ce qui est à dire. Ce qui ne peut pas être pensé ne peut pas être dit, et ce qui ne peut pas être dit, et qui est pourtant dit, n'est dit qu'improprement (cf. *ibid.*, pp. 47–49). Mais si l'« on ne peut alors finalement parler de lui qu'improprement, et on ne peut proprement que se taire sur ce qu'il est comme Dieu » (*ibid.*, pp. 51–52), c'est parce que, selon le principe scolastique, « on ne peut parler de Dieu que *secundum modum recipientis hominis* » (*ibid.*, p. 51). Or, d'après Jüngel s'il est vrai que la pensée est le principe ordinateur du langage, elle n'est pas son principe constitutif. Par conséquent, ce n'est pas la pensée qui fait accéder au langage ce qui est à dire, mais, au contraire, « c'est ce qui d'abord accède au langage qui est ensuite à penser » (*ibid.*, p. 49). De la sorte, « le langage appelle la pensée, et la pensée suit le langage » (*ibid.*). Ce renversement, donnant la priorité au langage sur la connaissance et sur la pensée, c'est la réfutation de la thèse d'un Dieu mystère inconcevable, impensable et pour cela même indicible, thèse qui trouve toute sa force et son fondement dans la théologie positive du Nouveau Testament faisant accéder Dieu au langage (cf. *ibid.*, p. 51). Voici, donc, le point de départ de la théologie positive de Jüngel : l'homme peut parler de Dieu parce que Dieu est déjà venu parler de lui. Par conséquent, il y a déjà discours sur Dieu (cf. *ibid.*, pp. 40–41). Ce discours, culminant dans la parole de la croix, en tant que « l'autodéfinition de Dieu par lui-même énoncée en langage humain » (*ibid.*, p. 13), implique dès lors une définition de Dieu de la part de l'homme. Car, définir l'essence divine comme amour, c'est penser Dieu comme communication de soi-même et comme mystère communicable par le langage de l'Évangile, la « parole humaine correspondant au mystère divin » (*ibid.*, p. 62). En effet, en l'occurrence, « le Nouveau Testament appelle mystère ce qu'il faut nécessairement en tout cas dire, et qu'il n'est en aucun cas permis de taire » (*ibid.*, p. 45). Bref, si Dieu, en tant que mystère, se révèle lui-même, le fait même de se révéler fait de lui un mystère connaissable et dicible. Par conséquent, la compréhension positive et néotestamentaire que le théologien luthérien accorde au *mystère* se heurte à la conception qu'en ont les théologies apophatiques et l'*analogia entis* elle-même.

167 *Ibid.* (les deux citations).

différence entre Dieu et l'homme[168] – s'avère infondée, dès lors que « cet usage de l'analogie concerne avant tout le caractère insaisissable de Dieu, il ne le concerne que trop »[169]. Ce qui mène Jüngel à affirmer ceci : « S'il ne s'agissait que de respecter Dieu comme le Tout Autre, rien ne permettrait mieux à la pensée de le réaliser que l'*analogia entis* si vilipendée »[170].

Et pourtant, Jüngel constate que c'est proprement pour cela que l'analogie classique « ne peut pas finalement convenir à une théologie qui corresponde à l'Évangile »[171]. Mais pas seulement. Jüngel relève aussi que l'effort très appréciable de Przywara lui-même de sauvegarder à la fois l'altérité et la proximité divine à l'homme et au monde, moyennant une corrélation analogique opérée par « l'expérience toujours nouvelle de ressemblance encore si grande, dans la profondeur féconde (même religieusement et théologiquement) de l'expérience »[172], celle d'ici-bas qui atteint sa pleine expression dans la manifestation du « Dieu-avec-nous », demeure faible. Cette « expérience féconde », de fait, « n'est, significativement, qu'un moment dans le rythme de cette "oscillation entre deux termes" que croise immédiatement et essentiellement "la distance toujours plus grande" »[173]. C'est

168 Cf. *ibid.*, p. 94.

169 *Ibid.*, p. 95. Bien que le théologien luthérien soit persuadé que le mystère divin ne cesse jamais d'être mystère, même lorsqu'on le saisit, « il [le mystère] lui est essentiel de se laisser saisir », et « il veut être saisi » (*ibid.*, les deux citations, j'explicite). Cela se rattache à von Balthasar, pour lequel la théologie négative issue du Dieu qui se cache alors qu'il se révèle, est en même temps à considérer comme une théologie positive, car c'est Dieu lui-même qui choisit une telle voie (voir *infra*, 1.3.1, notamment n. 400).

170 *Ibid.*, p. 97.

171 *Ibid.*

172 E. Przywara, *In und Gegen. Stellungnahmen zur Zeit*, cit. dans E. Jüngel, *Dieu Mystère du monde*, t. II, p. 97.

173 E. Jüngel, *Dieu Mystère du monde*, t. II, p. 97. Du même avis est Danet qui juge l'essai métaphysique de Przywara comme menant à une impasse herméneutique : « E. Przywara oscille sans cesse entre les deux pôles de son analogie, affirmant l'unité concrète des deux, sans jamais parvenir à en définir l'entre-deux. » (H. Danet, *Gloire et croix de Jésus-Christ*, p. 25, n. 4). Par contre, la théologie analogique de l'Avent, telle que proposée et élaborée par Jüngel, met fin à l'analogie comme médiation entre dissemblance et ressemblance. En fait, accédant au langage humain et se révélant par la parole humaine, Dieu assume et fait sien ce qui est *différent* de lui. L'événement Jésus-Christ, révélation de Dieu atteignant son sommet dans la parole de la croix, devient dès lors l'expression d'une analogie paradoxale, où Dieu se révèle par la définition positive et humaine la plus haute : l'amour. Car, d'après le théologien luthérien, c'est bien ce qui est différent de lui qui dit Dieu, le manifeste et le rend analogue. Dans la même direction que Jüngel, se meut l'esthétique théologique de von Balthasar, où le mystère divin se révèle et se manifeste dans l'opposé de la beauté : la laideur du crucifié. C'est pourquoi, aussi chez le théologien suisse, la compréhension de l'analogie comme l'oscillation entre ressemblance et dissemblance atteint son terme. Désormais, en Jésus-Christ, les extrêmes et les opposés, pour autant qu'ils demeurent distingués, forment un lien indissoluble, au point que même la laideur devient expression analogique de l'Amour, de Dieu (se reporter à *infra*, 1.3.1).

pourquoi une analogie conçue comme une oscillation qui n'a jamais de fin est une nuit qui ne parvient jamais à l'aurore.

Tandis que, si l'Évangile est l'annonce de Dieu qui vient à l'homme, il vient alors telle l'aurore qui surprend la nuit[174]. Par conséquent une analogie qui propose un *Deus adveniens* est une analogie « d'Avent »[175], où celui qui vient n'est plus un inconnu (*x*), mais il se révèle au monde (*a*), en se faisant connaître proprement par une « évidence mondaine » (*b* : *c*) qui, par elle-même, ne saurait donner « aucune indication sur Dieu » et qui, par contre, « commence alors à parler pour Dieu »[176]. Ce qui fait qu'entrant en relation

174 Désormais la vision *nocturne* de Dieu, offerte par l'analogie classique à partir de l'être comme effet d'une cause première, a fait place à la vision *matinale* du monde à travers les yeux de Dieu, offerte par cette « analogie d'Avent » ainsi que Jüngel la dénomme (cf. E. JÜNGEL, *Dieu Mystère du monde*, t. II, p. 98). Cette vision divine du monde est la condition de possibilité d'un discours humain correspondant à Dieu, qui dit Dieu à la fois à partir de Dieu et du monde. Ce que même Jean-Louis Souletie et Jacques Bréchoire, commentant Jüngel, remarquent. Il ne leur échappe pas que, si l'analogie classique essayait de parler de Dieu à partir du monde, en revanche, l'analogie de la foi met en relief le fait que c'est Dieu qui se révèle, lui-même, à partir du monde : « Dans l'Évangile, l'influx analogique (la *dunamis*) n'est pas le fait de l'homme qui dit Dieu, avec les ressources de son pauvre langage, mais celui de Dieu qui délivre, dans la parole même, son être et son agir en proximité et correspondance avec l'homme. Le projet analogique est d'abord celui de Dieu, et non celui de l'homme qui se pose la question de la validité de son langage en matière de « dicibilité » de Dieu. Dieu ne veut-il pas *se rendre analogue à l'homme*, en vue d'une proximité, toujours plus grande que la dissemblance entre les deux partenaires ? Au fond, l'*homme n'a pas à se déterminer pour l'analogie*, le choix a été fait pour lui : Dieu dans sa parole évangélique s'est humainement rapproché des hommes, y compris donc, dans le langage. La spécificité chrétienne est l'"humanité de Dieu" et le langage approprié à cette humanité, susceptible d'analogie avec le langage humain, est l'Évangile. La dénomination de cette analogie, rendant compte de cette spécificité, est l'"analogie de la foi" car elle est la formalisation de l'Évangile même, et non de l'être du monde ou de l'homme en général. » [J.-L. SOULETIE, J. BRÉCHOIRE, « L'analogie sacramentelle », dans J.-L. SOULETIE (dir.), *Nommer Dieu. L'analogie revisitée*, pp. 195–222, ici pp. 202–203, je souligne]

175 Cette expression est employée par l'auteur non pas dans l'acception liturgique, mais dans le sens d'« avènement ». Pourtant, le fait que l'analogie d'« Avent » ou de l'« avènement » de Dieu illustre, dans un jeu de mots, l'événement du Dieu venant au monde, détermine aussi que cet *advenir* de Dieu soit compris lui-même comme « l'avènement de l'analogie » (cf. E. JÜNGEL, *Dieu Mystère du monde*, t. II, p. 99).

176 *Ibid.*, p. 98. Dans l'analogie évangélique mise en place par Jüngel, il n'est plus question du schème proportionnel $x : a = b : c$ de l'analogie classique, car en elle, dont le schème devient $x \rightarrow a = b : c$, Dieu cesse justement d'être « X ». Si l'on essaie d'expliciter le schéma de l'analogie évangélique, on pourrait dire que le Dieu (*x*) qui vient (→) au monde (*a*) cesse d'être un inconnu (*x*), car le fait même de venir au monde détermine que le rapport intramondain (*b* : *c*) devienne cette « évidence mondaine » qui parle pour Dieu et de Dieu, et qui fait de Dieu le *mystère du monde* : « Il [Dieu] se présente en tant qu'il advient. Et cet advenir sien appartient lui-même à son être qu'il révèle en advenant. Mais cela n'est possible que si cette arrivée elle-même s'accomplit déjà comme un accès à la parole, en sorte que, dans une telle analogie, non seulement les *relata*, mais aussi leurs relations entre eux et leur analogie soient en elles-mêmes affaire de langage » (*ibid.*, p. 99, j'explicite). Cependant, cette explication du théologien luthérien contient une affirmation qui doit, à mon avis, être soumise à une évaluation critique. Car, si ce rapport mondain raconté par l'Évangile et parlant pour Dieu est qualifié par

avec l'homme et le monde, Dieu « accède ainsi lui-même au langage »[177] et que, par conséquent, « l'analogie est elle-même, en un sens éminent, un événement *de langage* »[178]. Bien entendu, ce n'est aucunement le langage humain qui est capable de parler de Dieu. Au contraire, c'est Dieu accédant au langage qui rend le langage capable de parler de lui. « L'événement de la correspondance du discours humain à Dieu même »[179] n'est qu'« une possibilité étrangère » au langage « qui lui est ouverte et demandée »[180].

De ce fait, la connaissance de Dieu n'est rendue possible que par l'initiative divine, c'est-à-dire par le fait de l'incarnation, sommet de la Révélation et seul événement à même de fournir à la raison les arguments de la foi qui conduisent à la compréhension de « Dieu ». Celui-ci n'est donc plus saisi par la raison comme un concept ou une idée, mais tel qu'il se révèle[181].

Jüngel d'« évidence », on pourrait lui objecter que ce qu'il appelle ainsi n'est nullement une évidence qui révèle, mais une manière qui cache Dieu sous l'apparence du monde. Ne serait-ce qu'une façon apophatique formalisée et même canonisée par la Révélation elle-même ? À une telle question, s'il était encore vivant, Jüngel donnerait, peut-être, une réponse double. Premièrement, il dirait que ce qui est apophatique n'est rien d'autre que la manière choisie par Dieu lui-même pour se raconter, et donc une manière positive. Deuxièmement, il nous renverrait au fait que dans la parabole, entre signifiant et signifié se passe un lien de type sacramentel, ainsi qu'il l'affirme réellement et que je vais le souligner plus loin (se reporter à *infra* 1.2.2, notamment la n. 201). Pour ma part, j'estime pertinente une telle critique du fait que la théologie positive proposée par Jüngel absorbe en elle-même la dimension apophatique. D'ailleurs, *sans nommer Dieu,* les paraboles l'affirment de la manière la plus évidente ! Cela va, entre autres, dans la direction de la réflexion que je vais développer notamment au chapitre 5, relativement à ma relecture du *Petit Prince* sous l'angle autobiographique et selon la visée de la philosophie de la narration de Paul Ricœur, et au chapitre 7, relativement à l'expérience des cénacles autobiographiques. À partir de ces approfondissements, la nouvelle évangélisation, constituant la perspective pastorale de ce travail que je propose en clef autobiographique, se veut proprement une annonce disant Dieu même *sans dire Dieu* (voir *infra*, notamment 5.3.1, et 7.1.1).

177 *Ibid.* Au sein de la théologie fondamentale, cet accès de Dieu au langage humain a une implication pneumatologique liée à l'inspiration elle-même de l'Écriture. C'est pourquoi la théologie analogique de Jüngel pourrait comporter une lacune pneumatologique importante – non pas évidemment par rapport à une théologie trinitaire qui est présente et explicitée, ni par rapport à l'évangélisation –, dont on ne peut pas se passer. Mais pas seulement. L'absence du mot « Écriture » apparaît assez étrange et un peu gênante, bien qu'il utilise les termes de « discours biblique », de « Parole de Dieu », d'« Ancien Testament » et de « Nouveau Testament ».

178 *Ibid.*, p. 104.

179 *Ibid.*, pp. 104–105.

180 *Ibid.*, p. 105 (les deux cit.).

181 En effet, selon Jüngel, c'est le mystère de l'incarnation et l'avènement de l'Évangile qui autorise un discours analogique et donc responsable sur Dieu. Par contre, si, par hypothèse absurde, il n'y avait eu l'événement Jésus-Christ, le seul discours analogique concevable à même de dire Dieu n'aurait été que l'analogie kantienne, où Dieu n'est qu'une idée, une pensée et un postulat indémontrable de la raison humaine.

1.2.2. L'« analogie d'Avent » et l'Évangile comme avènement de l'analogie

« Comprendre l'Évangile comme avènement de l'analogie »[182], c'est finalement, pour Jüngel, trouver la possibilité de la correspondance du discours humain à Dieu, possibilité qui vient de Dieu, proprement de l'homme Jésus, Parole de Dieu ou, évangéliquement parlant, « parabole de Dieu »[183] et « cas unique (*ephapax*) mais insurpassable de la réalisation, entre Dieu et l'homme, d'une ressemblance toujours plus grande au sein d'une si grande dissemblance »[184]. En d'autres termes, l'incarnation du Verbe, vrai homme et vrai Dieu, est l'identification (ressemblance) de Dieu avec l'homme Christ-Jésus qui ne supprime cependant pas la distinction (dissemblance) entre la réalité humaine et la réalité divine. Jésus est en lui-même l'analogie événementielle de Dieu ou « la parabole de Dieu » confessée par la foi chrétienne. D'ailleurs, la vérité dogmatique qui est au cœur de la profession de foi chrétienne est celle qui confesse Jésus-Christ *vrai Dieu* et *vrai homme.* C'est pourquoi Jésus-Christ constitue la synthèse parfaite d'un discours analogique capable de dire Dieu, tout en sauvegardant à la fois ressemblance et dissemblance, identité et proximité[185].

De même qu'il invite à comprendre « l'Évangile comme avènement de l'analogie »[186], Jüngel appelle à envisager l'analogie en un sens éminent « comme un événement de langage »[187]. L'analogie dont il est question n'est pas seulement à considérer « en raison d'une

182 E. Jüngel, *Dieu Mystère du monde*, t. II, p. 99. Finalement, dans la logique évangélique jüngelienne, il est question de comprendre l'avènement de l'Évangile en tant qu'avènement même de l'analogie, dès lors que Dieu, accédant au langage humain, rend ce dernier capable de lui correspondre (cf. *ibid.*, pp. 99–100). Par là, l'analogie n'est plus affaire de langage à la manière kantienne, où Dieu n'accède au langage (anthropomorphisme symbolique) – par une voie causale – que pour rester étranger au monde et être confirmé dans sa réalité de mystère inconnaissable (cf. *ibid.*, pp. 87–91). L'insuffisance de l'analogie classique devient ainsi un point de convergence entre Jüngel et Barth, d'après Danet : « Là où Kant utilise un schème causal – y compris dans le cas de l'amour –, l'analogia fidei barthienne présente l'apparition de Dieu dans l'histoire, comme un acte de gratuité, absolument sans "cause", devant lequel la démarche déductive, construite sur un a priori de la raison et à partir de l'homme, défaille. Expliquer l'amour par une analogie de type causal est impossible puisque, par définition, l'amour est sans raison. Chez Kant, suivi en cela par Schleiermacher, "même l'amour divin est placé sous la catégorie de la cause". Là réside, selon Jüngel qui rejoint ainsi Karl Barth, la faiblesse constitutive de l'usage classique de l'analogie : Dieu n'accède pas au langage par la voie de la nécessité causale ! » (H. Danet, *Gloire et croix de Jésus-Christ*, p. 61)

183 E. Jüngel, *Dieu Mystère du monde*, t. II, p. 104.

184 *Ibid.*, p. 103, j'explicite.

185 Voir *supra*, n. 173. Le mystère théandrique de la personne de Jésus-Christ est la synthèse et la représentation de l'analogie « d'Avent », car le rapport entre les coordonnées de « ressemblance » et de « dissemblance » illustre de manière analogique le rapport même existant entre les deux natures, à la fois unies et distinguées, du Christ, « analogie de Dieu ».

186 E. Jüngel, *Dieu Mystère du monde*, t. II, p. 99.

187 *Ibid.*, p. 104.

analogie de l'étant »[188], comme dans le cas de l'analogie classique de dénomination[189]. La nouveauté qu'elle apporte consiste en ce que même les relations entre les étants « relèvent en elles-mêmes du langage » et « sont événements dans la mesure où en elles, et pas seulement dans l'une des deux, Dieu lui-même se met en relation »[190]. De ce fait, entre les *relata*, il n'y a plus de rapports extérieurs – raison pour laquelle l'analogie classique

188 *Ibid.*

189 Par ce passage, il est évident que Jüngel – aussi bien que Balthasar du côté catholique –, contrairement à Barth, ne rejette pas l'*analogia entis*, laquelle demeure « la base de ce que lui-même [Jüngel] appelle un anthropomorphisme évangélique » (H. DANET, *Gloire et croix de Jésus-Christ*, pp. 63–64, j'explicite). Cependant il retient qu'une analogie reposant sur le présupposé causal – ainsi que l'avait compris Kant lui-même – ne saurait jamais aboutir à un Dieu connaissable, mais seulement à un Dieu comme mystère et comme inconnu. C'est pourquoi la « conversion » de l'analogie classique comporte que celle-ci quitte l'*a priori* du principe de causalité et se fonde sur « l'*a posteriori* du contenu de la Révélation » (*ibid.*, p. 66) : l'Évangile. Celui-ci n'est pas seulement le contenu *matériel* de l'analogie, mais aussi sa structure *formelle,* qui garantit les conditions de possibilité mêmes de l'analogie. De son côté, rejetant en bloc l'analogie classique et choisissant l'*analogia fidei*, tel le critère unique d'un discours sur Dieu – ce qui correspondrait à une réinterprétation du *sola fide* luthérien au sens de *fides quae*, c'est-à-dire le donné révélé –, Barth se passe du principe de la *fides quaerens intellectum* (qu'est la *fides qua*), tout en privant la théologie de cette intelligence de la foi, laquelle « exige qu'on s'interroge aussi sur les conditions de possibilité d'accès à Dieu » (*ibid.*, p. 64). Tandis que Jüngel, conscient qu'« il ne suffit pas de croire et d'affirmer Dieu en Jésus » (*ibid.*), récupère l'*analogia entis* là où le rapport monde-Dieu n'est plus un rapport de dissimilitude, mais un rapport de *différence* qui, par l'événement de l'incarnation, devient le lieu de l'« auto-évidence quasi-sacramentelle de la relation humanité-Dieu » (*ibid.,* p. 65) et l'expression d'une ressemblance plus grande que la dissemblance. Pour le dire d'une manière encore plus claire, en remplaçant « la prémisse de l'analogie métaphysique (la relation de causalité kantienne) par une autre prémisse, celle de la rencontre-grâce gratuite entre les hommes et l'Homme-Jésus, survenue dans l'histoire », Jüngel restaure « dans toute sa force le jugement d'analogie » (*ibid.*). L'incarnation est la condition de la rupture du dualisme classique objet-sujet parce que « le discours "sur" l'événement et l'événement lui-même sont un seul et même avènement de la Parole », et « l'être de Jésus (vie, paroles, mort) et le dire des témoins sont la parabole vivante de Dieu » (*ibid.*, p. 67). Cela veut dire que l'*a priori* de la *fides qua* subjective « serait » par là même contrebalancé par l'*a posteriori* de la *fides quae* objective. J'ai utilisé volontairement le conditionnel car pour Danet, s'il devait y avoir une faille dans le discours analogique de Jüngel, celle-ci consisterait en un manque de mise en valeur de « l'expérience croyante plus globale » (*ibid.*, p. 66), un contournement de « la médiation du fait chrétien » (*ibid.*, p. 67). « De ce point de vue, le jugement analogique [de Jüngel] relève davantage d'une structure phénoménologique intemporelle que d'une démarche descriptive qui prendrait en compte l'ampleur socio-historique du christianisme » (*ibid.*, j'explicite). J'estime objective et judicieuse cette remarque de Danet, et je pense que l'esthétique théologique de Balthasar va combler cette faille jüngelienne. De fait, dans le discours analogique du théologien de Lucerne, la vision de l'image de Jésus-Christ offerte par le témoignage de la Révélation, est contemplation par *la foi* et par *l'intelligence de la foi* des témoins oculaires et auriculaires, foi qui se trouve comme « objectivée » dans la vision offerte par le témoignage lui-même [cf. H.-U. VON BALTHASAR, *La Gloire et la Croix. Les aspects esthétiques de la révélation,* t. I : *Apparition* (Titre original : *Herrlichkeit. Eine theologische Ästhetik*, I. *Schau der Gestalt*, Johannesverlag, Einsiedeln, 1961, trad. de l'all. par Robert Givord), Aubier-Montaigne, Paris, 1965, p. 26]. Voir *infra*, 1.3.1, surtout la n. 342.

190 E. JÜNGEL, *Dieu Mystère du monde*, t. II, p. 104.

n'aboutit finalement pas à Dieu comme à l'être connaissable –, mais des rapports qui sont véritablement « des *accomplissements* d'un processus de langage qui amène les *relata* à entrer en relation les uns avec les autres dans un rapport nouveau qui détermine profondément leur être propre »[191].

Proposant donc l'Évangile comme analogie théologique à proprement parler, Jüngel accorde au langage évangélique une attention très importante. Il s'agit de fait d'un langage révélateur, constitué foncièrement de paraboles et métaphores, impliquant « un événement linguistique de liberté créatrice »[192]. En outre, constituant l'essence de l'analogie, métaphores et paraboles, en plus d'être des expressions de libre création du langage, possèdent un caractère contraignant et interpellant qui captive[193]. C'est pourquoi l'analogie ne peut qu'être ceci : « précision du langage »[194]. De fait, « dans la parabole le langage s'aiguise au point que *ce dont* on parle *devient concret dans* le langage même et que par là précisément les interpellés sont déterminés à nouveau dans leur propre existence »[195].

Or, si le langage analogique de la parabole est si déterminant au point, comme le dit Jüngel, que « dans la parabole quelque chose a lieu »[196], cela est dû au fait que « la parabole n'est pas une thèse, n'a pas de thème »[197]. Au contraire, « elle est un événement qui fait, de son côté, que quelque chose se passe »[198]. Et même si la parabole parle de Dieu « d'une manière qui raconte le monde des hommes », cela ne signifie pas du tout qu'elle mette « le monde à la place de Dieu, de sorte qu'une sagesse toute mondaine constituerait la pointe de la parabole »[199]. Au contraire, la pointe de la parabole, c'est le *règne advenant* de Dieu, ce qui fait que Dieu et le monde ne sont pas placés au même niveau. « Si la parabole était

191 *Ibid.* Si dans l'*analogia entis*, l'être, auquel la créature participe, mais que Dieu, lui seul, possède, est le medium qui constitue l'*analogans* de l'analogie, dans l'analogie de l'Évangile, cet *analogans* est le Christ lui-même. Vrai homme et vrai Dieu, « Parabole de Dieu » et événement fait langage qui « parle homme et Dieu », le Dieu accédant au langage constitue finalement le medium d'une analogie proprement théologique où Dieu et l'homme sont mis en rapport « quasi-sacramentel » – pour utiliser une expression de Danet –, et dont la *différence* devient l'élément constitutif de leur proximité et ressemblance en vertu de l'incarnation de Dieu. Par contre, dans l'*analogia entis*, le rapport « extérieur » de ressemblance, réalisé par le biais de l'être, n'aboutit qu'à une dissemblance totale des étants, tout en laissant ces derniers être chacun pour soi-même et en déterminant l'un des deux, Dieu, comme un être indéterminé (voir *supra*, n. 115).

192 *Ibid.*, p. 109.

193 Cf. *ibid.*

194 *Ibid.*

195 *Ibid.*, p. 110.

196 *Ibid.*

197 *Ibid.*, p. 112.

198 *Ibid.*

199 *Ibid.*, p. 111. Si c'était le cas, la parabole ne serait qu'anthropomorphisme de langage n'aboutissant guère à Dieu en tant que Parole qui se raconte *dans* et *par* les mots humains de la parabole elle-même. Par conséquent, les *relata* demeureraient dans un rapport extérieur et même dans une relation de dissemblance.

une mise au même niveau, alors elle serait une thèse, et son contenu serait en fait un thème qu'on pourrait abstraire de la "forme" parabolique »[200]. Mais une telle impossibilité d'abstraction ne signifie, d'après la pensée de Jüngel, qu'une seule chose : à savoir, qu'entre la *res significans* et la *res significata* de la parabole se passe comme un lien *sacramentel*[201]. Et pourtant, un tel lien ne saurait nullement ressortir selon Jüngel d'une conception ana-

200 *Ibid.*, p. 112.

201 Compte tenu des différentes conceptions ontologiques, celle catholique et celle protestante, par rapport à l'Eucharistie – dès lors que le théologien luthérien évoque celle-ci afin d'expliquer l'analogie de la parabole en termes sacramentels concernant le rapport *res significans* et *res significata* –, Jüngel dit ceci : « Si nous voulons exprimer ce qui se passe au sein de cette différence herméneutique, tout à fait inadéquate pour les paraboles de Jésus, entre *signum* et *res significata* en général, il faudrait recourir au rapport *sacramentel* entre *signum* et *res significata* dans lequel le *signum* est à comprendre comme *signum efficax*. Le signe, en signifiant, serait consommé de même que le pain et le vin à la Cène sont consommés, tout en annonçant la présence de Jésus-Christ. Et dans la consommation, la disparition du signe, se produirait alors la *res significata*. Mais la différence herméneutique entre *res significans (signum)* et *res significata*, entre ce qui est le côté de l'image et ce qui est le côté de la chose, a un contenu trop chargé pour pouvoir être employée ici adéquatement » (*ibid.*, p. 113). Déjà l'affirmation que l'analogie est en un sens éminent « événement de langage » – déterminé par l'accès de Dieu au langage humain – entraîne la signification implicite de l'analogie comme « événement sacramentel » contenant la présence divine. De fait, l'analogie dont il est question chez Jüngel n'est pas de nature philosophique, ainsi que l'affirme Danet elle-même : « Il ne s'agit pas de n'importe quelle analogie, mais d'une analogie théologique. Les considérations sur le langage humain ne sont donc pas un simple point de départ anthropologique transposable ensuite et secondairement à Dieu, par la voie d'une analogia nominum, par exemple. On aboutirait alors, en effet, soit à une hominisation abusive de Dieu (anthropomorphisme naïf), soit à un refoulement de Dieu dans le Grand Inconnu. Le rapport de Dieu à sa propre Parole […] n'est pas semblable au rapport de l'homme à sa propre parole. » (H. Danet, *Gloire et croix de Jésus-Christ*, pp. 70–71) Pourtant, si d'un côté, parlant en termes sacramentels de *signum efficax*, Jüngel montre en même temps une certaine réticence, car un recours sacramentel explicite va donner au discours analogique un contenu « trop chargé », de l'autre côté il n'est pas moins vrai que le contenu dont le théologien luthérien « charge » la parabole ne laisse pas assez de marge d'interprétation. En effet, conformément au dynamisme exprimé par « les paraboles du royaume de Dieu », avant d'annoncer un *ce dont*, la parabole annonce un *celui dont*, voire un *celui qui vient*, annoncé non pas comme un objet, mais au contraire comme un sujet qui, par le langage parabolique et grâce à celui-ci, *advient*, maintenant. Voilà finalement pourquoi la Parole de l'Écriture ne peut qu'entraîner une dimension sacramentelle. Qualifiant Jésus-Christ de « Parabole de Dieu », Jüngel, n'a-t-il pas voulu affirmer que la parabole est bel et bien le « sacrement » de Jésus-Christ ? D'ailleurs, ce terme est expressément employé par Jüngel lui-même lorsqu'il sera finalement amené à expliciter le contenu de l'« unicité » de l'Histoire de Dieu et plaider pour elle contre toute tentative de fragmentation ou de dilution de cette Histoire en des histoires, comme je vais le dire plus loin (voir *infra*, 1.2.3.). En tout état de cause, le recours de Jüngel à l'argument sacramentel, quoique le théologien luthérien le fasse « comme en passant », va me permettre de traiter le discours autour de la Révélation en termes davantage et plus explicitement sacramentels par rapport à Jüngel et Balthasar. À ce propos, se reporter, notamment, au chapitre 2, où je consacrerai ma réflexion au sujet de la sacramentalité de la « Parole-Écriture ». Mais pas seulement. Le plaidoyer en faveur de l'analogie parabolique, où la « forme » (le langage parabolique) *correspond* à la Révélation, établit même une connexion avec la conception balthasarienne de la Parole attestée par l'Écriture en tant que « forme » (*res significans*) *conforme* à la Figure (*res significata*) qu'est la *res carnis Jesu*, ainsi que je vais l'illustrer plus

logique « entendue comme, “la *dissemblance* toujours plus grande au sein d’une ressemblance si grande soit-elle” »[202], mais au-delà d’elle.

Cela étant, l’attention que j’ai accordée, à l’aide de Jüngel, à l’*analogia entis* et à ses limites donne, peut-être, l’impression comme d’une analyse unilatérale. Pourtant, celle-ci trouve une résonance particulière également dans une thèse défendue, il y a quelques années, à la Faculté de Théologie de l’Université de Fribourg par le dominicain Thomas Michelet[203]. Il s’agit d’un travail sur la sacramentalité de la Parole de Dieu à partir de la doctrine sacramentaire traitée par le docteur angélique dans la *Somme de théologie*. Se confrontant, au cours de la première partie, au débat théologique autour du concept de « sacramentalité » qui se développe depuis l’âge patristique jusqu’à l’âge contemporain, Michelet se concentre, précisément dans le chapitre 3 de son travail, sur le sujet de l’analogie par rapport à la Parole de la Révélation, ainsi qu’il émerge de la *sacra doctrina* thomiste. S’alignant de façon tout à fait cohérente sur l’*analogia entis*, Michelet illustre d’abord les deux modèles qui constituent foncièrement la structure de l’analogie thomiste. Le premier modèle, celui des « noms divins », plutôt vertical, met en rapport la réalité

loin (voir *infra*, 2.2.1). Une telle connexion peut s’avérer importante à l’égard d’une analogie théologique à même de poser les jalons d’un discours « autobiographique » *de* et *sur* Dieu, objet de la deuxième partie de cette recherche.

202 E. JÜNGEL, *Dieu Mystère du monde*, t. II, p. 113. Au contraire de Przywara, qui affirme une dissemblance toujours plus grande à partir d’une expérience de ressemblance, c’est-à-dire celle du Dieu descendu sur terre, Jüngel insiste, et pour cause, sur la proximité très réelle, toujours plus grande, aussi marquée que soit la dissemblance. De fait, le dépassement de l’*analogia entis* aussi bien que le renversement de la conception analogique néothomiste de Przywara opérés par Jüngel reposent sur une analogie proprement théologique, dénommée « parabolique », où le « ce dont il y a discours » de la parabole, constituant l’objet matériel, n’est pas dissemblable par rapport à l’objet formel qu’est la parabole elle-même. En revanche, le « ce dont il y à discours » étant le Discours même dont il y a discours, à savoir la Révélation *sic et simpliciter*, cela veut dire qu’entre le Discours et le discours de la parabole s’établit un rapport de ressemblance. Autrement et plus explicitement dit, si Jésus-Christ n’était pas la « Parabole de Dieu » – réinterprétation jüngelienne, peut-on dire, du *Logos* johannique – accédant au langage humain « sous forme de parabole », celle-ci resterait un discours extrinsèque, tel le discours *sur* Dieu, à partir duquel, c’est-à-dire de manière causale, tout comme le veut l’analogie classique, on remonte à Dieu. D’où un décalage entre parole (humaine) et Parole (divine) aboutissant à une dissemblance absolue. Par contre, en tant que medium entre la Parole divine et la parole humaine, la parabole s’avère la rencontre imprévue « de cette altérité profonde [où] jaillit la surprise qui déroute et attire » (*ibid.*, p. 71, j’explicite). Loin d’être question d’un rapport extrinsèque de causalité entre réalités différentes, dans l’analogie de la parabole, « l’altérité est sauve dans le “sans cause”, le non-nécessaire qui, en cela même, possède justement un caractère contraignant » (*ibid.*). Cette contrainte est évidente du fait qu’étant *mystère du monde*, Dieu *advient* (→) au monde (*a*) non plus comme un inconnu (X), mais comme évidence correspondante (=) à l’expérience *intramondaine* (*b* : *c*) illustrée dans les paraboles (voir *supra*, n. 176).

203 Cf. T. MICHELET, *« Sacra doctrina ». Mystère et sacramentalité de la Parole dans la Somme de théologie de S. Thomas d’Aquin.*

terrestre avec la réalité céleste[204]. Tandis que le second, le modèle horizontal, venant de l'expérience phénoménologique de la connaissance, et connu comme un modèle complémentaire constitué de l'*analogie d'attribution* (ou proportion directe) et de l'*analogie de rapports* (ou de proportionnalité), « établit des liens à l'intérieur même du monde terrestre et non plus entre celui-ci et le monde céleste »[205].

Explorant l'analogie de proportionnalité (ou de rapports), Michelet relève que les relations entre réalités différentes, telles Dieu et l'homme, établissent des correspondances permettant de « connaître [Dieu] sur le mode de l'inconnaissance »[206], ce que Jüngel lui-même avait signalé. Cependant, « ce faisant, [admet Michelet,] on remonte à la source de nos perfections qui n'en sont que des participations à divers titres et degrés »[207]. Cela comporte que, sans la Révélation, où Dieu lui-même s'engage « dans un mouvement lui aussi descendant mais d'un autre ordre »[208], la médiation ontologique et gnoséologique de l'*analogia entis* seule ne suffit pas à un discours adéquat sur Dieu. C'est pourquoi il faut recourir, de l'avis de Michelet, à un ordre différent, relevant de la Révélation, qu'il qualifie d'« analogie proprement théologique »[209].

Dénommée par Maritain, et pour cause, « analogie révélée ou suranalogie de la foi, pour la distinguer de l'analogie métaphysique »[210], cette analogie de la foi – à ne pas confondre avec l'analogie de la foi (*analogia fidei*) utilisée à partir de Barth dans un sens qui s'est ensuite progressivement spécialisé – indique « la cohésion des vérités de la foi entre elles et dans le projet total de la Révélation »[211], tout comme la définition du *CEC* 14 que Michelet fait sienne. Dès lors, c'est une analogie ainsi conçue que Michelet appliquera aux analogies thomistes de proportionnalité et d'attribution[212].

De fait, voulant expliquer de manière analogique la paternité de Dieu, non pas selon le sens figuré relevant des analogies anthropomorphiques de l'Ancien Testament, mais au sens propre, c'est-à-dire à partir du Fils, la personne consubstantielle à Dieu, Michelet recourt « à pas feutrés » à l'analogie de la foi. Ce qui révèle bel et bien l'*insuffisance* de l'analogie classique. Suivant l'application analogique susmentionnée, nous pouvons noter que, selon l'analogie *de proportionnalité* ou *de rapports* relevant des relations humaines, le rapport divin entre le Père et le Fils (a : b) correspond au rapport humain entre un père

204 Cf. *ibid.*, pp. 127–128.
205 *Ibid.*, p. 129.
206 *Ibid.*, p. 131, j'explicite.
207 *Ibid.*
208 *Ibid.*
209 *Ibid.*, p. 132.
210 *Ibid.*, p. 132, n. 5.
211 *Ibid.*, p. 132.
212 Cf. *ibid.*

et un fils (c : d). Or, ces relations-ci n'ont pas en l'occurrence un « terme unique comme premier analogué, mais un rapport de référence »[213]. C'est pourquoi ces « rapports proportionnels peuvent converger comme par homothétie vers un centre innommé »[214], qui nous fait pourtant connaître Dieu « sur le mode d'inconnaissance ». Cela implique que ce n'est que par une remontée de causalité « à la source de nos perfections, qui n'en sont que des participations à divers titres et degrés », que nous parvenons à une connaissance proportionnelle, c'est-à-dire analogique, des rapports divins intratrinitaires. Tandis que, selon l'analogie *d'attribution*, le medium, c'est-à-dire la « même réalité [qui] se trouve dans plusieurs termes sous des rapports différents »[215], est précisément la paternité divine, laquelle constitue l'analogué principal. Il s'agit en l'occurrence d'une paternité divine au sens propre – dès lors que le Père « a vraiment un Fils consubstantiel »[216] – qui s'applique aux hommes eux-mêmes « appelés par grâce à devenir fils adoptifs dans le Fils unique »[217]. Par là même, cette paternité divine, source véritable et premier analogué, nous concerne – au sens que nous dépendons d'elle – par participation et toujours par causalité, « selon divers degrés d'être et de participation à l'être »[218]. Or, cela étant, il pourrait sembler que les deux dimensions fondamentales de l'analogie thomiste, celle verticale et celle horizontale, amènent à un discours sur Dieu satisfaisant et sans failles, sauf que Michelet parle d'une transposition nécessaire. C'est précisément la transposition de ces deux dimensions analogiques qui est à accomplir « d'une manière qui est elle-même analogique »[219], et que Michelet définit comme une *analogie d'analogies*.

Ainsi, mettant bel et bien en place une « purification analogique »[220] qui essaie de combler les lacunes des analogies thomistes et de franchir la limite des trois dimensions de l'*analogia entis*, celle de « noms divins », celle « d'attribution » et celle « de proportionnalité », Michelet est amené à recourir à une analogie « proprement théologique », où, finalement, c'est précisément l'argument christologique de la grâce du Fils, celle qui nous rend « fils dans le Fils unique » (cf. Mt 6,9 ; 1 Co 1,3 ; 2 Co 1,2 ; Ga 1,3 ; Ph 1,2 ; 4,20 ; Col 1,2 ; 1 Th 3,11.13 ; 2 Th 2,16 ; Jc 1,27), qui l'emporte sur une analogie foncièrement métaphysique.

Si nous revenons, après cette parenthèse importante, à Jüngel, celui-ci est persuadé que les paraboles de Jésus sur le royaume de Dieu font valoir la distinction entre Dieu et

213 *Ibid.*, p. 130.
214 *Ibid.*
215 *Ibid.*, p. 129, j'explicite.
216 *Ibid.*, p. 132.
217 *Ibid.*
218 *Ibid.*, p. 130.
219 *Ibid.*, p. 132.
220 *Ibid.*, p. 135.

le monde « de manière telle que la dissemblance, si grande soit-elle, se met en marche dans une ressemblance encore plus grande »[221]. Si l'événement de l'Évangile correspond tout à fait à l'événement Jésus-Christ, « parabole de Dieu »[222], c'est parce que le Christ, narrateur et sujet des paraboles du Règne advenant de Dieu, s'avère être lui-même « la parabole personnelle du Père »[223]. Après tout, la parabole du trésor ne relève et ne révèle que ceci : à savoir, que le règne de Dieu se met en marche vers le monde sous forme de parabole, de même « qu'un homme vient à trouver un trésor qui était caché dans un champ : il le recache, s'en va ravi de joie vendre tout ce qu'il possède, et achète ce champ » (Mt 13,44)[224].

Jüngel n'a aucun doute sur le fait que le langage de la foi des paraboles soit adéquat à Dieu, car la « concrétude » de celles-ci correspond à l'événement même de l'incarnation[225]. En d'autres termes, c'est proprement parce que les paraboles parlent concrètement

221 E. JÜNGEL, *Dieu Mystère du monde*, t. II, p. 113.

222 *Ibid.*, p. 104.

223 *Ibid.*, p. 105.

224 Ici, cet « achète » est censé être interprété comme « rachète », si l'on veut comprendre pourquoi l'expérience intramondaine devient le lieu de la révélation même de Dieu. Car ce n'est pas le monde qui peut dire Dieu, mais c'est Dieu qui habilite le monde à dire Dieu, proprement dans et par la personne du Fils, le Verbe fait homme et fait même « parole mondaine » !

225 Afin d'expliciter une telle « concrétude », je renvoie d'abord à la réflexion exégétique d'I. de la Potterie concernant Jn 1,18, où le bibliste jésuite explique la « position » du Fils « tourné vers le sein du Père » (théologie immanente) à la lumière de « la posture » (théologie économique) assumée par le disciple bien aimé pendant la cène (cf. Jn 13,25 ; 21,20) : voir *infra*, 3.1.2.1. C'est une explication analogique qui relève comment Dieu se raconte lui-même tandis qu'il *s'inspire* de la vie des hommes. Un autre argument est constitué par une méditation du prédicateur italien Ermes Ronchi concernant Lc 7,36-50. Commentant le geste de la femme qui se penche sur les pieds de Jésus, les lui lavant par ses larmes et les lui essuyant par ses cheveux, Ronchi ne manque pas de relever et remarquer l'implication analogique qui en ressort : « *Questa donna lava i piedi di Gesù con le lacrime, li asciuga con i suoi capelli. Qualche tempo dopo, all'ultima cena, Gesù ripeterà il gesto di questa donna, peccatrice, sconosciuta, innamorata : laverà i piedi dei suoi discepoli. C'è qui qualcosa di grandioso, di commovente : Dio che* imita *i gesti dell'uomo. Gesù che fa suo il gesto di una peccatrice. Uomo e Dio si incontrano nei gesti che l'amore sa inventare. Allora* l'uomo non è troppo piccolo, né Dio troppo lontano *per non incontrarsi… Il Figlio di Dio e la prostituta compiono gli stessi gesti. Li* unisce il linguaggio *dell'amore… Quando ama, l'uomo compie gesti divini* » (E. RONCHI, M. MARCOLINI, *Le ragioni della speranza. Commenti ai Vangeli domenicali. Anno C*, Paoline, Milano, 2012, p. 172, je souligne). Ici, Ronchi explique l'analogie évangélique par le biais de l'imitation divine des gestes humains. Et pourtant, l'analogie est davantage le fait de l'*incarnation* que le fait d'une pure *imitation*. Ou mieux, l'*imitation* par Dieu des gestes humains dont parle le prédicateur italien, est à entendre au sens de l'*incarnation*, par laquelle Dieu *assume* les gestes humains, et il les fait siens. Bref, j'ai donné deux exemples qui témoignent de cet *accès* de Dieu au *langage narratif humain*, langage qui devient, pour cela même, le lieu de la rencontre, ainsi que le remarque Danet. Cela donne cours au fait que l'*analogie parabolique* est à même de *parler Dieu* à partir proprement de « la différence d'une ressemblance toujours encore plus grande entre Dieu et l'homme au sein d'une si grande dissemblance », pour reprendre l'expression jüngelienne qui remanie, en l'inversant, le *leitmotiv* de l'analogie classique proposée par Przywara.

et efficacement du mystère du monde, qu'elles parlent adéquatement de Dieu, mystère du monde : « Il s'agit bien plutôt de parler de Dieu comme d'un homme, de sorte que *cet homme*, dont le nom est *Jésus*, peut être nommé, connu et invoqué en tant que *Dieu* »[226]. D'ailleurs ce n'est pas par hasard que les paraboles évangéliques sont les paraboles du *royaume des cieux*. La proximité entre Dieu et l'homme qui s'accomplit par elles est la proximité même que Dieu accomplit par son Fils. Autrement dit, étant donné que le *royaume des cieux* coïncide avec la personne du Christ, là où arrive la parabole du *royaume*, c'est Dieu lui-même qui vient, parvenant au plus près de l'homme. Ainsi, « la proximité toujours plus grande du Règne de Dieu si lointain qu'il soit, s'affirme à la pointe de chaque parabole »[227]. Dieu est plus proche de l'homme que ce dernier ne l'est de lui-même, car il « vient au plus près de lui : *Deus interior intimo meo* »[228].

Il y a encore plus. Mettant en place la corrélation Dieu-homme, l'analogie évangélique touche également au sujet autobiographique, quoique de manière implicite. Il est surprenant que Jüngel fasse pencher le discours humain sur Dieu – étant entendu qu'il s'agit d'un discours adéquat sur Dieu –, non seulement sur le côté divin, mais aussi sur le côté humain, comme le remarque ce passage tiré d'une note explicative :

> L'analogie parle Dieu et l'homme, pour ainsi dire, ensemble. Dans cette mesure elle est la structure de l'événement dans lequel Dieu lui-même s'adresse à l'homme, et de manière que celui-ci est déterminé, du dehors et du dedans, à parler de Dieu. Oui, aussi du dedans ! L'accent inévitablement mis sur l'extériorité du Dieu qui parle à partir de soi-même ne doit pas nous entraîner à méconnaître la réalité, à savoir que l'homme est en cela interpellé au plus intime de lui-même, et se trouve ainsi tiré hors de lui-même. Dans tout discours humain sur Dieu, l'homme exprime en même temps soi-même – ce qui, certes, ne doit aucunement avoir nécessairement lieu sous la forme de directes communications sur soi-même[229] ; l'homme en dit déjà plus sur lui-même du simple fait qu'il lui faut parler de Dieu, qu'il le veut et qu'il le fait volontiers. Dans ce vouloir humain et dans cette humaine joie de parler de Dieu se manifeste le *Deus interior intimo meo*, comme une force libératrice, telle que la nécessité intérieure de devoir parler de Dieu est ressentie comme la liberté qui s'extériorise de vouloir parler de Dieu. Et ceci en raison de la force analogique de la parabole, dans laquelle le Dieu qui accède au langage rend l'homme capable de parler de Dieu[230].

226 E. Jüngel, *Dieu Mystère du monde*, t. II, p. 118. À ce stade de son ouvrage Jüngel atteint le but de son hypothèse théologique que j'ai énoncée auparavant (voir *supra*, cit. de la n. 148).

227 *Ibid.*, p. 115.

228 *Ibid.*

229 Cela explique la raison pour laquelle le discours autobiographique « du moi » ne doit pas forcément être mis en place à la première personne, ni s'exprimer par des formes autobiographiques explicites – il en est d'ailleurs presque toujours ainsi dans la Bible ! De même, cela explique pourquoi aucun théologien n'a osé employer l'expression « autobiographie » par rapport à la Révélation. Et pourtant, une fois théologisée, une telle expression ne conduirait à exprimer rien d'autre que ce que Jüngel lui-même ne manque pas de souligner dans ce passage concernant le discours de Dieu à partir même *du dedans* de l'homme.

230 E. Jüngel, *Dieu Mystère du monde*, t. II, pp. 114–115, n. 187. À partir de cette note explicative très importante, la possibilité d'envisager une analogie théologique de type autobiographique n'apparaît

Affirmer que *dans tout discours humain sur Dieu l'homme ne peut pas* en même temps *ne pas parler de soi-même,* veut dire que la Révélation divine éclaire aussi le mystère de l'homme conformément à la manière même dont elle se réalise[231]. Autrement dit, si révélation ne veut dire qu'autorévélation, car *Dieu se dit lui-même à partir de soi-même*, et s'il est vrai que Dieu dit également l'homme à partir de l'homme, tout en laissant celui-ci parler de lui-même, l'« autorévélation » doit nécessairement inclure une dimension autobiographique au sens théologique[232]. De toute façon, que Jüngel ait touché, même si ce n'est que de manière implicite, à l'aspect autobiographique de la Révélation, cela s'annonce d'ores et déjà prometteur pour la suite et le développement de ma recherche.

Cela étant, l'analogie d'Avent ne saurait jamais être perçue comme une tentative naïve et dangereuse de penser Dieu comme un homme – au risque de ne pas le penser comme Dieu –, selon ledit « anthropomorphisme dogmatique »[233]. De même, elle ne saurait pas non plus prêter le flanc à des accusations anthropomorphistes de type « symbolique », car l'analogie parabolique échappe totalement à l'interdiction de parler de Dieu en tant qu'un homme[234].

Finalement, cette proximité ou condescendance de Dieu, compte tenu de l'altérité de son être divin, ne peut se justifier qu'ainsi : il est amour. Or, l'amour ne peut pas se taire. Au contraire, étant « puissance de langage », le Dieu-amour est poussé à parler et « pousse à parler », lui-même[235]. Ce qui fait dire aux apôtres : « Nous ne pouvons pas, quant à nous, ne pas publier ce que nous avons vu et entendu » (Ac 4,20). C'est proprement cela qui convainc Jüngel de concevoir la narration comme la seule expression linguistique corres-

plus comme une hypothèse trop audacieuse, voire inopportune. Au contraire, il me semble y percevoir déjà l'esquisse d'une *théologie autobiographique* (voir *infra*, chap. 3 et 4).

231 Que la Révélation comporte également une dimension anthropologique, cela a déjà été affirmé par Vatican II. Dieu ne se révèle pas lui-même tout court, mais il révèle en même temps l'homme à l'homme (cf. *GS* 22). Cela comporte que celui-ci devienne le *second* sujet de la Révélation, en plus d'en être l'objet.

232 Persuadée que la christologie de Barth occupe, d'après Balthasar, tout l'espace, en annulant toute distance entre création et Révélation et en réduisant l'humain à n'être qu'« un épiphénomène absorbé dans le divin christique », Danet plaide en faveur de l'analogie théologico-narrative jüngelienne. Celle-ci, laissant en revanche « un espace propre à l'humain » qui englobe les vécus douloureux des hommes, dans le sillage de la christologie de Metz axée sur la *memoria passionis*, ouvre à l'histoire de foi des hommes des temps et des espaces narratifs qui leur permettent « de raconter la vie » (cf. H. Danet, *Gloire et croix de Jésus-Christ*, p. 24). Ce qui comporte aussi une implication autobiographique, même pour Danet (cf. *ibid.*, p. 24, n. 3).

233 Cf. E. Jüngel, *Dieu Mystère du monde*, t. II, pp. 117–118.

234 Cf. *ibid.*, p. 118.

235 Cf. *ibid.*, p. 119.

pondant à l'humanité de Dieu, et la seule expression à même de concilier le caractère temporel de l'histoire et le caractère « surtemporel » de la Révélation[236].

1.2.3. L'Histoire et les histoires : enjeu d'une théologie de la narration

L'élément nodal d'une théologie de la narration est repéré par Jüngel dans l'histoire. Et dès lors que l'histoire n'existe que pour être racontée, ce *service* lui est rendu par la narration[237]. Or, l'incarnation étant le tournant qui a marqué l'histoire, la narration est la seule qui puisse raconter ce *novum* de l'histoire qui s'est déjà passé une fois pour toutes, mais de manière à ce qu'en le racontant, il se passe de nouveau[238] : « Dans la parabole quelque chose a lieu, et en vérité, de sorte qu'alors aussi quelque chose a lieu grâce à la parabole »[239]. Cela vaut aussi bien pour la théologie, en tant que science qui pense Dieu et qui dit Dieu : « Si la pensée veut penser à Dieu, il faut qu'elle recoure au récit »[240]. Par là, Jüngel parvient au constat qu'entre la pensée et le récit il y a un lien très étroit, un lien, noué par la conscience même, qui fait que le « je pense » devient le « je raconte »[241]. D'où la formulation qui suit : « Raconte-moi ton histoire et je te dirai qui tu es [...], comment tu penses »[242]. Pourtant, la conscience de l'homme étant structurée temporellement par l'histoire qui est derrière lui et par celle qui est devant lui, comment se fait-il que cette conscience humaine puisse linguistiquement correspondre à l'humanité de Dieu qui « ne cesse point d'être histoire *advenante*, parce que Dieu reste sujet de sa propre histoire » ?[243] Jüngel repère la réponse dans l'action pneumatologique qui fait que l'humanité de Dieu se manifeste à la raison

236 Cf. *ibid.*, p. 126. C'est grâce à cette « surtemporalité », c'est-à-dire à l'« orientation *temporale* au plus haut point » (*ibid.*) du langage correspondant à l'humanité de Dieu, que l'histoire passe d'« histoire *advenue* » à « histoire *advenante* » (cf. *ibid.*, p. 131). Cela se réalise selon la logique du *zikkaròn*, à savoir le mémorial. De fait, célébrant chaque année la Pâque, Israël célèbre, sous la forme d'un rite, un événement passé, celui de la sortie d'Égypte et de la première célébration pascale, qui cependant advient et s'actualise, tel un mémorial, grâce à la force d'une Parole vivante et donc *surtemporelle*, lue et écoutée : la Parole de l'Écriture, tirée, en l'occurrence, du livre de l'Exode.

237 Comme Jüngel, j'utilise le terme « histoire » dans le sens d'événements qui se passent dans le monde et donc selon leur dimension spatio-temporelle. Tandis que la narration ou le récit indiquent la « mise en parole », qu'elle soit orale ou écrite, d'un événement.

238 Cf. *ibid.*, p. 127.

239 *Ibid.*, p. 110. Cette affirmation contient déjà comme l'esquisse de la « christosacramentalité » de la Parole dont je vais parler au chap. 2. Puis, elle va également mettre en valeur l'analogie sacramentelle et révélatrice qu'assument, dans le sillage de la tradition, les « récits trito-testamentaires » issus du « cénacle autobiographique », ce qui donnerait raison à l'hypothèse d'une théologie autobiographique qui affecte aussi le domaine pastoral, tout comme cela ressort du chap. 7.

240 E. JÜNGEL, *Dieu Mystère du monde*, t. II, p. 127.

241 Cf. *ibid.*, pp. 127–128.

242 *Ibid.*, p. 128.

243 *Ibid.*, pp. 128–129.

humaine « comme une histoire toujours à raconter, sans que l'acte qui la perçoit puisse l'enfermer une fois pour toutes »[244]. Par conséquent, face à un Dieu qui continue à *venir* par une histoire également *advenante*, « l'homme ne peut correspondre à l'humanité de Dieu qu'en *en refaisant sans cesse* le récit »[245]. Ainsi que nous le verrons plus loin, ce « refaire » le récit de Dieu entraîne notamment aussi la dimension autobiographique, dès lors qu'il ne s'agit pas d'une répétition dépersonnalisée de l'histoire de Dieu[246].

Il est d'abord nécessaire de saisir le concept d'histoire relativement à l'humanité de Dieu mis en place par Jüngel. Se distinguant des autres histoires humaines, cette histoire coïncide avec Dieu lui-même, sujet toujours vivant d'une histoire également vivante qui advient dans le monde, bien qu'accomplie une fois pour toutes. En tant qu'*ephapax* qui continue pourtant de s'actualiser, cette histoire de l'humanité de Dieu est à concevoir comme histoire, au sens éminent du terme, unique, singulière et universelle. Or, que l'homme ne puisse y correspondre qu'en en refaisant le récit, cela n'est pas à entendre en un sens soit purement temporel soit quantitatif, comme s'il s'agissait simplement de répéter l'histoire de l'humanité de Dieu au long des siècles. Répéter signifie plus profondément laisser l'*ephapax* de l'histoire singulière de l'humanité de Dieu se faire raconter, tel un chant à plusieurs voix, par la *multiformité* des récits, tout en maintenant cette histoire distinguée des histoires qui la racontent, comme c'est le cas dans les paraboles de l'analogie évangélique[247]. De fait, sans annuler la distinction entre Dieu et le monde, les para-

244 *Ibid.*, p. 128.

245 *Ibid.*

246 Envisageant le témoignage personnel des apôtres comme faisant partie intégrante de la Révélation, le bibliste J.-N. Aletti remarque que la Bonne Nouvelle est « "selon les Écritures" et "selon les apôtres", dans l'entrelacs de leur témoignage à la fois multiple et unique » (voir *infra,* 2.3.2). La dimension anthropologique est donc inhérente à l'analogie parabolique. Si l'humanité de Dieu advient comme la parabole qui s'inscrit dans les lignes spatio-temporelles de l'histoire du monde, le croyant ne peut que se laisser impliquer dans un tel mouvement analogique. Ainsi, atteint par la parabole de Dieu, l'homme en refera à son tour le récit, laissant sa propre histoire, telle une parabole de Dieu, raconter l'Histoire *singulière* du salut. C'est précisément là que se cacherait, d'après Theobald, une certaine lacune de la pensée théologique de Jüngel, à savoir que « l'unique histoire » de l'humanité de Dieu, déjà plurielle en elle-même à cause des diverses histoires bibliques qui la composent, *engendre* une *multitude* d'histoires humaines qui la racontent (cf. C. THEOBALD, *Le christianisme comme style,* t. I, pp. 475–478). De son côté, le théologien luthérien affirme que Dieu n'a pas d'histoires car il est histoire (cf. E. JÜNGEL, *Dieu Mystère du monde*, t. II, pp. 144–145). C'est pourquoi, si le théologien de Paris insiste sur la nécessité que Dieu soit raconté par une *multiplication de récits*, Jüngel insiste sur la distinction entre *histoires* humaines et *histoire* divine, sans pour cela nier que celle-ci demande à être racontée sans cesse. Je vais revenir sur ce différend théologique.

247 À l'égard des « récits de Dieu », l'argument que Theobald porte contre l'axiome jüngelien « Dieu n'a pas d'histoires, il est histoire » (E. JÜNGEL, *Dieu Mystère du monde,* t. II, pp. 144–145) est exprimé par le théologien de Paris dans les termes de « multitude », de « multiplication » ou de « prolifération ». Quant à la thèse que j'essaie d'expliciter au long de la présente recherche, quand j'emploie ici l'expression « multiformité », j'entends plaider en faveur du théologien luthérien. En effet, selon mon

boles du royaume racontent sous la forme mondaine l'*ephapax* de l'humanité de Dieu, « de manière telle que la dissemblance, si grande soit-elle, se met en marche dans une ressemblance encore plus grande ». Ainsi, ces répétitions pour ainsi dire symphoniques de l'unique Évangile, par la médiatisation linguistique contraignante d'une narration « ainsi et pas autrement »[248], universalisent ce qui est unique et individuel[249]. Cet enjeu entre la singularité/unicité de l'*histoire* de l'humanité de Dieu et l'universalisation de cette même histoire opérée par les diverses *histoires* repose précisément sur le fait même que les récits évangéliques racontent l'histoire de Jésus-Christ comme l'histoire d'un narrateur raconté ou comme l'histoire d'« un messager *qui raconte* »[250].

Or, par l'expression « Dieu n'a pas d'histoires, il est histoire »[251], contestée par Theobald[252], loin de vouloir nier les histoires ou les récits qui racontent l'unique histoire de l'humanité de Dieu, Jüngel a eu l'intention opposée, à savoir : préserver cette dernière d'une dilution apocryphe de « la singularité » de Jésus, unique parabole de Dieu[253]. Ce risque d'*apocryphisme,* qui peut se traduire par des interprétations tendant à fausser et à *diluer* l'annonce évangélique – ce à quoi nous avons déjà fait allusion[254] –, ressort proprement de ce passage de Weinrich : « Les récits n'ont pas comme but un oui ou un non de vérité, mais un plus ou moins d'importance. Les histoires les plus importantes sont orientées vers la foi (*fides*) ; elles requièrent de l'auditeur qu'il devienne lui-même agent du récit et qu'il imite les actions racontées »[255]. N'oublions pas que Jüngel a contesté cette affirmation, parce que c'est à partir d'elle que le théologien luthérien explique la différence de l'Histoire des histoires.

En revenant à l'axiome jüngelien qu'il stigmatise, Theobald y lit ceci :

> Il y aurait une manière ascétique de tourner le dos à cette vision apocalyptique (cf. Ap 7,9-17), en concentrant tous ses efforts à protéger dogmatiquement l'unicité de Dieu qui n'a pas d'histoires. Et c'est vrai, l'intrigue biblique se construit autour du Dieu unique et de son unique "l'unique engendré", celui que chantent les psaumes 2 et 110 et que vise de loin l'oracle d'Isaïe 53,8 : « Qui racon-

approche, Dieu n'a pas besoin que soient engendrées d'autres histoires, mais que les histoires mettent au jour son Histoire, l'*ephapax* du salut. D'ailleurs, cela va être proprement le sens que revêtent les récits du « troisième Testament », et le but même de l'*expérience cénaculaire* mise en place en tant que forme autobiographique d'évangélisation (se reporter aux chap. 4 et 7).

248 E. JÜNGEL, *Dieu Mystère du monde*, t. II, p. 130.

249 Cf. *ibid.*, p. 128, n. 13.

250 *Ibid.*, p. 132.

251 *Ibid.*, pp. 144–145.

252 Cf. C. THEOBALD, *Le christianisme comme style,* t. 1, p. 477. Voir aussi *supra*, 1.1.3.

253 Cf. E. JÜNGEL, *Dieu Mystère du monde,* t. II, p. 143. Jüngel rappelle que le caractère définitif de l'histoire de l'humanité de Dieu révélée dans l'histoire de l'homme Jésus-Christ a connu dès le début la menace de la « narration apocryphe sauvage » (*ibid.*).

254 Voir *supra*, n. 81.

255 H. WEINRICH, « Théologie narrative », p. 50.

tera sa génération ? » Pour saint Thomas, cette génération humaine et divine de Jésus est en effet ineffable ; et nous avons perçu l'argument de Jüngel qui interrompt le récit, en ce point crucial, par l'interruption de toute image. Et pourtant, a-t-on le droit d'oublier que l'épître aux Hébreux, par exemple, transfère la "filiation divine" vers la condition commune de tous ? « Il convenait, en effet, écrit son auteur, à celui pour qui et par qui tout existe, de conduire à la gloire *une multitude de fils* » (He 2,10). Cette extraordinaire transgression n'indique-t-elle pas que le Dieu de Jésus-Christ a bel et bien une multitude d'histoires ?[256]

Or Theobald a, à mon avis, mal interprété Jüngel, du fait que ce n'est pas l'« unicité de Dieu et de son unique » *sic et simpliciter* que celui-ci veut protéger, mais plutôt l'unicité de « l'histoire de Dieu » qui ne se laisse pas « dissoudre en histoires »[257]. En revanche, cette unicité de l'histoire de l'humanité de Dieu toujours advenante demande, et pour cause, d'être saisie en termes de « *sacramentum* »[258]. C'est pourquoi, redoutant l'interprétation du récit de la foi en termes d'« un plus ou moins d'importance », en vue de l'agir, Jüngel riposte à Weinrich par l'argumentation que voici :

Son intérêt [de Weinrich] porte sur « l'histoire déjà racontée ou répercutée qui provoque chez l'auditeur une commotion, faisant de lui l'agent de la Parole de sorte qu'il peut à son tour faire l'objet d'un récit ». Mais cette analyse ne touche que partiellement la fonction du récit chrétien. [...] « L'intérêt pratique » du narrateur n'est pas dirigé *directement* vers l'agir. Il veut bien plutôt rendre expérimentable ce qui, sans la parole narrative, ne va pas de soi (quelles qu'en soient les raisons), mais qui, à partir de la parole narrative, apparaît comme le plus évident du monde. Ce n'est pas la raison pratique, mais la faculté de juger que l'on provoque en premier lieu. C'est en effet l'auditeur (Marie) plutôt que celui qui agit trop vite (Marthe) qui a choisi la bonne part (Lc 10,42). [...] L'homme devient d'abord « *auditeur* de la parole », lui qui aussi longtemps qu'il écoute ne peut rien faire, mais agira ensuite, en raison de son écoute, *avec la liberté qu'il aura gagnée*, de sorte que son acte, même en tant qu'action délibérée, demeure acte de la *parole*. Cela vaut, d'une tout autre manière, du récit de l'histoire christologique qui fait éclater toutes les évidences, puisque Dieu s'identifie en elle avec un crucifié, de sorte que le récit doit porter sur le Dieu crucifié et sur l'homme éveillé à une vie nouvelle. C'est dans cette histoire que, justement parce qu'elle est aussi son histoire, l'auditeur doit se retrouver inclus de manière existentielle par la parole avant de pouvoir *faire* ce qui correspond à cette histoire. L'histoire de Jésus-Christ, par la parabole qui pour ainsi dire en jaillit et la raconte, devient « sacramentum » (pour parler comme Augustin et Luther), avant de remplir la fonction d'« exemplum ». Cette fonction en quelque sorte sacramentelle du récit de l'histoire du Christ, consiste à laisser l'auditeur acquérir par lui-même sa liberté. Mais c'est justement pour cette raison que le récit dépend de la *vérité* de ce qu'on raconte – même si c'est d'abord de la *vérité de la pointe* du récit et en second lieu seulement de la vérité du fait, source de cette pointe. Mais ici, entre d'un côté les récits paraboliques et de l'autre l'histoire racontée de Jésus-Christ, il convient en tout cas d'opérer une distinction, puisque l'histoire de Jésus-Christ privée de la « vérité du fait » n'atteint pas non plus la « vérité de la pointe », alors que la parabole peut être indifférente à la « vérité du fait »[259].

256 C. THEOBALD, *Le christianisme comme style,* t. I, p. 477.
257 E. JÜNGEL, *Dieu Mystère du monde*, t. II, p. 144.
258 Cf. *ibid.*, p. 136.
259 *Ibid.*, pp. 135–137.

Cette longue citation, jetant une lumière importante sur la signification de cette unicité et singularité de l'histoire de l'humanité de Dieu défendue très vigoureusement par Jüngel, a pour seul but d'empêcher qu'il y ait « un Christ selon moi » ou « un Christ selon mon histoire ». Au contraire, il faut que toute histoire, à partir même de celles que la Bible engendre, jusqu'à « mon histoire » et aux histoires de chaque homme, soient « selon l'histoire », *unique, singulière* et, pour cela même, *universelle* « histoire du Christ ». Ce qui veut dire, et cela de manière explicite, que Jüngel n'a aucunement nié que la Bible soit composée de différents genres littéraires, comme l'avoue, entre autres, Theobald[260], ni qu'elle englobe divers récits, ainsi que l'affirme Jüngel lui-même : « L'unique Évangile de la résurrection du Crucifié appelle au contraire un récit annonçant le Ressuscité comme crucifié et relatant la vie et la passion du narrateur du royaume de Dieu. "L'Évangile, sans les évangiles, ne reste pas ce qu'il est" »[261]. C'est pourquoi, en dehors de ce différend opposant Jüngel à Weinrich, on ne peut pas comprendre l'axiome péremptoire « Dieu n'a pas d'histoires, il est histoire » combattu par Theobald. De la sorte, il devient plus clair que celui-ci n'en a pas pleinement compris la véritable signification, ne serait-ce que par le fait même qu'il ne mentionne jamais Weinrich dans ses arguments portés contre Jüngel[262].

Ainsi, revenant à Weinrich, par rapport à la théologie narrative, le théologien luthérien relève encore ceci :

> Le défaut théologique des développements fort inspirants de Weinrich sur la possibilité d'une théologie narrative consiste en ce qu'il néglige la spécificité de l'histoire – des histoires – à raconter. C'est ainsi qu'il peut traiter les récits paraboliques de Jésus et le récit sur le narrateur lui-même comme s'ils ressortissaient du même modèle herméneutique, laissant ainsi de côté la singularité de Jésus comme unique parabole de Dieu : une théologie narrative ne devrait-elle pas pourtant soule-

260 Cf. C. Theobald, *Le christianisme comme style,* t. I, p. 475.

261 E. Jüngel, *Dieu Mystère du monde,* t. II, pp. 133–134.

262 Dans son article paru dans *Concilium*, Weinrich affirme que la formule pascale « Il est ressuscité ! », formule qui résume l'Évangile tout entier, a pu *dispenser* la première communauté narrative de *répercuter* tous les autres récits (cf. Id., « Théologie narrative », p. 52). Cette dispense s'appuierait sur la conviction nette selon laquelle « les récits n'ont pas comme but un oui ou un non de vérité, mais un plus ou moins d'importance », ainsi que nous l'avons mentionné auparavant (voir *supra*, cit. de la n. 255). Or, d'après Jüngel, cette « dispense » ne serait vraie qu'en apparence. Et cela pour deux raisons que Jüngel donne lui-même. La première : l'apôtre Paul s'en prend aux premiers chrétiens, lorsque ceux-ci, en s'identifiant avec trop d'enthousiasme à l'événement pascal, oubliaient que le Ressuscité était le même que celui qui avait été crucifié (cf. E. Jüngel, *Dieu Mystère du monde,* t. II, p. 133). La seconde : si l'annonce pascale avait vraiment dispensé les premiers témoins et, avec eux, toute la communauté chrétienne primitive, de répercuter tous les autres récits, « le genre littéraire Évangile n'aurait pas pris naissance » (*ibid.*). En revanche, l'unique Évangile de la résurrection du crucifié, dont le premier but n'est pas l'*agir*, mais l'*écoute-contemplation* (cf. Lc 10,42) de cette *Vérité* qui *rend la liberté* (cf. Jn 8,32) aux hommes (cf. *ibid.*, pp. 135–137), « appelle au contraire un récit annonçant le Ressuscité comme crucifié et relatant la vie et la passion du narrateur du royaume de Dieu » (*ibid.*, p. 133).

ver la question de savoir comment le narrateur du Règne de Dieu a pu à son tour devenir narrateur raconté ?[263]

Faire valoir une telle distinction entre les récits de Dieu et le récit qu'est Dieu lui-même, signifie finalement parvenir à dégager le *sacramentum* : Jésus-Christ, histoire de Dieu[264].

263 *Ibid.*, p. 132.

264 Cf. *ibid.*, p. 136. Répondant à Weinrich qui donne la priorité à l'*agir* évangélique, et rejoignant de cette manière Augustin et Luther, Jüngel invoque la « fonction sacramentelle » du récit sacré. Car l'histoire de Jésus-Christ, laquelle jaillit de la narration – en tant que parole à *contempler* et à écouter tout d'abord, à l'exemple de Marie de Béthanie –, « avant de pouvoir faire fonction d'"exemplum" », « devient "sacramentum" » (déjà cité ci-dessus à la n. 259). Cette dimension sacramentelle, en tant que catégorie fondamentale de la Révélation repérée dans les textes eucologiques et bibliques de la liturgie du temps de Noël, a été bien soulignée par G. Bellusci dans sa thèse sur l'*universale concretum*, relativement à l'unicité et à l'universalité de la personne de Jésus-Christ (cf. Id., *L'*universale concretum*, categoria fondamentale della Rivelazione a partire dall'analisi del ciclo natalizio*, Pontificia Università Gregoriana, Roma, 2006). Partant des approches philosophiques de l'école platonicienne et de celle des philosophes de Francfort, passant par les catégories bibliques de *représentation* ou *personnalité corporative* (Ratzinger, De Fraine) et de *pro-existence* (Jeremias, Kasper), revisitant le concept christologique transcendantal rahnerien du Christ, Sauveur absolu, et le concept phénoménologico-esthétique de Balthasar du Christ incarné, en tant qu'*universale concretum et personale*, l'auteur fait finalement, à la lumière de cette analyse, une relecture approfondie des homélies (*lex credendi*) du pape Léon le Grand et des textes eucologiques du cycle liturgique de Noël (*lex orandi*) qui lui sont attribués. Il s'agit d'une étude théologico-liturgique très précieuse, visant à repérer la catégorie christologique de l'*universale concretum et personale* contenue dans les codes linguistiques de la *lex orandi* et de la *lex credendi* des textes de saint Léon le Grand, tout particulièrement : le code « sacramentel », dérivant du *hodie* léonino-augustinien référé au mystère du Sauveur ; le code « épiphanique », dérivant du lexique des mots apparaître, manifestation, visible/invisible, lumière, étoile, etc. ; le code « nuptial », dérivant du Christ-sauveur qui sort, tel un époux, de la chambre nuptiale ; le code « royal », dérivant de la royauté universelle du Christ à qui les mages offrent l'or, l'encens et la myrrhe ; et finalement le code « paradoxal », dérivant du vocabulaire léonino-augustinien, d'où les antithèses christologiques connues, telles *immortel-mortel*, *infini-fini*, *Dieu-homme*, *riche-pauvre*, *Créateur-créature*, *nature humaine-nature divine*, qui font objet de l'*admirabile commercium*. Il est intéressant, et en l'occurrence opportun, de souligner que le code « sacramentel » émerge comme un fil rouge qui a traversé toute l'histoire de la théologie chrétienne et qui, allant son chemin, s'affirme de plus en plus en tant que catégorie analogique la plus éminente. Bellusci redonne d'ailleurs à l'élément analogique appartenant aux données et aux modalités de la Révélation sa place théologique et liturgique, ainsi qu'il le souligne dans un passage qui résume les buts de son travail de qualité : « *L'approccio teologico-liturgico al tema dell'*Universale concretum, *ci ha consentito di riscattarlo dal contesto idealistico e dalla dialettica finito-infinito per ricollocarlo nel suo ambiente originario ovvero la storia della salvezza, in quanto il mistero dell'Incarnazione, del Verbo che si è fatto uomo, è un evento storico realmente accaduto. Questo approccio ci ha permesso anche di riequilibrare nella riflessione cristologica il rapporto tra la dimensione analogica e quella dossologica, in quanto la mirabile congiunzione della natura divina con quella umana è accaduta nella persona di Gesù di Nazareth…* » (*ibid.*, p. 275). Toutefois, j'estime que cette analyse théologico-liturgique, malgré l'ensemble de ses qualités, aurait pu mieux expliciter le fait assez intéressant que les codes de la *lex orandi* et de la *lex credendi* susmentionnés ont été les précurseurs des conceptions analogiques issues de la théologie protestante ainsi que de la théologie catholique, et celles mises en place par les théologiens majeurs du XXe siècle.

Étant l'histoire même de Dieu, cette présence constitue la vérité sur laquelle reposent les récits paraboliques. Autrement dit, sans cette vérité, les histoires seraient vidées de contenu. Ce qui veut dire que « l'être de Dieu comme histoire peut être ébauché par des histoires mais non cependant rejoint »[265]. Cette histoire unique qu'est le *Christus crucifixus*, seule *imago Dei* qui interdit toute autre image[266], ne saurait jamais être réduite à des exemplifications ou à des illustrations.

265 E. JÜNGEL, *Dieu Mystère du monde,* t. II, p. 143.

266 Cf. *ibid.* L'irruption soudaine de l'*imago* dans le discours parabolique de Jüngel, paraît étrangère au contexte d'une analogie de la foi ou de la parabole, langage humain par lequel Dieu choisit de se dire. C'est pourquoi, introduisant tout d'un coup un terme qui relève plutôt de la théologie esthétique, Jüngel pousse l'analogie de la parole à croiser l'analogie de l'image au carrefour du Crucifié, unique Parole et unique Image de Dieu. En d'autres termes, l'Histoire unique de l'humanité de Dieu voile-dévoile l'enjeu « analogique » qui se tisse entre Parole attestée et parole attestante, entre Parabole et paraboles, entre Histoire et histoires et qui, en impliquant Dieu et l'homme, Révélation (*fides quae*) et foi (*fides qua*) dans un mouvement « sacramentel », demeure au cœur même de la Révélation et se dégage de celle-ci. Cependant, le pourquoi de l'accomplissement de l'analogie parabolique dans le Crucifié reste un critère théologique difficile à comprendre au premier abord. Cela surprend même Danet, alors qu'elle réalise qu'il existe un décalage dans la proposition théologique de Jüngel entre la Parabole et le discours sur la croix. Ou aussi, que les deux instances semblent s'opposer même, dès lors que le silence et le mutisme de la mort contrastent nettement avec le langage verbal de la Parabole (cf. H. DANET, *Gloire et croix de Jésus-Christ*, p. 69). Cela amène Danet à conclure que l'analogie théologique de Jüngel relève plutôt d'une théologie de l'Incarnation que d'une théologie de la Croix (cf. *ibid.*, p. 73). Personnellement, je n'y trouve ni décalage ni antithèse théologique. Tout d'abord parce que la pointe de la christologie jüngelienne n'est pas la mort, ni la Croix *sic et simpliciter*, mais le Crucifié, vraie *imago Dei* qui interdit toute autre image. C'est pourquoi la Croix n'est pas mutisme, mais Parole de la croix, la parole la plus haute et la plus éloquente (cf. E. JÜNGEL, *Dieu Mystère du monde*, t. II, p. 140). Étant l'expression suprême de l'amour, et celui-ci étant la parole la plus éminente qui ne saurait se taire, la théologie de la Croix n'est pas la *contraditio in terminis* de l'analogie évangélique. Car c'est en atteignant le sommet de la Croix que l'analogie du Dieu Mystère du monde parvient à la pointe. En outre, Dieu ne se contente pas de parler de lui, en parlant du monde dans sa condition ordinaire. Il veut « se rendre analogue à l'humain » en tout, même en descendant au plus bas de la condition humaine (*sunkatabasis*), parvenant au fond du fond, jusqu'aux niveaux les plus extrêmes : la souffrance, l'humiliation (la croix), la mort et même la descente aux enfers. Par ailleurs, nous allons retrouver tous ces thèmes dans le cadre des récits autobiographiques où la narration de la souffrance va mettre proprement au jour la Parole de la Croix, notamment au sein des cénacles autobiographiques mis en place avec deux groupes de personnes détenues dans la prison d'Alghero (voir *infra*, chap. 7, notamment 7.2.3). Il me semble que par le discours christologique de la Croix, Jüngel ouvre enfin une voie analogique qui attend d'aller son chemin, tel un train qui voyage sur les rails de la Parabole (Parole) et de la Gloire (Image). Mais une analogie ainsi conçue ne saurait être qu'une analogie pour ainsi dire de type « christosacramentel », où le Verbe-Logos et le Verbe-Image, « emparolé » dans la « Parole-Écriture », continue de se livrer en audition et en vision. C'est précisément l'objectif auquel va tendre le chapitre 2, consacré notamment à la « christosacramentalité » de la Parole de Dieu et aux analogies de type synesthésique et autobiographique qu'elle recèle (voir *infra*, 2. 3).

Dès lors, si l'histoire de Dieu *ne se dissout pas en des histoires*[267], cela est dû à deux principes : « Le *caractère définitif* de la révélation divine et le mode de *singularité unique* du Dieu qui se révèle »[268]. Pourtant, dans le contexte de la réflexion jüngelienne, les caractères *définitif* et *unique*, constituant l'essence de l'histoire de l'humanité de Dieu, ne sont pas à entendre uniquement dans le sens christologique de l'*ephapax*. Il s'agit d'une singularité et d'une unicité qui touchent aussi le caractère et la modalité de la Révélation, laquelle est pour cela même à sauvegarder comme le Récit par excellence. De ce Récit, multiforme en lui-même, les écritures canoniques constituent la forme définitive. C'est pourquoi, l'Histoire avec majuscule étant synonyme de Révélation sous forme de récit, la Tradition de l'Église (Magistère et théologie, prédication et liturgie, évangélisation et action pastorale, etc.) est chargée de transmettre cette Histoire telle qu'elle est, sacrement du salut qui ne se laisse pas dissoudre en des récits visant à une imitation *pragmatique* et *morale*.

De fait, sans peut-être trop l'expliciter, le théologien luthérien confère à la théologie narrative la tâche de protéger le Récit-*sacramentum* qu'est le Christ crucifié et ressuscité, image à *contempler* et histoire à *écouter*. L'histoire unique de l'humanité de Dieu n'est pas celle qui doit tout simplement être racontée « de telle sorte qu'elle soit elle-même une aide »[269], ainsi que le dit Metz, citant les « Histoires hassidiennes », dans la tentative de redonner à la narration un statut théologique de type existentiel. Loin de consister en des exigences moralistes et existentielles, qui sont susceptibles d'être attribuées aux histoires et aux récits, l'histoire unique de la Révélation demeure le Récit-icône du Crucifié-ressuscité, l'Histoire de Dieu, le Fils unique de Dieu et l'unique engendré du Père. C'est pourquoi l'axiome « Dieu n'a pas d'histoires, il est histoire » est à comprendre dans un sens christologique. Et si l'annonce exige de se répercuter en des récits, il s'agira toujours et partout de récits d'une histoire *définitive*, *unique* et *singulière*, celle du Dieu révélé par Jésus-Christ, à transmettre toujours en conformité avec ce *caractère* et cette *modalité* par lesquels elle est venue et elle continue à advenir, à savoir : « selon les Écritures » et « selon les apôtres », comme nous allons l'approfondir plus loin à l'aide notamment d'Aletti[270].

Or, une telle conformité est proprement garantie par l'Écriture et par la Tradition – quoique ces deux termes ne semblent pas appartenir au vocabulaire jüngelien –, telles les deux formes de la Révélation qui font « barrage » aux risques toujours réels d'un Christ « selon moi ». En d'autres termes, si les récits de Dieu ne gardent pas une telle conformi-

267 Cf. *ibid.*, p. 144.
268 *Ibid.*
269 J.-B. Metz, « Petite apologie du récit », p. 60, dont la citation est tirée de M. Buber, *Werke*, III, Munich, 1963, p. 71.
270 Voir *infra*, 2.3.2., notamment la cit. de la n. 741.

té au caractère et à la modalité de la Révélation, ils ne seront que *des* histoires où on ne peut pas recenser *l'*Histoire unique de Dieu[271]. C'est pourquoi, ainsi que je vais l'expliciter au chapitre 4, les récits du « troisième Testament », expression de cette composante analogique de la Révélation qu'est le témoignage autobiographique, se veulent la résonance de l'Évangile unique, singulier et définitif.

Finalement, l'Évangile, ou la Parabole de Dieu, ne peut être pleinement exprimé pour Jüngel que dans la formulation que voici : « Dieu est amour »[272], l'amour qui, selon le point de départ du théologien luthérien, ne peut pas être tu et qui ne peut par conséquent qu'être raconté. L'Église, en tant qu'« institution de la narration »[273], reste l'actrice première, chargée de perpétuer la remémoration de cet amour, elle qui « ne se maintient qu'en maintenant ce récit »[274]. Et cela, non seulement afin de sauvegarder son identité, mais aussi sa finalité, c'est-à-dire sa tâche évangélisatrice, comme le remarque Jüngel lui-même : « Pour cela elle devra prendre en compte sur le plan herméneutique la situation post-narrative de l'âge technique, afin de trouver des modes nouveaux de récit interpellant »[275].

1.2.4. Bilan de la théologie narrative : perspectives théologiques en comparaison

1.2.4.1. Le « principe stylistique » et l'« approche esthétique » vis-à-vis de la Révélation

À l'issue des paragraphes précédents qui ont présenté une analyse synthétique du chemin de la théologie narrative, et qui ont prêté particulière attention à la perspective émanant de l'« analogie d'Avent » de Jüngel, il me reste à en tirer des conclusions, en comparant les positions théologico-narratives que nous avons considérées. Cette confrontation concerne principalement Jüngel et Theobald, dès lors qu'ils ont essayé en définitive de marquer un tournant dans le chemin de la théologie narrative. Pourtant, l'approche théologique de

271 Le sujet de la sacramentalité ici annoncé, qui fera l'objet du 2e chapitre, ne se borne pas à la seule Révélation, mais il concerne aussi l'évangélisation. Ce qui émerge de la réflexion de Jüngel sera donc de grande utilité, lorsque nous aurons à parler de la sacramentalité de la « parole autobiographique », par rapport à la Parole révélée et transmise (chapitres 3, 4 et 5), aussi bien que par rapport à la nouvelle évangélisation (chapitres 6 et 7).

272 Cf. E. JÜNGEL, *Dieu Mystère du monde,* t. II, p. 145.

273 *Ibid.*, p. 141.

274 *Ibid.*

275 *Ibid.* Le « récit interpellant » n'étant que l'Évangile, ces « modes nouveaux » ne pourraient-ils pas ressortir de la dimension autobiographique inhérente à la Révélation même ? Cette question évidemment rhétorique contient la thèse même que j'essaie de développer et de défendre dans les pages de cette recherche théologique.

Theobald remettant également en question des aspects fondamentaux de l'esthétique théologique, je ne manquerai pas de mettre aussi en jeu von Balthasar.

Je voudrais d'abord commencer par les objections que le jésuite Christoph Theobald a élevées contre le théologien luthérien Eberhard Jüngel. Il s'agit de deux questions interdépendantes concernant le sujet de l'humanité de Dieu, en tant qu'histoire *unique* et *singulière*, et la raison pour laquelle cette histoire demanderait à être racontée.

La première ayant déjà été objet de réflexion, au cours, notamment, du paragraphe précédent, je commence par aborder la seconde question, à l'égard de laquelle Jüngel fournit une réponse très simple, à savoir : c'est la nature même de l'histoire qui demande que celle-ci soit racontée. En effet, Dieu étant l'histoire par excellence et, de plus, s'étant fait histoire de l'humanité, lui-même, dans et par l'incarnation de son Fils Jésus-Christ – l'événement qui a marqué un tournant dans l'histoire du monde –, cette histoire demande à plus forte raison d'être racontée. Cependant, ce « demander » n'est pas à entendre comme une nécessité divine, mais plutôt comme la conséquence d'un amour, gratuit et libre, qui ne saurait pas, du fait de sa nature même, ne pas se manifester (l'amour ne peut pas se taire !). Cette manifestation, qui s'accomplit en tant qu'histoire de l'humanité de Dieu, amène le Dieu-amour à accéder au langage humain, afin de se raconter lui-même. C'est bien par et grâce à cet accès divin au langage que l'analogie d'Avent prend forme et s'avère même nécessaire pour un discours adéquat sur Dieu qui ne soit ni apophatique, ni anthropomorphique, au sens « dogmatique » ou au sens « symbolique ». L'analogie d'Avent est donc une analogie d'avènement où Dieu continue à venir au monde dans la mesure où l'homme en refait le récit multiforme[276]. Pourtant, Jüngel tient à préciser que cette histoire de l'humanité de Dieu ne peut pas être diluée en des histoires qui ne seraient pas « soucieuses » de raconter l'Histoire coïncidant avec « le narrateur raconté »[277]. Ce qui l'amène à l'affirmation axiomatique « Dieu n'a pas d'histoires, il est histoire ».

Or, voulant marquer un tournant qui amène à « abandonner le cadre de la théologie narrative classique »[278], Theobald oppose aux options théologiques de Jüngel les arguments auxquels j'ai déjà fait allusion et qu'en l'occurrence je vais tenter de rappeler, tout en les situant dans un contexte de comparaison et d'évaluation théologiques. Ainsi, ap-

276 Voir *supra*, n. 247.

277 Finalement, pour répondre à la question que Jüngel soulève à l'égard du statut et de la spécificité de la théologie narrative, c'est proprement ce même « souci » des récits, c'est-à-dire celui de raconter l'Histoire qui *coïncide* avec le « narrateur raconté », qui doit faire également l'intérêt de la théologie narrative, voire qui peut bien la qualifier. Dès lors, la théologie narrative sera de l'avis de Jüngel à la hauteur de sa tâche si elle sait « *comment* le narrateur du Règne de Dieu a pu à son tour devenir narrateur raconté », (voir *supra*, fin de la cit. relative à la n. 263).

278 C. Theobald, « I racconti di Dio », p. 57. Par « théologie narrative classique », Theobald veut désigner les essais théologiques qui cherchent à formuler et à proposer une théologie narrative à partir des articles parus dans la revue *Concilium*, et que j'ai cités à maintes reprises.

portant des raisons théologiques de type stylistique[279], le théologien jésuite affirme que c'est la *sainteté de Dieu*, « concordance absolue entre la forme et le contenu de la mémoire

279 Puisant dans un ouvrage (*Signes*) sur la phénoménologie du langage de Maurice Merleau-Ponty la notion de « style » comme « emblème d'*une manière d'habiter le monde* », consistant, selon la théorie de Malraux, en la « mise en forme des éléments du monde qui permettent d'orienter celui-ci vers une de ses parts essentielles » (C. Theobald, *Le christianisme comme style,* t. I, p. 19), Theobald met en place une manière « stylistique » de faire de la théologie. De fait, Schleiermacher et Balthasar avaient déjà, chacun à sa manière, touché à la concordance entre le contenu formel de la Révélation et la forme d'expression de cette dernière. Pour Schleiermacher, le texte, expression historique de la libre créativité de l'auteur qui le rédige, en tant que disciple en communion avec le Christ, est le résultat de l'union entre la pensée de l'auteur et son style, c'est-à-dire sa manière de s'exprimer (genre littéraire et composition). L'inspiration peut donc être saisie dans le lien étroit des différents textes ou styles venant de la personnalité créative des hagiographes avec la « couleur fondamentale » ou la « force d'unité émanant du Christ » et venant de leur relation avec lui (cf. *ibid.,* pp. 25–34). Tandis que Balthasar, à partir du Christ en tant que Figure historique et transcendante de l'automanifestation de Dieu, médiatisée par les trois figures christiques (l'Écriture, l'Eucharistie et l'Église), établit un rapport quasi-transparent entre le contenu, la Figure, et la forme, l'Écriture. Celle-ci, expression ou attestation conforme à l'événement de l'automanifestation de Dieu en Jésus-Christ, est entièrement traversée par la foi, la seule à même de percevoir la Figure, objectivée dans le texte sacré. C'est pourquoi Balthasar – d'après Theobald – donnerait la primauté à la Figure au détriment du texte biblique et même de son interprétation (cf. *ibid.*, pp. 34–51). Bref, la seule raison balthasarienne qui fait l'intérêt de Theobald reste le principe esthétique. Le théologien jésuite en effet partage pleinement la visée de la Figure christologique de la Révélation qui, par le biais de l'identité figurativo-christique de l'Écriture de l'Église, atteint la vie des croyants et les expressions de leurs styles théologiques diversifiés – étant entendu que le terme « styles » n'est appliqué par Balthasar que pour les théologies et, pour cela même, qu'au pluriel. Tandis que sur le terrain « biblico-métaphysique », le théologien jésuite renonce à suivre Balthasar (cf. *ibid.*, pp. 47–51). Il résume ainsi sa motivation : « L'opposition constante de Balthasar, certes nuancée mais de principe, par rapport à la méthode philologique ou archéologique ainsi que le diagnostic historique qui sous-tend sa prise de distance ne sont pas recevables ; non seulement parce qu'il contourne la différenciation culturelle des temps modernes par sa manière de substituer d'entrée de jeu la circumincession des « transcendantaux » à l'esthétique transcendantale de Kant, mais surtout parce qu'il se prive de l'apport précieux de l'herméneutique des textes dans l'approche des Écritures. Loin d'être quasi transparent par rapport à la figure christique, le texte biblique possède une densité linguistique et historique qui le pluralise inévitablement. À ce titre, il est tributaire d'une créativité plurielle, analogue à celle que Balthasar accorde sans la moindre hésitation aux styles des théologies » (*ibid.*, p. 48). Theobald, pour sa part, choisit le positivisme historico-théologique de Schleiermacher car il sauvegarde la créativité herméneutique des auteurs et leurs théologies interprétatives, sans les séparer de la forme de la Révélation. En d'autres termes, Theobald objecte à Balthasar qu'on ne peut pas séparer la perception (par la foi) de l'évidence de l'autorévélation de la créativité interprétative (appelée par Schleiermacher « divination » ou « recréation congéniale »). Par contre, leur identification « abolit les limites entre, d'un côté, la figure unique du Christ et, de l'autre, les apôtres, les auteurs et les textes du Nouveau Testament, ayant position canonique, ainsi que les théologiens appartenant à l'histoire du christianisme » (*ibid.,* p. 49). Finalement, la réalité qui ressort de l'ouvrage de Theobald est celle d'un christianisme qui se redécouvre aujourd'hui plus que jamais être « *une* tradition particulière parmi d'autres », où le *pluralisme* de *styles* et de pensées externes « se reflète en quelque sorte en son propre sein » (*ibid.*, p. 53). C'est pourquoi, ajoute-t-il, « l'herméneutique moderne, telle que nous l'avons présentée, tente de penser cette nouvelle situation en faisant intervenir, pour la première fois, la notion de style pour désigner la *personnalité* propre du christianisme, le faisant surtout à partir des œuvres (pluriel) – les Écritures – et de leurs

biblique »[280], *qui demande à être racontée*, et de plus, « racontée dans une multiplication de récits »[281]. Cela parce que l'*incomparable* divin, « ne pouvant jamais être défini, demande donc à être raconté »[282].

Or, ainsi que je l'ai souligné auparavant, ce principe esthético-stylistique, comme l'avoue Theobald lui-même, trouve sa pertinence proprement théologique lorsqu'il est appliqué « surtout » aux témoins[283], lesquels, dans la parole « Soyez saints, car moi, le Seigneur votre Dieu, je suis saint » (Lv 19,2), et à partir de l'appel sans limite que le Dieu saint adresse à « quiconque »[284], trouvent leur programme *stylistique* de conformation à la sainteté même de Dieu[285]. Tandis qu'appliqué aux textes bibliques, ce principe ne semble pas à mon avis remplir pleinement sa fonction[286]. Dès lors, pour expliquer cette inadéquation, il faut comprendre de quelle théologie biblique il est question chez le théologien jésuite.

Theobald entend l'Écriture comme l'union entre la perception de la forme de l'autorévélation telle que saisie par la foi des témoins – partageant en cela la conception esthétique de Balthasar – et la forme créative et interprétative des hagiographes marquée de la « couleur fondamentale » du Christ[287], et appelée par Schleiermacher « divination » ou « recréation congéniale » – ce qui constitue l'inspiration, tandis que le rôle plus spécifi-

auteurs » (*ibid.*). Bref, le *pluralisme* des styles du monde ne peut qu'appeler le christianisme à assumer une posture : celle d'habiter le monde comme *style des styles*, *ad intra*, aussi bien qu'*ad extra*.

280 *Ibid.*, p. 475.

281 *Ibid.*, p. 478.

282 *Ibid.*

283 Cf. C. Theobald, « I racconti di Dio », p. 59.

284 Cf. C. Theobald, *Le christianisme comme style*, t. I, p. 71. Cf. aussi : Id., « I racconti di Dio », p. 59 ; Id., « La réception des Écritures inspirées », dans P. Gibert et C. Theobald (dir.), *La réception des Écritures inspirées. Exégèse, histoire et théologie*, Bayard / RSR, Paris, 2007, pp. 269–297, ici pp. 288–289.

285 « Cette sainteté "hospitalière" […] est exactement l'"espace" où se nouent à la fois l'absence d'écriture de Jésus et l'invention néo-testamentaire d'une nouvelle manière d'écrire » (C. Theobald, *Le christianisme comme style*, t. I, p. 66).

286 Voir *supra*, 1.1.3, surtout n. 89. La raison pour laquelle ce principe stylistique et esthétique de concordance appliqué aux textes scripturaires manque la cible est dû à mon avis au fait que Theobald y perçoit une conformité en aval qui se réalise dans la rencontre entre « attesté et lecteur » médiatisée par la *lecture* (voir aussi *infra*, 1.2.4.2, notamment la cit. de la n. 303). Par contre, Balthasar parle d'une conformité jouée par le témoignage apostolique et par la Parole-Écriture en termes d'« homologie textuelle ». Car c'est l'écriture, en tant que « figure christologique », et non pas la lecture, qui médiatise et apporte une conformité se jouant en amont entre « attesté et attestant » (voir *infra*, 1.3.2.). D'ailleurs, la relativisation de la *lettre* est explicite chez le théologien de Paris. J'y reviendrai plus loin (voir *infra*, n. 328).

287 Cette « couleur fondamentale », dont l'unité du Nouveau Testament est tributaire, émane de « la force d'unité du Christ en chacun de ses apôtres » et de « leur collaboration, dans un jeu de purification, de sélection et de rassemblement qui ne relève que de la conduite de l'Esprit » (C. Theobald, *Le christianisme comme style*, t. I, pp. 32–33).

quement pneumatologique de « conduite » porte sur l'achèvement du Canon et l'unité du Nouveau Testament[288]. Cependant, Theobald ne peut que suivre partiellement Balthasar par rapport à la conception esthétique de la médiation christique de l'Écriture, dès lors que, selon le père jésuite, le théologien suisse laisserait de côté les contributions des approches historico-critiques. De fait, d'après Theobald, se méfier de l'approche historico-critique reviendrait à exclure de la Révélation la « divination » herméneutique et créative des témoins et des hagiographes, alors que cette « divination » fait partie intégrante de la Révélation même[289]. Cependant, Balthasar ne juge l'approche historico-critique comme naïve que lorsqu'elle prétend isoler la foi des disciples afin de repérer la Figure attestée[290] – ce qui est d'ailleurs impossible, dès lors que l'attestation de l'Écriture n'est que le témoignage façonné par la foi des témoins oculaires[291].

Or, même si l'on peut admettre que la figure christique de l'Écriture (l'attestation de la vision de la Figure dans la foi des témoins) inclut la « divination » en tant qu'expression de la foi elle-même – il ne pourrait pas d'ailleurs en être autrement, du fait que Balthasar parle de la foi en termes d'intelligence, ce qui signifie aussi évaluation et jugement actifs

288 Cf. *ibid.*, p. 31. Même à l'égard de la réception des Écritures, Theobald insiste sur le fait que l'inspiration ne concerne pas seulement l'auteur matériel de l'Écriture. Elle a à faire avec la lecture et l'interprétation du texte sacré. C'est pourquoi, l'inspiration implique, analogiquement, un processus ecclésiologique de réception des Écritures comme un fait d'inspiration permanente qui, pour cela même, ne relève pas exclusivement de l'Église naissante. Recouvrant l'activité de lecture et d'herméneutique et pas seulement d'écriture ou de rédaction, l'inspiration s'étend ainsi jusqu'à nos jours, de manière à ce que même la lecture soit considérée comme inspirée. Toutefois, cela n'est possible que si l'Église naissante est absorbée dans une « ecclésio-*genèse* » permanente de l'Église (cf. Id., « La réception des Écritures inspirées », pp. 281–284 ; 287–289). Or, si entre le temps de la Révélation et les temps des débats théologiques, Theobald voit une continuité pneumatologique qui relève, analogiquement parlant, de la créativité accordée aux premiers témoins de la Parole et aux auteurs matériels (hagiographes) de la « traduction » de cette Parole en témoignage écrit (Écriture) – et cela vaut de même pour l'interprétation des Écritures qui implique, d'après Theobald, une lecture inspirée se reliant de manière analogique à l'inspiration même de l'Église naissante –, une telle conception peut engendrer un malentendu dangereux. En d'autres termes, cette prolongation théologique, qui s'exprime en « débats théologiques », en « lectures inspirées » et en « engendrement d'une multitude de récits », bien qu'elle soit censée être comprise en un sens analogique, peut donner lieu à une conception de la Révélation en termes d'« inachèvement » et de « dilution infinie et plurielle », qui ne saurait être compatible avec « le *caractère définitif* de la révélation divine et le mode de *singularité unique* du Dieu qui se révèle », pour le dire avec les mots mêmes de Jüngel. Par conséquent, on aurait aussi une sorte d'« uniformisation » théologique où le dire *de/sur* Dieu de la Révélation ne se distingue plus du dire *sur* Dieu de la spéculation théologique (science). Autrement dit, une théologie qui tend trop à inclure et à s'étendre risque de ne plus spécifier la différence qui existe entre Écriture, Tradition orale et sciences théologiques (*modus significandi*) par rapport à la Révélation (*res significata*).

289 Cf. C. Theobald, *Le christianisme comme style,* t. I, pp. 48–50.

290 Cf. H.-U. von Balthasar, *La Gloire et la Croix. Les aspects esthétiques de la révélation,* t. I : *Apparition,* p. 394.

291 Cf. *ibid.,* p. 26.

incluant pour cela même l'attitude herméneutique[292] –, cela demeure quand même étonnant que philologie, archéologie et diagnostics historiques puissent, d'après le théologien de Paris, être considérés comme relevant de la Révélation. Auraient-ils une valeur rétroactive ? À moins que, compte tenu de sa tendance à opérer des « prolongations » ou « inclusions » analogiques, Theobald étende cette « divination » jusqu'à la lecture et à l'interprétation actuelles de l'Écriture, ce que lui-même affirme[293]. Mais cela implique encore une fois le danger de ne plus distinguer les divers plans et les différentes modalités théologiques, aussi bien que les temps mêmes de la Révélation, par rapport surtout à la composition des textes inspirés et intégrés ensuite dans le Canon. De fait, la « divination » des apôtres et des hagiographes est autre chose que la « divination » des théologiens, qui usent de l'approche historico-critique afin d'interpréter le plus fidèlement possible les textes originels et de s'approcher le plus possible de l'intention des écrivains.

De même, l'affirmation selon laquelle les figures apostoliques et les auteurs des textes sacrés « doivent être crédités d'une véritable créativité “spirituelle” à la hauteur même de celle de Jésus »[294], est, à mon avis, à prendre avec prudence. Compte tenu, ainsi que le souligne Theobald lui-même, qu'« il devient dès lors impossible de l'isoler [Jésus] ou de le détacher de la *relation* qu'il entretient avec ceux et celles qui l'ont reçu [car] c'est leur *rencontre* qui est l'unique “lieu” de révélation »[295], cela va, entre autres, dans la direction de Balthasar. Celui-ci, en fait, juge prétentieuse une approche critique lorsqu'elle essaie de séparer la Figure qui apparaît de la perception dans la foi qu'ont eue de cette même Figure les témoins. C'est pourquoi les deux passages susmentionnés du théologien jésuite apparaissent comme une *contradictio in terminis*, tout en provoquant une importante remarque que je formule dans les questions que voici : est-ce cette créativité interprétative invoquée par Theobald qui « façonne » la Figure, c'est-à-dire qui la construit ? Est-ce elle qui détermine même le contenu et la nature de cette « rencontre » que Theobald fait coïncider avec la Révélation elle-même ?

Balthasar aurait perçu un danger très grave dans la conception de la perception de la Figure en termes de « créativité », car elle risquerait d'apporter une altération importante au concept même de Révélation. En effet, ainsi conçue, cette créativité qui est à la fois « divination » et « perception » de la Figure – ce qui sous-tend la foi ainsi que l'interprétation –, débouche, d'après Theobald, sur une sorte d'(auto)-conviction, semblerait-il, car

292 Voir *infra*, 1.3.1 et 4.1.1. Pour Balthasar, le témoignage des témoins oculaires, d'abord oral et puis écrit, est uniquement témoignage « de cette image contemplée par les yeux de la foi et de l'intelligence de foi » (H.-U. von Balthasar, *La Gloire et la Croix. Les aspects esthétiques de la révélation,* t. I : *Apparition,* p. 26).

293 Voir *supra*, n. 288.

294 C. Theobald, *Le christianisme comme style,* t. I, p. 48.

295 *Ibid.*, j'explicite.

la foi qui *con-vainc* le croyant n'émane pas exclusivement de l'évidence de la Figure, mais elle est déjà à l'œuvre chez le croyant même[296]. En revanche, pour Balthasar le terme « révélation » exprime le Dieu qui se révèle, non pas le Dieu que cette « créativité » révèle. Je vais essayer de l'expliquer plus précisément.

Afin de souligner le « *sub contrario* » de la Révélation[297], Balthasar met en évidence proprement que l'analogie esthétique, reposant sur les transcendantaux de l'être – le vrai, le bon et le beau –, fonctionne juste à l'opposé de l'analogie de l'être. De fait, si selon la logique de cette dernière, l'être exerce son pouvoir attractif par la « positivité » de ses trois transcendantaux, l'analogie de la Figure fait que la force attractive de l'être divin n'émane pas de la *beauté* de la Figure (*Gestalt*) mais de sa *laideur*, à savoir de sa défiguration (*Un-Gestalt*)[298]. Mais si la laideur ne saurait engendrer la moindre « conviction » – selon l'ordre de l'être – auprès d'aucune créature humaine, comment, pour reprendre les mots mêmes de Theobald, *l'expérience de l'*incomparable *qui se présente peut-elle faire appel à notre capacité de divination ou de perception* ? Ce n'est guère du fait d'une capacité « divinatrice » ou de « recréation congéniale » du sujet croyant, mais c'est plutôt du fait de l'analogie esthétique de la Figure, dont l'évidence qui la rend attractive n'émane pas de l'être qu'ont en commun les étants, mais du *sub contrario* qui provient de l'Unique.

Par contre Jüngel pourrait, peut-être, quant à lui, accepter cette créativité qui relève des hagiographes dans la mesure où Dieu se dit même à partir de l'homme. Quoi qu'il en soit, il demeure tout de même étonnant que, selon la vision schleiermacherienne partagée

296 Ce soupçon est confirmé par Theobald lorsqu'il objecte à Balthasar une certaine insuffisance de l'évidence perçue (c'est-à-dire vue et crue) de la *figure* de la Révélation : « [L'expérience de l'*incomparable* qui se présente fait] appel à notre capacité de divination ou de perception. Balthasar y aperçoit l'avènement d'une évidence, liée à l'indissolubilité ou à la totalité de la figure perçue. Mais il faut ajouter, me semble-t-il, que l'évidence d'une expression de l'esprit – celle de sainteté en particulier – se manifeste comme telle dans la posture d'une "*con*-viction" : elle ne *con*-vainc qu'à condition que ce qui est perçu comme évident, dans un rapport d'altérité inaliénable, soit déjà en œuvre en celui qui le perçoit et qui le perçoit dans une *victoire* sur ce qui risque sans cesse de le détourner de sa propre unicité incomparable. C'est donc la conviction même qu'emporte "l'évidence" qui relance le processus d'interprétation, restant lui-même toujours aimanté par elle. » (*ibid.*, p. 50, j'explicite)

297 « *Sub contrario* », ou dans sa formulation plus étendue, « *sub contraria specie* » est une expression utilisée par Luther pour désigner le fait que Dieu se révèle toujours « *sous l'aspect contraire* à notre intelligence qui s'imagine penser vrai » [M. LUTHER, *Œuvres* vol. XII : *Commentaire de l'Épître aux Romains,* t. II (trad. par M. Lagarrigue), Labor et Fides, Genève, 1985, sur 12,2 (446–447), pp. 215–216, je souligne]. Et dans un autre passage du même commentaire il dit : « Notre bien, en effet, est caché, et si profondément que c'est sous son contraire qu'il est caché. Ainsi notre vie est-elle cachée sous la mort, l'amour de nous-même sous la haine de nous-même, la gloire sous l'ignominie, le salut sous la perdition, le règne sous l'exil, le ciel sous l'enfer, la sagesse sous la folie, la justice sous le péché, la vertu sous la faiblesse. » [*ibid.*, sur 9,3 (392), p. 155]

298 Cf. H.-U. VON BALTHASAR, *La Gloire et la Croix. Les aspects esthétiques de la révélation,* t. I : *Apparition*, pp. 386–390. Il s'agit non pas de la beauté selon l'ordre de la création, mais de la beauté christologique émanant de l'anéantissement divin qui s'accomplit dans la kénose du Fils.

par Theobald, l'Esprit intervienne plutôt pour ce qui est de la « conduite » *canonique*, tout en garantissant l'unité et la « couleur fondamentale » du Nouveau Testament. C'est pourquoi, afin de mieux comprendre cette question, il convient maintenant de tourner notre attention vers la conception fortement et strictement narrative, au sens rhétorico-performatif, accordée par Theobald au texte sacré.

1.2.4.2. Modèles analogiques et christologiques en confrontation

Pour Theobald, le Nouveau Testament, qu'il s'agisse des lettres pauliniennes, des évangiles ou encore de l'Apocalypse, est le recueil d'*un nouveau type d'écritures* – ce qui constitue la nouveauté même du christianisme primitif – qui « ne se réduit pas à l'identité christologique du Nazaréen mais se concentre dans *le type de relation non contraignant* qu'il entretient et entretiendra, jusqu'à la fin, avec les siens et avec quiconque »[299]. Cela implique qu'« il faut non seulement un nouveau type d'écriture mais encore une nouvelle manière de lire »[300]. De fait, selon le théologien jésuite, « la Lettre (*gramma*) reste, en effet, un médium ambigu qui peut tuer »[301] si elle demeure figée dans son statut de « canonicité dite "matérielle" – son apostolicité ou sa concordance parfaite avec la conscience de l'Église primitive (comme disait Rahner) »[302]. En revanche, « la lecture des lettres apostoliques et des évangiles correspond effectivement à leur *forme* eschatologique si *le jeu de libre relation* dont il est question dans ces textes se produit réellement entre et dans leurs lecteurs ; c'est ce que nous apprend l'exégèse critique sur son versant pragmatique d'analyse rhétorique et narrative »[303].

Bref, l'Écriture étant *en fonction du lecteur*[304], on peut comprendre que ce critère stylistique de concordance entre la forme et le contenu de la mémoire biblique – invoqué par Theobald comme principe d'une nouvelle herméneutique théologique refondant également la théologie narrative sur un nouveau statut de type stylistique – ne relève donc pas d'une phénoménologie esthétique, telle la correspondance que Balthasar établit entre la Figure qu'est le Christ et la figure christique de l'Écriture. En revanche, cette théologie stylistique mise en place par Theobald repose foncièrement sur ce qu'il appelle « analogie

299 C. THEOBALD, « La réception des Écritures inspirées », p. 287.
300 *Ibid.*
301 *Ibid.*
302 *Ibid.*, p. 288.
303 *Ibid.*, p. 287. Dans la réflexion de Theobald, la narratologie et les stratégies rhétoriques exercent une certaine influence.
304 La limite, à mon avis, d'une telle conception « fonctionnelle » de l'Écriture est à repérer dans le fait que si celle-ci n'est, en fin de compte, qu'« un moyen » relatif au lecteur, elle risque de perdre son statut « sacramentel » vis-à-vis de la Parole divine qu'elle véhicule, en tant que figure christologique, et en tant qu'image « emparolée » et parole « imagée », comme je vais l'approfondir au cours du chapitre 2 (notamment à 2.1.1 et 2.3.1). Voir aussi *infra*, n. 385.

de la rencontre » ou aussi « *analogia Regni* »[305]. Je cite ci-après un passage de l'auteur parisien qui peut nous aider à comprendre davantage sa conception analogique : « Dans notre explicitation progressive du principe analogique, nous partirons donc de notre définition relationnelle du genre "évangile" : *Les évangiles sont des récits de conversion qui ne mettent pas seulement en scène l'itinéraire de Jésus, du début à la fin, mais en même temps ce qu'il devient pour et en ceux et celles dont l'itinéraire croise le sien* »[306]. À partir de cette définition, pour Theobald, les rencontres que fait Jésus telles qu'elles sont racontées dans les évangiles, aussi bien que les rencontres que font les apôtres telles qu'elles sont narrées dans les Actes – littérature parallèle relevant de ladite « *synkrisis* »[307] –, font jouer au texte – de manière analogique et par rapport au lecteur en l'occurrence – la fonction d'une « conversion ». Car, « si [d'un côté] la mise en récit de la variété des figures d'une "foi" élémentaire laisse l'identité du Christ dans la pénombre [...], [de l'autre côté] la relecture de son itinéraire à la lumière de l'expérience de ses disciples et apôtres [...] suppose une conversion d'une autre nature : elle s'appuie sur le désir de connaître le maître intérieurement et d'être configuré à ce qu'il est (Ph 3,7-11), par "imitation" ou en se mettant à sa "suite" »[308]. C'est pourquoi la parabole du Bon Samaritain devient pour Theobald l'emblème de cette « inversion du point de vue » où « la question initiale et abstraite "Qui est mon prochain ?" (Lc 10,29) se transforme en : "De qui me suis-je rendu proche ?" »[309]. Une inversion « qui peut encore s'expliciter par le biais de la règle d'or qui l'universalise : "Tout ce que vous voulez que les hommes fassent pour vous, faites-le vous-mêmes pour eux : c'est la loi et les prophètes" »[310].

Or, cela montre comment l'analogie relationnelle dont il est question chez Theobald souligne une fonction qui va plutôt dans la direction de ce que Weinrich attribuait au récit :

305 Il s'agit de l'analogie de la foi que Theobald rebaptise en termes d'*analogia regni* « le règne de Dieu étant, sous des expressions néotestamentaires différentes, l'horizon ultime de la présence de Jésus parmi ses contemporains et de celle de l'Église et des "prophètes" chrétiens au sein des sociétés d'hier et d'aujourd'hui » (Id., « "Analogia Regni" : approche contextuelle du "principe" de la théologie chrétienne », p. 44).

306 *Ibid.*, p. 60. La citation interne est soulignée par Theobald lui-même car il la tire soit de ses ouvrages précédents – que nous avons plusieurs fois cités –, à savoir du livre *Le christianisme comme un* style (t. 1, p. 116), soit de sa contribution « La foi a une histoire » (p. 33).

307 Il s'agit d'une structure narrative faite d'histoires parallèles entre le troisième évangile et les Actes, tels les parallélismes entre Jésus et Paul, celui entre la mort de Jésus et la fin d'Étienne, ou même à l'intérieur d'un même volume, comme le parallélisme entre Pierre et Paul, dans les Actes, ou le parallélisme entre les disciples et les membres de la communauté chrétienne de Luc, dans l'épisode des deux disciples d'Emmaüs raconté à l'intérieur du troisième évangile.

308 C. Theobald, « "Analogia Regni" : approche contextuelle du "principe" de la théologie chrétienne », pp. 65–66.

309 *Ibid.*, p. 66.

310 *Ibid.*, pp. 66–67.

d'un côté, une certaine liberté qui *dispense des « autres récits »* par rapport à l'annonce du Ressuscité et, de l'autre côté, le choix de ne répercuter que les histoires *qui n'ont pour but qu'un plus ou moins d'importance*, et qui « requièrent de l'auditeur qu'il *devienne* lui-même agent du récit et qu'il *imite* les actions racontées »[311]. Ce à quoi Jüngel s'oppose, tout en soulignant qu'avant l'« *exemplum* », la Parole vise à *dégager* le « sacramentum »[312]. J'essaie de clarifier davantage cette question, en revenant sur la tentative de Theobald d'étendre le *principe de concordance* même aux textes sacrés.

Bien que le concept traditionnel d'inspiration concerne les auteurs des textes inspirés, qualifiés d'« hagiographes » ou écrivains sacrés, Theobald ne craint pas d'étendre l'inspiration de façon à ce qu'elle puisse inclure aussi une nouvelle manière d'écrire et de lire. Pour ce faire, il repère quatre principes scripturaires qui rendent raison de la *concordance* de l'*expression* ou *forme* ou *mode* d'écriture avec la *sainteté* de Dieu qui resplendit dans la mémoire biblique en tant que son contenu.

1er : Comme l'Écriture est une narration en vue du lecteur, ce qui se passe en elle, soit par rapport au narrateur soit par rapport aux destinataires des récits (ou des lettres), appelle le lecteur à devenir un « nous » avec le narrateur et les destinataires. Phénomène que Theobald nomme *principe christologique ou eschatologique* de l'écriture[313].

2e : Étant donné que les éléments narratifs – surtout les connotations temporelles tel l'« aujourd'hui » de Luc (cf. Lc 4,21 ; 19,9 ; 23,43) – peuvent rejoindre le lecteur là où il se trouve, c'est-à-dire dans sa situation existentielle, ils sont susceptibles de baliser le cheminement du même lecteur au lieu de la rencontre, lui ouvrant l'*accès de la foi*. Ce que Theobald définit en tant que *principe évangélique* de l'écriture[314].

3e : Le narrateur s'adressant d'abord à un narrataire[315], le récit établit un autre lien très important avec le lecteur. Celui-ci, destinataire réel et ultime du récit, est appelé à se

311 H. Weinrich, « Théologie narrative », p. 50, je souligne. Cet aspect « d'importance » et cette fonction d'« exemplarité » ont été attribués au récit, lorsque la théologie, à partir de Metz, essayait de replacer la narration au centre du débat christologique et des questions cruciales de l'existence humaine. Pourtant, cette interprétation théologique du récit, de caractère pédagogique et existentiel, commence au fur et à mesure à devenir une « posture » assumée également par un type de théologie pastorale intéressée aux bénéfices formatifs et performatifs apportés par la narration, ainsi que le souligne le pastoraliste italien Riccardo Tonelli : « *Se non* aiuta a vivere, *la narrazione perde ogni diritto di cittadinanza nel processo di evangelizzazione.* » (R. Tonelli, *La narrazione nella catechesi e nella pastorale giovanile*, Elledici, Leumann, 2002, p. 62) Mais les théologies de la Révélation issues des analogies parabolique et esthétique n'attribuent pas au récit biblique une fonction pragmatique ou morale, sinon en tant qu'effet et conséquence.

312 Voir *supra*, cit. de la n. 259 et n. 264.

313 Cf. C. Theobald, « La réception des Écritures inspirées », p. 290.

314 Cf. *ibid.*, p. 291.

315 Le *narrataire* désigne une figure narrative « imaginée », qui n'existe pas réellement, et qui pour cela même ne se situe dans les textes que comme un « destinataire-modèle » ou « lecteur-modèle ».

confronter au narrataire et à établir éventuellement avec lui un lien d'identification. Et qui est cette figure « idéale » à laquelle le lecteur est susceptible de s'identifier, sinon la figure du disciple ? Ainsi, cette trajectoire pneumatologique « paradoxale » et « inverse » du Nouveau Testament – par rapport à une tradition ecclésiale qui veut sauvegarder le Christ comme l'Unique, en le séparant des « autres » – « qui va vers la disparition de la clôture et de la distance, faisant du disciple du Christ, comme disent certains "spirituels", un autre Christ », est la logique désignée par Theobald comme *principe spirituel* de l'écriture[316].

4e : Finalement, cette unicité du Christ et ce qu'il devient pour ceux et celles qu'il rencontre donnent lieu à ce que Theobald appelle le *principe stylistique de concordance* opérant dans l'Écriture entre la forme et le contenu, qui trouve son résumé dans la *sainteté de Dieu*[317].

Suivis jusqu'au bout, ces principes permettent d'expliquer, selon Theobald, la raison pour laquelle on ne peut pas partager l'axiome jüngelien de l'histoire unique d'un Dieu qui n'a pas d'histoires, et également, pourquoi il faut par contre admettre que cette histoire unique de Dieu ne peut déboucher que sur une multiplication de récits à raconter.

De fait, ainsi que le fait remarquer Theoblad, si d'un côté le concept de *Canon* impose une exigence d'autorité et d'ordre aux écrits bibliques qui fait appel à une « clôture » nécessaire, de l'autre côté, les principes christologico-évangéliques, que le jésuite déduit de son analyse stylistique appliquée aux textes scripturaires, ouvrent à ce que l'Écriture elle-même a présagé, bien que sous la forme d'une hypothèse, lorsqu'elle fait allusion à une prolifération de récits et *de livres* (cf. Jn 21,25), « prolifération arrêtée ou plutôt retenue par l'imposition du paramètre canonique de la "clôture", fondé sur le principe christologique ou eschatologique »[318].

Cela étant, il est évident de constater combien la conception positiviste et historique de la Révélation de Schleiermacher, valorisant la créativité de l'auteur et de l'hagiographe, a pu marquer la pensée théologique de Theobald[319]. En fait, se référant à la différence de traitement que le théologien suisse entend maintenir « entre l'Écriture, gardée sous le régime de la figure, et la théologie dont Balthasar reconnaît sans peine le pouvoir créateur »[320], Theobald peut lui objecter ceci : « Peut-être est-il aussi le symptôme d'une dif-

316 C. Theobald, « La réception des Écritures inspirées », p. 291.

317 Sur cette concordance que Theobald traduit dans la sainteté même de Dieu, en s'inspirant de l'invitation scripturaire « Soyez saints, car moi, le Seigneur votre Dieu, je suis saint (Lv 19,2) », voir *supra*, 1.2.4.1 et 1.1.3.

318 C. Theobald, « La réception des Écritures inspirées », p. 292.

319 D'une créativité d'inspiration relevant de l'Écriture (Schleiermacher), Theobald peut passer, semblerait-il, à une créativité d'interprétation relevant de la lecture du texte sacré du fait de l'étendue de l'inspiration elle-même impliquant aussi les lecteurs, de l'avis du théologien parisien.

320 C. Theobald, *Le christianisme comme style*, t. I, p. 47

ficulté fondamentale à penser jusqu'au bout le lien entre les deux sortes de médiations (pourtant exposées de manière analogique) que sont les lois de la libre création humaine et l'expression historique de la révélation dans les Écritures »[321]. Cependant, posant l'Écriture aussi bien que la théologie (y compris les débats théologiques qui ont traversé toute l'histoire de l'Église jusqu'à nos jours) sous le *même* registre de médiation historique de la Révélation, le principe stylistique de Theobald demeure, à mon avis, un principe pour ainsi dire « uniformisateur »[322].

En outre, ce principe se meut de manière « centrifuge », par rapport aux analogies « centripètes » et « sacramentelles », au sens christologique, de Jüngel et de Balthasar[323]. Si ces dernières visent à mettre en évidence la *Figure* ou la *Parabole* qui se révèle, l'*analogia regni* de Theobald met surtout en relief *ce qu'il (Jésus-Christ) devient en et pour ceux et celles qui le croisent*, tout en insistant davantage sur *les figures* que sur *la Figure*[324]. Quant à elle, l'*analogia regni* n'est pas une analogie « simple » par rapport aux analogies que j'ai qualifiées de « centripètes », mais une analogie « complexe » ou « composite » engendrant un enchaînement analogique à plusieurs niveaux. En effet, à partir de la relation intratrinitaire Père-Fils qui constitue l'*analogans* du rapport Christ-homme, en passant par la rencontre Christ-disciple attestée par l'Écriture qui constitue l'*analogans* de la relation Christ-Église, pour parvenir au rapport Église-monde, selon une « "loi de rétroprojection", loi qui se laisse dégager du principe de discernement donné par Jésus : "c'est aux fruits qu'on reconnaît l'arbre" (Mt 12,33) »[325], cette *analogia regni* – qui intègre dans son développement elliptique historico-kérygmatique (relevant de l'Écriture et de la tradition de l'Église) trois niveaux analogiques, ceux de l'*analogia entis* (de proportionnalité et d'attribution), et celui de l'*analogia fidei* (du Règne ou de la relation)[326] – est finalement « la relationalité humaine qui [...] est *renvoi* au Mystère absolu »[327].

321 *Ibid.*

322 Voir *supra*, n. 288.

323 Le récent recueil dirigé par Souletie, qui présente les différents types d'analogies selon des théologiens contemporains influents, pose notamment la proposition analogique de Jüngel sous le registre « sacramentel » (cf. J.-L. Souletie, J. Bréchoire, « L'analogie sacramentelle », pp. 195–222).

324 Rappelons ici que cette mise en retrait et en « pénombre » de la Figure est soulignée par le théologien parisien lui-même. Voir *supra*, cit. de la n. 308.

325 C. Theobald, « "Analogia Regni" : approche contextuelle du "principe" de la théologie chrétienne », pp. 82

326 Cf. *ibid.*, pp. 59–78.

327 *Ibid.*, p. 82. Bien que Theobald distingue les différents niveaux d'investigation analogique, ceux de l'*analogia entis* (proportionnalité et attribution) et celui de l'*analogia fidei* (*analogia regni*), cette dernière, se traduisant en relationalité humaine, à partir de la relation Jésus avec quiconque, finit par devenir *renvoi* à l'Absolu, dans un mouvement *du bas vers le haut*. En fin de compte, ainsi conçue, l'*analogia regni*, marquée foncièrement du principe de causalité, repose foncièrement sur l'*analogia entis* relevant de l'ordre de la création et de la connaissance naturelle, création et connaissance qui

Puis, reposant sur la performativité et la rhétorique narrative, le principe stylistique du théologien jésuite fonctionnalise trop l'Écriture, tout en faisant pencher la balance en faveur du narrataire et du lecteur. Cela entraîne symétriquement de valoriser la lecture et l'écriture comme « lettre du Christ » (2 Co 3,3), mais *au sens figuré*, au détriment même de la lettre écrite[328]. Une telle relativisation des Écritures s'appuie également sur le fait qu'il y aurait eu un temps « d'interruption » d'Écriture : celui où l'Église naissante se passait de ce qui constituerait ensuite les écritures achevées formant le Canon du Nouveau Testament[329].

Enfin, ce principe stylistique met en route ce que nous pourrions appeler des « fuites en avant » reposant sur ce que Theobald appelle *genèse ecclésiale permanente*[330]. Ces « fuites » sont diverses : de l'auteur au lecteur, du narrateur au narrataire, de l'Écriture à la lecture, de la lettre écrite à la Parole, de l'Église naissante à l'Église actuelle, de la clôture canonique à l'engendrement permanent des écritures, de la théologie biblique aux débats théologiques postbibliques, de l'Histoire à une multitude d'histoires, de l'Unique engendré à l'engendrement d'« uniques », du Christ à l'*alter Christus*. De ce fait, tout cela

postulent, quant à elles, l'ordre métaphysique. Cela se produit au détriment de l'*analogia fidei* reposant sur le donné de la Révélation, quoique la *relation* que Jésus entretient avec quiconque caractérisant l'*analogia regni* mette en jeu et invoque l'*analogia fidei (*cf. *ibid.*, pp. 71–78). Au contraire, les analogies théologiques à proprement parler, telles celles proposées notamment par Jüngel et Balthasar, entraînent un seul discours théologique possible : celui d'un Dieu se rendant analogue lui-même. Raison pour laquelle l'homme n'a désormais plus à se déterminer pour l'analogie, l'Évangile l'ayant fait pour lui une fois pour toutes (voir *supra*, n. 174).

328 « La lettre écrite (*epistolé*) n'existe donc qu'en fonction d'une expérience *actuelle* d'"écriture" (au sens figuré du terme). [...] L'écrit est donc radicalement relativisé ; mais il est *en même temps* nécessaire parce que, par l'effet de distance qu'il introduit, il met davantage en valeur – et par rétroaction, si je puis dire – que seule une Parole *vivante*, adressée à portée de voix à quelqu'un, peut produire en son cœur la conversion ; jamais l'écrit ne peut la véhiculer, mais il peut la désigner en creux et la relancer. » (C. THEOBALD, « La réception des Écritures inspirées », pp. 285–286) Or, cela est proprement à l'opposé du caractère christologique et quasi-sacramentel que Balthasar (et aussi Jüngel) attribue à l'Écriture, tout en pouvant pour cela même la désigner comme « figure christique ». En ce cas, l'écrit véhicule la Parole vivante du fait de sa nature analogique et sacramentelle. Ce n'est pas pour rien que Balthasar en parle en termes de « Parole-Écriture ».

329 Cf. *ibid.*, p. 288. Contrairement à la thèse de Theobald, il faut rappeler que dans l'attente que les Écritures du Nouveau Testament eussent pris forme, l'annonce par l'Église du *kerygma* était portée par les Écritures de l'Ancien Testament. C'est pourquoi je n'aperçois aucune « interruption » d'Écriture.

330 Cf. *ibid.*, pp. 281–284 ; 288. À ce propos, Theobald met l'Écriture et l'Église naissante dans un rapport *analogique* qui aboutit à deux effets. D'abord, l'effet théologico-fondamental, car l'inspiration, concernant aussi la réception et la lecture actuelle des Écritures, se reproduit comme une nouvelle genèse du corpus biblique au sein de la communauté qui reçoit et lit les saintes Écritures ; et ensuite, l'effet ecclésiologique, car, progressant dans la lecture, la communauté ecclésiale « absorbe » l'Église naissante des premiers siècles, tandis qu'elle se comprend elle-même comme naissance de l'Église au fur et à mesure que progresse sa lecture inspirée de l'Écriture.

risque à mon avis de déboucher essentiellement sur une sorte de séparation du Christ de l'Écriture et sur une relativisation de cette dernière, contre le fait que la Parole-Écriture demeure le binôme inséparable témoignant de manière permanente du mystère de l'incarnation, et livrant toujours l'événement christologique, qui est l'avènement analogique et sacramentel de l'Évangile où Dieu s'est « emparolé » une fois pour toutes[331].

C'est pourquoi ladite « *empalabración* »[332] du Christ-Verbe, pour le formuler avec Carballo, contraste nettement avec l'affirmation par laquelle Theobald justifie *les récits de Dieu.* Dire que, « ne pouvant jamais être défini, l'incomparable demande à être raconté, et raconté dans une multiplication de récits »[333], cela peut apparaître comme une *contradictio in terminis.* Car si, d'une part, il semble que Dieu ne saurait se raconter qu'à partir d'innombrables récits qui en refont sans cesse l'Histoire, de l'autre, le « défini » des récits semblerait laisser l'Incomparable dans un état permanant de « non-défini », c'est-à-dire dans « l'indétermination ». Mais si le fait que les récits n'aboutissent à aucune « définition » de l'Incomparable était vrai, l'analogie – celle que l'Évangile lui-même met en place – serait vouée à l'échec ! Tandis que d'après Jüngel, dans le Christ-Jésus, Parabole même de Dieu et récit par excellence de l'humanité de Dieu, c'est Dieu lui-même qui se raconte[334]. En définitive, se raconter, n'est-ce pas se définir[335] ? De fait, en Jésus-Christ,

331 Voir *infra*, 2.1.1 ; 2.3.1.

332 Voir *infra*, 2.1.1.

333 C. THEOBALD, *Le christianisme comme style,* t. I, p. 478 ; ID., « I racconti di Dio », p. 60.

334 Rappelons encore une fois ce que Jüngel fait remarquer, à savoir que le Christ, avant d'être le *narrateur raconté*, est *le narrateur du Règne de Dieu* ! Voir *supra*, 1.2.3, notamment la cit. de la n. 263 et aussi la n. 277.

335 S'il est vrai que d'un même et unique Évangile il y a quatre versions, la clôture du Canon biblique empêche une multiplication ultérieure. C'est à partir du caractère définitif de la Révélation que l'on peut dire que Dieu, en son Fils, a tout dit au monde et qu'il n'y a plus d'autres révélations à attendre. Dans ce sens, qui est entièrement christologique, l'autorévélation est aussi « définition » de Dieu, donnée une fois pour toutes. En outre, la parole *définit,* dès lors qu'elle est appelée à circonscrire la réalité qu'elle désigne (à ce propos, je renvoie à *infra*, cit. relative à la n. 1211). Autrement dit, puisqu'elle véhicule une vérité, son essence est pour cela même une essence « révélatrice ». Ce qui correspond à la théologie esthétique de Balthasar, où entre l'attestation et l'attesté existe une *concordance absolue* qui fait que l'Écriture soit une figure christique. Pas seulement. Cela se reflète aussi dans la théologie évangélique de Jüngel, où le langage de la Parabole correspond de manière *adéquate* à Dieu. Enfin, cela se relie également à la réflexion « sophiologique » du théologien orthodoxe Boulgakof, pour lequel le *nom* en tant que tel est révélateur même de l'être. Par conséquent, à la lumière de l'incarnation, le nom de Dieu, qui coïncide somme toute avec le nom même de Jésus, ne révèle pas que l'économie divine, mais il est considéré comme étant l'*icône* hypostatique de Dieu (voir *infra*, 2.1.2., notamment la n. 571). Par ailleurs, la production d'une icône n'est pas une peinture, mais elle est désignée en termes d'*écriture*. Or, étant entendu que les récits autobiographiques du « troisième Testament » se veulent la résonance et l'accomplissement *hors du livre* de l'unique Évangile, lequel est également *inscrit dans les cœurs de tous les hommes* (voir *infra*, 4. 3), c'est bien sur une perspective analogique que va déboucher l'hypothèse trito-testamentaire, ainsi que nous le dirons lors de la présentation du « Cénacle autobiographique » (se reporter au chap. 7). Quant au témoignage autobio-

Parole de Dieu, Dieu s'est *défini* par l'« auto-définition » la plus haute et la plus paradoxale à la fois[336]. Car, en elle, l'*incomparable s'est rendu analogue*, et l'invisible s'est fait *figure*[337].

Je voudrais dire un dernier mot sur la question de la théologie narrative. La tentative de Theobald d'avoir remis au centre du débat théologique le sujet de la narration afin de rendre à la théologie dogmatique elle-même aussi bien qu'à la catéchèse et à l'évangélisation un statut de conformité par rapport au langage narratif des évangiles, tout comme le souhaitait d'ailleurs Metz, demeure appréciable. Les quatre principes scripturaires qu'il dégage, l'ouverture du texte des Écritures à la Tradition, c'est-à-dire à la réception des Écritures, et l'impact du travail du texte scripturaire sur les lecteurs ont apporté une contribution théologique importante, dans la ligne et selon les souhaits de Vatican II. C'est pourquoi ce que j'ai essayé ici d'argumenter vis-à-vis de la réflexion théologique de Theobald doit être contextualisé dans le cadre des objections que celui-ci adresse à Jüngel aussi bien qu'à Balthasar. Mon plaidoyer en faveur de ces derniers théologiens repose sur le fait que la conception du discours analogique que je défends, relativement au statut sacramentel et autobiographique de la Parole de Dieu, trouve en eux comme les deux rails sur lesquels elle peut rouler et se développer.

Enfin, je suis persuadé que la question narrative doit être redimensionnée et retrouver sa place en complémentarité avec d'autres approches et méthodes théologico-bibliques. D'ailleurs, le document pontifical sur l'interprétation de la Bible dans l'Église[338], un document très important qui a reçu une réception positive y compris dans le monde protestant[339], accorde une égale importance aux différentes méthodes exégétiques qu'il présente. Vouloir attribuer à la théologie narrative un statut herméneutique équivalant à la totalité

graphique, où la parole de la Révélation et la parole de foi du témoin ne font qu'un, celui-ci joue un rôle doublement « révélateur », par rapport au sujet divin aussi bien que par rapport au sujet humain, ainsi que nous allons l'approfondir à propos de ladite « identité testimoniale » (voir *infra*, 3.3.2).

336 Danet est du même avis, lorsqu'elle affirme, commentant le théologien luthérien : « Jüngel évoque clairement le point de non-retour, le caractère définitif de la Parole résumée dans le Crucifié. Avantage appréciable : dans cet "hapax" divin, le caractère infini du Dieu inconnu de l'analogie métaphysique cesse d'être in-défini » (H. Danet, *Gloire et croix de Jésus-Christ*, p. 68). C'est proprement dans cette « définition » du Dieu incomparable et infini que se révèle l'*absurdum* divin, la folie d'amour poussant Dieu à se livrer jusqu'aux limites humaines, selon la logique de l'incarnation du Verbe que je propose tout au long de cette recherche : la lettre, le corps, l'Église. Par de telles catégories humaines, Dieu se rend analogue. Ce qui met au jour le grand renoncement de Dieu, la *kenosis* divine que Paul décrit et chante en Ph 2,5-11.

337 Voir *infra*, 1.3.

338 Cf. Commission Biblique Pontificale, *L'interprétation de la Bible dans l'Église* (15 avril 1993), Cerf, Paris, 1994.

339 Cf. É. Parmentier, *L'Écriture vive. Interprétations chrétiennes de la Bible*, Labor et Fides, Genève 2004.

de la Parole de Dieu, et même conférer à toutes les théologies un style narratif, cela voudrait signifier mettre en jeu une sorte d'« acharnement narratif » qui n'est pas respectueux non plus de la Révélation en tant que telle. C'est pourquoi, même l'hypothèse d'une théologie comme autobiographie, qui traverse ma recherche et qui repose foncièrement sur la réinterprétation du concept d'« autorévélation » en termes d'autonarration, n'a pas la prétention d'épuiser le champ de la théologie de la Révélation. Cependant, elle voudrait faire en sorte que les projecteurs de la théologie narrative, trop longtemps braqués notamment sur la lecture et sur le lecteur des Écritures saintes[340] – au risque d'entraîner, comme nous venons de le remarquer, une sorte d'attitude exclusivement fonctionnaliste à leur égard –, puissent être orientés aussi sur les auteurs matériels des Écritures et sur les témoins de l'unique Évangile porté par l'Esprit, dans lequel Dieu *se dit* lui-même, tout en *racontant*, à partir de l'homme même, l'unique Histoire de Dieu qu'est le Fils[341].

1.3. L'analogie « esthétique » de H.-U. von Balthasar

1.3.1. Le « beau », transcendantal christologique de l'esthétique théologique

Le *beau*, un des transcendantaux de l'« être », à côté de l'*un*, du *bon* et du *vrai*, est le point de départ de l'esthétique théologique de Hans Urs von Balthasar[342]. En latin *formosus* ou

340 Cet accent sur les hagiographes-témoins et sur le témoignage autobiographique de l'unique Évangile, marquant ma recherche, ne veut pourtant pas dévaloriser l'importance à attribuer aux lecteurs ni à la lecture inhérente à la réception même des Écritures.

341 Lorsque la réflexion sur notre hypothèse autobiographique visant le « troisième Testament » atteindra, en plus de l'Écriture, la Tradition, et qu'elle se concrétisera notamment dans l'expérience cénaculaire, notre choix d'appuyer l'axiome de Jüngel – « Dieu n'a pas d'histoires » – s'opposant à la thèse de Theobald – « Dieu a une multitude d'histoires » – deviendra plus clair (voir *infra*, 7.2.3).

342 Une explication terminologique essentielle des concepts-clefs du lexique théologique de Balthasar s'avère dès le début nécessaire. De manière préalable, il faut préciser que le contexte où la terminologie du théologien suisse se situe est celui de l'esthétique théologique, ce qui explique le choix d'une terminologie appartenant au domaine esthétique (par exemple : vision, figure, forme, etc.). De ce lexique esthétique, Balthasar fait un usage analogique, selon la logique ontologique inhérente à l'*analogia entis*. Le beau est d'ailleurs le transcendantal qui, chez Balthasar, résume et représente tous les transcendantaux classiques de l'être, l'*un*, le *bon* et le *vrai* – auxquels s. Thomas d'Aquin ajoute le *beau*, en tant que facette du bon (cf. Id., *Summa Theologiae*, I, q. 5, a. 4). Le beau, commun à l'être et à l'étant, trouve donc ses conditions de possibilité dans l'Être suprême, Dieu, dont le Fils offre la Figure esthétique et attractive par excellence, à savoir la Beauté « archétypale ». D'autre part, à partir de l'*analogia entis*, Balthasar parvient à une analogie esthético-kénotique, fondée sur l'Archétype, ou Figure des figures (*Gestalt*). Tel est l'événement de l'« autoévidence » de la vérité de Dieu dans la chair de Jésus, considéré à partir de Jean, l'évangile que Balthasar qualifie comme « le plus esthétique », dont la « manifestation-apparition » (autoévidence ou autorévélation au sens esthétique) atteint son sommet au moment de la Croix-Gloire. Car, dans le Crucifié, la Figure (*Gestalt*) se manifeste comme une « Figure défigurée » (*Un-Gestalt*), à savoir comme une « non-figure ». Ce qui fait que l'*analogia entis*, qui aurait pu justifier seulement l'attractivité de la Beauté, dans ce cas, celle de la

speciosus, le terme « beau » exprime et rappelle à la fois la « forme » et l'« espèce », en tant que qualités essentielles et distinctives de tous les éléments de la création[343]. Cette « phénoménologie d'origine » de la beauté, s'articulant autour d'une unité de forme et d'espèce – celle qu'Aristote avait devinée, mais qu'il ne situait que dans les limites du phénomène

Figure, est « sauvée » et englobée par l'analogie esthético-kénotique, la seule analogie théologique susceptible de rendre compte de l'attrait exercé par la « forme » défigurée de l'*Un-Gestalt* (cf. H. DANET, *Gloire et croix de Jésus-Chist*, pp. 312–314). C'est à partir d'une analogie ainsi conçue qu'il est possible de saisir la christologie de Balthasar, et par elle, la théologie du témoignage de la foi rendu par les Écritures, témoignage canonique et normatif par excellence dans lequel la Forme (ou Figure) s'est objectivée, aussi bien qu'à travers le témoignage apostolique et ecclésial par lequel et dans lequel le témoignage scripturaire a pris naissance. La « vision » de la « forme » sera alors cette objectivation de la *res carnis Jesu* offerte par les Écritures, raison pour laquelle Balthasar en parle en termes de « juste vision » ou de « vision adéquate », ou encore de « vision homologique » de la Révélation. Mais il y a plus. Cette vision est aussi la « vision » par la foi que les premiers témoins, les apôtres, ont de cette Image ou Figure de l'événement de Jésus-Christ, lequel se livre à la vision de tous les croyants par le biais de la foi. C'est pourquoi il ne s'agit pas d'une vision oculaire directe et immédiate, mais d'une vision oculaire médiatisée par la foi. Une « immédiateté » d'accès à la *res carnis Jesu* entraînerait une différenciation qualitative au détriment des expériences chrétiennes successives (cf. M. NERI, *La testimonianza in H.-U. von Balthasar. Evento originario di Dio e mediazione storica della fede*, Dehoniane, Bologna, 2001, p. 388). Sans ce témoignage, d'abord oral et puis écrit, de l'Écriture ainsi que de la foi des apôtres, aucune vision de la forme n'est donc possible. C'est pourquoi un dépassement purement historico-critique de la contrainte testimoniale de la foi impliquerait une désintégration de la *res carnis Jesu*. En d'autres termes, une approche historico-critique de type bultmannien qui voulait déconstruire la « forme » des évangiles, parce que considérée comme « déformée » ou comme expression « mythifiée » de la foi subjective de ces derniers, ne pourrait parvenir à aucune évidence objective. Une telle méconnaissance de l'objectivité incontournable de la foi des apôtres, par laquelle le témoignage apostolique offre la vision réelle et universelle de la *res carnis Jesu*, correspond par ailleurs à l'illusion qu'abstraction faite de la figure posée par les évangélistes, la forme objective ou, pour ainsi dire, « pure » puisse être perçue par des chercheurs historico-critiques (cf. *ibid.*, p. 393). Ayant présenté une synthèse préalable de la théologie analogique de type esthético-kénotique mise en place par Balthasar, cette note explicative du lexique théologique balthasarien veut aider le lecteur à entrer plus aisément dans le noyau de la thématique envisagée en ce paragraphe. Pour un approfondissement supplémentaire des éléments et des sujets théologiques évoqués ci-dessus, se reporter à M. NERI, *La testimonianza in H.-U. von Balthasar*, et à H. DANET, *Gloire et croix de Jésus-Chist.*

343 Cf. H.-U. VON BALTHASAR, *La Gloire et la Croix. Les aspects esthétiques de la révélation*, t. I : *Apparition*, p. 17. Balthasar tient à souligner que ce n'est pas la *forme* ou l'*espèce* en tant que telles – termes que le théologien utilise tels des synonymes indiquant la figure –, mais c'est ce qui rend la forme *formosa* et l'espèce *speciosa* qui est important. Car si ce qui paraît est évident, ce qui fait paraître la figure telle qu'elle est, à savoir la *splendor* intime que toute forme ou espèce possède, voire contient, demeure « cachée » pour les yeux. Par ailleurs, cette *essence* cachée dans le cœur des réalités créées se relie audit « essentiel » dont parle Antoine de Saint-Exupéry dans son conte autobiographique, *Le Petit Prince*, ainsi que je l'envisagerai dans la deuxième partie de la dissertation (se porter au chap. 5). C'est pourquoi l'esthétique théologique mise en place par le théologien suisse va finalement mettre en valeur le fait qu'une telle beauté de l'être, répandue dans toute la création, ne saurait qu'être imputable à la Beauté qu'est l'Être suprême. D'où la nécessité de la foi, la seule à même de voir celui qui *se fait voir*.

physique privé de la réalité métaphysique –, ne saurait jamais relever de la philosophie de Platon qui vise à une dichotomie ruineuse de l'âme et du corps. Au contraire, pour Balthasar, la promesse ultime de la Révélation « d'une terre nouvelle et une chair ressuscitant pour la vie éternelle » redonne à la beauté originelle toute sa lumière[344]. Autrement dit, l'accomplissement eschatologique de la création révèle bel et bien que celle-ci est une réalité en devenir qui ne perd jamais son statut d'image *formosa* et *speciosa*, même lorsqu'elle atteindra son achèvement ultime.

Dès le début de la Bible, la création tout entière, y compris l'homme, est appelée à se laisser façonner de plus en plus par la beauté archétypale qu'est la Parole créatrice, par laquelle tout a été fait. Cela exige bel et bien de la part de l'homme la prise de conscience « qu'il n'est pas maître de lui-même ; car il ne règne pas librement sur son être propre, de manière à se donner à lui-même la figure »[345]. Il n'est pas non plus « la parole primitive »[346]. Au contraire, il lui faut se considérer simplement en tant qu'image, que réponse et que forme de Dieu. Bref, l'homme, ainsi que tout être créé, demeurent des figures indissociablement composées et en voie d'accomplissement.

Et pourtant, l'être humain, constate Balthasar, « n'est pas “explicable” à partir de son devenir »[347]. Son être « relativement non-nécessaire » est explicable par contre à partir de l'« Unique Nécessaire »[348], la perle belle et inestimable dont la valeur irremplaçable et la forme unique poussent celui qui la découvre à vendre tout ce qu'il possède afin de l'obtenir (cf. Mt 13,45-46). Car, par rapport à elle, tout le reste n'est que comme de la balayure[349].

Or, c'est dans et par cette parabole brève et contraignante – celle de la perle précieuse –, que *figure* et Évangile se retrouvent unis[350]. C'est pourquoi, si ce qui est susceptible d'exercer envers l'œil qui l'aperçoit un ravissement sans hésitation est la figure rayonnante de l'Évangile, « lorsque toute authentique figure du monde devient douteuse, dit Balthasar, la responsabilité de la figure incombe réellement aux chrétiens »[351]. Et

344 *Ibid.*, p. 18.
345 *Ibid.*, p. 19.
346 *Ibid.*
347 *Ibid.*, p. 23.
348 *Ibid.*
349 Cf. *ibid.*
350 L'image analogique de la perle représentant le trésor, le Christ, et pour cela même l'Évangile, *figure* et *parole* coïncident.
351 *Ibid.* Ce passage du théologien suisse sous-entend la figure christique qu'est l'Église. C'est pourquoi tout chrétien est pour cela même une image de l'Image, c'est-à-dire un témoin et donc un disciple appelé à remplir le rôle d'analogué, dès lors que le Christ rend le disciple-témoin son « analogue » (voir *supra*, n. 174 ; voir *infra*, 3.3.2, notamment la n. 1133). Car, par la vie et la foi de celui-ci, la Figure rayonnante de l'Évangile ravit et séduit. C'est un argument qui va appuyer ma thèse et qui en anticipe ici ainsi le but : à savoir, la nécessité du témoignage autobiographique face aux exigences du christianisme et aux défis de la nouvelle évangélisation. De fait, selon mon hypothèse, la parole au-

puisque précisément « l'être chrétien est figure »[352], aucune autre image que le Christ ne saurait être capable de redonner au monde le goût du vrai, du bon et du beau et même de l'amener à se comprendre à partir des transcendantaux émanant de la Figure.

Balthasar constate en effet que l'histoire a connu des époques où, par l'engendrement surabondant de formes diverses, « la beauté semble être partout »[353]. De même qu'il y a eu des époques où le reniement des formes a tellement rabaissé l'autocompréhension de l'homme que celui-ci ne se sent plus image de l'*Auteur Premier* [354]. C'est pourquoi le chrétien remplit véritablement et authentiquement sa mission lorsqu'il se réapproprie l'image que le Créateur a irradiée partout par le modèle qu'est le Christ, « figure dans laquelle l'extérieur exprime et reflète, d'une manière digne de foi pour le monde, un intérieur, et celui-ci, étant prouvé et justifié dans sa vérité, est rendu digne d'amour dans sa beauté rayonnante, par la manifestation extérieure »[355].

C'est proprement à partir de la manifestation du beau, par le biais d'une figure concrète dont on peut relever, évaluer et saisir la beauté et la vérité, qu'il devient possible de comprendre véritablement le fonctionnement analogique de l'esthétique théologique mise en place par Balthasar. C'est pourquoi, dans une telle visée esthétique, le beau ne peut pas être regardé comme figure qui *renvoie*, ni comme figure susceptible d'être objet d'abstraction, soit en vertu d'une comparaison idéaliste platonicienne où, entre la réalité terrestre et la réalité métaphysique, il n'y a qu'un rapport asymétrique, soit en vertu d'une déduction logique aristotélicienne où la *cause* est connue à partir de ses *effets*.

> De même que nous ne pouvons jamais atteindre le Dieu vivant autrement que par son Fils incarné, mais qu'ainsi nous l'atteignons réellement, de même nous ne pouvons pas parler de la beauté de Dieu en faisant abstraction de la figure qu'il a revêtue et de son apparition dans l'histoire du salut. Grâce à cette apparition, grâce à cette splendeur inconcevable et vraiment digne de Dieu, nous pouvons découvrir la beauté et la splendeur de Dieu lui-même ; mais ce n'est ni en égalant simplement la beauté et la splendeur de Dieu à celle de son apparition – car nous devons être emportés *per hunc* (*Deum visibilem*) *in invisibilium amorem* – ni en essayant d'y parvenir par une pure déduction logique partant de la beauté qui nous apparaît, tout en nous en éloignant[356].

Selon l'esthétique théologique, il n'est pas question dès lors d'une analogie reposant sur le principe de causalité, ni d'une analogie « de renvoi »[357], telles respectivement l'*analogia*

tobiographique du « troisième Testament » peut dégager le potentiel synesthésique et sacramentel de l'évangélisation, où l'image du témoin offre à l'écoute la parole même du Christ et, vice-versa, la parole du témoin offre à la vision l'image même du Verbe (voir *infra*, 2. 3).

352 H.-U. von Balthasar, *La Gloire et la Croix. Les aspects esthétiques de la révélation*, t. I : *Apparition*, p. 24.

353 *Ibid.*, p. 22.

354 Cf. *ibid.*

355 *Ibid.*, p. 24.

356 *Ibid.*, p. 103.

357 Voir *supra*, 1.2.4.2, notamment la n. 327.

entis et *l'analogia regni*, parce que l'homme Jésus n'est pas un signe visible renvoyant à un Christ invisible de la foi ou à Dieu même, mais au contraire, il est une figure indivisible, sans quoi l'humanité du Verbe ne jouerait qu'un rôle instrumental, tout en cessant d'être « expression » de Dieu[358]. Par contre, si toute la création est figure resplendissante de la gloire de Dieu, et *renvoyant* à celle-ci, l'image rayonnante du Verbe incarné *est* la gloire même de Dieu. C'est pourquoi, l'analogie existant entre Dieu et la créature ne pourrait définir le Christ en tant que figure qu'indirectement. Mais de cette manière, c'est-à-dire à partir de l'ordre de la création, le Christ ne serait perçu que « comme achèvement de la figure du monde »[359].

Or, la figure du Verbe qui se manifeste aux yeux de la foi est définie directement « comme apparition du Dieu trinitaire »[360]. Par là même, « la figure n'est pas la limite d'un infini sans figure, mais la manifestation d'une superfigure infiniment déterminée »[361]. Ce qui veut dire plusieurs choses.

D'abord, la figure du Verbe ne renvoie pas au Dieu trinitaire, telle la création qui, elle, brille par contre en tant que lumière « réfléchie ». Le Christ resplendissant de lui-même, la lumière qui émane de sa personne est la lumière de la Trinité elle-même. Car le Verbe n'est pas image de l'image, comme s'il était une figure de Dieu indépendante par rapport à ce qui est représenté[362]. Il n'est même pas une image qui dépendrait de Dieu, selon la logique de la *causalité efficiente* relevant de l'analogie de proportionnalité et d'attribution, du fait qu'entre lui et Dieu se passe un lien *hypostatique* d'identification[363]. De même, la figure de l'esthétique théologique n'est en aucune manière un concept *signifiant*, car elle est la *res signifiée.*

Cela étant, l'*analogia pulchri* nous renvoie à ce qui constitue proprement le noyau de l'analogie évangélique, appelée aussi, vu sa visée, « analogie d'Avent »[364]. D'après cette dernière, Dieu *se rend analogue,* il est vrai, par l'autoévidence de l'*expérience intramondaine* et par son *accès au langage humain*, mais non pas cependant comme par des réalités-effets à partir desquelles on remonterait à la source. Si tel était le cas, l'analogie mise

358 Cf. H.-U. von Balthasar, *La Gloire et la Croix. Les aspects esthétiques de la révélation*, t. I : *Apparition*, p. 369. Cette attitude platonicienne, où le matériel est une ombre, un voile de la réalité spirituelle ou céleste, ne correspond pas non plus à ce à quoi l'Écriture fait allusion, puisque dans le livre de l'Apocalypse (cf. Ap 21 ; 22), « pas un seul instant la gloire de Dieu n'est séparée de l'Agneau, ni la lumière trinitaire de celle du Christ, du Verbe incarné, dans lequel, et en qui seul, le cosmos est embrassé et élevé à la dignité de cité-épouse » (*ibid.*, p. 370).

359 *Ibid.*, p. 365.

360 *Ibid.*

361 *Ibid.*

362 Cf. *ibid.*, p. 366.

363 Cf. *ibid,* p. 366.

364 Voir *supra*, 1.2.

en place par Jüngel serait uniquement de l'ordre de la constatation (*per posterius*) et de la supposition (*per prius*), relevant ainsi de l'*analogia entis*. Mais cela est exclu, dès lors que le théologien luthérien démontre bel et bien que l'analogie de l'être aboutit à Dieu comme à un être *inconnu* et comme à un *mystère*. Tandis que l'analogie d'Avent réalise à proprement parler le contraire, car le Dieu dont il y a discours, c'est le Discours *advenant*, ce qui fait que la parabole n'est pas une analogie *renvoyant* au-delà d'elle, en vertu d'un « être comme »[365], tout comme pour la métaphore. C'est pourquoi une analogie *aimantant* et *conduisant* en deçà d'elle ne saurait être que l'« avènement » et la « manifestation » du royaume de Dieu qu'est Jésus-Christ, la Parabole même du Père[366].

Il en est de même pour l'analogie esthétique. Ici, la Figure divine, apparaissant dans l'autoévidence *inédite* de la *res carnis Jesu*, se rend visible et connaissable grâce à la *conversio ad phantasma* qu'elle accorde par le biais de la foi dans l'instant même où elle se manifeste[367]. Pourtant « la Figure » de Balthasar ainsi que « la Parabole » de Jüngel ne constituent nullement un avènement qui va de soi. La dissemblance de la Figure (ou de la Parabole) par rapport à toutes les figures terrestres est totale. De plus, l'image (*Gestalt*) exerçant son « attrait » par la « laideur » (*Un-Gestalt*) d'un Dieu défiguré, cela rend cette dissemblance davantage absolue. Ce n'est plus donc l'être que les étants ont en commun – compte tenu des différents degrés de participation à l'être suprême – qui constitue l'analogué-analogant de l'*analogia pulchri*. En revanche, c'est le « non-être évident » ou « l'être non-évident » ou, autrement dit, l'être *sub contrario*, voire le *sub contraria specie* de la Figure dépourvue de la *forma*, non pas en vertu d'une logique ontologique de type métaphysique, mais en vertu d'une logique de grâce ou « ontologie christologique » qui agit par la condescendance divine et par la foi. Cela ne veut cependant pas dire que Balthasar

365 Jüngel explique que, malgré l'*ὁμοία ἐστὶν* introduisant la parabole du Royaume (cf. Mt 13,44), il faut entendre cet « il est comme » de manière différente par rapport à la formulation textuelle : « On ne peut donc dire au sens strict "*il* en est *du* royaume de Dieu comme…" mais il faut dire : "le royaume de Dieu se comporte lui-même de sorte que le rapport que voici y correspond". En d'autres termes : le royaume de Dieu (x) – mondainement inconnu, et d'ailleurs absolument inconnaissable à partir du monde seul – se pose de lui-même dans un rapport au monde (a) qui, dans le monde, correspond à la manière dont cela se passe dans l'histoire du trésor dans le champ : $x \rightarrow a = b : c$ » (E. Jüngel, *Dieu Mystère du monde,* t. II, p. 114). Dans ce schéma, *b* et *c* correspondent aux éléments intramondains évoqués par la parabole, à savoir le chercheur de perles, le trésor et le champ.

366 Si la métaphore met *sic et simpliciter* deux réalités en comparaison, en les unissant sur le plan de la signification, l'analogie qui ressort de la parabole – en l'occurrence celle mise en place par Jüngel –, élève la métaphore à un niveau de révélation, mais aussi de sacramentalité, en vertu de l'incarnation du Verbe. Celui-ci se révèle comme Dieu, d'après le théologien luthérien, proprement par l'expérience intramondaine que le Verbe même incarne et que la narration évangélique actualise.

367 Thomas d'Aquin explique la connaissance des choses comme une adéquation (*conversio*) de l'intelligence (*mentis*) aux phénomènes (*phantasmata*), de sorte que ces derniers sont comme ils sont perçus. Balthasar réadapte cette expression à la perception (*conversio*) de la *Figure* de la Révélation (*phantasma*) que seule la *foi* peut avoir.

abandonne l'*analogia entis*, mais seulement qu'il en enregistre les insuffisances par rapport au plan christologique de la Révélation.

L'*analogia entis* joue toujours un rôle fondamental par rapport à la connaissance de Dieu, car l'incontournable rapport ontologique interne qui existe entre *ens* et *essentia*, entre l'aspect visible et la nature invisible de l'image, concerne tous les niveaux, le naturel du *lumen rationis* ainsi que le surnaturel du *lumen fidei*[368]. Ce n'est pas un hasard d'ailleurs que l'esthétique théologique repose sur les transcendantaux de l'être, représentés par le transcendantal du beau. De fait, « transcendantal » signifiant *conditio sine qua non*, cela explique pourquoi Balthasar construit son *analogia pulchri* sur le fondement analogique de l'être et des étants.

Tous les étants créés sont caractérisés par le double aspect de visibilité-invisibilité : une fleur, un animal, une personne, tous se révèlent par le biais de l'image[369]. Mais, pour autant que l'image de création joue un rôle révélateur, elle n'établit cependant qu'un rapport analogique totalement asymétrique avec l'image divine qu'elle recèle comme une empreinte invisible. Autrement dit, la création est une réalité imagée qui ne révèle pourtant rien de l'être du Créateur, dont la différence ontologique demeure irréductible.

D'autre part, « en Dieu, les distances entre l'œuvre et l'artisan sont infinies ; il n'y a pas de pont naturel qui permet de passer de l'une à l'autre, pas de système déjà donné, d'expression organique et spirituelle qui puisse fournir en quelque sorte une grammaire permettant d'épeler cette œuvre particulière et de la comprendre »[370]. Par conséquent « on ne peut pas considérer davantage la "notion" générale d'être (*analogia entis*) comme étant cette grammaire »[371]. En d'autres termes, le rapport existant entre la création et le Créateur ne peut pas être compris au sens d'une notion déiste de la création, comme s'il s'agissait d'« une œuvre d'art achevée qui aurait en elle, comme par exemple une œuvre de Rembrandt ou de Bach, tout ce qui est nécessaire pour renvoyer à son auteur et se faire comprendre elle-même »[372], en dépit de la Révélation. La beauté artistique relève donc d'une analogie qui ne rend raison que de la liberté de Dieu avant, pendant et après la création. C'est pourquoi il faut « compléter cette analogie par une autre, tirée de la beauté

368 Cf. H.-U. von Balthasar, *La Gloire et la Croix. Les aspects esthétiques de la révélation*, t. I : *Apparition*, p.372.

369 Comme nous l'avons expliqué dans l'avant-propos autobiographique, le choix du *Petit Prince* de Saint-Exupéry en tant qu'objet d'analyse du chap. 5 et en tant que texte de lecture accompagnant les expériences cénaculaires exposées au chap. 7, n'est pas un pur hasard. Les connections de la pensée de l'aviateur écrivain, où l'image joue un rôle fondamental et central, avec le discours esthétique de Balthasar sont effectivement fortes et surprenantes (voir *infra*, 5.3.2).

370 H.-U. von Balthasar, *La Gloire et la Croix. Les aspects esthétiques de la révélation*, t. I : *Apparition*, p. 374.

371 *Ibid.*

372 *Ibid.*, pp. 374–375.

naturelle, parce que, dans celle-ci, le rapport interne, nécessaire et vivant entre la figure expressive et le principe vital qui s'y exprime, est la condition préalable de la compréhension »[373].

L'analogie de la beauté constitue pour Balthasar non seulement la *condition préalable* du discours sur Dieu, mais aussi le chaînon de médiation entre les prétentions autosuffisantes de deux positions théologiques extrêmes, d'une part celle d'un « métaphysicisme » qui considère seule l'*analogia entis* comme suffisante, et d'autre part celle d'un type de protestantisme qui absolutise par contre l'*analogia fidei*.

L'*analogia pulchri* sauvegarde dès lors la nature de la Révélation, car celle-ci, conformément à la loi ontologique, ne saurait se passer de la figure, conçue comme extériorisation « non évidente » d'un principe interne, caché, s'exprimant par elle. « Le surnaturel n'a pas pour but de remplacer ce que nous avons omis de former en nous en fait d'aptitudes naturelles. *Gratia perficit naturam non supplet* »[374]. En d'autres termes, en tant que transcendantal de l'être, le *formosus* ou le *speciosus* rayonne des figures créées ainsi que de la figure divine, car l'*esse* donne à l'*essentia* d'apparaître sous forme d'un étant. Ce qui fait que l'*ens* en tant qu'expression d'une *essentia* joue le rôle, non pas instrumental mais essentiel, de manifestation ou de révélation de l'essence. Mais, en même temps, l'étant s'avère être le voile de l'essence.

De ce fait, le « caractère figuré »[375] de la Révélation détermine que le rayonnement émanant de la Figure de la Révélation ne fonctionne pas différemment du rayonnement qui émane des étants, car c'est à partir de la figure historique du Christ que les apôtres ont vu et contemplé le Fils de Dieu. C'est pourquoi, l'humanité du Christ faisant fonction de voile, c'est *par* elle et *en* elle que la Beauté divine s'offre à la vision. Bref, ce qui rayonne de toute figure, qu'il s'agisse de celles créées ou de celles incréées, c'est bien « ce qui ne peut être "donné" à son évidence que sous le mode de la non-évidence »[376].

Pourtant, si au niveau de la connaissance naturelle la beauté non-évidente de la création émane de la figure, au niveau de la connaissance surnaturelle, celle de la Révélation, la Beauté non évidente de Dieu rayonne de la non-figure, à savoir de la figure dépourvue de la beauté créée, l'*Un-Gestalt*. Ce qui fait que « ce caractère de "Dieu caché" n'est rien d'autre que la manière dont Dieu est apparent dans la créature : dévoilé dans un

373 *Ibid.*, p. 375.

374 *Ibid.*, p. 389. Par l'aphorisme très connu de s. Thomas d'Aquin tiré de la *Somme de théologie* (I, *q*. 1, *a*. 8, *ad* 2), Balthasar remarque que la grâce respecte la loi ontologique des transcendantaux gravée dans la nature, tout en faisant parvenir cette dernière à son plein développement et achèvement dans le Christ.

375 *Ibid.*, p. 25.

376 *Ibid.*, p. 380.

voile d'autant plus épais »[377]. Cela non seulement à cause de l'irréductible et inséparable différence ontologique du mystère de l'union hypostatique où le divin se cache dans l'humain, mais aussi parce que la beauté de Dieu rayonne d'une non-beauté, à savoir la beauté christologique de « l'être *sub contrario* ». D'autre part, si déjà dans l'ordre de la création ce qui apparaît n'est pas seulement ce qui est vu, cela vaut à plus forte raison pour la Figure de la Révélation où ce qui apparaît est aussi ce qui se révèle et, en même temps, ce à qui, selon l'étymologie du terme, est remis un voile.

Or, étant l'extériorisation de la figure, le voile exprime toute l'impénétrabilité de la profondeur des êtres créés. Il n'est dès lors pas étonnant que la lumière naturelle de la connaissance aboutisse au silence d'une théologie apophatique (négative). De même, que Dieu se fasse homme, qu'il se révèle en figure de chair, cela n'éclaircit pas les choses. Au contraire, l'incarnation de Dieu étant un fait paradoxal, la Figure dépasse toute l'intelligibilité humaine. Surtout si, ne se contentant pas d'apparaître en forme humaine, elle assume même la forme « déshumanisante » d'un esclave, et celle encore plus anéantissante et humiliante d'un condamné à la mort sur une croix (cf. Ph 2,7-8).

Or, d'après Balthasar, l'incarnation n'est pas une révélation qui va s'ajouter à celle de la création, car, se faisant homme, Dieu se révèle dans l'homme même fait à son image et selon sa ressemblance. Cela veut dire que « dans le Christ, c'est l'homme qui est dévoilé avec Dieu, parce que Dieu ne se sert pas de la nature humaine comme d'un instrument extérieur, pour exprimer du dehors et d'en haut le Tout Autre qui est Dieu, mais revêt cette nature humaine comme la sienne et s'exprime de l'intérieur par l'organe expressif de cette nature »[378]. En l'homme Christ-Jésus, la création est dès lors incluse dans la Révélation « positive » attestée par l'Écriture. C'est bien cette apparition selon l'ordre esthétique de la création qui donne au Christ une évidence objective et fait de lui une figure incontournable, comme le relève aussi Jüngel.

Pourtant, se dépouillant jusqu'à assumer l'aspect de la non-figure (*Un-Gestalt*), l'image du Christ se manifeste dans une forme qui dépasse davantage l'aspect de la figure terrestre. C'est « dans ce qui est défiguré » que le « mystère de la superfigure » révèle le « mode de son "aimer jusqu'à la fin" »[379]. Se manifestant dès lors *sub contrario*, la *gloire* de la figure que Balthasar tire du quatrième évangile apparaît proprement comme la Beauté qui ravit. Mais comment se fait-il que l'obscurité d'une figure exerce attrait et ravissement ? À cette question, Balthasar répond sans aucune réticence :

> Si la croix est la fin radicale de toute esthétique terrestre, cette fin est précisément l'aurore décisive de toute esthétique divine ; ce qui ne doit pourtant jamais faire oublier que même l'esthétique ter-

377 *Ibid.*
378 *Ibid.*, p. 387.
379 *Ibid.*, p. 388.

> restre ne peut pas exclure le facteur du laid, la brisure tragique, le démoniaque, mais doit le surmonter, et même que toute esthétique qui s'efforce simplement d'ignorer ce côté nocturne, peut être a priori ignorée elle-même parce qu'elle n'est qu'un esthéticisme. Non seulement toute forme belle est menacée, et cela fait partie du phénomène, mais il faut en dire autant de la brisure elle-même, parce que c'est seulement en elle qu'apparaît réellement le sens de la promesse eschatologique qui réside dans le beau. Si nous rappelons ceci, ce n'est pas pour réduire la croix et la kénose de Dieu à la mesure et aux lois d'une esthétique naturelle ; c'est que la figure de l'existence radicalement pécheresse et placée pourtant sous le signe de l'espérance d'une rédemption est déjà mystérieusement relative, au-delà d'elle-même, à la figure du Rédempteur qui, de son côté, assume les modalités de l'existence déchue, pour les transformer par la souffrance rédemptrice[380].

Ce passage éclaire enfin la question analogique mise en place par le théologien de Lucerne et illustre également en quoi consiste l'originalité de l'esthétique théologique. Il s'agit en effet d'une « *suranalogie* » qui trouve dans le « beau », en tant que catégorie ontologique et esthétique relevant de l'*analogia entis*, la condition préalable d'une analogie proprement théologique. Autrement dit – et c'est bien en cela que consiste l'originalité de Balthasar –, ce « beau transcendantal » ne relève pas du beau profane et naturel[381], ni non plus du beau de la métaphysique et de l'éthique philosophiques, car il est finalement le beau d'une esthétique supérieure jaillissant de la figure de l'incarnation divine, vers laquelle la métaphysique et l'éthique tendent[382]. C'est pourquoi, dans une visée théologique au sens esthétique, le beau de l'être relevant de l'*analogia entis*, croisant, au carrefour de l'incarnation, le beau transcendantal de la figure de la Révélation, voire de la « *superfigure* » relevant de l'*analogia fidei*, précisément de la christologie, s'y trouve comme transfiguré. Autrement dit, étant à la base de la connaissance naturelle ou rationnelle de Dieu, la loi ontologique (*analogia entis*) trouve dans la figure de la Révélation cette ontologie supérieure à même de la transfigurer et de l'élever au niveau d'une « *superanalogie* » spécifiquement théologique. Cela permet de conclure avec Holzer que le Verbe incarné, figure véritable et beauté « imagée » de Dieu, est finalement pour Balthasar la suprême et concrète *analogia entis*[383] :

380 *Ibid.*, p. 389.
381 Cf. *ibid.*, p. 35.
382 Cf. *ibid.*, p. 31.
383 Chez Balthasar l'*analogia entis* reste l'âme de l'*analogia pulchri*, où l'être, attribué à Dieu seul d'une manière plénière puisqu'il n'est possédé que par lui seul, est également un attribut nécessaire de toutes les essences qui le reçoivent chacune selon des degrés différents, à proportion de l'essence elle-même. Cependant – et c'est bien cela le *proprium* de l'analogie esthétique – pour le théologien suisse, c'est l'être suprême, dont la splendeur est inouïe et inédite, qui constitue le transcendantal même d'une nouvelle analogie, voire la « suprême analogie de l'être », comme le souligne Holzer : « Ce qui importe pour Balthasar, c'est, d'une part, la thèse selon laquelle l'essence, distincte de l'être (*esse*), *exprime la vocation de l'étant à l'être*, et d'autre part, la thèse corrélative selon laquelle l'être paraît avoir besoin de l'essence pour se réaliser, puisque c'est "en elle et par elle" que "l'étant a l'être" (*Essentia dicitur secundum quod per eam et in ea ens habet esse*) » (Id., « L'"analogie de l'être" et l'irruption de la "différence ontologique" : approche historique d'une mutation théologique », p. 27). Ainsi, retenant et héritant de l'*analogia entis* la bipolarité d'*esse* et *essentia*, Balthasar rompt cependant avec

> L'incarnation de Dieu *accomplit* toute l'ontologie et toute l'esthétique de l'être créé, dont elle se sert, avec une profondeur nouvelle, comme d'une langue exprimant l'être et l'essence divins. Ce n'est pas ce que, depuis Luther, nous avons pris l'habitude d'appeler la Parole de Dieu – la Sainte Écriture –, qui est sa langue et son expression originelle : c'est Jésus-Christ, le Seul et Unique (qui pourtant ne peut être compris qu'en rapport avec toute l'histoire de l'humanité et tout le cosmos créé), qui est le Verbe, l'Image, l'Expression et l'Exégèse de Dieu, lui qui en tant qu'homme se sert de tous les moyens humains d'expression de l'existence historique entre la naissance et la mort, avec tous ses âges, ses états de vie, ses situations individuelles et sociales, et rend témoignage. Il est ce qu'il exprime, à savoir Dieu, mais il n'est pas celui qu'il exprime, à savoir le Père. Paradoxe incomparable, source première de l'esthétique chrétienne et donc de toute esthétique[384] !

Dans cet extrait, il n'est pas difficile de détecter aussi le rapport étroit que la Figure, c'est-à-dire la Parole de Dieu, considérée en l'occurrence dans sa signification christologique et non pas au sens scripturaire, noue avec l'Écriture, par laquelle le Verbe rend témoignage. Ce qui fait que l'Écriture n'est que la « version par écrit », pour ainsi dire, de la *vision* livrée par l'Esprit Saint aux disciples, témoins oculaires et auriculaires « de cette image contemplée par les yeux de la foi et de l'intelligence de la foi »[385]. En fait, « de même que le

une conceptualisation ontologique de type métaphysique pour entrer dans une interprétation théologique qui met en place une ontologie christologique : « Ce phénomène de transfert de signification aboutira à la création du syntagme christologique selon lequel le Christ est l'*analogia entis* concrète. Une forme inédite d'*analogia entis* théologique finit par supplanter sa fonction métaphysique » (*ibid.*, p. 28). Ce « syntagme » dont parle Holzer est une expression balthasarienne par laquelle le Christ, l'Être suprême en tant que Dieu, et l'Être historique – et pour cela même concret – en tant qu'homme, est qualifié d'« *analogia entis* concrète ». Ce qui fait que l'*analogie de l'être,* relevant de la métaphysique, est dépassée, dans le sens qu'elle est réinterprétée comme analogie théologique, voire christologique. Je cite le passage où Balthasar en donne une explication claire : « [...] Le Christ peut être appelé analogia entis concrète, puisqu'il constitue lui-même, dans l'unité de sa nature divine et humaine, la mesure pour toute distance entre Dieu et l'homme. Et cette unité est sa personne en deux natures. La formulation philosophique de l'analogie de l'être est, par rapport à la mesure du Christ, exactement comme l'histoire du monde à l'histoire du Christ : comme promesse à accomplissement, provisoire à définitif [...]. Lorsque Dieu révèle son intention cachée d'avoir voulu la création de toute éternité, et, uni au monde par le lien indissoluble de l'union hypostatique, de ne plus jamais être sans le monde, lorsqu'il révèle encore qu'il a conçu l'homme et l'a prédestiné à être le frère de son Fils éternel devenu homme : alors on voit nettement combien le plan de la philosophie est dépassé sans être affecté dans sa valeur propre. » (H.-U. von Balthasar, *Théologie de l'Histoire*, Plon, Paris, 1955, pp. 86–87, n. 1)

384 H.-U. von Balthasar, *La Gloire et la Croix. Les aspects esthétiques de la révélation,* t. I : *Apparition,* p. 25.

385 *Ibid.*, p. 26. Cette « version par écrit » de la contemplation dans la foi de la Figure qu'est le Verbe est une *manière* à la fois *différente* et complémentaire par laquelle l'Image même de la Révélation s'offre à la vision. La relativité absolue de l'Écriture au Verbe amène Balthasar à en parler comme d'une « figure christologique » et, par conséquent, en termes de « Parole-Écriture » (voir *infra*, 1.3.2 ; 2.1.1). C'est pourquoi le rôle trop « fonctionnaliste » et « instrumental » que Theobald attribue à l'Écriture pénalise l'essence *christologique* et *sacramentelle* de l'Écriture elle-même. D'ailleurs, ce ne sont pas les lecteurs ou les récepteurs des Écritures qui confèrent à celles-ci de la valeur christologique ou de l'efficacité pneumatologique. Par contre, c'est l'Esprit du Christ, habitant au cœur de la Parole portée et véhiculée par l'Écriture telle une « présence » silencieuse et invisible, qui dégage

Saint-Esprit était dans leurs yeux afin que l'image y resplendît, il était aussi dans leur bouche et guidait leur plume afin que l'image qu'ils tiraient de l'archétype correspondît à la vision que l'Esprit de Dieu lui-même a de la représentation de Dieu dans la chair »[386].

La foi est alors une composante qui fait partie intégrante de ce témoignage ou vision que les témoins ont du Verbe, et dont l'Esprit assure une « transposition parfaite » dans la forme de l'Écriture. Cela demeure un point fort et ferme qui confère à l'Écriture la marque de « figure christologique »[387]. C'est pourquoi Balthasar s'oppose vigoureusement à ce qu'une certaine philologie de la Bible prétende détecter la *figure* en mettant en œuvre un

la Figure qui y est contenue, et qui opère également la conversion du lecteur. Ce n'est donc pas l'approche de l'analogie de la rencontre (ou *analogia regni*) en tant que telle – où Theobald valorise à juste titre le rôle du lecteur et de sa conversion – que je mets en discussion. En revanche, je voudrais faire remarquer que la « conversion » du disciple/lecteur, aussi bien que la « réception actualisée » des Écritures, n'émanent pas tant de ce que le Christ « *devient* en ceux et celles qui le croisent pendant leur chemin », ainsi que l'affirme le théologien de Paris, que de ce que le Christ-Parole *est*. Conversion et réception ne sont au fond que les fruits mûrs de la *dunamis* qui émane de la Figure. Celle-ci se révèle et agit *sous la forme* de la « Parole-Écriture », pour le dire avec Balthasar, aussi bien que sous forme de cet *Évangile déjà inscrit dans le cœur* de celui auquel Jésus reconnaît cette « foi humaine », dont parle Theobald lui-même. Or, ce que Theobald appelle « foi humaine » n'est pas une foi différente de la foi christologique (voir *supra*, 1.1.3.), mais la même foi dans le Christ qui est pourtant *implicite*. D'ailleurs, Jésus, qui ne la reconnaît d'ailleurs pas à « quiconque » (voir *supra* 1.1.3. ; 1.2.4.1), considère une telle foi implicite comme foi « vraie », comme « foi christologique » mise finalement au jour et devenue donc, grâce à Jésus, une foi explicite. Autrement dit, il s'agit d'une foi dans le Christ qui est déjà « en œuvre » en celui qui n'est pas encore pleinement et consciemment « disciple ». Or, la foi, quelle qu'elle soit, explicite ou implicite, n'est pas à confondre avec l'accueil, soit la conversion soit la lecture. De fait, l'unique foi qui sauve est celle qui exprime et qui confesse que Jésus-Christ est le sauveur, bien que le sauvé n'en soit pas conscient, ainsi que l'atteste Mt 25,34-40. Ici, ce sont les œuvres qui proclament et témoignent de la foi christologique, œuvres dont le bénéficiaire, c'est en définitive le Christ lui-même qui se cache dans les individus les plus petits et démunis de ce monde telle une présence sacramentelle (voir aussi *infra*, 4.1.2. ; 4.3.2.). Puis, dans le cadre ecclésiologique et pastoral, la *lecture* de l'Écriture n'en détermine pas l'efficacité pneumatologique. Par contre, *ne pas la lire,* ce n'est pas en neutraliser la sacramentalité christologique. En revanche, la lecture acquiert toute sa valeur si celle-ci devient écoute de Celui qui seul peut faire du lecteur « son analogue », c'est-à-dire « sujet sacramentel » qui va donner « chair » à la Parole. Alors, dans le courant de la Tradition, il pourra à son tour annoncer, raconter et même réécrire à nouveau, par et à partir de son vécu, l'unique Évangile (voir *infra*, 2. 3 ; 4. 3 et 4. 4). C'est en cela que mon analyse, à partir de l'« analogie d'Avent » de Jüngel et de l'« analogie esthétique » de Balthasar, peut faire droit au rôle de la lecture-écoute et des lecteurs-auditeurs-témoins (identité « testimoniale »), surtout dans la perspective autobiographique dudit « troisième Testament » (voir *infra*, 4 . 3) et du « cénacle autobiographique » (se reporter au chap. 7). D'ailleurs, l'évidence de l'autorévélation de Dieu, dans sa *Parabole* qu'est le Christ, n'*advient* (avènement de l'analogie) pas sans la réception des Écritures de la part des lecteurs dans le courant de la Tradition (se reporter au chap. 4). Dans cette perspective, ma réflexion rejoint à certains égards Theobald.

386 *Ibid.*, p. 26.

387 *Ibid.*, p. 462. L'Écriture est une des trois « figures christologiques » de l'esthétique théologique de Balthasar, à côté de l'Eucharistie et de l'Église, jouant un rôle de médiation de la Figure (*res carnis Jesu*).

travail de « décomposition » de l'Écriture « en sources, buts psychologiques et influence du milieu, avant même d'avoir aperçu vraiment la figure elle-même et déchiffré son sens »[388]. Il est évident qu'il veut défendre à tout prix l'unicité de la Figure, y compris l'attestation même de cette Figure livrée par l'Esprit et indissociablement liée à la foi des apôtres, tout en la préservant du risque, produit par Bultmann, de la séparation ruineuse et dangereuse du *Jésus de l'histoire* du *Christ de la foi*. Ce qui n'empêche par contre pas que le théologien suisse estime utiles « ces retours "scientifiques" aux sources réelles ou supposées [...] dans la mesure où ils prouvent une fois de plus l'impossibilité de décomposer la Parole définitivement fixée »[389].

C'est précisément à cela que vise l'approche esthétique et théologique de Balthasar : maintenir unis la *contemplation* et l'*acte de foi*, le *voir* et l'*ouïr*, l'*inchoatio visionis* et la *fides*, le *latet* et le *patet* des deux Testaments afin de reconstruire l'« image du salut »[390]. La manifestation de Dieu dans le Christ n'est qu'implicitement un fait à comprendre. Étant à la fois « la figure (*Gestalt*) et l'éclat »[391], elle est tout d'abord un fait à voir, où le « croire est également contenu implicitement, puisque ce qui est vu est le *mysterium* et l'annonce du Dieu invisible »[392].

C'est pourquoi une visée esthétique voulant être fidèle à son objet comporte pour Balthasar deux phases théologiques d'exploration qui sont pourtant à comprendre dans une perspective synchronique : celle relative à la doctrine de la *perception* – relevant de la théologie fondamentale – « comprise comme doctrine de la découverte de la figure de Dieu qui se révèle »[393] ; et celle regardant la doctrine du *ravissement* – relevant de la théologie dogmatique – en tant que « doctrine de l'incarnation de la gloire divine, et de l'homme appelé à y participer »[394]. Il s'agit de deux moments inséparables où *voir* (per-

388 *Ibid.*, p. 27.

389 *Ibid.*, p. 27. La méfiance envers certaines méthodes scientifiques et historico-critiques n'est donc pas absolue chez Balthasar, lequel vise à protéger la forme canonique de l'Écriture en tant que lien indissoluble entre le témoignage porté par l'Esprit et la foi – qui est en même temps *contemplation* et *intelligence* – des disciples (voir *supra*, 1.2.4).

390 Cf. *ibid.*, p. 58.

391 *Ibid.*, p. 98. Balthasar dit que distinguer et à la fois mettre en rapport « l'un avec l'autre deux facteurs du beau qui, de tout temps, ont déterminé l'esthétique et qu'avec saint Thomas d'Aquin on peut désigner sous les noms de *species* (ou *forma*) et *lumen* (ou *splendor*) » (*ibid.*) ne préjuge rien par rapport à une esthétique théologique. Toutefois, accentuer l'un des aspects aux dépens de l'autre, c'est compromettre celle-ci. C'est d'ailleurs ce qui est arrivé, lorsque l'esthétique protestante a « voulu transporter toute l'essence du beau dans l'événement de la lumière qui fait irruption » (*ibid.*). De même qu'aux différentes époques où l'on a pu insister tantôt sur « la figure embrassant la profondeur » (*la perfection* de l'époque classique), tantôt sur « la figure se dépassant elle-même pour renvoyer à la profondeur » (*l'infinité* de l'époque romantique) (*ibid.*).

392 *Ibid.*, p. 100.

393 *Ibid.*, p. 104.

394 *Ibid.*

ception) et *se faire voir* (ravissement) sont l'un la conséquence de l'autre, dans un double mouvement qui de Dieu va vers l'homme, l'incarnation, et de l'homme va vers Dieu, la participation à l'humanité divine. En théologie, comme le relève d'ailleurs Balthasar, il n'y a pas de « faits bruts », purement objectifs (*fides quae*) qui ne seraient pas saisissables sans une subjectivité qui les perçoit (*fides qua*)[395]. C'est pourquoi, de même que la théologie fondamentale est le rappel de l'*intellectus quaerens fidem*, ainsi la théologie dogmatique est l'expression de la *fides quaerens intellectum*[396]. Autrement dit, s'il y a un ravissement, il doit y avoir nécessairement une perception. De là, on doit parvenir, avec Jean et Paul, à ce que *voir*, c'est *croire* et vice-versa. Ce qui comporte la nécessité de la lumière et du regard de la foi ouvrant l'accès à la Révélation divine.

En conclusion, ce n'est que dans l'acte de la foi (*analogia fidei*) que ce qu'il y a d'incompréhensible en Dieu peut s'offrir à la vision : « Telle est l'obscurité apparaissant en se dévoilant, l'insaisissabilité de Dieu devenue saisissable dans l'acte qui la saisit »[397]. De fait, l'analogie esthétique et kénotique de Balthasar n'ose pas dépasser la limite infranchissable de la « dissemblance d'autant plus grande dans la ressemblance, si grande soit elle », qui demeure foncière et irrévocable. Cependant, ce principe infranchissable cesse d'être une « théologie négative » au plan philosophique, où, malgré toutes les affirmations analogiques, Dieu reste infiniment caché et insondable, tel un véritable *manque de savoir* théologique[398]. Selon l'esthétique théologique, cet incontournable principe analogique de dissemblance-ressemblance devient plutôt « une "théologie négative" relevant de la théologie révélée, dans laquelle Dieu "apparaît" jusqu'à l'extrême et, pour cette raison, s'avance aussi réellement au premier plan dans son inconcevabilité d'autant plus grande »[399]. Car le mystère du Dieu se manifestant *sub absurdo* et *sub contrario*, cela « ne provient plus d'un simple manque de savoir, c'est une détermination divine positive de la connaissance de foi »[400].

Autrement dit, l'insuffisance de la voie philosophique aboutissant à un Dieu mystère (voie apophatique ou négative), dont la nature ne peut être définie et comprise que comme étant le degré le plus haut de l'être, est compensée par la donnée de la Révélation (*analogia fidei*). C'est pourquoi, si à cause du *sub contrario* de la logique divine et des *formes* – y compris la chair du Verbe – par lesquelles Dieu se *révèle*, tout en *redoublant le voile*,

395 Cf. *ibid.*
396 Cf. *ibid.*
397 *Ibid.*, pp. 389–390.
398 Cf. *ibid.*, p. 389.
399 *Ibid.*
400 *Ibid.* De même Jüngel, qui a une conception positive du mystère, dans le sillage du Nouveau Testament, et qui plaide, pour cela même, pour une théologie carrément cataphatique (voir *supra*, 1.2.1, notamment la n. 169).

l'esthétique théologique est du point de vue formel une voie négative, en revanche, du point de vue matériel, elle est une voie positive, car c'est Dieu qui la choisit pour se faire connaître. Cette voie « négative » ouvre donc l'accès à la connaissance divine par un « savoir » qui relève, non pas de la philosophie, mais de la foi. Par conséquent, le principe métaphysique de *causalité* cède la place au principe théologique de *révélation.*

Ayant au long de ce paragraphe essayé de dégager les présupposés théologiques sur lesquels s'appuie l'esthétique de Balthasar, je peux maintenant envisager plus aisément le sujet de la Parole de Dieu, que le théologien suisse a également développé sous l'angle de *l'analogia pulchri.* De fait, la théologie de la Figure comporte la considération d'autres figures qui y sont relatives, et que Balthasar qualifie de « christologiques », telle l'Écriture.

1.3.2. La figure christologique de l'Écriture

Fasciné par l'originalité et la force de la pensée d'Origène, Balthasar est héritier des expressions « corps » ou aussi « corps de Vérité » que l'Alexandrin attribue à l'Écriture[401]. Comparant l'incarnation du Verbe à la mise par écrit de la Parole, la théologie alexandrine pose l'Écriture comme une des réalités « sacramentelles » – à côté de l'Eucharistie et de l'Église – où le Christ se rend présent, et même visible[402]. C'est pourquoi Balthasar étend le concept christologique de « figure », appliqué au Christ, à l'Écriture – en plus de l'Eucharistie et de l'Église –, dont la corporéité peut être considérée comme l'« empreinte

401 Spécialiste d'études patristiques, H. de Lubac consacre de nombreuses pages à Origène. Par rapport à la conception de ce dernier de l'Écriture, de Lubac souligne la nécessité que la Parole de Dieu ait un corps, tel le corps humain du Verbe : « En son Écriture comme en sa vie terrestre, pensait-il [Origène], le Logos a besoin d'un corps ; le sens historique et le sens spirituel sont entre eux comme la chair et la divinité du Logos. Toute l'Écriture est pour ainsi dire "incorporée". » (Id., *Histoire et Esprit. L'intelligence de l'Écriture d'après Origène*, Aubier, Paris, 1950, p. 93) Concernant les trois sens qu'Origène attribue à l'Écriture, à savoir le sens historique, les faits racontés, le sens moral ou spirituel, l'application qui en est faite à l'âme, et le sens mystique, la signification christologique relative à l'Église et à toutes les réalités de la foi, voir *ibid.*, pp. 139–159.

402 Cf. H.-U. von Balthasar, *La Gloire et la Croix. Les aspects esthétiques de la révélation,* t. I : *Apparition,* p. 449. Malgré le fait que la considération de l'Écriture en termes de chair et sacrement pourrait faire croire qu'Origène pose l'Écriture et l'Eucharistie au même niveau, Balthasar précise que les deux réalités demeurent sur des plans différents dépendant certainement tous deux du Verbe incarné, Sacrement de Dieu (cf. M. Paradiso, *La Sacra Scrittura in Hans Urs von Balthasar*, Città Nuova, Roma, 2012, pp. 97–108). Ainsi Paradiso, citant Balthasar : « *L'affermazione dei Padri secondo i quali la Scrittura è corpo del Logos [...] è comprensibile se inquadrata nell'evento dell'Incarnazione ; si può parlare in più sensi del Corpo di Cristo, il corpo che assume da Maria, e il Corpo Mistico, la Chiesa [...]. Tra l'uno, il corpo storico, e l'altro, il Corpo Mistico, che non sono due realtà distinte e diverse, ma una stretta unità, "vi sono due forme mediate di corporeità che dispongono il trapasso dalla prima alla seconda struttura corporea : l'Eucaristia e la Scrittura" [...].* » (*ibid.*, p. 105)

perceptible de la figure du Christ (*corpora Christi*) »[403]. Il pose cela malgré le fait incontestable que l'Écriture et l'Église soient des réalités « transmises par des hommes, qui y ajoutent leur empreinte »[404]. D'ailleurs, depuis l'éveil à l'époque des « Lumières » du sens historique et l'avènement de la critique biblique, la Bible n'est plus perçue comme un livre tombé du ciel, ni l'Église comme une réalité indéfectible, presque « déifiée ». Au contraire, la médiation *humaine* de ces deux réalités est évidente et s'avère même nécessaire, dès lors que c'est précisément *dans* et *par* elle que « s'exprime, contre toute apparence, la Parole absolue que Dieu adresse aux hommes »[405]. Ainsi, stigmatisant toute tentative exégétique naïve qui vise à séparer histoire et foi, Balthasar ne craint pas de présenter l'Écriture comme cette figure intégrant à la fois l'objectivité de la Révélation et la subjectivité humaine[406]. Étant « engendrée par la grâce de la Révélation », la foi est incluse dans la figure objective, car celle-ci ne veut d'ailleurs être reçue et portée que « dans le sein de la foi humaine »[407].

Pour Balthasar, l'Ancien Testament est déjà le résultat d'« un long enfantement dans la réflexion de foi du peuple élu qui lentement et sans cesse médite [la Parole divine] et l'éclaire dans ses profondeurs »[408]. La composition historique – plurielle en elle-même – des livres bibliques explique ce qui se passe au cours des siècles, alors que « la Parole de Dieu, unie à la Parole de Dieu, enfante une nouvelle Parole de Dieu »[409]. La Révélation n'est pas d'ailleurs le fait naïf d'une dictée divine, mais l'entrelacs inséparable de l'humain avec le divin formant l'unité du corps scripturaire, tout comme les deux réalités hypostatiques indissociablement unies dans la personne du Christ[410]. C'est parce qu'elle s'adresse aux hommes, que la Parole de Dieu est la figure qui inclut déjà la réponse de l'homme à Dieu[411]. Sans la foi de l'Église, intégrée dans le corps christologique de la Parole, même la figure du Jésus historique qu'une certaine méthode historico-critique prétend découvrir demeurerait incomplète[412]. Le Christ de l'Écriture, ce n'est que le Christ de la foi, et celui-ci n'est pas moins historique que le présumé Jésus de l'histoire. C'est pourquoi, « seule la foi de résurrection de l'Église – foi en la résurrection et foi qui est résurrection – possède

403 H.-U. von Balthasar, *La Gloire et la Croix. Les aspects esthétiques de la révélation*, t. I : *Apparition*, p. 449.
404 *Ibid.*
405 *Ibid.*
406 Cf. *ibid.*, pp. 452–453.
407 *Ibid.*, p. 453.
408 *Ibid.*, j'explicite.
409 *Ibid.*
410 Cf. *ibid.*, p. 454.
411 Cf. *ibid.*, p. 455.
412 Cf. *ibid.*

le véritable “regard de la foi” pour déchiffrer correctement ce qui, au temps de la vie terrestre de Jésus, commençait à se dessiner comme figure intelligible »[413].

Cette insistance sur la « composition » humano-divine de la figure de l'Écriture détermine donc que celle-ci ne soit pas dissociée de l'autre figure christologique, celle de l'Église, réalité également « composée ». C'est pourquoi Balthasar se plaît à comparer ce « mariage » au lien personnel et corporel entre le Christ et la Vierge Marie, alors qu'il constate que si celle-ci « enfanta le Christ dans la foi, l'Église dans la foi enfanta l'Écriture », étant entendu que l'Écriture est Parole de Dieu, non pas parole de l'Église, portée cependant par celle-ci « dans sa médiation de foi, et réellement mise au jour, enfantée »[414].

La subjectivité de l'Église se trouvant comme « objectivée » dans la Révélation, cela implique que cette figure soit constitutive de la figure christologique de l'Écriture. Ce lien étroit s'avère fondamental pour l'établissement d'une visée sacramentelle composée, telle que je vais l'esquisser plus loin, où les composantes christologiques de « parole » et d'« image » se retrouveront dans un entrelacs analogique nouveau[415].

Ce qu'il faut maintenant retenir, c'est que cette « mise au jour » de l'Écriture par la médiation de foi de l'Église appelle celle-ci à jouer un rôle actif dans la constitution de la figure scripturaire, sans pour cela remplacer l'action de l'Esprit Saint. Autrement dit, reprenant encore une fois le rapport Christ-Marie, Balthasar explique que, telle la foi de Marie qui n'engendre pas le Christ – mais c'est grâce à elle néanmoins que la figure du Verbe est donnée –, « ce n'est pas la foi de l'Église qui engendre la figure de l'Écriture ; mais le Saint Esprit se sert de sa force créatrice d'image, pour former en elle l'image de foi qui lui est donnée »[416]. Pourtant il y a quand même une différence remarquable. De fait, si Marie enfante le Christ lui-même, Révélation du Père, l'Église n'engendre pas la Révélation, car c'est le témoignage de cette dernière qu'elle met au jour, celui que l'Écriture rend « à l'humble figure du Christ » avec exactitude, *dans* et *par* l'« humble figure de la lettre »[417].

Ainsi, ce que l'esthétique théologique définit par rapport à la figure de la Révélation, notamment tout ce qui émane de l'*Un-Gestalt*, vaut également pour la figure christolo-

413 *Ibid.*

414 *Ibid.* Benoît XVI lui aussi, conformément à la pensée des Pères, ne manque pas de relever le rapport analogique qui rapproche entre eux les binômes Écriture-Église et Christ-Marie (cf. *VD* 19). Voir aussi *infra* 2.2.1.

415 Voir *infra*, chap. 2.

416 H.-U. von Balthasar, *La Gloire et la Croix. Les aspects esthétiques de la révélation*, t. I : *Apparition*, p. 456.

417 *Ibid.*, p. 457. Enfin, cette « mise au jour » s'accomplit comme « croisement » des deux « humbles figures », celle de la *lettre* et celle du *Christ*, qui donne lieu à la « traduction » ou à la « transposition » de la Figure de la Révélation en la parole imagée de l'Écriture.

gique de l'Écriture, laquelle se montre, elle aussi, sous l'aspect extérieur d'une lettre faible, obscure et limitée :

> La distance entre la lettre et l'esprit dans l'Écriture, qui ne cesse d'occuper la théologie d'Origène, est quelque chose d'unique ; on ne peut pas la comprendre par des considérations littéraires générales, mais en fin de compte seulement par la christologie selon laquelle la corporalité du Christ a pour but de dévoiler le Dieu caché bien que, pour de multiples raisons (caractère créé, corporalité, péché), elle ne puisse le faire sans en même temps le dissimuler. Dans la mesure où l'Écriture est figure extériorisée, ouvertement placée devant le monde, l'obscurité dans le dévoilement va de soi, elle est une nécessité[418].

Toutefois, si d'après Origène le corps de l'Écriture est « un vêtement qui, comme au Thabor, resplendit et tend à devenir transparent »[419], le théologien de Lucerne se montre plutôt réticent à attribuer à l'Écriture une transparence totale[420]. Et pourtant, il essaie de maintenir une position de conciliation entre deux tensions opposées. Car, d'un côté, voulant défendre l'enjeu du voilement-dévoilement, conformément au caractère « mystérieux » de la figure, il est tout à fait persuadé que toute opération d'abstraction de la figure imagée visant à détecter le Révélé lui-même ne serait qu'une tentative naïve, destinée à un véritable échec. Mais, en même temps, il sait bien que la Révélation est si débordante par rapport à l'image scripturaire et canonique y relative, qu'on ne peut pas s'illusionner, « en prenant le vêtement pour le corps lui-même »[421]. De ce fait, si Balthasar est loin de concevoir l'Écriture comme une sorte « d'icône magico-sacramentelle »[422] dans laquelle la *res carnis Jesu* serait substantiellement contenue et cachée – ce qui est affirmé par contre pour l'Eucharistie –, il est aussi persuadé que, s'étendant « depuis Dieu jusqu'à la chair et jusqu'à la base de l'histoire humaine, [l'événement salutaire] s'étend aussi jusqu'à la lettre de l'Écriture »[423].

Cela étant, il est clair que le statut sacramentel de l'Écriture ne relève pas, d'après le théologien suisse, de l'ordre sacramentaire. En revanche, l'Écriture maintient un lien très étroit avec le Sacrement qu'est Jésus-Christ, Figure véritable de Dieu. Étant une expression de la Révélation elle-même, en tant que son témoignage normatif, l'Écriture « ne se dresse pas en face de cette figure de la révélation comme une deuxième figure indépendante et fermée, reproduisant la première »[424]. C'est pourquoi la raison de ce lien étroit entre Écriture et Sacrement est à rechercher, selon le théologien de l'esthétique dogmatique, dans

418 *Ibid.*
419 *Ibid.*
420 Voir *infra,* n. 447.
421 H.-U. von Balthasar, *La Gloire et la Croix. Les aspects esthétiques de la révélation*, t. I : *Apparition,* p. 457
422 *Ibid.*, p. 458.
423 *Ibid.*, p. 460, j'explicite.
424 *Ibid.*, p. 461.

ce qu'Henri de Lubac considère comme étant « le centre de gravité de la lettre » : à savoir l'Esprit Saint[425].

C'est précisément à partir de cette implication pneumatologique que l'appellation patristique « corps du Logos » attribuée à l'Écriture trouve sa signification profonde. De fait, si une telle expression s'arrêtait au seul sens testimonial, l'Écriture ne saurait être qu'une simple parole attestant la mort et la résurrection du Verbe incarné. Mais nous savons que l'Écriture ne se limite pas à cela, dès lors qu'elle est l'image « objectivée » de la Figure de la Révélation non susceptible d'abstraction. Le lien qu'elle noue avec la Figure est tellement étroit que la présence de la Révélation est « continue et jamais amoindrie [...], à toutes les époques de l'Église »[426]. En d'autres termes, si l'Écriture « met au jour » le Logos divin mort et ressuscité, c'est parce qu'en elle, « corpus du Logos », s'accomplit le passage « osmotique » de la *lettre* à l'*Esprit*[427]. Cette osmose consiste précisément en « cette universalisation de l'histoire écoulée » du « Logos fait homme », par laquelle celui-ci « devient tout entier *pneuma* : réalité spirituelle libre, toute-puissante, omniprésente (2 Co 3,17-18) » et, pour cela même, le Kyrios[428]. C'est donc en vertu et au moyen d'une lettre « pneumatisée » que l'Écriture peut être définie à juste titre *figure* de « cet *Universale concretum*, qui est le Christ lui-même universalisé dans l'Esprit Saint »[429].

Or, qualifier le Christ d'*Universale concretum*, c'est affirmer qu'il est le *médiateur* absolu, unique et historique entre Dieu et le monde, le Seigneur du *cosmos* tout entier et le centre de l'histoire. Il en découle qu'en opérant, par l'action de l'Esprit, l'universalisation du Verbe incarné, l'Écriture est pour cela même « médiatrice » de cette universalisation. C'est en cela que consiste d'abord sa nature « sacramentelle ». De ce fait, dans une perspective esthétique de « médiation » de la Figure jouée par l'Écriture, une telle médiation sacramentelle ne pourrait pas ne pas médiatiser et véhiculer la *présence* du Verbe incarné dans la Parole-Écriture[430], présence qui n'est pas moins « réelle », que la présence eucharistique[431], quoique non « substantielle »[432].

425 *Ibid.*, p. 463. Je vais approfondir le rapport entre l'Esprit et la lettre de la Parole-Écriture au chap. 2 (voir *infra*, 2.2.2).
426 *Ibid.*, p. 458.
427 Cf. *ibid.*, p. 464.
428 *Ibid.* (en référence aux diverses citations).
429 *Ibid.*, p. 465.
430 Cf. *ibid.*, p. 487.
431 Voir *infra*, n. 623.
432 Cf. Id., *Saggi Teologici,* t. I : *Verbum caro* [titre original : *Verbum caro. Skizzen zur Theologie* 1, Johannes Verlag, Einsiedeln / Freiburg, 1960, 19903, trad. italienne de G. Colombi, révision d'E. Guerriero], Morcelliana / Jaka Book, Brescia / Milano, 1968, 2005, pp. 33–36. À ce stade, la réflexion analogico-esthétique soulève la question concernant la nature sacramentelle de la figure christologique de l'Écriture, et, par conséquent, la nécessité théologique de distinguer la sacramentalité de cette dernière de celle des sept sacrements (voir aussi *infra*, n. 1465). Il faut remarquer que l'argument appuyant

la distinction susmentionnée n'est nullement pour Balthasar celui de la présence « réelle » ou « substantielle ». Pour lui, le Christ est présent toujours *réellement* dans toutes les réalités sacramentelles, même si cela advient selon des modalités différentes (cf. Id., *La Gloire et la Croix. Les aspects esthétiques de la révélation,* t. I : *Apparition,* p. 487). Conformément à la doctrine catholique, il affirme sans aucune équivocité que bien que « l'Écriture ne contienne pas le Verbe à la manière d'un sacrement » (Id., *Saggi Teologici,* t. I : *Verbum caro,* p. 34), elle « rend présent le Seigneur incarné de façon analogue à celle où son corps historique est rendu présent par l'Eucharistie » (*ibid.*, p. 33). Présence du Verbe incarné que le théologien suisse qualifie plutôt en termes de « réalité non répétable et concrète » (*ibid.*), par rapport à l'Eucharistie, à l'Écriture et à l'Église. Cependant, par rapport à l'Eucharistie, le Magistère a constamment souligné la présence « réelle » du Verbe au sens de « substantielle » [cf. Concilium Tridentinum, *De ss. Euch., c.* 3 ; Pie XII, Lettre encyclique *Humani generis* (12.8.1950) ; Paul VI, Lettre encyclique *Mysterium Fidei* (3.9.1965), particulièrement 40 ; Benoît XVI, Exhortation apostolique post-synodale *Verbum Domini* (30.9.2010), notamment 56]. Et pourtant, le fait d'être trop attentif à parler des sacrements, notamment de l'Eucharistie, en termes de « présence réelle » du Christ, et, par conséquent, de bien se garder d'attribuer cette même expression à la Parole de Dieu – car, en l'occurrence, on ne peut qu'en parler en termes de « présence analogique » –, cela risque, à mon avis, de dénaturer l'analogie elle-même, tout en la détournant de sa réalité constitutive la plus vraie. Rappelons que les analogies considérées au cours de ce chapitre, notamment l'analogie d'Avent et l'*analogia pulchri*, sont parvenues à toucher l'aspect sacramentel. Souletie n'a pas manqué d'ailleurs de souligner cela, et même de qualifier les approches analogiques majeures du dernier siècle de « sacramentelles ». Déjà, dire que Dieu lui-même « se rend analogue », ce n'est qu'affirmer qu'il s'est fait semblable aux hommes en tout, excepté le péché. Or, une telle logique analogique ne relève pas exclusivement du langage, car Dieu se révèle par *gestis verbisque*, c'est-à-dire par gestes et paroles intrinsèquement liés (*signes*), ainsi que l'affirme *DV* 2. En somme, « la véritable analogie », c'est le Christ fait homme. Ce qui veut dire que la totale *dissemblance* entre Dieu et les hommes trouve dans l'incarnation du Verbe ce carrefour où elle devient une *ressemblance* encore plus grande. À ce sujet, il me semble que la thèse de Michelet offre une lumière éclairante. À partir de la signification thomiste du sacrement en tant que « *signum rei sacrae* » (*Somme de théologie*, III, *q.* 60, *a.* 2), et, en l'occurrence, en référence à l'Eucharistie, « sacrement du sacrifice », Michelet affirme que le mystère du Christ se rend présent, non pas de manière « symbolique », mais « sous un autre mode » : « Il serait difficile de réduire comme le fait A.-M. Roguet la signification *passée* et *future* à du "symbolisme". L'Eucharistie est en effet un *véritable* sacrifice : non pas de manière *symbolique,* ni même de manière *physique* car il ne fait pas nombre avec le sacrifice de la Croix. C'est le même et unique sacrifice, mais sous un autre *mode* : mode *sanglant* pour le sacrifice de la Croix, mode *sacramentel* pour celui de l'Eucharistie. Sur la Croix, le Christ s'offre en sa condition propre ; sur l'autel, il s'offre en sa condition sacramentelle ; mais il n'y a qu'une seule offrande, qui nous est rendue présente. Ce sacrement est donc un sacrifice en tant qu'il est le *signe* d'un sacrifice, *signum rei sacrae inquantum est sanctificans homines*. On eût peut-être évité de chercher la dimension du sacrifice dans le rite présent de la messe si l'on avait noté que S. Thomas associe le nom "sacrifice" à la signification du passé. S'il y a *présence réelle* du Corps et du Sang du Christ, c'est bien parce que cette chair offerte et ce sang versé il y a 2000 ans sur la Croix sont rendus aujourd'hui présents dans ce sacrement, dans un *hodie* qui est celui de toute la liturgie, mais plus excellemment celui des sacrements, car la grâce y est donnée alors de manière instrumentale, "physique", sous le mode du signe. La cause passée est donc bien signifiée et rendue actuelle par ce sacrement ; ce qui confirme l'adage selon lequel les sacrements effectuent ce qu'ils signifient, *efficiunt quod figurant.* » (Id., *« Sacra doctrina ». Mystère et sacramentalité de la Parole dans la Somme de théologie de S. Thomas d'Aquin*, pp. 376–377) J'estime ce passage de Michelet d'une très grande importance pour une compréhension de l'analogie en termes sacramentels. Mais pas uniquement. Ce « sous un autre mode » devient ici l'expression-clef qui ouvre l'accès même à une visée analogique des sacrements. Car, si l'on continue à placer l'analogie au-delà de la sacramentalité, la Parole de Dieu ne

En tant que « corps » et « image » du Logos, la sacramentalité de l'Écriture relève du sacrement archétypal et primordial qui est le Christ lui-même, *res et sacramentum Dei*[433]. Après tout, il est indéniable que, traversant tous les sept sacrements, la Parole de Dieu rend elle-même ces derniers « signes » significatifs et efficaces. En conséquence, elle est le principe d'intelligibilité des sacrements, leur *conditio sine qua non,* proprement leur *condition sacramentelle*, si j'ose le dire, conformément à la célèbre formulation augustinienne : « *Accedit verbum ad elementum et fit sacramentum* »[434].

Et pourtant, cette possibilité lui vient du fait d'être un corps scripturaire « pneumatisé », ainsi qu'une figure christique. Sa sacramentalité christologique intrinsèque, relativement à la Révélation et aux sacrements, fait de l'Écriture un sacrement source[435]. Ce qui va m'amener à étudier l'aspect sacramentel de la Parole de Dieu en termes de « christosacramentalité »[436].

Finalement, la figure christologique de l'Écriture a toutes les caractéristiques de la Figure de la Révélation, le Verbe incarné. De même que celui-ci est conçu du Saint-Esprit dans le sein de la Vierge Marie, de même l'Écriture est, elle aussi, conçue du Saint-Esprit dans le sein de l'Église. Ses qualités de figure christique, de réalité pneumatisée et de sacrement médiateur, et encore son lien très étroit avec l'Église, font d'elle une figure christologique complète, dont la mise « en œuvre » se réalise surtout lors de la prédication orale. Ne rendant service qu'à l'unique Parole de Dieu, la prédication ne saurait que se

pourra jamais être comprise d'une manière sacramentelle ; et vice-versa, si la sacramentalité ne se réapproprie pas sa nature analogique (*sous un autre mode*), la sacramentalité même risque proprement d'être placée dans le cadre du symbolisme, comme le fait Roguet. C'est pourquoi, tant que « sacramentalité » demeure synonyme de « présence réelle », « analogique » risque de demeurer antinomique par rapport à « sacramentel ». Il ne faut pas oublier que le signe, plus que de dévoiler, voile. Cela vaut aussi pour le mystère sacramentel, où la présence divine est une « *latens Deitas* », une divinité *cachée* et *invisible* qui se manifeste ou apparaît cependant *visible sous le mode* des espèces eucharistiques, *« sub his figuris »*, ainsi que le rappelle le grand docteur dominicain dans son hymne *Adoro te devote*. Par conséquent, alors que *la vue, le toucher et le goût se trompent*, ce n'est que *par l'ouïe* qu'*on peut croire correctement* sans trébucher : *« Visus, tactus, gustus, in te fallitur, sed auditu solo tuto creditur ».* D'ailleurs, dans l'esthétique théologique proposée par Balthasar, aussi bien que dans l'analogie parabolique proposée par Jüngel, la présence du Christ dans la Parole de Dieu ne se trouve guère *amoindrie* ou *moins réelle* que dans les sacrements. Finalement, quelle meilleure pédagogie analogico-sacramentelle que le quatrième évangile, où l'expression apostolique « Nous avons vu le Seigneur ! » (Jn 20,25) offre à l'apôtre Thomas la *vision* du Seigneur « sous un autre mode » : le *mode* du corps mystique, c'est-à-dire l'Église. J'y reviendrai plus loin (voir *infra*, 2. 3 ; 3. 1).

433 Cf. H.-U. von Balthasar, *La Gloire et la Croix. Les aspects esthétiques de la révélation,* t. I : *Apparition*, p. 487.

434 S. Augustin, *In Iohannis evangelium tractatus*, 80, 3 : CCL 36, 529 (*PL* 35, 1840).

435 Michelet est du même avis : pour lui, la *Parole de Dieu*, le *Christ* et l'Église peuvent être compris comme des « sacrements fondamentaux » ou des « sacrements sources » (cf. Id., *« Sacra doctrina ». Mystère et sacramentalité de la Parole dans la Somme de théologie de S. Thomas d'Aquin*, p. 344).

436 Voir *infra*, chap. 2, notamment 2.2.

conformer à la Parole. C'est pourquoi, tout comme l'Écriture, d'après Balthasar, elle « n'a pas une forme propre, qui se placerait à côté de la forme de la parole, pour lui faire concurrence »[437]. Ce qui fait dire par ailleurs à l'apôtre des païens : « Ce n'est pas nous-même, mais c'est le Christ-Jésus Seigneur que nous prêchons » (2 Co 4,5). Et pourtant, si le fait d'être annoncée par des hommes faibles et pécheurs ne semble pas constituer un avantage pour la Parole, cette inadéquation s'avère par contre un vrai atout dont la Parole même tire parti.

En effet, il ne faut pas oublier que la « loi » esthétique relevant des figures, celle de la Révélation aussi bien que la figure christique de l'Écriture, implique que Dieu se révèle par le voile du *sub contrario.* Ce qui veut dire que cette modalité n'est pas jouée seulement par la *chair* du Christ et par la *lettre* de l'Écriture, mais aussi par la *chair* des croyants, chair de faiblesse et de péché. C'est proprement l'humble condition historique et contingente du Corps Mystique du Verbe qui constitue le *voile* par lequel la Parole du Verbe se manifeste en toute sa force et brille en toute sa splendeur, car « la puissance se déploie dans la faiblesse » (2 Co 12,9).

Malgré la condition « précaire » de l'homme pécheur, la prédication est forte, car c'est la figure du Christ lui-même qui est prêchée. Ce n'est pas sa parole que le prédicateur annonce, mais le « message de salut » (Ac 13,26), la « prédication de grâce » (Ac 14,3 ; 20,32) qu'est la Parole de Dieu. De cette façon, la prédication entraîne l'événement analogique où Dieu parle homme et où l'homme parle Dieu à la fois, pour le dire avec Jüngel. Pour celui qui prêche, il n'est pas question d'une implication qui soit purement instrumentale ou totalement passive, car il est conscient d'avoir été saisi par une Parole puissante à laquelle il n'a opposé aucune résistance. De fait, ainsi que le rappelle Balthasar, la Figure prêchée « ne s'imprime dans la prédication que si, auparavant, elle s'est imprimée dans la foi existentielle de celui qui prêche »[438]. Mais si la prédication implique l'existence humaine, alors le discours autobiographique peut avoir droit de cité dans la théologie[439].

Or, l'élément existentiel est non seulement demandé comme une condition théologique incontournable, mais il est même requis par l'analogie esthétique, ainsi que le théologien de Lucerne ne manque pas de le souligner : « Mais comme la Parole de Dieu elle-même tire pour nous sa force de l'existence du Christ, elle requiert l'existence de quelqu'un qui l'annonce, en tant qu'intermédiaire ecclésial »[440]. Il s'agit, on le sait bien,

437 H.-U. von Balthasar, *La Gloire et la Croix. Les aspects esthétiques de la révélation,* t. I : *Apparition*, p. 501.

438 *Ibid.*, p. 503. Même si le cadre de notre analyse est foncièrement celui de l'annonce, la prédication dans le cadre de la liturgie eucharistique revêt tout de même un caractère sacramentel.

439 Concernant l'implication autobiographique de l'annonce et de la prédication, voir *infra*, 2.3.2.

440 H.-U. von Balthasar, *La Gloire et la Croix. Les aspects esthétiques de la révélation,* t. I : *Apparition*, p. 504. Cela s'avère par ailleurs comme un écho de ce que soutient Holzer lorsqu'il dit que, chez

d'une réalité intermédiaire si distante par rapport à l'objet médiatisé que l'apôtre la compare à « des vases d'argile » qui portent « un trésor » (2 Co 4,7). Pourtant il plaît à Dieu que ce trésor, qui est le Christ, soit porté par de tels vases afin qu'il soit manifeste aux hommes que « cet excès de puissance soit de Dieu et ne vienne pas de nous » (2 Co 4,7).

Ainsi, l'« interdépendance » entre la lumière véritable de la Figure et l'obscurité soit de la lettre soit de la chair, relativement aux figures christiques, s'avère encore une fois l'enjeu analogique d'une esthétique théologique où la dissemblance la plus absolue et l'inadéquation la plus irréductible deviennent les plus aptes et les plus adéquates à dire la beauté divine[441]. La kénose, sommet de l'incompréhensibilité divine (*si comprehendis non est Deus*), reste, par conséquent, la voie analogique choisie de préférence par Dieu.

Or, cela étant, l'homme ne saurait emprunter d'autres voies. C'est dans le mystère kénotique du Christ, l'homme nouveau, que toute volonté humaine de puissance de coloration nietzschéenne et toute convoitise humaine se brisent. L'histoire inconcevable du Christ, qui, « de condition divine, ne retint pas jalousement le rang qui l'égalait à Dieu, mais il s'anéantit lui-même » (Ph 2,6-7), appelle l'homme à réaliser en lui-même un dépouillement pareil, afin de revêtir l'homme nouveau relevant de la Figure (cf. Col 3,9-10). Faute de cette conformation, il n'y aurait qu'une éclipse de la Figure. L'Église, par conséquent, cesserait d'être une image christologique ravissante, tout en demeurant une figure mondaine qui n'exerce pas d'attrait.

C'est pourquoi Balthasar n'exclut pas de son esthétique théologique la foi des disciples en tant que figure relevant de la Révélation, mais aussi en tant que réalité relevant du corps scripturaire attestant la Figure. S'il y a apparition, c'est parce qu'il y a une Figure ; s'il y a ravissement, c'est parce qu'il y a la vision de cette Figure. Mais la vision ne se passe que dans et par la foi des disciples. Et bien que l'Esprit atteste ce qu'il voit du Verbe, son attestation ne se dérobe pas à la perception de la foi et de l'intelligence humaine. L'Esprit fait dès lors confiance à la médiation ecclésiale.

Balthasar, *l'être paraît* même *avoir besoin de l'essence pour se réaliser.* De même, l'ontologie christique qui se réalise dans le mystère de l'incarnation fait que l'image visible de la chair du Christ, qui est l'Être historique de Dieu, manifeste l'Être divin suprême. Faute de cela, celui-ci demeurerait invisible et donc inconnaissable, ce à quoi amène l'*analogia entis*, considérée dès lors une aporie métaphysique (voir *supra*, n. 383).

441 L'expression « interdépendance » n'est en l'occurrence pas à comprendre dans le sens que Dieu a la nécessité d'avoir recours à ces réalités pour se révéler, comme s'il n'avait pas le choix, mais qu'il s'en sert d'une libre volonté. Ce que Balthasar précise lui-même, se référant à la médiation humaine par rapport soit à la liturgie soit à la prédication : « Le Christ n'a pas besoin de se faire "représenter" par un homme ; sa puissance lui permet de se servir d'un homme pour parler de lui-même, pour toucher les cœurs à sa manière divino-humaine [...]. » (H.-U. von Balthasar, *La Gloire et la Croix. Les aspects esthétiques de la révélation,* t. I : *Apparition*, p. 504)

La médiation opérée par les figures christologiques de l'Écriture et de l'Église est un fait absolument compatible avec le mystère de l'incarnation, voire indispensable. D'ailleurs, si le Dieu invisible se révèle visiblement dans la Figure du Fils incarné, de même l'Esprit poursuit une stratégie identique, exerçant son œuvre d'attestation et d'universalisation du Verbe par les figures de médiation que sont l'Écriture et l'Église. En tant qu'œuvre de l'Esprit, l'Écriture n'universalise pas seulement le Jésus historique, « mais elle révèle, sous une forme adaptée au monde, son être de Verbe de Dieu »[442]. L'Église, en tant que communauté engendrée par le même Esprit, « n'est pas davantage une répercussion historique du Christ : elle est sa "plénitude", son "corps" d'épouse ; ce qui en elle est réalité chrétienne, c'est lui-même, qui s'exprime et s'imprime dans l'humanité par la force de l'Esprit »[443].

Par là, ces deux figures, l'Écriture et l'Église, apparaissent tellement entremêlées avec la Figure de la Révélation qu'elles ne peuvent pas être considérées comme étant des réalités purement humaines. Si c'était le cas, « elles obscurciraient la figure du Christ », tout en lui faisant obstacle[444]. « Mais si elles sont une œuvre entreprise par Dieu, il est tout au moins possible qu'elles servent de complément à la figure principale, pour former une figure d'ensemble et qu'en elles – plus fortement dans l'Écriture, plus faiblement dans l'Église – se dessine la structure de la figure principale »[445]. Mais il reste que cette complémentarité, aussi bien que le pouvoir de ces figures de médiatiser la Figure, est un fait de l'Esprit qui ne peut être saisi que dans et par l'Esprit. D'ailleurs, comme le dit Jésus à Nicodème : « … à moins de naître d'en haut, nul ne peut voir le Royaume de Dieu » (Jn 3,3) ; et encore, au long de son discours dans la synagogue de Capharnaüm : « C'est l'esprit qui vivifie, la chair ne sert de rien. Les paroles que je vous ai dites sont esprit et elles sont vie » (Jn 6,63).

L'Écriture et l'Église sont figures de *foi*, par delà lesquelles il n'y a ni vision de la Figure ni ravissement : « Apercevoir la figure du Christ par l'intermédiaire de l'Écriture et de l'Église, c'est une *révélation* qui mène objectivement plus loin. […] Objectivement, l'expérience est extatique, car l'Esprit devient visible en un Livre, la force du Christ en des hommes… »[446].

442 *Ibid.*, p. 509.
443 *Ibid.*, pp. 509–510.
444 *Ibid.*, p. 510.
445 *Ibid.* La Figure de la Révélation apparaît, d'après Balthasar, plus évidente dans l'Écriture, à cause de l'inspiration, tandis que l'Église étant une réalité exposée à toutes sortes de déformations humaines,malgré l'assistance de l'Esprit, en elle la Figure apparaît plus opaque (cf. *ibid.*).
446 *Ibid.*, pp. 510–511, je souligne. Notons bien ce que met en relief ce passage de Balthasar, à savoir qu'une réalité, qui n'est en principe que « lisible » ou « audible », tel un livre, dégage aussi une vision. Ainsi, par l'action de l'Esprit, la Figure « devient visible en un Livre ». Il y a déjà là tous les

Finalement, ce que ces figures christologiques considérées au long de cette analyse ont en commun n'est que ceci : elles n'existent que pour exprimer le Christ. En tant que réalités « imagées », leur tâche médiatrice consiste en une certaine « transparence » par rapport à la Figure qu'elles médiatisent[447]. La Figure que l'Esprit continue à mettre au jour ravit dans la mesure où les figures que l'Esprit met également au jour ravissent, car c'est seulement par elles que la Révélation s'accomplit comme *analogia eventus pulchri et Christi.*

1.3.3. La figure christologique de l'Église

Si les figures christologiques rendent service à la Figure de la Révélation à la mesure de leur transparence, l'Église, à la différence de l'Eucharistie et de l'Écriture, est la seule réalité christique dont l'image n'est pas déterminée une fois pour toutes. Étant une réalité historique, faite d'hommes et en *perennis reformatio*[448] – non pas évidemment par rapport au dépôt immuable de la foi, mais en regard de la réception de celui-ci, de sa compréhension et de son actualisation continues, aussi bien qu'en matière de structures et de disciplines positives, en fonction notamment du chemin de sainteté en croissance de ses membres –, elle doit toujours faire l'effort de rendre ses formes institutionnelles de plus en plus transparentes[449] : « Plus le croyant est transparent, dévoué et libre de sa propre forme, plus l'image de Dieu et l'être conformant du Christ s'imprimera en lui [...]. Plus le serviteur envoyé et chargé représente son Seigneur (pas tant extérieurement, à travers un mandat à exercer, qu'intérieurement, par sa vie et sa personne), plus profondément il se différenciera lui-même, tout en se distinguant du Seigneur [...]. C'est bien à l'intérieur de cette distance que la forme du Christ et de Dieu est insufflée[450]. »

Mise en relief par l'analogie christologico-esthétique, cette distance n'est que la différence ontologique et « testimoniale »[451] qui existe entre le Christ et l'Église, une distance dont l'Église doit toujours prendre conscience. Pourtant, il s'agit d'une différence qui débouche sur la foi « homologique » ou *fides testimonialis* de l'Église, « en tant que médiation historique de l'universalité de l'action rédemptrice de Dieu par la représentation

éléments pour envisager une analogie synesthésique, où le visible devient audible, et vice-versa, l'audible – et par conséquent aussi ce qui est lisible – devient visible. Voir *infra*, 2.3.1.

447 Cette « transparence » est à entendre au sens de rendre visible la figure sans l'opacifier, ce qui peut par ailleurs se relier à la réflexion sacramentelle de Michelet, où le *signum* se situe entre *transparence* et *opacité* (voir *infra* 1.3.3, notamment la cit. relative à la n. 480).

448 *UR* 6.

449 Cf. M. Neri, *La testimonianza in H.-U. von Balthasar,* pp. 289–290.

450 H.-U. von Balthasar, *Sponsa Verbi*, cit. dans M. Neri, *La testimonianza in H.-U. von Balthasar*, p. 302, je traduis.

451 Au sens de « relative au témoignage ».

testimoniale de la chair de Jésus »[452]. En d'autres termes, si l'Église est en mesure de rendre un témoignage « homologue » par rapport au Christ, cela vient de son être en tant que figure christique. Mais pourquoi l'Église ? Le Christ, lui seul, ne suffit-il pas ? Et l'Écriture, attestant de celui-ci, ne suffirait-elle pas à elle seule ?

La réponse repose sur le fait même que le salut offert par le Christ a besoin d'une médiation historique qui l'atteste et l'universalise dans le monde et au cours du temps. Ce qui comporte une liberté d'un côté, et la grâce de l'autre. Une liberté, car le témoignage est un fait relevant d'une conscience humaine, sollicitée par une altérité attestante non conditionnée, et interpellée par un événement qui représente le sens ultime. Face à cette attestation du Dieu inconditionné, la conscience, qui lui offre son espace de liberté, s'y identifie, tout en devenant une conscience « attestée »[453]. Sans liberté, aucune conscience « attestée » ne pourrait dès lors réaliser la nécessaire médiation historique. La grâce, car c'est Dieu qui ouvre à la conscience l'accès à l'attestation de l'événement inconditionné du Dieu incarné, tandis qu'elle devient une conscience « attestée » et conformée.

Dans une visée d'esthétique théologique, cela implique que l'Église soit une réalité « imagée » où la Figure de la Révélation agit, non seulement de l'extérieur par l'image qui apparaît, mais surtout de l'intérieur, en tant qu'image invisible que, par la grâce de l'Esprit, la conscience humaine du croyant reconnaît comme étant la vérité ultime de l'existence tout entière et même son fondement transcendant[454].

Conscience, du point de vue philosophique, et foi, du point de vue théologique, constituent les structures anthropologiques préalables d'une possible médiation ecclésiale du salut offert par le Christ. C'est à partir de la liberté absolue de celui-ci, en tant que liberté d'interpeller et liberté de se livrer jusqu'à la mort, que l'Église peut être une figure pleinement correspondante à la forme de la Figure qu'elle atteste : « La liberté intentionnelle de Jésus, […] forme de la vérité de Dieu dans le geste de son dévouement inconditionné […], représente le paradigme *tout court* de la foi "testimoniale" de l'Église »[455]. C'est pourquoi, répondre à cet appel et y adhérer, c'est être disposé à aller jusqu'à atteindre un éventuel point culminant de cette conformation qu'est le martyre.

Or, « la foi ecclésiale, ce n'est jamais la *res* du témoignage ecclésial », car « le sujet originel et déterminant la foi "testimoniale" ne peut qu'être la *fides Jesu* »[456]. L'Église en

452 M. Neri, *La testimonianza in H.-U. von Balthasar,* p. 295, je traduis. Pour la signification du témoignage « archétypal » du Christ et du témoignage « homologue » rendu à celui-ci par les figures christologiques, notamment par l'Écriture, se reporter aussi à *infra*, 2. 3 et 4.1.1.

453 Au sens de « bénéficiant de l'attestation divine ».

454 Cf. *ibid.*, pp. 299–318.

455 *Ibid.*, p. 320, je traduis.

456 *Ibid.,* je traduis. La différence qui existe entre la foi ecclésiale et la Parole attestée du témoignage ecclésial (*res*) est la même différence qui existe entre la *fides qua* et la *fides quae*.

est bien consciente. En d'autres termes, elle sait que son témoignage se situe dans un rapport de *différence* « testimoniale » par rapport à l'événement fondateur attesté. Ce n'est pas elle qui est à l'origine de l'événement du salut. Au contraire, c'est l'événement originel qui l'a instituée et qui se tient toujours devant elle par le biais des Écritures canoniques. L'Église est dès lors appelée à se conformer à la vérité archétypale et aussi à surveiller de manière critique afin de garantir, d'un côté, que cette différence ne soit pas annulée, et de l'autre, que cette conformation puisse s'accomplir. Finalement, ce que la médiation historique exerce, ce n'est pas le témoignage en tant que tel, mais l'immédiateté d'une relation, celle de l'Église avec son Seigneur, véritable accomplissement du témoignage rendu à l'événement du salut attesté[457].

Or, ce lien étroit et inséparable que le Verbe noue avec l'Église, en tant que figure issue du Christ, entièrement relative à celui-ci et nécessaire à son universalisation, a un fondement « protologique »[458] repérable, d'après Balthasar, dans la création. Étant entendu qu'entre l'ordre de la création et l'ordre de la rédemption se passe, analogiquement parlant, un rapport d'effet miroir, cela implique tout d'abord que les deux figures, celle du Christ et celle de l'humanité – et dans une signification sotériologique et eschatologique plus élargie, celle de toute la création (le *cosmos*), récapitulée dans le Christ et dont le Christ représente l'unité et l'accomplissement (cf. Ep 1,10) –, trouvent en l'homme et en la femme de la Genèse leur préfiguration analogique et même typologique[459]. De cette manière, le partenariat « homme-femme » relevant du premier Adam se compose en vue du partenariat « Jésus-Christ-Église » relatif au nouvel Adam. Cela étant, il se produit, selon Balthasar, une concentration inouïe :

> Si Jésus en tant que Fils de Dieu est, dans sa mission divine, configuré à toute l'humanité (brisant de ce fait toutes les barrières d'un "peuple élu"), est-ce que ne doit pas alors dans sa figure humainement concentrée lui correspondre comme réponse une figure elle aussi humainement concentrée, dans laquelle se réaliseraient plusieurs choses : dans la mesure où il est un sujet spirituel individuel, le milieu social lui convenant ; dans la mesure où il est, en tant qu'être humain, homme (*vir*), "l'aide", "l'épouse" et la "gloire" lui appartenant du fait de la création, dans laquelle il reconnaît "la chair de ma chair et l'os de mes os" ? Mais ceci sur un plan qui contient sans doute ce qui est de l'ordre de

457 Cf. *ibid.*, pp. 319–324.

458 Dérivant des mots grecs *πρῶτος*, premier, et *λόγος*, discours, ce terme indique en général une réalité primordiale qui se présente aussi en tant que modèle.

459 Rappelons ici que toutes les figures de l'Ancien Testament, qualifiées par les Pères de l'Église de *tupoi*, représentent pour Balthasar des figures préchristologiques, non pas parce qu'elles annoncent le Christ – induction anachronique et pour cela même inconcevable –, mais parce qu'elles sont relues à la lumière du Christ en tant que figures en vue de leur accomplissement christologique (cf. Mt 5,17). Voir H.-U. von Balthasar, *La Dramatique divine,* t. II : *Les Personnes du drame,* vol. 2 : *Les personnes dans le Christ* [Titre orig. : *Theodramatik. Die Personen des Spieles. Die Personen in Christus*, trad. de l'all. par Robert Givord avec la collaboration de Camille Dumont], Culture et Vérité / Lethielleux, Namur / Paris, 1988, pp. 27–38.

> la création, mais le dépasse essentiellement, parce que, en tant que *Fils de Dieu*, il ne peut faire sortir ce partenaire qui le complète que de sa propre substance. Et cependant : si ce partenaire en tant que sortant de lui peut être appelé son "corps" ("mystique", produit par l'unité de la substitution accomplie sur la croix et de la transformation en eucharistie de son corps physique), il ne peut pas suffire qu'il ne reconnaisse en ce partenaire *que lui-même*, ou à la rigueur son *effet*, son œuvre, car il *a besoin* de ce qui est sorti de lui en même temps comme de son "aide" pour son œuvre, comme de cette figure aussi qui, quand il ne sera plus sur terre comme personne historique, le représentera et continuera son œuvre[460].

Ce présupposé sacramentel et médiateur de la figure christique de l'Église, ainsi que le précise Balthasar, ne signifie pas du tout la réduction de celle-ci à la personne du Christ, ni la réduction à une réalité gnostique, d'origine céleste, tombée dans le temps, puis révélée par l'Esprit quasiment telle une personne à côté du Christ[461]. Réalité composée de membres, l'Église forme un seul corps avec le Christ, qui en est la tête. Cette unité christologique fait de l'Église aussi une *Communio sanctorum* où tous les « je » personnels de chacun de ses membres ne forment qu'une voix unique, voix de l'Esprit et de l'Écriture, qui fait dire à l'épouse : « Viens ! » (Ap 22,17)

Ainsi, afin d'éclairer le rapport au sein de cette figure christique de l'Église entre l'aspect charismatique et sacramentel relevant de sa prérogative d'épouse, et l'aspect historique et visible relevant de son statut d'*institution*, le théologien de Lucerne esquisse cinq caractéristiques.

1. En tant qu'épouse face à son époux, l'Église « doit avoir aussi comme unité sociale une constitution corporelle » – dont elle ne peut pas disposer à son gré – « qui doit plutôt lui [le Christ] être enracinée dans sa structure essentielle immuable, de même qu'est répandue en elle la vie spirituelle intérieure »[462].

2. En tant que réalité hiérarchiquement structurée, l'Église reçoit cette forme institutionnelle de Dieu. Et pourtant, c'est grâce à la Tradition que cet aspect institutionnel peut se relier à son origine, de même que le courant de la Tradition permet d'accéder au véritable sens de la Parole de Dieu fixée dans l'Écriture :

> Ainsi la fixation définitive de la parole de Dieu (qui est « esprit et vie », Jn 6,63) dans l'Écriture est la condition pour que les "paroles de la vie éternelle" (Jn 6,68) restent sans cesse accessibles dans leur force originelle, mais cela à vrai dire seulement si elles sont reçues et comprises dans le courant vital de la "tradition" qui assure la liaison avec l'origine. Ainsi la fixation de la justification (*Recht-fertigung*) divine du croyant dans un ordre de droit (*Recht-Ordnung*) ecclésial (droit canon) est-elle la condition pour que le croyant reste toujours conscient qu'il ne participe à la justice donnée qu'au sein de l'Église, qu'il la reçoit en elle et avec elle de Dieu. Ainsi le "caractère ineffaçable" que reçoit d'un côté tout baptisé (et tout confirmé : les deux choses sont liées comme grâce et mission en même temps), de l'autre, celui qui est ordonné pour un ministère, est-il encore une fois la garan-

460 *Ibid.*, p. 273.
461 Cf. *ibid.*, pp. 274–276.
462 *Ibid.*, p. 284, j'explicite.

tie que le chrétien reste habilité pour toute nouvelle rencontre avec le Seigneur, et le charge de ministère pour tout acte officiel utile au croyant, sans considération de son indignité[463].

3. En tant qu'image de cette sainteté et de cette charité objectivées dans l'existence et dans l'œuvre de son Rédempteur, et en tant que réalité constituée en même temps d'une subjectivité pécheresse, l'Église doit maintenir ensemble la dimension objective de la charité aussi bien que la tension subjective de l'obéissance. Elle doit donc vivre cela à partir du Christ, « devenu obéissant à la volonté du Père jusqu'à la mort », mais aussi à partir de l'Esprit, « devenu une règle "inexorable" [...], en tant que "l'objectivation" de l'amour réciproque du Père et du Fils [et] en même temps leur subjectivité et leur intimité les plus profondes »[464].

4. Marie étant à la fois icône archétypale et mystère de réalisation parfaite et plénière, l'Église n'est pas seulement la communauté des membres imparfaits qui s'engagent dans un chemin de perfection, mais aussi la figure parfaite qui incarne le « oui » marial, « de la manière dont Marie a été mise par son Fils à l'école la plus dure, celle de la croix à prendre à sa suite : les renvois et les séparations pendant les années de sa vie publique n'étaient rien d'autre que l'introduction de l'Église archétypique sous la règle objectivée de l'Esprit : la "verge de fer" (Ap 12,5 ; 2,27 ; 19,15 ; Ps 2,9) »[465].

5. Structurée en ministères ordonnés, tel l'épiscopat, et en ministères prophétiques, telle la prédication, l'Église est la réalité pastorale qui synthétise, malgré la tension dramatique due à ses dimensions constitutives, une face pétrinienne aussi bien qu'une face mariale et johannique. Ainsi, d'une part, « le ministère épiscopal doit veiller sur l'authenticité du sens "prophétique" de la foi vivant dans tout le peuple, le garder pur et le juger. D'autre part, le ministère épiscopal doit justement pour cette raison prêter attention à ce ministère "prophétique" de l'Église entière et, en cas de nécessité, se laisser instruire par lui (comme le disciple bien-aimé le fait remarquer à Pierre : "C'est le Seigneur", Jn 21,7) »[466]. Ce qui fait que « la rencontre est dramatique entre la connaissance vivante du croyant provenant de la plénitude du Christ et la connaissance officielle de l'autorité directement instituée par le Christ, qui se présupposent réciproquement »[467].

463 *Ibid.*, p. 285.

464 *Ibid.*, j'explicite.

465 *Ibid.*, p. 286. L'expression « Église archétypique », attribuée par Balthasar à Marie, rappelle le titre d'*Ecclesia facta* que s. François d'Assise attribue à la sainte Vierge (cf. J. Dalarun (dir.), *François d'Assise : Écrits, Vies, témoignages*, vol. 1, Cerf/Franciscaines, Paris, 2010, p. 167).

466 H.-U. von Balthasar, *La Dramatique divine*, t. II : *Les Personnes du drame*, vol. 2 : *Les personnes dans le Christ*, pp. 286–287.

467 *Ibid.*, p. 287.

Ces points que nous venons d'énumérer à l'aide de Balthasar offrent une vision théologique d'Église-figure qui débouche sur le concept de « sacrement ». Partenaire et médiatrice universelle du Verbe incarné, épouse et corps du Christ, l'Église, en tant que figure visible, joue sur terre le rôle de « dispensatrice du salut pour le monde entier »[468]. Mais constitution et mission n'épuisent pas sa sacramentalité, car il y a un troisième élément qui doit être intégré, à savoir la conformation christique de chacun de ses membres. De fait, bien qu'elle soit une réalité « objectivement posée, "fondée" » par le Christ, l'Église « doit chaque fois déjà et sans cesse accomplir et ratifier » son être propre reçu infailliblement (*ex opere operato*) du Christ lui-même, « mais de telle manière qu'elle ratifie cette réception comme sujet (*ex opere operantis*) et s'accomplit par là elle-même »[469]. Autrement dit, le fait que l'Église soit posée comme réalité fixée et objectivée ne dispense pas les sujets individuels et humains qui la constituent de se conformer au « proto-sacrement »[470].

Sa nature sacramentelle fait qu'elle distribue les sacrements en même temps qu'elle en est la réceptrice première. Elle écoute le Christ, Parole de Dieu incarnée, en même temps qu'en tant que *magistra*, elle l'enseigne au monde (magistère). Elle se nourrit du Christ, Pain de Dieu présent dans l'Eucharistie, en même temps qu'elle l'offre (ministère sacerdotal), en vertu de sa participation au *sacerdoce* rédempteur de son Seigneur[471].

Finalement, son être de « *sacramentum mundi* », « lumière du monde » et « sel de la terre », fait que l'Église coopère au salut du monde, tout en prolongeant le sacrement primitif qu'est le Christ[472]. L'Église, de fait, n'est pas seulement un signe, comme Israël l'était pour les nations. Étant envoyée par le Christ, elle prolonge la mission même de l'Envoyé par le Père (cf. Jn 9,7). Le fait qu'elle soit appelée « lumière du monde » (Mt 5,14) est une prérogative qui prend sa source dans le Christ, véritable lumière du monde (cf. Jn 1,9 ; 8,12). C'est en lui qu'elle est *sacramentum mundi*. En dehors de lui, elle n'a pas d'autre mission. Et pourtant, la mission ne se réduit pas *sic et simpliciter* à un mandat. Si le Christ

468 *Ibid.*, p. 341.

469 *Ibid.*, p. 342.

470 *Ibid.* C'est en vertu de son union intime et étroite avec le Christ, sacrement primitif (sacrement-source) et sacrement total du Père, et en tant que son prolongement, que l'Église est le proto-sacrement et le *sacrementum mundi*, et que, pour cela même, elle célèbre et dispense les sacrements du salut (cf. *ibid.*, pp. 341–346).

471 Cf. *ibid.*, p. 343.

472 Chez Balthasar émerge toute l'ecclésiologie de *Lumen Gentium*, qui est une ecclésiologie formulée en clef christologique. Cela dès le titre de la constitution dogmatique, tiré des premiers mots du texte. Et bien que ces derniers se réfèrent au Christ qui est la lumière des nations, ce n'est pas un hasard que l'expression *Lumen gentium* ait fini par désigner le document ecclésiologique lui-même, tel un syntagme qui lie christologie et ecclésiologie. De fait, c'est dans le Christ que l'Église est appelée « sacrement » (cf. *LG* 1) ou aussi « corps » (cf. *ibid.*, 8).

est l'« envoyé » par excellence, cela est en vertu de son être d'« oint », à savoir de « *mashia'h* », de « consacré » du Seigneur. Par conséquent, c'est la consécration, c'est-à-dire le fait d'être une *res sacra*, qui rend l'Église apte à assumer une charge missionnaire de portée universelle.

À cet égard, Michelet rappelle que la doctrine des sacrements chez Thomas d'Aquin a connu une évolution doctrinale importante, atteignant sa maturité dans la *Somme*[473], qui peut à mon avis éclairer davantage le statut sacramentel même de l'Église. En fait, si auparavant l'idée de sacrement était encore soumise à l'efficacité, elle aboutit dans la *Somme* à la conception de signe sacré, voire à celle de *signum rei sacrae*, signe d'une chose sacrée[474]. C'est pourquoi, les sacrements étant qualifiés, d'après la définition thomiste classique, de « signes efficaces »[475], cela est à entendre au sens de « signes d'une efficacité »[476].

Or, que le signe renvoie *ad aliud* que lui-même, ce n'est pas synonyme d'inconsistance. Entre le *signum* et la *res*, c'est-à-dire entre le signifiant et le signifié, il n'existe pas un rapport inversement proportionnel, comme si le premier faisait obstacle au second[477]. En d'autres termes, il ne faudrait pas concevoir qu'une réalité serait davantage ce qu'elle signifie si elle était moins ce qu'elle est. Non ! Car dans ce cas, comme le dit Michelet par rapport aux espèces eucharistiques, « l'hostie signifierait davantage qu'elle est le corps du Christ si elle ressemblait moins à du pain »[478].

Ainsi, bien que le *signum* vise à la *res* et n'existe que pour elle, et bien que s. Thomas fasse primer l'idée du signe en tant que *mysterium* sur celle du signe en tant que cause (*sacramentum*) – tenant néanmoins ensemble les deux instances –, la doctrine sacramentaire la plus mûre de l'Aquinate redonne pourtant au signe tout son réalisme et toute sa consistance. C'est grâce à lui que la *res* est désignée, voire désignée adéquatement[479]. C'est pourquoi Michelet peut parvenir à la conclusion que voici : « Le rôle du signe n'est pas de disparaître dans l'ouverture à l'altérité, mais il sera, au contraire, d'autant plus signifiant

473 Cf. T. MICHELET, *« Sacra doctrina ». Mystère et sacramentalité de la Parole dans la Somme de théologie de S. Thomas d'Aquin*, p. 346.
474 Cf. S. THOMAS D'AQUIN, *Somme de Théologie*, III, *q.* 60, *a.* 2 *sc.*
475 *Ibid.*, III, q. 60, *a.* 1, *ad* 1 : « *efficiunt quod figurant* ».
476 T. MICHELET, *« Sacra doctrina ». Mystère et sacramentalité de la Parole dans la Somme de théologie de S. Thomas d'Aquin*, p. 356.
477 Cf. *ibid.*, p. 359.
478 *Ibid.*
479 Cf. *ibid.*, pp. 361–362. Michelet souligne, entre autres, que, remettant en avant l'aspect du signe, Thomas dépasse la conception sacramentaire classique de son époque, celle du « sacrement-vase », qui avait fini par séparer les aspects de cause et de signe, tout en mettant en avant la cause et réduisant par contre le signe à « un *ornement* de la grâce, un supplément de signification non requis par la notion de sacrement mais par une plus grande *convenance* à notre humanité » (*ibid.*, p. 362).

qu'il sera *réel*, existant et consistant ; dans un juste milieu entre *opacité* du signe ne renvoyant plus qu'à lui-même de manière incurvée, et *transparence* du signe tellement absorbée par le signifié qu'il n'est pas en mesure d'y renvoyer faute d'exister » [480]. Ce qui fait que « l'essence du sacrement est d'être *signum* avant d'être cause »[481], conformément, par ailleurs, au principe qui règle l'éthique thomiste, selon lequel *agere sequitur esse.*

Cette digression renvoyant à la doctrine sacramentaire de S. Thomas d'Aquin peut contribuer, à l'aide de la thèse de Michelet, à éclairer davantage la figure christologique de l'Église dessinée par Balthasar. Il est désormais évident qu'en tant que réalité institutionnelle et sacramentelle en même temps, en un mot « théandrique », l'Église n'est pas seulement investie par le Verbe incarné d'un rôle de médiation et d'universalisation (cause) par rapport au salut qu'il a opéré une fois pour toutes il y a deux mille ans. C'est en vertu d'une « ontologie christologique » ou d'une « suranalogie christologique » qui fait d'elle une réalité « imagée » (signe) – ce qui signifie aussi consacrée par le même Esprit, qui « descend et demeure » sur le Messie (cf. Jn 1,33) –, qu'elle peut bien plus agir, par la modalité *sacramentaire* et par celle *sacramentelle* de la prédication et du témoignage (jusqu'au martyre), en tant que *sacramentum mundi* et *universale salutis sacramentum.*

En somme, si la théologie sacramentaire est structurée autour du *signum*, qui ne vaut que pour le signifié qu'il assume et auquel il renvoie, l'esthétique théologique se construit

480 *Ibid.*, p. 360.

481 *Ibid.*, p. 367. À ce stade, j'estime important ce discours de Michelet par rapport à l'évolution de la réflexion de Thomas d'Aquin, lequel, dans la *Somme*, redonne aux « signes » sacramentaires un caractère christologique qui met l'accent sur le fait qu'un sacrement est d'abord un *signum rei sacrae* avant d'être *efficax*. Et pourtant, cette nouvelle compréhension ne met pas totalement en valeur le *signum* lui-même, lequel *renvoie* toujours au-delà de lui en tant que *cause*. De fait, ce « renvoyer » des sacrements à « *quod figurant* », c'est-à-dire à la grâce que ceux-ci signifient, implique leur efficacité, car les sacrements sont des signes qui « produisent » (*efficiunt*). Or, cela m'offre l'occasion de reprendre la réflexion et à la fois la provocation que j'ai soulevée auparavant dans la n. 432. De fait, tant que la doctrine sacrementaire demeure privée de la dimension analogique des sacrements, elle court toujours le risque d'une compréhension théologique et pastorale « quasi-magique » des sacrements, ce qui n'est pas loin de la situation pastorale actuelle. Cependant, selon une telle compréhension, un sacrement s'avère premièrement un appel qui « oblige » le Christ à venir. Et, en second lieu, les sacrements s'avèrent même le seul endroit où la grâce est « contenue », telles des boîtes qui « enferment » le Christ (voir *infra* n. 1465). Or, la théologie analogique et sacramentelle de la Révélation porte sur le fait évident que c'est le Christ qui prend l'initiative de se révéler *sous un autre mode*. Par contre, si elle conduit le *sous un autre mode* des sacrements à « renvoyer » au Christ, la doctrine sacramentaire va juste dans la direction contraire. En revanche, dans une visée analogique des sacrements, c'est le Christ qui se manifeste et se livre *sous un autre mode*, de manière à ce que le « Christ des signes » l'emporte sur « les signes du Christ ». Cela conduirait par conséquent à une nouvelle compréhension de la doctrine sacramentaire, mais aussi à une action pastorale où les sacrements ne sont plus considérés comme des « récipients » de la grâce qui « obligent » Dieu à y demeurer. En revanche, dans la visée du « Christ des signes », les sacrements s'avèrent les modalités mêmes du Dieu qui vient, se révèle et se livre, et, dès lors, les signes de sa présence *réelle*, ainsi que le Christ le réalise par les voies « sacramentelles » de la Parole-Écriture et de l'action évangélisatrice de l'Église.

sur l'*imago*, laquelle est irréductiblement conforme à l'image qui, par elle et en elle, apparaît, se manifeste et rayonne. Le *signe*, ne se conformant pas au signifié mais signifiant celui-ci *sous un autre mode*, s'avère avoir une tendance *centrifuge*, car il achemine au-delà de lui. La figure, en revanche, se montre plutôt *centripète*, car, se présentant en tant que réalité imagée, c'est-à-dire *conforme* à l'image véhiculée, elle oriente en-deçà d'elle. Cependant, le *signum*, le *mode signifiant*, et l'*imago*, le *mode imagé*, doivent être considérés comme les deux faces d'un seul mystère qui se révèle et se voile, soit lorsqu'il est signifié par un signe réel hétérogène, soit lorsqu'il est montré par une figure susceptible de se manifester sous l'aspect d'une non-figure. En voici quelques exemples.

Dans le cas des sacrements du baptême et de la confirmation, la grâce divine, christologique et pneumatologique, n'est pas l'eau, ni l'huile. De fait, la matérialité qui constitue ces derniers en fait des éléments hétérogènes par rapport au signifié qu'ils véhiculent. Et pourtant, en vertu de l'économie divine attestée par la Révélation, ils reçoivent le pouvoir de devenir signes efficaces de la grâce que, *sous un autre mode*, ils signifient[482].

Dans le cas de la figure christique de l'Église, celle-ci a été choisie et voulue en tant que figure imagée, c'est-à-dire homogène et conforme à l'Image, malgré l'opacité relevant de sa nature humaine. Cette opacité, d'ailleurs, concerne la Figure même du Christ, voilée en raison de l'aspect humain du Verbe, et voilée une fois de plus à cause de la « non-figure » du crucifié. Ainsi, de même que la Beauté (*Gestalt*) ne peut et ne veut rayonner qu'à partir de la Figure défigurée (*Un-Gestalt*), qui est pourtant l'image conforme et adéquate par excellence pour révéler, même si c'est d'une manière extrême, l'absolu qu'est l'amour divin, la Figure ne pourrait que rayonner même d'une figure « inadéquate » et « pécheresse » telle que l'Église, élue et élevée au rang de « chair », « corps mystique », « épouse », « sacrement universel », en somme, d'« image » du Verbe incarné sur terre. C'est pourquoi Balthasar n'hésite pas à la compter parmi les figures christiques.

À ce stade se pose la question que voici : si la figure ultime de la Révélation est la « non-figure de la croix », comment le croyant, à partir de celle-ci, peut-il déchiffrer la « sur-figure de l'amour trinitaire » qui s'y manifeste[483] ? C'est précisément à ce moment-là que surgit la Parole divine définitive, la Parole « capable de surmonter l'anéantissement » du non-dit de la croix. Et c'est même à ce moment-là que l'esthétique croise la dramatique

482 Le « sous un autre mode » revêt une signification plus étendue, qui comprend, non seulement l'hétérogénéité substantielle – excepté l'Eucharistie – entre le signe visible et la grâce invisible, mais aussi la modalité liturgique, par laquelle, sous la forme du rite, l'événement du salut attesté par l'Écriture s'accomplit dans le temps actuel (*hodie*).

483 Cf. H.-U. von Balthasar, *La Dramatique divine,* t. II : *Les Personnes du drame,* vol. 1 : *L'Homme en Dieu,* [titre original : *Theodramatik. Die Personen des Spieles. Der Mensch in Gott*, Johannes Verlag, Einsiedeln, 1976, trad. de l'all. par Yves Claude Gélébart, avec la collaboration de Camille Dumont], Culture et Vérité / Lethielleux, Namur / Paris, 1986, p. 22.

théologique, dès lors que la non-figure trouve son dépassement dans la figure supérieure faite langage incarné, Parole de Dieu qui se révèle et qui se fait don dans une liberté inouïe[484].

Ainsi, de même que précédemment, alors que nous avions mis en avant la nécessité de la foi afin d'expliquer comment la non-figure peut exercer le ravissement, nous revenons ici à considérer encore davantage que c'est la foi venant de l'écoute de la Parole qui ouvre à l'homme l'accès au drame divin, mis en scène par Dieu lui-même, et dont l'Écriture est pour ainsi dire le « script ». Le Logos, qui s'est manifesté et qui a exercé son attraction fascinante, est désormais « passé » dans la bouche comme un « livre » dévoré (cf. Ap 10,9-10). Autrement dit, le Verbe appelant à la proclamation, le drame exige que l'Église joue son rôle missionnaire. Car maintenant le Beau « se choisit une figure, une parole incarnée définitive, pour se dévoiler et se répandre à profusion dans le monde »[485].

Par là, l'Église et la Parole (et l'Eucharistie évidemment) nouent un lien étroit, complémentaire et interdépendant, car en elles le Beau « s'est rendu analogue ». C'est à ces figures qu'il s'est confié, et c'est par elles qu'il se livre au monde, bien qu'il reste l'unique

484 Cf. *ibid.*, pp. 23–24. L'œuvre théologique de Balthasar, débutant par l'esthétique, poursuit son développement par le fait que le théologien de Lucerne, après avoir parlé de la beauté de la figure qui rayonne depuis la croix, en vient à en décrire l'action. Ne se révélant que pour les hommes, Dieu s'engage dans un dessein de liberté, en entrant sur la « scène » de ce monde comme acteur principal d'un drame théâtral qu'il joue avec d'autres acteurs. Ce jeu ou « drame », raconté par l'Écriture et témoigné par l'Église, non seulement n'a rien à voir avec les drames épiques et mythologiques de l'ancienne Grèce, mais il se déroule d'une manière telle que nul ne pourrait aucunement en revendiquer la création, ni la maîtrise, ni le contrôle non plus. Il ne s'agit donc pas de l'action des épopées homériques où les dieux aux traits fortement humains se mêlent de temps en temps aux vies des héros, sans pour autant déroger à leur impassibilité, et sans que ces derniers soient libérés d'une fatalité inexorable qui tombe au-dessus de leurs têtes et n'aboutit à aucune perspective de rachat. Dans le drame divin, les plans bien distingués des libertés différentes, l'humaine aussi bien que la divine, se croisent cependant dans un jeu dramatique mystérieux, dont Dieu seul est le metteur en scène en même temps que l'acteur principal, et dont l'aboutissement ne vise que le bonheur des hommes. Car pour le salut de ces derniers, Dieu ne rechigne pas à payer le prix d'une fin cruelle. Il faut toutefois préciser que les hommes impliqués dans ce jeu dramatique, en tant que premiers bénéficiaires de l'élection divine, forment un partenaire particulier et unique, qui ne saurait jamais être exclu du drame : l'Église. Dès la Pentecôte, c'est par le partenaire élu et par sa mission que ce drame, qui s'est accompli une fois pour toutes dans l'événement Jésus-Christ, parvient à la phase finale du combat, celle de la fin des temps, quand le *Christ remettra le Royaume à son Père* et que *Dieu sera finalement tout en tous* (cf. 1 Co 15,24.28). De la sorte, le passage d'une « esthétique théologique » à une « théodramatique » se fait selon une véritable osmose, où la Beauté divine se traduit dans une action d'amour tout à fait inouïe, et, vice-versa, où celui qui aime jusqu'à l'extrême s'avère être le « très Beau ». En effet, Balthasar affirme : « Il suffit donc de laisser s'expliciter simplement en forme de drame ce qui, dans l'Esthétique, était déjà contenu implicitement ; il n'est que de déployer la *problématique des libertés* pour que l'on accède au niveau du drame divin. Que se mettent en œuvre ces libertés, il n'en peut surgir manifestement que du drame, pour le fond comme pour la forme. Bref, ce qu'on appelle communément théologie est nécessairement et essentiellement *théodramatique.* » (*ibid.*, p. 30)

485 *Ibid.*, p. 28.

et l'identique. Le fait qu'il implique une multiplicité de figures ne comporte pas la dissolution ou la dispersion de la Figure. Celle-ci reste intacte, malgré la complexité du drame. D'ailleurs, l'existence des trois figures de la Trinité n'en compromet pas, ni n'en subvertit l'unité. De même, dans le drame divin, les figures, telles Marie, l'Église, les fidèles jouent leurs rôles autour de la figure du Christ et existent en fonction d'elle, sans pour autant lui ravir le rôle d'Unique. Ainsi l'Église, issue du Christ, n'est pas sa « doublure », mais son Corps mystique, « historiquement en route vers l'achèvement du Royaume »[486].

Or, le véritable *espace* dramatique que Dieu ouvre dans le rapport qu'il a décidé de jouer avec l'homme dès la création du monde, c'est la croix. Il s'agit d'un événement qui pourrait être perçu comme un surcroît divin non nécessaire. En d'autres termes, Dieu aurait pu choisir une autre voie que la croix pour accomplir le salut ; comme il aurait pu, par l'absurde, communiquer le Logos et le Pneuma autrement que par l'incarnation[487]. De toute façon, et de fait, ne voulant aucunement se limiter dans le don de lui-même, Dieu a aimé les hommes *jusqu'à la fin* (cf. Jn 13,1), c'est-à-dire *par excès* et *par surcroît*, afin que ceux-ci *aient la vie et qu'ils l'aient en surabondance* (cf. Jn 10,10). Pourtant le drame de la croix n'est pas l'événement fatal de la tragédie grecque, face auquel on ne peut que se résigner. Au contraire, dans la dramatique divine, la croix atteint son aboutissement, non pas dans la fatalité de la mort, mais dans l'événement absolument inouï et inattendu de la résurrection. C'est la résurrection qui configure l'homme-Dieu comme le « principal acteur » maîtrisant le drame et s'avérant le véritable artisan de son propre sort[488].

De la sorte, l'événement pascal, résumé par les deux faces de la croix, celle de la mort et celle de la résurrection, ne saurait qu'impliquer l'Église, l'Épouse et le corps du crucifié ressuscité. En fait, l'Église est figure et prémices de l'accomplissement définitif du Royaume, « qui est sans doute avec elle en train de venir, mais ne s'achève qu'à travers la mort et la résurrection de l'Église » elle-même[489].

En somme, cet *espace* entre le fini et l'infini, que Michelangelo a voulu génialement représenter dans le petit interstice qui sépare le doigt du Créateur de celui de la créature humaine, dans la fresque de la chapelle Sixtine au Vatican, n'est pas un « vide » insurmontable, ni non plus l'écart entre Dieu et l'homme. Cet espace de grâce que Dieu a ouvert à l'homme, c'est en revanche l'espace christologique entièrement rempli par le Verbe incarné, mort et ressuscité[490]. Pourtant, il ne dure pas seulement tant que le Christ habite

486 Cf. H.-U. VON BALTHASAR, *La Dramatique divine,* t. II : *Les Personnes du drame,* vol. 2 : *Les personnes dans le Christ*, p. 35.

487 Cf. *ibid.*, p. 37.

488 Cf. *ibid.*, p. 40.

489 *Ibid.*, p. 35.

490 C'est mon interprétation théologique personnelle de la majesteuse œuvre artistique susmentionnée.

sur terre, c'est-à-dire jusqu'à son retour au Père par l'Ascension au ciel. Car c'est précisément parce qu'il est un espace christologique que l'heureuse disparition du Fils « rend maintenant possible l'envoi de l'Esprit, dans lequel il pourra y avoir aussi bien échange et dialogue entre le ciel et la terre qu'universalisation du passage de Jésus, et, par là, authentique répartition des rôles aux joueurs qui reçoivent leur "mission" ou "charisme" »[491]. Ces joueurs, appelés ainsi à cause du drame qu'ils jouent dans le Christ et par l'Esprit, ne sauraient être pour Balthasar que « les personnes dans le Christ ». Le fait que celles-ci forment la figure christique de l'Église, en tant que membres du corps mystique du Logos, n'annule pas la singularité de chacun d'eux. D'ailleurs, il n'existe pas de liberté collective. Chacun sera jugé pour les œuvres qu'il aura accomplies par ses actions, qu'elles soient bonnes ou mauvaises.

C'est pourquoi, étant une figure de figures, l'Église ne doit pas « se reposer sur ses lauriers », dans l'assurance que la grâce d'état *ex opere operato* suffit à faire rayonner l'*imago Christi*. La théodramatique, à partir de laquelle l'Église joue un rôle christologique irremplaçable de médiation et d'universalisation, comme nous l'avons expliqué auparavant, implique que ses membres exercent la mission du témoignage, investis d'une responsabilité et d'une liberté exemplaires. Autrement dit, si l'*ex opere operantis* des membres ne laisse pas transparaître la beauté du Christ, la mission de l'Église est vouée à l'échec. Mais pas seulement : rappelons, ici, que la forme de non-figure (*Un-Gestalt*) de l'homme Christ-Jésus résume également la laideur du drame humain assumé par le Crucifié. C'est pourquoi, l'Église étant également cette réalité humaine qui partage ces laideurs et les assume, elle joue, à juste titre, un drame qui la situe, avec le Christ, dans le combat et même dans la victoire pascale[492]. De la sorte, elle est d'abord l'objet de la rédemption réalisée par le Christ, vainqueur du Malin et son époux, qui, pour cela même, rend son épouse toute belle *sans ride ni tache* (cf. Ep 5,25-27) ; mais elle est en même temps co-sujet, avec le Christ et en tant que « co-rédemptrice », dans la défaite définitive du Malin et de toute laideur de ce monde, tout en resplendissant comme l'aurore d'*un ciel nouveau* et d'*une terre nouvelle* (cf. 2 P 3,13 ; Ap 21,1). D'ailleurs, le combat de la foi contre les puissances du mal qui s'y opposent est si effrayant que la liberté des témoins est véritablement soumise à des épreuves extrêmes, jusqu'au bout du conflit final, comme l'atteste le livre de l'Apocalypse. Et pourtant, le témoignage confié aux membres de ce corps

491 *Ibid.*, p. 42.

492 Affectant l'humanité tout entière et pour cela même la figure christique de l'Église, la laideur, à partir de celle relevant de la Figure de la Révélation, à savoir le Christ crucifié, concerne tous les membres du Corps mystique. Cela comporte que l'analogie du témoignage autobiographique exerce son rôle sacramentel même moyennant les histoires marquées du péché et du crime, ainsi que je vais le témoigner à l'égard des expériences cénaculaires, notamment celles que j'ai vécues avec les prisonniers, tels des membres de l'« Église en prison » (voir *infra*, 6.3.3 et 7.2.3).

mystique ne saurait puiser toute sa force que dans l'Écriture, le corps scripturaire du *Logos*.

* * *

Débutant par le cheminement de la théologie narrative, ce premier chapitre a voulu présenter le scénario où une théologie comme autobiographie peut se déployer. Le fait même que la Bible se compose fondamentalement de récits entraîne comme conséquence que la narration soit considérée en tant que modalité analogique. C'est pourquoi la réflexion de Jüngel demeure un stade important du chemin de la théologie, dès lors qu'il a présenté la narration biblique non pas en termes de genre littéraire, mais comme voie analogique correspondant à la Révélation elle-même, en tant qu'Histoire de Dieu qui demande à être racontée. L'Amour, par sa nature, ne peut d'ailleurs pas se taire.

Pour Jüngel, le récit, qui trouve dans la parabole évangélique l'expression théologique la plus élevée, n'est donc pas un moyen par lequel Dieu se dit. Étant le révélateur de Dieu, voire l'accomplissement de la Révélation divine, Jésus est pour cela même la narration du Père, sa Parabole faite chair. C'est pourquoi, pour le théologien luthérien, l'événement Jésus-Christ, qui a marqué le tournant de l'histoire des hommes, n'est pas d'abord un fait qui porte sur l'*analogia entis*. Par l'incarnation du Fils, Dieu s'est désormais « rendu analogue », non pas en tant qu'Être suprême, mais comme Parole faite chair qui *parle Dieu* en langage humain. Cela implique que, la Révélation ne pouvant pas être comprise dans une visée d'abord métaphysique, mais uniquement par l'avènement de Dieu, en Jésus-Christ, l'expérience intra-mondaine devient, en vertu de l'incarnation, la forme, la matière et le langage analogiques correspondant pour cela même à Dieu. C'est pourquoi, dans le cadre de l'analogie parabolique, l'Évangile est l'avènement même de l'analogie, laquelle, de ce fait, s'avère événement de langage où « Dieu parle homme et l'homme parle Dieu ». Car, ayant *à maintes reprises et sous maintes formes parlé jadis aux Pères par les prophètes, Dieu a enfin parlé par le Fils* (cf. He 1,1-2), en constituant celui-ci comme son « Christ » et son « analogie ».

Il en découle qu'en dehors de la Révélation, il n'est pas possible d'atteindre aucune connaissance du Dieu de Jésus-Christ. Par conséquent, la théologie ne peut pas suivre exclusivement la voie conceptuelle de l'analogie classique, qui n'a abouti qu'à un Dieu foncièrement inconnaissable, ou connaissable seulement comme mystère, et qui a fait de la *dissemblance* – entre Dieu et l'homme – *toujours plus grande que la ressemblance, si grande soit-elle*, son point de force. Au contraire, avec le mystère de l'incarnation, Dieu n'est plus un objet de déduction, auquel remonter *per prius et per posterius* par une voie de causalité, mais il est un avènement qui se révèle dans l'autoévidence objective et intra-mondaine de l'histoire humaine. Dieu n'est donc plus un mystère inconnu. Il est en revanche le mystère du monde ! Par conséquent, la seule analogie qui peut le rendre intelligible est l'analogie d'Avent, c'est-à-dire l'analogie de l'Évangile.

L'analyse conduite au cours de ce chapitre a donc eu la fonction, non pas simplement de résumer la pensée de Jüngel, mais de présenter sa théologie comme une voie analogique qui a osé franchir la limite de l'analogie classique au statut fortement philosophique. Ce que le théologien luthérien met en place est donc une analogie théologique à proprement parler, à laquelle les études contemporaines reconnaissent de plus en plus une valeur sacramentelle. Ce qui constitue une des raisons qui m'ont amené à poser l'analogie évangélique comme premier pilier étayant ma recherche théologique.

Bien que son vocabulaire ne relève pas de manière explicite de la narration, von Balthasar organise pour sa part sa réflexion théologique autour d'une compréhension de la Révélation en termes de récit dramatique, tandis que son approche analogique se situe à l'intérieur d'une esthétique élevée et consacrée à la théologie. Si l'analogie évangélique traduit l'événement Jésus-Christ comme avènement de la Parole, l'analogie esthétique propose l'événement Jésus-Christ comme apparition de la Figure au milieu de l'histoire dramatique que Dieu joue avec les hommes.

Or, l'ontologie philosophique constituant le point de départ de l'esthétique théologique, dès lors que le beau est un transcendantal de l'être, ce que Balthasar met en place ne porte cependant pas d'abord sur la métaphysique. De fait, le « Beau » qui se révèle n'est pas l'analogué connaissable *per prius*, selon l'ontologie métaphysique, et *per posterius*, selon l'ontologie de la création. Autrement dit, il n'est pas question d'une esthétique terrestre, relevant de la phénoménologie du sensible, qui ne pourrait par ailleurs aboutir qu'à un « esthétisme ». Il est en revanche question du Beau divin, qui rayonne à partir de la figure de la Révélation, et dont la connaissance porte sur l'analogie de la foi. C'est pourquoi, l'esthétique théologique mise en place par Balthasar franchit également la limite de l'*analogia entis*, tout en déplaçant son centre de gravité sur une « analogie de la foi »[493], où l'ordre de la création et l'ordre de la Révélation se retrouvent comme transcendés dans le Christ, la « suranalogie » de Dieu.

De même que pour Jüngel, la présentation – certainement non exhaustive – de l'esthétique de von Balthasar a entendu néanmoins souligner l'essence théologique de l'analogie. En d'autres termes, si l'analogie n'était pas *analogia fidei*, la Révélation ne serait pas à la portée de l'homme. Ce que von Balthasar ne manque pas de souligner lorsqu'il montre que sans le *ravissement* opéré par la foi, le mystère divin ne saurait *apparaître* aux hommes. Par conséquent, l'*analogia pulchri et Christi* ne pourrait pas avoir lieu.

493 Au sens d'une « analogie théologique », non pas au sens barthien d'*analogia fidei*.

Il y a même plus, car reposant sur le Christ incarné, figure de la Révélation, l'analogie esthétique assume elle aussi une connotation sacramentelle. De fait, conformément à l'événement de l'incarnation, les réalités « imagées », telles l'Écriture, l'Église et l'Eucharistie, issues de la figure de la Révélation et qualifiées pour cela même de « figures christologiques », exercent la fonction de médiatiser la figure de la Révélation elle-même. C'est pourquoi, la figure de l'Écriture joue un rôle analogique et sacramentel fondamental. Ce qui amène à deux perspectives importantes, concernant d'ailleurs le Verbe incarné lui-même : la redécouverte de l'Écriture comme le lieu théologique où les analogies évangélique et esthétique deviennent les facettes d'une approche analogique complémentaire ; la considération de l'Écriture comme croisement où *image* et *parole* vont constituer les coordonnées d'une théologie de la Révélation et de l'annonce capable de faire ressortir tout le potentiel sacramentel qu'elle contient.

Conformément à une recherche se préoccupant d'étudier un discours, en l'occurrence autobiographique, qui se veut adéquat à dire Dieu, la réflexion théologique des paragraphes précédents n'a donc voulu que réaffirmer l'exigence de la voie analogique (théologie positive). D'ailleurs, si l'analogie touche tout d'abord à l'autorévélation divine, c'est-à-dire au « se dire » même de Dieu, il ne saurait en être autrement pour un discours théologique visant à considérer la Révélation aussi bien que l'évangélisation sous l'angle autobiographique.

Par ailleurs, c'est une forte coïncidence que l'analogie parabolique mise en place par Jüngel et l'esthétique théologique de Balthasar se relient aux deux catégories christologiques néotestamentaires de « verbe » et d'« image », désignant le Christ respectivement comme *Parole* de Dieu et comme *Image* du Père. Il est par conséquent opportun de souligner que les théologiens considérés ont tenu ensemble les deux catégories théologiques, bien que chacun veuille apparemment en privilégier une. Ainsi, si d'un côté le théologien luthérien présente le Christ foncièrement comme l'« Évangile de Dieu », cela ne l'empêche pas de le désigner aussi comme *image*. Et d'ailleurs, il parle du crucifié en tant qu'*image qui interdit toutes les autres images*. Cela vaut également pour le penseur suisse. Bien qu'il développe sa christologie autour du concept analogique de *figure*, le fait même de considérer l'Écriture comme « figure christologique » souligne que celle-ci témoigne en même temps de la Parole « imagée » et de l'Image « emparolée ». À partir de ce binôme christologique, me semble-t-il, il est possible d'envisager la proposition d'une théologie de la Parole – faisant entre autres l'objet du prochain chapitre –, où les catégories de *parole* et d'*image* vont constituer les composantes analogiques et sacramentelles d'une perspective neuve, celle de l'autobiographie, comprise au sens théologique, sur le plan de la Révélation aussi bien que sur le plan de l'évangélisation.

En effet, ce chapitre, posant les bases d'une théologie autobiographique, se situe d'ores et déjà de manière symétrique par rapport au dernier chapitre de la présente dissertation, le septième, tout en opérant une véritable inclusion théologique qui affecte la méthodologie et les arguments étayant ce travail. Car l'expérience d'évangélisation présentée dans le chapitre final – en tant que dernier claveau de l'arc en plein cintre, selon la forme qui revêt la construction de la thèse –, qui va assumer la forme du « cénacle autobiographique », se veut la proposition de la dimension analogique de la Révélation explorée sous l'angle autobiographique dans le sillage de la Tradition. Les récits autobiographiques issus de l'expérience cénaculaire, où *parole* et *image* constituent comme les coordonnées d'une autonarration qui met en œuvre synesthésie et autobiographie – ces dernières entendues de manière analogique –, sont censés mettre au jour l'unique Évangile de Jésus-Christ. Celui-ci, comme l'ont souligné les débats de Trente, et tel que nous allons l'approfondir au cours du chapitre 4, a été *inscrit également dans les cœurs des hommes*. D'où la possibilité et la plausibilité que le « cénacle autobiographique » engendre ledit « troisième Testament ». Celui-ci, en tant que l'édition du même et unique Évangile où le Christ se raconte et se livre dans et par les récits autobiographiques des hommes et des femmes d'aujourd'hui, est la Bonne Nouvelle, annoncée non pas de l'extérieur, par des annonceurs, tout comme le veut une pastorale d'évangélisation traditionnelle – ce que nous allons ressaisir au cours de l'analyse théologique développée au chapitre 6, dans un cadre proprement pastorale –, mais de l'intérieur des gens. Ce sont ces derniers, en tant que participants au cercle autobiographique et que nous qualifierons de *cenacolisti*, selon l'expression italienne, que le héraut, tel l'animateur du « cénacle autobiographique », conduit à la découverte de cet Évangile, l'Histoire de l'humanité de Dieu, pour le dire avec Jüngel, *inscrit* dans leur cœur et dans leur propre vie, tout en devenant un témoin privilégié d'un tel « engendrement ». Finalement, dans le « troisième Testament », le Verbe du Père se dit et se révèle même à partir « du dedans de l'homme », selon l'expression du théologien luthérien lui-même, destinée, à mon avis, à ouvrir une perspective théologique et analogique nouvelle qui va se concrétiser en une forme éminemment et proprement autobiographique. C'est bien le but et la raison de ce travail.

Chapitre 2

La « christosacramentalité » de la Parole-Écriture et ses coordonnées analogiques dans le cadre d'une économie événementielle d'incarnation

Dans le domaine de la philosophie, notamment de la philosophie ancienne et médiévale, le discours sur Dieu ne pouvait être qu'un discours métaphysique, tandis que l'analogie, conçue en l'occurrence en tant qu'*analogia entis*, demeurait le seul moyen linguistique et rationnel apte à *parler de Dieu* et à en *démontrer* l'existence. D'ailleurs l'approche thomiste se présente comme l'effort appréciable de parler de Dieu sur un plan commun, le plan rationnel, soit avec les représentants d'autres religions, tel l'islam, soit avec les non-croyants, tels les athées et les agnostiques. L'époque moderne venue, l'avènement du progrès technologique et scientifique implique que les disciplines empiriques et humaines se comprennent en tant que sciences. Ce qui fait que même la théologie, dont le statut était antérieurement plutôt d'ordre philosophique et spéculatif, acquiert un statut nouveau, à savoir scientifique, qui use des procédures bibliques, philologiques, archéologiques et de celles des autres sciences anthropologiques.

Ainsi, ne reposant plus exclusivement sur une conception métaphysique de Dieu, la théologie devient la science de la Révélation, où Dieu ne peut être considéré que comme « le révélé ». Par conséquent, la Parole de Dieu étant la principale source de la Révélation, l'analogie finit par assumer une identité nouvelle. « Déplacée » de la métaphysique vers la théologie à proprement parler, l'analogie devient la seule voie par laquelle *Dieu, lui-même, parle* aux hommes et *Dieu, lui-même, se manifeste* aux hommes. C'est pourquoi, si du point de vue métaphysique l'analogie apparaît comme un mouvement ascendant qui essaie de « saisir » Dieu, en montant vers lui, de la terre au ciel, pour ainsi dire, dans une visée proprement théologique, le mouvement analogique connaît en revanche un renversement complet.

Autrement dit, chez les théologiens médiévaux, l'analogie était cet effort rationnel qui s'engageait à « atteindre » Dieu, ne l'atteignant enfin que comme « mystère inconnaissable », ainsi que Jüngel ne cesse de le relever. En revanche, lorsque la science théologique de l'époque moderne reconnaît la *fides* – la foi qui jaillit du Christ, Dieu fait homme – comme l'incontournable « voie » de la rencontre entre Dieu et l'homme, l'analogie coïncide avec le mouvement descendant même de Dieu, à savoir sa condescendance manifestée dans l'incarnation du Verbe.

Cela étant, la raison pour laquelle je me suis confronté au cours du premier chapitre à la question analogique, en regard notamment des analogies de la foi, s'en trouve ainsi davantage éclairée. De fait, l'analyse de ces analogies, qui se veulent théologiques à proprement parler, me permet de mettre en relief le statut analogique de type sacramentel et synesthésique qui ressort de la théologie de la Parole-Écriture, et qui constitue l'objet du présent chapitre. Par conséquent, relevant de la théologie de la Parole de Dieu, la théologie autobiographique, le sujet de ma recherche que j'essaie progressivement d'illustrer et de développer, va de plus en plus déployer et démontrer son essence analogique. Il s'agit en l'espèce d'une analogie qui se veut sacramentelle et synesthésique. Jüngel et Balthasar ont voulu d'ailleurs affirmer que l'analogie est foncièrement la « forme » théologique du discours même *de Dieu*, avant d'être la seule « voie » d'un discours *sur Dieu*. C'est Dieu qui, en premier, *se rend analogue*, se faisant notamment *parabole* et *figure* dans le Fils incarné, son *Verbe* et son *Image*. Ce qui fait que l'analogie évangélique et l'analogie esthétique sont susceptibles d'être comprises comme étant bel et bien des analogies de la Parole.

C'est donc en raison d'une analogie, qui est elle-même à l'origine de la Révélation, qu'on peut finalement parler du Dieu qui se révèle d'une façon adéquate, ainsi que Balthasar et Jüngel l'ont fait. Sans un tel préalable analogique, qui est l'incarnation du Verbe, on ne peut pas faire de la théologie. Ce qui ne veut aucunement dire que la théologie soit une manière irrationnelle d'aborder le sujet de la foi. C'est par le Christ que Dieu se rend « atteignable », non pas d'abord par un effort ascendant et conceptuel d'ordre philosophique. Et pourtant, l'être, sur lequel repose le discours métaphysique de S. Thomas d'Aquin, n'est pas exclu, mais il est comme transcendé. Autrement dit, dans une visée théologique portant sur la Révélation et sur la foi, telles la théologie de l'apparition et du ravissement de Balthasar et la théologie parabolique de Jüngel, l'être est réinterprété, tout en assumant une signification strictement et purement christologique.

L'analogie de la foi ne s'oppose donc pas, comme le voulait Barth, à l'analogie de l'être. En revanche, cette dernière est absorbée par la première, dès lors que Dieu ne se fait connaître que par la foi. Ainsi, si l'ordre de la création parle de Dieu, ce n'est qu'en vertu de la christologie, et non pas parce que la voie causale pourrait seule suffire (cf. Ac 17,24-27). À ce sujet, il est opportun de rappeler un passage de la *Lectio magistralis* tenue par Benoît XVI en 2006, pendant son voyage apostolique à Ratisbonne[494].

Reliant la question d'un Dieu raisonnable – un concept inconcevable pour l'islam, dès lors qu'Allah demeure dans une position totalement transcendante, non accessible à la raison humaine – au processus d'hellénisation – déjà concrétisé par l'événement de la

494 http://w2.vatican.va/content/benedict-xvi/fr/speeches/2006/september/documents/hf_ben-xvi_spe_20060912_university-regensburg.html

traduction grecque de l'Ancien Testament faite à Alexandrie, la Septante –, le Pape émérite rappelle que le *Logos* de Dieu est à entendre non seulement en tant que Parole, mais aussi comme raison divine. Et pourtant, au cours de l'histoire du christianisme, on a enregistré des réactions fortes contre cette hellénisation, qui se sont traduites fondamentalement par trois tentatives de « déshellénisation » de la pensée chrétienne[495].

Esquissant ainsi les trois étapes d'un processus qui se veut une sorte d'« évacuation » de la raison de la foi chrétienne, Benoît XVI a voulu relancer à Ratisbonne les exigences les plus profondes du christianisme qui consistent à rechercher les raisons de la foi. Mais pas uniquement. Il a également essayé de démontrer que la raison ne peut pas et ne doit pas être réduite « à ce qui est susceptible de falsification dans l'expérience », car alors elle resterait sourde au divin, repousserait la religion dans le domaine des « sous-cultures » et jugerait cette dernière comme inapte au dialogue interculturel. Et d'ailleurs, lorsque la foi religieuse est reléguée dans le non-rationnel, elle devient dangereuse pour l'homme, car elle ne parle plus de Dieu de manière adéquate, c'est-à-dire, analogique.

En somme, que l'analogie ait passé du domaine métaphysique au domaine théologique, cela est imputable au fait que désormais l'ontologie ne se comprend que comme christologie. Ce n'est pas l'être en tant que tel, c'est le Christ, vrai homme et vrai Dieu, qui constitue le chaînon de l'analogie. Il n'est donc plus question d'une analogie conçue comme un rapport de proportionnalité en vertu des différents degrés de l'être et réglée par le *per prius* de la loi ontologique et par le *per posterius* du principe métaphysique de causalité. L'analogie en théologie ne peut être qu'*analogia fidei*, voie inouïe et inattendue de la manifestation divine dans le Christ, incarné, mort et ressuscité, le seul chemin d'accès à la vie divine et l'unique médiateur de la communion des hommes avec Dieu.

Il faut donc reconnaître que les formes d'analogies qui ont fait l'objet du premier chapitre ont marqué un tournant dans l'histoire de la théologie, tout en situant la question analogique du discours *de* Dieu et du discours *sur* Dieu dans le cadre incontournable de la Révélation et de la foi. Et pourtant, elles demandent à être complétées par une compréhen-

495 Le Pontife mentionne trois « vagues », lesquelles, essayant d'évacuer la « raison » du christianisme, visent à lui rendre son essence originelle. La première remonte à la Réforme, lorsque la *sola fide* et la *sola scriptura* voulaient libérer la théologie du système philosophique de type métaphysique qui l'enfermait. La deuxième est constituée par la théologie libérale des XIXe et XXe, dont Adolf von Harnack est un éminent représentant, conditionnée par une conception empirique et mathématique de la « science », qui opère une réduction du christianisme à une pure histoire et à une éthique subjective. Une troisième vague, ayant cours actuellement en regard de la rencontre avec la pluralité des cultures, est enfin l'interprétation inexacte et grossière selon laquelle l'hellénisation, première inculturation du message chrétien, aurait imposé au christianisme l'interdiction de s'adapter aux autres cultures. Ce qui représenterait, si tel était le cas, un manque de respect pour ces dernières, et ce qui méconnaîtrait la base commune et universelle existant entre elles et relevant de la raison positive, aussi bien que de la philosophie.

sion sacramentelle, qui a été quelque peu entrevue et déduite pendant l'analyse précédente[496] et qui va être développée au cours de ce chapitre.

Pour ce faire, dans le contexte d'une théologie de la Parole et dans un rapport de correspondance avec les catégories christologiques de « parole » et d'« image », je vais essayer de mettre en place une élaboration théologique des modalités d'analogiques considérées plus haut. Ainsi, la proposition théologique de Jüngel, concernant la *parabole* ou l'Évangile, va trouver son expression christologique dans la catégorie de la *parole*, tandis que la proposition esthétique de von Balthasar, centrée sur la *figure*, pourra être traduite par la catégorie biblique de l'*image*.

Je suis persuadé que le croisement et l'union des deux types d'analogie peuvent dégager un potentiel analogique, que je vais qualifier de « synesthésique », capable de faire ressortir l'essence sacramentelle, voire « christosacramentelle » de la Parole de Dieu, attestée par l'Écriture et mise en œuvre analogiquement par lesdites catégories christologiques.

En outre, en vue d'une considération de l'autobiographie en termes spécifiquement théologiques, un tel croisement analogique est susceptible de rendre davantage raison d'une théologie de la Parole, qui, du fait de la dimension narrative qui la traverse, se veut aussi autobiographique. Autrement dit, si la théologie a voulu réinterpréter et résumer le concept même de révélation en clef narrative, tout en montrant un Dieu *raconté*, elle pourrait ultérieurement, faisant encore un pas en avant, comprendre le concept d'« autorévélation » en termes mêmes d'« autonarration ». Ce qui conduirait à un Dieu qui *se raconte* et qui, pour cela même, se rend analogue en l'occurrence par la voie autobiographique.

Mettant l'accent sur les « auteurs » de cette Parole humano-divine, un tel mode d'analogie autobiographique trouve parfaitement droit de cité dans le cadre d'une théologie de la Parole de Dieu qui se déploie au long d'une « économie d'incarnation »[497]. La chair du Verbe étant son centre et sa source, cette économie s'étend de l'Écriture à la chair des croyants. De fait, c'est par les expressions humaines et verbales des hagiographes, lesquels, au cœur d'un milieu social, culturel et religieux donné, écrivent *en vrais auteurs* matériels ou instrumentaux, que le sujet divin, *auteur* réel et principal de la Révélation, se révèle[498]. Ce qui fait que le concept même de Révélation, voire d'autorévélation, implique non seu-

496 Au chap. 1, divers sont les passages faisant allusion à une compréhension sacramentelle de l'analogie théologique à proprement parler, notamment des analogies de la foi que j'ai envisagées.

497 Il s'agit d'une économie événementielle de la Parole qui connaît fondamentalement un parcours diachronique subdivisé en trois étapes, au long desquelles le Verbe s'« emparole » dans la « Parole-Écriture » (première étape), se fait homme dans la personne de Jésus-Christ, Verbe et Image de Dieu (deuxième étape) et, tout en prolongeant son incarnation, prend finalement corps dans la vie des croyants (troisième étape).

498 Cf. *DV* 11. Voir aussi *infra*, 4.3.

lement Dieu, mais aussi l'homme, comme le remarque d'ailleurs le Concile Vatican II[499] et ainsi que le suggère de son côté Jüngel[500].

Ce que je vais présenter est donc une économie de la Parole entièrement traversée par la logique du mystère de l'incarnation et « tricotée » avec les fils théologiques et analogiques de la *parole* et de l'*image*, comme l'atteste la Révélation. Ainsi, dans la première étape, la Parole, qui est à l'origine de la révélation divine, assume le langage humain et prend la forme de « Parole-Écriture ». La deuxième étape représente le moment central de l'histoire de l'incarnation, lorsque le Fils de Dieu, sa Parole vivante, par laquelle tout a été fait (cf. Jn 1,3), *se fait chair* dans l'homme Christ-Jésus, Verbe et Image de Dieu. La troisième étape débute enfin par la naissance de l'Église, lorsque le témoignage porté par la *parole* et l'*image* des croyants mène le mystère de l'incarnation à son accomplissement ultime[501]. De fait, c'est par ce corps mystique, considéré par von Balthasar, non par hasard, comme « figure christologique », que l'économie de la Parole achève son chemin, ce à quoi l'apôtre semble faire allusion lors de l'affirmation que voici : « Je complète en ma chair ce qui manque aux épreuves du Christ pour son Corps, qui est l'Église » (Col 1,24).

C'est donc à partir du cheminement événementiel d'incarnation de la Parole que je viens d'esquisser que la théologie de la Parole de Dieu elle-même trouve les termes d'une compréhension analogique nouvelle inhérente à l'aspect sacramentel. Il s'agit proprement de la composante autobiographique et de la composante synesthésique, telles les coordonnées analogiques de la sacramentalité de la Parole, voire de la christosacramentalité de la Parole de Dieu, dès lors que les catégories christologiques de parole et d'image connaissent un entrelacement analogique original.

Celui de la sacramentalité est un sujet qui touche, entre autres, à la question de la présence « réelle » du Verbe dans la Parole-Écriture. D'où l'instance que voici : sur quelle qualification analogique porte une telle présence « réelle » ? Dans l'exhortation apostolique *Verbum Domini*, soulignant le lien étroit entre Parole de Dieu et mystère eucharistique, lien fondé sur le témoignage scripturaire (cf. Jn 6 ; Lc 24), attesté par les Pères de l'Église et repris par Vatican II[502], Benoît XVI affirme : « Le Christ, réellement présent dans les es-

499 Cf. *GS* 22.
500 Cf. E. Jüngel, *Dieu Mystère du monde*, t. II, n. 187, pp. 114–115.
501 Voir *infra*, 2.3.
502 Cf. *SC* 7, 48, 51 et 56 ; *DV* 21 et 26 ; *AG* 6 et 15 ; *PO* 18 ; *PC* 6. Dans la grande tradition de l'Église, nous trouvons également d'autres expressions significatives, telles : « *Corpus Christi intelligitur etiam* […] *Scriptura Dei* » (Waltramus, *De unitate Ecclesiae conservanda*, 13, W. Schwenkenbecher, Hannoverae, 1883, p. 33) ; « La chair du Seigneur est une vraie nourriture et son sang est une vraie boisson ; ce vrai bien qui nous est réservé dans la vie présente consiste à manger sa chair et à boire son sang, non seulement dans l'Eucharistie, mais aussi dans la lecture de la Sainte Écriture. En effet, la parole de Dieu, puisée dans la connaissance des Écritures, est une vraie nourriture et une vraie boisson. » (S. Jérôme, *Commentarius in Ecclesiasten*, n. 313 : *CCSL* 72,278)

pèces du pain et du vin, est présent *analogiquement* dans la Parole proclamée dans la liturgie. Approfondir le sens de la sacramentalité de la Parole de Dieu peut donc favoriser une compréhension plus unifiée du mystère de la révélation, se réalisant “par des actions et des paroles intrinsèquement liées entre elles”, qui profitera à la vie spirituelle des fidèles et à l'action pastorale de l'Église »[503].

Ce passage suggère d'aborder la question sacramentelle relativement à la Parole de Dieu en termes de réalisme christologique. C'est pourquoi, en complément de l'aspect théologique de type « christosacramentel », je vais intégrer la dimension autobiographique de la Parole-Écriture elle-même, tout en attirant l'attention de la théologie fondamentale, qui s'occupe notamment d'étudier la Révélation, sur une nouvelle approche susceptible, je l'espère, d'accroître davantage l'intelligibilité de l'Écriture et d'offrir à l'évangélisation des paradigmes pastoraux innovants.

Ce faisant, ce travail interdisciplinaire va me permettre, en outre, de « tester » si le croisement des éléments théologiques avec les éléments anthropologiques aboutit à un savoir théologique nouveau, de manière à vérifier d'ores et déjà s'il répond aux enjeux méthodologiques que je me suis fixés[504]. En d'autres termes, il va s'agir d'éprouver dans quelle mesure des réalités au premier abord différentes, telles la théologie et l'autobiographie, peuvent atteindre, dans une perspective proprement « métadisciplinaire », un niveau d'intégration réciproque.

2.1. Les catégories christologiques et analogiques de la Parole-Écriture

2.1.1. Le Verbe se fait Parole-Écriture

Toute la Révélation est traversée par une logique divine selon laquelle Dieu s'engage envers l'humanité dans un mouvement progressif d'automanifestation que je vais nommer ici « incarnation du Verbe ». Étant « une réalité qui va en se développant » et non pas « le fait d'un seul instant », comme le dit Schillebeeckx[505], l'incarnation du Verbe ne « se réduit » pas de manière exclusive au point culminant qu'est l'événement Jésus-Christ, à savoir lorsque le Fils de Dieu se fait chair (cf. Jn 1,14). Elle se déploie tout au long d'une histoire du salut comme une impulsion de descente et de proximité croissantes, de Dieu vers l'homme, ainsi que le dit le bibliste Carballo : « *Cuando Dios decidió ponerse en contacto con el hombre, escogió el método de la condescendencia, de la encarnación, del meterse*

503 *VD* 56, je souligne.

504 Cf. *supra*, Introduction, pp. 7–8.

505 E. Schillebeeckx, *Le Christ, sacrement de la rencontre de Dieu. Étude théologique du salut par les sacrements*, Cerf, Paris, 1977, p. 27.

en la realidad humana »[506]. En tant qu'incarnation du Fils, Verbe de Dieu, cette condescendance divine se réalise pourtant par étapes. J'en ai repéré trois en l'occurrence.

La première étape a lieu lors de la codification de la Parole en écriture, lorsque la lettre *donne corps* à la Parole révélée, transmise d'abord oralement. Bien que l'Écriture soit tardive par rapport à la transmission de la Parole en forme orale, cela n'amoindrit pourtant pas son importance dans le cadre de la Révélation.

Le christianisme ne s'est jamais compris comme étant une « religion du livre », mais plutôt comme « religion de la Parole »[507]. Si cela sonne quelque peu comme un slogan, il s'agit pourtant d'une expression, accréditée depuis de nombreuses années, remontant à un contexte interreligieux de type apologétique. Face à l'avancée de l'islam, le christianisme a dû se confronter à une conception théologique autour de la Révélation diamétralement opposée à la sienne. De fait, le Coran est considéré par les musulmans comme un livre « tombé » du ciel. C'est pourquoi, la foi chrétienne s'est qualifiée de plus en plus de « religion de la Parole », tout en s'écartant d'une conception tendant à matérialiser la parole divine uniquement dans un livre, telle la révélation reçue par Mahomet.

Or, hormis un tel contexte apologétique, l'usage de l'expression « religion de la Parole », visant à exalter et à sauvegarder à la fois l'essence transcendante de la Parole, au détriment, cependant, de sa dimension scripturale et littéraire, aboutit plutôt à des effets contraires. En d'autres termes, lorsqu'on croit avoir écarté le risque de matérialiser la Révélation, ce faisant, on court en réalité le danger tout aussi périlleux d'opérer une irrémédiable séparation entre Parole et Écriture, un peu comme si l'on voulait dissoudre l'union hypostatique de la personne du Christ, une séparation dont les conséquences pourraient s'avérer très graves.

En recourant à la même expression, dans son exhortation postsynodale sur la Parole de Dieu *Verbum Domini*, Benoît XVI, en tant que théologien avisé, a eu l'habileté de faire remarquer que, d'un côté, la véritable Parole de Dieu, c'est le Verbe lui-même ou le *Logos* incarné ; de l'autre côté, il a tenu à préciser que la vénération des Saintes Écritures de la part de l'Église ne correspond nullement à une idolâtrie d'un livre[508]. De toute façon, le pape émérite affirmant à partir du prologue johannique que « l'expression "Parole de Dieu" indique la personne de Jésus-Christ »[509], cela me donne la possibilité de souligner, non seulement le lien indissociable existant entre la Parole et l'Écriture, mais surtout de dégager l'espace théologique et anthropologique où la sacramentalité de la Parole se situe. Cet es-

506 J.-R. Carballo, « Biblia », dans A. T. Queiruga (éd.), *10 palabras clave en Religión*, Editorial Verbo Divino, Estella (Navarra), 1992, pp. 253–295, ici p. 282.

507 *VD* 7.

508 Cf. *ibid.*

509 *Ibid.*

pace, de fait, c'est bien l'incarnation du Verbe, laquelle, à travers des étapes historiques, s'étend tout au long de l'histoire du salut. C'est pourquoi envisager la sacramentalité de la Parole signifie mettre bel et bien en place une « économie de la Parole ». Ce qui fait l'objet de ce chapitre, et notamment de ce premier paragraphe.

Une fois assumée sa nouvelle configuration[510], la Parole de Dieu ne sera donc connue qu'en tant qu'Écriture[511], raison pour laquelle je vais dès à présent utiliser l'expression composée de « Parole-Écriture »[512]. Le théologien espagnol Carballo propose un argument fort qui confirme l'indissociabilité de ce binôme :

> *La Biblia tiene, pues, una estructura sacramental, es decir, es un signo, un sacramento del Dios invisible. Es una realidad teándrica, en la cual lo humano, la letra, envuelve lo divino, el mensaje de Dios. La palabra humana contiene y expresa la palabra divina. Y la palabra de Dios no es una idea o una cosa sino una persona. « La palabra de Dios – escribe Macario el persa – es Dios mismo, como la palabra del mundo es el mismo mundo »* (*Hom.* 46, 1). *De ahí que la Biblia es teofanía, teofanía de amor. Es Dios que se abre, se revela y se nos entrega. Quien conoce la Escritura, conoce a Dios, porque « la Escritura es el corazón de Dios », escribe san Agustín* (*In Ps.* 21, 2, 15). *Y san Buenaventura afirma que « toda la Escritura es corazón de Dios, boca de Dios, lengua*

510 La nouvelle configuration de la Parole en forme de « livre », ou mieux de « livres », ainsi que le désigne le terme grec *ta biblia* indiquant un « ensemble de livres », débute lors de la rédaction des premières traditions bibliques, remontant environ au Xe siècle av. J.C., l'époque du roi David et de la stabilisation du royaume d'Israël comme confédération de tribus. L'hypothèse documentaire, affirmant que le Pentateuque ou *Torah* avait pour origine des documents provenant de quatre sources différentes, à savoir le document jahviste (source J), le document élohiste (source E), le document deutéronomiste (source D) et le document sacerdotal (source P pour prêtre) – hypothèse systématisée au XIXe siècle par l'exégète allemand Julius Wellhausen (1844–1918) – , trouve avec Gerhard von Rad (1901–1971) sa forme canonique, celle qui rendra le mieux compte de la formation du Pentateuque jusque dans les années 1970. L'hypothèse documentaire a été largement acceptée par les experts et historiens les plus renommés comme la théorie dominante sur l'origine et la formation du Pentateuque. Mais déjà dans les dernières décennies du XXe siècle, un nombre croissant de chercheurs (aujourd'hui majoritaires) ont remis en question cette théorie documentaire, tout en proposant des arguments alternatifs. Il reste encore, surtout aux États-Unis, quelques partisans de la théorie classique des quatre sources, notamment Joel Baden. Voir G. von Rad, *Théologie de l'Ancien Testament. Théologie des traditions historiques d'Israël*, Labor et Fides, Genève, 1963, pp. 15–96 ; R. de Vaux, *Histoire ancienne d'Israël. Des origines à l'installation en Canaan*, J. Gabalda et Cie, Paris, 1971, pp. 157–179 ; P. Beauchamp, *L'un et l'autre Testament. Essai de lecture*, Seuil, Paris, 1976, pp. 37–38 ; G. Galvagno, F. Giuntoli, *Dai frammenti alla Storia. Introduzione al Pentateuco*, Elledici, Torino, 2013 ; J.-S. Baden, *The Composition of the Pentateuch : Renewing the Documentary Hypothesis*, Yale University Press, New Haven, 2012.

511 Que l'Écriture ne constitue pas une réalité isolée demeure un fait acquis. Elle sous-entend toujours une tradition interprétative et explicative qui l'a précédée et qui ne cesse de l'accompagner. C'est donc en vue de l'Écriture que la Parole a connu d'abord une forme « orale », de la même manière que Dieu se révèle par une parole humaine, orale et écrite, en vue de la Parole divine qui se fera chair dans l'événement Jésus-Christ.

512 Binôme déjà utilisé par Balthasar dans son premier essai théologique sur la Parole de Dieu, où le recentrement christologique hérité de Barth est évident. Cf. Id., *Saggi Teologici,* t. I : *Verbum caro*, p. 31.

de Dios » (*In Hex. com.*, 1.12, 17). *Por lo que san Gregorio Magno podrá concluir : « Aprende a conocer el corazón de Dios en las palabras de Dios »* (*Ep.* 4, 31)[513].

Reposant sur la doctrine des Pères, ce plaidoyer théologique en faveur du lien théandrique entre lettre humaine et parole divine s'avère une première occasion pour toucher le sujet concernant la dimension sacramentelle de la Parole de Dieu. J'y reviendrai par la suite[514]. Ce qu'il faut souligner maintenant, c'est que l'implication de la Parole-Écriture dans l'économie de l'incarnation du Verbe repose sur une raison christologique, comme le relève encore Carballo :

> *Existe un estrecho paralelismo entre Escritura y persona de Jesucristo. El mismo Concilio lo afirma al decir : « La palabra de Dios, expresada en lenguas humanas, se hace semejante al lenguaje humano, como la palabra del eterno Padre, asumiendo nuestra débil condición humana, se hizo semejante a los hombres »* (*DV* 13). *La encarnación fue precedida y preparada por la « empalabración ».* [...] *Su palabra, de hecho, se hizo carne humana. Pero evidentemente se había encarnado en las palabras humanas de las Escrituras : se había empalabrado. Es el misterio conocido en el vocabulario de los padres como « enlogación ». Antes de hacerse carne humana, el Verbo de Dios se había hecho palabra humana. Y lo mismo que para explicar el misterio de Cristo Dios y hombre no se pueden recortar ni su humanidad ni su divinidad, para explicar el misterio de la Sagrada Escritura no se pueden negar ni mutilar ninguno de sus dos aspectos : la Escritura es palabra de Dios y es palabra humana*[515].

La question centrale mise en relief dans ce passage de Carballo est l'« empalabración » du Verbe (la « mise en parole » du Verbe). Se révélant en tant que Verbe « emparolé », Dieu inaugure l'économie de l'incarnation du Verbe, et donc l'événement de la codification de la Parole de Dieu en Écriture constitue le premier apogée de l'autorévélation divine.

Que la Parole de Dieu se manifeste et s'offre aux hommes comme Parole écrite est attesté de manière claire dans la Bible. On songe d'abord à la haute vénération que la tradition juive a vouée dès le début aux Tables de la Loi, confiées par Dieu à Moïse sur la montagne du Sinaï (cf. Ex 31,18 ; Dt 10,4) et gardées dans l'arche de l'Alliance, premier tabernacle divin (cf. Ex 25,10-22 ; 37,1-5 ; Dt 10,1-5 ; 1 R 8,1-9). Tout comme l'idée de l'« homme créé à l'image de Dieu », témoignant d'un théomorphisme lourd de conséquences importantes sur les plans tant anthropologique que théologique, la notion anthropomorphique d'un Dieu qui écrit de ses propres mains la Loi sur des tables de pierre n'est pas moins considérable (cf. Ex 24,12 ; 31,18 ; 32,15-16 ; 34,1 ; Dt 5,22 ; 10,2). Il s'agit en fait d'un anthropomorphisme impressionnant, visant à souligner l'importance que Dieu lui-même attribue à l'Écriture. Mais pas uniquement. D'après Gusdorf, ces Tables de la Loi que Dieu grave sur la pierre deviennent le symbole prophétique et propédeutique à la fois

513 J.-R. Carballo, « Biblia », pp. 281–282.
514 Voir *infra*, 2.2.
515 J.-R. Carballo, « Biblia », pp. 282–283.

qui porte sur les fonts baptismaux l'économie de l'incarnation du Verbe : « Ces écritures divines, à l'intérieur du recueil biblique, sont le noyau des Saintes Écritures, la parole de Dieu incarnée en forme d'inscription dans la mémoire à jamais de tous ceux qui se réclameront de la tradition judéo-chrétienne »[516]. Emblème de la Parole de Dieu elle-même, une fois qu'elles ont été définitivement cachées, y compris l'Arche qui les gardait (cf. 2 M 2,4-8), les Tables de la Loi sont remplacées par les livres sacrés de la *Torah* (Ex 24,4 ; 31,9 ; Dt 24-26), auxquels s'ajoutent ensuite les prophètes, les Psaumes et les autres Écrits (cf. 2 M 15,9 ; Si *Prol.* ; Lc 24,44). De fait, tant le « livre » de la Loi retrouvé au Temple de Jérusalem et mentionné par 2 R 22, que le livre évoqué dans Ne 8,1-8 témoignent d'un Dieu qui « s'emparole » dans des paroles humano-divines fixées dans les Écritures. Il n'aurait pas pu faire différemment, dès lors que c'est à cause de son Fils, sa Parole unique, et en vue de son incarnation, par laquelle il parlerait le langage des hommes, que Dieu s'est « emparolé ». La Parole de la Bible, c'est le Christ lui-même par qui « Dieu a voulu se manifester et se communiquer lui-même ainsi que les décrets éternels de sa volonté concernant le salut des hommes »[517]. Comme le dit Carballo, dans la citation susmentionnée[518], la « structure sacramentelle » de la Parole-Écriture, véhiculant la personne du Christ, fait que Dieu parle non simplement par elle, mais en elle :

> *Más precisamente, esta presencia de Dios en la Biblia es la presencia del Hijo, del Verbo encarnado. El Hijo se hizo palabra humana para salir a nuestro encuentro* (cf. Orígenes, Philoc., 15, 19*) ; se hace carne humana en cada una de las palabras escritas. Esta certeza es la que hace decir a san Ignacio Mártir : « Me refugié en el evangelio como en la carne de Jesús » (Filad.,* 5, 1*). Y esa presencia es la que da unidad a toda la Escritura. Toda ella es un único libro, Cristo, « que grita cuando leemos la ley, los salmos, las cartas, los evangelios... » (San Agustín, In Ps.* 100, 13*). No es, simplemente, que la palabra inspirada nos hable de Cristo, sino que en ella habla Cristo*[519].

Dès son apparition, l'Écriture est devenue un *signe* immanent renvoyant non pas hors de lui, mais à la Parole elle-même, *res* transcendante « immanentisée » dans la lettre. Depuis lors, peut-on dire, le *signum*, l'écriture, et la *res*, la Parole, ont noué un lien inséparable. C'est pourquoi, en parlant du sens spirituel de l'Écriture, Balthasar utilise une expression importante relevant la relation étroite entre l'Écriture et la Parole : « Jamais ne rechercher le sens spirituel "derrière" la lettre, mais toujours en elle, ainsi que le Père se trouve non

516 G. Gusdorf, *Les écritures du moi*, vol. 1 : *Lignes de vie*, Odile Jacob, Paris, 1991, p. 106.

517 *DV* 6.

518 Voir *supra*, cit. relative à la n. 513.

519 J.-R. Carballo, « Biblia », p. 282. Ceci est un passage qui aide, par ailleurs, à comprendre la raison pour laquelle Balthasar s'écarte d'une approche historico-critique qui prétend « isoler » à l'intérieur de l'Écriture ce qui est Parole divine de ce qui est parole humaine. De même le théologien suisse se méfie d'une exégèse, totalement conditionnée par une approche historico-critique dépourvue de critères théologiques, qui n'est pas capable de considérer toute l'Écriture comme un corps christologique où le Christ est préfiguré, annoncé, et par lequel il parle, lui-même, dès l'Ancien Testament.

pas au-delà du Fils, mais en Lui et par Lui »[520]. C'est à partir du Christ qu'il est possible d'élever l'Écriture au niveau de Parole de Dieu, et non pas simplement et purement parce qu'elle est parole inspirée qui parle de lui, ainsi que le souligne de manière appropriée Carballo dans le passage cité précédemment. Et c'est également à partir du Christ qu'il est possible d'étayer la nature « sacramentelle » de la Parole-Écriture, dès lors qu'il « se fait chair dans chacune des paroles écrites »[521].

Aussi Beauchamp, soulignant le tournant décisif marqué par la *deuterosis*[522], insiste sur ce même concept, tout en expliquant ce qui se passe dans la Révélation depuis Dt 29 et 30 : « La Loi (…) change soudain de nom et se trouve appelée "la Parole" (30,14) »[523]. En d'autres termes, d'après le Deutéronome, la *Loi,* ou le *commandement,* considérée auparavant comme « objet », devient « sujet », car « ce que je te commande » (Dt 30,16), à savoir « pratiquer la Parole » (Dt 30,14), c'est d'« aimer le Seigneur Dieu » (Dt 30,16). Ce faisant, le Deutéronome relie la Loi à la Parole, lui donnant « pour contenu unifié l'amour de Dieu »[524]. Si avant la *deutérose*, c'est la Parole qui s'était déposée dans la *lettre,* en se faisant Loi (cf. Ex 24,12 ; 31,18 ; 32,15-16 ; 34,1), ensuite, c'est la Loi qui se fait Parole, tout en fixant son « siège » dans le cœur de l'homme, comme le dit encore Beauchamp : « La Loi va de la pierre dans les cœurs, selon Jérémie, mais a dû passer pour cela sur le papier ou le cuir du livre, et par la main du scribe, celui qui dit que sa langue est une plume (Ps 45,2) »[525]. Cela vaut également pour la Sagesse, dès lors que la *deutérose* implique cette dernière, ainsi que la Loi et les prophètes. Se référant au scribe Baruch, auteur d'un texte sapiential, Beauchamp affirme que « le lieu de la Sagesse est pour lui "le *livre* des préceptes de Dieu" (Ba 4,1) »[526]. De même, pour le sage Jésus Ben Sira le lieu des manifestations de la Sagesse peut être identifié avec « le *livre* de l'alliance » (Si 24,23), telle une expression unique qui résume tout.

520 H.-U. von Balthasar, *Saggi Teologici,* t. I : *Verbum caro*, p. 37, je traduis.

521 Cf. J.-R. Carballo, « Biblia », p. 282, je traduis.

522 Ainsi que l'explique Beauchamp dans son important essai sur l'unité des deux Testaments bibliques, ce mot essentiel tout particulièrement pour l'Ancien Testament désigne un effet commun à trois écrits, le Deutéronome lui-même, Pr 1-9 et le Deutéro-Isaïe (40-55). Finissant par constituer un schéma de « répétition » parcourant l'Écriture hébraïque tout entière, la « deutérose » – d'où l'expression *Deutéronome* qui signifie « deuxième Loi » – met en place une réécriture qui est pour cela même une répétition. Ainsi, assumant des déclinaisons diverses, elle renvoie à la Loi en tant qu'archétype, aux prophètes et aux Sages en tant que catégories universelles et atemporelles. De ce fait, cette « répétition » donne lieu à une dynamique intertextuelle où les textes bibliques se relient les uns aux autres, de manière à ce que ce qui est raconté rende présents les faits du passé. C'est proprement le principe fondateur sur qui repose la Révélation divine elle-même. C'est pourquoi, si la Parole est répétée, cela veut dire qu'elle s'actualise, voire s'incarne (cf. P. Beauchamp, *L'un et l'autre Testament. Essai de lecture*, pp. 150–163).

523 *Ibid.*, p. 152.

524 *Ibid.*, p. 153.

525 *Ibid.*, p. 154.

526 *Ibid.*, p. 142.

L'Écriture commence de ce fait à être comprise dans un rapport d'osmose avec la Parole. Que la Loi devienne Parole, comme je viens de l'illustrer à l'aide de Beauchamp, signifie aussi que la *Torah* est « le lieu de la Présence, comme proximité du signe de l'autre »[527]. Or, compte tenu du fait que la Loi n'est pas l'ensemble des commandements, mais l'enseignement qui s'accomplit dans un chemin rythmé par des faits de vie et par le don de la Révélation divine sur la montagne, ces corrélations font d'elle le « signe » de la présence de Dieu qui se manifeste par les « lettres » gravées sur les tables de pierre, par la nourriture divine sous l'élément de la manne et par l'histoire de Dieu avec son peuple au fil du récit biblique[528]. C'est surtout ce dernier lien, Loi-narration, souligné par Beauchamp, qui montre le rapport étroit Parole-Écriture. Ce qui va par ailleurs constituer la base du plaidoyer en faveur de la Parole comme « présence » de Dieu parmi les hommes[529], au sens d'une analogie « sacramentelle » à même d'en véhiculer une présence « réelle »[530]. De fait, la réflexion de Beauchamp s'orientant vers la réciprocité de *signum* et *res*, cela détermine que l'Écriture s'impose de plus en plus comme *signe sacramentel* de la Parole de Dieu. À cet égard, la thèse de Gusdorf s'avère intéressante et éclairante à la fois : « Empreinte de la parole, dans l'espace du dehors, l'écriture n'est pas un simple vêtement, un revêtement du discours. Elle prend au piège la parole et lui confère un mode différent d'existence »[531]. Cela se relie à la réflexion sacramentelle proposée par Michelet qui repose sur le concept « sous un autre mode »[532], en établissant également une connexion étroite avec le discours analogique de Balthasar où la figure, malgré le *sub contrario*[533] de son aspect esthétique, voire grâce à celui-ci, rayonne, révèle et recèle la *res carnis Jesu*. En fait, à la lumière de

527 *Ibid.*, p. 152.

528 Cf. *ibid.*, p. 43.

529 Cf. *SC* 7.

530 Envisager une théologie de la Parole dans le cadre d'un discours « sacramentel » et « autobiographique » – ce qui traverse de long en large ma recherche – demande une approche analogique qui soit à la hauteur d'une telle tâche. Pourtant, pour *Verbum Domini*, la question relative à la « sacramentalité de la Parole » ne peut être posée qu'en termes analogiques, même si l'exhortation apostolique se limite à parler d'analogie « tout court » (expression expliquée plus tard : voir *infra*, n. 638), c'est-à-dire sans aucune spécification, comme en voulant tenir pour acquis un tel sujet. C'est pourquoi la théologie de la Parole que je vais illustrer au cours de ce chapitre vise d'abord à qualifier l'analogie qu'ici je considère de « sacramentelle », voire de « christosacramentelle ». Il ne pourrait d'ailleurs pas en être autrement, dès lors que les expressions analogiques contenues dans la Parole-Écriture véhiculent aussi une présence divine qui se veut « réelle ». J'y reviendrai plus tard (voir *infra*, 2.2.1 ; 2.3.2). Mais pas uniquement. Car si la Parole de la Révélation, d'après Jüngel, *dit Dieu également à partir de l'homme*, mon hypothèse est que la Parole comporte également une « analogie autobiographique », où Dieu se révèle à partir de l'homme lui-même, à la fois destinateur et co-sujet de l'autorévélation divine.

531 G. Gusdorf, *Les écritures du moi,* vol. 1 : *Lignes de vie*, 1, p. 105.

532 Voir *supra*, 1.3.2, surtout n. 432.

533 Voir *supra*, 1.2.4, surtout n. 297 ; 1.3.1.

l'esthétique théologique, le rapport que la Parole établit avec la *lettre* trouve son analogue dans le rapport que le Verbe noue avec l'*image*. Carballo est du même avis, lorsqu'il dit que la Bible « est une réalité théandrique où l'humain, la lettre, enveloppe le divin »[534].

De surcroît, au cours de l'histoire des hommes, le passage de la parole orale à l'écriture a été aussi un procès culturel absolument nécessaire afin de fixer les grandes traditions orales, tout en les préservant du risque de l'érosion de la mémoire et de l'oubli, s'il est vrai que *verba volant, sed scripta manent.* « Au parler dans sa fugacité, l'écriture ajoute la vertu de permanence »[535], ainsi que le souligne Gusdorf, et cela s'applique à plus forte raison à la Parole de Dieu, événement du « salut » se révélant dans l'histoire de l'humanité. Même Jésus accorde à l'écriture de la Loi une grande importance, lorsqu'il déclare : « Amen, je vous le dis : avant que le ciel et la terre disparaissent, pas un seul iota, pas un seul trait ne disparaîtra de la Loi… » (Mt 5,18). C'est pourquoi, comme je l'ai déjà affirmé, la Loi va se livrer par l'Écriture en tant que Parole incarnée jusqu'à l'ultime et définitive ouverture des « sceaux » du *livre* évoqué dans l'Apocalypse (cf. 5,1-14).

Cela dit, que la Révélation connaisse la forme scripturaire ne signifie point que l'Écriture supprime la Tradition, de même que l'incarnation n'anéantit nullement la nature divine du Verbe, ni la remplace. Au contraire, Écriture et Tradition ne vont désormais plus l'une sans l'autre[536]. À cet égard, il ne faut pas oublier qu'avant sa forme canonique, l'Évangile lui-même est déjà dans la bouche de Jésus et, lors de la prédication apostolique, il est annoncé oralement, non sans citations des Écritures anciennes, d'après les premières annonces publiques de Pierre, dès le matin de la Pentecôte (cf. Ac 2,14-41 ; 3,11-26). Raison pour laquelle, loin de les mettre en opposition, Ratzinger rassemble Écriture et tradition orale sous le terme unique de « Tradition », par laquelle la Révélation s'offre et est transmise, ainsi que je vais l'approfondir dans la deuxième partie de la dissertation[537].

Sur ce point, il est légitime de se poser, à mon avis, des questions inhérentes à la théologie fondamentale. Si, du point de vue diachronique de la Révélation, l'Écriture est précédée par la tradition orale, du point de vue synchronique, qu'est-ce qui vient en premier, la Tradition orale ou l'Écriture ? En d'autres termes, la prise de conscience qu'un message, une pensée, une réflexion sont Parole divine, quand se réalise-t-elle, lors de la mise par écrit ou auparavant ? La première théologie, d'ailleurs, n'est-elle pas déjà l'œuvre d'écriture et de réécriture, par laquelle les rédacteurs sacrés (ou *les scribes*, d'après Beauchamp) relisent et

534 J.-R. Carballo, « Biblia », p. 281, je traduis.
535 G. Gusdorf, *Les écritures du moi,* vol. 1 : *Lignes de vie*, p. 105.
536 Cf. *supra*, n. 511.
537 Cf. *infra,* n. 1230. C'est par l'*et et* autour des termes Écriture et Tradition, expression mal interprétée ensuite par une partie des théologiens, ainsi que je vais le développer dans le 4e chapitre, que Trente a voulu sauvegarder la conception unitaire de la Révélation.

réinterprètent fondamentalement sous l'inspiration divine la tradition, orale ou écrite, qui leur est parvenue ? Par là, nous nous enfonçons dans les méandres des moyens et des modalités par lesquels Dieu s'autocommunique à l'homme. Sur la question du *comment* Dieu a parlé aux patriarches et aux prophètes de l'Ancien Testament, même le Magistère de l'Église ne s'est jamais exprimé de manière circonstanciée et approfondie. Dans le Nouveau Testament, Dieu parle aux apôtres par son Fils fait homme. Mais concernant l'Ancien Testament, il est presque impossible de remonter au premier maillon de la chaîne de transmission de la Parole révélée. La *modalité* selon laquelle la première communication divine a eu lieu demeure toujours une question énigmatique, objet de diverses interprétations.

Dei Verbum, le document magistériel le plus récent ayant le plus d'autorité à propos de la thématique de la Parole de Dieu, explique en quoi consiste la Révélation, mais il ne dit rien du tout sur la *manière* dont Dieu a transmis sa *communication* aux prophètes : « Dieu se révéla, en paroles et en actions, au peuple de son choix, comme l'unique Dieu véritable et vivant ; de ce fait, Israël fit l'expérience des "voies" de Dieu avec les hommes, et, Dieu lui-même parlant par les prophètes, il en acquit une intelligence de jour en jour plus profonde et plus claire, et en porta un témoignage grandissant parmi les nations »[538]. Si par rapport à l'Écriture le concept de l'inspiration est bien explicité, dès lors qu'il est affirmé de manière très claire que les hagiographes des deux Testaments ont écrit « dans le plein usage de leurs facultés et de leurs moyens [...], en vrais auteurs, tout ce qui était conforme à son désir [celui de Dieu], et cela seulement »[539], il n'en va pas de même pour la Révélation que patriarches et prophètes ont reçue directement par Dieu. Que Dieu parle à son peuple par eux, cela ne pose aucun problème. Ce qui en pose, c'est *comment* il leur a parlé. Est-ce qu'il leur aurait parlé par des locutions internes, par des rêves ou bien par des faits que les patriarches et les prophètes auraient interprétés comme des messages divins ? Si tel était le cas, alors il ne serait pas important de déterminer si le point de départ de la Révélation est un récit oral ou une narration écrite.

Dieu se révèle ! C'est cela qui compte. Ainsi que je l'ai exprimé à plusieurs reprises, Dieu se révèle en tant que Parole qui se fait parole humaine, qu'elle soit orale ou écrite. Vouloir accorder une priorité à l'une ou à l'autre, c'est être confronté à la question de ce qui vient en premier, « la poule ou l'œuf », comme l'on dit communément. D'ailleurs, d'après le Concile de Trente, mais aussi d'après la réflexion y relative de Ratzinger, la Révélation ne constitue qu'une seule Tradition nous parvenant *et* par la Tradition orale *et* par l'Écriture. Et pourtant, puisque l'une ne peut aller sans l'autre, il convient de parler de Parole-Écriture tout court, celles-ci étant des composantes indissolublement unies. C'est pourquoi – il faut

538 *DV* 14.
539 *DV* 11, j'explicite.

le souligner –, malgré les contestations successives, Trente a eu raison d'adopter la formule *et et* à la place de *partim partim*[540]. Ce faisant, le Concile tridentin a légué à la postérité une conception à la fois unitaire et complémentaire de la Révélation par rapport à la Tradition et à l'Écriture. La solution *partim partim,* préférée par une bonne partie des théologiens, décréterait une conception alternative de la Révélation, par laquelle l'autonomie de l'Écriture et de la Tradition finirait par aboutir à la séparation ruineuse et contre-productive du binôme Parole-Écriture. Sur cette question Geiselmann, qui semblait vouloir résoudre de manière originale l'impasse de la dualité catholique classique d'Écriture et Tradition, a eu raison d'ironiser : « Dieu n'est pas un installateur qui équipe son Église, pour ainsi dire, avec de l'eau courante qui laisse couler la Parole de Dieu de deux sources de la foi, de l'Écriture et de la Tradition, comme de deux robinets portant les étiquettes 'froide' et 'chaude' »[541].

2.1.2. Le Verbe, *parole* et *image* de Dieu, se fait chair

D'après les attestations sapientielles de l'Ancien Testament, la sagesse est désignée comme une personne présente aux côtés de Dieu, existant avant les siècles, présidant, tel un habile architecte, à la création du monde et appelant les hommes à écouter ses paroles, ses instructions et ses enseignements (cf. Pr 1,20-33 ; 4,10-27 ; 8,1-11 ; 8,22-9,6). Le roi Salomon parle de la sagesse comme d'une épouse, objet de son amour, délice de sa vie, trésor incomparable de son savoir (cf. Sg 8,2-21). Dans le dernier chapitre du Deutéro-Isaïe, la Parole de Dieu est présentée tel un émissaire spécial chargé d'accomplir une mission : « Comme la pluie et la neige descendent des cieux, et n'y retournent pas sans avoir arrosé, fécondé la terre, et fait germer les plantes, sans avoir donné de la semence au semeur et du pain à celui qui mange, ainsi en est-il de ma parole qui sort de ma bouche : elle ne retourne point à moi sans effet, sans avoir exécuté ma volonté et accompli mes desseins » (Is 55,10-11). Ce courant théologique va continuer son avancée révélatrice même dans le Nouveau

540 Ce sujet, auquel j'ai déjà fait allusion plus haut, est traité dans la deuxième partie de la dissertation. Voir *infra* 4.1.2. ; 4.2.1.

541 J.-R. Geiselmann, « *Schrift – Tradition – Kirche*, ein ökumenisches Problem », dans M. Roesle, O. Cullmann (éd.), *Begegnung der Christen. Studien evangelischer und katholischer Theologen*, Evangelisches Verlagswerk und Verlag Josef Knecht / Carolusdruckerei, Stuttgart / Frankfurt am Main, 1959, pp. 131–159, ici p. 143, cité dans : B. Hallensleben, « La sacramentalité de la Parole entre la communication humaine et la Parole de Dieu », dans Luxembourg School of Religion & Society – Department of Religion, Communication, Education, *Pas d'Humanité sans Parole : La Sacramentalité de la Parole entre parole humaine et Parole divine. Actes du Colloque scientifique, international et interdisciplinaire, Luxembourg, 28–30 janvier 2016*, Centre Jean XXIII, Luxembourg, à paraître, § 2. Une déception instructive : Josef Rupert Geiselmann et sa recherche d'un appui catholique sur l'Écriture Sainte.

Testament, surtout dans la littérature lucanienne. Là, la mission évangélisatrice des disciples du Christ, y compris leurs déplacements spatiaux, est conçue comme le mouvement même d'une Parole qui « croissait » (cf. Ac 6,7 ; 12,24 ; 19,20) et qui est « glorifiée » (cf. Ac 13,48). Dans la deuxième lettre aux Thessaloniciens, l'apôtre Paul lui aussi parle d'une Parole qui accomplit « sa course » (2 Th 3,1). Témoignant d'une théologie qui vise à hypostasier la Parole de Dieu, les diverses attestations bibliques manifestent une pédagogie divine latente qui traverse toute l'histoire du peuple de l'Alliance, tout en montrant un Dieu qui s'approche de son peuple par une Parole agissant telle une personne.

De fait, la « plénitude des temps » parvenue (Ga 4,4), la Parole, par laquelle Dieu avait créé toutes choses, tout particulièrement l'être humain, par laquelle il avait parlé à son peuple et qu'il avait envoyée dans le monde comme une ambassadrice divine, se manifeste entièrement et définitivement dans la personne du Fils, Verbe de Dieu fait chair, comme l'attestent les prologues du quatrième évangile et de la lettre aux Hébreux. Finalement, l'incarnation de la Parole atteint son apogée, tout en dévoilant le mystère vétérotestamentaire qui avait enveloppé la personnification de la Sagesse-Parole (cf. Pr 1,20-33 ; 4,10-27 ; 8,1-11 ; 8,22-9,6, déjà mentionnés). Ainsi, après avoir pris corps dans les Écritures, prenant corps dans la personne du Christ, la Parole de Dieu parvient à la deuxième étape, qui constitue le sommet de son cheminement, mais pourtant pas sa dernière étape, dès lors que la Pâque-Pentecôte marque le début d'une troisième étape. Il s'agit du temps de l'Église, réalité théologique ultime, où l'incarnation du Verbe atteint, par l'action de l'Esprit, la vie des croyants, son accomplissement définitif[542].

Centre et sommet de l'histoire du salut, l'incarnation de la Parole dans le Christ révèle, par là même, combien Dieu a pris au sérieux la chair de l'homme, dès lors qu'il en a fait le « temple » de sa présence (Jn 2,21 ; Col 2,9 ; He 10,5), son « image » (2 Co 4,4 ; Col 1,15) et l'« empreinte de son être » (He 1,3). Pourtant, si du point de vue diachronique elle constitue une étape centrale et médiane de la Révélation, du point de vue théologico-synchronique elle traverse de long en large l'histoire du salut déployée et scellée dans le Canon biblique tout entier. Ce qui va me conduire à tenter de repérer, dans le cadre des attestations scripturaires de l'Ancien aussi bien que du Nouveau Testament, les catégories christologiques, annonciatrices de la christologie, sans lesquelles il ne me sera pas possible de déployer de manière pertinente la réflexion sur la sacramentalité de la Parole de Dieu.

Il est indéniable que le premier récit de la création, attribué à la tradition sacerdotale (cf. Gn 1,1-2,4a), constitue l'arrière-plan du prologue christologique du quatrième évangile (cf. Jn 1,1-18)[543]. Tant « au commencement » de Gn 1,1 qu'« au commencement » de Jn 1,1,

542 Voir *infra*, 2.3.
543 Selon notamment C.-K. Barrett, R.-A. Culpepper, I. de la Potterie, G. Reim, R. Schnackenburg. Voir P. Perkins, « Il vangelo di Giovanni », dans R.-E. Brown, J.-A. Fitzmyer, R.-E. Murphy (éds.),

la Parole est présente, que ce soit le *dâbâr* de la Genèse ou le *logos* de Jean. Malgré les siècles qui les séparent, les deux textes montrent un Dieu qui parle, dont la Parole crée et donne existence à toute chose. Bref, un Dieu qui se révèle être lui-même « Parole-récit » racontant ce qu'il a fait, ce qu'il fait et ce qu'il fera[544].

Le créateur du ciel et de la terre du récit de la Genèse est un *Dieu parlant* et façonnant un homme également parlant. Parler, c'est-à-dire employer un langage verbal que les autres créatures n'ont pas – elles disposent d'autres langages non verbaux ! -, fait de l'homme une créature « supérieure » aux autres. Ainsi, si au commencement de la création, c'est la Parole de Dieu qui appelle à l'existence toute chose, Adam survenu, c'est la parole de l'homme qui achève la création, en intégrant ce qu'il lui manque : le nom.

Dans la culture sémitique, imposer un nom, c'est donner une identité. Il s'agit d'un pouvoir possédé d'abord par Dieu et dont l'homme reçoit la délégation. C'est pourquoi, après le souffle de Dieu sur la glaise engendrant la forme humaine, c'est la parole de l'homme qui entre en scène tel « un autre souffle, créateur d'une réalité en esprit et vérité, exhibant une initiative d'être », comme l'affirme Gusdorf dans son important ouvrage sur le sujet de l'autobiographie[545]. Pourtant, déjà avant Gusdorf, c'est Serge Boulgakov qui a consacré à la parole humaine une étude assez précieuse. Celle-ci peut apporter une contribution importante autour de la théologie de la Parole, par rapport, en l'occurrence, au potentiel analogique que cette dernière revêt[546].

Après avoir été influencé pendant des années par la philosophie matérialiste, Boulgakov se convertit à la foi orthodoxe. Exilé bientôt par le régime communiste à Paris, où il fonde par ailleurs l'Institut de théologie orthodoxe « Saint-Serge », il aborde la question du langage sous l'angle philosophique, voire « sophiologique »[547]. Dans son ouvrage intitulé

NUOVO GRANDE COMMENTARIO BIBLICO [titre orig. *The New Jerome Biblical Commentary*], Queriniana, Brescia, 2002², pp. 1234–1291 ; F.-J. MOLONEY, « Teologia giovannea », dans R.-E. BROWN, J.-A. FITZMYER, R.-E. MURPHY (éds.), *NUOVO GRANDE COMMENTARIO BIBLICO*, pp. 1863–1875.

544 D'après Moloney, « malgré les apparences, *Jn* n'est pas en fait une histoire sur Jésus, mais un récit sur ce que Dieu a fait en Jésus », du fait que « le but de l'"incarnation" du *Logos* en Jésus, c'est raconter l'histoire de Dieu » (ID., « Teologia giovannea », p. 1867).

545 G. GUSDORF, *Les écritures du moi*, vol. 1 : *Lignes de vie*, p. 104.

546 S. BOULGAKOV, *La philosophie du verbe et du nom*, trad. du russe par Constantin Andronikof, L'Âge d'Homme, Lausanne, 1991.

547 Plutôt qu'un système unifié, la « sophiologie » désigne une inspiration commune, fondée sur l'idée de la « sagesse » à l'œuvre dans la création. Les théories sophiologiques plongent tout à la fois dans la philosophie de la nature, dans la philosophie de l'homme et dans la philosophie religieuse. Par conséquent, théologie et philosophie, en tant que sciences recherchant la vérité, sont des *logoi*, expressions ou *discours* qui reflètent le *Logos* divin, dont la *Sophia* est répandue sur le cosmos tout entier (macrocosme), et de manière éminente sur l'homme, microcosme de la Révélation. La *Sophia* est comprise dans cette problématique comme un principe intermédiaire entre la perfection de Dieu et la finitude du monde. Au XXᵉ siècle, la sophiologie fut principalement développée par Serge Boulgakov, influencé lui-même par les travaux du philosophe russe Vladimir Soloviev. La *Sophia* est

La Philosophie du verbe et du nom[548], le théologien orthodoxe vise à faire émerger l'essence ontologique de la parole humaine, dès lors que la source de tout discours est la *Sophia tou Theou*, la parole créatrice de Dieu.

Imprégnée de la métaphysique platonicienne, où l'idée joue un rôle transcendantal par rapport aux réalités terrestres, la philosophie du langage mise en place par le théologien russe repose essentiellement sur ce qui constitue les deux composantes de la parole ou du *logos* : à savoir la pensée et le son articulé[549]. Cela étant, le mot apparaît déjà comme représentation de la pensée. Autrement dit, le mot est le corps de la pensée, laquelle existe en vue de cette « incarnation ». En conséquence, même lorsqu'un mot demeure un mot pensé, tandis qu'il ne passe pas par l'organe de la langue, ni est prononcé par les lèvres, il est de toute façon perçu comme étant un nom, une expression parlée. La « parole » est donc une question soit de langage-pensée soit, vice-versa, de pensée-langage, car l'homme, en tant qu'être parlant et en tant qu'être pensant, « pense en mots »[550].

devenue chez lui une notion clef dans son projet d'élaboration d'une métaphysique supérieure, susceptible d'exprimer le cœur le plus pur de la tradition byzantine-orthodoxe. Pourtant, la sophiologie de Boulgakov sera considérée comme une hérésie par l'Église orthodoxe de Russie. Et cela malgré le fait que la *Sophia* de Dieu atteint son sommet dans le Fils, le *Logos* divin incarné, ce que Boulgakov ne manque pas de mettre en relief dans ses études, en donnant à la sophiologie une interprétation et une empreinte christologiques.

548 Le titre original de ce texte est *Filosofia Imeni*. L'expression « *Imeni* » désigne en russe « le nom ». L'originalité et la profondeur de la réflexion de Boulgakof consistent à interpréter le « nom » comme un terme exprimant également un « verbe ». Ce qui fait que, d'après le théologien orthodoxe, « nom » et « verbe » se trouvent unifiés et synthétisés en un seul mot. Tel le *dâbâr* hébreu, qui exprime en même temps la parole et l'action divines, *Imeni,* comprendrait, dès lors, les deux typologies des mots, celle des noms et celle des verbes, qui, en principe, ne se trouvent jamais réunis dans une même expression. De fait, un terme peut être un nom ou un verbe.

549 Cf. S. Boulgakov, *La philosophie du verbe et du nom*, pp. 240–249. Selon la théorie métaphysique autour du *logos*, le cœur du *parler* philosophique, tirée notamment du dialogue de Platon avec Cratyle, et abordant le problème du fondement ontologique du discours, isoler un mot, ce serait anéantir tout discours. Celui-ci correspond en fait à un type de combinaison linguistique à l'intérieur de laquelle on peut distinguer les principales composantes du discours lui-même, à savoir : le nom et le verbe. Une telle combinaison, l'*onomata rèmata*, articulant la fonction nominale (le signe vocal qui s'applique à ce qui produit l'action) et la fonction prédicative (ce qui exprime l'action et que nous appelons « verbe ») produit le *discours*. Par contre, une chaîne de noms qui se suivent bout à bout ne signifierait rien, de même qu'une chaîne composée uniquement de verbes. En fait, « "les sons proférés n'indiquent ni action, ni inaction, ni être, soit d'un être, soit d'un non-être, tant qu'on n'a pas mêlé les verbes aux noms. Alors seulement est fait l'accord et, tout de suite, constituée en discours la première liaison". » (S. Boulgakov, *La philosophie du verbe et du nom*, p. 248, citant l'ouvrage platonicien ci-après traduit par Auguste Diès : Platon, *Œuvres complètes*, t. VIII : *Le Sophiste*, Belles Lettres, Paris, 1925, 262e) De ce fait, la première liaison, établissant un accord entre nom et verbe, donne lieu au « discours » que Platon désigne par l'expression grecque « *logos* ». L'autre liaison est celle où les noms n'arrivent pas à s'accorder entre eux, de mêmes que les verbes, ainsi que je l'ai expliqué plus haut.

550 *Ibid*., p. 11.

Si chaque mot indique donc une idée, cela est dû au fait qu'il ne se borne pas à un regroupement de lettres. En revanche, c'est un ordre donné de lettres qui lui confère un sens accompli. Changer un tel ordre signifierait détruire le sens même du mot. C'est pourquoi « *il n'existe pas plus de pensée sans mots que de mots sans sens* »[551]. Pourtant, si du point de vue *logique* il est possible de séparer les mots de la pensée – de fait, idée et parole se distinguent, sans confusion –, du point de vue *ontologique* cela n'est pas possible, car leur indissociabilité « tient à la nature même du langage et de la pensée »[552]. Par analogie au Verbe incarné, la nature du *Logos* est, elle aussi, double.

Une langue antérieure, préexistante, n'est donc pas pensable. « Par eux-mêmes, ni le langage ni la pensée ne sont explicables. Somme toute, ils n'ont pas de genèse : *ils sont* »[553]. Par conséquent, « il n'y a pas de pensée qui ne soit pas incarnée en mots ni de mots qui n'incarnent une pensée »[554]. « À cet égard, continue Boulgakov, expliquer le langage est un faux problème, dû à un manque de réflexion. Le *Logos* existe de par sa merveilleuse condition originelle. Et le plus extraordinaire en même temps que le plus essentiel, c'est que le sens et la forme, l'idée et le corps, y soient indissociables et inconfusibles [sans confusion] »[555]. C'est pourquoi chercher une langue primordiale reviendrait à s'enfoncer dans les méandres de la linguistique. Et cela n'est pas vraiment une question intéressante, à laquelle même Gn 11 n'a pas voulu offrir une réponse. Qu'il n'y eût sur terre qu'une seule langue ne correspond pas au fait qu'il y avait un seul idiome, mais cela signifie qu'avant Babel, c'est-à-dire avant le péché qui y est commis, il y avait une véritable compréhension réciproque parmi les hommes, comme il est raconté dans le récit de Pentecôte (cf. Ac 2)[556]. Ainsi, comme tout pluralisme attesté dans l'Écriture, le pluralisme linguistique n'a pas une connotation négative sous l'angle théologique, mais il se veut bien plus une richesse. L'origine du *logos* dans la Bible n'est donc pas à rechercher comme étant une exposition étiologique d'ordre linguistique. Au contraire, il s'agit d'une origine théologique, ainsi que le montrent Gn 1 et Jn 1.

Dans Gn 1, le récit de la Parole créatrice s'exprime par les deux formules que voici : « Et Dieu dit… » et « Et Dieu appela… ». Ces expressions, d'après Boulgakov, sont à interpréter à la lumière du prologue johannique, de manière à ce qu'on puisse saisir une certaine

551 *Ibid.*, p. 22.
552 *Ibid.*
553 *Ibid.*, p. 23.
554 *Ibid.*
555 *Ibid.*, j'explicite.
556 À Pentecôte, les parlers sont multiples, mais le *Logos* est un. C'est l'Esprit qui rend chacun capable de le comprendre dans sa propre langue. En revanche, au temps de Babel, le péché, affectant tout l'être de l'homme, affecte aussi la parole humaine, laquelle devient creuse et inadéquate à véhiculer le *Logos* (cf. *ibid.*, pp. 37–38).

signification théologique. De fait, ce Dieu qui dit, et tout est fait, qui parle, et tout commence à exister, c'est le *Logos* en soi. En revanche, quand le même homme nomme et appelle les êtres créés, c'est le *Logos-Sophia* qui s'y révèle, tout en faisant de l'homme une sorte de *Logos* cosmique, dérivé de la Lumière-*Sophia* qu'est le *Logos* divin[557]. C'est pourquoi, au milieu de la création, l'homme est l'expression divine la plus haute, le microcosme ou « anthropocosme »[558] de l'œuvre de Dieu qui est à la fois création et révélation[559]. C'est donc Dieu, *Logos* divin dans lequel pensée et parole ne font qu'un, qui est la source et le fondement de la pensée-parole humaine.

Finalement, le point de départ de la réflexion sophiologique du théologien russe, à savoir l'unité logique de verbe et pensée et leur indissolubilité ontologique, laquelle détermine « que l'être est pensable et que la pensée est exprimable par le verbe »[560], n'est imputable qu'à une seule vérité, à savoir « celle de l'admirable prologue de l'Évangile johannique : *"Au commencement était le Verbe"* »[561]. D'où la conclusion que voici : le verbe est l'essence même de l'être[562].

Il en découle que, sa philosophie du *nom* et du *verbe* (*Imeni*) reposant sur l'être de Dieu en tant que *Logos*, Boulgakov n'a voulu au fond que proposer l'*analogia entis* en clef « sophiologique » et pour cela même en clef christologique[563]. Ce qui, dans une perspective d'anthropologie théologique, engendre le concept analogique de l'homme en tant qu'« être de langage »[564].

557 Nous pouvons reconnaître ici que les attributions de « *Sophia* » et de « Lumière » correspondant respectivement à *logos* et à *icône*, catégories christologiques sur lesquelles est échafaudée la théologie orthodoxe, annoncent les deux composantes – celle de « verbe-parole » et celle d'« image-beauté » – de l'analogie « synesthésique ». Celle-ci, ainsi que l'analogie « autobiographique », vont constituer les deux coordonnées analogiques sur lesquelles repose ladite « christosacramentalité » de la Parole-Écriture, sujet développé au long de ce chapitre (voir notamment *infra*, 2. 3).

558 Néologisme pour désigner l'homme en tant que représentant ou modèle cosmique, en l'occurrence, de l'œuvre de Dieu.

559 Cf. *ibid.*, pp. 119–120.

560 *Ibid.*, p. 120.

561 *Ibid.* Dans sa réflexion, Boulgakov met en place une *correspondance analogique* entre le *discours* du langage humain qui se constitue de mots (noms) et actions (verbes) et le *Logos* divin, ou la *Sophia* de Dieu, qui inclut à la fois le *Verbe* et le *Nom* de Dieu. Celui-ci est la Parole efficace ou créatrice, révélation plénière, définitive et achevée du *dâbâr* de l'Ancien Testament, annoncé dès le livre de la Genèse. Selon le théologien russe, la source anthropologique des êtres humains en tant qu'êtres de langage aussi bien que leur langage lui-même est à repérer dans le Verbe ou *Logos* de Dieu.

562 Cf. *ibid.*

563 Cette relecture de l'*analogia entis* en clef « sophiologique » paraît comme l'interprétation orthodoxe correspondant à celle catholique de Balthasar, lorsque celui-ci affirme le Christ être « l'*analogia entis* concrète » (voir *supra*, n. 383).

564 L'analogie susmentionnée se réfère évidemment à la personne du Verbe, Parole de Dieu incarnée et, pour cela même, « chaînon » analogique entre Dieu, en tant qu'Être-Parole, et l'homme, en tant qu'être de langage.

En revenant à l'analyse des textes évoqués ci-dessus, Gn 1,1-2,4a et Jn 1,1-18, il y a encore une autre asymétrie théologique intéressante à relever concernant les deux « hommes », Adam et Jésus-Christ. Si les projecteurs du récit du premier livre de la Bible sont braqués sur Dieu *créant* Adam, l'homme fait à son *image* et selon sa *ressemblance*, le prologue du quatrième évangile est centré sur Dieu *engendrant* Jésus-Christ, son Fils unique fait chair, qualifié, et pour cause, de « Parole ». De lui, le Fils, le texte johannique certifie : « C'est par lui que tout est venu à l'existence, et rien de ce qui s'est fait ne s'est fait sans lui » (Jn 1,3). Par là, telle une nouvelle « sensationnelle », le quatrième évangile dévoile ce qui resterait sinon voilé dans le livre de la Genèse : à savoir que la création n'a pas été l'œuvre d'un Dieu solitaire, car c'est par la Parole, son Fils unique, que Dieu a fait le monde et tout ce qu'il contient.

Dans un autre prologue christologique célèbre, il est écrit qu'après avoir parlé à bien des reprises aux pères par les prophètes, à la fin, Dieu « nous a parlé par son Fils par qui il a créé le monde » (He 1,2). Dans ce passage, l'auteur de la lettre aux Hébreux, proposant lui aussi la même trilogie que le prologue johannique, Dieu/le Fils-Parole/la Parole-créatrice, explicite que Dieu, par son Fils, n'a pas créé uniquement le monde, mais qu'il a même parlé par lui. C'est un texte néotestamentaire exemplaire qui témoigne, par ailleurs, d'une réinterprétation christologique, accomplie par l'Église, des Écritures vétérotestamentaires. Dieu, c'est depuis toujours un Dieu tripersonnel. Par conséquent, à la création du monde, la personne du Fils, aussi bien que celle de l'Esprit, ne pouvaient qu'être présentes et même à l'œuvre !

Cette analyse biblique intertextuelle nous permet déjà de recenser quelques premières remarques. D'abord, ce n'est pas un « hasard » que l'homme ait été créé en tant qu'être parlant. Son Fils étant « Parole de Dieu » (Ap 19,13), il est évident que Dieu s'est inspiré, pour ainsi dire, de lui. Puis, si c'est par son Fils-Parole que Dieu accomplit la création, lorsque dans la Genèse il est écrit : « Dieu dit : "Que la lumière soit !" » (1,3), ou encore : « Dieu dit : "Faisons l'homme à notre image, selon notre ressemblance" » (1,26), ce « dire » divin est déjà susceptible d'une signification christologique. C'est pourquoi, il faudrait relire les deux textes comme s'ils étaient écrits ainsi : « Dieu parla par son Fils, en disant : "Que la lumière soit !" » ; et encore : « Prononçant la Parole, Dieu dit : "Faisons l'homme à notre image, selon notre ressemblance" ».

De ce fait, tout en restant concise, la réflexion esquissée ci-dessus met en lumière une première signification christologique fondamentale concernant la *Parole* de Dieu. Sans oublier ce qui a émergé de l'analyse autour de la pensée théologique de Jüngel, je rappelle ici que l'analogie évangélique ne se borne pas à jouer un rôle christologique visant à révéler le Christ comme étant la Parole ou le Verbe du Père. Car, qualifiant le Verbe incarné de « Parabole » et d'« Histoire » de Dieu, le théologien luthérien veut attribuer à la narration évangélique elle-même une « identité analogique ». De fait, *correspondant* à la personne racontée, à savoir le Fils, la parabole assume la « forme adéquate » pour dire Dieu et la « forme conforme » à la manifestation de l'Histoire de Dieu parmi les hommes, ce qui laisse entrevoir dans l'analogie parabolique elle-même un certain potentiel sacramentel[565]. Et pourtant, il reste encore une deuxième signification à intégrer.

Si la création d'un être-parlant remonte à l'être-Parole du Fils dont le Père s'est inspiré, car « au commencement était le Verbe, et le Verbe était auprès de Dieu, et le Verbe était Dieu » (Jn 1,1), la marque de l'homme « à l'image de Dieu », que présuppose-t-elle ? Il est évident que, créant l'homme en tant que créature visible, ainsi que parlante, Dieu s'est inspiré d'une image. Dans ces circonstances, il n'aurait pu s'inspirer d'aucune autre image que de celle de son Fils, dès lors que celui-ci est « image de Dieu » (2 Co 4,4 ; Col 1,15) et « expression parfaite de son être » (He 1,3). Par là, l'« image » constitue l'autre catégorie christologique importante qui reste à envisager. Pour ce faire, parmi les divers textes de la littérature paulinienne attestant le Christ en tant qu'« image » de Dieu, je vais considérer 2 Co 4,4 et Col 1,15.

Lorsque dans sa deuxième lettre aux Corinthiens, il mentionne « la splendeur de l'Évangile de la gloire du Christ, qui est l'image de Dieu » (2 Co 4,4), Paul met en corrélation trois éléments : l'Évangile, le Christ et l'image de Dieu. Dans une étude biblique sur 2 Co 4,6, le jésuite C.-M. Martini, s'appuyant sur une exégèse largement partagée, relève qu'en citant à maintes reprises le thème de la lumière, l'apôtre des nations, dans le contexte apologétique de la deuxième lettre aux Corinthiens, évoque sa propre conversion, lorsqu'il est terrassé et ébloui par le Christ qui lui est apparu sur la route de Damas[566]. Ce parallélisme entre 2 Co 4,6 et les récits des Actes, notamment Ac 26,12-18, souligne la mission prophétique dont Paul est investi dans le sillage des prophètes de l'Ancien Testament comme Ézéchiel, Jérémie et le Deutéro-Isaïe[567]. Il en découle que la « gloire du Seigneur » (Is 60,1 – « *kebod YHWH* »), mise en évidence par le Trito-Isaïe, anticipe et annonce déjà le ministère de la lumière et de la gloire de la nouvelle alliance (cf. 2 Co 2,14-4,6) dont l'apôtre a été investi, et qui s'accomplit par l'annonce de « l'Évangile de la gloire » (2 Co 4,4). C'est pourquoi, d'après l'interprétation de Martini, cette gloire relative à l'Évangile est la même qui resplendit sur le visage du Christ (cf. 2 Co 4,6), qui est « l'image de Dieu » (2 Co 4,4)[568].

565 Voir *supra*, notamment 1.2.2 et 1.2.4.

566 Cf. C.-M. Martini, *La Parola di Dio alle origini della Chiesa*, Università Gregoriana Editrice, Roma, 1980, pp. 201–214.

567 *« Ac 26, 16s "Levati e sta in piedi", cf. Ez 2,1ss. Ac 26,17 : "ti libero dal popolo e dalle nazioni pagane, verso cui io ti mando (Ier 1,5-8) per aprire loro gli occhi, perché esse si convertano dalle tenebre alla luce" (Is 42,7.16 ; cf. Ac 13,47 e Is 49,6) »* (*ibid.*, p. 210).

568 *« Questa gloria è ora la stessa che si può contemplare liberamente sul volto di Cristo [...] poiché Cristo è immagine di Dio (2 Cor 4,4). Essere "luce delle genti" (Ac 13,47) vuol dire dunque predicare*

Bref, ce lien très étroit entre « la splendeur de l'Évangile de la gloire » de 2 Co 4,4 et « la gloire de Dieu qui est sur la face du Christ » de 2 Co 4,6, fait que l'expression « du Christ » exprime plutôt un génitif « épexégétique »[569], raison pour laquelle il ne serait pas erroné de traduire « l'Évangile de la gloire qu'est le Christ ». Cette identification de l'Évangile au Christ correspond d'ailleurs au concept même d'« Évangile », selon l'usage qu'en fait l'apôtre et la signification qu'il lui donne. Que l'unique Évangile soit Jésus-Christ et que sa mort et sa résurrection constituent la seule bonne nouvelle, c'est Paul lui-même qui l'atteste :

> Je vous rappelle, frères, l'Évangile que je vous ai annoncé, que vous avez reçu et dans lequel vous demeurez fermes, par lequel aussi vous vous sauvez, si vous le gardez tel que je vous l'ai annoncé ; sinon, vous auriez cru en vain. Je vous ai donc transmis en premier lieu ce que j'avais moi-même reçu, à savoir que le Christ est mort pour nos péchés selon les Écritures, qu'il a été mis au tombeau, qu'il est ressuscité le troisième jour selon les Écritures (1 Co 15,1-4).

S'adressant aux Colossiens, il dit encore :

> Vous-mêmes, qui étiez devenus jadis des étrangers et des ennemis, par vos pensées et vos œuvres mauvaises, voici qu'à présent il vous a réconciliés dans son corps de chair, le livrant à la mort, pour vous faire paraître devant lui saints, sans tache et sans reproche. Il faut seulement que vous persévériez dans la foi, affermis sur des bases solides, sans vous laisser détourner de l'espérance promise par l'Évangile que vous avez entendu, qui a été prêché à toute créature sous le ciel, et dont moi, Paul, je suis devenu le ministre. En ce moment je trouve ma joie dans les souffrances que j'endure pour vous, et je complète en ma chair ce qui manque aux épreuves du Christ pour son corps, qui est l'Église. Car je suis devenu ministre de l'Église, en vertu de la charge que Dieu m'a confiée, de réaliser chez vous l'avènement de la Parole de Dieu, ce mystère resté caché depuis les siècles et les générations et qui maintenant vient d'être manifesté à ses saints : Dieu a bien voulu leur faire connaître de quelle gloire est riche ce mystère chez les païens : c'est le Christ parmi vous, l'espérance de la gloire (Col 1,21-27) !

Identifiant l'Évangile au Christ, l'apôtre remarque qu'avant d'être annonce et prédication de la bonne nouvelle, l'Évangile est le Verbe incarné lui-même. C'est pourquoi l'expression « qu'est l'image de Dieu » trouve une attribution évidente[570]. En d'autres termes, peu im-

Gesù Cristo come Signore (2 Cor 4,5), far rifulgere lo splendore del Vangelo della gloria del Cristo fra gli accecati dal Dio di questo secolo (2 Cor 4,4). Per questo Dio rifulse nel cuore di Paolo, anch'egli prima nelle tenebre (Col 1,13 ; cf. 1 Pe 2,9) "perché risplendesse la conoscenza della gloria di Dio nel volto di Cristo" (2 Cor 4,6) » (*ibid.*, p. 213).

569 Une expression est désignée comme « épexégétique » lorsqu'elle explique l'idée déjà contenue dans le terme qui précède, comme voulant sous-entendre un « c'est-à-dire ».

570 En tout cas, les exégètes convergent généralement sur la même opinion, à savoir qu'il n'y a aucun doute que l'expression *« ὅς ἐστιν εἰκὼν τοῦ Θεοῦ »*, en tant que « formule traditionnelle, connue des lecteurs de Paul » (J.-F. COLLANGE, *Énigmes de la deuxième épître de Paul aux Corinthiens. Étude exégétique de 2 Cor. 2 :14-7 :4*, Cambridge University Press, Cambridge, 1972, p. 135), comme l'atteste d'ailleurs Col 1,15, est en référence au Christ en tant que vrai homme, c'est-à-dire en tant que Verbe incarné et non pas en tant que Verbe préexistant. Voir M.-E. THRALL, *A Critical and Exegetical Commentary on the Second Epistle to the Corinthians*, vol. 1 : *Introduction and Commentary*

porte si « l'image de Dieu » se réfère au Christ ou à l'Évangile, car l'identification entre les deux dissipe toute incertitude[571]. En tout cas, en appelant le Christ « image de Dieu », Paul

on II Corinthians I-VII, T&T Clark, Edinburgh, 1994, p. 310 ; et aussi F. Manzi, *Seconda lettera ai Corinzi. Nuova versione, introduzione e commento*, Ed. Paoline, Milano, 2002, p. 177.

571 Il est opportun et même bénéfique de rappeler ici le croisement que le discours « sophiologique » de Serge Boulgakov établit entre le nom et l'icône (cf. Id., *La philosophie du verbe et du nom*, pp. 173–179). De fait, celle-ci, avant d'être considérée comme une œuvre esthétique, a une valeur révélatrice, au sens théologique, imputable non pas à l'aspect « visuel », en tant que représentation en « image » d'un récit ou d'un personnage de la Bible, mais à la Parole elle-même, reportée, par ailleurs, dans les icônes en forme stylisée. Autrement dit, l'icône, d'après Boulgakov, manifeste l'aspect esthétique de la Parole, laquelle ne se veut pas *logos* tout court, mais aussi beauté, *forme* esthétique au sens théologique, en l'occurrence, qui rappelle le mystère de l'incarnation et l'offre non pas à la manière des sacrements, mais à la manière de la Bible : « Le caractère iconique est imparti par le nom qui est inscrit sur l'icône, comme centre d'incarnation du Verbe, de sa révélation. L'ensemble de l'icône est un nom développé, revêtu non seulement de sons, de phonèmes, mais encore d'autres moyens complémentaires : couleurs, formes, figures. Dans l'icône, la représentation est un hiéroglyphe du nom. Il doit par conséquent être rigoureusement stylisé selon l'original : il fait partie de l'alphabet hiéroglyphique des noms sacrés. […] En revanche, sans nom, sans inscription, sans ce caractère hiéroglyphique, l'icône serait impossible. C'est ce qu'établit le décret du VIIe Concile : "L'icône est semblable à l'archétype non par essence, mais seulement selon le nom, *kata to onoma*, et selon la disposition des membres représentés". » (*ibid.*, pp. 174–175) Ce qui fait du nom de Dieu « en un certain sens l'icône verbale de la Divinité » (*ibid.*, p. 177) et, inversement, ce qui fait de la véritable icône de la Divinité, qui est le Verbe fait chair, le nom de Dieu. C'est ce dernier passage théologique qui permettrait d'interpréter de manière correcte la formule du P. Jean de Cronstadt (archiprêtre de la cathédrale Saint-André à Cronstadt, en Russie, il a été canonisé le 1er novembre 1964 par l'Église synodale russe hors frontières, et ensuite, le 8 juin 1990, il fut officiellement reconnu saint orthodoxe par le Concile de l'Église russe réuni à Zagorsk), objet de disputes violentes et de graves malentendus, selon laquelle « le Nom de Dieu est Dieu ». De fait, radicalisée par les fanatiques « onomatodoxes » et entendue dans un sens d'identification totale (cf. *ibid.*, pp. 205–206), cette formule aurait pu connaître un meilleur sort si on lui avait attribué une signification christologique. C'est proprement ce que Boulgakov fait lorsqu'il montre dans son analyse « sophiologique » et christologique du Nom de Dieu et du Nom de Jésus (cf. *ibid.*, pp. 171–213) que les noms divins, par-delà l'attribution, la signification et la fonction prédicative qu'ils revêtent, ne sont pas seulement des paroles qui désignent les relations hypostatiques des personnes divines au sein de la Trinité. En d'autres termes, le Nom divin ne fait pas seulement office de révélateur de la « Trinité économique », comme le dirait Rahner. C'est pourquoi, lorsque Jésus-Christ, l'Homme-Dieu, prononce et s'attribue à lui-même le nom « Je suis », appellation vétérotestamentaire par laquelle Dieu se révèle, le nom divin ne se borne pas à la seule fonction *hypostatique*, mais il se présente aussi comme essence et puissance divines (voir *infra*, 3.1.4). Autrement dit, le nom est en même temps une définition « *Sophia*nique » (terme orthodoxe utilisé par Boulgakov correspondant à « théologique », « philosophique », « anthropologique et « cosmologique ») relevant de l'*ousia* de Dieu, c'est-à-dire de la « Trinité immanente », pour utiliser encore une fois le vocabulaire théologique de Rahner. C'est pourquoi le théologien russe en tire cette conclusion : « Le Nom de Dieu et le Nom de Jésus, qui énoncent l'être hypostatique de la Divinité, sont en même temps *Sophia*niques. Il faut comprendre le Nom en son sens théologique non seulement trinitaire, mais aussi sophiologique, théophanique, anthropologique, cosmologique, en l'appliquant à toutes les définitions de l'être divin et du créé. Cela correspond au double caractère du nom, en tant, d'une part, que sujet hypostatique et silencieux, et, de l'autre, que révélation *Sophia*nique de soi, que prédicat essentiel. Il sous-entend : "Je suis celui qui est", aussi bien que "Au Commencement (la Divinité, la Sophie) était le Verbe (*ho Logos* hypostatique) et le Verbe était vers-auprès de Dieu (le Père, *ton Theon*), et le Verbe était Dieu

entend rappeler, même de manière indirecte, le contexte « protologique » de la Genèse où l'homme et la femme sont créés « à l'image de Dieu » (Gn 1,26-28). Ce n'est pas le seul cas, d'ailleurs. Dans la lettre aux Romains aussi, la figure du premier Adam est confrontée au Christ, nouvel Adam, et relue à la lumière de celui-ci (cf. Rm 5,12-21)[572].

Dans l'autre texte, c'est-à-dire Col 1,15, l'expression « image de Dieu » est insérée dans le cadre d'une hymne christologique[573] (Col 1,12-20), articulée autour de la thématique de la primauté du Christ, principe de subsistance de tout l'univers. L'arrière-plan théologique de l'hymne, considérée dans sa totalité, est le mystère pascal, par lequel le Christ a accompli l'œuvre de réconciliation entre le ciel et la terre. C'est pourquoi, le Christ célébré par la communauté de Colosses, c'est le ressuscité, appelé, et pour cause, « le commencement » (Col 1,18)[574]. Ce dernier, associé à l'élément de la création répété à maintes reprises, ne peut qu'être une allusion implicite au contexte « protologique » du premier récit de la création (Gn 1,1-2,4a). Et pourtant, en l'occurrence, à la différence d'autres prologues ou hymnes christologiques néotestamentaires, la perspective théologique est neuve, car le Christ de Col 1,12-20, « premier-né, avant toute créature », « tête du Corps de l'Église », « Principe » et « Premier-né d'entre les morts » en qui habite « toute la Plénitude », c'est le Christ ressuscité, « image du Dieu invisible ». C'est pourquoi, la perspective pascale offerte par cet hymne s'avère éclairante même par rapport au récit « protologique » de la Genèse. De surcroît, l'insistance sur la prérogative du Christ d'être « avant toute chose », aussi bien que celle d'être « le premier-né, avant toute créature », fait de ce texte un argument fort en

(divin, *theos*)" (Jn 1,1), comme la substance, la nature, la sagesse, la gloire, l'être en beauté de Dieu. Les noms, "*Logos*" et "Jésus" sont identiques par leur puissance, comme ils le sont dans leur relation hypostatique » (*ibid.*, p. 213). Il va de soi donc que cette théologie du Nom divin revêt chez Boulgakov une signification « sacramentelle ». De fait, il affirme même ceci : « Dans le Nom de Dieu, il se produit *un sacrement de la parole*, du mot, que l'on ne saurait ramener à rien d'autre, car ce mot est transmué. Et, choisi pour être un Nom, il en devient un autel verbal, plus qu'une icône : un temple, une arche, un Saint des Saints, un lieu où Dieu est *présent* et notre rencontre avec lui s'effectue. » (*ibid.*, p. 185) Sur une telle identité et essence « sacramentelle » de la Parole je vais revenir plus loin (voir *infra*, 2. 2).

572 Cf. M.-E. THRALL, *A Critical and Exegetical Commentary on the Second Epistle to the Corinthians*, vol. 1, p. 310.

573 Pour une explication exhaustive sur la provenance de la formule « image de Dieu » dans 2 Co 4,4 (où elle est attribuée à l'apôtre en tant qu'expression personnelle) et dans Col 1,15 (où elle apparaît comme expression tirée d'une hymne christologique issue des communautés pauliniennes), se reporter à *ibid.*, pp. 309–310.

574 Ce « commencement » de Col 1,18 est à entendre selon sa double signification : c'est le Christ ressuscité, « commencement » de la nouvelle création – dont il est « le premier-né » – déclenché par l'événement pascal (Col 1, 15), aussi bien que le « commencement » sans commencement qu'est le Verbe – dont la nature est divine –, lequel « est avant toutes choses » (Col 1,17).

faveur de la tradition asiatico-antiochienne centrée sur le « Verbe-incarné »[575], à l'image duquel a été créé le premier Adam.

Enfin, l'attestation de Col 1,15, selon laquelle le Christ est « image du Dieu invisible », se montre cohérente avec les affirmations prononcées par Jésus lui-même dans le quatrième évangile, lorsque Philippe lui demande de bien vouloir montrer le Père : « Voilà si longtemps que je suis avec vous, et tu ne me connais pas, Philippe ? Qui m'a vu a vu le Père. Comment peux-tu dire : "Montre-nous le Père ?" » (Jn 14,9). Cette référence est par ailleurs une attestation qui se pose en syntonie avec l'autre, tirée du prologue johannique : « Nul n'a jamais vu Dieu ; le Fils unique, qui est tourné vers le sein du Père, lui, l'a fait connaître » (Jn 1,18). Sous cet éclairage, le risque que l'expression « Dieu invisible » de Col 1,15 véhicule l'idée d'un Dieu « inconsistant » ou un concept de tonalité gnostico-platonique est donc écarté. Et d'ailleurs, si tel était le cas, Jésus n'aurait pas pu raconter et témoigner de ce Dieu qu'il appelle « Père » et auquel il se lie en tant que Fils en termes personnels et relationnels, ainsi qu'il l'a fait. Par contre, Dieu le Père étant « invisible » aux hommes, mais non pas au Fils, c'est bien à ce dernier qu'il appartient de le faire connaître (cf Jn 1,18).

Il reste à croiser maintenant les attestations néotestamentaires sur le « Fils-image » de Dieu avec l'expression du récit sacerdotal par rapport à la création de l'homme. Relu dans la perspective du Christ-Image – tout comme Gn 1,1, reformulé à la lumière du Christ-Verbe –, le verset Gn 1,26 va prendre dès lors un sens nouveau. Ainsi, « "Faisons l'homme à notre image, selon notre ressemblance" » pourrait se lire comme s'il était écrit : « "Faisons l'homme à l'image qu'est mon Fils, faisons-le à sa ressemblance" ». Voulant créer l'homme en tant que créature visible et hautement « représentative »[576], le « Dieu invisible » n'aurait

575 Chez les Pères de l'Église, la tradition chrétienne connaît notamment deux courants théologiques : l'« école asiatico-antiochienne », dont St Irénée, évêque de Lyon, est considéré comme l'initiateur, et l'« école alexandrine », dont Origène est le tenant majeur. Si la théologie d'Irénée, engagé à endiguer l'hérésie gnostique, est axée sur le Verbe ou *Logos*-incarné (ou qui est prêt à s'incarner), « image » visible et corporelle de Dieu, qui explique et éclaire la signification de l'homme fait à l'image de Dieu de Gn 1,26, la théologie d'Origène pose quant à elle le *Logos*-préexistant comme l'image invisible de Dieu : « S'il est l'image du Dieu invisible, il est image invisible » (*De principiis* 1, 2, 6 ; 4, 4, 1). C'est à l'image de celle-ci que l'âme de l'homme, *image de l'image* (*De oratione* 22, 4), a été faite, et non pas le corps, venant de la terre et pour cela corruptible (cf. J.-P. Perrenx, *L'Évangile de la vie,* t. II : *À la lumière de la foi*, Beauchesne, Paris, 1999, pp. 9–14). Il est clair que la christologie que je vais développer ici repose sur celle d'Irénée. C'est pourquoi, l'image glorieuse du Dieu invisible dont le Père s'est inspiré pour former l'homme étant le Christ ressuscité, l'hymne de la lettre aux Colossiens est à considérer comme une relecture de la création en perspective pascale, où le premier Adam resplendit en tant qu'image du Verbe fait chair, le crucifié et le ressuscité d'entre les morts.

576 « En tant qu'image de Dieu, l'homme assume un rôle de représentation : il est le *vizir* de Dieu dans la création, son *alter ego* [lieutenant], il lui revient, en conséquence, d'exercer un pouvoir royal sur tous les autres êtres créés, dont il est le chef gouvernant au nom du Créateur, en tant que son délégué » (J.-L. Ruiz de la Peña, *Imagen de Dios. Antropología teológica fundamental*, Sal Terrae, Santander, 1988, p. 42, je traduis et j'explicite).

donc pu que s'inspirer du Fils, son image parfaite. La création de l'homme ne peut être véritablement comprise que dans une perspective christologique. Dès lors qu'il est créé à l'image du Fils, l'homme est une créature directement relative au Christ et comme « indirectement » relative à Dieu. C'est pourquoi le Verbe demeure son explication et sa *conditio sine qua non.* Sans christologie, il n'y a pas de véritable anthropologie de la création. C'est le Christ qui postule la création de l'homme, non pas le contraire, comme l'affirmait Anselme d'Aoste dans son *Cur Deus homo*, justifiant l'incarnation du Verbe en tant que remède adéquat à la chute de l'homme[577]. Cela veut donc dire que l'incarnation n'est pas la réponse « obligée » de Dieu aux besoins de l'homme, mais la manifestation cohérente de l'amour libre et inconditionné de Dieu qui devance toute instance humaine. À cet égard, *GS* 22 offre une interprétation christologique magistrale sur laquelle repose d'ailleurs l'anthropologie théologique elle-même[578].

577 Cf. Commission théologique internationale, *Le Dieu rédempteur : questions choisies* (1995), dans *Documents II* (1986–2009), Cerf, Paris, 2013, p. 177, n. 16.

578 Sous-entendant que c'est bien le Christ, nouvel Adam, qui explique le premier Adam et non pas le contraire, *Gaudium et Spes* 22 laisse aussi entendre qu'en se faisant chair, le Verbe ne se limite pas à s'adapter à l'homme (c'est du reste précisément le contraire, car si le Christ postule l'homme, ce dernier est par conséquent créé pour se conformer au Christ, véritable image du Dieu invisible !). L'incarnation du Verbe s'avère être le dernier accomplissement de l'humanité en tant que création finalement achevée. C'est ceci, le but et le sens ultime de la rédemption. L'homme est sauvé par le Christ afin d'avoir part à la communion trinitaire, tout en devenant fils dans le Fils et conforme à lui. Ce qui renforce de surcroît l'hypothèse théologique, généralement partagée désormais, selon laquelle le péché originel ne postulerait pas nécessairement l'incarnation du Verbe, tel un remède/restauration de la chute d'Adam, ainsi que le dit Perrenx, déployant toute la potentialité de la théologie d'Irénée axée sur l'incarnation du Verbe : « "Le Verbe de Dieu est devenu Fils de l'homme pour que l'homme devienne Dieu" (*Adv. haer.* 4, 36, 5). […] Ainsi l'économie divine est indépendante de la chute originelle. Le péché ne détermine pas l'Incarnation, mais seulement sa modalité rédemptrice. […] La résurrection devient la clef de lecture de l'anthropologie : celui qui est initié à la puissance cachée de la résurrection connaît le but pour lequel Dieu a tout créé. Le Christ glorieux réalise parfaitement la finalité du début de la Genèse en permettant à l'homme de réaliser sa ressemblance de manière stable et définitive, tout en portant à terme le dessein initial de l'image et de la ressemblance. […] Toute la Trinité s'est engagée à la glorification de la chair, mais c'est l'Esprit le dynamisme déifiant l'homme corporel, l'élément décisif de la divinisation. […] La fin arrive où l'homme aura acquis dans la chair la forme de Dieu, *intérieurement* par l'Esprit et *extérieurement* avec la gloire du Verbe incarné, terminant ainsi l'étape de l'*oikonomia*. L'homme sera alors capable de voir Dieu. Et ceux qui voient Dieu participent de sa vie. » (J.-P. Perrenx, *L'Évangile de la vie,* t. II : *À la lumière de la foi*, pp. 11–12). Pourtant, je signale que la cit. d'Irénée rapportée par Perrenx est erronée. Par contre, la cit. exacte est la suivante : *Adversus haereses*, III, 19, 1 (*PG* 7, 939)

2.2. La « christosacramentalité » de la Parole-Écriture

2.2.1. La Parole-Écriture et la chair du Christ

La réflexion théologique autour de la Parole de Dieu, tant du côté catholique que du côté protestant – la tentative décevante de Geiselmann y comprise – ne semble pas avoir abouti à une véritable systématisation doctrinale, comme l'a souligné récemment lors d'un colloque international la Prof. Barbara Hallensleben[579]. Et pourtant, un noyau d'énoncés autour duquel développer une théologie de la Parole, capable d'ouvrir à de nouvelles perspectives, peut être repéré. C'est ce que la dogmaticienne enseignant à l'Université de Fribourg (Suisse) affirme, tout en esquissant « un programme de travail "en miniature" »[580] : « Dans un certain sens, une théologie de la Parole de Dieu n'est possible que sous forme d'une théologie sacramentelle : elle ne peut pas faire abstraction de la parole humaine, et en même temps elle doit témoigner d'une présence réelle de Dieu qui se révèle dans sa Parole[581]. » Or, une telle perspective théologique, consciente de ne pouvoir considérer véritablement la Parole en tant que présence réelle de Dieu qu'à partir de la parole humaine, ne peut pas non plus faire abstraction de l'Écriture, celle-ci étant la première et incontournable attestation en paroles humaines sur laquelle repose la Parole divine elle-même.

À la lumière des catégories christologiques « Parole » et « Image » qui ont fait l'objet du paragraphe précédent, il est apparu clairement que le Dieu créateur du ciel et de la terre n'a voulu créer l'homme que par son Fils, selon son Fils et en vue de la manifestation au monde de son Fils, son image parfaite. Il n'a même voulu parler aux hommes que par lui, son Évangile et sa Parole vivante. Se faisant audible et visible dans et par la chair du Fils, Dieu s'est révélé pleinement aux hommes. Il s'agit de catégories théologiques si importantes que non seulement l'anthropologie théologique, mais aussi la théologie de la Révélation peuvent en tirer profit, en saisissant la dimension sacramentelle de la Parole de Dieu par le biais d'une perspective neuve et éminemment christologique.

De fait, que la théologie biblique néotestamentaire définisse le Christ comme « Parole » et « Image » de Dieu, cela équivaut à qualifier le Verbe de « sacrement », terme non connu chez les communautés chrétiennes apostoliques. L'expression néotestamentaire que la version latine de la *Vulgate* a rendue par « *sacramentum* », c'est « *mysterion* »[582]. Privi-

579 Cf. B. Hallensleben, « La sacramentalité de la Parole entre la communication humaine et la Parole de Dieu », § 2. Voir aussi *infra*, 4.1.2.

580 B. Hallensleben, « La sacramentalité de la Parole entre la communication humaine et la Parole de Dieu », § 3. Théologie de la Parole de Dieu – un programme de travail.

581 *Ibid.*

582 Abordant le sujet de la sacramentalité de la Parole sous l'angle de la *doctrina* sacramentaire de S. Thomas d'Aquin, aussi bien que dans un rapport analogique avec les sacrements, Michelet consacre une très bonne analyse aux termes *mysterion* et *sacramentum* (cf. T. Michelet, *« Sacra doctrina »*.

légié dans la tradition paulinienne (cf. 1 Co 2,7 ; 4,1 ; Col 1,26-27 ; 2,2-3 ; Ep 1, 9 ; 3,3-10 ; 5,32 ; 6,19), ce vocable désigne le dessein pensé et préparé par Dieu en faveur des hommes, preuve de son engagement total envers eux. « Caché de tout temps et dans tous les âges », le *mysterion* est manifesté à la plénitude des temps dans l'événement Jésus-Christ, comme l'illustre l'apôtre Paul à la communauté de Colosses (cf. Col 1,26-27)[583]. En d'autres termes, le *mysterion*, c'est « l'abrégé » du message et de la personne du Christ, « l'espérance de la gloire » (Col 1,27). En revanche, *sacramentum*[584], terme existant dans la culture latine et

Mystère et sacramentalité de la Parole dans la Somme de théologie de S. Thomas d'Aquin, pp. 251–377). Ce qu'ici je veux en retenir par rapport au premier terme, c'est premièrement la remarque de Michelet autour de la signification de *mysterion* dans la littérature paulinienne, où l'incarnation du Verbe s'avère fournir la logique mystérique qui fonde le rapport contraignant entre la réalité *visible* de la chair, celle du Christ aussi bien que celle de son corps mystique qu'est l'Église, et le mysterion *invisible*, qui est Dieu lui-même : « Mystère d'Incarnation qui rend visible dans la chair le *mysterion* invisible de Dieu : d'une part selon une ligne verticale descendante, *mysterion* de Dieu qui passe en plénitude dans le Christ, et *mysterion* du Christ tête qui passe en plénitude dans l'Église qui est son corps ; d'autre part, selon une ligne horizontale qui est à la fois celle de l'universalité de toute l'humanité, mystère d'Israël et des Païens, et celle de la temporalité, la protologie étant comme l'eschatologie contenue dans le *mysterion* du Christ toujours présent. [...] La théologie de S. Paul du *mysterion* nous apparaît ainsi contenue dans son expérience fondatrice d'une vision du Corps mystique ["Je suis Jésus que tu persécutes" (Ac 9,5)] faisant l'unité du mystère de Dieu, du Christ, de l'Église et de ses membres, et qui ne fait ensuite que se déployer au gré des besoins, de la confrontation à des questions vitales et existentielles. » (*ibid.*, pp. 283–284) Puis, un autre aspect intéressant à souligner est l'intégration à *mysterion* d'autres termes bibliques complémentaires qui le désignent également, tels : « signe » (σημεῖον), « type » (τύπος) – qui donnera en latin *figura* –, aussi bien qu'image – en grec *εἰκὼν* – qui traduit les correspondants hébreux « דְּמוּת » (*demuth*), forme, image, ressemblance, et « צֶלֶם » (*tselem*), image, idole. En outre, comme le relève encore Michelet, chez les Pères grecs *mysterion*, en plus d'indiquer soit les mystères (au pluriel) de la foi, tels l'incarnation, la conception virginale de Jésus, l'enfantement de la Vierge, la mort et la résurrection du Christ, soit le *tupos* ou la figure (au singulier), peut aussi désigner le mystère liturgique célébré notamment le jour du Seigneur. Enfin, Michelet relève que chez Clément d'Alexandrie, même l'Écriture est qualifiée de *mysterion* ; tandis que Jean Chrysostome fait allusion à un regard complémentaire, celui qui se pose sur la réalité visible et contemple la réalité mystérique.

583 Cf. aussi Ep 3,1-13.

584 C'est le prêtre latin Tertullien (IIIe siècle) qui utilise le premier le terme de « sacrement » par rapport au baptême, en puisant le mot dans le langage militaire de l'ancienne religion civique romaine. Il s'agit du *sacramentum militiæ*, un véritable rituel d'investiture, par lequel un soldat s'engageait au service de son empereur. Composé par *sacer* (sacré) et *mentum* (moyen), le *sacramentum* consistait en un acte de consécration (*sacratio*) où le soldat prononçant son serment se vouait aux dieux jusqu'à la mort, tandis que ceux-ci, en échange, lui accorderaient leur protection. Celle-ci était rendue visible par l'entremise du prêtre qui imposait sa main sur l'initié. À côté donc de la signification de la *sacratio* qui s'accomplissait par le *moyen* (*mentum*) du rituel, mais aussi par le moyen de l'objet visible, l'offrande par le soldat de sa vie et de son propre corps, la discrétion du rituel donnait à l'initiation une signification de « mystère ». Pourtant au cours des siècles, le terme *sacramentum* connaît une progressive désacralisation, laissant au mot *mysterion* le soin de désigner les rites d'initiation des nouveaux cultes païens (*mysteria*). Puisque les deux termes relèvent donc du paganisme, ce qui détermine cependant que les Pères latins, à commencer par Tertullien, adoptent *sacramentum*, en le préférant à *mysterion*, selon l'hypothèse de Michelet n'est pas dû tant au fait de vouloir se démarquer

introduit par Tertullien dans le langage théologico-liturgique, assumera de plus en plus au long de la tradition théologique, à partir des Pères de l'Église et durant les époques successives, la signification de *signum* et *instrumentum*, selon la formulation de Vatican II[585]. Bref, l'interprétation que l'Église latine a faite au cours du temps du mot grec *mysterion*, traduit tantôt par *mysterium*, tantôt par *sacramentum*, a privilégié celui-ci pour exprimer le signe visible et celui-là pour exprimer la réalité cachée du salut, à savoir le Christ, « mystère » du salut par excellence, comme le disait saint Augustin[586], et « sacrement de la rencontre de Dieu », d'après l'ouvrage de Schillebeeckx[587].

Il est indéniable que parmi les évangiles celui qui s'articule le plus autour d'une christologie sacramentelle, c'est le quatrième. Jn 1,14 atteste que la Révélation atteint son point culminant dans le Verbe fait homme. C'est dans sa corporéité, par sa parole et par ses actes, notamment par sa mort et sa résurrection, que les hommes, à commencer par ceux qui

des mystères païens, qu'à des raisons diverses : 1) *sacramentum* était un mot romain ; 2) il se distinguait des rites d'initiation grecs ; 3) remontant à la vieille religion civique romaine où il revêtait déjà une forte signification religieuse, *sacramentum* pouvait ainsi acquérir une signification chrétienne plus forte. Ce faisant, loin d'opposer le terme *sacramentum* au *mysterion* grec, Tertullien s'approprie ce dernier, tout en promouvant la *romanitas* en tant que nouvelle identité linguistique et culturelle de l'Église, dont Rome allait devenir le siège officiel, tandis que Jérusalem restait le symbole de son berceau initial. Ensuite, chez S. Ambroise de Milan, la distinction entre *sacramenta* et *mysteria* sert à désigner les signes et les rites sacrés pour les premiers, et les sens cachés des Écritures pour les seconds, dont l'explication (mystagogie) était donnée aux néophytes (les nouveaux baptisés). Ce sera à partir du IVe siècle que le mot *mysterium* est à nouveau employé, tout en revêtant une signification chrétienne. S. Augustin reste celui qui fait une synthèse précieuse des deux termes, de telle sorte que *sacramentum* souligne l'aspect visible, c'est-à-dire le *signum*, et *mysterium* souligne la réalité divine invisible, c'est-à-dire la *res sacra*, ou simplement la *res* (cf. T. MICHELET, *« Sacra doctrina ». Mystère et sacramentalité de la Parole dans la Somme de théologie de S. Thomas d'Aquin*, pp. 307–327). De nos jours, la signification conceptuelle de « sacrement » comprend désormais également l'aspect du terme grec *mysterion*, dès lors que les sacrements rendent présent un événement « primordial » qui s'est passé autrefois et ailleurs et qui, par le sacrement-mystère visible et sensible, s'accomplit lors de la célébration liturgique (cf. S. MARSILI, « Sacramenti », dans D. SARTORE, A.-M. TRIACCA, C. CIBIEN (dir.), *Liturgia*, San Paolo, Cinisello Balsamo, 2001, pp. 1750–1752).

585 « L'Église étant, dans le Christ, en quelque sorte le *sacrement,* c'est-à-dire à la fois le signe et le moyen de l'union intime avec Dieu et de l'unité de tout le genre humain, elle se propose de mettre dans une plus vive lumière, pour ses fidèles et pour le monde entier, en se rattachant à l'enseignement des précédents Conciles, sa propre nature et sa mission universelle. » (*LG* 1, je souligne) Le *Catéchisme* aussi utilise les mêmes termes par rapport aux sacrements : « L'œuvre salvifique de son humanité sainte et sanctifiante [celle de Jésus-Christ] est le sacrement du salut qui se manifeste et agit dans les sacrements de l'Église (que les Églises d'Orient appellent aussi "les saints mystères"). Les sept sacrements sont les signes et les instruments par lesquels l'Esprit-Saint répand la grâce du Christ, qui est la Tête, dans l'Église qui est son Corps. L'Église contient donc et communique la grâce invisible qu'elle signifie. C'est en ce sens analogique qu'elle est appelée "sacrement". » (*CEC* 774, j'explicite)

586 S. AUGUSTIN, *Ep.* 187, 11, 34 (*PL* 33, 845) : « Il n'y a pas d'autre mystère que le Christ ».

587 Cf. E. SCHILLEBEECKX, *Le Christ, sacrement de la rencontre de Dieu. Étude théologique du salut par les sacrements*, pp. 15–57.

furent ses disciples, ont pu saisir quelque chose de Dieu que nul œil n'a jamais vu. Raison pour laquelle Jean peut écrire dans sa première lettre : « Ce qui était au commencement, ce que nous avons entendu, ce que nous avons vu de nos yeux, ce que nous avons contemplé et que nos mains ont touché du Verbe de vie, car la vie s'est manifestée, et nous avons vu, et nous rendons témoignage, et nous vous annonçons la vie éternelle, qui était tournée vers le Père et qui s'est manifestée à nous. Ce que nous avons vu et entendu, nous vous l'annonçons à vous aussi afin que vous aussi, vous soyez en communion avec nous. Et notre communion est communion avec le Père et avec son Fils Jésus-Christ » (1 Jn 1,1-3). La chair de Jésus fait de lui le sacrement de Dieu, sa présence tangible au milieu des hommes. L'être-sacrement du Fils n'est évidemment pas « nécessaire » au Père, car il remplit une fonction médiatrice de révélation et d'« épiphanie »[588] par rapport à l'identité divine et messianique du Christ vis-à-vis des hommes, à commencer par les disciples, premiers témoins oculaires et auriculaires.

Articulé donc autour de la théologie des « signes », en grec *sêmeia*, le quatrième évangile présente le Christ lui-même comme le *sêmeion* de Dieu par excellence. Sa chair, sa corporéité, son humanité font de lui le « signe des signes » de l'épiphanie divine. Les *sêmeia* que Jésus accomplit constituent la réalité sensible, visible et signifiante par laquelle Jésus dévoile-voile son identité divine, de manière progressive et propédeutique, jusqu'à la croix-résurrection, dernier signe et point culminant de la révélation johannique. Les *signes* ne consistent pas uniquement en des gestes miraculeux ou actions efficaces surnaturelles. Ils sont en même temps et surtout des faits révélateurs (cf. Jn 10,25-38). C'est pourquoi le *sêmeion* est une Parole aussi. D'ailleurs, comme le dit clairement *Dei Verbum*, l'économie de la Révélation consiste en « des événements et des paroles *(gestis verbisque)* intrinsèquement liés entre eux »[589]. En d'autres termes, recouvrant les gestes et les paroles de Jésus, le

588 Classée parmi les lettres « pastorales », la lettre à Tite présente l'événement Jésus-Christ comme « épiphanie » de Dieu (cf. 2,11 ; 2,13 ; 3,4). Mais également la « proclamation de l'Évangile » est la *manifestation* de la *Parole* de Dieu (cf. 1,3). Il en découle que cette « proclamation » se charge d'une signification sacramentelle par rapport à la manifestation de la Parole. Si dans les trois premiers versets mentionnés plus haut l'expression « manifestation » est référée à Dieu, lequel se manifeste dans la personne du Fils, cela veut dire que 1,3, le seul verset où la « manifestation » est attribuée à la « proclamation de l'Évangile », autorise une interprétation sacramentelle de l'Évangile qui repose sur les attestations scripturaires.

589 *DV* 2. À l'égard de la conception d'« événement » mise en place par *Dei Verbum*, Theobald regrette que la Constitution dogmatique ne développe pas une théologie de la foi et de la Révélation axée sur les éléments cités par *DV* 2 et 7. C'est pourquoi « une réception créatrice du Concile doit avancer en réfléchissant à la figure relationnelle de la foi, à la structure narrative qui y est impliquée et à cette sorte de prolifération des récits qu'a produits effectivement, dans les communautés primitives et dans l'histoire du christianisme, un type très spécifique de "transmission" ou de "tradition", issu de l'être ensemble du Christ avec ses premiers disciples et avec d'autres » (C. THEOBALD, « La foi a une histoire. La structure narrative de la transmission et sa régulation ecclésiale », p. 30). Pour une analyse

sêmeion correspond au *dâbâr* de Dieu, sa parole vivante et agissante qui accomplit un événement de grâce, de salut et de révélation. Donnons ci-après quelques exemples.

Dans la résurrection de Lazare, avant de ressusciter son ami, Jésus déclare être « la résurrection et la vie » (cf. Jn 11,25-26) ; auprès de la piscine de Siloé, qui veut dire : « Envoyé » (Jn 9,7), Jésus dit, en guérissant un aveugle de naissance, qu'il est « la lumière du monde » (Jn 8,12 ; 9,5) ; dans la synagogue de Capharnaüm, après le signe de la multiplication des pains accompli auprès du lac de Tibériade, Jésus tient un long discours où il affirme être lui-même « le pain de la vie, descendu du ciel » (Jn 6,35.41.48.51). Pour résumer, le corps de chair de Jésus, ses actions et ses paroles font de lui le signe-sacrement par lequel l'homme a accès à la vie de Dieu.

Or, Jésus étant, dans l'évangile du *Logos*, la Parole même de Dieu, lorsque Benoît XVI commente le discours sur le pain de la vie (cf. Jn 6,26-59), il ne se limite pas à l'interprétation classique du texte en termes eucharistiques, mais il en propose une lecture en quelque sorte complémentaire :

> Le discours sur le pain, en effet, renvoie au don de Dieu, que Moïse a obtenu pour son peuple avec la manne dans le désert et qui est en réalité la *Torah*, la Parole de Dieu qui fait vivre (cf. Ps 119 ; Pr 9, 5). Jésus accomplit en sa personne la figure antique : "Le pain de Dieu, c'est celui qui descend du ciel et qui donne la vie au monde… Moi, je suis le pain de vie" (Jn 6, 33.35). Ici, la Loi est devenue Personne. Dans la rencontre avec Jésus, nous nous nourrissons pour ainsi dire du Dieu vivant lui-même, nous mangeons vraiment "*le pain venu du ciel*". Le Prologue de Jean trouve un approfondissement dans le discours de Capharnaüm : si là le *Logos* de Dieu devient chair, ici cette chair devient "pain" donné pour la vie du monde (cf. Jn 6, 51)[590].

Tiré du paragraphe où le pape émérite esquisse sa réflexion sur la sacramentalité de la Parole, en rapprochant cette dernière du sacrement de l'eucharistie, ce passage met en relief le fait que le pain de la vie, *chair* du Christ et *vraie nourriture* qui inclut aussi son *sang, vraie boisson* (cf. 6,55), est la nouvelle manne descendue du ciel. Or, si la manne de Moïse était déjà le symbole de la *Torah*, comme le sous-entend Dt 8,3[591], nous sommes amenés à comprendre ce « pain de vie » comme le *Logos* fait chair, Parole sortie de la bouche de Dieu. D'ailleurs, ce n'est pas par hasard si Jésus dit que ce pain du ciel est précisément sa

plus détaillée de la question envisagée par Theobald à l'égard du chapitre II de *Dei Verbum* resté isolé par rapport aux autres documents conciliaires, mais aussi par rapport aux développements théologiques et magistériels postconciliaires, voir aussi C. Theobald, « "La transmission de la Révélation divine" : à propos de la réception du chapitre II de *"Dei Verbum"* », dans P. Bordeyne, L. Villemin (éd.), *Vatican II et la théologie. Perspectives pour le XXI*^e^ *siècle*, Cerf, Paris, 2006, pp. 107–126. Benoît XVI, lui aussi, indique *DV* 2 comme direction théologique vers laquelle orienter l'approfondissement de la dimension sacramentelle de la Parole de Dieu (cf. *VD* 56).

590 *VD* 54.

591 « [Le Seigneur ton Dieu] t'a humilié, il t'a fait sentir la faim, il t'a donné à manger la manne que ni toi ni tes pères n'aviez connue, pour te montrer que l'homme ne vit pas seulement de pain, mais que l'homme vit de tout ce qui sort de la bouche du Seigneur » (j'explicite).

chair (cf. Jn 6,51) ! C'est pourquoi une telle interprétation, non seulement ne constitue pas une erreur exégétique, mais elle devient la condition pour parvenir à la première signification déployée par le symbole du « pain du ciel » dans ce long discours johannique. De surcroît, l'expression que l'apôtre Pierre adresse à Jésus tout de suite après le discours du maître clarifie la compréhension du texte : « Seigneur, à qui irions-nous ? Tu as les paroles de la vie éternelle » (6,68). En somme, lorsque Jésus invite à manger sa chair et à boire son sang, c'est d'abord et aussi sa Parole qu'il donne en nourriture, dont l'Écriture est le « signe » *efficace*[592] et l'attestation *conforme*[593]. D'ailleurs, débutant par un prologue consacré à la « Parole de Dieu », Jean se qualifie *a priori* d'« évangile du Verbe », ce qui le marque d'une dimension sacramentelle concernant, en premier lieu, la Parole. En revanche, la référence explicite à l'institution de l'eucharistie chez les évangiles synoptiques confère à ces derniers une marque sacramentelle relevant du domaine des sacrements, notamment le sacrement du Corps du Christ, où le pain, en tant qu'élément visible, constitue le signe efficace et la réalité substantielle de la présence divine.

La Parole, en tant que nourriture, est évoquée plusieurs fois dans la Bible. On songe à Ézéchiel, invité par Dieu à manger le livre contenant les paroles prophétiques à adresser au peuple d'Israël : « "Et toi, fils d'homme, écoute ce que je vais te dire, ne sois pas rebelle comme cette engeance de rebelles. Ouvre la bouche et mange ce que je vais te donner". Je regardai, et voici qu'une main était tendue vers moi, tenant un volume roulé. Il le déploya devant moi : il était écrit au recto et au verso ; il y était écrit : "Lamentations, gémissements et plaintes". Il me dit : "Fils d'homme, ce qui t'est présenté, mange-le ; mange ce volume et va parler à la maison d'Israël". J'ouvris la bouche et il me fit manger ce volume, puis il

592 Venant du domaine anthropologique des sciences pédagogiques et lingustiques, le terme « performatif » est repérable aussi dans *VD* 53 et 56. Référé à la Parole de Dieu aussi bien qu'aux sacrements, dans le contexte de l'exhortation apostolique il recouvre évidemment une signification impliquant la présence vive et agissante de Dieu dans sa Parole, en l'occurrence, aussi bien que dans les sacrements. D'où la connotation d'« efficacité » sacramentelle. Pourtant, malgré le bon accueil que lui a accordé la théologie, l'expression « performatif » souligne davantage l'effet *formatif* et *transformatif* de nature anthropologique et éthique que l'efficacité gracieuse opérée *par* le *mystère* « caché » et « demeurant » *dans* les réalités sacramentelles. C'est pourquoi, à mon avis, l'usage en théologie du terme « performatif » s'avère inapte à désigner en l'occurrence le « signe » à la fois mystérique et sacramentel qu'est la Parole-Écriture, et même quelque peu ambigu. J'estime en revanche plus adéquat et même plus prudent l'emploi de ce terme dans les contextes spécifiquement anthropologiques et pastoraux, telles la catéchèse et l'évangélisation, plutôt que dans les contextes dogmatiques (cf. R. Tonelli, *La narrazione nella catechesi e nella pastorale giovanile*, Elledici, Leumann, 2002, p. 62). J'y reviendrai plus loin (voir *infra*, n. 1073).

593 Appartenant à la réflexion systématique de Balthasar, l'expression « attestation conforme » est un concept-clef qui met en correspondance l'attestation, la Parole-Écriture, avec l'attesté, la personne du Christ ou la *res carnis Jesu* (voir *infra*, 4.1.1). Jüngel attribue également à la Parole de Dieu la même connotation, dès lors qu'il conçoit l'Évangile comme discours analogique adéquat à dire Dieu et conforme à Jésus-Christ, Parabole de Dieu (voir *supra*, 1.2.2).

me dit : “Fils d’homme, nourris-toi et rassasie-toi de ce volume que je te donne”. Je le mangeai et, dans ma bouche, il fut doux comme du miel » (2,8-3,3). D’après l’Apocalypse, Jean est invité à faire de même (cf. 10,8-11). À cet égard, la réflexion de Beauchamp tirée du cœur de son essai biblique fondamental, notamment de la section où l’auteur envisage le sujet de l’Écriture en tant que *livre* ou *corpus* composé de *trois écritures*, s’avère éclairante : « Le récit inscrit l’origine dans le corps, il fait naître. Qu’y a-t-il de plus difficile à croire, cela, ou qu’Ézéchiel ait mangé un livre, et pourquoi l’a-t-il fait, sinon parce que le livre est appelé à devenir corps ? Sur cette voie, la jonction du récit et du repas s’opère dans la fête deutéronomique (Dt 26), dans la manducation du pain avec l’anamnèse de la création et de l’histoire par les hymnes de la Pâque (Ps 136)… »[594].

Les rites de la fête de la Pâque, aussi bien que la *berakhah* (bénédiction) du *shabbat*, mettaient déjà sur la table la Parole de Dieu, tout en établissant un lien étroit entre le récit et la nourriture. Le *matzah* (le pain azyme), le récit de l’histoire (*maggid*), la prière de la coupe de la rédemption (*bareich)* sont les signes visibles, non seulement d’une histoire du salut racontée, mangée, bue et chantée (cf. le Ps 136 dit du « *Grand Hallel* »), mais aussi d’une Parole, la Parole du Seigneur, qui se rend présente dans le mémorial (*ziqqaron* : cf. Ex 12,24). La Parole du Seigneur n’est jamais une parole archivée, mais vivante, comme le note Beauchamp : « Le livre ne montre pas ce qui se passe, quand tout se passe en lui. Il ne raconte pas un passage, puisqu’il l’est. C’est à dire que tout vient d’ailleurs que lui et conduit ailleurs qu’en lui-même. Que veut le récit du passé, sinon que le passé cesse d’être en devenant présent, présent comme présence et présent comme cadeau, reçu de l’origine ? »[595] Le bibliste jésuite n’aurait pas pu mieux expliquer l’efficacité de la *lettre* sacrée, laquelle fait de la Parole un mémorial, un événement qui s’accomplit à nouveau dans l’*hodie*. C’est un élément remarquable à l’égard de la sacramentalité de la Parole. Et pourtant, il y a même plus. La jonction récit-repas qui désigne la Parole comme nourriture vitale n’est pas encore le point d’arrivée : le but de la Parole-Écriture, c’est d’atteindre le corps.

Que le Nouveau Testament ait explicité ce que l’Ancien avait dit de manière voilée par des préfigurations, à savoir que le Fils est la vraie Parole de Dieu, et que l’Écriture sainte a été reconnue par la Tradition et grâce à elle comme Parole de Dieu, ainsi que le rappelle d’ailleurs Benoît XVI[596], cela entraîne des conséquences logiques, au sens théologique évidemment, très importantes. Le Fils, la Parole et l’Écriture sont trois facteurs qui se

594 P. BEAUCHAMP, *L’un et l’autre Testament. Essai de lecture*, p. 196.

595 *Ibid.*

596 « C’est la Tradition vivante de l’Église qui nous fait comprendre de manière adéquate la Sainte Écriture comme Parole de Dieu. Même si le Verbe de Dieu précède et transcende la Sainte Écriture, toutefois, dans la mesure où elle est inspirée par Dieu, elle contient la Parole divine (cf. 2 Tm 3,16) “d’une manière tout à fait particulière”. » (*VD* 17)

trouvent assumés en un véritable syllogisme théologique. Concrètement, si l'Écriture est Parole de Dieu et si celle-ci n'est que le Fils, il devrait en découler une certaine identification de l'Écriture avec le Fils. Ce qui se passe dans la synagogue de Nazareth, d'après l'évangéliste Luc, semble pouvoir appuyer cet argument.

L'histoire de Jésus de Nazareth se passe, ou mieux « s'accomplit », pour utiliser l'expression du troisième évangile, comme aboutissement des Écritures, d'après ce que Jésus dit dans la synagogue de Nazareth : « Aujourd'hui s'accomplit à vos oreilles ce passage de l'Écriture » (Lc 4,21). « S'accomplir » est une forme verbale utilisée par ailleurs dès le début de l'évangile, lorsque Luc fait allusion aux « événements qui se sont accomplis » dans sa communauté (Lc 1,1). En revenant à Lc 4,16-21, ce qui frappe, c'est bien une « omission », d'après le texte : « Il se leva pour faire la lecture. On lui remit le livre du prophète Isaïe et, déroulant le livre, il trouva le passage où il était écrit : "L'Esprit du Seigneur est sur moi, parce qu'il m'a consacré par l'onction, pour porter la bonne nouvelle [...]". Il replia le livre, le rendit au servant et s'assit » (Lc 4,16-18.20). D'où la question de savoir pourquoi l'évangéliste n'a pas fait « lire » Jésus. La raison semble émerger des paroles elles-mêmes de Jésus lorsqu'il commente le texte d'Isaïe, dont la prophétie (cf. Is 61,1-2) est présentée comme Écriture qui s'accomplit et qui prend corps dans la personne de Jésus. Par là, ce qui s'accomplit aux oreilles n'est plus simplement l'Écriture, mais l'Écriture-hypostasiée dans la personne de Jésus, telle la Parole-Sagesse des Proverbes présentée comme une personne.

Un autre élément, tout aussi important, appuyant le syllogisme théologique évoqué ci-dessus, c'est le fait que Jésus ne mentionne pas la Parole, mais l'Écriture elle-même. Or, cela n'est pas étonnant, dès lors que, dans le Nouveau Testament, c'est quasiment toujours l'Écriture qui s'accomplit, et non pas la Parole, comme c'est le cas dans l'Ancien Testament[597] ! C'est pourquoi, en l'occurrence, c'est bien l'Écriture qui s'accomplit et de surcroît, par rapport à Jésus, Parole véritable de Dieu. Cela constitue un élément-clef important à l'égard de la sacramentalité de la Parole, qui peut donner à l'Écriture toute sa valeur théologique par rapport à une forme de présence « réelle » du Christ.

597 Référés à la Parole de Dieu, le terme « accomplissement » aussi bien que l'expression verbale y relative sont présents une quarantaine de fois dans l'Ancien Testament, surtout dans le livre de Jérémie (8 fois) et dans le premier livre des Rois (6 fois). Le Nouveau Testament, quant à lui, en atteste une forte concentration (une cinquantaine de fois), mais quasiment toujours en référence à l'Écriture ou aux Écritures vétérotestamentaires. Soulignons que le premier évangile l'utilise 15 fois, dont 13 fois en référence à l'Écriture et 2 fois avec comme sujet Jésus ; dans l'évangile de Luc, le terme est utilisé notamment en tant qu'accomplissement du temps, tandis que par rapport à l'Écriture il est employé 8 fois ; dans l'évangile de Jean, il est beaucoup utilisé en référence aux signes et aux actions de Jésus, 8 fois par rapport à l'Écriture et une fois il est référé à la parole de Jésus ; chez Marc il n'est utilisé que 2 fois (par rapport au temps et aux Écritures) ; dans les Actes, 7 fois en référence aux Écritures ; il est presque absent dans les lettres et les autres écrits néotestamentaires.

Dans les textes évangéliques, la forme verbale « s'accomplir », référée à maintes reprises spécialement à l'Écriture et employée presque exclusivement sous forme de passif théologique, témoigne de l'autorité et même de l'efficacité que le Nouveau Testament reconnaît à la Parole écrite. De plus, impliquant un *sujet* théologique, elle joue aussi un rôle de révélation dont l'explication est résumée par l'*ephapax* du premier évangile : « N'allez pas croire que je sois venu abolir la Loi ou les prophètes : je ne suis pas venu abolir, mais accomplir » (Mt 5,17). Le seul cas où le sujet de l'accomplissement est la personne elle-même du Christ, cet *ephapax* noue un lien encore plus fort entre la *lettre* sacrée et la personne de Jésus.

Cette analyse peut jeter à mon avis une certaine lumière aussi sur les deux analogies reportées par Benoît XVI dans *Verbum Domini.* Celles-ci montrent, d'ailleurs, qu'entre l'incarnation du Verbe et l'Écriture il y a une étroite connexion.

La première :

> Comme le Verbe de Dieu s'est fait chair par l'action de l'Esprit-Saint dans le sein de la Vierge Marie, de même l'Écriture Sainte naît du sein de l'Église par l'action du même Esprit. L'Écriture Sainte est « Parole de Dieu en tant que, sous le souffle de l'Esprit divin, elle est consignée par écrit »[598].

La seconde :

> Il peut être utile de rappeler à ce propos une analogie développée par les Pères de l'Église entre le Verbe de Dieu qui se fait « chair » et la Parole qui se fait « livre ». La Constitution dogmatique *Dei Verbum*, recueillant cette ancienne tradition selon laquelle « son corps (celui du Fils), ce sont les enseignements des Écritures » – comme le disait saint Ambroise –, affirme : « Les paroles de Dieu, exprimées en langues humaines, sont devenues semblables au langage humain, de même que jadis le Verbe du Père éternel, ayant assumé la chair humaine avec ses faiblesses, est devenu semblable aux hommes. »[599]

Il s'agit, sans doute, d'analogies qui témoignent d'une christologie sous mode de « corrélation ». Dans la première analogie, les composantes théologiques sont multiples. Le premier élément, nouant les deux corrélations « Verbe-Vierge Marie » et « Écriture-Église », est l'« incarnation ». Celle-ci, pour sa part, s'accomplit par l'action de l'Esprit-Saint dans des réalités théologiques qui constituent les autres éléments importants de l'analogie. Il s'agit de deux « lieux » théologiques où l'incarnation du Verbe se réalise en des formes événementielles. Dans le sein de la Vierge Marie, le Verbe se fait chair, tel un événement qui se produit historiquement une fois pour toutes. Dans le sein de l'Église, l'Écriture naît en un événement historique unique – impliquant la mise par écrit, la reconnaissance de l'inspiration et la délimitation canonique de la Parole, celle de la nouvelle Alliance, aussi bien que celle de

598 *VD* 19, citant *DV* 9.
599 *VD* 18, citant S. Ambroise, *Expositio Evangelii secundum Lucam* 6, 33 : *SCh* 45, et *DV* 13.

l'Ancien Testament –, ainsi qu'en un événement réitérable qui s'accomplit à chaque fois que la Parole, écoutée en profondeur, se fait chair-Écriture dans la vie des croyants[600]. C'est pourquoi l'apôtre peut qualifier les chrétiens de Corinthe de « lettre du Christ » (2 Co 3,3).

Dans la seconde analogie, tirée des Pères, le terme corrélatif entre le Verbe fait « chair » et la Parole faite « livre », pas si évident et manifeste au premier abord, est explicité d'une certaine façon tout de suite après, dans le passage reportant la citation de *DV* 13. Mettant en correspondance « Verbe et Parole » et « chair et livre »[601], la seconde analogie laisse sous-entendre que le lien qu'elle entraîne est un lien christologique. De fait, le Verbe de Dieu qui est la Parole du Père, se faisant chair, c'est-à-dire homme, il a assumé également le langage humain. En d'autres termes, le « livre » de la seconde analogie n'est que le langage humain, par lequel le Fils, véritable Parole de Dieu, s'est exprimé, voire « s'est traduit » ou « s'est abrégé » même, d'après la tradition patristique médiévale[602]. Pourtant, si nous cherchons ultérieurement à approfondir les éléments théologiques de l'analogie, la seconde correspondance christologique « chair-livre » peut dégager une signification analogique que nous pourrions appeler « christosacramentelle »[603]. Pour ce faire, je vais d'abord recourir aux témoignages scripturaires du Deutéronome, des prophètes majeurs et de l'apôtre Paul, concernant le lien de la Parole-Écriture avec la chair des hommes, et à l'attestation de la lettre aux Hébreux, concernant le lien entre l'Écriture et le corps de chair de Jésus lui-même.

600 Par là, je tiens à souligner que l'incarnation de Dieu dans la personne de Jésus-Christ étant un *ephapax* qui comprend aussi l'incarnation du Verbe dans la Parole-Écriture et dans la vie des croyants, ces derniers événements sont « réitérables », non pas tant en termes de répétition d'un fait synchronique non réitérable – l'événement Jésus-Christ qui s'est accompli une fois pour toutes –, mais en termes d'accomplissement diachronique successif de cet *ephapax*. Ce qui fait que cette économie de la Parole, qu'en l'occurrence nous avons dénommée « économie de l'incarnation du Verbe », peut trouver dans l'analyse ici proposée le noyau d'une théologie de la sacramentalité de la Parole de Dieu qui va déboucher sur la théologie autobiographique et sur l'autobiographie croyante (ou de la foi).

601 « Livre » en l'occurrence ne peut être compris qu'au sens d'Écriture ou de lettre sacrée. Cela vaut aussi pour les Pères qui ont voulu utiliser ce terme.

602 Cf. *VD* 12. Cette analogie se relie, par ailleurs, à la thèse de Jüngel, où l'incarnation du Verbe, événement de langage qui a imprimé un tournant dans l'histoire des hommes, est l'avènement même de l'analogie divine, qualifiée, dès lors, d'« Avent » (voir, *supra* 1.2.2, surtout n. 182 et n. 201)

603 Il est notoire que l'usage et le sens du terme « sacrement » varient selon les divers sujets, contextes et lieux théologiques. On peut en parler en termes strictement liturgico-sacramentaires (en référence aux sept sacrements), aussi bien qu'en termes christologiques (le Christ, sacrement de Dieu), ecclésiologiques (l'Église, sacrement universel du salut), anthropologiques (l'homme, sacrement du Christ) ou encore en termes biblico-théologiques, comme en l'occurrence, à propos de la sacramentalité de la Parole. C'est pourquoi, afin d'employer une terminologie et une sémantique non ambiguës, et de préciser d'ores et déjà quel est le lieu théologique où se situe ma réflexion autour de la sacramentalité de la Parole, j'ai voulu introduire le néologisme théologique de « christosacramentel ». En bref, la sacramentalité de la Parole que j'essaierai d'expliciter repose notamment sur une christologie sacramentelle, ou pour le dire autrement, sur une théologie « christosacramentelle ».

Lors de l'annonce d'une nouvelle alliance que Dieu veut nouer de manière définitive avec la maison d'Israël et la maison de Juda, Jérémie utilise ces expressions : « Mais voici l'alliance que je conclurai avec la maison d'Israël après ces jours-là, oracle du Seigneur. Je mettrai ma Loi au fond de leur être et je l'écrirai sur leur cœur. Alors je serai leur Dieu et eux seront mon peuple » (Jr 31,33). Une annonce qui sonne comme une sorte de « proto-Nouveau Testament » et dont un écho se trouve dans la littérature deutéronomique (cf. Dt 30,11-14). Ézéchiel lui aussi, lorsqu'il prédit le retour du peuple de l'exil, fait allusion au cœur de l'homme : « Je vous donnerai un cœur nouveau, je mettrai en vous un esprit nouveau, j'ôterai de votre chair le cœur de pierre et je vous donnerai un cœur de chair. Je mettrai mon esprit en vous et je ferai que vous marchiez selon mes lois et que vous observiez et pratiquiez mes coutumes » (36,26-27). Pourtant, le point culminant de l'Ancien Testament où la jonction de la lettre avec le corps atteint son sommet, c'est « quand le deuxième Isaïe voit le nom de Yahweh, origine d'Israël, inscrit sur les paumes de la main des rapatriés »[604] : « Celui-ci dira : "Je suis à Yahvé", et cet autre se réclamera du nom de Jacob. Celui-là écrira sur sa main : "à Yahvé", et on lui donnera le nom d'Israël » (Is 44,5). Dans la deuxième lettre aux Corinthiens, s'adressant aux membres de cette communauté, l'apôtre écrit expressément : « Vous êtes manifestement une lettre du Christ remise à nos soins, écrite non avec de l'encre, mais avec l'Esprit du Dieu vivant, non sur des tables de pierre, mais sur des tables de chair, sur les cœurs » (3,3). Cette dernière citation est une attestation très importante, car elle fournit à la théologie sacramentelle de la Parole un élément neuf et essentiel : l'Esprit-Saint. Je reviendrai plus loin sur cette implication pneumatologique[605].

Finalement, le corps auquel l'Écriture s'unit parfaitement, c'est celui du Christ, comme l'atteste l'auteur de la lettre aux Hébreux : « En entrant dans le monde, le Christ dit : "Tu n'as voulu ni sacrifice ni oblation ; mais tu m'as façonné un corps. Tu n'as agréé ni holocaustes ni sacrifices pour les péchés. Alors j'ai dit : Voici, je viens, car c'est de moi qu'il est question dans le rouleau du livre, pour faire, ô Dieu, ta volonté" » (He 10,5-7). Dans ce texte, le lien étroit existant entre le corps du Christ et le livre est explicite. Ce qui était écrit de lui se passe en lui. En d'autres termes, le Fils, celui qui s'adresse au Père à la première personne, offrant son corps à l'accomplissement de la volonté de Dieu, fait en même temps de son corps l'Écriture qui s'accomplit. Ce qui fait que l'Écriture s'accomplit en tant que corps du Christ offert au Père. Ce corps de chair du Christ devient par conséquent récit qui se passe maintenant, Écriture qui se fait Histoire et Parole de la rencontre de Dieu avec les hommes.

604 P. BEAUCHAMP, *L'un et l'autre Testament. Essai de lecture*, p. 196.
605 Cf. *infra*, 2.2.2.

Or, cette analyse christologique, relevant le rapport d'osmose entre l'Écriture et le corps humain, trouve un écho, par ailleurs, dans la réflexion christologique de Balthasar :

> *Il Verbo che è Dio, si è fatto uomo, senza smettere di essere Dio. Il Verbo, che è infinito, si è fatto finito, senza smettere di essere infinito. Il Verbo, che è Dio, ha assunto un corpo di carne, per essere uomo. Poiché è Verbo, come Verbo, ha assunto la carne. Al tempo stesso ha assunto un corpo costituito di lettera, scrittura, concetto, immagine, voce e predicazione, in quanto diversamente gli uomini non avrebbero compreso o che il Verbo si è realmente fatto* carne, *o che questa persona divina, la quale si è fatta carne, è realmente il* Verbo. *Tutti i problemi della Scrittura devono essere affrontati partendo dalla cristologia : la lettera si rapporta allo Spirito come la carne di Cristo (si sa bene cosa significhi questa espressione : la natura umana) alla sua natura e persona divina*[606].

Ce passage de Balthasar, dont je partage pleinement le point de vue, ne fait qu'appuyer la thèse ici défendue et plaider pour elle. De fait, c'est grâce à la christologie, voie incontournable pour se confronter véritablement à toutes les questions concernant l'Écriture, que la lettre retrouve sa dimension événementielle qui la relie directement à l'incarnation du Verbe. C'est d'ailleurs à celle-ci que les catégories susmentionnées renvoient, à savoir : « lettre », « écriture », « concept », « image », « voix » et « prédication ». De même, dans une même logique christologique d'incarnation, l'action de l'Esprit traduit la Parole en lettre[607]. Ainsi, par le biais du terme « telle » (« come *la carne di Cristo...* »), Balthasar met en évidence la comparaison analogique, tout en dressant un lien entre lettre-Esprit et chair-Verbe.

Pourtant, avant d'approfondir ce croisement puissant de la pneumatologie avec la christologie, il faut d'abord relever les implications relatives à la comparaison et à l'analogie. La comparaison exprime précisément que ce qui se passe entre les deux natures du Christ, indissolublement unies et distinguées à la fois, vaut aussi pour ce qui se passe entre la lettre de l'Écriture et l'Esprit, réalités également distinguées et indissolublement unies. Cela étant, il en découle une importante analogie, où le Verbe incarné constitue l'*analogatum* principal qui met en rapport direct les deux réalités hypostatiques *composées* : celle de la « Parole-Écriture », et celle de l'Homme-Dieu, dont le binôme « Jésus-Christ » constitue l'« abrégé » qui explicite en tout temps l'unité indissoluble des deux natures, ainsi que leur distinction.

À partir de l'analogie offerte par le théologien suisse, il n'est pas difficile de parvenir à la « fonction » sacramentelle « jouée » par la *lettre*, relativement à la Parole de Dieu – unité indissoluble de *lettre* et *Esprit* – , ainsi que par la chair, relativement à la personne du Fils – unité indissoluble de *chair* et *Verbe*. D'ailleurs, le lien lettre-Esprit-Saint, sur qui repose l'inspiration même des Écritures Saintes, détermine que la « lettre » de l'Écriture

606 H.-U. von Balthasar, *Saggi Teologici*, t. I : *Verbum caro*, p. 157.
607 Cf. *ibid.*, p. 34.

ne joue pas le rôle de *signum* uniquement au sens instrumental, c'est-à-dire en tant que moyen efficace. Car, en termes d'esthétique théologique, l'Écriture étant la « forme testimoniale » *conforme* ou *adéquate* à la *res carnis Jesu*, la lettre est aussi le « signe-figure » *sacramentel* véhiculant pour cela même Jésus-Christ, Parole de Dieu incarnée et « réellement » présente. Indiquant en principe la présence substantielle du Christ en référence aux espèces eucharistiques, le terme « réel » peut trouver par là une autre raison d'être proche de celle qui le relie à l'eucharistie. À cette fin, il est encore une fois opportun de revenir à la péricope du troisième évangile envisagée auparavant, à savoir Lc 4,16-21.

S'étant rendu à la synagogue de Nazareth le jour de sabbat, Jésus se lève pour lire. Mais une fois que le livre du prophète Isaïe lui est remis, Luc ne « laisse » pas Jésus lire, mais il lui fait simplement ouvrir le livre où « *il est écrit...* ». Or, s'il est vrai que l'écriture en tant que telle n'est faite que pour être lue, il est également vrai que celui qui est la Parole attestée par l'Écriture n'aurait pu se lire lui-même. En revanche, lorsque le croyant lit, voire *écoute* la sainte Écriture – le seul sujet qui peut d'ailleurs faire cela, dès lors que c'est à lui que celle-ci s'adresse ! –, c'est alors que la Parole-Écriture prend « corps », le corps de Jésus-Christ, et le Verbe se fait « présence » et parle ! En d'autres termes, tant que l'Écriture n'est pas « lue-écoutée », elle ne demeure que « lettre » et « livre ». Mais lorsqu'elle parvient aux oreilles et s'y accomplit, la Parole-Écriture se fait livre de chair, *res carnis Christi*, tout en manifestant la réalité christosacramentelle et pneumatologique qu'elle est : lettre-Verbe et lettre-Esprit[608].

Ayant envisagé au long de ce paragraphe la dimension christologique de la Parole-Écriture, dans le paragraphe qui suit, je vais me confronter à la dimension pneumatologique dont je viens d'esquisser l'implication. Il est en fait opportun de développer et d'illustrer davantage le lien sacramentel lettre-Esprit déjà exprimé en « abrégé », comme je viens de le souligner, dans le binôme « Parole-Écriture ».

608 Je parle en terme de Parole-Écriture, c'est-à-dire d'Écriture-hypostasiée dans la personne du Christ du fait du lien sacramentel que la lettre sacrée noue avec le Verbe. Je ne sépare donc jamais ce binôme. Par contre, Theobald relativise et fonctionnalise la lettre à l'avantage de la Parole. Par conséquent, celui-ci met l'accent sur la lecture, tandis que je souligne notamment l'écoute. Jésus lui-même, dans la synagogue de Nazareth, ainsi que nous l'avons soluligné plus haut, parle d'un passage de l'Écriture qui s'accomplit aux oreilles (cf. Lc 4,21). Cet accomplissement ne va pas dans le sens qu'elle produit une conversion. De fait, loin d'y croire, ses concitoyens poussent Jésus hors de la ville et ils essaient de le précipiter d'un escarpement. Tandis que le *sujet* de cet accomplissement, c'est la personne même de Jésus-Christ que l'Écriture annonce et rend présent, indépendamment de l'accueil de cette Parole-Écriture de la part des auditeurs. Theobald, quant à lui, met en évidence ce que Jésus peut *devenir* en ceux qui le croisent. Voir *supra*, 1.2.4.2, notamment la n. 328.

2.2.2. La Parole-Écriture et l'Esprit-Saint

2.2.2.1. L'Écriture, lettre « pneumatisée »

Dans les paragraphes qui précèdent, j'ai essayé d'illustrer les deux premières étapes d'une économie de la Parole, laquelle, reposant sur la logique divine de l'incarnation, se déploie tout au long de l'histoire du salut. Situé, selon l'ordre diachronique, entre la première incorporation du Verbe dans la Parole-Écriture et la troisième et dernière incorporation dans la vie de l'Église et dans la mission des croyants, l'événement Jésus-Christ demeure le sommet de cette économie d'incarnation. Dès lors, si cette deuxième étape en constitue l'éphapax christologique, la Parole-Écriture et l'Église se veulent pour ainsi dire son « édition actuelle » en forme sacramentelle. S'étant accomplie une fois pour toutes dans l'histoire de l'humanité par l'œuvre de l'Esprit-Saint, l'incarnation du Verbe continue donc à être rééditée par le même Esprit[609]. C'est pourquoi, avant d'envisager la troisième étape, il reste à approfondir l'implication pneumatologique, en tant que dimension inhérente à toute l'économie de l'incarnation du Verbe et noyau de la christosacramentalité de la Parole-Écriture.

Dans le Symbole de Nicée-Constantinople il est affirmé de notre Seigneur Jésus-Christ que « par l'Esprit-Saint il a pris chair de la Vierge Marie, et s'est fait homme ». De même, par rapport à la Parole de Dieu, il est affirmé que l'Esprit-Saint « a parlé par les prophètes ». Bien que cette formule, en tant que telle, soit censée être synthétique, *Dei Verbum* a pourtant explicité l'implication pneumatologique concernant l'Écriture : « Notre sainte Mère l'Église, de par la foi apostolique, tient pour sacrés et canoniques tous les livres tant de l'Ancien que du Nouveau Testament, avec toutes leurs parties, puisque, rédigés sous l'inspiration de l'Esprit-Saint (cf. Jn 20,31 ; 2 Tm 3,16 ; 2 P 1,19-21 ; 3,15-16), ils ont Dieu

609 À ce propos, il est utile de rappeler la logique théologico-narrative mise en place par l'évangéliste Luc. Celui-ci, écrivant une œuvre composée de deux volumes, le troisième évangile et les Actes des Apôtres, a opéré une *synkrisis*, c'est-à-dire un croisement des temps, celui de l'histoire du Christ et celui de l'histoire de l'Église naissante. Ce faisant, il a voulu présenter l'action évangélisatrice de sa communauté de manière qu'elle apparaisse comme l'annonce même de la Bonne Nouvelle accomplie par le Christ (cf. *infra*, 2.3.2). Dans une telle visée théologique, l'envoi en mission des 72 disciples de la part de Jésus en Lc 10,1-20, par exemple, est également présenté comme la mission de la communauté lucanienne elle-même. De ce fait, il ne s'agit donc pas d'une mission post-évangélique, après-Christ, mais d'un envoi évangélique remontant au Christ lui-même. En d'autres termes, selon la *synkrisis* mise en place par Luc, le temps du Christ et celui de l'Église, aussi bien que l'action du Christ et celle de l'Église, ne font plus qu'un ! À cette lumière, il devient compréhensible que l'expression « réédition » est davantage appropriée que le mot « répétition » pour qualifier de « réitérable » l'éphapax christologique. En revanche, revêtant une signification ecclésiologique, le terme « réédition » peut exprimer, telle la *synkrisis* lucanienne, l'action sacramentelle de l'Église, laquelle « réécrit », pour ainsi dire, à chaque moment de sa mission historique, le même et unique événement du salut. Pour le rôle de la Tradition en tant que *réédition* de la Parole dans l'Église, se reporter à 4.2.3.

pour auteur et qu'ils ont été transmis comme tels à l'Église elle-même »[610]. Benoît XVI lui aussi, dans *Verbum Domini*, voulant être davantage explicite, parle de l'Écriture en termes de véritable incarnation : « L'Écriture Sainte naît du sein de l'Église par l'action du même Esprit »[611]. Tandis que l'Écriture, pour sa part, atteste toujours que l'Esprit-Saint est celui qui va conduire les croyants « vers la vérité tout entière » (Jn 16,13), leur rappelant les choses dites par Jésus (cf. Jn 14,26) et leur suggérant jusqu'au bout les paroles du témoignage de foi (cf. Lc 12,11-12 ; Jn 15,26-27). C'est pourquoi l'analyse de ce paragraphe vise à développer le rapport lettre-Esprit, rappelé par Balthasar, que j'ai déjà mentionné auparavant[612].

Le lien entre la Parole-Écriture et l'Esprit-Saint avait été déjà annoncé par le prophète Ézéchiel (cf. 36,26-27). Celui-ci semble reformuler la prophétie de Jérémie autour de l'alliance nouvelle (cf. 31,33), tout en incluant l'Esprit de Dieu comme force d'accomplissement de la nouvelle Loi écrite sur les cœurs[613]. C'est le Nouveau Testament qui explicitera le rôle de l'Esprit par rapport non seulement aux mots de Jésus qu'il rappellera aux disciples (cf. Jn 14,26 ; 16,13), mais aussi à l'Écriture qu'il inspire (cf. Jn 20,31 ; 2 Tm 3,16 ; 2 P 1,19-21 ; 3,15-16). Le lien que l'Écriture noue avec le Fils la rend « Verbe de Dieu le Père » et « Verbe de l'Esprit », d'après Balthasar[614]. C'est donc l'Esprit qui garantit que l'Écriture ne diffère pas de la Parole de Dieu : « L'Esprit-Saint a été pour ainsi dire l'auditeur le plus attentif du Verbe, mais comme il est, lui-même, une Personne, il témoigne dans l'Écriture la Vérité divine ainsi qu'il l'a entendue en tant qu'Esprit et selon ce qu'il en estime important pour l'Église »[615]. En d'autres termes, Balthasar offre par ce passage une explication efficace de ce qu'est l'inspiration par rapport à l'Écriture, à savoir la garantie pneumatologique qu'il y a conformité entre Parole attestante et Parole attestée[616]. Étant Personne auditrice du Verbe, l'Esprit-Saint demeure dans l'Écriture comme présence divine continuelle qui parle, enseigne, façonne, crée, renouvelle et donne vie. Voilà pourquoi il est à la fois légitime et opportun de qualifier l'Écriture d'« efficace » et de « pneumatisée » : en raison de l'Esprit qui habite en elle, telle une « présence vive et vivifiante »[617]. C'est l'Esprit qui porte la

610 *DV* 11.
611 *VD* 19.
612 Voir *supra*, 2.2.1.
613 Voir *supra*, 2.1.1. et 2.2.1.
614 Cf. H.-U. von Balthasar, *Saggi Teologici*, t. I : *Verbum caro*, p. 32. Cf. aussi *ibid.*, p. 67.
615 *Ibid.*, p. 30, je traduis.
616 Ce rapport de conformité entre attesté et attestant peut à premier abord sembler un parallélisme, ainsi que le dit Balthasar lui-même : « Mais c'est une apparence trompeuse : les deux formes de la parole sont, en dernière instance, l'unique Verbe de Dieu qui, dans la révélation, témoigne de lui-même » (*ibid.*, je traduis).
617 Expression du Pape François pendant l'allocution avant l'angélus du 10 janvier 2016, en référence à la présence de l'Esprit-Saint dans la vie des baptisés : *https ://www.vatican.va/content/francesco/fr/angelus/2016/documents/papa-francesco_angelus_20160110.html*

Parole-Écriture et qui habite au cœur d'elle, en tant que présence silencieuse, permanente et invisible, tout en la faisant devenir « chair pour la vie du monde » (Jn 6,51). C'est pourquoi, à l'égard de la Parole écrite, Balthasar dit que « son inspiration n'est nullement un fait purement achevé et passé, mais une caractéristique permanente et extrêmement vive qui lui est inhérente. Une telle caractéristique permet au Seigneur de montrer comme vraie sa Parole, en vertu de laquelle, en tant qu'Esprit dépassant, en raison de sa plénitude, tout ce qui est clos et toute littérarité, il reste toujours le plus grand, le plus vif, le plus fort »[618].

Ainsi est-ce cette présence pneumatologique contenue dans l'Écriture qui constitue, pour ainsi dire, le « catalyseur » de la sacramentalité de la Parole. Or, il s'agit d'une sacramentalité où l'Esprit opère la présence réelle du Verbe, tout comme pour l'Eucharistie, mais qui, néanmoins, ne fait pas pour autant de l'Écriture un sacrement, d'après le théologien suisse :

> « *La parola della Scrittura fa presente il Signore incarnato in maniera* analoga *a quella in cui il suo corpo storico è reso presente dall'Eucaristia. [...] Ambedue le forme sono esplicitamente azioni dello Spirito su ciò che è il Figlio : allo Spirito viene attribuito il miracolo della transustanziazione, così come il passaggio della parola alla Scrittura*[619]. *[...] il fatto che la Scrittura non contenga il Verbo nel modo di un Sacramento non sminuisce in nulla la profonda verità di questa trasformazione. Infatti, come il Signore nel sacramento a ogni istante è pronto a donarsi e ad operare in colui che lo riceve con fede viva, così Egli è parimenti pronto a svelarsi personalmente, come Verbo e verità, e a donare in ogni momento*[620] *l'incontro con la parola divina della rivelazio-*

618 H.-U. von Balthasar, *Saggi Teologici*. t. I : *Verbum caro*, p. 32, je traduis.

619 D'après ce qu'affirme Balthasar, l'Esprit-Saint ne fait pas de l'Écriture la Parole « après coup », de même que la lecture dans la foi, c'est-à-dire la foi elle-même de l'Église, ne pourrait pas le faire non plus. Au contraire, c'est l'Esprit qui structure la Parole en Écriture, ce qui me conduit de surcroît à parler toujours de Parole-Écriture, de même que le Verbe est, dès son incarnation, l'Homme-Dieu à jamais. Cela préserve l'Écriture d'être séparée même pour un seul instant de l'inspiration, comme si elle était initialement pure œuvre humaine touchée à un moment donné (celui de la lecture, par exemple) par l'Esprit-Saint. Même l'autorité de l'Église ancienne n'a pas *déterminé* d'elle-même le statut « divin » de l'Écriture. En lui *reconnaissant* l'inspiration, elle *a reçu* l'Écriture en tant que Parole de Dieu. En revanche, le discernement ecclésial est nécessaire et décisif par rapport à la formation du Canon biblique.

620 Ce passage de Balthasar relève cependant que, l'Écriture étant Parole de Dieu en elle-même, son efficacité sacramentelle est active tout le temps. Cette position est contraire à celle du bénédictin Henri Delhougne – membre de la Commission chargée de la nouvelle *Traduction Liturgique de la Bible* pour les pays francophones – qui, lors de son intervention au Colloque de Luxembourg, déjà mentionné, voulant argumenter en faveur de la Parole de Dieu comme un « sacrement », a affirmé que c'est lorsque la Parole est proclamée dans l'assemblée, et seulement dans ce cas-là, qu'elle devient un véritable sacrement : « S'il n'y a pas proclamation, si chacun lit silencieusement le texte de son côté, on peut penser qu'il n'y a pas de sacrement au sens fort. Car il y manque la matière, la proclamation entendue. » (cf. H. Delhougne, « Une Bible pour les oreilles et pour les lèvres. La traduction liturgique de la Bible 2013 », dans Luxembourg School of Religion & Society – Department of Religion, Communication, Education, *Pas d'Humanité sans Parole : La Sacramentalité de la Parole entre parole humaine et Parole divine. Actes du Colloque scientifique, international et in-*

> *ne a colui che si accosta alla Scrittura in atteggiamento di preghiera, di ricerca e di desiderio :* Per evangelica dicta deleantur nostra delicta »[621].

Dans cet ensemble d'affirmations, Balthasar dit clairement que l'Écriture n'est pas un sacrement, à l'exemple de l'Eucharistie. Elle est néanmoins le Verbe qui s'offre et se rend présent à celui qui, assoiffé, le cherche, tout comme l'Eucharistie rend présent le corps historique et incarné du Seigneur. *Dei Verbum* d'ailleurs ne manque de le remarquer : « L'Église a toujours vénéré les divines Écritures, comme elle le fait aussi pour le Corps même du Seigneur, elle qui ne cesse pas, surtout dans la sainte liturgie, de prendre le pain de vie sur la table de la Parole de Dieu et sur celle du Corps du Christ, pour l'offrir aux fidèles »[622].

Bref, même si une « définition » théologique relative à une certaine « présence réelle »[623] du Christ dans l'Écriture n'a pas encore été totalement explicitée et tranchée, en revanche, d'après la position théologique de Balthasar, la distinction entre l'Écriture et les sept sacrements reste fermement ancrée. Ce qu'ici je tiens à retenir est la conviction solide de Balthasar, selon laquelle le fait que l'Écriture ne contienne pas le Verbe à la façon d'un sacrement n'amoindrit aucunement la présence du Verbe même dans l'Écriture par rapport à l'Eucharistie. Le terme « analogue » employé par Balthasar dresse un pont entre la Parole-Écriture et l'Eucharistie[624], ce qui va renforcer le caractère sacramentel du concept même d'analogie[625]. Et bien que la citation ne contienne pas l'expression « analogique », il est également certain que pour Balthasar une réalité théologique ne pourrait pas être dési-

terdisciplinaire, Luxembourg, 28–30 janvier 2016, Centre Jean XXIII, Luxembourg, à paraître, § Préambule : La proclamation de la Bible dans l'assemblée : un sacrement).

621 H.-U. VON BALTHASAR, *Saggi Teologici*, t. I : *Verbum caro*, pp. 33–34, je soluigne.

622 *DV* 21. Cf. aussi *Présentation générale du lectionnaire romain*, n. 10.

623 Relativement aux lieux théologiques de la liturgie, *SC* 7, par rapport au Christ, parle de « présence » tout court, et non pas de « présence réelle ». En revanche, celle-ci est attribuée à l'Eucharistie, ainsi que Paul VI le précise : « Cette présence [du Christ dans l'Eucharistie], on la nomme "réelle", non à titre exclusif, comme si les autres présences n'étaient pas "réelles", mais par excellence ou "antonomase", parce qu'elle est *substantielle*, et que par elle le Christ, Homme-Dieu, se rend présent tout entier. Ce serait donc une mauvaise explication de cette sorte de présence que de prêter au Corps du Christ glorieux une nature spirituelle ("pneumatique") omniprésente ; ou de réduire la présence eucharistique aux limites d'un symbolisme, comme si ce Sacrement si vénérable ne consistait en rien d'autre qu'en un signe efficace "de la présence spirituelle du Christ et de son union intime avec les fidèles, membres du Corps Mystique". » (PAUL VI, *Mysterium Fidei* 40, j'explicite et je souligne)

624 En allemand, le terme « analogique » est en principe traduit par *analog*. Cependant, ainsi que l'affirment deux spécialistes italiens que j'ai interpellés, à savoir le théologien Bruno Forte, l'actuel évêque de Chieti-Vasto en Italie, et le théologien Marcello Paradiso, comme il s'agit d'un mot récent, dans la littérature allemande du passé, « analogique » est souvent rendu par *ähnlich*, terme qui signifie « analogue ». C'est pourquoi, lorsque Balthasar emploie le terme *ähnlich* – c'est le cas de la citation susmentionnée –, il veut certainement y véhiculer la signification analogique exprimée aujourd'hui par *analog*.

625 Voir *supra*, n. 432 et n. 481.

gnée comme *analogue* si elle n'était pas pensée et conçue déjà comme *analogique*[626]. Cela comporte, en l'occurrence, qu'« analogue » soit bel et bien susceptible d'une déclinaison analogique par rapport au sujet de la « présence » divine que le théologien suisse veut également accorder à la Parole-Écriture. De plus, le rôle d'universalisation christologique (*universale concretum*) de l'Écriture et de l'Eucharistie ne pouvant se réaliser, d'après Balthasar, qu'à partir de la forme historique et concrète assumée par de telles figures, la qualification de « réelle » par rapport à la présence du Verbe dans la Parole-Écriture ne devrait poser pour lui aucun problème : « *Così come l'unico corpo storico di Cristo non smette d'essere per l'Eucaristia l'unico corpo storico di Cristo, così la sua parola non smette d'essere presente nella Scrittura come realtà irripetibile e concreta. Le due forme di comunicazione hanno questo in comune : di universalizzare il corpo di Cristo, senza togliergli la sua concretezza*[627]. »

2.2.2.2. La « *lettre tue* »-t-elle vraiment ?

Je ne sais pas *pourquoi,* mais, de manière assez répandue, lorsqu'on parle d'Écriture dans les milieux théologiques, il semble qu'une sorte de marque négative pèse désormais sur elle. Il arrive souvent d'entendre au cours d'une conférence, d'une catéchèse ou d'une homélie que l'Écriture ne serait en elle-même que « lettre morte », tandis que la vie et l'Esprit concernent la Parole et y demeurent. En d'autres termes, malgré les affirmations très tranchées de Vatican II au sujet de l'Écriture en tant que Parole de Dieu et lettre sacrée, en vertu de l'inspiration[628], il existe toujours des prédicateurs, des catéchistes et même des théologiens qui opèrent une certaine abstraction de l'Écriture par rapport à la Parole de Dieu. J'ai donc un peu de mal à entendre que l'on qualifie l'Écriture de « lettre morte », à plus forte raison après, notamment, la réflexion théologique que j'ai essayé de conduire dans les premiers paragraphes de ce chapitre.

Il est probable qu'à l'origine de cette réticence il y ait une certaine pensée théologico-anthropologique dualiste qui oppose la lettre à la Parole, aussi bien qu'une pensée théologique « monophysite », si j'ose le formuler ainsi, qui ne considère pas la Parole de Dieu comme l'union opérée par l'Esprit de deux composantes, à savoir le Verbe et la lettre. S'appuyant sur des expressions pauliniennes où la « lettre » est posée en contraste avec l'« Esprit »[629], cette pensée repose sur une interprétation faussée qui méconnaît, par ailleurs, le contexte thématique où ces expressions se situent.

626 Je reporte toujours l'avis des deux spécialistes cités ci-dessus à la n. 624.
627 H.-U. von Balthasar, *Saggi Teologici,* t. I : *Verbum caro,* p. 33.
628 Cf. *DV* 9, 10, 11, 13, 21.
629 Il s'agit de Rm 2,29 et 2 Co 3,6.

Le premier texte, Rm 2,29, se place à l'intérieur d'un cadre polémique concernant la tradition juive, et présente l'apôtre Paul en train de se débattre fortement contre des juifs fanatiques. Ceux-ci, en effet, bien qu'ils se flattent d'être circoncis dans la chair et de garder la Loi de Moïse, sont en réalité les véritables transgresseurs de la Loi (cf. Rm 2,17-23)[630]. De fait, celle-ci, d'après l'avis de l'apôtre à maintes reprises affirmé, interdit, oblige, commande de faire ou de ne pas faire et finalement condamne (cf. Rm 3,19 ; Ga 5,3 ; 2 Co 3,9), mais elle ne rend pas juste (cf. Rm 3,20) et ne donne pas non plus la force de l'accomplissement légal (cf. Rm 7,14-25 ; 8,3). La seule chose que la Loi soit capable d'accomplir, c'est de faire « connaître le péché » (Rm 3,20), c'est pourquoi l'apôtre l'appelle « le ministère de la mort » (2 Co 3,7).

Dans un tel contexte, où l'apôtre se réfère aux « prescriptions de la Loi » (cf. Rm 2,14 ; 2,26), le terme « lettre » ne saurait se référer qu'à la loi en tant que *corpus* légal qu'un circoncis est tenu de pratiquer. Tandis que la *Torah*, entendue comme le *corpus* des premiers livres vétérotestamentaires et donc comme Révélation divine placée à côté des prophètes, des Psaumes et des autres Écrits, ne saurait être réduite à une dimension légaliste[631]. De fait

630 Pour comparer les différentes positions interprétatives sur Rm 2,29, voir F.-J. LEENHARDT, *L'épître de saint Paul aux Romains*, Labor et Fides, Genève, 1995, p. 53, n. 2.

631 Diverses sont les positions exégétiques concernant le terme *nomos*, qui est utilisé par Paul pour désigner soit les livres composant la *Torah*, soit les lois juridiques, soit les prescriptions morales de Moïse, comme le dit Luciani dans le passage suivant : « Notons que nulle part, Paul, pas plus que le judaïsme de son époque (celui de la diaspora ou de la Palestine), n'opère de distinctions explicites entre une partie de la Loi et une autre, entre les lois rituelles et les préceptes moraux. Ceci laisse évidemment ouvertes les questions de savoir si, chez Paul, une telle distinction est implicite et si, sur ce point, il se sépare ou non du judaïsme. De toute façon, à en croire H. Ràisànen, ces questions ne peuvent recevoir de réponses satisfaisantes dans la mesure même où elles mettent en évidence une des contradictions de Paul. Selon cet auteur, l'apôtre insiste, à certains moments, sur l'indivisibilité de la Loi, tandis qu'à d'autres il isole l'aspect éthique de la Loi pour les besoins de sa démonstration. Comme le remarquent C.E.B. Cranfield et, à sa suite, C.F.D. Moule, il ne faut pas oublier que Paul manque de termes grecs adaptés et distincts pour désigner le légalisme, les légalistes ou d'autres aspects de la Loi. Aussi devons-nous reconnaître l'importance du contexte pour essayer de saisir la *nuance* particulière que Paul avait à l'esprit et qu'il n'exprimait que par un seul mot. […] Enfin, même si une étude du vocabulaire de la Loi chez saint Paul se doit, au minimum, de ne pas ignorer le contentieux portant sur la traduction de *torah* en *nomos,* il ne faudrait pas exagérer la portée de ce contentieux chez Paul lui-même. Quelles que soient la valeur et les conséquences de cette traduction (forcément inadéquate), la notion de loi chez Paul est liée intimement à la cohérence de sa doctrine et ne comporte en tout cas pas ce sens rétréci et juridique que la tradition chrétienne tendra à donner plus tard à la Loi mosaïque. » (D. LUCIANI, « Paul et la Loi », *Nouvelle Revue Théologique* 115 (1993), pp. 40–68, ici pp. 51–53, je souligne) Bref, Luciani ne nie pas qu'il existe un pluralisme de positions exégétiques par rapport auxquelles l'usage sémantique de *nomos* reste une question ouverte. C'est pourquoi les indications bibliographiques suggérées par lui-même sont très utiles : concernant l'identification *Torah-nomos*, se reporter à G. WALLIS, « Torah-Nomos : Zur Frage nach Gesetz und Heil », *Theologische Literaturzeitung* 105 (1980), pp. 321–332 ; en un sens opposé, voir par contre A.-F. SEGAL, « Torah and nomos in Recent Scholarly Discussion », *Studies in Religion* 13 (1984), pp. 19–27 ; plus récemment encore, P. RICHARDSON, S. WESTERHOLM, *Law in Religious communities in the Roman Period. The*

l'apôtre se garde bien d'une telle réduction. S'il est vrai que la *Torah* contient la norme, il est également évident que celle-ci n'est pas la *Torah* tout entière. Pour donner quelques exemples, on songe aux nombreux récits concernant la création, l'exode ou la révélation du nom de Dieu contenus dans la *Torah*. Il ne faut pas oublier que la tentation de faire coïncider *Torah* avec *nomos* est toujours présente dans la vie d'Israël : le parti des pharisiens du temps de Jésus, par ailleurs, en est le parfait exemple ! C'est pourquoi, la « lettre de la Loi », comme le dit Paul, représentant l'aspect du *nomos*, de la législation, de la norme légale, cela fait d'elle un signe extérieur, une marque visible correspondant à la circoncision de la chair qui ne peut pourtant pas sauver, ni justifier non plus, car, « si la justice vient de la Loi, c'est donc que le Christ est mort pour rien » (Ga 2, 21). De fait, l'apôtre est ferme sur la conviction que « c'est Dieu qui justifie » (Rm 8,33) et sauve dans le Christ, et non pas la Loi[632]. C'est pourquoi Paul parle d'une véritable circoncision, appelée « circoncision dans le cœur selon l'Esprit » (Rm 2,29), qui s'oppose au signe extérieur de la circoncision « au-dehors, dans la chair » (Rm 2,28), « selon la lettre » (Rm 2,29). Or Paul, ne connaît aucun autre Esprit en dehors de l'Esprit du Christ, *telos* de la Loi (cf. Rm 10,4).

L'autre texte paulinien en l'espèce est 2 Co 3,6. Là aussi, comme dans Rm 2,29, même si c'est avec quelques nuances, cette « lettre » qui « tue » (3,6), s'opposant à « l'Esprit » qui « vivifie » (3,6), est connectée au « ministère de la mort, gravé en lettres sur des pierres » (3,7), c'est-à-dire au ministère de la Loi. En revanche, l'apôtre se présente comme ministre « d'une nouvelle alliance, non de la lettre, mais de l'Esprit » (3,6). Or, sur ce point, des clarifications se révèlent nécessaires. D'abord, l'expression « alliance nouvelle », utilisée

Debate over Torah and in post-Biblical Judaïsm and Early Christianity, Wilfried Laurier University Press, Waterloo, 1991, spécialement les pp. 45–56 et la conclusion pp. 147–156.

632 Malgré l'impossibilité d'une interprétation univoque de la Loi chez Paul, dans la mesure où l'apôtre parle de la Loi de manière négative, les positions les plus accréditées débouchent, d'après Luciani, sur des distinctions plausibles et même nécessaires : « Paul opère des distinctions dans la Loi. C'est finalement l'approche la plus courante. Même si elle prend des formes variées, le point de départ reste identique : la manière dont Paul parle de la Loi – positivement ou négativement – est tributaire de la perspective qu'il adopte. Énumérons rapidement les diverses propositions. Les affirmations négatives de Paul s'appliqueraient seulement :

- à certaines parties de la Loi (mais pas à d'autres) ;
- à une mauvaise compréhension ou à une perversion de la Loi (mais pas à la Loi elle-même) ;
- à la Loi en tant qu'économie provisoire et dépassée (mais pas à la Loi comme révélation éternelle de la volonté de Dieu) ;
- à la Loi comme législation (mais pas à la Loi comme exigence fondamentale de l'amour) ;
- à la Loi comme moyen de justification (mais pas à la Loi comme règle éthique) ;
- à la Loi comme "lettre" (mais pas à la Loi comme "esprit") ;
- à la Loi imposée aux pagano-chrétiens (mais pas à la Loi pour les judéo-chrétiens) ;
- à la Loi interprétée par le judaïsme (mais pas à la Loi réinterprétée par le Christ) ;
- à la Loi soumise au péché et à la chair (mais pas à la Loi référée au Christ et vécue dans l'Esprit) ; etc. » (D. Luciani, « Paul et la Loi », pp. 65–66)

par Paul, ne correspond nullement au deuxième ou Nouveau Testament canonique qui, d'ailleurs, ne s'était pas encore formé. Et lorsque plus loin est cité le terme « Ancien Testament » (3,14), il ne s'agit pas non plus du *corpus* vétérotestamentaire. L'expression « Ancien Testament » est à entendre comme Alliance ancienne, celle du Sinaï, que l'« Alliance nouvelle » (3,6), scellée par le Christ dans l'Esprit-Saint, va remplacer, dès lors que dans ce même chapitre de la deuxième lettre aux Corinthiens, Paul se réfère plusieurs fois à Moïse. De surcroît, commencer l'épître par le sujet de la Loi de Moïse, cela sert à l'apôtre d'introduction pour le discours entrepris dans la dernière partie de son écrit (cf. 2 Co 10-13,10), lorsqu'il va polémiquer sur l'attitude et la prédication de certains prêcheurs juifs arrivés à Corinthe après lui, observants stricts de la Loi[633], qu'il surnomme « super-apôtres » (cf. 2 Co 11,5 ; 12,11). Tous les éléments qui émergent dans l'autodéfense de l'apôtre apparaissent comme d'importants indices renforçant la thèse selon laquelle la Loi de Moïse et la tradition juive constituent l'arrière-fond de toute l'épître. C'est pourquoi, retenir une interprétation de la *lettre* comme étant l'Écriture de l'Ancien Testament signifierait méconnaître le contexte qui habite la deuxième épître aux Corinthiens[634].

Or, la référence aux « tables de pierre » où Dieu avait gravé les dix commandements des vv. 4 et 7 lève toute ambiguïté : la *lettre* qui *tue*, c'est la lettre de la Loi, mot qui « désigne tout d'abord la *Torah* dans sa dimension législative »[635], et non pas la lettre de l'Écriture. Balthasar, lui aussi, est du même avis : « Dans sa formule abrupte : "La lettre tue, mais l'Esprit vivifie" (2 Co 3,6), Paul pense bien moins aux signes littéraires qui composent l'Écriture qu'à la "prescription", l'"ordonnance légale" qui, jusqu'à l'avènement du Christ, selon le dessein insondable de Dieu, subsiste bien qu'impossible à réaliser et, par consé-

633 Contre son gré, Paul se voit obligé d'adresser un message d'autodéfense aux membres de la communauté chrétienne de Corinthe, fondée par lui, par rapport à un groupe de prêcheurs arrivés après son passage. De fait, ceux-ci avaient tenté de démolir le fondement doctrinal implanté par Paul et fondé dans l'humilité du Christ, voulant tout remplacer par un autre Évangile (cf. 2 Co 11,4) basé sur la Loi de Moïse, et non pas sur l'Esprit du Christ. C'est pourquoi, obligé de parler de lui-même, l'apôtre revendique d'être davantage hébreu, israélite et descendant d'Abraham que ces pseudo-apôtres (cf. 2 Co 11,22).

634 Balthasar, dans un passage théologique concernant le sujet paulinien « lettre et Esprit » (cf. Id., *La Dramatique divine,* t. II : *Les Personnes du drame,* vol. 1 : *L'Homme en Dieu*, pp. 91–96), précise que lorsque l'apôtre cite l'Ancienne Alliance, en l'opposant à la Nouvelle Alliance, il n'entend pas parler de l'Ancien Testament en opposition au Nouveau, qui n'existe même pas, à son époque ! Puis, par rapport à l'Ancienne Écriture, le théologien suisse ajoute : « Ce n'est pas parce qu'elle est écrite que l'Ancienne Écriture (*graphê*) est déficiente et doit donc être dépassée, mais c'est en raison du caractère "charnel" de l'ancienne loi mosaïque. » (*ibid.*, p. 91)

635 D. Luciani, *Paul et la Loi,* p. 41 : citation référée à l'une des significations que l'exégète W.-D. Davies attribue à *nomos*.

quent, ne fait que souligner l'abîme qui sépare l'exigence divine de l'impuissance et de la culpabilité humaines »[636].

Cela dit, il faut définitivement laver la *lettre* de l'Écriture de l'accusation, que certains lui adressent, d'être la meurtrière de l'Esprit ou de la Parole qu'elle véhicule. Au contraire, si c'est bien à la lettre, référée cette fois à l'Écriture, que Dieu a voulu confier le ministère même de son autorévélation, cela veut dire qu'elle est à considérer comme une « lettre analogique » correspondant à l'événement même de l'incarnation, ainsi que l'affirme Jüngel[637].

Cela étant, se fondant dans une théologie et une christologie bibliques, une telle compréhension de la Parole-Écriture, loin de tout littéralisme, ne saurait qu'inviter à un regard neuf sur la « sacramentalité » de la Parole.

2.3. L'incarnation du Verbe dans la communauté des croyants. La Parole « imagée » et l'Image « emparolée »

2.3.1. La synesthésie théologique, première coordonnée analogique et sacramentelle de la Parole-Écriture et de l'annonce

Nous avons jusqu'à présent parlé de la sacramentalité de la Parole-Écriture comme d'une réalité « christosacramentelle », où la présence « incarnée » du Verbe, qui assume ainsi un « corps de lettre », n'est pas moins « réelle » que sa présence dans l'Eucharistie, et où les catégories christologiques de *parole* et d'*image* jouent un rôle sacramentel fondamental, tout en se rattachant aux analogies proposées par Jüngel et par Balthasar, respectivement celle parabolique et celle esthétique. S'agissant de catégories éminemment christologiques, elles s'étendent du Christ à l'Église, voire de la chair du Christ à la chair des croyants. C'est là, dans le *corpus fidelium*, que l'économie événementielle de l'incarnation du Verbe franchit sa troisième étape, et que la christosacramentalité de la Parole-Écriture atteint sa destination ultime.

Or, il faut se poser la question suivante : le potentiel sacramentel qui habite la Parole-Écriture, comment peut-il se dégager ? La réponse est à chercher encore à partir des mêmes catégories bibliques et de leur essence synesthésique et autobiographique susceptible d'une nouvelle approche analogique, cette fois-ci de type sacramentel.

Au cours de la réflexion qui précède, j'ai essayé de souligner le lien associant la chair du Verbe avec l'Écriture, un lien si fort et incontournable qu'une considération analogique

636 H.-U. von Balthasar, *La Dramatique divine*, t. II : *Les Personnes du drame*, vol. 1 : *L'Homme en Dieu*, pp. 91–92.
637 Voir *supra*, 1.2.2.

« tout court », sans autre qualification[638], n'aurait pu suffire à relever le défi d'une théologie de la Parole osant à la fois franchir le pas et « témoigner d'une *présence réelle* de Dieu, qui se révèle *dans* sa Parole »[639], et non pas seulement *par* sa Parole. Le choix d'approfondir les positions des théologiens susmentionnés a servi à poser les bases d'un discours théologique de type synesthésique et autobiographique qui se veut également analogique et sacramentel. Cette perspective va faire dès lors l'objet de ce dernier paragraphe.

En préambule, il est nécessaire d'anticiper un aspect de la réflexion théologique de Balthasar concernant le lien Révélation-Écritures, à laquelle je vais consacrer une bonne partie du quatrième chapitre[640]. Abordant le sujet de l'Écriture, Balthasar clarifie le rapport double qui relie celle-ci à la Parole de Dieu en même temps qu'à la chair du Christ, Verbe de Dieu. J'estime opportun d'approfondir ici la seconde question, celle concernant le lien christologique chair-Écriture.

638 Ainsi que nous l'avons déjà dit au cours du chapitre 1 (voir *supra*, 1.2.1, notamment n. 149), l'analogie en théologie est une conceptualisation incontournable, le seul langage qui peut parler de la réalité insaisissable de Dieu (et le seul langage par lequel Dieu lui-même peut nous parler !), réalité qui demeurerait sinon muette. Ce qui fait que le terme « analogie », à commencer par l'usage qu'en fait Thomas d'Aquin, n'a été « créé » que pour être compris en un « sens fort » – une expression que je n'apprécie cependant pas, du fait qu'une telle adjonction à côté du terme « analogie » pourrait donner l'impression d'amoindrir le concept même d'analogie. Pourtant, après les précisions théologiques de Barth, lequel opte pour une analogie qualifiée de « *fidei* » (voir *supra*, 1.2.2., notamment n. 189), après celles de Balthasar qui opte pour une analogie qualifiée de « kénotique » et d'« esthétique » (voir *supra*, 1.3., notamment 1.3.1.), et après également les précisions de Jüngel qui opte pour une analogie qualifiée d'« évangélique » ou « parabolique » (voir *supra*, 1.2.2. et 1.2.3.), le concept catholique d'« analogie » peut donner parfois l'impression d'avoir fini par assumer un sens faible, flou, pas assez précis. Soulignant davantage la distance que la proximité entre la réalité divine et la réalité humaine (Przywara), d'après notamment la critique de Jüngel (voir *supra*, 1.2.1.), une telle analogie, à laquelle j'ai voulu associer l'expression « tout court » – non pas évidemment comme une qualification, mais parce qu'elle est dénommée sans attribution –, peut se révéler comme la cause d'incertitudes conceptuelles et d'ambiguïtés théologiques. De fait, proposant la sacramentalité de la Parole en termes analogiques « tout court », *VD* 56 donne l'impression de vouloir « limiter » la présence divine dans la Parole. Et d'ailleurs, le texte du document n'en parle pas en termes de présence « réelle ». C'est notamment cela qui me stimule et m'amène à rechercher une voie à même de surmonter ce problème. C'est pourquoi mon étude autour de la Parole-Écriture va avoir recours à deux analogies de type « sacramentel », à savoir la « synesthésie » et l'« autobiographie », dont les implications « théanthropologiques » (néologisme que je propose pour abréger la formule composée d'« anthropologie théologique ») sont susceptibles d'offrir à la réflexion sur la sacramentalité de la Parole des coordonnées théologiques importantes. Je vais y revenir plus loin, au cours de ce paragraphe et dans le paragraphe 2.3.2.

639 B. HALLENSLEBEN, « La sacramentalité de la Parole entre la communication humaine et la Parole de Dieu », § 3, je souligne.

640 Cf. *infra*, chap. 4, notamment 4.1.1.

Dans son important ouvrage sur le « témoignage » ecclésial chez H.-U. von Balthasar en tant que médiation historique de la foi en l'événement originel de Dieu[641], Marcello Neri se trouve directement confronté au sujet des Écritures canoniques[642]. Celles-ci constituent le témoignage ou « vision », d'abord oral et puis dans la *lettre*, de l'*image* (appelée aussi *figure* ou *forme*)[643] de la *res carnis Jesu*, « contemplée par les yeux de la foi et de l'intelligence de foi »[644]. Mais il y a plus. Étant *forme homologique,* c'est-à-dire forme adéquate de la vision de la *res carnis Jesu* offerte par la *lettre*, l'Écriture est aussi ce « texte canonique en acte »[645] exerçant la fonction de « façonner » *(forma formans)* l'existence et l'histoire à l'image de la « forme originelle ou archétypale du Christ »[646].

Or, que le texte scripturaire soit « homologué », c'est-à-dire rendu apte à véhiculer l'événement originel de l'autocommunication de Dieu, cela ne dépend pourtant pas de la foi des disciples, comme l'explique Balthasar : « L'Écriture n'est pas une autoreprésentation de la foi des disciples, mais une attestation qui renvoie à la forme de la Révélation »[647]. C'est pourquoi le témoignage oculaire est la vision croyante de la forme de la Révélation, celle-ci étant une autoévidence à laquelle la liberté de la foi du témoin oculaire fait pleinement confiance. Autrement dit, ce n'est ni la vision oculaire, ni la foi du témoin, mais uniquement l'évidence objective de la forme de Révélation elle-même qui s'offre à la vision et fournit la « juste vision » au témoin. C'est la loi fondamentale de l'esthétique théologique, à laquelle la vision oculaire de l'archétype testimonial ou témoignage apostolique est soumise. Ce dernier ne constitue donc aucunement une preuve historique du témoignage de l'événement du salut, mais il offre en revanche la médiation qui transmet objectivement et fidèlement le témoignage d'une même foi ecclésiale à toutes les générations futures. Je reviendrai plus tard sur l'importance de cette médiation humaine, testimoniale et ecclésiale[648].

Cela dit, il est possible de saisir la réalité sur laquelle repose « l'évidence objective » de l'attestation scripturaire. Cette réalité, c'est bien la chair du Christ, comme l'affirme

641 Cf. M. Neri, *La testimonianza in H.-U. von Balthasar.* Cette expression tirée du sous-titre du texte de Neri désigne l'événement originaire et « archétypal » de Jésus-Christ en tant qu'*autocommunication* ou *autoévidence* (objective et universelle) de la vérité de Dieu dans la chair de Jésus (*res carnis Jesu*), évidence perçue et témoignée par les apôtres.

642 Cf. *ibid.*, pp. 387–415.

643 Pour le concept de « figure » (*Gestalt*), nous recommandons l'annexe 2 de H. Danet, *Gloire et croix de Jésus-Chist*, pp. 312–314.

644 H.-U. von Balthasar, *La Gloire et la Croix. Les aspects esthétiques de la révélation,* t. I : *Apparition*, p. 26.

645 M. Neri, *La testimonianza in H.-U. von Balthasar*, p. 397, je traduis.

646 H.-U. von Balthasar, *Saggi Teologici*, t. I : *Verbum caro*, p. 132, je traduis.

647 H.-U. von Balthasar, *La Gloire et la Croix. Les aspects esthétiques de la révélation,* t. I : *Apparition,* p. 434.

648 Voir *infra*, 2.3.2, 3. 1 et chap. 4.

Balthasar dans le passage qui suit, important pour comprendre la dimension sacramentelle de la Parole-Écriture :

> Ce n'est pas elle [l'Écriture]. C'est le Christ qui est le sacrement de Dieu […]. Mais si l'événement salutaire s'étend depuis Dieu jusqu'à la chair et jusqu'à la base de l'histoire humaine, il s'étend jusqu'à la lettre de l'Écriture ; et s'il opère toujours à nouveau ses merveilles de grâce, ce n'est pas seulement « à l'occasion » de la lettre, mais par cette image objectivée et canonique de la révélation, aussi libre que soit l'événement de déborder l'image canonique, laquelle n'est jamais qu'une indication[649].

En tant qu'image objectivée de la Révélation, l'Écriture n'est pas seulement un *signum* linguistique transmettant un message, fût-il divin. Si tel était le cas, elle demeurerait simple attestation documentaire[650], tout en empêchant par conséquent la *res carnis Jesu* d'offrir, par elle, la *vision* ou la *figure* du Verbe. Au contraire, l'Écriture étant *forme conforme* à l'*image* du Verbe, cela veut dire que sa « conformité » ne peut pas être prise au sens analogique « tout court », mais au sens d'une « analogie sacramentelle ». Par ailleurs, le fait même que Balthasar souligne que « c'est le Christ qui est le sacrement de Dieu » signifie bel et bien que celui-ci étend la sacramentalité de sa chair « jusqu'à la lettre de l'Écriture ». C'est pourquoi, une telle analogie ne pourrait être que d'ordre « sacramentel », voire « christosacramentel »[651], dès lors que la sacramentalité de l'Écriture émane du Verbe-chair lui-même. Ainsi peut-on dire qu'une réalité conforme à la chair « est » chair elle-même, ainsi que nous allons l'approfondir plus loin[652].

649 H.-U. von Balthasar, *La Gloire et la Croix. Les aspects esthétiques de la révélation,* t. I : *Apparition*, pp. 459–460. Ce « débordement » de l'Image vaut aussi, à mon avis, pour les sacrements et pour l'Église, en tant que réalités analogico-sacramentelles médiatisant le salut universel. Car Dieu, en son Fils et dans l'Esprit, est libre d'agir et de se livrer au-delà même des « lieux » théologiques susmentionnés. Je vais y revenir au cours notamment du chapitre 4.

650 Réduire la Bible à une garantie divine des événements historiques du salut opérés par Dieu, c'était bien la thèse de Geiselmann. Concevant l'Écriture, ainsi que la Tradition, comme des « témoignages conceptuels » ou des « manuels doctrinaux » et non pas, comme l'affirme Balthasar, comme une attestation adéquate de la Révélation divine elle-même, le théologien protestant affirme que dans la parole de la Bible, Dieu ne se révélerait pas et que, par conséquent, la parole de l'Écriture ne peut pas être identifiée avec la Parole révélante de Dieu. Pour une synthèse intéressante sur la pensée de Geiselmann dans le cadre de la réflexion autour de la dimension sacramentelle de la Parole, se reporter à B. Hallensleben, « La sacramentalité de la Parole entre la communication humaine et la Parole de Dieu », § 2.

651 Cette expression anticipe la conception analogique – que j'essayerai de définir dans ce paragraphe et plus loin (voir *infra*, 2.3.2 et 3.1.1) – sur laquelle repose ma recherche autour de la sacramentalité de la Parole-Écriture, aussi bien qu'autour d'une théologie autobiographique. Celle-ci se fonde sur Jésus-Christ, révélateur du Père, à partir du témoignage que Jésus donne de lui-même, comme l'atteste notamment le quatrième évangile. Partie intégrante de l'image canonique de l'Évangile, l'annonce kérygmatique ne saurait pas se soustraire, analogiquement parlant, de la forme « autobiographique » par laquelle Jésus lui-même révèle le Père (voir *infra*, chap. 3, notamment 3.1.4).

652 Comme nous le verrons au chapitre 4, notamment au paragraphe 4.3.1, la Parole-Écriture trouve son véritable accomplissement dans ce que Beauchamp appelle l'« homme-récit », pointe de l'hypothèse

Or, la théologie esthétique de Balthasar associant la *parole* de l'Écriture à l'*image* (ou *figure*) de la *res carnis Jesus*, dès lors que l'Écriture s'y conforme, le recours à la réflexion balthasarienne me donne l'occasion de croiser les catégories christologiques de « parole » et d'« image », déjà considérées plus haut[653], avec les éléments d'une analyse très intéressante offerte récemment par Hoff, lors du colloque luxembourgeois mentionné à maintes reprises[654].

À travers une étude phénoménologique sur la sacramentalité de la Parole, tant du côté théologico-religieux que du côté anthropologique, Hoff relève que, depuis la fin du Moyen Age jusqu'à l'ère moderne, le réalisme sacramentel du passé, selon lequel la réalité visible incluait la réalité invisible et le signe signifiant se *reliait* en quelque sorte à la réalité signifiée[655], disparaît. Si dans l'ontologie de la transsubstantiation de Thomas d'Aquin la dimension ecclésiologique du Corps du Christ est encore présente, et, dans un rapport d'osmose entre réalités visibles et réalités invisibles, toute signification symbolico-sacramentelle relie la communauté des croyants au mystère eucharistique, l'époque post-tridentine survenue, les conceptions vont quelque peu évoluer. La théologie catholique, se figeant dans une « métaphysique spatialisée »[656], dirige son attention sur la présence réelle du Corps du Christ dans l'Eucharistie, conçue comme une réalité divine en quelque sorte « réifiée » dans une réalité matérielle.

autobiographique comme composante analogique de la Révélation, relativement à l'Écriture et à la Tradition.

653 Voir *supra*, 2.1. Avoir commencé ce dernier paragraphe, premièrement par la reprise de l'analyse des catégories christologiques « parole » et « image », en tant que composantes sur lesquelles repose la « christosacramentalité » de la Parole-Écriture, ainsi que je l'ai envisagé au début de ce chapitre, et avoir ensuite croisé ces mêmes catégories avec la conception du témoignage scripturaire selon la perspective théologico-esthétique de Balthasar, m'a amené à introduire la thématique synesthésique de façon homogène par rapport à l'enchaînement du chapitre dans son intégralité. De fait, la conception balthasarienne, selon laquelle l'Écriture est à considérer comme un « *témoignage-vision* » conforme à l'*image* de la *res carnis Jesu*, montre l'interaction existant entre les catégories christologiques susmentionnées, tout en ouvrant bel et bien la voie à la synesthésie de la Parole-Écriture. Celle-ci correspond précisément à l'une de deux coordonnées analogiques, à côté de l'analogie de type autobiographique – que je vais envisager plus loin (voir *infra*, 2.3.2) –, grâce auxquelles la Parole-Écriture peut dégager son potentiel sacramentel.

654 Il s'agit de la contribution de Johannes Hoff, professeur de Théologie systématique et philosophique au Collège Heythrop de l'Université de Londres, présentée à l'occasion du colloque de Luxembourg sur le sujet de la sacramentelité de la Parole. Cf. Id., « The Wor(l)d before the Word : Sacramental Realism after der Decline of the 'Linguistic Turn' », dans Luxembourg School of Religion & Society – Department of Religion, Communication, Education, *Pas d'Humanité sans Parole : La Sacramentalité de la Parole entre parole humaine et Parole divine. Actes du Colloque scientifique, international et interdisciplinaire, Luxembourg, 28–30 janvier 2016*, Centre Jean XXIII, Luxembourg, à paraître.

655 D'où l'étymologie du terme « religion », du latin *re-legare*, c'est-à-dire relier.

656 J. Hoff, « The Wor(l)d before the Word : Sacramental Realism after the Decline of the 'Linguistic Turn' », § 2. The Crisis of the Sacramental Realism of the Past, je traduis.

Or, dominée par le positivisme scientifique et intellectuel, l'époque moderne introduit une perception quantitative et mesurable du monde et des choses qui va également influencer le domaine religieux. C'est un déplacement culturel qui aboutit à un double narcissisme : « oculo-centrique », chez les artistes et les scientifiques qui « se félicitent de pouvoir se regarder eux-mêmes en train de regarder », et « phono-centrique », chez les humanistes, soit intellectuels, soit théologiens, soit prédicateurs, qui « se félicitent de pouvoir s'entendre eux-mêmes prêcher »[657]. Ainsi, du côté religieux, ce « mouvement oculo-phonocentrique » va alimenter une sorte de « rhétorisation de la foi », à commencer par la tentative de Calvin qui essaie de combler le vide créé par la crise du réalisme sacramentel, en promouvant une attitude tournée vers une forme de « grapholatrie » fétichisant la parole écrite et orale[658] ; tandis que, du côté social, le mouvement en cours va confier les quatre autres sens aux autorités séculières, y compris aux artistes et aux scientifiques, qui s'engageront dans le développement de la « méthode d'imagerie » moderne[659].

En synthèse :

> *If we look at the early modern polarisation between different kinds of spatialization, the significance of the Second Vatican council seems to be evident. Somewhat simplified, it could be argued that the late medieval focus on the « real presence » of the body of Christ provoked an increasing fetishizing of the visible Eucharistic body in the tradition of post-Tridentine Catholicism, and an increasing fetishizing of the spoken word in the Reformed tradition – although we should never forget the common ground of the opposing poles: Both sides built on a spatialized, onto-theological metaphysics, and both sides were condemned to rely on the rhetoric of preachers and clerics that encouraged the uneducated believers to believe incredible things*[660].

Ainsi, dans leurs formes exacerbées, la spatialisation ontothéologique catholique des sacrements ainsi que celle protestante de la Parole mènent à la même impasse : « Le mystère invisible n'est plus visible comme un mystère invisible et, dans ce sens-là, spatialement et temporellement indéterminable »[661]. Par conséquent, le mystère est considéré soit comme

657 *Ibid.*, je traduis.

658 Cf. *ibid.* Pour Calvin, le vide entre le symbole eucharistique (vidé de présence réelle) et la vraie présence du Christ au Paradis, pouvait être comblé par la foi. Et pourtant, conditionnée par l'incapacité de saisir l'invisible, la foi est réduite à la perception sensible de choses visibles, telles l'Écriture, l'exégèse et surtout la prédication, force persuasive comblant le vide sacramentel (cf. *ibid.*).

659 Cf. *ibid.* Apparue au tournant du XXe siècle, la « méthode d'imagerie », développée d'abord dans le domaine médical, regroupe les moyens d'acquisition et de restitution d'images du corps humain à partir de différents phénomènes physiques tels que l'absorption des rayons X, la résonance magnétique nucléaire, la réflexion d'ondes ultrasons ou la radioactivité, auxquels on associe parfois les techniques d'imagerie optique, comme l'endoscopie.

660 *Ibid.*, § 3. The 'linguistic turn' of Catholic sacramental theology in the wake of the Second Vatican Council.

661 *Ibid.*, § 2, je traduis.

présent, en tant que *res* spatialisée – selon la théologie catholique –, soit comme absent, tandis qu'il est réellement au Paradis – selon la théologie reformée[662].

Or, selon Hoff, pour surmonter cette impasse il faut revenir à la fonction de la « synesthésie »[663].

Bien qu'il provienne du domaine neurologique, le terme synesthésie a, il y a peu de temps, commencé à susciter l'intérêt de diverses disciplines, y compris la théologie[664]. De fait, c'est en référence aux Pères de l'Église que le terme synesthésie entame ses débuts théologiques, dès lors que leur pensée spirituelle est habitée par l'implication des cinq sens physiques, dont ils font une relecture spirituelle.

Éric Palazzo, professeur d'Histoire de l'art du moyen âge à l'université de Poitiers, a consacré deux ouvrages à ce sujet[665]. La littérature patristique, le patrimoine eucologique et liturgique, aussi bien que le témoignage religieux de l'art architectonique, sculptural et

662 Cf. *ibid.*

663 Cf. *ibid.* La « synesthésie » (du grec *syn*, avec (union), et *aesthesis*, sensation, perception) est un phénomène neurologique par lequel deux ou plusieurs sens sont associés. Par exemple : des notes de musique, des lettres et des chiffres peuvent entraîner la perception des couleurs ; des goûts peuvent être associés à des formes tactiles. Des recherches récentes ont montré que la synesthésie est un phénomène bien réel avec des corrélats génétiques, perceptifs et cérébraux. Une éducation à la poésie peut aussi développer des capacités synesthésiques.

664 Cf. M. Perrin, *L'homme antique et chrétien. L'anthropologie de Lactance, 250–325*, Beauchesne, Paris, 1981 ; A. Grabar, *Les origines de l'esthétique médiévale*, Macula, Paris, 1992 ; U. Eco, *Art et beauté dans l'esthétique médiévale*, Grasset, Paris, 1997 ; G. Dahan, *L'exégèse chrétienne de la Bible en Occident médiéval, XII*e*-XIV*e *siècle*, Cerf, Paris, 1999 ; C. Casagrande, S. Vecchio, *Histoire des péchés capitaux au Moyen Âge*, Aubier, Paris, 2000, surtout pp. 229–273 ; J.-Y. Tilliette, « Le symbolisme des cinq sens dans la littérature morale et spirituelle des XIe et XIIe siècles », *Micrologus* 10 (2002), pp. 15–32 ; J. Le Goff – N. Truong, *Une histoire du corps au Moyen Âge*, Liana Levi, Paris, 2003 ; I. Marchesin, « Le corps et le Salut. Quelques aspects de l'illustration du Cantique des Cantiques au Moyen Âge », dans *Il cantico dei cantici nel Medioevo*. Actes du colloque de Gargano sul Garda, 22–24 mai 2006, Galluzzo, Florence, 2008, pp. 277–294 ; É. Palazzo, *L'invention chrétienne des cinq sens dans la liturgie et l'art au Moyen Âge*, Cerf, Paris, 2014, surtout pp. 31–90 ; J. Negel, « Gottes Stimme sehen. Synästhesie der Christuserfahrung als Herausforderung für das interkonfessionelle Gespräch », *Freiburger Zeitschrift für Philosophie und Theologie* (2016), pp. 156–172. Dans ce dernier article, intitulé « Voir la voix de Dieu. Synesthésie de l'expérience du Christ comme défi du dialogue interconfessionnel », J. Negel, professeur de théologie fondamentale à l'Université de Fribourg, propose une lecture théologique de la synesthésie, tout en posant les questions suivantes : Peut-on voir les paroles ? Peut-on ouïr des images ? Peut-on goûter la vérité ? Ainsi, à partir des Pères et de leur conception des cinq sens spirituels, en faisant référence à la spiritualité orthodoxe par rapport aux icônes, et en tenant compte également de la métaphorique du langage – l'arrière-fond biblique demeurant l'horizon de sa réflexion –, Negel parvient à la personne du Christ ressuscité en tant que possibilité d'une compréhension théologique de la synesthésie. Celle-ci étant la possibilité d'une fonction méta-sensorielle des cinq sens, la foi des disciples ne saurait se passer de ces derniers, tels son ADN, afin de percevoir le Ressuscité dans sa nature méta-historique.

665 É. Palazzo, *L'invention chrétienne des cinq sens dans la liturgie et l'art au Moyen Âge* ; Id. (dir.), *Les cinq sens au Moyen Âge*, Cerf, Paris, 2016.

pictural du moyen âge constituent les sources de sa recherche. Recueillant et étudiant donc cet héritage spirituel, Palazzo relève que l'implication des cinq sens donne lieu à une sorte de symphonie sensorielle, qu'il appelle « synesthésie » et dont il donne la définition que voici : « l'effet sensoriel produit par l'interaction des différents sens entre eux »[666]. Il est surtout frappé par saint Augustin, « l'auteur qui expose avec le plus de profondeur l'importance de la synesthésie dans la pratique de la prière et de la quête spirituelle afin d'atteindre le sens du cœur, but ultime de l'harmonie sensorielle créée par la liturgie »[667]. C'est surtout le livre X des *Confessions* qui offre, d'après Palazzo, « le manifeste de la synesthésie », conçue non seulement comme « implication générale » de tous les sens, mais aussi comme cette « interaction » sensorielle transcendée et élevée à un niveau supérieur, le sens du cœur, où la vue, l'ouïe, l'odorat, le goût et le toucher ne font qu'un, tout en trouvant et en atteignant la signification spirituelle la plus haute :

> Eh bien ! Qu'est-ce que j'aime quand je t'aime ? Ce n'est pas la beauté d'un corps, ni le charme d'un temps, ni l'éclat de la lumière, amical à mes yeux d'ici-bas, ni les douces mélodies des cantilènes de tout mode, ni la suave odeur des fleurs, des parfums, des aromates, ni la manne, ni le miel, ni les membres accueillants aux étreintes de la chair ; ce n'est pas cela que j'aime mon Dieu. Et pourtant, j'aime certaine lumière et certaine voix, certain parfum et certain aliment et certaine étreinte quand j'aime mon Dieu : lumière, voix, parfum, aliment, étreinte de l'homme intérieur qui est en moi, où brille pour mon âme ce que l'espace ne saisit pas, où résonne ce que l'espace rapace ne prend pas, où s'exhale un parfum que le vent ne disperse pas, où se savoure un mets que la voracité ne réduit pas, où se noue une étreinte que la satiété ne desserre pas. C'est cela que j'aime quand j'aime mon Dieu[668].

Il en va de même lors d'une étude très intéressante sur la poutre catalane de Cruïlles, dont on a découvert en 1930 un fragment polychrome conservé au musée d'art de Gérone, en Catalogne. Il s'agit d'une décoration picturale illustrant une scène liturgique, probablement un moment de la dédicace de l'ancienne église du monastère de Saint-Michel de Cruïlles, comprenant le rituel de la présentation des offrandes pendant l'eucharistie. Les personnages, les objets liturgiques qu'ils apportent et les autres éléments de la célébration représentés sur cette poutre offrent à la fois une illustration surprenante et une catéchèse éloquente sur l'implication des cinq sens dans et par la liturgie, dialogue entre le ciel et la terre par l'intermédiaire des signes sensibles et, pour cela même, par les sens qui les aperçoivent[669]. Y retrouvant tous les éléments d'une dimension synesthésique à l'intérieur, cette

666 É. Palazzo, *Les cinq sens au Moyen Âge*, p. 25.

667 *Ibid.*, p. 26.

668 Augustin d'Hippone, *Confessions*, X, 8, cit. dans É. Palazzo, *Les cinq sens au Moyen Âge*, p. 26.

669 L'image gravée sur la poutre de Cruïlles, conservée dans le musée de l'art de Gérone, en Catalogne, évoque une procession liturgique, lors du rituel de la dédicace d'une église. L'interprétation synesthésique vient du fait que les gestes et les offrandes apportées par les moines représentés impliquent tous les cinq sens. En effet, la dimension visuelle de la lumière des candélabres renvoie à la *vue* ; les of-

fois-ci, d'un contexte liturgique, Palazzo constate que « la synesthésie mise en œuvre dans la liturgie rend visibles à l'homme les mystères qui lui sont invisibles, comme l'exprime l'une des dernières oraisons prononcées par le célébrant dans le rituel de la dédicace de l'église : "Dieu, qui diriges toute chose invisiblement, et qui cependant pour le salut du genre humain manifestes des signes visibles de ta puissance, nous te le demandons, illumine ce temple de la présence de ta majesté, et à tous ceux qui s'y réunissent pour prier accorde les bienfaits de ta consolation, quelle que soit l'épreuve dans laquelle ils t'invoquent" »[670].

Palazzo conçoit donc la synesthésie comme une « concertation » des cinq sens, où ceux-ci concourent et agissent ensemble, pas seulement pour une expérience « sensorielle » et « perceptive » de la foi, fondée dans le mystère de l'incarnation, mais surtout afin de signifier en eux-mêmes ces sens spirituels qui perçoivent les réalités invisibles du salut. Cependant, Palazzo ne comprend pas la synesthésie comme un véritable « échange » des sens, voire un « inter-échange », telle qu'Hoff la comprend et que moi-même je la conçois.

En revenant donc à Hoff, celui-ci relève que, ne connaissant que l'expression « *sensus communis* », les Pères de l'Église parlent, sans même s'en apercevoir, « en termes synesthésiques, lorsqu'ils recommandaient que "nos yeux devraient savoir écouter, nos oreilles voir ou nos lèvres, à l'exemple des oreilles, avoir part à la Parole de Dieu par un baiser spirituel." »[671] En d'autres termes, grâce au *sensus communis* qui garantit l'intégration et l'interaction des cinq sens, l'invisible devient *diversement* saisissable. Par conséquent, un visage humain ne reste pas seulement une figure à regarder, mais il devient également une figure à « écouter », un visage parlant. C'est pourquoi, sans un regard synesthésique, le visible ne saurait qu'être visible, l'audible qu'audible, et « si quelqu'un commence à voir des visages parlants, c'est un fou ou bien un poète »[672]. Or, là où il n'y a de place que pour

frandes eucharistiques, le calice et la patène s'accordent avec la fonction *gustative* mais aussi avec le *toucher* ; l'encensoir se relie à l'*odorat* ; et puis, la liturgie incluant la proclamation de la Parole, celle-ci implique le sens de l'*ouïe*. Cf. É. Palazzo, *L'invention chrétienne des cinq sens dans la liturgie et l'art au Moyen Âge*, pp. 101–113.

670 É. Palazzo, *L'invention chrétienne des cinq sens dans la liturgie et l'art au Moyen Âge*, p. 113.

671 C. Pickstock, « Sense and Sacrament », p. 10, dans : M. Levering – H. Boersma (éd.), *The Oxford Handbook of Sacramental Theology*, Oxford University Press, Oxford, 2015, cité dans J. Hoff, « The Wor(l)d before the Word : Sacramental Realism after the Decline of the 'Linguistic Turn' », § 2, je traduis. De là, se dégage la conception de la synesthésie en tant qu'« inter-échange » sensoriel, tel qu'Hoff le déduit de cette même citation.

672 J. Hoff, « The Wor(l)d before the Word : Sacramental Realism after the Decline of the 'Linguistic Turn' », § 2, je traduis. Palazzo, de son côté, citant un autre passage du livre X, 11 des *Confessions* de saint Augustin, exprime une compréhension bien différente de la synesthésie, ainsi qu'Hoff et moi-même la concevons. De fait, ce que Palazzo définit comme « l'action des sens entre eux » (interaction) n'est aucunement un véritable échange sensoriel, du fait que l'évêque d'Hippone laisse les cinq sens exercer chacun sa propre fonction : « Pour saint Augustin, l'ensemble de ce processus inté-

les faits scientifiques, tout comme l'avait décrété le positivisme de l'époque moderne, « un visage parlant ne saurait être qu'une métaphore »[673].

Bref, d'après Hoff, si l'on a de la peine à percevoir la réalité invisible cachée dans une réalité visible, tel un visage par exemple, c'est parce qu'on a marginalisé la fonction mentale de la synesthésie :

> *But in order to perceive this invisible dimension of a face, we have to trust in our poetic sensitivities and share our perceptions with each other. The poet « must possess the skills of the painter [vision], the composer [audition], the chef [gustatory], the lover [tactile sense] and the distiller of perfumes [olfaction] » – because poetic skills are derivative to the synaesthetic sensibility of the sensus communis that is accessible to everyone who shares his live with other people*[674].

Je crois que le recours de Hoff à la synesthésie peut s'avérer précieux pour le développement du sujet de la sacramentalité de la Parole, surtout selon la perspective « christosacramentelle » que j'ai voulu poursuivre[675]. Les deux premiers moments événementiels de l'économie de l'incarnation du Verbe, à savoir l'*empalabraciòn* et l'*incarnation* du Christ, Verbe-Image

rieur, permettant l'émergence du sens du cœur, se produit par l'action des sens entre eux afin de générer la synesthésie : "Il est une autre force, qui me permet non seulement de donner sensibilité à ma chair, elle que m'a façonnée le Seigneur, ordonnant à l'œil non pas d'entendre, à l'oreille non pas de voir, mais au premier de me faire voir, à la seconde de me faire entendre, et fixant sa fonction propre à chacun des autres sens d'après son siège et son office ; et ces diverses fonctions, par eux je les accomplis en restant un, moi l'esprit" » (É. PALAZZO, *Les cinq sens au Moyen Âge*, p. 27). Finalement, le recours, dans ce paragraphe, à Palazzo veut, d'un côté, relever ce que son étude fait émerger vis-à-vis de la spiritualité du moyen âge, à savoir combien la liturgie ancienne, les textes euchologiques, les homélies des Pères et les écrits des théologiens, aussi bien que l'iconographie médiévale amènent pour une relecture théologique des cinq sens, en tant que sens spirituels de l'âme et du cœur. Ce qui lui permet, pour cela même, de souligner la conscience qu'avaient les Pères de ce que la liturgie terrestre soit le signe, l'avant-goût et l'anticipation de la liturgie céleste. De l'autre côté, la conception synesthésique de Palazzo me permet d'aller plus loin que lui, en mettant en relief le fait qu'on ne peut véritablement parler de synesthésie que lorsqu'on explicite un échange sensoriel qui amène chacun des cinq sens à dépasser sa propre fonction. D'où la possibilité qu'un sens exerce même une fonction qui ne lui appartient pas : c'est alors que l'oreille voit, ou que l'œil écoute !

673 J. HOFF, « The Wor(l)d before the Word : Sacramental Realism after the Decline of the 'Linguistic Turn' », § 2, je traduis. La synesthésie trouve dans la métaphore son explication et même sa force vitale. Cela permet d'établir une connexion entre la phénoménologie synesthésique et la phénoménologie métaphorique du langage mise en place par Ricœur, dans le cadre de sa réflexion sur la *Métaphore vive*, étude qui pose les bases pour la philosophie de la narration développée dans les ouvrages successifs de *Temps et récit*. De fait, d'après le philosophe de la narration, la métaphore est porteuse d'une « véhémence ontologique » et d'une « vérité tensionnelle » qui, pour cela même, qualifie la métaphore de réalité « vive ». De fait, la métaphore exprime une vérité qui va vers la direction de l'être, du fait qu'elle exprime un état d'*être comme* (voir *infra*, 3.2.2.1). De même, la métaphore donne lieu, et donc « existence », à la synesthésie.

674 *Ibid.*

675 La synesthésie, entendue en tant qu'échange sensoriel, peut être analogiquement perçue au sein de la Révélation elle-même, lorsque, par exemple, l'annonce de la Parole devient aussi, par la foi qui opère en celui qui l'accueille, la vision de cette même Parole annoncée, à savoir la vision de la *res carnis Jesu*, pour revenir à la conception esthético-théologique de Balthasar. Ce qui trouve dans la péricope

de Dieu, constituent, selon ma perspective de recherche, l'incontournable condition théologique sur laquelle repose la sacramentalité de la Parole. Et pourtant, pour aller plus loin dans cette question théologique, de manière à ce qu'une certaine forme de « présence réelle » du Christ puisse être attribuée aussi à la Parole de Dieu, on peut également saisir la sacramentalité de la Parole-Écriture sans que celle-ci dérive analogiquement de la présence mystique du Christ sous les espèces du pain et du vin de façon exclusive[676]. D'ailleurs, évoquant une expression de Jean Paul II, Benoît XVI lui-même inscrit également la sacramentalité de la Parole dans la « perspective *sacramentelle* de la Révélation », tout en soulignant que « le Mystère de l'Incarnation est vraiment à l'origine de la sacramentalité de la Parole de Dieu »[677]. Raison pour laquelle, la sacramentalité de la Parole prend préalablement sa source dans le Christ, sacrement du Père, comme le dit également Balthasar[678], et par conséquent dans l'Eucharistie, sacrement de la « présence réelle » du Christ.

Or, dans la « perspective *sacramentelle* de la Révélation », reprendre et réinterpréter en clef théologique l'intuition « synesthésique » suggérée par Hoff peut à mon avis apporter une compréhension nouvelle de la dimension sacramentelle de la Parole de Dieu. Pour ce faire, je vais m'inspirer de Jn 20,24-29, une péricope qui va s'avérer paradigmatique par rapport à une analyse analogico-synesthésique de la Révélation.

Dans le cadre du quatrième évangile, considéré comme le plus sacramentel à cause de sa théologie des signes, Jn 20,24-29 offre en l'occurrence des éléments déterminants. Se situant au milieu des apparitions du Christ ressuscité à Marie de Magdala et aux disciples, cette péricope constitue en même temps le cœur de la réalité postpascale de la communauté apostolique johannique. De fait, le récit johannique en question sous-tend deux niveaux spatio-temporels : premièrement, le temps et le lieu racontés, concernant

johannique racontant l'apparition de Jésus ressuscité à l'apôtre Thomas une confirmation lumineuse et une explication convaincante, à laquelle je vais recourir.

676 D'après Hoff aussi, l'argument qui appuie la sacramentalité de la Parole proposé dans *Verbum Domini* reste foncièrement celui de la sacramentalité eucharistique : « *The conciliar formula of the 'two tables' (the table of God's word and the table of Christ's body, DV 21) encouraged an elliptic conceptualisation of the Eucharist. This interpretation of the Eucharist was hardly intended by the council fathers. Benedict XVI was certainly more faithful to their intentions, when he emphasized in Verbum Domini that "Christ, truly present under the species of bread and wine, is analogously present in the table of word proclaimed in the liturgy" (n. 56, my emphasis). According to this formula, the word is sacramental in an analogic sense ; its sacramentality is derivative to the mystical presence under the species of bread and wine. To be sure, Verbum Domini supported the commitment of post-conciliar theologians to join forces ; but the apostolic exhortation also insisted that the desire to develop "a more unified understanding of the mystery of revelation"* had to remain focused on the sacramental presence of the body of Christ under the species of bread and wine. » (*ibid.*, § 3, je souligne)

677 *VD* 56.

678 Voir *supra*, la référence bibliographique de la n. 433. Cf. aussi T. Michelet., *« Sacra doctrina ». Mystère et sacramentalité de la Parole dans la Somme de théologie de S. Thomas d'Aquin*, p. 344.

l'événement de l'apparition de Jésus aux apôtres dans le cénacle, où, cette fois, est présent aussi l'apôtre Thomas ; deuxièmement, le temps et le lieu du narrateur, concernant la communauté croyante, au sein de laquelle ce récit naît et est relu. Le temps historique se croisant avec le temps proleptique externe[679], ce dernier revêt une grande importance pour les essais de reconstruction de la vie de la communauté johannique[680]. Cela implique que ce que Jésus formule au temps futur (commentaires rétrospectifs) s'est déjà réalisé dans la communauté[681]. Par conséquent, « les événements de l'histoire de la communauté sont déjà compris dans l'évangile »[682], tandis qu'ils s'avèrent nécessaires pour une compréhension et une exégèse du texte évangélique plus proches de l'intention du narrateur et de la signification que celui-ci a voulu lui accorder.

Cela étant, les verbes de la déclaration de Jésus : « Heureux ceux qui n'ont pas vu et qui ont cru » du v. 29, formulés au participe aoriste – littéralement « les non-ayant-vu et ayant-cru » – expriment un temps déterminé, un passé précisément. Ce qui fait que Jésus ne s'adresse pas d'abord aux croyants des générations suivant l'époque apostolique, ou tout simplement à tous ceux qui n'ont pas eu de vision directe de la personne du Christ dans sa réalité de ressuscité.

Dans un article publié en 1997, lors de la proposition d'une nouvelle traduction de la Bible présentée dans la révision – en attente à l'époque d'approbation définitive – de la version précédente, dirigée par la *CEI* (*Conferenza Episcopale Italiana*), le jésuite bibliste Ignace de la Potterie, ancien professeur à l'Institut biblique pontifical de Rome, décédé en 2003, avait fait remarquer que remplacer « Heureux ceux qui, sans avoir vu, croiront » de la version ancienne par « Heureux ceux qui, sans avoir vu, croient » serait encore une fois une erreur. Et de fait, le texte originel comportant un participe aoriste, une bonne traduction ne saurait rendre les deux verbes qu'au passé[683]. Référé donc aux disciples de Jésus, no-

679 Le « temps proleptique externe » est le temps de la composition du récit, c'est-à-dire celui de la communauté chrétienne, où la narration est engendrée.

680 Pour une synthèse concernant la lecture narratologique du quatrième évangile, y compris les techniques rhétorico-narratives et les éléments de la narration (temps, lieux, personnages, narrateur, auteur, lecteur, etc.), se reporter à Animation Biblique Œcuménique Romande, *L'évangile de Jean. Une lecture narratologique. Notes exégétiques et plan d'animation*, Évangile et culture, Centre catholique romand de formation permanente, Lausanne, 1992.

681 Cf. *ibid.*, p. 87.

682 *Ibid.*

683 Cf. I. de la Potterie, *Storia e mistero. Esegesi cristiana e teologia giovannea*, Società Editrice Internazionale (SEI) / Trenta Giorni Società Cooperativa, Torino / Roma, 1997, pp. 183–189. En résumé, le souci que de la Potterie exprime dans cet article, se référant à Jn 20,29, est le suivant : « *Due aspetti ci preme mettere in rilievo : anche in questa versione riveduta, le parole di Gesù vengono tradotte con un'imprecisione, rispetto all'originale greco. E tale imprecisione viene di fatto utilizzata per confermare con l'autorità del Vangelo un'impostazione che sembra prevalente nella Chiesa di oggi : l'idea che la vera fede sia quella che prescinde totalmente dai segni visibili. L'errore di tradu-*

tamment au disciple que Jésus aimait, le binôme verbal « voir/croire » ne peut pas échapper à une confrontation assez claire avec le binôme de Jn 20,8, ainsi que l'avait souligné le jésuite bibliste : « La phrase de Jésus "heureux ceux qui, sans [m']avoir vu, *ont cru*" renvoie précisément à "vidit et credidit" référé à Jean au moment de son entrée au tombeau vide »[684]. Et d'ailleurs, une bonne méthode exégétique ne saurait que relever la cohérence interne d'un texte pris dans sa totalité, comme de la Potterie ne manque pas de le faire par rapport à la péricope ici considérée.

Ainsi, le problème exégétique posé par ce texte johannique repose sur deux éléments incontournables : un sous-entendu et deux omissions. Renvoyant à Jn 20,8, le bibliste fait émerger ce qui demeure sous-entendu dans la phrase. En effet, évoquant l'expression « il vit et il crut », référée à l'apôtre bien-aimé, la phrase du v. 29 est à entendre et reformuler dans la manière suivante : « Heureux ceux qui, sans avoir vu [c'est-à-dire *sans avoir vu moi*, directement], ont cru [du fait d'*avoir vu les signes*, soit les indices de ma présence vivante]. » D'où une référence sous-entendue à la foi exemplaire du disciple bien-aimé, et en même temps la double omission du complément d'objet par rapport au verbe « voir », c'est-à-dire le « moi » relatif à Jésus et les signes de sa résurrection. De ce fait, loin de signifier que « croire, ce n'est pas voir », la phrase de Jésus, au contraire, argumente en faveur de la valeur des signes : « Entré après Pierre, Jean n'*avait vu* que des indices, le tombeau vide et les linges privés du corps de Jésus sans être défaits, et pourtant, malgré la faiblesse de tels indices, il avait commencé à croire[685]. » Mais pas seulement. S'en tenir au texte originel grec, où les verbes en question sont tous deux des participes aoristes, c'est infirmer de manière décisive le plaidoyer apologétique de Bultmann. Celui-ci, traduisant les verbes de Jn 20,29 au présent, opte pour une foi dépourvue de toute preuve extérieure saisissable, au détriment des apparitions pascales elles-mêmes, ce qui n'est pas le cas, de l'avis d'I. de la Potterie lui-même[686]. Les vides textuels comblés à l'aide du bibliste jésuite, Jn 20,29 peut finalement dévoiler son véritable sens.

D'abord, ce qui est reproché à Thomas n'est pas sa demande de voir Jésus vis-à-vis, ni même son insistance de vouloir toucher ses plaies afin de croire. Non ! « Le reproche est attaché au fait qu'au début, Thomas s'est renfermé en lui-même, sans accorder de crédit au témoignage de ceux qui lui disaient *avoir vu* le Seigneur vivant »[687]. Par conséquent, ce

zione a cui pensa di poter appoggiarsi tale interpretazione, che di fatto travisa il passo evangelico, consiste nel tradurre al presente il rimprovero di Gesù : "Beati coloro che credono, pur senza aver visto". In questo modo le parole vengono trasformate in una regola di metodo valida per tutti coloro che vivono nei tempi successivi alla morte e risurrezione di Gesù. » (*ibid.*, p. 184, je souligne)

684 *Ibid.*, p. 185, je traduis.

685 *Ibid.*, je traduis.

686 Cf. *ibid.*, p. 186.

687 *Ibid.*, je traduis.

reproche, évoquant de manière implicite le crédit non accordé aux paroles des autres disciples, conduit à mettre en corrélation ces paroles avec les signes-indices de la présence vivante du Christ, à repérer en l'occurrence ailleurs que dans le tombeau vide. Car, si les signes vus par le disciple bien-aimé sont constitués des indices situés à l'intérieur du tombeau vide, les signes qui paraissent aux yeux de l'apôtre Thomas sont constitués des autres disciples attestant la résurrection du Christ.

À ce stade, l'analyse exégétique du texte johannique que je viens d'envisager me permet de réadapter l'élément synesthésique suggéré par Hoff. En effet, reprochant à Thomas de ne pas avoir fait confiance aux paroles de l'annonce kérygmatique des autres disciples, Jésus accorde à ces dernières la valeur de *signes révélateurs* de sa présence vivante. Mais pas seulement ! Proposant à Thomas l'exemple du disciple bien-aimé qui « vit et crut », Jésus lui fait comprendre en même temps que les paroles des disciples ne sont pas uniquement un témoignage à écouter. En tant que *sêmeia* johanniques[688], c'est-à-dire *signes sensibles* révélateurs de sa présence, elles sont elles-mêmes une réalité « sacramentelle » à voir. Et d'ailleurs, chez Jean, voir, c'est croire !

Bref, les paroles des disciples, y compris leurs personnes, constituent l'« *image* à voir », à savoir l'*image* de la *res carnis Jesu* offerte à la vision par le témoignage soit oral soit écrit de la Révélation, *forme homologique* du Verbe incarné, selon l'herméneutique christologique et esthétique de Balthasar. Autrement dit, dans l'annonce « Nous avons vu le Seigneur ! » (Jn 20,25), la « Parole » de Dieu se rend *visible,* tout en devenant une parole imagée ; tandis que l'« Image » de Dieu se rend *audible*, tout en devenant une image emparolée. Ainsi, alors qu'entendant l'annonce, les oreilles saisissent l'*Image*, et les yeux, voyant les témoins, perçoivent la *Parole*, c'est la « synesthésie sacramentelle » qui s'accomplit !

D'autre part, une telle logique synesthésique n'est pas détectable uniquement au chapitre 20 du quatrième évangile. Elle émerge dès le prologue, alors qu'il est écrit : « Au commencement était le Verbe […]. Le Verbe était la lumière véritable […]. Et le Verbe s'est fait chair et il a habité parmi nous » (Jn 1,1.9.14). La Parole se révèle d'abord comme audible, puis se fait lumière visible et ensuite même chair touchable. C'est en ce sens qu'il faut relire aussi ce passage de *Verbum Domini* : « À présent, la Parole n'est pas seulement audible, elle ne possède pas seulement une voix, maintenant la Parole a un visage, qu'en conséquence nous pouvons voir : Jésus de Nazareth[689]. » Telle est la « synesthésie sacramentelle » qui parcourt de bout en bout non seulement l'évangile de Jean, qualifié, à juste titre, d'« évangile sacramentel », mais toute la Révélation qui s'accomplit par des paroles humaines et par des signes événementiels de salut.

688 Cf. *supra*, 2.2.1.
689 *VD* 12.

Cela étant, la synesthésie, qui œuvre *dans* et *par* la Parole-Écriture, fait de celle-ci une réalité analogique, c'est-à-dire un signe saisissable et visible de la Révélation, de manière à ce que celle-ci soit « contemplée par les yeux de la foi et de l'intelligence de foi »[690]. Autrement dit, permettant que, *dans* et *par* l'annonce, *dans* et *par* la lettre, la chair du Christ, Parole-Image de Dieu, se livre à la *vision*, à l'écoute et au *toucher* des témoins, à commencer par la communauté apostolique, la Parole-Écriture est l'événement synesthésique du salut. Par conséquent, le Verbe s'y rendant analogue *sous un autre mode*, c'est-à-dire au mode d'une Parole imagée qui s'offre à la vision et d'une Image emparolée qui s'offre à l'audition, la Parole-Écriture ne saurait ne pas être elle-même une « analogie sacramentelle ».

La nature synesthésique et sacramentelle fait ainsi de la Parole-Écriture un *signe* à la fois *révélateur* et *porteur* du Verbe incarné. De fait, déterminée et voulue par Dieu, la Parole-Écriture est une *modalité différente* de l'incarnation du Verbe par rapport au mode de l'humanité. De même, par rapport au Verbe en tant que sacrement du Père, elle est *une modalité différente* de cette même sacramentalité source. « Analogie » au sens théologique signifie au bout du compte *ressemblance* comme *différence*[691], ce qui ne va pas dans la direction d'une « dissemblance », telle que la prône la conception analogique de Przywara[692]. Celui-ci était en effet préoccupé, en accord avec la conception thomiste de l'analogie, de maintenir Dieu et l'homme dans une distance équilibrée à même de garantir l'altérité et la primauté ontique de Dieu. En revanche, cette « différence » entre Dieu et l'homme, comme le relèvent Holzer et Danet, devient pour Jüngel aussi bien que pour Balthasar l'élément constitutif de la « proximité » et de la « ressemblance » humano-divine réalisée par Dieu en vertu de l'incarnation du Verbe[693]. De fait, d'un côté Jüngel récupère l'*analogia entis* là où le rapport monde-Dieu n'est plus un « rapport de dissimilitude », mais un « rapport de différence » qui, par l'événement Jésus-Christ devient le lieu de l'« auto-évidence quasi-sacra-

690 H.-U. von Balthasar, *La Gloire et la Croix. Les aspects esthétiques de la révélation,* t. I : *Apparition,* p. 26.

691 D'après Danet, la conversion christocentrique de la conception analogique de type métaphysique opérée par Jüngel comporte que celle-ci passe de la prémisse kantienne visant la relation de causalité à la prémisse « de la rencontre-grâce gratuite entre les hommes et l'Homme-Jésus, survenue dans l'histoire » (H. Danet, *Gloire et croix de Jésus-Christ,* p. 65). Un tel déplacement « permet aussi à Jüngel de remplacer la notion de *dissimilitude* en Dieu par celle de *différence* » (*ibid.*, je souligne). C'est bien à partir d'une pareille déclinaison analogique que va prendre forme une conception « christosacramentelle » de l'analogie, telle que j'essaie de la proposer au cours de ce travail. Cette visée analogique, dans le cadre de la Révélation, concerne la Parole-Écriture aussi bien que la Tradition. C'est pourquoi elle va également affecter les récits du « troisième Testament », notamment les récits issus de l'expérience d'évangélisation de type autobiographique mise en place lors du « cénacle autobiographique » (voir *infra*, chap. 7, notamment 7. 2).

692 Voir *supra,* 1.2.1, notamment n. 146.

693 Voir *supra*, n. 146, n. 189 et n. 191.

mentelle de la relation humanité-Dieu »[694]. De l'autre côté, Balthasar réinterprète, selon une originalité théologique étonnante, les « différences » remarquées par l'*analogia entis* au profit d'une christologie et d'une théologie trinitaire. En réalité, l'interdépendance entre la lumière véritable de la Figure et l'obscurité soit de la lettre soit de la chair, relativement aux figures christiques de la Parole-Écriture et de l'Église, s'avère l'enjeu analogique d'une esthétique théologique où l'« inadéquation » la plus absolue et la « différence » la plus irréductible (*sub contrario*) deviennent les plus aptes et les plus adéquates à véhiculer la beauté divine[695]. Celle-ci, d'ailleurs, c'est de la laideur du crucifié qu'elle éclate et resplendit, alors qu'elle se donne à voir « sous un autre mode », qui est « un mode divin » et qui apparaît aux yeux des hommes comme un événement inattendu et même absurde !

Dans le cadre d'une économie événementielle de l'incarnation par rapport au mystère de la Parole-Écriture, telle que je suis en train d'illustrer, c'est en se faisant homme, dans une *ressemblance* totale avec l'homme, hormis le péché, que Dieu, en son Fils, se rend « analogue ». Il a plu à Dieu que sa révélation et sa manifestation dans le Fils, sa Parole et son Image, soient confiées à l'inadéquation de la lettre, l'Écriture, et à la différence ontologique de l'humanité des témoins, les apôtres. Autrement dit, il a plu à Dieu que cette inadéquation de la lettre ait le pouvoir d'offrir la vision de la Figure de la Révélation, et qu'également, malgré la différence ontologique de leur humanité, les témoins aient le pouvoir de véhiculer la Parole de la Révélation. Une telle *différence*, moyennant le rôle d'« intermédiation » synesthésique qu'elle exerce, constitue proprement cette analogie sacramentelle dégagée par la Parole-Écriture, car Dieu se rend analogue selon une logique d'incarnation inouïe et propre à lui qui échappe à toute logique et compréhension humaines.

Jüngel ne se trompe donc pas, lorsqu'inversant la formule analogique de Przywara, il affirme que c'est la *ressemblance* qui l'emporte sur la *dissemblance*. C'est pourquoi, poussant encore plus loin la reformulation analogique de Jüngel, je suis persuadé que l'analogie sacramentelle de la Parole-Écriture repose bel et bien sur le fondement d'une « analogie de différence ». Car, la *différence* ontique (inhérent à l'être) et ontologique (inhérent au rapport entre les étants) de la nature humaine, y compris la lettre du langage humain, étant assumée en vertu de l'incarnation du Verbe par la nature divine, la personne de l'Homme-Dieu et la réalité de la Parole-Écriture constituent et se partagent un seul et même mystère de *ressemblance* humano-divine[696].

694 H. DANET, *Gloire et croix de Jésus-Christ*, p. 65, déjà cité (voir *supra*, n. 189).

695 Voir *supra*, 1.3.2 ; 1.3.3.

696 Cette « analogie de différence » relève de l'analogie de la parabole de Jüngel, selon laquelle c'est précisément le langage humain, si différent par rapport à la Parole divine, que Dieu rend apte à *dire Dieu*. Ainsi, lorsque son Fils parle humain, l'homme parle Dieu. C'est pourquoi, la « différence », constituée en l'occurrence par l'expérience intramondaine, devient l'autoévidence même de la manifestation ou épiphanie divine.

Finalement, c'est lors de l'incarnation du Verbe, l'avènement par excellence de l'analogie, que Dieu, par le « sous un autre mode » de son corps de chair, son corps d'Écriture, son corps eucharistique et son corps Mystique qu'est l'Église, assume ladite « différence », tout en la résolvant en termes de « ressemblance » analogique. À ce stade, le lien Christ-Écriture n'est plus un syllogisme théologique, et l'*empalabración* du Christ n'est pas non plus à prendre au sens analogique « tout court ». Car cette économie événementielle de l'incarnation du Verbe, ainsi que nous sommes en train de l'exposer au long de ce chapitre, nous fait parvenir à une compréhension de la Parole-Écriture selon une visée « christosacramentelle ». D'ailleurs, sans son corps de chair, le Christ ne saurait pas être sacrement du Père. De même, sans un « corps d'écriture » et sans un « corps de croyants », la Parole ne saurait être « sacrement » de Dieu, au sens « christosacramentel » évidemment, et non pas au sens sacramentaire.

Or, une analogie conçue ainsi, qui revendique un statut de « sacramentalité », peut, à mon avis, rejoindre le souhait de B. Hallensleben, à savoir qu'une théologie de la Parole de Dieu développée selon une perspective sacramentelle ne peut que faire droit, par le fait même, à la question inhérente à la « présence réelle de Dieu qui se révèle dans sa Parole ». D'ailleurs, dans la mesure où le sujet de la sacramentalité demeure attaché à la question de la présence « réelle », entendue et comprise au sens de « substantielle », la théologie de la Parole de Dieu n'aboutira jamais à un véritable statut analogique de type sacramentel, selon lequel malgré le « sous un autre mode », voire grâce à celui-ci, Dieu se rend *réellement* présent[697] !

Même Danet, pour sa part, ne peut pas se passer de noter que, chez Balthasar, le sujet de la « sacramentalité » reste d'un côté trop implicite, et de l'autre, trop peu développé. Autrement dit, chez le théologien suisse, il manque une « analogie sacramentelle » explicite, impliquant non seulement la Parole de Dieu en tant que telle, mais aussi ce qui constitue la réalité de sa nature complexe et « composée », faite de genres littéraires et de rédactions successives, aussi bien que la réalité ecclésiale, racontée par les récits pascals.

> L'une des principales objections souvent signalées [à Balthasar] [porte sur] l'imprécision qui subsiste au sujet du « corps » du ressuscité, ce qui donne à penser qu'il manquerait au modèle esthétique une analogie plus ample, « SACRAMENTELLE » cette fois. La théologie pascale de la rencontre reste centrale, mais elle ne permet pas l'explicitation d'autres figures de résurrection, celles qui apparaissent en particulier dans les synoptiques, dans les signes de guérison. Il manque, semble-t-il, une théologie de la corporéité qui permettrait, grâce à la véritable originalité de cette présentation de la croix et de la tension Esprit-chair, un modèle sacramentel renouvelé[698].

697 Voir *supra*, 1.3. 2, notamment n. 432, et 2.2.1.
698 H. DANET, *Gloire et croix de Jésus-Chist*, p. 298, j'explicite.

En résumé, Danet finit par conclure que dans la pensée de Balthasar, « la phénoménologie de la "rencontre" reste sans doute fondatrice, mais le registre inter-personnel est insuffisant. L'horizon eschatologique qui en découle est trop restreint. Il se réduit à une étude de l'engagement du chrétien dans le monde, sous-tendu par une mystique du martyre »[699]. Bref, faute d'une médiatisation sacramentelle, l'Église elle-même cesserait d'être un « signe » pour le monde. Ce dernier, par ailleurs, est le lieu théologique hors des « limites » de l'Église où n'importe qui, même le plus éloigné (ce n'est pas par hasard si le berger de la parabole va chercher la brebis perdue), est à percevoir dans la visée du « sacrement du frère »[700]. C'est pourquoi une sacramentalité qui s'étend jusqu'à la chair du croyant, « sacrement du frère » en tant que « sacrement » du Christ, apporterait à la théologie de la Révélation une dimension analogique de type sacramentel, objet de mon approfondissement théologique, capable d'intégrer dans le domaine de la sacramentalité de la Parole la synesthésie et l'autobiographie, tels des aspects « théanthropologiques »[701] qui sont encore à saisir dans toute leur ampleur. Sur l'implication autobiographique de la sacramentalité de la Parole, je reviendrai plus loin[702].

L'analyse théologico-synesthésique autour de la Parole-Écriture n'a pas encore épuisé la compréhension de la sacramentalité de la Parole. La péricope de Jn 20,24-29, prise en considération auparavant, inclut une autre facette. La synesthésie sacramentelle, par laquelle la Parole-Écriture, forme « objectivée » de la *res carnis Jesu*, rend présent, visible et saisissable le Christ, par le biais de la foi de l'Église, ne se situe pas uniquement dans le cadre spatio-temporel de l'événement raconté. Le niveau proleptique externe du récit, c'est-à-dire l'espace et le temps de l'histoire de la communauté narrante, la communauté johannique en l'occurrence, implique le fait que la Parole-Écriture s'adresse aussi aux croyants des générations qui suivent ou tout simplement à tous ceux qui n'ont pas eu la vision oculaire de la chair du Christ. Par ailleurs, d'après la pensée christologico-esthétique de Balthasar, la vision oculaire des apôtres n'est pas immédiate, mais médiatisée par la foi, ce qui fait que les apôtres ne sont pas davantage « privilégiés » que les générations post-apostoliques[703]. C'est pourquoi,

699 *Ibid.*, p. 299.

700 *Ibid.*, p. 309. Ce sujet de la réalité « extra-ecclésiale », en tant que sujet « sacramentel » de la Révélation, notamment au fil de la Tradition, sera développé au cours du chap. 4. C'est aussi ce que propose Theobald lui-même dans son ouvrage *Le christianisme comme style. Une manière de faire de la théologie en postmodernité,* cité à maintes reprises, par rapport à la posture « hospitalière » de l'Église d'inclure « quiconque », dans le sillage de l'*analogia regni* issue des évangiles (voir *supra*, n. 89). Par rapport à l'expression « sacrement du frère », voir *infra,* 3.3.2, notamment n. 1147.

701 Néologisme : voir *supra*, n. 638.

702 Voir *infra*, 2.3.2 et chap. 3.

703 C'est la foi qui évite qu'entre les premiers témoins oculaires et les croyants des générations futures il y ait « une différenciation qualitative » aux dépens de ces dernières (voir *supra*, 1.3.1, notamment n. 342, et 4.3.2).

ce n'est pas un hasard si Thomas, l'un des douze, s'appelle « Dydime », expression qui signifie « jumeau », sans pourtant que le texte fasse allusion à l'identité de l'autre jumeau. De fait, l'appellation « jumeau » fait office de biais théologique de manière à ce que Thomas représente le frère jumeau de tous les croyants, de tout temps et de tout lieu, appelés, tel leur jumeau, à s'engager dans un rapport de foi avec le Christ, lequel, par les intermédiaires synesthésiques de la Parole-Écriture et de l'annonce, médiatisées par l'entremise ecclésiale, s'offre à la vision, à l'écoute, au toucher et à tous les autres sens.

Bref, dans le présent paragraphe, l'analyse autour de la christosacramentalité de la Parole-Écriture est parvenue à un développement ultérieur, ainsi que le sujet analogique. À partir du premier chapitre, la question analogique s'est avérée un élément contraignant et incontournable par rapport à la Révélation, notamment à la théologie narrative. Par conséquent, voulant envisager une théologie de type autobiographique, en tant qu'aspect fondamental de théologie narrative elle-même, je n'aurais su m'y soustraire. C'est donc en vue de la perspective autobiographique en tant que voie analogique de la Révélation elle-même que j'ai envisagé et commencé à développer le sujet de la sacramentalité de la Parole-Écriture.

Or, si pour le chapitre 1, ce sont les deux analogies de la foi prônées respectivement par Jüngel et Balthasar qui ont constitué comme les deux rails de l'hypothèse autobiographique de l'Écriture, à savoir l'analogie parabolique et l'analogie esthétique, de même, pour le chapitre 2, ce sont les catégories christologiques relatives de parole et d'image qui ont formé les dimensions d'une théologie sacramentelle de l'Écriture. Ainsi, au fur et à mesure que la réflexion analogique autour de la sacramentalité de la Parole avance, elle met au jour le potentiel « christosacramentel » habitant la Révélation. La synesthésie, déclinée de manière théologique, s'est avérée la première composante analogique issue d'une économie événementielle d'incarnation, en tant que cadre où se situe mon analyse théologique visant la Parole de Dieu. Le croisement des catégories christologiques susmentionnées, opéré par l'action synesthésique, ayant déjà dégagé une première coordonnée analogique de la Parole-Écriture et de l'annonce de l'Évangile, il convient maintenant d'envisager l'autre coordonnée analogique et sacramentelle de la Révélation, à savoir : la composante autobiographique. Il s'agit proprement d'aller au cœur du témoignage scripturaire et oral, afin de mettre en jeu le récit « personnel » de la foi. D'ailleurs, sans un témoignage porté par un témoin, la Parole ne saurait prendre un corps de croyants et « s'y emparoler ».

2.3.2. L'autobiographie théologique, seconde coordonnée analogique et sacramentelle de la Parole-Écriture et de l'annonce

L'analyse autour de la sacramentalité de la Parole a maintenu jusqu'ici les projecteurs braqués principalement sur la Parole attestée, le Verbe, et sur l'attestation, la Parole-Écriture, soit orale soit écrite. Et pourtant, comme je l'ai déjà fait remarquer précédemment, la Parole attestée ne peut pas se soustraire à l'autre élément humain qui la porte, l'attestant. Saisir la sacramentalité de la Parole par rapport à l'*attestant,* élément complémentaire de la Parole-Écriture dès lors qu'il en est le témoin oculaire et auriculaire, soit comme annonceur soit comme écrivain inspiré ou hagiographe, signifie une fois encore souligner la logique de l'incarnation qui imprègne entièrement l'économie de la Parole. De fait, voulant s'autorévéler, Dieu choisit de communiquer avec les hommes, en en assumant le langage. C'est donc pour cela que « les paroles de Dieu, passant par les langues humaines, sont devenues semblables au langage des hommes, de même que jadis le Verbe du Père éternel, ayant pris l'infirmité de notre chair, est devenu semblable aux hommes »[704]. On dirait de manière analogique que, faisant sienne la parole humaine, Dieu ne déroge pas non plus à l'incontournable loi anthropologique qui rend tout sujet humain responsable de son langage.

Et pourtant, cela reste un paradoxe. Nous l'avons déjà vu, lorsque, voulant connaître la source de la condition anthropologique de l'homme en tant qu'être parlant, nous sommes remontés jusqu'à la Parole divine par excellence, au Fils, le Verbe éternel du Père[705]. Ce faisant, il en est résulté que c'est plutôt à l'homme de devoir apprendre de Dieu un usage responsable de la parole[706]. À cette lumière, *DV* 12 pourrait donc être interprété au sens que *Dieu, en son Fils, est venu faire connaître aux hommes la Parole qui rend leur langage semblable à celui de leur Créateur.* Une telle formulation correspondrait bien à la pensée « théanthropologique » de *GS* 22. D'ailleurs, les deux constitutions ont été approuvées avec un décalage d'un mois, ce qui implique quelque peu une influence réciproque. De toute façon, ce renversement de perspective sonne et tombe bien pour notre raisonnement, car Dieu lui-même se révélant comme parole (cf. Jn 1,1), cela implique que la parole est une composante intrinsèque de la créature humaine et de son essence identitaire[707]. L'homme est ses paroles, pourrait-on dire. Ce qui fait que la parole, élément distinctif humano-divin, et constitutif pour cela même de la réalité divine de la Révélation aussi bien que de la réalité humaine de la communication, est à juste titre une expression autobiographique.

704 *DV* 12.

705 Voir *supra*, 2.1.2.

706 Par « langage responsable », j'entends signifier un langage qui se veut l'expression véritable de l'être humain, où les paroles véhiculent, de manière adéquate et véridique à la fois, le message transmis. Ce à quoi vise le choix du récit autobiographique, et même de tout récit biographique qui veut rendre un témoignage fidèle de la personne racontée. Nous allons le constater et l'approfondir plus loin, dans ce paragraphe, à l'aide notamment d'Aletti (relativement au sujet de la « véridiction » du témoignage apostolique), et au cours du chap. 3, par rapport à la question de la « véridicité » du témoignage évangélique, notamment celui du « disciple bien-aimé » dans le cadre du quatrième évangile (voir notamment *infra*, 3. 1), et par rapport à la « véridicité » inhérente à l'autobiographie en tant que telle, ainsi que le remarquent les théories autobiographiques (voir *infra*, 3. 2).

707 Voir *infra*, cit. de la n. 713.

Parler, c'est l'acte subjectif par excellence. Un être parlant n'est pas simplement un générateur de mots. C'est pourquoi parler, c'est premièrement *se dire*. Il en va de même pour l'écriture, en tant que parole transposée dans la lettre. Écrire n'est jamais une action neutre, car qui écrit amène toujours des traces de soi, comme le disait d'ailleurs l'enseignante de mon premier séminaire autobiographique : « Jamais personne n'écrit un texte sans dire quelque chose de lui-même ». Dans tout écrit l'esprit de l'écrivain est toujours présent. Même lorsque, dans un écrit, on ne fait aucune référence explicite à sa propre vie, une certaine trace du soi, quoiqu'infime ou même invisible, est toujours là.

Or, si cela vaut pour toute personne humaine, cela s'applique d'autant mieux à Dieu, dont la révélation est essentiellement autorévélation, dès lors que « *placuit Deo Seipsum revelare* », comme le dit notamment la Constitution dogmatique sur la divine Révélation[708]. Cela signifie que la Parole de Dieu n'est pas une doctrine théologique par laquelle on acquiert des informations concernant Dieu, contrairement à ce qu'estime Geiselmann, qui, par ailleurs, n'a nullement envisagé la Parole de Dieu en tant qu'autorévélation[709].

Par la Révélation de Dieu, consistant en des paroles (constituées de lettres) accompagnées par des actions[710], la parole même de l'homme, en tant que telle, a donc acquis, tel un « sacrement », un statut de « signe et instrument » sensible et tangible, révélateur du soi, tant humain que divin[711]. On l'a déjà constaté par rapport à la Parole de Dieu : le lien que la lettre noue avec la personne du Christ est si fort qu'en elle, par une action « synesthésico-sacramentelle », le Verbe s'offre à la vision.

Or, le Verbe étant vrai homme et vrai Dieu, ce lien ne peut qu'être un lien théandrique concernant non seulement l'aspect théologique, mais aussi l'aspect anthropologique. Autrement dit, aux caractères ontologique (présence hypostasiée) et gracieux (*forma formans*) que revêt la lettre en tant que *signum* « christosacramentel » – ainsi que je l'ai établi à propos de la « figure christologique » de l'Écriture[712] –, s'ajoute le caractère autobiographique véhiculant une identité personnelle[713]. C'est une question qui habite d'ailleurs toute

708 *DV* 2.

709 Cf. *supra*, n. 650.

710 Cf. *DV* 2 : « *Haec revelationis oeconomia fit gestis verbisque intrinsece inter se connexis…* ».

711 Voir *supra*, 2.3.1. Comme elle a un caractère « sacramentel », le statut anthropologique de la parole humaine, « signe et instrument » sensible et tangible de l'identité d'une personne, noue un lien indissociable avec le statut théologique de la Parole de Dieu. Il s'agit du lien analogique, selon Jüngel, qui se réalise lorsque, parlant la langue des hommes, Dieu se rend lui-même analogue, tandis que l'analogie consiste en l'avènement par excellence du langage et se voit dès lors dénommée « analogie d'Avent ».

712 Voir *supra*, 1.3.2.

713 Par rapport aux récits de la création selon la Genèse, liant la parole à l'identité, Gusdorf affirme : « La parole, dans les origines du monde, n'est pas une composante postérieure et comme adventice, elle est constitutive du réel et fondatrice de l'identité » (G. Gusdorf, *Les écritures du moi,* vol. 1 : *Lignes de vie*, p. 104). Il est surprenant de constater que cette pensée, le pas une fois franchi qui conduit de

méthode herméneutique visant l'interprétation des Écritures, y compris la méthode historico-critique, comme le rappelle *Dei Verbum* : « Puisque Dieu, dans la Sainte Écriture, a parlé par des hommes à la manière des hommes, il faut que l'interprète de la Sainte Écriture, pour voir clairement ce que Dieu lui-même a voulu nous communiquer, cherche avec attention ce que les hagiographes ont vraiment voulu dire et ce qu'il a plu à Dieu de faire passer par leurs paroles. Pour découvrir l'intention des hagiographes, on doit, entre autres choses, considérer aussi les "genres littéraires"[714]. »

À ces affirmations soulignant la nécessité de scruter l'« intention » des hagiographes, il faut associer aussi les assertions du document de la Commission Biblique Pontificale sur l'interprétation de la Bible dans l'Église : « L'exégèse catholique ne cherche pas à se distinguer par une méthode scientifique particulière. Elle reconnaît qu'un des aspects des textes bibliques est d'être l'œuvre d'auteurs humains, qui se sont servis de leurs propres capacités d'expression et des moyens que leur époque et leur milieu mettaient à leur disposition. En conséquence, elle utilise sans arrière-pensée toutes les méthodes et approches scientifiques qui permettent de mieux saisir le sens des textes dans leur contexte linguistique, littéraire, socioculturel, religieux et historique, en les éclairant aussi par l'étude de leurs sources et en tenant compte de la personnalité de chaque auteur. Elle contribue activement au développement des méthodes et au progrès de la recherche[715]. » Parmi les défis principaux de l'exégèse, ce dernier document mentionne non seulement l'importance de remonter à la personnalité des divers auteurs sacrés, mais il réaffirme aussi que le sens littéral des innombrables textes bibliques que Dieu a inspirés concerne premièrement les auteurs humains, qui jouent de ce fait un rôle déterminant par rapport à l'exégèse elle-même : « Le sens littéral de l'Écriture est celui qui a été exprimé directement par les auteurs humains inspirés. Étant le fruit de l'inspiration, ce sens est aussi voulu par Dieu, auteur principal. On le discerne grâce à une analyse précise du texte, situé dans son contexte littéraire et

la Parole à l'Écriture, peut très bien s'appliquer à l'Écriture, laquelle, en plus d'être signe sacramentel d'une présence « réelle » – au sens que nous l'avons établi auparavant –, est également signe porteur d'une identité personnelle.

714 *DV* 12. Mentionnant l'expression « intention » par rapport aux hagiographes, ce passage de *DV* suggère d'abord l'importance de l'*auteur* par rapport à l'écriture. Il faut admettre que les dernières approches théologiques, sous l'impulsion et selon les règles rhétoriques de la narratologie, ont fait pencher la balance du côté de la *lecture* et des *lecteurs* (voir *infra*, 3.3.1). En revanche, soulignant l'importance de l'intention des écrivains sacrés, *DV* semble en outre vouloir donner l'élan pour une théologie à même d'explorer aussi le côté personnel qui, de l'avis de *DV*, s'avère fondamental, « pour voir clairement ce que Dieu lui-même a voulu nous communiquer ». C'est précisément ce à quoi vise ma recherche, à savoir : formuler une théologie de type autobiographique. À l'égard du texte conciliaire en question, considéré dans sa version originelle, le latin, le théologien Giuseppe Ruggieri, en tant que témoin vivant de Vatican II, donne des précisions importantes et pertinentes (voir *infra*, 4.3.1, notamment la n. 1379).

715 Commission Biblique Pontificale, *L'interprétation de la Bible dans l'Église*, p. 77.

historique. La tâche principale de l'exégèse est de mener à bien cette analyse, en utilisant toutes les possibilités des recherches littéraires et historiques, en vue de définir le sens littéral des textes bibliques avec la plus grande exactitude possible[716]. »

C'est pourquoi repérer dans le contexte biblique de l'Écriture sainte l'essence autobiographique latente en toute écriture humaine veut dire considérer la Parole même de Dieu comme un message divin impliquant un univers personnel, mais aussi recouvrer l'aspect subjectif qui est à la base de la communication. En l'occurrence, il faut tenir compte de deux différents sujets, le sujet divin et le sujet humain : Dieu, en tant qu'auteur réel de la Parole, et l'homme, en tant qu'auteur matériel ou instrumental de cette même Parole, réexprimée ou reproposée en écriture inspirée. Ce qu'a rappelé Benoît XVI, en évoquant *DV* 9 : « Un concept clé pour accueillir le texte sacré, en tant que Parole de Dieu, faite paroles humaines, est indubitablement celui de l'inspiration. [...] L'Écriture Sainte est "Parole de Dieu en tant que, sous le souffle de l'Esprit divin, elle est consignée par écrit". On reconnaît de cette manière toute l'importance de l'auteur humain qui a écrit les textes inspirés et, en même temps, de Dieu lui-même, reconnu comme son auteur véritable[717]. » Ce dernier passage est très éclairant, et il met en évidence toute l'importance accordée par la théologie biblique et, par conséquent, par l'exégèse biblique à l'écrivain humain aussi bien qu'à l'auteur divin, sujets d'une même autorévélation humano-divine.

J.-N. Aletti, un des experts majeurs de l'exégèse narrative, ne craint pas, dans l'un des deux ouvrages[718] consacrés à l'étude narrative du troisième évangile et des Actes des Apôtres, de s'exprimer en termes de témoignage et d'identité, par rapport tant à Dieu qu'à Luc, évangéliste-narrateur dont la théologie repose sur le récit : « Ni roman, ni historiographie, ni biographie, ni hagiographie, ni apologie, mais ayant ici et là des traits de tel ou tel de ces différents genres, la narration se présente en définitive comme un témoignage, avec ce que cela suppose de témoins accrédités – à commencer par les Écritures – et de projet véridictionnel. Mais elle n'est pas seulement témoignage à la vérité des événements : en les racontant, c'est l'identité de Jésus et le dessein miséricordieux de son Père qui se manifestent en plénitude, indissociablement. Récit où le narrateur lui-même s'implique, dans les sections en "nous" du livre des Actes[719], indiquant bien que c'est à partir de ce qu'il a lui-même expérimenté que son témoignage peut donner toute sa mesure[720]. »

716 *Ibid.*, p. 71.

717 *VD* 19.

718 Il s'agit de *L'art de raconter Jésus-Christ. L'écriture narrative de l'évangile de Luc*, Seuil, Paris, 1989 et de *Quand Luc raconte. Le récit comme théologie*, Cerf, Paris, 1998.

719 Lc 1,1 est à considérer aussi comme une section en « nous ».

720 J.-N. ALETTI, *Quand Luc raconte. Le récit comme théologie*, p. 275.

Aletti argumente en faveur de l'identité déployée par le texte à partir du témoignage rendu par les hérauts de l'Évangile, comme Pierre, Philippe ou Paul, à l'exemple de Jésus. Quoique soutenu par l'Esprit, leur témoignage n'est cependant pas une dictée divine, car « Dieu n'impose jamais aux disciples le contenu de leur témoignage »[721]. Par exemple : « L'Esprit ordonne à Philippe de s'approcher du char auprès duquel il se trouve (Ac 8,29), mais il ne lui souffle pas ce qu'il faut dire[722]. » L'Esprit, donc, dans le troisième évangile, ne remplace jamais les disciples afin de parler à leur place, mais il souffle et il les inspire « pour leur permettre de parler avec leurs mots à eux, leur culture, leur histoire personnelle, leur expérience et leur amour du Seigneur Jésus »[723]. Cela pousse l'auteur à se poser la question suivante : « S'agit-il d'un simple fait, ou faut-il aussi y voir l'effet d'une technique narrative, grâce à laquelle le lecteur est invité à mieux percevoir ce que sont le témoignage et la proclamation de l'Évangile[724] ? » La réponse, en l'occurrence, ne repose pas tant sur un motif narratif que sur une raison théologique. L'œuvre lucanienne étant conçue comme l'unité du diptyque Luc/Actes, dont la structure est essentiellement une *synkrisis*[725], le témoignage des disciples est la répétition personnalisée d'un modèle testimonial, ou mieux évangélisateur, qui est celui de Jésus. Cela implique que l'histoire des apôtres ou de l'Église naissante se calque sur l'histoire de Jésus. C'est pourquoi les disciples, témoignant du Christ à partir de leur propre vie, montrent précisément ce que Jésus lui-même a fait, dès lors que « dès sa première déclaration [...] *il* parle de lui-même »[726] (cf. Lc 4,18-27).

Dans la synagogue de Nazareth, à partir de ce que l'Écriture atteste à l'égard des prophètes, d'Isaïe aussi bien que d'Élie et Élisée, Jésus s'insère dans le sillage prophétique des envoyés de Dieu. C'est dans ce cadre que Jésus parle de lui-même. Pourtant il n'affirme pas directement être le Messie. Ce sont l'Écriture et les signes prodigieux qu'il accomplit qui fournissent le meilleur plaidoyer en faveur de son identité prophétique et messianique. C'est, « sans doute, par leur réaction admirative, [que] les gens de Nazareth ont implicite-

721 *Ibid.*, p. 37.

722 *Ibid.*, p. 36. Je retiens cette expression d'Aletti « … il ne lui souffle pas », non pas selon le sens littéral, mais dans le sens que l'Esprit ne transmet pas à Philippe les mots précis à dire, alors que le souffle de l'Esprit est une action inspirante toujours à l'œuvre.

723 *Ibid.*, p. 38.

724 *Ibid.*

725 Cf. *supra*, n. 307. Voir aussi *supra*, 1.2.4.

726 J.-N. ALETTI, *Quand Luc raconte. Le récit comme théologie*, p. 165, je souligne. Il me semble que ce passage ouvre également la voie à une « théologie autobiographique », ainsi que je veux le développer au cours du chapitre 3. Mais pas uniquement. Il offre en quelque sorte le fondement même de l'autobiographie scripturaire, telle qu'elle émane de l'Écriture, en tant qu'analogie sacramentelle complémentaire de la Parole, à côté de l'analogie synesthésique. Car c'est le Christ qui est le « proto-autobiographe » de la Révélation, et le modèle de toute autobiographie, soit scripturaire soit kérygmatique.

ment compris qu'il est ainsi »[727]. Pourtant, « l'épisode de Nazareth fonctionne aussi à la manière d'une *propositio*, et le reste de l'évangile comme une longue preuve (une espèce de *probatio*) par les faits (actes et paroles), de la vérité de l'être de Jésus – prophète, Roi-Messie et Fils »[728]. Ce qui se passe à Nazareth est donc l'annonce d'une identité, celle de Jésus, destinée à se dévoiler au cours du développement du troisième évangile tout entier.

Ce témoignage-modèle de Nazareth, qui fait appel aux Écritures et à la vie du héraut, sera dès lors assumé par les disciples. D'après les nombreuses sections en « nous » des Actes, que l'on peut résumer dans la formule « "Christ est ressuscité, *nous en sommes témoins*"[729], les Apôtres deviennent essentiels au message qu'ils proclament, car sans eux cette Bonne Nouvelle ne pourrait ni se dire ni se diffuser ; au moment même où ils annoncent que leur maître est ressuscité et est ainsi devenu Seigneur de tous, les hérauts se présentent comme autorisés et accrédités. Les clauses "nous l'avons rencontré vivant, ressuscité" ou "le Ressuscité ne s'est manifesté qu'à nous ses témoins" (voir Ac 10,41) font désormais partie intégrante et inaliénable de la Bonne Nouvelle, indiquant, à n'en pas douter, que les témoins deviennent encore plus inséparables de celui qu'ils annoncent »[730].

C'est ce qui se passe aussi pour Paul. Faisant référence surtout aux attestations des chapitres 22 et 26 des Actes, Aletti montre bien que le témoignage de l'apôtre, axé sur la narration des événements fondateurs de sa vie nouvelle dans le Christ, notamment sa rencontre avec le Ressuscité, puise toute sa force persuasive et crédible dans le récit autobiographique paulinien. C'est proprement l'antithèse théologico-existentielle émergeant de son autotémoignage qui lui confère une entière crédibilité. De fait, Jésus est apparu à Saul, « lui le persécuteur de ses disciples, non pour le condamner ou le châtier, mais pour en faire son témoin. Qu'un persécuté prenne comme témoin d'élection son persécuteur le plus zélé, c'est sans doute là que se donne à reconnaître le mieux la justice du Nazôréen »[731]. La force qui se dégage du témoignage de Paul fait dire même à Agrippa : « Encore un peu et, par tes raisons, tu vas faire de moi un chrétien » (Ac 22,28).

Bref, « c'est en racontant sa vie, une vie traversée par la présence du Ressuscité, que Paul annonce la Bonne Nouvelle. Sa vie devient le lieu où se donne à lire cette Bonne Nouvelle »[732]. D'ailleurs, « à quoi bon rencontrer Jésus-Christ sur le chemin d'Emmaüs ou de Damas, si l'on ne peut montrer la cohérence du parcours effectué par nos vies – cohérence en rapport essentiel à l'itinéraire du Christ et, par là, à l'écriture biblique ! »[733] Et ce

727 *Ibid.*, p. 115, j'explicite.
728 *Ibid.*, p. 122.
729 Cf. Ac 1,22 ; 2,32 ; 3,15 ; 5,32 ; 10,39.41 ; 13,31 ; 22,15.20 ; 26,16.
730 J.-N. Aletti, *Quand Luc raconte. Le récit comme théologie*, pp. 127–128.
731 *Ibid.*, p. 142. Il s'agit d'un exemple montrant une fois de plus la logique divine du *sub contrario*.
732 *Ibid.*, p. 163.
733 *Ibid.*, p. 164.

n'est pas tout. Le témoignage apostolique montre « que la vie de Jésus n'est pas le seul récit constituant l'annonce de l'Évangile, dans la mesure où le récit de la vie de ses témoins forme avec elle un véritable entrelacs »[734]. Ce qui fait que l'annonce de la Bonne Nouvelle et le témoignage autobiographique de foi de l'apôtre ne font qu'un et que « son itinéraire – de persécuteur à disciple – est la plus sûre garantie de la vérité et du message. [...] Cela explique sans doute pourquoi, dans le livre des Actes, le vocabulaire du témoignage accompagne et, même, englobe celui de l'Évangile »[735].

Ce dernier passage exégético-narratif met finalement en relief la question centrale qui habite tout témoignage et qui est au cœur, par conséquent, de la dimension autobiographique de la Révélation et de l'évangélisation, à savoir la question de la véridiction. De fait, d'après Aletti, se déclarer témoin « force à s'exposer soi-même, en tous les sens du terme – prendre des risques, s'engager jusqu'au bout à certifier la vérité des propos et des faits relatés. Jusqu'au bout, c'est-à-dire jusqu'à... la mort, au moins l'emprisonnement et la persécution »[736]. C'est ce qui se passera réellement pour Étienne, Jacques, Paul, Pierre. Mais la disponibilité à risquer sa propre vie n'est pas la seule condition sur laquelle repose la véridiction du témoignage, car l'Écriture pour le peuple hébreu constitue le symbole véridique par excellence. Quelle attestation plus haute et plus véritable que la Parole de Dieu ?

C'est pourquoi le témoignage des hérauts bibliques, que ce soient Jésus ou les disciples, ne saurait pas ne pas s'appuyer sur l'Écriture. Jésus cite les Écritures, comme on l'a déjà vu par rapport à ses déclarations dans la synagogue de Nazareth, en tant qu'attestation, à côté de sa vie livrée à la cause de son Père jusqu'à la mort sur une croix, qui témoigne de son identité messianique. Les apôtres proclament Jésus-Christ crucifié et ressuscité à partir des Écritures vétérotestamentaires qui avaient annoncé le Messie, ce qui fait que ces dernières constituent l'annonce même de l'Évangile, ainsi que l'affirme encore Aletti : « Sollicitées pour témoigner, les Écritures, en viennent, elles aussi, à faire partie de la Bonne Nouvelle : annoncer le Christ, c'est dire que ce qu'on en annonce avait déjà été annoncé, et qu'on ne dit "rien de plus" que ce que les Écritures avaient dit » (Ac 26,22)[737]. Pas seulement, mais aussi rien de plus *véritable et véridique* que ce que les Écritures ne peuvent dire.

Bref, les éléments qui constituent la condition d'un témoignage véridique et pour cela digne de crédibilité, conformément à ce que l'Écriture affirme[738], sont au nombre de deux :

734 *Ibid.*, p. 163.
735 *Ibid.*, pp. 145–146.
736 *Ibid.*, p. 128.
737 *Ibid.*, p. 129.
738 Ainsi en Jn 8,17 : « Il est écrit dans votre Loi que le témoignage de deux personnes est valable » (cf. Nb 35,30 ; Dt 17,6 ; 19,15 ; 1 R 21,10-13).

1. le renvoi à une expérience, « à un "nous l'avons rencontré" sans lequel l'annonce n'est que vœu pieux ou espérance exacerbée »[739] ; 2. le témoignage des Écritures qui « manifeste la cohérence de l'expérience et la couvre de son autorité »[740]. C'est ce qui fait que « la Bonne nouvelle soit "selon les Écritures" et "selon les Apôtres", dans l'entrelacs de leur témoignage à la fois multiple et unique »[741].

Notons que le modèle et la structure du témoignage lucanien ne s'éloignent pas du modèle johannique. Les affirmations de Jésus : « Je ne suis né, et je ne suis venu dans le monde, que pour rendre témoignage à la vérité » (Jn 18,37) ; « Nous parlons de ce que nous savons et nous attestons ce que nous avons vu ; mais vous n'accueillez pas notre témoignage » (Jn 3,11) ; « J'ai plus grand que le témoignage de Jean : les œuvres que le Père m'a donné à mener à bonne fin, ces œuvres mêmes que je fais me rendent témoignage que le Père m'envoie » (Jn 5,36) ; « Ce n'est pas de moi-même que je suis venu, mais il m'envoie vraiment, celui qui m'a envoyé. Vous, vous ne le connaissez pas. Moi, je le connais, parce que je viens d'auprès de lui et c'est lui qui m'a envoyé » (Jn 7,28-29), constituent le paradigme du témoignage johannique sur lequel repose toute la théologie du quatrième évangile, concentrée dans les attestations testimoniales du disciple bien-aimé (cf. Jn 19,35 ; 21,24)[742].

Dans l'épisode aussi de l'incrédulité de l'apôtre Thomas, l'annonce des autres disciples : « Nous avons vu le Seigneur » (Jn 20,25) n'est pas différente de celle des apôtres dan le livre des Actes. L'attestation de l'évangéliste : « Celui qui a vu rend témoignage – son témoignage est véritable, et celui-là sait qu'il dit vrai – pour que vous aussi vous croyiez. Car cela est arrivé afin que l'Écriture fût accomplie : "Pas un os ne lui sera brisé". Et une autre Écriture dit encore : "Ils regarderont celui qu'ils ont transpercé" » (Jn 19,35-37), s'inscrit sur la double dimension qui concerne la véridiction du témoignage de foi, à savoir « selon le témoin »[743] et « selon les Écritures ». Enfin, les deux formules conclusives : « Jésus a fait sous les yeux de ses disciples encore beaucoup d'autres signes, qui ne sont pas écrits dans ce livre. Ceux-là ont été mis par écrit, pour que vous croyiez que Jésus est le Christ, le Fils de Dieu, et pour qu'en croyant vous ayez la vie en son nom » (Jn 20,30-31), et « C'est ce disciple qui témoigne de ces faits et qui les a écrits, et nous savons que son témoignage est véridique » (Jn 21,24), constituent le « manifeste » qualifiant le quatrième évangile de « témoignage sacramentel » sous le signe de l'Écriture. C'est pourquoi, porté par le disciple-témoin identifié comme le « disciple que Jésus aimait », le témoignage au-

739 J.-N. Aletti, *Quand Luc raconte. Le récit comme théologie*, p. 129.
740 *Ibid.*
741 *Ibid.*
742 Voir *infra*, 3.1.
743 C'est aussi par le témoin, son témoignage oculaire et auriculaire, que la Révélation s'offre en vision et en audition.

tobiographique de la foi devient le paradigme de la *marturia* johannique : la *marturia* de Jésus, « narrateur de Dieu »[744], qui témoigne du Père, en *le racontant*[745], et celle du *disciple que Jésus aimait* qui témoigne du Christ, en le racontant, moyennant son « Évangile narrant »[746].

De cette manière, le récit autobiographique de foi, qui se laisse découvrir à l'aide des témoins directs du Christ – selon l'analyse narrative et identitaire issue de l'étude narrative d'Aletti –, qui inclut ces derniers dans la Révélation, en tant que modèles du témoignage rendu à la Parole, à l'exemple du Christ, et qui intègre la libre expression des sujets évangélisateurs – en pleine possession de leurs facultés mentales, intellectives et culturelles[747] – aussi bien que les suggestions de l'Esprit-Saint, ce récit autobiographique ne peut qu'avoir une essence à la fois analogique et sacramentelle.

Se référant à la relation qui existe entre toute extériorité et intériorité, dans le cadre de la réalité créée, où la seconde est enveloppée dans la première et y demeure comme « cachée et dissimulée », Balthasar explique que le rapport entre l'artiste et l'œuvre d'art est également un rapport d'intériorité-extériorité, où le beau ne s'épuise pas dans les données extérieures de la matière[748]. Ce qui fait qu'une œuvre artistique a une âme, cachée, qui recèle l'intention et la personnalité de l'artiste. Ainsi, dans son œuvre, celui-ci « pourra aussi bien se dissimuler que se dévoiler », même lorsqu'il « se considère lui-même comme sans importance et se traite en simple intermédiaire qui, comme tel, cherche à ne pas devenir importun »[749]. Il en va de même, dans une certaine mesure, pour le rapport qui existe entre Dieu et le monde créé à son image et selon sa ressemblance. Non pas cependant selon une compréhension théiste du monde, car « les distances entre l'œuvre et l'artisan sont infinies »[750]. La notion classique de l'être (*analogia entis*) souligne d'ailleurs l'absolue transcendance divine et donc les différents degrés de l'être. Et pourtant, la création demeure porteuse de l'empreinte de son Créateur, lequel a voulu y déposer la « puissance de l'exprimer et de le révéler », en la lui communiquant[751]. Cette pensée de Balthasar suggère, bien que de manière implicite, une réflexion susceptible d'ouvrir une voie théologique de type

744 V. Mannucci, *Giovanni il Vangelo narrante*, p. 36, je traduis.

745 « *Certo, noi traduciamo il verbo* exeghéomai *di Gv 1,18 con* raccontare *(Volgata :* ipse enarravit*), con "raccontare commentando": questo significato è comunemente accettato nelle versioni e nei commenti a Giovanni e conviene ottimamente al Prologo, che è un inno alla* Parola. » (*ibid.*) Cf. aussi *ibid.*, n. 3.

746 *Ibid.*, je traduis.

747 Cf. *DV* 11.

748 Cf. H.-U. von Balthasar, *La Gloire et la Croix. Les aspects esthétiques de la révélation*, t. I : *Apparition*, p. 373.

749 *Ibid.*, p. 374.

750 *Ibid.*

751 *Ibid.*

autobiographique, car cette puissance à la fois révélatrice et expressive déposée au sein de la création, Dieu l'a confiée davantage à l'homme, le seul dont la Bible affirme qu'il est fait « à l'image et selon la ressemblance de son créateur ». D'ailleurs, comme nous l'avons déjà souligné auparavant, l'être humain est le *vizir* de Dieu, son ambassadeur et son représentant sur terre[752]. Ce qui fait que Dieu se révèle davantage par l'homme, par sa pensée et par sa parole, que par les autres créatures terrestres. D'où l'enjeu entre extériorité, fournie en l'occurrence par les expressions humaines, telles la parole, l'écriture, la pensée, et intériorité, dès lors que ces mêmes expressions humaines deviennent le biais analogico-sacramentel, de type synesthésique et autobiographique, par lequel Dieu lui-même se révèle.

C'est pourquoi, dans le domaine de la théologie, le concept de l'autobiographie ne peut qu'être un concept éminemment analogique. Au bout du compte, Dieu se raconte lui-même du fait qu'il se révèle. La narration, c'est en tant que concept analogique qu'elle a trouvé droit de cité en théologie. Il en va de même pour l'autobiographie. Bien qu'il s'agisse à la fois d'un concept et d'un phénomène strictement anthropologiques, l'autobiographie est susceptible d'être considérée comme analogie théologique. De fait, c'est à partir de la figure du Verbe, notamment à partir de ce qu'il a dit de lui, c'est-à-dire à partir de son discours « autobiographique », que Dieu est révélé et raconté, comme le suggère l'expression « *ἐξηγήσατο* » du prologue du quatrième évangile (Jn 1,18)[753].

Ce n'est donc que dans le cadre d'une christologie qu'on peut parler d'autobiographie au sens théologique. Le témoin qui se raconte, le croyant qui raconte sa vie de foi par rapport à Jésus-Christ, ainsi que l'ont fait les apôtres et tous les saints de l'histoire chrétienne, met en œuvre une action évangélisatrice et révélatrice qui est bel et bien une action analogique, bien qu'il puisse ne pas en avoir conscience. Car, alors que le témoin se dévoile, à savoir se raconte, c'est Dieu lui-même qui se révèle, parle et se raconte. Il est surprenant que même Jüngel fasse allusion à cela, lorsqu'il affirme que « l'analogie parle Dieu et l'homme, pour ainsi dire, ensemble [...], de manière que celui-ci est déterminé, du dehors et du dedans, à parler de Dieu »[754]. Ce passage du théologien luthérien apparaît déjà comme étant l'esquisse et même le manifeste d'un discours autobiographique comme analogie, tel qu'ici je cherche à le fonder et à l'expliciter, car il envisage que Dieu parle même à partir du dedans de l'être humain, c'est-à-dire à partir du « discours du moi ». En plus, Jüngel ajoute que « dans tout discours humain sur Dieu, l'homme exprime en même temps soi-même »[755].

Or, attacher à l'autobiographie au sens analogique l'attribution de « sacramentelle » signifie mettre en relief qu'étant Parole qui se révèle et gardant par conséquent le même

752 Voir *supra*, 2.1.2., notamment n. 576.
753 Voir *supra*, n. 544.
754 E. Jüngel, *Dieu Mystère du monde*, t. II, pp. 114–115, n. 187, déjà cité (voir *supra*, cit. de la n. 230).
755 *Ibid.*

statut « synesthésique » de la Parole-Écriture, le récit autobiographique dégage une « image » qui est à la fois christologique, ecclésiologique et « martyrologique »[756]. Christologique, car il offre la vision de la *res carnis Jesu* ; ecclésiologique, car, en tant que témoignage oculaire apostolique, il fait fonction d'« archétype testimonial » et de « médiation ecclésiale »[757], tandis qu'il livre la vision de la *res carnis Jesu* moyennant son corps mystique qu'est l'Église[758] ; « martyrologique », car, le témoin étant inséparablement intégré dans la Bonne Nouvelle[759], avec toute sa vie, son vécu, son histoire de péché et de conversion, ainsi qu'avec sa foi, le récit dégage encore une fois par ce martyr, rendu par le Verbe et l'Esprit icône « christifiée », l'image de la *res carnis Jesu*. On songe à Étienne, incarnant la figure du Christ – conformément à la logique théologique de la *synkrisis* dont l'œuvre lucanienne tout entière est imprégnée –, qui devient figure christologique en acte et en accomplissement.

Enfin, la Parole, grâce au récit autobiographique et au témoin autobiographique qui lui donnent « corps », se livre également à la perception « sacramentelle » des destinataires de l'annonce du salut. Il s'agit d'une annonce « tridimensionnelle », pour utiliser une expression analogique tirée cette fois de la culture profane contemporaine, qui offre la longueur, la profondeur et la hauteur de la Parole-Écriture[760], par l'entremise du témoignage autobiographique de la foi, où Jésus-Christ, Verbe et Image de Dieu, s'offre à la perception synesthésique des cinq sens spirituels interconnectés entre eux et surtout « inter-échangés », ainsi que le montre la réflexion de Hoff[761].

Notre époque étant celle de l'image par excellence, avec toutes ses techniques numériques et ses expressions photographiques, audiovisuelles et informatiques, la catégorie anthropologique de l'image a atteint un niveau impressionnant, où la tridimensionnalité « virtuelle » donne l'illusion de la réalité, tout en voulant presque substituer la première à la seconde. De telles exaspérations et de telles exagérations finissant ainsi par créer des réalités fausses et simulées, élevées au niveau de modèles, cela risque de susciter dans la société des paradigmes anthropologiques erronés et illusoires, porteurs d'une culture de désincarnation, d'aliénation et de désillusion.

756 Ce passage de la synesthésie à l'autobiographie, en tant que les deux coordonnées analogiques qui constituent le potentiel sacramentel de la Parole-Écriture, sous-tend l'enchaînement du paragraphe 2.3. dans son entier, ainsi que l'annonce déjà la n. 653.

757 Cf. M. Neri, *La testimonianza in H.-U. von Balthasar. Evento originario di Dio e mediazione storica della fede*, pp. 387–391.

758 Cf. *LG* 7.

759 Cf. J.-N. Aletti, *Quand Luc raconte. Le récit comme théologie*, pp. 127–128.

760 L'apôtre, dans Ep 3,18, suggère plutôt une image à 4 dimensions comprenant « la Largeur, la Longueur, la Hauteur et la Profondeur ».

761 Voir *supra*, 2.3.1.

De fait, aujourd'hui, l'image, qui essaie de faire fonction de récit et qui voudrait aussi faire fonction de transmission de la mémoire historique, qu'elle soit tridimensionnelle ou virtuelle, est marquée par les traits du narcissisme. On songe à l'usage des médias sociaux, connus sous l'expression anglaise *social networks*, tels *Facebook*, *Instagram*, où le soi-disant *selfie*, l'autoportrait photo, est devenu l'« icône du narcissisme » par excellence ! On songe également aux innombrables archives informatiques et virtuelles qui ont presque partout substitué les dossiers en papier.

Il est donc indéniable que la technologie court le risque d'entraîner la perte des traces historiques et culturelles, alors qu'elle confie la « mémoire » à la précarité et l'insécurité des disques durs. Et oui : quel tournant radical a subi la transmission de la mémoire, en notre époque post-moderne ! Et pourtant, c'est grâce aux récits, aux documents verbaux et aux innombrables livres que le patrimoine plurimillénaire de la « mémoire » historique, soit civile soit religieuse, a pu être transmis et se conserver en même temps inchangé.

Or, dans la Bible, la catégorie de la synesthésie s'avère très utile pour comprendre que c'est la Parole, par la médiation des témoignages scripturaux, qui fait fonction pérenne d'image. C'est ainsi que les Écritures constituent et composent l'album photo des événements du salut, lorsque les objectifs photo ou les caméras de nos appareils modernes n'étaient que les yeux et les oreilles grands ouverts des personnages de la Bible, tels les disciples, y compris leur odorat, leur goût et leur toucher !

Quand Jésus, selon le récit que le quatrième évangile nous offre (cf. Jn 13,1-20), lave les pieds des disciples pendant son dernier repas avec eux, ce geste « inhabituel » et « inattendu » qui étonne les douze constitue à la fois cette image qui rejoint ceux-ci comme « image *emparolée* », et cette parole qui parvient à eux comme « parole *imagée* » et, pour cela même, comme « parole *sacramentelle* ». En d'autres termes, s'agissant en l'occurrence d'une « image-emparolée » aussi bien que d'une « parole-imagée », c'est une parole qui arrive aussi aux yeux et également une image qui parvient aux oreilles, et par là, jusqu'au cœur des disciples ! Si un disque dur court le risque d'une perte toujours possible des données, la « photo » évangélique qui montre l'image inouïe d'un maître, le divin Maître, penché, tel le geste d'un esclave, sur les pieds de ses disciples, ne s'est toujours pas « décolorée ». Si elle n'a jamais perdu ses « couleurs », tout en restant toujours disponible à la vision, c'est grâce à la Parole-Écriture, parvenue inchangée, jusqu'à présent !

Il ne pourrait qu'en aller de même pour l'évangélisation. Malgré les techniques audiovisuelles qui constituent désormais une ressource importante dont l'action pastorale profite, soit pour l'évangélisation soit pour la catéchèse[762], aucune image ne peut remplacer celle

762 Cf. P. Babin (dir.), *Audiovisuel et Foi*, Éditions du Chalet, Lyon, 1970 ; J.-B. Maillard, *Dieu et internet. 40 questions pour mettre le feu au web*, Éditions des Béatitudes, Châteaudun, 2011 ; J.-C.

offerte par la parole aussi bien que par l'écriture du témoignage autobiographique de la foi. Cela est d'ailleurs en conformité avec le paradigme christologique du témoignage autobiographique, sur lequel se modèle le témoignage des apôtres. C'est pourquoi, si, aujourd'hui, il se peut que l'annonce souffre d'une certaine inefficacité, cela est, peut-être, imputable à un manque de communication autonarrative de la foi.

Cela fait des années que l'attitude la plus répandue dans l'Église est de plus en plus celle d'écrire, de prêcher et d'enseigner, en se contentant assez souvent de « transmettre des contenus », qu'ils soient théologiques ou doctrinaux, dépourvus de témoignage personnel concernant le vécu réel et l'incidence de la foi chrétienne. Il est rare, hormis dans les milieux des mouvements ecclésiaux, d'entendre de tels témoignages !

L'actuelle crise narrative ne serait alors pas due au fait que l'Église ne *raconte* pas, mais au fait qu'elle ne *se raconte* plus ! Où « l'autotémoignage » du Christ est-il passé ? Où est passé le témoignage autobiographique de l'apôtre Paul ? Même les homélies de nombreux prédicateurs semblent avoir perdu la saveur du vécu réel. Dépourvue des convictions personnelles des prêcheurs et vidée même de leurs propres sentiments, la prédication court le risque de ne plus rien dire, tout en finissant ainsi par ennuyer les fidèles eux-mêmes ! Où la synesthésie de la Parole-Écriture, mise en œuvre par l'annonce personnalisée de la foi, telle celle qui a fait dire aux apôtres « Nous avons vu le Seigneur ! », est-elle passée ? Et où a disparu également « l'analogie sacramentelle », non pas celle des manuels de théologie, mais celle qui jaillit à chaque fois que l'Évangile est raconté par le récit autobiographique des « hérauts » ?

Ce sont des questions qui ouvrent d'ores et déjà la voie pastorale à la problématique de la « nouvelle évangélisation », faisant aussi l'objet de ma recherche, notamment au cours de la troisième partie[763]. Il est cependant important que ce thème soit mentionné et annoncé dès maintenant, afin de tenir toujours présent l'ensemble de l'articulation du projet et de rendre constamment compte du caractère unitaire d'un sujet, tel l'autobiographie, considéré sous l'angle théologique, et dont la portée englobe trois domaines théologiques : le domaine de la théologie fondamentale et dogmatique, notamment la christologie et l'ecclésiologie, le domaine biblique et le domaine pastoral.

* * *

En étudiant, dans le cadre d'une économie événementielle d'incarnation, le sujet de la sacramentalité de la Parole-Écriture, et en croisant, entre autres, ce dernier avec le sujet de

Boillat, F.-X. Amherdt, *Web & Co et pastorale. Les nouvelles technologies de l'information et de la communication et la transmission de la foi*, Saint-Augustin, Saint-Maurice, 2013.

763 Se reporter notamment au chap. 6.

l'analogie, objet notamment du chapitre 1, j'ai essayé de parvenir à détecter les conditions théologiques sur lesquelles peut reposer un discours théologique de type autobiographique, ainsi que je vais le développer au cours du troisième chapitre. À partir des deux catégories christologiques *Parole* et *Image* qui ont prolongé, par ailleurs, les voies analogiques de Jüngel et de Balthasar, le thème de la sacramentalité de la Parole a immédiatement assumé la connotation d'une sacramentalité christologique, formulée pour cela même en termes de « christosacramentalité ».

Déployé fondamentalement en trois étapes, le chemin sacramentel de la Parole-Écriture connaît donc trois « incarnations » : celle de la lettre, où le Verbe de Dieu « s'emparole », celle de l'événement Jésus-Christ, où le Verbe se fait chair, et celle de l'Église, où le Verbe se fait « corps des croyants ». Ainsi, mettant en jeu les catégories bibliques et christologiques de Parole et d'Image, la nature du Verbe de Dieu, c'est-à-dire du Fils, toujours considérée dans son double aspect humano-divin, ouvre la voie aux principales dimensions analogiques qui habitent la sacramentalité de la Parole-Écriture : l'analogie synesthésique et l'analogie autobiographique.

Il s'agit de deux modes d'analogies que j'ai qualifiées de « sacramentelles », et par lesquelles j'ai essayé de faire droit à un discours analogique inhérent à la Parole-Écriture. Ce discours ose franchir le pas d'une compréhension sacramentelle de l'analogie, voie incontournable d'un discours *sur* Dieu, telle la théologie systématique en tant que science de la foi, et voie incontournable du discours même *de* et *sur* Dieu qu'est la Révélation, voire l'autorévélation divine. D'ailleurs, dans le sillage de Jüngel et de Balthasar, lesquels se sont cependant limités à un discours analogique « quasi-sacramentel », la recherche théologique des théologiens contemporains majeurs se tourne de plus en plus vers une nouvelle compréhension de l'analogie selon une visée sacramentelle, ainsi que les contributions théologiques publiées sous la direction de Souletie ne manquent pas de le relever.

J'ai essayé donc d'approfondir le thème de la sacramentalité de la Parole, en y apportant une contribution modeste, selon, par ailleurs, le souhait manifesté par Benoît XVI dans l'exhortation apostolique post-synodale *Verbum Domini*. Pour ce faire, j'ai envisagé ce sujet en fonction du discours autobiographique, objet de ma recherche, auquel je cherche à donner un statut théologique, sans perdre de vue l'essence analogique qui doit habiter toute approche théologique.

L'analogie sacramentelle que j'ai mise en place a voulu par conséquent « s'équiper », avec une certaine originalité, de deux réalités, au premier abord non théologiques, que sont la synesthésie et l'autobiographie, tout en développant une méthodologie de travail interdisciplinaire et « métadisciplinaire », tel qu'annoncé dès l'introduction. L'intégration d'éléments anthropologiques devient, d'ailleurs, de plus en plus nécessaire à une « science humaine » comme la théologie, qui veut rester en dialogue avec les autres sciences humaines et qui veut faire sienne la logique de l'incarnation.

Mettre en place une « interanalogie sacramentelle », en guise de carrefour où l'analogie *synesthésique* et l'analogie *autobiographique* se croisent, telles deux coordonnées d'un seul entrelacement, m'a permis de « revisiter », pour utiliser une expression tirée de la publication dirigée par Souletie, l'analogie catholique classique remontant à l'Aquinate et dénommée par la postérité *analogia entis.* Reposant sur l'Être divin, celle-ci a voulu mettre en place un système métaphysique où le rapport entre les étants ou les *analogata*, Dieu et la création, notamment l'homme, soit médiatisé par un *analogatus* qui est en même temps l'*analogans*, Dieu. Celui-ci, en vertu de l'être qu'il possède en lui-même et qui le rend ontologiquement différent et absolument supérieur par rapport aux autres étants, constitue le *medium* (terme moyen) de l'analogie, l'*Ens* qui désigne l'être qu'il a en commun, bien qu'à des degrés différents, avec les autres étants. Voilà pourquoi l'analogie de saint Thomas d'Aquin a fini par prendre l'attribution d'« *entis* ».

Ainsi, afin de proposer une nouvelle approche analogique, j'ai dû avoir recours auxdites « analogies de la foi ». Cette dénomination, qui remonte à Barth, met en évidence le déplacement opéré par la théologie moderne. De fait, celle-ci, prenant en considération le donné révélé, amène pour ainsi dire l'*analogia entis* à « déménager » du cadre philosophique de la métaphysique vers le cadre théologique de la Révélation, tout en envisageant le donné de la foi. Malgré les positions extrêmes de Barth, qui refuse catégoriquement l'*analogia entis*, des théologiens appréciés, du côté catholique comme du côté protestant, tels Jüngel et von Balthasar, constatant les apories et les limites de l'*analogia entis*, arrivent ainsi à franchir le pas d'une « analogie de la foi » reposant sur un statut christologique.

C'est pourquoi, développant mon analyse, je suis passé d'abord par Jüngel, lequel, jugeant l'*analogia entis* en tant que la gardienne d'un Dieu mystère, mais aussi la gardienne d'un Dieu inconnu, propose une forme d'analogie qui repose sur le discours christologique de l'incarnation, où Jésus-Christ, Évangile et Parabole de Dieu, constitue l'événement analogique par excellence. Ensuite, j'ai touché la théologie esthétique et kénotique de Balthasar. Celui-ci, sans s'écarter de l'*analogia entis*, interprète et relit celle-ci sous le registre christologique du Beau divin (*analogia pulchri*), lequel se manifeste de manière inouïe (*sub contrario*) dans la laideur du Beau-défiguré, le Crucifié. Ainsi, j'ai souligné ce que le théologien suisse opère, à savoir : l'élévation de l'analogie catholique classique – relancée auparavant par Przywara dans une tentative christologique timide et un peu « fluctuante » entre ressemblance et dissemblance – à une « suranalogie ». Cela débouche sur la qualification du Christ comme « véritable *analogia entis* ».

Finalement, c'est en vertu desdites analogies que j'ai pu prendre la voie d'une analogie sacramentelle. Ce n'est pas pour rien que le cadre où j'ai voulu situer ce discours analogique est celui d'une christologie événementielle de la Parole, autrement dit, d'une « christosacramentalité » de la Parole-Écriture, traversée entièrement par le fil rouge de l'incarnation du Verbe, Parole et Image de Dieu. M'appuyant donc et sur l'*analogie d'Avent* comme « avènement/événement de l'analogie », et sur l'*analogia pulchri* comme « suranalogie de l'être », j'ai essayé de reformuler l'analogie catholique classique dans les termes d'une analogie « christosacramentelle », sans de ce fait la laisser dépourvue d'attribution. Ce faisant, j'ai cherché à mettre en place une *analogia incarnationis* reposant sur l'Être incarné, où l'écart entre transcendance et immanence, entre le Créateur et le créé et entre la dissemblance et la ressemblance est entièrement rempli et même « hypostasié » par la personne du Verbe, telles l'unité et à la fois la distinction de ses deux natures.

C'est donc moyennant ces deux catégories christologiques que j'ai structuré le discours autour de la sacramentalité de la Parole-Écriture. Celle-ci, dans une visée strictement christologique, s'avère non seulement la première étape de l'incarnation du Verbe, mais aussi la réalité sacramentelle par laquelle le Christ continue à s'offrir et à garantir sa présence. C'est précisément *sous le mode* de la parole humaine et de la lettre, y compris la composante humaine et personnelle du croyant qui porte cette parole, que l'incarnation du Fils de Dieu s'accomplit et se prolonge jusqu'à nos jours, car, par une telle *modalité*, Dieu « se rend analogue ». Autrement dit, quand le Verbe, Parole et Image de Dieu, « s'emparole » *sous le mode* « christosacramentel » de la Parole-Écriture, révélée dans la Bible et annoncée par la Tradition orale au long de la mission évangélisatrice de l'Église, il *se fait voir*, *se fait entendre*, *se fait sentir*, *se fait goûter*, *se fait toucher* et enfin il *se raconte*, de manière à ce que les cinq sens s'interconnectent entre eux. En somme, en un mot, il se fait « présence ». C'est pourquoi la « christosacramentalité » de la Parole-Écriture est suscitée par les deux composantes analogiques qui l'habitent, et grâce auxquelles les catégories christologiques de « parole » et d'« image » forment un entrelacs sacramentel incontournable : la synesthésie et l'autobiographie, comprises uniquement sous l'angle théologique.

Dans cette première partie, les termes théologiques préalables étant posés, c'est-à-dire les prolégomènes théologiques de l'hypothèse autobiographique du discours *de* Dieu et du discours *sur* Dieu, je peux maintenant passer à l'étape suivante. Il va s'agir de développer le sujet central de cette recherche doctorale, à savoir ce que j'appelle « troisième testament », objet du premier des trois chapitres qui vont composer la deuxième partie de la thèse.

Deuxième partie

L'autobiographie comme composante analogique de la Révélation

Le « troisième Testament » vis-à-vis de l'Écriture et de la Tradition ecclésiale et ses transcendantaux théologiques

La première présentation de mon projet de thèse a eu lieu en France, pendant un colloque de théologie, il y a quelques années. Je ne peux pas oublier ce moment, notamment la réaction qu'a suscitée le titre de la thèse, lorsque j'ai prononcé l'expression « troisième testament ». De fait, plissant le nez, les professeurs présents se sont exclamés avec une ironie assez surprenante : « Votre thèse ne va pas aller loin en France ! » Ce n'était certainement pas un bon début. Je n'ai regagné ma sérénité que quelques minutes après, quand on m'a expliqué qu'en France, il existe, depuis des années, un magazine de bandes dessinées, intitulé « Troisième testament », qui fait de la satire vis-à-vis du message de la foi chrétienne et de l'Écriture sainte. Alors, j'ai finalement pu réagir en répondant qu'en raison de ma nationalité italienne, cela ne constituerait pas un problème, d'autant plus que ma thèse serait défendue dans le cadre d'une université suisse !

Au-delà de cette anecdote très humoristique, il est vrai qu'aux oreilles de n'importe quel chrétien, qu'il soit catholique, protestant, orthodoxe ou anglican, l'expression « troisième testament » suscite une certaine gêne. Pourtant, au fur et à mesure que mon argumentation se déploiera, cette « gêne » va, peut-être, se transformer en étonnement, ou – qui sait ! – même en stupeur ravie. De fait, il n'est aucunement question d'une révélation divine « ultérieure », mais il s'agira de mettre au jour le noyau qui habite l'Écriture tout entière, telle une âme silencieuse, invisible et discrète. Cette âme se veut d'abord le témoignage « personnel » de tous les hagiographes, en tant qu'auteurs «matériels» de la grande histoire du salut racontée dans la Bible. C'est pourquoi ce «Troisième Testament» peut bel et bien être considéré comme « un testament dans les Testaments ». Puis, toutes les histoires des personnages bibliques, celles des auteurs sacrés y comprises, constituant la «matière» analogique par laquelle Dieu se raconte lui-même, s'il est vrai que « *placuit Deo revelare Seipsum* », le concept de «troisième Testament» est susceptible d'exprimer en même temps la volonté «autobiographique» de Dieu lui-même.

Pour ce faire, la possibilité d'explorer tous les auteurs sacrés demeurant un horizon impossible, je vais envisager la figure autour de laquelle naît et prend corps la tradition johannique du quatrième évangile, à savoir le disciple bien-aimé. C'est à partir du témoignage personnel et pour cela même « autobiographique » de ce disciple à la fois mystérieux et fascinant que j'essaierai d'expliquer l'expression de « troisième Testament » annoncée dans le titre de la thèse. *Tupos* du « témoin-autobiographe », le « disciple que Jésus aimait » va dès lors ouvrir la voie d'une théologie autobiographique (chap. 3).

En outre, en tant que composante analogique de la Révélation, le « troisième Testament » en sus de l'Écriture affecte, par conséquent, la Tradition orale, où il va se configurer comme une sorte de réédition de l'unique Évangile *inscrit également dans les cœurs des hommes*, selon une expression issue des débats de Trente. Dans le cadre dogmatique de cette deuxième partie, l'exploration du sujet de la Tradition revêt dès lors une importance fondamentale (chap. 4). D'abord parce que la Tradition, dont l'évangélisation constitue le cœur et sa raison d'être, ouvre la porte du domaine pastoral au sujet de l'autobiographie. Puis,en tant que voie privilégiée de l'Esprit Saint, la Tradition est susceptible d'offrir au « troisième Testament » même ses conditions de possibilités. C'est pourquoi la réflexion qui va faire l'objet du quatrième chapitre, lequel, quant à lui, fait fonction de clef de voûte de l'arc en plein cintre figurant la structure de la thèse, constitue le moment transcendantal de l'hypothèse théologique envisagée dans ce travail.

Enfin, dans le sillage de la Tradition orale, laquelle, en un sens plus élargi dépasse les limites institutionnelles de l'Église, je vais situer un texte autobiographique assez proche de la tradition spirituelle chrétienne, à savoir : *Le Petit Prince* d'Antoine de Saint-Exupéry (chap. 5). Il s'agit d'un texte « laïc » qui ne parle apparemment pas de Dieu, et qui cependant véhicule un message christologique. D'ailleurs, si les *semina Verbi* ont été semés et répandus partout, et s'ils sont pour cela même repérables dans toute culture et dans les cœurs de tous les hommes, le «troisième Testament» est censé habiter même un témoignage autobiographique profane, tel le conte de l'aviateur et écrivain français, même si celui-ci n'en était pas conscient. C'est par ailleurs ce que souligne Jüngel lui-même, lorsqu'il affirme que dans les paraboles du Royaume, malgré l'absence du nom « Dieu », celui-ci jaillit d'une évidence inouïe, proprement à partir de la réalité intramondaine que les paraboles elles-mêmes racontent.

Ainsi, les prochains trois chapitres vont à la fois compléter l'exploration dogmatique et biblique et introduire le sujet de l'autobiographie également dans le cadre de la réflexion pastorale, l'objet de la troisième partie de la présente dissertation.

Chapitre 3

Du témoignage autobiographique du quatrième Évangile vers une théologie autobiographique

En envisageant, au long du premier chapitre, la pensée narratologique de Jüngel, relativement à la Révélation, nous avons réalisé que l'analogie sur laquelle il s'appuie n'est pas simplement attachée aux conditions de possibilité d'un discours soit *sur* Dieu soit *de* Dieu. Si tel était le cas, le théologien luthérien n'aurait apporté aucune nouveauté à la question analogique, relancée, tant du côté catholique que du côté protestant, respectivement par Przywara et par Barth. En revanche, se distançant suffisamment des positions sur l'analogie de ceux-ci, Jüngel saisit dans la Parole de l'Écriture l'événement/avènement même de l'analogie, par lequel le langage humain est rendu apte à *raconter* la Révélation. Dès lors, l'« analogie d'Avent », ainsi que le théologien luthérien l'a baptisée, s'avère une analogie événementielle susceptible d'être qualifiée de « sacramentelle », comme j'ai essayé de l'illustrer au long des deux premiers chapitres.

Or, le Dieu qui ressort d'une analogie ainsi conçue, c'est un Dieu, accédant au langage humain, qui vient au monde comme Histoire à raconter, avec la majuscule. C'est l'histoire d'un événement unique, survenu une fois pour toutes et qui continue à advenir dans la mesure où il est raconté. Et pourtant, étant le *sujet* d'une autorévélation, le Dieu de l'analogie de Jüngel, avant d'être l'*objet* d'un récit, est le *narrateur* de cette Histoire qu'il raconte lui-même.

Par là, alors qu'il ouvre la porte à un type d'analogie dépassant la pure narrativité et qu'il vise à une conception « autonarrative », le théologien luthérien confère un nouveau visage à la théologie narrative. De fait, conformément à la dynamique de la Révélation et dans la mesure où le « dire » de Dieu est un « se dire », à savoir un « dire à partir de soi-même », cette Histoire unique inclut aussi ledit « récit de soi » ou l'« écriture du moi ». C'est proprement ce qui se passe quand les croyants racontent à nouveau l'histoire du Dieu venant au plus près de l'homme, tandis qu'ils la laissent jaillir pour ainsi dire du « dedans », de leur intérieur et de leur propre vécu. C'est également le point de départ de l'hypothèse d'une « théologie autobiographique », à savoir d'une « autobiographie croyante » ou « autobiographie de la foi »[764].

764 Il n'est pas question évidemment d'un jeu de mots, mais les expressions employées veulent tout simplement indiquer ceci : la première indique la dimension autobiographique de la Révélation, en

De même, à l'aide de la réflexion analogique de la théologie esthétique de Balthasar, explorée notamment au cours du deuxième chapitre, nous avons acquis un autre élément important de la Parole-Écriture soulignant la valeur du témoignage personnel donné par les apôtres. En fait, conscients de n'avoir que cette possibilité pour être « objectifs », ceux-ci ne racontent pas d'histoires sans y être impliqués, en agissant ainsi « comme médiateurs de la parole faite chair »[765]. En outre, nous avons également appris, moyennant les études exégétiques d'Aletti, que la Bonne Nouvelle n'est annoncée que « "selon les Écritures" et "selon les Apôtres" »[766], témoins accrédités de la Parole et unis à elle de manière indissociable. Dès lors, tout cela me permet d'envisager, dans ce nouveau chapitre, l'hypothèse d'un discours autobiographique en tant que discours théologique, auquel les considérations autour des composantes analogiques, habitant la sacramentalité de la Parole-Écriture, la synesthésie et l'autobiographie, avaient déjà ouvert la porte.

Ainsi, en continuité avec la donnée analogique et sacramentelle à laquelle est parvenue la réflexion développée au cours de la première partie, ce troisième chapitre ouvre la deuxième partie de la thèse. Visant à accorder au discours autobiographique un statut théologique, il voudrait en même temps lui reconnaître son droit de cité dans le cadre d'une théologie fondamentale, comme cela est arrivé par le passé à la théologie narrative.

Pourtant, une approche théologique de type autobiographique ne prétend pas se présenter comme l'invention d'une nouvelle théologie. Car, l'autobiographie étant déjà une composante analogique de la Révélation, il s'agit, au long de cette recherche, de mettre au jour une dimension qui habite la Parole-Écriture, telle une âme discrète et silencieuse. C'est pourquoi, en envisageant l'hypothèse d'une « théologie comme autobiographie », je choisis de commencer par une analyse consacrée à la figure emblématique autour de laquelle naît le quatrième évangile, à savoir le « disciple que Jésus aimait ».

Il va s'agir d'explorer un « morceau » autobiographique de l'Écriture parmi les divers textes autobiographiques dont celle-ci est tissée de part en part : on songe, par exemple, aux lettres de l'apôtre Paul, dans le Nouveau Testament, aussi bien qu'aux prophètes de l'Ancien Testament, tels Jérémie ou les prophètes qui composent les livres d'Isaïe, ou encore au livret de Tobie. Bien que l'imputation autobiographique du quatrième évangile ne soit pas une évidence, cette exploration peut se faire, du fait, notamment, qu'il s'agit d'un témoignage exprimé à la troisième personne.

tant que théologie ou « forme analogique » par laquelle Dieu se révèle et parle ; la seconde, dans ses deux formulations, désigne la forme autobiographique de l'évangélisation, par laquelle, dans le sillage de la Tradition ecclésiale, la Révélation connaît une sorte de « réédition » actualisante de la Bonne Nouvelle. Pour ce dernier aspect, se reporter au chapitre 4.

765 H.-U. von Balthasar, *La Dramatique divine,* t. II : *Les Personnes du drame,* vol. 1 : *L'Homme en Dieu*, p. 47. Voir *supra*, 1.3.3. et 2.3.2 ; et aussi *infra*, 4.3.

766 J.-N. Aletti, *Quand Luc raconte. Le récit comme théologie*, p. 129. Voir aussi *supra*, 2.3.2.

Ainsi, une telle analyse me donnera l'occasion d'ouvrir une confrontation entre l'autobiographie au sens théologique, telle qu'elle ressort de Jean, et les perspectives venant des théories autobiographiques profanes, notamment celles de Gusdorf, Lejeune et Demetrio. Mais pas seulement. Le fait que l'autobiographie théologique issue du quatrième évangile parvienne à ladite « identité testimoniale » (du témoin), il sera question également d'une confrontation avec la philosophie du récit de Paul Ricœur, qui débouche sur ce que ce dernier appelle « identité narrative ». Par conséquent, une certaine mise en question de l'approche narratologique adoptée par la théologie narrative sera nécessaire. De fait, penchant en faveur de l'autonomie du texte narratif et de son ouverture à l'interprétation coopérative du lecteur (U. Eco), celle-ci laisse de côté la figure de l'auteur, laquelle s'avère par contre fondamentale au sein d'un récit autobiographique.

En revanche, l'approche narrative de type autobiographique est à même de mettre au jour l'identité de l'auteur-narrateur du récit, à partir de l'*autoconfiguration* qu'il construit, où le personnage *configuré* correspond à l'auteur lui-même. C'est pourquoi une telle identité va être définie en termes d'« identité testimoniale », tant du côté de l'auteur que de celui du lecteur, pour lequel il sera question d'un processus de *refiguration* produit par l'écoute-lecture.

Par là, l'approche théologique de type autobiographique pourra faire émerger ce « testament autobiographique » habitant l'Écriture comme « un testament dans les Testaments », ainsi que je vais l'expliciter dans le quatrième chapitre.

3.1. La « théologie autobiographique » du quatrième èvangile

3.1.1. Le « disciple que Jésus aimait » : un évangéliste-autobiographe

Comme je l'ai déjà évoqué en introduisant ce chapitre, la Bible est de part en part tissée de récits autobiographiques. Certains de ces récits sont plus explicitement autobiographiques, tels ceux des lettres pauliniennes et des nombreux oracles et attestations des prophètes, tandis que d'autres le sont de manière moins explicite, comme les évangiles. Dès lors, si mon choix porte sur le quatrième évangile, ce n'est pas par hasard.

Il s'agit du texte évangélique le plus récent quant à sa rédaction et que la Tradition ecclésiale a dès le début appelé « évangile de Jean ». Mais il s'agit également d'un texte d'autobiographie « implicite », qui présente bien des difficultés, notamment par rapport à l'identification de son auteur, à laquelle je vais consacrer ce premier paragraphe.

Pour commencer, j'estime que Jn 19,35 peut bel et bien constituer le point de départ d'une théologie de la Parole, où synesthésie et autobiographie se trouvent éminemment coordonnées. En outre, ce verset peut également s'avérer le noyau du « troisième Testament ». J'en reporte, ci-après, la version grecque accompagnée de la traduction[767].

Jn 19,35 :

Et celui qui a vu	a rendu témoignage,	et véridique	est son témoignage,
καὶ ὁ ἑωρακὼς	*μεμαρτύρηκεν,*	*καὶ ἀληθινὴ*	*αὐτοῦ ἐστιν ἡ μαρτυρία,*

et celui-là	sait	qu'il dit le vrai,	et afin que vous croyiez.
καὶ ἐκεῖνος	*οἶδεν*	*ὅτι ἀληθῆ λέγει,*	*ἵνα καὶ ὑμεῖς πιστεύσητε.*

Malgré la formulation à la troisième personne, l'affirmation « celui qui a vu rend témoignage » de Jn 19,35 ne saurait que renvoyer à celui qui est la source même du témoignage johannique et dont l'identité est imputable au « disciple que Jésus aimait » (cf. Jn 13,21-26 ; 19,25-27 ; 20,2-10 ; 21,7 ; 21,20-23.24)[768]. C'est pourquoi la tradition ancienne, c'est-à-dire les témoins historiques postapostoliques et patristiques, est presque unanime à attribuer la paternité littéraire du quatrième évangile au disciple bien-aimé, alors que par rapport à l'identité personnelle de ce dernier il y a toujours eu des avis différents[769].

767 Le texte en grec ci-dessus, ainsi que les autres qui vont suivre, est tiré du NOVUM TESTAMENTUM GRAECE ET LATINE, éd. A. Merk, Sumptibus Pontificii Instituti Biblici, Romae, 1992[11]. De mon côté, je traduis à l'aide d'un petit dictionnaire, préparé par une équipe de professeurs chargée d'initier au grec du Nouveau Testament les étudiants de la Faculté de Théologie de l'Université de Sciences humaines de Strasbourg, à savoir : DICTIONNAIRE GREC-FRANÇAIS DU NOUVEAU TESTAMENT, préparé par J.-C. Ingelaere – P. Marval – P. Prigent [adapt. de *A Concise Greek English Dictionary of the New Testament*, prepared by de Barclay M. Newman, Jr.], Alliance Biblique Universelle, 1988.

768 Si tel n'était pas le cas, l'hagiographe n'aurait pu s'exprimer en termes de témoignage. En revanche, s'agissant d'une Parole qui porte sur la foi au Dieu qui se révèle, le témoignage scripturaire ne vient que d'un témoin oculaire et auriculaire témoignant nécessairement *en première personne* du Dieu qui se révèle tout d'abord au témoin lui-même. Or, cela n'exclut pas que l'hagiographe puisse être identifié avec le disciple bien aimé lui-même, tout comme semble le faire croire la déclaration de la part du rédacteur « ὁ γράψας ταῦτα » de Jn 21, 24, ainsi que je vais l'expliciter plus loin. De toute façon, en raison du lexique utilisé par le rédacteur, notamment l'expression « *ἀληθὴς/ἀληθινὴ αὐτοῦ ἡ μαρτυρία ἐστίν* », Jn 19,35 est à relier à Jn 21,24. Le même avis est exprimé par le commentaire au v. 35 du chapitre 19 de Jean dans la nouvelle version italienne de la Bible *La Bibbia Via Verità e Vita,* approuvée par la CEI (San Paolo, Cinisello Balsamo, 2009). Puis, la formulation à la troisième personne est due à la narration, en tant que genre littéraire typiquement biblique privilégiant le discours indirect. C'est pourquoi l'Écriture n'est aucunement l'« historique » d'un témoignage, ce qui est par contre le but de l'historiographie. Sur la question concernant l'emploi de la troisième personne dans un écrit autobiographique, je revendrai plus loin (voir *infra*, 3.2.1.3. ; 3.3.1. et 3.3.2).

769 À partir des témoins plus anciens et jusqu'aux positions des historiens et des biblistes modernes et contemporains, le débat autour de l'identité historique de l'auteur du quatrième évangile connaît foncièrement deux courants : ceux qui appuient l'hypothèse classique partagée depuis des siècles, selon laquelle le disciple bien-aimé est à identifier avec l'apôtre Jean, l'un des deux fils de Zébédée, et ceux qui optent pour un notable de Jérusalem, probablement un prêtre, appelé pour cela même « Jean le presbytre », que Jésus aurait connu dans la cité de David et que, tout comme Joseph d'Arimathie « qui était disciple de Jésus, mais en secret par crainte des Juifs » (Jn 19,38), Jésus aurait

L'Église ancienne étant préoccupée de conférer une autorité apostolique au quatrième évangile, alors qu'elle est confrontée à un témoignage scripturaire si différent – quoique complémentaire – par rapport aux trois autres textes évangéliques canoniques, appelés « synoptiques », il est compréhensible que les témoignages de cette époque-là penchent en faveur de l'apôtre/disciple Jean, en tant qu'auteur de l'évangile en question. Qu'il soit le fils

également compté parmi ces « disciples » figurant « en dehors » du groupe de Douze. Quant à l'auteur du quatrième évangile, le témoignage le plus ancien connu est celui de Papias, évêque d'Hiérapolis en Asie Mineure vers 110–120 ap. JC. Ce premier témoignage nous est parvenu par Eusèbe de Césarée (mort vers 339) dont l'interprétation entraîne une distinction entre les deux « Jean », à savoir : l'apôtre, et le « presbytre » (du grec *presbuteros* qui signifie « ancien »), un *ancien* de l'Église d'Éphèse. De ce fait, l'évangile proviendrait de l'apôtre, tandis que l'Apocalypse proviendrait du presbytre. De son côté, Irénée (mort en 202) – disciple de Polycarpe de Smyrne, à son tour disciple de Jean –, né vers 140 en Asie mineure et devenu ensuite évêque de Lyon, écrit : « Jean, le disciple du Seigneur, celui qui reposa sur sa poitrine, a publié lui aussi l'Évangile pendant son séjour à Éphèse en Asie » (*Adversus Haereses* 3,1,1). En outre, dans sa lettre à Florinus, un ami d'enfance, Irénée affirme également ceci : « Je puis dire l'endroit où s'asseyait le bienheureux Polycarpe pour parler, comment il entrait et sortait, sa façon de vivre, son aspect physique, les entretiens qu'il tenait devant la foule ; comment il rapportait ses relations avec Jean et avec les autres qui avaient connu le Seigneur ; comment il rappelait leurs paroles et les choses qu'il avait entendu dire au sujet du Seigneur, de ses miracles, de ses enseignements ; comment Polycarpe, après avoir reçu tout cela des témoins oculaires de la vie du Verbe, le rapportait conformément aux Écritures ». Ce témoignage d'Irénée est également en accord avec celui de Polycrate d'Éphèse (190), lequel, dans une lettre envoyée au Pape Victor, parle de Jean, à savoir celui qui a reposé sur la poitrine du Seigneur, en le désignant en tant que prêtre, martyr et didascale (celui qui enseigne, soit un maître, soit un docteur). Dans un document romain ancien connu comme le « Canon de Muratori » (165–185), il est affirmé que le IVe évangile est de Jean, l'un des disciples, selon ce qui avait été révélé à André, l'un des apôtres. Dès lors, si auprès de l'Église ancienne, l'origine apostolique du quatrième évangile n'est aucunement mise en discussion, il faut cependant remarquer que les attestations anciennes elles-mêmes associent constamment à l'œuvre johannique un groupe de disciples, parmi lesquels il y a un certain presbytre homonyme de l'apôtre Jean. À ce sujet, je signale une étude très intéressante et importante, bien qu'elle soit un peu datée, qui résume de manière assez complète les positions historiques de la tradition chrétienne concernant l'attribution de l'identité personnelle de cette figure énigmatique et anonyme, autour de laquelle naissent l'évangile de Jean aussi bien que la communauté johannique elle-même et toute la tradition johannique : J. Colson, *L'énigme du disciple que Jésus aimait*, Beauchesne, Paris, 1969, surtout pp. 29–84. Personnellement, suite notamment à mon travail théologique de Licence canonique en théologie anthropologique entièrement consacré au sujet du disciple bien-aimé, je suis persuadé que le personnage qui se cache derrière le pseudonyme « disciple que Jésus aimait » n'est pas Jean l'apôtre, le frère de Jacques et le fils de Zébédée, thèse pour laquelle penche F.-M. Braun (cf. Id., *Jean le Théologien et son Évangile dans l'Église ancienne*, Gabalda, Paris, 1959, pp. 306–308), aussi bien que R.-E. Brown (Id., *Giovanni. Commento al vangelo spirituale*, Cittadella, Assisi, 1979, vol. 1, p. CX). En revanche, l'auteur du IVe évangile est plutôt à chercher, à mon avis, dans le cercle hiérosolymitain des grands prêtres, ainsi que l'argumente R. Schnackenburg, un des spécialistes majeurs en exégèse johannique [cf. Id., *Il Vangelo di Giovanni* (titre original : *Das Johannesevangelium*, III. Teil, *Kommentar zu Kap. 13–21*, Verlag Herder, Freiburg im Breisgau, 1975, 1979[3], trad. en italien par Gino Cecchi], vol. 3, t. IV, Paideia, Brescia, 1981, pp. 639–641). J. Colson (Id., *L'énigme du disciple que Jésus aimait*, p. 19 ; p. 97 ; pp. 109–114) et V. Mannucci (Id., *Giovanni il Vangelo narrante*, p. 242) sont du même avis que Schnackenburg.

de Zébédée ou le presbytre, le nom Jean faisait autorité, car, pour les communautés tant apostoliques que subapostoliques, ce nom se reliait à celui de l'apôtre, le frère de Jacques.

Par contre, si les études bibliques les plus récentes se sont plutôt orientées à détecter la paternité de cet évangile au-delà du groupe des Douze – mais pas en dehors du cercle des disciples et des amis du Seigneur constitué aussi par d'autres personnes que les apôtres –, cela est dû à des raisons d'ordre interne à l'évangile lui-même[770]. J'en énumère quatre, sous forme d'objections.

1. Premièrement, si le témoignage oculaire mentionné dans le quatrième évangile était censé être attribué à Jean l'apôtre, le fils du pêcheur du lac de Génésareth serait mis davantage en évidence, ce qui n'est pas le cas. De même, Jacques, son frère, n'est jamais mentionné, hormis en Jn 21,2, c'est-à-dire dans le chapitre dénommé « rédactionnel », qui, entre autres, cite Jean de manière implicite, à travers la formule « les fils de Zébédée ». De plus, l'activité de Jésus en Galilée, la région de ces deux disciples, se réduit au chapitre 6, tandis que le récit évangélique s'articule autour des trois voyages de Jésus à Jérusalem et aux événements qui s'accomplissent dans cette ville. Ne serait-il pas logique de chercher là l'auteur du quatrième évangile ?

2. S'il s'agissait de l'apôtre, l'anonymat du disciple bien-aimé ne trouverait pas d'explication. Pourquoi l'évangéliste aurait-il « crypté » son nom, assez connu d'ailleurs auprès des communautés chrétiennes des origines, ainsi que cela apparaît clairement dans les synoptiques et dans les Actes (cf. notamment Ac 3,1-11 ; 4,13-22 ; 8,14-17 ; 12,2) ?

3. Parmi les 7 disciples du groupe mentionné par Jn 21,2, le rédacteur cite « les fils de Zébédée », sans souligner leurs noms, puis, il mentionne « deux autres de ses disciples », bien qu'il en taise les noms. Le « disciple que Jésus aimait », le premier qui devine que l'homme qui a ordonné aux 7 disciples de jeter le filet du côté droit de la barque est Jésus (cf. Jn 21,7), fait partie en tout cas de ce groupe. Ce qui fait supposer qu'il peut s'agir soit de l'un des deux fils de Zébédée, soit de l'un des deux disciples non nommés. Pourtant, la seconde hypothèse semble la plus envisageable, car, si les deux apôtres, connus par la communauté, sont expressément nommés dans le récit, quelle raison y aurait-il de ne pas indiquer que le « disciple que Jésus aimait » soit Jean, l'apôtre ?

4. Enfin, l'anonymat du disciple bien-aimé serait sans doute compréhensible s'il s'agissait carrément d'un homme relativement connu dans les milieux du premier christianisme. D'ailleurs, si la communauté johannique estime ce disciple comme étant le représentant de sa tradition et l'interprète majeur du message de Jésus, aurait-elle pu favoriser la reconnaissance de son autorité autrement qu'en lui conférant le nom de « Jean » ? La reconnaissance canonique de l'évangile de Jean, advenue relativement tôt, a été sûrement

770 Cf. V. Mannucci, *Giovanni il Vangelo narrante*, pp. 226–242.

favorisée par la conviction qu'il venait de la tradition de l'apôtre homonyme[771]. De toute façon, le bon accueil qu'il reçoit de l'Église est imputable au fait que celle-ci y reconnaît un témoignage christologique clair et mûr, tandis qu'elle le fait sien.

Selon Schnackenburg, derrière la figure anonyme désignée par l'évangéliste aussi bien que par le rédacteur comme « le disciple que Jésus aimait », se cacherait une personne historique, donc bien réelle, un disciple du Seigneur habitant assez probablement à Jérusalem, qui, pourtant, n'a pas à être compté dans le nombre des Douze[772]. Cette hypothèse n'est pas nouvelle, mais elle a été proposée à maintes reprises et de manière toujours différenciée[773]. En recherchant une personne bien définie, on a songé à Lazare (cf. Jn 11,5-36) et à Jean Marc (cf. Ac 12,12-25 ; 15,37). Mais de telles hypothèses n'ont pas emporté une large adhésion. Schnackenburg lui-même s'est vu obligé de revoir ses positions antérieures :

> *Nel 1970 ho sostenuto l'idea che Gv 13,23-26 rappresenti una scena ideale per introdurre il discepolo e presentarlo nel suo ruolo di confidente di Gesù ; attualmente invece mi sembra di non poter escludere del tutto la sua effettiva presenza. [...] Se si accetta la possibilità che il discepolo amato fosse di Gerusalemme, non si esclude, quantunque non sia dimostrabile, che quel discepolo menzionato in 18,5, che riesce a far entrare Pietro nella corte del sommo sacerdote, si debba identificare con lui. [...] Ad ogni modo così veniamo a conoscere un altro personaggio di Gerusalemme, un conoscente del sommo sacerdote, che deve essere fra i seguaci di Gesù. [...] Per cui, anche se criticamente considerata, non è da respingere la tesi che il garante dell'evangelista avesse particolari rapporti con Gerusalemme*[774].

En revenant à Jn 19,35, il est hors de doute que *celui qui a vu* et *qui rend témoignage* soit le « disciple que Jésus aimait », bien que, selon sa dernière évaluation, Schnackenburg penche pour la distinction entre l'« évangéliste », celui qui a rédigé l'évangile, et le disciple bien-aimé, témoin-disciple de Jésus et « auteur » donc de la tradition johannique[775]. De fait,

771 Cf. R. Schnackenburg, *Il Vangelo di Giovanni*, vol. 1, t. IV, pp. 239–252.
772 Cf. *ibid.*, p. 639.
773 Cf. V. Mannucci, *Giovanni il Vangelo narrante*, pp. 236–242.
774 R. Schnackenburg, *Il Vangelo di Giovanni*, vol. 3, t. IV, pp. 640–641.
775 Ainsi Schnackenburg : « [...] *Il discepolo amato è, sì, il principale esponente della tradizione, l'autorità che sta dietro al vangelo, ma il vangelo stesso è opera di un altro uomo a lui legato, un colto ellenista di origine giudea, un eminente teologo, che accolse la tradizione dell'amato discepolo utilizzando anche altre fonti, la interpretò teologicamente e la raccolse in un vangelo, che doveva servire alla comunità giovannea, oltre che ad altri contemporanei alla ricerca della verità. Nel 1970 attribuivo ancora gran peso alla locuzione* ὁ γράψας ταῦτα *di 21,24 ; ma nel frattempo mi sono convinto che il suo ruolo non è poi tanto rilevante. La distinzione tra il discepolo amato quale massima autorità che sta dietro al vangelo di Giovanni, e l'evangelista, come autore responsabile della forma concreta dell'opera (a parte le aggiunte redazionali) è ulteriormente ribadita dalle seguenti considerazioni :* [...] *è difficile immaginare che il discepolo amato abbia presentato se stesso con questa pretenziosa designazione. Ora se i passi del vangelo nei quali essa ricorre fanno parte integrante di esso, non rimane che concludere che l'espressione viene dall'evangelista, che voleva esprimere in tal modo la sua venerazione per quel discepolo al quale doveva tanto. Ma sembra che tale designazione fosse corrente nella cerchia degli alunni di quel discepolo del Signore, come si può dedurre dalla*

il est difficile d'attribuer à ce disciple la paternité littéraire de certaines sections du quatrième évangile, qui supposent d'autres sources. On songe concrètement aux affrontements entre Jésus et les docteurs de la loi ou les pharisiens (cf. Jn 5 ; 7 ; 9). Ces disputes ont probablement permis audit « rédacteur » johannique de jeter un regard critique sur le judaïsme du début du IIe siècle, notamment sur sa forte opposition au christianisme naissant, et de relier cette situation contemporaine aux mêmes disputes remontant à Jésus, aux scribes et aux pharisiens. À ce propos, le récit qui suit la guérison de l'aveugle de naissance est assez éloquent, dès lors que l'expression « *ἀποσυνάγωγος* » (littéralement : « expulsé de la synagogue ») de Jn 9,22 renvoie à la norme concernant l'expulsion de la synagogue introduite par les autorités judaïques quelques décennies après le temps de Jésus. Cela fait penser à un écrivain réfléchissant sur le passé, au moment où les disputes entre Jésus et les autorités judaïques se situaient dans un contexte différent. De fait, l'adjonction d'un chapitre appelé « rédactionnel », le 21e, aussi bien que l'adjonction du prologue de Jn 1,1-18, autorisent à penser que l'Évangile de Jean ne soit pas l'œuvre d'une seule main. Et pourtant, cela n'exclut pas qu'au « disciple que Jésus aimait » on puisse attribuer la plus grande partie du quatrième Évangile, comme semble l'affirmer la locution « *ὁ γράψας ταῦτα* » de Jn 21,24 – pourquoi ne pas lui faire confiance ! –, la thèse qui avait initialement convaincu Schnackenburg lui-même.

À mon avis, peu importe que le « disciple que Jésus aimait » ait écrit ou non. En revanche, l'important est que celui-ci ait *vu* et *rendu témoignage*[776]. Cela demeure un fait

naturalezza con cui è accolta nel cap. 21 (specialmente nel v. 7). [...] *Se ci si domanda cosa veramente sapeva l'evangelista del discepolo amato e del suo carattere di testimone per la storia di Gesù, la risposta è resa più difficile dal fatto che l'evangelista chiaramente persegue finalità teologiche quando parla di questa figura : egli è colui che poggia il capo sul "petto di Gesù" e col quale Gesù si confida in modo particolare (13,23-26). A lui è indirizzata e affidata la madre di Gesù (19, 26s) ;* [...] *egli giunse per primo alla fede nella risurrezione di Gesù (20, 8) diventando così il prototipo dei credenti. Per l'evangelista il discepolo amato è dunque già più di un testimone 'storico', per lui è già una figura ideale. Perciò nell'interpretare quella scena bisogna già tenere conto di tratti ideali e simbolici. Ciò non esclude che per l'evangelista il discepolo amato sia ancora annoverato fra i "primi testimoni", e che abbia avuto contatti con gli altri discepoli conosciuti di Gesù (in particolare Pietro) e con Maria, la madre di Gesù.* [...] *Pietro, col quale l'evangelista collega (13, 24) ed anche confronta (cfr. 20,2-10) il discepolo prediletto, e Maria, la madre di Gesù, sono persone storiche, accanto alle quali non avrebbe senso collocare una figura simbolica e fittizia. L'evangelista deve quindi aver appreso tali contatti del discepolo amato forse da quest'ultimo in persona. Data la localizzazione della scena, per tali contatti bisogna pensare specialmente agli ultimi giorni di Gesù e al tempo post-pasquale. »* (*ibid.*, pp. 633–634)

776 Jean Mansir, auteur d'un livre qui voudrait esquisser en quelque sorte « l'identité » de Jésus à partir de l'expression « JE SUIS » attestée dans le quatrième évangile, penche pour l'attribution du titre « le disciple que Jésus aimait », non pas à une personne historique, mais au témoignage, à savoir l'évangile même de Jean : « En effet, ce *disciple* qui était penché sur la poitrine de Jésus, tourné vers lui comme le *Logos* est *tourné vers le Père* (Jn 1,1), appelé à *demeurer* jusqu'au retour de Jésus (Jn 21,22), ce *disciple* a été identifié au Fils lui-même par le Crucifié : *Femme, voici ton fils... voici ta mère* (Jn

incontestable autorisant à légitimer le disciple bien-aimé en tant qu'« auteur » et « père » de la tradition johannique. D'ailleurs, suscité par une vision « ἀληθῆ », c'est-à-dire *vraie, véritable* et donc *historique*, son témoignage se veut également « ἀληθινὴ » (Jn 19,35), c'est-à-dire *véridique, authentique*, fondé sur un fait *historiquement* advenu. Le disciple *sait* bien (« οἶδεν ») qu'il *dit le vrai* (« ἀληθῆ λέγει »), du fait qu'il *raconte* ce qui lui a été *révélé*. De plus, le verbe *ἑωρακὼς*[777] semblerait vouloir accorder au « voir » du « disciple que Jésus aimait » une signification particulière, tout en le distinguant d'autres « voir », tel celui de Pierre, pour donner un exemple concret. On songe également aux verbes utilisés dans le récit de Jn 20,2-10, narrant la course de Pierre et du disciple bien-aimé au tombeau et l'« inspection » détaillée qui suit. En l'occurrence, les verbes qui traduisent le « voir » des deux disciples sont susceptibles d'entraîner une certaine distinction de signification. D'un côté, le « θεωρεῖ » de Pierre exprime proprement l'*examiner*, le *voir avec précision*, demandé par l'inspection du tombeau, afin de constater que le corps de Jésus « est vraiment ressuscité », et non pas « volé »[778]. De l'autre, l'*εἶδεν* du disciple bien-aimé, accompagné par « *ἐπίστευσεν* »[779], un verbe qui ici semble proprement revêtir une fonction explicative,

19,26-27). Alors, selon une telle vision, c'est finalement *le Livre lui-même* qui serait le disciple témoignant, qui serait témoignage, qui serait la Parole même du Fils. Le *disciple que Jésus aimait* devient alors, dans et par le texte, la figure du disciple idéal, tel que le désire et le façonne le Fils de l'Homme, celui qui "écrit" et celui qui "lit" l'Évangile » (Id., *« Je Suis ». L'identité de Jésus, Fils de l'Homme et Fils de Dieu, selon l'évangile de Jean*, Cerf, Paris, 2013, p. 21). Ici, citant le Logos tourné vers le Père, l'auteur se réfère à Origène, *Commentaire sur l'évangile selon saint Jean*, XXXII,21 : « Jean reposait dans le sein du *Logos* d'une manière analogue à celle dont le *Logos* est dans le sein du Père » (*ibid*., n. 1). De toute façon, bien que Mansir penche pour une identification de type symbolique du disciple bien-aimé – ce qui, d'après Schnackenburg, n'a pas de sens, car une figure toujours décrite à côté de personnages historiques, tels Jésus, Pierre et Marie, ne saurait jamais être une figure symbolique ou fictive (voir *supra*, n. 775) –, je retiens son affirmation par rapport à l'identification christologique « disciple-livre », pas seulement parce qu'elle va dans le sens de la sacramentalité de la parole, caractérisée tout spécialement, comme nous l'affirmions plus haut, par le lien christosacramentel « chair-écriture » (voir *supra*, 2.2.1.). Je la retiens davantage parce qu'elle porte sur le lien christosacramentel « disciple-témoignage », comme nous le verrons plus loin (voir *infra*, 3.1. 2).

777 Participe parfait du verbe *ὁράω*, *ἑωρακὼς* exprime la signification de voir/constater/comprendre/percevoir avec une perception spirituelle intérieure ; il est employé 114 fois dans le NT, dont 46 fois (plus d'un tiers) dans la littérature johannique. Chez les synoptiques, son emploi est largement inférieur par rapport au IVe évangile.

778 Par rapport au sujet de cette « inspection » du tombeau effectuée par Pierre, je signale un ouvrage très intéressant, dont l'analyse approfondie amène plus aisément à saisir, à travers les « signes » relevés par l'apôtre, les éléments historiques attestant sans ambiguïté la véracité et la crédibilité de la résurrection du Christ : A. Persili, *Sulle tracce del Cristo Risorto. Con Pietro e Giovanni testimoni oculari,* Centro Poligrafico Romano, Tivoli, 1988.

779 Pour une présentation suggestive, quoique un peu ancienne, du rapport entre *voir* et *croire* au sein du IVe évangile, se rapporter à T. Fortna, *The Fourth Gospel and its Predecessor*, T&T Clark, Edinburgh, 1989, notamment pp. 241–247.

désigne un « voir » qui va plus en profondeur et qui, à partir des *signes* extérieurs, historiques et vrais, culmine dans ce stade « ultérieur » qu'offre la « vision de foi »[780].

Dans Jn 19,35, le recours massif à un lexique relevant d'un champ sémantique de *révélation/communication/attestation*, tel que le manifestent les termes *ἑωρακὼς*, *μεμαρτύρηκεν*, *μαρτυρία*, *ἀληθῆ* et *ἀληθινὴ*, charge le témoignage du disciple bien-aimé d'une tâche très importante. De fait, son attestation ne consiste pas dans la transmission *sic et simpliciter* d'un fait historique, mais dans la transmission par la *foi* (*traditio*) d'un *événement de salut* (*revelatio*) à la fois historique et métahistorique. Cet événement, concernant la mort du Christ et sa résurrection, sauve le croyant qui est prêt à en accueillir et en recevoir les *signes sacramentels* symbolisés dans « le sang et l'eau » (cf. Jn 19,34).

La foi dont il est question est donc la foi du « disciple-témoin », qui *a cru* le premier à partir de *ce* qu'il *a vu*. Dès lors, il peut garantir que sa « vision » – la vision de « la figure attestée », c'est-à-dire la *res carnis Jesu*, pour reprendre le lexique analogique de Balthasar – est digne de foi, car elle correspond à la parole attestante, la Parole-Écriture, en l'occurrence, l'évangile de Jean.

Et pourtant, que ce témoignage soit écrit est indispensable pour la transmission de la foi (*traditio*), ce qui est bien mis en relief par le terme *πιστεύσητε*. Venant de *πίστις*, « la foi en Jésus Christ », ce verbe formulé au subjonctif présent, exprime la possibilité, souhaitée ou supposée, d'une action, en l'espèce *l'option de foi* des destinataires de l'évangile, qui est en fonction d'une autre action, à savoir *le témoigner* du disciple (*μεμαρτύρηκεν*). Autrement dit, l'image de la *res carnis Jesu* peut rejoindre la communauté johannique, mentionnée dans le texte par ce *ὑμεῖς*, *vous*, dans la mesure où celle-ci est prête et disponible à accueillir, c'est-à-dire à *croire* (*ἵνα καὶ ὑμεῖς πιστεύσητε*) le *témoignage* (*ἡ μαρτυρία*) du « disciple que Jésus aimait », parvenant *sous la forme* – conformément à – de la Parole-Écriture : à savoir le quatrième évangile.

Dans le texte envisagé, il est intéressant de constater l'accomplissement d'une synesthésie qui se réalise par la médiation d'un « autotémoignage » de foi en forme orale, aussi bien que par la médiation d'un « récit autobiographique » de foi en forme écrite. C'est pourquoi ce texte johannique constitue bel et bien un exemple parfait où *synesthésie* et *autobiographie* remplissent de manière emblématique, voire paradigmatique, la fonction de « coordonnées » d'une analogie sacramentelle. Tout comme dans la scène qui voit les apôtres annoncer à Thomas le Didyme : « Nous avons vu le Seigneur ! » (Jn 20,25) D'ailleurs, le partage d'un même lexique verbal entre Jn 19,35 et Jn 20,25 non seulement ne peut

780 Cf. R. Schnackenburg, *Il Vangelo di Giovanni*, vol. 3, t. IV, pp. 472–473. Dans 1 Jn 1,2, le verset qui s'approche le plus de Jn 19,35, il apparaît carrément que le « voir » (ἑωράκαμεν) est employé pour une attestation (μαρτυροῦμεν) de foi et dans la foi ; cela vaut de même pour 1 Jn 4,14.

pas ne pas sauter aux yeux, mais il révèle aussi que dans les deux versets il est question d'une même coordonnée analogique : celle de l'*annonce-vision.*

Bref, il n'y a aucune *epiphania pulchri*, ni *revelatio Dei*, ni *traditio evangelii* sans une « Image », *perçue* d'abord par tous les cinq sens du témoin, entrecroisés entre eux moyennant la fonction synesthésique, puis *emparolée* dans un témoignage autobiographique. Ce qui implique une participation personnelle et intégrale de l'autobiographe-témoin, alors que la Parole-Écriture annoncée prend chair en lui-même, tout en devenant de ce fait une Parole « imagée ». C'est pourquoi l'écoute-vision des destinataires de l'annonce évangélique, c'est-à-dire leur « perception-ravissement » de la *res carnis Jesu*, ne saurait avoir lieu sans une telle médiation analogico-sacramentelle opérée par la Parole-Écriture moyennant une annonce synesthésique et autobiographique[781].

Si le « vous » implicite[782] de Jn 19,35 peut devenir le « nous-ecclésial »[783] de Jn 21,24, c'est parce que l'analogie sacramentelle exercée par le quatrième évangile a abouti ! Et cela, grâce au fait que la communauté johannique a accueilli, reconnu et fait sien le témoignage du « disciple que Jésus aimait ». C'est son « porte-parole »[784] qui nous renseigne à ce propos, alors que, rédigeant le chapitre 21, il nous transmet le fait que la communauté a finalement conféré son *imprimatur* au témoignage scripturaire, témoignage qui porte déjà probablement le nom de « Jean » : « C'est ce disciple qui témoigne de ces faits et qui les a écrits, et *nous savons* que son témoignage est véridique » (Jn 21,24).

Maintenant, la raison pour laquelle Jüngel s'en prend à Weinrich devrait apparaître comme plus évidente[785]. De fait, l'analyse du texte johannique saisit la *vérité* en tant que raison prioritaire du récit évangélique, ce sur quoi insiste le théologien luthérien disant que c'est carrément de cette *vérité* que jaillit le « sacrement » que constitue le récit évangélique[786]. C'est pourquoi, alors que Jn 19,35 fait droit à l'argument jüngelien, la *véracité* du témoignage johannique s'affirme comme étant la condition de possibilité même de l'analogie autobiographique et sacramentelle véhiculée par le témoignage scripturaire[787]. Mais il y a même plus, car, d'après Jüngel, une telle vérité ayant une nature sacramentelle, elle

781 Voir *supra*, 1.3.1 ; 2.3.

782 Il s'agit du « vous » des futurs croyants auxquels l'évangéliste-témoin s'adresse, à savoir la première communauté johannique aussi bien que tous les futurs auditeurs-lecteurs. Un « vous » qui garde un poids important par rapport au processus de *refiguration* de l'auditeur-lecteur que « déclenche » l'écoute-lecture du témoignage scripturaire. Voir *infra*, 3.3.2.

783 Par « nous-ecclésial », j'entends, en l'occurrence, la première communauté johannique.

784 Par cette expression, je désigne le rédacteur du IVe évangile.

785 Voir *supra*, 1.2.3. Rappelons brièvement ici l'affirmation de Weinrich selon laquelle les récits évangéliques n'ont pas comme but *un oui ou un non de vérité,* mais *un plus ou moins d'importance* qui porte de ce fait sur l'agir des croyants, ce à quoi Jüngel s'oppose résolument.

786 Cf. E. Jüngel, *Dieu Mystère du monde*, t. II, p. 136.

787 Voir *infra*, 3.1.3.

ne peut également que faire un avec le témoin, lequel, par son annonce à la fois synesthésique et autobiographique, prend part par conséquent à ladite sacramentalité.

L'Évangile offre, dès lors, une forme particulière d'autobiographie, laquelle, faisant office d'annonce de la foi (*kerygma*) et même de transmission de la foi (*traditio*), ne vise aucunement à mettre en avant la figure attestante, le témoin-autobiographe lui-même, au détriment de la figure attestée, la *res carnis Jesu*. Au contraire, le témoignage autobiographique de l'Évangile n'a pas d'autre visée que le Christ. Son essence et son but consistent à mettre au centre celui-ci, bien que, tout en racontant le Christ, l'autobiographe-témoin doive nécessairement se raconter lui-même. Il ne saurait d'ailleurs le faire, sans partir de la relation personnelle qu'il a nouée avec le Christ. Finalement, le style du témoignage autobiographique de foi que l'Évangile – en l'occurrence le quatrième évangile – nous propose est certainement le « dire de soi » (soit « l'écriture du moi ») du « disciple que Jésus aimait » à l'avantage du Christ.

En définitive, l'« autobiographie de foi » est en même temps un récit d'« autodéplacement », où l'ego de l'autobiographe-témoin recule, sans cependant disparaître, pour mettre Jésus-Christ au centre[788]. Cela est évident, alors que, pour donner un autre exemple, l'apôtre Paul écrit : « Je suis crucifié avec le Christ ; et ce n'est plus moi qui vis, mais le Christ qui vit en moi. Ma vie présente dans la chair, je la vis dans la foi au Fils de Dieu qui m'a aimé et s'est livré pour moi » (Ga 2,19b -20). Si donc, tout comme pour la dimension synesthésique, la Parole-Écriture est habitée aussi par la dimension autobiographique, cela détermine que ces deux réalités analogiques, constituant bel et bien une unique *analogia incarnationis*, laissent le Christ lui-même se rendre présent et se livrer aux destinataires auxquels s'adresse le témoignage scripturaire.

3.1.2. Le disciple bien-aimé, « figure » christologique et sacramentelle

3.1.2.1. La signification théologique de l'épithète « *ὁ Ἐπιστήθιος* »

Si nous revenons au « souci de vérité » que Jüngel relève par rapport à la Parole de la Révélation, une telle question demeure au cœur du témoignage autobiographique de Jean. Déjà, dans le paragraphe précédent, remarquant les traits du témoignage johannique ressortant de 19,35, nous avons constaté que la véracité (*ἀληθινή*) de la forme, la Parole-Écriture, correspond à la vérité (*ἀληθῆ*) du contenu, la *res carnis Jesu*. D'ailleurs, l'enjeu qui habite la figure du « disciple que Jésus aimait » est bien la Révélation divine, tel un trésor à garder et à transmettre « inchangé » et « inaltéré », afin que les générations ultérieures

788 Même Gusdorf affirme que l'autobiographie n'est pas une question de narcissisme. Voir *infra*, 3.2.1.1.

croient, elles aussi. Tout comme le disciple bien-aimé, le rédacteur et toute la communauté johannique, ainsi qu'il émerge de Jn 21,24, ont la même préoccupation, tandis qu'ils réaffirment que le message porté, et même mis par écrit par le disciple-témoin, est digne de foi (*ὅτι ἀληθὴς αὐτοῦ ἡ μαρτυρία ἐστίν*).

Or, pour aller plus loin par rapport à cette question, il nous faut examiner la signification du dialogue entre Jésus et l'apôtre Pierre autour du disciple bien-aimé, auquel le rédacteur du chapitre 21 accorde une fonction très importante. Voici, ci-après, le texte et la traduction.

Jn 21,20-24 :

S'étant retourné, Pierre voit le disciple que Jésus aimait
20. *Ἐπιστραφεὶς ὁ Πέτρος βλέπει τὸν μαθητὴν ὃν ἠγάπα ὁ Ἰησοῦς*

qui (les) suit, celui qui se pencha à la cène sur sa poitrine
ἀκολουθοῦντα, ὃς καὶ ἀνέπεσεν ἐν τῷ δείπνῳ ἐπὶ τὸ στῆθος αὐτοῦ

et (lui) demanda : « Seigneur, qui est celui qui te livre ? ».
καὶ εἶπεν· Κύριε, τίς ἐστιν ὁ παραδιδούς σε;

Ainsi, (le) voyant, Pierre dit à Jésus :
21. *τοῦτον οὖν ἰδὼν ὁ Πέτρος λέγει τῷ Ἰησοῦ·*

« Seigneur, et lui ? (et celui-là, qu'en est-il ?) »
Κύριε, οὗτος δὲ τί;

Jésus lui dit : « Si celui-là je veux rester (Si je veux qu'il reste)
22. *λέγει αὐτῷ ὁ Ἰησοῦς· Ἐὰν αὐτὸν θέλω μένειν*

jusqu'à ce que je viens (je vienne), quoi t'en importe ? Toi, suis-moi. »
ἕως ἔρχομαι, τί πρὸς σέ; σύ μοι ἀκολούθει.

Sortit dès lors ce mot parmi les frères que ce disciple
23. *ἐξῆλθεν οὖν οὗτος ὁ λόγος εἰς τοὺς ἀδελφοὺς ὅτι ὁ μαθητὴς ἐκεῖνος*

ne meurt pas (ne mourrait pas). Mais Jésus ne le lui dit pas qu'il ne mourrait pas,
οὐκ ἀποθνῄσκει. οὐκ εἶπεν δὲ αὐτῷ ὁ Ἰησοῦς ὅτι οὐκ ἀποθνῄσκει,

mais : « Si je veux que celui-là reste, jusqu'à ce que je vienne, quoi t'en importe ? »
ἀλλ᾽· ἐὰν αὐτὸν θέλω μένειν ἕως ἔρχομαι, τί πρὸς σέ;

Celui-ci est le disciple attestant (qui atteste) ces choses (ces faits)
24. *Οὗτός ἐστιν ὁ μαθητὴς ὁ μαρτυρῶν περὶ τούτων*

et écrivant (qui a écrit) ces choses, et nous savons que vrai est son témoignage.
καὶ γράψας ταῦτα, καὶ οἴδαμεν ὅτι ἀληθὴς αὐτοῦ ἡ μαρτυρία ἐστίν.

Dès sa première entrée en scène au chapitre 13, la figure du « disciple que Jésus aimait » est presque toujours « associée » à Simon Pierre, exception faite lors de la crucifixion de Jésus, quand le disciple bien-aimé paraît à côté de la mère de Jésus (cf. Jn 19,25-27). Songeons ainsi au dernier repas, lorsque les deux disciples sont assis l'un à côté de l'autre (cf.

13,23-26) ; à la nuit passée par Pierre auprès du palais du grand prêtre à l'aide de cet « autre disciple », lors du procès de Jésus (cf. 18,15-16), disciple qui semblerait être le bien-aimé[789] ; à la course de Pierre et du disciple bien-aimé au tombeau vide, l'aube du troisième jour après la mort de Jésus (cf. 20,2-10) ; à la pêche miraculeuse dans la mer de Tibériade, lorsque Pierre et le « disciple que Jésus aimait » sont dans la même barque (cf. 21,7) ; et finalement, à Jn 21,20-23, la dernière scène du quatrième évangile que je vais prendre maintenant en considération[790].

Dans cette péricope, bien que le rédacteur ait voulu introduire le disciple bien-aimé de façon un peu artificielle, cette mention a dû paraître dès lors assez importante. En effet, que Pierre se retourne, alors qu'il s'entretient avec Jésus, ne trouve aucune raison d'être. Cependant, en se retournant, il voit le disciple bien-aimé, de manière à ce que celui-ci puisse revenir à l'attention de la communauté johannique et de même, à l'attention des lecteurs. Mais pourquoi, dans cette seconde conclusion, le rédacteur fait-il allusion au disciple bien-aimé ? Et pourquoi Jésus aurait-il dû confier ce message, en quelque sorte « énigmatique », proprement à l'apôtre Pierre ? Finalement, pourquoi le rédacteur laisserait-il tomber tout à coup le dialogue entre Jésus et Pierre, pour s'adresser à la communauté johannique et aux lecteurs, afin de confier à ceux-ci cette fois une telle phrase « énigmatique », mais néanmoins importante ?

D'abord, pendant le dialogue entre Jésus et Pierre, le disciple bien-aimé est expressément présenté en tant que « celui qui se pencha à la cène sur sa poitrine [de Jésus] » (Jn 21,20). Cette allusion à la scène du « dernier repas » est surprenante, notamment la « posture » assumée par ce disciple, penché sur la poitrine de Jésus, alors qu'il demande au maître qui est celui qui va le livrer. Si ce détail, apparemment insignifiant, est toujours rappelé des années plus tard, cela veut alors dire qu'un tel geste s'était désormais chargé d'une signification symbolique forte et décisive. En effet, le rédacteur a voulu rappeler tant la scène du dernier repas que la « posture » du disciple bien-aimé penché « *ἐπὶ τὸ στῆθος αὐτοῦ* [de Jésus] » (sur la poitrine de Jésus).

Bref, le fait que cette posture intime de convivialité[791] soit mise en relief par le rédacteur paraît ici à la fois clair et important. Autrement dit, si le rédacteur reprend quasiment

789 Voir *supra*, la cit. relative à la n. 774.

790 Tous ces indices amènent par ailleurs à exclure que le « disciple que Jésus aimait » soit une figure symbolique, à côté de laquelle la présence historiquement certaine et fondée d'un disciple aux traits fortement humains, comme Pierre, ne conviendrait pas !

791 Ainsi R. Vignolo : « Selon la coutume romaine ancienne, les commensaux ne s'assoient pas à table, mais ils restent étendus sur la hanche parmi des divans, le coude appuyé, et la main droite libre pour manger, de manière à ce que chacun puisse tourner la tête vers son voisin (celui-ci ne pouvait être qu'un ami spécial, avec qui converser de manière assez réservée et confidentielle). Pline (*Ep.* IV, XXII, 4) atteste : *"Cenabat Nerva cum paucis. Veiento proximus atque etiam in sinu recumbebat".* » (Id.,

l'expression de Jn 13,23-25, cela veut dire que la phrase « celui qui se pencha à la cène sur sa poitrine » a acquis la valeur de titre et de symbole, tout en devenant pour cela même une épithète identifiant la personne du disciple bien-aimé, mais aussi « révélant » quelque chose de central.

Le regard (*ἰδὼν*) de Pierre envers le disciple, telle une interrogation tacite et indirecte adressée à Jésus, introduit la question : « Seigneur, et lui ? Qu'en est-il ? » La réponse semblerait être déjà anticipée au v. 20, lors de l'allusion à la « posture » du disciple pendant la cène, un geste qui relève d'un « schéma de révélation »[792].

La réponse de Jésus est reportée deux fois, ce qui paraît inutilement répétitif (cf. Jn 21,22-23). À quoi bon ? Commençons d'abord par relever que la phrase adressée à Pierre par Jésus : « *τί πρὸς σέ; σύ μοι ἀκολούθει* », dont il faut souligner l'accent mis sur le « *σύ* », semblerait vouloir distinguer nettement la vocation de Pierre de la vocation de l'autre disciple. Cependant, le second énoncé demeure plutôt énigmatique. De fait, l'auteur utilise un schéma typique du quatrième évangile, selon lequel une révélation de Jésus, présentée d'abord sous une forme énigmatique, est ensuite suivie par une incompréhension ou un malentendu, puis elle est finalement reprise selon sa véritable signification, tout comme en Jn 3,3-5. D'ailleurs, le fait même que le rédacteur réitère avec précision la phrase de Jésus, sans aucunement la modifier, montre combien cette expression s'avère contraignante.

D'autre part, une telle phrase s'étant répandue avec une interprétation faussée, lors de sa première diffusion « parmi les frères », le rédacteur est soucieux de la retransmettre à la communauté dont il fait partie, tout en apportant une précision nécessaire. En effet, en disant : « Si je veux que celui-là reste jusqu'à ce que je vienne », Jésus n'entendait pas affirmer que ce disciple resterait *physiquement* présent jusqu'à son retour, mais tout simplement qu'il resterait. C'est pourquoi le « porte-parole » du disciple bien-aimé est censé corriger l'interprétation selon laquelle ce disciple ne mourrait pas (cf. Jn 21,23).

À ce sujet, la TOB offre une explication plausible, en précisant dans une note explicative qu'« on peut aussi penser que le disciple bien-aimé, qui plus que d'autres a pénétré le mystère du Seigneur, va continuer à être présent dans l'Église par le témoignage fixé dans ce livre »[793]. C'est une interprétation à laquelle fait écho le jésuite Ignace de la Potterie :

> Le *μένειν* du disciple consiste dans son *μαρτυρεῖν*. Notons l'emploi de ce participe présent : le disciple dont parlait Jésus et qui doit « demeurer », c'est « le disciple qui témoigne (toujours) », « lui qui a

Personaggi del Quarto Vangelo. Figure della fede in san Giovanni, Glossa, Milano, 1994, p. 193, n. 316 *bis*, je traduis)

792 Cf. I. de la Potterie, « Le témoin qui demeure : le disciple que Jésus aimait », *Biblica* 67 (1986), pp. 343–359, ici p. 352.

793 *Traduction Œcuménique de la Bible* (TOB), Cerf et Société Biblique Française, Paris, 2004, Jn 21,22, n. *f.* De même, Mansir qualifie le disciple bien-aimé lui-même de « Livre » (voir *supra*, n. 776).

> écrit ces choses ». Dès lors, il « demeure » – et il demeurera pour l'Église jusqu'à ce que Jésus « vienne » – par le témoignage actuel qu'il lui rend à travers son évangile écrit. [...] D'autre part, le pronom *οὗτός* au v. 24 pointe aussi vers l'avant : il est le sujet de la phrase dont le prédicat est « le disciple qui témoigne (toujours) de ces choses et qui les a écrites ». À travers le témoignage que le disciple rend toujours dans la communauté au moyen de son évangile, il nous faut atteindre (et partager) l'attitude prise naguère par le disciple que Jésus aimait, quand il était « penché sur sa poitrine ». C'est dans cette attitude-là qu'il « demeure » présent dans l'Église[794].

Il en ressort que le v. 24 constitue une explication de la réponse de Jésus à Pierre, parue au départ énigmatique (cf. Jn 21,22-23). De fait, *μένειν* des versets 22 et 23 et *μαρτυρεῖν* du verset 24 constitueraient, d'après de la Potterie, précisément les mots-clefs qui vont résoudre finalement l'énigme de la phrase de Jésus concernant le sort du disciple bien-aimé.

Μένειν est un verbe privilégié parmi les mots théologiques du lexique johannique[795]. En l'occurrence, il suffit de constater qu'il est utilisé par rapport à la *parole* qui *demeure* en l'homme, ainsi que par rapport au *Fils* et au *Père* qui *demeurent* dans le *disciple*, et vice-versa. Voici un exemple au sens de la première utilisation : « *τὸν λόγον αὐτοῦ (τοῦ πατρός) οὐκ ἔχετε ἐν ὑμῖν* μένοντα » (Jn 5,38) ; de même, pour le second emploi : « μείνατε *ἐν ἐμοί, κἀγὼ ἐν ὑμῖν* » (Jn 15,4). Ce verbe est déjà repérable, dès le début de l'évangile, lors de l'appel des premiers disciples : « *ῥάββί, ...ποῦ* μένεις... *καὶ παρ'αὐτῷ* ἔμειναν *τὴν ἡμέραν ἐκείνην* » (Jn 1,38-39). De même nous pouvons le retrouver lors de la cène, à l'occasion de la deuxième promesse de l'Esprit Saint – en grec « *Paraklètos* », c'est-à-dire « Défenseur » – faite par Jésus : « *ταῦτα λελάληκα ὑμῖν παρ'ὑμῖν* μένων » (Jn 14,25). Ici, le *demeurer* se réfère à Jésus lui-même, tandis que lors de la première promesse de l'Esprit, Jésus utilise la même expression, mais en référence à l'Esprit lui-même : « Vous, vous le connaissez, parce qu'il *demeure* auprès de vous » (Jn 14,17). Si donc l'Esprit demeure « auprès » des disciples, c'est parce qu'il demeure « en » Jésus (cf. Jn 1,33). Mais plus tard, il sera même « en » eux (cf. Jn 14,17). Voici donc le dynamisme qui anime ces passages de l'évangile : le disciple qui demeure *auprès* de Jésus est appelé à demeurer, à l'aide de l'Esprit, *en* Jésus (cf. Jn 15,4-7.9) ; puis, du fait qu'il *demeure* en Jésus, ce disciple deviendra lui-même *une demeure* pour la Trinité : « Si quelqu'un m'aime, il gardera ma parole, et mon Père l'aimera ; nous viendrons vers lui et, chez lui, nous nous ferons *une demeure* » (Jn 14,23).

Or, le temps qui s'écoule depuis l'*heure* où les disciples « demeurent » *auprès* de Jésus, lors de l'appel (cf. Jn 1,39), jusqu'au jour où Jésus les invite à « demeurer *en* lui » (Jn 15,4-7.9), marque l'accomplissement d'un long chemin ![796] Cela va jeter une lumière particulière

794 I. de la Potterie, « Le témoin qui demeure : le disciple que Jésus aimait », pp. 353–355.

795 *μένειν* est présent 40 fois en Jn ; 3 fois en Mt ; 2 fois en Mc ; 7 fois en Lc ; 27 fois en 1-2-3 Jn ; 1 fois en Ap.

796 Cf. I. de la Potterie, *La vérité en Saint Jean*, t. I : *Le Christ et la vérité*, Biblical Institute Press, Rome, 1977, pp. 353–356.

également sur les textes décrivant les traits du disciple que Jésus aimait, notamment sa « posture » assumée pendant la cène, ainsi que sa mission de « demeurer ». C'est pourquoi de la Potterie en tire la conclusion que voici :

> Un de ses disciples, celui que Jésus aimait, était couché « dans le sein de Jésus » (13,23) ; « le disciple se pencha sur la poitrine de Jésus » (13,25) ; l'évangéliste rappellera plus tard que, de fait, le disciple « s'était penché sur sa poitrine » (21,20) ; et Jésus déclare enfin sans spécifier : « (si) je veux qu'il demeure » (21,22-23), à savoir dans cette même attitude. [...] Si le disciple bien-aimé est appelé à « demeurer », c'est précisément en tant que modèle et symbole du parfait disciple ; il doit toujours demeurer ainsi « auprès de Jésus » (« dans son sein », « couché sur sa poitrine »), pour pouvoir enfin demeurer « en » lui ; et on pourrait peut-être comprendre de cette manière la spécification de « demeurer » qui se trouve dans la mystérieuse variante de la Vulgate : « (Si) *sic eum volo manere* » ; « (Si) c'est ainsi que je veux qu'il demeure jusqu'à ce que je vienne,... » : ainsi, c'est à dire dans l'attitude du disciple à la cène[797].

Il est intéressant de remarquer que pour expliquer le « demeurer » du disciple bien-aimé par rapport à la phrase énigmatique de Jn 21,22-23, de la Potterie recourt au « demeurer » de ce même disciple « dans le sein » de Jésus de Jn 13,23-25. D'ailleurs, le fait même que cette « posture » est rappelée et rapportée par le rédacteur comme une sorte de « signe d'identification » – alors qu'il termine l'évangile avec cet *imprimatur*[798] qui confirme que le « disciple que Jésus aimait » est bien l'auteur du témoignage du quatrième évangile –, cela veut dire, d'après notamment l'étude d'I. de la Potterie, qu'il s'agit d'un élément théologique allant au-delà d'une pure identification. Il nous faut donc revenir, à l'aide du bibliste jésuite, à la signification que revêt l'attitude du disciple bien-aimé à la cène. Pour ce faire, nous allons d'abord lire et traduire la péricope johannique ci-après.

Jn 13,23-25 :

	Or, il y avait à table (allongé) un de	ses disciples	dans le sein
23.	*ἦν δὲ ἀνακείμενος εἷς ἐκ*	*τῶν μαθητῶν αὐτοῦ*	*ἐν τῷ κόλπῳ*

de Jésus	celui que Jésus aimait.	
τοῦ Ἰησοῦ,	*ὃν ἠγάπα ὁ Ἰησοῦς·*	

	Lui fait signe alors	Simon Pierre	et	lui dit :
24.	*νεύει οὖν τούτῳ*	*Σίμων Πέτρος*	*καὶ*	*λέγει αὐτῷ·*

« Dis, qui est (celui) de qui il dit ? » (Qui est celui dont il parle ?)
εἰπὲ τίς ἐστιν περ οὗ λέγει.

	Se penchant	celui-là ainsi	sur la poitrine	de Jésus	lui dit :
25.	*ἀναπεσὼν*	*ἐκεῖνος οὕτως*	*ἐπὶ τὸ στῆθος*	*τοῦ Ἰησοῦ*	*λέγει αὐτῷ·*

« Seigneur, qui est ? »
Κύριε τίς ἐστιν;

797 Id., « Le témoin qui demeure : le disciple que Jésus aimait », p. 356.
798 Voir *supra*, 3.1.1.

Au verset 23, il est mentionné, pour la première fois, ce « disciple que Jésus aimait ». La scène, dans la salle de la cène, est tellement particulière, que cela nous montre que si ce disciple a été présenté juste à ce moment-là, c'est bien pour des raisons précises. Une des raisons les plus plausibles est probablement à repérer dans le fait de la sortie de la scène de Judas décrite au verset 30. Ainsi, alors que celui-ci s'éloigne du groupe des disciples, c'est le disciple bien-aimé qui fait son entrée dans la narration évangélique[799].

Celui-ci, donc, pendant la cène, est allongé à côté de Jésus, précisément « dans le sein de Jésus ». À la lumière de Jn 1,18, cette expression a acquis certainement un sens théologique et symbolique très important : comme le Fils demeure « dans le sein du Père »[800], de même, ce disciple demeure « dans le sein de Jésus ». C'est pourquoi de la Potterie affirme :

> D'après 13,23, le disciple à la cène était couché *ἐν τῷ κόλπῳ τοῦ Ἰησοῦ* ; mais à la fin du prologue, l'évangéliste écrit que le Fils unique est de retour *εἰς τὸν κόλπον τοῦ πατρός* (Jn 1,18). Malgré le changement de préposition (*ἐν* / *εἰς*), cette similitude des formules nous invite à penser, disions-nous, que l'expression nouvelle créée par Jean en 1,18 lui a été suggérée par celle de 13,23 ; dès lors, seul le vrai disciple qui est « dans le sein de Jésus » peut comprendre le mystère de Jésus lui-même, lui qui est retourné « dans le sein du Père ». C'était à peu près l'exégèse d'Origène : « Je pense que, si c'est aussi au sens symbolique que Jean était couché dans le sein de Jésus (il était digne d'une telle marque d'honneur, parce qu'il avait été jugé digne d'un amour spécial de la part du Maître), ce symbole signifie que Jean, couché près du Logos (*ἀνακείμενος τῷ Λόγῳ*) et se reposant (*ἐναναπαυόμενος*) dans les choses les plus secrètes, était couché dans le sein du Logos (*ἀνέκειτο ἐν τοῖς κόλποις τοῦ Λογου*), comme le Logos lui-même est dans le sein du Père (*ἐν τοῖς κόλποις τοῦ πατρός*) d'après ce qui est écrit… »[801]

Le disciple bien-aimé est donc l'homme auquel Jésus se fie particulièrement, lui confiant la révélation contenue dans le quatrième évangile, ce que le rédacteur lui-même veut accréditer (cf. Jn 21,24). C'est pourquoi, en voulant voir dans le disciple bien-aimé uniquement le symbole du prophétisme de l'Église des origines, tout comme le prétend Kragerud, on

799 Cf. R. Schnackenburg, *Il Vangelo di Giovanni*, vol. 3, t. IV, p. 56. Bien que ce disciple soit distingué des douze, ainsi que l'apôtre Paul d'ailleurs, il est mentionné en tant que « disciple », et il est malgré tout associé aux douze. Ce que Schnackenburg veut souligner, c'est plutôt *la présentation officielle* de ce disciple au moment où le traître sort du groupe. De toute façon, il est également vrai que le quatrième évangile privilégie le terme « disciple » par rapport au terme « apôtre ».

800 L'expression « dans le sein du Père » de Jn 1,18 propose, sous le mode analogique, toujours l'être du Fils « auprès de Dieu » de Jn 1,1. Cette expression figurée est déjà utilisée dans l'Ancien Testament pour désigner l'union matrimoniale (cf. Gn 16,5 ; Dt 13,7 ; 28,54.56 ; etc.), l'enfant appuyé sur le sein de la mère (cf. 1 R 17,19) ou aussi pour exprimer le soin que Dieu prend de son peuple Israël (cf. Nb 11,12). Dans le Nouveau Testament, nous trouvons la formule « sein d'Abraham » (Lc 16,22-23), ce qui fait penser à une expression figurée désignant le banquet divin des bienheureux où Lazare occupe une place d'honneur. Cf. R. Meyer, « κόλπος », G. Kittel, G. Friedrich (éds.), *Grande Lessico del Nuovo Testamento* (*GLNT*), Paideia, Brescia, 1969, t. V, coll. 761–768. Cf. aussi R. Schnackenburg, *Il Vangelo di Giovanni*, vol. 1, t. IV, p. 355.

801 I. de la Potterie, « Le témoin qui demeure : le disciple que Jésus aimait », p. 359.

risque d'aller contre l'intention du rédacteur, qui renvoie à ce disciple comme au garant du récit évangélique (cf. Jn 19,35 ; 21,24)[802].

Désignant le bien-aimé en tant que disciple qui se penche sur la poitrine de Jésus, tout en pouvant ainsi lui chuchoter : « Seigneur, qui est-ce ? », l'évangile met en relief un *geste* qui, pour sa portée symbolique, est destiné à acquérir une signification théologique très précieuse auprès des chrétiens. Ce geste est si important qu'il est rappelé jusqu'à la fin de l'évangile, tels une clôture et un sceau (cf. Jn 21,20). On peut le considérer même comme un « titre ». Du fait qu'il n'y ait pas d'autres citations semblables au sein du témoignage johannique, l'expression « ἐπὶ τὸ στῆθος » revêt un caractère exclusif et quasiment stéréotypé[803]. Cela explique pourquoi une telle expression ait pu être à l'origine d'une tradition patristique désignant Jean l'évangéliste précisément avec le tire *ὁ Ἐπιστήθιος*[804].

À l'appui de cet argument, l'analyse sémantique, pragmatique et narrative du chapitre 13 pris dans son ensemble fait émerger toute la valeur de *révélation* que recouvre le geste emblématique du disciple bien-aimé à la cène[805]. Ce que la tradition liturgique, elle aussi, ne manque pas de souligner dans un répons de la *Liturgie des heures* qui chante : « Jean a

802 Cf. R. SCHNACKENBURG, *Il Vangelo di Giovanni*, vol. 3, t. IV, pp. 56–57 (se référant à A. KRAGERUD, *Der Lieblingsjünger im Johannesevangelium*, Oslo, 1959, pp. 21–25).

803 *στῆθος*, dans l'évangile de Jean, n'est employé que selon la formulation de Jn 13,25 et 21,20 (qui en est la duplication) et il ne se trouve également que dans ces versets. Il s'agit donc d'un hapax johannique.

804 Se référant à une étude de A. VACCARI, « Un preteso scritto perduto di Papia », *Biblica* 20 (1939), pp. 413–414, de la Potterie explique que l'épithète *ὁ Ἐπιστήθιος*, littéralement « celui qui est allongé sur la poitrine », était à l'origine le titre honorifique par lequel, assez probablement, l'ancienne tradition johannique évoquait le « disciple bien-aimé ». Bientôt, chez les générations suivantes, cette épithète n'est plus comprise, et elle finit par être interprété en tant que titre d'un écrit présumé et perdu de Papias d'Hiérapolis. Celui-ci, connu comme disciple de Jean, « *vixit* cum Epistethio », selon un ancien texte. Le malentendu semblerait donc dériver d'une interpolation textuelle, lorsque la phrase susmentionnée devient « qui *dixit* in Epistethio ». Cf. I. DE LA POTTERIE, « Le témoin qui demeure : le disciple que Jésus aimait », p. 352. Par rapport à l'emploi de cette épithète dans la littérature patristique, se rapporter à B.-F. WESTCOTT, *The Gospel According to St John*, James Clarke, London, 1958, p. 194.

805 Le lexique verbal du chapitre relève d'un champ sémantique de communication et de révélation (*ἀπεκρίθη/ἀποκρίνεται, ἐμαρτύρησεν, λέγει/λέγω, εἶπεν/εἰπὼν, νεύει, ἀρνήσῃ*), de transmission et de don (*ἔδωκεν/ἔδωκα/δώσω/δίδωσιν/δῷ/δίδωμι, παραδοῖ/παραδιδόντα/παραδώσει*), tandis que tout converge dans l'expression culminante « *ἐγὼ εἰμι* » (13,19) prononcée par Jésus. De même, au sein d'une analyse narrativo-pragmatique, les actions des personnages qui y sont impliqués (en l'occurrence Jésus, le disciple bien-aimé, Pierre, Judas, Satan), notamment celles de Jésus, revêtent un caractère d'exemplarité et donc de révélation. Par rapport à Jésus, voici ses actions exemplaires principales : • il aime les siens jusqu'à la fin • il aime le disciple bien-aimé • il aime les disciples (*vous*), • il dépose ses vêtements • il prend un linge et s'en ceint • il verse de l'eau dans un bassin • il lave les pieds (des disciples) et les essuie • il reprend ses vêtements ; tandis que les actions de révélation sont les suivantes : • il explique aux disciples la signification de son geste • il annonce la trahison • il atteste qui est le traître • il donne aux disciples le commandement de l'amour • il prédit à Pierre son triple reniement.

bu l'eau vive à la source qu'était la "poitrine" du Seigneur »[806]. De cette belle affirmation il émerge qu'en rapprochant Jn 13,25 (« la *poitrine* » de Jésus) de Jn 7,37-38 (« le *sein* » de Jésus, d'où s'écoulent des flots d'eau vive), on a voulu identifier respectivement *στῆθος* avec *κοιλία*[807].

Au verset 13,24, Pierre, s'adressant au disciple bien-aimé afin de se renseigner à qui Jésus faisait allusion dans son discours, montre la « position » et le rôle privilégiés dont bénéficie ce disciple. Pourtant, il ne s'agit pas d'une « position » plus importante, au sein du groupe des douze et par rapport à ceux-ci, qui mettrait Pierre, ainsi que les autres apôtres, à l'ombre de ce disciple. Au contraire, loin de minimiser le rôle de Pierre, le fait que les deux disciples, Pierre et le bien-aimé, paraissent souvent ensemble met plutôt en évidence la validation par l'autorité pétrinienne de tout ce que le disciple bien-aimé *est* et *signifie*[808].

Au fur et à mesure que nous avançons dans l'analyse des péricopes concernant la figure du disciple bien-aimé, nous sommes de plus en plus confrontés à l'aspect sacramentel qui en ressort[809], notamment à l'aide de l'ancienne exégèse d'Origène reprise par de la Potterie. De fait, les deux « postures » par rapport au « sein », référées tant à Jésus qu'au disciple bien-aimé, se relient l'une à l'autre : la première, au sens figuré, montre Jésus, le Fils, tourné vers le sein du Père, tandis que la seconde, réelle et pragmatique, montre le disciple bien-aimé penché sur le sein de Jésus.

Or, une telle interprétation amène de la Potterie à en tirer une double conclusion, par rapport à la signification théologique que couvre le « demeurer » de Jn 21,21-24, à savoir : le disciple bien-aimé demeure toujours dans le sein de Jésus, tout comme Jésus lui-même demeure dans le sein du Père ; le disciple bien-aimé demeure jusqu'à ce que Jésus vienne, au sens qu'il demeure toujours dans l'Église comme le témoin-écrivain et l'autobiographe-disciple en qui l'Évangile s'incarne et ne fait qu'un avec lui. Et pourtant, à la lumière

806 « La formule a été conservée dans le Bréviaire, à la fête de saint Jeán l'Évangéliste (27 décembre), au répons des matines : *"Fluenta Evangelii de ipso sacro Dominici pectoris fonte potavit"* » (I. DE LA POTTERIE, « Le témoin qui demeure : le disciple que Jésus aimait », n. 20, p. 352).

807 Cf. *ibid.*, p. 352.

808 Penchant pour l'historicité du « disciple que Jésus aimait », les études bibliques ne manquent pas de souligner également la « signification théologique », aussi bien que le « caractère paradigmatique » que cette figure revêt au sein du quatrième évangile et, pour cela même, au sein de la communauté johannique. Cf. R. VIGNOLO, *Personaggi del Quarto Vangelo. Figure della fede in san Giovanni*, pp. 192–202 ; R.-A. CULPEPPER, *Anathomy of the Fourth Gospel*, Fortress Press, Philadelphia, 1983, pp. 121–123 ; G. SEGALLA, « Il discepolo che Gesù amava e la tradizione giovannea », *Rivista Biblica* 14 (1989), pp. 217–244.

809 Le fait d'être « disciple-livre », par rapport au quatrième évangile, et d'assumer à la cène une posture analogique par rapport à celle du Christ-Verbe retourné vers le sein du Père, fait de ce disciple même une figure sacramentelle, voire « christosacramentelle » par laquelle le Christ se révèle, se livre et se rend perceptible, précisément moyennant les composantes analogiques et gracieuses de l'autobiographie et de la synesthésie en acte dans la personne même du bien-aimé. Voir *infra*, 3.1.2.2.

de la logique analogique et christosacramentelle de l'Écriture, habitée par la composante synesthésique comme par la composante autobiographique, je pense qu'on peut pousser l'exégèse du bibliste jésuite encore plus loin.

3.1.2.2. L'identité « christosacramentelle » du disciple bien-aimé

L'implication christologique issue de l'analyse qui précède, relativement à la figure du disciple bien-aimé, est évidente. De fait, les deux « postures », celle identifiant le Fils tourné vers le sein du Père, avec celle désignant le disciple bien-aimé « allongé » sur la poitrine du Christ – au point que cette « position » vaut à ce disciple l'épithète d'*Ἐπιστήθιος* –, peuvent bel et bien qualifier le « disciple que Jésus aimait » de figure christologique, avec tout ce que cela comporte.

Le disciple bien-aimé étant le témoin qui voit, qui écoute et qui touche, et également l'autobiographe qui raconte, par un récit soit oral soit écrit, ce que lui-même a vécu auprès de *celui qui l'aimait*, cela implique que synesthésie et autobiographie vont converger dans la personne de ce disciple. Autrement dit, ce n'est pas seulement par son témoignage scripturaire, mais c'est aussi par le fait même d'« être disciple », voire « disciple bien-aimé » auquel Jésus confie une révélation particulière, le quatrième évangile lui-même, que ce disciple est rendu participant d'une sacramentalité « gracieuse » véhiculant l'unique « Sacrement » qui demeure dans le sein du Père. D'où l'analogie synethésique et autobiographique qui ressort. Je vais l'expliquer de manière plus détaillée.

Lors de notre approfondissement au cours notamment du premier chapitre, nous avons constaté que la voie analogique proposée par Jüngel renverse en quelque sorte le « fonctionnement » de l'*analogia entis*. En effet, celle-ci était foncièrement la seule possibilité d'un discours *sur* Dieu à partir de la catégorie ontologique de l'être « créé » ou « reçu ». Celui-ci, relevant du donné de la création, est l'élément ontologique qui permet de « remonter » jusqu'à Dieu, en tant qu'Être « absolu », par une voie de causalité. Tandis que les *analogies de la foi*, qui marquent un certain tournant dans l'histoire de l'analogie, car elles relèvent foncièrement des données de la Révélation, offrent la possibilité d'un discours *sur* Dieu à partir du discours *de* Dieu, tout d'abord. Car si l'*analogia entis* veut atteindre Dieu, ne l'atteignant, d'après Jüngel, que comme un « X », c'est-à-dire comme un « Dieu inconnu », selon l'analogie « d'Avent », c'est Dieu qui nous atteint lui-même. Et il nous atteint précisément par le *mode* et le *moyen* sacramentels du *langage* humain, qui est *intrinsèquement lié* aux événements (*gestis verbisque*) aussi bien qu'à la relation humaine elle-même (*homines tamquam amicos alloquitur et cum eis conversatur*)[810]. Compris en son intégra-

810 « *Placuit Deo in sua bonitate et sapientia Seipsum revelare et notum facere sacramentum voluntatis suae* (cf. *Eph* 1,9), *quo homines per Christum, Verbum carnem factum, in Spiritu Sancto accessum habent ad Patrem et divinae naturae consortes efficiuntur* (cf. *Eph* 2,18 ; 2 *Petr* 1,4). *Hac itaque re-*

lité, le langage humain est rendu apte à *dire Dieu* en vertu de l'incarnation du Fils. Car, par celui-ci, Dieu *se rend analogue*. Par conséquent, *l'homme n'a plus à se déterminer pour l'analogie*[811].

De la sorte, situer un tel discours analogique dans le cadre théologique du quatrième évangile, par rapport notamment au disciple bien-aimé, figure christologique et sacramentelle, constitue non seulement le but théologique de ce paragraphe essayant de détecter les éléments analogiques d'une théologie autobiographique. Cela me donne également la possibilité d'explorer la dimension relationnelle de la Révélation que *Dei Verbum* souligne et met au jour, notamment au paragraphe 2, sans pourtant la développer, de l'avis de Theobald[812]. Car c'est proprement *dans* et *par* la relation Jésus-disciple bien-aimé que Dieu mène à bien son dessein analogique. En d'autres termes, assumant la réalité pragmatique et physique de la relation humaine, Dieu parle divin, tout en parlant humain. D'ailleurs, selon la logique synesthésique habitant la Parole-Écriture, l'analogie se réalise moyennant les gestes humains, tel un langage qui exerce, « sous un autre mode », la même fonction révélatrice que le langage verbal. Cela implique la participation de toute la réalité corporelle, en tant qu'élément sensible, perceptible et visible, faisant office de signe sacramentel par lequel Dieu se révèle et se livre[813].

velatione Deus invisibilis (cf. *Col* 1,15 ; 1 *Tim* 1,17) *ex abundantia caritatis suae homines tamquam* amicos alloquitur (cf. *Ex* 33,11 ; *Io* 15,14-15) *et cum eis* conversatur (cf. *Bar* 3,38), *ut eos ad societatem Secum invitet in eamque suscipiat. Haec revelationis oeconomia fit* gestis verbisque *intrinsece inter se connexis, ita ut opera, in historia salutis a Deo patrata, doctrinam et res verbis significatas manifestent ac corroborent, verba autem opera proclament et mysterium in eis contentum elucident. Intima autem per hanc revelationem tam de Deo quam de hominis salute veritas nobis in Christo illucescit, qui mediator simul et plenitudo totius revelationis exsistit* » (*DV* 2, je souligne). Ce que Vatican II affirme, à savoir que l'économie de la Révélation comprend les *paroles,* les *événements* et la *relation* humaine, se rattache à l'analogie parabolique de Jüngel. Car celle-ci advient par *le langage humain* – que Dieu à la fois adopte et rend apte à *dire Dieu* – et par l'*expérience humaine* – que le théologien luthérien appelle également « évidence intra-mondaine ». Voir *supra*, 1.2.2, notamment la n. 202, et aussi à *infra*, n. 1370).

811 Voir *supra*, n. 174.

812 D'après Theobald, le Concile n'approfondit malheureusement pas l'élément relationnel aussi bien que l'élément événementiel en tant que parties intégrantes du processus de réception et de transmission de l'Évangile, celui-ci ne pouvant pas, dès lors, être réduit uniquement aux paroles : « Aucune articulation entre l'autorévélation de Dieu (*DV* 2) et la foi en sa capacité réceptrice et créatrice ou interprétatrice n'est établie ; et encore moins entre l'autorévélation et l'économie historique, surtout en sa puissance d'engendrement d'une "transmission" à la fois ancienne et nouvelle ou messianique. Sans doute faut-il penser aujourd'hui davantage en quoi le jeu relationnel entre Jésus et les siens est l'autocommunication ultime de Dieu en sa mystérieuse identité. » (Id., « Dans les traces… », p. 54).

813 Il est opportun, à ce propos-ci, de signaler la sémantique relevant de la sphère corporelle qui habite le chapitre 13 de Jean : tête, poitrine, mains, pieds et talon.

Ainsi, par le fait même de l'incarnation, les prérogatives humaines constituant les moyens et les expressions par lesquels Dieu se révèle, cela comporte deux choses. La première : faisant siennes les relations humaines, Dieu, en son Fils, se rend analogue, lui-même. La seconde : étant les partenaires de la relation avec Jésus-Christ, les hommes deviennent eux aussi acteurs analogiques de l'économie de la Révélation[814]. Par conséquent, dans la mesure où la théologie autobiographique de Jean, ainsi que j'essaie de l'explorer, met en jeu la portée analogique de la relation humaine et souligne la place centrale que celle-ci occupe à l'intérieur du quatrième évangile, la *conversatio,* à laquelle le Concile fait allusion, s'avère une dimension sous-jacente de la présente analyse.

Or, en revenant aux « postures » qu'Origène et de la Potterie mettent en corrélation, ce n'est pas l'expression de Jn 13,23-25 qui suggérerait celle de Jn 1,18, ainsi que l'explique le bibliste jésuite[815]. La visée des *analogies de la foi,* laissant Dieu *parler de Dieu* par l'expérience humaine qu'il assume et qu'il vit lui-même, renverse une telle interprétation. Car, en l'occurrence, la relation spéciale entre le Jésus et le disciple bien-aimé *révélant* Dieu[816] est précédée et même déterminée par la relation-source intratrinitaire. Là, le Fils demeure toujours dans le sein du Père (Jn 1,18), sein qu'il n'a jamais quitté, même pas pendant sa vie humaine sur terre ! Autrement dit, laissant le disciple se pencher sur sa poitrine par un geste très humain, tel que le récit évangélique le met en relief, Dieu mène à bien l'analogie, du fait qu'une telle « posture » *révèle* le demeurer du Fils dans le sein du Père. D'ailleurs, c'est toujours Dieu qui « se rend analogue », non pas l'homme ! De la sorte, c'est Jn 1,18 qui constitue la source analogique déterminant l'analogie de Jn 13,23-25. Somme toute, si le Fils peut raconter sa vie et sa relation intratrinitaire, c'est parce qu'il demeure dans le sein du Père. Et pourtant, lui permettant de se pencher sur sa poitrine,

814 Ces prérogatives humaines, c'est proprement ce à quoi *DV* 11 fait allusion, lorsqu'il est affirmé que les auteurs humains des récits bibliques écrivent en pleine possession de leurs facultés mentales, intellectuelles et culturelles (voir aussi *supra*, 2.3.2). C'est pourquoi, contrairement à ce qu'affirme Theobald (voir *supra*, n. 812), Ruggieri, en tant que témoin vivant de Vatican II, souligne que l'aspect historique de la Révélation non seulement est un des éléments faisant du Concile un « événement » (voir *infra*, 4.3.1). Il est également déterminant dans le processus de transmission de la foi, à commencer par la prédication apostolique et la composition des textes sacrés impliquant les auteurs sacrés (hagiographes). Par conséquent, valorisant la personnalité, l'histoire concrète et la culture des premiers témoins de la foi, la Constitution dogmatique sur la Révélation divine demeure, à mon avis, un document paradigmatique par rapport à la dimension historique de la transmission de la foi et, plus généralement, de l'évangélisation. Proposant une action d'évangélisation, telle que présentée notamment dans le chapitre 7, ce travail souhaite aller dans la direction de Vatican II et correspondre à ses perspectives théologiques et pastorales (voir *infra*, 7.1.1, notamment la n. 1994, et 7.1.3).

815 Voir *supra*, 3.1.2.1, notamment la cit. de la n. 801.

816 Je tiens à préciser que cette relation spéciale entre Jésus et le disciple bien-aimé (cf. Jn 13,23-25) se veut aussi un modèle relationnel que tout disciple de Jésus est censé faire sien et incarner, sans pourtant que cela amoindrisse la relation que Jésus noue avec les douze et, dès lors, avec les disciples de tout lieu et de tout temps.

Jésus accorde au disciple bien-aimé de « reproduire » visiblement et charnellement la posture même du Fils au sein de la Trinité et de « jouer » pour cela même un rôle analogique et christosacramentel.

Or, cela est imputable au fait que Jésus étant la véritable « analogie du Père », c'est lui qui constitue le disciple bien-aimé en tant que « son analogue » ![817] La « christosacramentalité » que le disciple bien-aimé exerce est d'ailleurs aussi bien mise en évidence dans la « prière sacerdotale », lorsque Jésus affirme : « Comme toi, Père, tu es en moi et moi en toi, qu'eux aussi soient en nous, afin que le monde croie que tu m'as envoyé. Je leur ai donné la gloire que tu m'as donnée, pour qu'ils soient un comme nous sommes un : moi en eux et toi en moi, afin qu'ils soient parfaits dans l'unité, et que le monde reconnaisse que tu m'as envoyé et que tu les as aimés comme tu m'as aimé » (Jn 17,21-23). À partir de ce dialogue entre le Fils et son Père, il se laisse très bien percevoir à quoi vise le souhait de Jésus : que le *demeurer* de celui-ci dans le Père, et vice-versa, puisse trouver un « analogue » chez les disciples. *Le mode de la communion* des disciples demeure la seule façon pour que l'unité parfaite intratrinitaire soit révélée au monde, tout comme le *pencher* du disciple sur la poitrine de Jésus, « analogue » révélateur et sacramentel.

Il y a encore une autre considération à même d'éclairer davantage l'identité christologique et sacramentelle du disciple bien-aimé. Quand le prologue johannique affirme que « le Fils unique, qui est tourné vers le sein du Père, lui, l'a fait connaître » (Jn 1,18), cela est dit du Fils en tant que *Verbe*, dès lors qu'en l'occurrence le Fils incarné est présenté comme le *Verbe* coéternel au Père préexistant à la création. Cela étant retenu à la lumière notamment de l'analyse autour du disciple bien-aimé en tant que figure christologique et sacramentelle, nous pouvons maintenant expliciter les deux aspects analogiques qui découlent de Jn 1,18.

Le premier, c'est le couple « témoin-témoignage », binôme que nous avons à juste titre qualifié de « christosacramentel » du fait du lien originel et sacramentel que le Christ noue avec la Parole-Écriture. Cela nous amène dès lors à une première réinterprétation théologique de Jn 1,18, à savoir : de même que le *Fils-Verbe*, Parole incarnée du Père demeurant toujours dans le sein du Père, révèle celui-ci, *de même*, c'est-à-dire de manière analogique, le disciple bien-aimé. Celui-ci, en tant que *témoin-témoignage* demeurant également sur la poitrine du maître, telle une source dont il puise la vérité, peut lui aussi révéler Jésus.

817 L'analogie christologique s'étendant, dans le cadre de l'Écriture, au « disciple que Jésus aimait », de manière à ce que celui-ci devient l'« analogue » du Christ, dans le cadre de la Tradition, elle va également impliquer tout témoin de l'Évangile. Car l'annonce ne saurait se réaliser sans se prévaloir de l'analogie christosacramentelle, laquelle fait des témoins-autobiographes racontant l'unique Évangile des « analogues » du Christ. Je soulignerai cela à nouveau au cours du chapitre 4, à propos dudit « troisième Testament » et des sujets qui le composent, soit les « hommes-récits ».

Le second aspect analogique découlant de Jn 1,18, c'est la signification ecclésiologique que revêt ledit « demeurer » du « disciple que Jésus aimait ». De l'avis d'I. de la Potterie, comme de l'explication de la TOB et de Mansir, le fait que le disciple bien-aimé continue à « demeurer » dans l'Église *par son témoignage,* le quatrième évangile, inclut que ce disciple puisse y « demeurer », lui-même, comme *personne.* Car le binôme « témoignage-témoin » désigne la réalité d'un témoignage hypostasié[818]. D'ailleurs, si Dieu se livre *par le mode* de *la res carnis Jesu,* alors que celle-ci continue à s'offrir sous le mode des figures christologiques, la Parole-Écriture, l'Eucharistie et l'Église, il n'en va pas autrement pour le témoignage johannique. C'est par le fait même de ne faire qu'un avec son témoin que celui-ci demeure à l'intérieur de l'Église, et y continue d'offrir à la vision et à l'écoute, à travers l'entrelacs analogique et christosacramentel de la synesthésie avec le témoignage autobiographique, la *res carnis Jesu* elle-même. Les quatre évangiles, ainsi que tous les autres textes de la Bible continuent à parler de Dieu, non pas seulement en tant que textes qui portent la Parole, mais aussi en tant que témoignages hypostasiés de personnes qui ne font qu'un avec leur témoignage écrit rendu à cette même Parole, et qui continuent, *sous le mode* « christosacramentel » de la Parole-Écriture, à demeurer dans les communautés croyantes d'aujourd'hui. N'oublions pas que l'Église est apostolique pas seulement parce qu'elle est bâtie sur les fondements des apôtres, mais aussi parce que les apôtres, par la Tradition vivante, continuent à y être présents : ils y vivent et s'y incarnent[819].

Cela étant, l'invitation mystérieuse que Jésus adresse aux deux premiers disciples, alors que ceux-ci lui demandent : « Rabbi, où *demeures*-tu ? » (Jn 1,38), apparaît maintenant comme encore davantage intelligible. Car, en répondant : « Venez et vous verrez ! » (Jn 1,39), Jésus annonce dès le début, non seulement aux deux disciples, mais aussi à tous ceux qui, comme les disciples, se mettent en marche à sa suite – moyennant l'écoute-lecture du quatrième évangile lui-même, en tant que *chemin christologique* –, précisément ce à

818 La notion de « témoignage hypostasié » par rapport au disciple bien-aimé, c'est Jésus lui-même qui la consacre, dès lors qu'en affirmant que celui-ci va *demeurer* jusqu'à sa venue, ce disciple *demeurera* proprement par le témoigne même du quatrième évangile (voir *supra*, 3.1.2.1, notamment la cit. de la n. 794). En plus, ce couple « témoin-témoignage » va avoir des répercussions importantes par rapport au sujet de l'autobiographie, tout spécialement par rapport à la définition de « troisième Testament » (se porter au chap. 4) et des récits autobiographiques dont une évangélisation de type autobiographique tire parti, telle celle que je propose lors de la présentation des expériences cénaculaires (se porter au chap. 7). En effet, les récits autobiographiques ne font qu'un avec les témoins-autobiographes qui les racontent par leur plume aussi bien que par leur propre vie.

819 Cela vaut également pour tous les croyants qui ne sont pas toujours conscients de rendre témoignage à l'unique Évangile, tels des disciples et des « hommes-récits » implicites. C'est pourquoi la Tradition, portée et transmise par l'Église, est également portée et transmise par de tels disciples « implicites », par le fait de déborder les lieux ecclésiologiques (les sacrements, les ministères liturgiques, etc.), et de dépasser aussi les limites ecclésiales (les communautés chrétiennes, les mouvements religieux, etc.). Voir *infra*, 4.4.

quoi le quatrième évangile conduit : c'est-à-dire, à « voir » et donc à croire et à connaître « le lieu » où Jésus, Verbe incarné, *demeure.*

Or, Jésus étant le Dieu-emparolé, à quelle « demeure » ferait-il allusion sinon à l'Évangile lui-même, le lieu analogique de sa rencontre avec le disciple ? En outre, étant également le Verbe-imagé, où pourrait demeurer Jésus, sinon dans la personne du « disciple bien-aimé », en tant que représentant de tout disciple, figure christosacramentelle et temple de la gloire divine ? D'ailleurs, c'est ce que Jésus lui-même affirme : « Si quelqu'un m'aime, il gardera ma parole, et mon Père l'aimera et nous viendrons vers lui et nous nous ferons une *demeure* chez lui » (Jn 14,23). C'est pourquoi, demeurant dans l'Église sous les *modes* sacramentels, tels la Parole-Écriture et les sacrements, Jésus y demeure aussi en prenant la forme des croyants, comme un Dieu « empersonné » fait disciple et devenu dès lors *témoin-autobiographe*[820]. Est-ce que cette recherche ne vise pas proprement à l'autobiographie croyante en tant que « livre incarné » ? Et ce « troisième Testament », que pourrait-il désigner, d'après les débats tridentins, sinon cet évangile inscrit également dans le cœur de tout croyant et qui attend d'en sortir moyennant le témoignage autobiographique de foi[821] ? Car l'Évangile c'est un témoignage exigeant que tout témoin ne fasse qu'un avec lui. Ce n'est pas pour rien que Beauchamp a créé l'expression d'« homme-récit », laquelle, à côté de la formule tridentine, va me permettre d'expliquer ce qu'est le « troisième Testament ». J'y reviendrai plus loin[822].

Si l'analyse faite jusqu'ici nous a amenés à qualifier le « disciple que Jésus aimait » de figure christologique et sacramentelle, c'est parce qu'en définitive, le Christ lui-même lui fait « jouer » un rôle analogique. Son *témoignage* autobiographique peut mener à bien l'œuvre analogique et sacramentelle qu'est la Révélation parce qu'il repose sur une relation fondamentale, historique et concrète : la relation avec Jésus[823]. Il n'en pourrait être autrement, dès lors que ce sont les traits « pragmatiques » et « physiques » caractérisant la figure du disciple bien-aimé qui constituent la *conditio sine qua non* sur laquelle repose la sacramentalité de l'analogie autobiographique. Autrement dit, si la relation du disciple bien-aimé avec Jésus représentait purement la relation idéale de tout croyant, cela réduirait le disciple bien-aimé à une pure figure paradigmatique, mais pourtant fictive, ce que Schnackenburg lui-même exclut[824]. Cela aurait par conséquent des répercussions assez graves : première-

820 En vertu du fait que Dieu, en son Fils, Verbe incarné, se rend analogue, son incarnation est médiatisée par des figures christologiques, et pour cela même, analogiques et sacramentelles, telle la figure du disciple bien-aimé. C'est pourquoi, dans la mesure où le disciple devient, du fait de son témoignage, révélation du Christ, celui-ci se fait disciple.

821 Voir *infra*, 4.1.2 ; 4.3.

822 Voir *infra*, chap. 4.

823 Voir *infra*, 3.3.2.

824 Voir *supra*, 3.1.1., notamment la n. 775.

ment, celle de démentir la logique même de l'incarnation sur laquelle repose le quatrième évangile ; deuxièmement, celle de contredire le caractère « christosacramentel » que le disciple bien-aimé revêt au nom de sa personnalité « historique » et « réelle ». En revanche, cette relation concrète est constitutive de la *marturia* johannique.

3.1.3. La « véridicité »[825], pointe du témoignage autobiographique du quatrième évangile

Au cours du paragraphe précédent, dans la tentative de déchiffrer l'énigme de Jn 21,20-24, par rapport notamment à la prophétie de Jésus sur le sort du disciple bien-aimé, nous avons abordé la signification du terme « demeurer », en reliant cette expression verbale à la question de la « posture » assumée par ce même disciple à la cène. Par là, nous sommes parvenus à l'implication analogique qui fait de celui-ci une figure christologique et sacramentelle « reproduisant » la « posture » intratrinitaire même du Fils.

Or, à l'intérieur de la péricope susmentionnée, notamment dans le verset 24, il y a une autre expression verbale également importante, qui est susceptible de mettre au jour l'essence théologique du témoignage autobiographique du quatrième évangile : *marturôn*. Participe présent désignant en même temps la mission ainsi que l'identité du « disciple que Jésus aimait », le terme *μαρτυρῶν* semblerait confirmer ce que nous disions auparavant, à savoir que c'est en tant que « témoin » que le disciple bien-aimé peut continuer à « demeurer ». À ce propos, Goettmann affirme : « Il demeure et témoigne : c'est par ces deux verbes que s'achève l'évangile en désignant le chemin de Jean »[826]. Autrement dit, si nous cherchons à interpréter l'affirmation de Goettmann, c'est en rédigeant le chapitre 21, telle une seconde conclusion définitive, et en reprenant la première, celle du chapitre 20, que le rédacteur a réaffirmé le but du *témoignage* johannique porté par le disciple bien-aimé : susciter la foi en Jésus (cf. Jn 20,31 et aussi 1,7). De fait, si nous rapprochions les deux conclusions l'une de l'autre, il en ressort la synthèse que voici : « Ce disciple, qui témoigne de ces choses, [...] les a écrites » (21,24), en les fixant dans l'évangile, « pour que vous croyiez que Jésus est le Christ, le Fils de Dieu, et pour qu'en croyant vous ayez la vie en son nom » (20,31). Cela rassure les destinataires non seulement sur la « canonicité » du quatrième évangile, mais aussi sur sa paternité, qui est dès lors imputable au « disciple que Jésus aimait ». De son côté, le rédacteur, s'adressant à l'Église johannique par ce « nous » (Jn 21,24), laisse entendre qu'il en fait lui-même partie. Pourtant, cette déclaration de la part du rédacteur, à propos de la canonicité et de la paternité du témoignage porté par le

825 *Véridicité* est utilisé en tant que synonyme de *véracité* et se dit d'un témoignage véridique.
826 J. GOETTMANN, *Saint Jean. Évangile de la Nouvelle Genèse*, Cerf, Paris, 1982, p. 289.

disciple bien-aimé, est précédée par la canonisation faite par Jésus lui-même. C'est celui-ci qui, le premier, invite à accueillir cet évangile, lorsque, s'adressant à Pierre, en tant que chef des apôtres et en tant que représentant de toutes les communautés chrétiennes nées et fondées par les apôtres, il lui dit vouloir que ce disciple « demeure » (cf. Jn 21,22). Or, ce terme sous-entendant le « témoin-témoignage »[827] johannique que Jésus a lui-même confirmé, la communauté est censée accepter l'invitation renouvelée par le rédacteur à accueillir le quatrième évangile, à l'instar des autres témoignages apostoliques déjà approuvés par les Églises, tels les évangiles synoptiques. De même, elle est censée reconnaître le disciple bien-aimé comme un témoin véridique et accrédité, à l'instar de tous les autres apôtres.

Cela étant, la conclusion rédactionnelle de Jean ouvre l'accès au noyau et à l'essence du discours autobiographique, en tant que discours analogique au sein de la Révélation. Ce noyau consiste proprement en la « véridicité » du témoignage, véridicité qui relève de la personne racontant (le disciple), en plus de la personne racontée (Jésus-Christ). Par ailleurs, selon la théologie esthétique appliquée à l'Écriture, le lien entre figure attestante (le témoignage scripturaire) et figure attestée (la *res carnis Jesu*) est si fort et inséparable que Balthasar en parle en termes de *conformité* et, pour cela même, quoique de manière implicite, en termes de sacramentalité[828]. Ce qui fait, en l'occurrence, que la parole attestante du disciple bien-aimé, c'est-à-dire son témoignage autobiographique, noue un lien double portant en même temps sur la personne racontée, Jésus-Christ, ainsi que sur la personne racontante, le disciple lui-même, que nous avons défini, non « par hasard », en tant que « figure christologique ».

Or, revenant à Jn 19,35, si la *μαρτυρία* du disciple bien-aimé, à savoir son autotémoignage, consiste à *attester* l'*ἀληθῆ*, le vrai – terme censé être compris comme un adjectif substantivé désignant *le fait* historique et métahistorique du Verbe incarné –, ce n'est que parce que ce témoignage autobiographique est en lui-même *ἀληθινή*, véridique, c'est-à-dire *conforme* à celui qui est la Vérité, le *Témoin fidèle et vrai* de l'Apocalypse[829]. Ce qui met également en jeu une *conformation* spirituelle et morale impliquant la vie de celui qui rend témoignage à la Vérité, « le disciple que Jésus aimait » et celle des témoins futurs de tout temps et de tout lieu[830].

827 Voir *supra*, 3.1.2, notamment n. 793.
828 Voir *supra*, 2. 2 ; 2.3.1 ; *infra*, 4.1.1.
829 Il s'agit du verset 3,14 : « *ὁ μάρτυς ὁ πιστὸς καὶ ἀληθινός* ».
830 À ce propos, dans sa réflexion sur la transmission de la foi, Bruno Forte relie la vérité de la foi à la question éthique (cf. Id., *La trasmissione della fede*, Queriniana, Brescia, 2014, notamment pp. 85–99). De fait, la vérité étant, pour le théologien italien et archevêque de Chieti-Vasto, l'avènement de l'Autre avec la majuscule, cet avènement appelle la raison philosophique (la métaphysique et l'ontologie) à transcender ses frontières pour atteindre ce que la raison théologique définit en tant qu'« acte de foi ». Sans perdre l'horizon herméneutique de l'histoire, notamment la médiation herméneutique du langage et de la communication, la vérité ne « devient » pas, mais elle

Ainsi, de même que l'Écriture en tant que telle, le témoignage autobiographique véhicule en même temps la figure du Christ et l'*identité* personnelle du disciple-témoin. Faite essentiellement de l'amour pour le maître, de la foi en lui et de la vie fraternelle avec les autres disciples (cf. Jn 21,1-14), une telle *identité* personnelle constitue pour ainsi dire la « matière première » de la *véridicité* du témoignage, tout en servant de biais analogique de la *Vérité* qu'est la personne même du Christ. Autrement dit, en voulant emprunter les termes de l'analogie esthétique de Balthasar[831], le témoin-autobiographe du quatrième évangile (*ὁ μαθητὴς ὁ μαρτυρῶν*) est lui-même témoignage (*ἡ μαρτυρία*) *conforme* (*ἀληθινή*) au Témoin *vrai* (*ὁ μάρτυς ἀληθινός*), paradigme et fondement de l'analogie autobiographique.

Cela étant, alors qu'elle exerce une fonction analogique de « conformité », la « véridicité » s'avère la pointe du témoignage autobiographique au sein de l'Écriture. D'où la définition du statut sacramentel de l'analogie autobiographique, en tant que composante habitant l'Écriture, et qui est censée habiter toute annonce du Christ : l'autobiographie de foi est un autotémoignage *véridique* véhiculant le *Vrai*. Cela confirme encore une fois, en faveur de l'argument jüngelien, que c'est la « véridicité » du récit qui constitue l'essence sacramentelle et la pointe de l'analogie autobiographique.

« advient » dans l'histoire (cf. *ibid.*, p. 95, je traduis, ici et dans les citations qui suivent). Ainsi, la rencontre entre l'homme et la vérité suscite trois réactions : la stupeur, l'agonie (le combat) et l'éthique. La première dérive de l'altérité même de la vérité, laquelle advient et se manifeste soit « avec sa présence non déductible et non programmable » soit « avec son absence inquiétante » (*ibid.*, p. 97). La deuxième réaction consiste à vivre face à l'autre comme face à une frontière. Ce qui fait que vivre avec la vérité de l'Autre devient aussi combat-agonie (du grec *agôn*, qui veut dire « lutte »), c'est-à-dire lutte, confrontation, dialectique de pensée, passion. Et finalement, l'éthique, car la « vérité qui sauve est en réalité "éthos" dans le double sens étiologique du terme, à savoir "demeure" (éthos avec l'êta initial) accueillante et vivifiante dans le mystère de l'Autre qui enveloppe tout, et "coutume" (éthos avec l'epsilon initial), terme à entendre comme attitude habituelle et constante envers les autres qui sont devant nous » (*ibid.*). Cette double signification de la conception éthique est maintenue par la tradition judéo-chrétienne jusqu'à l'ère moderne, où la morale se développe de manière autonome, en tant que doctrine du contingent et examen des cas (casuistique). Ce dernier passage du théologien italien jette une lumière vraiment importante sur notre analyse, car de cette manière, le « demeurer » du disciple bien-aimé assume également une signification éthique, entendue dans son lien indissoluble avec la vérité. Ce qui, pour cela même, détermine que la figure paradigmatique du « disciple que Jésus aimait » porte aussi sur une exemplarité morale (dans le sens chrétien du terme), imputable au commandement de l'amour (cf. Jn 13,34-35 ; 15,12.17), et qui doit réguler toute relation à l'intérieur de la vie des communautés chrétiennes.

831 Il s'agit de la logique esthétique de *conformité*, à maintes reprises rappelée, selon laquelle la Parole-Écriture est la *forme conforme* à la *res carnis Jesu*.

3.1.4. Les *auto-attestations* de Jésus, fondement et condition de l'analogie autobiographique

Si les paragraphes qui précèdent ont cherché à faire droit à l'essence autobiographique du témoignage johannique, à partir de son auteur matériel, le disciple bien-aimé, témoin-autobiographe, il faut finalement envisager la question, quelque peu esquissée auparavant, du fondement et des conditions de possibilité d'un tel témoignage autobiographique. C'est proprement ce à quoi vise ce paragraphe, dès lors qu'il va braquer son projecteur sur les « auto-attestations de Jésus » dont l'Évangile de Jean est tissé.

« Le Jésus de Jean, révélateur-narrateur de Dieu, se révèle aussi lui-même, et révèle l'Église et l'homme »[832]. Cette affirmation de Mannucci me permet d'entrer plus aisément dans la question concernant l'*auto-révélation* de Dieu dans le Fils, à partir des nombreuses « auto-affirmations » ou « auto-attestations » de Jésus au sein du quatrième évangile. Dès le début de l'évangile de Jean, Jésus est présenté comme étant le révélateur unique du Père, précisément parce qu'il est le *Lógos*. La déclaration « *Ἐν ἀρχῇ ἦν ὁ λόγος* » (Jn 1,1), où l'expression « *lógos* » n'est suivie d'aucune attribution, désigne Jésus-Christ comme la « Parole » même de la Révélation, par laquelle Dieu parle aux hommes et par laquelle il crée tout ce qui existe. Autrement dit, appelant le Christ *lógos*, Jean se rattache explicitement à Gn 1,3 ainsi qu'à Gn 1,26, de manière à ce que le « dire » du Dieu créateur soit compris comme un « dire christologique » qui s'accomplit *par* et *dans* le Fils[833]. De ce fait, chez Jean, *lógos* ne véhicule pas seulement la « communication » d'un contenu à connaître, à savoir l'identité du Fils en tant que le Verbe du Père, mais il veut signifier surtout cette « auto-communication » divine qui débouche sur un don surabondant de vie, de vérité, de grâce et de gloire[834].

Chez Jean, une telle auto-communication, qui se réalise dans les déclarations et dans les gestes de Jésus attestés par l'Évangile, atteint son sommet et trouve son expression aboutie dans la formule absolue « JE SUIS » (cf. Jn 6,20 ; 8,24.28.58 ; 13,19 ; 18,5-6.8). Il s'agit d'une expression qui est susceptible d'être rattachée à l'*ehyèh* d'Exode (cf. 3,12.14 ; 4,12.15), malgré la réticence de certains biblistes, ainsi que Mannucci le fait remarquer[835]. À ces « auto-déclarations » absolues s'en ajoutent d'autres, où l'« *egò eimì* » prononcé par Jésus s'accompagne d'attributions, que nous énumérons ci-après : « Je suis le pain de la vie » (Jn 6,35.48) ; « Je suis le pain descendu du ciel » (6,41) ; « Je suis le pain vivant descendu du ciel » (6,51) ; « Je suis la lumière du monde (8,12 ; 9,45) ; « Je suis la porte des

832 V. Mannucci, *Giovanni il Vangelo narrante*, p. 269, je traduis.
833 Voir *supra*, 2.1.2.
834 Cf. V. Mannucci, *Giovanni il Vangelo narrante*, p. 272.
835 Cf. *ibid*., p. 275, n. 7. Mannucci se réfère notamment à R. Bultmann, C.K. Barret, J.H. Sanders, B. Lindars, E. Hänchen et X. Léon-Dufour.

brebis » (10,7.9) ; « Je suis le bon pasteur » (10, 11.14) ; « Je suis la résurrection et la vie » (11,25) ; « Je suis le chemin, la vérité et la vie » (14,6) ; « Je suis la vraie vigne » (15,1) ; « Je suis la vigne » (15,5). Il s'ensuit que ces « auto-révélations » de Jésus proposées par Jean, celles absolues ainsi que celles accompagnées par des attributions, donnent lieu aux mêmes enjeux que ceux déployés par Ex 3.

De fait, tout comme le quatrième évangile, la formule absolue « JE SUIS QUI JE SUIS » de l'Exode (3,14a)[836], laquelle semble vouloir exprimer l'ÊTRE absolu de Dieu, c'est-à-dire sa nature ontologique, contient également des attributions manifestant plutôt la dimension salvifique de son ÊTRE. En effet, Dieu s'y présente comme « le Dieu d'Abraham, d'Isaac et de Jacob » (Ex 3,6.15), le Dieu qui voit la misère d'un peuple esclave, qui entend ses cris, qui connaît ses souffrances, qui descend pour le délivrer (cf. Ex 3,7-8). Mais il se révèle surtout comme le Dieu tout proche, ainsi qu'il le déclare à Moïse : « Je suis avec toi » (Ex 3,12), « Je suis avec ta bouche » (Ex 4,12).

Or, malgré son contexte de « révélation », notamment la révélation du nom de YHWH à Moïse, Exode 3 est loin de se limiter à définir la nature métaphysique de Dieu. Le nom divin désigne en l'occurrence la *proximité* de « ce » Dieu, qui est le Dieu d'Abraham, d'Isaac et de Jacob, ainsi que sa *présence salvifique* auprès d'un peuple particulier avec lequel il instaure un dialogue privilégié, comme le relève Mannucci :

> *Nessuno nega che il NOME di Dio rivelato a Mosè significa un paradosso di* essere assoluto e essere che si compromette coinvolgendosi *con il suo popolo e con gli altri popoli per una storia di rivelazione e di salvezza. Ma ciò che si coglie in prima istanza è* l'essere-dialogico-di Dio*, già evidente nella « creazione dell'uomo maschio e femmina a sua immagine » (Gen 1,27-28), riflesso nel dialogo uomo-donna (cf. Gen 2,23-24), iscritto nelle benedizioni ai Patriarchi (cf. Gen 12,1-3a ; 22,15-18 ; 26,24 ; 35,9-12 ; 49,1-27), e che esplode nella cosiddetta formula d'Alleanza di Es 6,7a : « Io vi prenderò come mio popolo e diventerò il vostro Dio » (cf. anche Es 19,6a)*[837].

C'est pourquoi les analogies existant entre l'Exode – considéré cette fois dans son ensemble – et l'évangile de Jean s'imposent avec évidence. De fait, du contexte johannique émergent les mêmes enjeux, comme le relève encore Mannucci rejoignant Kümmel :

> *Certamente, « Giovanni non è interessato in primo luogo a fare affermazioni sulla natura di Gesù, ma a descrivere l'azione salvifica di Dio attraverso Gesù » ; ma è anche vero che « Gesù, in Giovanni, con l'aiuto della formula "io sono", rivendica in modo esclusivo il diritto di essere l'unico intermediario attraverso il quale viene comunicata la salvezza definitiva ». Ebbene, questo diritto si basa precisamente sull'*ontologico IO SONO*, con il quale Gesù rivendica a sé la sua divina preesistenza, in quanto era* il Logos *che esisteva da sempre, era* theòs = Dio*, stava perennemente* rivolto verso Iddio (pròs ton theòn)*: cf. 1,1. Esiste un'importante parallelismo tra la dimensione* ontologica *(IO SONO) e* salvifica *(la via, la luce, la verità, ecc...) delle autorivelazioni di Gesù,*

836 Mannucci rappelle la formulation « JE SUIS LE JE SUIS (*egò eimì egò eimì*) par laquelle les LXX traduisent l'hébreu *Ehyèh ashèr ehyèh* d'Ex 3,14a, d'Is 43,25 ("Je suis le je suis qui efface vos péchés") et d'Is 51,12 ("Je suis le je suis qui te console") » (*ibid.*, p. 277, je traduis).

837 *Ibid.*

sopra citate, e le dimensioni ontologiche e salvifiche applicate nel Prologo a « la Parola (che) diventò carne » in Gesù Cristo[838].

En dépit donc des ressemblances mentionnées, les auto-révélations du Seigneur Dieu du livre de l'Exode et celles de Jésus du quatrième évangile ne sont pas totalement similaires, d'après Mannucci. Bien que les secondes fassent clairement allusion aux premières, il existe toutefois une différenciation importante entre les deux.

Dans l'évangile de Jean, Jésus ne dit pas « JE SUIS YHWH », comme il est question dans le livre de l'Exode, mais il se limite à la formule JE SUIS. C'est pourquoi, si le contexte de l'Exode pousse l'interprétation de la révélation du NOM dans la direction de l'« ÊTRE-dialogique de Dieu », chez Jean, la formulation « JE SUIS » revêt un sens suprême, alors qu'elle désigne Jésus en tant qu'« ÊTRE-intermédiaire unique » par lequel s'accomplit le salut définitif. En d'autres termes, bien que Mannucci ne soit pas explicite, le sommet de la Révélation du NOM de Dieu n'est pas Ex 3, mais Jn 8. D'ailleurs, comme je l'ai dit auparavant, si l'expression « Dieu dit » de Gn 1,3 renvoie au « dire christologique », par lequel Dieu à la fois parle et crée, ainsi que l'affirment les prologues de Jean et de la lettre aux Hébreux ; si Gn 1,26 fait appel aussi bien au « dire christologique » qu'à l'« image christologique », de laquelle Dieu s'inspire alors qu'il façonne le premier Adam[839], il en va donc de même pour le « JE SUIS QUI JE SUIS » d'Ex 3,14a. En effet, Jésus-Christ, de même qu'il est révélé, d'après les théologies johannique et paulinienne, comme la Parole de Dieu et l'image de Dieu, de même, chez Jean, il est la révélation du nom de Dieu. Car l'expression que le Jésus de Jean s'attribue lui-même s'affirme comme l'absolutisation du nom de Dieu révélé à Moïse. Ainsi donc, le Christ étant le sommet de la Révélation, le « JE SUIS » de Jean s'avère la « christologisation »[840] du « JE SUIS QUI JE SUIS » d'Exode et d'Isaïe, conformément, d'ailleurs, à la portée christologique exprimée par l'ancienne formule « *Novum in Vetere latet et in Novo Vetus patet* »[841].

C'est pourquoi le « JE SUIS » absolu que Jésus prononce est le titre suprême désignant non seulement son « ÊTRE-intermédiaire unique » par rapport à Dieu, comme l'affirme Mannucci, mais aussi son identification à l'« Être-même » de Dieu. Car, Dieu disant à Moïse « JE SUIS qui "JE SUIS" », c'est comme si le second "JE SUIS" mis entre guillemets renvoyait au Christ, *Verbe* de Dieu et, pour cela même, à son *Nom* avec la majuscule. Et c'est ainsi, c'est-à-dire à la lumière d'une telle christologisation du nom de Dieu révélé à Moïse,

838 *Ibid.*, p. 279.

839 Voir *supra*, 2.1.2.

840 Dans sa dissertation, R.-E. Brown souligne que ladite « christologie d'*en haut* » ne vise pas tant le sens typologique que le sens de l'accomplissement. C'est pourquoi elle peut opérer la « christologisation » des expressions théologiques de l'Ancien Testament (cf. Id., *The* Sensus Plenior *of Sacred Scripture*, Wipf & Stock, Eugene, 1955, p. 71, n. 14).

841 *CEC* n. 129, citant saint Augustin (*Quaestiones in Heptateucum*, 2, 73 [*PL* 34, 623]) et *DV* 16.

que la qualification du Christ d'« *analogia entis* concrète » devient davantage claire et intelligible[842]. Je vais l'expliciter.

En définitive, si le *dabar* YHWH (la parole de Dieu) et le *tselem* YHWH (l'image de Dieu) de Genèse renvoient au Christ, au nom de la portée christologique précédemment évoquée qui traverse toute la Bible et au nom de la christologisation des concepts vétérotestamentaires, l'*ehyèh* YHWH (le JE SUIS de Dieu, soit le nom de Dieu) d'Exode ne peut que désigner le nom du Christ. Cela est par ailleurs affirmé par Boulgakov, dans son ouvrage consacré à la « sophiologie » du nom et du verbe[843] :

> Le nom du Seigneur Jésus Christ, selon des définitions dogmatiques fondamentales, appartient aux deux natures : c'est le nom de Dieu et de l'Homme dans leur unité. Il signifie donc tout autre chose que les noms divins vétérotestamentaires : [...] ceux-ci avaient leur fondement dans la Divinité, mais ils n'étaient pas propres à Dieu : l'homme le lui attribuait en réponse aux révélations de Dieu. Maintenant, le Nom doit être propre à l'essence de Dieu comme à celle de l'homme, réunis dans le Dieu-Homme.
>
> Le nom du Dieu-Homme est le Nom de Dieu en un sens tout à fait *nouveau* : c'est aussi le nom de l'Homme. Il pénètre les profondeurs de son être et en représente le foyer, en même temps que c'est le nom de la Divinité incarnée en l'homme. Ainsi, il ne s'agit pas là seulement d'une révélation qui se dépose sous forme de Nom de Dieu en l'homme ou par lui, ce n'est pas un écho, question-réponse du Transcendant dans l'immanent : c'est leur unité, leur interpénétration complète.
>
> Comment cela est-il possible ? Mystère inaccessible de l'Incarnation divine [...]. Ce mystère de l'Incarnation inclut celui de *l'unité du nom divin et humain*, théantropique, échelle véritable entre le ciel et la terre[844].
>
> L'incarnation de Dieu est aussi nécessairement celle du nom : déification de l'humain et humanisation du divin. Le nom sacré, terrible, transcendant de Yahveh, révélation vétérotestamentaire, est devenu réellement ancien quand le Fils Monogène, qui est dans le sein du Père, manifesta Dieu (Jn 1,18) et quand il donna « à ceux qui l'ont accueilli, qui croient en son *nom*, le pouvoir d'être enfants de Dieu » (Jn 1,12).
>
> [...] Lié à l'unité de l'hypostase, il est évident que le Nom du Dieu-Homme signifie autre chose qu'une appellation provisoire, d'existence et d'utilité épisodiques (comme le pensent les onomatomaques)[845]. Ce Nom divin accompagne celui qui le porte au cours de sa vie sur terre, mais il va au-delà de celle-ci, surtemporel et éternel. Le Nom de Jésus n'est pas donné par un homme, mais

842 Voir *supra*, 1.1.3., notamment n. 383.
843 Voir *supra*, 2.1.2.
844 « Théantropique » (dans les traductions en français des œuvres théologiques orthodoxes cette expression est traduite sans le second H, à savoir par « théantropique » à la place de « théanthropique ») est une formule composée par *Théos* et *anthropos* synthétisant l'être de Jésus, en tant qu'homme-Dieu, mais aussi désignant un discours qui relève de l'anthropologie théologique. Ce terme correspond par ailleurs au néologisme « théanthropologique », expression que j'emploie moi-même parfois. Cf. *supra*, 2.3.1, notamment n. 638.
845 En 1910, les moines russes du mont Athos finissent par s'engager dans une ardente controverse sur la vénération du nom de Dieu. Le monachisme athonite se trouve bientôt divisé en deux camps ennemis opposant les « onomatodoxes » (adorateurs du nom de Dieu) aux « onomatomaques », ayant pris position contre la vénération du nom de Dieu (voir aussi *supra*, n. 571). En lien avec ce sujet, je signale une étude d'Hilarion Alfeyev autour de la vénération du nom de Dieu dans la Bible, dans la tradition patristique et dans les traditions ascétiques de l'Orient chrétien, ainsi que dans les œuvres

par un ange envoyé par Dieu, c'est-à-dire par Dieu lui-même. [...] L'Annonciation fut aussi celle du Nom, et l'ange l'a répété à Joseph en songe. Ainsi, le Nom de Jésus avait *précédé* sa conception et sa naissance de la Vierge, il est né *avant* son Détenteur. Plus exactement, en tant que théantropique, il n'est pas né, il *est* suréternellement en Dieu, et c'est seulement pourquoi il apparaît dans son incarnation terrestre, à la plénitude des temps. En effet, le Seigneur devient homme dans son Nom, celui-ci s'incarne[846].

En fonction de cette réflexion à la fois théontologique et théanthropologique du théologien russe, la question suivante va de soi : pourquoi le concept du « JE SUIS » de Jésus-Christ est-il un concept théanthropique ? Le « JE SUIS » étant un concept analogique, la réponse ne peut être à mon avis ébauchée qu'à partir de la question analogique. Je vais l'expliciter.

Le Christ étant révélateur unique du Père et seul médiateur entre celui-ci et les hommes, c'est par la foi christologique, tel le don qui illumine et intègre la connaissance rationnelle elle-même, que Dieu se livre à l'homme. Par conséquent, si cette voie analogique et christologique qu'est la Révélation consiste proprement dans une autorévélation divine qui s'accomplit moyennant le Fils, l'auto-attestation « JE SUIS », prononcée par Jésus au sein du témoignage johannique, définit le discours de l'être, tout en le situant sur un plan nouveau : l'incarnation. C'est celle-ci qui est le carrefour où transcendance et immanence s'unissent dans l'ÊTRE de l'Homme-Dieu, comme le souligne Boulgakov lui-même. En d'autres termes, dans le Fils incarné, c'est l'immanent qui manifeste le transcendant, alors qu'immanence et transcendance ne font qu'un seul Être. C'est pourquoi, dans le Christ-Jésus, la conception de l'être subit un véritable tournant théanthropologique.

Désormais, le « JE SUIS » que le Christ prononce et qu'il s'attribue lui-même amène à ne plus concevoir l'*analogia entis* seulement en tant que voie causale et ascendante, laquelle, à partir de l'idée de l'être créé, essaie de parvenir à l'idée analogique de l'Être suprême. Le Christ étant « l'*analogia entis* concrète », l'être de Dieu n'est plus à penser en termes uniquement philosophiques et spéculatifs. En revanche, le mystère de l'incarnation inaugure une nouvelle voie analogique qui se situe sur le plan de la foi et par laquelle Dieu devient connaissable en termes éminemment et exclusivement christologiques.

Finalement, à l'aide aussi de la réflexion théanthropique de Boulgakov, et à la lumière notamment des analogies synesthésique et autobiographique relevant de l'approche christosacramentelle, nous pouvons tirer des conséquences importantes, vis-à-vis des auto-attestations de Jésus en tant que paradigmes et fondements d'une théologie autobiographique. Premièrement, nous avons été amenés au fait qu'en dehors d'une conception théanthropique, le « JE SUIS » resterait une expression muette qui ne révèle rien de la Trinité économique, ni de la Trinité immanente non plus. De même, hors d'une économie que nous

des théologiens russes : Id., *Le Nom grand et glorieux. La vénération du Nom de Dieu et la prière de Jésus dans la tradition orthodoxe*, Cerf, Paris, 2007.

846 S. Boulgakov, *La philosophie du verbe et du nom*, pp. 193–194.

avons bel et bien qualifiée d'« incarnation », où le Verbe même de Dieu s'« emparole », s'hypostasie et se fait Église, la Révélation ne saurait s'affirmer comme une véritable autorévélation.

Deuxièmement, vis-à-vis de notre considération analogique et autobiographique autour des auto-attestations johanniques débouchant sur le « JE SUIS » de Jésus, en tant que sommet et synthèse de l'autorévélation divine, l'esquisse théologique formulée par B. Hallensleben dans le cadre de la sacramentalité de la Parole, s'avère être un argument fort qui peut appuyer notre réflexion analogique autour d'une théologie autobiographique de la Parole de Dieu. En effet, la théologienne de Fribourg relève : « L'expression "Parole de Dieu", en tant qu'affirmation sur l'agir de Dieu *ad extra*, doit nécessairement dire et communiquer la réalité de l'être et de la nature de Dieu *ad intra*. Sinon [ajoute-t-elle], nous n'avons qu'une transmission doctrinale grâce à la toute-puissance de Dieu, aujourd'hui appelée et critiquée comme un "modèle de révélation en tant qu'instruction" (*instruktionstheoretisches Offenbarungsmodell*)[847]. » De la sorte, dans le cadre du témoignage autobiographique offert par le quatrième évangile, et tel que nous l'avons relevé, la proposition de B. Hallensleben d'une théologie sacramentelle de la Parole de Dieu trouverait, peut-être, son explicitation et son déploiement plénier. En effet, en revenant à la figure du disciple bien-aimé, à la lumière notamment de notre analyse autour des auto-attestations du Jésus de Jean, le binôme « témoin-témoignage », « consacré » par Jésus lui-même, porte sur la nature théanthropique, et, pour cela même, analogique, contenue dans la formule « JE SUIS », formule qui est censée révéler le Nom de Dieu[848]. J'essaie d'être encore plus explicite.

Si le témoignage johannique, où parole et personne ne font qu'un, révèle le Fils de Dieu, d'abord à partir de la relation humaine maître-disciple, puis à partir de l'attestation autobiographique elle-même portant sur le « soi » du disciple, c'est-à-dire sur son « dedans », cela détermine que ce « dire de soi » du disciple bien-aimé exprime la même nature analogique que le « JE SUIS » révélateur de Jésus et du Père. Or, comme il est un témoignage inspiré, c'est-à-dire Parole de Dieu où le témoin-disciple se trouve objectivé, de la même manière que l'agir de Dieu *ad extra* et l'être de Dieu *ad intra*, ce témoignage autobiographique *doit nécessairement communiquer* à la fois *l'agir* du disciple *ad extra* et *la réalité de l'être et de la nature* du même disciple *ad intra*, pour paraphraser les mots de la théologienne suisse[849]. C'est alors que le discours analogique de l'autobiographie rejoint

847 B. HALLENSLEBEN, « La sacramentalité de la Parole entre la communication humaine et la Parole de Dieu », § 3.

848 Somme toute, le nom de « Jésus » révélé par Dieu correspond à « JE SUIS », le nom de Dieu dans lequel Jésus se reconnaît, qu'il hypostatise, et auquel il donne un visage.

849 Ricœur dirait, dans l'autre sens, que c'est l'action narrative du personnage, à l'intérieur de l'intrigue, qui est révélatrice d'identité, celle du personnage lui-même, une identité que le philosophe qualifie à juste titre de « narrative ». J'y reviendrai plus loin (voir *infra*, 3.2.2).

l'affirmation de *Gaudium et Spes* 22 aussi bien que l'affirmation de Jüngel[850]. C'est pour cela même qu'envisager une théologie comme autobiographie, ce serait connaître un *dire analogique* dans lequel l'autorévélation *de* Dieu se croise avec l'autorévélation de l'homme. En somme, si le « JE SUIS » révélateur et analogique de Dieu rend le « je suis » de l'homme, à savoir son témoignage personnel, *apte à dire* à la fois l'homme et Dieu, cela implique que ce « je suis » du témoin correspond proprement à cette « identité testimoniale » visant le témoin-autobiographe et l'auditeur-lecteur, ce pour quoi je vais apporter une argumentation plus ample ci-dessous[851].

En conclusion, ce premier paragraphe a voulu déceler le discours autobiographique qui habite la Révélation, bien que de manière latente, tout en traçant, à partir du discours *de* Dieu, la première ligne d'une théologie autobiographique, telle que l'offre le témoignage johannique. Pour ce faire, il a été nécessaire de développer un tel discours autobiographique à la lumière du « disciple que Jésus aimait », sujet historique et figure christologique.

Quant au caractère sacramentel du témoignage johannique, il trouve sa raison d'être dans les attestations mêmes de Jésus déclarant le disciple bien-aimé « témoin-témoignage ». Étant l'attestation d'un témoin oculaire et auriculaire, l'évangile de Jean est susceptible d'être qualifié de « témoignage autobiographique », ce qui nous a permis également d'en souligner la *véridicité*, en tant qu'aboutissement sacramentel de l'autotémoignage scripturaire reposant sur la Vérité elle-même : la *res carnis Jesu*.

De cette manière, nous pourrions affirmer que la composante autobiographique habitant la Parole-Écriture a ainsi trouvé dans le témoignage johannique une confirmation assez importante. Par conséquent, les auto-attestations de Jésus, au sein du quatrième évangile, constituent non seulement le sommet de l'autorévélation divine, notamment l'auto-attestation « JE SUIS », mais aussi la condition même de possibilité d'un discours analogique au sens autobiographique, où le témoignage scripturaire porte sur l'identité du sujet divin, Jésus, ainsi que sur l'identité du sujet humain, le disciple bien-aimé. De ce fait, cela confirme l'hypothèse « pré-autobiographique » esquissée par Jüngel, où l'homme est désigné comme co-sujet analogique de la Révélation. Autrement dit, le récit du « soi » s'avère doublement révélateur, par rapport à la personne du Témoigné ainsi que par rapport à l'identité personnelle du témoignant, le témoin-hagiographe lui-même. De cette façon, en essayant de comprendre et d'interpréter l'autorévélation divine sous l'angle d'un discours autobiographique, j'ai dès lors explicité les sujets d'un tel discours analogique : Dieu et l'homme.

850 Pour l'affirmation de Jüngel se reporter à *supra*, 1.2.2, notamment la cit. relative à la n. 230 ; par rapport à *GS* 22, voir *infra*, 3.2.2.3, notamment n. 1039.

851 Voir *infra*, 3.3.

3.2. Les perspectives narratives des théories autobiographiques et philosophiques

3.2.1. Les principaux théoriciens de l'autobiographie et leurs apports

3.2.1.1. Gusdorf et « les écritures du moi »

L'analyse qui précède autour de l'auteur-narrateur du quatrième évangile nous a aidé à comprendre la question autobiographique en termes analogiques, alors que nous avions déjà constaté que la Révélation elle-même profite aussi de l'autobiographie en tant que composante analogique et sacramentelle. De fait, Dieu aussi se révèle lui-même moyennant le témoignage autobiographique de l'auteur matériel du récit et à partir de lui, dans la mesure où le « soi » de l'hagiographe biblique s'avère une voie possible de *révélation*. Pourtant, la question de la *vérité/véridicité*, constituant le noyau de l'auto-témoignage théologique, ne se réduit pas à la seule analogie autobiographique qui habite l'Écriture.

Dans le cadre de la littérature extrabiblique, l'autobiographie joue également un rôle « révélateur » visant à mettre au jour le « soi » de l'écrivain-autobiographe, ainsi que l'attestent les derniers et plus grands experts dans le domaine autobiographique : on songe à Philippe Lejeune et George Gusdorf, en France, et à Duccio Demetrio, en Italie[852]. Ceux-ci, chacun à sa manière, ont essayé de donner une définition de ce qu'est l'autobiographie. C'est pourquoi, afin de pouvoir expliciter davantage les éléments constitutifs d'une théologie autobiographique, une confrontation entre les données théologiques énoncées au cours du premier paragraphe et les perspectives issues des théories autobiographiques contemporaines s'avère nécessaire et opportune. D'ailleurs, étant un phénomène anthropologique, l'autobiographie constitue un « carrefour » où la théologie peut résolument croiser les autres sciences humaines et tirer également parti des leurs apports[853].

En France, Georges Gusdorf est le premier qui a élaboré une théorie de l'autobiographie avec deux axes principaux : la conscience de soi et la connaissance de soi. C'est pourquoi il a contesté la première définition autobiographique de Lejeune, qui prétendait situer la naissance de l'autobiographie lors de l'avènement de l'époque industrielle et de la

852 Ces auteurs offrent une bonne production bibliographique que nous indiquons ci-après : P. Lejeune, *L'autobiographie en France*, A. Colin, Paris, 1971 ; Id., *Le pacte autobiographique*, Seuil, Paris, 1975 ; Id., *Signes de vie. Le pacte autobiographique 2*, Paris, Seuil, 2005 ; G. Gusdorf, *Les écritures du moi,* vol. 1 : *Lignes de vie* ; vol. 2 : *Auto-bio-graphie*, Odile Jacob, Paris, 1991. Par rapport aux ouvrages de Duccio Demetrio, se reporter à *supra*, n. 15.

853 Je souhaite qu'on puisse bientôt reconnaître à l'autobiographie un statut scientifique, car, à la lumière de diverses théories autobiographiques contemporaines, elle se révèle particulièrement apte à s'affirmer comme une véritable science humaine. À telle fin, j'espère également que ma recherche pourra offrir une modeste contribution.

consolidation du pouvoir bourgeois[854]. Car, selon Lejeune, le phénomène autobiographique en tant qu'expression d'une autonomie subjective retrouvée aussi bien que d'une conscience personnelle rachetée se développerait proprement pendant l'ère des Lumières. De fait, dominée par le rationalisme et l'historicisme exacerbés, cette époque a connu un système épistémologique qui a mis Dieu de côté, tout en laissant l'homme devenu adulte et autonome s'exprimer sans désormais la contrainte de la pensée religieuse[855].

Or, selon Gusdorf, le genre autobiographique serait apparu avant même que ce cadre social entraînant le besoin humain d'affirmer l'autonomie du « je » se soit installé. Un tel avis est exprimé aussi par certaines études autobiographiques récentes, où l'analyse autour notamment d'autobiographies « souveraines » (rédigées par de grands souverains de l'histoire ou attribuées à ceux-ci) débouche sur le fait qu'au long des siècles il y a eu des modalités différentes par lesquelles le sujet humain s'est exprimé lui-même[856]. C'est pourquoi il n'est pas exact de situer la naissance de l'autobiographie à partir du XVIIIe siècle, après donc les époques impériales et monarchiques où le genre littéraire autobiographique à proprement parler ne pouvait être que l'apanage des grands personnages de l'histoire.

En revanche, l'autobiographie, ou mieux, les écritures du moi, expression que Gusdorf privilégie, sont déjà présentes bien avant les *Confessions* de Rousseau (1782), et bien avant l'apparition du mot moderne d'« autobiographie » remontant à la fin du XVIIIe siècle[857]. *Les Confessions* de saint Augustin, premier modèle de récit autobiographique, caractérisé par la recherche intérieure et enrichi de nouveaux éléments psychologiques apportés par le christianisme, en constituent une illustration éclatante. Tout en reconnaissant que c'est dans le milieu de la tradition littéraire latino-chrétienne qu'elle a pris forme, il faut affirmer que l'écriture du moi la plus ancienne que l'on connaisse remonte à la Bible elle-même ainsi qu'aux œuvres d'Homère, de tels textes étant considérés par Gusdorf comme de véritables « révélations transcendantes »[858].

Dès lors, la Bible et Homère étant, chez Gusdorf, comme les formes archétypales des écritures du moi, en elles, sous inspiration divine, l'homme a posé pour la première fois les questions existentielles des fondements et du moi : « Qui suis-je ? », « D'où viens-je ? », « Vers où vais-je ? » C'est pourquoi, c'est non pas dans l'origine lexicale du mot « autobio-

854 Lejeune répond aux critiques sévères de Gusdorf d'abord dans *Le pacte autobiographique* (1975), où il corrige très honnêtement ses théories précédentes, apparues surtout dans son premier ouvrage *L'autobiographie en France* (1971), puis, dans *Signes de vie. Le pacte autobiographie 2* (2005), où il ajuste surtout les définitions de la théorie du pacte autobiographique. Je vais donner une explication de celui-ci plus loin (voir *infra*, 3.2.1.3).

855 Cf. G. Gusdorf, *Les écritures du moi,* vol. 1 : *Lignes de vie*, pp. 53–67.

856 Cf. P. Monnet, J.-C. Schmitt (dir.), *Autobiographies souveraines,* Publications de la Sorbonne, Paris, 2012, pp. 20–21.

857 Cf. G. Gusdorf, *Les écritures du moi,* vol. 1 : *Lignes de vie*, pp. 64–67.

858 *Ibid.*, p. 100.

graphie », mais dans les premiers témoignages autobiographiques qu'il faut rechercher la naissance même de l'autobiographie. En effet, les écritures du moi les plus anciennes ne se distinguent pas par l'expression « autobiographie » qui n'y est guère contenue. On songe, pour donner un exemple, au titre de l'œuvre autobiographique de saint Augustin citée juste ci-dessus.

Parmi les innombrables expressions de son ouvrage en deux volumes *Lignes de vie*, où Gusdorf explique ce qu'est l'autobiographie, j'ai sélectionné et rassemblé quelques passages afin d'en tirer la définition suivante : « L'autobiographie ou écriture du moi est *une expérience de vérité, qui implique une recherche du sens de la vie, dans une relation de soi à soi.* Loin d'être *un miroir devant lequel se contempler ou se plaire ou se féliciter, le récit de vie, dans son authenticité, est* en revanche *un instrument d'intelligibilité et d'interprétation du chemin de soi à soi* »[859].

Selon cette formulation synthétique, l'autobiographie apparaît carrément comme un véritable voyage d'introspection, non pas au seul niveau psychologique ou psychanalytique, mais surtout et premièrement au niveau anthropologique, par lequel l'être humain satisfait son besoin le plus profond de connaissance de *soi* et de connexion du *je* avec le *moi*[860]. Conduisant son *je* vers une recherche de sens, le sujet personnel d'un récit autobiographique vise à une sorte d'*historicisation* de sa vie. De cette manière, mettant en connexion avec exactitude les expériences vécues au long du temps, il construit une identité *adéquate* et authentique. D'ailleurs, comme le dit Gusdorf lui-même, l'apparition de l'écriture marque le début de l'histoire[861].

C'est pourquoi une telle écriture « historicisante » est censée être à la fois une médiation et un lieu de rencontre, où le *je* se reconnaît dans un *moi* (ou dans un *soi-même*) « construit », dessiné et aussi – ajouterais-je sans aucune hésitation – « emparolé » et « imagé » par le récit autobiographique, ainsi que l'affirme Gusdorf : « Écrire sa vie, c'est se donner la chance de revivre sa vie, de la renouveler selon une conformité plus adéquate aux intimes préférences du rédacteur[862]. » Dans ce passage, l'expression « une conformité plus adéquate » ne peut que sauter aux yeux, du fait qu'elle exprime d'une certaine façon le rôle presque « analogique » joué par l'écriture autobiographique, tout comme le rôle analogique joué par l'Écriture sacrée. De fait, de même que cette dernière constitue, d'après Balthasar, la forme *adéquate* attestant la *Figure* attestée, de même l'écriture de soi « pré-

859 Cf. Id., *Les écritures du moi,* vol. 2 : *Auto-bio-graphie*, pp. 393–394, j'explicite et je souligne les expressions de l'auteur.

860 L'autobiographie est une stratégie littéraire qui permet au sujet (le *je*) du récit autobiographique de s'objectiver lui-même (le *moi* ou le *soi*), tout en « rédigeant » une histoire où le *je* racontant « se distancie » du *moi* raconté.

861 Cf. Id., *Les écritures du moi,* vol. 1 : *Lignes de vie*, p. 100.

862 *Ibid.*, p. 394.

tend » rendre au sujet racontant une identité *adéquate* du sujet (ou du *je*) raconté *sous la forme* du récit autobiographique, de l'avis de Gusdorf.

Or, bien que le premier référent du récit autobiographique soit l'autobiographe lui-même[863], l'écriture du moi n'est cependant pas un phénomène de narcissisme. Au contraire, « l'intention autobiographique, dans son authenticité, [...] creuse en profondeur [...], cherche à arracher le voile [...], transperce les apparences [...], renvoie de l'exactitude des événements à l'authenticité du vécu »[864]. Cela sous-entend non pas une instance de complaisance et d'autosatisfaction, mais une quête de vérité susceptible d'une souffrance, d'une lutte, d'un tourment intime dus au travail introspectif. Gusdorf ne manque d'ailleurs pas d'expliciter ce mariage authenticité-vérité qui habite l'écriture autobiographique et qui constitue l'essence même des écritures du moi : « L'autobiographie digne de ce nom est l'écriture d'une vie *en vérité* et *en valeur*, et donc non pas une copie, un double...[865]. »

Si donc Gusdorf réaffirme que l'autobiographie est une « mise en ordre » d'une vie, où cette mise en ordre se traduit dans un apport de *sens* à sa propre vie, c'est précisément parce que l'écriture autobiographique revendique, à juste titre, un *pouvoir performatif* visant à donner *signification* à une vie, à mettre davantage *en valeur* l'*unicité* d'une existence humaine et à définir *en toute vérité* l'identité d'un sujet personnel[866] : « Écrire la vie, c'est intervenir dans la vie, en y faisant entrer le besoin de lucidité comme un nouvel élément qui modifie la situation de fait ; écrire la vie, c'est déjà *changer* la vie »[867].

Invoquant le *changement* de vie que l'écriture du moi est susceptible d'opérer, ce dernier passage met en évidence que la question du « qui suis-je ? » n'est pas séparable de la question du « qui dois-je être ? » À côté de l'essence performative, cela fait émerger d'autres aspects complémentaires de l'autobiographie, à savoir : la dimension éthique et la dimension ontologique. « J'écris, donc je suis. J'écris, donc j'ai été. J'écris, donc je serai »[868], précise Gusdorf, tandis qu'il élève l'écriture du moi au niveau d'un « biais révélateur » de l'être personnel. Autrement dit, c'est par l'entremise de l'écriture du moi que le *je* devient conscient de lui comme son *soi-même*.

Cela implique par conséquent que « dans la perspective de la lutte pour le sens, l'écriture [du moi] devient un moyen de salut »[869]. Par ailleurs, même Sartre, dans son écrit

863 Cf. *ibid.*, p. 490.
864 *Ibid.*, p. 476.
865 *Ibid.*, p. 480, je souligne.
866 Ici, le terme « unicité » annonce déjà la conclusion théologique résultant de la configuration du disciple bien-aimé en tant qu'objet d'un amour spécial de la part de Jésus. Voir *infra*, 3.3.2.
867 *Ibid.*, p. 421, je souligne. C'est précisément le *changement* de vie que vise le pouvoir « performatif » de l'autobiographie !
868 *Ibid.*, p. 490.
869 *Ibid.*, j'explicite.

autobiographique *Les Mots*, invoque l'écriture comme étant sa foi, la foi d'un homme sans foi, ainsi que le rappelle Gusdorf[870].

Ce dernier passage s'avère particulièrement intéressant, car il établit un contact assez surprenant avec l'Écriture, par rapport notamment à son efficacité sacramentelle. Bien entendu, le salut dont il est question dans l'Écriture n'est pas une « *auto-salvation* », mais une « *hétéro-salvation* » réalisée par Dieu dans le mystère rédempteur de l'incarnation, ce qui signifie que le salut, au sens christologique, ne vient pas du témoin-hagiographe, mais du Témoin-sauveur. Pourtant, il reste quand même évident que l'auto-témoignage de foi porté par le témoin-hagiographe (dans le cas de la Révélation), aussi bien que l'auto-témoignage de vie porté par l'autobiographe non religieux, médiatisent et opèrent, chacun à sa manière, une certaine « rédemption » de l'homme. Cela va consolider la théorie, partagée par la majorité des amateurs et des experts d'autobiographie, selon laquelle l'écriture du moi est susceptible d'une performativité entraînant des profits anthropologiques irréfutables : connaissance de soi, auto-formation, reconstruction de sa propre personnalité, réconciliation avec la vie, guérison de la mémoire et de sa psyché, guérison spirituelle, conversion religieuse, etc. Bref, l'écriture de soi aide à vivre !

En résumé, malgré la brièveté de la présente analyse, les éléments considérés ont fait émerger les lignes essentielles de la pensée de Gusdorf autour des écritures du moi. Il est notamment important de souligner le pouvoir *révélateur* et *performatif* portant sur les instances anthropologiques de vérité et d'identité que Gusdorf attribue au discours autobiographique. Ce qui va nous permettre de repérer des points communs entre l'approche autobiographique relevant de la théologie et celle relevant des autres disciplines des sciences humaines.

3.2.1.2. Demetrio et l'autobiographie en tant qu'écriture emblématique de l'« *adultità* »

À côté de la vision de Gusdorf, il est une autre perspective qui peut nous permettre de détecter et d'intégrer des apports supplémentaires, également importants, reliant l'écriture autobiographique à l'aspect existentiel et à la question du temps.

En Italie, un des spécialistes majeurs en théories et pratiques autobiographiques est Duccio Demetrio. Professeur ordinaire de philosophie de l'éducation des adultes, dans le cadre de l'Institut de pédagogie de l'Université « Bicocca » de Milan, Demetrio a fait de l'autobiographie l'expression par excellence de l'âge adulte. De fait, ses recherches favorisent l'écriture de soi en tant que pratique philosophique et thérapeutique pour le développement de la pensée intérieure et auto-analytique.

870 Cf. *ibid.*, pp. 490–491.

À cette fin, en 1998, il fonde avec Saverio Tutino la *Libera Università dell'Autobiografia* (Anghiari). Il s'agit d'une école, ouverte à tout le monde, qui offre aux amateurs de l'écriture autobiographique des parcours académiques visant à approfondir les théories autobiographiques et à initier les adultes aux pratiques d'écriture de soi. D'ailleurs, nombreux sont les étudiants qui, en vue d'une formation soit personnelle soit professionnelle, en tirent parti. Cela fait désormais des années que la pratique et la méthode autobiographique ont trouvé droit de cité dans les domaines académiques, pédagogiques, psychologiques, psychanalytiques et thérapeutiques.

Consacrant, dès lors, la plupart de ses études au sujet de la formation des adultes, le professeur italien considère l'autobiographie comme étant un phénomène pédagogique qui marque le passage de l'homme à l'*adultità*, terme qui, en pédagogie, indique non seulement l'âge adulte, mais surtout la situation et l'état de la personne adulte :

> *L'autobiografia è* faccenda adulta, *e ci ritroviamo adulti proprio quando [...] siamo in grado mentalmente di* organizzare *il nostro passato e di riflettere sul presente, servendoci di alcuni criteri compositivi che [...] ci consentono di* ritrovarci *attraverso la scrittura e un racconto orale più* meditato[871].

Ce passage peut bel et bien fournir les éléments de l'écriture de soi chez Demetrio. De fait l'expression « *ritrovarci* », « nous retrouver », désigne l'attitude que l'écrivain autobiographe assume envers lui-même, tandis que son *je* entreprend un véritable parcours de recherche de son *soi*. Il faut tout d'abord dire, en guise de préambule, que *Les Confessions* de saint Augustin constituent l'arrière-fond épistémologique de la pensée autobiographique de Demetrio. De fait, cette quête du soi est bien sous-entendue par l'évêque d'Hippone, lorsqu'il s'exclame : « Tu étais au-dedans de moi et j'étais, moi, en dehors de moi-même ! Et c'est au-dehors que je te cherchais… »[872]. Cela implique qu'en essayant de pénétrer en profondeur son propre esprit jusqu'où habite le *je* plus intime, le chercheur de vérité, tel que l'est l'autobiographe, *retrouve* son *soi* ainsi que son Dieu. En tout cas, se retrouver, c'est aussi se rencontrer, tel qu'on est, pour *prendre soin* de soi-même, tout en entreprenant de soigner, si besoin, d'anciennes blessures. Ce qui confère au récit autobiographique une valeur thérapeutique relevant de la dimension psychologique et de la dimension spirituelle de l'être humain.

Un autre élément émergeant de cette définition de Demetrio est le fait que l'adulte est « en mesure d'*organiser* le passé et de réfléchir sur son propre présent ». « Organiser », c'est précisément la prérogative de l'auto-écriture, ainsi que le dit aussi Gusdorf, d'amener l'autobiographe à *mettre de l'ordre* dans sa mémoire et à *remettre en ordre* les événements qui y sont éparpillés. À ce propos, afin de parler du « je-autobiographe » dans les termes

871 D. Demetrio, *Raccontarsi. L'autobiografia come cura di sé*, pp. 21–22, je souligne.
872 Augustin d'Hippone, *Les Confessions*, X, 27.

d'un « je-tisserand », l'expert italien renvoie à la sagesse grecque, notamment au mythe de l'Odyssée, en en tirant l'image de la toile de Pénélope. De fait, écrire son propre récit de vie[873], c'est tisser une véritable intrigue comparable à la trame d'un tissu.

Ainsi, s'inspirant de la toile de Pénélope, Demetrio présente l'écriture autobiographique comme un travail continu, conscient et inlassable de texture, où la mémoire du passé s'impose plus que la tension vers l'avenir. C'est d'ailleurs ce à quoi vise l'action de Pénélope. Défaisant chaque nuit sa toile, c'est-à-dire renvoyant le temps de la destinée future, la femme d'Ulysse se maintient fidèle à ses souvenirs, sans lesquels elle n'aurait pas pu rester celle qu'elle était, et elle n'aurait pas pu se sauver non plus[874]. Car « sans le passé, en tant que forme d'attente, et sans la suspension de l'histoire », elle aurait laissé « ses prétendants agir librement », tout en anéantissant le premier et la seconde[875].

Par conséquent, Pénélope et Ulysse représentent les symboles mythiques, c'est-à-dire intemporels, de l'âge mûr de l'existence, à savoir le temps des adultes fait de patience. C'est pourquoi l'écriture de soi est une « affaire d'adultes », car « l'âge adulte de la femme et de l'homme est le temps de l'accomplissement et de l'autobiographie leur permettant (*nous* permettant) de recomposer les fragments, c'est-à-dire de renouer les fils d'un texte déjà écrit dans ses parties essentielles »[876].

Il reste finalement un dernier élément à relever : l'écriture de soi comme récit à *méditer*. Pour Demetrio, un récit autobiographique n'est jamais un fait accompli, achevé une fois pour toutes. Telle la toile de Pénélope, il est une histoire qui demande à être complétée et poursuivie de manière permanente. D'ailleurs, écrire sa propre histoire, c'est en même temps lire sa propre histoire, et même la relire. Car la possibilité de la relecture, voire des relectures, est l'avantage qu'offre le récit écrit, par rapport au récit oral, ce qui nous permet, de temps en temps, de *revenir* sur nous-mêmes, tout en laissant le « je » se reconnecter avec son « soi ». Cette fois pourtant, pas pour un besoin de construction d'identité, mais de soin de soi. Ce *revenir* sur soi entraîne en revanche une méditation toujours nouvelle qui nous permet non pas de répondre à la question « qui suis-je ? », mais d'affirmer finalement « ce que je suis », voire d'attester « que je suis qui je suis ». Car nous nous sommes en fin de compte réapproprié notre propre histoire et nous nous sommes également enracinés dans une histoire que nous reconnaissons être la nôtre, histoire dans laquelle nous pouvons de ce fait nous reconnaître tels que nous sommes, comme le précise

873 Cf. D. Demetrio, *Raccontarsi. L'autobiografia come cura di sé*, pp. 38–39.
874 Cf. *ibid.*, p. 25.
875 *Ibid.*, je traduis, ici et dans les citations suivantes.
876 *Ibid.*

Demetrio : « *Non è per scoprire chi sono che devo raccontare la mia storia, ma perché ho bisogno di fondarmi su una storia che io possa sentire mia*[877]. »

Ainsi, pour le spécialiste italien, le récit autobiographique, en tant que moyen de réappropriation de sa propre histoire, amène le sujet-écrivain à franchir le pas, du fait qu'il le pousse à passer de l'état/espace de l'« ego », du *je* absolu, égoïste et égocentrique, à l'état/espace du « moi », du *soi* adulte, relatif et relationnel, qui s'aperçoit comme un « hétéro »[878]. En d'autres termes, si le *je* représente la fierté – ainsi que l'illusion – d'être l'histoire, le *moi* signifie en revanche la prise de conscience (auto-conscience) d'être situé *face à* un « tu/lui » ou à un « vous/eux », ainsi que *dans* une histoire qui nous précède et qui nous dépasse. Cela étant, loin d'être un biais d'« auto-référentialité », qui pourrait aussi vouloir dire d'aliénation, l'écriture de soi est un intermédiaire qui amène l'auteur de son propre récit à l'âge mûr, c'est-à-dire adulte, où il se découvre en tant que sujet « hétéro-référentiel ».

En somme, bien que cette synthèse de la pensée de Demetrio à propos de sa conception de l'autobiographie ne soit pas exhaustive, elle nous conduit tout de même à une conclusion très importante. De fait, la perspective du penseur italien relève deux autres éléments fondamentaux et constitutifs du récit autobiographique, à savoir l'élément temporel et l'élément existentiel par lesquels et grâce auxquels le sujet humain se comprend, moyennant un processus auto-analytique, comme un être historique et incarné. Cela confirme, d'autre part, la pensée augustinienne comme étant l'arrière-fond philosophique et spirituel (qui ne porte pourtant pas sur le registre religieux) de la théorie autobiographique de Demetrio.

La visée du spécialiste italien nous permet ainsi de découvrir, et même de retrouver, un autre élément en commun avec la perspective théologique. De fait, en considérant l'autographie comme auto-témoignage qui vise à l'annonce aussi bien qu'à la transmission de la foi, nous avons relevé que le témoignage hagiographique « demeure » au sein de la Révélation une expression analogique. Cela veut dire que le témoin-autobiographe est conscient que le récit de soi est en réalité le récit du Raconté, de celui qui est le véritable sujet du récit biblique, quoique sous une forme autobiographique. En d'autres termes, l'autobiographe-hagiographe se sait bien situé dans une Histoire, avec majuscule, qu'il reconnaît être la sienne et où il se perçoit lui-même comme « co-sujet ». À ce propos, lors de son témoignage à l'aréopage d'Athènes, l'apôtre Paul, conscient que tous les hommes sont des sujets relatifs au Dieu unique, auteur et source de la vie et de l'existence, peut affirmer ceci : « Si d'un principe unique il [le Dieu unique] a fait tout le genre humain pour qu'il habite sur toute la face de la terre, s'il a fixé des temps déterminés et les limites de

877 *Ibid.*, p. 128.
878 Ricœur dirait plutôt « un autre ». Voir *infra* 3.2.2.3.

l'habitat des hommes, c'était afin qu'ils cherchent la divinité pour l'atteindre, si possible, comme à tâtons et la trouver ; aussi bien n'est-elle pas loin de chacun de nous. C'est *en* elle en effet que nous avons la vie, le mouvement et l'être. Ainsi d'ailleurs l'ont dit certains des vôtres : "Car nous sommes aussi de sa race" » (Ac 17,26-28).

Cette identité nouvelle à laquelle le récit de soi amène, qu'il soit un récit profane ou un récit de foi, est l'« identité narrative », pour utiliser un terme ricœurien. Celle-ci vise non seulement à construire et à identifier le *je* comme un « soi », mais aussi le *soi* comme « un autre », ce qui ne saurait se réaliser en dehors d'une relation intramondaine, c'est-à-dire historique, et même méta-historique[879]. Sur ce sujet, qui met en cause le philosophe de la narration, je reviendrai plus loin[880].

3.2.1.3. Lejeune et « le pacte autobiographique »

Si parmi les différentes significations et les divers apports de l'écriture autobiographique, Gusdorf et Demetrio soulignent notamment les dimensions de la véridicité (véracité/vérité du récit de soi), de l'auto-conscience (prise de conscience de soi), de l'historicisation (construction de l'histoire de soi) et celles des vertus thérapeutiques (soin de soi que le récit de soi apporte), un autre grand expert dans le champ autobiographique en relève tout spécialement le caractère identitaire. Je me réfère à Philippe Lejeune.

Dans son premier ouvrage *L'autobiographie en France*, il affirme : « Le mot "autobiographie" désigne un phénomène radicalement nouveau dans l'histoire de la civilisation, qui s'est développé en Europe occidentale depuis le milieu du XVIIIe siècle : l'usage de raconter et de publier l'histoire de sa propre personnalité. Comme le journal intime, qui apparaît à la même époque, l'autobiographie est l'un des signes de la transformation de la notion de personne et est intimement liée au début de la civilisation industrielle et à l'arrivée au pouvoir de la bourgeoisie »[881]. La critique sévère et impitoyable que Gusdorf lui adresse l'amène à modifier et à recadrer sa première définition[882], si bien que, dans son ouvrage plus connu *Le pacte autobiographique*, il apporte à la notion de l'autobiographie la précision que voici :

> Récit rétrospectif en prose qu'une personne réelle fait de sa propre existence, lorsqu'elle met l'accent sur sa vie individuelle, en particulier sur l'histoire de sa personnalité[883].

879 Cela dans un contexte théologique, tel celui de la Révélation, où l'« identité narrative » prend la forme d'une « identité testimoniale ». Voir *infra*, 3.3.2.
880 Voir *infra*, 3.2.2.
881 P. LEJEUNE, *L'autobiographie en France*, p. 10.
882 Voir *supra*, 3.2.1.1, notamment la note n. 854.
883 P. LEJEUNE, *Le pacte autobiographique*, p. 14.

Il s'agit d'une définition qui braque les projecteurs, d'un côté, sur la personne de l'*auteur*, en tant qu'individu historique, et de l'autre côté, sur le *personnage principal* du récit introspectif. En l'occurrence, tout comme d'ailleurs dans le cas d'une narration ou d'une autonarration, on distingue trois figures : l'auteur, le narrateur et le personnage principal[884].

Or, d'après Lejeune, en faisant intervenir le problème de l'auteur, l'autobiographie met en lumière un phénomène que la fiction laisse dans l'indécision : à savoir le fait que, dans le cas notamment du récit à la troisième personne, il peut très bien y avoir identité entre le narrateur et le personnage principal. Par conséquent, « cette identité, n'étant plus établie à l'intérieur du texte par l'emploi du "je", est établie indirectement, mais sans aucune ambiguïté par la double équation : auteur = narrateur, et auteur = personnage, d'où l'on déduit que narrateur = personnage, même si le narrateur reste implicite »[885].

En affirmant dès lors la possibilité d'écritures autobiographiques à la troisième personne, Lejeune libère l'autobiographie de la contrainte de la première personne. C'est pourquoi, le « je » n'étant plus déterminant dans la détection d'un texte autobiographique, cela implique que la Bible peut bel et bien héberger le récit autobiographique. N'oublions pas, par ailleurs, que les écritures « inspirées », telle la Bible – ainsi qu'Homère –, constitueraient, de l'avis de Gusdorf, les premiers témoignages historiques et l'origine même de l'écriture du moi.

Or, indépendamment du fait que « parler de soi à la troisième personne peut impliquer soit un immense orgueil (c'est le cas des *Commentaires* de César, ou de certains textes du général de Gaulle), soit une certaine forme d'humilité (c'est le cas de certaines autobiographies religieuses anciennes, où l'autobiographe se nommait lui-même "le serviteur de Dieu") »[886] ; et quelles que soient les raisons du choix de se raconter à la troisième personne (ou à la première), l'identité autobiographique est pourtant liée, d'après Lejeune, à la ques-

884 Par *auteur*, on entend celui qui écrit et qui publie le récit. Tandis que *narrateur* désigne celui qui raconte. Celui-ci peut faire partie du récit en tant que personnage parmi les autres ou en tant que protagoniste (héros) : en ce cas, on l'appellera « narrateur intradiégétique ». Si par contre il n'est pas un personnage du récit, mais il est une voix extérieure qui intervient de temps en temps soit pour apporter des précisions ou des jugements personnels, soit pour imposer ou proposer au lecteur son point de vue, alors on l'appellera « narrateur extradiégétique ». Dans le cas d'un récit autobiographique, le narrateur étant le sujet des énonciations, soit qu'il parle à la première personne (autodiégétique), soit qu'il parle à la troisième (hétérodiégétique), ne peut que s'identifier au personnage principal, ainsi que nous le verrons plus loin. Par *personnage principal*, on entend la personne racontée et le sujet des énoncés, qui, en cas d'autobiographie, correspondra à l'auteur lui-même.

885 *Ibid*., p. 16. Cette possibilité d'un discours autobiographique à la troisième personne peut confirmer mon hypothèse autour du disciple bien-aimé en tant que personnage-auteur-narrateur du quatrième évangile, selon ma précédente analyse. Voir *supra*, 3.1.

886 *Ibid.*

tion du nom. Car avant même de s'articuler dans la première personne, personne et discours s'articulent dans le nom propre[887] :

> Dans les textes imprimés, toute énonciation est prise en charge par une personne qui a coutume de placer son *nom* sur la couverture du livre, et sur la page de garde, au-dessus ou au-dessous du titre du volume. C'est dans ce nom que se résume toute l'existence de ce qu'on appelle l'*auteur* : seule marque dans le texte d'un indubitable hors-texte, renvoyant à une personne réelle, qui demande ainsi qu'on lui attribue, en dernier ressort, la responsabilité de l'énonciation de tout le texte écrit[888].

Cela vaut même pour ces autobiographies où le nom de l'auteur n'apparaît pas ou apparaît sous la forme d'un pseudonyme. D'ailleurs, étant un récit qui raconte la vie de l'auteur, « l'autobiographie [...] suppose qu'il y ait *identité de nom* entre l'auteur (tel qu'il figure, par son nom, sur la couverture), le narrateur du récit et le personnage dont on parle »[889]. C'est là, d'après Lejeune, le principe qui définit l'autobiographie et distingue celle-ci d'autres formes d'écrits littéraires.

En cas de pseudonymie, Lejeune tient à préciser qu'il ne faut pas se laisser impressionner au point de croire qu'il s'agit du nom d'une figure fictive – qui peut être un des personnages du livre –, qui ne serait pas apte à assumer l'identité de l'auteur du livre[890]. C'est le cas du roman. En revanche, « un pseudonyme, c'est un nom différent de celui de l'état civil, dont une personne réelle se sert pour *publier* tout ou partie de ses écrits. Le pseudonyme est un nom *d'auteur*. Ce n'est pas exactement un faux nom, mais un nom de plume, un second nom, exactement celui qu'une religieuse prend en entrant dans les ordres »[891]. En somme, le *nom* constituant le noyau de la question autobiographique, lorsque dans un écrit il y a *identité de nom* entre auteur, narrateur et personnage, nous sommes face à une véritable autobiographie et confrontés à la théorie dudit « pacte autobiographique ».

Lejeune définit comme « pacte autobiographique » « l'affirmation dans le texte de cette identité, renvoyant en dernier ressort au *nom* de l'auteur sur la couverture »[892]. Une telle

887 Cf. *ibid.*, p. 22.

888 *Ibid.*, pp. 22–23. Par « personne réelle », Lejeune entend « une personne dont l'existence est attestée et vérifiable » (*ibid.*, p. 23).

889 *Ibid.*, pp. 23–24.

890 Cf. *ibid.*, p. 24.

891 *Ibid.* Il est surprenant que cette prérogative dont parle Lejeune rejoigne encore une fois mon analyse autour de la figure du disciple bien-aimé, là où ce titre fait fonction de pseudonyme. Un titre que même la communauté chrétienne, appelée à donner son *imprimatur* au témoignage du quatrième évangile, est soucieuse de garder tel qu'elle l'a reçu par le garant de la tradition johannique, le rédacteur, que j'ai aussi qualifié de « porte-parole » du disciple bien-aimé lui-même. Pour sa part, le rédacteur se comporte en nouvel auteur qui s'approprie le témoignage de l'auteur principal de la tradition johannique (identité narrative). Ce faisant, le rédacteur, lui aussi, se raconte lui-même. Voir *supra*, 3.1.1 et *infra*, 3.3.2.

892 *Ibid.*, p. 26.

identité peut être établie de deux manières : « 1. *Implicitement*, au niveau de la liaison auteur-narrateur, à l'occasion du *pacte autobiographique* »[893], indiquée par le titre même du texte (*Histoire de ma vie*, *Confessions*, *Autobiographie*, etc.), soit par le début, lorsque le narrateur prend la parole vis-à-vis du lecteur, en se comportant comme s'il était l'auteur même du texte ; *« 2. De manière patente,* au niveau du nom que se donne le narrateur-personnage dans le récit lui-même, et qui est le même que celui de l'auteur sur la couverture »[894]. Bref, l'autobiographie donnant lieu à un rapport d'identité entre narrateur et personnage (raconté), il va de soi que le personnage dont il est question dans un écrit autobiographique est l'auteur lui-même. Par conséquent, dans le cas notamment d'un texte à la première personne, lorsque « le personnage n'a pas de nom dans le récit, mais l'auteur s'est déclaré explicitement identique au narrateur (et donc au personnage, car le récit est autodiégétique) »[895], il y a quand même un pacte autobiographique. En tout cas, l'identité entre le nom du personnage et le nom de l'auteur, « ce seul fait exclut la possibilité de la fiction »[896].

Chez Lejeune, le discours autobiographique est donc étroitement lié à la question de l'identité, soit d'une identité personnelle passant par une identité narrative. Par ailleurs, Ricœur a la même intuition, dès lors que pour celui-ci la narration est porteuse d'identité, à savoir d'une identité narrative[897]. Toutefois, d'après Lejeune, « l'auteur, représenté à la lisière du texte par son nom, [étant] le référent auquel renvoie, de par le pacte autobiographique, le sujet de l'énonciation »[898], la question de l'identité est un *fait* qui porte d'abord sur celui-ci, c'est-à-dire sur le narrateur. Tandis que, chez Ricœur, dont l'analyse porte principalement sur la narration historique, mythique et fictive – et non pas sur le récit autobiographique –, l'identité narrative se définit d'abord à partir de l'énoncé, dont le sujet est le personnage, le héros du récit. Or, si l'identité narrative, chez Ricœur, ne saurait venir que d'un modèle issu d'une *vraisemblance* (quasi-réel) par rapport à la réalité – que Lejeune

893 *Ibid.*, p. 27.

894 *Ibid.* Je le répète, il me semble pouvoir affirmer que ce cas rejoint celui de la figure du « disciple que Jésus aimait », car un pareil titre est susceptible d'être bel et bien le *nom* que se donne le narrateur-personnage.

895 *Ibid.*, pp. 29–30.

896 *Ibid.*, p. 30. Cette exclusion, sonnant comme catégorique, n'est pas absolue, étant donné que, par exemple, dans le conte de Saint-Exupéry, le petit prince assume la forme d'un personnage fictif (voir *infra*, chap. 5, notamment 5.2.2).

897 Voir *infra*, 3.2.2., notamment 3.2.2.3. Pour Ricœur, l'identité narrative se veut l'effet du processus de *mimèsis* III visant la *refiguration* du lecteur. Tandis que pour Lejeune, l'identité autobiographique se caractérise comme une identité personnelle tirée de la *configuration* du personnage. C'est pourquoi, par rapport à Lejeune, on pourrait si jamais parler d'identité narrative comme l'effet d'un processus de refiguration relevant de l'auteur lui-même, c'est-à-dire l'autobiographe, en tant que lecteur et destinateur premier de son texte. De toute façon, les deux types d'identité ne sont pas à confondre, bien qu'elles se croisent.

898 P. LEJEUNE, p. 35, j'explicite.

désigne comme l'« hors-texte » – , l'identité relevant d'un texte autobiographique et concernant l'auteur, à savoir l'autobiographe, se veut, d'après Lejeune, le produit d'une *ressemblance* portant sur un prototype ou modèle narratif[899]. C'est le cas aussi de la biographie. C'est pourquoi entre biographie et autobiographie il existe un point commun qui les unit :

> Par opposition à toutes les formes de fiction, la biographie et l'autobiographie sont des textes *référentiels* : exactement comme le discours scientifique ou historique, ils prétendent apporter une information sur une « réalité » extérieure au texte, et donc se soumettre à une épreuve de *vérification*. Leur but n'est pas la simple vraisemblance, mais la ressemblance au vrai, non « l'effet de réel », mais l'image du réel. Tous les textes référentiels comportent donc ce que j'appellerai un « *pacte référentiel* », implicite ou explicite, dans lequel sont inclus une définition du champ du réel visé et un énoncé des modalités et du degré de ressemblance auxquels le texte prétend. Le pacte référentiel, dans le cas de l'autobiographie, est en général coextensif au pacte autobiographique, difficile à dissocier, exactement, comme le sujet de l'énonciation et celui de l'énoncé dans la première personne[900].

Il existe cependant une différence substantielle qui distingue l'autobiographie des autres formes littéraires, la biographie y comprise. De fait, de manière paradoxale, dans un écrit autobiographique, l'exactitude n'a pas une importance capitale, comme c'est le cas dans un écrit biographique. Tandis que dans l'autobiographie, où le pacte autobiographique est indispensable, le véritable enjeu est que celui-ci soit conclu, et surtout tenu. En d'autres termes, dans un écrit autobiographique, le pacte référentiel peut être mal tenu, d'après les critères du lecteur, mais pas le pacte autobiographique, car, d'après Lejeune, en autobiographie, « il n'est pas nécessaire que le résultat soit de l'ordre de la stricte ressemblance »[901]. Ce paradoxe, c'est-à-dire le fait que l'*exactitude* aussi bien que la stricte *ressemblance* ne constituent pas la pointe de l'autobiographie, devient cependant acceptable et compréhensible davantage à la lumière notamment du « modèle », mentionné plus haut. Par modèle, Lejeune entend « le réel auquel l'énoncé prétend ressembler »[902], c'est-à-dire la réalité d'une existence.

899 Cf. *ibid.*, p. 36. D'après Ricœur, l'énoncé, ainsi que l'intrigue de l'histoire et les traits des personnages, constituent la stratégie rhétorique mise en place par ladite *mimèsis* afin d'établir un contact entre le monde du récit et la réalité du lecteur (voir *infra*, n. 964 et 3.2.2.2). Tandis que, chez Lejeune, l'autobiographie établit un rapport, appelé par le spécialiste français « pacte autobiographique », qui lie le récit à l'auteur lui-même. Par conséquent, le « modèle », c'est le *je* objectivé dans un *soi-même* correspondant au personnage principal même du récit.

900 *Ibid.* Chez Ricœur, la fiction a certainement une référence au réel, mais en termes de *mimèsis*, où l'imitation de la réalité vise à l'effet du quasi-réel, ce qui implique le « quasi-historique » ou le « quasi-passé » (voir *infra*, 3.2.2.2).

901 *Ibid.*, p. 37. L'effort de l'auteur par rapport à l'objectivation de lui-même en tant que modèle de l'autoconfiguration, vise à une stricte ressemblance, indépendamment des évaluations des lecteurs, qui peuvent juger cet effort comme étant mal tenu.

902 *Ibid.*

Or, dans un texte, la ressemblance avec une vie peut avoir lieu de deux façons : selon un souci d'*exactitude* et selon un souci de *fidélité*. Alors que « l'exactitude concerne l'*information*, la fidélité [concerne] *la signification* »[903]. C'est pourquoi, dans une biographie, le biographe peut concevoir la signification comme étant sur le même plan que l'exactitude, c'est-à-dire dans un rapport de ressemblance avec la réalité extratextuelle à laquelle tout le texte renvoie. Mais, en réalité, il n'a écrit qu'un roman[904]. Voilà pourquoi, donc, il ne faut pas, selon Lejeune, tomber dans le piège de concevoir l'autobiographie à l'instar de la biographie, « comme son nom l'indique », c'est-à-dire comme « la biographie d'une personne écrite par elle-même »[905]. Car, ce faisant, on évaluerait les deux formes littéraires selon un même critère, tout comme s'il agissait d'une même typologie. Or, ainsi que l'explicite Lejeune en expliquant ses deux schémas, « le modèle, dans le cas de la biographie, est la vie d'un homme "telle qu'elle a été" »[906], du fait qu'il se situe dans le hors-texte (fig. 2, p. 259). En revanche, dans un cadre autobiographique, la réalité extratextuelle du modèle, c'est-à-dire de la vie racontée, coïncide, de manière circulaire, à l'autre réalité extratextuelle constituée par l'auteur lui-même (fig. 3, p. 259).

Voici donc les possibilités illustrées dans le premier schéma par Lejeune relativement au phénomène de la biographie, à savoir : soit que l'auteur et le narrateur soient identiques, soit qu'ils ne le soient pas. De toute façon, dans les deux cas, entre le sujet de l'énonciation, le narrateur, et le sujet de l'énoncé, le personnage, il ne peut exister qu'un *rapport de non-identité*, même si le premier parlait à la première personne. De même, entre le personnage du texte et le modèle relevant du hors-texte, il n'existe qu'un *rapport de ressemblance*. Finalement, c'est en cela que consiste foncièrement la différence entre biographie et autobiographie : tandis que la *ressemblance* demeure l'impossible horizon de la biographie ainsi que son effort vain de fonder une relation d'identité entre personnage et modèle, l'identité reste le point de départ de l'autobiographie et le fondement d'une véritable et possible ressemblance entre le sujet de l'énonciation et le sujet de l'énoncé.

Lors d'un texte autobiographique classique, c'est-à-dire à la première personne, nous sommes d'abord confrontés au fait que le sujet de l'énonciation est le même que le sujet de l'énoncé, tout comme le montre le second schéma esquissé par Lejeune. Ensuite, il est également évident qu'entre l'auteur et le narrateur existe un rapport identitaire. Il s'agit précisément d'un *rapport de rapports,* c'est-à-dire d'un rapport de proportionnalité entre

903 *Ibid.*, j'explicite.

904 À propos du roman, dans sa synthèse parue sur le *web* sous le titre « *Qu'est-ce que le pacte autobiographique ?* », Lejeune affirme : « Quelqu'un qui vous propose un roman (même s'il est inspiré de sa vie) ne vous demande pas de croire pour de bon à ce qu'il raconte : mais simplement de jouer à y croire » (https ://www.autopacte.org/pacte_autobiographique.html).

905 P. Lejeune, *Le pacte autobiographique*, p. 36 (les deux citations).

906 *Ibid.*, p. 37.

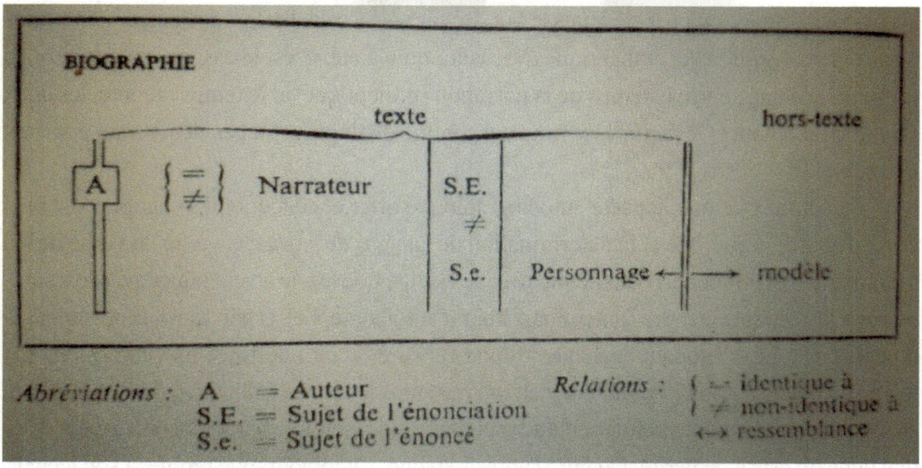

Fig. 2 : Le modèle biographique.

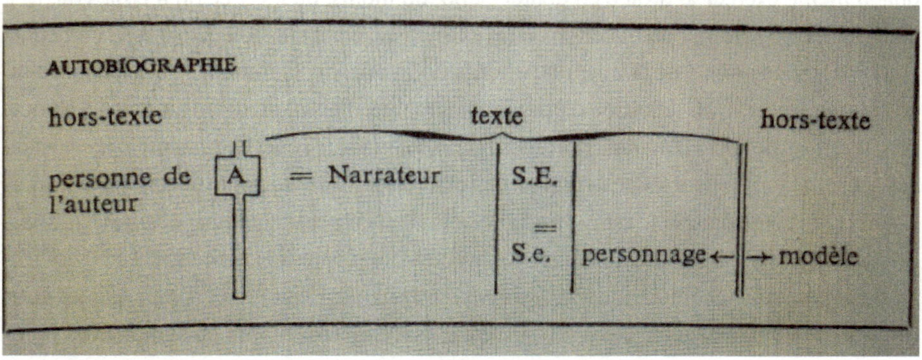

Fig. 3 : Le modèle autobiographique.

deux rapports, où « le narrateur est au personnage (passé ou actuel) ce que l'auteur est au modèle »[907]. Et d'ailleurs, il ne pourrait pas en être autrement, vu le rapport de ressemblance entre personnage (qui est à l'intérieur du texte) et modèle (qui est à l'extérieur du texte), dans la biographie aussi bien que dans l'autobiographie. Pourtant, dans le cas de l'autobiographie, cela implique que « le terme ultime de vérité (si l'on raisonne en termes de ressemblance) ne peut plus être l'être-en-soi du passé (si tant est qu'une telle chose existe), mais l'être-pour-soi, manifesté dans le présent de l'énonciation »[908]. Autrement dit, en autobiographie, ce qui compte n'est pas tant le résultat d'une ressemblance obtenue ou non

907 *Ibid.*, p. 39.
908 *Ibid.*

avec le personnage qu'on a été, mais le fait d'avoir visé à cela, l'effort de l'auteur à instaurer une relation véridique et authentique avec celui qu'il a été. C'est le cas, par exemple, où, à cause du décalage entre le temps de la narration (proleptique) et le temps raconté, les deux sujets, le racontant et le raconté, se trouvent comme distingués, tout en demeurant pourtant les mêmes[909].

En somme, ce que le pacte autobiographique offre et ce à quoi il s'engage, c'est bien ceci : d'abord, le courage et la détermination de l'auteur de *se dire* la vérité, la vérité de soi à soi-même, tel un rapport d'authenticité et de fidélité que le « je » veut nouer avec le « soi », où par « je », il faut entendre l'auteur/narrateur (l'autobiographe), et par « soi » le personnage/modèle ; ensuite, s'agissant également d'une écriture du moi destinée inévitablement à la lecture, le pacte autobiographique est en même temps le contrat établi entre l'autobiographe et son lecteur, auquel le premier entend raconter sa vie (soit une partie, soit un aspect de sa vie) dans un esprit de vérité. De fait, d'après Lejeune, l'autobiographe promet à son lecteur, qu'il soit implicite ou réel, que ce qu'il va lui dire est vrai – bien que le lecteur réel puisse quand même exercer le droit d'en douter –, ou, du moins, qu'il est ce qu'il croit vrai, tout comme se comporterait un historien ou un journaliste, étant entendu que le sujet sur lequel l'autobiographe promet de donner une information vraie, c'est lui-même[910]. En dehors d'un tel contrat, il ne sera pas question d'une autobiographie, mais d'un roman autobiographique, où il n'est pas de souci d'*identité* portant sur le *nom*, mais de souci de *ressemblance* portant sur un *modèle*. D'ailleurs, dans certains cas extrêmes, l'*identité* pourrait conduire, d'après Lejeune, à la supercherie (c'est-à-dire la volonté de raconter une fausse identité), et la *ressemblance* à la mythomanie (une histoire inventée qui n'est pas exactitude avec la vie)[911].

En poursuivant l'étude du *Pacte autobiographique*, Lejeune reconnaît que les écritures du moi ont évolué au cours des siècles. L'usage de l'anonymat ou l'emploi des pseudonymes ne sont plus pratiqués de la même manière que dans le passé. « En revanche, les lecteurs ont pris le goût de deviner la présence de l'auteur (de son inconscient) même derrière des productions qui n'ont pas l'air autobiographiques, tant les pactes fantasmatiques ont créé des nouvelles habitudes de lecture[912]. »

909 À ce propos, Lejeune rapporte l'exemple de l'œuvre autobiographique de Rousseau : « Ce qui importe, c'est moins la ressemblance de "Rousseau à l'âge de seize ans", représenté dans le texte des *Confessions*, avec le Rousseau de 1728, "tel qu'il était", que le double effort de Rousseau vers 1764 pour *peindre* : 1) sa relation au passé ; 2) ce passé tel qu'il était, avec l'intention de ne rien y changer » (*ibid.*). Par rapport à la relation auteur-personnage relativement au conte autobiographique de Saint-Exupéry, il s'agit d'un rapport double qui noue le premier au pilote aussi bien qu'au petit prince, ceux-ci étant tous deux les personnages principaux du conte (voir *infra*, 5.2.3).

910 Cf. https ://www.autopacte.org/pacte_autobiographique.html.

911 Cf. P. Lejeune, *Le pacte autobiographique*, p. 40.

912 *Ibid.*, p. 45. Lejeune appelle « pactes fantasmatiques » les pactes selon lesquels les auteurs ont décidé de confier leurs écrits, non pas aux instances de véridicité-véridiction et d'authenticité, mais à la

Quoi qu'il en soit, Lejeune relève un autre élément également important. En effet, l'auteur proposant au lecteur un mode de lecture d'un type d'écriture, l'autobiographie s'avère un « pacte de lecture » en plus d'être un pacte d'écriture. C'est pourquoi, en dernière analyse, « si l'autobiographie se définit par quelque chose d'extérieur au texte, ce n'est pas en deçà, par une invérifiable ressemblance avec une personne réelle, mais au-delà, par le type de lecture qu'elle engendre, la créance qu'elle secrète, et qui se donne à lire dans le texte critique »[913].

Faisant un bref bilan au terme de son analyse, Lejeune est bien conscient des limites que comportent ses schémas. C'est pourquoi, alors qu'il avoue que sa théorie s'applique directement à un discours à la première personne, où « l'auteur s'est déclaré explicitement identique au narrateur (et donc au personnage, puisque le récit est autodiégétique) »[914], il se pose également la question de savoir si elle peut s'étendre même à une autobiographie écrite à la troisième personne (texte hétérodiégétique)[915]. De même, il se demande comment pouvoir établir l'identité de l'auteur et du narrateur quand le nom, soit de l'auteur, soit du personnage, est inconnu (anonyme)[916]. Cependant, malgré ces limites reconnues, je retiens que le schéma de Lejeune peut apporter des éléments précieux et nouveaux à l'hypothèse d'une théologie comme autobiographie, ce sur quoi je reviendrai[917].

fiction du roman, du fait qu'ils considèrent cette dernière – étant entendu que, d'après Lejeune, ce n'est qu'une sorte de lâcheté – comme étant la forme qui s'approche le plus de la vérité (cf. *ibid.*, pp. 40–41).

913 *Ibid.*, p. 46. La détection d'un écrit autobiographique à partir de la *lecture* que le récit lui-même engendre est une tendance que certains spécialistes préfèrent adopter, qu'ils soient des exégètes ou des narratologues. Un exemple peut bel et bien être constitué par *Le Petit Prince*, où l'auteur, en plus de s'engager envers lui-même dans un pacte autobiographique d'écriture, engage aussi ses lecteurs, les enfants en premier, dans un pacte de lecture qui porte davantage sur un conte que sur une autobiographie. Mais il y a aussi le cas contraire, où certains romanciers veulent transmettre aux lecteurs une « illusion », dès lors qu'ils essayent de les conditionner à lire un type d'écriture, tel un roman par exemple, sous le registre autobiographique. Natacha Allet et Laurent Jenny, dans un article paru en 2005 et placé sur la responsabilité du Département de français moderne de l'Université de Genève, mentionnent plusieurs exemples, tels celui de G. Perec (cf. Id., *W ou le souvenir d'enfance*, Denoël, Paris, 1975) et celui d'A. Robbe-Grillet (cf. Id., *Le Miroir qui revient*, Minuit, Paris, 1984). Mais, ce faisant, ceux-ci deviennent les artisans d'un véritable échec autobiographique, car, en définitive, la vérité de l'écriture de soi porte sur l'identité d'auteur, narrateur et personnage (cf. N. Allet, L. Jenny, « L'autobiographie. Méthodes et problèmes » dans : https://www.unige.ch/lettres/framo/enseignements/methodes/autobiographie/abintegr.html).

914 P. Lejeune, *Le pacte autobiographique*, pp. 29–30.

915 Cf. *ibid.*, p. 44.

916 C'est le cas du *Petit Prince*, où l'auteur s'identifie de manière tout à fait explicite au narrateur et au personnage du pilote, mais non pas à l'enfant, l'autre personnage co-protagoniste du conte, à savoir le petit prince, lequel n'a pas de nom propre (voir *infra*, chap. 5).

917 Voir *infra*, 3.3.2.

Au terme de cette présentation portant sur les théories autobiographiques des spécialistes, que je viens d'énoncer selon les contextes humanistes et scientifiques qui leur sont propres, il est réjouissant de constater le fait que les affinités sont plus importantes que les divergences, par rapport à l'autobiographie en tant que forme analogique de la Révélation. Je voudrais souligner notamment les éléments de « vérité » et d'« identité » en tant que points communs susceptibles de renforcer la valeur et la signification du sujet autobiographique, du point de vue théologique comme du point de vue philosophique et littéraire. En effet, les auteurs considérés sont bien conscients du fait que l'autobiographie est une médiation porteuse de vérité en même temps que constructrice d'identité. Grâce à la prérogative « historicisante », ainsi que le relèvent notamment Gusdorf et Demetrio, les écritures du moi construisent des identités. C'est pour cela même qu'elles peuvent être désignées comme le symbole de l'homme devenu adulte.

Mais le théoricien qui pousse le discours autobiographique le plus loin est indéniablement Lejeune. Celui-ci, en fait, à partir de l'énonciation et de l'énoncé du texte autobiographique, met en évidence la capacité révélatrice du récit de soi à travers la question concernant l'identité de l'auteur. De fait, au-delà des rôles que celui-ci joue, à savoir celui du narrateur et du personnage, il est l'écrivain du texte et l'auteur du pacte autobiographique. Ayant un nom propre, ou se donnant un pseudonyme, l'auteur d'un récit autobiographique est une personne réelle. C'est pourquoi l'autobiographie révèle, en définitive, l'identité d'une personne.

Or, il me semble évident qu'une telle approche s'avère précieuse par rapport au discours autobiographique au sens théologique et pour cela même analogique, car elle nous permet d'entrecroiser les éléments issus des théories autobiographiques avec la dimension sacramentelle que Jésus lui-même attribue à l'auto-témoignage johannique. Autrement dit, relever l'aspect « révélateur » de l'autobiographie, c'est pouvoir repérer les arguments nécessaires à un discours théologique au sens autobiographique, capable de mettre au jour une composante analogique qui porte sur la révélation de Dieu aussi bien que sur celle de l'homme. Et cela à la lumière notamment de l'affirmation jüngelienne selon laquelle Dieu se révèle aussi à partir du « dedans » de l'homme, et également à la lumière de la réflexion théologique de Balthasar, dont la pensée porte sur le fait « que la révélation est elle-même herméneutique, en tant qu'auto-expression de Dieu dans le Christ et l'Église »[918].

918 H.-U. von Balthasar, *La Dramatique divine,* t. II : *Les Personnes du drame,* vol. 1 : *L'Homme en Dieu*, p. 83. Que la Révélation divine, d'après Balthasar, soit une herméneutique est attaché au fait que, Dieu se révélant lui-même en Jésus-Christ, « il faut que son langage soit compris par le monde » (*ibid*., p. 75). Autrement dit, il est nécessaire que le langage de la Révélation « devienne intelligible de telle manière qu'il [l'homme] puisse y répondre » (*ibid*., j'explicite), ce qui veut dire y correspondre, grâce à « l'Esprit qui enseigne le cœur de l'homme » (*ibid.*).

C'est pourquoi, afin d'expliciter quel type d'identité l'auto-témoignage théologique suscite par rapport à l'identité exprimée par un texte narratif non-biblique – qui peut apparaître aussi sous la forme d'une autobiographie –, nous allons nous confronter à ladite « philosophie de la narration » de Paul Ricœur.

3.2.2. La philosophie du récit et l'« identité narrative » chez Paul Ricœur

3.2.2.1. La véhémence ontologique et la vérité tensionnelle de la métaphore

Le fil rouge qui semble traverser la pensée philosophique de P. Ricœur et de ses ouvrages peut être détecté dans la question inhérente au « sujet ». D'ailleurs, il ne pourrait pas en être autrement, dès lors que le philosophe s'est formé dans le sillage de la philosophie réflexive de la tradition française, et qu'il a également été marqué par la phénoménologie d'Husserl aussi bien que par l'existentialisme de K. Jaspers et G. Marcel[919].

Sa thèse sur le thème du rapport entre le volontaire et l'involontaire est l'occasion d'approcher la pensée de Merleau-Ponty, notamment à travers ce que celui-ci retient de la phénoménologie d'Husserl, concernant le sujet de l'intentionnalité par rapport à celui de la conscience transcendantale[920]. De fait, l'intentionnalité de la conscience vise à la relation originelle de la conscience *ad alium*, à un « objet » qui lui est extérieur, irréductible à ses opérations et à ses structures. Ce qui amènera ensuite Ricœur à développer sa réflexion sur l'identité, en passant de l'*identité narrative* des personnages de la littérature de fiction, notamment des mythes grecs, à l'*identité du soi* du sujet humain.

Ce parcours particulier retrouve, à partir dudit « *linguistic turn* »[921], une force renouvelée permettant au philosophe français de toucher à la visée de la narration. De fait, après avoir réfléchi sur l'importance du symbole, notamment dans son ouvrage *Finitude et culpabilité*, Ricœur, fasciné par la fonction poétique du langage, consacre une étude à la dimension ontologique de la métaphore qui porte le titre de *La métaphore vive* (1975). C'est le début d'un parcours historique, commençant par la *Rhétorique* et la *Poétique* d'Aristote, et passant par la rhétorique des Anciens et des Modernes, qui débouchera sur la philosophie du récit.

919 Ce petit excursus autour du parcours intellectuel du philosophe français est raconté par lui-même dans P. Ricœur, *Réflexion faite. Autobiographie intellectuelle*, Esprit, Paris, 1995.

920 Cf. notamment M. Merleau-Ponty, *Phénoménologie de la perception*, Gallimard, Paris, 1945.

921 Le *tournant linguistique*, plus souvent désigné par l'expression anglaise *linguistic turn*, est originellement une expression par laquelle Gustav Bergmann désignait en 1953 une manière de faire de la philosophie remontant à Ludwig Wittgenstein, selon les réflexions contenues dans son *Tractatus logico-philosophicus*. D'une manière générale, il s'agit d'un changement méthodologique substantiel affirmant que le travail conceptuel de la philosophie ne peut pas se faire sans une analyse préalable du langage. Ce qui donnera lieu au *structuralisme*, courant philosophique où le langage acquiert une autonomie absolue et une indépendance de toute réalité extralinguistique. Un tel courant ne pourra dès lors engendrer que des approches rigoureusement synchroniques.

Bien que son étude sur la vérité métaphorique s'avère une exploration audacieuse en direction de l'ontologie[922], *La métaphore vive* reste quand même un ouvrage où Ricœur continue d'approfondir le discours sur la symbolique du langage, tout en en saisissant le noyau : la sémantique du symbole. Dans sa réflexion sur la métaphore, le philosophe français souligne le fait que la nature du langage ne relève pas seulement de l'ordre descriptif de la constatation, mais aussi de l'ordre de la signification. De fait, à côté de la rigueur logique de l'énoncé descriptif exprimant l'être ou le *ne pas être*, il existe aussi l'énoncé métaphorique, relevant du langage de la fiction, notamment de la poétique et du récit, qui est également porteur de vérité. Pourtant, cette vérité que l'énoncé métaphorique véhicule est donnée en termes d' « être comme », et donc en termes à la fois d'être et de *ne pas* être. Cela implique que la conception paradoxale de la vérité métaphorique conduit à comprendre « la pointe critique du "n'est pas" (littéralement) dans la véhémence ontologique du "est" (métaphoriquement) »[923].

Pour donner un exemple, si je dis à quelqu'un « tu es un dragon », cette affirmation ne véhicule pas un sens propre (au pied de la lettre), mais un sens figuré. Autrement dit, le verbe être n'amène pas à identifier, en l'occurrence, le sujet humain avec le sujet animal. Mais, opérant un transfert (translation sémantique) du concept physique du dragon dans un autre champ sémantique, l'énoncé métaphorique laisse le verbe être exprimer en même temps le « ne pas être ceci » et l'« être à la manière de ». Le sujet humain n'est pas un dragon, mais il peut avoir une *manière d'être*, et pour cela même *ontologique*, qui s'approche du dragon. De cette façon, la force que le dragon exprime va permettre de signifier le sujet humain autrement.

C'est pourquoi la question de la *métaphore vive* met au jour toute la problématique du philosophe français, car Ricœur argumente son discours philosophique sur la base du discours métaphysique et ontologique de l'analogie. En d'autres termes, afin d'expliquer le transfert (qui est un transfert de signification et non pas d'être) que la métaphore opère, alors qu'elle fait passer le langage du sens premier, usuel et littéral, à un sens différent, celui d'une signification nouvelle et inattendue, Ricœur recourt à l'*analogia entis*, dont le fonctionnement consiste à en un transfert qui va de l'ordre conceptuel (des noms et des prédicats) à l'ordre ontologique (de l'être).

922 La raison pour laquelle l'approche ontologique de la métaphore, chez Ricœur, peut être perçue comme quelque peu audacieuse, sera explicitée plus loin (voir *infra*, n. 969).

923 P. Ricœur, *La métaphore vive*, Seuil, Paris, 1975, p. 321. Par *véhémence ontologique* Ricœur entend désigner la tension ontologique que possède l'expression métaphorique, en tant que redescription (ou configuration) de l'action et de la réalité humaine exprimant l'être réel sous la forme langagière de l'être comme. C'est pourquoi la métaphore est porteuse d'une *force ontologique* qui oscille entre le *ne pas être* (ceci) et l'*être* (comme). Je vais l'expliciter plus loin.

La première chose que Ricœur relève – et ce n'est pas une pure coïncidence – est le fait que la doctrine de l'analogie thomiste prend son origine dans la première théorie analogique remontant à Aristote et à ses disciples, et reposant sur la métaphore[924]. Cela atteste un lien originel et primordial entre analogie et métaphore. De fait, en classant les attributions des noms en univoques, équivoques et analogues, Aristote ne pouvait dégager ces dernières qu'à partir d'énoncés métaphoriques.

Or, d'après le penseur français, c'est proprement dans l'analogie *de proportionnalité*, ainsi que l'appelle saint Thomas, que métaphore et analogie connaissent leur plus grande proximité[925]. En fait, cette analogie est, d'un côté, une *proportionnalité de ressemblance*, car les noms attribués métaphoriquement à Dieu appartiennent par priorité à la créature, ce qui amène à une proportionnalité de rapports (ressemblance de rapports). De l'autre côté, elle s'avère une *proportionnalité ontologique*, car l'être ou mieux l'étant (*ens*), nom qui relève d'une modalité prédicative de type analogue[926] et qui coïncide avec l'essence divine, « est dit par priorité de Dieu, non de la créature »[927]. Cela amène à un rapport proportionnel direct, grâce à un troisième élément en commun : l'analogué principal[928].

924 Voir *supra*, 1.2.1. Si la métaphore est un transfert de signification, où un mot, en se déplaçant d'un champ sémantique à un autre, assume une nouvelle signification, l'analogie, selon la conception aristotélicienne, repose sur la même possibilité. Car on peut qualifier d'analogique une même attribution lorsque celle-ci peut être attachée à des mots différents en assumant des significations à la fois partagées et différentes. Cette dernière possibilité, possédée par certaines attributions, est expliquée par Aristote à partir d'énoncés métaphoriques. Pa conséquent, d'après Ricœur, l'expression métaphorique devient le «carrefour» où métaphore et analogie se croisent.

925 Cf. P. Ricœur, *La métaphore vive*, p. 353. À ce propos, Ricœur classe les trois types d'analogie thomiste en deux groupes, tout en les rassemblant sous le nom de *proportionnalité*. Ainsi il considère l'analogie *d'attribution* ou *de proportion simple* relue sous la forme de l'analogie de *proportionnalité propre* ou *intrinsèque* comme l'analogie à proprement parler (ontologique) – de même que le fait d'ailleurs Jüngel lui-même, lorsqu'il affirme que « l'analogie dite d'attribution, lorsqu'il s'agit du discours analogique sur Dieu, a absorbé en soi l'analogie dite de proportionnalité » (voir *supra*, n. 136) –, et l'analogie *de proportionnalité impropre* ou *extrinsèque* comme l'analogie métaphorique.

926 Ainsi A. Strumia : « *La scoperta fondamentale della metafisica antica è stata probabilmente proprio l'analogia dell'ente* (analogia entis). *A differenza dei "generi" che, dal punto di vista logico, si formalizzano nei concetti "universali", i quali si predicano in modo "univoco" dei diversi soggetti – come "uomo" che si dice con identico significato di Tizio, Caio e Sempronio – "ente" si predica in modo "analogo" dei diversi soggetti, collocandosi al di sopra dei generi e dei concetti universali che li descrivono* (cfr. Aristotele, *Metafisica*, III, 998b, 22–27) » (Id., *Analogia* : http ://disf.org/analogia).

927 P. Ricœur, *La métaphore vive*, p. 354.

928 Voir *supra*, 1.2.1, ainsi que la conclusion du chapitre 2. Dans l'affirmation « Dieu *est* » (et donc existe) ainsi que « l'homme est » (et donc existe), l'être divin est l'analogué principal, car il est ce troisième élément commun à Dieu aussi bien qu'à l'homme, dont la prédication est cependant analogue. Car, Dieu étant une cause, tandis que la créature est un effet, c'est celle-ci qui participe de l'être divin. Pourtant, cela demande un concept adéquat de participation. C'est pourquoi le concept platonicien de participation est interprété par l'Aquinate en termes aristotéliciens de causalité efficiente. L'être n'étant pas tant une forme qu'un acte (*actus essendi*), la participation

Dès lors, si c'est Dieu qui communique l'être à la créature, il ne saurait guère le lui communiquer en tant que cause exemplaire, car cela donnerait lieu à une ressemblance déficiente. En revanche, il l'y fait participer en tant que cause efficiente, en tant qu'*actus essendi* par excellence. Or, cela étant, « la participation, se demande Ricœur, ne marque-t-elle pas le retour de la métaphysique à la poésie par un recours honteux à la métaphore, selon l'argument qu'Aristote oppose au platonisme ? »[929]

Il s'agit évidemment d'une question rhétorique, dès lors que l'analogie se croise avec la métaphore au moment où celle-ci mobilise, de son côté, un transfert sémantique du physique au métaphysique. D'ailleurs, bien que l'analogie soit, elle-même, d'ordre conceptuel, dans la mesure où elle « se meut au niveau des noms et des prédicats »[930], « sa condition de possibilité est ailleurs : dans la communication même de l'être »[931]. Ainsi, le recours de Ricœur à l'*analogia entis* devient l'argument pour invoquer un retour du discours poétique ou métaphorique dans le milieu spéculatif de la philosophie. En effet, si la métaphore met en place un transfert de signification ascendant de la créature à Dieu, alors que l'analogie, quant à elle, vient restaurer la continuité ontologique entre Dieu et la créature[932], un tel entrelacs n'engendre-t-il pas un rapport « qui est à la fois pensé selon l'analogie et exprimé selon la métaphore » ?[933] Certainement, l'une a besoin de l'autre, car « à la faveur

n'est pas un rapport copie-modèle (qui tendrait vers une conception panthéiste). En revanche, il s'agit de « la communication d'un acte, l'acte étant à la fois ce que l'effet a en commun avec la cause et ce par quoi il ne s'identifie pas à elle » (P. Ricœur, *La métaphore vive*, p. 350).

929 *Ibid.*, p. 347. L'expression « recours honteux » anticipe ce que Ricœur demande à la réflexion philosophique – ainsi que je vais le dire plus loin –, à savoir de ne pas considérer comme honteuse la possibilité, voire l'opportunité de se prévaloir du langage métaphorique en tant qu'expression à même d'offrir à la métaphysique une voie supplémentaire ou pour ainsi dire « autrement spéculative ».

930 *Ibid.*

931 *Ibid.*

932 Cf. *ibid.*, pp. 354–355. D'ailleurs, ce mariage métaphore-analogie n'est-il pas synthétisé dans les approches analogiques de Jüngel et de Balthasar ? De fait, mettant en place des analogies qui s'appuient respectivement sur l'avènement/événement de la *Parabole* (ou de l'Évangile) et sur les *figures christologiques*, ceux-ci opèrent ce mariage, même si c'est selon une perspective éminemment théologique. C'est pourquoi, dans un contexte analogique de type philosophique, les deux mouvements, ascendant et descendant, relevés par Ricœur, acquièrent ainsi tout leur droit de cité. Par conséquent, dans le cadre théologique et biblique, *la métaphore vive* peut trouver, à mon avis, un meilleur sort que celui que lui attribue la philosophie, tout en conservant sa *véhémence ontologique* ainsi que sa *structure tensionnelle de vérité* (cf. *ibid.*, pp. 310–321). En revanche, le sort que Ricœur assigne à la métaphore ira rejoindre le récit et son pouvoir de *refiguration* (identité narrative), là où le monde et le mode narratif de la fiction affectent le sujet humain, notamment le lecteur. J'y reviendrai plus loin (voir *infra*, 3.2.2.3).

933 *Ibid.*, p. 355.

de ce chiasme, le spéculatif verticalise la métaphore, tandis que le poétique donne un revêtement iconique à l'analogie spéculative »[934].

Après avoir exploré le contexte originel de la métaphore, à savoir le contexte onto-théologique de l'*analogia entis*, Ricœur déplace le lieu de la rencontre entre discours spéculatif et discours poétique dans le cadre de la phénoménologie de la connaissance héritée de Husserl, où la conscience, en tant que médiation subjective de la pensée de soi, offre à l'analyse une perspective réflexive. Le point de départ de cette nouvelle analyse est précisément l'adage heideggérien selon lequel « le métaphorique n'existe qu'à l'intérieur de la métaphysique »[935]. Par là, Ricœur trouve la force d'envisager un discours philosophique, c'est-à-dire spéculatif, qui intègre le discours métaphorique, car méta-phore et métaphysique ne constituent finalement qu'un seul et même transfert.

Ainsi, analysant *Le Principe de raison*, un texte où Heidegger mentionne la métaphore, Ricœur relève le décalage existant entre le regard et la pensée[936]. Voir, ce n'est pas nécessairement saisir, parce que la vue seule n'est pas capable d'un regard pénétrant. Si l'on veut saisir, il faut s'approcher et entendre. C'est ainsi, d'après le philosophe allemand, que « penser, c'est entendre et voir »[937], car « "la pensée regarde en entendant et entend en regardant" »[938]. Dès lors, si la pensée *peut* cela, c'est-à-dire entendre et voir en même temps que penser, ce n'est qu'en un sens figuré, pourrait-on signaler. Et pourtant, d'après Heidegger, il ne s'agit pas d'un passage du sensible, saisi par l'oreille et l'œil, au non sensible, car l'ouïe et la vue ne sont pas simplement des récepteurs sensoriels. Et même lorsqu'on comprend la pensée comme une saisie par l'ouïe et par la vue, il ne s'agit pas non plus d'une compréhension selon une signification purement métaphorique[939].

934 *Ibid.* Il est assez surprenant de réaliser comment ce passage renvoie au caractère iconique qu'assume également la Parole-Écriture dans le cadre de l'analogie esthétique de Balthasar.

935 *Ibid.*, p. 357.

936 Cf. *ibid.*

937 *Ibid.*, p. 358. La métaphore étant conçue par Ricœur comme une expression « imagée » de la pensée humaine, ce passage – se reliant par ailleurs à la réflexion d'Heidegger envisagée plus haut, quand, afin d'expliquer qu'est-ce que c'est que « penser », le philosophe allemand recourt à la métaphore (« penser, c'est entendre et voir ») –, marque une connexion significative avec la considération de la synesthésie en tant que composante analogique et christosacramentelle de la Parole-Écriture (voir *supra*, 2.3.). En outre, cela établit aussi un lien fécond et prometteur entre discours narratif et autobiographique de type philosophique et discours narratif et autobiographique de type théologique, ainsi que je vais l'expliciter au chap. 5. Car le récit autobiographique devient l'expression métaphorique à même de véhiculer une quête de sens et d'identité personnelle aussi bien qu'une soif de vérité spirituelle et même théologique ! Dans le conte du *Petit Prince*, ces besoins vitaux, spirituels et existentiels, sont codés par certaines expressions métaphoriques, telles « essentiel », « beauté », « apprivoisement », etc.

938 *Ibid.*, p. 360.

939 Cf. *ibid.*

Cela étant, la pensée heideggérienne amène, d'après Ricœur, au renversement d'une métaphysique conçue comme l'opposition entre sensible et non sensible, ainsi qu'au renversement d'une conception métaphorique entendue comme le passage du propre au figuré. Par contre, dans le cas où la métaphore était considérée comme une simple « relève » de substitution, c'est-à-dire un remplacement d'une signification initiale propre et réelle, par une signification abstraite, impropre et idéalisée, cela comporterait la mort même de la métaphore[940]. Dès lors, « là où la métaphore s'efface, le concept métaphysique se lève »[941], ce qui amène le philosophe français à parler de « métaphore usée ». Il s'agit d'une métaphore remplacée par le concept, et, pour cela même, « idéalisée », selon un mouvement d'« idéalisation » commun à Platon et à Hegel[942]. En revanche, « raviver la métaphore, c'est démasquer le concept »[943], d'après Ricœur.

Mais pas seulement. À côté du mouvement métaphysique idéalisant, il y a un processus parallèle de lexicalisation, c'est-à-dire un retour au sens littéral ou étymologique du terme qui est encore une fois la tentative métaphysique d'un retour à l'origine d'un sens premier et originel du mot, telle une épuration de celui-ci[944]. En d'autres termes, cette tentative métaphysique voudrait préserver le mot d'une « défiguration » opérée par le sens figuré, du fait que la création de significations nouvelles mettrait le langage en état de déficience sémantique[945]. C'est pourquoi, de même que la revitalisation de la métaphore demande une opération de déconstruction du concept vis-à-vis de l'idéalisation qui défigure la métaphore et l'appauvrit de sa richesse sémantique, de même, pour contraster la tendance à lexicaliser la métaphore, il faut juste faire une opération inversée, soit une délexicalisation[946].

Bref, la revitalisation de la métaphore est, d'après Ricœur, un véritable processus philosophique de *redescription* où la métaphore reprend sa fonction d'innovation sémantique, ce qui n'est pas « relève » (substitution), mais « répercussion » (nouvelle configuration).

940 Cf. *ibid.*, pp. 363–364.

941 *Ibid.*, p. 364. Il faut préciser que Ricœur met en cause, non pas la métaphysique en tant que telle, mais une certaine métaphysique, telle celle mise en place notamment par Platon et Hegel, visant à séparer les éléments que la métaphysique oppose au lieu de les mettre en connexion par une opération analogique.

942 Ce mouvement, ainsi que l'explique Ricœur, « met en œuvre toutes les oppositions caractéristiques de la métaphysique : nature/esprit, nature/histoire, nature/liberté, ainsi que sensible/spirituel, sensible/intelligible, sensible/sens » (*ibid.*).

943 *Ibid.*, p. 363. Ce démasquement du concept vise à mettre au jour la valeur autrement spéculative de l'expression métaphorique.

944 Cf. *ibid.*, p. 369.

945 Cf. i*bid.* Si lexicaliser, c'est revenir à l'origine étymologique d'un terme lexical, délexicaliser c'est aller vers la direction d'une signification pour ainsi dire «avancée», c'est-à-dire soit déployée soit développée, d'un même lexique.

946 Cf. *ibid.*, p. 370.

Revenant à l'hypothèse d'une ontologie explicite du discours métaphorique, Ricœur confronte celui-ci avec le discours spéculatif, tout en remarquant le fait que les deux discours se différencient par leurs modalités distinctes[947]. Lorsque nous disons « ceci est cela » et « ceci est comme cela », nous exprimons deux sens qui ne sont pas réductibles, du fait qu'« être *même* » exprime un sens d'identité *différent* par rapport à celui qui est exprimé par « être *semblable* », c'est-à-dire « être *comme* »[948]. Car cela implique qu'au sein de l'énonciation métaphorique, l'« être *comme* », disant en même temps « être » et « ne pas être », est pour cela même porteur d'une ontologie implicite[949].

De fait, l'énonciation métaphorique opère sur deux champs métaphoriques : celui de la signification usuelle, connue, qui constitue la référence première, et celui d'une signification neuve. Pourtant, la seconde n'est pas « autre » chose par rapport à la première, du fait que c'est le premier sens qui a changé de champ référentiel, dès lors qu'il a assumé une signification nouvelle correspondant bel et bien à une « configuration »[950]. C'est pourquoi la raison pour laquelle toute signification serait dynamique et directionnelle n'est pas à chercher en dehors de la métaphore, mais à l'intérieur d'elle, à savoir dans sa *véhémence ontologique*. La métaphore, d'ailleurs, est toujours en attente de déterminations de sens relevant de l'énonciation conceptuelle du discours spéculatif, car la possibilité même du concept vient du spéculatif[951].

Or, si le « même », et lui seul, est en mesure de fonder le « semblable », il le peut grâce à la spéculation. Tandis que le discours métaphorique opère juste le contraire, du fait qu'il atteint le « même » en le configurant comme un « semblable »[952]. Mais alors, dans la mesure où il est évident que l'ordre conceptuel tend toujours à dominer conceptuellement l'ordre métaphorique, existe-t-il, se demande Ricœur, un lieu d'intersection entre concept et mé-

947 Cf. *ibid.*, p. 374.
948 Cf. *ibid.*, p. 376.
949 Cf. *ibid.*
950 Cf. *ibid.*, p. 379.
951 Cf. *ibid.* Autrement dit, « l'énonciation métaphorique ne constitue qu'une esquisse sémantique, en défaut par rapport à la détermination conceptuelle » (*ibid.*).
952 Cf. *ibid.*, p. 381. Il est évident que la logique métaphorique mise en place par Ricœur se veut un discours aménagé dans un style proprement phénoménologique aussi bien qu'un discours précurseur de la philosophie de l'identité narrative, développée dans les volumes de *Temps et récit* et complétée dans *Soi-même comme un autre*. Dans ces deux derniers ouvrages, le récit de fiction s'avère le moyen de la refiguration de l'*idem* (soi-même) comme un *ipse* (un autre), ce qui fait de *Temps et récit* et de *Soi-même comme un autre* une sorte de réédition de *La métaphore vive*, quoique pas en termes d'une ontologie explicite. Mais cela, ne serait-ce que parce que finalement Ricœur, envisageant le discours philosophique en termes métaphoriques, renverse la logique du discours spéculatif, du fait qu'il laisse celui-ci *atteindre le « même » en le configurant comme un « semblable »* ? Par ailleurs, en introduisant la narration dans la philosophie, tel un sujet neuf et pertinent du discours spéculatif, le philosophe français réalise ce que la théologie opère par rapport à la narration, lorsque la première reconnaît à la seconde la valeur de langage analogique et, pour cela même, de révélation.

taphore où la conceptualisation puisse être faite de façon métaphorique ? La réponse, qui est positive, repose sur l'interprétation[953].

Interpréter, d'après la critique de Kant, c'est un *penser plus* grâce à l'imagination[954]. De fait, lorsqu'il définit le principe vivifiant de l'esprit telle l'« âme (*Geist*) en un sens esthétique », Kant montre le recours de la pensée conceptuelle à l'imagination[955]. Cela implique que « là où l'entendement échoue, l'imagination a encore le pouvoir de "représenter" (*Darstellung*) l'Idée »[956]. C'est en cela, c'est-à-dire par l'imagination créatrice, que la spéculation s'enfonce jusqu'au point où la pensée conceptuelle *pense plus*, car finalement celle-ci pense le concept comme *image*[957]. C'est pourquoi la métaphore est vive : elle ne se borne pas à vivifier le langage par une nouvelle signification, mais, poussant la pensée à imaginer, elle vivifie la pensée elle-même[958].

Or, mener la métaphore à une explicitation ontologique comporte pour Ricœur un retour au langage, telle l'articulation en forme de discours du monde des relations, où l'« être » devient un « être-dit »[959]. Et d'ailleurs, « il faut que quelque chose soit, pour que quelque chose soit dit »[960]. Si donc le langage conceptuel est ontologique, dès lors qu'il est de l'ordre descriptif, pourquoi, se demande Ricœur, le langage redescriptif de la poésie et du récit ne le serait-il pas ?[961]

Considérant à nouveau la référence métaphorique en tant que référence de l'« être comme » qui véhicule à la fois un « ne pas être (ceci) » et un « être (à la manière de) », à la lumière de l'ontologie aristotélicienne où l'être est conçu en tant qu'être comme *puissance* et être comme *acte*, Ricœur affirme que le discours ontologique ne saurait certainement être qu'un discours de l'être comme acte[962]. C'est pourquoi, si seule la métaphore peut mettre en jeu un être potentiel, elle le peut grâce à sa *véhémence ontologique* entraînant l'être comme puissance et à la fois comme acte[963]. À ce propos, Ricœur rappelle que cette

953 Cf. *ibid.*, p. 383.
954 Cf. *ibid.*, pp. 383–384.
955 *Ibid.*, p. 383. Ainsi Ricœur citant Kant relativement au paragraphe 49 de sa *Critique de la faculté de juger*.
956 *Ibid.*
957 Cf. *ibid.*, pp. 383–384.
958 Voir *supra*, n. 937.
959 Cf. P. Ricœur, *La métaphore vive*, p. 386.
960 *Ibid.*
961 Cf. *ibid.*, pp. 386–387.
962 La sémantique linguistique inclut l'action, selon les études d'Austin et Searle, ce que ces auteurs appellent *speech acts*. Cela ouvre à Ricœur la voie de la dimension pragmatique du discours, en tant que discours de l'action qui est aussi action, lui-même, proprement puissance d'action. Par là, l'implication ontologique de l'action en tant qu'acte d'un être sous la forme langagière reproduisant l'*être comme* de l'action réelle.
963 Cf. *ibid.*, p. 389.

intersection entre la poétique et l'ontologie, qui concerne la poésie tout entière, étend aussi à la *mimèsis* lyrique le pouvoir de « représenter l'action »[964].

Précisant, en guise de préambule, que la corrélation acte-puissance est inductive et analogique[965], Ricœur affirme que représenter des actions, c'est pour un poète saisir la puissance comme acte et l'acte comme puissance, du fait qu'il *voit* les choses comme étant déjà réalisées[966]. C'est pourquoi le langage poétique, le tragique aussi bien que le lyrique, peut demander d'être pensé *comme* langage ontologique, tout comme est pensé le langage spéculatif, de manière à ce que la portée référentielle de ses expressions métaphoriques soit aussi chargée d'une *véhémence ontologique*[967].

Après cet exposé à propos du discours métaphorique développé par Ricœur, des répercussions importantes vont affecter la *fiction*. Car le caractère tensionnel de la vérité dont est porteuse la métaphore vive peut résoudre la tension de vérité existant entre *distance logique* et *proximité métaphorique*, entre *sens littéral* et *interprétation métaphorique*[968]. Au philosophe de la narration, il faut également reconnaître le mérite d'avoir restitué à la

964 *Ibid*., p. 390. Dans le sillage d'Aristote, Ricœur définit la tragédie grecque comme une *mimèsis* (simulation) à cause de son pouvoir d'« imiter » les actions des hommes. C'est une définition que Ricœur attache au récit, *le mythos*, en tant que forme linguistique et poétique d'imitation de la réalité. Or cette imitation mise en acte par le *mythos* ne concerne pas seulement la poésie tragique qui raconte les actions, mais toute sorte de poésie, y compris la poésie lyrique qui exprime le sentiment intime de l'homme. C'est pourquoi aussi la poésie est une *mimèsis*, une *mimèsis* lyrique. Ainsi, c'est à partir d'un tel sujet que le philosophe français va développer une véritable philosophie de la narration (*Temps et récit*) articulée en trois phases, ce qu'il appelle respectivement *mimèsis* I, *mimèsis* II et *mimèsis* III. Je vais y revenir plus loin.

965 Cf. *ibid*. Dire, par exemple, que *La Pitié* de Michelange est en puissance dans le bloc de marbre, c'est une définition inductive. Dans une visée analogique l'acte est à la puissance comme celui qui est éveillé est à celui qui dort, et vice-versa.

966 Cf. *ibid*., p. 392.

967 Je crois effectivement que le statut ontologique que Ricœur accorde à la métaphore n'est pas totalement irrecevable. Car, insistant sur l'« être comme » de l'expression métaphorique, Ricœur veut remarquer le fait que la métaphore véhicule pour cela même une *véhémence analogique* exprimée proprement par l'«être comme», ce qui implique nécessairement la dimension ontologique. C'est pourquoi Ricœur attribue à la métaphore une portée ontologique qu'il appelle « véhémence ontologique ». En réalité, redécrivant l'action en tant que puissance en acte et en tant qu'acte en puissance, la métaphore est porteuse d'une *véhémence ontologique* visant non pas les *speech acts* en tant que tels, mais les sujets des *speech acts* situés hors du texte, soit l'auteur soit le lecteur, ce à quoi le philosophe français parviendra ensuite, lorsqu'il envisage et développe la philosophie de la narration. Par conséquent, en vertu d'un discours ontologique concernant l'être et l'action, la portée référentielle du langage métaphorique aspire (*vérité tensionnelle*) à la vérité même de la pensée spéculative. Cependant, selon mon avis personnel, si Ricœur avait parlé de « véhémence analogique » à la place de « véhémence ontologique », une telle formule se serait avérée, peut-être, plus adéquate, à l'avantage d'une réflexion philosophique sur la métaphore un peu plus aboutie.

968 Cf. *ibid*., p. 321.

métaphore la valeur onto-logique, révélatrice de l'être des choses[969]. D'ailleurs, les récits bibliques – songeons ici aux récits vétérotestamentaires de la création, ainsi qu'aux paraboles évangéliques –, ne veulent-ils pas véhiculer proprement la fonction théologique de la fiction narrative qui est à la fois analogique et révélatrice ? À ce propos, il est vraiment étonnant de constater la correspondance existant entre la théorie ricœurienne du *mythos* grec – ainsi que de la poésie lyrique – et le « mythe » biblique de la création (cf. Gn 1,26-31 ; 2,4b-25). Ce dernier, à travers la *métaphore* de l'homme fait « à l'image et à la ressemblance de Dieu », remplit une *fonction théologique*, dès lors qu'il révèle que l'homme *n'est pas* Dieu, mais qu'il *est comme* Dieu ! C'est pourquoi l'énoncé métaphorique même, bien qu'il ne soit pas un énoncé descriptif selon la rigueur logique, a une prétention véritative visant le discours ontologique et théologique.

Or, la Révélation étant tissée de récits et donc d'expressions métaphoriques, les implications d'ordre analogique et ontologique issues de l'étude de Ricœur à l'égard de la métaphore vive vont jeter une lumière importante sur ma réflexion autobiographique. Comme nous l'avons constaté auparavant, Jüngel souligne le fait que l'analogie parabolique élève le langage métaphorique de l'Évangile à être l'expression même de la Révélation[970]. Pour sa part, Hoff met en relief proprement le fait que la poésie, en tant qu'expression métaphorique par excellence, explique la logique symbolique et sacramentelle de la synesthésie[971]. De même, la figure du disciple bien-aimé, en tant que modèle testimonial de type autobiographique, est chargée par la communauté johannique, à partir de l'expression « penché sur la poitrine de Jésus », d'une valeur métaphorique et à la fois sacramentelle, ainsi que je vais le remarquer vers la fin de ce chapitre[972]. Plus généralement, l'autobiographie est elle-même l'expression métaphorique révélant le *moi* de l'autobiographe, ainsi que nous l'avons constaté à l'aide des spécialistes majeurs en autobiographie[973]. Cela va être davantage explicité au cours du chapitre 5, à propos du conte autobiographique de Saint-Exupéry[974], et également dans le cadre de l'expérience du cénacle autobiographique,

969 Que la *Métaphore vive* s'avère une approche ontologique quelque peu audacieuse, cela est imputable au fait que, chez Ricœur, la métaphore véhicule en quelque sorte l'être comme des réalités qu'elle redécrit. Par contre, elle ne le porte pas, mais elle *révèle* l'être des réalités pour ainsi dire *sous un autre mode*, c'est-à-dire sous le mode de la « parole imagée » dépassant la limite de l'expression conceptuelle et spéculative. C'est pourquoi le penseur français aurait dû s'en tenir à une approche analogique (voir *supra*, n. 967), ce qui inclut aussi l'approche ontologique, tout comme nous l'avions déjà annoncé au début du paragraphe, en soulignant le lien originel et primordial entre analogie et métaphore, lien repéré par Ricœur lui-même.

970 Voir *supra*, 1.2.2.

971 Voir *supra*, 2.3.1, notamment n. 673.

972 Voir *infra*, 3.3.2.

973 Voir *supra*, 3.2.1.

974 Voir *infra*, 5.1.3, 5.2.3 et 5.3.1.

où la plupart des ateliers tirent parti des divers moyens métaphoriques offerts aux participants[975].

Cela dit, nous sommes maintenant en possession de tous les éléments qui construisent le discours philosophique autour du récit et de l'identité narrative, auquel le philosophe français consacre plusieurs volumes. C'est pourquoi nous pouvons d'ores et déjà annoncer que la question de la « prétention véritative », en tant que noyau de la *Métaphore vive*, continue son chemin en se déplaçant du cadre foncièrement analogique de l'être vers le cadre phénoménologique et existentialiste du sujet. Autrement dit, si dans la *Métaphore vive,* la question métaphorique est posée dans les termes du « *quid* » de l'*expression poétique* portant sur l'*acte* et sur l'être, dans *Temps et récit* et *Soi-même comme un autre,* cette même question sera posée dans les termes du « *quis* » de l'*action narrative* portant sur le *sujet.*

3.2.2.2. Le récit en tant que « *mimèsis* » de l'histoire et humanisation du temps

Les deux derniers ouvrages du philosophe français, que nous venons de mentionner, constituent des « publications jumelles » de la *Métaphore vive*[976]. De fait, si dans celle-ci, à partir de la rhétorique et de la poétique aristotéliciennes, Ricœur focalise son attention sur la référence seconde du langage, celle engendrée par l'expression métaphorique, dans *Temps et récit* et *Soi-même comme un autre,* c'est le texte narratif qui va exercer une fonction similaire à celle que la métaphore remplit par rapport à la poésie. Partant de la considération d'Aristote des *muthoi* et des tragédies de la culture grecque ancienne en tant que *mimèsis*, c'est-à-dire imitation de l'histoire et de l'action réelles sous la forme du récit ou du drame lyrique, Ricœur développe le discours philosophique entamé lors de sa réflexion sur la métaphore vive. Mais cette fois-ci, le penseur français envisage sa réflexion autour de la narration en posant la question du *temps* – qu'Aristote laisse de côté – comme la condition préalable même de la *mise en intrigue*, c'est-à-dire du récit.

De fait, un récit n'est pas simplement l'action racontée, c'est-à-dire la simulation en forme linguistique des actions des actants (les personnages), mais il constitue la possibilité même de la configuration ou de la redescription de la réalité racontée. Car la mise en intrigue offre la synthèse temporelle de l'histoire, tel l'« espace » où les actions se déploient, s'entrelacent et se développent. En retour, le temps est l'élément nouveau que le récit de fiction configure comme temps humain, c'est-à-dire en tant que temps articulé en présent, passé et futur et, pour cela même, en tant que temps « mesurable »[977]. C'est pourquoi le récit constitue pour Ricœur une solution originale aux apories du temps, partiellement

975 Voir *infra*, 7.2.
976 Cf. P. Ricœur, *Temps et récit*, t. I, Seuil, Paris, 1983, p. 11.
977 Cf. *ibid.*, p. 17.

résolues par saint Augustin dans le livre XI des *Confessions*[978]. Essayons d'expliciter cette question.

Pour l'évêque d'Hippone, le temps n'*est* quelque chose que lorsqu'il est pensé, soit comme mémoire d'un fait passé, soit comme vision ou perception d'un fait qui est en train de se passer, mais qui s'enfuit en entraînant le temps présent, soit comme attente d'un fait qui n'est pas encore et qui ne peut donc qu'être imaginé. En tous ces cas, une telle considération du temps n'est possible que grâce à l'âme, avec ses capacités de *distentio* et d'*intentio* par lesquelles le temps est saisi comme passé, présent et futur. Cependant, cela n'est qu'une expérience du temps, mais pas l'*être* du temps qui reste non-mesurable.

Pourtant, malgré les limites de cette solution originale, Ricœur trouve dans la réflexion augustinienne comme l'embryon de la solution que le récit peut offrir aux apories temporelles. De fait, la classification du temps en triple présent (*distentio*) implique la *mémoire*, appelée à la constitution (*intentio*) d'une *image-empreinte* demeurant présente et fuyant en même temps vers le passé, même lorsqu'elle est projetée dans le futur. Ce qui amène Ricœur à saisir dans l'action de mémoire (*intentio-distentio*) de l'âme l'« imagination » que la métaphore et le récit mettent en œuvre, lorsqu'ils reproduisent et simulent (configuration) le temps comme « étant » quelque chose qu'on peut décrire et dont on peut finalement parler. C'est ainsi que l'« achronie » du temps devient, grâce à la narration, chronologie ou chronographie du temps[979].

978 L'aporétique du temps consiste en l'irréductibilité du temps du monde au temps de l'âme. Celle-ci saisit le temps en le « présentifiant » comme souvenir, imagination et comme attention actuelle à l'instant qui s'enfuit, moyennant les opérations de l'âme, soit la conscience mémorielle, attentionnelle et anticipatrice qui chercherait à mesurer le temps, à lui conférer une extension, c'est-à-dire une forme dont dépendrait l'être du temps. Or, le temps n'est pas mesurable, du fait qu'il est toujours ce qui n'est pas : passé qui n'est plus, futur qui n'est encore pas et présent qui n'est pas toujours. Seul Dieu peut saisir et embrasser totalement le temps comme une réalité finie et accomplie. Par conséquent, participant de l'immortalité divine, l'âme en fait une certaine expérience. La seconde aporie, venant de la considération aristotélicienne du temps, porte sur le mouvement des instants qui se succèdent. En ce cas, le temps s'avère comme la somme de chaque instant se situant entre le moment qui était avant et celui qui sera après. Or les deux conceptions du temps, celle de l'âme et celle de la cosmologie, ne sont pas réductibles l'une à l'autre. Le temps n'existe que lorsque l'homme le pense, mais il n'est pas quelque chose en lui-même. C'est pourquoi le temps ne peut qu'être raconté. En fait, c'est dans le récit qu'il devient histoire et s'affirme comme la condition de possibilité d'un temps humain débouchant sur la permanence de l'identité de la personne. De fait, bien que celle-ci change, elle est pourtant toujours la même. C'est pourquoi Ricœur résout de manière originale l'aporie temporelle en faisant aboutir le discours du temps à l'« identité narrative ».

979 Cf. *ibid.*, pp. 19–53. « Achronie » (*ibid.*, p. 53) est une expression que le philosophe français emploie pour signifier le temps sans temps, telle l'éternité – entendue plutôt au sens platonicien –, qui est à l'opposé du temps humain ou temps chronologique, le seul temps pouvant être mesurable et représentable. C'est pourquoi une configuration narrative s'avère en même temps une configuration temporelle, c'est-à-dire une représentation linéaire du temps, où la temporalité préserve le récit de la tendance qu'ont notamment l'historiographie et la narratologie modernes à « logiciser » et à la fois à

Temps et récit est donc l'ouvrage où le temps, suivant les trois phases du récit, à savoir *mimèsis* I, *mimèsis* II et *mimèsis* III, se déploie en tant que temps « préfiguré » (première phase), temps « configuré » (phase intermédiaire du récit) et temps « refiguré » (troisième phase)[980].

Dans *mimèsis* I, Ricœur relève les conditions préalables à la composition ou *mise en intrigue* d'un récit. D'ailleurs, « imiter ou représenter l'action, c'est d'abord pré-comprendre ce qu'il en est de l'agir humain : de sa sémantique, de sa symbolique, de sa temporalité »[981]. Le temps vécu peut donc être raconté grâce à ces précompréhensions communes au narrateur aussi bien qu'au lecteur d'un récit. Somme toute, *mimèsis* I représente l'histoire non-racontée, et donc une sorte de « préhistoire » constituée de toutes les histoires vécues. Car, en fin de compte, l'histoire à proprement parler n'est que celle racontée, tandis que la vie réelle en est la condition préalable, soit cette « narrativité inchoative », d'où tout commence, et qui parvient à une détermination plénière dans le récit[982]. C'est pourquoi *mimèsis* I constitue pour le lecteur l'horizon de la *préfiguration*, horizon qui pourrait correspondre à la problématique temporelle évoquée par Augustin.

Avec *mimèsis* II, « s'ouvre le royaume du *comme si* »[983], ce qui nous renvoie à la réflexion que le philosophe mène dans la *Métaphore vive*. Il s'agit d'une opération de *configuration*, précisément d'une *mise en intrigue* médiatisant les deux autres phases, *mimèsis* I et *mimèsis* III, lesquelles se tiennent respectivement en amont et en aval. Une telle médiation consiste à tirer des événements aussi bien que des incidents une « histoire sensée ». Cela implique une direction de l'histoire, y compris les significations qui en découlent, selon une organisation chronologique (le temps raconté ou historique) d'événements se déployant dans un temps en lui-même non racontable et donc non-chronologique (ou non historique)[984]. Pourtant, si d'un côté, la narration peut être considérée comme étant une réalité « sédimentée », du fait de sa forme scripturaire[985], de l'autre côté, elle est également

« déchronologiser » ce dernier. Autrement dit, une telle tendance réalise une séparation nette entre histoire et récit, du fait que celui-ci ne possède pas une valeur épistémologique et donc le pouvoir d'expliquer l'histoire. Le récit aurait plutôt un caractère épisodique et pas un caractère configurant, c'est-à-dire à même de configurer l'histoire. Cela correspond, pour Ricœur, à la « menace » de l'*achronie*, celle qui veut toujours saper le temps humain ou linéaire par le signe du néant (cf. *ibid.*, p. 53). L'étude du philosophe va reconnaître le propre de la narration, à savoir son caractère événementiel, ce que devraient lui reconnaître l'historiographie et la narratologie elles-mêmes.

980 Cf. *ibid.*, p. 87.

981 *Ibid.*, p. 100.

982 Cf. R. Baroni, « Ce que l'intrigue ajoute au temps. Une relecture critique de Temps et récit de Paul Ricœur », *Poétique* 2010/3 (163), pp. 361–382.

983 P. Ricœur, *Temps et récit*, t. I, p. 101.

984 Cf. *ibid.*, pp. 101–105.

985 L'écriture, ne pouvant être changée, fixe les éléments qui composent l'histoire : les actants, les actions, les énonciations, les énoncés, etc.

une réalité vivante, grâce, notamment, au travail d'imagination créative et productrice qui est à l'œuvre dans chaque récit[986]. C'est pourquoi l'histoire racontée transmet une *tradition* qui n'est pas statique, mais porteuse d'*innovation.* Cela est dû au fait que l'universel que le récit configure engendre des paradigmes nouveaux[987].

Mimèsis III constitue le moment de la *refiguration*, objectif du récit, lorsque celui-ci « est restitué au temps de l'agir »[988]. Autrement dit, étant le point d'intersection entre le monde du texte (la configuration du récit) et le monde du lecteur (son vécu, ses attentes, etc.), *mimèsis* III appelle ce dernier à se laisser « refigurer » par le texte, configuré, de son côté, comme un « monde temporel »[989]. Mais pas seulement.

Grâce à cette troisième étape, les temps rétrospectifs du récit permettent au passé de devenir un souci du présent, car « débattre du passé, c'est le prolonger dans le présent »[990]. C'est précisément ce que fait l'historiographie, lorsque, pour le comprendre, elle « situe » l'événement du passé dans les commentaires du présent[991]. De fait, le prétérit « il était une fois » signale non pas le fait d'un temps « passé », mais plutôt le fait *qu'il y a récit*, qu'une narration démarre[992]. Et cela grâce à la voix du narrateur ou à son commentaire qui permet au passé d'être encore affaire du présent.

À propos du narrateur et de ses énonciations (commentaires), d'après Ricœur, le point de vue de celui-ci est étroitement lié à la voix narrative, ce qui met au jour un entrelacs synesthésique très intéressant. De fait, dans la mesure où la perspective du narrateur vise

986 Cf. *ibid.*, pp. 106–109.

987 Ces paradigmes nouveaux, porteurs d'innovation, expliquent la continuité « référentielle » qui de la métaphore s'étend au récit. Car la configuration ou mise en intrigue (*mimèsis* II), tout comme l'expression métaphorique de la poésie, va offrir une signification nouvelle et vitalisante (métaphore narrative) visant la refiguration du lecteur (*mimèsis* III) opérée par la lecture.

988 *Ibid.*, p. 109.

989 Cf. *ibid.*, pp. 109–110. La narration accorde au temps une structure chronologique, de manière à ce que celui-ci se trouve comme objectivé dans le récit lui-même.

990 P. Ricœur, *Temps et récit*, t. II : *La configuration du temps dans le récit de fiction*, Seuil, Paris, 1984, p. 105.

991 Cf. *ibid.*

992 Cf. *ibid.* Comme il met en connexion une histoire passée avec une histoire présente, cet « il y a récit », par lequel le narrateur entame la narration, manifeste comment l'histoire passée se revêt pour ainsi dire du vêtement nouveau qu'est la configuration même du récit. Ce faisant, Ricœur laisse entendre que lorsqu'une narration entame, commence en même temps une nouvelle histoire. Cette conjecture se retrouve confirmée d'abord par les théories autobiographiques des principaux spécialistes que nous avons envisagés auparavant, relativement aux apports formatifs et performatifs de l'expérience autobiographique visant le changement de vie (voir *supra*, 3.2.1). Cela va être également avalisé par la pratique autobiographique mise en place à travers les ateliers du « cénacle autobiographique », objet du chapitre 7. D'où la mise en évidence de la prérogative sacramentelle du récit autobiographique en tant que forme et composante analogique de la Parole, aussi dans le cadre de l'évangélisation. Car, lorsque quelqu'un se raconte lui-même, quelque chose *se passe*. Et cela en vertu proprement de la force créatrice de la Parole de Dieu, le *dabar*, qui accorde à la parole humaine l'efficacité sacramentelle ainsi que l'efficacité performative (voir aussi *supra*, n. 561).

à faire parler les personnages, cette *vision* (ou point de vue), se rendant présente par la *voix* narrative qu'est la voix même du narrateur – cela également lorsqu'elle sort de la bouche des personnages mêmes de l'intrigue –, est susceptible d'être considérée comme « une annexe de l'écoute »[993]. Concrètement, c'est par la *voix* narrative que le narrateur « impose » son point de *vue*, ce qui fait que le récit est à la fois *raconté* et *fait voir* par les yeux d'un personnage ou ceux du narrateur lui-même.

De toute façon, lorsque l'imparfait marque le début de l'histoire, sachant bien qu'il s'agit d'une voix narrante qui est en même temps une voix du passé, le lecteur est invité à comprendre le présent de la narration (et pour cela même de la lecture) comme passé[994]. Cela amène, à mon avis, à une superposition de trois temporalités, à savoir : le temps du lecteur, le temps du narrateur et le temps du fait raconté. C'est pourquoi, si d'un côté, le passé du récit est affaire du présent du narrateur, de l'autre, le passé de l'histoire et celui du narrateur deviennent affaires du présent du lecteur lui-même. Bref, moyennant le présent de la lecture, les deux passés sont « actualisés »[995].

Dans le tome III de *Temps et récit*, le philosophe français avoue que l'étude de la *Métaphore vive* restait figée sur le texte, comme une sorte de transcendance dans l'immanence. Autrement dit, le discours métaphorique ne franchissait pas le pas vers le « dehors » du texte, du fait que la structure interne de ce dernier, à savoir la « visée intentionnelle », demeurait une question délaissée[996]. En retour, situant telle intentionnalité dans le cadre de la lecture comme faculté du lecteur, *Temps et récit* accomplit en quelque sorte l'étude de *La métaphore vive*, trop centrée sur ladite « véhémence ontologique » du texte métaphorique et poétique[997].

Ainsi, ce qui pour la métaphore constituait la possibilité d'une nouvelle référence sémantique, devient dans le récit de fiction une nouvelle signification ou redescription du texte portant sur un sujet relativement neuf : le lecteur. En effet, la métaphore relevait déjà un certain pouvoir de transformation s'étendant au-delà d'elle et consistant en une manière d'être « potentielle ». Dans le cas du récit, grâce à la médiation de la lecture, « pouvoir être » devient « acte d'être » ou « être en acte », de manière à ce qu'une transformation puisse s'opérer dans le monde « réel » même du lecteur. Cette transformation, chez Ricœur, prend le nom de « refiguration ».

993 *Ibid.*, p. 148.
994 Cf. *ibid.*, p. 147.
995 Notons que jusqu'à ce stade de l'étude de Ricœur, la figure de l'« auteur » demeure toujours dans l'ombre. Toutefois, même si c'est le récit de fiction qui fait l'objet de son analyse, cela ne justifie pas, à mon avis, la non-prise en considération de l'*auteur* d'un texte.
996 Cf. P. Ricœur, *Temps et récit*, t. III : *Le temps raconté*, Seuil, Paris, 1985, p. 230.
997 Voir *supra*, 3.2.2.1, notamment la n. 967.

Afin de mettre bien en relief qu'il s'agit de la même dynamique que celle qui est à l'œuvre dans l'énoncé métaphorique, lorsque celui-ci passe d'un sens premier à un sens nouveau, le philosophe français fait allusion au récit historique, dont la fonction consiste à « représenter » un passé *réel* et *vécu*[998]. C'est, par ailleurs, la seule occasion où Ricœur, bien qu'il le fasse avec une certaine réticence, prend en considération la figure de l'*auteur* en tant que point de départ d'une stratégie de persuasion (rhétorique) visant le lecteur. De fait, il ne cache pas sa crainte, lorsqu'il affirme : « Une objection se propose aussitôt : en réintroduisant l'auteur dans le champ de la théorie littéraire, renions-nous la thèse de l'autonomie sémantique du texte et retournons-nous à une psychographie aujourd'hui dépassée ? »[999]

Or, si l'on met de côté cette crainte puisque, chez Ricœur, il n'est pas question de l'auteur réel, mais de l'auteur impliqué[1000], il va de soi que pour un philosophe de la narration, la considération de la figure de l'auteur, fût-elle implicite, met en jeu la prise en compte d'un arrière-fond psychologique. Et cela bien qu'il ne soit pas question de récits autobiographiques mais de récits de fictions (ou historiques). D'ailleurs, que le texte soit l'œuvre d'un énonciateur, le lecteur en est persuadé, ce qui amène celui-ci aussi à des considérations de type psychologique visant à reconstruire la psychologie de l'auteur impliqué. Pour ce faire, il devra connaître l'aspect psychologique des personnages aussi bien que celui du narrateur, c'est-à-dire la voix qui raconte, à partir de ce qu'en révèle la mise en intrigue.

Ainsi, Ricœur parvient à la conviction que, « sans lecteur qui l'accompagne, il n'y a point d'acte configurant à l'œuvre dans le texte ; et sans lecteur qui se l'approprie, il n'y a point de monde déployé devant le texte »[1001]. Un texte, c'est un texte à lire. C'est pourquoi

998 Cf. P. Ricœur, *Temps et récit*, t. III : *Le temps raconté*, p. 231.

999 Cf. *ibid.* Pour sa part, le lecteur favorise cette même stratégie dans la mesure où il s'approprie le monde du texte voulu par l'auteur.

1000 L'auteur « impliqué », également appelé « implicite », est la figure rhétorique de la fiction, celle qui mène stratégiquement le récit. Il est distingué de l'auteur réel aussi bien que du narrateur, lequel prête à l'auteur implicite sa voix. Bref, c'est l'auteur idéal qu'imaginent, voire que créent les lecteurs aussi bien que les narratologues étudiant un texte.

1001 *Ibid.*, p. 239. Dans ce passage, alors que Ricœur souligne la nécessité du « dehors » du texte, il est étonnant que pour lui, ce « dehors » ne soit que celui qui se tient devant le texte, le lecteur, mais pas celui qui se tient derrière lui, c'est-à-dire l'auteur. De même, il est assez surprenant qu'il n'y ait pas la moindre mention, chez le penseur français, de l'écrivain en tant qu'artisan de l'« acte de configuration », comme s'il y avait un « trou » ou un « vide » dans la philosophie ricœurienne du récit. C'est pourquoi, à mon avis, Ricœur lui-même ne se soustrait pas à une sorte d'« acharnement narratif » centré sur le pôle du lecteur et de la lecture du texte, aussi bien que sur la considération de l'autonomie du texte, par rapport à son auteur. Pourtant, il s'agit d'une affirmation assez importante, à partir de laquelle nous essaierons plus loin, par rapport au discours d'une théologie comme autobiographie, d'émettre l'hypothèse selon laquelle sans « témoignage autobiographique », il n'y a pas d'acte de configuration et de refiguration portant sur une identité qualifiée de « testimoniale » relativement à l'auteur-autobiographe lui-même comme au destinateur de ce témoignage (voir *infra*, 3.3.2.).

la lecture n'est pas un événement extrinsèque par rapport au texte[1002], mais d'après le philosophe français, elle est l'avenir même du texte. Par l'interprétation que la lecture réalise, c'est elle qui met au jour, la structure du texte, attendant toujours un lecteur qui en devienne l'« auteur »[1003]. Pourtant, cela situe le lecteur dans une position oscillante, prise entre la tentative de « manipulation » potentielle exercée par le texte, ou stratégie de persuasion, qui relève de la rhétorique, et la capacité de la lecture d'engendrer une série infinie d'interprétations du texte. Par conséquent, celui-ci semble rester « dans une inquiétante indétermination »[1004].

Toutefois, la rhétorique n'est pas la seule théorie de la lecture. Il existe, d'après Ricœur, une théorie où le lecteur est respecté et mis en valeur, à savoir la phénoménologie et l'esthétique de la réception qu'est l'acte de lecture[1005]. Car, si la rhétorique prend pour sa part appui sur l'intentionnalité « infaillible » de l'auteur impliqué, la phénoménologie profite des aspects inachevés du texte. Dans une visée husserlienne, notamment celle de la théorie du temps, selon laquelle celui-ci se construit à l'aide de l'enchaînement des phrases d'un texte, l'objet littéraire, au contraire de tout objet perçu, ne vient pas remplir les attentes du lecteur de manière intuitive, mais il va les modifier, selon le processus d'une activité « imageante »[1006]. Celle-ci se développe surtout à partir des lieux d'indétermination du texte ou lacunes, auxquelles le lecteur est censé donner forme. C'est précisément le côté non écrit que le lecteur s'efforce de se figurer[1007]. C'est pourquoi il s'agit d'une phénoménologie qui est en même temps une esthétique.

Cependant, ce processus « imageant » peut aussi entraîner l'effet de l'illusion, dû à la sensation, que le lecteur éprouve, d'une pleine familiarité avec le texte, si bien que l'acte de lecture devient presque un « voir-croire »[1008]. C'est pourquoi, par rapport à la rhétorique,

1002 Cf. *ibid.*, p. 240.

1003 Cf. *ibid.*, p. 241. Il est également vrai que le lecteur réel possède une rhétorique à lui qui se soustrait à la rhétorique de l'auteur impliqué visant le lecteur implicite. Cela est d'ailleurs repris par Ricœur lui-même, lorsqu'il affirme qu'en définitive « la théorie de la lecture reste une variante d'une théorie de l'écriture » (*ibid.*, p. 243, n. 1), tout en introduisant une théorie phénoménologico-esthétique capable de redonner au lecteur créativité et liberté de lecture. Pourtant, Ricœur penche pour une identification entre lecteur implicite et lecteur réel, où le second concrétise le premier, tandis que, par rapport à la figure de l'auteur, le philosophe tend à faire disparaître l'auteur réel en faveur du déguisement de celui-ci en auteur impliqué. C'est pourquoi, en définitive, selon le philosophe, l'auteur réel disparaît en s'objectivant dans le narrateur de l'œuvre, c'est-à-dire dans la voix narrative (cf. *ibid.*, p. 249).

1004 *Ibid.*, p. 243.

1005 Cf. *ibid.*

1006 Cf. *ibid.*, pp. 244–245. Il s'agit d'une activité par laquelle le lecteur s'emploie à *se figurer* les événements et les personnages du texte.

1007 Cf. *ibid.*, p. 247.

1008 Cf. *ibid.* Nous verrons, plus loin (voir *infra* 3.3.2.), que ce processus « imageant » et entraînant l'illusion d'un « voir-croire », dans une visée autobiographique n'est pas du tout une illusion. Au contraire, l'esthétique laisserait au lecteur un espace de liberté et de créativité, impliquant une certaine symétrie entre auteur impliqué et lecteur impliqué, où le second est l'objet de la stratégie rhétorique du premier. Pourtant, d'après Ricœur, cette symétrie n'est qu'apparente et trompeuse, car, « tandis que l'auteur réel s'efface dans l'auteur impliqué, le lecteur impliqué prend corps dans le lecteur réel »[1009]. C'est pourquoi, d'une part, l'auteur impliqué, que le narrateur ou la voix narrative représentent, est un déguisement de l'auteur réel. D'autre part, le lecteur réel est une concrétisation du lecteur impliqué[1010]. Par conséquent, le texte ne vise qu'à *transformer* le lecteur impliqué en un « lecteur en chair et en os »[1011]. Bref, le texte étant une œuvre de transformation, qui comprend configuration et refiguration, cela revêt toute la philosophie ricœurienne de la narration de la marque d'une herméneutique de type esthétique[1012].

Parler de philosophie du récit en termes d'*aisthèsis* (esthétique) veut dire mettre en relief une dimension *révélante* (et *transformante*) qui englobe deux autres caractéristiques : la *poièsis* (création, action) et la *catharsis* (action de transformation)[1013]. Mais il est également nécessaire de mettre en évidence la dimension « historicisante » qui amène tout lecteur, y compris une entité communautaire tout entière, à se constituer une identité historique et culturelle, précisément grâce à la lecture des textes que la communauté elle-même a produits[1014].

il constitue précisément cette dynamique synesthésique et autobiographique – qui est aussi analogique et sacramentelle – opérant à l'intérieur de la Parole-Écriture, qui va construire une « identité testimoniale » conformément à l'intention du texte-témoin : « Pour que vous croyiez que Jésus est le Christ, le Fils de Dieu, et pour qu'en croyant vous ayez la vie en son nom » (Jn 20,31). Ici, évidemment, « croire » implique « voir », du fait même de la théologie johannique !

1009 *Ibid.*, p. 249.

1010 C'est le seul moment où le philosophe français mentionne la figure du lecteur impliqué. Voir *supra*, n. 1001.

1011 P. Ricœur, *Temps et récit*, t. III : *Le temps raconté,* p. 249. À ce stade de l'analyse, une question surgit spontanément : pourquoi l'auteur réel, c'est-à-dire en chair et en os, devrait-il toujours demeurer dans l'ombre ? Si le texte vise finalement le lecteur réel, n'est-il pas aussi l'œuvre et donc l'empreinte de l'auteur réel ? C'est précisément en cela que consiste le noyau de la question d'une théologie comme autobiographie qui permettrait à la théologie narrative de franchir le pas en faveur de l'auteur, à partir notamment d'un lien indissociable texte-auteur que la Parole-Écriture consacre. Et cela, de manière symétrique avec le dynamisme phénoménologique et esthétique proposé par Ricœur, selon lequel le texte devient un texte-lecteur, dans la mesure où le lecteur se l'approprie. J'y reviendrai (voir *infra*, 3. 3).

1012 Cette marque esthétique que la philosophie du récit applique au texte et à la lecture nous permet de saisir un lien étroit entre la théorie philosophique de Ricœur et la théologie de Balthasar. Car la première accorde au texte la capacité de *refigurer* narrativement une identité personnelle, tandis que la seconde reconnaît au texte sacré la vertu d'être une forme ou figure conforme (à la *res carnis Jesu*) qui *configure* ou façonne pour cela même une identité personnelle au Christ.

1013 Cf. P. Ricœur, *Temps et récit*, t. III : *Le temps raconté,* pp. 258–260.

1014 Cf. *ibid.*, pp. 262–263, surtout p. 357.

C'est à ce stade de son analyse que Ricœur se confronte au récit historique en le croisant avec le récit de fiction, ce qui l'amène à parler en termes de *fictionalisation de l'histoire* et d'*historicisation de la fiction*. La tâche de cette analyse est de reprendre la « vérité tensionnelle » de la métaphore, tout en la situant dans le cadre du récit de fiction[1015]. En retour, une telle analyse vise aussi à relever la « forme fictive » qu'un récit historique assume en tant que moyen d'expression de la vérité historique que ce type de récit veut véhiculer.

Si le but de la philosophie de la narration est la configuration du temps, devenu, par la médiation du récit, temps humain, à plus forte raison l'entrecroisement entre histoire et fiction conduit-il à ce que ces deux réalités soient inséparables. Il s'agit, ainsi que l'affirme Ricœur, d'une « refiguration conjointe »[1016], c'est-à-dire d'un espace commun créé par la lecture où l'histoire se sert de la fiction pour reconfigurer le temps et la fiction se sert de l'histoire pour réinscrire le temps du récit dans le temps du réel.

Or, voulant explorer en quoi consiste le fait que l'imagination puisse se figurer « ce qui a été » d'une manière « réaliste », le philosophe français rappelle que le temps cosmologique en tant que tel est « mesurable » grâce au calendrier[1017]. Précisément, c'est moyennant des signes, des nombres et des images que le calendrier (ainsi que l'horloge) exerce sa fonction synthétique. Pourtant, le temps qu'il marque n'est pas un temps réel ou vécu, mais une trace de celui-ci, une représentation. Si donc, se figurer le temps, c'est le représenter, toute construction historique est une « re-construction » et une « représentance » du « Même » (le temps passé) comme un « Autre » (altérité) et de l'étranger comme proche[1018].

Un tel transfert du temps cosmologique au temps chronologique ou humain advient « en sympathie et en imagination »[1019]. De fait, Ricœur ne manque pas de rappeler la fonc-

1015 Voir *supra*, 3.2.2.1.
1016 P. Ricœur, *Temps et récit*, t. III : *Le temps raconté,* p. 264, n. 1.
1017 Cf. *ibid.*, pp. 267–268.
1018 Cf. *ibid.*, p. 269.
1019 *Ibid.* La foi, chez Balthasar, ne fonctionne-t-elle pas de la même manière par rapport à la Révélation ? N'est-elle pas « fascination » suscitée par l'attrait et le ravissement de la Figure qui rayonne de la *res carnis Jesu* ? La sympathie et l'imagination opérant dans une dynamique phénoménologique de la conscience et visant à saisir le récit ou l'histoire du passé comme reproduction du réel ne correspondent évidemment pas à la foi. Cependant, opérant une adéquation entre la conscience et l'objet (le récit), le fonctionnement phénoménologique de « sympathie et imagination » opéré par la conscience se rapproche du fonctionnement analogique de la *perception* par la foi de l'*apparition* de la Figure (la *res carnis Jesu*). Car si, chez Ricœur, la représentation du réel – qui est une adéquation sous la forme du récit ou de la métaphore – advient moyennant la *sympathie* et l'*imagination*, chez Balthasar, la perception de la Figure de la Révélation – telle une évidence objective, c'est-à-dire adéquate et conforme, qui passe par la forme du récit (y compris ses expressions métaphoriques) qu'est la Parole-Écriture, en tant que figure christologique – se déploie en termes de *fascination* et de ravissement. Voir *supra* 1.3.1. ; *infra*, 4.1.1.

tion ou « inférence analogisante », dont parle Husserl dans la *Cinquième Méditation cartésienne*, où le transfert analogisant légitime le passage à l'Analogue et le recours à la tropologie[1020]. Ce faisant, l'imagination se fait vision, de manière à ce que le passé *paraisse* réel, tel un passé que j'aurais pu vivre, dont j'aurais pu être le témoin oculaire. De ce fait, « l'écriture de l'histoire ne s'ajoute pas du dehors à la connaissance historique, mais fait corps avec elle »[1021]. Mais il y a plus. « L'étonnant est que cet entrelacement de la fiction à l'histoire n'affaiblit pas le projet de représentance de cette dernière, mais contribue à l'accomplir »[1022].

Cet affect réaliste opéré par la fiction, où le « voir-comme » donne l'illusion du « voir-croire », peut donc amener le lecteur à *lire* un livre d'histoire *comme* un roman en faisant totale confiance à l'historien[1023]. Il s'agit d'une hypothèse plausible que Ricœur formule en donnant pour l'illustrer le cas où le lecteur prend un récit historique pour une narration de fiction, tout en lui accordant néanmoins une valeur historique. Une telle lecture n'est pas censée être jugée comme trompeuse ou naïve. D'ailleurs, au nom d'un pacte de lecture implicite entre narrateur et lecteur[1024], « les historiens anciens n'hésitaient pas à mettre dans la bouche de leurs héros des discours inventés que les documents ne garantissaient pas, mais rendaient seulement plausibles »[1025]. Par contre « les historiens modernes ne se permettent plus ces incursions fantaisistes »[1026].

1020 Cf. *ibid.*, pp. 269–270. La tropologie recouvre le « tel que » de la métaphore et également de la métonymie, de la synecdoque et de l'ironie.

1021 *Ibid.*, p. 270.

1022 *Ibid.* Il est impressionnant de noter l'affinité mise au jour par ce passage entre le dynamisme analogisant, où l'écriture de l'histoire est une « représentance » – expression qui exprime un sens plus fort que le terme « représentation », dès lors que « représentance » véhicule une signification analogique – quasi-réelle du passé, et l'analogie sacramentelle qui permet à l'événement du salut raconté de révéler Dieu aussi bien que de le rendre présent. En conséquence, les deux analogies, celle philosophique de type phénoménologique et celle théologique de type christosacramentel, se rapprochent de manière assez significative.

1023 Cf. *ibid.*, p. 271.

1024 À ce propos, se reporter à la théorie de Lejeune (voir *supra*, 3.2.1.3).

1025 P. Ricœur, *Temps et récit*, t. III : *Le temps raconté*, p. 271. Ce discours est assez éclairant par rapport à l'Écriture entendue, ainsi que l'affirme Balthasar lui-même, en tant que témoignage homologue porté à la Parole par la foi des disciples (voir *supra*, 1.2.4, notamment n. 389). Cela implique, pour donner un exemple concret, que le chapitre 21 de Jean appelé « rédactionnel » soit une adjonction complémentaire et tardive d'un rédacteur, ou qu'il soit un message-invitation du rédacteur lui-même (voir *supra*, 3.1.2.1). Dans la seconde hypothèse, il s'agit d'une parole « plausible », que le rédacteur met dans la bouche même de Jésus – ce qui veut dire, en l'occurrence, inspirée –, afin d'accréditer le « quatrième évangile » auprès de la communauté johannique après la mort de son fondateur, le disciple bien-aimé ; en même temps, il s'agit d'une parole adressée à « Pierre », en tant que symbole de l'autorité de l'Église et des Églises particulières de tout lieu et de tout temps, ainsi qu'à tous les successeurs des apôtres.

1026 *Ibid.*

La fiction peut donc aider l'historiographie à ne pas perdre la mémoire, tout en se mettant au service de l'inoubliable, tandis qu'« une historiographie peut être sans mémoire, lorsque seule la curiosité l'anime »[1027]. En revanche, au fil de l'histoire, « il y a peut-être des crimes qu'il ne faut pas oublier, des victimes dont la souffrance crie moins vengeance que récit. Seule la volonté de ne pas oublier peut faire que ces crimes ne reviennent plus jamais »[1028].

Fiction et histoire étant entrelacées, « le récit de fiction est quasi historique dans la mesure où les événements irréels qu'il rapporte sont des faits passés pour la voix narrative qui s'adresse au lecteur »[1029]. C'est pourquoi ils ressemblent aux événements historiques du passé, car le « comme si cela s'était passé » simule l'histoire[1030]. Le « quasi-passé » de la fiction, résumé dans la formulation « ce qui aurait pu avoir lieu », recèle des potentialités, tout comme le vraisemblable de la théorie d'Aristote[1031]. De fait, puisque le récit, en mettant en place une intrigue, humanise le temps, il assume pour cela même une forme « quasi-historique », c'est-à-dire vraisemblable, ce qui met au jour la véritable signification de la *mimèsis* : plus qu'une imitation de la réalité, elle correspond plutôt au « probable » humain et temporel qui pourrait pour cela même avoir lieu, réellement.

3.2.2.3. L'identité narrative et la « refiguration » du lecteur

Finalement, la réflexion de *Temps et récit* qui avait débuté par l'étude de saint Augustin autour des apories du temps parvient à une solution. Déjà, affirmant que le temps, à travers les opérations de l'âme de mémoire, d'attention/perception et d'imagination, peut être classifié comme passé, présent et futur, l'évêque d'Hippone aboutissait en dernière analyse à la « linéarité du temps » (ordre chronologique). Suite à l'exploration de la pensée augustinienne, envisageant la visée philosophique de la phénoménologie, Ricœur découvre que celle-ci confie l'aporie de l'irreprésentabilité du temps au « mythe » (au sens de *muthos*), en tant qu'expression métaphorique où le temps ne peut être pensé que comme temps raconté[1032]. C'est alors qu'il comprend le récit comme étant le véritable « gardien du temps »[1033] et la seule médiation à même de représenter le temps comme temps humain.

Or, ainsi que l'humanisation du temps, le récit entraîne l'« identité narrative ». Car, l'histoire racontée disant le « qui » de l'action, l'identité du « qui » ne saurait qu'être une identité narrative. En effet, l'identité, c'est proprement la permanence de soi à soi-même au

1027 *Ibid.*, p. 275.
1028 *Ibid.*
1029 *Ibid.*, p. 277.
1030 Cf. *ibid.*
1031 Cf. *ibid.*, p. 278.
1032 Cf. *ibid.*, p. 351.
1033 Cf. *ibid.*, pp. 349–350.

fil du temps. Cela, malgré les changements des différents facteurs et des situations s'opérant au cours du temps qui évolue. Pourtant, le concept d'identité narrative résout l'aporie de la permanence du soi à lui-même, dans la mesure où l'identité est considérée non pas dans les termes de la « mêmeté », mais dans ceux de l'« ipséité »[1034]. Si pour exprimer le concept d'« identique » le français recourt au terme quelque peu ambigu de « même », ce terme, en latin aussi bien qu'en allemand et en anglais, connaît deux mots différents exprimant une certaine nuance de sens, à savoir *idem* et *ipse* (en allemand : *selbig* et *selbst* ; en anglais : *same* et *self*). La première expression, *idem*, exprime l'immédiateté, mais aussi l'immuabilité du soi perçue par le sujet de manière objective, tandis que le second, *ipse*, exprime la réflexivité d'un sujet capable de se désigner soi-même de manière responsable, mais aussi non immuable.

En l'occurrence, c'est-à-dire dans le cadre d'un récit, les personnages son *configurés* comme des *autres,* et donc comme des *ipséités* perçues en tant que telles par le lecteur. Et cela parce que dans le processus de lecture, qui est un processus éminemment réflexif, l'*idem* du lecteur lui-même se retrouve, à l'intérieur de l'intrigue narrative, refiguré comme un *ipse*, c'est-à-dire un autre que lui. D'après Ricœur, ce que le processus de *refiguration* réalise est la perception d'une « identité narrative », issue de la configuration du personnage du récit, telle l'identité d'un *autre* où l'*idem* est « déguisé » en *ipse.* D'ailleurs, dans une visée phénoménologique à proprement parler, l'*idem,* en tant que *je* est perçu *en retard* par rapport à la perception de l'*autre* qui est par contre *immédiate.* C'est pourquoi, le récit offre au lecteur cette « médiation narrative », pour que l'identique qu'est l'*ipse* représenté par le personnage de l'intrigue *refigure* le soi-même du lecteur, son *idem*, *comme* un *ipse*, c'est-à-dire *comme un autre* que lui-même, dans un mouvement autoréflexif « décalé » et entraîné par les configurations narratives[1035].

Se produisant à travers la lecture, cette refiguration consiste donc, d'après Ricœur, en une véritable « *appropriation* de l'identité du personnage fictif par le lecteur »[1036]. Par conséquent, celui-ci s'interprète soi-même à la lumière du caractère de *figure* que ce per-

1034 Cf. *ibid.*, p. 355 ; Id., « L'identité narrative », postface à P. Bühler, J.-F. Habermacher (dir.), *La narration, quand le récit devient communication*, Labor et Fides, Genève, 1988, pp. 287–300, ici pp. 287–288 ; Id., *Réflexion faite. Autobiographie intellectuelle*, pp. 76–77.

1035 Cf. P. Ricœur, *Temps et récit*, t. III : *Le temps raconté*, p. 355. La perception par le lecteur de l'« être comme » du personnage fictif du récit, c'est-à-dire la perception de ce personnage comme un être réel, selon la considération phénoménologique de Ricœur (voir supra, 3.2.2.2), est suivie – c'est pourquoi elle est un peu en retard (décalée) par rapport à la première – également par la perception autoréflexive par le lecteur de lui-même débouchant sur la *refiguration*.

1036 P. Ricœur, « L'identité narrative », p. 298. Je souligne.

sonnage apporte, ce « qui fait que le soi [du lecteur], narrativement interprété, se révèle être lui-même un *moi figuré*, un moi qui *se figure tel ou tel* »[1037].

Or, la quête d'identité personnelle que la philosophie ricœurienne de la narration met en relief ne se veut pas, ainsi que l'herméneutique du soupçon le revendique, une manière de se fuir et de se tromper soi-même, tout en se projetant dans une image mensongère et se cachant derrière une image inauthentique. D'ailleurs, ainsi que le rappelle Ricœur lui-même, « l'herméneutique du soupçon n'a de force que si l'on peut opposer l'authentique à l'inauthentique »[1038]. Au contraire, l'hypothèse de la figuration de soi par la médiation de l'autre, loin d'être simulation de l'autre, ce qui pourrait conduire à une véritable aliénation du sujet, se veut un « moyen authentique de se découvrir soi-même », de manière à ce que « se construire soit effectivement devenir ce que l'on est »[1039].

Cela étant, la philosophie du sujet, marquant toute la réflexion intellectuelle de Ricœur, connaît une évolution importante par rapport à la conception husserlienne du sujet. De fait, dans la cinquième *Meditation*, il n'est pas question du *moi comme un autre* que moi, mais d'*un autre que moi comme un autre moi*, où l'autre est comme un *alter ego*, dont l'intentionnalité éthique ne peut être saisie que par la voie analogique[1040]. Dans ce cas, c'est à partir du moi, premier « *analogon* » du transfert analogisant, que l'autre est perçu comme un *ego* qui vit, qui parle, qui aime, etc.

Pourtant, si Husserl fait dériver l'*alter ego* de l'*ego*, à savoir le statut de l'autre à partir de la sphère du propre (Même), chez E. Levinas, au contraire, l'autre n'est pas une représentation du moi. Dans sa visée éthique, l'autre est une altérité absolue et même une altérité-source qui constitue le moi et libère ce dernier du solipsisme et de l'idéalisme de l'intentionnalité phénoménologique[1041]. C'est l'épiphanie de l'autre, par un visage et une voix,

1037 *Ibid*, j'explicite. Ce phénomène esthétique d'identification va s'avérer précieux et significatif, lors de l'explicitation d'une théologie comme autobiographie. Car, l'Écriture étant une « *figure* christologique », selon la qualification qu'en donne Balthasar, cet aspect esthétique va s'étendre au témoin-autobiographe lui-même, lequel se laisse *figurer* non pas par un personnage fictif, mais par le Christ même, Témoin historique et métahistorique de Dieu. C'est pourquoi une telle figuration ne pourra que donner lieu à une *refiguration,* exprimée cette fois-ci en termes d'« identité testimoniale » ou d'auto-identification *testimoniale* de la part du témoin-autobiographe ainsi que de la part du lecteur-auditeur (voir *infra*, 3.3.2).

1038 *Ibid*., p. 299.

1039 *Ibid.* Dans le cadre proprement théologique de *Gaudium et spes* 22, qui n'exclut pas un arrière-fond d'anthropologie philosophique, une telle quête d'identité de chaque sujet humain « ne s'éclaire vraiment que dans le mystère du Verbe incarné ». C'est pourquoi, se révélant soi-même par et dans le Christ Jésus, l'homme nouveau, Dieu « manifeste pleinement l'homme à lui-même et lui découvre la sublimité de sa vocation ». Or, la composante autobiographique de l'Écriture ne vise qu'à cela, dès lors qu'elle met au jour une identité testimoniale figurée par le Verbe incarné, icône du Père.

1040 Cf. P. Ricœur, *Soi-même comme un autre*, Seuil, Paris, 1990, pp. 369–393.

1041 Cf. *ibid*., pp. 387–390.

qui fait effraction dans le moi, un « moi encombré de soi » et « obstinément fermé, verrouillé, séparé »[1042]. L'autre interpelle, telle la voix de l'Autre du Sinaï. D'où une éthique, chez le penseur juif, marquée par le message religieux de la Bible, véritable horizon d'une philosophie intersubjective reposant sur l'Altérité avec la majuscule[1043].

Or, dans une telle visée, l'Autre se manifeste comme séparé du Même. Par conséquent, si d'un côté, cette séparation divise l'autre du moi, de l'autre, elle risque de creuser un fossé, tout en laissant l'Autre dans un solipsisme stérile, tel le solipsisme que Levinas lui-même reproche à l'*ego* husserlien, ou au *Même* ricœurien. C'est pourquoi Ricœur, à la place d'opposer Husserl à Levinas, essaie de combler ce fossé en opérant une réconciliation du soi-même avec l'autre qui va déboucher sur le carrefour phénoménologique, analogique et éthique de l'« ipséité ».

En revenant à la question de l'identité narrative, Ricœur transpose sur le plan narratif le même échange qui se produit sur le plan phénoménologique et éthique entre le soi affecté (par l'autre) et l'autre affectant (le soi). C'est là, au moment, notamment, où la lecture permet le transfert du monde du récit, y compris les mondes des personnages, au monde du lecteur, que s'opère l'« affection du sujet lisant »[1044]. D'où la constatation que sans l'*ipséité* – celle que suscite en l'occurrence le récit, et que Ricœur désigne en termes d'*identité narrative* susceptible d'« inclure le changement, la mutabilité, dans la cohésion d'une vie »[1045] – l'identité personnelle, c'est-à-dire la *mêmeté*, resterait une identité abstraite. Par conséquent, « le sujet apparaît constitué à la fois comme lecteur et comme scripteur de sa

1042 *Ibid.*, p. 389.

1043 L'horizon éthico-théologique de la philosophie de Levinas devance d'une certaine façon la réflexion sur ce que j'appelle l'« identité testimoniale » (voir *infra*, 3.3.2). Envisager un discours autobiographique au sein de l'Écriture, ce sera parler d'auto-attestation du *moi-fidèle*, c'est-à-dire du *je-croyant*. Il ne va donc pas être question d'un discours autour d'une « identité narrative », comme chez Ricœur, mais d'un discours portant sur une « identité testimoniale », laquelle émane d'une configuration autonarrative ou d'une autoconfiguration narrative non pas fictive, mais testimoniale. Celle-ci rappelle d'ailleurs l'identité testimoniale issue de la figure du disciple bien-aimé, et reposant sur les auto-attestations du Fils, le narrateur du Père et le Témoin par excellence, paradigme, pour cela même, d'identité testimoniale (voir *supra*, 3.1.4). Dès lors, l'attestation autobiographique du disciple bien-aimé constituant le binôme « texte-témoin », cela implique une parole analogique et sacramentelle portant sur une altérité donnée : la personne du Christ, Parole-Image de Dieu. Ce qui fait que, dans le sillage de la réflexion levinassienne, le *Christus* s'avère être la vraie Altérité-source affectant le *je-croyant* et le constituant comme un « *sujet christifié* », un sacrement du Christ. Une affectation qui est d'ailleurs analogique par rapport à la relation intratrinitaire. De fait, au sein de la Trinité, le Père, Altérité-source (*Idem*), engendre éternellement le Fils (*Ipse*), dans l'amour de l'Esprit ; réciproquement, le Fils est l'Altérité-engendrée (*Idem*) à jamais par le Père (*Ipse*), dans l'amour de l'Esprit. À propos de cet enjeu entre *Idem* et *Ipse* transposé sur le plan théologique, il est étonnant de relever la valeur christologique dont se charge implicitement l'expression latine « [*placuit Deo*] seipsum *revelare* », du fait qu'elle désigne l'autorévélation divine dans et par le Christ, soit l'*Ipse* du Père (cf. *DV* 2).

1044 P. Ricœur, *Soi-même comme un autre*, p. 381.

1045 P. Ricœur, *Temps et récit*, t. III : *Le temps raconté*, p. 355.

propre vie »[1046]. Ce qui fait que, dans le cas de l'autobiographie, « l'histoire d'une vie ne cesse d'être refigurée par toutes les histoires véridiques ou fictives qu'un sujet raconte sur lui-même », comme l'affirme le philosophe français[1047].

Ainsi, contrairement à la suspicion de Levinas, selon laquelle *le moi serait encombré du soi*, d'après Ricœur, l'identité narrative libère le *soi* du *moi* égoïste et narcissique, mais aussi du *moi* hypocrite et naïf que dénoncent les herméneutiques du soupçon[1048]. En revanche, se découvrant comme un autre que lui-même, le soi (*mêmeté*) de la connaissance de soi (*ipseité*) se distancie en sortant de lui-même, pour devenir *un soi* qui se perçoit *comme un autre que soi.*

Puis Ricœur ajoute qu'étant *poièsis*, *aisthèsis* et *catharsis*, l'identité narrative ne se réduit pas exclusivement à l'individu en tant que tel. Elle est susceptible d'être appliquée aussi à une communauté, tout comme la Bible en témoigne. De fait, c'est précisément autour de ses Écritures sacrées qu'Israël acquiert en définitive son identité historique de peuple de l'Alliance, qui est en même temps une identité narrative, alors qu'il se découvre comme une communauté racontant et à la fois racontée[1049].

À l'issue de ce développement philosophique autour du récit, en tant que médiation d'auto-identification du sujet à même de résoudre l'aporie de la permanence au fil du temps d'une identité personnelle, je voudrais en relever les acquis théoriques aussi bien que les limites. Les premiers peuvent être synthétisés dans les points suivants :

- la capacité de l'expression littéraire de faire du temps cosmique un temps humain (en résolvant les apories du temps) ;
- la potentialité du statut phénoménologique et analogique du *discours* narratif en tant que représentation virtuelle de l'action (*speech acts*), laquelle trouve lors de l'acte de lecture sa réalisation analogique, tout en devenant l'action même de celui qui occupe l'espace déployé devant le texte : le lecteur ;

1046 *Ibid.*, pp. 355–356.

1047 *Ibid.*, p. 356. Faisant allusion explicite à l'autobiographie, Ricœur parle de l'autobiographe en tant que lecteur de lui-même, en plus de scripteur. C'est pourquoi, dans le cadre théologique d'un texte autobiographique attesté par la Parole de la Révélation, l'hagiographe-témoin devient objet d'un processus d'écriture-lecture visant moins à une identité narrative qu'à une identité que je vais qualifier de « testimoniale » (voir *infra*, 3.3.).

1048 Cf. *ibid.*

1049 Cf. *ibid.*, p. 357. En faisant allusion à l'influence et à l'incidence exercées par les récits des Écritures relativement à l'identité historique et religieuse du peuple d'Israël, Ricœur en parle en termes d'identité narrative. Pourtant, eu égard à la Parole-Écriture engendrée par l'Esprit Saint moyennant les hagiographes, eux-mêmes membres du peuple de l'Alliance, il devrait être question plutôt d'une « identité testimoniale ». De fait, le peuple élu se racontant lui-même, sa vie et les événements du salut, la Bible offre des récits « sur le registre autobiographique », tel un « troisième Testament » dans les deux Testaments, ce qui fera l'objet du chapitre 4.

- la faculté du récit de représenter l'histoire réelle (fictionnalisation de l'histoire), tout en présentant la fiction comme réalité « quasi-historique » c'est-à-dire possible, « probable » (historicisation de la fiction) ;
- la force du récit de médiatiser « l'auto-conscience » d'un sujet humain (connaissance de soi) ainsi que la construction d'une identité personnelle en tant qu'« identité narrative » ;
- la *refiguration* du lecteur, tel le véritable accomplissement ontologique et éthique de la véhémence ontologique et de la vérité tensionnelle de la métaphore vive, à partir de la configuration de l'*autre* du récit ;
- enfin, la vitalité du récit, son ouverture et sa permanente disponibilité à la « signifiance » face à la participation du lecteur.

Mais la philosophie du récit présente aussi des points faibles :
- l'autonomie du texte par rapport au fait non négligeable d'être la création d'un auteur-écrivain ;
- l'attention déséquilibrée envers le texte considéré exclusivement en fonction du lecteur ;
- et par conséquent, une certaine éclipse de l'écriture au profit de la lecture du texte.

Je voudrais en dernier ressort revenir sur le fait qu'une concentration excessive sur l'autonomie du texte, *configuration* fictive de la réalité, et sur la lecture, *refiguration* de l'identité du lecteur, au détriment de l'écriture du texte, en tant qu'*auto-configuration* et *refiguration* même de l'auteur, comporte le danger d'une forme d'« acharnement narratif » et d'une herméneutique unilatérale de la narration. Ce sur quoi je reviendrai au cours du prochain paragraphe.

C'est pourquoi, d'un côté, il est à mon avis nécessaire d'équilibrer la place de l'auteur et celle du lecteur en tant que références intersubjectives, car les interlocuteurs sont aussi importants que les locutions mêmes du récit. Je donne un exemple. Face à une expression du genre « Je suis fière de toi ! », on peut se concentrer seulement sur la locution, ou uniquement sur le destinataire auquel la phrase est adressée, soit l'interlocuteur, tout en perdant de vue le sujet qui parle, le locuteur ou le destinateur.

De l'autre côté, il est également important de ne pas oublier l'intentionnalité du texte, laquelle n'est pas un élément extratextuel se situant en amont du texte, sans qu'il soit possible d'y remonter. Ainsi, notamment à la lumière de ma réflexion biblique insistant sur l'inséparabilité du binôme témoin-témoignage relativement à la figure du disciple bien-aimé, la question est à envisager également en termes diachroniques et pas seulement en termes synchroniques absolutisant et privilégiant l'autonomie du texte. On ne peut pas négliger que la configuration de celui-ci entraîne *l'intention* même de l'auteur.

Dès lors, ce que Ricœur lui-même a considéré comme un espace risqué, à savoir l'insistance unilatérale pendant une de ses périodes intellectuelles sur « l'écriture et la textualité », ainsi que sa fierté d'un *heureux retour* « du texte à l'action », je le considère plutôt comme la perte d'une occasion de réflexion qui aurait pu mettre en valeur davantage le rapport texte-auteur[1050]. De même, le fait que le philosophe français remplace l'exigence husserlienne quelque peu idéaliste de l'intuition de la conscience par l'herméneutique existentialiste heideggérienne a pour incidence que celle-ci devient l'herméneutique exclusive de signification de l'être et du vivre en tant que sujets-objets de compréhension. Cela va comporter par conséquent l'adoption d'une herméneutique textuelle penchée sur le lecteur, sujet privilégié d'une telle posture. De fait, en déplaçant le centre de gravité du *quod* de la métaphore au *quis* de l'action, ce « qui » ne correspondra pour Ricœur plus qu'au

1050 « La fascination, qui caractérise certains de mes écrits des années soixante-dix, pour l'écriture et la textualité, allait révéler à son tour ses propres limites, que devait souligner le retour "du texte à l'action" (c'est le titre du recueil de mes *Essais d'herméneutique II* [1986], dont les derniers en date empiètent sur la période suivante, dominée par *Temps et récit*). Cette insistance sur la médiation scripturaire aura du moins eu le mérite de ruiner définitivement à mes yeux l'idéal cartésien, fichtéen, et, pour une part aussi, husserlien d'une transparence du sujet à lui-même. À cet égard, la subjectivité du lecteur n'est pas plus maîtresse du sens du texte que celle de l'auteur. L'autonomie sémantique du texte est égale de part et d'autre. Se comprendre, pour le lecteur, c'est se comprendre devant le texte et recevoir de lui les conditions d'émergence d'un soi autre que le moi, et que suscite la lecture. » (Id., *Réflexion faite. Autobiographie intellectuelle*, pp. 59–60) C'est une déclaration qui nous permet, d'un côté, de comprendre la raison pour laquelle l'école théologique de Yale (« *New Yale Theology School* ») adresse au philosophe de la narration l'accusation de « fondationalisme ». Selon cette école, dont le tenant majeur est H. Frei, Ricœur « envahirait » le texte biblique par des éléments extratextuels et extrabibliques (ce dont l'école susmentionnée se garde bien) empruntés à l'herméneutique ontologique d'Heidegger et à la philosophie éthique des courants existentialistes et personnalistes. À cet égard, F.-X. Amherdt, qui consacre une étude très importante à l'herméneutique de Ricœur, par rapport notamment à son exégèse biblique, défend vigoureusement et fermement l'auteur face à ses détracteurs. Dans son apologie, le théologien suisse met en évidence le fait que Ricœur ne délaisse pas le sens littéral du texte au détriment de l'histoire, ni ne le sépare de sa référence signifiante et refigurante. De l'autre côté, l'insistance de la fonction narrative centrée sur le lecteur et sur l'ouverture du texte « en avant » de lui, dénote une certaine « herméneutique monologique », où la narration et son instance de *refiguration* occupent toute la place. C'est un souci que relève Thiemann et qu'Amherdt lui-même avalise. Pourtant, je partage avec Amherdt le fait que l'accusation de l'école de Yale est infondée. Celle-ci, en effet, n'a pas bien compris que l'herméneutique du philosophe français n'abolit pas le sens littéral, lequel demeure signifiant tout en se déplaçant dans le champ sémantique. Il n'est dès lors pas question de fondationalisme ni d'idéalisme, mais d'une herméneutique enracinée dans l'approche typologique et symbolique, pratiquée, par ailleurs, par les Pères de l'Église (voir F.-X. Amherdt, *L'herméneutique philosophique de Paul Ricœur et son importance pour l'exégèse biblique. En débat avec la New Yale Theology School*, Cerf, Paris, 2004, notamment pp. 471–590).

lecteur[1051]. Ainsi, la « médiation scripturaire » offerte par le texte se réduit en quelque sorte à affirmer la « non-transparence » du sujet à lui-même[1052].

En revanche, l'insistance sur la valeur ou la « véhémence ontologique » de la métaphore, exprimant « l'être comme », aurait pu ouvrir, à mon avis, une nouvelle piste de réflexion sur le sujet humain ne conduisant pas exclusivement vers le monde déployé « en avant » du récit. De fait, une considération de ce dernier moins comme « texte autonome » que comme « texte-référentiel », aurait pu entraîner une herméneutique narrative de type phénoménologique et analogique en amont et en aval du récit, c'est-à-dire du côté de l'auteur comme de celui du lecteur[1053]. Un texte, je le répète, n'apporte pas seulement des énonciations et des énoncés adressés à la lecture et visant à la *refiguration* des lecteurs, mais il est, à l'origine, la configuration textuelle d'un *auteur*, qui est en même temps scripteur et lecteur, se *figurant* et *se refigurant* d'abord lui-même.

Or, une telle visée peut trouver son expression plénière dans cette perspective autobiographique où les approches narratives de type philosophique, pédagogique et littéraire que nous venons d'explorer se trouvent comme intégrées dans une herméneutique spécifiquement théologique et analogique.

3.3. Vers une théologie comme autobiographie

3.3.1. Les limites des approches narratologiques

Les approches narratives des théories autobiographiques et de la philosophie du récit que je viens de prendre en considération me donnent finalement la possibilité de définir les éléments d'une théologie autobiographique. Pour ce faire, je voudrais d'abord relever les limites de la lecture narratologique. De fait, si, à partir du récit, celle-ci vise à la figure du lecteur, en tant que « coopérateur du texte », pour utiliser l'expression du sémiologue italien U. Eco[1054], récemment disparu, l'approche autobiographique met nécessairement en jeu la question de l'auteur. Or, l'auteur, figure centrale de l'autonarration, occupe une place assez marginale dans le cadre de l'approche narrative, où, par contre, c'est la figure du lecteur qui est centrale.

1051 « La manière la plus radicale par laquelle l'herméneutique met en question le primat de la subjectivité est de prendre pour pierre de touche la théorie du texte : en effet, dans la mesure où le sens d'un texte s'est rendu autonome par rapport à l'intention subjective de son auteur, la question essentielle n'est plus de retrouver, derrière le texte, l'intention perdue, mais de déployer, en quelque sorte devant le texte, le "monde" qu'il ouvre et découvre » (P. Ricœur, *Réflexion faite. Autobiographie intellectuelle* pp. 56–57).

1052 Cf. *ibid.*, p. 60.

1053 Voir *infra*, 3.3.2.

1054 Cf. U. Eco, *Lector in fabula* [trad. de l'italien par M. Bouzaher], B. Grasset, Paris, 1985.

Ainsi que nous l'avons constaté, Ricœur se décide en définitive à faire jouer au texte un rôle fonctionnel qui va en direction du lecteur, notamment du lecteur implicite. Cette fonction vise à une refiguration du lecteur, cette fois-ci du lecteur réel, par l'entremise de la lecture, dans laquelle celui-ci devient lecteur de lui-même. En revanche, tout en soulignant l'action de coopération du lecteur, le seul versant à partir duquel le texte demeure un texte « ouvert », Eco envisage l'hypothèse d'une coopération textuelle apte à explorer aussi les intentions de l'auteur réel ou empirique, ainsi qu'il l'appelle.

Le point de départ de cette hypothèse est la considération de l'auteur et du lecteur en tant que figures-modèles de stratégies textuelles. Dès lors, le premier sera saisissable dans un style donné, dans une position actantielle locutoire (sujet/personnage d'un énoncé), dans une occurrence illocutoire (l'effet performatif de la phrase au-delà de son sens immédiat), dans une force perlocutoire (la réaction psychologique ressentie par le destinateur de la phrase) et dans l'intervention d'un sujet étranger à l'énoncé, mais présent dans le tissu textuel ; le second, à savoir le lecteur modèle, est également impliqué dans le texte par les opérations interprétatives qu'il est censé accomplir, telles la reconnaissance de similitudes, la détection de certains enjeux, etc.[1055].

Or, d'un côté, le lecteur modèle est une hypothèse stratégique formulée par l'auteur empirique. De même, « le lecteur empirique, en tant que sujet concret des actes de coopération, doit lui aussi se dessiner une hypothèse d'Auteur en la déduisant justement des données des stratégies textuelles »[1056]. De l'autre côté, « l'hypothèse formulée par le lecteur empirique à propos de son Auteur Modèle semble plus fondée que celle que l'auteur empirique émet à propos de son Lecteur Modèle. En effet, le second doit postuler quelque chose qui n'existe pas encore actuellement et le réaliser comme série d'opérations textuelles ; le premier, au contraire, déduit une image type de quelque chose qui s'est précédemment vérifié comme acte d'énonciation et qui est présent textuellement comme énoncé »[1057]. Et c'est proprement dans cette direction que se dirige l'hypothèse d'Eco.

De fait, d'après le sémiologue italien, une telle lecture, précisément une « coopération interprétative » prévue par l'auteur empirique, ne se limiterait pas à la simple évaluation d'un texte narratif en termes « extensionnels »[1058]. Plus exactement, le fait que le lecteur se demande en lisant le texte s'il est question du monde où nous vivons ou d'un monde possible est dû à l'observation et à la détection du monde du texte, soit les éléments qui le composent, notamment les aspects pragmatiques[1059]. Pourtant, une véritable coopération interprétative

1055 Cf. *ibid.*, pp. 78–80.
1056 *Ibid.*, p. 80.
1057 *Ibid.*, pp. 80–81.
1058 Les éléments constituant la configuration d'un texte forment l'objet d'une évaluation extensionnelle.
1059 Cf. U. Eco, *Lector in fabula*, p. 244.

est censée tendre également à une évaluation « intentionnelle » du texte[1060]. Celle-ci, à partir des valeurs sémantiques qui permettent déjà d'opérer une comparaison et un croisement du monde du texte avec le monde de l'expérience présente, amène le lecteur à émettre en même temps un jugement de valeur sur les individus en jeu, soit qu'il s'agisse d'un monde réel soit qu'il s'agisse d'un monde possible, de manière qu'il puisse évaluer s'ils sont bons ou mauvais, indépendamment de ce qu'ils représentent à l'intérieur du récit[1061].

Et pourtant, « ces deux ordres de mouvements [l'intentionnel et l'extensionnel], se demande Eco, sont-ils vraiment si irréductibles que cela ? Si un texte narratif (si tout texte) n'était signifiant que dans la mesure où ses propositions sont vérifiables dans le monde de notre expérience – c'est-à-dire si tout ce que le texte dit *se produit ou s'est produit* dans le monde "réel" –, alors, il y aurait bien peu de travail coopératif à faire sur un texte narratif (sur tout texte) »[1062]. En revanche, la notion de « monde possible » permet de traduire les problèmes intentionnels d'un texte – repérables grâce, notamment, à la sémantique structurelle de signification et de figuration mise en place par Greimas – en termes extensionnels[1063]. Mais pas seulement, car la dimension même de la « véridiction », la crédibilité ou fiabilité d'un texte narratif par rapport à l'histoire qu'il raconte, est également confiée à la forme du « monde possible » mis en scène par la fable. En d'autres termes, « dire qu'un texte nous offre une proposition donnée comme vraie dans un monde possible [...] signifie dire que le texte met en acte des stratégies discursives pour nous présenter quelque chose comme vrai ou comme faux, comme objet de mensonge ou de réticence (secret), comme objet de croyance ou comme proposition affirmée pour *faire croire* ou pour *faire faire* »[1064].

Eco se demande alors si ces stratégies discursives, c'est-à-dire les assignations de valeurs de vérité en termes extensionnels, « ne doivent pas venir faire partie des structures idéologiques du texte »[1065], ce qui débouche, pour le sémiologue, sur la coopération interprétative du texte opérée également grâce aux compétences « idéologiques » du lecteur-modèle ou supposé en tant que parties intégrantes de son « encyclopédie », c'est-à-dire de son

1060 Cette évaluation porte sur l'interprétation critique du texte visant les aspects implicites, telles les intentions de l'auteur, pour donner un exemple.

1061 La différence entre « monde réel » et « monde du texte » consiste dans le fait que le second est configuré comme un « monde possible » par rapport au premier visant la réalité actuelle du lecteur.

1062 *Ibid.*, pp. 244–245, j'explicite.

1063 Cf. *ibid.*, p. 245. Eco se réfère à A.-J. Greimas, « Les actants, les acteurs et les figures », dans C. Chabrol (éd.), *Sémiotique, narrative et textuelle*, Larousse, Paris, 1973, pp. 161–176, ici p. 165 ; Id., *Maupassant. La sémiotique du texte : exercices pratiques*, Seuil, Paris, 1976, p. 80.

1064 U. Eco, *Lector in fabula*, p. 245. Notons que Ricœur dit la même chose à propos de la question relative à l'« historicisation de la fiction », lorsque la configuration d'un récit engendre un type de lecture à partir de laquelle une narration de fiction est considérée comme un fait vrai et historique (voir *supra*, 3.2.2.2).

1065 *Ibid.*, pp. 245–246. Ces structures idéologiques du texte portent sur un univers culturel idéologique supposé, c'est-à-dire les connaissances intellectuelles, la capacité critique et les autres qualités du lecteur-modèle.

univers culturel et de sa capacité critique[1066]. Toutefois, une telle coopération interprétative du texte, désignée par Eco comme lecture légitime, échappe aux stratégies prévues par l'auteur empirique, dès lors que celui-ci pensait à un lecteur modèle donné et donc à une encyclopédie donnée. En retour, la lecture étant en définitive une opération réelle concernant le lecteur empirique, la coopération interprétative autorise celui-ci à hasarder des « "interprétations" sociologiques ou psychanalytiques des textes, où il s'agit de découvrir ce que le texte, indépendamment de l'intention de l'auteur, dit en fait, soit sur la personnalité ou les origines sociales de l'auteur, soit sur le monde même du lecteur »[1067]. Or, cela comporte l'ouverture du texte aussi vers l'arrière, c'est-à-dire en direction de « l'auteur comme hypothèse interprétative », et pas seulement vers l'avant, en direction de « l'actualisation complète du texte »[1068].

Pourtant, quoique la théorie de la coopération interprétative ne se borne qu'aux « sujets-modèles », ainsi que le réaffirme le sémiologue italien lui-même – « La coopération textuelle est un phénomène qui se réalise, nous le répétons, entre deux stratégies discursives et non pas entre deux sujets individuels »[1069] –, il est également vrai que la *lecture* d'un texte est un fait réel visant pour cela même des lecteurs réels ou empiriques, et non pas des lecteurs-modèles. De même, la configuration d'un texte, qui met en place des stratégies rhétoriques et discursives, étant un fait réel d'écriture et de pensée, l'auteur empirique – tout comme le lecteur – est sujet individuel d'une coopération textuelle. C'est pourquoi, somme toute, celle-ci se réalise plutôt entre un sujet réel et une stratégie discursive, soit par rapport à la lecture, soit par rapport à l'écriture. Ou encore, une coopération textuelle met en rapport un sujet individuel avec un sujet-modèle. D'où l'hypothèse que je me risque à formuler à travers la question que voici : étant entendu que le texte demeure le terme intermédiaire de toute stratégie discursive, est-il légitime que le lecteur réel, en tant que sujet individuel en aval du texte, puisse hasarder une stratégie de lecture et donc de coopération textuelle portant sur l'autre sujet individuel, qui se tient en amont du texte, c'est-à-dire l'auteur empirique ? De fait, une réponse affirmative peut être offerte par un texte autobiographique à deux niveaux : le premier porte sur le versant philosophique et sémiologique de la narration ; le second, sur le niveau théologique visant l'autobiographie en tant que composante analogique et sacramentelle de la Révélation.

Selon le premier niveau, à partir de notre approfondissement relativement aux théories de Ricœur et d'Eco, un texte autobiographique met au jour une coopération textuelle mo-

1066 Cf. *ibid.*, pp. 109 ; 134–135.
1067 *Ibid.*, p. 83.
1068 Cf. *ibid.*, pp. 80–85. Cette actualisation complète du texte se réalise précisément lors de la *refiguration* du lecteur.
1069 *Ibid.*, p. 82.

bilisant deux sujets individuels unis cependant dans une même personne : l'autobiographe. Celui-ci étant à la fois écrivain et lecteur, les deux stratégies discursives, celle mise en place par l'auteur empirique en vue du lecteur-modèle et celle mise en place par le lecteur empirique en vue de l'auteur-modèle, vont converger dans un unique sujet individuel, et donc empirique, qui est l'autobiographe lui-même. De ce fait, la *configuration* d'un texte autobiographique opérée par le premier n'est qu'une *auto-configuration* à travers laquelle celui-ci *se configure lui-même*. En retour, la lecture du même texte faite par le second produira une *refiguration* de celui-ci en termes d'une *auto-refiguration*, où c'est toujours l'auteur empirique qui va *s'auto-refigurer lui-même* en lecteur empirique. D'où la plausibilité de mon hypothèse, du fait que la coopération textuelle, dans le cas d'un texte autobiographique, se réalise non pas entre deux stratégies discursives, mais entre deux sujets individuels ou empiriques qui n'en font qu'un, tout en dépassant ainsi les limites de la coopération textuelle d'Eco, ainsi que celles de la *mimèsis* de Ricœur[1070].

Sur le plan théologique relevant de la visée analogique que j'essaie de déployer et de soutenir, un texte autobiographique pourra également établir la connexion de deux sujets individuels (empiriques) distingués : le lecteur/auditeur et l'auteur/témoin. De fait, étant Parole-Écriture sous la forme analogique d'un auto-témoignage, le texte autobiographique, remplissant le rôle d'une intermédiation christosacramentelle, est à même de réaliser une telle connexion en vertu de ses prérogatives analogiques, à savoir : la synesthésie et l'autobiographie. En l'occurrence, l'auto-configuration et l'auto-refiguration du témoin-autobiographe permettent au lecteur/auditeur non pas de hasarder une hypothèse interprétative, mais cette fois-ci d'émettre un véritable jugement en direction non seulement de l'auteur-modèle, mais aussi en direction de l'auteur empirique lui-même. Car celui-ci, en tant qu'auteur/témoin est présent dans le texte de manière analogique et sacramentelle, selon la consécration que Jésus fait du quatrième évangile. Rappelons, ici, ce que Jésus, s'adressant à Pierre, déclare à propos du disciple bien-aimé (cf. Jn 21,20-23). D'où la constatation, à l'aide d'I. de la Potterie, que c'est par le témoignage même du quatrième évangile que le

1070 Cette stratégie impliquant deux sujets individuels et donc réels, non pas supposés, n'est applicable proprement qu'à un texte autobiographique. Car, en l'occurrence, l'auteur empirique ne doit pas se dessiner un lecteur modèle, telle une hypothèse stratégique. Ce dernier, en fait, coïncide avec l'auteur empirique lui-même, qui est en même temps le lecteur empirique, et pas un lecteur dessiné ou imaginé par l'auteur empirique, tout comme dans le cas d'un texte narratif non autobiographique, ainsi que nous le disions avant (voir *supra*, la cit. relative à la n. 1057). Or, bien qu'un texte autobiographique implique et envisage également la lecture de la part de lecteurs réels, que l'auteur ne peut s'imaginer que comme des lecteurs modèles, cela ne comporte pas une coopération textuelle se réalisant entre le lecteur réel et l'auteur réel. En ce cas, cela relève de la théorie textuelle d'Eco, selon laquelle n'est possible qu'une coopération pour ainsi dire «homogène», c'est-à-dire entre deux stratégies discursives, ou une coopération mixte, à savoir entre une stratégie discursive et un sujet empirique, qu'il soit l'auteur réel, en l'occurrence l'autobiographe, ou le lecteur réel.

disciple-autobiographe va demeurer[1071]. Par conséquent, le texte évangélique, qui est en même temps un témoignage autobiographique en un sens éminemment théologique, devient le carrefour où lecteur/auditeur empirique et auteur/témoin/autobiographe se rencontrent, en se partageant l'espace d'une coopération textuelle. Celle-ci ne sera pas une coopération stratégique, telle celle que je viens d'expliciter selon le plan sémiologique et philosophique. Mais elle sera une coopération de type sacramentel jouée par l'intermédiaire du témoignage scripturaire. En retour le témoignage sacramentel de l'auteur empirique, à savoir l'autobiographe, lui permet de rejoindre les lecteurs empiriques, du fait qu'ils sont des frères-croyants (cf. 1 Jn 1,1-4). J'y reviendrai vers la fin de ce paragraphe.

Les autres limites que je voudrais relever avant d'essayer de formuler une théologie autobiographique viennent de certaines approches ou relectures narratologiques, telle celle qui propose une lecture narratologique de Jean et à laquelle je vais me confronter. D'ailleurs, le quatrième évangile étant configuré comme un récit, des lectures narratologiques s'y avèrent légitimes. Cependant, face notamment à un texte qui se présente lui-même comme le témoignage véridique d'un témoin direct, et qui dès lors revendique le statut de « canonicité », à l'instar des autres textes évangéliques, les synoptiques, et malgré les évidentes différences avec ceux-ci, l'approche narratologique va montrer des limites considérables. Je vais donc avoir recours à un travail appréciable de relecture narratologique réalisé en 1992 à Lausanne par une équipe œcuménique d'animation biblique[1072].

Attentive aux éléments rhétoriques de la narration johannique, cette analyse part de « la conviction que, dans le récit que les évangiles font de l'histoire de Jésus », *pas tout*, mais « quelque chose se dit, de l'ordre de la vérité dernière sur l'existence des hommes et des femmes dans ce monde et dont la lecture aide à vivre, fait vivre »[1073]. Telle une synthèse narratologique du quatrième évangile, ce point de départ met en relief des éléments-clefs : le *récit*, l'*histoire* de Jésus, la *vérité existentielle*, la *lecture* et le *but* de celle-ci, à savoir sa *performativité* pragmatique et éthique.

Il y a donc une *histoire* réelle, celle « de Jésus et de ses disciples, enseignant et agissant en se déplaçant constamment entre la Galilée et Jérusalem », dont « un auteur, peut-être même des auteurs, auxquels on a donné le nom de Jean, font une *narration*, distincte de

1071 Voir *supra*, 3.1.2.1.

1072 Voir ANIMATION BIBLIQUE ŒCUMÉNIQUE ROMANDE, *L'évangile de Jean. Une lecture narratologique.* Ce n'est évidemment pas la seule lecture narratologique du quatrième évangile. C'est pourquoi, à côté de V. MANNUCCI, *Giovanni, il Vangelo narrante*, je signale également J. ZUMSTEIN, « Analyse narrative, critique rhétorique et exégèse johannique », dans P. BÜHLER, J.-F. HABERMACHER (dir.), *La narration, quand le récit devient communication*, Labor et fides, Genève, 1988, pp. 37–56.

1073 ANIMATION BIBLIQUE ŒCUMÉNIQUE ROMANDE, *L'évangile de Jean. Une lecture narratologique*, p. 5. À propos de l'expression « aider à vivre », ce passage de l'équipe biblique romande signifie une fois encore ce qu'a également voulu exprimer par cette formule le théologien de la pastorale R. Tonelli, à savoir la signification du concept « performatif ». Voir *supra*, n. 592.

toutes les autres. Cette narration nous est parvenue sous la forme d'un *récit…* »[1074]. Si l'histoire est l'ensemble des événements, des personnages et des situations qui constituent la *matière* de la narration, celle-ci est le *fait* ou l'*acte* de narrer, bien exprimé par la formule que nous avons mentionnée plus haut de « *speech acts* »[1075].

Le récit, de son côté, se compose de cinq éléments : le narrateur, le lecteur, la mise en intrigue, les personnages et la dimension spatio-temporelle. *Le narrateur,* qui peut être explicite (dans le cas où il se présente) ou implicite (dans le cas où il n'est qu'*une voix qui chuchote*), est celui qui met en jeu les personnages, tout en ayant un propre *point de vue. Le lecteur implicite* ou idéal est un lecteur-modèle imaginé par l'auteur comme un lecteur docile[1076], tandis que le lecteur réel est le lecteur effectif (historique ou empirique). Celui-ci peut s'avérer soit « naïf », au sens de docile, soit critique. Dans le premier cas, il fera confiance au narrateur, dans le second, il en aura une certaine méfiance. *La mise en intrigue* consiste en des événements, des moments-clefs et des péripéties souvent placés selon le schéma suivant : situation initiale, complication, évaluation, résolution et situation finale. *Les personnages* sont les acteurs ou les actants, dont les actions forment l'intrigue. Enfin, *la gestion du temps et de l'espace*, à savoir l'ordre temporel et les lieux géographiques, permet à l'intrigue de déployer toute sa *vraisemblance.*

Or, dans une visée proprement narrative, c'est le *lecteur-modèle* qui occupe à l'intérieur de la narration une position centrale, en tant que figure narrative « imaginée » et donc créée par l'auteur empirique. Il s'agit d'un « personnage » que le narrateur *implique* dans le récit, quoique de manière *implicite*, et auquel il s'adresse, parfois en le mentionnant, parfois pas, tel son « destinataire-modèle ». Cela peut entraîner que, le narrateur mettant « en place une stratégie pour obliger le lecteur à adopter son interprétation »[1077], la narration s'avère être une sorte de « manipulation ». À moins que le lecteur, saisissant les calculs du narrateur et les moyens que celui-ci met en œuvre afin de maîtriser et d'influencer la perception de l'histoire, n'échappe à son contrôle. Mais, en ce cas, il s'agirait du lecteur critique, c'est-à-dire du lecteur réel (actuel ou empirique), et non pas du lecteur implicite, ainsi que l'équipe biblique le précise :

> La démarche narratologique donne une place importante au lecteur (critique ou actuel). Le texte est une proposition de sens. Le sens du texte – la vérité du texte – n'est pas dissimulé dans le texte ou derrière le texte, de sorte qu'il faudrait procéder à des fouilles archéologiques, dans ou hors du texte, pour le découvrir. Le sens du texte est à construire : toute lecture est un dialogue, une conversation,

1074 *Ibid.*, p. 8.
1075 Voir *supra*, 3.2.2.1, notamment la n. 962.
1076 Appelé aussi narrataire. Voir *supra*, n. 315.
1077 Animation Biblique Œcuménique Romande, *L'évangile de Jean. Une lecture narratologique*, p. 11.

> une négociation entre le texte et le lecteur en vue de cette construction du sens. Aucune lecture ne peut être définitive et scientifique. Le lecteur est un pôle capital du processus de lecture[1078].

En plus du lecteur, l'étude narratologique reconnaît aussi à l'*auteur* et au *narrateur* un rôle fondamental[1079], où le second est la voix que le premier utilise pour raconter l'histoire. Dès lors, le narrateur se situe dans l'histoire racontée de différentes manières : soit il est présent en tant que *voix interne*, celle, par exemple, d'un personnage, qui parle à la première personne ; soit « il est absent de l'action et parle à la troisième personne, racontant les événements de l'extérieur (ne sait pas tout) ou de l'intérieur[1080] (omniscient) »[1081].

Or, en tant que metteur en scène de l'histoire, le narrateur garde pour cela même son propre *point de vue*, qui est aussi le point de vue qu'il s'efforce de faire adopter à son lecteur (implicite). Et on peut également admettre, du fait du témoignage scripturaire, que ce soit le point de vue même de Dieu que l'auteur implicite a fait sien, En conclusion :

> Lorsqu'on parle de point de vue [...], on ne pense pas seulement à la manière de placer la caméra sur le champ d'une action. On inclut aussi l'évaluation psychologique des personnages, les jugements de valeurs, explicites ou implicites, sur les actions. Ce dernier point de vue, idéologique ou d'évaluation, est certainement le plus important : les normes et les systèmes de valeur, ainsi que la conception globale du monde que le lecteur peut discerner dans le récit sont dus à l'auteur implicite. Autrement dit, on peut admettre qu'en donnant son point de vue idéologique, l'auteur implicite donne les critères d'appréciation par lesquels le lecteur est conduit à évaluer les événements, les personnages et les situations qui constituent l'histoire[1082].

Il en découle que la distinction entre l'*auteur* et le *rédacteur*, faisant l'objet des études d'exégèse historico-critique de la Bible, ne mobilise pas l'intérêt de la narratologie, laquelle se focalise sur l'*auteur implicite,* le *narrateur* et le *lecteur implicite*[1083]. C'est ce que nous avons par ailleurs explicité pendant notre approfondissement à propos de l'herméneutique philosophique de Paul Ricœur et ce sur quoi insiste Umberto Eco lui-même. En revanche, bien que ce soit l'auteur réel qui ait disposé les éléments et les documents de l'histoire en leur donnant une certaine organisation, l'ordre que le texte actuel présente, le « portrait »

1078 *Ibid.* Ainsi que nous allons le voir plus loin, contrairement à la position catégorique qui exclut la possibilité de remonter au hors-texte ou à l'arrière-texte (ce qui d'ailleurs est aussi la position de Ricœur), il y a également un sens en amont, qui est le sens ayant poussé l'auteur à rédiger son texte. Voir *infra*, 3.3.2.

1079 Comme il s'agit ici d'une étude strictement narratologique, cette distinction entre *auteur* et *narrateur* ne correspond pas à celle faite par l'exégète Schnackenburg, lequel distingue l'évangéliste, l'écrivain, de l'*auteur*, le témoin de la tradition johannique. Voir *supra*, n. 775.

1080 Dans l'évangile de Jean, le narrateur se présente aussi comme associé à l'action (voir par exemple les « nous » de Jn 1,14.16 et 21,24).

1081 Animation Biblique Œcuménique Romande, *L'évangile de Jean. Une lecture narratologique*, p. 13.

1082 *Ibid.*

1083 Cf. *ibid.*, p. 77.

que la lecture narratologique peut esquisser ne sera que « le portrait de l'auteur implicite, construit par le critique sur la base du texte qu'il lit »[1084].

Le narrateur, de son côté, désigné par l'équipe biblique comme une « *voix qui chuchote à l'oreille du lecteur* »[1085], ne saurait être qu'un personnage fictif, « puisqu'il est l'effet d'un stratagème rhétorique décidé par l'auteur »[1086]. Ou même, dans l'évangile de Jean, il n'est que la voix de l'auteur implicite, qui « parle dans le prologue, raconte l'histoire, introduit les dialogues, donne des explications, traduit certains mots, nous révèle ce que certains personnages savent ou ne savent pas »[1087].

Or, selon l'avis de l'équipe œcuménique, si le narrateur n'est pas un personnage, mais la voix de l'auteur implicite, cela contredit ce que la même équipe affirme au sujet du disciple bien-aimé, en tant que *source* et *autorité* de la tradition johannique : « On peut considérer que la déclaration de 19,35 se rapporte bien au disciple bien-aimé. Il est celui qui a donné un témoignage véridique. Il a rappelé aux autres tout ce que Jésus a dit et fait… »[1088]. Mais alors, comment cette lecture narratologique peut-elle attribuer sans hésitation le verset de Jn 19,35 au disciple bien-aimé si ce même verset est raconté par la voix du narrateur, à savoir celle de l'auteur implicite ?

Répondre à cette question signifie bel et bien découvrir quel est le rapport existant entre l'auteur implicite, qui coïncide avec le narrateur, et ce témoin véridique, à savoir l'autorité qui se tient derrière le quatrième évangile. Pourtant, la narratologie n'a pas une telle compétence, car elle s'occupe de la rhétorique textuelle et non pas de la diachronie de l'histoire réelle, qui est étroitement entrelacée avec la synchronie de l'histoire racontée. Un entrelacs qui est bien mis en relief par Jn 21, le chapitre qualifié par les experts historico-critiques de « rédactionnel », et, dès lors, ajouté sur le plan du *corpus* johannique par un rédacteur, à savoir le porte-parole du disciple bien-aimé[1089].

En revanche, dépasser cette limite, celle d'une pure lecture narratologique, c'est se confronter avec un texte-témoignage et avec un personnage raconté, lequel, en tant que témoin direct, est en même temps un personnage racontant. C'est pourquoi le témoignage johannique demande une lecture plus adéquate à un texte de type testimonial.

1084 *Ibid.*
1085 *Ibid.*
1086 *Ibid.*
1087 *Ibid.*
1088 *Ibid.*, p. 31.
1089 Les études exégétiques et historico-critiques attribuent plutôt au rédacteur certaines parties du texte johannique que la lecture narratologique attribue quant à elle au narrateur, tels le prologue ou les divers commentaires (cf. *ibid.*, p. 77). C'est pourquoi de telles imprécisions ne font guère de la lecture narratologique une source totalement fiable de coopération interprétative.

En revenant à la lecture narratologique, par rapport au point de vue psychologique des personnages du récit johannique dont le narrateur est porteur, il est affirmé que celui-ci, en tant également que « voix interne », « raconte les choses comme s'il connaissait Jésus de l'intérieur », si bien qu'il peut en interpréter les émotions plus intimes[1090]. Or, si ce point de vue est en réalité une prérogative de l'auteur implicite, comment relier, pour le redire une fois de plus, ce discours avec le fait que « le disciple bien-aimé est seul vraiment capable de connaître et faire connaître Jésus » ?[1091] Tout cela pourrait-il conduire le lecteur à lire un tel texte comme le récit *sic et simpliciter* d'un auteur-narrateur non impliqué, qui raconte, mais ne se raconte pas ?

Nous pouvons à nouveau constater qu'une lecture narratologique n'est pas en mesure de saisir un noyau si important et fondamental, à savoir la dimension autobiographique que le récit de Jean recèle. Cette observation ne se veut pas naïve, comme si elle voulait nier les techniques narratives et rhétoriques auxquelles même un récit de type autobiographique ne saurait se dérober. Mais il faut relever qu'une analyse narrative unilatérale et attentive aux éléments rhétoriques risque de ne pas saisir ce qu'un témoin-écrivain a voulu d'abord communiquer, ou plus exactement, ce dont il a voulu témoigner. En d'autres termes, les traits de celui-ci, offerts par le récit, son expérience relationnelle, sa vision des choses, son point de vue, sa manière de s'exprimer, tous ces éléments constituent le « soi-même », *sous forme* de récit, de l'auteur-narrateur. La confession de vie et de foi qu'est le témoignage du disciple bien-aimé, c'est son histoire véridique à lui, avant de se traduire par les *stratégies* ou les *stratagèmes* destinés au *faire croire* ou au *faire faire* qu'une lecture narratologique et critique est censée saisir. À ce propos, je voudrais rappeler ce que Jüngel reproche à Weinrich, et que j'ai formulé à plusieurs reprises, à savoir que la pointe du récit évangélique est précisément le souci de vérité, et non la finalité pragmatique et éthique. De même, si la représentation d'un *monde possible* ou d'un *monde réel* offerte par la vraisemblance du récit peut suffire, de l'avis de Ricœur et d'Eco, à susciter une refiguration narrative aussi bien qu'une coopération interprétative de type extensionnel et intentionnel, toutefois, dans le cadre d'un récit évangélique, tel celui du quatrième évangile, de telles lectures ne sauraient faire droit aux intentions véritables et principales que l'auteur empirique a entendu communiquer, lors de la mise en place de son récit testimonial. Je vais en expliquer la raison.

La lecture narratologique de Jean nous dit que le narrateur-auteur est digne de confiance, et que le but de celui-ci consiste à amener le lecteur à partager son point de vue, car « cette confiance est en fin de compte une question de vérité »[1092], ce qui constitue le

1090 *Ibid.*, p. 78.
1091 *Ibid.*, p. 31.
1092 *Ibid.*, p. 80.

véritable défi que le narrateur pose à ses lecteurs. Cela étant, ceux-ci, se demande l'équipe œcuménique, « vont-ils faire leur le point de vue du narrateur et croire que Jésus est le Christ, le Fils de Dieu (20,31) ? »[1093] Étant bien entendu qu'il n'est pas dit *ce qui*, en dernier ressort, pourrait amener le lecteur de Jean à adhérer à cette *vérité* et à croire en Jésus en tant que Messie et Fils de Dieu – ce qui est assez bizarre ! –, l'équipe romande affirme que cette vérité, à laquelle les lecteurs sont amenés à adhérer, « n'est pas liée à la véracité du récit, ce qui serait une affaire d'analyse littéraire, ni à son exactitude historique, ce qui serait une affaire d'historien »[1094]. Or, une telle affirmation, mettant en cause la *véracité* du récit, est irrecevable par rapport à la théologie qui habite le quatrième évangile. Car la valeur que celui-ci accorde au fait historique de l'incarnation du Verbe (cf. Jn 1,14), aussi bien qu'à la visibilité et à la concrétude des « signes » opérés par Jésus et des indices relevés par l'inspection du tombeau attestant la résurrection du Christ (cf. Jn 20,1-10), constitue la *conditio sine qua non* sur laquelle repose la vérité elle-même : Jésus-Christ vrai homme et vrai Dieu.

C'est pourquoi une lecture narratologique ne peut pas appliquer la loi narrative de la fiction en se passant de la conception théologique qui demeure à l'intérieur du récit évangélique. On n'est pas face à un récit de fiction, objet d'analyse rhétorique, qu'elle soit de matrice sémantique et pragmatique (Greimas, Eco) ou de matrice philosophique de type ontologique et phénoménologique (Ricœur), où la question de la véridiction est résolue en termes de vraisemblance (quasi-historique) du fait du pouvoir de simulation des « *speech acts* » mis en place par le récit[1095].

Or, pour revenir à la question de la fiabilité du narrateur et de son objectif visant à ce que le lecteur fasse sien son point de vue, adhère à la vérité racontée et croie que Jésus est le Christ, le Fils de Dieu, cela ne saurait guère être imputable à la force de persuasion du narrateur, ni à l'instance de vraisemblance exercée par le texte qu'il a produit. En revanche, cela doit être imputable à la dimension autobiographique qui habite le témoignage johannique. Le fait même que c'est bien la foi, la foi en Dieu et, par conséquent, Dieu lui-même qui sont en jeu, ainsi que l'affirme la même étude narratologique[1096], établit et souligne que la question de la vérité, en Jean, ne consiste pas à faire confiance au narrateur[1097], d'autant plus que celui-ci est considéré comme une figure fictive, ni à se laisser « refigurer » par la représentation d'« un monde possible ». Au contraire, c'est grâce au statut christosacramen-

1093 *Ibid.*
1094 *Ibid.*
1095 Voir *supra*, 3.2.2.2.
1096 Cf. Animation Biblique Œcuménique Romande, *L'évangile de Jean. Une lecture narratologique*, p. 80.
1097 Cf. *ibid.*

tel de la Parole-Écriture, véhiculant la vérité christologique par le biais d'un témoignage personnel (celui du disciple bien-aimé), que le lecteur, ou mieux l'auditeur-lecteur, est amené à faire confiance au narrateur/auteur du récit évangélique. Autrement dit, Dieu resterait un « mystère » dont l'accès est « impossible » aux humains, si la parole humaine ne devenait pas l'événement-avènement de langage (analogie)[1098] faisant de la réalité de Dieu non pas un « monde possible », mais un « monde en acte » médiatisé par un « texte canonique en acte »[1099].

Ainsi, chez Jean, c'est n'est pas la vraisemblance offerte par le récit qui exerce le pouvoir d'impliquer le lecteur, même implicite, d'autant plus que le lecteur implicite, auquel l'auteur-narrateur du témoignage johannique s'adresse, est un destinataire appelé à la foi et pensé ou imaginé comme un futur croyant potentiel ! Chez Jean, la question de la vérité (véridiction) n'est donc pas confiée à la sémantique structurelle, de la même manière que dans le cadre d'un récit profane, qu'il soit fictif ou historique. Si tel était le cas, elle n'offrirait au lecteur que la simulation (ou illusion) d'un monde réel à travers un « monde possible » mis en scène par le récit, ce qui est proprement la force de la fiction. En revanche, la véridiction d'un récit biblique ne repose pas sur la sémantique ou la rhétorique des mots, mais sur le pouvoir analogique accordé aux mots, ce qui fait de ceux-ci une révélation divine, c'est-à-dire un message correspondant et conforme à Dieu. Bien entendu, j'utilise désormais le mot « analogie » au sens de la nouvelle compréhension théologique opérée par une sorte d'« épuration » christologique de l'*analogia entis* d'inspiration philosophique, comme nous l'avons souligné et approfondi précédemment[1100]. Mais pas uniquement.

L'étude que j'ai essayé de mettre en place dans les deux premiers chapitres, portant sur une analogie christosacramentelle qui traverse, par la voie synesthésique et la voie autobiographique, toute la Parole-Écriture, a abouti au début de ce troisième chapitre à la figure du disciple bien-aimé. C'est pourquoi la considération selon laquelle celui-ci ne fait qu'un avec son témoignage, d'après, notamment, l'approfondissement exégétique envisagé au premier paragraphe du présent chapitre, me permet finalement de pouvoir mettre au jour *ce qui* peut amener en définitive le lecteur de Jean à adhérer à la vérité du récit et à croire en Jésus, et que la lecture narratologique de Jean ici envisagée ne définit pas. De fait, cette réalité, qui est étroitement liée à la question de la vérité, question qui est à la fois théologique et historique, loin d'être saisie à travers les dimensions rhétorique et analogi-

1098 Voir *supra*, 1.2.2.

1099 Voir *infra*, 4.1.1. Par cette expression (en italien « *testo canonico in esercizio* »), Marcello Neri explique l'action médiatrice et révélatrice permanente (et pour moi aussi christosacramentelle) qu'exerce la figure christologique de la Parole-Écriture.

1100 Voir *supra*, 1.3.1, notamment n. 383.

co-philosophique du récit *sic et simpliciter* (coopération narrative), peut se laisser détecter dans le binôme « témoin-témoignage » caractérisant et marquant la narration johannique.

En effet, l'Évangile n'est pas un pur phénomène narratif, faisant l'objet d'une médiation ontologique et éthique opérée par la *mimesis* analogique, au sens philosophique – ce qu'un récit comporte –, et se traduisant dans la vraisemblance de la quasi-historicité[1101]. Bien plus, le récit de la Parole révélée étant habité par une analogie sacramentelle venant du mystère christologique de l'incarnation, le narrateur-auteur ne peut offrir au lecteur qu'une médiation testimoniale constituant la *véhémence analogique*[1102] que le langage narratif exprime par le biais sémantique et rhétorique. Cette conviction est soutenue par le facteur même de l'auditeur/lecteur-modèle du récit johannique en tant que croyant potentiel souhaité par le narrateur ou auteur implicite. D'ailleurs la narratologie, étant consciente qu'en réalité le récit sera lu par un lecteur critique ou empirique, réel et historique, sait bien que celui-ci ne pourra parvenir à la foi qu'à une condition bien précise : à savoir que ce que raconte le narrateur émane du fait d'être un témoin direct qui a vu et qui a écrit, ou du fait d'être un témoin indirect, soit le porte-parole de celui qui a vu (dans le cas où le narrateur coïncide avec le rédacteur). Autrement dit, si le lecteur va faire sien le point de vue du narrateur et croire que Jésus est le Christ, ce ne sera qu'à cause de la *véhémence christosacramentelle* d'un récit qui ne fait qu'un avec son témoin, c'est-à-dire sa source. De fait, le lecteur-auditeur, lisant-écoutant l'évangile de Jean, va se trouver vis-à-vis d'une « Parole hypostasiée » par l'entremise d'un témoignage à la fois autobiographique et synesthésique ![1103]

Cela étant, un tel témoin-narrateur, qui est censé être nécessairement saisi par le lecteur empirique en tant que témoin direct de faits racontés, pourrait-il toujours être détecté comme un auteur/narrateur modèle, et pour cela même, comme une figure purement fictive simplement par l'entremise d'une coopération herméneutique et interprétative d'un lecteur empirique appelé à croire au récit qu'il est en train de lire ? Certainement pas !

1101 Dans la pensée philosophique de Ricœur, la médiation, offerte d'abord par la métaphore, puis par le récit, repose sur la logique ontologique même du langage (*véhémence ontologique*). Celui-ci, dans le cas de la métaphore, exprimerait une *manière* d'être (être *comme*), conception ontologique quelque peu audacieuse, que le philosophe va ensuite réinterpréter en termes analogiques – empruntés cette fois-ci à la phénoménologie d'Husserl et surtout à l'ontologie d'Heidegger –, portant sur le sujet humain, que le récit médiatise, en tant qu'*être en puissance* ou en tant qu'être *comme un autre* soi-même.

1102 Cette expression veut exprimer et expliciter ce que Ricœur avait désigné en termes de *véhémence ontologique*. Cf. *supra*, n. 967.

1103 Cette affirmation, qui pourrait apparaître quelque peu « audacieuse », se rattache en retour à la logique christosacramentelle de type synesthésique et autobiographique habitant la Parole-Écriture. C'est pourquoi l'expression « Parole-hypostasiée » fait référence au binôme témoin-témoignage consacré par Jésus lui-même, où le disciple bien-aimé et le quatrième évangile forment pour cela même une « Parole hypostasiée » (ce qui veut dire aussi un « témoin emparolé »), à savoir une « personne-récit » ou un « homme-récit » (voir *infra*, 4.3.1).

D'autant plus que, relevant l'identité remarquable existant entre le langage du narrateur et celui de Jésus, et frappée également par la proximité et la sympathie impressionnantes existant entre le premier et le second, l'équipe de Lausanne affirme avec conviction que ce lien entre les deux « personnages » renforce l'autorité du narrateur, dont l'affinité avec le portrait du disciple bien-aimé est indéniable[1104].

Il en découle qu'une lecture narratologique de l'Écriture, tirant parti des théories sémantiques, sémiologiques et pragmatiques, aussi bien que des approches philosophiques, psychologiques, psychanalytiques et sociologiques, ne peut pas se contenter d'appliquer à un texte biblique les critères que Ricœur, sur le versant philosophique, qu'Eco, sur le versant sémiologique, et que les experts en autobiographie (Lejeune, Gusdorf, Demetrio) ont adoptés par rapport aux récits narratifs ou auto-narratifs de la littérature profane. Ce serait comme si l'on considérait les approches offertes par la méthode historico-critique comme suffisantes pour une lecture et interprétation correctes des textes inspirés[1105]. En revanche, si l'on peut et veut tirer parti des approches scientifiques mentionnées ci-dessus, ce que fait d'ailleurs l'exégèse moderne et post-moderne, il est alors nécessaire d'opérer une sorte d'adéquation et d'adaptation théologique. Autrement dit, les *critères* de lecture des textes révélés qui ont été transmis par la *tradition* théologique de l'Église demeurent comme la « charpente » à partir de laquelle l'herméneutique biblique peut bénéficier des autres apports scientifiques nécessaires et précieux. Car dans le cas contraire, même une analyse narratologique appliquée à l'Écriture, tel par exemple le cas d'un récit testimonial à la troisième personne comme l'évangile de Jean, courrait le risque de « déshistoricisation » du fait qu'elle tendrait à attribuer aux personnages un statut « fictif », y compris à Jésus. De fait, une telle critique affecte aussi l'étude narratologique de l'équipe romande, selon l'affirmation que voici :

> On a l'impression que c'est le narrateur qui adopte le point de vue idéologique et même phraséologique de Jésus, mais ce n'est qu'une impression de lecteur. En réalité, c'est l'auteur qui, probablement informé par la tradition de la communauté johannique, a modelé le personnage de Jésus, écrivant et interprétant à la fois les dialogues et les commentaires du narrateur. Il s'exprime à travers le personnage de Jésus et par la plume du narrateur. Ainsi le narrateur est-il donc un guide sûr et indispensable pour savoir ce que Jésus signifiait pour l'auteur, quelle conviction l'auteur cherchait à développer chez son lecteur[1106].

1104 Cf. Animation Biblique Œcuménique Romande, *L'évangile de Jean. Une lecture narratologique*, p. 82.

1105 Ce n'est pas « par hasard » si Balthasar s'oppose à une utilisation de la méthode historico-critique qui se passe des instances théologiques, telles l'exégèse des Pères et la perspective analogique. Voir *supra*, 1.3.1, notamment n. 342.

1106 Animation Biblique Œcuménique Romande, *L'évangile de Jean. Une lecture narratologique*, p. 82.

Dès lors, dans quelle mesure une approche narratologique, où l'auteur implicite, le narrateur et le lecteur-modèle constituent des figures fictives issues du rapport qui s'instaure finalement entre le texte et le lecteur empirique, peut-elle devenir une véritable approche théologique ? Seulement à une condition, à mon avis : que la distance, voire la séparation, que la narratologie pose entre l'auteur réel et le texte, se résolve dans la relation indissoluble « témoignage-témoin » opérée par l'Esprit. Car c'est dans ce sens que le texte narratif, compris et reçu en tant que Révélation, c'est-à-dire discours même *de* Dieu, peut accompagner le lecteur. En retour, celui-ci, appelé, selon une visée narratologique de type théologique, à une lecture-écoute de foi, est censé être qualifié de « lecteur-disciple ».

De ce fait, dans la mesure où un récit biblique est considéré comme un texte « indépendant » ou « autonome », il ne pourra pour cela même qu'être classé à côté de n'importe quel texte littéraire. En ce cas, le texte biblique sera « un moyen », « un biais » *performatif* de coopération interprétative, de refiguration et de conversion tout simplement. En revanche, s'il est qualifié et saisi tel qu'il est, c'est-à-dire « témoin-témoignage » – selon la signification analogique ressortant notamment de la figure du disciple bien-aimé – constituant le lieu de la rencontre de deux sujets individuels, l'auditeur/lecteur empirique et l'auteur/narrateur/témoin empirique, alors le texte biblique sera un « sacrement »[1107]. Ainsi, il ne sera plus question d'un texte « autonome ». D'ailleurs, d'un point de vue strictement théologique, un récit biblique n'est pas autonome, car son auteur réel, Dieu, y *demeure* présent au moment où son auteur matériel, l'hagiographe, continue, en « témoin permanent »[1108], à lui rendre témoignage et, pour cela même, à y *demeurer,* lui aussi, à côté de son inséparable lecteur-disciple qu'est le lecteur actuel.

En conclusion de cette exploration critique, à travers laquelle j'ai essayé de mettre en lumière les limites d'une lecture purement narratologique – tirant parti des approches philosophiques et sémiologiques – d'un texte biblique, en l'occurrence l'évangile de Jean, je voudrais rapporter l'extrait d'un dialogue imaginé par Italo Calvino entre deux lectrices autour du sujet de la lecture d'un texte, et que l'étude narratologique en question contient en annexe[1109]. Il s'agit d'une sorte de dispute autour des postures critiques qu'un lecteur, visant à une lecture profitable et prometteuse, devrait assumer. De ce dialogue, chacune des lectrices soulignant les approches retenues comme les plus importantes et nécessaires,

1107 Je le dis, évidemment, au sens d'une présence réelle et analogique de type christosacramentel habitant la Parole-Écriture, et non pas au sens de la réalité sacramentaire des sept sacrements.

1108 I. de la Potterie, « Le témoin qui demeure : le disciple que Jésus aimait », p. 356.

1109 Il s'agit d'un livre d'Italo Calvino, écrivain et philosophe italien du XXe siècle (1923–1985). Théoricien de la littérature, écrivain réaliste, mais aussi et surtout, pour le grand public, fabuliste plein d'humour, Calvino est l'un des plus grands écrivains italiens de la période moderne (voir Id., *Si par une nuit d'hiver un voyageur*, Points, Seuil, Paris, 1981).

je voudrais tirer les passages les plus significatifs concernant le sujet de l'*objectivité* de la lecture :

> Lotaria : – Et alors ? Tu voudrais que je ne lise dans les livres que ce dont les auteurs sont convaincus ? Quel intérêt ? Et ma thèse alors ? Je dois trouver dans les textes des choses utiles pour appuyer mes théories. Si je lis, c'est dans ce but-là ! [...].
>
> Ludmilla : – Les auteurs... Il vaut mieux ne pas les connaître, parce que leur personne réelle ne correspond jamais à l'image qu'on s'en fait en les lisant. Les romans qui m'attirent le plus, ce sont ceux qui créent une illusion de transparence de l'auteur, autour d'un nœud de rapports humains obscurs, cruels et même parfois pervers. Il faut qu'on ait l'impression que les récits étaient déjà là avant que l'auteur ne les écrive dans tous leurs détails... [...].
>
> Lotaria : – Mais ce n'est pas ça du tout, tu n'as rien compris ! Ce qu'il faut savoir, lorsqu'on lit sérieusement, c'est comment l'auteur se situe par rapport aux Tendances de la Pensée contemporaine, et aux Problèmes qui réclament une Solution. [...] Tu lis les romans à la file, mais tu n'y mets jamais en évidence les problèmes. [...] Tu devrais venir à l'Université pour notre séminaire. Nous y analysons exhaustivement les livres en fonction des Codes Conscients et Inconscients [...]. C'est ça l'objectivité de la lecture.
>
> Ludmilla : – Ah, tu crois !... J'ai lu dans un livre qu'on peut marquer l'objectivité de la pensée par l'utilisation du verbe penser à la troisième personne impersonnelle : on peut dire alors non pas « je pense », mais « ça pense », comme on dit « il pleut ». [...] Pourrait-on dire « aujourd'hui ça écrit » comme on dit « aujourd'hui il pleut » ou « il vente » ? On peut imaginer un auteur pour lequel il est devenu naturel d'écrire le verbe à l'impersonnel : à travers lui s'exprimerait quelque chose de moins limité que l'individualité d'un homme au singulier. Et le verbe lire ? Pourrait-on dire « aujourd'hui ça lit » comme on dit « aujourd'hui il pleut » ? À y bien penser, la lecture est un acte nécessairement individuel, beaucoup plus que l'écriture. En admettant que l'écriture arrive à dépasser les limitations de l'auteur, elle continuera à n'avoir de sens que si elle est lue par une personne singulière et traverse ses circuits mentaux. Seule la possibilité d'être lu par un individu déterminé, qui dit « je lis », prouve que ce qui a été écrit participe des pouvoirs de l'écriture, pouvoirs fondés sur quelque chose qui dépasse l'individu. [...].
>
> Lotaria : – Je ne suis pas du tout d'accord avec toi. Je crois qu'on peut dire aussi « ça lit ». [...] En effet, qu'est-ce que la lecture d'un texte, sinon certaines insistances dans les formes et les significations ? [...].
>
> Ludmilla : – Moi, je ne pourrais jamais lire comme ça. D'ailleurs, je ne suis pas une lectrice-qui-relit. Cela n'a pas de sens : je me rappelle parfaitement tout ce que j'ai lu ; chaque livre s'identifie clairement dans ma tête avec la lecture que j'en ai faite à tel moment déterminé, une fois pour toutes. [...][1110].

Au-delà des deux positions, et donc, des deux postures de lecture opposées, la dispute amène à considérer les deux perspectives comme complémentaires. Si Lotaria privilégie le texte en tant que tel, objet d'analyse interprétative selon les instances culturelles et les paramètres d'évaluation actuels, Ludmilla souligne les intentions de l'auteur, bien qu'elle

1110 *Ibid.*, cité dans ANIMATION BIBLIQUE ŒCUMÉNIQUE ROMANDE, *L'évangile de Jean. Une lecture narratologique*, pp. 121–122.

soit plutôt fluctuante entre l'influence ou la quasi transparence du texte par rapport à son auteur et l'autonomie même du texte.

Je trouve, en revanche, assez intéressante la considération, non exempte d'ironie, de la seconde lectrice, concernant la valorisation de l'individualité de deux sujets, l'auteur réel et le lecteur actuel. De telles individualités, qui s'avèrent irremplaçables, sont censées, d'un côté, être protégées contre toute tentative de *dépersonnalisation* d'un texte, mais aussi d'*autonomisation* de ce même texte, tentative soulignée par l'expression impersonnelle « ça écrit ». De l'autre côté, cette individualité revendiquée par Ludmilla porte sur la valorisation du lecteur, en tant que sujet personnel déterminé et non idéal, dont l'acte de lecture est un *acte de participation aux pouvoirs de l'écriture.* Ce qui établit, à mon avis, une « charte » éclairante entre écrivain-auteur et auditeur-lecteur, en tant que sujets indissociables et à même de garantir une véritable coopération extensionnelle et intensionnelle d'un texte, notamment d'un texte autobiographique.

3.3.2. Théologie autobiographique et « identité testimoniale »

Je voudrais commencer ce dernier paragraphe par une confrontation entre les aspects autobiographiques autour du témoignage johannique et la théorie autobiographique de Lejeune, ainsi qu'une confrontation entre les premiers et la philosophie narrative de Ricœur, notamment quant à la question de l'identité narrative.

Sans doute, en établissant qu'il y a autobiographie là où existe un rapport d'identité absolue entre auteur, narrateur et personnage, Lejeune nous lance un défi : essayer d'appliquer sa théorie à l'auto-témoignage johannique, ce qui n'est pas du tout une tentative aisée. Déjà, la composition du quatrième évangile à la troisième personne rend le décryptage autobiographique assez difficile. De fait, ni le titre, qui n'existe d'ailleurs pas, ni le début de l'évangile ne portent sur un véritable témoignage autobiographique. Cela implique le fait que qu'il n'y aurait apparemment pas de pacte autobiographique. Et pourtant, vers la fin de l'évangile, s'adressant explicitement aux destinataires de l'évangile par ce « vous » (cf. Jn 19,35 ; 20,31), le narrateur qualifie ce qui a été mis par écrit (cf. Jn 20,31) de « témoignage véridique » (Jn 19,35). Ce « ταῦτα » (δὲ γέγραπται) indique « les signes » que le disciple-témoin a saisis et vus de ses propres yeux (cf. Jn 20,30), telles les sources de sa foi, dès lors que chez Jean, *voir* c'est *croire*, et vice-versa. Or, ce disciple étant « celui qui a vu » (Jn 19,35) et qui, dès lors, « dit vrai » (Jn 19,35)[1111], cela renverrait à une sorte de « pacte implicite ».

1111 Voir *supra*, 3.1.1 ; 3.1.3.

Pourtant, le narrateur se limitant à attester qu'il s'agit du témoignage d'un témoin oculaire, sans rien dire sur l'identité de celui-ci, il est nécessaire de vérifier si le texte fournit d'autres éléments utiles à identifier ledit témoin. En effet, au verset 20,8, « le disciple que Jésus aimait » est présenté comme celui qui accompagne Pierre pour l'inspection du tombeau (cf. 20,2) et également comme celui qui « vit et crut », deux expressions verbales constituant quelques-uns des « traits » caractéristiques de la figure de ce disciple. Or, le « voir » du disciple bien-aimé de Jn 20,8, exprimé par le verbe grec *ὁράω*, correspond au voir du témoin oculaire, lors de la mort de Jésus, au verset 19,35. En revanche, lorsqu'il s'agit de Pierre (cf. Jn 20,6), le « voir » de celui-ci est exprimé par *θεωρεῖ*[1112]. De même, le « voir » de Jn 1,14, imputable au rédacteur et à sa communauté, est formulé par l'expression verbale *θεάομαι*[1113]. Ces précisions lexicales s'avèrent importantes, car par elles le texte évangélique fournit un premier indice établissant une correspondance étroite entre le témoin oculaire de la mort et de la résurrection de Jésus et la figure du disciple bien-aimé.

Pourtant, ce qui dissipe tout doute, c'est le rédacteur. Celui-ci, au verset 21,24, nous informe non seulement que le « témoin véridique » auquel fait allusion Jn 19,35 est le « disciple que Jésus aimait », mais aussi que c'est celui-ci qui a écrit les faits attestés. Cela établit qu'entre le personnage raconté (le disciple bien-aimé), la personne racontant (le narrateur-témoin) et l'écrivain (l'auteur de l'évangile) existe bel et bien un rapport d'identité.

De tels éléments, qui ne peuvent pas situer le récit johannique dans le premier schéma de Lejeune (fig. 2, p. 259), excluent la typologie biographique et celle romanesque[1114]. En revanche, ils font en sorte que le texte johannique puisse trouver sa bonne place à l'intérieur du second schéma (fig. 3, p. 259), où Lejeune illustre les conditions d'un véritable récit autobiographique. Et bien que ce schéma corresponde à un récit autodiégétique, le fait même qu'il puisse y avoir des autobiographies à la troisième personne, ainsi que l'affirme Lejeune lui-même, n'exclut pas que ce schéma puisse s'appliquer aussi à un autotémoignage hétérodiégétique, tel le quatrième évangile.

1112 Voir *supra*, 3.1.1.

1113 C'est un verbe qui exprime plutôt un voir de « contemplation », le même qui est utilisé dans le prologue de la première lettre de Jean, et qui a également le « nous » de la communauté comme sujet (cf. 1 Jn 1,1). Rappelons que les seuls passages de Jean où le narrateur parle à la première personne du pluriel, à savoir en « nous », ce sont Jn 1,14.16 et Jn 21,24. Ces versets, d'ailleurs, se situent chacun dans les deux sections du quatrième évangile imputables au rédacteur, c'est-à-dire au porte-parole du disciple bien-aimé, et dès lors au garant du témoignage de celui-ci auprès de la communauté johannique.

1114 Je suis bien conscient que le genre littéraire de l'évangile ne relève guère de ces deux typologies. Ce qui fait mon intérêt, c'est plutôt l'exclusion d'un modèle narratif pareil au premier schéma de Lejeune. Illustrant les éléments d'un texte biographique ou romanesque, ce schéma (fig. 2, p. 259) met en évidence le rapport de non-identité entre narrateur (la personne racontant) et personnage (la personne racontée). Voir *supra*, 3.2.1.3.

Par rapport à la question du nom, nous avons pu constater, à l'aide de Lejeune, qu'un véritable texte autobiographique demande que personne et discours s'articulent dans le *nom propre*, et que l'autobiographie suppose également qu'entre auteur, narrateur et personnage il y ait *identité de nom*. Or, le fait que l'auteur-narrateur du quatrième évangile s'impose une épithète en tant que personnage-témoin, cela implique que la question de l'identité doit être envisagée plutôt en termes de pseudonymie qu'en termes d'anonymat. Je dirais même plus. Car, si « le sujet profond de l'autobiographie, c'est le nom propre »[1115], d'après Lejeune, un autobiographe ne saurait jamais être un auteur anonyme.

En d'autres termes, que l'auteur du quatrième évangile soit Jean « le fils de Zébédée », ou Jean « le presbytre » ou Jean « ὁ Ἐπιστήθιος », il reste que le pseudonyme « le disciple que Jésus aimait » est le *nom* auquel l'auteur-narrateur a voulu s'identifier, soit qu'il a écrit, soit qu'il ne constitue que la source orale du témoignage auquel la tradition a dès le début attribué le nom de « Jean » [1116]. De toute façon, continuer de poser la question de l'auteur du quatrième évangile en termes d'anonymat, c'est alimenter un faux problème. En revanche, cette identité demande à être résolue en termes de pseudonymie.

Formuler l'hypothèse d'une théologie comme autobiographie signifie en définitive traverser un champ anthropologique particulier que Jésus-Christ a inauguré, lui-même. Car, en créant l'homme à l'image du Fils incarné, Dieu a voulu que l'*homo loquens et scriptor* soit, dès l'origine du monde, une « *via revelationis* » privilégiée, une voie par laquelle la Parole même de Dieu déploie son économie d'incarnation, jusqu'à atteindre son point culminant dans le mystère du Verbe incarné. Puis, le fait que Dieu, dans son Fils fait chair, a parlé en homme, manifeste toute la grandeur de la parole humaine. D'ailleurs, c'est précisément pour mettre en relief toute l'ampleur et l'envergure théologique de la parole humaine que j'ai voulu au chapitre 2 mettre en place une petite étude autour de la sacramentalité de la Parole-Écriture. Il s'agissait d'illustrer un véritable cheminement événementiel d'incarnation du Verbe commençant par l'*empalabraciòn*, c'est-à-dire par l'avènement de la Parole-Écriture, ayant son apogée dans l'événement Jésus-Christ et s'accomplissant dans le corps ecclésial des croyants.

Or, si cette économie d'incarnation vise d'abord à la « Parole-Écriture » véhiculée par cette « lettre » attestant les deux Testaments, en dernier ressort c'est à l'homme en tant que tel qu'elle aboutit, ainsi que le déclarent le prologue de la lettre aux Hébreux (cf. 1,1-2) et le prologue de Jean (cf. 1,14). Cela implique à la fois le Christ, Verbe même de Dieu, et l'homme, son « porte-parole ».

1115 P. LEJEUNE, *Le pacte autobiographique*, p. 33.
1116 Voir *supra*, 3.1.2.1.

Par conséquent, ce « parler de Dieu » par le Fils ne se borne pas aux seules paroles de Jésus, que l'on nomme les « *ipsissima verba Christi* », mais il comprend également ce que les apôtres « avaient appris de la bouche du Christ en vivant avec lui et en le voyant agir, ou ce qu'ils tenaient des suggestions du Saint-Esprit »[1117]. C'est tout cela que la Révélation englobe, et c'est tout cela que les Pères du Concile entendaient dire lorsqu'ils ont déclaré que « *placuit Deo Seipsum revelare* »[1118]. C'est pourquoi non seulement la parole humaine, mais l'homme en tant que tel, sa *relation* avec le Christ, sa *vie dans la chair et dans la foi*, constituent la Parole sacramentelle de la Révélation[1119]. À cet égard, le texte autobiographique de l'apôtre Paul s'avère éclairant et emblématique, lorsqu'il déclare ceci : « Ce n'est plus moi qui vis, mais le Christ qui vit en moi. Ma vie présente dans la chair, je la vis dans la foi au Fils de Dieu qui m'a aimé et s'est livré pour moi » (Ga 2,20). Dans ce passage, tandis qu'il souligne l'« habitation » du Christ dans sa propre vie, l'apôtre met également en relief le fait qu'une telle « inhabitation » n'abolit pas ni remplace sa vie réelle, charnelle. En revanche, c'est grâce à celle-ci, telle une médiation sacramentelle, que le Christ s'offre à l'écoute, à la vision et à la perception complète des hommes et des femmes auxquels l'apôtre est envoyé.

À l'égard de l'affirmation autobiographique de la lettre aux Galates, il est surprenant de noter le croisement anthropologique souligné par le magistère de François, lorsque le pape, commentant ce même texte paulinien, unit l'aspect théologique avec l'aspect philosophique concernant la personne humaine, notamment celle du croyant : « Dans la foi, le "moi" du croyant grandit pour être habité par un Autre, pour vivre dans un Autre, et ainsi sa vie s'élargit dans l'Amour. Là se situe l'action propre de l'Esprit Saint. Le chrétien peut avoir les yeux de Jésus, ses sentiments, sa disposition filiale, parce qu'il est rendu participant à son Amour, qui est l'Esprit. C'est dans cet Amour que se reçoit en quelque sorte la vision propre de Jésus. Hors de cette conformation dans l'Amour, hors de la présence de l'Esprit qui le répand dans nos cœurs (cf. *Rm* 5, 5), il est impossible de confesser Jésus comme Seigneur (cf. *1 Co* 12, 3) »[1120].

Or, au moment où le Pontife remarque l'acquisition d'une identité théologique, celle du « moi-croyant », tel un déploiement de l'identité humaine même de l'apôtre, c'est-à-dire de son « moi-personnel », il nous semble pouvoir saisir, en arrière-fond, la pensée même de Paul Ricœur. En effet, le Christ étant désigné comme l'Autre avec la majuscule face au moi humain, cela évoque la connaissance que le sujet humain acquiert de lui-même,

1117 *DV* 7.
1118 *DV* 2
1119 Sur ce sujet je vais revenir au prochain chapitre, à propos de *Dei Verbum* et des remarques sur le Concile faites par le théologien Ruggieri, en tant que témoin privilégié de Vatican II. Voir *infra*, 4.3.1.
1120 *LF* 21.

de son *moi* ou son *idem*, en termes d'un *ipse*, d'un autre, grâce à l'intermédiaire de l'Autre, en l'occurrence, du personnage même issu de la configuration du récit[1121]. En conséquence, ce croisement anthropologique entre donnée théologique et donnée philosophique offert par l'encyclique *Lumen Fidei* illustre la constitution de l'identité chrétienne, telle une véritable reconnaissance de la part du croyant de son *soi* en termes d'un « *sujet christifié* », d'un « sacrement du Christ »[1122].

Il en découle que s'autorévélant, Dieu se rend analogue par le Christ, son « bien-aimé » et son « sacrement », aussi bien que par l'homme croyant, le *christifidelis*[1123], que Dieu a également constitué « bien-aimé » et « sacrement » de son Fils. Cela conduit à jeter une lumière surprenante sur l'épithète « bien-aimé » qualifiant le disciple-témoin du quatrième évangile. Mais pas seulement.

En se révélant lui-même, Dieu a voulu en même temps révéler l'homme à l'homme (« *hominem ipsi homini* »), ainsi que l'affirme le Concile : « En réalité, le mystère de l'homme ne s'éclaire vraiment que dans le mystère du Verbe incarné. Adam, en effet, le premier homme, était la figure de celui qui devait venir, le Christ Seigneur. Nouvel Adam, le Christ, dans la révélation même du mystère du Père et de son amour, manifeste pleinement *l'homme à lui-même* et lui découvre la sublimité de sa vocation »[1124].

Ce passage de *Gaudium et Spes* s'avère important par rapport à l'hypothèse que je propose, celle de considérer l'autobiographie en tant que composante analogique de la révélation. Car les Pères du Concile, sans peut-être en avoir conscience, ont poussé la pensée théologique jusque là où la pensée du théologien luthérien Jüngel a également osé s'avancer[1125]. De fait, affirmer que le Christ révèle l'homme à lui-même équivaut à dire que le Christ constitue la réponse lumineuse à la question anthropologique fondamentale, question que l'homme se pose à lui-même, à savoir : « Qui suis-je ? » Ce qui correspond exactement à la définition d'« autobiographie » que donne Gusdorf, d'après lequel l'origine du phénomène de l'autobiographie, une expression qui est d'ailleurs récente, n'est pas à explorer en termes lexicaux, mais en direction de la signification même du mot. C'est pourquoi, d'après le théoricien français, une telle question renvoie à la Bible elle-même en tant que

1121 Voir *supra*, 3.2.2.3.

1122 Voir *supra*, n. 1043.

1123 C'est la formulation latine désignant la nouvelle dignité du baptisé devenu fidèle du Christ. C'est pourquoi Jean-Paul II a intitulé l'exhortation apostolique post-synodale sur la vocation et la mission des laïcs dans l'Église et dans le monde *Christifideles laici.* Cf. Jean-Paul II, *Exhortation apostolique post-synodale sur la vocation et la mission des laïcs dans l'église et dans le monde,* (30.12.1988) : *AAS* 81 (1989) 393–521.

1124 *GS* 22, je souligne. Voir aussi *supra,* n. 850 et n. 1039.

1125 Voir *supra*, cit. relative à la n. 230.

forme archétypale des « écritures du moi », où l'homme pose la question des fondements et du moi[1126].

Or, ainsi que le remarque Ricœur, c'est autour de ses récits historico-théologiques que le peuple d'Israël grandit dans la conscience de soi en tant que peuple de l'Alliance, c'est-à-dire à partir de la Parole de l'« Autre » avec majuscule, ou du « Tout Autre » que l'homme. Pour sa part, Dieu se révèle par une « parole humaine » enracinée dans un milieu culturel particulier. C'est pourquoi, il est indéniable que l'apparition de l'écriture, laissant la trace indélébile du passage d'une vie et constituant le témoignage impérissable d'une existence, marque la naissance de l'histoire. Toute écriture, en tant qu'écriture d'un sujet, est toujours écriture du moi d'abord. Ce n'est pas un hasard que ce soit par une signature que tout individu s'authentifie. Difficile à imiter, « la signature est généralement reconnue comme une monstration de l'essence d'un homme dans tous les usages de la vie », ainsi que l'affirme Gusdorf lui-même[1127].

Cela dit, la question autobiographique au sens théologique porte nécessairement sur le discours de l'identité, discours que j'envisage en tant que dernier aspect de cette étude autour d'une théologie autobiographique. Bien que la théologie autobiographique s'occupe du récit, précisément du « récit de soi-même », où, comme l'affirme Lejeune, il est question d'identité directe entre auteur, narrateur et personnage raconté, elle se distingue, en dernier ressort, de la théologie narrative par le *but* qu'elle vise.

En revenant à la philosophie de la narration de Paul Ricœur, si la *configuration* fait l'objet du récit, l'aboutissement du récit est la *refiguration* du lecteur. En d'autres termes, alors que la configuration s'occupe de donner une identité aux personnages du récit, la refiguration consiste à aider le lecteur, par l'entremise de l'acte de lecture, à se donner une identité, une identité en termes de *soi*[1128]. D'ailleurs, il n'y a pas d'immédiateté par rapport à la constatation de soi-même ni de sa propre perception corporelle non plus, car « à l'égard de soi-même le sujet est toujours en retard »[1129]. C'est pourquoi, grâce à la médiation de la configuration, qui est un processus d'imagination se faisant au moyen de la médiation de symboles culturels et de signes linguistiques, l'action de l'autre devient *image* qui interpelle. En d'autres termes, la *figure* ne devient pas un miroir, mais un moyen de confrontation qui produit des significations nouvelles. Ce sont celles-ci, à partir de traits humains, comportementaux, psychologiques et sentimentaux, qui vont « figurer » l'*idem*, le moi immuable au fil du temps, comme un *ipse*, un *soi refiguré* comme un *autre*. Celui-ci, tel un sujet

1126 Voir *supra*, 3.2.1.1.

1127 G. Gusdorf, *Les écritures du moi,* vol. 1 : *Lignes de vie*, p. 105.

1128 Cf. P. Ricœur, « L'identité narrative », p. 290.

1129 H. Haker, « Racconto e identità morale nell'opera di Paul Ricœur », *Concilium*, 2 (2000), p. 85, je traduis.

changeant au fil du temps, et donc au fil de l'histoire, va « transfigurer » l'*idem*, qui ne pourrait autrement pas se concevoir lui-même[1130]. Bref, alors que le processus interprétatif de lecture se met en route, c'est l'« identité narrative » qui se réalise.

Or, ce que Ricœur analyse et met au jour, c'est précisément ce qui se passe à travers l'acte de lecture, appelé *mimèsis* III, lorsque le *soi* du lecteur est refiguré *comme un autre* que lui. Mais il ne dit pas ce qui se passe pendant l'acte d'écriture, sauf le fait qu'elle est un processus de configuration, appelé *mimèsis* II, où un auteur est en même temps écrivain et lecteur de ce qu'il écrit. C'est pourquoi, au-delà des présupposés rhétoriques et symboliques faisant l'objet de la préfiguration, *mimèsis* I, et qui constituent la *conditio sine qua non* de la configuration d'un récit, ou *mise en intrigue*, qu'est-ce que celle-ci entraîne par rapport à celui qui en est le sujet, c'est-à-dire l'auteur-écrivain ? C'est bien ce qui, au fil des trois phases de *mimèsis*, reste dans l'ombre.

Les approches narratologiques se concentrent, d'ailleurs, sur le texte en tant que tel, et non pas sur l'agent de la configuration, l'auteur. Nous l'avons vu au cours de notre analyse autour de l'étude ricœurienne du récit, où l'identité de l'auteur est réduite à une identité fictive, celle de l'auteur implicite, point de départ d'une stratégie de persuasion (rhétorique) visant le lecteur[1131]. Mais de l'auteur réel, ou empirique, rien n'est dit.

Or, étant donné que je n'entends pas ici envisager seulement la perspective narrative, étudier et approfondir la perspective autonarrative, au sens théologique, me donne par contre l'occasion de pouvoir argumenter en faveur de l'auteur et, dès lors, de l'acte d'écriture. C'est pourquoi, bien que toute analyse de Ricœur vise à l'identité narrative du lecteur, par le biais de l'acte de lecture, elle peut également jeter une lumière importante sur le versant de l'écrivain, en l'occurrence de l'autobiographe, et de son acte autobiographique d'écriture. Pour ce faire, je vais essayer d'opérer un croisement entre la théorie ricœurienne débouchant sur l'identité narrative du lecteur et l'identité théologique et autobiographique portant sur l'auteur, qui a fait l'objet du premier paragraphe. Le point de départ de ma tentative va être notamment ce que le philosophe dénomme l'« acte de configuration » du récit.

Dans le cadre du récit autobiographique du quatrième évangile, où le personnage configuré correspond à l'auteur lui-même, il est question d'une auto-configuration. Par conséquent, s'agissant d'un personnage « auto-configuré », l'« autre » ne se pose pas, par rapport au premier lecteur, l'auteur lui-même, comme n'importe quelle personne, car le personnage configuré n'est pas différent de lui-même. Mais alors, dans ce cas, de quelle manière l'auteur opère-t-il une pareille configuration ? Autrement dit, comment va-t-il se configurer lui-même ?

1130 Cf. P. Ricœur, « L'identité narrative », pp. 290–300.
1131 Voir *supra*, 3.2.2.2.

Voulant aborder la question dans les termes de la théorie de Ricœur, et considérant que celle-ci ne retient que le côté du lecteur, je ne peux tenter qu'une stratégie pour ainsi dire « symétrique » à celle du penseur français. De fait, si le lecteur, par le biais de la lecture, est amené à *refigurer* son soi *comme un autre* que lui, où cet « autre » est le personnage-configuré même du récit, de manière symétrique, je pourrais avancer l'hypothèse que voici : dans le processus de configuration, l'auteur du témoignage johannique *s'autoconfigure* et à la fois se *refigure* lui-même, par le biais de l'auto-écriture-lecture, « comme un autre-Autre »[1132]. Cela demande une compréhension non pas à un niveau littéraire et philosophique, mais à un niveau théologique impliquant nécessairement une visée analogique.

D'abord, ainsi que nous l'avons constaté auparavant, le sujet de l'auto-témoignage johannique nous demandait de fonder l'hypothèse autobiographique sur les auto-attestations mêmes de Jésus. Dans cette perspective, nous avons pu affirmer que le Jésus de Jean est le « protoautobiographe », c'est-à-dire la source et le modèle de l'« autotémoignage » – entendu au sens théologique du terme –, et dès lors l'autorévélation *sic et simpliciter* de Dieu dans le Fils, Verbe fait chair. C'est pourquoi, comme Dieu se rend analogue moyennant l'auto-attestation de son Fils, l'action de l'Esprit, inspirant l'auteur du quatrième évangile à mettre par écrit son témoignage, se veut elle aussi un acte qui rend l'hagiographe-témoin lui-même « analogique ». Car, en définitive, c'est le Christ, l'« *analogia entis* concrète » du Père, qui se rend lui-même analogue dans la figure historique et donc christosacramentelle du « disciple bien-aimé »[1133]. Par conséquent, l'autobiographie de ce disciple, loin d'être un écrit mémorial qu'il s'attribuerait à lui-même, tel un auto-éloge narcissique, s'avère plutôt une autonarration analogique. En effet, dans et à travers cette dernière, alors que le Christ se dit par l'auto-témoignage du disciple – auto-témoignage représentant en même temps le « dedans » du disciple lui-même –, celui-ci va se configurer/refigurer (son *idem*) comme *un autre* (un *ipse*), *configuré*, à son tour, par l'*Autre* avec majuscule, le Christ lui-même[1134].

1132 Ce binôme « autre-Autre » désigne en même temps le disciple autoconfiguré et à la fois refiguré comme une personne nouvelle, du fait que celui-ci, ne faisant qu'un avec le Christ, se conçoit lui-même désormais comme un « sacrement du Christ », c'est-à-dire sacrement hypostasié du Christ ou figure christosacramentelle.

1133 Ceci s'offre comme un passage très important par rapport au sujet de l'analogie, auquel je voudrais apporter ma modeste contribution, afin d'accroître l'intelligibilité et la compréhension d'un sujet théologique aussi indispensable. Car, étant l'initiative et la stratégie même de Dieu, c'est-à-dire son *œconomia revelationis*, l'analogie est à la fois unique et double. Unique, car elle correspond *sic et simpliciter* au Christ, « *analogia entis* concrète », ainsi que l'affirme Balthasar. Double, car elle fait l'objet de deux mouvements : celui du Père, qui se rend analogue *dans* et *par* le Fils, ce que Balthasar n'explicite pas, mais qui reste cependant sous-entendu ; et celui du Fils, qui, à son tour, fait de ses disciples, ainsi que de ses évangélistes, des « analogues », c'est-à-dire des figures christosacramentelles *aptes*, dès lors, à témoigner de lui-même.

1134 Il s'agit d'une configuration dans une configuration, car, dans la mesure où l'évangéliste-témoin, configurant l'intrigue, se configure lui-même, cette intrigue autobiographique est en même temps la configuration opérée par l'Esprit, en tant que Parole de la Révélation.

Or, comme il s'agit d'une narration destinée de toute façon à des lecteurs ou, pour le dire plus précisément, à des auditeurs de la Parole qui sauve, en tant que futurs croyants que le témoignage johannique postule, l'autobiographie du « disciple bien-aimé » entraîne un processus de *refiguration* visant aussi les auditeurs-lecteurs, c'est-à-dire un processus identitaire médiatisé par l'écoute-lecture du texte. Toutefois, alors que la littérature narrative extrabiblique propose au lecteur « un personnage » en tant que modèle d'appropriation ou de refiguration, que ce soit dans un récit fictionnel ou historique, la narration théologique lui propose comme « modèles » d'appropriation non pas des figures fictives, ni non plus n'importe quel personnage historique. Au contraire, la configuration du récit biblique propose en tant que modèle Dieu lui-même, ainsi que ses témoins, configurés, en l'occurrence, comme étant également ses « analogues ». C'est pourquoi, par rapport à une narration ordinaire, les termes de la question autobiographique, au sens théologique, connaissent un changement important.

De fait, comme l'auteur d'une autonarration, qui est aussi une autoconfiguration, est aussi le premier lecteur-auditeur auquel celle-ci s'adresse, la refiguration vise deux objectifs : l'un *ad intra,* et l'autre *ad extra.* Le premier, c'est précisément l'autobiographe lui-même, tandis que le second objectif est le lecteur-auditeur, tel l'ultime destinataire situé dans le temps réel. Or, d'après Ricœur, à partir de l'identité configurée des personnages de l'intrigue, tout récit narratif offre une médiation visant à une identité de *soi* (du lecteur) « telle qu'elle est refigurée principalement dans l'acte de lecture »[1135], à savoir une « identité narrative ». Mais alors, dans le cadre d'un récit autobiographique, comme celui du texte johannique, de quel type d'identité sera-t-il question ? Puisqu'il s'agit en l'occurrence d'une métanarration, du fait que la parole humaine véhicule la Parole divine, la médiation opérée par le récit autobiographique de Jean entraîne une « identité testimoniale ».

La théologie narrative a fait peut-être un peu trop siens les éléments rhétoriques de la narratologie[1136], en délaissant l'aspect qui constitue l'essence du récit biblique : « le témoi-

1135 P. Ricœur, « L'identité narrative », p. 290.

1136 Cette préoccupation, à savoir l'insistance de la narratologie sur l'aspect existentiel et fonctionnel dirigés vers le lecteur, est d'ailleurs bien présente dans le document pontifical sur l'interprétation de l'Écriture sainte : « On demande à l'exégèse narrative de réhabiliter, en des contextes historiques nouveaux, les modes de communication et de signification propres au récit biblique, afin de mieux ouvrir la voie à son efficacité pour le salut. On insiste sur la nécessité de "raconter le salut" (aspect "informatif" du récit) et de "raconter en vue du salut" (aspect "performatif"). Le récit biblique, en effet, contient, – explicitement ou implicitement selon les cas –, *un appel existentiel adressé au lecteur*. [...] En s'appliquant aux textes de la Bible, l'analyse narrative ne peut pas se contenter de plaquer sur ceux-ci des modèles préétablis. Elle doit bien plutôt s'efforcer de correspondre à leur spécificité. Son approche synchronique des textes demande à être complétée par des études diachroniques. Elle doit, d'autre part, se garder d'une possible tendance à exclure toute élaboration doctrinale des données que contiennent les récits de la Bible. Elle se trouverait alors en désaccord avec la tradition biblique elle-même, qui pratique ce genre d'élaboration, et avec la tradition ecclésiale, qui a

gnage »[1137]. En revanche, le caractère analogico-sacramentel qui habite l'Écriture fait du témoignage biblique, quoiqu'il soit exprimé en forme narrative, la Parole vivante et agissante du Salut. Cela ne veut pas dire que les éléments sémiotiques ne soient pas importants, mais qu'au sein de la Parole-Écriture, la symbolique linguistique n'est pas censée être réduite à un ensemble de signes conventionnels. De fait, alors qu'elle ouvre la porte à la signification, la *lettre* véhicule « une *présence active* en attente d'une réponse réactive »[1138]. Par conséquent, le récit biblique est en même temps un message kérygmatique destiné non pas à des lecteurs *sic et simpliciter*, mais aux destinateurs d'un témoignage qui est censé susciter en eux la foi au Christ.

C'est pourquoi, à partir de la matrice narrative de nombreux textes bibliques, défendre le caractère narratif de la foi chrétienne et par là même le concept ricœurien d'« identité narrative », ainsi que le souligne le théologien espagnol Augustín del Agua, signifie percevoir le récit biblique en tant que « vecteur d'identité religieuse »[1139]. De fait, en ayant récupéré la dimension historique de la narration biblique – dimension pourtant affectée par « un présupposé épistémologique historiciste voulant que, pour analyser correctement les faits de l'histoire, il fallait les isoler de l'interprétation qu'ils reçurent par la suite »[1140] –, l'exégèse biblique a pris de plus en plus conscience « que les narrateurs du Nouveau Testament ne prétendaient pas raconter l'"histoire" de Jésus en simples témoins neutres, mais

continué dans cette voie. Il convient enfin de noter qu'on ne peut pas considérer l'*efficacité existentielle subjective* de la Parole de Dieu transmise narrativement comme un critère suffisant de la vérité de sa compréhension. » (COMMISSION BIBLIQUE PONTIFICALE, *L'interprétation de la Bible dans l'Église*, chap. 1, par. B 2)

1137 Cf. *ibid.* Le mot « témoignage » référé aux attestations bibliques est par ailleurs présent dans le document susnommé à 12 reprises.

1138 S.-M. SCHNEIDERS, *Le texte de la rencontre. L'interprétation du Nouveau Testament comme écriture sainte*, [titre original : *The Revelatory Text Interpreting the New Testament as Sacred Scripture*, trad. de l'anglais par Jean-Claude Breton et Dominique Barrios-Delgrado], Cerf / Fides, Paris, 1995, p. 67. Dans ce passage, l'auteure protestante relève que l'interprétation de la Bible manque d'une véritable herméneutique, ce que la méthode historico-critique – qui a exercé tout son attrait même au sein de l'Église catholique –, n'a pas été à même d'offrir. De même, Schneiders, citant *DV* 21, regrette le fait que l'Église catholique, à partir de ce qu'elle a déclaré dans la Constitution dogmatique sur la Révélation, n'ait pas étendu à la Parole la juste considération sacramentelle : « […] cette déclaration représente plutôt ce que l'Église aurait dû faire que ce qu'elle a effectivement fait durant la plus grande partie de son histoire ; […] L'Écriture, tout comme l'eucharistie, se comprend en effet comme sacrement » (*ibid.*, p. 75). C'est proprement ce qui amène la théologienne protestante à définir la Bible comme le « sacrement ecclésial premier de la Parole de Dieu. » (*ibid.*, p. 95)

1139 A. DEL AGUA, « L'identité narrative des chrétiens selon le Nouveau Testament », *Concilium* 285 (2000), pp. 113–121, ici p. 115.

1140 *Ibid.* Durant une large période, la méthode historico-critique a été influencée, d'après Del Agua, par la séparation ruineuse entre fait empirique et fait raconté, provoquée par une conception de l'histoire issue du siècle des Lumières et du rationalisme.

donner un authentique témoignage de foi en l'action de Dieu dans cette histoire »[1141]. D'ailleurs, dans la mesure où il s'agit de *faits* et d'*expériences* historiques attestés par un peuple, Israël, puis par le nouvel Israël, les apôtres et l'Église naissante – *faits* et *expériences* dans lesquels ce peuple a saisi un Dieu qui se révélait à lui –, la Révélation est tout entière un grand témoignage. C'est pourquoi, parler d'« identité narrative » en termes d'« identité religieuse » nous permet de distinguer davantage une approche narratologique de type littéraire et philosophique d'une approche narratologique de type théologique.

La question de l'« identité religieuse » marque un pas en avant ultérieur grâce à l'article du théologien dogmatique allemand Hermann Häring paru, ainsi que les autres articles mentionnés ci-dessus, dans le même numéro que *Concilium* consacre au sujet de l'« identité »[1142]. D'après Häring, le caractère narratif de la théologie est important parce qu'il « secoue » l'approche théologique de l'âge moderne prétendant objectiver un Dieu qui ne se laisse d'ailleurs pas objectiver par n'importe quelle réflexion. Pourtant, la seule donnée narrative ne suffit pas. Elle a besoin de la christologie. Cela est évident dans les évangiles. Pour donner un exemple, le théologien allemand fait allusion à Pierre, lorsqu'interpellé par la question posée par Jésus autour de sa propre identité, il s'exclame : « Tu es l'Oint, le Fils du Dieu vivant ! » (Mt 16,16) La réponse de l'apôtre, porteuse d'un symbolisme christologique, ne revêt pas un caractère narratif et réflexif, « mais [elle] est de l'ordre d'une réponse »[1143]. Autrement dit, en dehors de la relation avec Jésus, la seule personne que le christianisme pose « comme critère et source de son identité religieuse »[1144], aucune confession et perception de l'identité de Jésus-Christ n'est possible. Par conséquent, seulement « un narrateur-témoin », et non « un informateur », est à même de transmettre une pareille identité. C'est ce dont il est question chez Jean, où le Christ se révèle comme étant le Narrateur du Père, et le disciple bien-aimé, comme le narrateur du Christ, ainsi que le rappelle Mannucci[1145]. Pour ma part, je préfère utiliser l'expression « témoin », qui est d'ailleurs le terme choisi par Jean lui-même.

Si donc le récit biblique, en tant que témoignage historique de témoins également historiques, porte sur une « identité religieuse » – car, d'après Del Agua, « le propre de l'identité religieuse est de se dire sous forme de récit »[1146] –, c'est dans cette même direction, c'est-à-dire celle du témoignage, qu'il faut chercher l'identité entraînée par une narration autobiographique. Chez Jean, du reste, il est question d'autotémoignage.

1141 *Ibid.*

1142 Cf. H. Häring, « L'histoire de Jésus comme origine et fondement de l'identité religieuse », *Concilium* 285 (2000), pp. 123–137.

1143 *Ibid.*, p. 133, j'explicite.

1144 *Ibid.*, p. 134.

1145 Voir *supra* 1.1.1, notamment la cit. relative à la n. 39 ; 3.1.4, notamment la cit. relative à la n. 832.

1146 A. Del Augua, « L'identité narrative des chrétiens selon le Nouveau Testament », p. 121.

Le témoignage en tant que tel, donc tout témoignage, peut s'exprimer de deux façons : il peut être un témoignage de quelqu'un porté sur quelqu'un d'autre, ou bien un témoignage porté sur soi-même. C'est pourquoi, la Parole de Dieu n'étant pas une parole directe de Dieu, mais un témoignage porté sur lui par l'homme dans l'Esprit Saint, cela implique que la Révélation se livre à la fois comme Parole *de* Dieu et *sur* Dieu. Cependant, le témoignage divin peut également s'exprimer en forme d'autotémoignage. De fait, il arrive que l'auteur soit impliqué dans ce qu'il écrit, en tant qu'objet de sa foi, dans l'Ancien Testament comme dans le Nouveau. Dans le second cas, l'autotémoignage est plus évident, car nombreux et divers sont les textes néotestamentaires où l'auteur parle à la première personne, notamment les lettres pauliniennes et apostoliques. C'est pourquoi le fait qu'un autotémoignage puisse s'exprimer à la troisième personne, tout comme nous l'avons déjà noté, à partir notamment de l'auteur du quatrième évangile, ne constitue pas un obstacle. Car, d'un côté, le genre narratif préfère presque toujours que le récit soit construit à la troisième personne. De l'autre, voulant braquer le projecteur sur le véritable auteur de la Parole, c'est-à-dire Dieu, l'auteur humain choisit souvent de rester dans l'ombre, en renonçant au « je-narratif ». Par conséquent, quand le témoignage biblique s'exprime sous la forme d'un autotémoignage, quoique cela n'aille pas de soi, l'attestation portée sur Dieu passe par la vie du témoin attestant. Autrement dit, son témoignage ne porte pas sur ce que Dieu dit et fait, mais sur ce que Dieu lui a dit et lui a fait. Cela comporte inévitablement que, lorsque le témoin témoigne de Dieu, il met en même temps au jour sa propre identité. Il ne sera pas question d'une identité ordinaire, mais d'une identité déterminée : précisément, une « identité testimoniale ». De ce fait, étant censé attester Dieu à partir de lui-même, l'autobiographe a tendance à *se configurer* comme témoin de Dieu.

Or, dans un récit fictif, l'auteur, en tant que narrateur de personnages munis d'identités propres, mettant pour cela même en scène des identités qui vont médiatiser un processus de refiguration ou d'appropriation, se redécouvre lui-même comme étant *un autre,* ainsi que Ricœur le soutient. C'est proprement un tel processus qui engendre des « identités narratives ». Tandis que, dans un récit autobiographique où l'identité du personnage raconté correspond à l'identité même de l'auteur-narrateur, l'action de lecture, en amont et en aval, entraîne un processus différent, qui va déboucher sur une « identité testimoniale » (voir fig. 4, p. 323). Cela vaut d'autant plus pour un récit autobiographique de type théologique, où il ne s'agit pas simplement de configurer un « modèle ». Déjà, les personnages bibliques, marquant l'histoire du salut – ceux, notamment, que l'Ancien Testament présente en tant que messagers choisis et envoyés par Dieu –, sont considérés par l'exégèse biblique et patristique comme *tupoi*, des « préfigurations » annonçant le Christ. En revanche, les personnages des récits néotestamentaires, ayant connu le Christ et jouant le rôle de disciples-témoins, sont des *tupoi* pour ainsi dire « accomplis ». Ce sont notamment ces témoins directs du Christ que le lecteur-auditeur est censé s'approprier, telles de véritables « figures » christologiques et identités testimoniales que la configuration évangélique offre à la refiguration identitaire de l'auditeur-lecteur, moyennant l'écoute-lecture.

De ce fait, en tant que sujet historique et témoin de faits historiques, l'auteur-narrateur est conscient, lors de la rédaction de son témoignage de foi, d'établir un pacte autobiographique moins avec un lecteur imaginé et idéal qu'avec de futurs « frères » dans la foi, auxquels il désire transmettre l'annonce du Christ. C'est pourquoi, dans le cadre de la narration biblique, avant de parler de lecteur, il faut parler d'auditeur de l'annonce de la Parole du salut. D'ailleurs, en recevant les textes du Nouveau Testament comme Écritures inspirées, à l'instar des textes de l'Ancien Testament, les premières communautés chrétiennes les accueillent comme Parole à écouter et à *proclamer*. Ainsi, dans la mesure où le témoignage scripturaire s'adresse premièrement à des auditeurs-lecteurs convoqués au sein de l'Église pour la proclamation et l'écoute de la Parole, l'action liturgique devient ce lieu spatial et temporel où la Parole-Écriture, par l'action analogique de la synesthésie et de l'autobiographie, médiatise un véritable processus sacramentel d'identification testimoniale. De son côté, l'auditeur-lecteur, accédant à la rencontre avec l'Autre, y accède en tant que « sacrement du frère »[1147].

Or, chez Ricœur, le processus d'auto-identification du lecteur commence par l'identification de l'autre, le personnage du récit en l'occurrence. Et puisque le personnage revêt le caractère de *figure*, « le soi [de celui-ci], narrativement interprété [par le lecteur], se révèle être lui-même un *moi figuré*, un moi qui *se figure tel ou tel* »[1148]. C'est pourquoi, à partir de l'identification du personnage et grâce à la médiation narrative de l'intrigue qui en définit le caractère et le portrait, le lecteur pourra s'identifier lui-même comme un *moi refiguré*. Cela implique également, d'après Ricœur, que le lecteur est censé s'approprier un personnage par identification, ce qui veut dire « se soumettre soi-même à l'exercice de variations imaginatives qui deviennent ainsi les variations imaginatives sur le soi »[1149]. De ce fait, ce processus d'auto-identification explicité par Ricœur, où l'on se reconnaît être identique à soi-même par la médiation d'une figure, celle du personnage du récit se configurant comme un autre soi (*ipse*), apporte des éléments qui peuvent jeter une lumière importante sur la question de l'identité testimoniale, bien que par asymétrie.

1147 En tant que disciple actuel ou potentiel, l'auditeur-lecteur va se confronter au personnage-témoin, le sujet du récit testimonial, en le saisissant non seulement comme une figure christosacramentelle, mais aussi comme un frère-sacrement, en vertu proprement de leur commune appartenance à une même et seule Église du Christ.

1148 P. Ricœur, « L'identité narrative », p. 298, j'explicite.

1149 *Ibid.*, p. 299.

Si nous revenons à l'autotémoignage du quatrième évangile, le disciple bien-aimé, en tant qu'autobiographe de son propre témoignage, se reconnaît être identique à lui-même par la médiation, non pas d'un récit, le sien, mais d'une relation avec l'Autre : Jésus. Épiphanie et gloire de YHWH, image du Très-Haut, Verbe de Dieu et visage divin du Père rayonnant dans le visage humain du Fils de l'homme, Jésus est pour le disciple bien-aimé le *semblable* à lui, en termes d'*ipséité*, et l'*identique* à Dieu, en termes de *mêmeté*. Par conséquent, le disciple, c'est « le semblable à l'identique ». Pourtant, si un tel processus d'auto-identification se produit dans une relation directe, le récit offert par la Parole-Écriture, en l'occurrence, l'autotémoignage de Jean, qu'implique-t-il alors ? Il implique une *configuration*, sous forme de témoignage – ce qui signifie, en même temps, une véritable profession de foi et d'amour –, mettant en place la même logique analogique de l'incarnation du Verbe. Telle la première étape, où Dieu se rend analogue en se livrant moyennant la sacramentalité de la parole humaine et de la lettre, le récit testimonial johannique se veut également la « version sacramentelle » de la *relation.* Ainsi, tout comme le Christ, Verbe et Image de Dieu, qui se fait chair-lettre, le disciple bien-aimé se fait, à son tour, chair-lettre, c'est-à-dire témoin-témoignage. C'est à quoi Parmentier, citant le dogmaticien protestant Gérard Siegwalt, semble faire référence : « "Les auteurs bibliques sont cela : ils n'écrivent pas de manière neutre, mais de manière responsable et cela signifie qu'ils écrivent pour ainsi dire avec leur sang, avec leur vie, parce que tout leur être est 'martyr', témoin. Loin d'être réduite au minimum, leur participation est poussée au maximum : ils sont engagés corps et âme dans ce qu'ils écrivent". »[1150]

De ce fait, un telle *configuration* spéciale opérée par le récit autobiographique de foi peut être d'une certaine façon comparée à une « peinture », avec tout ce que la réalisation artistique d'un tableau comporte[1151]. Pourtant, ce que l'auteur-narrateur va peindre, ce n'est pas un personnage fictif ou n'importe quel personnage historique, mais un personnage historique correspondant à lui-même, le témoin autobiographe. Quant à Jésus-Christ, en tant que personnage principal auquel le « peintre » rend son témoignage, il est « peint » selon l'*image* que l'Esprit offre à la vision – qui est vision dans la foi –, du disciple-autobiographe, ainsi que nous le rappelle Balthasar. C'est pourquoi, étant censée configurer un « ce que »

1150 G. Siegwalt, *Dogmatique pour la catholicité évangélique. Système mystagogique de la foi chrétienne*, t. I, vol. 2, Cerf / Labor et Fides, Paris / Genève, 1987, p. 279, cit. dans É. Parmentier, *L'Écriture vive. Interprétations chrétiennes de la Bible*, p. 32.

1151 Dans le cadre d'une œuvre artistique, un tableau, qu'il s'agisse d'un autoportrait ou d'un portrait, n'est jamais une photographie de la réalité, ce qui est évident, mais une vision subjective de l'artiste qui interprète la réalité vue. Dans le cadre de la Révélation, d'après notamment la conception analogico-esthétique de Balthasar, la Parole-Écriture est un témoignage porté sur l'image de la *res carnis Jesu*, contemplée par les yeux de la foi et l'intelligence de la foi. Cela implique la description objective de cette *image* qui est en même temps le témoignage personnel et, en ce sens, subjectif du témoignage apostolique. Voir *supra*, 1.3.1, notamment n. 385 ; 2.3.1 et aussi *infra*, 4.1.1.

(*quid*) qui est en réalité un « qui » (*quis*)[1152], cette configuration se veut *passive* par rapport à l'action inspirante de l'Esprit, et en même temps *active*, par rapport à la vision de la *Figure* médiatisée par la foi, *Figure* qui est offerte, en termes synesthésiques, sous forme de parole-lettre humaine. C'est pourquoi, comme le souligne Schneiders, s'inspirant de Heidegger, le langage humain n'est pas simplement un système de codes conventionnels, mais il est la « maison de l'être », le « lieu » où l'être humain se révèle lui-même[1153]. Pourtant, si la configuration mise en place par Ricœur en *mimèsis* II consiste en un véritable façonnement d'un personnage, doté de son caractère et situé à l'intérieur d'une intrigue, il n'en va pas de même pour la configuration d'un récit biblique, notamment d'un autotémoignage biblique. De fait, comme il ne s'agit pas d'une narration ordinaire, mais d'une métanarration, la configuration consiste en une véritable *conformation*, la conformation à cette même *image* que l'écrivain va « peindre ». Par conséquent, l'auteur empirique *s'autoconfigure* moins qu'il ne *se laisse configurer* par l'Auteur réel, avec A majuscule.

Or, d'un côté, cela renforce ce que Schneiders même met en évidence, quand à l'égard de l'inspiration de l'Écriture, elle rappelle la valeur de concomitance instrumentale, mais aussi réelle, que Thomas d'Aquin accorde aux hagiographes, tandis que les Réformateurs sont prêts à concevoir l'inspiration quasiment comme une dictée divine[1154]. De l'autre côté, un processus phénoménologique de pure « imagination » est exclu. Cela entraîne dès lors une distinction entre la *refiguration* décrite par Ricœur et la *refiguration* produite par l'écoute-lecture de Parole-Écriture. Je vais y revenir.

Ce que la *configuration*, au sens proprement théologique, *met en intrigue*, n'est pas une réalité « quasi-historique », telle celle dont il est question dans *mimèsis* II, mais une réalité « historico-sacramentelle ». Car c'est en tant que figure testimoniale « imagée », c'est-à-dire conforme à la *res carnis Jesu*, que le disciple-témoin s'offre à l'identification de son « frère », l'auditeur-lecteur. De son côté, celui-ci y parviendra par la voie synesthésique et autobiographique. C'est pourquoi, en dernier ressort, la rédaction d'un texte autobiographique se veut la *configuration du sens de la vie*, dans la mesure où la signification de *la vie nouvelle en Jésus-Christ*, celle de l'auteur-narrateur, est offerte sous le mode de la *métaphore* qu'est la

1152 Cf. S.-M. Schneiders, *Le texte de la rencontre*, p. 64. À ce propos, la dimension autobiographique de la Bible nous rappelle que la Révélation divine n'est pas révélation d'un *quid*, d'un objet, mais d'un *quis*, d'un sujet, dès lors que *placuit Deo Seipsum revelare*, tout d'abord (cf. *DV* 2).

1153 Cf. *ibid.* C'est un passage assez significatif de la réflexion de Schneiders, qui – nous le regrettons ! – ne développe pourtant pas cet aspect d'autorévélation de l'être humain, à partir de son langage. Par contre, elle se concentre sur le langage même en tant que moyen, tout en perdant de vue le sujet parlant. C'est ce que par ailleurs fait la théologie narrative lorsqu'elle vise soit à l'intrigue et au texte du récit soit à la lecture et au lecteur, tout en délaissant l'auteur-écrivain, qui, tant dans son récit que dans sa stratégie de communication, s'investit lui-même.

1154 Cf. *ibid.*, p. 87. Voir aussi P. Grelot, « Dix propositions sur l'inspiration scripturaire », *Esprit et Vie* 46 (1986), pp. 97–105.

narration elle-même[1155]. Par conséquent, loin d'être un texte « transparent » ou « immédiat », le témoignage scripturaire est une médiation interprétative d'une relation par laquelle l'auteur empirique laisse pour ainsi dire « entrevoir » son *soi* aussi bien que le *Soi* de son Maître. Cela étant, dans un tel processus d'auto-identification débouchant sur l'acquisition d'une « identité testimoniale », qu'impliquera précisément la *lecture* d'un autotémoignage scripturaire ?

Chez l'auditeur-lecteur, l'écoute-lecture d'un autotémoignage de foi, tel celui porté par le disciple bien-aimé, entraînera un processus de *refiguration* visant à une auto-identification donnée. De fait, d'après Ricœur, le récit, avec ses personnages et leurs actions, est une *mimèsis* offrant des identités narratives, tels des « je figurés », auxquels le lecteur va se confronter et à partir desquels il va se reconnaître lui-même comme un « soi refiguré » (« identité narrative »). En revanche, le métarécit biblique, en l'occurrence le témoignage johannique, offrant des identités testimoniales, qui sont également des « figures christologiques », vise à opérer une refiguration qui donne lieu à une « identité sacramentelle », voire une « identité christosacramentelle ». En effet, l'auditeur-lecteur va se trouver non pas face à un personnage narratif, fictif ou historique, mais face à un témoin, précisément un « témoin du Témoin » qui ne fait qu'un avec son témoignage, du fait qu'auteur et autonarration apparaissent liés étroitement. Par conséquent, le binôme « témoin-témoignage » va se livrer à l'écoute et à la vision, d'abord, mais aussi aux autres sens de l'auditeur-lecteur d'une manière sacramentelle. Cela est possible grâce à la force analogique du récit autobiographique, qui devient, dès lors, événement et manifestation de la réalité historique et sacramentelle du salut.

Plus précisément, cette refiguration, rejoignant l'auditeur-lecteur par la véhémence analogique et sacramentelle qui habite le récit biblique, révèle l'auditeur-lecteur à lui-même, tout en amenant celui-ci à se découvrir à la fois comme un « moi-christifié » et un « moi-ecclésiologisé ». Car, si le Christ lui découvre son moi comme un « moi-sacrement » (relativement au Christ lui-même), le disciple bien-aimé lui fait reconnaître son « identité de frère », qui est une identité testimoniale et ecclésiale. Et cela parce que le témoignage biblique raconté par le disciple bien-aimé fait entrer l'auditeur-lecteur dans la relation avec le Christ, mais aussi dans la relation avec les disciples du Christ. D'ailleurs, ainsi que nous l'avions constaté auparavant, lors de la considération de la nature sacramentelle et analogique de la Parole-Écriture, l'annonce des apôtres « Nous avons vu le Seigneur ! » ne transmet pas

1155 En me rappelant que *Temps et récit* est la publication jumelle de *La métaphore vive*, et en considérant que le récit biblique, telle une métaphore, est l'expression analogique par laquelle Dieu s'autorevèle lui-même *sous un autre mode*, j'ai choisi, à ce stade de la réflexion, de désigner également le récit autobiographique comme configuration ou autoconfiguration « métaphorique » de la relation « disciple-Jésus ».

simplement une nouvelle, mais elle véhicule un corps ecclésial qui est en lui-même « sacrement du Christ »[1156]. C'est pourquoi, les témoins du témoignage biblique étant aussi l'objet d'une configuration ecclésiologique, le processus de refiguration amène également l'auditeur-lecteur d'abord à identifier des « frères », et ensuite à s'auto-identifier lui-même comme « sacrement du frère », ainsi que « sacrement du Christ ». Bref, à partir de cette épiphanie de figures et de visages qu'elle laisse rayonner, l'autobiographie théologique est à même de *refigurer* le lecteur et de le façonner à l'*image* de l'Homme nouveau : Jésus-Christ.

De ce fait, ce processus de refiguration débouchant sur une identité christologique, testimoniale et ecclésiale, le récit testimonial fait fonction d'« espace sacramentel » où le temps proleptique, celui de la configuration autobiographique, et le temps raconté, celui de Jésus-Christ et du disciple bien-aimé, se condensent dans le « temps sacramentel » de l'écoute-lecture. C'est une formule qui désigne l'espace et le temps d'une nouvelle relation : celle de l'auditeur avec le Christ et les frères. Par conséquent, cette « rencontre-relation » avec l'*Autre* et les *autres* fait que l'auditeur-lecteur puisse se reconnaître ou s'identifier lui-même comme un *autre* que le Christ, dans la mesure où la visée analogique et sacramentelle que je défends et propose, en lien avec celle de Jüngel et celle de Balthasar, repose sur la *différence* relativement à la nature humaine que Dieu cependant assume. C'est pourquoi, l'auditeur-lecteur, en l'occurrence, ne se redécouvre pas tant comme étant un « *alter Christus* », mais, tel « le disciple que Jésus aimait », comme un « sacrement du Christ », un « nouveau disciple bien-aimé » de la famille apostolique et un « nouveau frère » du corps ecclésial. Par là, les « identités testimoniales » offertes par le récit autobiographique, tels des « je figurés » au sens christologique du terme, vont refigurer l'*idem* ou le *moi* de l'auditeur-lecteur comme un *ipse*, à partir précisément de l'*ipse* ou le *soi* du témoin-autobiographe.

Finalement, le fait que l'auteur-témoin du quatrième Évangile ne soit pas désigné par un nom propre, mais par le pseudonyme « le disciple que Jésus aimait », met proprement au jour la puissance de la « métaphore vive », en l'occurrence le témoignage scripturaire lui-même, du fait que celle-ci, de l'avis de Ricœur, est capable d'engendrer des sens nouveaux et donc des métaphores nouvelles. Je vais être plus explicite. Nous avons affirmé auparavant que le texte testimonial est la version sous forme de métaphore d'une signification donnée, c'est-à-dire la configuration en forme narrative de la vie nouvelle du témoin-disciple-autobiographe. Cependant, ce n'est pas en vertu de la véhémence ontologique que Ricœur attribuait à la métaphore, mais en vertu de la véhémence analogique propre à la métaphore vive, voire vivante, qu'est l'Évangile, que celui-ci est la source de la re-signification (*refiguration*) d'une vie, en l'occurrence, celle de l'auditeur-lecteur réel ou empirique. De ce fait, dans la mesure où la synesthésie et l'autobiographie scripturaires déter-

1156 Voi *supra*, 2.3.1.

minent l'union analogique et christosacramentelle « témoin-témoignage », l'auditeur-lecteur réel est refiguré comme un nouveau disciple bien-aimé et, pour cela même, comme une nouvelle « métaphore vivante » (voir fig. 5, p. 323). Car, finalement, la pseudonymie qui identifie l'auteur-narrateur du quatrième évangile avec le « disciple que Jésus aimait » n'est que cette expression métaphorique codifiant l'analogie de la Révélation, voire l'Évangile lui-même, ainsi que le dirait Jüngel, et se présentant comme « vivante ». Puis, ce témoin-témoignage métaphorique est pour cela même en mesure d'engendrer d'*autres métaphores vivantes*, c'est-à-dire d'innombrables « témoins-témoignages », et des « disciples bien-aimés » tout aussi nombreux, faits d'histoires vivantes et de récits autobiographiques de foi. Ces nouveaux disciples-autobiographes seront eux-mêmes autorisés à donner finalement au « disciple bien-aimé » chacun son propre nom.

Le processus d'auto-identification, entraîné par le récit autobiographique de foi – allant de l'autoconfiguration de l'écrivain-témoin, à la double refiguration, celle de ce dernier et celle de l'auditeur-lecteur – et débouchant sur une « identité testimoniale », s'accomplit, en dernier ressort, lorsque l'auditeur-lecteur, entré en relation avec la figure sacramentelle du disciple bien-aimé, le *semblable* de l'*Identique*, se découvre lui-même comme *identique* à lui-même. Mais pas seulement. En se percevant comme un identique, il se découvre également comme un *unique*, car, somme toute, être des identiques signifie être des sujets uniques et non reproductibles. Exactement comme « le disciple que Jésus aimait », ainsi

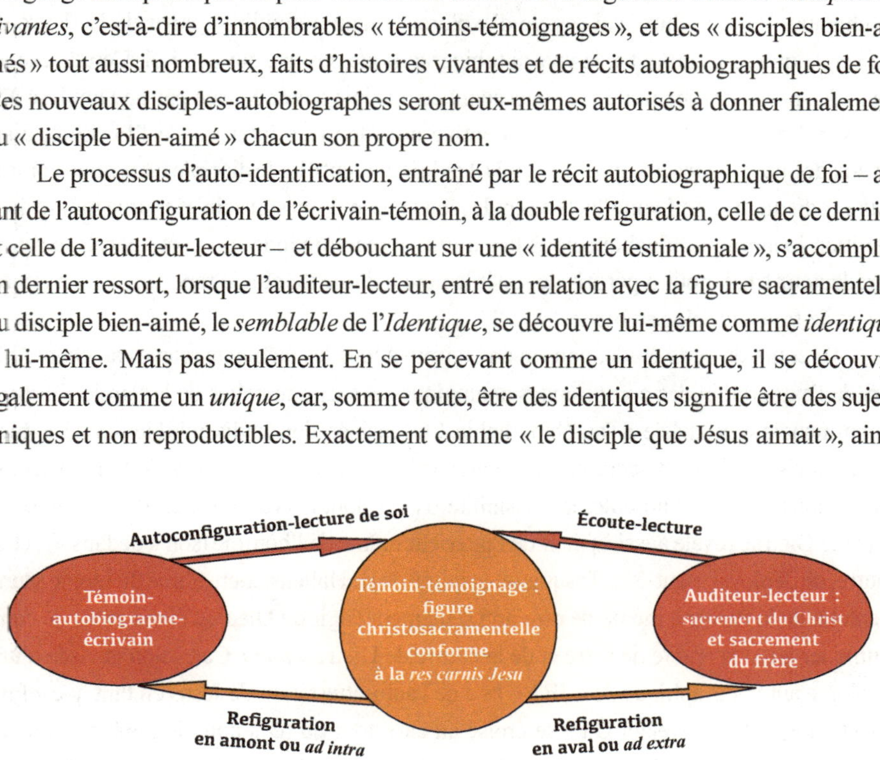

Fig. 4 : Processus engendrant une « identité testimoniale ».

Fig. 5 : Dynamique analogique et métaphorique de l'Évangile.

nommé non pas parce qu'il est le préféré par rapport aux autres disciples, mais parce qu'il est aimé comme unique, comme spécial. De même, chaque disciple de Jésus, chaque croyant et chacun de nous, nous sommes tous aimés par Jésus, mais chacun en tant qu'unique, spécial et non reproductible.

* * *

Argumenter en faveur de l'hypothèse d'une théologie autobiographique, tel était le but de ce chapitre. Pour ce faire, j'ai essayé d'explorer et d'approfondir, à partir de la figure du « disciple que Jésus aimait », la voie autobiographique ouverte par celui-ci. L'étude exégétique des péricopes johanniques concernant ce disciple a été réalisée par une analyse à la fois synchronique et diachronique, attentive aux données internes de l'Écriture, ainsi qu'aux données externes apportées par la Tradition. Identifier le disciple bien-aimé comme l'auteur du quatrième Évangile, témoin des faits racontés en son sein et source même de la tradition johannique, ainsi que nous le garantit et recommande son porte-parole, à savoir le rédacteur final, nous a permis de saisir le noyau d'une théologie reposant sur un témoignage de type autobiographique.

Au cours de cette étude, nous avons retrouvé tous les éléments relevés au chapitre 2, lors de l'exploration des composantes analogiques et sacramentelles de la Parole-Écriture, notamment la synesthésie et l'autobiographie. La considération du disciple bien-aimé comme figure christologique et sacramentelle caractérisée par le lien inséparable témoin-témoignage nous a offert d'un côté, la possibilité d'approfondir la suggestion de Jüngel, selon laquelle Dieu se révèle aussi à partir de l'intérieur même de l'homme (son « dedans ») ; et de l'autre, de déployer, peut-être, l'esquisse, inspirée de B. Hallensleben, d'une théologie sacramentelle de la Parole à même de dire non seulement l'agir de Dieu *ad extra*, mais de communiquer aussi la réalité de l'être et de la nature de Dieu *ad intra*. Car, selon la visée d'une théologie autobiographique, le « JE SUIS » de l'auto-attestation de Jésus en tant que « Proto-autobiographe » révélant Dieu se croise au carrefour du récit autobiographique issu de l'Évangile, notamment du témoignage du quatrième évangile, avec le « je suis » de l'auto-attestation du disciple bien-aimé révélant l'intérieur (« le dedans ») et la vie de ce dernier. C'est pourquoi, au sein de ce croisement analogique, le discours *de* Dieu et le discours *sur* Dieu ne font plus qu'un, du fait que dans la mesure où Dieu se révèle lui-même, il révèle également l'homme à l'homme (cf. *GS* 22) ; vice-versa, dans la mesure où l'homme se révèle lui-même, à partir précisément de son discours personnel ou de « son dedans », selon l'expression de Jüngel, il révèle aussi Dieu. C'est pourquoi les auto-attestations de Jésus, chez Jean, se sont avérées les conditions mêmes de possibilité de l'hypothèse d'une théologie autobiographique. Atteignant leur sommet dans l'expression verbale « JE SUIS », lorsque Jésus s'attribue lui-même le nom par lequel Dieu se présente à Moïse, ces auto-attestations ont consacré le « moi » personnel comme véhicule analogique même de la Révélation. D'ailleurs, si la « vérité » et la « véridicité » que revendique le témoignage du disciple bien-aimé se présentent comme la pointe du discours *de* Dieu scellé dans les auto-attestations mêmes de Jésus, le fait que cette vérité passe par le *moi* humain élève aussi le discours *sur* Dieu du témoignage autobiographique au niveau de « révélation ». Cela a déterminé l'analyse successive des théories littéraires et philosophiques sur ce que l'on désigne comme les « écritures du moi », à partir notamment de Gusdorf, Lejeune, Demetrio et Ricœur. De fait, les apports issus des théories autour des écritures du moi reposent sur la valeur « révélatrice » et sur la prétention véritative du récit autobiographique, en dépit de l'accusation de narcissisme adressée d'une façon ou d'une autre à l'autobiographie.

Lejeune, en particulier, porte la réflexion sur le plan du « sujet », tout en l'envisageant en termes d'« identité », ce qui lui permet de marquer une distinction nette entre le genre autobiographique à proprement parler et les autres formes littéraires. En fait, le récit autobiographique est caractérisé, d'après le théoricien français, par la correspondance absolue qu'il établit entre l'auteur, celui qui écrit, le narrateur, celui qui raconte, et le personnage raconté, objet d'une auto-configuration.

Du côté de la philosophie narrative, Ricœur, influencé par le courant structuraliste, aménage une analyse foncièrement synchronique du récit, lequel ne pourrait ouvrir qu'une seule voie identitaire devant lui : le processus d'identification du lecteur. Partant de la véhémence ontologique de la métaphore, porteuse de vérité, le philosophe français parvient à une véritable philosophie du récit, tout en redimensionnant le discours ontologique et en envisageant un discours phénoménologique et existentiel. De fait, par rapport à *La métaphore vive*, *Temps et récit* et *Soi-même comme un autre* déploient un véritable parcours autour du *sujet*, c'est-à-dire du « qui » porteur de l'action. Il s'agit proprement d'un processus de *configuration* et *refiguration* débouchant sur l'identification même du sujet.

Or, bien que cette identité concerne le lecteur, le discours autour d'une telle « identité narrative » pose les conditions philosophiques d'un discours autobiographique portant sur un processus d'identification de type testimonial, ce qui me permet de détecter un argument susceptible de soutenir mon hypothèse. Par contre, ce que Ricœur laisse dans l'ombre, à savoir la figure de l'auteur, fait l'objet principal de la littérature autobiographique. Celle-ci, pour sa part, ne craint aucunement qu'une réintroduction de l'auteur dans le champ de la théorie sape l'autonomie sémantique du texte, comme si elle marquait un retour à une « psychographie dépassée »[1157].

En revanche, le sémiologue italien Eco inclut, dans ce qu'il appelle la « coopération interprétative » du texte, relativement à la lecture critique et créative qu'en fait le lecteur

1157 Voir *supra*, cit. de Ricœur correspondant à la n. 999.

empirique, la figure de l'auteur – quoique celle de l'auteur implicite –, en tant que partie intégrante de la signification du texte lui-même. Et bien que, chez Eco, l'objectif d'une coopération interprétative, qu'elle provienne soit de l'auteur empirique soit du lecteur empirique ne soit peut-être qu'un sujet-modèle ou un individu idéalisé, en l'occurrence soit l'auteur implicite soit le lecteur implicite, j'ai pourtant essayé de formuler l'hypothèse selon laquelle une coopération interprétative peut atteindre aussi deux sujets réels, l'auteur aussi bien que le lecteur. C'est le cas d'un texte autobiographique, où le sujet de la configuration et le sujet de la refiguration coïncident, et ils coïncident proprement dans le personnage même du récit. Appliquée au témoin-témoignage du quatrième évangile, une telle réflexion conduit à jeter les bases de l'hypothèse d'une théologie autobiographique, telle que j'ai tenté de la développer au cours de ce chapitre.

Ainsi, les apports des experts dans le champ autobiographique que nous avons considérés, aussi bien que les théories philosophiques et rhétoriques également envisagées ont trouvé leur véritable application au cours de la dernière phase de notre étude, lors de la mise en cause et en crise de certaines lectures narratologiques appliquées au quatrième évangile. Il s'agit de modèles herméneutiques qui se veulent théologiques mais qui se dérobent pourtant à une approche diachronique aussi bien qu'à une considération analogique et sacramentelle, en faveur d'une approche purement synchronique. Or, face à un tel risque, la théologie autobiographique proposée, qui se présente cependant aussi comme une théologie narrative, mais mettant également en valeur les éléments diachroniques, peut, à mon avis, se placer comme une approche théologique prometteuse, dans le sillage du document pontifical sur l'interprétation de la Bible dans l'Église. De fait, ce document, énumérant les différentes visées interprétatives, met cependant en garde contre certaines approches qui se passent des aspects diachroniques, et qui insistent de ce fait unilatéralement sur l'« intratextualité », tel un véritable dogme. À ce sujet, d'une part, la position de ladite *Yale Theology School* me paraît irrecevable, du fait qu'en se figeant sur une position plutôt littéraliste, elle reproche à Ricœur de se prévaloir d'éléments extratextuels, étrangers à une véritable herméneutique biblique[1158]. Mais d'autre part, ce fondamentalisme intratextuel influence quelque peu Ricœur lui-même, dès lors que sa concentration sur l'aspect rhétorique du texte occupe presque toute son analyse.

En revanche, l'attention aux éléments synchroniques ainsi qu'aux éléments diachroniques, donc extratextuels, nous a permis de vérifier la fiabilité d'une théologie autobiographique à même d'identifier l'auteur du témoignage johannique, ainsi que d'y appliquer, dans une certaine mesure, la théorie de Lejeune. De son côté, la philosophie de Ricœur autour du récit s'est avérée importante, car elle nous a fourni les coordonnées d'un proces-

1158 Voir *supra*, notamment la n. 921, et la note n. 1050.

sus particulier de configuration et de refiguration débouchant sur une identité que j'ai qualifiée de « testimoniale ».

Ainsi, la configuration, voire l'autoconfiguration d'un récit autobiographique portant sur l'auteur, en tant que témoin et figure christologique objectivée dans le témoignage scripturaire lui-même, telle celle du témoignage johannique, fait que le récit offre, non pas l'identité narrative d'un personnage fictif, mais l'« identité testimoniale » d'un témoin réel et historique. Tandis que la refiguration, jouant en amont, du côté de l'auteur, et en aval, du côté du lecteur, entraîne plusieurs effets. Vis-à-vis de l'auteur-témoin, premier lecteur de son propre témoignage, elle va déboucher sur une auto-identification de l'autobiographe en termes de « sacrement du Christ » et de « semblable à l'Identique ». Envers l'auditeur-lecteur, la refiguration consiste en une appropriation de l'identité du disciple bien-aimé portant sur une auto-identification sacramentelle et ecclésiale. Autrement dit, la relation du disciple bien-aimé avec Jésus que l'autotémoignage johannique offre à l'écoute-vision, en vertu d'une loi analogique de type synesthésique qui habite le métarécit biblique, devient l'espace et le temps sacramentels permettant à l'auditeur-lecteur d'entrer dans cette même relation. C'est une relation à la fois christologique et ecclésiologique dans laquelle l'auditeur-lecteur devient le destinataire d'un appel à la foi. En retour, celui-ci peut se reconnaître comme *un nouveau* « disciple bien-aimé » à la suite de Jésus, en tant qu'unique et particulier, et comme un nouveau « frère » au sein de la communauté des croyants, l'Église. C'est à partir de cette dernière que ce nouveau « sacrement du frère » pourra configurer un nouveau récit sacramentel, tel un nouvel auto-témoignage métaphorique greffé sur la métaphore vivante qu'est l'Évangile. Ainsi, une telle annonce, qui se rattache au témoignage évangélique et qui se réalise selon la même loi analogique christosacramentelle, avec ses deux composantes, à savoir la synesthésie et l'autobiographie, nous ouvre la perspective de la Tradition, ce qui va faire l'objet du chapitre suivant.

En conclusion, le parcours d'une théologie autobiographique s'est avéré le chemin correspondant à la logique d'incarnation illustrée notamment au chapitre 2. Car le Verbe, qui « s'emparole » dans l'expression « métaphorique » de l'évangile de Jean, s'incarne dans l'expérience et la relation disciple bien-aimé/Jésus-Christ, puis prend corps dans la vie de foi de tout futur disciple vécue notamment au sein de l'Église. De ce fait, le quatrième évangile, en tant que Parole-Écriture, et donc « figure christologique », se veut le « témoin-témoignage », et, pour cela même, la *métaphore vivante* à même d'engendrer une nouvelle signification, à savoir la vie nouvelle de l'auditeur-lecteur. Celui-ci, devenu lui aussi disciple du Christ et « sacrement ecclésial du frère », est censé offrir à ses frères dans la foi son témoignage autobiographique, telle une nouvelle expression métaphorique où autobiographe et autobiographie ne font plus qu'un. Un témoignage conçu ainsi pourra « resignifier » d'autres vies, à l'exemple de l'autotémoignage même du disciple bien-aimé.

De ce fait, l'hypothèse d'un discours autobiographique comme un *dire de/sur Dieu*, ainsi qu'elle a émergé de cette analyse autour du témoignage johannique, peut finalement nous amener à considérer ceci : tel « un testament dans les Testaments », un témoignage autobiographique traverse l'histoire tout entière du salut, à partir des hagiographes bibliques jusqu'à tous les témoins de la Tradition. C'est pourquoi l'expression « troisième Testament » contenue dans le titre de cette recherche, qui va être explicitée au chapitre 4, loin de désigner une révélation « supplémentaire », se configure d'ores et déjà comme l'unique Évangile que Dieu a également « inscrit dans le cœur des hommes »[1159]. Dès lors, demeurant au sein de la Tradition testamentaire et post-testamentaire comme un témoignage silencieux, ce « troisième Testament » attend d'être pour ainsi dire « mis au jour ».

1159 Voir *infra*, 4.1.2.

Chapitre 4

Le « troisième Testament » et ses transcendantaux théologiques

Telle la *clef de voûte* d'un *arc en plein cintre*[1160], le quatrième chapitre se veut la réflexion transcendantale qui étaye l'hypothèse de travail de cette recherche théologique. La proposition d'une théologie autobiographique que nous sommes en train de développer et d'argumenter se situant dans le cadre de la Révélation, l'étude envisagée au cours des trois premiers chapitres a essayé en premier lieu de configurer le témoignage autobiographique comme composante analogique de la Parole-Écriture. De même, la Tradition étant l'autre dimension constitutive de la Révélation, l'objectif des trois derniers chapitres va consister à explorer le sujet autobiographique relativement à l'évangélisation. C'est pourquoi, puisque ces deux approches se situent à l'intérieur du cadre théologique susmentionné de manière spéculaire, ce chapitre occupe une position centrale du point de vue méthodologique aussi bien que du point de vue théologique. Du point de vue méthodologique, faisant office de « trait d'union » et de « charnière » entre les deux perspectives de la recherche, il pose, tel le claveau central de l'arc, les conditions de possibilité mêmes de l'hypothèse autobiographique. Du point de vue théologique, dans la mesure où j'essaierai finalement d'expliciter et à la fois de définir le concept contenu dans l'expression « troisième Testament », le chapitre 4 va configurer le « troisième Testament » comme étant une dimension et une voie analogique par laquelle Dieu se révèle, ce qui implique dès lors l'Écriture aussi bien que la Tradition. En effet, si par rapport à la première, il se veut un « testament dans les Testaments », par rapport à la seconde, il s'avère cet « Évangile non écrit », mais « inscrit directement dans les cœurs des hommes », selon une expression très significative tirée des vifs débats tridentins[1161].

1160 Voir l'image illustrant la structure de la thèse, p. X.

1161 Voir *infra*, 4.1.2, notamment la citation correspondant à la n. 1271. Parmi les innombrables débats du Concile de Trente, je vais considérer une intervention importante du card. de *Sancta Crucis* Marcello Cervini, l'un des trois légats pontificaux au Concile de Trente et futur Pape Marcel II. Cette intervention a été faite au cours de la première Congrégation générale, après la troisième session tridentine du 18 février 1546 (cf. *Concilium tridentinum : diariorum, actorum, epistularum, tractatuum.* Nova collectio, t. V, *Concilii tridentini actorum pars secunda : Acta post sessionem tertiam usque ad concilium Bononiam translatum*, édité par Stephanus Ehses, Societas Goerresiana promovendis inter germanos catholicos litterarum studiis, Friburgi Brisgoviae, Herder, 1911, p. 11). Pour ce faire, je vais m'appuyer sur une étude du jeune professeur J. Ratzinger, constituant le texte d'une conférence tenue

Ainsi, tandis qu'il va compléter la réflexion concernant la Parole-Écriture, ce chapitre veut introduire et présenter le sujet de la Tradition. Celle-ci constitue un sujet théologique incontournable, non seulement parce qu'elle précède l'Écriture, mais parce qu'elle la concerne aussi, s'il est vrai que l'Écriture est elle-même une Tradition, ainsi que nous allons l'approfondir à l'aide de divers théologiens, témoins notamment de Vatican II. Tout Concile se veut d'ailleurs un « événement de Tradition », dans la mesure où la Révélation, contenue dans l'Écriture, y connaît son développement, son *aggiornamento* et son actualisation. Bref, son accomplissement ultime.

Appelée également Tradition ecclésiale ou apostolique, la Tradition orale[1162] est expression de l'Évangile lui-même, lequel est également constitué d'une version pour ainsi dire « non écrite ». De fait, loin de correspondre purement aux versions des quatre évangélistes, le concept d'« Évangile » désigne, d'après les Pères de Trente, la Révélation elle-même parvenant par deux voies complémentaires, mais non pas alternatives, de transmission (*traditio*)[1163]. C'est pourquoi, la *traditio* étant bel et bien considérée comme l'essence même de la Révélation, son statut peut s'étendre également à l'Écriture, tout comme le

à Paderborn le 28 mars 1963 [cf. Id., « Essai sur le problème du concept de tradition », dans K. Rahner, J. Ratzinger, *Révélation et tradition* (titre original : *Offenbarung und Überlieferung*, trad. de l'allemand par Henri Rochais et Jean Evrard), Desclée de Brouwer, Paris, 1972, pp. 37–112]. Élargie suite à une réélaboration de la première partie, cette petite étude va devenir le texte de la leçon inaugurale donnée par le professeur Ratzinger lors de sa nomination à la chaire de dogmatique et d'histoire des dogmes à l'Université de Münster le 28 juin 1963. Deux ans après, le 18 novembre 1965, est promulguée par Paul VI *Dei Verbum*, la Constitution dogmatique sur la Parole de Dieu.

1162 La Tradition est définie comme *orale* précisément pour la distinguer de l'Écriture canonique, et non pas parce qu'elle est transmise exclusivement en « forme *non écrite* ». Si tel était le cas, elle se perdrait sans laisser aucune trace historique. Issue des apôtres eux-mêmes, la « Tradition orale » comprend « tout ce qui contribue à conduire saintement la vie du peuple de Dieu et à en augmenter la foi » (*DV* 8), à savoir : la doctrine, la prédication, la vie et la liturgie de l'Église. Ainsi, celle-ci perpétue et « transmet à chaque génération tout ce qu'elle est elle-même, tout ce qu'elle croit » (*ibid.*).

1163 Au-delà de tous ses décrets à caractère apologétique et péremptoire, le Concile de Trente a voulu bien souligner que l'Évangile demeure la source unique de toute vérité salvifique et de la discipline chrétienne. Il a en même temps voulu sauvegarder Écriture et Tradition comme étant les deux formes par lesquelles la Révélation parvient aux hommes. Cependant, ne voulant pas prendre le risque d'une interprétation erronée de ces deux réalités, telles des sources séparées ou indépendantes, et donc alternatives, Trente opte pour la formulation « *et... et...* » au lieu de « *partim... partim...* », ainsi que le souhaitait un groupe de Pères conciliaires, parmi lesquels le cardinal Monte et le cardinal Cervini. Pourtant, une bonne partie de théologiens post-tridentins interprétera ce « *et... et...* » au sens de la soi-disant « théorie des deux sources » redoutée par le Concile. Il est également vrai que le « *partim... partim...* », soutenu par Bellarmin et Canisius, voulait plutôt préserver la nature *complémentaire* de la Révélation, sans pour cela lui accorder un sens *alternatif*. De toute façon, si Vatican II n'a pas démenti la doctrine de Trente, c'est parce qu'Écriture et Tradition, « jaillissant de la même source divine, ne forment pour ainsi dire qu'un tout et tendent à une même fin » (*DV* 9). Pour un approfondissement de cette question, je renvoie à l'étude historique d'Yves Congar concernant le débat théologique tridentin et post-tridentin (cf. Id., *La Tradition et les traditions* : t. I, *Essai historique*, Cerf, Paris, 2010, pp. 207–232).

remarque Ratzinger[1164]. Toutefois, ma réflexion continuera à distinguer les deux voies théologiques, qui seront respectivement désignées par les termes d'Écriture et de Tradition, selon la terminologie classique.

Écriture et Tradition, en tant que voies d'une même Révélation, se différencient essentiellement par leur *forme.* En fait, l'Écriture est une expression définitive et close de la Révélation, quoique inchoative par rapport aux significations et au sens de ses messages. Tandis que la Tradition, étant au service du « développement du dogme », demeure toujours ouverte[1165]. C'est donc à partir d'une telle conformation caractérisant la Tradition orale qu'il est possible de parler d'un « troisième Testament », lequel, faisant déjà partie intégrante de la Tradition scripturaire, tel un testament dans les Testaments, va son chemin également au sein de la Tradition ecclésiale elle-même. N'ajoutant rien à la première, il en augmente pourtant la compréhension et l'actualisation[1166].

D'ailleurs, si, *par* et *dans* son Fils, Dieu a déjà dit à l'homme tout ce qu'il lui fallait pour son salut[1167], cela ne veut pas dire que Dieu ne va plus parler ou qu'il n'a plus rien à dire. En d'autres termes, si la Révélation a atteint sa plénitude en Jésus Christ, si bien qu'après l'âge apostolique il n'y a plus de Révélation, cela ne limite pourtant pas la Parole révélée elle-même. Car, s'il est écrit qu'« en ces jours qui sont les derniers, [Dieu] nous a parlé par le Fils » (He 1,2a), l'auteur de l'épître aux Hébreux a proprement voulu annoncer

1164 Voir *infra*, n. 1230.

1165 Dans la logique de la *paradosis* ou *traditio*, et afin d'expliquer le développement des dogmes chrétiens, relativement notamment à l'approfondissement de leur signification, la Commission théologique internationale a consacré à ce sujet un document paru en 1989 avec le titre *L'interprétation des dogmes* (cf. http://www.vatican.va/roman_curia/congregations/cfaith/cti_documents/rc_cti_1989_interpretazione-dogmi_fr.html). Préparé par une sous-commission composée des professeurs Jan Ambaum, Giuseppe Colombo, Jean Corbon, Joachim Gnilka, Adrien-Mutien Léonard, Stanislaw Nagy, Henrique de Noronha Galvao, Carl Peter, Christoph Schönborn et Felix Wilfred, sous la direction du card. Walter Kasper, professeur, à l'époque, à l'université de Tübingen, ce document a été discuté lors de la session plénière du 3 au 8 octobre 1988, et approuvé *in forma specifica* lors de la session plénière d'octobre 1989. Conformément aux statuts de la CTI, il a été publié avec l'autorisation du card. Joseph Ratzinger, président de ladite Commission. Le « développement des dogmes chrétiens » est une expression tirée notamment du card. J.-H. Newman. Celui-ci, relativement à ce sujet, avait élaboré une certaine critériologie, en énumérant sept principes ou critères susceptibles d'être appliqués à l'interprétation continue et actualisante des dogmes. Cependant, la problématique du développement du dogme avait déjà été traitée dans un article de M. Flick en 1952 : cf. Id., « Il problema dello sviluppo del dogma nella teologia contemporanea », *Gregorianum* 33 (1/1952), pp. 5–24.

1166 Voir *infra*, 4.3.

1167 « Salut » demeure un terme qui est censé être entendu en toute son ampleur théologique, donc anthropologique aussi. Voulu et réalisé par Dieu dans le Christ dès le début de la création, il comporte le sens sotériologique, en tant que « salut *de* » arrachant l'homme au péché et au mal, aussi bien que le sens eschatologique, en tant que « salut *pour* » visant la réalisation totale de l'homme. De fait, l'homme étant un « projet en devenir », le salut aura son achèvement définitif à l'*eschaton*.

non pas un Dieu qui n'a parlé que jusqu'à la mort du dernier apôtre, puis qui s'est tu, mais un Dieu qui parle toujours. En revanche, Dieu étant celui *qui est, qui était, et qui vient*, du fait qu'il est le vivant, l'expression « en ces jours qui sont les derniers » désigne le *kairós*, le temps de celui qui, tout en existant au-delà du temps, habite cependant notre temps humain. Ainsi, « Dieu parle encore aujourd'hui, bien que la Révélation soit close », peut affirmer Congar à propos de la Tradition et de la tâche actualisatrice du Magistère par rapport au *depositum fidei*[1168].

Pour réaliser mon étude, je prêterai une attention toute particulière à quelques-uns des tenants majeurs de la « Nouvelle Théologie »[1169], tels Hans Urs von Balthasar et Yves Congar, ainsi que le jeune théologien et futur pape Joseph Ratzinger. Mais pas seulement. Vatican II étant un événement décisif pour la compréhension théologique de la Tradition, notamment à cause de sa dimension historique et christologique, je vais tirer parti de la réflexion du théologien sicilien Giuseppe Ruggieri, en tant que témoin vivant de l'expérience conciliaire. D'abord, je considérerai le rapport inséparable existant entre Révélation et Écriture, rapport bien souligné par Balthasar lui-même dans son monument théologique consacré à la *Dramatique Divine* (4.1.1) ; puis, afin de mettre en évidence le lien intrinsèque entre Révélation et Tradition, je vais m'appuyer sur une réflexion de Ratzinger (4.1.2). Ensuite, à l'aide, notamment, de l'étude historique et théologique de Congar *La Tradition et les traditions*, je centrerai mon attention sur le sujet de la Tradition ecclésiale, tout en parcourant les moments les plus saillants de la réflexion post-tridentine, jusqu'à Vatican II (4. 2). De ce fait, à la lumière de la réflexion dogmatique ainsi dégagée, je serai à même d'expliciter et d'expliquer ce qu'est ledit « troisième Testament », tout en le considérant à l'intérieur de la Révélation, du côté de l'Écriture aussi bien que de celui de la Tradition ecclésiale (4. 3). Pour finir, je vais essayer de repérer les conditions de possibilité de l'hypothèse trito-testamentaire, ce qui marquera le moment transcendantal de la dissertation tout entière (4. 4). Car, à partir de cette « clef de voûte », les chapitres qui vont suivre pourront mettre au jour la dimension autobiographique qui traverse, tel un fil rouge, la Tradition ecclésiale, et qui est censée imprégner toute l'action évangélisatrice de l'Église.

1168 Y. Congar, *La Tradition et les traditions*, t. II : *Essai théologique*, Cerf, Paris, 2010, p. 98.

1169 Il s'agit d'un courant de pensée catholique issu de certains milieux théologiques allemands et français avant les années 1950. En plus des théologiens susmentionnés, la Nouvelle Théologie est représentée aussi par Henri de Lubac, Pierre Teilhard de Chardin, Hans Küng, Edward Schillebeeckx, Marie-Dominique Chenu, Louis Bouyer, Jean Daniélou, Pierre Ganne et Jean Mouroux. Visant pour ainsi dire à « débaroquiser » la théologie, une telle théologie prône un retour aux sources du christianisme, notamment aux Pères de l'Église, tandis qu'elle prend de la distance avec l'hégémonie de la théologie scolastique. Dès lors, la Nouvelle Théologie va exercer une influence déterminante non seulement sur le déroulement de Vatican II, mais aussi, par la suite, sur les développements et sur les études de la théologie du Concile.

4.1. La Révélation et ses dimensions constitutives

4.1.1. Révélation et Écriture dans la réflexion théologique de H.-U. von Balthasar

Dans le cadre de la théologie esthétique, la réflexion de Balthasar sur l'Écriture, en tant que figure christologique, ainsi que nous l'avons explorée au cours notamment du premier chapitre, porte sur la continuité du témoignage oculaire apostolique par rapport au témoignage scripturaire[1170].

La « concordance » entre la *forme* et le *contenu*, qui met en cause la Révélation et ses formes de transmission, n'est pas une nouveauté apportée par Theobald, ainsi que nous l'avons déjà remarqué[1171]. Selon le théologien italien Neri, Balthasar introduit ce sujet lorsqu'il parle d'*homologie testimoniale* entre l'événement originel de Dieu (*res carnis Jesu*) et la *forme testimoniale* des Écritures canoniques[1172]. Pourtant, de l'avis du théologien suisse, une telle homologie repose sur le caractère oculaire du témoignage apostolique, lequel n'est qu'une vision croyante de la forme de la Révélation. Cette vision incontournable jaillit, par la médiation de la foi, de la fascination attractive rayonnante de la gloire et de la beauté de l'événement Jésus-Christ[1173]. C'est pourquoi le témoignage des témoins oculaires, d'abord oral et puis écrit, est uniquement témoignage « de cette image contemplée par les yeux de la foi et de l'intelligence de foi »[1174]. Dès lors, cette « bonne *vision* » constitue la condition de possibilité de l'« évidence objective » offerte par « la forme de la Révélation », laquelle se livre à la perception synesthésique des apôtres[1175]. Par conséquent, cette « évi-

1170 Voir *supra*, 1.3.2.

1171 Voir *supra*, 1.1.3 et 1.2.4, notamment n. 335. Rappelons ici que c'est à partir de Jüngel que Theobald envisage l'hypothèse de ladite « concordance absolue entre la forme et le contenu de la mémoire biblique », car, sans que le théologien de Paris le mentionne de manière explicite, le penseur luthérien toucherait cependant un tel sujet comme « en passant », d'après Theobald. Soulignant le « caractère fortement discursif » des écritures les plus anciennes du NT, telles les lettres pauliniennes et apostoliques, Jüngel affirme que Dieu ne se donne à connaître que par la voie de la contemplation. C'est pourquoi, c'est l'*argumentation* qui l'emporterait sur la narration. D'où l'intuition de la part de Theobald selon laquelle Jüngel aurait inconsciemment introduit le principe d'une dogmatique narrative (cf. C. Theobald, *Le christianisme comme style*, t. I, pp. 469–475, surtout, p. 475).

1172 Voir *supra*, 2.2.1. Cf. aussi M. Neri, *La testimonianza in H.-U. von Balthasar*, pp. 392–396. Ici, « homologie testimoniale » signifie proprement la concordance entre l'événement Jésus-Christ et la version scripturaire du témoignage apostolique, étant entendu que « testimonial » fait fonction d'adjectif et signifie « du témoignage ».

1173 Voir *supra*, 1.3.1, et aussi n. 1019.

1174 H.-U. von Balthasar, *La Gloire et la Croix. Les aspects esthétiques de la révélation,* t. I : *Apparition,* p. 26.

1175 Toutes les citations entre guillemets sont tirées du texte de M. Neri (Id., *La testimonianza in H.-U. von Balthasar,* p. 389, je traduis). Rappelons que, chez Balthasar, « évidence objective » désigne la conformité des Écritures canoniques à la *res carnis Jesu*, laquelle s'offre à la perception objective et adéquate (*bonne vision*) des apôtres (voir *supra*, n. 342). Pourtant, après l'analyse que j'ai essayé de développer au chapitre 2, j'ose expliciter le concept balthasarien de « perception » de la forme, c'est-

dence subjective »[1176], en tant qu'« expérience archétypique » du témoignage apostolique, ainsi que l'appelle Balthasar lui-même[1177], donne lieu à une continuité testimoniale s'étendant de la forme de la Révélation jusqu'à à la forme scripturaire.

Or, l'« archétype apostolique du témoignage », ou tout simplement l'« archétype testimonial »[1178], résumant l'expérience des apôtres, témoins premiers et privilégiés de l'événement de la Révélation de Dieu dans le Christ, ne peut pas être réduit à un pur élément de preuve à caractère historique de la Révélation elle-même[1179]. En revanche, il est censé être considéré comme cet élément incontournable visant à susciter la foi de nouveaux croyants. Pour leur part, ceux-ci peuvent participer à l'immédiateté de la *res carnis Jesu*[1180] en vertu de deux facteurs : la *médiation* du témoignage oculaire parvenant par le kérygme apostolique et postapostolique, et le fait qu'« entre l'archétype testimonial oculaire et le témoignage ecclésial il n'y a aucune différence qualitative »[1181]. Car le témoignage de foi des disciples des apôtres et des Églises apostoliques est conforme à la foi apostolique elle-même. Celle-ci, de son côté, est fondée sur l'archétype testimonial primordial et exemplaire du Verbe incarné, ainsi qu'il est affirmé dans le prologue de la première lettre de Jean (cf. 1 Jn 1,1-3)[1182].

Or l'Écriture, rendant possible la vision de la *forme* du fait de son caractère testimonial[1183], ne se situe pas telle une seconde forme par rapport à la forme de la Révélation[1184]. C'est pourquoi, *au-delà* des Écritures testimoniales, aucune vision « pure » de la forme n'est possible[1185]. En revanche, son caractère testimonial venant de l'Esprit, l'Écriture re-

à-dire de la *res carnis Jesu*, en termes synesthésiques. Car, une telle « vision », ne se borne pas seulement au fait de voir, mais elle est une perception, dans la foi, de la *res carnis Jesu*, ce qui implique, pour cela même, tous les cinq sens humains des témoins oculaires du Verbe.

1176 Cf. H.-U. von Balthasar, *La Gloire et la Croix. Les aspects esthétiques de la révélation,* t. I : *Apparition,* pp. 109–360.

1177 Cf. *ibid.*, pp. 254–308.

1178 Pour la signification de ces expressions, voir *supra*, n. 641 et *infra*, n. 1196.

1179 Cf. M. Neri, *La testimonianza in H.-U. von Balthasar*, pp. 387–391.

1180 Pour un approfondissement de l'expression « *res carnis Jesu* » en tant qu'*universale concretum et personale* relevant de la singularité, de l'historicité et du rôle de médiation assumés par la personne du Christ, se reporter à *ibid.*, pp. 33–82. Voir aussi *supra*, n. 264.

1181 M. Neri, *La testimonianza in H.-U. von Balthasar,* p. 390, je traduis.

1182 Le sujet du témoignage archétypique primordial et exemplaire nous ramène aux auto-attestations de Jésus au sein du quatrième évangile en tant que source, modèle et condition de possibilité mêmes du témoignage apporté par le disciple bien-aimé (voir *supra*, 3.1.4).

1183 Rappelons ici qu'à l'intérieur de la théologie esthétique, la *forme* ou *figure* est toujours l'*image* de la *res carnis Jesu* perçue, dans la foi, par les yeux et par l'intelligence des apôtres.

1184 Cf. H.-U. von Balthasar, *La Gloire et la Croix. Les aspects esthétiques de la révélation,* t. I : *Apparition,* p. 461.

1185 C'est la raison pour laquelle Balthasar s'oppose vivement à une certaine approche historico-critique – et non pas à l'approche historico-critique en tant que telle, ainsi que l'entend Theobald – qui prétend détecter la figure « pure » et originelle, celle du Jésus de l'histoire, au détriment de la figure du Christ

vendique toute fiabilité de canonicité : « L'Écriture n'est pas la Parole, mais le témoignage que l'Esprit rend de la Parole, dans une liaison indissoluble, un mariage, avec les témoins oculaires »[1186]. En effet, la Parole qu'est le Verbe met en jeu la figure christologique de la Parole-Écriture, en tant que témoignage apostolique de la *vision* de la forme de la Révélation. Par conséquent, un contournement de la contrainte testimoniale comporterait un véritable anéantissement de la *res carnis Jesu* elle-même, ainsi que le remarque le théologien suisse :

> La dissolution, par la critique historique, de la figure[1187] dressée par exemple par les évangélistes, ne peut être entreprise et prendre un sens qu'en supposant au préalable que la foi (et les évangélistes croyaient avec l'ensemble de la communauté primitive) ne peut être par elle-même que subjective, et ne peut correspondre à aucune évidence objective. À cela s'ajoute que la figure objective mise en place par les évangiles ne peut réellement pas être aperçue par les spécialistes de la "critique-historique" parce que, partant du même préjugé, ils ne cherchent pas d'abord à voir, mais fixent *a priori* un *X ignotum* objectif comme l'occasion de la figure dressée[1188].

Or, que le témoignage apostolique soit *adéquat* à l'événement même de l'auto-communication de Dieu est dû au fait que l'Écriture n'est pas une autoreprésentation de la foi des disciples, mais « une vision homologique de la forme »[1189]. Autrement dit, le témoignage apostolique ne fonctionne pas comme un « paravent qui serait placé devant le Jésus historique »[1190], ainsi que le veut une certaine attitude historico-critique que Balthasar rejette catégoriquement. De fait, une telle approche fait du témoignage scripturaire l'objet d'une rétro-investigation (démythification), tout en prétendant parvenir à la figure pour ainsi dire « pure » de la Révélation. En revanche, si l'Écriture ne coïncide pas avec la Révélation elle-même, elle en constitue la « vision homologique », « le medium testimonial » et le « texte canonique en acte », ainsi que la qualifie Neri[1191]. Autrement dit, ce que l'Écriture

de la foi venant du témoignage scripturaire. D'ailleurs, cette critique historique considère la figure du Christ attestée par les évangiles comme une figure « mythifiée » par la foi des apôtres. Voir *supra*, n. 342, et juste plus loin, la cit. relative à la n. 1188.

1186 H.-U. von Balthasar, *La Gloire et la Croix. Les aspects esthétiques de la révélation*, t. I : *Apparition*, p. 26.

1187 Les traductions des textes originaux de Balthasar attestent une diversité lexicale. Concrètement, pour donner un exemple, ce que Neri traduit par « forme » et « archétype », Givord le traduit respectivement par « figure » ou « *image* », et « modèle ».

1188 H.-U. von Balthasar, *La Gloire et la Croix. Les aspects esthétiques de la révélation*, t. I : *Apparition*, p. 394, j'explicite.

1189 M. Neri, *La testimonianza in H.-U. von Balthasar*, p. 397, je traduis.

1190 H.-U. von Balthasar, *La Gloire et la Croix. Les aspects esthétiques de la révélation*. T. I : *Apparition*, p. 434.

1191 Cf. M. Neri, *La testimonianza in H.-U. von Balthasar*, pp. 397–400, je traduis. Voir aussi *supra*, 2.3.1. L'expression utilisée par le théologien italien « *testo canonico in esercizio* », que je traduis par « texte canonique en acte », est une formulation qui résume bien la fonction remplie par le texte sacré, d'après Balthasar. De fait, étant toujours « en acte », en vertu de son caractère christosacramentel, l'Écriture exerce (*esercizio*) une action subjective et médiatrice véhiculant la *res*, c'est à dire la *figure* ou *forme*

exerce est à la fois la *médiation* de la vision de la *res carnis Jesu* et le *façonnement qui conforme* (*forma formans*) l'existence et l'histoire selon « la forme originelle ou archétypale du Christ »[1192]. Sans une telle prérogative, l'Écriture ne serait que simple attestation documentaire, tout en empêchant la *res carnis Jesu* de s'offrir à la vision[1193]. Les apôtres, premiers témoins directs de l'événement de la Révélation et premiers récepteurs de la « vision de la forme »[1194], sont également les premiers sujets *façonnés* selon l'image contemplée et perçue. C'est pourquoi leur récit testimonial est un récit pour ainsi dire « imagé », du fait de sa qualité *synesthésique* et *conforme*, dès lors, à la forme de la Révélation[1195].

Cela étant, il faut poser la question suivante : comment se fait-il que le texte canonique, qui est en lui-même différencié, permette une « homologie critique » avec l'évidence de l'événement archétypal de Dieu ?[1196] La raison première réside dans le fait que la Révélation est l'événement analogique qui pour cela même accorde au témoignage[1197] des apôtres le pouvoir d'offrir la « vision de la forme » de manière homologue, c'est-à-dire conforme et adéquate. En d'autres termes, la structure analogique de ce « texte canonique en acte » implique que les récits de la *fides Ecclesiae* racontant les histoires personnelles des pre-

objective de la Révélation, et façonnant le croyant à l'image de cette figure objective : « Toute l'Écriture a une figure christologique ; et en s'insérant puissamment dans l'histoire de l'Église et de l'humanité, elle fait naître des figures vivantes christiformes. » (H.-U. von Balthasar, *La Gloire et la Croix. Les aspects esthétiques de la révélation,* t. I : *Apparition,* p. 462) Le texte biblique qui va appuyer cette conformation à l'image du Christ est pour Balthasar 2 Co 3,18.

1192 H.-U. von Balthasar, *Saggi Teologici,* t. I : *Verbum caro*, p. 136, je traduis. Voir aussi *supra*, 2.3.1.

1193 Cf. M. Neri, *La testimonianza in H.-U. von Balthasar,* p. 400.

1194 Cf. *ibid.*, p. 402.

1195 Voir *supra*, 2.3.1, à propos de l'implication synesthésique que le témoignage des apôtres à Thomas entraîne, lorsqu'ils lui annoncent : « Nous avons vu le Seigneur ! »

1196 Voir *supra*, n. 641. Rappelons ici que l'expression « événement archétypal de Dieu » désigne l'événement Jésus-Christ, auquel participe, de manière privilégiée, l'expérience archétypique des apôtres. Tandis que par « homologie critique », Neri entend souligner le fait que l'objectivité de l'image offerte par l'Écriture porte en elle-même l'originalité des « visions » à la fois singulières et différenciées que les premiers témoins ont eues du même et unique événement Jésus-Christ. Ces visions différenciées vont déboucher sur les quatre évangiles.

1197 Dans *La mémoire, l'histoire, l'oubli*, soulignant l'importance du témoignage, Ricœur analyse ses différents aspects : le « témoignage historique » relatif à l'événement originel, la « mémoire archivée », celle du témoignage des archives, et la « mise en image » du témoignage moyennant « la représentation par récits ». Il s'ensuit que le témoignage est un « parcours épistémologique » qui suppose la fiabilité de la vérité véhiculée par le langage même du récit, mais qui est en même temps soumis aux jugements et aux préjugés des auditeurs. Un parcours qui a dès lors son point crucial dans la demande de la part du témoin d'être cru, demande qui se manifeste par l'expression explicite ou implicite « j'y étais… croyez-moi ». Finalement, la bonne réception du témoignage ne dépend pas seulement de la capacité du témoin de faire des promesses, mais de tenir ses promesses. Cependant, il est également vrai que tout témoignage demeure soumis à l'auditoire, pas toujours disposé à accorder de la fiabilité à la parole d'autrui (*consensus/dissensus*). Cf. Id., *La mémoire, l'histoire, l'oubli*, Seuil, Paris, 2000, pp. 201–208.

miers témoins soient à même de véhiculer la *res carnis Jesu*[1198]. Et d'ailleurs, les apôtres « ne racontent pas des histoires en se mettant à distance, sans y participer »[1199]. Au contraire, « ils savent qu'ils n'ont aucune chance d'être objectifs, s'ils ne sont pas engagés au plus intime de l'événement qu'ils décrivent »[1200].

La seconde raison réside dans le fait que, bien qu'il compte une pluralité de récits, le témoignage scripturaire se veut une action unique, où l'unicité du drame (ou intrigue) est mise en scène grâce à la symphonie des différentes théologies ou traditions ecclésiales. C'est précisément ces dernières qui constituent, d'après Balthasar, l'expérience archétypale, à savoir l'archétype apostolique du témoignage. Représenté par les « quatre expériences archétypiques » de l'Église correspondant aux quatre « colonnes » de l'Église (cf. Ga 2,9 ; Ac 3,12), à savoir Pierre, Paul, le disciple bien-aimé et Jacques, le frère du Seigneur, cet archétype testimonial donne lieu à ladite « constellation christologique »[1201]. Celle-ci est dès lors constituée par la tradition pétrinienne, par la tradition johannique et par la tradition paulinienne. Marie étant la mère de l'Église et son image prophétique, à ces traditions s'ajoute la tradition mariale, tel leur fondement[1202]. C'est pourquoi, non seulement l'unité du drame que l'Écriture offre ne peut pas être cherchée au-delà de sa forme, mais celle-ci suffit à orienter chaque chrétien dans ses décisions morales concrètes[1203].

Or, cette dernière raison ouvre la porte au sujet de la Tradition, d'après Balthasar. Car les « colonnes » mentionnées ci-dessus, en tant que figures analogiques de la Révélation, dont chacune est porteuse d'une vision *propre*, vont engendrer d'autres figures analogiques postérieures, telles des colonnes actuelles qui vont soutenir la seconde dimension de la Révélation, c'est-à-dire la Tradition. « C'est justement le caractère analogique des personnes ici citées [les colonnes], dont chacune a quelque chose de qualitativement propre,

1198 Voir aussi *supra*, 1.2.3., notamment la n. 246, et 2.3.2. Rappelons également que le témoignage rendu à Jésus Christ, ainsi que l'atteste le Nouveau Testament, est, d'après Aletti, « selon les Écritures et selon les apôtres » (Id., *Quand Luc raconte. Le récit comme théologie*, p. 129). Cela implique que le témoignage personnel des apôtres traduise la Parole de la Révélation de manière analogique, précisément moyennant une analogie sacramentelle qui se prévaut notamment de deux facultés humaines : l'autobiographie et la synesthésie.

1199 H.-U. von Balthasar, *La Dramatique divine*, t. II : *Les Personnes du drame*, vol. 1 : *L'Homme en Dieu*, p. 47.

1200 *Ibid.*

1201 Cf. H.-U. von Balthasar, *La Dramatique divine*, t. II : *Les Personnes du drame*, vol. 2 : *Les personnes dans le Christ*, pp. 223–224. On dirait que le caractère analogique des quatre personnes susmentionnées (à ne pas confondre avec les quatre évangélistes) est la source des trois évangiles synoptiques aussi bien que des autres écrits néotestamentaires. La tradition mariale demeure au cœur de cette constellation christologique.

1202 Cf. H.-U. von Balthasar, *La Gloire et la Croix. Les aspects esthétiques de la révélation*, t. I : *Apparition*, pp. 295–308. Cf. aussi M. Neri, *La testimonianza in H.-U. von Balthasar*, pp. 387–388.

1203 Cf. H.-U. von Balthasar, *La Dramatique divine*, t. II : *Les Personnes du drame*, vol. 1 : *L'Homme en Dieu*, pp. 64–65.

si bien qu'on ne peut pas les considérer comme formant un groupe homogène, qui laisse l'espace ouvert pour d'autres figures contemporaines et postérieures »[1204]. Ce passage du théologien de la dramatique divine, tandis qu'il met au jour la nature analogique et le caractère inchoatif de l'Écriture, esquisse les traits de la Tradition comme une sorte de « prolongement » de la Révélation, en vertu de laquelle celle-ci va son chemin jusqu'à la fin des temps[1205]. Car « ainsi, la fixation définitive de la parole de Dieu (qui est "esprit et vie", Jn 6,63) dans l'Écriture est la condition pour que "les paroles de vie éternelle" (Jn 6,68) restent sans cesse accessibles dans leur force originelle, mais cela à vrai dire seulement si elles sont reçues et comprises dans le courant vital de la "tradition" qui assure la liaison avec l'origine »[1206].

Dès lors, la clôture du Canon biblique, plutôt que de fermer les portes à la Révélation, les lui ouvre, du fait que la voie analogique de la Tradition devient l'autre lieu théologique de la Révélation au-delà de l'Écriture. Dans ce lieu, la Parole, révélée une fois pour toute et fixée définitivement dans le *corpus* de l'Écriture, est déployée en toute son ampleur de manière à ce que les croyants de tout temps soient introduits dans « la vérité tout entière » (Jn 16,13). D'ailleurs, malgré l'« homologie » du témoignage scripturaire entre la parole témoignée, le Verbe, et la parole témoignant, l'Écriture, il existe toujours entre elles un rapport de « *différence*-testimoniale »[1207], si bien que la première « est infiniment plus riche »[1208] que la seconde et en diffère, tel le reflet d'un corps dans un *miroir*[1209]. Cette image significative du miroir n'est pas la seule chez Balthasar. Il y en a une autre à même d'expliquer davantage une telle « différence homologique »[1210]. C'est l'image du *filet*.

> *Biblia*, « les livres » ; le terme désigne une collection d'écrits relevant de tous les genres littéraires possibles ; on y trouve des écrits de circonstance (les lettres des apôtres), des poèmes, des prières, des proverbes, des lois, des récits historiques, des oracles, des révélations secrètes, des lamentations, des prosaïques directives pour la vie chrétienne, etc. Au travers de cet apparent fatras, se tissent des fils, visibles ou cachés, qui relient toutes les pièces entre elles. Il en résulte une sorte de réseau infini, un filet à grandes ou petites mailles, à l'intérieur duquel la Parole attestée et la Parole fondatrice peuvent aller et venir sans contrainte. Le filet rassemble le contenu, et cependant on ne peut dire vraiment qu'il le contient ; il est si souple et si vaste qu'il ne s'en échappe rien d'essentiel, mais il n'a

1204 H.-U. von Balthasar, *La Dramatique divine,* t. II : *Les Personnes du drame,* vol. 2 : *Les personnes dans le Christ*, p. 224, j'explicite.

1205 Voir *supra*, n. 1168.

1206 *Ibid.*, p. 285.

1207 Cf. M. Neri, *La testimonianza in H.-U. von Balthasar,* p. 404, je traduis.

1208 H.-U. von Balthasar, *Saggi Teologici,* t. I : *Verbum caro,* p. 24, je traduis.

1209 Cf. *ibid.*, p. 25. C'est une des images théologiques par lesquelles Balthasar explique le rapport existant entre Verbe et Écriture.

1210 Ce binôme, à premier abord antithétique, exprime bien le rapport de différenciation et à la fois d'inséparabilité existant entre le texte canonique et l'événement de la *res carnis Jesu*, ce qui en évoque un autre créé par Balthasar lui-même, c'est-à-dire « Parole-Écriture ». Voir *supra*, chapitre 2, notamment la n. 512.

> nullement la prétention d'être lui-même la totalité. D'autre part, il n'est point inconsistant, car la Parole en tant que message est toujours précise – nul n'est plus précis que le Dieu infini – ; et quand on dit que l'Écriture "laisse ouvert" le sens, cela signifie seulement qu'elle ouvre l'espace au témoignage du Verbe fait homme qui s'exprime en elle de manière achevée[1211].

Il faut le dire : cette image originale évoquée par Balthasar, soulignant une certaine « ouverture » de l'Écriture, entraîne des conséquences théologiques considérables. Le fait que celle-ci, tel un filet, ouvre des espaces est dû essentiellement à deux facteurs. Le premier : l'Écriture véhicule et rassemble la Parole, bien qu'elle ne la contienne pas de manière absolue ; le second : rien de cette Parole n'échappe à l'Écriture, sans que cependant celle-ci ait la prétention d'être elle-même la Parole. C'est pourquoi, d'un côté, l'Écriture laisse à la Révélation tout son « espace », de manière à ce que celle-ci ne reste pas domaine exclusif de la lettre. De l'autre côté, l'Esprit, déjà à l'œuvre *en deçà*, continue de raconter l'Évangile également *au-delà* des textes canoniques[1212], comme il est attesté en Jn 20,30 : « Jésus a fait sous les yeux de ses disciples encore beaucoup d'autres signes, qui ne sont pas écrits dans ce livre ». De même, en Jn 16,12-13b, Jésus affirme : « J'ai encore beaucoup à vous dire, mais vous ne pouvez pas le porter à présent. Mais quand il viendra, lui, l'Esprit de vérité, il vous introduira dans la vérité tout entière ». À ce sujet, voulant expliciter le v. 12 de Jn 16, Balthasar souligne que « ces mots ne peuvent pas uniquement se rapporter à des choses que Jésus n'aurait pas dites »[1213]. En retour, ces mots se rattachent surtout aux choses déjà dites que « "l'Esprit de vérité, qui conduira vers la vérité tout entière", pourra toujours faire rendre de manière adéquate par une Église capable d'une intelligence approfondie »[1214], ainsi que le théologien suisse l'ajoute, se référant au v. 13. D'ailleurs, l'Église, garante de l'action magistérielle de l'Esprit, et consciente du fait que nul fidèle ne possède en lui-même « la vérité tout entière » ni n'en épuise l'ampleur ou la profondeur, peut tirer parti des diverses interprétations théologiques, celles-ci étant comme ruisseaux de l'unique Bonne Nouvelle qu'elle annonce. C'est ce qu'affirme aussi Monika Scheidler se référant aux attestations scripturaires : « On le constate dans la Bible elle-même : des histoires de foi différentes sont racontées par des personnes différentes ; aucune personne, par la seule

1211 H.-U. von Balthasar, *La Dramatique divin,* t. II : *Les Personnes du drame,* vol. 1 : *L'Homme en Dieu*, p. 90. Neri, citant le même texte, traduit l'expression « Parole fondatrice » par « Parole témoignante » soit « attestante ». Il ne faut donc pas attribuer cette expression à la Parole attestée, mais à la Parole attestante, c'est-à-dire à l'Écriture, en tant que forme canonique du témoignage (cf. M. Neri, *La testimonianza in H.-U. von Balthasar,* p. 404).

1212 J'emploie ces deux expressions pour indiquer la Tradition et les Écritures en tant que voies d'une même et seule source, la Révélation. Celle-ci, chez les Pères de Trente, est identifiée et résumée par l'« Évangile » lui-même, expression qu'ils privilégient.

1213 H.-U. von Balthasar, *La Dramatique divine,* t. II : *Les Personnes du drame,* vol. 1 : *L'Homme en Dieu*, p. 88.

1214 *Ibid.* Il ne faut pas entendre ici l'adjectif « adéquate » dans le sens d'une inadéquation de la part de l'Écriture à dire la Révélation, mais d'une référence à la Tradition ecclésiale.

expérience personnelle de foi, ne peut “saisir” tous les contenus du message du Christ et encore moins toutes leurs implications théologiques. Ce n’est que la totalité des histoires individuelles singulières qui garantit l’intégralité de la révélation »[1215].

Ainsi, « l’Esprit, qui explique les gestes et les mots de Jésus, puisqu’il est son propre Esprit, se fait le garant de la forme d’expression objectivement appropriée, et qui en ce sens est alors “achevée” »[1216]. Mais pourtant, si la Révélation est « achevée » par rapport à la forme objective et appropriée des Écritures, quant à leurs sens, elle reste toujours « espace ouvert » à l’Esprit. Ce qui postule l’engendrement d’autres expressions, confiées par le même Esprit à la Tradition. Celle-ci, pour sa part, se situant au-delà des textes canoniques sans cependant se séparer d’eux, constitue cet « ultérieur »[1217] de l’Écriture grâce auquel la vérité même de l’Évangile va son chemin. J’y reviendrai plus loin[1218]. De l’autre côté, l’Écriture transmet « des paroles effectivement prononcées par Jésus, mais qui, à l’origine, ne pouvaient néanmoins qu’être formulées de façon inchoative et allusive, trouvant ensuite leur corps d’expression adapté à l’intelligence renouvelée dans l’Esprit »[1219]. Cette compréhension renouvelée est l’apanage des apôtres dès le temps postpascal, temps par excellence de l’Esprit, si bien que les disciples de Jésus s’exclament : « Voilà que maintenant tu parles en clair et sans figures ! Nous savons maintenant que tu sais tout et n’as pas besoin qu’on te questionne. À cela nous croyons que tu es sorti de Dieu » (Jn 16,29-30).

Pour leur part, les Écritures demeurent « l’attestant canonique de l’autocommunication définitive et insurpassable de Dieu, qu’est la chair de Jésus »[1220]. Car, « avec le Seigneur et ses témoins oculaires, la plénitude de la Révélation divine a été atteinte, et ainsi la forme de la Parole attestant la Révélation, l’Écriture, s’est accomplie, elle aussi »[1221]. Pourtant, cette plénitude et cet accomplissement ne sont pas à entendre au sens d’une limitation et d’une clôture de la Révélation. C’est pourquoi, d’après Balthasar, « il est mieux d’éviter le mot “conclusion”, parce qu’il n’est pas adéquat au christianisme. La plénitude atteinte n’est pas terme et conclusion, mais beaucoup mieux début. C’est le commencement des effets infinis de la plénitude du Christ qui se répand sur l’Église, de l’accroissement de l’Église et du monde entier vers et dans la plénitude du Christ et de Dieu, ainsi que le décrit la lettre aux

1215 M. Scheidler, « Récits de vie et récits de la tradition comme formes élémentaires d’apprentissage en catéchèse », dans Équipe Européenne de Catéchèse, *La catéchèse narrative*, pp. 71–88, ici p. 73.

1216 H.-U. von Balthasar, *La Dramatique divine,* t. II : *Les Personnes du drame,* vol. 1 : *L’Homme en Dieu*, p. 88.

1217 J’utilise ce mot, non pas comme adjectif, mais comme substantif, dès lors qu’en français il n’y a pas un mot qui peut traduire l’expression italienne *ulteriorità*, c’est-à-dire ce qui est ultérieur.

1218 Voir *infra,* 4.1.2 ; 4. 2 ; 4.4.

1219 H.-U. von Balthasar, *La Dramatique divine,* t. II : *Les Personnes du drame,* vol. 1 : *L’Homme en Dieu*, p. 88.

1220 M. Neri, *La testimonianza in H.-U. von Balthasar,* p. 404, je traduis.

1221 H.-U. von Balthasar, *Saggi Teologici,* t. I : *Verbum caro,* p. 42, je traduis.

Éphésiens »[1222]. Ce début, c'est aussi « le commencement du déploiement et de la diffusion de la plénitude illimitée de l'Écriture dans l'espace de l'Église, [plénitude] dont l'histoire profane de tous les temps n'arrivera pas à épuiser la richesse »[1223]. Par conséquent, la mort du dernier apôtre ne fait pas barrage à la Révélation, comme si l'on mettait pour ainsi dire « un bâillon sur la bouche de Dieu ». Balthasar lui-même explique que « lorsque, à la plénitude des temps, Dieu vint accomplir toute chose, il ne fut pas la fin de la Révélation, mais le commencement, en vertu duquel, dès l'origine, tout avait débuté »[1224].

De ce fait, le Verbe étant « l'alpha et l'oméga, le commencement et la fin » (Ap 21,6), il ne faudrait non pas dire que la Révélation ne serait pas encore parvenue à sa *fin*, mais plutôt affirmer que la *fin* de la Révélation advient toujours ! Dans le prologue johannique, lorsqu'on lit : « *en archê ên o Logos* : qu'est-ce que le Logos aurait-il dû apporter sinon le début ? Avec la mort du dernier apôtre la Révélation s'est "close" seulement au sens que la plénitude infinie ne peut plus s'accroître. En revanche, la Révélation peut diffuser sa plénitude à l'infini et, à sa lumière, tout peut se développer jusqu'à la dernière maturation. Si dans l'Ancienne Alliance – en tant que lettre – des "clôtures"[1225] se montrèrent comme étant possibles à divers endroits, dans la Nouvelle, en tant qu'Esprit, des ouvertures, des débuts, des commencements, sont censés apparaître de toute part. Maintenant, toute vérité est explosive : elle déferle en mille morceaux, dont chacun garde la force vitale de son point de départ »[1226]. Il s'ensuit que toute forme de théologie issue de l'intérieur de l'Écriture, à commencer par les textes néotestamentaires engendrés au sein des communautés postpascales, constitue cet événement pneumatologique qui porte en son sein l'élan et la force révélatrice de l'Esprit.

Il faut rappeler aussi que la canonisation du témoignage scripturaire, en tant qu'acte vital de la Tradition ecclésiale, est un événement qui relève de la Révélation elle-même. C'est pourquoi l'Écriture « est Parole de Dieu, non pas parole de l'Église »[1227]. Toutefois, l'Église étant « appelée à enfanter, dans un acte historique et prototypique issu de la force génératrice de la Parole de Dieu, cette forme définitive de la Révélation qui restera pour toute la postérité sa forme canonique »[1228], l'Écriture est pourtant « Parole portée par

1222 *Ibid.*, je traduis.

1223 *Ibid.*, je traduis et j'explicite.

1224 H.-U. von Balthasar, *Abbattere i bastioni* [titre orig. : *Schleifung der Bastionem*, Joannes Verlag, Einsiedeln, 1966], Borla, Torino-Leumann, 1966, p. 48, je traduis.

1225 À propos de la notion de clôture/ouverture du Canon hébraïque, voir l'analyse d'Amherdt concernant l'herméneutique philosophique et biblique de P. Ricœur (F.-X. Amherdt, *L'herméneutique philosophique de Paul Ricœur et son importance pour l'exégèse biblique*, pp. 296–297).

1226 H.-U. von Balthasar, *Abbattere i bastioni*, p. 48, je traduis.

1227 H.-U. von Balthasar, *La Gloire et la Croix. Les aspects esthétiques de la révélation,* t. I : *Apparition,* p. 455.

1228 *Ibid.*, p. 456.

l'Église dans sa médiation de foi, et réellement mise au jour, enfantée »[1229]. Ainsi, si la foi demeure toujours intacte, c'est précisément parce que la Tradition ecclésiale s'aligne sur le témoignage scripturaire canonique. Quant à elle, venant d'une tradition orale préexistante[1230], « l'Écriture est tradition, elle-même, car elle est une des formes où le Christ se livre à l'Église », ainsi que l'affirme Balthasar[1231].

Tout cela montre le lien étroit existant entre Écriture, Église et Tradition. D'ailleurs, sans la Tradition, l'autorité même de l'Écriture n'aurait pas pu s'attester, ainsi que, sans l'Écriture, toute la Tradition chrétienne ultérieure, y compris la prédication ecclésiale, seraient compromises[1232]. En dehors de ce lien étroit, aucun « développement » et aucune « ouverture » de la Révélation ne seraient possibles après la mort du dernier témoin apostolique. À ce sujet, Balthasar précise la raison pour laquelle la mort du dernier apôtre détermine la clôture de la Révélation : « L'image canonique de la révélation est "close", parce qu'une extension du don que Dieu fait de lui-même au monde est impossible au-delà de Jésus-Christ »[1233]. En revanche, à cause proprement « de son caractère divinement insurpassable, l'image de ce contenu demeure ouverte, pour toutes les époques de l'histoire, afin qu'on la saisisse et qu'on la pénètre plus profondément »[1234]. De toute façon, face à cette clôture de l'image canonique, la croissance de l'intelligence chrétienne, qui s'exprime, dans le sillage de la Tradition ecclésiale, par les autres paroles de l'Église, y compris les définitions magistérielles[1235], ne diminue en rien ni la supériorité ni la spécificité de l'Écriture, ainsi que l'affirme le théologien de l'esthétique théologique : « La parole scripturaire, plus que toute autre parole sur Dieu, en vertu de sa forme christologique, est parole qui ouvre et fait avancer vers Dieu [...]. Elle est choisie par l'Esprit Saint [...] de manière à ce que sa forme déterminée ne signifie nulle part ni limitation ni barrage [...] ; et encore, elle est choisie de sorte qu'une vérité affirmée n'affecte pas une autre vérité qui lui est proche, c'est-à-dire la traverse et lui soit complémentaire. Ainsi, elle [l'Écriture] ne renferme jamais hermétiquement, mais elle ouvre partout »[1236].

1229 *Ibid.*, p. 455.

1230 Ratzinger remarque aussi, à juste titre, qu'au lieu d'opposer l'Écriture à la Tradition, il faut les mettre toutes deux en relation entre elles. De fait, à cause de l'acte de canonisation du corpus scripturaire, la Tradition inclut l'Écriture et, vice-versa, la Tradition est intégrée dans l'Écriture elle-même. Cf. Id., « Essai sur le problème du concept de tradition », pp. 54–56.

1231 H.-U. von Balthasar, *Saggi Teologici,* t. I : *Verbum caro*, p. 36, je traduis.

1232 Cf. *ibid.*

1233 H.-U. von Balthasar, *La Gloire et la Croix. Les aspects esthétiques de la révélation,* t. I : *Apparition,* p. 466.

1234 *Ibid.*, pp. 466–467. Ce qui s'accroît n'est donc pas l'image, mais l'intelligence de la foi saisissant l'image.

1235 Cf. M. Neri, *La testimonianza in H.-U. von Balthasar,* pp. 409–410.

1236 H.-U. von Balthasar, *Saggi Teologici,* t. I : *Verbum caro*, p. 41, je traduis et j'explicite.

Contre la tendance protestante à faire primer l'élément prophétique de l'Écriture au détriment de l'élément mystique, les deux Testaments montrent, d'après Balthasar, « une chaîne ininterrompue d'expériences mystiques, celles des patriarches, des prophètes, des rois, des apôtres et des disciples »[1237]. Au contraire, l'opposition de prophétique à mystique mène à « une forme conceptuelle de la Parole de type vétérotestamentaire qui ne prendrait pas au sérieux l'expression du Verbe comme nourriture de l'âme, en parallèle, dès lors, avec l'Eucharistie »[1238]. En revanche, « si la vérité de Dieu est communiquée par le Christ aux fidèles dans l'Écriture, aucun dialogue intime entre Dieu et l'âme, quoique de type mystique, ne pourrait mener à un dépassement ou tout simplement à une marginalisation de l'Écriture »[1239]. Car, en tant que mystique scripturaire, la mystique chrétienne est « au service de la Révélation de Dieu à l'Église, et elle est pour cela même éminemment sociale »[1240].

Finalement, cet « ouvrir partout » de l'Écriture, ainsi que son caractère à la fois prophétique et mystique, mettent en jeu l'action pneumatique de l'Esprit Saint. Celui-ci, introduisant continuellement la communauté ecclésiale « dans la vérité tout entière » (Jn 16,13), « continue à travailler chez les "prophètes" de la Nouvelle Alliance, énumérés par saint Paul aux côtés des apôtres comme fondements de l'Église (cf. Ep 2,20 ; 3,5 ; 4,11), ainsi qu'il a opéré chez les prophètes de l'Ancienne Alliance »[1241]. Et cela, bien que « leurs textes [ceux des prophètes de la Nouvelle Alliance] ne soient pas considérés comme "Écriture Sacrée", au sens de la Bible »[1242].

Bref, en ayant exploré, au cours de ce paragraphe, la proposition esthétique du théologien suisse mettant Écriture et Révélation dans un rapport d'osmose, nous pouvons parvenir à une compréhension et une conception de la première en termes de relativité et de complémentarité. De fait, en tant que figure christologique – *statut* qui résout le rapport apparemment discontinu entre réalité *attestante* et réalité *attestée* en termes d'*homologie critique* ou *testimoniale* –, l'Écriture est totalement relative à la Révélation. Ce n'est pas

1237 *Ibid.*, p. 42, je traduis. La Parole étant, tout comme l'Eucharistie, un aliment spirituel pour l'âme, on ne peut pas vider l'Écriture, y compris l'Ancien Testament, de cette essence mystique qui l'habite, et lui vient, d'ailleurs, du fait pneumatologique de son inspiration. Par conséquent, l'expérience des personnages bibliques racontée dans l'Écriture n'est pas pure affaire historique, sociale et psychologique, mais elle est mystique, car ceux-ci ont fait l'expérience de Dieu. D'où le risque de l'approche protestante à opposer le message prophétique contenu véhiculé par Parole à la nature mystique de la Parole elle-même.

1238 *Ibid.*, je traduis. Cela laisse entre autres entrevoir, chez Balthasar, la tendance à attribuer à la Parole-Écriture une nature sacramentelle.

1239 *Ibid.*, je traduis.

1240 *Ibid.*, je traduis.

1241 *Ibid.*, je traduis.

1242 *Ibid.*, je traduis et j'explicite.

pour rien si Balthasar emploie parfois le binôme « Parole-Écriture »[1243]. En même temps, étant l'une des deux formes de la Révélation, l'Écriture est elle-même complémentaire par rapport à l'autre forme, la Tradition orale, qui est à la fois Tradition de l'Esprit et de l'Église, ce que Balthasar ne manque pas d'expliquer et de préciser : « L'Écriture Sacrée n'est pas identique à la Révélation ; bien qu'elle soit Verbe de Dieu, elle-même, elle l'est selon le *modus* d'attester sa propre Révélation : c'est précisément le *modus* d'une auto-attestation scripturaire, en face duquel il y en a d'autres »[1244]. On dirait qu'ici l'expression *modus* invoque de manière implicite un *autre mode*, c'est-à-dire le *modus* que l'Église catholique a détecté dans la « Tradition » elle-même, contre la « *sola scriptura* » revendiquée par les Églises protestantes[1245]. C'est pourquoi, si la Tradition est « la pleine extension » de la Révélation, et donc de l'Écriture elle-même, elle est alors le fleuve de toutes les paroles et de toutes les voix humaines constituant la réverbération de l'unique Verbe[1246]. Celui-ci, ayant tout dit dans l'Écriture, conduit cependant les hommes à la connaissance pleine de tout ce qu'il a révélé : « la vérité tout entière » (Jn 16,13). Et il fait cela par son Esprit, celui qui parle moyennant les voix et les histoires personnelles de chaque frère et sœur en humanité.

4.1.2. Révélation et Tradition dans la réflexion dogmatique de Joseph Ratzinger

La réflexion du théologien de Bâle autour de la figure christologique de l'Écriture par rapport à la Révélation a fait état du rapport étroit entre la *res carnis Jesu* et le témoignage apostolique, qui est témoignage oculaire et scripturaire. Celui-ci, en tant que « bonne vision » de la *res carnis Jesu,* accorde à l'Écriture une « forme homologique », de manière à ce que sa conformation soit adéquate à l'événement Jésus-Christ. C'est ainsi que l'Écriture joue le rôle privilégié de figure christologique, à côté de l'Eucharistie et de l'Église, un rôle qui est dès lors analogique et qui, ainsi que nous l'avons explicité, ne peut qu'être également qualifié de sacramentel. C'est pourquoi l'Écriture demeure le paradigme de tout témoignage ecclésial et de toute expérience testimoniale, mais aussi l'arrière-plan de la Tradition ecclésiale, en tant que lieu théologique où le témoignage des croyants peut toujours se configurer à la *res carnis Jesu*.

En lien avec la visée théologique de Balthasar, la réflexion dogmatique du jeune théologien Joseph Ratzinger, explorant le rapport intrinsèque entre Révélation et Tradition, jette

1243 Voir *supra*, n. 512.
1244 H.-U. von Balthasar, *Saggi Teologici,* t. I : *Verbum caro*, p. 29, n. 1, je traduis.
1245 Voir *infra*, 4.1.2 ; 4.2.4.
1246 À propos de l'étendue de l'Écriture en tant que second transcendantal de l'hypothèse trito-testamentaire, voir *infra*, 4.4.2.

également une lumière importante sur les *modi* par lesquels l'Évangile se livre, à savoir les Écritures des deux Testaments et la Tradition orale et vivante, transmise et témoignée par le peuple d'Israël et par l'Église. Je vais considérer notamment un essai du jeune professeur allemand que j'estime d'un grand intérêt théologique et d'une grande actualité[1247]. Entre autres, cette étude m'offre une suggestion très précieuse pour la définition et l'explicitation de ce que j'appelle « troisième Testament »[1248]. Puis, elle va également m'aider à situer théologiquement le sujet de l'autobiographie dans le sillage de la Tradition vivante de l'Église.

Qualifiée de réalité « non-écrite »[1249], la Tradition connaît pendant l'époque de la Réforme une séparation d'avec l'Écriture très dangereuse, voire une opposition à celle-ci. Cela constitue l'objet d'une controverse théologique entre catholiques et protestants qui dure depuis des siècles, et que Vatican II a en grande partie tranchée, notamment dans *Dei Verbum*, c'est-à-dire la constitution sur la Parole de Dieu[1250]. Voulant donner une définition de l'Écriture, ladite constitution dogmatique n'utilise pas l'expression « *Sacra Scriptura est verbum Dei* », mais elle affirme : « *Sacra Scriptura est* locutio Dei*, quatenus, divino afflante Spiritu, scripto consignatur* »[1251]. De ce fait, en disant que l'Écriture est « le parler de Dieu » consigné par écrit, le Concile a évité, semble-t-il, une identification exclusive de la sainte Écriture avec la Parole de Dieu. En revanche, l'expression « *verbum Dei* » est utilisée dans le même paragraphe, relativement à la Tradition : « *Sacra autem Traditio* verbum Dei*, a Christo Domino et a Spiritu Sancto Apostolis concreditum, successoribus eorum integre transmittit* »[1252]. Or, en référant « *verbum Dei* » à la Tradition, et en affirmant également que celle-ci transmet *intégralement* la Parole de Dieu, est-ce que les Pères conciliaires ont voulu souligner que la *Traditio* englobe Tradition orale et Écriture ? D'ailleurs, avant toute définition dogmatique, le Nouveau Testament lui-même, rassemblant le *corpus canonicum* de l'Ancien Testament – toujours désigné dans les textes néotestamentaires comme « Écriture » – aussi bien que la tradition liturgique et la vie de l'Église, témoigne déjà d'une telle intégration, qui représente l'*intégralité* de l'unique *depositum fidei* transmis par les apôtres[1253].

1247 Cf. J. Ratzinger, « Essai sur le problème du concept de tradition », pp. 37–112.
1248 Voir notamment *infra*, 4.3.
1249 Rappelons une fois de plus qu'en l'occurrence, « non-écrit » ne désigne nullement tout ce qui n'a pas la forme écrite, mais tout ce qui n'est pas Écriture au sens étroit du terme.
1250 Pour un approfondissement du sujet « Écriture et Tradition » relativement à Vatican II, se reporter à A. Vanhoye, « La réception dans l'Église de la Constitution dogmatique *Dei Verbum*. Du Concile Vatican II à aujourd'hui », *Esprit et Vie*, 107 (2004), pp. 3–13.
1251 *DV* 9, je souligne.
1252 *Ibid.*, je souligne.
1253 Les clauses de Jacques dans Ac 15,13-29, l'obligation du port du voile pour les femmes dans 1 Co 11,1-16 et la législation sur le mariage de 1 Co 7 constituent d'ailleurs des documents scripturaires attestant l'existence de traditions rituelles.

Quant à lui, le Concile de Trente, afin de répondre aux positions unilatérales de la Réforme protestante, opère une certaine historisation du concept de « révélation », sans cependant lui accorder une compréhension matérialiste, ce qu'on fera par contre pendant l'époque moderne[1254]. En revanche, la tradition patristique et la tradition médiévale parlaient de l'Écriture comme du « principe matériel » de la Révélation, le rapport de non-identité entre les deux réalités étant un acquis, ainsi que le rappelle Ratzinger[1255]. Les débats tridentins, bien qu'ils défendent et retiennent la conception « historicisante (*historisierende*) »[1256] de la Révélation, vont pourtant remarquer la conception « "actualisante" (*präsentliche*) »[1257] de la Tradition, du fait de l'« activité révélante du Saint-Esprit à travers le temps de l'Église »[1258], et de l'*institutio vitae*, c'est-à-dire de « la réalisation de la Parole dans l'existence chrétienne »[1259]. Dès lors, l'élément de la transmission de ce qui est unique et donc de l'*ἐφάπαξ*[1260], et l'élément de « ce "plus", que signifie l'Église vivante par rapport à la simple parole écrite »[1261], lequel « ne se rapportait et ne se rapporte pas simplement à la *vita istituenda* ni [...] aux *caeremonialia*, mais aussi aux *essentialia fidei* »[1262], constituent la vision et la compréhension qu'a Trente de la Tradition.

En revenant au rapport de non-identité entre Révélation et Écriture, Ratzinger relève que l'Écriture « n'est pas la révélation elle-même »[1263]. En tant que principe matériel de la

1254 Le fait historique et unique de l'événement Jésus-Christ, c'est-à-dire l'*ephapax*, attesté par l'Écriture, demeure un point ferme aussi pour les Pères de Trente, ce que les réformateurs revendiquent par contre comme la seule donnée matérielle de la Révélation à retenir. Cependant cette conception historicisant la Révélation n'exclut pas, d'après les débats tridentins, notamment les contributions doctrinales du Cardinal Cervini, l'aspect pneumatologique de la Révélation par lequel l'unicité de l'*ephapax* de l'histoire s'étend à toute l'histoire ultérieure de l'Église, tout en devenant objet d'*actualisation* continuelle. D'où le rôle nécessaire de la Tradition en tant que principe actualisant complémentaire de la Révélation, à côté du principe matériel qu'est l'Écriture.

1255 Cf. J. Ratzinger, « Essai sur le problème du concept de tradition », pp. 54–56.

1256 *Ibid.*, p. 95. C'est la traduction en italien du même texte, davantage intégrale par rapport à celle en français, qui inclut l'expression allemande entre parenthèse [J. Ratzinger, « Un tentativo circa il problema del concetto di tradizione », dans K. Rahner, J. Ratzinger, *Rivelazione e Tradizione*, (titolo originale dell'opera : *Offenbarung und Überlieferung*, Verlag Herder, Freiburg im Breisgau, 1965, traduzione di Antonio Bonora), Morcelliana, Brescia, 2006, pp. 27–73, ici, p. 70].

1257 J. Ratzinger, « Essai sur le problème du concept de tradition », p. 95. À noter que c'est toujours le texte en italien qui rajoute le mot allemand entre parenthèses (J. Ratzinger, « Un tentativo circa il problema del concetto di tradizione », p. 70).

1258 J. Ratzinger, « Essai sur le problème du concept de tradition », p. 81.

1259 *Ibid.*, p. 89.

1260 Cf. *ibid.*, p. 95.

1261 *Ibid.*, p. 92.

1262 *Ibid.* Voici l'explicitation des formules latines : *vita instituenda,* c'est la forme de l'existence chrétienne ; *caeremonialia*, c'est l'expérience de la piété chrétienne ; et *essentialia fidei*, c'est la doctrine crue.

1263 *Ibid.*, p. 54.

Révélation, l'Écriture « n'est, somme toute, qu'une partie de cette réalité plus grande »[1264]. De fait, l'Écriture n'accorde pas l'accès direct à la Révélation sans que la foi ne joue son rôle. C'est pourquoi « il n'existe de révélation que lorsque, outre les propositions matérielles qui l'attestent, sa réalité profonde est devenue elle aussi effective du fait de la foi. Ainsi, donc, jusqu'à un certain point, le sujet qui reçoit est, lui aussi, élément nécessaire pour qu'il existe une révélation ; sans lui, elle n'existe pas[1265]. » C'est ce que l'Église ancienne appelait « règle de foi », y compris la fonction régulatrice des témoins officiels par rapport à l'Écriture et à son interprétation, en tant que « *praescriptio* [...] qui exclut toute mise en jeu autonome de l'Écriture contre l'Église », ainsi que le rappelle Ratzinger, citant Tertullien[1266]. De ce fait, le critère réductif de la « *sola scriptura* » s'avère contestable, malgré la tentative du théologien catholique Geiselmann[1267].

Or, du fait de ce décalage entre Écriture et Révélation, « il ne peut jamais y avoir dans le domaine chrétien une *sola scriptura* proprement dite »[1268]. C'est pourquoi, afin d'avancer davantage vers une réflexion approfondie et fructueuse, le futur pape propose, d'un côté, d'abandonner la question « suffisance/insuffisance » de l'Écriture, pour se concentrer uniquement sur la Révélation, l'unique Parole révélée, « d'où découlent l'Écriture et la Tradition »[1269]. De l'autre côté, il propose de dépasser la dualité « Écriture-Tradition », car elle est un problème qui « demeure insoluble tant qu'il n'est pas envisagé dans la perspective plus large du problème "Révélation-Tradition" »[1270].

C'est donc au cœur des discussions conciliaires animant les sessions de Trente que le jeune théologien Ratzinger trouve une voie à même d'offrir une réponse partielle mais éclairante à la question ouverte par la Réforme. De fait, parmi les nombreux actes du Concile, émerge un discours important prononcé par le cardinal légat Cervini, que Ratzinger estime fondamental pour la compréhension des débats conciliaires précédant la rédaction finale du décret tridentin sur la Tradition. En voici un passage central :

> *Tria esse principia et fundamenta nostrae fidei : primum libros sacros..., secundum esse evangelium, quod Christus Dominus Noster non scripsit, sed ore docuit et in cordibus illud plantavit, cuius*

1264 *Ibid.*, p. 56.
1265 *Ibid.*, p. 55.
1266 *Ibid.*, p. 72.
1267 À partir de la formulation « *et... et* » adoptée par Trente, marquant l'abandon de la soi-disant « théorie des deux sources » à laquelle semblait conduire la formulation « *partim... partim* » préférée par un groupe de Pères conciliaires, Geiselmann essaie de revitaliser et revaloriser la thématique selon laquelle l'Écriture suffit (ladite question de la « suffisance de l'Écriture »). Cette solution, qui semblait initialement mettre « magiquement » d'accord catholiques et protestants, va en réalité s'avérer bien vite inconsistante, dangereuse et inefficace, d'après Ratzinger (cf. *ibid.*, pp. 48–53).
1268 *Ibid.*, p. 56.
1269 *Ibid.*, p. 52.
1270 *Ibid.*

evangelii nonnulla evangelistae scripto mandarunt, multa quoque relicta sunt in cordibus hominum. Tertium, quia non semper filius Dei corporaliter nobiscum mansurus erat, misit Spiritum Sanctum, qui in cordibus fidelium secreta Dei revelaret et ecclesiam quotidie et usque ad consummationem saeculi doceret omnem veritatem, et si quid in mentibus hominum dubii occurrisset declararet[1271].

Dans ce discours, sont affirmés trois principes fondamentaux, qui peuvent être synthétisés ainsi :

1. le « caractère écrit » des livres sacrés (les textes de l'Ancien Testament, en l'occurrence), rédigés sous l'inspiration du Saint-Esprit ;
2. l'Évangile, que Notre Seigneur n'a pas écrit, mais qu'il a enseigné oralement et inscrit directement dans les cœurs des croyants, et dont, plus tard, les évangélistes ont mis par écrit seulement certaines choses ;
3. et l'action ultérieure du Fils de Dieu, lequel, ne pouvant toujours rester physiquement présent sur la terre, continue de révéler à tout croyant, par l'envoi de l'Esprit Saint, les mystères de Dieu, et d'enseigner à l'Église la vérité tout entière, jusqu'à la fin des temps[1272].

De ces trois principes découlent également trois moments où la Révélation s'accomplit : 1. celui des patriarches, attesté par l'Ancien Testament ; 2. celui de l'Évangile et du temps apostolique ; 3. et celui de l'Esprit qui révèle et explique à tout croyant ultérieur la profondeur des mystères divins. Par conséquent, trois sont finalement les réalités impliquées dans la Révélation, ainsi que le souligne Ratzinger lui-même. La première, c'est l'identification de l'Écriture avec l'Ancien Testament. La deuxième, c'est l'*evangelium* surabondant, qui désigne l'événement Jésus-Christ lui-même, et qui inclut ce qui est écrit ainsi que ce qui *n'est pas écrit*, du fait que cela est inscrit directement dans les cœurs des hommes. L'*evangelium* se différencie dès lors de l'Écriture car il *n'est écrit qu'en partie*, ce qui constitue proprement *son essence*, d'après Ratzinger[1273]. La troisième réalité surprenante, qui semble devancer la théologie pneumatologique de Vatican II et tout le développement qui lui a succédé concerne l'action révélatrice de l'Esprit Saint pendant le temps de l'Église.

Cela étant, « Tradition » n'exprime pas un principe unique, mais elle révèle une *double* nature, constituée de l'*evangelium*, « qui n'est toujours que partiellement convertible en Écriture »[1274], et de « l'opération de l'Esprit de Dieu dans le temps l'Église »[1275]. En outre, la Tradition, ne pouvant pas se limiter à être une tradition *verbale*, écrite ou orale, du fait

1271 Texte tiré de *CT* V, p. 11, et cité également dans J. RATZINGER, « Essai sur le problème du concept de tradition », p. 107, n. 3.
1272 Cf. *ibid.*, pp. 78–79.
1273 Cf. *ibid.*, pp. 79–81.
1274 *Ibid.*, p. 81.
1275 *Ibid.*

qu'elle relève des deux Testaments, aussi bien que de l'Évangile et de l'action de l'Esprit dans l'Église, est censée être comprise « comme une tradition *réelle*, comme la supériorité de la réalité par rapport à la parole qui en témoigne »[1276]. C'est pourquoi, en conclusion, il est exclu, selon Ratzinger, qu'on puisse encore considérer Écriture et Tradition comme étant deux réalités séparées et indépendantes.

Au terme de ce paragraphe, nous pouvons relever plusieurs éléments. D'abord, le rapport étroit existant entre Révélation et Tradition issu de Trente. Puis, l'actualité de l'intuition pneumatologique de Cervini, notamment du fait que ce dernier ait accordé à la Révélation la signification d'Évangile. Quant à celui-ci, il établit comme un « effet miroir » avec la Tradition, puisque tous deux dépassent leurs formes analogiques tout en les requérant. Car, l'Évangile, quoique plus grand que l'Écriture et la Tradition orale, ne se livre que par elles. De même, la Tradition, constituée essentiellement d'Écriture et de Tradition orale, trouve son principe vital et sa source dans l'Évangile lui-même. Autrement dit, l'expression scripturaire, l'expression orale de la prédication et du témoignage ecclésiaux – comprenant aussi la vie, la théologie, la liturgie, la structuration hiérarchique et le statut canonique de l'Église –, et la vie même de tous les hommes[1277] – sur le cœur desquels est également gravé et inscrit l'unique et même Évangile, y compris sur celui des non-croyants – mettent au jour l'étendue de la Tradition aussi bien que sa dépendance vis-à-vis de la Révélation. Ainsi, si par rapport à son *ἐφάπαξ*, la Révélation « s'est accomplie dans les faits historiques »[1278], cependant, « ce qui s'est accompli une fois pour toutes reste toujours vivant et opérant dans la foi de l'Église ; et une foi chrétienne ne se rapporte jamais uniquement au passé, mais tout autant au présent et au futur[1279]. » De ce fait, qu'est-ce que la Tradition sinon l'expression de la foi chrétienne toujours vivante, dans l'Église et dans le monde entier, où la Révélation elle-même connaît l'extension de son *ἐφάπαξ* ?

Somme toute, pour Ratzinger, tout comme pour Balthasar, le dualisme Écriture et Tradition apparaît comme un faux problème. En revanche, mettre en relation Révélation et Tradition, c'est laisser émerger l'espace pneumatologique de l'Évangile, lequel est tellement excédent qu'il est également inscrit dans les cœurs des hommes. Car, en dernière instance, la Révélation « est une réalité vivante qui exige l'homme vivant comme lieu de sa présence[1280]. » C'est pourquoi, rattacher le concept de « troisième Testament » à la réflexion de Cervini va s'avérer pertinent en vertu des affinités qui vont être mises au jour ci-dessous.

1276 *Ibid.*, p. 82.

1277 Il faut rappeler que cette inclusion évangélique et christologique de tous les hommes dans l'histoire du salut et donc dans la Révélation est manifestement attestée en Mt 25,31-46. Voir aussi *infra*, 4.3.2.

1278 J. Ratzinger, « Essai sur le problème du concept de tradition », p. 96.

1279 *Ibid.*, p. 97.

1280 *Ibid.*, p. 55.

4.2. La « *Traditio* » dans la réflexion ecclésiologique d'Yves Congar

4.2.1. Les éléments objectifs et subjectifs de la Tradition dans l'Église

Vatican II est précédé par le cheminement des mouvements liturgique, biblique et œcuménique, promoteurs d'un renouvellement théologique au sein de l'Église catholique[1281], et dont la contribution profitera à la réflexion conciliaire concernant la Tradition. Trente, invoquant l'argument des « traditions non écrites » issues des apôtres eux-mêmes, avait soulevé et laissé ouverts plusieurs problèmes de nature dogmatique, surtout par rapport au concept même de révélation[1282]. C'est pourquoi le concept de tradition assumera des significations différentes, quelques-unes dangereuses et fausses, telles celles qui vont identifier la Tradition au Magistère, à savoir à la hiérarchie ecclésiastique ou au Pape[1283].

Or, la réflexion dogmatique acquise à l'intérieur des mouvements théologiques ramène la Tradition à la compréhension qu'en avait l'Église apostolique et postapostolique des Pères, tout en la débarrassant des innombrables « traditions ecclésiastiques ». Congar, de son côté, dans le sillage des mouvements rénovateurs que je viens de mentionner, consacre au sujet de la Tradition un travail théologique considérable, afin de lui rendre sa véritable essence. Ainsi, dans les deux volumes de son essai *La tradition et les traditions*, le théologien français met en évidence la distinction entre *Traditio* et *traditiones*, à savoir la distinction entre la grande Tradition apostolique et les diverses traditions ecclésiastiques engendrées au long de l'histoire de l'Église, dont beaucoup d'entre elles ont été soit modifiées soit supprimées. Dans le premier tome, Congar explore le développement historique concernant ces deux aspects de la Tradition[1284], tandis que dans le second tome, il en fait un approfondissement théologique, tout en montrant l'évolution pendant bien des siècles

1281 Cf. G. Routhier, P.-J. Roy, K. Schelkens (dir.), *La théologie catholique entre intransigeance et renouveau. La réception des mouvements préconciliaires à Vatican II*, Brepols, Louvain-la-Neuve : Collège Erasme, 2011 ; cf. aussi P. Bordeyne, « Vatican II, un concile dans l'histoire », *Études*, 12 (2005), pp. 649–658.

1282 Il s'agit du décret *De canonicis Scripturis* du 8 avril 1546 promulgué pendant la IVe session. Cf. Y. Congar, *La tradition et les traditions,* t. I : *Essai historique*, Cerf, Paris, 2010, pp. 207–232. Congar souligne le fait qu'englobant dans le mot « Évangile » l'Écriture aussi bien que les traditions (apostoliques), Trente préserve la Révélation d'être divisée en deux sources (cf. *ibid.*, p. 215). Néanmoins, dès la Contre-réforme jusqu'à la veille de Vatican II, divers textes magistériels et œuvres théologiques considéreront l'Écriture et la Tradition comme deux sources alternatives de la Révélation, tout comme l'aurait exprimé le « *partim... partim* », c'est-à-dire la formule proposée par certains Pères pendant les sessions et les débats conciliaires (cf. *ibid.,* pp. 257–260).

1283 Cf. *ibid.,* pp. 256–260. Le Synode de Florence (1787) s'est exprimé à propos de l'autorité du Pape en tant qu'essence de la Tradition (cf. *ibid.*, p. 333).

1284 Cf. Y. Congar, *La tradition et les traditions*, t. I : *Essai historique*, *op. cit.*

de la signification attribuée au terme « tradition » par certains théologiens et par divers documents magistériels[1285].

Dans le second volume notamment, le théologien dominicain débute avec des précisions terminologiques, car « distinguer, dit-il, reste le seul moyen qu'on ait trouvé pour ne pas confondre »[1286]. De fait, il existe deux sens principaux exprimant chacun le concept de tradition. En un sens plénier, la Tradition comprend la Révélation tout entière, Écritures y comprises. En un sens plus restrictif, elle se limite à tout ce qui n'est pas transmis par écrit et qui n'est pas contenu dans les Écritures. Or, le concept de tradition demande aussi de distinguer, sans pourtant les séparer, l'*objet*, à savoir ce qui est transmis, la « tradition passive », de l'*acte* même de transmission, la « tradition active »[1287]. C'est pourquoi, selon le sens restrictif, la Tradition objective « est ce qui est transmis autrement que par écrit, au moins originairement »[1288]. Mais cela exclut l'Écriture et s'y oppose. C'est en ce sens-ci qu'au XVIe siècle on a considéré la Tradition.

L'autre distinction importante concerne la tradition apostolique et la tradition ecclésiastique ou ecclésiale. La première, remontant à l'âge des apôtres et de leurs collaborateurs, comprend les Écritures inspirées aussi bien que toutes les autres traditions orales qui ont toujours été considérées comme partie intégrante de la Révélation, y compris la définition du *Canon* lui-même. La tradition ecclésiastique ultérieure, soit écrite soit orale, n'est pas considérée comme étant tradition « inspirée », mais « assistée »[1289]. C'est pourquoi la première est constitutive de la Révélation, tandis que la seconde ne l'est pas, quoique, dans les deux cas, le sujet demeure toujours le même : l'*ecclesia*[1290]. Pourtant, si au temps apostolique, les membres de l'*ecclesia* agissaient sous l'*inspiration* de l'Esprit Saint, ceux qui vont opérer ensuite seront simplement *assistés* par le même Esprit. Dès lors, c'est en vertu des « charismes » que le magistère de l'*ecclesia* peut au long de l'histoire discerner ce qui appartient à la Tradition et ce qui ne lui appartient pas, tout en reconnaissant ce qui a valeur

1285 Cf. Y. Congar, *La tradition et les traditions,* t. II : *Essai théologique*, *op. cit.*

1286 *Ibid.,* p. 68.

1287 Cf. *ibid.*, pp. 65–73.

1288 *Ibid.,* p. 67.

1289 L'*inspiratio* relève de la Révélation – elle était en effet désignée aussi comme *revelatio* –, tandis que la conception de l'assistance est attachée à la conservation fidèle du *depositum fidei* et de son application pratique et historique. Par conséquent, la distinction que fait Congar entre *traditio apostolica* et *traditio ecclesiae* est très restrictive, et, pourrait-on dire quelque peu massive. Cependant, la seconde est liée de manière étroite à la première, puisque l'Église demeure le sujet vivant qui repose sur le fondement des apôtres.

1290 Dans son essai, Congar écrit le terme latin *ecclesia* avec minuscule.

normative, et en interprétant également le contenu de tout ce qui est retenu et transmis en tant que partie intégrante de la Tradition elle-même[1291].

En revenant à l'aspect objectif, il faut encore distinguer, d'après Congar, un *sens total* et un *sens restreint.* Le premier sens exprime « la transmission de toute la Révélation ou de tout l'Évangile, Écritures comprises »[1292]. En revanche, le second exprime « ce qui n'est pas transmis par écrit » aussi bien que « ce qui n'est pas contenu dans les Écritures »[1293]. Ce dernier sens inclut les écrits et, en un *sens pur*, ce que l'Église a cru et a annoncé de manière continue et unanime (*consensus*) moyennant une tradition chrétienne non-écrite, à savoir ledit *sens catholique* ou *sens de la foi*, appelé également *sensus fidei* ou *sensus fidelium*[1294]. De telles caractéristiques objectives font de la Tradition l'« intelligence authentique du dépôt lui-même, et surtout des saintes Écritures qui sont, et de beaucoup, la partie la plus décisive du dépôt »[1295]. Par conséquent, « on peut dire que la tradition non écrite consiste, au point de vue dogmatique, dans la vraie interprétation des Écritures »[1296]. Il s'ensuit que le caractère interprétatif de la Tradition inclut aussi cette réalité écrite, quoique distinguée de l'Écriture, qui constitue l'explication et l'explicitation de cette dernière.

En revenant à l'Évangile, c'est lui qui, d'après Trente, désigne *sic et simpliciter* la Tradition, telle qu'elle a été reçue et transmise fidèlement par les apôtres. C'est pourquoi si l'Évangile est objectivement compris comme étant la *fides quae creditur*, alors les prophètes, les apôtres et tous les fidèles de l'âge postcanonique demeurent le sujet de la *fides qua fidelis credit* par laquelle la même, l'identique et l'unique Tradition est parvenue jusqu'à nous. Dès lors, comme le remarque Congar, la *fides ecclesiae* sous-entend toujours deux sens inséparables, à savoir : l'aspect objectif, désigné par l'expression *fides quae*, et l'aspect subjectif, désigné par l'expression *fides qua*[1297]. Car tout ce que l'Église croit et transmet à travers son *sensus ecclesiae* n'est jamais une idée subjective ou une opinion personnelle.

Ainsi, en tant qu'expression déjà présente dans la littérature patristique, reprise par Trente, et utilisée ensuite, depuis notamment Vatican I, par bien des énoncés conciliaires ou pontificaux, ainsi que par quelques théologiens, tels Möheler et Newma[1298], *sensus ecclesiae* ou *sensus fidei ecclesiae* deviennent de plus en plus les formules théologiques les plus aptes à exprimer la réalité complexe qu'est la Tradition, où le « sens subjectif, sorte

1291 Il s'agit des dons de discernement concernant les ministères ordonnés et dérivant de la grâce du sacrement de l'ordre, dont se prévaut l'action magistérielle de l'Église afin de garder, d'expliquer et de transmettre de manière vive et fidèle le *depositum fidei.*

1292 *Ibid.*, p. 65.

1293 *Ibid.,* pour les deux citations.

1294 Cf. *ibid.*, pp. 83–84.

1295 *Ibid.*, p. 73.

1296 *Ibid.*

1297 Cf. *ibid.,* pp. 81–82.

1298 Cf. *ibid.,* pp. 81–86.

d'instinct de la foi » n'est pas séparé « du contenu objectif»[1299]. Même lorsqu'il ne semble souligner que la dimension subjective, le *sensus* ou *consensus ecclesiae* reste l'expression de la *fides ecclesiae* englobant à la fois la *fides quae* et la *fides qua*[1300]. C'est, par ailleurs, le *sensus fidei* dont parle saint Thomas d'Aquin par rapport à la foi et aux dons que l'Esprit Saint attribue à tout croyant, et qu'également des théologiens modernes, tels Möhler, Newman, Koster, Beumer et Balic, ont interprété et détecté comme le signe par excellence de la *communio* ecclésiale[1301]. Newman, lui aussi, interprète ce *sensus ecclesiae* ou *fidelium* comme la conscience croyante de l'Église, son *sentir commun* qui n'annule pas les individus pris séparément[1302], sans cependant être tout simplement la somme des opinions personnelles des fidèles. Autrement dit, c'est proprement le *sensus fidelium* qui garantit la communion apostolique, en tant que communion ecclésiale fidèle aux enseignements des apôtres[1303]. Bref, relevant de la réalité objective même de la foi, ce *sensus fidelium* exprime donc cet *instinct* spirituel de l'*ecclesia* par lequel celle-ci parvient continuellement au progrès, au développement, à l'explicitation et à l'intelligibilité de la vérité révélée.

De ce fait, à la lumière de l'évolution et de l'affinage du concept même de tradition, grâce notamment à une compréhension ecclésiologique renouvelée, le théologien dominicain peut finalement souligner la nature pneumatique de ce *sentir commun*, ou *sensus ecclesiae*, émergeant du cœur de tout croyant. Car « un concile [dit-il] n'est pas la somme des voix particulières, mais une totalisation obtenue par la communication des consciences en qui se personnalise la mémoire des dons remis ou faits par le Seigneur à son Épouse : essentiellement, des consciences des chefs d'Église qui s'y rassemblent en une célébration commune et qui personnifient – et, en ce sens, représentent – les communautés qu'ils président »[1304].

4.2.2. Les Pères et la Tradition comme *consensus ecclesiae*

La question de la Tradition ecclésiale est très ancienne. Elle plonge ses racines dans les débuts du christianisme. Dans l'Église des origines il n'y avait pas de ligne de démarcation entre l'Écriture et la prédication de l'Évangile. Lorsque les apôtres entament l'annonce de la Bonne Nouvelle, l'Ancien Testament est la seule Écriture. L'Évangile, c'était le Christ lui-même, objet du *kerygma*. C'est pourquoi contenu et signification des Écritures de

1299 *Ibid.*, p. 83, pour les deux citations.
1300 Il est opportun de souligner la richesse de signification contenue dans le terme « *sensus* », qui exprime, entre autres, l'idée de direction, de parcours et de chemin. Ce qui se relie bien à cette « tradition narrative » qui traverse, tel un fil rouge, l'Écriture et toute la Tradition ecclésiale.
1301 Cf. *ibid.*, p. 84.
1302 Cf. *ibid.*, p. 85.
1303 Cf. *ibid.*
1304 *Ibid.*, p. 86.

l'Ancien Testament sont cités par les apôtres en tant que prophétie et préfiguration du Christ, accomplissement du message contenu en elles, dont la pleine manifestation se réalise donc dans l'homme Jésus de Nazareth. Lorsque les Écritures du Nouveau Testament se constituent, pour les successeurs des apôtres, les Pères, elles deviennent fondamentales, en tant que témoignage irréfutable, surtout face à l'avancée des courants hérétiques[1305].

La prédication des Pères n'est qu'un retentissement et une répétition des Écritures, par lesquelles l'Évangile reste immuable et inaltéré : « Les Écritures sont la règle de la foi et de la vérité. C'est pourquoi la théologie des Pères n'est tout entière qu'une étude des divines Écritures : ils sont essentiellement des *tractatores*, des *expositores S. Scripturae*, des commentateurs des Lettres Sacrées »[1306]. Même pendant le moyen âge, la Bible demeure le livre de l'enseignement théologique. En somme, dans l'Écriture, les Pères avaient tout ce qu'il fallait pour le salut. Mais ils restaient vigilants face aux hérétiques, dont l'utilisation maladroite et dangereuse des Écritures représentait « une sorte d'adultère spirituel »[1307].

Or, pour éviter que l'interprétation des textes sacrés devienne une sorte de collection de différentes opinions, et afin de justifier la nécessité d'une interprétation à côté des Écritures, saint Vincent de Lérins en 434 avait déjà parlé d'une « lecture des Écritures dirigée *"secundum ecclesiastici et catholici sensus normam"* »[1308]. À ce propos, il faut à juste titre ouvrir une parenthèse au sujet de ce que l'on nomme l'*insuffisance de l'Écriture*[1309]. Mise en place pour justifier la nécessité d'une Tradition ecclésiale, elle ne peut être comprise et réévaluée qu'à partir de l'expression lérinienne mentionnée ci-dessus. Cependant, lorsqu'on parle d'insuffisance de l'Écriture, il ne faut pas entendre cela en un sens faux, comme si les

1305 Cf. *ibid.*, pp. 142–143. Congar fait référence surtout à Tertullien, Origène et Jérôme qui se battent pour protéger les Écritures des hérétiques. Ceux-ci sont accusés de soustraire à l'Église les Paroles divines en en faussant l'interprétation. Une manœuvre diabolique au sujet de laquelle saint Jérôme dit : « Citer des textes, le diable lui-même l'a fait : nous pourrions tous, en gardant la lettre, glisser dessous une nouvelle doctrine. » [*Adv. Luciferianos,* 28 (*PL* 23, 182 A), cité dans Y. Congar, *La tradition et les traditions,* t. II : *Essai théologique,* p. 143]

1306 Y. Congar, *La tradition et les traditions,* t. II : *Essai théologique,* p. 142.

1307 *Ibid.*, p. 143.

1308 « Quelqu'un dira peut-être : "Puisque le Canon des Écritures est parfait et qu'il suffit amplement et surabondamment pour tous les cas, quel besoin y a-t-il d'y joindre l'interprétation de l'Église ?". C'est que, vu la profondeur de l'Écriture sainte, nous ne l'entendons pas dans un seul et même sens. Les mêmes paroles sont interprétées par l'un d'une façon, par l'autre d'une autre, et on pourrait dire qu'autant il y a de commentateurs, autant voit-on qu'il y a d'opinions. Novatien l'explique d'une façon, Sabellius d'une autre façon, Donat d'une autre encore ; Eunomius, Arius, Macedonius ont leur opinion ; Photin, Apollinaire, Priscillien ont la leur ; la leur encore Jovinien, Pélage, Caelestius ; la sienne enfin Nestorius. Et c'est pourquoi il est bien nécessaire, en présence de tant d'erreurs aux multiples replis, que la ligne de l'interprétation des livres prophétiques et apostoliques soit dirigée conformément à la règle du sens ecclésiastique et catholique. » [V. de Lérins, *Commonitorium,* 2 (*PL* 50, 639), cité dans Y. Congar, *La tradition et les traditions,* t. II : *Essai théologique*, p. 143]

1309 Cf. Y. Congar, *La tradition et les traditions,* t. II : *Essai théologique*, p. 144.

Écritures ne suffisaient pas à exprimer la vérité du message du salut. C'est plutôt la *lettre* véhiculant ce dernier qui nécessite l'apport de la bonne interprétation[1310].

Dès lors, il faut distinguer deux importants éléments au sujet de l'Écriture : la *lettre* et le *sens*[1311]. C'est ce à quoi le théologien français lui-même fait allusion : « L'Écriture est inspirée, elle contient la vérité, mais il faut que son contenu et son sens nous soient dévoilés et révélés. En ce sens, pour les Pères et les médiévaux, les Écritures canoniques ne sont pas la Révélation : la Révélation (ou l'inspiration), dans leur vocabulaire, ne désigne pas un pur dépôt objectif, mais un acte : l'acte par lequel Dieu nous communique la connaissance de ce qu'il pense ou veut. »[1312] C'est donc Dieu qui, par l'acte révélateur de l'Esprit, nous conduit à *intus legere*, c'est-à-dire à pénétrer la profondeur des textes inspirés (cf. Lc 24,45). Pour les Pères grecs, ce sens intérieur de la Parole que l'Esprit nous fait saisir est l'« allégorie », expression indiquant « le sens profond auquel on parvenait par l'étude de la lettre, au-delà d'elle, en pénétrant ad *interiora* »[1313]. S'inspirant de Bède, pour lequel l'allégorie recèle la présence sacramentelle du Christ lui-même, Congar relève l'enjeu théologique de l'articulation entre le *dehors* de l'Écriture, la lettre, et son *dedans*, à savoir le sens qu'elle véhicule : « *Allegoria est, cum verbis sive rebus mysticis præsentia Christi et Ecclesiæ sacramenta signantur* »[1314]. C'est proprement ce qui nous renvoie, par ailleurs, à la nature « sacramentelle » de la Parole-Écriture[1315].

Somme toute, quel est le contenu de ce « *sensus* » ? C'est simplement le sens qui maintient les deux Testaments unis. C'est la *consonantia* des Écritures, comme l'affirme Tertullien ; la *mélodie* dont parle saint Irénée ; la *symphonie des deux chœurs*, ainsi que le dit Clément d'Alexandrie[1316]. En d'autres termes, c'est le Christ, cœur du *kerygma* aposto-

1310 Nous avons déjà exploré la signification de l'expression paulinienne « la lettre tue, mais l'Esprit donne la vie » (2 Co 3,6), tout en soulignant l'aspect légaliste qu'elle sous-entend par rapport à l'interprétation de la Torah (voir *supra*, 2.2.2.2.). En l'occurrence, compte tenu du contexte patristique, la *lettre* est insuffisante si elle ne devient lettre véhiculant en même temps un contenu christologique, ce qui vaut aussi pour les Écritures de l'Ancien Testament. C'est proprement ce dont l'Église est consciente lorsqu'elle se prévaut dudit *sensus* ou *consensus ecclesiae*.

1311 Cf. Y. Congar, *La tradition et les traditions*, t. II : *Essai théologique*, p. 144.

1312 *Ibid.*, p. 146.

1313 *Ibid.*, p. 147. Ici, Congar fait référence à l'exégèse médiévale étudiée par De Lubac par rapport à l'allégorie, en tant que sens « intérieur » de la foi porté par la « lettre » des Écritures. Voir aussi H. De Lubac, *Exégèse médiévale. Les quatre sens de l'Écriture,* vol. I, t. 2, Aubier, Paris, 1959, surtout pp. 507–510.

1314 Bède, *Lib. De var. quaest.*, 9, 4, dans Y. Congar, *La tradition et les traditions*, t. II : *Essai théologique*, p. 147 (cit. tirée par Congar de H. De Lubac, *Exégèse médiévale. Les quatre sens de l'Écriture,* vol. I, t. 2, p. 500). Selon ma recherche, la cit. susmentionnée est repérable dans l'ouvrage suivant : Bède, *De tabernaculo et vasis ejus ac vestibus sacerdotum, l.* I, *c.* VI (*PL* 91, 410).

1315 Voir *supra*, 2.2.

1316 Cf. Y. Congar, *La tradition et les traditions*, t. II : *Essai théologique*, p. 148 ; p. 313, n. 64. Congar se réfère à : Tertullien, *Adv. Marc.*, 14, 39 ; S. Irénée, *A. H.*, II, 41, 4 ; Clément d'Alexandrie,

lique, la véritable *Tradition* de l'Église, bien que, ne connaissant pas ce terme, les Pères ne l'employassent jamais. C'est pourquoi, chez les Pères, il ne peut y avoir aucune différence de contenu entre Écriture et Tradition, cette dernière ne faisant qu'un avec l'Église, ainsi que le dit saint Hilaire : « Ceux qui sont en dehors de l'Église ne peuvent avoir aucune intelligence de la Parole de Dieu »[1317]. L'Église demeure dès lors le lieu théologique d'une lecture véritable et authentique de la Parole de Dieu, mais aussi le lieu des charismes et de la succession apostolique garantie par les évêques et les prêtres. Cette pensée a été partagée de manière unanime par tous les Pères de l'Église et par toute la tradition théologique médiévale. Et c'est aussi la position de la théologie moderne, laquelle a montré comment la Tradition continue à s'exprimer dans et par les enseignements de l'Église, ainsi que le souligne Congar lui-même[1318]. Dès lors, ce « *sensus ecclesiasticus,* le sens ou le sentiment de l'Église »[1319] dont parle Eusèbe, et avec lui toute la tradition théologique du XIXe siècle[1320], c'est dans l'Église qu'il se maintient inaltéré.

Or, l'Église, en tant que *locus theologicus* de l'intelligence de la Révélation, comment est-elle qualifiée chez les Pères et les médiévaux ? « Quand les Pères et le Moyen Âge non encore dominé par le juridisme parlent, avec ou sans le mot, de la Tradition comme de l'intelligence ecclésiale de la Révélation dont les Écritures canoniques sont comme la Présence réelle [dit Congar], ils entendent par "Église" moins un charisme hiérarchique juridiquement assuré et exercé, que le mystère de l'Épouse qui, sans cesse, de pécheresse devient pure, qui cherche à vivre une vie de fidélité parfaite envers son Époux, de transparence à son Esprit. Ils entendent l'ensemble des hommes qui se convertissent à Jésus-Christ et en qui opère l'Esprit Saint. »[1321] Puis, citant Origène, le théologien dominicain affirme ceci : « C'est à une Église convertie au Seigneur, que le voile est enlevé des yeux »[1322] ; et encore, citant saint Augustin, il ajoute au sujet des Écritures : « Si nous ne regardons pas Jésus-Christ, les Écritures sont sans goût ; si nous y goûtons le Sauveur, tout y est lumière, tout y est intelligence, tout y est raison »[1323].

Strom., VI, 2, 18. Je signale que la référence relative à Irénée est erronée. Par contre, Irénée parle de la consonance de l'Écriture dans *Adeversus Haereses*, III, 12, 12 (*PG* 7, 906).

1317 S. Hilaire, *In Mat.,* 13,1, cité dans Cf. Y. Congar, *La tradition et les traditions*, t. II : *Essai théologique,* p. 150.

1318 Cf. Y. Congar, *La tradition et les traditions*, t. II : *Essai théologique,* p. 150.

1319 *Ibid.*, p. 151. Congar fait référence à Eusèbe, *H. E.*, V, 28, 6.

1320 Cf. *ibid.*

1321 *Ibid.,* pp. 151–152.

1322 *Ibid.*, p. 152, cit. : Origène, *Cant.,* 3.

1323 *Ibid.*, cit. : S. Augustin, *In Joan. Ev. tr.* IX, 3. Dans ce passage de s. Augustin, la référence, quoiqu'implicite, à la synesthésie, qui est à l'œuvre dans la Parole de Dieu, ne peut que sauter aux yeux !

De ce fait, cette Église, faite d'hommes spirituels et convertis, auxquels est dévoilé le vrai sens du texte sacré, c'est surtout dans les Conciles qu'elle manifeste son expression la plus éloquente. C'est donc là, dans une Église rassemblée, dans et par l'Esprit, à l'écoute du même Esprit, que ses membres humains sont conscients d'être en mesure d'expliquer le sens de la Révélation attesté par les Écritures[1324]. C'est pourquoi la foi professée par le Concile n'est qu'une foi « selon les Écritures », ainsi que l'atteste le *Credo*. La conversion permanente de l'Église au Christ, son Époux, est dès lors un élément fondamental pour Congar, faute duquel la Tradition elle-même risque de ne pas rester sous l'inspiration de l'Esprit Saint. C'est pourquoi le théologien français prend toutes ses distances vis-à-vis de tout juridisme et légalisme dangereux, qu'on a voulu faire passer comme de la saine ecclésiologie, ce qui avait déjà produit la séparation ou, encore pire, l'exclusion de l'anthropologie spirituelle de l'ecclésiologie[1325] !

Il s'ensuit que le *consensus* prôné par les Pères de l'Église et invoqué par Congar demeure l'argument tout à fait à même de fonder le sujet de la Tradition. Ce « *consensus* » est loin de correspondre à ce que dit la majorité, en termes numériques, et il ne désigne pas non plus la primauté papale. Pour donner un exemple, Congar rappelle que la signification attribuée par les Pères à Mt 16,16-19, excepté la position de Rome, n'est pas de type juridique[1326]. Il ne peut d'ailleurs qu'en être ainsi, l'essence anthropologique et spirituelle de leur tournure d'esprit étant une évidence[1327]. C'est pourquoi « les Pères ne peuvent être isolés de l'Église et de sa vie »[1328]. Et pourtant, malgré leur grandeur et leur importance, l'Église « les dépasse par la durée comme par l'ampleur et la richesse de son expérience »[1329], d'après le théologien français. Dès lors, ce ne sont pas les Pères, mais « c'est elle [l'Église], [...], c'est le *consensus* de l'Église soumise à son Seigneur, qui règle adéquatement notre christianisme »[1330]. C'est une affirmation tout à fait importante à partir de

1324 Cf. *ibid.*, p. 153.

1325 Cf. *ibid.*, p. 154. Cette anthropologie spirituelle dominant la pensée des Pères et du moyen âge chrétien s'oppose évidemment au juridisme hiérarchique qui a commencé à se répandre progressivement dans l'Église après la réforme grégorienne, c'est-à-dire à partir de la seconde moitié du XIe siècle, ainsi que le résume Congar lui-même dans la citation ci-dessus relative à la n. 1321. En effet, le pouvoir relevant du rôle exercé par les ministres ordonnés, et réglé par le droit ecclésiastique, finit par « brouiller » la conception spirituelle d'autrefois. Selon celle-ci, l'Église est avant tout et essentiellement une communauté de baptisés participant d'une même dignité sacramentelle, ce qui manifeste l'union mystique de l'Épouse, l'Église, avec son Époux, le Christ.

1326 Le penseur dominicain se rattache notamment à une étude de Ludwig affirmant que l'interprétation de Mt 16,18-19 au sens de la primauté papale proviendrait du juridisme romain (cf. J. LUDWIG, *Die Primatworte Mt. 16,18-19 in der altekirchlichen Exegese*, Münster, 1952).

1327 Cf. *ibid.*, p. 155.

1328 *Ibid.*

1329 *Ibid.*

1330 *Ibid.*, j'explicite.

laquelle Congar met en garde contre le risque et l'erreur d'une surévaluation des Pères au même titre que celle des apôtres, surévaluation qui se placerait au détriment de toute l'Église post-patristique, pourvue elle aussi du *consensus* de la foi, et toujours guidée et assistée par l'Esprit.

4.2.3. Le rôle de la Tradition par rapport aux Écritures canoniques

Le fait qu'il puisse y avoir plusieurs interprétations d'un même texte canonique veut dire que l'Écriture à elle seule n'en épuise pas le sens. C'est premièrement la prédication des apôtres qui a donné à la Bonne Nouvelle, au *kerygma*, son véritable sens théologique, à partir des Écritures de l'Ancien Testament pour aboutir à Jésus lui-même, l'unique autorité des Écritures et le véritable critère interprétatif.

Dans le discours sur la montagne, en disant être venu accomplir les Écritures (cf. Mt 5,17) et en s'exclamant : « eh bien ! moi, je vous dis… », expression qu'il répète à plusieurs reprises (cf. Mt 5,22.28.32.34.39.44), Jésus revendique son autorité absolue. Aux deux disciples en route vers Emmaüs il explique que c'est bien à lui que les Écritures se réfèrent : « "Ô cœurs sans intelligence, lents à croire à tout ce qu'ont annoncé les prophètes ! Ne fallait-il pas que le Christ endurât ces souffrances pour entrer dans sa gloire ?" Et, commençant par Moïse et parcourant tous les prophètes, il leur interpréta dans toutes les Écritures ce qui le concernait » (Lc 24,25b-27). Jésus révèle être lui-même la clef herméneutique des Écritures, leur *sens* caché. Dès lors, les apôtres vont poursuivre cette même démarche.

Dans le livre des Actes, c'est un diacre qui fait la première exégèse christologique de l'Ancien Testament (cf. Ac 7,2-53), Étienne. Ensuite, c'est au tour d'un autre diacre, Philippe, de poursuivre l'annonce de la même manière (Ac 8,26-40). Pourtant, comment ces deux disciples pouvaient-ils repérer à l'intérieur des Écritures anciennes le « sens christologique » ? Et comment pouvaient-ils reconnaître dans certaines figures vétérotestamentaires le *tupos* christologique ? La réponse à ces questions ne peut que nous renvoyer à l'Esprit Saint, le seul qui puisse révéler et dévoiler le *sens* caché de la *lettre*. C'est en ce sens que le Nouveau Testament « dépasse » l'Ancien, puisqu'il est une lettre déjà écrite et entendue en un *sens christologique* explicite. C'est pourquoi la tradition représente l'assistance pneumatologique qui accompagne la prédication des apôtres, telle une annonce marquée du *sens* que Jésus a communiqué et révélé aux apôtres (kérygme). En retour, ceux-ci « l'ont transmis à l'Église, dans laquelle il est gardé, non sans que l'Esprit l'y renouvelle et l'y actualise sans cesse »[1331].

1331 *Ibid.*, p. 158. Ledit « *secundum ecclesiastici et catholici sensus normam* », dont parle saint Vincent de Lérins, est donc à entendre comme « principe christologique d'intelligibilité » que

L'Écriture nécessite donc une actualisation continue du même Esprit qui a inspiré les textes bibliques. « L'Écriture ne livre pas entièrement son sens par elle-même. Le texte a besoin de se compléter dans une interprétation »[1332], ainsi que l'affirme Congar. Cela conduit l'Esprit Saint à « s'engager » sans cesse dans l'Église pour une action théologique toujours nouvelle : celle de la communication du *sens* des vérités révélées[1333]. La Parole-Écriture n'est d'ailleurs pas une parole *déposée* et *sédimentée* dans un texte[1334], mais la Parole toujours vive et actuelle par laquelle et dans laquelle Dieu parle à son peuple[1335]. Et pourtant, deux sont les conditions déterminant la perception continue du *sensus scripturae* : la première se réalise « grâce à un nouvel acte de Dieu : non plus l'acte par lequel Dieu a une fois inspiré un écrivain sacré, mais celui par lequel il communique le sens de sa Parole à son peuple, en la communion des prophètes et des apôtres »[1336] ; la seconde concerne les destinataires indispensables de cette communication divine toujours adressée, c'est-à-dire « *faite à quelqu'un*, [...] *reçue actuellement par un esprit vivant* dans l'acte de foi, qui engage une action, en nous, du Dieu Vivant témoignant de lui-même »[1337].

C'est pourquoi il faut distinguer deux moments fondamentaux de l'action révélatrice de Dieu : l'*ephapax* des prophètes, du Christ et des apôtres, et l'action que Dieu a promis

l'Esprit a donné aux apôtres, et que ces derniers, par et avec l'imposition des mains, ont transmis à leurs successeurs.

1332 *Ibid.*, p. 157.

1333 Cf. *ibid.*

1334 *Ibid.*

1335 Ainsi, la Commission Biblique Pontificale, dans son document sur l'interprétation de la Bible, précise : « Dans leur travail d'interprétation, les exégètes catholiques ne doivent jamais oublier que ce qu'ils interprètent est la Parole de Dieu. Leur tâche commune n'est pas terminée lorsqu'ils ont distingué les sources, défini les formes ou expliqué les procédés littéraires. Le but de leur travail n'est atteint que lorsqu'ils ont éclairé le sens du texte biblique comme parole actuelle de Dieu. À cet effet, ils doivent prendre en considération les diverses perspectives herméneutiques qui aident à percevoir l'actualité du message biblique et lui permettent de répondre aux besoins des lecteurs modernes des Écritures » (Commission Biblique Pontificale, *L'interprétation de la Bible dans l'Église*, chap. 3, par. C 1). De même, les paroles de la théologienne protestante É. Parmentier prolongent, tel un écho, l'enseignement catholique : « L'étude de la diversité des modèles d'interprétation et de leurs méthodes exégétiques conduit nécessairement à la confrontation avec un "feu" : la vitalité, l'insaisissabilité et l'altérité de la révélation de Dieu. La théologie appelle ce feu la "parole de Dieu". Car "parole de Dieu", la Bible ne l'est pas par la lettre, mais par la Résurrection que l'Esprit Saint opère lorsqu'il la rend "parlante" et "vivante" pour un lecteur. L'écriture espère cette Résurrection en écriture vive. » (É. Parmentier, *L'Écriture vive. Interprétations chrétiennes de la Bible*, p. 11)

1336 Y. Congar, *La tradition et les traditions*, t. II : *Essai théologique*, p. 157. Notons, ici, contrairement à Theobald, qui se dit prêt à étendre l'inspiration des Écritures jusqu'à la lecture (ecclésio-genèse), la distinction soulignée par Congar de l'acte pneumatologique d'inspiration des Écritures auprès des hagiographes, d'avec l'acte de communication du sens de l'Écriture auprès des lecteurs (voir *supra*, 1.2.4.1, notamment la n. 288).

1337 *Ibid.*, p. 158.

d'accomplir sans cesse dans l'Église tout au long des siècles. « Le premier moment est celui de ce qui a été déterminé une fois pour toutes (objet), le second celui de l'éclosion de l'Évangile dans un sujet humain personnalisé et vivant à travers un espace et une histoire indéfiniment variés[1338]. » Par conséquent, d'un côté, « l'Écriture représente ce qui a été posé une fois pour toutes », et « ce qu'il y a d'achevé dans la Parole de Dieu »[1339]. De l'autre côté, « la Tradition de l'Église conçue, non comme la transmission d'un objet inerte, mais comme actualité de la Révélation dans un sujet vivant, par la vertu du Saint-Esprit, représente ce qui, dans la Parole, est inachevé, progressif, encore à accomplir, et à accomplir sans cesse[1340]. »

Cela étant, la réflexion du théologien dominicain se fait extrêmement intense, du fait qu'à côté du Christ et de l'Esprit, un autre sujet de la Tradition, ou plutôt un co-sujet s'avère nécessaire : l'Église. À ce propos, bien qu'ils reprochent aux catholiques de sauvegarder la Tradition au détriment de l'Écriture, « les protestants nous semblent sacrifier généralement le terme "Église" »[1341] à l'avantage « des consciences individuelles »[1342], ainsi que le rappelle Congar. En revanche, dès l'âge des apôtres, l'Église a été chargée de l'annonce de la Bonne Nouvelle et de la réalisation de l'alliance nouvelle scellée en Jésus-Christ. C'est par l'Église, et en vertu de la succession apostolique, que l'Esprit Saint transmet le *sensus fidei*, qui est aussi le *sens christologique*. Il n'y a donc pas deux traditions, et il n'y a pas non plus deux Églises, celle des origines et celle des temps ultérieurs, mais il n'y en a qu'une ! C'est pourquoi ce *sensus*, porté par l'Esprit et transmis par l'Église, demeure vivant, car il s'actualise et devient de plus en plus intelligible selon la promesse faite par Jésus lui-même (cf. Jn 16,13)[1343]. C'est une évidence qui ne peut pas être niée, et qui s'impose même pour les réformés.

En tant qu'épouse du Christ, l'Église est appelée à être l'expression actualisée et incarnée de la Tradition, telle l'action dernière de l'Esprit Saint, car, au bout du compte,

1338 *Ibid.*
1339 *Ibid.*, pour les deux citations.
1340 *Ibid.* C'est proprement sur cette affirmation de Congar, soulignant que « ce qui, dans la Parole, est inachevé, progressif, encore à accomplir, et à accomplir sans cesse », s'achève, se développe, s'accomplit, s'actualise et, dès lors, s'incarne dans « un sujet vivant », que repose l'hypothèse trito-testamentaire (voir *infra,* 4. 3). Car, en définitive, « l'écriture espère toujours la Résurrection en écriture vive » chez des témoins, pour reprendre les paroles d'Élisabeth Parmentier, et non pas chez de simples lecteurs ni chez de simples interprètes de l'Écriture.
1341 *Ibid.,* p. 159.
1342 *Ibid.*
1343 La Tradition, qui est à la fois communication et transmission, n'est pas un acte statique. Son dynamisme assume des formes et des expressions actuelles, au long des époques historiques, selon la logique même de l'incarnation du Verbe. Si la Tradition ne suivait pas une telle logique, elle ne serait pas capable d'accomplir la tâche que l'Esprit de vérité lui a confiée, à savoir faire se déployer jusqu'à sa plénitude le *sens* même de la Révélation : le Christ.

l'achèvement définitif de la Parole de vérité est la raison de son existence et de sa mission. Cela signifie proprement et concrètement qu'« elle est transmission et elle est vie, elle est répétition et elle est réédition ou réponse aux questions inédites du temps à partir du Texte unique »[1344]. C'est donc la fidélité de l'Église au « Texte unique » qui va déterminer ce chemin de *perfectionnement et de progrès*, lequel lui permettra de rendre un service plénier au *sensus* ultime de la Révélation. Un service qui fait resplendir sa figure : être le signe sacramentel de l'« actualisation, dans l'Histoire, la petite et la grande, du dessein salutaire formé en Jésus-Christ[1345]. »

4.2.4. La Tradition ecclésiale face aux positions extrêmes de la Réforme

La critique analytique de Congar à l'égard de la position protestante mérite également d'être prise en considération. Il remarque d'abord que les Pères de Trente n'étaient en réalité pas préoccupés de souligner, par rapport à la Révélation, la distinction de deux parties matérielles, telles deux sources parallèles par lesquelles celle-ci nous parviendrait, ce qui deviendrait bientôt une interprétation erronée et faussée de la doctrine conciliaire[1346]. En retour, le Concile a voulu affirmer que tout ce que l'Église retenait comme normatif en matière doctrinale ou disciplinaire devait être considéré comme partie de cet héritage apostolique parvenu par la Tradition non écrite, honorée autant que celle écrite. Toutefois, cela ne signifiait pas du tout affirmer que l'Écriture serait matériellement insuffisante pour le salut ou qu'elle ne contiendrait pas la totalité des vérités révélées, comme en témoigne la théologie médiévale elle-même[1347]. Malheureusement, préoccupé de remarquer ce que la Réforme avait expressément nié, à savoir la légitimité et la valeur théologique de la Tradition, le

1344 *Ibid.*
1345 *Ibid.*
1346 Voir *supra* 4.2.1, notamment n. 1282.
1347 Cf. Y. Congar, *La Tradition et les traditions*, t. I : *Essai historique*, pp. 143–150. À ce propos, Congar remarque que le principe protestant *scriptura sola* par rapport à la « suffisance » de l'Écriture contient un aspect tout à fait incontestable, partagé aussi par la doctrine catholique, en tant qu'aspect issu de l'enseignement même des Pères et des théologiens médiévaux : « Nous n'avons, pour notre part, aucune difficulté, mais au contraire beaucoup de joie, à en assurer l'affirmation positive : l'Écriture contient, au moins à l'état de suggestion ou de principe, tout le trésor des vérités qu'il est nécessaire de croire pour être sauvé [...]. Dire cela au sens où les Pères et les théologiens du Moyen Âge l'ont tenu ne revient absolument pas à professer le principe de la *scriptura sola* tel que les réformateurs l'ont revendiqué. Ils réagissaient contre une souveraineté [...] de la puissance ecclésiastique, plus précisément de l'autorité papale, sur la parole de Dieu contenue dans l'Écriture. C'est dans l'intention de rétablir la souveraineté de *Dieu seul* qu'ils ont posé celle de l'Écriture comme exclusive. Pour ce faire efficacement, ils ont affirmé la *suffisance* de cette Écriture, non pas uniquement au sens *matériel*, c'est-à-dire dans l'ordre des objets du *quod creditur*, mais au sens *formel*, c'est-à-dire dans l'ordre du moyen de connaissance, de la lumière constitutive du connaître ; du principe de la règle (bref, en termes scolastiques, de l'objet *quo*). Non seulement tout le donné de foi était contenu dans l'Écriture,

Concile de Trente n'a pas défini la nature et n'a pas explicité non plus le contenu de la Tradition.

« Écrit » et « non écrit » indiquent donc deux manières, et non pas deux sources matérielles, ainsi que le précise le théologien français : « Écriture et tradition sont moins deux sources indépendantes [...] que deux témoignages rendus à la même Révélation, différents non seulement par leur modalité mais par leur degré d'explicitation et par la place qu'ils tiennent dans l'exécution de la mission que l'Église a reçue de prêcher l'Évangile [...][1348]. » Congar insiste, dès lors, sur l'affirmation qu'il n'existe pas d'autonomie des Écritures par rapport à la Tradition, car, afin d'être correctement comprises, celles-ci nécessitent d'être lues dans l'Église et, pour cela même, dans le sillage de la Tradition. D'ailleurs, en tant qu'il s'est manifesté par le biais de la prédication, l'Évangile lui-même a une nature orale. Lorsqu'il affirme : « Ainsi *est-il écrit* que le Christ souffrirait et ressusciterait d'entre les morts le troisième jour, et qu'en son Nom le repentir en vue de la rémission des péchés serait proclamé à toutes les nations... » (Lc 24,46s), Jésus se réfère non pas aux évangiles écrits qui n'existaient pas encore, mais à ce à quoi les Écritures vétérotestamentaires font allusion. C'est pourquoi Jésus est le premier interprète des Écritures anciennes et également l'initiateur d'une Tradition orale qui naît avec lui. Puis, le fait que les apôtres « ont d'abord prêché et que l'Église a vécu plusieurs décennies sans rien de ce que nous appelons le Nouveau Testament »[1349], est irréfutable. De même, « qu'ils aient exprimé dans leurs lettres *tout* l'enseignement qu'ils ont livré à l'Église »[1350], ne peut être admis, d'après le théologien français. De fait, « si la doctrine apostolique, ajoute-t-il, a pu exister dans l'Église à l'époque des apôtres, sans écrits apostoliques, elle peut continuer à l'être »[1351].

Un exemple supplémentaire et éclatant, témoignant d'une réalité non attestée par l'Écriture réside dans le Canon même des Écritures, que l'Église a reconnu et accueilli non sans disputes et discussions, à commencer par les Pères. À ce propos, il ne faut pas oublier que divers saints et docteurs de l'Église, tels Cyrille de Jérusalem, Grégoire de Naziance, Jean Chrysostome et Théodoret, n'accueillaient pas l'Apocalypse dans le Nouveau Testament. Inversement, après l'an 150, de nombreuses Églises incluaient dans le corpus néotestamentaire certains écrits apocryphes, tels le *Pasteur d'Hermas* et les *Lettres de saint*

mais le chrétien, bénéficiant du témoignage intérieur du Saint-Esprit, pouvait l'y trouver. » (*ibid.*, pp. 148–149)

1348 Y. Congar, *La tradition et les traditions*, t. II : *Essai théologique,* p. 169.

1349 *Ibid.*, p. 171. Cela est vrai non pas en un sens absolu, c'est-à-dire comme absence totale d'Écriture, ainsi que l'affirme Theobald (voir *supra*, n. 329). Car, tout comme le rappelle Aletti, la Bonne Nouvelle est annoncée « selon les Écritures » et « selon les apôtres » (voir *supra*, 2.3.2).

1350 Y. Congar, *La tradition et les traditions*, t. II : *Essai théologique,* p. 171.

1351 *Ibid.*

Ignace d'Antioche[1352]. Cela montre que c'est la foi même de l'Église qui interprète le texte, qui inclut soit exclut un livre plutôt qu'un autre, et qui définit, dès lors, la formation d'un *Canon* de livres inspirés, « plus que le texte ou l'Écriture ne décident de la foi »[1353]. Il est bizarre, en l'occurrence, de constater que les deux principes protestants, à savoir « *sola scriptura* » et « *sola fide* », se trouvent jouer l'un contre l'autre, du fait qu'un acte d'Église, telle la formation du Canon, est distingué de la composition sous l'inspiration de l'Esprit Saint des textes scripturaires eux-mêmes !

Cela étant, il est indéniable que le processus de formation du Canon biblique, qui a duré des siècles, et dont l'histoire de l'Église témoigne, implique nécessairement le concours de trois éléments inséparables concernant la Révélation, à savoir : l'Écriture, la Tradition orale et l'Église[1354]. C'est pourquoi, que les Écritures apostoliques n'épuisent pas à elles *seules* la voie par laquelle l'enseignement des apôtres a été transmis à l'Église, c'est un fait incontestable, faute de quoi l'Église se verrait elle-même obligée de « se vouer à un héritage amputé »[1355]. D'autre part, Congar remarque que l'existence même, chez les communautés protestantes, de confessions de foi différentes, témoigne contre la « suffisance » de la *seule Écriture* qu'elles invoquent[1356]. Et c'est à partir de cela que le théologien dominicain relève le « manque d'une véritable ecclésiologie dans la pensée protestante »[1357].

Au terme de ce paragraphe consacré, à l'aide de Congar, à l'exploration de la thématique de la Tradition, nous pouvons essentiellement retenir ceci : la Tradition est une dimension constitutive de la Révélation du fait qu'elle naît du rapport fécond entre l'Esprit et l'Église. C'est pourquoi la Tradition n'est que Tradition de l'Esprit et de l'Église, tout comme l'Écriture, perçue par Balthasar lui-même en tant que Tradition de l'Esprit et de l'Église[1358]. Or, le temps de l'Esprit et de l'Église dépassant le temps historique des faits de la Révélation, celle-ci connaît une sorte de « dilatation »[1359] saisie par Congar dans le *sensus fidei*. Se traduisant comme *consensus fidelium* ou *consensus ecclesiae*, celui-ci n'est donc pas un supplément de la Révélation. Au contraire, en tant que garant de la transmission inaltérée du *depositum fidei* et même de l'intelligibilité progressive de celui-ci, le *sensus* de la foi, porté par l'Esprit au sein de l'Église, c'est le Christ lui-même. Nous l'avions constaté

1352 Cf. H. HOLSTEIN, *La tradition dans l'Église*, Grasset, Paris 1960, p. 263.
1353 Y. CONGAR, *La tradition et les traditions*, t. II : *Essai théologique,* p. 174.
1354 Cf. *ibid.,* p. 175.
1355 *Ibid.*, p. 172. C'est une expression de Thomas Netter adressée au réformateur Wiclif, dans T. NETTER, *Doctrinale Antiquitatum Fidei Catholicae Ecclesiae*, F. B. Blanciotti, Venice, 1757, I, *Prol.,* 5 c.
1356 Cf. *ibid.*, p. 177.
1357 *Ibid.*
1358 Voir *supra*, 4.1.1.
1359 Cette expression va s'avérer précieuse et significative lors de l'explicitation dudit « troisième Testament », objet du paragraphe suivant.

et approfondi antérieurement[1360], à propos de l'économie événementielle d'incarnation de la Parole de Dieu : tel le *Verbum Dei*, le Christ vit et jaillit au long de l'histoire en tant que *Traditio incarnata* qui va son chemin vers l'accomplissement des temps, jusqu'à ce que « Dieu soit tout en tous » (1 Co 15,28).

De la sorte, à partir d'une Tradition ainsi conçue, à savoir en tant que cette *dilatation* de la Révélation elle-même pendant le temps du déjà et du pas encore, qui est aussi le temps de l'Église, l'hypothèse « troisième Testament » peut finalement prendre forme et trouver droit de cité, non seulement en tant que composante analogique de l'Écriture, mais également en tant que voie analogique de l'évangélisation. D'ailleurs, si l'« Église existe pour évangéliser »[1361], c'est parce qu'en plus d'être « figure christologique », elle est elle-même *Traditio incarnata*, c'est-à-dire forme et voie analogique, à côté de l'Écriture, de la *res carnis Jesu.*

4.3. Le « troisième Testament » et la Révélation

4.3.1. Un « Testament autobiographique » dans les Testaments

Les chapitres précédents, explorant la dimension autobiographique de la Révélation qui habite l'Écriture et qui porte pour cela même sur la vie des témoins-autobiographes, ont mis au jour le statut analogique et sacramentel d'une telle dimension. À cela va s'ajouter ce qui est ressorti des deux premiers paragraphes de ce chapitre, à savoir le lien étroit que l'Écriture noue avec la Tradition par rapport à la Révélation, si bien qu'un tel lien se résout en termes de *Traditio* et d'Évangile. Résumant la Révélation elle-même, pareilles expressions en indiquent le contenu objectif, le *depositum fidei,* appelé aussi *sensus fidei,* ainsi que le sujet qui garde et transmet fidèlement ce contenu, c'est-à-dire la Tradition apostolique ou ecclésiale. C'est pourquoi, puisque celle-ci comprend et l'objet (*fides quae*) et le sujet (*fides qua*) de la Révélation, cela implique le caractère testimonial de ce dernier. Autrement dit, en tant que communauté apostolique chargée premièrement par le Christ, puis par les apôtres de transmettre le dépôt *vivant* de la foi, l'Église ne peut réaliser cette mission que d'une manière également *vivante.* De la sorte, cet objet vivant étant le témoignage même du Christ, le Révélateur et le Témoin de Dieu, la Tradition demande à l'Église une continuité testimoniale qui garantisse l'actualisation historique du *sensus fidei.* Il en découle que la dimension analogique et sacramentelle de type autobiographique et synesthésique qui traverse l'Écriture s'étend à la Tradition elle-même, dont le centre reste l'annonce de l'Évangile. C'est un telle condition testimoniale commune de type autobiographique qui

1360 Se reporter au chap. 2.
1361 Paul VI, *Evangelii nuntiandi* 14.

pose les bases de l'explicitation de ce que j'appelle « troisième Testament », l'hypothèse et le cœur de la présente recherche théologique, lequel va faire l'objet de ce paragraphe.

Loin d'indiquer une révélation ultérieure ou supplémentaire, l'expression « troisième Testament » veut proprement désigner cette dimension historique et personnelle, et donc autobiographique, qui réside tout d'abord au cœur même de la Parole de Dieu. Tel « un testament dans les Testaments », le troisième Testament se veut le témoignage qui jaillit des témoins et donc des auteurs humains ou *matériels* des deux Testaments canoniques, car la vie de ceux-ci fait partie intégrante de la Parole de la Révélation. De même, l'expression « troisième Testament » signifie aussi le témoignage traversant la Tradition apostolique, qui nous parvient « par une succession ininterrompue », et qui va son chemin « jusqu'à la consommation des temps »[1362]. Il n'est donc pas question d'un troisième corpus scripturaire, mais d'une véritable « tradition testimoniale » qui parcourt, comme un fil rouge, la Parole-Écriture et l'annonce de l'Évangile. De fait, c'est à des personnes concrètes et réelles que Dieu a confié et continue de confier le témoignage de sa Parole de vérité, tels des témoins historiques vivant à des époques déterminées, appartenant à des milieux culturels précis et équipés de capacités intellectuelles et expressives données.

D'ailleurs, dans le sillage du Concile de Trente – ainsi que nous l'avons déjà souligné[1363] –, Vatican II a voulu expressément marquer l'aspect historique et subjectif de la Révélation, ce qui constitue, d'après le théologien sicilien Giuseppe Ruggieri, témoin vivant de l'expérience conciliaire, un des éléments qui a fait de Vatican II un véritable « événement »[1364]. Soulignant le fait que jusqu'à Trente, « la conviction intérieure (la "lumière de

1362 *DV* 8, pour les deux citations.

1363 Voir *supra*, 4.1.2.

1364 Pour Ruggieri, qui met plutôt en évidence les éléments de discontinuité du Concile, qualifier Vatican II d'« événement », c'est adopter le regard de l'historien, tout en soulignant « la spécificité des avènements survenus qui "changent" l'équilibre d'horizons à "longue durée" » (Id., *Ritrovare il concilio*, Giulio Einaudi, Torino, 2012, p. 16, je traduis, ici et dans les citations qui vont suivre). Se référant à un livre de l'historien J.W. O'Malley (cf. Id., *Che cosa è successo nel Vaticano II*, Vita e pensiero, Milano, 2010), le théologien italien affirme que « la rhétorique de la continuité est un fruit typique du catholicisme post-tridentin » (G. Ruggieri, *Ritrovare il concilio*, p. 17). C'est pourquoi insister là-dessus, ce serait « nier que quelque chose soit réellement arrivé, que Vatican II ait été un "événement" » (*ibid.*). Parmi les éléments de discontinuité, Ruggieri met en exergue les aspects formels de Vatican II, notamment : la représentativité œcuménique sans précédent ; la présence de théologiens qui avaient auparavant été objets de diverses condamnations (de Lubac, Congar, Courtney Murray) ; le rôle des médias ; le style des célébrations liturgiques ; le fait de s'adresser non seulement au clergé, mais à toute l'humanité ; l'*aggiornamento* et le retour aux sources comme *leitmotiv* ; la réconciliation avec le monde moderne ; et, enfin, la présence d'observateurs non catholiques qui ont influencé positivement et indirectement les débats conciliaires. Sous l'angle matériel, par rapport au contenu du Concile, Ruggieri remarque d'abord le retour au langage biblique et patristique, et l'abandon, par conséquent, du langage relevant de la néoscolastique. Cela se pose par ailleurs en discontinuité avec *Humani Generis* [Lettre encyclique du Pontife Pie XII sur quelques opinions fausses qui menacent de ruiner les fondements de la doctrine catholique, *AAS* 42 (1950)], où le pape stigmatise ladite

la foi"), par laquelle les croyants adhèrent à l'évangile, était indistinctement qualifiée de révélation ou d'illumination »[1365] – ce qui valorisait la foi comme don indispensable de l'Esprit afin que les hommes accueillent l'Évangile –, Ruggieri met ainsi en relief une crainte qui s'était répandue parmi les théologiens post-tridentins. Ceux-ci, en effet, craignaient que la lumière de l'Esprit puisse à elle seule suffire à l'interprétation de l'Écriture, tout comme le soutiennent, par ailleurs, les protestants, ce qui semblait pour cela même laisser revenir par la fenêtre ce qu'on avait fait sortir par la porte[1366]. C'est pourquoi, après Trente, la théologie catholique s'était figée sur une vision concevant la Révélation comme « l'*ensemble des vérités*, conservées dans l'Église, que l'homme est censé connaître afin de parvenir au salut que Dieu lui a promis par les prophètes et par Jésus Christ »[1367]. Vatican I, de son côté, choisit de maintenir les deux voies de la connaissance de Dieu : celle naturelle, où l'homme peut remonter à Dieu à partir de la création et par la seule lumière de la raison, et celle surnaturelle, selon laquelle c'est Dieu lui-même qui révèle à l'homme la vérité et le salut promis. Pourtant, malgré le titre de la constitution, le rôle du Christ n'apparaît pas dans *Dei Filius*, de l'avis de Ruggieri[1368].

Or, tout en citant comme en passant Vatican I, notamment dans le préambule de *Dei Verbum*, Vatican II en « déplace radicalement la perspective », d'après le théologien sicilien[1369]. Car, abandonnant la conception de la Révélation comme la communication de ces connaissances inaccessibles à la seule raison naturelle, Vatican II envisage la Révélation comme l'événement d'amour, de communion et d'amitié où Dieu se fait lui-même *communication personnelle aux hommes*[1370]. C'est un changement de perspective qui saisit la

« nouvelle théologie », tout en l'accusant de relativisme dogmatique. Or, loin de relativiser le dogme, la nouvelle théologie s'engage pour sa part à libérer ce dernier d'un langage qui se passe de l'Écriture et des Pères. En outre, le théologien sicilien met en relief le caractère « pastoral » du Concile, qui n'a nullement conçu la pastoralité en termes d'application des principes doctrinaux, telle une traduction pragmatique de la théologie dogmatique. Finalement, pour Ruggieri, toute théologie est censée se confronter à ces éléments de discontinuité en les considérant non pas comme des éléments destructifs, mais en tant que facteurs exaltant la fidélité même de Dieu. Car, en fin de compte, c'est Dieu qui garantit la continuité profonde et radicale de « l'unique sujet-Église » (cf. *ibid.*, pp. 9–36).

1365 *Ibid.*, p. 42.

1366 Cf. *ibid.*

1367 *Ibid.*, p. 43, je souligne.

1368 Cf. *ibid.*

1369 *Ibid.*, p. 44.

1370 Voir *supra*, n. 810. *DV* 2 affirme en effet ceci : « Par cette révélation, le Dieu invisible (cf. Col 1,15 ; 1 Tm 1,17) s'adresse aux hommes en son surabondant amour comme à des amis (cf. Ex 33,11 ; Jn 15,14-15), il s'entretient avec eux (cf. Ba 3,28) pour les inviter et les admettre à partager sa propre vie. » La *communication personnelle* soulignée par Vatican II, en tant que cet aspect historique et anthropologique de la Révélation ayant son sommet dans l'événement Jésus-Christ, a été en bonne partie explorée à l'intérieur du chapitre 3, notamment dans le cadre théologique du quatrième évangile et par rapport à la relation Jésus-disciple bien-aimé. Elle sera également développée au long de la troisième partie de la présente recherche, dans le contexte d'une pastorale d'annonce consacrée à

Révélation moins comme un *objet* que comme un *sujet*. Autrement dit, elle cesse d'être considérée comme un ensemble de vérités pour devenir finalement « la vie éternelle, qui était auprès du Père et qui nous est apparue »[1371], ainsi que l'affirme le Concile en faisant siennes les paroles de 1 Jn 1,2. Cela marque proprement l'historicité de la Révélation, en tant que son élément central, ainsi que le souligne Ruggieri :

> *Dire infatti che la rivelazione è la comunicazione che Dio fa di se stesso accogliendo gli uomini e le donne che credono in lui equivale a dire che* la storia concreta degli uomini e delle donne, con il loro volto preciso, fa parte costitutiva di questa rivelazione. *Non nel senso che si dia un succedersi di avvenimenti relativi equivalenti, ma nel senso che* non si dà rivelazione fuori della storia umana. *Come ho già detto, per il concilio, come per tutta la tradizione cristiana, questa storia raggiunge un vertice nella vicenda di Gesù di Nazareth*[1372].

Ce passage du théologien italien éclaire davantage l'expression de « tradition testimoniale » mentionnée ci-dessus du fait qu'il met au jour les deux sujets historiques de la Révélation, considérée dans sa réalité double et indissociable d'Écriture-Tradition : l'homme Christ-Jésus, figure historique primordiale et archétypale, et les hommes et les femmes, sujets historiques et concrets, en tant que « partie intégrante » de la Révélation. De fait, Jésus Christ, tel le Verbe de l'Ancien et du Nouveau Testament, est le sujet constituant l'unité et la continuité des deux Testaments, et il demeure également le sujet premier et principal de toute la Tradition apostolique. De leur côté, les hommes constituent le sujet historique et la médiation sacramentelle même de l'Évangile. Cela entraîne le fait que la *traditio Verbi ad homines* se traduise en « témoignage » transmis et porté *per humanum verbum*, telle l'expression d'hommes et femmes ayant vécu à des époques données, dans des milieux de vie donnés, et appartenant à des cultures données.

Bref, d'après *Dei Verbum, les sujets humains* acquièrent la qualification de témoins de la Révélation, laquelle, *sous un mode analogique*, s'avère être le témoignage *conforme* au *Sujet* par excellence qui s'y révèle lui-même. C'est pourquoi nous pouvons considérer la Parole-Écriture comme le carrefour où le discours *de* Dieu se fait discours *sur* Dieu.

l'évangélisation et à la transmission de la foi. En particulier, c'est dans l'expérience des « cénacles autobiographiques » que la communication personnelle impliquant la relation amicale et interpersonnelle soulignée par *DV* 2 trouve son explicitation et son application. Déjà, valorisant la vie des destinataires de l'évangélisation, la pastorale d'engendrement souligne le rôle de « passeur » qu'assume l'évangélisateur, en plus de la posture de « frère » et d'« ami ». De ce fait, l'agent pastoral est libéré de l'attitude d'enseignant et de « porteur de contenus », et l'évangélisation de ce souci « d'encadrement », ce qui avait proprement caractérisé l'action pastorale du passé (voir *infra*, 6.1.2.1). Puis, la forme communautaire du témoignage autobiographique, telle celle que je vais présenter notamment au chapitre 7, met en jeu la *relation* personnelle que l'évangélisateur, en l'occurrence l'animateur d'un cénacle autobiographique, instaure avec les *cenacolisti*, et que ces derniers instaurent entre eux (voir *infra*, 7.1.1, notamment la n. 1994, et 7.1.3).

1371 *DV* 1.

1372 G. Ruggieri, *Ritrovare il concilio*, p. 46, je souligne.

C'est ce à quoi fait allusion Ruggieri lui-même, lorsqu'il relève l'aspect humain et historique de la Révélation comme cet élément qui en détermine une compréhension nouvelle, et qui, pour cela même, fait de Vatican II un événement sans précédent. Ainsi, ne craignant pas de se confronter aux questions de l'historicité, du témoignage et de la vérité, la constitution sur la Parole de Dieu parvient, d'après le théologien sicilien, à trois résultats importants[1373].

Le premier, c'est l'affirmation selon laquelle les auteurs humains, tels qu'ils sont – y compris avec leurs insuffisances intellectuelles et, par conséquent, la lettre humaine avec ses limites –, sont rendus aptes à véhiculer la Révélation[1374]. C'est d'ailleurs « ce que les Pères grecs ont déjà souligné, lorsqu'ils comparent l'humiliation d'un Dieu qui assume les faibles paroles humaines des auteurs bibliques à la faiblesse même de la chair de l'homme Jésus assumée par l'incarnation »[1375].

Le deuxième résultat, c'est le fait de dégager le concept théologique de « vérité », non pas à partir de paramètres scientifiques, tels ceux dont la critique historique se prévaut, mais à partir de critères théologiques à proprement parler. Cela aboutit finalement à l'affirmation selon laquelle la Bible ne contient que *cette* « vérité que Dieu a voulu voir consignée dans les Lettres sacrées pour notre salut »[1376]. Par conséquent, que Dieu confie sa Parole à n'importe quel genre littéraire, c'est un fait d'une ampleur impressionnante, car de cette façon, non seulement un récit mythique ou étiologique – comme il est question, par exemple, dans la Genèse –, mais aussi un témoignage de type autobiographique sont rendus aptes à *dire* Dieu.

La troisième conséquence décisive, c'est, de l'avis de Ruggieri, la nécessité pour les scientifiques d'une herméneutique qui règle l'interprétation des textes bibliques, tout comme le souligne la constitution dogmatique sur la Parole de Dieu : « Puisque Dieu, dans la Sainte Écriture, a parlé par des hommes à la manière des hommes, il faut que l'interprète de la Sainte Écriture, pour voir clairement ce que Dieu lui-même a voulu nous communiquer, cherche avec attention ce que les hagiographes ont vraiment voulu dire et ce qu'il a plu à Dieu de faire passer par leurs paroles »[1377]. Ce dernier résultat s'avère décisif parce qu'il montre la détermination du Concile à considérer l'analyse littéraire comme essentielle pour une exégèse biblique qui se veut fidèle et véridique. De fait, tirer du texte scripturaire des significations qui se passent du sens littéraire, ou considérer celui-ci comme facultatif, c'est un risque qui existe jusqu'à présent, ainsi que l'observe le théologien italien[1378].

1373 Cf. *ibid.*, pp. 51–53.
1374 Cf. *DV* 11.
1375 G. Ruggieri, *Ritrovare il concilio*, p. 51.
1376 *DV* 11.
1377 *DV* 12 ; Cf. G. Ruggieri, *Ritrovare il concilio*, p. 53.
1378 Afin d'illustrer une telle tentative, Ruggieri fait référence notamment au discours inaugural tenu par le Card. William Levada, Préfet de la Congrégation pour la Doctrine de la foi, à l'occasion de l'ouverture

Or, le Concile n'a pas voulu résoudre une telle question. C'est pourquoi, les Pères conciliaires, « sans nier qu'il puisse exister un sens "spirituel" indépendamment de l'intention des auteurs, refusèrent cependant, à une très large majorité, une formulation qui consacre cela, en faisant à cette occasion-là attention même aux virgules : "L'interprète de la Sainte Écriture [...] est censé chercher avec attention *ce* que les hagiographes ont vraiment voulu dire et qu'il a plu à Dieu de faire passer par leurs paroles" (*DV* 12). Notons que la phrase ne contient pas de virgules, et qu'elle ne mentionne pas une deuxième "chose" en sus de la "chose" que les hagiographes ont entendu signifier »[1379].

Ainsi, étant partie intégrante et même indispensable de la Révélation, une telle tradition testimoniale d'hommes et de femmes, les hagiographes y compris, constitue ce sujet historique et humain débouchant sur l'homme Christ-Jésus, le « Témoin vrai » de Dieu (Ap 3,14). C'est lui le *Sujet* ultime et unique qui fait l'unité des deux Testaments, et c'est également lui le véritable « acte » de l'accomplissement des Écritures, ainsi que l'argumente Beauchamp[1380]. Car lui, c'est le *pantokrátor* de l'histoire du salut, celui qui *récapitule* les trois sujets principaux de l'Ancien Testament, d'après le bibliste français, à savoir : l'humanité des origines, Israël et l'élu[1381]. Cette dernière figure est particulièrement importante, car elle suscite trois moments synchroniques – non pas chronologiques – qui se superposent. Si l'on commence par Moïse, l'élu est une figure annoncée en termes de « prophète »

de l'année académique de l'athénée *St-Anselme* de Rome, le 10 octobre 2005. « *In tale occasione egli* [*il cardinale*] *criticò aspramente quelle traduzioni che, a suo avviso, falsavano le affermazioni del concilio sulla interpretazione della Scrittura. Egli riteneva infatti che il concilio, nella costituzione sulla divina rivelazione* Dei Verbum, *avesse sancito un* duplice senso *della Scrittura, quello contenuto nella* lettera *e quello* spirituale. *Secondo alcuni, cioè, la Scrittura, in quanto libro ispirato, non ci comunica solo il significato inteso dall'autore, ma anche ciò che Dio ha inteso comunicarci mediante le sue parole, anche se l'autore umano non ne era consapevole. Purtroppo il cardinale Levada non si era ben documentato* [...]. » (*ibid.*, pp. 22–23, j'explicite et je souligne)

1379 *Ibid.*, p. 23, je souligne de manière à mettre en évidence l'unique « *ce* », selon l'argument de Ruggieri. Celui-ci, d'ailleurs, précise que certaines traductions – y compris les traductions reportées par des manuels de théologie – s'avèrent de véritables trahisons du texte conciliaire originel (en latin), qui ne contient pas de virgules (cf. *ibid.*, p. 124, n. 6). Quant à moi, je constate que la version officielle de *Dei Verbum* en langue française affichée sur le site internet du Saint-Siège contient proprement l'erreur dénoncée par Ruggieri, du fait qu'elle reporte deux fois « *ce que* », à savoir « ... *ce que* les hagiographes... et *ce qu*'il a plu à Dieu... ». Voir : *http ://www.vatican.va/archive/hist_councils/ii_vatican_council/documents/vat-ii_const_19651118_dei-verbum_fr.html*

1380 Cf. P. Beauchamp, *L'un et l'autre Testament*, t. II : *Accomplir les Écritures*, Seuil, Paris, 1990, p. 11.

1381 Cf. *ibid.*, pp. 400–401. La séquence des trois segments narratifs qui traversent le Pentateuque est relevée par Beauchamp également à travers l'ensemble de l'Ancien Testament. Il s'agit de l'histoire des origines de l'humanité avant Israël, de l'histoire du peuple d'Israël et de celle d'un individu, à savoir d'un élu issu d'Israël. Ce dernier est une figure messianique associée soit à un individu soit à un groupe, du fait que « corps individuel » et « corps social » désignent deux réalités inséparables (cf. *ibid.*, p. 399).

(cf. Dt 18,15). Puis, l'histoire « biographique »[1382] de Jérémie fait de celui-ci un « homme-récit », porteur, de l'avis de Beauchamp, d'une deuxième couche narrative, mais aussi interprétative de cette figure d'élection, qui se relie au récit biblique fondateur allant d'Adam à Moïse[1383]. Finalement, avec la littérature sapientielle et apocalyptique, cet « élu », considéré auparavant comme une réalité prophétique individuelle, est détecté dans la figure collective d'un « peuple martyre », « où se fondent les particularités du prophète, du roi et du prêtre »[1384].

Bref, ces trois typologies narratives, l'humanité, Israël et l'élu s'acheminent vers l'« homme-récit » unique et ultime : Jésus-Christ. C'est lui, en dernière instance, qui « raconte son peuple »[1385]. La parabole des vignerons homicides en constitue l'abrégé (cf. Mc 12,1-12). Là, Jésus s'avère être le martyr qui résume toute l'histoire d'Israël, car il est l'« homme-récit », rejeté et expulsé – *où ?* –, mais aussi destiné à devenir une « pierre d'angle » (Ps 118,22 ; Mt 21,42 ; Ac 4,11)[1386]. Ce n'est pas un hasard si Joseph, le fils bien-aimé de Jacob, *refusé* et *rejeté* par ses frères, puis élu auprès du Pharaon d'Égypte, est un *tupos* (cf. Gn 37-50).

Or, de l'avis de Beauchamp, les « types » vétérotestamentaires ne sont pas tant des figures en attente d'accomplissement scripturaire que des figures tournées vers l'avenir, tels des *leviers de l'histoire*[1387] : « Le "type" ne fait pas que rappeler, il appelle. Il appelle l'avenir[1388]. » C'est pourquoi le fait que Jésus est venu accomplir les Écritures et, pour cela même, les « figures » vétérotestamentaires ou « types », confirme que « les Écritures de l'Ancien Testament ne s'accomplissent pas dans les Écritures du Nouveau »[1389]. En revanche, « l'accomplissement des Écritures anciennes, ce n'est pas vers le Livre nouveau qu'il nous éjecte, mais hors de tout livre »[1390]. Loin de désigner un lieu matériel, ce « hors de tout livre » désigne précisément le corps physique et le fait historique qu'est « l'acte de Jésus Christ »[1391]. Cela amène Beauchamp à interpréter de manière originale la signification

1382 L'expression « histoire "biographique" » est explicitée et expliquée plus loin, à la n. 1394.

1383 Cf. P. Beauchamp, *L'un et l'autre Testament*, t. II : *Accomplir les Écritures*, pp. 397–398.

1384 *Ibid.*, p. 399. Il faut ici rappeler que si les deux premières typologies littéraires de l'Ancien Testament, la Torah et les Prophètes, sont archétypales, du moment qu'elles sont transmises par les prêtres et les prophètes, la troisième typologie, en tant qu'écriture sapientiale de matrice populaire, ouvre à une perspective proprement universelle. Voir *supra*, n. 522.

1385 P. Beauchamp, *L'un et l'autre Testament*, t. II : *Accomplir les Écritures*, p. 413.

1386 Cette « expulsion » et ce « rejet », qui restent encore dans l'« indétermination », vont être reliés à l'expression « éjecter » soulignée plus loin. Voir *infra*, n. 1390.

1387 Cf. P. Beauchamp, *L'un et l'autre Testament*, t. II : *Accomplir les Écritures*, p. 15.

1388 *Ibid.*, p. 14.

1389 *Ibid.*, p. 15.

1390 *Ibid.* Le terme « éjecter » va de plus en plus revêtir une signification christologique, ainsi que nous allons le voir plus loin.

1391 *Ibid.*

du Christ en tant que « pierre d'angle » éjectée. D'ailleurs, c'est proprement vers une direction donnée que nous tourne la formule « accomplissement », à savoir : « hors de tout livre ». Et pourtant, ce n'est pas hors du « récit ». Je vais l'expliquer.

D'après le bibliste français, accomplissement, c'est d'abord le nouveau qui s'*ajoute* à l'ancien, car le mouvement n'est jamais vers l'arrière, mais vers l'avant. Autrement dit, c'est le passé qui se déplace, mais non pas à la manière d'une répétition. Ce qui arrive après se présente comme l'édition nouvelle d'une histoire passée qui n'est plus, dès lors, la même. D'ailleurs, la *deuterosis* consiste à encadrer un événement du passé, appelé « récit fondateur », dans le contexte d'un « récit historique » nouveau, nommé également par Beauchamp « récit-cadre »[1392]. De cette manière, c'est-à-dire dans un mouvement en spirale, un nouvel auteur, qui est aussi un rédacteur, « ajoute » au récit fondateur un nouveau récit.

Or, ce nouvel auteur, « se greffant » sur une histoire fondatrice, peut bel et bien être qualifié d'« homme-récit » lui-même, car c'est lui qui accomplit le récit fondateur, en lui donnant finalement corps et en lui conférant une signification « mise à jour », actualisée. L'expression « homme-récit » créée par Beauchamp, à partir notamment du prophète Jérémie, met précisément au jour le fait qu'il n'y a pas de véritable récit « accompli » sans un sujet-narrateur qui lui donne corps[1393]. Ce n'est pas par hasard si le bibliste jésuite parle des écrits concernant Jérémie en termes de « biographie »[1394]. C'est en fait à de tels écrits qu'un nouvel auteur, jouant le rôle de rédacteur-biographe, va donner corps, tandis qu'ils constituent bel et bien la matrice d'un récit autobiographique ! Rappelons, en l'occurrence, ce que nous disions auparavant à l'égard de ce à quoi vise l'incarnation de la Parole-Écriture, à

1392 Cf. *ibid.*, pp. 391–402.

1393 Le thème de l'« homme-récit » est un argument ultérieur qui va appuyer la thèse de la « non autonomie » du récit, notamment du témoignage biblique, car, comme le dit Ruggieri, « pas de révélation en dehors de l'histoire humaine » (voir *supra*, cit. de la note n. 1372, ici, je traduis). Or, l'histoire humaine étant constituée d'hommes et de femmes, avec leurs visages uniques et leurs identités précises, ceux-ci sont déjà, en eux-mêmes, des récits vivants, avant d'être une narration écrite soit biographique, soit autobiographique.

1394 Que Beauchamp parle de « biographie » – et non d' « autobiographie » – par rapport au témoignage biblique concernant le prophète Jérémie, cela dénote une prudence exégétique. Car tout exégète est en principe censé envisager un *écrit* biblique comme étant l'œuvre d'un auteur ou d'une école spirituelle postérieures et donc distinguées du personnage qui y est raconté. Cela s'applique également à la Torah, bien que Jésus affirme que Moïse l'a écrite (cf. Jn 5,46). Cependant, dans la Bible, il peut bel et bien y avoir des récits autobiographiques sous forme de récits « biographiques », du fait qu'un « rédacteur » a fait siens ces derniers, tout en s'en prévalant pour parler de lui-même, conformément à la logique de l'« homme-récit » mise en place par Beauchamp. En effet, l'expression « homme-récit » désigne proprement un nouvel auteur qui s'est approprié un récit concernant un personnage qui a existé auparavant, c'est-à-dire sa biographie. Ce discours se rattache, entre autres, à la figure du porte-parole du disciple bien-aimé, c'est-à-dire au rédacteur du quatrième évangile, lequel, faisant sien le témoignage johannique, mérite d'être lui aussi qualifié d'« homme-récit » (cf. *supra*, 3.1.2.1 et n. 891).

savoir : le corps[1395]. De fait, racontant ce qui s'est passé, le nouveau récit, ou bien l'homme-récit, « fait de lui ce qui "se passe", mais le récit ne "se passe pas"… du réel ! Car son réel est le corps »[1396] : le corps de l'auteur réel aussi bien que le corps du lecteur réel[1397]. C'est en vertu de cette rencontre, celle du récit avec un sujet humain, que naît un récit nouveau, tandis que le récit originel connaît une deuxième naissance : l'« homme-récit »[1398].

Cependant, d'après Beauchamp, l'adjonction d'un *nouveau* au récit ancien ou récit fondateur est à entendre pas tant au sens d'*addition* qu'au sens d'*accomplissement*[1399]. Car le véritable accomplissement des « figures » ou « types » advient tout d'abord là où ceux-ci « naissent à leur vérité »[1400], à savoir chez un rédacteur jouant le rôle d'« homme-récit », ce qui vaut même pour le Nouveau Testament[1401]. Pourtant, le récit de l'homme-récit de l'Ancien Testament va tout de même s'accomplir de manière pleine dans l'homme-récit *unique* et *ultime*, l'accomplissement définitif de l'histoire du salut tout entière : l'homme Christ-Jésus.

Dans le premier tome de son remarquable ouvrage *L'un et l'autre Testament*[1402], qui débute par l'explication de l'expression « testament », Beauchamp relie ce mot à la signifi-

1395 Voir *supra*, 2.2.1.

1396 P. Beauchamp, *L'un et l'autre Testament*, t. II : *Accomplir les Écritures*, p. 385.

1397 Il est impressionnant, à ce stade, de relever à nouveau comment la théorie d'Umberto Eco sur la coopération textuelle se réalisant entre deux stratégies discursives (l'auteur implicite et le lecteur implicite), et non pas entre deux sujets individuels, trouve dans le texte sacré, grâce à la nature sacramentelle de la Parole-Écriture, la possibilité d'une coopération qui entraîne deux sujets réels. Voir *supra*, 3.3.1.

1398 *Ibid.* Une telle *union* « récit-corps » se relie, par ailleurs, aux dimensions anthropologiques et corporelles de la « consommation » de la nourriture et de la « connaissance » sexuelle, dont la signification est susceptible d'expliquer ce qui se passe dans la rencontre du récit avec les sujets humains, à savoir : la vie !

1399 Cf. *ibid.*, p. 392.

1400 *Ibid.*

1401 Dans le cadre du quatrième évangile, le rapport entre le témoignage du disciple bien-aimé et son rédacteur, auquel sont attribuées quelques parties du texte johannique, en constitue un exemple très significatif.

1402 Dans le titre de l'ouvrage en deux tomes *L'un et l'autre Testament*, « Un » et « Autre » remplacent les expressions « Ancien » et « Nouveau ». Ce choix est dû au fait que les deux Testaments bibliques, malgré leur succession chronologique et historique, ne sont cependant pas à considérer comme étant séparés, de l'avis de Beauchamp. Au contraire, puisqu'ils se partagent un même horizon synchronique, qui est « l'acte de Jésus Christ », les deux Testaments bibliques vivent plutôt comme « en collocation », comme dans un unique Testament qui les unifie (Id., *L'un et l'autre Testament*, t. II : *Accomplir les Écritures*, p. 15). Et bien que le tome II porte le sous-titre *Accomplir les Écritures*, il ne faut pas penser qu'il s'agisse d'une relecture visant le Nouveau en tant qu'accomplissement de l'Ancien Testament, car, selon le bibliste jésuite, un Testament n'accomplit pas un autre Testament (cf. *ibid.*). En retour, l'Ancien Testament apporte déjà un certain accomplissement en lui-même du fait de la *deuterosis* (répétition), en vertu de laquelle « le récit-cadre accomplit le récit fondateur » (*ibid.*, p. 392). D'ailleurs, les tomes rédigés par Beauchamp consistent respectivement en un *essai de lecture* (t. I) et en une *relecture* (t. II) concernant tous deux l'Ancien Testament. C'est pourquoi, d'un côté, cette étude montre que l'Ancien Testament n'est pas un corpus scripturaire incomplet, ni inaccompli (voir *infra*,

cation de *documentum* et d'*instrumentum*, expressions latines imputables soit à Tertullien soit à une inscription synagogale africaine du IIIe ou IVe siècle après JC[1403]. Selon ces deux acceptions, « testament » désigne soit le document ou le statut de l'Alliance, soit l'instrument ou l'acte qui formalise l'Alliance. C'est pourquoi le grand Livre devient de plus en plus le symbole et la garantie d'un ordre institué. Or, la présence de citations de l'Ancien Testament dans le Nouveau n'est pas simplement, d'après le bibliste français, l'effet d'une continuité culturelle, mais il est aussi le symptôme d'un témoignage, car les textes vétérotestamentaires sont présents dans le Nouveau Testament « comme on cite un témoin à comparaître »[1404]. C'est pourquoi les deux Testaments n'apparaissent pas séparés, mais se partagent le même espace. Et tandis que les Juifs voient l'arrivée des nouveaux textes chrétiens comme ce qui va délimiter leur *Canon* scripturaire, la tradition chrétienne y perçoit le moment, c'est-à-dire le *kairòs*, où l'Ancien Testament s'ouvre vers son avenir : l'événement Jésus-Christ, la réalisation plénière de la *lettre* ancienne et le dévoilement de toute sa vérité[1405].

Avec un pareil éclairage, bien que la signification immédiate des termes « Ancien » et « Nouveau » pointe soit vers la séparation soit vers la succession chronologique (diachronie) des deux Testaments, de l'avis de Beauchamp, événements, temps et personnages, « partis séparément, tous [pourtant] arrivent ensemble »[1406], et tous convergent vers un seul et même livre. Ce fait détermine qu'« au fur et à mesure que le livre avance, tout se range sur la même ligne de simultanéité »[1407] (synchronie). Cela apparaît plus évident si l'on considère que la littérature apocalyptique du livre de Daniel ne se préoccupe pas du fait que le prophète nous informe de l'exil. En fait, ce texte étant postérieur à l'âge exilique, son auteur vise à faire de sa propre époque un moment de *récapitulation*, à partir d'une figure prophétique antérieure, c'est-à-dire celle de Daniel. C'est pourquoi, d'après Beauchamp, « l'apocalypse est le moment de vérité du tout »[1408], ce qui ne rejoint par contre pas l'intérêt de la critique historique, engagée surtout dans la reconstruction diachronique des faits

la cit. relative à la n. 1413). De l'autre, L'*un* et l'*autre* Testament cohabitent dans l'Ancien, car le Nouveau y germe déjà, tout comme l'annonce Is 43,19 (cf. *ibid*., p. 398). En retour, l'Ancien se déploie et vit dans le Nouveau comme un témoin toujours « atteignable » et prêt à être interpellé (voir ci-dessous, la cit. relative à la n. 1404).

1403 Cf. P. Beauchamp, *L'un et l'autre Testament*, t. I : *Essai de lecture*, p. 15, n. 1.

1404 *Ibid*., p. 18. Cette expression, quoique référée à l'Ancien Testament, attribue au mot « Testament », en sus des significations de « document » d'une alliance et d'« acte » qui la formalise, la signification de « témoignage » ou d'« attestation », ce qui se relie davantage au concept même de « révélation ». C'est selon cette dernière acception que je conçois l'expression « troisième Testament ».

1405 Cf. *ibid*., p. 20.

1406 *Ibid*., p. 18, j'explicite.

1407 *Ibid*.

1408 *Ibid*., p. 276.

historiques, qui sont toujours décalés par rapport aux temps de leur reproduction littéraire et, pour cela même, fictive[1409].

Un tel argument va dès lors soutenir la thèse qui parcourt la totalité de l'ouvrage du bibliste français, ainsi qu'il l'illustre à l'aide d'une image frappante tirée de Pascal : « Le livre, comme la rivière, est un chemin qui marche et emporte son espace avec lui »[1410], y compris son commencement[1411]. Les textes se déplacent non seulement d'une époque à l'autre ou d'un texte à un autre, mais leur « déplacement » concerne aussi le sens qu'ils emmènent. C'est pourquoi, la présence de l'Ancien Testament dans le Nouveau témoigne du fait que le second universalise le premier. Néanmoins, il est également vrai que sans l'Ancien, le Nouveau n'aurait pas le sens qu'il revêt[1412]. Beauchamp affirme en effet :

> L'Ancien Testament, tel que le canon nous le présente, transite depuis la forme du récit fondateur et de ses figures – à travers l'étape du Deutéronome – vers une forme plus historique. Celle-ci est marquée par la conscience de l'urgence d'un événement unique, à mesurer en temps universel (la source sacerdotale s'emploie surtout à faire percevoir cette cadence). Le récit historique commence à l'entrée à Canaan et s'achève au retour d'exil avec Esdras et Néhémie. On y décèle une mutation du récit fondateur grâce au fait qu'il se l'incorpore. Le récit fondateur est régulièrement rappelé dans le récit historique, à chaque moment clé. [...] Or, on ne le dira jamais assez, cette mutation se produit à l'intérieur du Premier Testament, elle ne se ramène pas à l'effet de l'Évangile[1413].

Or, si cette mutation ou incorporation du récit fondateur (la Torah)[1414] dans les récits historiques, qui se réalise ainsi à l'intérieur même de l'Ancien Testament, constitue déjà un « accomplissement », cela se rattache à ce que Vatican II a voulu expliciter à l'égard de la perspective « historicisante » de la Tradition par rapport à la Parole de Dieu, ainsi que le souligne Ruggieri[1415]. Car, si l'« historicité » portée par les récits historiques comporte, d'après Beauchamp, l'« accomplissement » des récits fondateurs du Pentateuque, cela s'accorde, de l'avis du théologien italien, avec le fait qu'il n'y a pas de véritable Révélation hors de l'histoire humaine, faite de personnes données et de visages déterminés.

Cela étant, parler de « troisième Testament », c'est, de mon point de vue, relever cet « accomplissement » continuel de la Parole de Dieu qui se configure comme une sorte d'« incorporation historique » de celle-ci de la part d'un sujet humain en qui *le récit de la Révélation atteint le corps*. D'où l'heureuse formule : « homme-récit ». Car, si un tel accomplissement, repérable dans l'Ancien ainsi que dans le Nouveau Testament, se réalise « hors de tout livre », cela signifie que là où, c'est-à-dire dans un sujet humain, un récit

1409 Cf. *ibid.*, p. 275.
1410 *Ibid.*, p. 276.
1411 Cf. *ibid.*, p. 38.
1412 Cf. *ibid.*, p. 35.
1413 P. Beauchamp, *L'un et l'autre Testament*, t. II : *Accomplir les Écritures*, p. 354.
1414 Cf. *ibid.*, p. 196.
1415 Voir *supra*, cit. de la n. 1372.

biblique se fait (auto)biographie, du fait qu'un nouveau témoin se l'incorpore, il y a un « troisième Testament » qui jaillit !

D'ailleurs, l'autobiographie, au sens théologique du terme, ne se présente guère comme un récit « à part » de la Parole révélée, mais elle se greffe sur celle-ci afin de lui *donner corps*. Le témoignage autobiographique que la Révélation recèle est dès lors loin de se configurer comme un « récit-autoportrait », c'est-à-dire comme un récit autoréférentiel. Au contraire, en tant que composante analogique de la Révélation, le témoignage autobiographique biblique met Dieu au centre, bien qu'il le fasse sous forme d'un récit personnel et à partir de celui-ci[1416]. Car l'histoire que le témoin-autobiographe raconte, c'est l'histoire d'une rencontre, d'un appel, d'une relation de foi avec un Dieu qui se révèle même à partir du « dedans de l'homme », pour reprendre une fois encore notre adage jüngelien. C'est bien pour cela que ce « *se dire* » de Dieu à partir du « *dedans de l'homme* » s'avère un *modus revelationis*, c'est-à-dire une voie analogique.

C'est pourquoi, le récit autobiographique habitant l'Écriture, tel un récit « nouveau » qui n'est dès lors pas « étranger » à la Révélation, se veut proprement la « vérification » du récit fondateur, soit l'« incorporation historique » de ce dernier, par lequel Dieu appelle et interpelle. D'autre part, « la vérification du récit ne se trouve pas en amont de lui, vers la création inaccessible, mais en ce qui advient quand il est porté en plénitude à son destinataire, jusqu'à la création enfin révélée »[1417]. Et cela parce que la Parole n'est jamais tournée vers l'arrière, mais vers l'avant, car son passé est un présent qui se passe, telle une nouvelle création, là où la Parole atteint son terme : l'« homme récit ». C'est un parcours que la Bible montre – de même qu'elle le cache ! –, et qui nous permet, en passant « derrière l'écran narratif », d'« accéder à un autre niveau », celui du « récit des récits », ainsi que l'appelle Beauchamp[1418]. Pour ma part, j'ai choisi de qualifier ce niveau implicite et caché de « troisième Testament ».

1416 L'exigence intrinsèque à la Révélation elle-même de « mettre Dieu au centre » est, à mon avis, un argument convaincant par rapport au choix de l'anonymat biblique ou au recours à la pseudépigraphie. Tel est le cas de l'auteur-témoin du quatrième Évangile. Voir *supra*, 3.2.1.3, notamment la cit. de la n. 886.

1417 P. Beauchamp, *L'un et l'autre Testament*, t. II : *Accomplir les Écritures*, p. 354.

1418 *Ibid.* (pour les trois citations). Ce rapport « caché-accompli » est expliqué par Beauchamp en ces termes-ci : « La loi deutéronomique cache et l'accomplissement révèle. Mais on ne peut cacher sans contenir ni révéler sans donner à relire les traces du secret. » (Id., *L'un et l'autre Testament*, t. II : *Accomplir les Écritures*, p. 338) En définitive, d'après le bibliste français, accomplir la Loi, ce n'est pas l'abolir, mais la franchir (cf. *ibid.*, p. 403). Même les récits de la création contiennent la loi. C'est pourquoi le rapport étroit entre récits et loi, à l'intérieur même de la Loi, fait que les premiers ne se passent pas de la seconde, mais « ils posent *"au commencement" le dépassement de la loi* » (*ibid.*, p. 405). Afin d'expliciter son discours, Beauchamp donne l'exemple du sabbat : « Le sabbat divin est plus que le sabbat de l'homme qui sera révélé seulement ensuite, imitation mutilée du sabbat humain. » (*ibid.*) En d'autres termes, ce que la loi cache est précisément ce qui la précède, à savoir celui qui y

Ainsi, semble-t-il, nous sommes parvenus au cœur de cette recherche, où les pensées théologiques de tous les auteurs envisagés jusqu'à présent se croisent. De fait, ce qu'affirment notamment Jüngel, Balthasar, Aletti, Beauchamp, Ratzinger, Congar et Ruggieri converge vers le carrefour analogique de l'hypothèse trito-testamentaire. Maintenant, parler d'un troisième testament, c'est finalement détecter cette composante analogique de la Révélation habitant la Parole-Écriture aussi bien que la Tradition : à savoir, l'autobiographie au sens théologique. Car, si Dieu rend le langage humain apte à dire Dieu, il rend par conséquent aussi le récit de l'homme, son histoire personnelle et sa profession de foi, apte à véhiculer la Révélation. C'est donc à partir de cela que l'adage de Jüngel dégage toute sa signification[1419].

Rappelons que les patriarches, les prophètes et les autres figures vétérotestamentaires disent Dieu avec tout leur être, et non seulement par leurs discours *sic et simpliciter*. De même, les apôtres et tous les disciples du Christ ne témoignent pas de l'Évangile tout simplement à travers le kérygme qu'ils proclament, mais ils annoncent la Bonne Nouvelle à partir de l'implication et de l'engagement de leur propre vie[1420], laquelle est désormais inséparable de la Parole annoncée[1421]. Le troisième Testament s'avère dès lors cet espace que la Parole-Écriture « laisse ouvert »[1422] en vue de cet *accomplissement* ou *avenir* de l'Écriture qui se réalise « hors du livre », à savoir chez l'être incarné, du premier au dernier témoin biblique, en tant que *tupoi* du Christ[1423]. Sinon, à quoi bon parler d'« homme-récit » ?

Il en découle que le témoignage du « disciple que Jésus aimait », dans sa connotation autobiographique, argumente en faveur de l'hypothèse trito-testamentaire. Jn 19,35 notamment, quoique formulé à la troisième personne, met au jour, telle la pointe d'un iceberg, l'effet de ce troisième Testament présent à l'intérieur du Canon biblique comme un « Tes-

demeure comme le don, le bien, l'amour : Dieu, lui-même (cf. *ibid.*, p. 406). Car seul l'acte créateur, manifestation du don, dit déjà le dépassement de la loi (cf. *ibid.*). Ces passages du bibliste français, où saute aux yeux l'enjeu *loi-Loi* (avec la minuscule et la majuscule), veulent de manière implicite mettre en lumière qu'accomplir la Loi, c'est dépasser la loi qui la couvre, en revenant à l'amour de Dieu qui s'y révèle, notamment à travers l'acte même de la création. Pour ma part, je suis persuadé qu'une telle distinction pourrait finalement mettre un terme à l'ambiguïté que le mot « loi » revêt, de manière à ce qu'on n'échange plus la Torah, en tant que Parole-Écriture attestée par les livres qui composent le Pentateuque, contre la loi, en tant que corpus normatif contenant des prescriptions juridiques. Ce qui est clair pour l'apôtre Paul, lorsqu'il oppose la *lettre* à l'*Esprit* (voir *supra*, 2.2.2.2, notamment la n. 631 et la n. 632).

1419 Il s'agit toujours de l'affirmation selon laquelle Dieu parle même à partir du dedans de l'homme. Cf. E. Jüngel, *Dieu mystère du monde*, t. II, pp. 114–115, n. 187.

1420 Cf. H.-U. von Balthasar, *La Dramatique divine*. II. *Les Personnes du drame*, vol. : 1 *L'Homme en Dieu*, p. 47.

1421 J.-N. Aletti, *Quand Luc raconte. Le récit comme théologie*, pp. 127–129.

1422 Voir *supra*, la cit. relative à la n. 1211 ; aussi *infra*, 4.4.1.

1423 Cf. P. Beauchamp, *L'un et l'autre Testament*, t. II : *Accomplir les Écritures*, p. 15.

tament dans les Testaments »[1424]. Tout comme la « biographie » du prophète Jérémie, considérée par Beauchamp comme un « récit des récits » – du fait qu'elle atteint un niveau supérieur, celui de l'« homme-récit », c'est-à-dire du biographe-hagiographe –, le troisième Testament prend la forme de tous les « hommes-récits » de la Bible, y compris celle du disciple bien-aimé. De fait, le quatrième évangile est en même temps un « testament-chair », un « récit du récit », car son auteur, en tant que « témoin-témoignage », est par là même l'«homme-récit » où Parole-Écriture et disciple-autobiographe ne font qu'un, ainsi que nous l'avons exploré auparavant[1425]. En définitive, à l'intérieur du quatrième évangile, le « troisième Testament » correspond au « disciple que Jésus aimait » lui-même, l'« hors du livre » et l'avenir ultime de la Parole-Écriture qui appelle et met en jeu *le Premier et le Dernier, l'alpha et l'oméga* (Ap 22,13) ! Ce n'est pas pour rien que nous avons abordé une telle figure en termes de christosacramentalité.

Or, la Révélation s'étendant jusqu'à la Tradition orale, qui est Tradition de l'Esprit et de l'Église, cela implique que le troisième Testament s'élargisse également à cette deuxième voie analogique de la Révélation, tel le lieu où cet Évangile inscrit directement dans les cœurs des hommes attend d'être mis au jour[1426]. Car c'est par la Tradition apostolique que l'*ephapax* de la Révélation se dilate tout au long du temps succédant à la clôture du Canon biblique, ainsi que nous l'avons remarqué à l'aide, notamment, de Congar[1427]. En d'autres termes, l'Évangile attesté par écrit dans l'Écriture étant également confié aux cœurs mêmes des hommes et inscrit en eux, la vie humaine, telle une page de chair[1428], devient ce *lieu-sujet* où le *depositum fidei* connaît sa vitalité, sa vérification, son incorporation historique, sa « mise à jour » et son développement ultime[1429].

4.3.2. L'étendue du « troisième Testament » par-delà l'Écriture

En tant qu'expression éloquente de cet Évangile non écrit jaillissant de l'histoire de tout frère et de toute sœur en humanité, le troisième Testament, ainsi que nous venons de le caractériser, se veut aussi une composante analogique de l'évangélisation. Car, la *Traditio* étant l'*autre mode* de la Révélation, l'annonce de l'Évangile, qui en constitue le cœur, ne saurait que se prévaloir des composantes autobiographique et synesthésique[1430], en bénéficiant de ce fait du même *status* christosacramentel que le témoignage scripturaire. D'ail-

1424 Voir *supra*, 3.1.1.
1425 Voir *supra*, 3.1.2 ; 3.3.1.
1426 Cf. J. Ratzinger, « Essai sur le problème du concept de tradition », p. 107, n. 3.
1427 Voir *supra*, 4.2.3.
1428 Cf. G. Ruggieri, *Ritrovare il concilio*, p. 46.
1429 Cf. Y. Congar, *La tradition et les traditions*, t. II : *Essai théologique*, pp. 157–158.
1430 Voir *supra*, 2.3.

leurs, ainsi que nous le soulignions auparavant, grâce notamment à Balthasar, les chrétiens de tout temps et de tout lieu ne sont pas moins privilégiés que les apôtres eux-mêmes[1431]. Si tel n'était pas le cas, l'évangélisation n'aurait pas d'effets, la parole de Dieu annoncée perdrait son statut sacramentel, et, le pire, les paroles prononcées par Jésus s'avéreraient vidées de leur sens et dépourvues de toute leur signification.

Or, l'évangélisation, en tant qu'acte de la *Traditio*, et, pour cela même, voie par laquelle Dieu se révèle, requiert le témoignage autobiographique, afin que, tout comme le dit Aletti, l'annonce de l'Évangile soit toujours « selon les Écritures et selon les apôtres »[1432]. Et de même que ceux-ci ne font qu'un avec leur témoignage, tout comme le disciple bien-aimé, témoin-témoignage du quatrième évangile[1433], de même l'annonce de l'Évangile nécessite une *forme* incarnée, où des hommes et des femmes deviennent ce « hors du livre », c'est-à-dire ce « troisième testament » ou cet « Évangile non écrit » qui accomplit l'Évangile écrit et qui offre dès lors la vision sacramentelle de la *res carnis Jesu*[1434].

De ce fait, si la Révélation s'étend, par la voie de la Tradition orale, au-delà du Canon scripturaire, c'est parce que celui-ci s'accomplit en définitive hors du texte, ainsi que Beauchamp le rappelle. Il en va de même pour ledit « troisième Testament », dont l'essence est proprement celle d'offrir une « version non-écrite » de l'Évangile, du fait qu'il s'agit d'une « édition » du même Évangile assumant la forme du sujet humain qui en témoigne. Et il ne peut qu'en être ainsi, dans la mesure où l'Écriture n'a pas eu, n'a pas et n'aura jamais « d'autre voie pour se faire connaître que le témoignage vivant de l'Église »[1435], ainsi que l'affirme Karl Rahner dans ses considérations visant l'Écriture et la Tradition relativement au schéma conciliaire sur la Révélation. La Tradition, telle l'« intelligence vivante que l'Église a d'elle-même, et par conséquent l'intelligence vivante permanente de l'Écriture »[1436], s'avère à la fois la condition de possibilité et le critère d'un discours analogique *sur/de* Dieu. De fait, en se plaçant sur la même longueur d'ondes que Beauchamp, lequel, à propos de la présence des Écritures anciennes à l'intérieur du Nouveau Testament, re-

1431 Voir *supra*, 1.3.1, notamment la n. 342 ; 2.3.1, notamment la n. 703.

1432 J.-N. Aletti, *Quand Luc raconte. Le récit comme théologie*, p. 129. Voir aussi *supra*, 2.3.2. En l'occurrence, cette expression de l'exégète français met en évidence l'essence autobiographique du témoignage, du fait que celui-ci ne saurait se réaliser en dehors de la vie historique et concrète, et donc marquée par la foi même des témoins, qu'ils soient les hagiographes ou les apôtres.

1433 Voir *supra*, 3.1.

1434 Ainsi que nous le disions plus haut, il n'est pas envisageable que la Parole de Dieu ait une nature sacramentelle sans un corps d'écriture ni également sans un corps de croyant. Voir *supra*, 2.3.1.

1435 K. Rahner, « Écriture et tradition. À propos du schéma conciliaire sur la Révélation divine », dans Id., *Écrits théologiques* [trad. par Henri Rochais], t. VII, Desclée de Brouwer, Paris, 1967, pp. 79–93, ici p. 83. Les études réunies dans ce tome sont extraites de l'ouvrage : *Schriften zur Theologie*, tome V-VI, Benziger, Einsiedeln.

1436 K. Rahner, « Écriture sainte et théologie », dans Id., *Écrits théologiques*, t. VII, pp. 65–75, ici p. 70 (trad. par Henri Rochais).

marque le caractère et le rôle de « témoin » joué par l'Écriture[1437], Rahner insiste aussi sur la nécessité d'attribuer et de restituer à la Tradition le statut de « témoignage » : « [...] nous n'avons pas besoin de donner à la Tradition un rôle constitutif et matériel au-delà de son rôle de témoignage sur l'essence de l'Écriture »[1438].

Or, une telle conception de la Tradition entraîne nécessairement que ce témoignage rendu à l'Écriture ait, lui aussi, une forme *adéquate* tout comme le témoignage scripturaire. C'est pourquoi cette forme adéquate ne saurait être différente de celle que le témoignage apostolique offre à la Parole. N'oublions pas que l'inadéquation attestant-attesté se résout, d'après Balthasar, en termes analogiques, c'est-à-dire moyennant des figures christologiques, telles l'Écriture et l'Église, exerçant la fonction de véhiculer, de façon adéquate, la *res carnis Jesu*. De même, la Tradition étant une forme de la Révélation, cela implique que ses agents ou sujets, en tant que croyants du corps sacramentel qu'est l'Église, soient des figures analogiques – et donc sacramentelles – à même de transmettre l'Évangile non-écrit, à savoir de lui donner chair, corps. Le troisième Testament faisant partie intégrante de la Tradition, cela implique que ses récits aient une forme analogique et, pour cela même, adéquate à l'Évangile qu'ils mettent à jour et au jour, et dont ils témoignent *sous le mode* autobiographique et synesthésique.

Ruggieri lui-même souligne, citant *DV* 8, qu'avec Vatican II la conception rigide de la « Tradition »[1439], exprimée en termes de transmission « orale », finit par laisser la place à la Tradition « réelle » vivant de la vie même de l'Église[1440]. Finalement, dit-il, « l'ensemble de l'Église, et pas seulement la hiérarchie, émerge et apparaît en tant que facteur de croissance de la compréhension de l'Évangile. Tous sont [...] sujets actifs de la Tradition : ceux qui étudient, ceux qui font l'"expérience" de la réalité spirituelle [...] et les évêques, les seuls qui peuvent offrir une interprétation authentique. »[1441] Ainsi, loin de la réduire à un pur contenu doctrinal, Vatican II comprend la Tradition comme « la vie chrétienne elle-même »[1442], d'après le théologien italien.

1437 Voir *supra*, 4.3.1, notamment la cit. relative à la n. 1404.

1438 K. Rahner, « Écriture et tradition. À propos du schéma conciliaire sur la Révélation divine », p. 88.

1439 Ruggieri fait remarquer que Vatican II opte pour une conception de la Tradition plus élargie que celle soutenue auparavant dans l'Église – à quelques exceptions près, telles les positions de Newman et de Blondel –, qui réduisait la Tradition au seul enseignement doctrinal de la hiérarchie ecclésiastique, à l'exclusion de la vie même de l'Église, du rôle de l'ensemble des baptisés et de la reconnaissance des charismes de tous les membres de la communauté chrétienne en tant que sujets actifs de la Tradition elle-même (cf. G. Ruggieri, *Ritrovare il concilio*, pp. 47–50).

1440 Cf. *ibid.*, pp. 47–48. Par le terme de « réelle », Ruggieri souligne le fait que la vie même de l'Église fait partie intégrante de la Tradition, d'après Vatican II.

1441 *Ibid.*, p. 49, je traduis à nouveau, comme les citations qui suivent.

1442 *Ibid.*, p. 50.

Souvent, la vie chrétienne n'est pas une réalité palpable ni « clinquante », située dans le milieu officiel des croyants, à savoir l'Église, et correspondant à celle-ci en vertu d'un lien d'appartenance institutionnelle scellé par les sacrements. Par contre, elle demeure fréquemment cachée au cœur du quotidien, dans différents milieux sociaux faits de personnes quasiment ou tout à fait inconscientes de travailler selon l'enseignement et la logique de l'Évangile. Pourtant, une telle réalité discrète, ne répondant pas forcément aux contraintes des limites institutionnelles des Églises chrétiennes, ni ne correspondant non plus à l'étiquetage de postes et de rôles ecclésiastiques considérables, relève également du troisième Testament, du fait que tout le monde a reçu les « semences du Verbe », ainsi que l'affirme saint Justin[1443].

Les intuitions très originales de ce philosophe chrétien, affirmant la participation de tout le genre humain au *Logos* divin, permettent de jeter des ponts entre la philosophie et la Révélation. Car il s'agit du Logos, le Verbe fait chair, la Révélation ultime et plénière de « la vérité tout entière » (Jn 16,13), celui que le Père a révélé, et par lequel Dieu s'est révélé lui-même à toute l'humanité. Pourtant, au-delà de la brièveté de la réflexion concernant la Tradition dans *Dei Verbum*[1444], le Concile Vatican II a repris cette idée des « semences du Verbe » présentes en tout homme[1445]. C'est une reconnaissance importante qui étend la puissance salvifique de l'Évangile même à « ceux qui, sans qu'il y ait de leur faute, ignorent l'Évangile du Christ et son Église, mais cherchent pourtant Dieu d'un cœur sincère et s'efforcent, sous l'influence de sa grâce, d'agir de façon à accomplir sa volonté telle que leur conscience la leur révèle et la leur dicte : eux aussi [ajoute le Concile] peuvent arriver

1443 Avec l'expression *σπέρμα τοῦ λόγου* (*sperma tou logou*) qui fait appel à la notion de « Logos séminal » [*λόγος σπερματικός* (*logos spermatikos*)], Justin reconnaît une "semence du Verbe" inscrite dans tout le genre humain, ce qui relie la révélation chrétienne aux autres approches de la vérité, telles celles des justes et des sages parmi les Grecs : « Or, ceux qui ont suivi les enseignements des Stoïciens, parce qu'ils ont été excellents, au moins dans leur discours éthique, comme l'ont été aussi, par endroits, les poètes, en vertu de la semence du Logos implantée en toute race humaine, nous savons qu'ils ont été en butte à la haine et mis à mort : Héraclite, comme nous l'avons dit plus haut, et Musonius, de notre temps, et d'autres encore. En effet, comme nous l'avons laissé entendre, les démons ont toujours travaillé à faire haïr tous ceux qui, de quelque manière que ce soit, s'efforçaient de vivre selon la raison et de fuir le mal. Rien d'étonnant, dès lors, si les démons, que nous accusons, s'emploient à faire haïr davantage encore ceux qui s'efforcent de vivre, non point selon une participation au Logos séminal, mais selon la connaissance et la contemplation du Logos intégral, c'est-à-dire du Christ ; ils subiront le juste châtiment et les tourments qu'ils méritent, emprisonnés dans un feu éternel. Car si déjà ils sont vaincus par les hommes au nom de Jésus Christ, cela leur apprend le châtiment qui les attend dans le feu éternel, eux et ceux qui se mettent à leur service. De fait tous les prophètes ont prédit qu'il en serait ainsi, et Jésus notre maître aussi l'a enseigné (cf. Mt 25,41). » [Justin, *Apologie* II, 7 (8), 1–5, cité dans Ch. Munier, *Justin. Apologie pour les chrétiens* (introduction, texte critique, traduction et notes d'Id.), Cerf, Paris, 2006, pp. 339–343]

1444 Cf. G. Ruggieri, *Ritrovare il concilio*, p. 50.

1445 Cf. *GS* 3 et 18 ; *AG* 11 et 15.

au salut éternel »[1446]. À ce propos, la scène du jugement universel offerte par Mt 25,31-46 est emblématique, car elle met au jour et nous révèle les pages de cet Évangile inscrit sur les cœurs des hommes venant de toute nation (cf. Mt 25,32). De fait, ceux qui sont groupés à la droite du Fils de l'homme sont émerveillés et même perplexes d'entendre de la bouche même du Juge universel qu'ils l'auraient servi et assisté, ce qui sous-entend qu'ils ont fait cela inconsciemment ! Ainsi, c'est bien le Grand Pasteur, assis sur son trône de gloire, qui va se mettre à manifester et à raconter *les pages évangéliques* du troisième Testament présentes dans le cœur et la vie mêmes de ces personnes. En revanche, celles-ci, sans même s'en apercevoir, ont aimé et rencontré le Christ dans le « sacrement du frère »[1447]. C'est pourquoi, de même que pour le quatrième évangile, qualifié par Jésus de « témoignage hypostasié », à savoir d'évangile vivant ne faisant qu'un avec la personne du disciple bien-aimé[1448], dans le jugement universel du premier évangile, c'est toujours Jésus qui désigne et « canonise » les récits trito-testamentaires de la tradition chrétienne, à savoir ici l'Évangile incarné et écrit sur les pages de chair de tous les hommes de l'histoire humaine !

En définitive, c'est le Christ lui-même qui nous « autorise » à envisager en toute sérénité un pareil sujet. Le troisième Testament, tel qu'il ressort de Mt 25,31-46, s'avère le merveilleux espace anthropologique contenant les pages innombrables de *cet Évangile confié aux cœurs des hommes*. Tel un trésor gisant au fond de l'océan, ces pages attendent d'être ramenées à la surface. Cela peut se réaliser dans la mesure où les fidèles, témoins de la Bonne Nouvelle, en vertu du baptême et de leur participation à la mission universelle de l'Église, sollicitent et favorisent, telles des sages-femmes, l'*accouchement* – pour utiliser une image évoquant l'art maïeutique de Socrate[1449] – de ce troisième Testament caché et dissimulé dans la vie de tous les hommes, notamment de ceux qui ne sont pas encore parvenus à la foi au Christ, à savoir à la foi explicite. Car, ainsi que l'affirme Vatican II, « [les fidèles] doivent se joindre à ces hommes dans l'estime et la charité, se reconnaître comme des membres du groupe humain dans lequel ils vivent, avoir part à la vie culturelle et sociale au moyen des diverses relations et des diverses affaires humaines ; ils doivent être familiers avec leurs traditions nationales et religieuses, et découvrir avec joie et respect

1446 *LG* 16. Cf. aussi *CEC* 847.

1447 L'homme lui-même, notamment l'homme le plus démuni, peut bel et bien être qualifié de « sacrement du frère », dans la mesure où le Christ s'identifie à lui.

1448 Voir *supra*, 3.1.2.1, notamment la n. 794 et 3.1.2.2, notamment la n. 818.

1449 La métaphore socratique, qui exprime l'action du philosophe en tant que visant l'« accouchement » chez les hommes de la vérité philosophique, correspond à ladite « pastorale d'engendrement » destinée à mettre en place les conditions de possibilité de l'enfantement de l'identité humaine et spirituelle et de l'engendrement à la vie de Dieu de chaque personne rencontrée. Cette digression me donne l'occasion d'annoncer la réflexion que je vais consacrer plus loin au thème de la «pastorale d'engendrement», dans le cadre notamment de la « nouvelle évangélisation » (voir *infra*, 6.1.2.1).

les *semences du Verbe* qui s'y trouvent cachées »[1450]. D'autre part, d'après le jeune Ratzinger, pour Trente, le concept de « tradition » ne désigne pas que la Tradition non écrite, mais l'Évangile lui-même dans la surabondance de ses effets vitaux. Celui-ci ne se déploie pas seulement à partir de l'Écriture canonique, notamment celle du Nouveau Testament, mais il retentit et résonne également depuis cette tradition vivante d'hommes et de femmes, tel un champ immense où les semences du Verbe germent. C'est pourquoi l'Évangile, en tant qu'expression même de la Révélation[1451], ouvre les portes au concept même de « *revelatio* continuée »[1452], au service de laquelle l'Écriture, « élément central, mais jamais unique »[1453], se place et se situe.

Somme toute, ce « mystérieux » troisième Testament[1454], faisant partie intégrante de la Révélation continuée en vertu de la Tradition, ne dit pas autre chose que l'Évangile dans son déploiement plénier, et il ne peut raconter que ce que l'Esprit continue de dire à l'Église (cf. Ap 2,7.11.17.29 ; 3,6.13.22). Expression de cet Évangile non écrit, mais semé dans les cœurs, le troisième Testament se veut, dans le sillage de la Tradition, comme ce *sentir* évangélique, c'est-à-dire ce *sensus fidei*, par lequel l'*ἐφάπαξ* de la Révélation, culminant dans l'événement Jésus-Christ, progresse en intelligibilité et se développe jusqu'à ce que « tous les hommes soient sauvés et parviennent à la pleine connaissance de la vérité » (1 Tm 2,4)[1455]. D'autre part, ainsi que l'affirme Ratzinger, puisque la Tradition, en tant qu'interprétation liée à l'Écriture, « n'existe pas de façon autonome »[1456], la prédication de l'Église, en continuité avec la prédication apostolique, se veut l'explicitation de la Parole de Dieu « "conformément à l'Écriture" »[1457]. Pourtant, une telle explicitation de la Parole appelle et nécessite le témoignage humain qui l'actualise et la redit, telle une réédition de la Parole elle-même, ainsi que l'explique Knoch rapportant l'avis de Rahner sur la Tradition : « En tant qu'auto-communication divine, la Révélation est Évangile, lequel – attesté par l'Écri-

1450 *AG* 11. J'explicite et je souligne.

1451 Rappelons ici que, dans la vision théologique de J. Ratzinger, « Évangile » est synonyme de « Révélation ».

1452 J. Ratzinger, « Essai sur le problème du concept de tradition », p. 86.

1453 *Ibid.*, p. 97.

1454 Au sens du mot grec *mustérion* qui veut dire *ce qui est là,* quoique *caché*.

1455 À propos du progrès de la Révélation au sens de son accomplissement plénier, le Concile affirme ceci : « L'Église, tandis que les siècles s'écoulent, tend constamment vers la plénitude de la divine vérité, jusqu'à ce que soient accomplies en elle les paroles de Dieu. » (*DV* 8)

1456 J. Ratzinger, « Essai sur le problème du concept de tradition », p. 70.

1457 *Ibid.*, p. 71.

ture – est censé être toujours ramené dans la parole[1458], comme Parole de Dieu »[1459]. Cela explique non seulement la nature et la tâche de la Tradition, mais éclaire aussi le sens et le contenu mêmes du troisième Testament. De fait, celui-ci *ramène* dans la parole issue des récits de vie et de foi de tous les hommes la Parole de Dieu attestée par l'Écriture. Dès lors, « là où Jésus-Christ – présent dans l'immédiateté directe de l'Église – est annoncé comme le salut »[1460], c'est la Tradition qui se manifeste. Celle-ci « n'a donc pas seulement une origine divine »[1461] en termes étiologiques, mais en termes théologiques, car elle advient continuellement comme l'événement Jésus-Christ lui-même, actualisé par le témoignage vivant des hommes-récits et débouchant sur les récits trito-testamentaires.

Au terme de ce paragraphe consacré au « troisième Testament », nous pouvons affirmer en synthèse que nous avons exploré une dimension essentielle de la Révélation. Car, touchant au « je » personnel du témoignage, que ce soit le témoignage scripturaire ou le témoignage relevant de la Tradition, le troisième Testament se veut le lieu théologique et anthropologique où la Parole rencontre le sujet analogique qui la porte : l'homme et sa propre histoire. Ainsi, ayant défini ce qu'est ce « troisième Testament », nous sommes parvenu au noyau de notre recherche, à savoir : mettre au jour cette composante analogique de la Révélation qu'est l'autobiographie, conçue désormais au sens théologique du terme. Car parler d'autobiographie « au sens théologique » ou parler d'une théologie autobiographique signifie simplement réaffirmer ce que Dieu lui-même a établi, dans la mesure où il se révèle lui-même à partir aussi du dedans de l'homme. Par conséquent, le témoignage autobiographique concerne l'Écriture aussi bien que la Tradition.

L'étude d'un tel sujet nous a permis également de mettre en relief la visée anthropologique qui a vu des Conciles importants, tels Trente et Vatican II, accorder toute leur at-

1458 Sur cette expression de « reporter ou ramener la Parole dans la parole », ce qui implique par conséquent l'incorporation de la Parole dans la vie personnelle et concrète de l'homme, le Pape émérite Benoît XVI a lui aussi insisté : « Dans ce va-et-vient entre le témoignage et la Parole, nous comprenons l'affirmation du Pape Paul VI dans l'Exhortation apostolique *Evangelii nuntiandi*. Notre responsabilité ne se limite pas à proposer au monde des valeurs communes ; il faut arriver à l'annonce explicite de la Parole de Dieu. C'est seulement ainsi que nous serons fidèles à la mission du Christ : "La Bonne Nouvelle, proclamée par le témoignage de la vie, devra donc être tôt ou tard proclamée par la Parole de vie. Il n'y a pas d'évangélisation vraie si le nom, l'enseignement, la vie, les promesses, le Règne, le mystère de Jésus de Nazareth, Fils de Dieu, ne sont pas annoncés. Le fait que l'annonce de la Parole de Dieu demande le témoignage de la vie personnelle est bien présent dans la conscience chrétienne depuis l'origine. Le Christ lui-même est le témoin fidèle et vrai (cf. Ap 1,5 ; 3,14), témoin de la Vérité (cf. Jn 18,37)". » (Id., *Verbum Domini* 98)

1459 W. Knoch, *Dio alla ricerca dell'uomo. Rivelazione, Scrittura e Tradizione* [titre orig. : *Gott sucht den Menschen. Offenbarung, Schrift, Tradition*, trad. de l'all. par Liborio Asciutto], vol. 4, Jaka Book, Milano, 1999, p. 251, je traduis.

1460 W. Altmann, *Der Begriff der Tradition bei Karl Rahner*, H. Lang, Bern 1974, p. 270, cité dans *ibid.*, p. 252, je traduis.

1461 *Ibid.*

tention à la réalité historique et concrète des hommes par rapport à la Révélation. De fait, celle-ci, résumée par les Pères conciliaires dans l'expression « Évangile », ne concerne que l'homme, en tant qu'expression ultime et terme dernier de l'incarnation du Verbe. Ainsi, en rendant au concept de Révélation la dimension historique et anthropologique, comme le souligne Ruggieri, Vatican II a voulu transmettre le fait qu'il n'y a pas de Révélation sans le sujet humain qui la porte et qui la véhicule, a commencer par le Verbe incarné lui-même. C'est pourquoi, l'heureuse formulation du bibliste Beauchamp nous a aidé à mieux comprendre ce qu'est que le « troisième Testament », dans la mesure où s'appropriant et s'« incorporant » le récit révélé dans l'Écriture, l'homme devient lui-même récit évangélique et, pour cela même, « homme-récit ». Sous un tel éclairage, nous avons pu dégager et situer le troisième Testament qui demeure au cœur de la Révélation, tel l'arrière-fond du témoignage scripturaire et telle l'expression ecclésiologique de l'annonce de l'Évangile dans le courant de la Tradition apostolique.

Ce noyau atteint, la recherche peut désormais s'acheminer vers la perspective de l'évangélisation, voire de la nouvelle évangélisation. Car, l'évangélisation devient « nouvelle » du moment qu'elle s'équipe d'expressions, de méthodes et d'instruments nouveaux, y compris concernant le style et le langage, ainsi que l'affirmait Jean-Paul II[1462]. Le « cénacle autobiographique », en tant que but même de cette recherche, va s'articuler comme une proposition narrative à même de favoriser la « mise au jour » du troisième Testament. Car un tel cercle narratif est susceptible d'offrir aux personnes qui s'y racontent l'occasion de saisir dans leur propre vie les traces de Dieu qui y sont cachées, telles des « semences du Verbe » en attente de germer[1463].

Cependant, afin de compléter la réflexion théologique concernant le rapport entre Révélation et troisième Testament, il nous reste maintenant à entrer dans la phase proprement transcendantale de ce chapitre, celle qui va nous permettre de dégager les conditions de possibilité de l'hypothèse trito-testamentaire, et de mettre au jour le bien-fondé d'une théologie autobiographique.

1462 Cf. Jean-Paul II, *Discours à la XIX*e *Assemblée du CELAM* (9.3.1983), § 3 [*AAS* 75 (1983)778] ; cf. aussi Synode des évêques, XIIIe Assemblée générale ordinaire, *La nouvelle évangélisation pour la transmission de la foi chrétienne. Lineamenta*, Cité du Vatican, 2001, §§ 5–10.

1463 Voir *infra*, chap. 6 et chap. 7.

4.4. Les transcendantaux d'une théologie autobiographique

4.4.1. Le transcendantal matériel du troisième Testament

Dans ce chapitre, il n'est pas fortuit que j'aie accordé une place plus large à la réflexion sur la Tradition. On ne peut penser à aucune autre forme de développement ou de progression de la Révélation à côté des Écritures canoniques qui ne soit pas la Tradition, l'*autre mode* révélateur conduit par l'Esprit Saint au sein de l'Église et au-delà des limites institutionnelles de celle-ci. Si les deux volumes de l'essai de Congar que j'ai envisagés au cours du paragraphe précédent, c'est-à-dire l'historique et le théologique, sont traversés par une perspective ecclésiologique et pneumatologique, c'est proprement parce que le théologien français a voulu souligner qu'en dehors du lien Esprit Saint-Église, on ne peut pas argumenter de manière adéquate à propos du sujet de la Tradition.

Dans une telle visée, la Tradition s'avère nécessaire du fait que la Révélation trouve en cette dernière une véritable gardienne des Écritures. De fait, à la Tradition on doit la reconnaissance de l'inspiration des Écritures constituant le Canon ; puis, gardant le sens christologique et pneumatologique des Écritures[1464], la Tradition empêche que la Parole puisse devenir l'objet de lectures fondamentalistes ; en outre, la Tradition atteste le fait qu'à partir de l'Écriture, Dieu se révèle lui-même également à travers les innombrables « pages-chair » d'hommes et de femmes vivant dans « le déjà et le pas encore » de l'histoire du salut[1465]. C'est dès lors en commençant par la réflexion pneumatologique de Congar que je voudrais détecter une première condition de possibilité de l'hypothèse trito-testamentaire.

1464 Bien que les Pères de l'Église n'explicitent en principe pas tellement l'action de l'Esprit Saint à l'égard de la Tradition, Novatien parle cependant de celle-ci comme de la « "grande force de l'Église, qui explique la règle de foi, qui empêche de proférer des paroles contraires aux Écritures et garde intacts et entiers dans les autres les droits de la doctrine du Seigneur" » (Id., *Epist.*, LXVIII, 5,2, cit. dans Y. Congar, *La tradition et les traditions*, t. II : *Essai théologique,* p. 102).

1465 Ce discours sur l'étendue de la Révélation au-delà des Écritures est à entendre non pas au sens d'un contenu différent que la Tradition offrirait par rapport à ces dernières. Car, correspondant au Verbe incarné, ce contenu demeure toujours le même à l'intérieur des Écritures canoniques aussi bien qu'à l'intérieur de la Tradition apostolique ou orale. Pourtant, touchant à la dimension sacramentelle de la Révélation, ce discours laisse entrevoir certaines positions intransigeantes absolutisant tantôt l'Écriture au détriment des sacrements (le risque de la position protestante), tantôt les sacrements au détriment d'une considération christosacramentelle de la Parole-Écriture (le risque de la position catholique). Or, le Christ, le contenu de la Révélation, est si débordant qu'il ne se laisse pas enfermer par les Écritures, ni les sacrements. À ce propos, le jésuite A. Fossion reconnaît que la grâce de Dieu issue du mystère pascal du Christ est si débordante qu'elle dépasse les réalités ecclésiales elles-mêmes, tels les sacrements : « La grâce de Dieu est signifiée et passe par les sacrements, mais cette grâce opérante de Dieu n'est pas liée aux sacrements. Elle les déborde. » (Id., *Dieu désirable. Proposition de la foi et initiation*, Novalis / Lumen Vitae, Montréal / Bruxelles, 2010, p. 25). À ce stade de ma recherche, l'affirmation de Fossion, m'offre l'occasion d'expliquer davantage le sujet de la christosacramentalité que j'envisage en un sens éminemment analogique. L'essence sacramentelle de la Révélation

Mettant en corrélation les binômes Verbe-Esprit, Esprit-Église et Église-Tradition, Congar pousse la théologie à rechercher l'action future et la tension eschatologique de l'Esprit dans cette extension de la Révélation qu'est la Tradition. Pour ce faire, l'expression balthasarienne « l'Inconnu au-delà du Verbe »[1466] s'avère pour lui déterminante et inspiratrice : « Cette admirable expression [...] traduit bien l'union entre deux réalités et la tension certaine qui accompagne cette union, le Verbe et l'Esprit. Elle suggère l'aspect de liberté et d'opération mystérieuse qui caractérise celui-ci. Enfin elle suggère qu'il agit *en avant*, dans un espace ou un temps ouvert par le Verbe. »[1467] C'est pourquoi, dans l'œuvre *Je crois en l'Esprit Saint*, fasciné par la pneumatologie orthodoxe de *l'extasis tou Theou,* Congar désigne l'Esprit Saint comme celui qui, en actualisant la Révélation du Christ, « pousse en avant l'Évangile dans le non encore advenu de l'histoire »[1468]. Dans une indissoluble union avec le Christ, en tant qu'*Esprit de vérité qui prendra de ce qui est au Fils, et l'annoncera*

concernant la Parole-Écriture et pour cela même l'Église et tous les hommes, en tant que sujets qui portent la Parole, la véhiculent et l'incarnent, proprement en vertu de l'incarnation du Verbe, la sacramentalité s'avère une réalité élargie et multiforme dépassant dès lors les sacrements, en tant que lieux théologiques strictement ecclésiaux, situés dans le macro-lieu théologique qu'est la liturgie. De fait, il est incontournable que les sacrements soient « les sacrements de l'Église », administrés par elle, et célébrés en son sein. Par là, ce travail voudrait confier à la réflexion théologique elle-même, en syntonie et en continuité avec *Verbum Domini*, le fait que la Parole-Écriture contient une sacramentalité christologique, d'où le néologisme du terme « christosacramentel », qui n'est pas « liée » à l'action sacramentelle de l'Église signifiée et opérant par les sacrements, ainsi que l'affirme Fossion. Balthasar lui-même parle de la présence du Verbe dans l'Écriture qui diffère de la manière sacramentelle des sacrements (voir *supra*, n. 432). En revanche, la sacramentalité de la Parole-Écriture, bien qu'elle soit une sacramentalité analogique et donc médiatisée, agit indépendamment de l'Église et quel que soit le sujet qui la médiatise. Autrement dit, alors que la sacramentalité affectant les sacrements est une « sacramentalité ecclésiologique » au sens strict impliquant exclusivement les catéchumènes et les baptisés, celle qui habite la Parole-Écriture est carrément une « sacramentalité christologique » émanant du Sacrement-source, le Christ lui-même, et ouverte à tous les hommes. Si tel n'était pas le cas, l'affirmation issue des débats de Trente visant l'inscription de l'unique Évangile même dans les cœurs des hommes, en plus du fait d'avoir été confié à la plume des évangélistes, serait irrecevable (voir *supra*, 4.1.2). De même, une conception de l'évangélisation comme expérience et comme rencontre de Jésus-Christ, lequel précède l'évangélisateur et est déjà présent et même à l'œuvre dans les destinataires de l'annonce, repose sur une conception élargie de la grâce christologique et sacramentelle. C'est bien ce que nous allons souligner lors de l'exploration de ladite « pastorale d'engendrement » (voir *infra*, 6.1.2.1) et de ce que je vais appeler « pastorale autobiographique » (voir *infra*, chap. 7). Je dirais même plus. En dehors des limites institutionnelles de l'Église, il y a d'autres formes sacramentelles, tels les hommes eux-mêmes (cf. Mt 25,31-46), et d'autres lieux théologiques extra-ecclésiaux, tel le monde lui-même, où le Christ, le véritable Sacrement du Père, se rend présent, se livre, se révèle, sauve, et où, en un mot, il se fait *analogue*, toujours *sous un autre mode*, et donc *sous d'autres formes* christosacramentelles.

1466 Cf. H.-U. von Balthasar, « L'Esprit-Saint, l'Inconnu au-delà du Verbe », *Lumière et vie,* 67/1964, pp. 115–126.

1467 Y. Congar, *Je crois en l'Esprit Saint*, Cerf, Paris, 1997², p. 280.

1468 *Ibid.*, p. 282.

aux disciples (cf. Jean 16,13-14), « l'Esprit Saint est celui qui pousse à l'extérieur la Parole et qui prend soin de l'avenir du Christ tout au long de l'histoire »[1469]. Cet « extérieur », ce sont les lieux théologiques où agit « le foisonnant et inventif premier Adam »[1470] et qui sont repérables : dans l'histoire et dans la vie même des hommes, ainsi que le rappelle Ruggieri[1471], dans les *signes des temps*, ainsi que l'a expressément rappelé Vatican II[1472], dans *la vie des saints*, en tant que « commentaire en acte des Écritures »[1473], et dans le *sensus fidelium*[1474].

Or, malgré le « tout dit » de Dieu par « son Fils qui est son unique Parole »[1475] et le *déjà* de la Révélation, « pourtant il y a du nouveau, il se passe vraiment quelque chose dans l'histoire »[1476], du fait que l'Esprit Saint pousse le Verbe vers cet espace du *pas encore* de l'histoire du salut, qui est aussi le *toujours ouvert* de la Révélation. Dès lors, « si le Christ n'est né qu'une fois, n'a parlé, n'est mort et ressuscité qu'une fois, cette *une fois* doit trouver accueil, prendre racine et porter fruit dans une humanité qui se démultiplie et se diversifie de façon indéfinie à travers les cultures, les espaces humains et le déroulement du temps », ajoute Congar[1477]. Par conséquent, « il doit s'opérer [continue le cardinal français] une union entre le donné et l'inattendu, l'acquis une fois pour toute et le perpétuellement inédit et nouveau »[1478].

Dans une pareille visée pneumatologique, Congar n'a donc aucune hésitation à affirmer que l'*acquis* et le *donné* de l'Évangile engendrent toujours des choses nouvelles, ainsi que l'annonce Jésus à l'égard de la mission révélatrice et actualisatrice de l'Esprit. Cela est par ailleurs souligné de façon concrète par Balthasar : « Dans la foi seule nous pouvons lâcher la Parole comme "rampe", pour marcher, sans être pris de vertige, dans l'espace de la liberté. Seuls dans l'espérance croyante, nous pouvons oser sortir du bateau avec saint

1469 Y. Congar, *Im Geist und im Feuer. Glaubensperspektiven*, Herder, Freiburg im Breisgau, 1987, p. 97, cit. dans W. Knoch, *Dio alla ricerca dell'uomo. Rivelazione, Scrittura e Tradizione*, vol. 4, p. 250, je traduis.

1470 Y. Congar, *Je crois en l'Esprit Saint*, p. 283. Dans le cadre de la création, Congar entend par « premier Adam » le représentant de tous les hommes, c'est-à-dire l'homme en tant que tel.

1471 Voir *supra*, 4.3.1.

1472 Cf. *GS* 4 ; *UR* 4 ; *PO* 9.

1473 Y. Congar, *Je crois en l'Esprit Saint*, p. 276. C'est une image que Congar tire des Pères (cf. S. Augustin, *C. mendacium* 15,26-27 (*PL* 40, 506) ; S. Grégoire le grand, *In Ezech. hom.* 1, 10, 38 (*PL* 76, 901) ; S. Thomas d'Aquin, *In Rom.* c. 1 lect. 5 ; c. 12 lect. 3 ; *In Hebr.* c. 12 lect. 1, cités dans Y. Congar, *Je crois en l'Esprit Saint*, p. 276, n. 29.

1474 Voir *supra*, 4.2.4.

1475 Jean de la Croix, *Montée du Carmel*, t. I, livre II, Cerf, Paris 1982, (chap. 22), p. 201.

1476 Y. Congar, *Je crois en l'Esprit Saint*, p. 283.

1477 *Ibid.*, p. 282. Ce passage de Congar se rattache à la réflexion de Ruggieri insistant sur l'importance de la perspective historique par rapport à la Révélation, notamment à la Tradition, ce que Vatican II lui-même souligne (voir *supra*, 4. 3).

1478 *Ibid.*

Pierre pour atteindre l'infinité vivante de l'Esprit de Dieu[1479]. » Pourtant, cette affirmation précieuse du théologien suisse, exprimant la raison d'être de la Tradition elle-même, repose sur un principe théologique fondamental : « le renoncement du Verbe ».

> Dans la révélation du Verbe, un grand renoncement existentiel du Verbe lui-même est compris. Ce n'est pas lui qui continuera à prêcher après sa résurrection, plus puissamment qu'avant, mais le rôle actif est transmis à l'Esprit : celui-ci mène l'histoire des apôtres, celui-ci dicte les lettres de saint Paul ; plus encore : il écrit la lettre de recommandation de l'apôtre « compréhensible et lisible pour tout le monde… » (2 Cor., 3,2-3). Il fera découvrir aux Pères de l'Église, en continuité avec le charisme prophétique, le « sens pneumatique » de la lettre, non pas en dépendance de l'allégorie païenne des mythes, mais à partir des profondeurs de la révélation biblique trinitaire (comme H. de Lubac ne se lasse pas de le faire)[1480].

Pour le théologien suisse, c'est donc dans ce « renoncement » christologique qu'on peut saisir l'achèvement de la Révélation, à savoir l'œuvre de l'Esprit auprès des hommes, à commencer par les membres du corps de l'Église (cf. Col 1,24b-25), jusqu'aux membres du corps de l'humanité tout entière (cf. 1 Tm 2,4). En fait, dans cet espace pneumatologique ouvert par le Verbe, la Tradition joue son rôle actif au-delà des Écritures et même au-delà du corps institutionnel de l'Église. Pourtant, dans cet *espace* de la Tradition, l'*objet matériel* de la Révélation, Dieu en tant que tel, c'est-à-dire tel que le Verbe et l'Esprit le révèlent[1481], demeure inchangé, tandis que le sujet révélateur change. Car c'est l'Esprit qui va permettre au Verbe incarné, l'unique parole du Père, de continuer à parler à l'Église et à tous les hommes, selon la prophétie que Jésus confie à ses disciples : « Quand il viendra, lui, l'Esprit de vérité, il vous introduira dans la vérité tout entière ; car il ne parlera pas de lui-même, mais ce qu'il entendra, il le dira et il vous dévoilera les choses à venir. Lui me glorifiera, car c'est de mon bien qu'il recevra et il vous le dévoilera » (Jn 16,13-14).

Or, ce renoncement du Verbe, en plus d'un nouveau sujet révélateur ou sujet-source, à savoir l'Esprit, entraîne aussi le sujet instrumental que le même Esprit « utilise » afin d'achever la révélation du Verbe. En fait, celui-ci ne parlera plus à travers son humanité, mais moyennant l'humanité de son corps mystique qu'est l'Église, ce qui implique également l'ouverture d'un espace devant le Verbe qui est aussi un espace ecclésiologique. Le Verbe laisse donc parler l'Esprit à sa place, mais il le laisse parler par la vie incarnée, historique et concrète des croyants, vivant dans le temps du *non encore* achevé de la Révélation. Cela implique que ceux-ci deviennent, à juste titre, co-sujets de la Révélation, ce qui

1479 H. U. von Balthasar, *L'Esprit-Saint, l'Inconnu au-delà du Verbe,* p. 121.

1480 *Ibid.,* p. 119.

1481 Je rappelle ici la distinction que la théologie fondamentale établit, par rapport à la Révélation, entre *objet matériel*, Dieu en tant que tel, et *objet formel*, la révélation en Jésus-Christ, telle qu'elle parvient, c'est-à-dire par l'Écriture et la Tradition, en tant que formes incontournables et nécessaires de la Révélation.

veut par conséquent dire figures christosacramentelles par lesquelles l'économie de l'incarnation du Verbe atteint finalement sa dernière et définitive étape[1482].

Dès lors, débouchant sur le « sacrement du frère », comme la relève du Verbe incarné lui-même, en tant que sacrement-source, un pareil renoncement christologique fait que la Parole se manifeste, c'est-à-dire s'historicise et s'actualise notamment *sous le mode* d'un témoignage autobiographique. Par conséquent, le renoncement du Verbe en faveur de l'Esprit et de l'Église peut bel et bien être ressaisi comme le premier transcendantal de l'hypothèse trito-testamentaire, c'est-à-dire la première condition de possibilité des récits autobiographiques du troisième Testament. Il s'agit d'un transcendantal qui peut être qualifié de « matériel » du fait qu'il coïncide avec l'*objet matériel* même de la Révélation, à savoir l'homme-Dieu, le Verbe incarné et le révélateur du Père. Car c'est le renoncement du Verbe qui détermine que l'Évangile vivant soit également inscrit dans les cœurs des hommes, selon l'adage issu des débats tridentins. Pour sa part, le Verbe continue à révéler un seul et même Évangile par l'Esprit et à partir du « dedans » de tout homme, d'après l'autre adage tiré de la réflexion théologique de Jüngel.

Somme toute, si l'expression « Testament », ainsi que le souligne Beauchamp[1483], désigne aussi un récit appelé à comparaître ailleurs qu'en lui-même, tel un témoin cité, le troisième Testament veut signifier en définitive la vocation testimoniale de chaque homme et de chaque femme appelés à témoigner de Dieu, tels des « testaments vivants ». C'est ainsi, d'ailleurs, que se déploie l'économie de l'incarnation du Verbe : culminant dans le corps de chair du Fils, la Parole commence par « s'emparoler », en devenant la Parole-Écriture attestée par les deux Testaments, et elle finit par s'achever dans les pages de chair des témoins du troisième Testament.

Pourtant, puisant ses sources dans le courant de la Tradition, ce troisième Testament doit également son existence à un autre « renoncement », telle une seconde condition de possibilité que je vais qualifier de « transcendantal formel ».

4.4.2. Le transcendantal formel des récits trito-testamentaires

La réflexion théologique de von Balthasar, envisagée au début de ce chapitre, a mis en lumière le rapport intrinsèque que l'Écriture noue avec la Révélation, si bien que l'Écriture

1482 Parvenue à ce stade, ma recherche, mettant davantage en relief la dernière étape de ladite « économie d'incarnation du Verbe », annoncée, notamment, dès le chapitre 2, souhaiterait par là marquer le point le plus haut d'une théologie de la Parole de Dieu, telle que j'essaie de la mettre en place, et que je suis en train de la développer sous l'angle analogique et christosacramentel.

1483 Voir *supra*, 4.3.1, notamment la n. 1402 et la n. 1404.

est qualifiée de forme homologique de l'auto-communication de Dieu (*res carnis Jesu*)[1484]. Se réalisant dans la chair humaine du Christ, l'autorévélation divine entraîne pour cela même le caractère historique du témoignage que le Fils rend au Père. De même, en vertu de l'incarnation du Verbe, la Parole-Écriture se configure, elle aussi, comme témoignage historique de foi s'exprimant par l'intelligence, la culture et tous les autres traits humains possédés par les apôtres et par leurs disciples. C'est pourquoi, l'annonce de l'Évangile est portée non seulement par les Écritures vétérotestamentaires, mais aussi par le témoignage personnel des apôtres, d'après Aletti[1485], ce qui met nécessairement en œuvre la nature testimoniale de toute annonce. Pourtant, ce lien homologique que la Parole-Écriture noue avec la Révélation n'annule pas la disproportion existant entre elles. De fait, si d'un côté, l'Écriture offre à la Parole une expression précise et adéquate – ce qui rend le langage humain, tel que la lettre de l'Écriture le véhicule, à même de dire Dieu –, de l'autre côté, elle connaît une certaine limitation, car le Verbe, la Parole infinie et créatrice de Dieu, la dépasse. C'est pourquoi l'image du « filet » proposée par Balthasar afin d'expliquer le rapport existant entre l'Écriture et la Révélation, à savoir entre la Parole attestante et la Parole attestée, est tout à fait appropriée[1486].

En fait, ce *filet*, ainsi que le décrit le théologien suisse, est si *ample* qu'il contient la Parole excédente de la Révélation. Cependant, son *maillage large* manifeste qu'il ne peut pas la contenir entièrement, ce qui révèle un rapport inversement proportionnel. De fait, la différenciation et l'altérité de la réalité attestante et de la réalité attestée ne sont pas réductibles, quoique celles-ci vivent pour ainsi dire « en collocation ». Et pourtant, un pareil lien paradoxal (*sub contrario*) s'avère un *enjeu* théologique porteur de grâce qui va se traduire à l'avantage de la Révélation elle-même. Car les *espaces* qu'à cause de son maillage large, voire *grâce à* celui-ci, le filet *laisse ouverts*, constituent, d'une part, les possibilités infinies du Verbe infini, lequel, par là même, ne reste « prisonnier » ni de la finitude de la lettre ni des limites déterminées par la clôture du Canon scripturaire ; de l'autre, ils constituent les possibilités que la Parole-Écriture comporte, en tant que lettre de l'Esprit d'où éclatent tous les « commencements » de sa « vérité explosive » orientée vers la plénitude (cf. Jn 16,13)[1487]. Dès lors, ces espaces que l'Écriture « laisse ouverts », que sont-ils sinon les lieux théolo-

1484 Voir *supra*, 4.1.1.

1485 Voir *supra*, 2.3.2.

1486 Cf. *supra*, 4.1.1, notamment la cit. relative à la n. 1211.

1487 Voir *supra*, 4.1.1, notamment la cit. relative à la n. 1226. Balthasar explique que la « clôture » de la Révélation par rapport au Canon scripturaire est plutôt à entendre comme « le début des effets infinis de la plénitude du Christ qui se répand sur l'Église » (H.-U. VON BALTHASAR, *Verbum Caro*, p. 42, je traduis). Et elle détermine aussi « le début du déploiement et de l'épanouissement de la *plénitude illimitée de l'Écriture* dans cet espace de l'Église… » (*ibid.*, je traduis et je souligne).

giques où se déploie le *témoignage* de la Tradition ?[1488] Et celle-ci, qu'apporte-t-elle sinon le même et seul Verbe attesté dans et par la Parole-Écriture, laquelle, *en vertu de sa forme déterminée choisie par l'Esprit Saint, ouvre partout et fait avancer vers Dieu, de telle façon qu'aucune vérité, parmi celles qui la traversent, qui lui sont proches et complémentaires, ne soit empêchée ?*[1489]

Ces questions rhétoriques sont confirmées par l'événement même de Vatican II. Ce que l'on appelle « aggiornamento », expression par laquelle Jean XXIII justifiait la nécessité de convoquer un Concile œcuménique, et qui finit entre autres par qualifier Vatican II lui-même, a rendu à la Tradition le caractère de *développement* qui lui appartient depuis toujours. La Tradition ne pourrait d'ailleurs pas garder et transmettre le *depositum fidei* tel qu'il est, sans lui offrir le nécessaire service d'une *legitima progressio*[1490]. Cela est aussi souligné par Knoch, dans sa réflexion sur la Révélation, l'Écriture et la Tradition à la lumière des Constitutions dogmatiques de Vatican II : « La fidélité à la Tradition est beaucoup plus qu'une simple reprise de celle-ci, à savoir une fidélité passive et statique[1491]. » De ce fait, la Tradition se situant en continuité avec l'Écriture et développant ce que l'Écriture « laisse ouvert », cela comporte un autre renoncement de la part du Verbe.

Si le premier « renoncement » voit le Verbe « déléguer » sa mission à l'Esprit, si bien que nous y avons relevé un « transcendantal matériel » – du fait que l'Esprit Saint, sujet divin de la Révélation, fait partie de l'*objet matériel* de la théologie –, la « clôture » du Canon scripturaire marque un second renoncement. Car, ne confiant pas son Évangile seulement à la plume des évangélistes, mais l'inscrivant également dans les cœurs des hommes, le Verbe renonce à être attesté par la seule Écriture en faveur de la Tradition orale. C'est pourquoi, dans la mesure où il donne lieu à tout témoignage personnel de foi débouchant sur le troisième Testament, un tel renoncement du Verbe s'avère pour cela même le second transcendantal de l'hypothèse trito-testamentaire. Autrement dit, le troisième Testament doit également son existence à cet autre renoncement du Verbe, celui en faveur de la Tradition, telle une seconde condition de possibilité, du fait qu'en plus de l'Écriture

1488 Voir *supra*, 4.4.1.

1489 Je paraphrase Balthasar, relativement à la citation de la n. 1236. Voir aussi *supra*, 4.1.1.

1490 Ratzinger, lui aussi, parle d'une « révélation continuée » par rapport à l'Évangile, notamment à son actualisation et à son accomplissement dans l'histoire (voir *supra*, cit. de la n. 1452). À ce propos, il est pertinent de rappeler ici ce qu'affirme la Commission théologique internationale en 1989, relativement aux évolutions récentes de l'exégèse et de l'histoire des dogmes, y compris les acquis de l'herméneutique philosophique et théologique : « Dans ce processus historique, l'Église n'ajoute rien de nouveau *(non nova)* à l'Évangile, mais elle annonce la nouveauté du Christ d'une façon toujours nouvelle *(noviter)*. » [Commission théologique internationale, *L'interprétation des dogmes* (1989), dans Id., *Documents* II (1986–2009), éd. par Gilles Emery, Cerf, Paris, 2013, p. 72].

1491 W. Knoch, *Dio alla ricerca dell'uomo, Rivelazione, Scrittura e Tradizione*, vol. 4, pp. 242–243, je traduis.

il habite aussi la Tradition orale. Or, comme il concerne une des modalités ou des formes par laquelle la Révélation parvient, ce dernier renoncement vise l'*objet formel* de la théologie, ce qui nous permet d'y percevoir un « transcendantal formel ».

Ainsi que nous l'avons explicité au cours du troisième paragraphe du présent chapitre, loin de désigner une nouvelle Révélation, le troisième Testament se veut ce témoignage personnel qui donne corps à la Parole de l'Écriture, tout en mettant en œuvre le caractère christologique et historique de celle-ci. La dimension christologique, car les récits du troisième Testament sont imprégnés de la christosacramentalité de la Parole véhiculée par les composantes analogiques de l'autobiographie et de la synesthésie. La dimension historique, car, ne pouvant qu'être témoignée afin d'être transmise, la Parole de Dieu nécessite des sujets humains qui l'attestent et la véhiculent, c'est-à-dire qui l'incarnent. C'est pourquoi le témoignage autobiographique du troisième Testament est censé être également compris comme une composante analogique de la Tradition elle-même, sans laquelle l'annonce de l'Évangile perdrait les caractères que nous venons d'expliciter. Car, en définitive, vivre la fidélité à la Tradition apostolique, c'est continuer à donner corps à l'Évangile, c'est-à-dire à lui donner un corps de témoignage.

La Tradition n'est jamais la *nostalgie* du passé. C'est plutôt le traditionalisme qui essaie toujours de faire des opérations anachroniques, ainsi que le signale Montcheuil : « On peut désirer être traditionnel, mais on ne l'est pas en choisissant une solution parce qu'elle a déjà été utilisée ; on risque alors d'être simplement routinier et démodé. Ce ne sont pas les obsédés du passé, mais les êtres profonds qui prolongent la tradition »[1492]. En revanche, la Tradition fait parvenir le passé au présent et à l'avenir, en l'actualisant. Loin de pousser l'Église à se pencher sur son passé, fût-il celui des apôtres, n'obtenant alors que l'effet « d'une caricature de la tradition de l'Église apostolique »[1493], la Tradition la conduit plutôt à enseigner, à transmettre et à prêcher le *kerygma* dans l'aujourd'hui (*hodie*) de l'histoire. Car « apostolique » n'équivaut nullement à « ce qui est du passé », mais, tout au plus, cela correspond au fait de garder, dans l'annonce de la *Bonne Nouvelle* et dans l'enseignement, le même charisme apostolique. « Par la tradition des apôtres [affirme Holstein], l'Église reste fondée sur le fondement des apôtres, et repose sur l'unique pierre angulaire qui est le Christ Jésus[1494]. » Cependant, si la pensée patristique, d'abord, et celle médiévale, ensuite, n'ont que peu parlé de la Tradition apostolique, c'est parce que, d'un côté, à ces époques-là, « l'Église ne prend pas de recul par rapport à la tradition des apôtres »[1495] ; de

1492 Y.-M. de Montcheuil, *Problèmes de vie spirituelle*, Epi, Paris, 1947^3, pp. 13–14, cit. dans H. Holstein, *La tradition dans l'Église*, p. 191.
1493 H. Holstein, *La tradition dans l'Église*, p. 292.
1494 *Ibid.*, p. 289.
1495 *Ibid.*, p. 179.

l'autre côté, « la conscience de l'Église apostolique n'est pas celle d'une vieille personne, qui devine que son temps est révolu, et revit dans son passé ce qu'elle sait ne plus pouvoir accomplir »[1496], ainsi que l'affirme Holstein. Au contraire, « la conscience de l'Église est celle d'un adulte, qui n'ignore pas le passé, et s'appuie sur l'expérience déjà acquise, mais qui, dans la force de l'âge va vigoureusement de l'avant : *"La tradition,* écrit M. Blondel [cité encore par Holstein], *anticipe l'avenir et se dispose à l'éclairer par l'effort même qu'elle fait pour demeurer fidèle au passé"*. La tradition est une fidélité, non un regret[1497]. »

Ainsi, la Parole demandant en vue de son efficacité (cf. Is 55,10-11) à être racontée, non pas comme une vérité « étrangère » venant du passé, mais en tant que vérité toujours vivante qui s'incarne chez les témoins qui la racontent, nous pouvons clairement affirmer que la Tradition est foncièrement « Tradition testimoniale ». Car, la Tradition étendant la Révélation au-delà de l'Écriture en vertu du second renoncement de Verbe, sa tâche première consiste à rendre présente la *res carnis Jesu* dans l'*hic et nunc* de la chair et de l'histoire des hommes. Dès lors, la revendication d'une transmission du *depositum fidei* sous le mode christosacramentel d'un témoignage de type autobiographique et synesthésique est légitime, voire nécessaire. Par conséquent, une théologie comme autobiographie s'avère opportune, elle s'impose même, ainsi que le souligne le Magistère de l'Église de façon presque « autobiographique » :

> Il est important [...] que chaque forme d'annonce soit structurée par la relation intrinsèque entre communication de la Parole de Dieu et témoignage chrétien. [...] Cette réciprocité entre Parole et témoignage rappelle la manière par laquelle Dieu lui-même s'est communiqué dans l'incarnation de son Verbe. La Parole de Dieu rejoint les hommes « à travers la rencontre avec des témoins qui la rendent présente et vivante ». En particulier, les nouvelles générations ont besoin d'être initiées à la Parole de Dieu « à travers la rencontre et le témoignage authentique de l'adulte, l'influence positive des amis et la grande compagnie de la communauté ecclésiale ». Il y a un rapport étroit entre le témoignage de l'Écriture, comme *attestation* que la Parole de Dieu donne *d'elle-même*, et le témoignage de vie des croyants. L'un implique l'autre et y conduit. Le témoignage chrétien communique la Parole attestée dans les Écritures. Les Écritures, à leur tour, expliquent le témoignage que les chrétiens sont appelés à donner dans leur propre vie. Ceux qui rencontrent des témoins crédibles de l'Évangile sont ainsi amenés à constater l'efficacité de la Parole de Dieu chez ceux qui l'accueillent[1498].

Dans ce passage de l'exhortation post-synodale, il est surprenant de noter le recours à l'expression « attestation d'elle-même », à savoir « auto-attestation », par rapport à la Parole de Dieu, le Verbe, ce qui s'approche beaucoup d'un concept autobiographique, quoique le Pape émérite n'emploie pas le mot « autobiographie ». Et pourtant, l'autorévélation de Dieu dans le Fils ne saurait qu'être ceci : le récit de la vie de Dieu. Cela se rattache à ce que Balthasar lui-même attestait déjà des années avant l'exhortation apostolique sur la Parole

1496 *Ibid.*, p. 292.
1497 *Ibid.*, p. 293, citant *Les premiers écrits de M. Blondel*, P.U.F., 1956, p. 206.
1498 *VD* 97. Voir *supra*, Introduction.

de Dieu à l'égard du contenu de l'Écriture : « Le contenu premier de l'Écriture demeure toujours Dieu. Qu'elle parle du monde ou de l'histoire, qu'elle prescrive des lois ou raconte des paraboles : c'est Dieu qui parle. Et il parle de lui-même[1499]. » Un tel « se dire intime » de Dieu constitue proprement cette autobiographie divine qu'est l'autorévélation de Dieu, sur laquelle reposent le troisième Testament et ses récits autobiographiques, tels ces témoignages véritables que la Parole de Dieu demande à tous les chrétiens, ainsi que le souligne Benoît XVI. C'est pourquoi, la proposition d'une théologie autobiographique ne devrait gêner aucun théologien dogmatique, non seulement par rapport au témoignage de foi des croyants (*fides qua*), mais aussi par rapport à l'*autorévélation* elle-même de Dieu (*fides quae*). Par conséquent, à partir de l'affirmation de Balthasar citée ci-dessus, si dans tous les discours bibliques – quel que soit le genre littéraire par lequel ils sont formulés –, *c'est Dieu qui parle, et il parle de lui-même*, désigner la Bible comme « la grande autobiographie de Dieu » ne serait alors pas si hasardeux ni problématique !

La nécessité, rappelée par *Verbum Domini*, d'un témoignage tangible qui donne chair à la Parole annoncée et transmise demeure au cœur même de la Tradition ecclésiale, ce qui met en jeu le témoignage de l'Église et son ministère de maîtresse et de gardienne. Cela me conduit, au terme de ce chapitre, à compléter ma réflexion au sujet de la Tradition, en tirant parti des considérations ecclésiologiques de Neri, à propos de son étude sur le sujet du témoignage chez Balthasar, étude que j'ai citée à maintes reprises.

D'après le théologien italien, à l'Église, en tant que sujet premier de la Tradition, et à son magistère revient la tâche de surveiller et d'évaluer la correspondance objective entre l'application historique de la *res carnis Jesu* selon les diverses configurations de l'expérience chrétienne – ce qui se veut l'application historique de la Tradition ecclésiale elle-même – avec l'attestation normative des Écritures (*forma formans*)[1500]. Cependant, le magistère ne pourra jamais prétendre être lui-même le « modèle » de l'existence chrétienne ; il ne peut pas non plus remplacer l'impact authentique et la crédibilité du témoignage chrétien dont ne sont capables et responsables que les sujets de la « pratique de la lettre », à savoir ceux qui appliquent l'attestation biblique dans l'expérience de leur vie[1501]. Car c'est une telle « pratique » qui constitue le témoignage objectif de la *res carnis Jesu.* Le magistère/ministère ecclésial doit plutôt offrir un témoignage qui est appelé à se réaliser comme « eucharistie en acte »[1502]. Car, dans la mesure où toute action magistérielle et tout

1499 H.-U. von Balthasar, *Verbum Caro*, p. 38, je traduis.

1500 Cf. M. Neri, *La testimonianza,* p. 414.

1501 Cf. *ibid*., p. 415.

1502 *Ibid.* L'acte sacramentel ou l'action eucharistique, en tant que sommet et source du ministère ecclésial, appelle chaque ministre du culte, participant du Christ *sacerdos* et *magister*, à devenir « *eucaristia in esercizio* ». Autrement dit, le ministre, dans la mesure où il est sujet d'un ministère qui renvoie au Christ – et qui assure la participation en tout temps à l'événement originel et archétypal du salut –,

ministère ecclésial concernent un sujet historique, le ministre, celui-ci est appelé à y correspondre, de manière à ce que l'*ex opere operantis* se conforme à l'*ex opere operato*.

C'est pourquoi, si, d'un côté, un témoignage ecclésial ainsi conçu, y compris dans les expressions magistérielles les plus élevées, est réductible à l'Écriture canonique testimoniale, telle leur source et leur règle suprême, de l'autre côté, le magistère/ministère est censé manifester et rendre présente l'*exousia* que le Christ lui donne[1503]. En définitive, la conformation ministérielle et sacramentelle au Christ ne saurait suffire elle seule, mais elle demande au ministre un véritable effort de rapprochement avec la figure de son ministère, et également à la vie personnelle du ministre de se rapprocher autant que possible de la sainteté sacramentelle[1504]. De cette manière, l'autorité ecclésiastique ne sera pas que formelle, c'est-à-dire normative, ce qui dérive de l'ordination presbytérale et, pour cela même, du don que l'Esprit accorde au ministre consacré. Mais elle sera aussi une autorité humaine vraie et fiable qui acquiert crédibilité aux yeux des frères croyants. Pour leur part, ceux-ci pourront accéder à la valeur de la réalité sacramentelle et christologique dont le ministre est investi, précisément moyennant la force sacramentelle de son propre témoignage.

Finalement, cette réflexion de Neri autour du témoignage chez Balthasar, se rattachant par ailleurs au sujet du « christianisme adulte » invoqué par Bonhoeffer, sollicite la nécessité d'un témoignage chrétien cohérent, fidèle et responsable. En outre, elle rejoint ce que Theobald nomme le « principe esthétique et stylistique de concordance », considéré uniquement dans son application aux témoins[1505]. Car, participant en vertu du baptême de la sainteté de Dieu, tous les croyants sont appelés à se conformer au Dieu Saint attesté par l'Écriture, tout en devenant des narrateurs vivants de la sainteté même de Dieu.

* * *

est appelé également, et donc de manière simultanée, à rendre un témoignage eucharistique. Car ce faisant, la liturgie sacramentelle s'étend à l'ensemble de sa vie personnelle vécue au quotidien.

1503 Cf. *ibid.*, p. 416.

1504 Cf. *ibid.*

1505 Voir *supra*, 1.3.1. Au terme de la phase dogmatique de ma réflexion, je puis confirmer que je partage la pensée de Theobald relativement à son principe stylistique et esthétique de concordance entre la forme et le contenu de la Révélation appliqué aux témoins. Ceux-ci sont appelés à la sainteté du Dieu Saint attesté par l'Écriture. Et ils sont également poussés à vivre un style chrétien hospitalier, à l'exemple d'une Écriture en elle-même multiforme (du fait de la variété de ses attestations et genres littéraires) et d'un Christ qui reconnaît à « quiconque » une forme de foi, fût-elle une foi élémentaire et implicite. Tandis que par rapport à l'application du même principe aux textes, je ne puis pas suivre le théologien jésuite, étant donné que ma considération analogique autour de la Parole-Écriture repose sur les approches théologiques et analogiques de Balthasar et de Jüngel qui se séparent de celle de Theobald (voir *supra*, 1.2.4.1, notamment la n. 286).

Remplissant la fonction de « clef de voûte », ce chapitre se veut la vérification et donc le sommet de tous les arguments émis jusqu'ici afin de soutenir et d'éprouver la possibilité et la plausibilité d'une théologie autobiographique, soit d'un type d'autobiographie comme théologie, c'est-à-dire d'une autobiographie en tant que composante analogique de la Révélation. Et si, à ce stade, cela se trouve confirmé, c'est parce que cette étude a essayé de mettre au jour la spécificité de l'autobiographie comme analogie au sein de la Révélation et de son épaisseur théologique. Car, soit dans le cadre de la pédagogie et de la formation, soit dans le cadre de la littérature à proprement parler, l'autobiographie étant *sic et simpliciter* « écriture de soi-même » ou « récit de sa propre vie raconté par soi-même », dans un contexte théologique, l'autobiographie assume précisément et uniquement la forme du *témoignage*. C'est pourquoi parler de théologie autobiographique signifie bel et bien parler de théologie du témoignage en un sens éminemment autobiographique.

Ainsi, l'explicitation et la définition du « troisième Testament » comme l'ensemble de tous les témoignages autobiographiques concernant la foi et convergeant dans le grand fleuve de la Tradition a pu accorder à ces récits testimoniaux une valeur de « révélation ». Dans ce troisième Testament, en plus des témoignages autobiographiques scripturaires, sont inclus tous les innombrables témoignages autobiographiques de l'histoire, souvent cachés et inconnus, lesquels attendent d'être mis au jour et qualifiés de témoignages de foi, et de foi christologique. À ce propos, nous avons constaté que dans le Jugement universel décrit par le premier évangile, c'est Jésus lui-même qui reconnaît de tels récits, restés longtemps cachés et même inconscients chez leurs propres auteurs. Ceux-ci ont opéré et travaillé dans le monde selon la logique de l'Évangile sans le savoir, mais pourtant personne, sur terre, n'est arrivé à faire émerger pareil témoignage évangélique issu d'une telle « foi implicite ».

En définitive, tous les récits autobiographiques trito-testamentaires peuvent converger dans le fleuve de la Tradition par lequel la Révélation atteint son accomplissement dernier, dans la mesure où ils possèdent un caractère théologique de révélation[1506]. Car, le témoignage autobiographique étant une composante analogique de la Révélation, c'est Dieu lui-même qui s'y révèle. La Révélation est d'ailleurs une autorévélation, car Dieu s'autorévèle par son Fils incarné, « le narrateur raconté », qui, racontant sur lui-même, révèle en même temps le Père. La théologie autobiographique repose d'ailleurs sur ce principe christologique. De fait, c'est à partir des auto-attestations du Christ que les apôtres seront

1506 Le fait que je vais consacrer le chapitre 5 à l'étude d'un texte de type « laïc » – du moins apparemment –, en essayant une relecture autobiographique à proprement parler, y compris selon la visée d'une théologie autobiographique, se veut la tentative d'une lecture à même de déceler les récits autobiographiques trito-testamentaires qui y sont cachés et dissimulés. Il va s'agir du conte de Saint-Exupéry le plus connu et publié dans le monde entier, après la Bible : *Le Petit Prince*.

à même d'offrir un témoignage autobiographique, lequel peut ainsi s'étendre à toute la mission évangélisatrice de l'Église.

Puis, que le témoignage post-scripturaire, marquant toute la Tradition ecclésiale postcanonique, naisse proprement d'un double renoncement du Verbe, ainsi que j'ai essayé de l'établir, cela accorde à l'hypothèse d'un troisième Testament et à la dimension autobiographique qui caractérise ce dernier une valeur théologique. Il s'agit précisément du renoncement en faveur de l'Esprit et du renoncement en faveur de la Tradition, que nous avons qualifiés comme étant les deux transcendantaux ou les deux *conditio sine qua non* d'une théologie autobiographique.

Pour finir, ce chapitre-charnière connecte la réflexion qui le précède, axée autour de la Parole-Écriture, avec la réflexion entamée visant la Tradition, ce qui va s'étendre aux chapitres qui suivront. Écriture et Tradition sont d'ailleurs les deux dimensions constitutives de la Révélation, et donc d'une théologie de la Révélation à partir de laquelle j'essaie de systématiser une théologie autobiographique. C'est pourquoi, montrant la cohésion du sujet envisagé, ce chapitre s'avère une véritable clé de voûte. Car étant donné l'extension et la complexité d'un sujet aussi vaste comme l'est celui de l'autobiographie, la recherche pourrait courir le risque d'une dispersion. En fait, quand on ne choisit pas d'explorer soit des textes donnés, soit un auteur théologique, soit un personnage historique, mais un thème – ainsi que c'est le cas dans notre thèse –, un tel risque est toujours possible. Par contre, comme l'illustre l'image de l'arc en plein cintre, dans la mesure où s'établit une correspondance entre les contenus de tous les chapitres de la dissertation et les claveaux de la voûte, cela va rendre raison de la cohésion et de l'organicité du sujet traité. Le claveau-clé, notamment, met en relief le cadrage à l'intérieur duquel se déploie l'ensemble de la recherche, à savoir : le cadre d'une théologie de la Révélation.

Ainsi, à partir de cette seconde dimension constitutive de la Révélation qu'est la Tradition, le sujet de l'autobiographie théologique poursuit son déploiement avec l'étude d'un texte autobiographique qui pourrait converger dans le grand fleuve de la Tradition, et qui va donc faire l'objet du chapitre suivant.

Chapitre 5

Le Petit Prince. Un témoignage autobiographique dans le sillage de la Tradition

Dans ce chapitre qui correspond au claveau situé sur le côté droit de l'arc, tout de suite après la clef de voûte, ainsi que l'illustre l'image graphique relative à la structure de la thèse (voir fig. 1, p. X), je vais continuer à développer la réflexion concernant le « troisième Testament » et le lien étroit que celui-ci noue avec la Tradition. Cela me permet également de compléter la deuxième partie de ce travail visant à mettre au jour la composante autobiographique qui traverse la Révélation. La réflexion théologique de Balthasar autour du témoignage explorée au cours du chapitre précédent nous a aidés à repérer le fondement théologique des récits autobiographiques trito-testamentaires[1507]. Pour une part, ceux-ci, habitent l'Écriture canonique, tels des fils qui contribuent à tisser l'immense *filet* de la Bible, selon l'image suggérée par le théologien suisse lui-même[1508]. D'autres jaillissent des innombrables *espaces* que ce filet au *maillage souple* laisse *ouverts*, du fait qu'il contient la Parole, mais il n'en contraint pas l'excédent. Par conséquent, l'Écriture faisant place à la Tradition, grâce notamment à de tels *espaces*, l'Esprit continue de raconter *en entier* la *vérité* de la Révélation *dans* et *par* ledit « troisième Testament » aussi, en tant que *lieu théologique* où l'incarnation atteint sa dernière étape[1509]. En fait, bien que la communauté des croyants se veuille « l'endroit de la communication vive entre Dieu et l'homme et même le lieu de l'expérience diversifiée de la vérité »[1510], le témoignage du Verbe donné par l'Esprit dépasse les « frontières » institutionnelles de l'Église.

De ce fait, l'Esprit de vérité, le véritable sujet de la Tradition, parlant partout et par tous, les indices de son message peuvent être recensés même au-delà des lieux théologiques classiques reconnus par l'Église[1511]. Ce que nous avons explicité auparavant, à

1507 Voir *supra*, 4.1.1.
1508 Voir *supra*, la cit. de la n. 1211.
1509 Voir *supra*, 2. 3 et 4.4.2.
1510 W. Knoch, *Dio alla ricerca dell'uomo. Rivelzione, Scrittura e Tradizione*, vol. 4, p. 243, je traduis.
1511 Cf. J. Audinet (dir.), *Le déplacement de la théologie*, Beauchesne, Paris, 1977. Reportant les travaux d'un colloque de l'Institut catholique de Paris sur le thème *Le déplacement des lieux de la théologie* (février 1976), les contributions du volume mettent en relief comment la réflexion théologique sur les

savoir le fait que le Christ a confié l'unique Évangile non seulement à la plume des évangélistes, mais aussi au cœur même des hommes, implique que les hommes sont porteurs de cet Évangile indépendamment de leur adhésion officielle à la fois chrétienne. De la sorte, là où un témoignage chrétien se déploie de manière discrète parmi les plis d'une histoire personnelle, qui peut cependant rester inaperçu de la part du témoin lui-même, des pages s'ajoutent au troisième Testament, dans l'attente que celles-ci soient reconnues et mises au jour[1512]. Bref, le troisième Testament s'étendant à toute la communauté humaine, ses récits testimoniaux sont gravés également dans la littérature profane[1513]. C'est pourquoi, voulant dans ce chapitre envisager un témoignage autobiographique à même de légitimer une telle hypothèse[1514], mon choix ne porte pas sur un texte

« lieux théologiques » classiques devient l'occasion pour envisager des « lieux de la théologie » en tant que champs nouveaux de production théologique où les théologiens sont censés se déplacer. Il n'est donc pas question de substituer des lieux nouveaux aux lieux traditionnels, telles l'Écriture et la Tradition – auxquels Melchior Cano ajoutait l'autorité de l'Église catholique, des Conciles Œcuméniques et celle des Pontifes, ainsi que la doctrine des Pères de l'Église, des docteurs scolastiques et des canonistes, et enfin la vérité de la raison humaine, la doctrine des philosophes et l'histoire –, mais à partir de ceux-ci, de prendre conscience d'une nouvelle manière de théologiser. Pour l'approfondissement des « lieux théologiques » de M. Cano, voir aussi M. Jacquin, « Melchior Cano et la théologie moderne », *Revue de sciences philosophiques et théologiques* 14 (1920), pp. 121–141 ; M. Seckler, « Il significato ecclesiologico del sistema dei "loci theologici" », dans Id., *Teologia, Scienza, Chiesa. Saggi di teologia fondamentale*, Morcelliana, Brescia, 1988, pp. 171–206.

1512 C'est bien cela que je désire relever lors de l'approfondissement pastoral du sujet de l'autobiographie, à savoir au chapitre 6, vis-à-vis notamment de l'analyse concernant la « pastorale d'engendrement », que je vais situer dans le cadre de la nouvelle évangélisation. Il s'agit en effet d'une approche missionnaire où l'évangélisateur se découvre lui-même moins comme porteur de l'Évangile que comme «passeur» appelé à reconnaître les germes de la Bonne Nouvelle dans la vie même des destinataires de l'annonce (voir *infra*, 6.1.2.1).

1513 Ainsi E. Salmann : « Si nous savions redécouvrir les innombrables motifs théologiques présents dans l'univers très vaste des romans modernes, le christianisme se percevrait lui-même comme rafraîchi, rajeuni, plutôt que comme réduit au dogme et à la morale. » (Id., *La teologia è un romanzo. Un approccio dialettico a questioni culturali*, Paoline, Milano, 2000, cit. dans E. Andreuccetti, *La locanda dei racconti*, EDB, Bologna, 2007, p. 73, je traduis)

1514 Que les récits – soit religieux soit profanes – postérieurs à l'événement Jésus-Christ convergent dans le grand fleuve de la Tradition, cela rejoint Theobald, lequel étend le pluralisme de la forme biblique, composés de divers récits et genres littéraires, à toute cette prolifération de récits et de débats théologiques issue de l'histoire du christianisme ainsi que du pluralisme culturel de l'actuelle société post-moderne (voir *supra*, 1.1.3). Cependant, l'axiome dogmatique de Jüngel faisant barrage à ladite « dilution apocryphe » par rapport à l'Écriture, ne peut pas à mon avis ne pas affecter aussi la Tradition, du fait de la compréhension de la Révélation refusant la conception des « deux sources ». En revanche, la Révélation étant une seule Tradition caractérisée de deux voies complémentaires (voir *supra*, 4. 1, notamment 4.1.2), les récits du « troisième Testament », tels que nous les avons conçus (voir *supra*, 4. 3), ne se veulent pas des histoires « calquées sur les récits évangéliques » (voir *supra*, 1.1.3) et *renvoyant* à l'Évangile, selon la visée de l'*analogia Regni* dont parle Theobald relativement aux « récits de Dieu » (voir *supra*, 1.2.4.2, notamment la n. 327). En revanche, conformément à l'argument de Jüngel dans lequel ma thèse demeure ancrée, le « troisième Testament » se veut cette tradition testimoniale et donc autobiographique – pour le fait qu'elle

chrétien de type spirituel ou ecclésiastique à proprement parler, mais sur un texte « laïc », à savoir : *Le Petit Prince* d'Antoine de Saint-Exupéry.

Ce conte, dont j'avais depuis longtemps entendu parler, je ne l'ai lu que récemment, précisément il y a trois ans (2017). À vrai dire, c'est en 2004 que le livret du *Petit Prince* est parvenu pour la première fois en mes mains comme cadeau d'un de mes amis. Et pourtant, ce premier exemplaire en italien n'a pas fait immédiatement l'objet de ma lecture. C'est des années plus tard que l'occasion d'une lecture s'est présentée, précisément à Fribourg, suite à ma décision de m'engager pour un doctorat en théologie. Dans la cité helvétique, où j'offrais à côté de mes études mon service d'aumônier auprès des Homes médicalisés, j'ai fait notamment la connaissance d'une résidente, que j'ai côtoyée, et avec laquelle s'est bientôt établi un lien d'amitié très fort. Ainsi, un jour, voulant me faire un cadeau, cette dame a pensé m'offrir un livre. Quelle n'a pas été ma stupeur lorsqu'en ouvrant l'emballage, j'ai à nouveau trouvé le conte du *Petit Prince* entre mes mains, cette fois-ci en français ! C'était pour moi comme un signe divin me disant de ne plus en repousser la lecture. Mais ce n'est pas tout.

Commençant par lire la préface de l'exemplaire italien, j'ai été frappé par une remarque : « *Il Piccolo Principe è* un racconto autobiografico[1515]. » Sur quoi travaillais-je, sinon sur le sujet de l'autobiographie ? Je devinais donc la première raison d'une lecture « retardée ». Puis, au fur et à mesure que j'avançais dans la lecture du texte, j'ai été bouleversé par une autre découverte assez surprenante. Il s'agissait d'un conte muni de textes et d'images, ce qui s'accordait bien avec les deux catégories christologiques et analogiques constituant le noyau de mon travail théologique, à savoir la *parole* et l'*image*. Bref, la lecture du *Petit Prince* terminée, j'ai décidé sans aucune hésitation de consacrer un chapitre de mon travail à l'analyse du conte autobiographique d'Antoine de Saint-Exupéry.

découle d'une histoire personnelle de vie – racontant l'Histoire de l'humanité même de Dieu, soit l'unique Évangile *inscrit également dans le cœur des hommes*. C'est pourquoi, bien que je partage la posture narrative souhaitée par le théologien jésuite (voir *supra*, n. 89), à la « multiplication de récits » qui racontent nécessairement, d'après Theobald, *celui qui ne peut jamais* « être défini » (voir *supra*, cit. relative à la n. 90), j'oppose la « multiformité » des récits trito-testamentaires (voir *supra*, n. 247) relatant le récit unique de Dieu, Jésus-Christ, la Parabole du Père. En fait, ce récit est la *définition* adéquate et précise de Dieu, car il est en même temps le narrateur unique de Dieu, soit Dieu lui-même fait parole humaine. Somme toute, le « troisième Testament » étant habité par la même analogie sacramentelle, voire christosacramentelle qui traverse la Parole-Écriture, le conte autobiographique du *Petit Prince* va s'avérer inhérent à la tradition testimoniale trito-testamentaire qui coule dans le grand fleuve de la Tradition apostolique, ainsi que j'essaierai de l'expliciter au long de ce chapitre (voir notamment *infra*, 5.3.1).

1515 A. de Saint-Exupéry, *Il Piccolo Principe*, Bompiani, Milano, 2004, p. V, je traduis et je souligne.

Nous voici donc confrontés à un petit récit qui nous invite expressément à le relire sur un registre autobiographique, mais aussi à prendre en compte, par souci de cohérence herméneutique et méthodologique, les sujets théologiques, philosophiques et anthropologiques explorés auparavant. Pour ce faire, *Le Petit Prince* requiert d'abord qu'une telle relecture autobiographique soit effectuée à l'intérieur d'un cadrage qui inclut notamment les autres œuvres de l'aviateur français, car celles-ci contiennent presque tous les thèmes que Saint-Ex[1516] fait converger dans son conte. C'est pourquoi, m'inspirant des trois *mimèsis* de la philosophie de la narration mise en place par Ricœur, je vais appeler cette première phase *mimèsis* I. À celle-ci s'ajoutent *mimèsis* II et *mimèsis* III qui vont compléter l'analyse du premier paragraphe (5. 1). Ensuite, à la lumière des théories que nous avons envisagées au troisième chapitre, lors de notre confrontation avec les spécialistes en autobiographie, je vais essayer de lire le récit à l'aide pour ainsi dire de Gusdorf, de Demetrio et de Lejeune (5. 2). Finalement, étant tissu de *paroles* et d'*images*, *Le Petit Prince* va faire l'objet d'une analyse théologique (5. 3) qui tient compte desdites analogies de la foi, objet notamment du premier chapitre, à savoir l'analogie parabolique de Jüngel et l'analogie esthétique de Balthasar, les deux visées théologiques reposant respectivement sur les catégories christologiques de parole et d'image. Cette dernière exploration essaiera ainsi de situer le conte de Saint-Exupéry dans le sillage de la Tradition, et elle va jeter également les bases d'une approche pastorale du sujet autobiographique visant la *nouvelle évangélisation*, notamment l'expérience que je vais désigner comme « cénacle autobiographique », objet de la troisième et dernière partie de la présente recherche[1517]. Ainsi que cela va ressortir du chapitre 7, *Le Petit Prince* a en fait bien étayé les ateliers des quatre cénacles autobiographiques que j'ai récemment réalisés en Italie, en s'avérant être un texte autobiographique précieux pour le rôle de « pédagogue » qu'il a assumé.

De ce fait, dans le cadre d'une pareille analyse, ce chapitre va essayer de répondre à la question que voici : bien que tous les textes de Saint-Exupéry semblent lancer une sorte de religion ou de philosophie universelle, et en considérant également les nombreuses références bibliques et chrétiennes qu'ils contiennent[1518] – dont on ne saurait se

1516 C'est ainsi que les amis les plus proches appelaient l'auteur du *Petit Prince*.

1517 Voir *infra*, chap. 6 et chap. 7.

1518 À ce propos, la bibliographie remarquant une telle connexion est assez riche. En voici quelques illustrations : S. Rougier, *« Que peut-on dire aux hommes ? » : Saint Éxupéry à l'approche de Dieu*, Mame, Paris, 2017 ; U. Follena (éd.), *Il Piccolo Principe commentato con testi di Papa Francesco*, Àncora, Milano, 2017 ; M. Giguère, « Les symboles religieux dans Le petit prince », 23.6.2015, dans https ://prezi.com/fxjrfa3ci_js/les-symboles-religieux-dans-le-petit-prince/ ; S. Giannatempo, *Il vangelo sencondo il Piccolo Principe*, Claudiana, Torino, 2015 ; E. Romeo (éd.), *Il Piccolo Principe commentato con la Bibbia*, Àncora, Milano, 2015 ; S. Rougier, « Saint-Exupéry, le tourmenté de Dieu », 20.1.2007, dans https://www.la-croix.com/Archives/2007-01-20/Saint-Exupery-le-tourmente-de-Dieu-_NP_-2007-01-20-281990 ; S. de Rozières, « Antoine de

passer –, le conte autobiographique du *Petit Prince*, témoigne-t-il de cet Évangile *inscrit également dans les cœurs des hommes* ?

5.1. Les *mimèsis* autobiographiques du *Petit Prince*

5.1.1. *Mimèsis* I : la préfiguration du *Petit Prince*

Comme il s'agit d'un récit, mon approche de cette œuvre littéraire, qui fait partie des plus fameuses au monde, veut d'abord contextualiser *Le Petit Prince* dans le cadre de la conception philosophique de la narration que nous avons explorée auparavant[1519]. Or, bien que Ricœur ne s'occupe pas de narration autobiographique, nous avons également tiré profit de sa réflexion tout en essayant de l'appliquer de manière « symétrique » au discours autobiographique[1520]. Car si les phases narratives de *mimèsis* I, II et III – pas prises au sens chronologique – sont en fonction du lecteur, dans le cas d'une œuvre autonarrative, ces mêmes phases peuvent aussi concerner l'auteur, du fait qu'il est en même temps sujet/objet d'une configuration particulière, proprement d'une autocongifuration visant pour cela même à la refiguration de son auteur[1521]. C'est pourquoi notre relecture du *Petit Prince* va tenir compte de la théorie ricœurienne, à commencer par ce que le philosophe appelle *mimèsis* I.

Nous le rappelons brièvement, il s'agit d'une phase préalable à la configuration, soit *mimèsis* II, qualifiée dès lors de préfiguration, qui tient compte du contexte expérientiel, et qui constitue la *conditio sine qua non* d'une configuration narrative. De fait, sans le monde réel de l'expérience, ladite *mise en intrigue* d'un récit fictif ne serait pas faisable, car l'« être comme » de la fiction est relatif à l'« être ainsi » du monde réel. Par conséquent, entamer une lecture productive du *Petit Prince* ne serait pas possible en dehors de la réalité où ce conte prend naissance, à savoir le contexte humain, historique et culturel visant l'auteur de cette configuration narrative, laquelle se veut, ainsi que nous le verrons, une véritable autoconfiguration. C'est pourquoi, dans ce premier paragraphe, je vais avoir recours aux autres œuvres d'Antoine de Saint-Exupéry, car elles peuvent à mon avis offrir ce contexte littéraire « préfigurant » pour ainsi dire *Le Petit Prince*.

Un monde à garder et à cultiver constitue l'arrière-fond du conte du pilote écrivain. De fait, dans sa petite planète, le personnage du petit prince, le premier protagoniste du

Saint Exupéry avait-il la foi ? », 31 octobre 2017, https ://fr.aleteia.org/2017/10/31/antoine-de-saint-exupery-avait-il-la-foi/ ; G. Pani, « "Il Piccolo Principe" e la Bibbia », *La Civiltà Cattolica*, 2 (2005), pp. 79–83.

1519 Voir *supra*, 3.2.2.

1520 Voir *supra*, 3.2.2.2.

1521 Voir *supra*, 3.3.

récit, avant de partir pour un voyage interplanétaire, fait un travail très particulier, ainsi que va bientôt l'apprendre l'aviateur tombé en panne en plein désert, le second personnage du conte :

> … « C'est une question de discipline, me disait plus tard le petit prince. Quand on a terminé sa toilette du matin, il faut faire soigneusement la toilette de la planète. Il faut s'astreindre régulièrement à arracher les baobabs dès qu'on les distingue d'avec les rosiers auxquels ils ressemblent beaucoup quand ils sont très jeunes. C'est un travail très ennuyeux, mais très facile. »[1522]

C'est ainsi que l'aviateur Antoine découvre petit à petit l'occupation quotidienne du petit prince dans sa petite planète, une occupation qui l'assimile à un gardien et à un jardinier. À ce propos, il est étonnant de saisir, entre les lignes du conte, l'allusion à la vocation du premier homme de la Bible, Adam, appelé à *cultiver et à garder le jardin*, mais aussi à *garder son frère*, ainsi que cela ressort de l'histoire de Caïn et d'Abel (cf. Gn 2,15 ; 4,2b ; 9,4b). Cette vocation, faisant de l'homme un sujet « en relation », devient précisément un projet à proposer et à réaliser, dans le conte de Saint-Exupéry. En fait, le petit prince, soucieux du danger que les baobabs peuvent provoquer, demandera un jour à Antoine de s'essayer à un dessin capable d'expliquer et d'enseigner aux enfants à prendre garde aux baobabs[1523]. Cela se traduit à l'intérieur du conte en un cri que l'autobiographe adresse à ses amis : « Enfants ! Faites attention aux baobabs ! »[1524]

Il ne faut pas oublier que cet écrit autobiographique est plus qu'une histoire enfantine, quoique l'invitation reçue de la part de l'éditeur américain Reynal & Hitchcock fût celle d'écrire un conte pour enfants[1525]. Preuve en est le fait que *Le Petit Prince* est dé-

1522 A. de Saint-Exupéry, *Le Petit Prince*, Folio, Paris, 2016 (Gallimard 1946, Gallimard 1999 pour la présente édition), p. 28 (chap. V). C'est l'édition du second livre que j'ai reçu en cadeau. Dès maintenant, quand je citerai *Le Petit Prince*, en plus des pages, je spécifierai aussi le chapitre du conte, afin de faciliter la recherche des lecteurs qui pourraient consulter une édition différente.

1523 Cf. *ibid.*

1524 *Ibid.* La dangerosité des baobabs reflète aussi la menace des « plantes mauvaises » de l'histoire, tel Hitler.

1525 Cf. A. Vircondelet, *La véritable histoire du Petit Prince*, Flammarion, Paris, 2008, pp. 35, 57, 70 ; P. Webster, *Saint-Exupéry. Vie et mort du petit prince* [traduit de l'anglais par C. Richetin], Le Félin, Paris, 2002, p. 264. Parmi les nombreuses biographies les plus accréditées autour de l'auteur du *Petit Prince*, les textes susmentionnés recommandent la prise en compte d'informations de première main parvenues aux auteurs de la part de personnes très proches de Saint-Ex, et tirées de certains documents réservés et inédits. En effet, Webster apprend de Curcice Hitchcock, l'éditeur américain, que ce fût celui-ci à passer à Saint-Exupéry, encore exilé aux États Unis, la commande d'un livre pour enfants. Cela adviendrait après que Hitchcock vit lui-même « l'auteur dessiner un petit garçon à la tignasse ébouriffée sur une nappe de restaurant » (P. Webster, *Saint-Exupéry. Vie et mort du petit prince*, p. 264). Cependant, le plan du *Petit Prince* « semblerait avoir germé dans l'esprit de l'écrivain bien avant cette proposition. » (*ibid.*) Je signale également la précieuse biographie de Luc Estang, même si elle date quelque peu : cf. Id., *Saint-Exupéry par lui-même*, Seuil, Paris, 1956.

dicacé à un adulte, c'est-à-dire à l'ami hébreu Léon Werth, voire à l'enfant que celui-ci a été, ainsi que le précise Saint-Exupéry voulant se justifier vis-à-vis des enfants, les premiers destinataires du conte :

À Léon Werth.

> Je demande pardon aux enfants d'avoir dédié ce livre à une grande personne. J'ai une excuse : cette grande personne est le meilleur ami que j'ai eu au monde. J'ai une autre excuse : cette grande personne peut tout comprendre, même les livres pour enfants. J'ai une troisième excuse : cette grande personne habite la France où elle a faim et froid. Elle a bien besoin d'être consolée. Si toutes ces excuses ne suffisent pas, je veux bien dédier ce livre à l'enfant qu'a été autrefois cette grande personne. Toutes les grandes personnes ont d'abord été des enfants. (Mais peu d'entre elles s'en souviennent.) Je corrige donc ma dédicace :
>
> *À Léon Werth*
> *quand il était petit garçon*[1526].

Cette dédicace contenant, à mon avis, de véritables traces autobiographiques à travers lesquelles le lecteur peut saisir des informations précieuses concernant l'auteur du conte, je voudrais d'ores et déjà formuler une hypothèse. Selon les thèses notamment de Webster et de Vircondelet, ce texte aurait dû être dédié à Consuelo, la femme de Saint-Ex[1527]. Pour ma part, j'ose conjecturer que ce texte serait plutôt adressé à la France, le pays de l'auteur, explicitement mentionnée dans la dédicace, ainsi qu'à l'homme en tant quel tel, représenté par l'ami Léon et par tous les enfants, auxquels le livre est également dédié,

1526 A. de Saint-Exupéry, *Le Petit Prince*, p. 11.

1527 Webster l'affirme sans hésitation : « Il n'y a rien de mystérieux dans les raisons qui amenèrent Saint-Exupéry à décrire sous la forme d'un conte pour enfants sa relation avec Consuelo. La rose du Petit Prince, c'est elle, et le livre est un aveu que leurs destinées étaient irrévocablement liées par les peines et les joies partagées. » (P. Webster, *Saint-Exupéry. Vie et mort du petit prince*, p. 11) Cette thèse s'appuie sur une des lettres que Consuelo aurait reçues de son mari et gardées sans les faire publier, où Antoine lui avouait ceci : « "Tu sais, la rose c'est toi. Je n'ai peut-être pas su te soigner mais je t'ai toujours trouvée jolie." » (*ibid.*, pp. 269–270). Tandis que « dans une autre lettre, Saint-Exupéry disait à sa femme que son plus grand regret était de ne pas lui avoir dédié *Le Petit Prince* » (*ibid.*, p. 270). De même, Vircondelet : « À ceux qui voudraient dénier à Consuelo son rôle d'inspiratrice de la rose dans *Le Petit Prince* et d'accompagnatrice tout au long de la rédaction du conte, il faudrait opposer tous les témoignages de ceux qui, de près ou de loin, ont constaté sa présence et les attentions que Saint-Exupéry portait à sa femme. » (A. Vircondelet, *La véritable histoire du Petit Prince*, p. 147) Et encore, à partir d'un dessin-autoportrait esquissé par Consuelo et exhumé en 2000, où elle apparaît coiffée à la lionne, le cou entouré d'une écharpe, tout comme la dernière et définitive image du petit prince laissée par Antoine, Vircondelet suppose : « Il [Saint-Exupéry] intègre donc à sa manière l'autoportrait de Consuelo sous sa plume, il l'associe à son histoire, créant ainsi ce qui n'a pas pu se réaliser depuis douze ans déjà, date de leur première rencontre : avoir un enfant. […] Quoi de plus naturel en effet, aurait pu répondre Antoine, qu'un fils ressemble à sa mère ? » (*ibid.*, p. 101, j'explicite)

destinés à devenir un jour des grandes personnes[1528]. Quant à la fameuse « rose » du conte, elle reste ouverte à plusieurs significations qui sont cependant en fonction des enseignements précieux du renard. Ce sont ceux-ci qui demeurent, au bout du compte, au cœur du récit[1529].

Ainsi, à l'intérieur du *Petit Prince*, l'auteur parle dès le début à travers la voix du narrateur, et il paraît aussi comme l'autre protagoniste du conte, c'est-à-dire le pilote en panne, en plein désert du Sahara, où il est précipité suite à un accident aérien[1530]. Cela remplit, selon le principe théorisé par Lejeune, les conditions pour qu'il y ait récit autobiographique[1531]. Sa condition d'égaré l'assimile, par analogie, à l'homme de son temps, ainsi qu'il l'écrira au général « X », en juillet 1944, à La Marsa, quelques semaines avant de disparaître à jamais : « Ça, c'est de l'époque, non de l'Amérique : l'homme n'a plus de sens. Il faut absolument parler aux hommes[1532]. » L'homme s'est égaré parce qu'il n'a plus mis son intelligence au service de l'amour[1533]. Et la racine de cet égarement date de Descartes, lors de la perte de la dimension spirituelle de l'homme à l'avantage d'une conception matérielle de l'existence. De fait, pour le philosophe français, il ne reste de

1528 Léon Werth, habitant la France, est un ami d'Antoine d'origine juive obligé de rester caché dans la région natale de Saint-Exupéry pour échapper à la persécution nazie. C'est pourquoi, il peut être considéré comme le symbole des nombreuses victimes d'un si grand crime contre l'humanité, et comme le symbole même de tout homme non respecté et menacé d'extinction. Après la composition du *Petit Prince*, l'aviateur écrivain va lui consacrer une longue lettre qui sera publiée en juin 1943 (cf. A. de Saint-Exupéry, *Lettre à un otage,* dans Id., *Œuvres complètes* [éd. par M. Autrand et M. Quesnel], t. II, Gallimard, Paris, 1999, pp. 88–104).

1529 Voir *infra*, 5.3.

1530 Cf. A. de Saint-Exupéry, *Le Petit Prince*, p. 15 (chap. II).

1531 Souvenons-nous que, pour Lejeune, il y a autobiographie là où existe une identité directe entre auteur, narrateur et personnage raconté. Voir *supra*, 3.2.1.3.

1532 A. de Saint-Exupéry, *Lettre au général X*, dans Id., *Œuvres complètes*, t. II, pp. 328–334, ici p. 330. C'est une des dernières lettres que l'aviateur français écrit à La Marsa, près de Tunis, en juillet 1943. Parue dans *Le Figaro littéraire* n. 103, du 10 avril 1948, elle est ensuite recueillie par Claude Reynal avec d'autres textes inédits de Saint-Exupéry.

1533 Cf. A. de Saint-Exupéry, *Pilote de guerre*, dans Id., *Œuvres complètes*, t. II, pp. 113–228, ici p. 209. Publié aux États-Unis, en février 1942, sous le titre *Fligh to Arras*, *Pilote de guerre*, qui précède d'un an la publication du *Petit Prince*, paraît en France la même année – avant d'être interdit et imprimé clandestinement –, avec quatre mots censurés : « Hitler est un idiot » (cf. Luc Estang, *Saint-Exupéry par lui-même*, p. 11). Dans ce livre autobiographique, racontant les missions que l'aviateur écrivain a accomplies au sein du groupe de reconnaissance 2/33, Saint-Exupéry narre la guerre et l'humiliation de la défaite de la France suite à l'armistice du 22 juin 1940. Aux commandes de son avion, le pilote se remémore des souvenirs de son enfance, de sa famille, et il médite sur l'Homme et sur la Civilisation. Ce livre est un hommage à son Pays, la France, et à ceux qui ont sacrifié leur vie. Le 23 mai 1940, Saint-Ex doit survoler la région d'Arras pour prendre des photos. Cette mission est tellement dangereuse qu'en revenir tient du miracle. Son avion, descendant pour prendre des photos, est une cible de l'adversaire. Heureusement, les photos ayant été prises, l'aviateur fera retour à sa base.

la place que pour la *res cogitans*, la pensée rationnelle et psychique, et pour la *res extensa*, la constatation et le mesurage quantitatif de la réalité. C'est pourquoi l'aviateur Antoine écrit :

> Les hommes ont fait l'essai des valeurs cartésiennes : hors des sciences de la nature, ça ne leur a guère réussi. Il n'y a qu'un problème, un seul : redécouvrir qu'il est une vie de l'esprit plus haute encore que la vie de l'intelligence. La seule qui satisfasse l'homme. Ça déborde le problème de la vie religieuse qui n'en est qu'une forme (bien que peut-être la vie de l'esprit conduise à l'autre nécessairement). Et la vie de l'esprit commence là où un être « vu » est conçu au-dessus des matériaux qui le composent[1534].

Cet égarement débouche sur un fait grave constituant aussi une question fondamentale pour Saint-Exupéry : l'homme a perdu l'*essentiel* de la vie, ce sur quoi il revient à maintes reprises dans son conte. Cet « essentiel » s'oppose nettement à tout ce qui caractérise l'homme de son temps, c'est-à-dire à ses intérêts et à ses critères de compréhension du monde et de la vie, intérêts et critères qui reposent sur les nombres, les chiffres, les quantités et le volet monétaire :

> Les grandes personnes aiment les chiffres. Quand vous leur parlez d'un nouvel ami, elles ne vous questionnent jamais sur l'essentiel. Elles ne vous disent jamais : « Quel est le son de sa voix ? Quels sont les jeux qu'il préfère ? Est-ce qu'il collectionne les papillons ? » Elles vous demandent : « Quel âge a-t-il ? Combien a-t-il de frères ? Combien pèse-t-il ? Combien gagne son père ? » Alors seulement elles croient le connaître. Si vous dites aux grandes personnes : « J'ai vu une belle maison en briques roses, avec des géraniums aux fenêtres et des colombes sur le toit… », elles ne parviennent pas à s'imaginer cette maison. Il faut leur dire : « J'ai vu une maison de cent mille francs. » Alors elles s'écrient : « Comme c'est joli ! »[1535]

Ayant perdu l'essentiel et le sens de la vie, l'homme contemporain de Saint-Ex est dès lors devenu le résultat d'un appauvrissement anthropologique, ainsi que le soulignent ses dernières œuvres littéraires traversées par une soif de fraternité et d'amitié, par une quête de sens et par une demande d'humanité. Dans *Terre des hommes*[1536], dans *Pilote de guerre*, dans la *Lettre à un otage* et dans la *Lettre au Général X*, le sujet « homme/

1534 A. DE SAINT-EXUPÉRY, *Lettre au général X*, p. 330.

1535 A. DE SAINT-EXUPÉRY, *Le Petit Prince*, pp. 23–24.

1536 Cf. A. DE SAINT-EXUPÉRY, *Terre des hommes,* dans ID., *Œuvres complètes* [éd. par M. AUTRAND et M. QUESNEL], t. I, Gallimard, Paris, 1994, pp. 171–296, notamment p. 268 et p. 285. Paru à Paris en 1938, *Terre des hommes* est un roman qui a reçu le Grand prix du roman de l'Académie française. C'est un foisonnement d'images, de souvenirs, d'aventures tirés de l'expérience de Saint-Exupéry. Certains moments forts de sa carrière de pilote et de sa vie l'ont éclairé sur l'homme, le thème central de son œuvre. Entre les huit chapitres qui composent le roman, le septième relate l'accident d'avion dans le désert libyen lors du raid Paris-Saïgon. La faim et la soif gagnent Antoine et son copain, le mécanicien Prévot. Cependant, un bédouin apparaît et ils sont sauvés. Ce chapitre est une source d'inspiration du *Petit Prince*, car on peut déjà y trouver presque tous les éléments contenus dans le conte de Saint-Exupéry.

humanité » est central, et il revêt une importance capitale, si bien que l'aviateur écrit parfois le mot « Homme » avec majuscule[1537].

L'Homme mis en cause par Saint-Exupéry n'est pas synonyme d'individu, mais il revêt une signification universelle : « Car l'Homme de ma civilisation, dit-il, ne se définit pas à partir des hommes. Ce sont les hommes qui se définissent par lui[1538]. » De même qu'« une cathédrale est bien autre chose qu'une somme de pierres », puisque « ce ne sont pas les pierres qui la définissent, c'est elle qui enrichit les pierres de sa propre signification », de même « j'ai cru, avoue Saint-Exupéry, que l'Homme résumait les hommes, comme la Pierre résume les pierres »[1539]. D'où lui vient une telle considération et préoccupation anthropologiques ?

Dans les phrases ci-dessus, les références implicites à la Bible, à la théologie et à la religion chrétienne sautent aux yeux. Dès lors, la signification de l'Homme mise en cause par l'aviateur ne va pas dans la direction d'une religion philanthrope où l'homme remplit un rôle divin. Elle repose plutôt sur ce qui a constitué durant des siècles le fondement de la civilisation française résumé par la devise « Liberté, Égalité, Fraternité ». Ce fondement, c'est Dieu, en l'espèce le Dieu du culte chrétien[1540]. Saint-Exupéry lui-même l'explicite, lorsqu'à l'égard de l'*Égalité* il affirme ceci : « Ma civilisation est héritière des

1537 Cf. A. de Saint-Exupéry, *Pilote de guerre*, pp. 213–227. Je précise que dans l'édition numérique du même ouvrage le mot « Homme » est écrit en majuscule [cf. https ://ebooks-bnr.com/ebooks/pdf4/saint_exupery_pilote_de_guerre.pdf, éd. par l'Association *Les Bourlapapey*, Bibliothèque numérique romande (Suisse) (http ://www.ebooks-bnr.com/), janvier 2015, pp. 145–163]. L'Association susmentionnée, qui gère la Bibliothèque numérique romande, atteste que l'édition mise en ligne correspond au texte de la première édition de l'ouvrage de l'écrivain français parue en 1942 et publiée par Gallimard, à savoir : A. de Saint-Exupéry, *Pilote de Guerre*, Paris, Gallimard (*NRF*), 1942. La sigle *NRF* désigne la *Nouvelle Revue Française*, une revue de littérature et de critique française, à l'origine mensuelle et aujourd'hui bimestrielle, fondée en novembre 1908. En mai 1911, Gaston Gallimard devient l'éditeur-gérant de la revue, qui devient ensuite une maison d'édition, puis à partir de 1920, le fleuron des éditions Gallimard. C'est pourquoi, par la suite, concernant l'ouvrage en question, je vais citer les deux éditions, en premier celle des *Œuvres complètes*, puis de suite après l'édition numérique (*éd. n.*). Les citations seront pourtant tirées de cette dernière.

1538 A. de Saint-Exupéry, *Pilote de guerre*, p. 216 ; éd. n., p. 149.

1539 *Ibid.*, toutes les citations. En arrière-fond : 1 P 2,4-6. Dans l'éd. n., le mot « Pierre » est aussi avec majuscule (p. 149).

1540 Dans sa thèse de doctorat en littérature française, *Le sacré et son expression chez Antoine de Saint Exupéry*, Laurent de Bodin de Galembert soutient – contrairement à mon interprétation chrétienne et christologique de la pensée anthropologique du pilote écrivain – que l'Homme chez Saint-Exupéry ne revêt pas une signification sacrée et religieuse, mais il représente une sorte de modèle archétypal auquel tout être humain devrait aspirer. Dans son *abstract* en ligne, L. de Bodin de Galembert affirme : « Saint Exupéry voit dans le sacré une construction humaine – et non un Absolu – permettant à chaque homme de s'élever vers un niveau supérieur. En ce sens, la conception qu'a Saint Exupéry du sacré plonge ses racines chez Nietzsche pour qui le dépassement de l'individu et la réalisation de l'homme en un surhomme – que Saint Exupéry nomme Homme –

valeurs chrétiennes. [...] La contemplation de Dieu fondait les hommes égaux, parce qu'égaux en Dieu. Et cette égalité avait une signification claire[1541]. » De même, concernant la *Fraternité*, il écrit : « Je comprends l'origine de la fraternité des hommes. Les hommes étaient frères en Dieu. [...] S'il n'est point de nœud qui les unisse, les hommes sont juxtaposés et non liés. On ne peut être frère tout court. Mes camarades et moi sommes frères "en" le Groupe 2/33. Les Français "en" la France[1542]. » Et par rapport à la *Liberté*, il souligne : « Ma civilisation, héritière de Dieu, a fait chacun responsable de tous les hommes, et tous les hommes responsables de chacun. [...] Je comprends clairement, à cette lumière, la signification de la liberté. Elle est liberté d'une croissance d'arbre dans le champ de force de sa graine. Elle est climat de l'ascension de l'Homme. Elle est semblable à un vent favorable. Par la grâce du vent seul, les voiliers sont libres, en mer[1543]. »

Il y a une autre référence biblique et théologique importante, chez Saint-Exupéry, qui fonde la notion d'Homme et met en jeu l'acte divin de la création : « Durant des siècles ma civilisation a contemplé Dieu à travers les hommes. L'homme était créé à l'image de Dieu. On respectait Dieu en l'homme. [...] Ce reflet de Dieu conférait une dignité inaliénable à chaque homme. Les relations de l'homme avec Dieu fondaient avec évidence les devoirs de chacun vis-à-vis de soi-même ou d'autrui[1544]. » Une telle grandeur et valeur ne viennent donc pas à l'homme de lui-même, mais de Dieu qui l'a créé à son image. C'est pourquoi, à partir de ce principe anthropologique incontournable, « ma civilisation, dit Saint-Exupéry, a cherché à faire de chaque homme l'Ambassadeur d'un même prince »[1545], ce sur quoi je vais revenir plus loin.

En somme, bien que le nom de Jésus-Christ ne soit pas mentionné, il va de soi que l'Homme avec majuscule issu des écrits de l'auteur du *Petit Prince* débouche au bout du compte sur l'Homme-Dieu. D'abord, parce que la civilisation de son Pays repose sur le christianisme, ainsi que le remarque à maintes reprises l'aviateur écrivain. Puis, parce qu'en plus de la création, Saint-Exupéry relie l'Homme au mystère de l'incarnation et de la rédemption :

passe par son élévation vers un niveau supérieur, grâce à la discipline et la ferveur inculquées par le chef. » (http ://nitescence.free.fr/position.pdf, p. 1)

1541 *Ibid.*, p. 217 ; éd. n., p. 151.

1542 *Ibid.*, p. 218 ; éd. n., p. 152.

1543 *Ibid.*, pp. 219–220 ; éd. n., p. 154. On peut y lire entre les lignes plusieurs phrases bibliques, telles celles tirées des références que voici : Mt 13,31-32 (la parabole du petit grain de moutarde), Lc 24,50-51 (l'Ascension du Christ) et Jn 3,8 (le vent de l'Esprit).

1544 *Ibid.*, p. 217 ; éd. n., pp. 150–151.

1545 *Ibid.*, p. 217 ; éd. n., p. 150 (ici, « Ambassadeur » est avec majuscule). Par rapport à l'homme en tant qu'*ambassadeur* et *vizir* de Dieu, voir *supra*, 2.1.2 et 2.3.2.

> Si nous avions été le Noël du monde, le monde se fût sauvé à travers nous. La communauté spirituelle des hommes dans le monde n'a pas joué en notre faveur. Mais, en fondant cette communauté des hommes dans le monde, nous eussions sauvé le monde et nous-mêmes. Nous avons failli à cette tâche. Chacun est responsable de tous. Chacun est seul responsable. Chacun est seul responsable de tous. Je comprends pour la première fois l'un des mystères de la religion dont est sortie la civilisation que je revendique comme mienne : « Porter les péchés des hommes… » Et chacun porte tous les péchés de tous les hommes[1546].

Au cœur de l'appel qui traverse la réflexion existentielle de l'aviateur écrivain se situe donc le *salut* de l'homme. « Il faut restaurer l'Homme, continue Saint-Exupéry. C'est lui l'*essence* de ma culture. C'est lui la clef de ma Communauté[1547]. » Cette phrase va s'avérer très importante pour la compréhension de l'enseignement du renard et de sa révélation au petit prince du secret concernant l'*essentiel* de la vie[1548].

Saint-Exupéry est lui aussi en quête de sens, d'un sens à donner à sa propre vie, c'est pourquoi cette crise qui a effacé le fondement de sa civilisation le concerne de très près, ainsi qu'il l'avoue : « Mais j'ai tout gâché. *J'ai dilapidé l'héritage.* J'ai laissé pourrir la notion d'Homme[1549]. » Dans ce passage aussi, on ne peut que percevoir l'arrière-fond biblique qui l'habite, c'est-à-dire la parabole du Père miséricordieux de Lc 15,11-32. Le pilote Antoine fluctue donc entre mélancolie et nostalgie de quelque chose qui puisse apaiser son inquiétude et étancher la soif de bonheur et d'amour qui l'habite, et qui souvent le reporte à son enfance[1550]. Mais il ne sait pas encore ce qu'il cherche, du moins jusqu'au moment où il finit dans le Sahara, l'endroit où débute le conte autobiographique du *Petit Prince*.

Le désert où l'aviateur Antoine se retrouve en panne, son avion à moitié détruit, ne se limite pas à désigner seulement l'endroit géographique, mais il livre aussi l'image d'une condition d'homme, précisément celle que vit le narrateur, soit l'auteur même du conte. Or, tout comme dans la Bible, le désert n'est rien tant qu'il ne devient pas le lieu plénier d'une rencontre, d'une connaissance et d'un chemin. Ce qui se passe dans le

1546 *Ibid.*, pp. 212–213 ; éd. n., pp. 143–144.

1547 *Ibid.*, p. 216 ; éd. n., p. 149, je souligne (ici « Homme » et « Communauté » sont avec majuscule). À ce propos, le caractère universel que revêt l'Homme de Saint-Exupéry au sein de la Communauté des humains, est assumé, chez Balthasar, par Jésus-Christ, si bien que le théologien suisse lui attribue la catégorie d'« *universale concretum et personale* » (voir *supra*, 1.2.3, notamment la n. 264 ; 4.1.1, notamment la n. 1180).

1548 Je vais y revenir vers la fin du paragraphe.

1549 A. de Saint-Exupéry, *Pilote de guerre*, p. 220 ; éd. n., p. 155, je souligne (ici «Homme » est en majuscule).

1550 Dans *Pilote de guerre*, décrivant sa dangereuse mission de reconnaissance, pendant que l'avion descend pour prendre des photos sur Arras, Saint-Exupéry se souvient de sa gouvernante tyrolienne du château où il a vécu quand il était petit garçon. Le souvenir de son heureuse enfance le rassure (cf. *ibid.*, pp. 181–185 ; éd. n., pp. 102–108).

désert du Sahara, c'est-à-dire la rencontre, la connaissance et le chemin que le pilote va faire avec ce petit garçon qui lui apparaît de bonne heure le jour après sa première nuit passée en plein air, devient compréhensible davantage à partir notamment de sa réflexion sur la délivrance de l'homme :

> Mais qu'est-ce que délivrer ? Si je délivre, dans un désert, un homme qui n'éprouve rien, que signifie sa liberté ? Il n'est de liberté que de « quelqu'un » qui va quelque part. Délivrer cet homme serait lui enseigner la soif, et tracer une route vers un puits. Alors seulement se proposeraient à lui des démarches qui ne manqueraient plus de signification[1551].

Il s'agit d'un texte-clef qui anticipe les éléments que nous retrouvons dans le conte du *Petit Prince*, c'est-à-dire le désert, la soif, le chemin et le puits[1552]. Mais pas seulement. Ce texte est également important pour l'explication de la liberté que donne le pilote d'Arras, dont la logique se relie de manière étonnante à l'expérience biblique de l'exode. En fait, c'est pour mettre dans le cœur de son peuple le désir de la liberté que Moïse demande à Pharaon de les laisser partir, lui et son peuple, pendant quelques jours au désert, pour offrir à Dieu un sacrifice (cf. Ex 5,1-4). Ce faisant, Moïse ne veut atteindre qu'un but : permettre à ses frères hébreux d'essayer des jours sans Pharaon, sans plus être obligés d'accomplir ces lourds travaux, afin qu'ils découvrent le goût de la liberté et qu'ils songent à la possibilité d'habiter ailleurs, libres, sans plus être soumis à un peuple étranger et sans plus vivre comme des esclaves. Car, tant qu'ils ne connaissent que l'Égypte et ses *oignons*, ils ne sauront pas ce qu'est la liberté. C'est vers ce même sens que va la réflexion du pilote d'Arras concernant la liberté de l'homme : celle-ci peut devenir liberté *pour* et liberté *de* dans la mesure où les hommes connaissent un chemin et un puits, à savoir une raison de vivre et un but à poursuivre.

Double sera la signification visant la rencontre et la connaissance que le pilote va faire en plein désert du Sahara, ainsi que la signification même du désert, lequel est à prendre au sens propre et au sens figuré. De fait, au sens propre, c'est-à-dire selon l'histoire réelle du conte, le pilote Antoine va y rencontrer le petit prince et recevoir ses enseignements. Mais en même temps, à savoir au sens figuré, il se rencontrera lui-même, à savoir il rencontrera le petit enfant qu'il a été. C'est celui-ci au bout du compte qui va apprendre au grand Antoine les vérités importantes et essentielles de la vie. Car, dans la mesure où l'homme touche le fond de sa pauvreté et de son drame, et où il décide cependant d'y entrer et de s'y confronter, tout en descendant au plus intime et au plus profond de lui-même, c'est alors qu'il peut se connaître lui-même. Et c'est bien à ce moment-là qu'il découvre l'*essentiel* de la vie et en retrouve le sens perdu.

1551 *Ibid.*, p. 217 ; éd. n., p. 150.
1552 Cf. A. de Saint-Exupéry, *Le Petit Prince*, pp. 80–87 (chap. XXIV et XXV).

Or, la signification que revêt l'*essentiel*, l'expression-clef qui constitue le noyau du conte du *Petit Prince*, nous demande d'avoir recours à d'autres textes qui sont chronologiquement proches de ce dernier. En commençant encore une fois par *Pilote de guerre*, l'*essentiel* semble se dévoiler à l'occasion d'un autre souvenir qui passe par l'esprit du pilote. Pendant son vol sur le ciel d'Arras, le pilote écrivain revient à son adolescence marquée par la mort prématurée d'un de ses frères. Il est âgé de quinze ans quand, se rendant à l'hôpital pour seconder le désir du frère mourant qui souhaite le voir, Saint-Ex reçoit sa première et importante leçon de vie :

> – Je voulais te parler avant de mourir, lui dit son frère. Je vais mourir.
> Une crise nerveuse le crispe et le fait taire. Durant la crise, il fait « non » de la main. Et je ne comprends pas le geste. J'imagine que l'enfant refuse la mort. Mais, l'accalmie venue, il m'explique :
> – Ne t'effraie pas… je ne souffre pas. Je n'ai pas mal. Je ne peux pas m'en empêcher. C'est mon corps.
> Son corps, territoire étranger, déjà autre.
> Mais il désire être sérieux, ce jeune frère qui succombera dans vingt minutes. Il éprouve le besoin pressant de se déléguer dans son héritage. Il me dit : « Je voudrais faire mon testament… » Il rougit, il est fier, bien sûr, d'agir en homme. S'il était constructeur de tours, il me confierait sa tour à bâtir. S'il était père, il me confierait ses fils à instruire. S'il était pilote d'avion de guerre, il me confierait les papiers de bord. Mais il n'est qu'un enfant. Il ne confie qu'un moteur à vapeur, une bicyclette et une carabine.
> On ne meurt pas. On s'imaginait craindre la mort : on craint l'inattendu, l'explosion, on se craint soi-même. La mort ? Non. Il n'est plus de mort quand on la rencontre. Mon frère m'a dit : « N'oublie pas d'écrire tout ça… » Quand le corps se défait, l'essentiel se montre. L'homme n'est qu'un nœud de relations. Les relations comptent seules pour l'homme[1553].

Ici, reconnaître l'essentiel, c'est pénétrer le mystère qu'est l'homme lui-même, sans s'arrêter à son écorce, soit à l'apparence de la réalité humaine. Cet « essentiel » n'est donc pas visible, puisqu'il se montre par-delà le corps. Car si le corps se défait, c'est parce qu'il ne fait pas l'essentiel. Autrement dit, le corps a beau pourrir, l'homme ne se détruit pas. Celui-ci reste, car il est essentiellement un nœud de relations. C'est donc à la lumière de cette première leçon que l'essentiel dont parlera le renard au petit prince va devenir davantage intelligible.

En fait, la relation ne se borne pas à « la rose », mais elle porte aussi sur soi-même, ainsi que le révèle la rencontre entre l'aviateur et le petit prince. Revêtant un caractère autobiographique, une telle rencontre s'avère en même temps une véritable connaissance. Il ne s'agit pas vraiment de la connaissance d'une vérité issue de la *res extensa*, ni de celle issue de la *res cogitans*, mais il s'agit proprement d'une vision :

1553 A. de Saint-Exupéry, *Pilote de guerre*, pp. 192–193 ; éd. n., p. 117.

> Quand une femme me paraît belle, je n'ai rien à en dire. Je la vois sourire, tout simplement. Les intellectuels démontent le visage, pour l'expliquer par les morceaux, mais ils ne voient plus le sourire.
>
> Connaître, ce n'est point démonter, ni expliquer. C'est accéder à la vision. Mais, pour voir, il convient d'abord de participer. Cela est dur apprentissage…[1554].

Il y a là un autre indice, ailleurs que dans le *Petit Prince*, à partir duquel nous pouvons mieux comprendre la signification contenue dans la fameuse phrase du renard : « On ne voit bien qu'avec le cœur. L'essentiel est invisible pour les yeux »[1555]. Il est désormais clair que de tels sujets, l'*essentiel* de la vie ainsi que l'*essence* de l'homme, traversent les derniers ouvrages de Saint-Exupéry. Dans la *Lettre à un otage*, s'adressant à l'ami Werth, « otage » dans une France qui souffre sous l'occupation allemande, Saint-Exupéry, depuis son exil aux États-Unis, revient continuellement sur ces sujets[1556]. Reprenant les éléments récents de sa vie, le voyage au Portugal, l'évocation du Sahara et son séjour aux États-Unis, il touche aux sujets de l'Homme, de la relation et de l'essentiel. « L'essentiel est que demeure quelque part ce dont on a vécu. Et les coutumes. Et la fête de famille. Et la maison des souvenirs. L'essentiel est de vivre pour le retour… »[1557]. Ce passage, par lequel Saint-Exupéry introduit le récit de son expérience au Sahara, peut également nous orienter dans la lecture du *Petit Prince*, celui-ci se déroulant aussi dans le désert saharien.

Dans ce lieu, l'*essentiel* s'avère être une sorte de *retour* vers ce qu'on était et qui *demeure encore quelque part*. C'est pourquoi le pilote écrivain va décrire le désert du Sahara comme un lieu providentiel, sans lequel il aurait risqué de connaître un désert véritable. « Quiconque a connu la vie saharienne [écrit-il], où tout, en apparence, n'est que solitude et dénuement, pleure cependant ces années-là comme les plus belles qu'il ait vécues[1558]. » « Car le désert n'est pas là où l'on croit. Le Sahara est plus vivant qu'une capitale et la ville la plus grouillante se vide si les pôles essentiels de la vie sont désaimantés[1559]. »

L'expérience au désert est donc vitale pour Saint-Ex, car le dénuement, le silence, et la solitude du Sahara deviennent pour lui les conditions pour se reconnecter avec ces « pôles lointains » dont sa vie dépend[1560]. Une année avant sa disparition, lors de sa

1554 *Ibid.*, p. 135 ; éd. n., p. 34.
1555 A. de Saint-Exupéry, *Le Petit Prince*, p. 76 (chap. XXI).
1556 C'est une lettre qui aurait dû, à l'origine, remplir la fonction de préface pour un livre de son ami Léon – livre qui ne pourra pas être publié –, et qui finit par devenir un texte autonome sous forme d'une lettre, dans laquelle l'aviateur écrivain rend également hommage à tous les exilés et à tous les Français pris en otage par le régime hitlérien.
1557 A. de Saint-Exupéry, *Lettre à un otage*, p. 92
1558 *Ibid.*
1559 *Ibid.*, p. 95.
1560 Cf. *ibid.*, p. 92.

réadmission dans le groupe 2–33, son escadrille de la Campagne de France passée sous commandement américain et installée à la base de La Marsa, près de Tunis, s'adressant à l'anonyme Général « X », il décrit ce qu'il appelle le « terrible désert humain » en ces termes-ci :

> Ainsi, je suis profondément triste – et en profondeur. Je suis triste pour ma génération qui est vide de toute substance humaine. Qui, n'ayant connu que le bar, les mathématiques et les Bugatti comme forme de vie spirituelle, se trouve aujourd'hui dans une action strictement grégaire qui n'a plus aucune couleur. On ne sait pas le remarquer. Prenez le phénomène militaire d'il y a cent ans. Considérez combien il intégrait d'efforts pour qu'il fût répondu à la vie spirituelle, poétique ou simplement humaine de l'homme. Aujourd'hui que nous sommes plus desséchés que des briques, nous sourions de ces naïvetés. [...] Ah ! Général, il n'y a qu'un problème, un seul de par le monde. Rendre aux hommes une signification spirituelle, des inquiétudes spirituelles. Faire pleuvoir sur eux quelque chose qui ressemble à un chant grégorien. Si j'avais la foi, il est bien certain que, passé cette époque de « job nécessaire et ingrat », je ne supporterais plus que Solesmes[1561].

Ce qui entoure l'aviateur Saint-Exupéry, c'est une société d'hommes vidés d'essence spirituelle, terriblement pauvres, et qui cependant « ignorent leur propre inquiétude »[1562]. Ce qui n'est pas le cas de notre pilote, lequel sent bien cette inquiétude. Il l'avait déjà définie une année avant la publication du *Petit Prince*, dans une phrase contenant une question existentielle qui ressemble, par ailleurs, à celles des fondements et du moi, déjà posées, d'après Gusdorf, dans les formes archétypales des écritures du moi[1563]: « D'où suis-je ? Je suis de mon enfance. Je suis de mon enfance comme d'un pays... »[1564].

Enfance biologique ou enfance spirituelle ? Les deux, car, s'il rentrait vivant de la guerre, une chose urgente s'imposerait : « Il faut absolument parler aux hommes[1565]. » Et « que peut-on, que faut-il dire aux hommes »[1566] sinon qu'« ils auraient tant besoin d'un dieu »[1567] ? Que leur enseigner sinon que « l'amour de la maison – cet amour inconnaissable aux États-Unis – est déjà de la vie de l'esprit »[1568] ?

Dès lors, l'enfance s'avère le seul lieu d'un « retour » auquel l'aviateur aspire. C'est elle qui est le lieu privilégié des liens essentiels, tels ceux que le petit prince noue dans sa petite planète, symbole de l'enfance de tout « petit prince » qui vient dans ce monde, c'est-à-dire de tout homme fait à l'image de Dieu et appelé à être son ambassadeur, soit son petit prince ! Car, finalement, dans un monde voué au non-sens et qui meurt de soif,

1561 A. de Saint-Exupéry, *Lettre au général X*, pp. 329–330.
1562 *Ibid.*, p. 334
1563 Voir *supra*, 3.2.1.1.
1564 A. de Saint-Exupéry, *Pilote de guerre*, p. 158 ; éd. n., p. 69.
1565 A. de Saint-Exupéry, *Lettre au général X*, p. 330.
1566 *Ibid.*, p. 334.
1567 *Ibid.*
1568 *Ibid.*, p. 330.

l'aviateur écrivain, n'ayant eu « personne, jamais, avec qui parler »[1569], ne se reconnaît à lui-même qu'une seule vocation, laquelle est d'ailleurs la même que celle du petit prince, ainsi qu'il l'écrit dans la dernière lettre de sa vie envoyée à Pierre Dalloz : « Si je suis descendu, je ne regretterai absolument rien. La termitière future m'épouvante. Et je hais leur vertu de robots. Moi, j'étais fait pour être jardinier[1570]. »

Occupant une place centrale dans le conte du *Petit Prince*, une telle vocation, invoquée par Saint-Ex la veille de sa disparition dans la mer, fait de l'homme un sujet « en relation », dont l'*essence* ou l'*essentiel* constitue le monde invisible mais réel des liens vitaux : le lien avec soi-même, le lien avec les autres, le lien avec la nature et le lien avec Dieu. De même, dans *Citadelle*, le roman inachevé constituant l'esquisse d'une vaste œuvre à laquelle l'aviateur travaille pendant des années, et qui ne verra qu'une publication posthume, c'est précisément le dialogue de deux jardiniers qui ouvre et qui termine l'œuvre incomplète de Saint-Exupéry : « Ce matin, j'ai taillé mes rosiers… Ce matin, moi aussi, j'ai taillé mes rosiers[1571]. » « L'histoire en est simple : les aléas des guerres et les déportations nomades ont séparé les jardiniers amis. Mais vint le jour où l'occasion s'offrit à l'un de communiquer avec l'autre[1572]. » Puis, à la dernière page de *Citadelle*, Saint-Ex revendique pour lui-même le droit de dire à son tour : « Moi aussi, ce matin, j'ai taillé mes rosiers[1573]. » Ainsi, « celui qui, tout jeune, s'était peut-être rêvé en archange, se reconnaît au moment de mourir pour ce qu'il est : un homme de cette terre des hommes, un jardinier »[1574].

1569 A. de Saint-Exupéry, *Le Petit Prince*, p. 15 (chap. II).

1570 A. de Saint-Exupéry, *Lettre à Pierre Dalloz* [30 juillet 1944], dans Id., *Œuvres complètes*, t. II, pp. 1050–1051, ici, p. 1051. Cette lettre est rendue publique à l'origine dans P. Dalloz, *Vérités sur le drame du Vercors*, F. Lanore, Paris, 1979.

1571 Cf. A. de Saint-Exupéry, *Citadelle*, dans Id., *Œuvres complètes*, t. II, pp. 365–843, ici p. 832. *Citadelle* est l'œuvre posthume de Saint-Exupéry, à laquelle il avait mis le titre provisoire de *Le Caïd*. Elle paraît la première fois dans la revue *Table ronde* (7 juillet 1948) sous le titre de *Le Seigneur berbère*. Il s'agit d'un manuscrit parvenu en feuillets et contenant le discours d'un chef berbère dont le père a été assassiné. Sa sagesse et ses enseignements, qu'il a appris de son père, font de lui un véritable « prince », digne d'un tel héritage et à même de gouverner son royaume, à savoir la Citadelle. Cette œuvre inachevée rassemble des pensées profondes sur des thèmes importants et essentiels pour la vie de l'Homme et pour la vie de l'Esprit : la condition humaine, le sens de la vie et des choses, les liens entre les choses et le lien avec Dieu. Tous ces sujets rapprochent *Citadelle* du *Petit Prince*, deux contes qui se partagent, certes par hasard, le statut noble de deux protagonistes. De tels titres viennent-ils banalement de la lignée aristocratique de Saint-Exupéry ? Ou, plus profondément, sont-ils imputables à la dignité élevée de chaque homme, ambassadeur ou prince de son Créateur et image de l'Homme véritable, Jésus-Christ ?

1572 M. Quesnel, « La création chez Saint-Exupéry », *Études littéraires*, 33/2 (2001), p. 26 (https :// www.erudit.org/fr/revues/etudlitt/2001-v33-n2-etudlitt2269/501290ar.pdf).

1573 A. de Saint-Exupéry, *Citadelle*, p. 833.

1574 M. Quesnel, « La création chez Saint-Exupéry », p. 26.

Au terme de cette excursion littéraire, la mise en jeu des autres œuvres de Saint-Exupéry nous a offert un horizon préalable et herméneutique très important, à partir duquel il nous sera possible d'explorer la configuration, voire l'autoconfiguration littéraire du *Petit Prince*. En fait, telles de véritables clefs interprétatives, les éléments issus de ce cadrage nous permettent maintenant de nous engager dans l'analyse narrative du conte sous le registre autobiographique à proprement parler.

5.1.2. *Mimèsis* II : le temps et l'espace comme coordonnées configurant un conte de « reconnaissance »

Le Sahara, le lieu géographique où l'histoire du *Petit Prince* se déroule, constitue au sens figuré la condition existentielle qui pousse Saint-Ex à écrire ce conte autobiographique, c'est-à-dire à mettre en place ce que Ricœur appelle la *configuration* d'un récit, soit *mimèsis* II. Le désert, considéré dans sa double signification, devient dès lors l'endroit privilégié et propice de la rencontre des deux personnages protagonistes : Antoine de Saint-Exupéry, l'aviateur tombé en panne « à mille milles de tous les endroits habités »[1575], et le mystérieux enfant que le narrateur appelle dès le début « petit prince »[1576]. Cette rencontre se situe au carrefour des deux éléments fondamentaux de toute intrigue narrative : le temps et l'espace[1577]. C'est pourquoi ma relecture du conte de Saint-Exupéry sous le registre autobiographique va s'effectuer à l'aide des indications temporelles et spatiales.

Concernant le temps, il faut remarquer d'abord l'indice de « six ans » qui revient constamment. Six ans est l'âge d'Antoine lors de la lecture du livre *Histoires vécues* contenant l'image frappante d'« un serpent boa qui avalait un fauve »[1578]. Le numéro 6 est aussi lié à la digestion de la proie avalée par les serpents boas, laquelle dure « six mois »[1579]. Antoine est âgé de six ans quand il fait le dessin n. 1 et le dessin n. 2, respectivement celui du boa fermé et celui du boa ouvert[1580]. Il a toujours l'âge de six ans quand il est découragé par les grandes personnes et invité à laisser de côté ses dessins[1581]. Puis,

1575 A. de Saint-Exupéry, *Le Petit Prince*, p. 16 (chap. II).

1576 *Ibid.*, p. 18 (chap. II). L'âge du petit prince n'est pas nommé dans le conte. Cependant, six ans est l'âge où le pilote-narrateur esquissait des dessins énigmatiques, ce que le petit prince aime aussi faire. Cela laisse présupposer que celui-ci pourrait, lui aussi, avoir l'âge de six ans. Voir *infra*, la cit. attachée à la n. 1586.

1577 Concernant les éléments du temps et de l'espace dans une intrigue narrative, je renvoie au chap. 3, notamment aux analyses des paragraphes 3. 2 et 3.3.

1578 A. de Saint-Exupéry, *Le Petit Prince*, p. 13 (chap. I).

1579 *Ibid.*

1580 Cf. *ibid.*, pp. 13–14 (chap. I) et p. 25 (chap. IV).

1581 Cf. *ibid.*, p. 14 (chap. I) et p. 16 (chap. II).

la panne aérienne du pilote-narrateur dans le désert du Sahara date d'« il y a six ans » par rapport au temps de la rédaction du conte[1582]. En plus du temps historique, c'est-à-dire du temps raconté[1583], « il y a six ans » indique également le temps où l'ami d'Antoine « s'en est allé avec son mouton »[1584]. « Ça fait six ans déjà » est enfin ce que dit le narrateur au terme de son conte[1585].

Or, la donnée de « six ans », répétée à maintes reprises, laisse supposer que l'âge du petit prince soit également de « six ans ». En fait, que celui-ci demande au pilote en panne de lui dessiner un mouton, cela renvoie le second aux activités enfantines de ses six ans, quand il aimait dessiner les animaux. Cet âge coïncide aussi avec le moment où Saint-Exupéry est invité par les adultes à abandonner sa carrière de peintre – mais pourtant pas la manière de voir le monde et les choses qu'il va par contre conserver ! – afin de s'appliquer aux occupations des grandes personnes : étudier les mathématiques, l'histoire, la géographie, les sciences humaines, etc. Une telle supposition est partagée par Orengo, qui, dans son introduction à l'édition italienne du conte que j'ai également lue, émet la même conjecture :

> *Il bambino che gli si presenta* [*al pilota*] *improvvisamente nel deserto è un'altra parte di se stesso, una parte che ebbe la fortuna di incontrare* [...]. *Siccome il Piccolo Principe non risponde alle domande, non si conosce la sua età. Ma è probabile che abbia pressappoco* sei anni, *l'età del narratore Saint-Exupéry nel momento in cui gli adulti hanno scoraggiato la sua vocazione per il disegno* [...]. *Ma l'ex bambino aveva sempre conservato quel foglio, per non dimenticare, giustamente, a che punto la mancanza di immaginazione degli adulti potesse essere grande e scoraggiante*[1586].

Or, à partir de l'indice de « six ans », le lecteur est appelé dès la première page du conte à y lire le croisement de deux phases de la vie du pilote-narrateur : l'âge de « six ans », quand celui-ci était un petit dessinateur de boas, et « il y a six ans », la date de son accident dans le désert du Sahara. D'ailleurs, ce qui lui advient *il y a six ans* est la rencontre avec un enfant qui est à même de reconnaître le dessin que le pilote faisait lorsqu'il avait l'âge de *six ans*, dessin que personne n'avait jamais su deviner[1587]. De ce fait, la conjonc-

1582 *Ibid.*, p. 15 (chap. II).

1583 Par rapport aux définitions de temps historique (ou raconté) et de temps de la narration (ou proleptique), aussi bien que par rapport à la théorie de Ricœur concernant la configuration et la refiguration, notamment du temps du récit où la fiction se sert de l'histoire pour réinscrire le temps du récit dans le temps du réel, voir *supra*, 3.2.2.2. Tandis que concernant la relation que l'auteur d'une autobiographie essaie d'établir entre les phases temporelles qu'il a vécues, selon l'étude de Lejeune, se reporter à *supra*, 3.2.1.3, notamment la n. 909.

1584 A. de Saint-Exupéry, *Le Petit Prince*, p. 24 (chap. IV).

1585 *Ibid.*, p. 95 (chap. XXVII).

1586 A. de Saint-Exupéry, *Il Piccolo Principe*, p. VI, j'explicite et je souligne. Voir *supra*, n. 1576.

1587 Voir *infra*, la cit. relative à la n. 1591.

tion temporelle marque à la fois la conjonction interpersonnelle de deux sujets apparemment distingués[1588], car ce qui se passe lorsque le pilote *avait six ans* revient *il y a six ans* en s'actualisant[1589]. C'est pourquoi lire « il y a six ans », c'est aussi lire « quand j'avais l'âge de six ans ».

De fait, le temps de l'apparition du petit prince demandant le dessin d'un mouton, requête qui obtiendra l'esquisse d'une caisse fermée contenant le mouton demandé, ne peut que renvoyer le lecteur au temps où le petit Antoine dessinait le boa fermé contenant un éléphant. La capacité du petit prince de voir un mouton là où il n'y a qu'une simple caisse fermée est d'ailleurs la même capacité du petit Antoine de voir un éléphant à travers un boa fermé. De ce fait, la mise au jour de telles capacités visuelles que les deux sujets ont en commun apprend aussi au lecteur à lire le conte en « s'équipant » pour ainsi dire de la même capacité visuelle, c'est-à-dire : savoir voir au travers d'une rencontre de connaissance au premier abord fortuite de deux sujets une véritable rencontre de « reconnaissance » réciproque. Le lecteur *empirique* et *critique* peut dès lors réussir une telle lecture dès le premier dialogue des deux protagonistes[1590]. Je cite ci-après le passage en question :

> J'ai ainsi vécu seul, sans personne avec qui parler véritablement, jusqu'à une panne dans le désert du Sahara, il y a six ans. Quelque chose s'était cassé dans mon moteur. Et comme je n'avais avec moi ni mécanicien, ni passagers, je me préparai à essayer de réussir, tout seul, une réparation difficile. C'était pour moi une question de vie ou de mort. J'avais à peine de l'eau à boire pour huit jours.
>
> Le premier soir je me suis donc endormi sur le sable à mille milles de toute terre habitée. J'étais bien plus isolé qu'un naufragé sur un radeau au milieu de l'océan. Alors vous imaginez ma surprise, au lever du jour, quand une drôle de petite voix m'a réveillé. Elle disait : …
>
> « S'il vous plaît… dessine-moi un mouton !
>
> – Hein !
>
> – Dessine-moi un mouton… »
>
> J'ai sauté sur mes pieds comme si j'avais été frappé par la foudre. J'ai bien frotté mes yeux. J'ai bien regardé. Et j'ai vu un petit bonhomme tout à fait extraordinaire qui me considérait gravement. Voilà le meilleur portrait que, plus tard, j'ai réussi à faire de lui. Mais mon dessin, bien sûr, est beaucoup moins ravissant que le modèle. Ce n'est pas ma faute. J'avais été découragé dans ma carrière de peintre par les grandes personnes, à l'âge de six ans, et je n'avais rien appris à dessiner, sauf les boas fermés et les boas ouverts.

1588 Rappelons ici qu'une telle conjonction se situe, d'après Demetrio, dans la perspective d'un véritable récit autobiographique où le *je* ne peut s'apercevoir lui-même que comme un « moi » ou comme un « soi ». Cela est possible parce que le *moi/soi* est saisi par le *je* comme un « hétéro », un autre, c'est-à-dire comme un sujet distingué (voir *supra*, 3.2.1.2).

1589 À ce propos, je ne peux pas passer ici à côté de l'étude de Beauchamp autour dudit « récit fondateur ». Rappelé des années plus tard dans un contexte nouveau, celui du « récit-cadre », le récit originel connaît en fait une nouvelle signification qui est une véritable actualisation, dès lors que du passé il se déplace dans le présent (voir *supra*, 4.3.1).

1590 Par rapport au lecteur empirique, qui peut être soit naïf soit critique, se reporter à *supra*, 3.3.1.

Je regardai donc cette apparition avec des yeux tout ronds d'étonnement. N'oubliez pas que je me trouvais à mille milles de toute région habitée. Or, mon petit bonhomme ne me semblait ni égaré, ni mort de fatigue, ni mort de faim, ni mort de soif, ni mort de peur. Il n'avait en rien l'apparence d'un enfant perdu au milieu du désert, à mille milles de toute région habitée. Quand je réussis enfin à parler, je lui dis :

« Mais… qu'est-ce que tu fais là ? »

Et il me répéta alors, tout doucement, comme une chose très sérieuse :

« S'il vous plaît… dessine-moi un mouton… »

Quand le mystère est trop impressionnant, on n'ose pas désobéir. Aussi absurde que cela me semblât à mille milles de tous les endroits habités et en danger de mort, je sortis de ma poche une feuille de papier et un stylographe. Mais je me rappelai alors que j'avais surtout étudié la géographie, l'histoire, le calcul et la grammaire et je dis au petit bonhomme (avec un peu de mauvaise humeur) que je ne savais pas dessiner. Il me répondit :

« Ça ne fait rien. Dessine-moi un mouton. »

Comme je n'avais jamais dessiné un mouton je refis, pour lui, l'un des deux seuls dessins dont j'étais capable. Celui du boa fermé. Et je fus stupéfait d'entendre le petit bonhomme me répondre :

« Non ! Non ! Je ne veux pas d'un éléphant dans un boa. Un boa c'est très dangereux, et un éléphant c'est très encombrant. Chez moi c'est tout petit. J'ai besoin d'un mouton. Dessine-moi un mouton. »[1591]

Il faut tout d'abord rappeler ce que le narrateur lui-même raconte au chapitre 1, quand il rapporte que personne, entre toutes les grandes personnes rencontrées auxquelles il montrait le dessin n. 1, ne passait jamais l'examen, et tout le monde répondait toujours qu'il s'agissait d'un chapeau[1592]. Le premier qui réussit le test, en devinant le dessin du boa fermé, c'est le petit prince. Et le pilote en est stupéfait ! C'est bien la stupeur d'une *reconnaissance*. En plus de ça, le petit bonhomme se rapporte au pilote avec aisance et familiarité, et il le tutoie en toute sécurité, comme s'il s'adressait à une personne connue depuis toujours. Voilà pourquoi il s'agit d'une reconnaissance réciproque.

Or, le temps en tant que tel va assumer une importance capitale, non seulement du fait des indices temporels mentionnés plus haut, « six ans » et « il y a six ans ». Au fur et à mesure que l'intrigue se développe, le temps devient la *conditio sine qua non* de l'amour et de l'amitié. Codés vers la fin du conte dans l'expression « apprivoiser », qui veut dire « créer des liens »[1593], l'amour et l'amitié demandent du temps. C'est proprement le temps de l'apprivoisement que le petit prince, tout pressé par la recherche d'amis, ne veut initialement pas consacrer à son nouvel ami, le renard[1594]. Et pourtant il n'est pas le seul.

Le pilote, lui aussi, entièrement occupé à réussir la réparation de son moteur, n'est pas trop disposé, du moins au début, à consacrer du temps au petit prince pour répondre notamment aux questions que celui-ci pose inlassablement[1595]. Uniquement vers la fin

1591 A. de Saint-Exupéry, *Le Petit Prince*, pp. 15–18 (chap. II).
1592 Cf. *ibid.*, p. 15 (chap. I).
1593 *Ibid.*, p. 71 (chap. XXI).
1594 Cf. *ibid.*, pp. 70–78 (chap. XXI).
1595 Cf. *ibid.*, pp. 31–34 (chap. VII).

de l'histoire, le petit prince apprendra que c'est proprement *le temps* qu'il a perdu pour sa rose qui fait sa rose si importante[1596]. De même, le narrateur Antoine va comprendre que c'est *le temps* qu'il a consacré à l'écoute du petit prince, soit de lui-même ou de l'enfant qu'il a été et qu'il est toujours, qui fait sa vie si importante. De fait, d'ici une année plus tard, c'est-à-dire suite à une telle rencontre de reconnaissance advenue à travers son conte autobiographique, le pilote prendra un nouvel élan[1597]. Et pas seulement parce qu'il va rejoindre son escadrille et reprendre sa mission de reconnaissance, tout en recommençant à voler[1598]. Malgré les défaites de sa vie et ses insuccès, il ressent également l'urgence de répondre à un appel, telle une mission vitale à accomplir : parler aux enfants de sa patrie[1599], aussi bien qu'à tous les hommes[1600].

En plus du temps, l'espace constitue la seconde coordonnée narrative du *Petit Prince*, car l'intrigue de Saint-Exupéry se construit également autour de voyages et de déplacements. D'abord, il y a un voyage interrompu qui demeure à l'arrière-fond du récit : c'est le raid en avion du pilote, le personnage co-protagoniste et le narrateur du conte. Puis, au fur et à mesure que l'histoire du petit prince se dévoile, on apprend que celui-ci est en voyage, lui aussi, car, après avoir quitté sa petite planète, il va visiter six autres planètes, dont la Terre est la dernière[1601]. À vrai dire, la Terre constitue l'avant-dernière étape de l'itinéraire du petit prince, car, juste une année après son arrivée sur elle, il la quittera[1602]. Ainsi, les voyages en apparence parallèles des deux protagonistes, c'est sur la Terre qu'ils se croisent en devenant un seul itinéraire, proprement dans le désert. En fait, dans ce lieu, les deux voyageurs se rencontrent, et puis, assoiffés et épuisés, ils vont marcher ensemble à la recherche d'un puits[1603].

Pour Domínguez, qui analyse le conte du *Petit Prince* selon une perspective actantielle et structuraliste, « les déplacements gardent une signification, traduisent un code »[1604], ce qui est important pour la construction de l'identité même d'un actant. Par

1596 Cf. *ibid.*, p. 78 (chap. XXI).

1597 Un des effets ou des gains venant de la pratique autobiographique est le changement de vie qu'elle peut produire. Car quand une narration démarre, quelque chose se passe, du fait qu'une histoire nouvelle est entamée pour celui qui se raconte lui-même (voir *supra*, n. 992 ; *infra*, 7.1.1).

1598 Cf. A. Vircondelet, *La véritable histoire du Petit Prince*, pp. 169–197 ; P. Webster, *Saint-Exupéry*, pp. 273–286.

1599 Cf. A. de Saint-Exupéry, *Lettre aux Français*, dans Id., *Œuvres complètes*, t. II, pp. 69–73. Cette lettre paraissait dans *Le Canada* le 30 novembre 1942.

1600 Voir *supra*, 5.1.1.

1601 Cf. A. de Saint-Exupéry, *Le Petit Prince,* pp. 40–62 (chap. X-XVI).

1602 Cf. *ibid.*, pp. 86–97 (chap. XXV-XVII).

1603 Cf. *ibid.*, pp. 80–84 (chap. XXIV).

1604 F.-N. Domínguez, « Simbología del desplazamiento en *Le Petit Prince* », *Cuadernos de investigación filológica*, XIX-XX (1993–1994), pp. 117–128, ici p. 117, je traduis ici et à chaque fois que je cite cet article. Dans sa contribution, Domínguez, professeur à l'Université d'Alicante, envisage

rapport au petit prince, c'est bien au travers de son voyage que le drame qui l'habite est décelé. C'est ainsi que le lecteur va bientôt découvrir la raison qui a porté le petit garçon à quitter sa planète : il a interrompu une relation avec une fleur[1605]. C'est pourquoi son départ de l'astéroïde B 612 se configure dès lors comme une *fuite*[1606], ainsi que le petit prince l'avoue, lui-même : « Je n'aurais jamais dû m'enfuir ! »[1607] ? Cependant, grâce notamment aux enseignements du renard, un des sujets que le petit prince va rencontrer sur la terre, cette fuite va laisser la place à une *recherche*[1608]. Puis, au fur et à mesure que la recherche avance, celle-ci va bientôt se transformer en *désir* de revenir à sa fleur, qu'il découvrira entre temps être une rose unique au monde. Ainsi, le petit prince apparaît de plus en plus comme un sujet en relation et comme un sujet marqué par des relations qui détermineront des réactions différentes : la lutte, la communication et le désir[1609].

Celui du petit prince sera un voyage d'*aller-retour*, même si c'est seulement l'aller qui est raconté[1610]. Le voyage de retour est implicite et imaginé, car la disparition du petit prince est pour le narrateur, le pilote du conte, la codification d'un retour hypothétique de l'enfant à sa rose bien-aimée. De toute façon, c'est un récit fragmenté et rétrospectif qui nous aide petit à petit à reconstruire l'histoire de ce voyage. En fait, lors de la rencontre et de la connaissance mutuelle des deux personnages principaux du conte, « le petit prince se trouve déjà sur la Terre, et le narrateur va assister à la dernière semaine de son séjour »[1611].

Or, la structure rétrospective du conte s'avère importante dans une perspective autobiographique, car le récit d'un fait passé, qui correspond aussi à un mouvement vers le passé au travers de la mémoire, marque en vérité un chemin vers l'avant. Les souvenirs, objets de la narration autobiographique, constituent en fait la matière première d'une planification future d'une vie. C'est pourquoi un récit autobiographique serait soit inutile soit stérile s'il se réduisait à un repli vers le passé. Au contraire, en autobiographie, ce qui est du passé devient l'élément d'une relecture qui est en même temps une interpré-

à partir de l'étude des catégories actantielles mises en valeur par A.J. Greimas (*Sémantique structurale*, 1966) une analyse du *Petit Prince* centrée sur les déplacements des actants du texte.

1605 Cf. A. de Saint-Exupéry, *Le Petit Prince*, p. 64 (chap. XVII).

1606 Cf. F.-N. Domínguez, « Simbología del desplazamiento en *Le Petit Prince* », p. 120.

1607 A. de Saint-Exupéry, *Le Petit Prince*, p. 37 (chap. VIII).

1608 Cf. F.N. Domínguez, « Simbología del desplazamiento en *Le Petit Prince* », p. 120.

1609 Classées par le sémiologue Greimas en *lutte*, *communication* et *désir*, ces catégories relationnelles constituent la source où Domínguez puise la signification du « déplacement » (cf. *ibid.*, p. 118).

1610 Cf. *ibid.*, p. 119.

1611 *Ibid.*

tation des faits passés et un regard nouveau tourné vers ceux-ci[1612]. C'est exactement ce qui va permettre à l'auteur et narrateur du *Petit Prince* de se projeter lui-même vers cet avenir qui le conduira bientôt à piloter un avion et à lutter pour sa France. Et il le peut grâce à un conte qui le relie à son enfance et qui le connecte à cet enfant qui vit toujours en lui.

Revenant au déplacement du petit prince, son atterrissage sur la Terre constitue une étape intermédiaire de son voyage, commencé par le « va-t'en » de la fleur qui embaumait sa planète[1613]. La Terre, qui semble être le point final de sa pérégrination, dès lors que le petit prince s'y rend en quête d'amis, marquera bientôt un départ nouveau et inattendu. En fait, juste une année après son arrivée sur la Terre, revenant à l'endroit même de sa chute, le petit prince, à l'aide du serpent, pourra quitter le sol terrestre et se diriger vers son étoile qui se trouve au-dessus de lui : « Cette nuit, ça fera un an. Mon étoile se trouvera juste au-dessus de l'endroit où je suis tombé l'année dernière…[1614]. » C'est pourquoi, « il faut admettre que le point final de l'aller du petit prince est le moment où son corps tombe après la morsure libératrice du serpent, ce qui est un départ, non pas une arrivée »[1615].

En somme, ce voyage fragmenté en petites étapes, du fait qu'il se constitue de « micro-départs » et de « micro-arrivées », peut être subdivisé en deux grandes parties : une cosmique et l'autre terrestre[1616]. Pendant la première partie, le petit prince visite divers petits astéroïdes habités par des personnages assez particuliers : un roi, un vaniteux, un buveur, un businessman, un allumeur, un géographe. Il s'agit de personnes bizarres desquelles il s'éloigne sans trop de souci, ainsi que le souligne Domínguez[1617]. Seul l'allumeur constitue une exception, du fait « qu'il s'occupe d'autre chose que de soi-même »[1618], par rapport aux autres personnages marqués foncièrement par un égocentrisme exagéré. C'est bien cette constatation qui constitue la raison apologétique du déplacement interplanétaire du petit prince[1619]. De fait, si d'un côté il fuit une fleur, de

1612 Cela est bien souligné dans les lettres remises aux participants des cénacles autobiographiques au terme de l'expérience (voir *infra*, 7. 2), notamment dans celle adressée aux détenus. Voir les annexes 8, 9 et 10.

1613 A. DE SAINT-EXUPÉRY, *Le Petit Prince*, p. 40 (chap. IX). Cf. aussi *ibid.*, p. 37 (chap. VIII).

1614 *Ibid.*, p. 90 (chap. XXVI).

1615 F.N. DOMÍNGUEZ, « Simbología del desplazamiento en *Le Petit Prince* », p. 119.

1616 Cf. *ibid.*

1617 Cf. *ibid.*, p. 124.

1618 A. DE SAINT-EXUPÉRY, *Le Petit Prince*, p. 57 (chap. XIV).

1619 L'égocentrisme exacerbé des personnages rencontrés justifie la pérégrination interplanétaire du petit prince. Cette raison apologétique devient « spéculaire » par rapport à Antoine, dont la prise de distance avec les personnes attachées aux chiffres et aux aspects matériels et extérieurs de la vie débouche sur une pérégrination marquée par la quête de rapports humains véritables. Sur ce rapport

l'autre côté il est déçu de toute personne qu'il a rencontrée après le départ de sa planète. Ce qui fait que son voyage n'est pas seulement une fuite, mais il s'avère de plus en plus une véritable recherche, une quête notamment d'amis et de relations authentiques. En fait, dans l'avant-dernière planète qu'il visite, celle habitée par le géographe, le petit prince aura « son premier mouvement de regret »[1620], car le mot « éphémère », prononcé par le géographe, provoque une préoccupation pour sa fleur « menacée, pense-t-il, de disparition prochaine »[1621]. Il quitte donc cette sixième planète, « songeant à sa fleur »[1622].

Son arrivée sur la Terre, la septième planète qu'il visite, marque la deuxième partie de son voyage. Le petit prince va y faire d'autres rencontres beaucoup plus significatives, à travers lesquelles sa pérégrination ne sera plus marquée par la motivation apologétique. Même la *fuite*, en tant que raison initiale de son voyage, commence à perdre du terrain en faveur d'une véritable *recherche*. En fait, au serpent, le premier et le dernier sujet qu'il rencontre sur le sol terrestre, il demandera où sont les hommes[1623]. Et plus tard, croisant le renard, en plus de chercher les hommes, il lui dira d'avoir des amis à découvrir et beaucoup de choses à connaître[1624]. Ce sera l'enseignement précieux du renard qui va enfin marquer un tournant dans le chemin du petit prince, tout en transformant la recherche générale d'amis en un *désir* précis, qui se traduit bientôt dans une décision ferme : retourner à sa planète et à sa rose.

En fait, grâce au secret de « l'apprivoisement » que le renard va lui confier, le petit prince apprend que l'on ne connaît vraiment que ce que l'on apprivoise[1625]. L'apprivoisement est en réalité le fruit mûr d'un lien profond qui se développe à la mesure de la fidélité et de la constance d'une relation faite de soins et d'attentions, tels les soins et les attentions que le petit prince avait accordés à sa rose, et qui faisaient d'elle une fleur unique au monde. C'est seulement d'une telle relation que naît ce qui est vraiment *essentiel* pour la vie, et qui ne peut être saisi que par un regard profond : le regard du cœur[1626].

Après avoir connu le renard, le petit prince rencontre l'aiguilleur. Brève mais dense de signification, cette rencontre est importante par rapport au thème du déplacement, en tant qu'élément qualifiant et configurant les actants d'un récit. C'est en fait grâce aux échanges avec l'aiguilleur que le petit prince commence à comprendre que les voyageurs,

symétrique relatif aux deux personnages co-protagonistes du conte, je vais revenir plus loin (voir *infra* 5.1.3, notamment la n. 1636).

1620 A. de Saint-Exupéry, *Le Petit Prince*, p. 61 (chap. XV).

1621 *Ibid.*, p. 60 (chap. XV).

1622 *Ibid.*, p. 61 (chap. XV).

1623 Cf. *ibid.*, p. 64 (chap. XVII).

1624 Cf. *ibid.*, pp. 71–73 (chap. XXI).

1625 Cf. *ibid.*, p. 73 (chap. XXI).

1626 Cf. *ibid.*, pp. 70–78 (chap. XXI). Voir aussi *infra*, 5.3.2.

transportés en avant et en arrière par des trains rapides qui courent, *ne sont jamais contents* là où ils sont[1627]. Par conséquent, les voyages des hommes manquent de sens. En revanche, les enfants, y compris le petit prince, « savent ce qu'ils cherchent »[1628], ce qui confère au déplacement de celui-ci une connotation positive. De fait, l'itinéraire du petit prince s'apprêtant à déboucher sur le désir de revenir à sa planète d'origine, cela s'oppose au nomadisme des hommes, lesquels « manquent de racines »[1629], ainsi que l'avait déjà affirmé la fleur du désert que le petit prince rencontre après avoir croisé le serpent. Ce sera enfin la relation que le petit prince va instaurer avec le pilote de l'avion tombé dans le désert qui oriente de manière définitive son chemin et sa volonté.

Ainsi, à la lumière de cette analyse consacrée aux catégories du temps et de l'espace à l'intérieur du *Petit Prince*, nous avons pu constater la valeur *performative* que possède un récit autobiographique, lequel est dès lors susceptible de provoquer un changement de vie. En fait, la *configuration* du temps et de l'espace mise en place par l'autobiographe Saint-Exupéry, laquelle est pour cela même une *autoconfiguration*[1630], réalise une véritable *refiguration* débouchant sur une *identité narrative* qui est une identité personnelle retrouvée, du côté de l'auteur aussi bien que du côté du lecteur[1631]. Cela advient grâce d'abord à l'entrelacement des temps racontés, celui du petit Antoine, celui du pilote en panne et celui du petit prince, qui se croisent au carrefour du temps proleptique[1632], c'est-à-dire le temps de l'autobiographe Saint-Exupéry rédigeant le conte. De même, la catégorie de l'espace, en l'occurrence la catégorie actantielle du déplacement par laquelle le professeur d'Alicante, s'inspirant de Greimas, a mené à bien son analyse rhétorique et sémiologique vis-à-vis du *Petit Prince*, nous a aidé à compléter le travail de configuration des personnages du conte de Saint-Exupéry. En réalité, ainsi que nous venons de le constater, les actions des protagonistes, se déployant dans le temps et dans l'espace configurés, constituent non seulement les éléments d'une configuration narrative, mais aussi les éléments d'une configuration psychologique et interne relativement aux sujets du conte. Par là, le lecteur empirique peut entrer de manière empathique dans le monde intérieur et spirituel des personnages, afin de partager les sentiments et les situations existentielles que ceux-ci vivent, et d'orienter pour cela même ses propres choix.

1627 Cf. *ibid.*, p. 79 (chap. XXII).
1628 *Ibid.*
1629 *Ibid.*, p. 66 (chap. XVIII).
1630 Par rapport à la « configuration » d'un récit, se reporter à *supra*, 3.2.2.2, tandis que concernant l'« autoconfiguration » d'un récit autobiographique, voir *supra*, 3.3.2.
1631 Pour le processus de *refiguration*, relevant, d'après Ricœur, de *mimèsis* III, cf. *supra*, 3.2.2.3 et 3.3.1. Pour la réinterprétation autobiographique de la refiguration impliquant *ad intra* l'autobiographe et *ad extra* le lecteur, se reporter à *supra* 3.3.2.
1632 Voir *supra*, n. 679.

C'est donc à partir d'un tel effet de lecture, que nous pouvons maintenant nous apprêter à envisager le cœur du conte de Saint-Exupéry, à savoir la rencontre du pilote, le narrateur Antoine de Saint-Exupéry, avec le mystérieux enfant. Située entre la leçon du renard et la morsure du serpent, c'est-à-dire lors du départ définitif du petit prince, cette rencontre vise à orienter le lecteur vers l'objectif narratif de la refiguration, que Ricœur désigne comme *mimèsis* III. En l'espèce, s'agissant d'un conte autobiographique, cette phase vise l'auteur même de la configuration du récit, en tant que le premier sujet/objet de *refiguration*, ainsi que nous l'avons souligné auparavant[1633].

5.1.3. *Mimèsis* III : la refiguration à partir d'une figure autobiographique

Mimèsis III, nous le rappelons, marque pour Ricœur un tournant par rapport à la question métaphorique qui, dans *La métaphore vive*, restait prisonnière du texte[1634]. Par contre, ladite refiguration visant le lecteur porte la métaphore en dehors du texte, afin que le changement de signification implique un sujet réel. De ce fait, la métaphore trouve en ce dernier toute sa véhémence ontologique. Or, l'intrigue du *Petit Prince* se construit autour de trois déplacements géographiques qui ont en même temps une signification métaphorique : le voyage interplanétaire du petit prince, le voyage du pilote Antoine interrompu par la panne aérienne et le chemin des deux amis dans le désert. Le premier, notamment, rempli d'images et de symboles, raconte une histoire humaine marquée par des rapports difficiles, par des rencontres peu ou pas intéressantes et par une recherche de relations véritables. Le deuxième, plus exigu, devient plutôt l'occasion favorable, grâce à l'accident aérien, d'un voyage introspectif, à la recherche de ce qui constitue le grand trésor de l'âge enfantin. Mais pourtant, c'est le dernier, le noyau même du conte, qui s'avère le voyage le plus métaphorique.

De fait, sous l'apparente marche en plein désert de deux sujets, assoiffés et à bout de forces, allant à la recherche d'un puits, cet itinéraire cache une signification très importante par rapport au sujet de la refiguration, à savoir : la quête de ce qui constitue l'*essentiel* de la vie. Grâce à ce troisième voyage, les histoires au premier abord parallèles des deux personnages vont connaître une convergence qui dévoilera le drame qu'ils se partagent : le manque de relations vraies. C'est pourquoi, ce que le petit prince affirme déjà au chapitre III sera de plus en plus mis au jour et en valeur : « Droit devant soi on ne peut pas aller bien loin[1635]. » C'est bien ce qui va se passer, dès lors que les deux cher-

1633 Voir *supra*, 3.3.
1634 Voir *supra*, 3.2.2.2.
1635 A. de Saint-Exupéry, *Le Petit Prince*, p. 22. Ainsi que nous le verrons plus loin, l'autobiographie, étant un chemin de reconnaissance où l'on se retrouve soi-même, ne conduit pas droit devant soi, mais en face de soi-même (voir *infra* 5.2.2).

cheurs marcheront l'un vers l'autre, jusqu'à se croiser. Alors, ils pourront aller bien loin, et leur quête pourra s'accomplir.

Quant au petit prince, son voyage apparaît plus détaillé, ainsi que son histoire, laquelle occupe la plupart des chapitres. Par contre, l'histoire du pilote est assez modeste à l'intérieur du conte[1636]. Celui-ci, parlant également par la voix du narrateur, ne nous informe que sur son enfance, à propos notamment de sa créativité et de sa capacité à dessiner des boas, l'un fermé et l'autre ouvert. Puis le pilote fait allusion à la difficulté à s'entendre avec les « grandes personnes », lesquelles le poussent bientôt à abandonner sa manière « créative » de s'exprimer et à se tourner vers les études scientifiques. Cette difficulté dure jusqu'à ce que, suite à un accident d'avion en plein désert du Sahara, il rencontre une personne avec laquelle il pourra enfin parler en vérité, ainsi qu'il l'avoue lui-même[1637]. Cependant, cette brièveté n'est qu'apparente, car l'histoire du pilote qui est aussi celle de l'auteur du conte se cache en grande partie derrière l'histoire même du petit prince.

De fait, au fur et à mesure que l'intrigue se développe, il apparaît que le petit prince est rescapé, lui aussi, d'une série de rencontres avec des grandes personnes assez bizarres, comme nous l'avons précisé plus haut. C'est pourquoi le manque d'entente avec les grandes personnes s'avère un premier indice assimilant l'histoire du petit prince à celle du pilote. Puis, c'est la capacité de « dessiner » la réalité invisible qui se cache derrière le monde visible que les deux amis découvrent avoir en commun, du fait que le petit prince sera à même de déchiffrer le dessin du boa fermé esquissé par le pilote. Ainsi, à la lumière d'une rencontre de reconnaissance, telle que nous l'avons soulignée plus haut, la création fictive ou la configuration narrative du personnage du petit prince mise en place par Saint-Exupéry se qualifie comme une « auto-configuration » visant également à une refiguration de l'auteur lui-même, étant donné la nature autobiographique du conte.

C'est le deuxième jour de sa panne que l'aviateur connaît son petit ami, avec lequel il passera une semaine de son difficile séjour dans le désert. Pendant les dialogues qui s'étalent au long de huit jours, le pilote semble distrait par le petit enfant, et parfois même irrité, car il ne peut de ce fait pas se concentrer sur la réparation du moteur de son avion. Il voudrait bien y réussir avant que sa réserve d'eau ne se termine. Et pourtant, grâce à

1636 La raison d'une telle exiguïté est d'ailleurs à repérer dans le fait que l'auteur, qui est en même temps le narrateur et le personnage co-protagoniste du conte, se situe dans une position symétrique par rapport à l'autre personnage co-protagoniste, à savoir le petit prince. C'est l'histoire de celui-ci qui éclaire l'histoire de celui-là, en produisant ainsi l'effet d'une refiguration venant du récit lui-même. C'est la refiguration qui affecte l'auteur, en tant que premier lecteur de son histoire, aussi bien que tous les lecteurs du *Petit Prince*.

1637 A. de Saint-Exupéry, *Le Petit Prince*, p. 15 (chap. II).

cette intrusion tout à fait imprévue, le désert, qui apparaît au début comme le lieu d'un probable danger de mort, se change en occasion de vie et en lieu de véritable dialogue, de compagnie et d'amitié. Ainsi, « à mille milles de toute terre habitée », le sable doré cache un secret qui rend extraordinaire et beau un endroit considéré en général comme un lieu inhospitalier, tel le trésor, enfoui au cœur de la maison d'enfance du pilote qui enchantait, selon la légende que le petit Antoine avait apprise, toute l'habitation[1638].

Or, ce trésor invisible « qui embellit le désert »[1639] commence à rayonner au moment où un mystérieux enfant, avec sa voix fraîche et son visage ravissant, apparaît. Mais il ne sortira du sable que lorsque les deux amis découvriront un puits qui chante et une eau « bonne pour le cœur »[1640]. C'est alors que l'*essentiel* leur sera révélé, car il n'est pas invisible pour le cœur : il est cette eau elle-même, « née de la marche sous les étoiles, du chant de la poulie, de l'effort de mes bras », ainsi que le pilote le comprend[1641]. Et ce n'est pas une pure coïncidence si juste à ce moment-là, un autre souvenir d'enfance revient à la surface : « Lorsque j'étais petit garçon [écrit Saint-Ex], la lumière de l'arbre de Noël, la musique de la messe de minuit, la douceur des sourires faisaient, ainsi, tout le rayonnement du cadeau de Noël que je recevais[1642]. » Ce passage atteste proprement l'action d'une refiguration double, celle qui se réalise à l'intérieur même du conte, visant le pilote-narrateur, et celle qui se réalise à l'extérieur, relevant de l'auteur-autobiographe en tant que premier lecteur de l'autoconfiguration, ainsi que du lecteur empirique. De fait, le personnage fictif du petit prince rend *visible* le petit garçon que Saint-Exupéry, le narrateur/personnage et l'auteur du récit, a été. Dès lors, les mots que le pilote adressera au petit prince constituent la preuve d'une refiguration accomplie : « …Qu'il s'agisse de la maison, des étoiles ou du désert, ce qui fait leur beauté est invisible[1643] ! »

1638 Cf. *ibid.*, p. 82 (chap. XXIV).

1639 *Ibid.*

1640 *Ibid.*, p. 85 (chap. XXV).

1641 *Ibid.*

1642 *Ibid.* Ce même souvenir de Noël est sorti du récit d'un détenu, lors d'un des ateliers autobiographiques décrits au chapitre VII (voir *infra*, 7. 2.3). Cela témoigne du pouvoir d'actualiser que possède l'autobiographie, du fait qu'elle *fait* revenir le passé plutôt que *faire* revenir au passé, afin que celui-ci revête l'habit d'une histoire nouvelle, celle que le récit autobiographique met en intrigue, c'est-à-dire autoconfigure. Également, cela témoigne des prérogatives formative et performative de l'autobiographie, laquelle, mettant en relation le petit garçon que chacun a été avec l'adulte qui se raconte lui-même, à savoir l'autobiographe, *fait* que le premier, à l'exemple du petit prince, devienne cet élément narratif, voire autonarratif, à même d'opérer la refiguration de l'adulte. Dans ce cas-ci, les rôles connaissent un véritable retournement, dans la mesure où l'enfant devient enseignant et éducateur de la grande personne.

1643 *Ibid.* Cet accomplissement est compréhensible du fait que le pilote a désormais fait sienne la manière dont le petit prince a commencé, après l'enseignement du renard, à regarder la réalité, à savoir à travers la vue du cœur, le seul regard à même de dépasser l'« écorce » du monde visible.

De ce fait, le petit prince s'avère une figure symétrique. Au moment de leur rencontre, les deux amis sont rescapés, tous deux, d'une séparation, du fait que l'un ne s'entend pas avec les personnes majeures, et l'autre, en plus de sa fleur, ne s'entend pas non plus avec les grandes personnes, représentées par les personnages rencontrés pendant son voyage interplanétaire. Puis, au désert, où les deux amis ont tous deux atterri « du ciel », leurs itinéraires respectifs connaissent une étape centrale et vitale qui va s'avérer un tournant dans la vie de chacun d'eux. En fait, là-bas, « à mille milles de toute terre habitée », la grande personne se trouve confrontée au petit garçon dans une connaissance qui se révèle, ainsi que nous l'avons souligné plus haut à plusieurs reprises, une véritable *reconnaissance* de l'enfant qu'elle a été. C'est pourquoi, à partir d'une telle reconnaissance, les deux sujets, configurés comme distincts, se réunissent, c'est-à-dire *se retrouvent*[1644]. Cependant, se manifestant à l'intérieur du conte comme une figure fictive, mais en même temps comme le personnage principal, le petit prince, tel le héros autour duquel se noue l'intrigue, apparaît comme le sujet de la *refiguration.* De fait, il demeure pour le pilote une sorte d'instituteur à l'intérieur de l'intrigue, où, de manière tout à fait paradoxale, c'est le petit qui enseigne l'adulte[1645]. D'ailleurs, il ne pourrait qu'en être ainsi dans une visée narrative, telle celle de *mimèsis* III, où c'est le personnage fictif qui refigure le lecteur, non l'inverse.

Ainsi, ce qui a été pour les deux protagonistes un voyage de séparation[1646] devient un chemin commun de recherche, en plein désert, au terme duquel ils feront finalement une découverte importante. En fait, à commencer par la manière de regarder les choses, au temps de l'enfance, au-delà la figure qui apparaît à l'extérieur, telle une préfiguration de ce qui leur arrivera dans l'avenir, pour finir avec l'enseignement du renard, ils appren-

1644 L'expression soulignée fait allusion à la visée autobiographique de Demetrio, qui voit l'expérience autobiographique comme l'occasion et le moyen pour *se retrouver* soi-même (voir *supra*, 3.2.1.2 ; voir aussi *infra*, 5.2.2).

1645 Cet aspect est également souligné dans la lettre remise aux cenacolisti de la prison d'Alghero. Voir notamment l'annexe 10.

1646 Nombreuses sont les séparations que Saint-Ex a vécues toute sa vie, dès son enfance : la perte de son père quand il n'avait que quatre ans ; la mort prématurée d'un frère, lorsqu'il avait seize ans ; puis, l'abandon de la France pour aller s'installer aux États-Unis, le pays où il croyait trouver un peu de paix et où il écrit *Le Petit Prince* (cf. P. Webster, *Saint-Exupéry. Vie et mort du petit prince*, pp. 25–31 ; 66–68 ; 239–262). C'est pourquoi le voyage d'il y a six ans, achevé dans une panne en plein désert, devient la métaphore ou l'image, si l'on veut, de la séparation des séparations, et pas seulement parce qu'il se retrouve séparé du monde, « à mille milles de toute terre habitée ». Ce qui se passe il y a six ans, dans une solitude absolue, lui révèle la séparation la plus importante : celle du petit Antoine. Une séparation qui, par l'intermédiaire du récit autobiographique, va pourtant se résoudre en termes d'une heureuse conjonction.

dront à voir ce qui est « essentiel » au travers de l'écorce et de l'*apparence* des choses[1647]. Constituant le noyau du conte, l'enseignement du renard passe donc au pilote par l'intermédiaire du petit prince. Et de même que le renard se laisse *apprivoiser* par le petit prince, de même le pilote se laisse *apprivoiser* lui aussi par le petit prince. En fait, le *lien* noué avec celui-ci a désormais marqué le pilote écrivain, ainsi que le laissent entendre ses mots mêmes :

> Comme le petit prince s'endormait, je le pris dans mes bras, et me remis en route. J'étais ému. Il me semblait porter un trésor fragile. Il me semblait même qu'il n'y eût rien de plus fragile sur la Terre. Je regardais, à la lumière de la lune, ce front pâle, ces yeux clos, ces mèches de cheveux qui tremblaient au vent, et je me disais : « Ce que je vois là n'est qu'une écorce. Le plus important est invisible… »[1648]

La symétrie des deux personnages implique également la prise de conscience de la part du petit prince, grâce notamment à la leçon du renard, d'être apprivoisé lui-même, c'est-à-dire de se découvrir lié à sa fleur. C'est pourquoi, lorsqu'il reconnaît qu'il n'aurait pas dû prendre « au sérieux des mots sans importance », mais, au contraire, qu'il aurait dû « deviner sa tendresse derrière ses pauvres ruses »[1649], cela montre d'abord une refiguration advenue. Car le petit prince est finalement à même de *voir* ce qui est invisible, tout comme le renard le lui a appris, et ainsi que le confirment les déclarations qu'il exprime en songeant à sa fleur : « J'aurais dû la juger sur les actes et non sur les mots[1650]. » Maintenant, il est prêt à s'approprier son lien et à revenir à sa rose.

Bref, tout cela renforce la signification nouvelle que les voyages respectifs, celui du petit prince et celui du pilote, vont assumer, du fait qu'ils vont aboutir à un unique voyage intérieur. De même, dans une visée métaphorique, la signification première du désert, en tant que lieu physique sec et solitaire, situé « à mille milles de toute terre habitée », laisse la place à une nouvelle signification, grâce à laquelle il devient une véritable oasis

1647 Cette visée « esthétique » de Saint-Exupéry est si proche de l'Évangile, notamment de l'évangile de Jean, qu'elle nous permet de relier la réflexion issue du *Petit Prince* aux discours théologiques abordés auparavant. Je fais d'abord allusion à l'analogie esthétique de von Balthasar, où la figure extérieure recèle la Figure, avec majuscule, qui se révèle, c'est-à-dire qui se rend visible pour *les yeux de la foi* (voir *supra,* chap. 1 et chap. 2). Puis, je fais référence à l'analogie de type autobiographique et synesthésique que nous avons décelée à l'intérieur du quatrième évangile, où le témoignage et les témoins, telle l'écorce ou l'apparence des choses évoquée par Saint-Exupéry, deviennent le *signe* visible de la *res carnis Jesu*, qui se fait dès lors visible *sous un autre mode*, précisément le mode christosacramentel (voir *supra,* chap. 3). Et enfin, je renvoie au discours concernant les semences du Verbe (voir *supra*, chap. 4). Semées partout, celles-ci constituent les traces de l'unique Évangile inscrit et caché également dans les cœurs de tous les hommes, tout comme l'*essentiel* du *Petit Prince* caché au cœur des choses (voir aussi *infra*, 5.3.2).

1648 A. de Saint-Exupéry, *Le Petit Prince*, p. 82 (chap. XXIV).

1649 *Ibid.* p. 37 (chap. VIII), les deux citations.

1650 *Ibid.*

existentielle où *quelque chose se passe*. Car, là où un avion est tombé et un voyage a connu une interruption soudaine, une nouvelle marche est entamée par le pilote, qui, ayant réussi la réparation de son moteur, sera à même de « se diriger vers le monde des grandes personnes »[1651]. De même, le petit prince va prendre la ferme décision de rejoindre sa rose, également au désert, le lieu de la morsure fatale du serpent. Pourtant, ce « syntagme conjonctif », ainsi que le définit Domínguez, va se réaliser seulement lorsque se produit un « syntagme disjonctif », c'est-à-dire quand le petit prince quitte l'aviateur[1652]. « Ces situations pourraient se résumer [affirme le professeur espagnol] au plan de la rhétorique traditionnelle en une sorte de figure qui, en raison de la proximité des termes antinomiques, rappelle l'oxymore et le paradoxe selon les modèles "qui perd trouve" et "qui trouve perd" (H. Morier 1961)[1653]. »

En autobiographie, cet oxymore, issu par ailleurs de l'Évangile, revêt une importance capitale. Car c'est à l'âge adulte, lors de la séparation la plus importante d'avec l'enfance et la jeunesse due à la grande distance chronologique, que le récit de nous-mêmes nous rapproche d'elles, ainsi que le relève Domínguez à propos du rapport paradoxal entre les réalités physique et psychique[1654]. Il s'agit d'une distance paradoxale, du fait qu'elle aide à résoudre le problème de fond qui accable les deux protagonistes du conte et qui concerne la relation, précisément loin des relations. De fait, ils ne sauront surmonter un tel problème que loin de « la confusion entre l'être et l'apparence »[1655] et des personnes « qui se limitent à la perception des choses, à l'apparence »[1656].

Or, au début de l'histoire, cet éloignement ne se configure pas comme un déplacement nécessaire à la solution du problème, mais tout simplement comme une fuite. C'est l'enseignement du renard à l'adresse du petit prince et l'enseignement de celui-ci en faveur du pilote qui qualifieront le déplacement de véritable chemin de recherche. Ainsi la phrase selon laquelle « il faut chercher avec le cœur » va jeter une lumière importante pour la compréhension métaphorique du conte débouchant sur la signification autobiographique. En fait, d'un côté, le « cœur » invite le petit prince à se tourner vers le plus profond de lui-même pour y découvrir un regard qui sache pénétrer la réalité des choses. De l'autre côté, le « cœur » invite le pilote, auteur et narrateur du conte, à un chemin de

1651 F.N. DOMÍNGUEZ, « Simbología del desplazamiento en *Le Petit Prince* », p. 123.

1652 Cf. *ibid.* Le syntagme conjonctif est la convergence des deux personnages et de leurs chemins, tandis que le syntagme disjonctif désigne leur séparation, celle qui se produit précisément au moment même de leur conjonction.

1653 *Ibid.* Concernant la cit. interne, Domínguez se refère à H. MORIER, *Dictionnaire de poétique et de rhétorique*, P.U.F, Paris, 1961–1981.

1654 « …*Cuanto más se aleja el Principito en sentido físico, más cerca está en sentido psíquico* » (F.N. DOMÍNGUEZ, « Simbología del desplazamiento en *Le Petit Prince* », p. 123).

1655 *Ibid.*, p. 127.

1656 *Ibid.*

recherche visant le récit autobiographique lui-même, en tant que lieu d'une introspection où Antoine de Saint-Exupéry peut *se retrouver* lui-même. De fait, en allant à la recherche de soi-même, il va retrouver un enfant, non pas n'importe quel enfant, mais il va retrouver l'enfant qu'il a été et qui est capable d'un regard qui sait dépasser les apparences. C'est le regard du cœur, fruit du chemin introspectif de recherche, qui, à mon avis, permet bel et bien de qualifier *Le Petit Prince* de conte autobiographique, où configuration, autoconfiguration et refiguration ne font qu'un.

La relecture du conte de Saint-Exupéry, à la lumière des théories narratives de type rhétorique et philosophique considérées notamment au cours du chapitre 3, nous a offert l'occasion d'une application de ces approches narratives à un récit autobiographique. Ce faisant, les trois phases de la *mimèsis* nous ont aidés à évaluer la compatibilité des théories philosophiques et sémiologiques de certains spécialistes, tels Ricœur et Greimas, avec le discours autobiographique que je soutiens et que j'essaie de défendre. Ce paragraphe nous a fait par conséquent parvenir à vérifier, je l'espère, le bien-fondé de ma recherche sur le plan philosophique ainsi que sur le plan rhétorique. Il nous reste à faire la même vérification sur le plan autobiographique à proprement parler, l'autobiographie étant une théorie – je dirais même une science ! – anthropologique et pédagogique, pour terminer finalement par une confrontation du *Petit Prince* avec la théologie, notamment les visées analogiques de Jüngel et de Balthasar.

5.2. *Le Petit Prince* du point de vue des spécialistes en autobiographie

5.2.1. La « quête de sens » de la théorie de Gusdorf dans le conte de Saint-Exupéry

Lors de notre étude des théories autobiographiques, nous avons été confrontés au point de vue des spécialistes les plus connus en Europe, dont Gusdorf. Désignant l'autobiographie comme le phénomène de l'écriture du moi, le théoricien français a voulu proprement mettre en relief le rôle médiateur joué par l'écriture autobiographique visant la rencontre du *je* avec le *moi* de l'autobiographe[1657]. En fait, selon Gusdorf, c'est grâce à l'écriture que le *je* de l'écrivain peut se percevoir comme un *moi* ou un *soi*. Autrement dit, l'écriture du moi ne fait qu'objectiver le *je* autobiographique, qui est pour cela même configuré comme *un autre*.

Or, en considérant la rencontre du pilote et du petit garçon comme une véritable *reconnaissance*, nous n'avons fait que confirmer la théorie de Gusdorf. En fait, Saint-Exupéry, façonnant le personnage principal de son conte selon les caractéristiques que lui-même possédait quand il avait l'âge de six ans, a entendu configurer le petit prince

1657 Par rapport à tout ce qui dans ce paragraphe se réfère à Gusdorf, cf. *supra*, 3.2.1.1.

proprement comme le petit Antoine qu'il a été, et donc comme un *soi*. Ce faisant, *Le Petit Prince* s'avère un véritable modèle d'écriture du moi, où, tout comme l'a théorisé Gusdorf, le récit devient le lieu et le *medium* de la connaissance de soi-même et de la prise de conscience de soi-même comme *un autre*. D'ailleurs, dans le cas du conte de Saint-Exupéry, le petit prince apparaît comme un sujet distinct du pilote, le second personnage, le narrateur et l'auteur de l'histoire. Mais pas seulement.

La Bible ainsi qu'Homère constituant, d'après Gusdorf, comme les formes archétypales des écritures du moi, du fait qu'en elles l'homme a posé les questions des fondements et du moi, le conte du *Petit Prince* propose pour sa part les mêmes questions : « Qui suis-je ? », « D'où viens-je ? », « Vers où vais-je ? ». La référence à l'enfance du pilote et à tous les enfants, au travers de l'enfant représenté par le petit prince, en constitue une preuve avérée. Cela est confirmé également ailleurs que dans le conte en question, ainsi que nous l'avons constaté plus haut à propos de la phrase prononcée par Saint-Exupéry dans *Pilote de guerre* : « D'où suis-je ? Je suis de mon enfance… »[1658]. C'est pourquoi le petit prince concrétise de manière double la réponse à cette question qui concerne non seulement l'origine existentielle de Saint-Exupéry, mais aussi son origine anthropologique et spirituelle. La première plonge ses racines dans le milieu familial de Saint-Maurice-de-Rémens et dans le milieu culturel de son pays, la France. La seconde, le petit prince venant du ciel, plonge ses racines dans l'origine même de l'homme en tant que tel, lequel vient du Ciel, lui aussi. Et même si dans le conte de Saint-Ex Dieu n'est pas nommé, la question chrétienne, abordée de manière explicite dans les autres textes du pilote-écrivain – ce qui constitue pour ainsi dire le *Sitz im leben* du *Petit Prince*, soit sa *mimèsis* I –, y est quand même posée. Comme nous l'avons souligné dans *mimèsis* I, à propos de la devise française « Liberté, Égalité, Fraternité », celle-ci puise son origine dans le christianisme, fondement de la culture française, et avant tout, fondement même de l'homme fait à l'image de Dieu, ainsi que Saint-Exupéry le remarque dans *Pilote de guerre*. C'est pourquoi, le petit enfant qui, dans le conte du *Petit Prince*, apparaît au pilote s'avère l'« apparition » même de la véritable identité d'Antoine ainsi que l'apparition de l'homme « à l'état pur », tel qu'il émane de l'acte de création, et dont l'origine est dès lors à rechercher dans le ciel, en Dieu lui-même.

Il faut toujours tenir compte de l'occupation originelle du petit prince qui le voit prendre soin de sa planète, toujours en danger d'explosion à cause des baobabs. De même, le petit prince s'occupe soigneusement de sa fleur. Que le petit prince soit donc connoté ainsi, c'est-à-dire comme un jardinier, n'est pas un pur hasard ! En fait, cela l'assimile au

1658 Voir *supra*, 5.1.1.

premier homme, Adam, auquel Dieu confie le jardin d'Éden pour qu'il le cultive et le garde (cf. Gn 2,15).

L'autre aspect qui caractérise les écritures du moi, chez Gusdorf, est que celles-ci détectent dans la relation de soi à soi-même une recherche du *sens de la vie*. C'est une caractéristique qui est également présente dans le conte de Saint-Exupéry, où les deux protagonistes, l'enfant et le pilote, sont en quête de ce qui prend le nom d'*essentiel*, et qui s'avère de plus en plus proprement ce qui donne *sens* et *signification* à la vie elle-même. La marche commune à travers le désert devient l'image ou la métaphore de cette quête que l'autobiographie elle-même essaie de satisfaire, d'après Gusdorf. Une telle quête est configurée dans le conte comme une *soif* qui conduit les deux amis à un *puits* contenant une *eau* spéciale à même d'éteindre la soif elle-même. Cette eau, qui va redonner force et joie aux deux chercheurs, s'avère le terme de leur quête, tout en revêtant la signification métaphorique de la vérité qu'ils ont finalement conquise, c'est-à-dire *vue* ! Car, au bout du compte, c'est la vérité même relevant de l'enseignement du renard.

Or, selon Gusdorf, la recherche ou quête de sens qui fait des écritures du moi un véritable « voyage introspectif », ainsi que nous l'avons déjà souligné[1659], consiste en un processus d'historicisation de la vie par lequel l'autobiographe y met de l'ordre, tel le *cosmos* évoqué par la Genèse, où Dieu, créant l'univers, fait bel et bien une création ordonnée[1660]. En termes narratifs, cette historicisation de la vie correspond à la configuration du récit accomplie par ladite *mimèsis* II. De fait, dans son conte, au travers du voyage interplanétaire du petit prince, Saint-Exupéry parcourt à nouveau toute sa vie. C'est bien en cela que, somme toute, consiste l'autoconfiguration, c'est-à-dire la mise en intrigue d'un récit autobiographique. De toute façon, ce voyage introspectif en tant que quête de sens parviendra à son terme, d'après Gusdorf, lorsqu'il va déboucher sur le changement de vie, ce à quoi l'histoire de Saint-Ex parvient elle-même.

Qualifié en termes pédagogiques et autobiographiques de « gain performatif », le changement de vie est le fruit mûr que l'écriture du moi souhaite, dans la mesure où, lors d'un récit, « quelque chose se passe » ![1661]De même, lorsqu'« il y a récit », une narration nouvelle est entamée, ainsi que le rappelle Ricœur[1662]. Dans le cas du *Petit Prince*, à la fin du conte, pour les deux protagonistes, le changement de vie est perceptible en termes de « retour ». Pour le petit prince, ce sera le retour à sa fleur ainsi qu'à sa planète, pour le pilote, ce sera le retour à sa vie actuelle, vers laquelle il se dirigera « équipé » du secret

1659 Voir *supra*, 5.1.2.

1660 Dans Gn 1, *cosmos*, qui signifie « ordre », s'oppose à *chaos*, lequel indique « désordre » c'est-à-dire « néant ».

1661 C'est une affirmation de Jüngel visant la narration parabolique. Voir *supra*, 1.2.2 et 1.2.3.

1662 Voir *supra*, 3.2.2.2., notamment la n. 992.

que le petit prince, à savoir le petit Antoine qui vit toujours en lui[1663], lui a appris : l'essentiel est visible seulement pour le cœur !

De ce fait, le conte de Saint-Exupéry s'avère cette écriture du moi à même de donner à son auteur et à son narrateur l'occasion d'une *reconnaissance* de soi, au travers d'un personnage apparemment distinct. En vérité, celui-ci n'est que l'autoconfiguration du pilote lui-même qui s'y raconte, et qui se laisse de ce fait refigurer. Pour sa part, cette refiguration fait parvenir l'autobiographe et co-pratogoniste du conte à un changement de vie, signifié par un retour à « l'essentiel », c'est-à-dire à ce que les enfants savent reconnaître et voir. De manière analogique, cette sagesse et perspicacité enfantines correspondent à l'enfance spirituelle et à la petitesse évangélique, en tant que condition requise par Jésus lui-même (cf. Mt 18,3 ; 25,40 ; Jn 3,1-8). Car c'est bien une telle condition spirituelle et théologique qui rend tout disciple du royaume des Cieux capable de saisir et de percevoir l'essence même de sa vie, voire l'*essentiel* : la vie en Dieu, la source d'où l'homme est venu, et le terme ultime vers lequel homme est dirigé.

1663 Ce qui ressort du conte du *Petit Prince*, à savoir l'idée de la redécouverte de l'enfant que nous avons été et qui vit toujours en nous, revient à l'attention des thérapeutes, qui la désignent en termes d'« Enfant intérieur », vers les années 1980, en particulier dans le cadre de la psychologie. En réalité, ce concept prend sa source chez le psychiatre qui avait étudié, pendant les années 1960, la méthode de la « psycosynthèse »: « La psychosynthèse permet d'identifier toutes les parties fragmentées de notre psyché et de retrouver notre vrai moi pour commencer une transformation intérieure. La méthode du Dialogue intérieur apporte une dimension supplémentaire : elle permet de retrouver et d'accepter les sous-personnalités qui restent dans l'ombre, celles que l'on renie, notamment l'Enfant intérieur, bien souvent abandonné lors du passage à l'âge adulte. Or, en le perdant, nous perdons infiniment de la magie et du mystère de la vie, du plaisir et de l'intimité des relations. Cette méthode consiste à établir, avec l'aide d'un thérapeute, un dialogue avec notre Enfant intérieur, comme si nous avions une conversation avec une personne réelle. » (E. Pigani, « L'Enfant intérieur, qu'est-ce que c'est ? », sur le lien : *https://www.psychologies.com/Moi/Se-connaitre/Personnalite/Articles-et-Dossiers/Retrouver-l-enfant-en-nous/L-enfant-interieur-qu-est-ce-que-c-est*). Mais déjà, presque un siècle avant, dans le cadre de la littérature, précisément de la poésie, le poète italien Giovanni Pascoli (1855–1912), dans son essai *Il fanciullino* (1897), explique qui est le poète en s'inspirant de cet état de la vie humaine qu'est l'enfance. Ainsi, pour Pascoli, le poète est un petit enfant éternel, qui continue à vivre à l'intérieur de tout être humain, même après la fin de l'âge de l'enfance. C'est pourquoi, le langage du poète, et donc de la poésie elle-même, est semblable à celui d'Adam, lequel nomma le premier les choses, et il est également un langage à même de découvrir et rétablir les liens entre les choses, de créer des symboles et de transmettre des émotions profondes et universelles. Il en découle que la tâche des poètes et de la poésie, c'est proprement de réveiller en chaque individu le petit enfant qui y demeure, et qui inspire des sentiments de paix, d'amour et de fraternité afin de rendre le monde plus humain et plus viable (cf. Id., *Il fanciullino*, éd. par G. Agamben, Feltrinelli, Milano, 1996).

5.2.2. L'enfance du petit prince et l'*adultità* du pilote à la lumière de la théorie de Demetrio

Le conte autobiographique de Saint-Exupéry, ayant la forme d'une histoire fictive, ne se borne pas à la seule refiguration de l'auteur. Il veut aussi impliquer le lecteur dans la même prise en charge mise en place par le récit lui-même. Au désert, les deux protagonistes, parcourant un bout de chemin ensemble, font en fait l'expérience d'une prise en charge réciproque, dans la mesure où l'un console et soutient l'autre et vice-versa. On songe au moment où, contrarié par les réponses évasives et superficielles du pilote, le petit prince éclate en sanglots. Celui-là alors, le prenant dans ses bras, va bercer l'enfant pour le consoler[1664]. De même, lorsque fatigué par la marche au désert, le petit prince s'endort, le pilote poursuit la route, l'enfant dans ses bras[1665]. C'est pourquoi ce qui apparaît comme le geste de tendresse d'un adulte envers un enfant se révèle comme une véritable prise en charge de soi-même, l'enfant étant la configuration du *soi* de la grande personne qu'est le pilote.

Or, pour Demetrio, le spécialiste italien expert dans le domaine pédagogique de l'éducation et de la formation des adultes, l'expérience autobiographique est précisément une *affaire de l'âge adulte*, soit de l'*adultità* ou des *grandes personnes*, ainsi que le dirait Saint-Exupéry lui-même[1666]. De fait, la composition autobiographique est un récit médité par lequel la personne adulte peut *se retrouver* elle-même. Pour le professeur italien, *se retrouver* est une expression qui synthétise l'autobiographie, du fait que celle-ci favorise la rencontre du *je* avec le *moi* ou le *soi-même*, ce qui ne peut avoir lieu qu'en profondeur, là où habite le *je* le plus intime qui est de ce fait perçu comme un *moi*. Il s'agit d'une rencontre vitale, du fait que ce moi nécessite de l'écoute et des *soins*, ce qui qualifie l'autobiographie d'expérience formative, performative et thérapeutique.

Or, de telles prérogatives sont bien détectables à l'intérieur du *Petit Prince.* Car la rencontre au désert entre un adulte et un enfant se configure au fur et à mesure du développement de l'intrigue narrative comme une *reconnaissance* réciproque, ainsi que nous l'avons souligné à maintes reprises. D'où une *relation* qui se révèle une véritable source d'amitié, de consolation et d'enseignement. Par conséquent, cette relation étant véhiculée par un récit, les implications thérapeutique et formative sont bien présentes dans le conte autobiographique de Saint-Exupéry.

Un autre élément souligné par le spécialiste italien est la capacité de l'adulte d'*organiser le passé* et de *réfléchir sur son propre présent*. C'est pourquoi, d'après Demetrio,

1664 Cf. A. de Saint-Exupéry, *Le Petit Prince*, p. 34 (chap. VII).
1665 Cf. *ibid.*, p. 82 (chap. XXIV).
1666 Pour tout ce qui dans ce paragraphe se réfère à Demetrio, se reporter à *supra*, 3.2.1.2.

un écrit autobiographique ne peut pas être qu'un récit médité. Une telle caractéristique est également repérable dans *Le Petit Prince*, duquel émerge un certain souci éducatif qui se traduit dès le début dans un appel urgent que l'autobiographe adresse aux enfants : « Enfants ! Faites attention aux baobabs ! »[1667] Si nous considérons la gravité d'un tel appel, ainsi que nous l'avons souligné auparavant, il va de soi qu'il n'est pas limité aux petits, mais qu'il est adressé surtout aux grandes personnes, en tant qu'enfants du monde, enfants de Dieu et enfants de toute Patrie[1668]. Cela est dès lors synonyme d'une responsabilité venant d'une réflexion et d'une méditation mûre de la vie. C'est pourquoi l'histoire détaillée du petit prince, vis-à-vis de laquelle le pilote lui-même, le narrateur et l'auteur du récit, revoit sa vie et dans laquelle il se retrouve pleinement, dévoile précisément une nécessité déterminée, ce que Demetrio ne manque pas de remarquer, à savoir : le besoin de la personne adulte de fournir une configuration à sa propre vie, ce qui veut dire de la *mettre en intrigue*, en la parcourant à nouveau, et donc en la parcourant d'une façon renouvelée.

Or, raconter une vie au travers d'un conte, voire d'une intrigue narrative, c'est bel et bien mettre en place ce que Demetrio appelle *organisation du passé* ou *mise en ordre* des souvenirs. Cela implique un processus d'historicisation d'un vécu personnel où le *je autobiographique* va jouer le rôle d'un véritable *je tisserand*, ainsi que l'affirme Demetrio, s'inspirant de la toile de Pénélope. Ce faisant, le récit ou l'écriture, tel un médiateur et un pédagogue, conduit le *je* à se re-signifier lui-même comme un moi, ce qui veut dire comme un *autre*. C'est pourquoi, dans le conte de Saint-Exupéry l'*autre* étant représenté par le petit prince, celui-ci ne saurait être que la configuration nouvelle en forme fictive du pilote. Quant à ce dernier, il pourra se re-signifier lui-même comme un « petit prince »[1669].

Somme toute, le pilote découvre *qui* il est lorsqu'il rencontre le petit prince, du fait qu'il se reconnaît lui-même en celui-ci. Ce faisant, se réappropriant une histoire qu'il découvre être la sienne, le pilote fonde sa vie en cette histoire et s'y enracine. Cela ne veut dire au bout du compte qu'une chose : grâce à cette mise en intrigue, le pilote écri-

1667 A. de Saint-Exupéry, *Le Petit Prince*, p. 28 (chap. V).

1668 Voir *infra*, 5.3.1, notamment la n. 1717.

1669 À ce propos, rappelons que la figure du « prince » ne revêt pas tant la signification des personnages issue des contes de fées que celle qui a émergé de *mimèsis* I. Ce sont en fait les œuvres complémentaires de Saint-Exupéry qui en éclaircissent la signification anthropologique et spirituelle, notamment les réflexions de l'aviateur écrivain sur le rôle de l'homme en tant que tel et sur sa mission d'ambassadeur de Dieu. Car une si haute mission fait de l'homme « le petit prince de Dieu » dans le monde. Ce qui implique aussi, selon la matrice chrétienne de la civilisation que Saint-Exupéry lui-même revendique, la signification christologique que revêt également le « Petit Prince » et qui vise les chrétiens en tant que présence sacramentelle dans le monde du Prince des princes, le Christ-Jésus (voir *supra*, 5.1.1 et *infra*, 5.2.3).

vain va acquérir une *identité narrative*. Et d'ailleurs, à quoi conduit l'autobiographie sinon à une nouvelle conscience de soi ? Et qu'est-ce que la connaissance de soi sinon une affaire de l'âge adulte, à savoir de l'*adultità*, ainsi que l'appelle Demetrio ? C'est pourquoi, chez le professeur italien, le parcours autobiographique est également comparable au voyage d'Ulysse, du fait qu'il est un voyage de connaissance de soi débouchant sur une réappropriation de sa propre histoire et de ses propres racines. Car, ainsi que le souligne *Le Petit Prince*, « droit devant soi on ne peut pas aller bien loin »[1670]. En revanche, droit au-dedans de soi, l'homme va bien loin, car il peut y retrouver à la fois lui-même et son Dieu, ainsi que l'affirme Augustin, l'autobiographe spirituel.

Finalement, la théorie autobiographique de Demetrio contribue à expliciter ce que le conte du *Petit Prince* contient déjà, à savoir : le privilège d'un *lieu* et d'un *temps* offerts par l'autobiographie à toute grande personne pour une méditation philosophique de la vie. Ce qui signifie aussi commencer à vivre le présent et à planifier l'avenir depuis une posture adulte, qui est une posture essentiellement spirituelle.

5.2.3. Lejeune et le conte du *Petit Prince* comme un « pacte autobiographique »

La pensée autobiographique de Philippe Lejeune, un des spécialistes majeurs en autobiographie en France, est axée sur la question de l'*identité*[1671]. Il s'agit d'ailleurs d'une question centrale en autobiographie visant l'auteur, le narrateur et le personnage. En fait, pour qu'il y ait autobiographie, il faut que ceux-ci convergent vers une identification nette. Cependant, si dans un récit autodiégétique, à la première personne, la théorie de Lejeune trouve une application pleine, par rapport à un récit hétérodiégétique, c'est-à-dire à la troisième personne, elle reste un peu dans l'indécision.

Or, concernant *Le Petit Prince*, l'identification invoquée par le théoricien français trouve confirmation par rapport à un des deux personnages principaux du conte, à savoir le pilote. En fait, celui-ci s'identifie au narrateur du récit, qui est aussi l'auteur, de manière explicite. Par contre, à l'égard de l'autre figure, le petit prince, s'agissant d'un personnage raconté à la troisième personne, la question de l'identité, ainsi que la propose Lejeune, ne va pas de soi. Et non seulement pour la question hétérodiégétique, mais aussi pour le fait qu'il s'agit d'un personnage distingué du pilote, et qui est en plus un enfant. Cependant, malgré le manque d'un nom propre désignant l'identité du petit prince, les affinités que celui-ci et l'enfant que le pilote a été se partagent peuvent orienter le lecteur non naïf à une identification des deux personnages en question. À ce propos, la dédicace du conte

1670 Voir *supra*, n. 1635.

1671 Dans ce paragraphe, par rapport à toutes les questions liées à la réflexion de Lejeune, se référer à *supra,* 3.2.1.3.

à l'ami Léon Werth s'avère très révélatrice. La mention « … je veux dédier ce livre à l'enfant qu'a été autrefois cette grande personne »[1672] facilite ce travail d'identification, car elle peut bel et bien conduire le lecteur à établir, dès le début du conte, une connexion étroite entre l'adulte Léon et le petit Léon. Par conséquent, cette connexion concerne tous les adultes, y compris le pilote Saint-Ex et le lecteur lui-même !

Lejeune fonde également sa théorie sur ledit « pacte autobiographique », par lequel un auteur, qui est en même temps le modèle, c'est-à-dire le « hors texte » de la réalité historique, s'engage dans un travail de ressemblance avec le personnage configuré, une ressemblance qui porte soit sur l'*exactitude* historique soit sur la *signification.* De même, dans son conte autobiographique, Saint-Exupéry met en place une configuration, qu'il vaut mieux en l'occurrence appeler autoconfiguration, où il s'engage dans un pareil effort de ressemblance. Il s'agit d'un souci de fidélité qui pousse l'auteur du *Petit Prince* à établir une proximité et une correspondance entre le personnage de l'autoconfiguration et le modèle de la réalité extratextuelle qui porte sur sa personne même, ce qui remplit dès lors ce que Lejeune appelle le « pacte d'écriture ».

Or Saint-Exupéry atteint la ressemblance que nous venons d'expliciter, et qui est aussi inhérente au *passé* et au *présent*, à travers un double registre narratif, qui est à la fois réel et fictif, concernant les deux personnages du conte. Pour ce faire, il s'approche des deux personnages de deux façons : du pilote, avec un effort de *stricte ressemblance* visant l'*exactitude* historique et personnelle ; du petit prince, avec un effort de ressemblance portant sur la *signification.* Ces deux dimensions soulignées par Lejeune étant de fait toutes deux bien mises en valeur dans le conte de Saint-Exupéry, cela implique que même le récit hétérodiégétique puisse témoigner d'un récit autobiographique, malgré ses énonciations à la troisième personne. Mais il y a même plus.

Que la ressemblance concernant le petit prince soit accomplie moyennant le souci de la signification, cela met en jeu un « pacte de lecture » visant à orienter le lecteur à adopter un registre autobiographique par rapport à la dimension fictive du récit assumée notamment par le petit prince, ainsi que nous l'avons souligné auparavant à l'aide de Lejeune. Ce faisant, une forme autobiographique moins explicite, revêtant l'aspect d'une histoire fabuleuse, ne correspond certainement pas à un manque de fidélité, ni ne constitue l'indice d'une approximation pour ainsi dire « lâche » ! En revanche, une telle fiction littéraire met en jeu une signification métaphorique, porteuse de cette *véhémence ontologique* qui trouve sa juste place et toute sa valeur en *mimèsis* III, dans le cadre de la refiguration du lecteur, telle que Ricœur l'explique[1673]. D'ailleurs, c'est grâce à une telle signification métaphorique

1672 A. de Saint-Exupéry, *Le Petit Prince*, p. 11.

1673 Il s'agit, ainsi que nous l'avons exploré auparavant, du pouvoir de l'expression métaphorique de désigner l'*être comme* – c'est pourquoi je parlerais plutôt de véhémence *analogique* –, dont la

habitant la configuration que le lecteur peut devenir objet/sujet d'une refiguration, du fait qu'il s'approprie une identité nouvelle, à savoir une « identité narrative », tout en se comprenant lui-même comme *un autre*[1674]. C'est pourquoi il va de soi que la valeur métaphorique de la figure du petit prince emploie la même stratégie car, dans la mesure où elle vise à refigurer d'abord l'auteur, puis le lecteur du conte autobiographique, les rôles de « prince » et de « jardinier » deviennent des modèles à s'approprier.

Cela étant, la *stricte exactitude* historique ainsi que la *signification* apportent également le même souci de fidélité et de ressemblance au « modèle ». Dans un texte autobiographique, celui-ci ne demeure pas comme l'objet d'une vraisemblance, tel le cas de la biographie, d'un roman ou de n'importe quelle fiction. En revanche, en autobiographie, le modèle se rapporte immédiatement à l'auteur, de l'avis de Lejeune. Pourtant, il se rapporte en même temps au personnage du récit, en tant que *je* objectivé comme un *soi* ou comme un *moi*, et, pour cela même, comme *un autre*. Cela revêt une importance capitale par rapport à la thèse que j'essaie de défendre, et qui s'oppose à ce qu'on peut appeler le « solipsisme » du texte – partagé par une certaine critique narratologique issue des domaines théologique, rhétorique et philosophique –, c'est-à-dire à une autonomie de celui-ci aux dépens de l'auteur et à l'avantage exclusif du lecteur[1675]. De fait, ce lien étroit, souligné par Lejeune, entre le « hors texte » et le texte, qui est dès lors le lien entre l'auteur / modèle et le personnage de la configuration, redonne au second sa relativité par rapport au premier, de manière à ce que, dans le cas d'une narration autobiographique, le texte ne soit plus exclusivement en fonction du lecteur et de la lecture.

Ainsi, la théorie du pacte autobiographique servant à renforcer la lecture du *Petit Prince* sur le registre autobiographique, l'auteur réel n'est pas sacrifié au profit de l'auteur implicite ou imaginé. En revanche, il demeure dans le texte comme étant son âme et sa signification première. D'ailleurs, d'après Lejeune, un discours autobiographique, avant de s'articuler à la première ou à la troisième personne, s'articule dans le nom propre, nom qui est souvent placé sur la couverture du livre ainsi que dans le titre. Cela rejoint une fois encore pleinement le récit de Saint-Exupéry, dont le titre contient proprement le nom de l'auteur. En fait, bien que ce qui paraît sur la couverture du livre ne soit pas un nom propre, mais un pseudonyme, le fait même qu'il s'agisse d'un récit racontant la vie de l'auteur établit entre pseudonyme et auteur un rapport d'identité. Il reste, si jamais, à s'interroger sur le choix de la part de l'auteur d'un tel pseudonyme, question qui a été en

prétention *ontologique* prématurée et contestée à Ricœur dans *La métaphore vive*, aboutit et se concrétise dans *Temps et Récit* III et dans *Soi-même comme un autre* (voir *supra*, 3.2.2.1., notamment la n. 967).

1674 Voir *supra*, 3.2.2.2 et 3.2.2.3.

1675 Voir *supra*, chap. 3, notamment 3.2.2.3.

partie prise en considération dans ce chapitre au paragraphe relatif à *mimèsis* I. On songe, notamment, au rôle éminent que l'aviateur écrivain attribue à l'homme en tant que tel, lorsqu'il le désigne en termes d'« ambassadeur d'un prince »[1676]. À cela s'ajoute un autre élément, à savoir que le protagoniste de *Citadelle*, l'œuvre inachevée de Saint-Exupéry, est lui aussi un prince héritier[1677]. D'où l'hypothèse expliquant le choix de « petit prince » en tant que pseudonyme, quoique l'adjectif désigne et évoque également l'enfant Antoine.

La confrontation entre la théorie autobiographique de Lejeune et le conte de Saint-Exupéry nous a permis de vérifier la validité des éléments issus de l'étude du spécialiste français et de renforcer notre thèse penchant vers une interprétation de type autobiographique du *Petit Prince*. Puis, la question de l'identité au cœur du « pacte autobiographique » nous a conduit encore une fois à relier ce sujet à la refiguration proposée par le philosophe de la narration en termes philosophiques et ontologiques. Finalement, le même souci de fidélité et de ressemblance au « modèle », concernant la *stricte exactitude* ainsi que la *signification* mises en place par la narration autobiographique, nous a aidé à apporter un autre argument fort renforçant la thèse, que j'essaie de soutenir, de la relation du texte aussi avec l'auteur.

C'est pourquoi, au terme de ce paragraphe consacré aux théories autobiographiques des penseurs majeurs en autobiographie, cette relecture du *Petit Prince* atteste toute la valeur formative et thérapeutique de l'autobiographie en tant que telle, ainsi que le gain performatif qu'elle procure. Mais pas seulement. La force métaphorique et ontologique de l'expression autobiographique, qui est imputable directement à une véhémence analogique, ouvre la voie également à une relecture théologique du *Petit Prince*, de manière à ce que nous puissions, au cours du paragraphe qui va suivre, appliquer les éléments issus des chapitres dogmatiques, objets de la première partie aussi bien que de la deuxième partie de la thèse, et les faire se croiser au carrefour du conte de Saint-Exupéry. Nous pourrons également souligner l'aspect pastoral dont la relecture du *Petit Prince* est susceptible, car la manière dont Saint-Exupéry a voulu le configurer suggère, peut-être, un « style » ou une posture d'évangélisation dont la mission même de l'Église pourrait profiter, ainsi que nous allons l'approfondir au cours de la troisième partie de ce travail.

1676 Voir *supra*, 5.2.2, notamment n. 1669.
1677 Voir *supra*, 5.1.1.

5.3. Le potentiel analogique du *Petit Prince* et le « troisième Testament »

5.3.1. Dire Dieu sans nommer Dieu. *Le Petit Prince* et la visée analogique d'E. Jüngel

Introduisant au début de ce chapitre le sujet du *Petit Prince*, j'ai remarqué la manière dont ce récit a été configuré, et qui a proprement capté mon attention lors de ma première lecture du conte de Saint-Exupéry. En fait, se composant de texte et d'images, *Le Petit Prince* paraît en syntonie avec la proposition d'une théologie autobiographique, objet de la présente recherche, laquelle repose sur les catégories christologiques « parole » et « image ». C'est pourquoi le conte se prête bien à une confrontation avec l'analogie évangélique d'E. Jüngel aussi bien qu'avec l'analogie esthétique d'H.U. von Balthasar, telle celle que je vais essayer de mettre en place au cours de ce troisième paragraphe.

Mannucci, disant que dans l'évangile de Jean, « raconter, c'est faire voir »[1678], souligne la prérogative théologique de la narration – précisément le caractère synesthésique – laquelle, en plus d'une parole à écouter, offre une parole imagée à voir, précisément l'*Image* ou la *Figure* qu'est le Verbe, pour utiliser le lexique théologique de Balthasar. De même Carballo, parlant de l'Écriture en terme d'*empalabración*, voit dans le texte biblique un premier signe de l'incarnation même du Verbe, ce qui implique une certaine *représentativité* de la parole par rapport à la personne[1679]. Cette dernière signification rejoint par ailleurs Boulgakov, pour lequel la parole humaine étant l'expression de la pensée – car l'homme, en tant qu'être parlant et pensant, « pense en mots » –, le langage traduit une pensée et, vice-versa, la pensée se traduit en langage[1680].

Or, la valeur et le rôle « révélateurs » de la parole humaine par rapport au monde intérieur de l'homme, c'est-à-dire son esprit et sa pensée, ainsi que le soulignent les quatre théologiens mentionnés ci-dessus, sont bien mis en relief dans le conte autobiographique du *Petit Prince*. Tout comme nous l'avons souligné dans le paragraphe précédent consacré à la théorie de Lejeune, c'est en maintenant ensemble le souci d'exactitude ainsi que le souci de signification que Saint-Exupéry mène à bien son « pacte autobiographique ». En l'espèce, le conte autobiographique du *Petit Prince* aboutit à ladite « identité personnelle » où convergent auteur, narrateur et personnages, le pilote et le petit prince[1681], grâce à l'union de l'expression autobiographique avec la forme narrative. Autrement dit, dans le conte de Saint-Exupéry, la solidité du « pacte autobiographique », qui est en même temps un pacte d'écriture et de lecture débouchant sur une fidélité

1678 Voir *supra*, 1.1.1.
1679 Voir *supra*, 2.1.1.
1680 Voir *supra*, 2.1.2.
1681 Voir *supra*, 5.2.3.

identitaire, est assurée par l'expression narrative, laquelle est de ce fait à même de traduire l'instance autobiographique. C'est pourquoi si, sur le plan autobiographique, l'effort de *ressemblance* passe par les mots humains de la narration, il en va de même pour la Révélation sur le plan théologique.

D'après Jüngel, le langage humain, inadéquat en lui-même, est apte à dire la Parole de Dieu du fait de ladite « adéquation analogique », en tant que prérogative que Dieu accorde à la parole humaine. Puis, Dieu étant histoire, précisément l'Histoire de l'humanité de Dieu manifestée en Jésus-Christ, et l'histoire n'existant que pour être racontée, c'est au statut foncièrement narratif de l'Écriture, dont la pointe est constituée par l'expression parabolique de l'Évangile, que Dieu confie son histoire unique. Autrement dit, Dieu peut être raconté parce qu'il est un Dieu-narrateur qui, dans le Christ, son histoire vivante et narrante, assume le langage humain, tout en privilégiant le langage narratif et métaphorique des paraboles. D'où le rôle non pas absolu, mais complémentaire de la théologie narrative, à côté de la théologie dogmatique plus discursive, d'annoncer la Bonne Nouvelle, c'est-à-dire l'amour même de Dieu[1682].

Or, dans *Le Petit Prince*, c'est également la narration qui traduit la vie de Saint-Exupéry, y compris sa vision anthropologique et son opinion sur l'histoire du monde qui lui est contemporain, ce qui vient de son expérience existentielle remplie de voyages et riche de rencontres. D'abord, parce que le voyage interplanétaire du petit prince qui occupe la première partie du conte est fragmentée en mini-récits[1683]. Ceux-ci, telles les paraboles de l'Évangile, relatent les rencontres du petit prince avec des personnages très curieux, moyennant un langage narratif qui est à même d'en relever la valeur symbolique. En fait, derrière tous les individus qui habitent chacun les diverses petites planètes se cachent les mondes mêmes des adultes que le pilote, co-protagoniste et auteur du conte, a rencontrés et connus pendant toute sa vie. J'en donne quelques exemples.

Le roi de l'astéroïde 325, dont l'autorité ne s'étend qu'à une planète minuscule où il est le seul habitant, incarne l'illusion du pouvoir[1684]. C'est un roi bizarre qui affirme que l'autorité repose sur la raison, alors qu'il est irrationnel de penser pouvoir donner des ordres aux étoiles ! De cette rencontre entre le petit prince et ce roi découlent des questions que l'on peut formuler ainsi : peut-on prétendre imposer l'obéissance à autrui tant qu'on n'est pas capable soit d'instaurer des relations véritables soit de gouverner sa propre vie ? À quoi bon être des juges si l'on n'est pas à même de se juger soi-même ? D'autant

1682 Voir *supra*, 1.2.1. Les théologies narrative et dogmatique dont il est question font partie intégrante de l'Écriture, et elles sont véhiculées par les différents genres littéraires.
1683 Cf. A. de Saint-Exupéry, *Le Petit Prince*, pp. 40–61 (chap. X-XV). Voir aussi *supra*, 5.1.2.
1684 Cf. *ibid.*, pp. 40–45 (chap. X).

plus que c'est le roi lui-même qui affirme ceci : « Il est bien plus difficile de se juger soi-même que de juger autrui[1685]. »

De même, le vaniteux, le seul habitant de l'astéroïde 326, incarne ces hommes qui considèrent les autres uniquement comme des admirateurs[1686]. Par conséquent, ils n'auront de l'estime pour autrui que lorsqu'on leur adressera des compliments ou on les félicitera. D'où vient une pareille conception ? Elle émane d'une vision purement narcissique de la vie et de la réalité, ainsi que l'affirme le vaniteux lui-même expliquant au petit prince la signification de l'expression « admirer » : « "Admirer" signifie reconnaître que je suis l'homme le plus beau, le mieux habillé, le plus riche et le plus intelligent de la planète[1687]. » Une explication irrationnelle dès lors qu'il est seul sur sa planète, ainsi que le lui objecte le petit prince.

Bref, toutes les autres rencontres étranges que le petit prince fait pendant son voyage interplanétaire visent à donner l'avertissement que voici : tant que l'homme ne saura porter son regard au-delà de son propre nez, et qu'il n'aura qu'une considération quantitative des choses et des personnes, attentive uniquement aux chiffres et aux apparences, il ne sera jamais un « véritable » homme. Malgré les millions de personnes qui l'entourent, il sera voué à l'isolement. Il ne pourra habiter que des planètes minuscules, anonymes, que l'on ne distingue pas par un nom, telle la terre, mais par un nombre qu'on leur a attribué, tels les astéroïdes 325, 326, 327, 328, etc. Tandis que lorsque l'homme aura développé une *vue* capable de voir plus en profondeur les personnes et les choses, alors il aura regagné sa véritable identité, celle qui le relie à son origine elle-même.

Or, c'est bien à un tel but, qui est de fait une véritable découverte, que le lecteur est conduit par le récit. C'est pourquoi, que la configuration, voire l'autoconfiguration du *Petit Prince* soit nourrie de symboles narratifs et qu'elle privilégie l'expression métaphorique, cela qualifie la narration de forme adéquate au « mystère » que le récit contient et auquel il vise. De fait, « mystère » est le terme par lequel se termine le conte, tel un mot-clef que l'aviateur écrivain confie au lecteur : « C'est là un bien grand mystère[1688]. » Oui, « là », c'est-à-dire à l'intérieur même du récit, ainsi que l'expression semble vouloir le signifier.

Constituant proprement le noyau du conte de Saint-Exupéry, à un moment donné, c'est-à-dire lors de l'apparition du renard, ce « mystère » va être mis au jour et désigné comme « essentiel »[1689]. Si donc j'en parle en termes de « mystère », ce n'est donc pas par

1685 *Ibid.*, p. 45.
1686 Cf. *ibid.*, pp. 46–48 (chap. XI).
1687 *Ibid.*, p. 48.
1688 *Ibid.*, p. 97 (chap. XXVII).
1689 Cf. *ibid.*, pp. 70–78 (chap. XXI).

hasard, car cet « essentiel », de même que le « mystère » dont parle l'Écriture[1690], désigne proprement ce qui est caché, et que seul un regard profond, celui du cœur, peut saisir. Il en va de même pour l'Évangile, au cœur duquel habite ce « mystère » qui n'est visible que par le regard de la foi. C'est pourquoi, lorsque les disciples posent à leur maître la question concernant la raison pour laquelle il parle aux gens en paraboles, Jésus donne la réponse que voici : « À vous il est donné de connaître les mystères du royaume des Cieux, mais ce n'est pas donné à ceux-là » (Mt 13,11).

Or, la parabole constituant l'argument et le cœur de l'« analogie d'Avent », je voudrais maintenant commencer la confrontation entre le conte de Saint-Exupéry, notamment sa configuration narrative, avec le discours théologique d'Eberard Jüngel, lequel met en évidence toute la véhémence de l'expression parabolique par rapport à la Révélation[1691]. Car si l'Évangile est un avènement de langage, parce qu'en lui et par lui Dieu vient au monde, et il vient comme langage, comme récit, comme Histoire même de l'humanité de Dieu relatée par son Fils, la parabole en est l'expression analogique par excellence. La parabole est en fait à même de révéler Dieu comme mystère même du monde, car elle le fait à travers l'expérience intramondaine qu'elle relate. « C'est pourquoi [affirme Jüngel], la parabole, bien qu'elle parle la langue du monde, parle en même temps, en vérité et réellement de Dieu[1692]. » Proprement, cela se réalise moyennant des narrations où Dieu n'est pas mentionné. En réalité, après l'incipit « le royaume des Cieux est comparable à… », les paraboles racontent des histoires tirées de la vie réelle, quoiqu'avec du nouveau qui renverse presque toujours l'ordre de la réalité[1693]. Ainsi, sans nommer Dieu, le paraboles l'affirment de la manière la plus évidente !

Si nous revenons au *Petit Prince*, nous constatons que Dieu n'y est pas mentionné, et pourtant le conte est rempli d'éléments relevant de la Bible et de la théologie chrétienne[1694]. Parmi ces éléments il y a le désert, qui évoque la marche du peuple d'Israël

1690 À propos de « mystère », se reporter à *supra*, 2.2.1.

1691 Voir *supra*, 1.2.2.

1692 E. Jüngel, *Dieu Mystère du monde*, t. II, p. 114. Voir aussi *supra*, 1.2.2.

1693 Pour donner quelques exemples, que le berger se préoccupe de la centième brebis égarée ne correspond forcément pas à la logique humaine, où il est fort probable qu'un berger ne veuille absolument pas prendre le risque d'abandonner les 99 brebis en faveur d'une seule qui est perdue (cf. Lc 15,4-6). Ou encore, que le maître de maison, rentrant des noces et trouvant les serviteurs éveillés qui lui ouvrent la porte, les fasse prendre place à table et qu'il se mette à les servir, ne correspond pas à la coutume sociale, mais c'est un renversement d'un système culturel (cf. Lc 12,36-38) qui, de ce fait, montre proprement la logique « retournée », extravagante et paradoxale de la parabole véhiculant la nouveauté de l'Évangile.

1694 Nombreuses sont les publications qui ont essayé d'établir une connexion entre *Le Petit Prince* et la pensée religieuse biblique et chrétienne, tels les textes énumérés précédemment (voir *supra*, n. 1518). Stefano Giannatempo, expliquant la tentative de commenter *Le Petit Prince* d'un point de vue chrétien, tient à préciser ceci : « *Molto probabilmente Antoine de Saint-Exupéry non pensa-*

vers la terre promise ainsi que l'espace où Jésus a été mis à l'épreuve par le diable. Un autre élément qui se rapproche de la Bible, c'est le serpent. Celui-ci est le premier personnage que le petit prince rencontre, tout de suite après son arrivée sur la terre, au désert du Sahara[1695]. Leur dialogue rappelle celui qui advient au jardin d'Éden entre Adam et le serpent rusé (cf. Gn 3). Dans *Le Petit Prince* aussi, le serpent se montre savant, expert dans la connaissance des hommes et à même de résoudre toutes les énigmes[1696]. En outre, il y a d'autres éléments qui peuvent se relier à l'Écriture, notamment à l'évangile de Jean. Je voudrais tout particulièrement en souligner quelques-uns : l'eau, le puits et la vision intérieure.

Au chapitre XXIV, le pilote et le petit prince sont en marche, en plein désert, en quête d'eau. Ils sont tous deux assoiffés, et pourtant l'eau qu'ils cherchent ne se réduit pas simplement à la signification naturelle, mais elle revêt un sens figuré. On peut le comprendre de ce que dit le petit prince : « L'eau peut aussi être bonne pour le cœur…[1697] ». Et puis il ajoute : « Ce qui embellit le désert, c'est qu'il cache un puits quelque part…[1698] » Et c'est ainsi. Au terme de la marche, les deux amis trouveront ce puits. Nous pouvons donc constater des analogies assez frappantes entre le conte de Saint-Exupéry et le récit du quatrième évangile relatant la rencontre de Jésus avec la femme samaritaine au puits de Jacob (cf. Jn 4). La présence des mêmes éléments aussi bien que de certains énoncés en constitue la preuve. Dans la phrase : « J'ai soif de cette eau-là, donne-moi à boire…[1699] » prononcée par le petit prince, on peut reconnaître les mots mêmes de Jésus adressés à la Samaritaine : « Donne-moi à boire » (Jn 4,7)[1700]. Pour sa part, le pilote-narrateur ajoute à ces termes-là la phrase suivante : « Et je compris ce qu'il avait cherché. […] Cette eau était bien autre chose qu'un aliment[1701]. » Ces énoncés, ceux du conte de Saint-Exupéry ainsi que ceux de Jean, parlent d'une eau qui est bien

va all'evangelo o alla religione mentre scriveva Il Piccolo Principe. *È doveroso ricordarlo, oltre che giusto, nel rispetto delle intenzioni dell'autore e del vasto pubblico di lettori e lettrici che amano il suo libro in ogni tipo di contesto* » (Id., *Il vangelo secondo il Piccolo Principe*, p. 7). Et pourtant le commentateur italien ne se soustrait pas à un tel essai, et il cherche à commenter *Le Petit Prince* « *da un punto di vista cristiano cercando di evidenziare le corrispondenze tra l'opera di Saint-Exupéry e la Bibbia* » (*ibid.*). C'est ce que moi-même je ne me prive pas de faire, à commencer par la présentation du contexte en *mimèsis* I, où j'essaie aussi de soutenir la thèse d'une pensée chrétienne comme arrière-fond du conte de Saint-Exupéry (voir *supra*, 5.1.1).

1695 Cf. A. de Saint-Exupéry, *Le Petit Prince*, pp. 63–66 (chap. XVII).

1696 Cf. *ibid.*, p. 66.

1697 *Ibid.*, p. 81 (chap. XXIV).

1698 *Ibid.*, p. 82.

1699 *Ibid.*, p. 85 (chap. XXV).

1700 On pourrait ajouter que l'expression même « J'ai soif... » du petit prince rappelle celle prononcée par Jésus sur la croix (cf. Jn 19,28).

1701 A. de Saint-Exupéry, *Le Petit Prince*, p. 85 (chap. XXV).

autre chose que l'eau d'un puits. Jésus fait allusion lui-aussi à une eau donnée : « Si tu savais le don de Dieu, dit-il à la Samaritaine, et qui est celui qui te dit : “Donne-moi à boire”, c'est toi qui lui aurais demandé, et il t'aurait donné de l'eau vive » (Jn 4,10). Dans les deux récits, l'eau naturelle est de ce fait l'occasion de la découverte d'une autre eau, « bonne pour le cœur » ou « vive », qui est à même d'étancher la soif d'amour, d'amitié et de connaissance qui gît dans le cœur de la Samaritaine aussi bien que dans le cœur des deux personnages du conte de Saint-Ex. Mais il faut relever aussi que Jésus lui-même a soif, et il a soif non pas tant de l'eau du puits de Jacob que de la soif même de la Samaritaine, soif qui sera étanchée par le cadeau de la foi que Jésus va lui faire.

Cela étant, ce qui favorise une confrontation théologique entre l'analogie de l'Évangile mise en place par Jüngel et la manière dont Saint-Exupéry configure son conte autobiographique est proprement une visée partagée. Car pour l'Évangile aussi bien que pour *Le Petit Prince*, c'est à partir de choses tirées de l'expérience mondaine qu'ils parlent de *ce* qui la dépasse. Cela attire l'attention des lecteurs-auditeurs vers une réalité « invisible » au simple regard humain qui demande une *vue intérieure*. De fait, ainsi que nous venons de le mentionner, que le désert *recèle* un puits quelque part, et que ce qui fait la beauté du désert soit *invisible*, demande un regard qui aille bien plus loin que le visible. Nous avons retenu la même chose à l'égard du disciple bien-aimé. Car celui-ci parvient à la reconnaissance et à la contemplation du Christ de la foi à partir proprement de la vision du Jésus de l'histoire[1702]. En outre, à partir d'un tel témoignage et d'une telle vue, le quatrième évangile, relatant l'amitié profonde entre Jésus et le disciple bien-aimé, invite ses lecteurs-auditeurs à y apercevoir bien plus qu'une relation humaine. Autrement dit, remplissant un rôle analogique, l'histoire de la Bonne Nouvelle, en l'occurrence celle qui raconte l'amour de Jésus envers ce disciple, révèle une relation sacramentelle qui est la même que Jésus veut nouer avec tout disciple disposé à accueillir son amour et à choisir de le suivre[1703].

Or, si Jüngel défend vivement l'unique Histoire du narrateur raconté, ce n'est pas pour gommer toutes les autres histoires relatant l'histoire de Dieu avec les hommes, ainsi que le craint Theobald[1704]. Mais c'est en revanche pour souligner l'aspect analogique de l'Évangile à partir duquel les histoires de ses témoins sont à même de raconter l'Histoire unique de l'humanité de Dieu révélée et racontée par et en son Fils Jésus-Christ, la Parabole véritable du Père. C'est bien en cela que consiste la véhémence analogique de l'Évangile, laquelle empêche qu'il y ait un Christ selon chacun, tout en faisant de ce fait

1702 Voir *supra*, 3.1.1.
1703 Voir *supra*, 3.1.2.2.
1704 Voir *supra*, 1.2.3.

barrage à ce que nous avons appelé la « dilution apocryphe »[1705]. Le « troisième Testament » dont j'ai parlé dans le chapitre précédent n'exprime pas une tradition libre et anonyme de récits de Dieu, mais il contient tous les récits relatant l'Histoire unique de l'humanité de Dieu. Ces derniers, en plus d'attendre de jaillir du cœur des hommes où ils demeurent, attendent aussi d'être reconnus tels qu'ils sont : l'unique Évangile inscrit également dans le cœur des hommes et confié aussi à ceux-ci[1706].

Ainsi, que je détermine quelques points de connexion entre *Le Petit Prince* et la Bible, en l'occurrence l'Évangile de Jean, c'est proprement pour mettre au jour ledit « troisième Testament ». Celui-ci, habitant également la Tradition apostolique en plus de l'Écriture, attend d'être reconnu tel qu'il est, au delà des apparences de tel ou tel récit extra-scripturaire. C'est aussi le cas du *Petit Prince*, où Dieu n'est pas mentionné, et où pourtant l'Évangile demeure quand même. Cela vaut aussi pour toute relecture qui ne se réalise pas dans le registre théologique. En fait, une telle lecture, bien qu'elle ne perçoive aucun indice biblique dans le conte de Saint-Exupéry, ne pourrait pas à mon avis passer à côté du message et de l'invitation que le récit lance à ses lecteurs, à savoir : adopter un regard sur la vie et sur le monde qui en dépasse les apparences et qui soit à même d'en saisir le mystère. C'est pourquoi, quelle que soit la lecture, *Le Petit Prince* demande nécessairement une posture « spirituelle », au sens large du terme, telle que souhaitée par ailleurs par Demetrio[1707]. Car de cette façon, le lecteur peut saisir ces réalités cachées ou invisibles de l'être humain qui ne sont pas étrangères à l'Évangile : l'essence de l'homme, son esprit, sa vie intérieure et son sort ultime. Et même si une lecture « laïque » s'arrête au seul discours de l'amitié et de l'importance de créer et de cultiver des relations existentielles fortes avec les autres, elle ne s'éloignerait pas pour autant trop de l'Évangile, parce que les liens humains, ainsi que nous venons de le souligner, font office de liens sacramentels et analogiques[1708].

À côté des images, des métaphores, des allégories et des récits tirés de l'expérience intramondaine, et dont les paraboles évangéliques profitent, ce qui constitue la manière dont Dieu se raconte lui-même à partir pour ainsi dire du « dehors », il existe aussi une autre façon par laquelle Dieu se révèle, d'après le théologien luthérien. Il s'agit d'une voie

1705 Voir *supra*, 1.2.3.

1706 Voir *supra*, 4.3.2. Ainsi que nous le verrons au chapitre 7 dans le cadre de la nouvelle évangélisation où je situe une pastorale et une évangélisation autobiographique à proprement parler, l'animateur, c'est-à-dire le sujet d'une telle action pastorale, est le témoin privilégié des récits du « troisième Testament ». Car il relève, tel un témoin privilégié, les fragments de l'unique Histoire de l'humanité de Dieu inscrite parmi les plis de l'histoire personnelle des destinataires de l'annonce (voir *infra*, 7. 1 et 7. 2, ainsi que la conclusion du chap. 7).

1707 Voir *supra*, 5.2.2.

1708 Voir *supra*, 3.1.2.2 et 3.3.2.

complémentaire de révélation qui conduit à ce que nous pourrions nommer le « dedans » de l'homme, c'est-à-dire à ce qui constitue son monde intérieur[1709]. À ce propos, je rappelle que c'est bien à partir de cette suggestion du théologien luthérien que l'hypothèse de l'autobiographie comme composante analogique de la Révélation, objet de ma recherche, a commencé à prendre corps et à trouver un premier bien-fondé théologique.

À partir de l'intuition de Jüngel, le récit autobiographique du *Petit Prince* également peut dévoiler sa double prérogative révélatrice, par rapport à son auteur, aussi bien que par rapport à Dieu. C'est d'ailleurs la même dynamique que nous avons relevée relativement au disciple bien-aimé, auteur du quatrième évangile. En effet, le témoignage autobiographique de celui-ci joue une fonction analogique double permettant en même temps à Dieu et à l'hagiographe-témoin de se révéler eux-mêmes[1710]. Car la Parole-Écriture, intégrant le témoignage autobiographique de l'auteur humain, véhicule à la fois la figure du Christ et celle du disciple bien-aimé, y compris l'*identité personnelle* de celui-ci. Cette dernière, constituant pour sa part la question fondamentale de l'autobiographie, est d'ailleurs mise en jeu et en valeur par le témoignage « véridique » que ce disciple revendique. C'est pourquoi la « véridicité » du récit s'attestant, d'après Jüngel, à la pointe de l'analogie évangélique[1711], cela rejoint le récit autobiographique, dont la question relative à la vérité est centrale, de l'avis de Lejeune, et elle vise la fidélité de l'auteur par rapport au personnage principal configuré[1712]. À cela s'ajoute ce que Vatican II a remarqué par

1709 Voir *supra*, 1.2.2, notamment la cit. relative à la n. 230.

1710 Voir *supra*, 3.1.2.2.

1711 Voir *supra*, 3.1.3. Rappelons brièvement que l'autobiographie au sens théologique est un témoignage véridique véhiculant le Vrai, ce qui préserve l'Évangile contre tout risque de dilution apocryphe, d'après Jüngel. En revanche, renversant la théorie de Weinrich (voir *supra*, 1.3.2), le théologien luthérien affirme que dans un récit biblique, la *vérité* du fait (le *sacramentum*) est prioritaire par rapport à l'*agir* (l'*exemplum*).

1712 Voir *supra*, 3.2.1.3. Parmi les ouvrages de Friedrich Nietzsche, il y a aussi de la place pour les écrits autobiographiques, affectés, certes, par la subjectivité absolue et même exaspérée traversant les réflexions et les études du philosophe allemand. Dans son article sur la littérature autobiographique produite par Nietzsche, notamment pendant sa jeunesse, Sergio A. Dagradi se confronte aux questions suivantes : la construction de la subjectivité, l'assujettissement à soi-même et le masque dont on peut se déguiser (cf. Id., *L'autobiografismo nietzscheiano tra assoggettamento, maschera e soggettività polimorfa* : 1. *L'autobiografismo negli scritti della giovinezza*, dans *http://www.cooperweb.it/societaeconflitto/nietzsche1.html*). Dans les écrits de Nietzsche envisagés par Dagradi, l'autobiographie apparaît comme une voie d'authentification de la vie, à partir de son passé, demandant le courage de la recherche, de l'introspection, de l'investigation et de l'exploration de la vérité personnelle. Cela, même lorsque un tel chemin introspectif est épouvantable et douloureux. Pourtant, cette manière d'investiguer par l'entremise de la parole-écriture autobiographique peut sembler un déguisement vis-à-vis d'un lecteur, mais pas de l'autobiographe, dont l'effort de recomposition et d'interprétation de sa propre vie est une véritable foi. Celle-ci est conçue pour Nietzsche non pas à partir de contenus objectifs, telles les vérités de foi venant de la présentation de n'importe quelle révélation divine et donc positive, mais à partir d'une subjectivité où « c'est le croire qui

rapport à la double tâche de la Révélation, à savoir qu'en révélant Dieu, le Christ révèle en même temps l'homme à l'homme[1713]. Pour sa part, Ruggieri souligne que l'histoire concrète des hommes et des femmes est partie intégrante de la Révélation[1714].

Si nous revenons au *Petit Prince*, nous voyons que celui-ci se montre également attentif au discours de la véridiction d'un témoignage doublement révélateur. Car, dans la mesure où l'auteur s'efforce de tenir le pacte autobiographique, son récit, en plus de la vérité autobiographique débouchant sur son identité personnelle, porte aussi sur cette vérité anthropologique qui concerne tout homme et que nous avons mise en évidence au premier paragraphe de ce chapitre, lors de la préfiguration (*mimèsis* I) du *Petit Prince*[1715]. Celle-ci nous a aidé proprement à sonder la raison du choix d'un prince qui est le protagoniste du conte, mais qui n'a pourtant pas de nom propre. En fait, insistant sur des vérités qui proviennent spécifiquement du christianisme, les autres ouvrages littéraires de Saint-Exupéry mettent en relief les fondements sur lesquels reposent la dignité et la valeur de l'homme en tant que tel. D'abord, la conception biblique de l'homme fait à l'image de Dieu, puis la donnée christologique de l'*Homme* qui porte le péché du monde. Tout cela charge l'homme d'une tâche qui l'égale à un prince ou à un ambassadeur divin, porteur d'un appel qui, dans le conte du *Petit Prince*, se traduit dans l'invitation que voici : il faut que les hommes comprennent et saisissent l'*essentiel* de la vie[1716].

Or, tout cela passe par l'intermédiaire d'un conte apparemment pour enfants. Déjà, dans les premières pages du récit, prêtant sa voix à l'auteur, le narrateur s'adresse aux lecteurs, implicites et explicites, en leur disant : « Enfants ! Faites attention aux baobabs ! »[1717] Et bien qu'il n'aime jamais prendre un ton de moraliste, ainsi que l'auteur-nar-

sauve, non pas ce en quoi l'on croit » (*ibid.*, je traduis). Cela implique, d'un côté, reconnaissance, réconciliation, acceptation, de l'autre, une nouvelle planification de l'avenir, ce qui se rattache, par ailleurs, à la conception de l'autobiographie explorée au cours de ma recherche (voir notamment *supra*, 3.2.1). En fait, les théories des principaux auteurs considérés envisagent l'approche autobiographique comme un processus de réorganisation visant à donner à l'histoire de celui qui se raconte de l'unité et du sens. De la sorte, tout autobiographe responsable se voit censé adopter une posture de distanciation et un regard critique nécessaires, voire indispensables. Car, en définitive, loin d'être un regard dans un miroir, et loin d'être un déguisement derrière un masque, l'autobiographie est une recherche de vérité exigeant courage, responsabilité et fidélité envers soi-même (voir aussi *infra*, 7.2.3, notamment la n. 2063).

1713 Cf. *GS* 22.

1714 Voir *supra*, 4.3.1.

1715 Voir *supra*, 5.1.1.

1716 Cf. A. de Saint-Exupéry, *Le Petit Prince*, pp. 70–78 (chap. XXI).

1717 A. de Saint-Exupéry, *Le Petit Prince*, p. 28 (chap. V). Les baobabs constituent un danger pour la petite planète du petit prince. En fait, si l'on n'en reconnaît pas les pousses et l'on ne les arrache pas, une fois devenus des arbustes, les baobabs occuperaient toute la surface de la planète, jusqu'à la faire exploser. Pourtant, puisqu'il s'agit d'une métaphore, la signification des baobabs porte sur tous les dangers qui nuisent à la vie de l'homme, telles des plantes mauvaises et très encombrantes.

rateur l'avoue lui-même, l'urgence d'un tel appel justifie l'exception. Ainsi, si au début du conte, l'exhortation jaillit du récit telle une voix pour ainsi dire « hors de la scène », ensuite, ce sera la narration elle-même qui assumera la tâche exhortative. En fait, tout conseil et tout enseignement vont passer par le sujet du petit prince et par le sujet du renard. Cela signifie également qu'à travers le petit prince, l'auteur s'approprie la même mission d'ambassadeur de l'humanité, tout en laissant le récit remplir également une telle tâche. N'est-ce pas ce qui advient chez le disciple bien-aimé, lequel, ne faisant qu'un avec le quatrième évangile, laisse ce dernier perpétuer sa présence et son témoignage ?[1718]

Bref, cette confrontation du *Petit Prince* avec le discours théologique de Jüngel ne veut absolument pas mettre le conte de Saint-Exupéry au même niveau que la nature analogique possédée par l'Évangile, lequel est unique en son genre. Mais elle peut contribuer à éclairer la logique qui traverse le conte de Saint-Exupéry et qui se relie à celle de l'Évangile. En fait, de même que le discours du *royaume des Cieux* passe par la narration et se sert d'éléments qui font partie de ce monde et de la vie humaine, de même la narration du *Petit Prince*, avec tous ses contenus métaphoriques et symboliques, est à même de raconter la vie de l'auteur aussi bien que le mystère qui vise la vie de tous les hommes. D'où la logique de « révélation » du conte de Saint-Exupéry, quoique différente de la logique biblique.

Mais c'est surtout la signification double, c'est-à-dire au sens propre et au sens figuré, que revêtent plusieurs éléments, tels l'eau, le puits, la vue, la relation, et que le conte de Saint-Exupéry et le quatrième évangile se partagent, qui permet aussi de détecter l'âme spirituelle d'un conte autobiographique au caractère « laïc ». De cette manière, son *autoconfiguration* narrative – venant de la forme autobiographique du récit – étant apte à dire en même temps l'auteur, son esprit, sa sensibilité humaine et morale, et sa pensée existentielle, mais aussi cette vérité « essentielle » qui concerne la nature et la vie de tout homme, *Le Petit Prince* peut bel et bien converger dans le courant de cette Tradition apostolique où le « troisième Testament » occupe une place très importante. En fait, ce dernier est porteur d'une posture autobiographique dont l'évangélisation est censée se prévaloir, du fait même de la Révélation, où Dieu se révèle lui-même aussi à partir du « dedans » de l'homme. De même, dans la mesure où *Le Petit Prince* relate la vie de son auteur moyennant une *mise en intrigue* imprégnée de vérités spirituelles et essentielles de la vie humaine qui sont imputables à l'Évangile lui-même, il fait retentir pour cela même l'unique Histoire de l'humanité de Dieu. Et même si l'on voulait faire abstraction de tous les éléments chrétiens et spirituels mis au jours dans le cadre de la détermination

Le conte étant dédié à l'ami hébreu Léon Werth, menacé par le régime hitlérien, l'allusion au nazisme en tant que plante néfaste et dangereuse est plausible.

1718 Voir *supra*, 3.1.2.1., notamment la cit. relative à la n. 794.

de *mimèsis* I, le conte autobiographique de Saint-Exupéry demeure porteur de cet Évangile inscrit dans le cœur des hommes, y compris le cœur du pilote écrivain.

En définitive, cela ne pourrait pas ne pas conduire à la reconnaissance du potentiel évangélique que le *Petit Prince* recèle, et qu'il est susceptible de dégager à l'avantage même de l'évangélisation. J'en suis témoin. En fait, j'ai pu vérifier la véhémence spirituelle et évangélique du conte autobiographique de Saint-Exupéry lors des groupes narratifs (« cénacles autobiographiques ») que j'ai réalisés avec des personnes adultes, dont les séances ont été accompagnées par la lecture du *Petit Prince*[1719]. En effet, de ces expériences cénaculaires, en plus des gains formatif, performatif et thérapeutique – que nous avons remarqués à l'occasion notamment de notre étude autour des perspectives théoriques offertes par les experts majeurs en autobiographie[1720] –, un gain spirituel a également émergé. Dès lors, je suis persuadé que la lecture du conte de Saint-Exupéry a contribué à cela. Car, de même qu'il a offert un modèle autobiographique apte à expliciter le dynamisme de la connaissance de soi et de la connexion de chacun avec son propre *je* intérieur, de même *Le Petit Prince* a jeté un pont vers certaines histoires bibliques. D'où la constatation de la valeur et de l'efficacité du conte de Saint-Exupéry comme instrument complémentaire dans une pastorale d'évangélisation de type autobiographique, telle que je souhaite la suggérer à travers la proposition des cénacles autobiographiques.

Enfin, la confrontation du conte de Saint-Exupéry avec la visée analogique du théologien luthérien m'a donné, entre autres, l'occasion de reprendre la catégorie christologique de la « parole », en tant que l'une des deux dimensions, à côté de la catégorie de l'image, de la christosacramentalité de la Parole-Écriture. Celle-ci, se dégageant moyennant la voie analogique de l'autobiographie et de la synesthésie, ainsi que nous l'avons souligné et approfondi antérieurement[1721], va son chemin dans la grande avenue de la Tradition apostolique, où l'incarnation du Verbe, se réalisant en dernier ressort dans la vie de l'Église, peut aussi prendre la forme du témoignage trito-testamentaire.

Somme toute, cette première relecture du *Petit Prince* sur le registre théologique que j'ai essayé de faire au cours de ce paragraphe, a visé à mettre au jour le potentiel analogique que ce récit possède, à mon avis, et dont une action évangélisatrice en forme autobiographique peut aussi se prévaloir. Particulièrement, j'ai essayé de mettre en relief la manière dont le récit de Saint-Exupéry participe de ce potentiel analogique, c'est-à-dire sans nommer Dieu, ce qui établit une connexion avec la force analogique des paraboles. En fait, ainsi que le souligne Jüngel lui-même, dans la mesure où elles parlent de Dieu à

1719 Voir *infra*, chap. 7.
1720 Voir *supra*, 3.2.
1721 Voir *supra*, chap. 2.

partir de ce qui est différent de lui, les paraboles l'annoncent et le révèlent de la manière la plus adéquate. D'où la constatation que le conte du *Petit Prince* participe de la même *modalité* parabolique et narrative de la Parole-Écriture, quoique pas selon la même *forme*, ni non plus avec le même *contenu*. Car, en l'occurrence, la correspondance entre la forme et le contenu déterminent le fait que la Parole-Écriture soit qualifiée, selon Balthasar, de figure christologique.

5.3.2. La *Figure*, l'*essentiel* et les discours esthétiques de von Balthasar et de Saint-Exupéry

Si je disais que la foi est une vue qui va au-delà des apparences, car elle nous permet de saisir la réalité invisible du signe visible, je ne ferais que réaffirmer et résumer la théologie johannique aussi bien que la réflexion théologique de Balthasar. Une telle conception est également présente à l'intérieur du conte de Saint-Exupéry, quoiqu'exprimée d'une manière implicite. En fait, lorsque le lecteur lit, vers la fin du *Petit Prince*, « …on ne voit bien qu'avec le cœur. L'essentiel est invisible pour les yeux »[1722], il se retrouve face à un discours désignant une « vue » qui est à même d'aller au-delà de ce que les yeux physiques peuvent percevoir. À partir de cela, je vais donc essayer de compléter l'analyse du conte du pilote écrivain dans une perspective théologique, en essayant d'avoir recours au long de ce dernier paragraphe au discours analogique et esthétique de H.U. von Balthasar. Car, puisque la réflexion du théologien suisse repose sur la vision de l'*Image* non immédiatement visible de la Révélation, cela peut rejoindre la pensée qui traverse *Le Petit Prince*, laquelle vise également une réalité cachée, non immédiatement perceptible, que Saint-Exupéry appelle « essentiel ».

Toutefois, avant d'approfondir le contenu de cet « essentiel », je voudrais d'abord tourner mon attention vers la dimension pour ainsi dire « figurative » du *Petit Prince*, en tant que complément, à côté de l'élément scripturaire, de la configuration du conte, ainsi que nous l'avons souligné en introduisant ce chapitre. Une première raison assez évidente qui justifie le choix d'assortir le conte d'images est à repérer dans le fait que *Le Petit Prince* naît de l'idée que l'éditeur américain Reynal & Hitchcock lance à Saint-Exupéry, lorsqu'il lui propose d'écrire un conte pour enfants[1723]. Cette destination littéraire s'avère cependant un prétexte, car cela devient pour l'aviateur écrivain l'occasion d'évoquer l'enfant de six ans qu'il a été, et qui aimait dessiner. C'étaient des sujets mystérieux que celui-ci réalisait, tirés notamment du monde animal, où la réalité naturelle se mêlait à la fantaisie d'un enfant, ainsi qu'il apparaît dès le début du conte[1724]. Par conséquent,

1722 A. de Saint-Exupéry, *Le Petit Prince*, p. 76 (chap. XXI).
1723 Voir *supra*, 5.1.1.
1724 Cf. A. de Saint-Exupéry, *Le Petit Prince*, p. 13 (chap. I).

rédiger un conte pour enfants est aussi l'occasion pour l'adulte Saint-Ex d'écrire un récit autobiographique.

Or, le fait de rappeler l'enfant-dessinateur qu'un homme de quarante-deux ans a été – puisque tel est l'âge de l'aviateur français lors de la rédaction du *Petit Prince* – implique que celui-ci se remette à dessiner, tout en simulant l'occupation de cet enfant-là. C'est pourquoi Saint-Exupéry commence à s'approprier à nouveau cette capacité enfantine qui est en vérité bien plus qu'une simple fantaisie d'enfants. En fait, si à l'âge de six à peine il était à même de dessiner un serpent boa fermé et un serpent boa ouvert, cela montrait déjà sa capacité de « voir » *au-delà* des apparences et de percevoir ce que le simple regard physique ne voit pas. C'est bien une telle aptitude que le conte éveille et réveille en son auteur.

La centralité de l'image est donc un fait indéniable dans *Le Petit Prince*. L'image remplit dès le début une tâche pour ainsi dire « révélatrice » à l'intérieur du conte, et elle revêt également le rôle d'intermédiaire. D'ailleurs, le test du dessin n. 1 et du dessin n. 2 que le petit Saint-Ex aimait proposer aux grandes personnes, tout comme le grand Saint-Ex lui-même qui ne perd jamais l'occasion de vérifier le niveau et la capacité de compréhension de toute personne rencontrée pour la première fois, révèle le manque d'une telle acuité visuelle chez les adultes[1725]. Mais pas seulement. L'expérience relative aux deux dessins est aussi la manière dont l'auteur du conte invite ses propres lecteurs à passer le test, ce qui fait qu'une telle invitation se veut bel et bien la proposition d'un parcours. Car ce vers quoi Saint-Exupéry voudrait orienter ses lecteurs est à proprement parler une véritable révision de vie visant notamment un public adulte, ce qui conduit entre autres à nous persuader que *Le Petit Prince* n'est pas qu'un simple conte pour enfants. À cela s'ajoute une autre donnée importante.

Juste avant le départ du petit prince, le pilote, le personnage co-protagoniste du conte et le représentant du monde des adultes, va montrer à celui-ci les dessins qu'il a faits en tant que narrateur et auteur du conte. Or, un pareil fait est matériellement irréalisable du fait d'un décalage temporel ! Car le temps raconté ne correspond pas au temps de la configuration où l'auteur réalise les dessins qui assortissent le conte[1726]. D'autant plus que la mise en récit n'est pas mentionnée dans l'histoire. Comment se fait-il que le pilote exhibe ses dessins au petit prince ? Un tel élément si particulier et bizarre ne saurait être qu'un autre indice de la matrice autobiographique du conte, dont le pilote est le narrateur et l'auteur, ainsi qu'un des deux personnages principaux. Il en va de même pour le petit prince, lequel, en plus d'être un personnage fictif, est une personne réelle incarnant l'enfant que le pilote

1725 Voir *supra*, 5.1.1., et aussi cf. A. de Saint-Exupéry, *Le Petit Prince*, pp. 13–15 (chap. I).
1726 Cf. A. de Saint-Exupéry, *Le Petit Prince*, p. 86 (chap. XXV).

lui-même a été, et qui lui est apparu au désert du Sahara. C'est pourquoi, ce qui se passe en ce lieu n'étant pas un événement contemporain à la configuration du récit, que le pilote puisse exhiber au petit prince les dessins qu'il va réaliser six années plus tard, n'est possible qu'à une condition : que le pilote puisse interpeller le petit prince à tout moment de son existence, notamment au moment de l'expérience autobiographique elle-même.

De ce fait, il apparaît assez aisé de relier la fonction médiatrice, pédagogique et révélatrice remplie, chez Saint-Exupéry, par les images à la fonction analogique que revêt l'image chez le théologien H.-U. von Balthasar[1727]. Je fais ici un petit résumé. L'image dont il est question chez le théologien suisse est l'*Image* même de la Révélation, le Verbe incarné, soit la *res carnis Jesu*. De ce fait, elle est la source sacramentelle et analogique des trois figures christologiques désignées par la Parole-Écriture, l'Eucharistie et l'Église[1728]. Ainsi que nous l'avons approfondi au cours du premier chapitre, la figure christologique médiatisant la Figure divine, cela implique une *conformité* de la première à la seconde. C'est bien en cela que consiste l'analogie esthétique mise en place par Balthasar. Cependant, une telle conformité ou homologie passe par l'obscurité et l'inadéquation des figures, notamment celles de l'Écriture et de l'Église, parce que l'obscurité est précisément la force de l'analogie elle-même. N'oublions pas que la logique esthétique qui traverse la Révélation repose sur le *Beau* rayonnant de la Figure, à savoir de la *res carnis Jesu*. Et pourtant, la révélation de cette *Image* atteignant son sommet dans l'obscurité de la croix, c'est proprement à partir de la laideur du crucifié qu'elle resplendit, rayonne et exerce son attrait. Car la suranalogie esthétique du théologien suisse qui fait de la Figure, c'est-à-dire du Christ lui-même, l'« *analogia entis* concrète » ne se réalise pas uniquement parce qu'elle repose sur l'un des transcendantaux de l'être, en l'occurrence le beau[1729]. Par contre, renversant la loi même de l'être, Dieu choisit l'antinomie de l'être, tout en assumant son contraire. Autrement dit, si l'être en tant que tel ne peut être qu'*unum*, *verum*, *bonum* et *pulchrum*, Dieu, l'Être avec majuscule, celui qui n'a pas l'être, car il est l'être, parvenant à la *kénose*, à savoir à son anéantissement, en se vidant et en s'abaissant jusqu'à cet extrême qu'est la croix, il se révèle finalement dans le non-être, soit dans la négation du beau (cf. Ph 2,5-11). Ce faisant, c'est-à-dire *en nous aimant jusqu'à l'extrême* (cf. Jn 13,1), Dieu manifeste pleinement et éminemment la beauté de son *Image*, quoiqu'il le fasse *sub contrario*, selon l'heureuse expression de Luther[1730].

1727 Par rapport à l'analogie esthétique mise en place par H.-U. von Balthasar, voir notamment *supra*, 1.3.
1728 Voir *supra*, 1.3.2 et 1.3.3.
1729 Voir *supra*, 1.3. 1, notamment la n. 383.
1730 Voir *supra*, 1.2.4.1, notamment la n. 297.

Cela étant, la Figure, chez Balthasar, n'est pas évidente, ce qui veut dire qu'elle peut être vue, contemplée et connue des hommes seulement « par les yeux de la foi ». C'est pourquoi le témoignage des apôtres est uniquement la vision homologique en forme de témoignage « de cette image contemplée par les yeux de la foi et de l'intelligence de foi »[1731]. À ce stade, le discours esthétique du théologien suisse peut jeter un pont vers la pensée « esthétique » de Saint-Exupéry. De même la confrontation entre les deux peut maintenant avoir lieu.

D'abord, chez les deux auteurs, l'image revêt une importance capitale, car elle « véhicule » deux aspects visant la « révélation » : le visible et l'invisible[1732]. Souvent, dans ses réflexions, Saint-Ex utilise le terme « écorce » pour indiquer l'aspect *extérieur* d'une réalité, c'est-à-dire l'aspect visible[1733]. C'est pourquoi « écorce » s'oppose et à la fois se noue à « essentiel », ce dernier terme désignant l'aspect invisible et caché de la réalité visible. D'où la nécessité d'un regard différent que celui des yeux, ce que l'aviateur écrivain définit comme « regard du cœur », et qui est à même de saisir et de voir l'*essentiel*[1734].

Quant à ce regard du cœur, qui ne correspond pas à la foi chrétienne pour ceux qui ne font pas une lecture théologique du récit, il exprime la manière de voir que le petit prince a apprise du renard. Et il correspond également au regard profond que le pilote possédait à l'âge de six ans, quand celui-ci dessinait un boa fermé contenant un éléphant. Or, ce dernier n'était visible qu'à travers la forme assumée par le serpent, ce qui rendait celui-ci semblable à un chapeau à cause de son aspect extérieur[1735]. De ce fait si, afin de *voir* ce qui est caché, une forme extérieure est requise, cela implique que celle possédée par le pilote quand il était petit garçon est une *vue* qui n'aperçoit pas tant la réalité invisible qu'une réalité qui est pour ainsi dire « autrement visible ». Car l'éléphant ne pourrait pas être vu sans la forme *particulière* assumée par le serpent.

1731 H.U. von Balthasar, *La Gloire et la Croix. Les aspects esthétiques de la révélation,* t. I : *Apparition,* p. 26.

1732 Afin d'éviter tout malentendu, précisons que le concept de « révélation » par rapport à l'autobiographie est différent de celui qui relève de la théologie. Mais cela a déjà été explicité dans les chapitres consacrés aux deux sujets, respectivement le troisième chapitre par rapport à l'autobiographie, et le premier, le deuxième et le quatrième chapitre par rapport à la théologie. Cependant, l'autobiographie étant, selon mon hypothèse, une composante analogique de la Révélation, elle joue dans un contexte théologique, tel celui de l'Écriture et celui de la Tradition, un double rôle révélateur, par rapport à Dieu et par rapport à l'homme, en syntonie, par ailleurs, avec l'affirmation de *GS* 22 que nous avons plusieurs fois rappelée.

1733 Voir *supra*, 5.1.1., notamment la cit. relative à la n. 1553 ; 5.1.2, notamment la n. 1647 et la cit. relative à la n. 1648.

1734 Cf. A. de Saint-Exupéry, *Le Petit Prince*, p. 76 (chap. XXI) et p. 85 (chap. XXV).

1735 Cf. *ibid.*, pp. 13–15 (chap. I).

Si nous revenons à Balthasar, l'*autrement visible* traduit, cette fois en termes théologiques, l'analogie esthétique qui traverse l'économie de la Révélation. Car c'est à partir de la réalité visible des *figures christologiques* que la Figure-Source *invisible*, le Verbe fait homme, peut être vue. Autrement dit, par lesdites figures, Dieu se rend *autrement visible, autrement audible* et *autrement saisissable* en tant que Dieu et en tant qu'homme. Cet *autrement visible* exprime également la logique analogique du *sous un autre mode* sur laquelle repose la sacramentalité de la Parole-Écriture par rapport aux composantes autobiographique et synesthésique de la Révélation, ainsi que j'essaie d'explorer au long de cette recherche[1736]. Cela étant, chez Saint-Ex, le *sous un autre mode* de l'écorce qui véhicule la réalité « énigmatique » dudit *essentiel*, peut-il rejoindre la théologie esthétique mise en place par le théologien suisse ?

Pour répondre à cette question, il faut envisager les phrases que le petit prince et le pilote échangent pendant leur marche au désert, lors de leur quête d'un puits. C'est en fait grâce à leur conversation que le contenu du « mystère » habitant le conte de Saint-Exupéry, c'est-à-dire l'*essentiel*, assume la forme du *beau*, et ce faisant se rapproche de la théologie esthétique de Balthasar reposant sur l'*analogia pulchri*.

> « Les étoiles sont belles, dit le petit prince, à cause d'une fleur qu'on ne voit pas ».
> Je répondis : « bien sûr » et je regardai, sans parler, les plis du sable sous la lune.
> « Le désert est beau », ajouta-t-il…
> Et c'était vrai. J'ai toujours aimé le désert. On s'assoit sur une dune de sable. On ne voit rien. On n'entend rien. Et cependant quelque chose rayonne en silence…
> « Ce qui embellit le désert, dit le petit prince, c'est qu'il cache un puits quelque part… »
> Je fus surpris de comprendre soudain ce mystérieux rayonnement du sable. Lorsque j'étais petit garçon, j'habitais une maison ancienne, et la légende racontait qu'un trésor y était enfoui. Bien sûr, jamais personne n'a su le découvrir, ni peut-être même ne l'a cherché. Mais il enchantait toute cette maison. Ma maison cachait un secret au fond de son cœur…
> « Oui, dis-je au petit prince, qu'il s'agisse de la maison, des étoiles ou du désert, ce qui fait leur beauté est invisible ! »
> « Je suis content, dit-il, que tu sois d'accord avec mon renard. »[1737]

Il est surprenant de noter dans ce chapitre du *Petit Prince* la place qu'occupe la beauté, en tant que secret qui demeure au cœur des choses et qui les embellit. Mais il est encore plus surprenant de constater comment ce discours se relie à la théologie de Balthasar reposant sur le beau divin. Chez le théologien suisse, il est en fait question d'une beauté qui n'est pas immédiate, et le rayonnement qui émane d'elle « ne peut être "donné" à son évidence que sous le mode de la non-évidence »[1738]. D'abord, parce que les choses créées

1736 Pour l'explication de l'expression *sous un autre mode*, se reporter à *supra*, 1.3.2., notamment la n. 432.

1737 A. de Saint-Exupéry, *Le Petit Prince*, pp. 81–82 (chap. XXIV).

1738 Voir *supra*, la cit. relative à la n. 376.

sont en même temps la manifestation et le voile de l'être, c'est-à-dire de la Beauté qui constitue pour ainsi dire leur ADN. Puis, parce que la Beauté de la Révélation se cache dans la laideur de la croix, c'est-à-dire de la figure du Crucifié. Par conséquent, pour Balthasar, la connaissance d'un tel caractère « caché » de la Beauté émanant des êtres créés ne saurait venir de la seule voie naturelle de la raison humaine, car celle-ci ne peut pas parvenir par elle-même à la connaissance surnaturelle venant de la Révélation. En fait, bien que l'esthétique naturelle repose sur le transcendantal du beau, du fait que l'être a besoin de l'essence pour se manifester, cette Beauté cachée ne relève pas seulement d'une ontologie d'ordre métaphysique, mais d'une ontologie d'ordre christologique à proprement parler[1739]. Car l'Être, la Beauté et la Figure suprême, ne se manifeste pas comme l'accomplissement de la création, ainsi que le justifie une esthétique naturelle. En revanche, il se manifeste comme la superfigure qui accomplit toutes les figures créées et toutes les esthétiques naturelles, en vertu de la force analogique d'une esthétique théologique reposant non pas sur l'être, et donc sur la figure, mais sur le non-être de la non-figure, selon la logique divine du *sub contraria specie*[1740]. Finalement, c'est au travers de la laideur du Crucifié et de l'obscurité de la croix que la Beauté rayonne, ce qui éclaircit toute l'esthétique créée, laquelle n'est pas exemptée du facteur du laid.

Si nous revenons au *Petit Prince*, le discours analogique du théologien suisse rejoint la visée de Saint-Exupéry là où le discours esthétique sur l'essentiel se déploie à travers les antithèses désert/beauté, soif/puits, soleil/nuit, sable/eau, visible/invisible, grelots/larmes, rire/pleurer, être triste/être consolé, plus beau/plus triste, apparu/disparu[1741]. Celles-ci ne témoignent-elles pas d'une visée esthétique confiée également à une logique de dissimulation/dévoilement, telle la logique du *sub contrario* de l'esthétique analogique de Balthasar reposant sur les syntagmes antithétiques être/non-être, figure/non-figure et beau/laid ? Car, dans *Le Petit Prince*, si c'est un « mystère » de beauté que le désert cache, le syntagme désert-beauté du *Petit Prince* se relie au syntagme laideur-beauté de la Révélation. Au bout du compte, ce qui embellit le désert, aussi bien qu'une étoile, n'est pas simplement un puits ou une fleur. Rappelons que « l'eau bonne pour le cœur » qui jaillit du puits « est née de la marche sous les étoiles, du chant de la poulie, de l'effort de mes bras », ainsi que l'affirme l'aviateur[1742]. De même, « c'est le temps que tu as perdu pour ta rose qui fait ta rose si importante. […] Tu es responsable de ta rose… », dit le

1739 Voir *supra*, n. 383.

1740 Pour toute la question évoquée ci-dessus concernant l'esthétique théologique de Balthasar, cf. *supra*, 1.3.1.

1741 Cf. A. de Saint-Exupéry, *Le Petit Prince*, pp. 80–99 (chap. XXIV-XXVII).

1742 *Ibid.*, p. 85 (chap. XXV).

renard au petit prince, en lui expliquant ce qui fait l'unicité et la beauté de sa fleur[1743]. Qu'est-ce que donc la responsabilité du petit prince envers sa fleur, et qu'est-ce que la marche au désert du pilote portant le petit prince dans ses bras sinon ledit « apprivoisement » qui est au cœur de l'enseignement du renard ? Et puisque cet apprivoisement n'est que la création de liens forts, quelle signification l'*essentiel* assumerait-il, dans le contexte notamment de l'antithèse désert/beauté ?

En fin de compte, seul le *cœur* est à même d'apercevoir le secret, que Saint-Exupéry désigne comme « l'essentiel », et qui est en même temps révélé et dissimulé par l'apparence des choses, c'est-à-dire de leur écorce ou de leur figure. C'est pourquoi cet *essentiel*, qui « est invisible pour les yeux », mais qui fait cependant une chose si belle et importante, ne saurait finalement être véhiculé que par ce que l'apprivoisement lui-même signifie et engendre, à savoir : l'amour et l'amitié.

Or, l'amour et l'amitié ne sont imputables qu'à Dieu, mystère qui habite le monde et qui fonde la civilité chrétienne, ainsi que l'affirme Saint-Exupéry lui-même : « Ma civilisation, héritant de Dieu, a fait les hommes frères en l'Homme[1744]. » De même, que Dieu se révèle de la non-beauté, et du non-être de la Figure qu'est le Christ, auquel Paul attribue, et pour cause, la qualification de « mystère » (Col 2,2), vient du fait qu'il est amour. C'est pourquoi, *ce qui est caché* n'étant accessible soit pour Balthasar soit pour Saint-Exupéry respectivement que par *les yeux de la foi* et que par *la vue du cœur*, et ce mystère ne consistant en outre pour les deux qu'en l'amour, la visée analogique qu'ils se partagent ne relève pas d'une pure esthétique naturelle. Leur discours relève en revanche d'une esthétique surnaturelle, qui est aussi une esthétique spirituelle, appelant l'homme, tout homme, et non seulement l'homme inscrit dans la foi chrétienne, à fonder sa vie non pas sur ce qui « tape-à-l'œil », ni sur une beauté extérieure tendant à uniformiser les choses, surtout les hommes, mais sur *ce* qui fait une chose *unique* au monde. Car, si ce qui fait la rose du *Petit Prince* unique au monde est l'*amour*, de même – je dirais de manière analogique –, c'est le Christ, l'amour divin fait chair, soit l'Homme avec majuscule – ainsi que Saint-Exupéry le désigne, et ainsi que le quatrième évangile lui-même le dénomme (cf. Jn 19,5) –, qui fait chaque homme *unique*, du fait de l'*Unique* qui, tel un mystère, l'habite.

En conclusion, les visées esthétiques de Balthasar et de Saint-Exupéry reposant toutes deux sur un « mystère », qui est un mystère faisant toutes choses belles, cette confrontation nous a permis de faire se croiser deux plans esthétiques, l'un de type théologique et l'autre de type philosophique et spirituel, au carrefour anthropologique de la narration, en l'occurrence d'une narration autobiographique. C'est pourquoi, de même

1743 *Ibid.*, p. 78 (chap. XXI).

1744 A. de Saint-Exupéry, *Pilote de guerre*, p. 218 ; éd. n., p. 152 (ici, l'« Homme » est avec majuscule).

que la Figure « invisible » de la Révélation postule, chez Balthasar, la médiation de la figure christologique de la Parole-Écriture, afin d'être vue et saisie, de même, chez Saint-Exupéry, le discours autour de l'*essentiel*, le noyau du *Petit Prince*, est-il médiatisé par un conte composé de mots et d'images, ainsi que l'affirment les dessins qui ornent la publication. En fait, ces images, tels des signes extérieurs qui cachent et à la fois véhiculent le mystère du beau, tout en donnant un *sens* à la vie elle-même, ne sauraient être à la hauteur d'une telle tâche révélatrice sans la composante discursive constituée par la configuration elle-même, à savoir la mise en intrigue. Or, cela ne veut dire qu'une chose, à savoir que le conte de Saint-Exupéry, avec ses images et ses paroles, fait fonction d'« intermédiaire révélateur », ce qui rapproche l'autobiographie qu'est *Le Petit Prince* de la figure christologique de la Parole-Écriture. C'est pourquoi, au terme de cette analyse il est étonnant de constater l'affinité que voici : telle la figure christologique assumée par l'Écriture qui révèle et véhicule « le Beau », par la loi analogique de type christosacramentel qui l'habite impliquant l'autobiographie et la synesthésie, ainsi le conte imagé de Saint-Exupéry révèle et à la fois véhicule, par la force sacramentelle de la parole humaine venant de l'événement même de l'incarnation du Verbe, le « Petit Prince », considéré dans toute l'ampleur anthropologique et christologique de sa signification[1745].

* * *

Ce chapitre s'est voulu une étude narratologique, rhétorique, philosophique, pédagogique et théologique du *Petit Prince* sous le registre autobiographique, à l'intérieur duquel j'ai essayé de faire converger tous les sujets issus notamment de la première ainsi que de la deuxième partie de la présente recherche. C'est pourquoi, dans le premier paragraphe, nous avons entamé la relecture du *Petit Prince* à la lumière de la visée philosophique de Ricœur et dans la perspective narrative relevant notamment de l'analyse rhétorique. Cela nous a offert l'occasion d'une confrontation productive, par laquelle le conte de Saint-Exupéry, à travers les trois *mimèsis*, la préfiguration, la configuration et la refiguration, a pu manifester ses caractéristiques narratives visant le processus de ladite « identité narrative » par rapport à l'auteur, l'autobiographe, ainsi que par rapport à tout lecteur du *Petit Prince.*

L'analyse autobiographique à proprement parler que j'ai essayé de mettre en place au long du deuxième paragraphe nous a aidé, elle aussi, à découvrir et à mettre en évidence tous les apports venant de l'écriture autobiographique. Non seulement les gains formatif, performatif et thérapeutique soulignés par les experts majeurs en autobiographie, tels ceux que j'ai considérés, mais aussi le gain spirituel. Celui-ci, particulièrement,

1745 Voir *supra*, n. 1669.

attribue au conte du pilote écrivain une valeur « théologique », dont une pastorale de type autobiographique peut se prévaloir, par rapport notamment à l'évangélisation.

Enfin, le troisième paragraphe, en nous offrant également la possibilité d'une confrontation théologique, a essayé de mettre au jour la cohérence du choix qui m'a amené à retenir le conte de Saint-Exupéry comme objet d'analyse, relativement au sujet même de ce travail de recherche consacré à l'autobiographie au sens théologique. En fait, ce que j'ai essayé de faire ressortir dans ce dernier paragraphe a établi une connexion assez serrée, je l'espère, entre les deux discours analogiques relatifs aux théologiens Jüngel et Balthasar, dont les visées analogiques respectives sont à la base de ma recherche dans son ensemble. Ce faisant, cette exploration théologique est parvenue à la constatation que le conte autobiographique du *Petit Prince* est traversé par les mêmes analogies parabolique et esthétique qui habitent la Parole-Écriture, et qui reposent respectivement sur la parole et sur l'image, en tant que les deux catégories christologiques principales. Ce qui fait de l'écrit autobiographique de l'écrivain français un témoignage, voire un autotémoignage convergeant au bout du compte dans le grand fleuve de la Tradition, où la Révélation de la Beauté incarnée va son chemin également par la voie analogique du témoignage autobiographique trito-testametaire.

De plus, achevant la deuxième partie de la thèse, ce chapitre voudrait faire office de pont et de « jonction » entre celle-ci et la troisième partie, constituée par la dimension pastorale du sujet de ma recherche, tout en donnant de ce fait des anticipations concernant notamment « le cénacle autobiographique » déjà annoncé. *Le Petit Prince* n'a somme toute pas été choisi simplement pour son « habit » autobiographique, ni seulement pour ses liens analogiques avec les visées théologiques de Jüngel et de Balthasar. Étant un texte qui a accompagné et étayé les ateliers autobiographiques que je vais décrire au terme de cette recherche[1746], il va d'ores et déjà ouvrir la voie à ce qu'il est convenu d'appeler la *nouvelle évangélisation*[1747].

Cela étant, je puis même comprendre la raison ultime d'une lecture « providentiellement » retardée du conte de Saint-Exupéry, à laquelle j'ai fait allusion dans l'introduction de ce chapitre. Cette considération vient d'une phrase gravée sur un tombeau du cimetière adjacent au sanctuaire de *Notre-Dame de Bourguillon*, à Fribourg, que j'ai visité pendant mon séjour en Suisse. La phrase est libellée comme suit : « Une grâce retardée n'est pas une grâce refusée ». À partir de cette pensée spirituelle, j'ai pu vérifier

1746 Du fait de son caractère laïc, *Le Petit Prince* me paraît être un texte qui s'adapte bien à une première phase d'évangélisation. Sa fonction propédeutique est en vue d'une annonce plus explicite qui peut être accompagnée par la lecture de textes bibliques, notamment de ces textes qui se rapprochent davantage des histoires personnelles des *cenacolisti*, c'est-à-dire des sujets participant au cénacle autobiographique. Voir *infra*, 7.1.1.

1747 Je vais explorer ce thème au chap. 6, dans le cadre de la réflexion autobiographique sous l'angle pastoral.

ce que, moi-même, j'ai vécu par rapport à la lecture du *Petit Prince* plusieurs fois repoussée. Vu, notamment, les liens très étroits que le *Petit Prince* noue avec ma recherche ainsi qu'avec l'expérience des ateliers autobiographiques que j'ai récemment réalisés à l'aide de ce conte, je me suis dit, en reformulant la phrase du tombeau de Bourguillon, que même « une lecture retardée n'est pas une occasion gâchée ! »

Troisième partie

La dimension autobiographique de l'évangélisation et de l'action pastorale de l'Église

Quelques expériences ecclésiales de formation inspirées de l'autobiographie et le « cénacle autobiographique » dans le scénario de la « nouvelle évangélisation »

Envisager dans la troisième partie de ce travail théologique le sujet de l'évangélisation, c'est essayer de compléter la présente recherche en mettant en jeu le domaine pastoral de la théologie. C'est une tentative qui à vrai dire a déjà débuté au cours de la deuxième partie de la thèse. De fait, parler d'autobiographie comme composante de la Révélation signifie évidemment considérer les deux voies par lesquelles Dieu se révèle lui-même, c'est-à-dire l'Écriture et la Tradition. C'est pourquoi mettre en rapport autobiographie et évangélisation, ainsi que je vais essayer de le faire au cours de cette dernière partie, c'est toujours situer le sujet autobiographique à l'intérieur de la Tradition, dont le cœur demeure l'annonce de l'Évangile. Par conséquent, la théologie pastorale s'occupant en premier lieu de l'action évangélisatrice de l'Église, il en découle que les différents domaines théologiques, telles la dogmatique et la théologie biblique, ne sont pas indépendants du domaine pastoral. D'ailleurs, voulant se révéler soi-même, Dieu a impliqué les hommes en leur confiant son annonce, voire son récit. C'est l'évangélisation, ni plus ni moins ! Et c'est en elle que théologie dogmatique et théologie pastorale se retrouvent l'une à côté de l'autre, tels les deux poumons de la théologie en son entier, étant entendu que la théologie biblique en est l'oxygène. À mon avis, une théologie dogmatique dépourvue de la perspective pastorale ne peut pas tenir, voire n'est nullement pensable. Et réciproquement. D'ailleurs, que le sujet de l'autobiographie mette en jeu à l'intérieur de ma recherche trois domaines théologiques, le biblique, le dogmatique et le pastoral, cela constitue l'occasion précieuse de constater – puisque tel est mon souhait – qu'une pareille complémentarité et unité théologiques existent, ainsi que nous l'avons annoncé dans l'introduction.

C'est donc dans le cadre de l'évangélisation, qui est qualifiée notamment par Jean-Paul II de « nouvelle », que je vais essayer au cours de ce nouveau chapitre de mettre en relief comment une posture ou une forme ou une dimension autobiographiques sont à même de contribuer à saisir et à concrétiser ce que l'Église entend exprimer par « nouvelle évangélisation ». Puis, comme il vise à relever les défis que celle-ci lance à l'Église, le chapitre 6 va également intégrer certaines expériences pastorales marquées par la narration, et notamment par l'autonarration, ce que je considère comme étant des fruits mûrs de la nouvelle évangélisation elle-même, et comme les débuts d'une évangélisation en style autobiographique. Celle-ci, somme toute, puise sa source dans les impulsions d'*Evangelii nuntiandi*, l'exhortation apostolique par laquelle Paul VI a voulu rendre à l'évangélisation son statut « testimonial ».

C'est pourquoi, puisque l'Église veut remettre le témoignage au centre d'un renouveau missionnaire qui va déboucher sur la « nouvelle évangélisation », décrire et raconter dans le dernier chapitre, le septième, l'expérience de ce que j'appelle « cénacle autobiographique » se voudrait *sic et simpliciter* la tentative de relire, d'interpréter et de concrétiser la proposition de la « nouvelle évangélisation », ses caractéristiques et ses objectifs, en clef expressément autobiographique. Telle est en effet la tâche des ateliers que j'ai tout récemment mis en place : confirmer la valeur et la pertinence théologique de l'autobiographie par rapport également à l'évangélisation au sein de laquelle le témoignage de la foi assume une forme et une posture autobiographiques.

En fin de compte, le but de la présente recherche étant la reconnaissance de l'autobiographie comme composante analogique de la Révélation, le sujet de l'évangélisation que je vais envisager dans cette ultime partie se veut l'accomplissement d'un travail qui s'étend en plus du domaine dogmatique au domaine pastoral. Car dans la mesure où l'autobiographie a droit de cité à l'intérieur de l'Écriture et de la Tradition, elle peut par conséquent avoir aussi droit de cité au sein de l'évangélisation, celle-ci étant le cœur et la fonction mêmes de la Tradition de l'Église.

Chapitre 6

La « nouvelle évangélisation » et les débuts pastoraux et formatifs inspirés de l'autobiographie

La tâche de ce chapitre est d'explorer le sujet de l'autobiographie par rapport à l'évangélisation, la vocation première de l'Église et sa raison d'être. Car l'Église « existe pour évangéliser », ainsi que l'affirme Paul VI[1748]. Pour sa part, et en continuité avec son prédécesseur, Jean-Paul II lance la proposition d'une « nouvelle évangélisation » afin de susciter dans l'Église une conscience missionnaire renouvelée. Le scénario missionnaire ouvert par le pape polonais sera à proprement parler le cadre de l'analyse que je vais essayer de mener au long de ce chapitre. C'est pourquoi, avant que j'expose les expériences pastorales que j'y considérerai, il va s'avérer nécessaire de comprendre tout d'abord la signification de la formulation « nouvelle évangélisation ». Je suis en fait persuadé que celle-ci a été l'étincelle de parcours pastoraux nouveaux pour tant de communautés chrétiennes, notamment les parcours qui ont mis au centre la valeur testimoniale de l'évangélisation, en assumant pour cela même une posture et une forme narratives.

Pour ce faire, le tout premier paragraphe essaiera de situer le thème de la « nouvelle évangélisation » dans son contexte pastoral et historique originel (6.1.1), afin d'en saisir les débuts doctrinaux et les développements qui s'en sont suivi, telles la « pastorale d'engendrement » et la « catéchèse narrative » (6.1.2). Il s'agira cependant d'une excursion synthétique, les expériences pastorales inspirées de la méthode autobiographique et illustrées au dernier paragraphe recevant plus d'attention (6. 3). D'ailleurs, le sujet de la présente recherche concernant l'autobiographie, il me semble cohérent d'accorder une telle priorité aux expériences autobiographiques proprement dites par rapport à d'autres expériences pastorales d'évangélisation, telles celles que nous venons de mentionner.

Au deuxième paragraphe, j'en viendrai à la manière dont le témoignage a été pris en compte dans l'une des premières expériences pastorales de type autobiographique mises en place en Europe (6. 2). Je me réfère à l'expérience d'Ambroise Binz, un professeur de théologie pastorale émérite que j'ai eu l'honneur ainsi que le privilège de rencontrer et d'interviewer pendant mon séjour suisse en tant que doctorant de la Faculté de théologie de l'Université de Fribourg. En fait, lors de son enseignement à l'Université de

1748 *EN* 14.

Strasbourg aussi bien qu'à l'Institut romand de formation aux ministères des futurs agents pastoraux laïcs (IFM) de Fribourg dont il était le directeur, Binz a été le « pionnier » pendant les années 1980 et 1990 pour l'emploi de la méthode autobiographique dans les différents contextes de la formation des adultes, notamment dans les contextes ecclésiaux de la catéchèse et de la didactique théologique et pédagogique. C'est d'ailleurs lui qui constitue la motivation pour laquelle j'ai entrepris un travail doctoral sur le sujet de l'autobiographie sous l'angle théologique, et j'ai souhaité venir le réaliser à Fribourg, la ville où il a grandi et travaillé.

La fécondité d'une telle expérience formative mise en place par le pastoraliste fribourgeois, son équipe de travail et par ses étudiants ayant été la source d'inspiration d'autres parcours pastoraux à perspective autobiographique, je vais dans le dernier paragraphe présenter deux expériences ecclésiales de formation pastorale de type autobiographique qui ont été réalisées en Italie, et exposer également un aspect de la pastorale pénitentiaire soulignant l'importance de l'approche narrative (6. 3). Je ferai d'abord référence au projet des Églises des Pouilles réalisé après le Jubilé de l'an 2000 par la Commission régionale catéchétique et par l'Institut pastoral régional pour la formation des prêtres (6.3.1). Puis, j'en viendrai à décrire le projet pastoral de l'Église de Padoue. Ayant débuté vers la fin des années 1990, celui-ci était initialement destiné au clergé et il a ensuite été élargi aussi aux laïcs, notamment aux agents pastoraux du diocèse padouan (6.3.2). Enfin, je prendrai brièvement en considération un document de la pastorale des détenus récemment publié en Italie et édité par l'inspectorat général de l'aumônerie des prisons italiennes, où la dimension autobiographique est souhaitée, voire envisagée (6.3.3). Cette dernière réflexion va par ailleurs introduire l'expérience des « cénacles autobiographiques » illustrée au chapitre 7, laquelle a aussi concerné deux groupes de détenus d'une prison italienne.

6.1. La proposition de la « nouvelle évangélisation » : ses enjeux et ses déclinaisons pastorales

6.1.1. Le lancement et l'évolution de la « nouvelle évangélisation » dans l'Église catholique

Envisager la question relative à l'évangélisation par rapport au sujet de l'autobiographie, tel est l'objectif principal de ce premier paragraphe, dans la mesure où la présente recherche débouche sur le thème de la « nouvelle évangélisation » annoncé dès le titre de la thèse. L'attention accordée par l'Église à la question missionnaire a connu ces soixante dernières années quatre étapes principales. La première, c'est Vatican II, notamment le décret missionnaire *Ad gentes* et la constitution pastorale *Gaudium et spes*. La deuxième étape est marquée par l'exhortation post-synodale *Evangelii nuntiandi* de Paul VI. La troisième étape voit surgir ladite « nouvelle évangélisation », à savoir l'intuition de Jean-Paul II débouchant sur le synode placé sous ce même titre et célébré sous le pontificat de son successeur, le pape Benoît XVI. La quatrième étape est enfin celle que nous sommes en train de traverser, c'est-à-dire le temps où la « nouvelle évangélisation » est déclinée, à commencer par l'exhortation apostolique de François *Evangelii gaudium*, en tant que la mission même d'une « Église en sortie ».

Avant Vatican II, « évangélisation » était un terme employé dans l'Église au sens *très strict*, car il était réservé à la *missio ad gentes*, c'est-à-dire à la prédication et à la proclamation de l'Évangile et du mystère du Christ à tous les hommes (*kerygma*), surtout à ceux qui ne le connaissent pas[1749]. De même, dans *Ad gentes* (1965), le décret sur l'activité missionnaire de l'Église, Vatican II exprime l'urgence de la mission d'évangélisation de la part de l'Église, en constatant que « deux milliards d'hommes, dont le nombre s'accroît de jour en jour, [...], n'ont pas encore entendu le message évangélique ou l'ont à peine entendu »[1750]. Cet important document entend donc l'évangélisation, premièrement comme étant l'annonce de l'Évangile aux « non-chrétiens », tandis que l'attention à tous les convertis est exprimée en termes d'« activité apostolique »[1751]. De toute façon, le décret conciliaire ne connaît pas d'autres expressions terminologiques en dehors d'évangélisation, d'annonce et de prédication de l'Évangile. On ne parle ni de première annonce ni de deuxième, mais on insiste sur la prédication de l'Évangile à tous les hommes en tant que tâche première de l'Église, laquelle est missionnaire par nature[1752]. Dans *Gaudium et spes*, se situant au cœur du monde comme « le sacrement universel du salut »[1753], l'Église insère la cause de l'évangélisation dans le grand scénario mondial, où les diverses et différentes cultures attendent la Bonne Nouvelle comme ce germe vital qui les purifie de toute déviance morale et les met au service du bien commun et de la civilisation de la société humaine :

1749 Le concept d'« évangélisation » et de sa compréhension à l'intérieur de la réflexion théologique et ecclésiologique est résumé par Sergio Pintor, évêque émérite d'Ozieri, un diocèse de Sardaigne, et ancien professeur de missiologie (cf. Id., *L'uomo della Chiesa*, Dehoniane, Bologna, 1992, notamment pp. 155–196 ; Id., « Evangelizzazione », dans Centro Internazionale Vocazionale Rogate (éd.), *Dizionario di Pastorale vocazionale*, Rogate, Roma, 2001, pp. 479–485). Cf. aussi G. De Rosa, « Significato e contenuto di "Evangelizzazione" », *La Civiltà Cattolica*, 128 (1977), pp. 321–336 ; J. Gevaert, *Prima evangelizzazione*, LDC, Leumann, 1990 ; E. Nunnenmacher, « Evangelizzazione », dans *Dizionario di missiologia*, Dehoniane / PUU, Bologna / Roma, 1993, pp. 245–252.

1750 *AG* 10.

1751 Cf. *ibid.* 30.

1752 Cf. *ibid.* 2.

1753 *GS* 45, § 1 ; cf. aussi 43, § 3.

La Bonne Nouvelle du Christ rénove constamment la vie et la culture de l'homme déchu ; elle combat et écarte les erreurs et les maux qui proviennent de la séduction permanente du péché. Elle ne cesse de purifier et d'élever la moralité des peuples. Par les richesses d'en haut, elle féconde comme de l'intérieur les qualités spirituelles et les dons propres à chaque peuple et à chaque âge, elle les fortifie, les parfait et les restaure dans le Christ. Ainsi l'Église, en remplissant sa propre mission, concourt déjà, par là même, à l'œuvre civilisatrice et elle y pousse ; son action, même liturgique, contribue à former la liberté intérieure de l'homme[1754].

Le terme « évangélisation » commence à acquérir une précision plus grande au sein du magistère de l'Église à l'occasion notamment du synode des évêques de 1974 sur « l'évangélisation dans le monde contemporain », débouchant sur l'exhortation apostolique *Evangelii nuntiandi* de Paul VI (1975). Déjà dans l'*Instrumentum laboris*, en plus du sens *très strict*, celui de la première annonce (*kerygma*), on distingue aussi un sens *strict*, un sens *large* et un sens *très large*[1755]. Au sens strict, l'évangélisation comprend l'annonce et l'explication de l'Évangile afin de susciter la foi (y compris l'homélie, la catéchèse et la prédication). Selon le sens large, l'évangélisation couvre toute l'activité relevant du *munus* prophétique de l'Église. Enfin, le sens très large englobe au sein de l'évangélisation tout ce que l'Église est susceptible de faire pour transformer le monde et ses structures. De toute façon, c'est le sens large qui prévaut, lequel exprime l'ensemble des activités ecclésiales visant la proclamation de l'Évangile afin que celui-ci germe et que la foi grandisse.

Dans l'exhortation post-synodale, Paul VI met en relief, tout comme déjà *Ad gentes*, et ensuite *Redemptoris missio*, l'Église en son entier en tant que *sujet* de la mission[1756], et l'évangélisation comme la « mission de l'Église » elle-même[1757]. L'évangélisation est donc « une démarche complexe, aux éléments variés : renouveau de l'humanité, témoignage, annonce explicite, adhésion du cœur, entrée dans la communauté, accueil des signes, initiative d'apostolat »[1758]. De toute façon, le cœur de la mission demeure pour le pontife récemment canonisé le *témoignage* chrétien de la vie[1759]. Bref, si dans *Evangelii nuntiandi*, la « première annonce » reste le programme fondamental de l'Église et le modèle de toute activité missionnaire[1760], ainsi que le confirmera des années plus tard l'encyclique *Redemp-*

1754 *Ibid.* 58, § 4.
1755 Cf. « De evangelizatione mundi huius temporis (lineamenta) », dans G. Aprile (éd.), *Il Sinodo dei vescovi 1974*, La Civiltà Cattolica (1975), cité dans S. Pintor, *L'uomo della Chiesa*, Dehoniane, Bologna, 1992, p. 160.
1756 Cf. *EN* 60 ; *AG* 23 et 35 ; *RM* 45.
1757 Cf. *EN* 18 et 19.
1758 *EN* 24.
1759 Cf. *EN* 21.
1760 Cf. *EN* 51 et 52. Pour Paul VI la « première annonce » englobe en dernière instance ceux qui n'ont jamais entendu la Bonne Nouvelle, y compris les enfants, aussi bien que tous ceux qui, pour différentes raisons, se sont éloignés de la vie chrétienne.

toris missio de Jean-Paul II (1990)[1761], le concept d'une *nouvelle évangélisation* commence déjà à se frayer un chemin.

L'expression « nouvelle évangélisation » est pour la première fois prononcée par le Cardinal Stefan Wyszyński le 21 septembre 1978, pendant un discours adressé aux évêques de la République fédérale d'Allemagne[1762]. Mais elle fait son entrée officielle dans le magistère de l'Église l'année suivante, lorsque Jean-Paul II, lors d'un pèlerinage apostolique en Pologne, la mentionne pour la première fois :

> Là où s'élève la croix, surgit le signe que la bonne nouvelle du salut de l'homme grâce à l'amour est arrivée jusque-là. [...] La nouvelle croix de bois a été élevée non loin d'ici, durant les célébrations du millénaire. Avec elle nous avons reçu un signe, celui qu'au seuil du nouveau millénaire – en ces temps nouveaux en ces nouvelles conditions de vie – l'Évangile est de nouveau annoncé. Une *nouvelle évangélisation* est commencée, comme s'il s'agissait d'une deuxième annonce, bien qu'en réalité ce soit toujours la même[1763].

Dans cette première mention officielle, Jean-Paul II spécifie que cette « nouvelle évangélisation » n'est pas proprement une deuxième annonce, mais qu'elle est toujours la même et unique mission de l'Église : l'annonce de la Bonne Nouvelle. Par la suite, le sujet en question est relancé et explicité davantage par le pontife polonais dans son magistère à l'intention des Églises d'Amérique latine réunies à Port-au-Prince à l'occasion de la XIXe Assemblée de la *CELAM* (Conférence Épiscopale Latino-américaine) :

> *La commemorazione del mezzo millennio di evangelizzazione avrà il suo pieno significato se sarà un impegno vostro come Vescovi, assieme al vostro Presbiterio e ai vostri fedeli ; impegno* non certo di rievangelizzazione, *bensì di una* nuova evangelizzazione. *Nuova nel suo* ardore, *nei suoi* metodi *e nelle sue* espressioni.
>
> *A questo proposito, permettetemi di consegnarvi, sintetizzati in brevi parole, gli aspetti che mi paiono presupposti fondamentali per la* nuova evangelizzazione.
>
> *Il primo si riferisce ai ministri ordinati. Al momento di terminare il suo mezzo millennio di esistenza e alle porte del terzo millennio cristiano, la Chiesa in America Latina dovrà avere una vitalità che sarà impossibile se non si conta su sacerdoti numerosi e ben preparati. Suscitare nuove vocazioni e prepararle convenientemente, negli aspetti spirituali, dottrinali e pastorali è per un Vescovo, un gesto profetico. È come anticipare il futuro della Chiesa. Vi raccomando, pertanto, questo compito che vi costerà inquietudini e pene, ma porterà anche gioia e speranza.*
>
> *Il secondo aspetto si riferisce ai laici. Non solamente la carenza di sacerdoti, ma anche e soprattutto l'autocomprensione della Chiesa in America Latina, alla luce del Vaticano II e di Puebla, parlano con forza del ruolo dei laici nella Chiesa e nella società. Al suo avvicinarsi, il 500° anniversario della vostra evangelizzazione deve trovare i Vescovi, assieme alle loro Chiese, impegnati a formare un numero crescente di laici, pronti a collaborare efficacemente nell'opera evangelizzatrice.*
>
> *Una luce in grado di orientare la* nuova evangelizzazione *– ed è il terzo aspetto – dovrà essere quella del documento di Puebla, dedicato a questo tema, in quanto esso è impregnato dell'inse-*

1761 Cf. *RM* 34.

1762 Cf. M. Pivot, *Un nouveau souffle pour la mission*, Atelier, Paris, 2000, p. 82.

1763 Jean-Paul II, *Homélie au Sanctuaire de la Sainte-Croix* (Mogila, Cracovie, 09.06.1979), 1 [*AAS* 71 (1979) 865], je souligne.

> *gnamento del Vaticano II ed è coerente col Vangelo. In questo senso è necessario diffondere ed eventualmente ricuperare l'integrità del messaggio di Puebla, senza interpretazioni deformate, senza riduzionismi deformanti né indebite applicazioni di alcune parti ed omissioni di altre*[1764].

Avant d'expliquer à travers trois mots aux évêques de la *CELAM* en quoi l'évangélisation est *nouvelle*, Jean-Paul II précise qu'elle n'est pas une réévangélisation. Cela signifie qu'il ne s'agit pas de faire une deuxième évangélisation du continent latino-américain, 500 ans après la première. Et il ne s'agit pas non plus de « recommencer à zéro, mais de s'insérer dans le long chemin de la proclamation de l'Évangile, avec le zèle apostolique de Paul, lequel en vient à dire : "Malheur à moi si je n'annonce pas l'Évangile !" (1 Co 9, 16) », ainsi que vont le réaffirmer des années plus tard les évêques eux-mêmes au terme de la XIIIe Assemblée générale ordinaire du synode sur la « nouvelle évangélisation pour la transmission de la foi chrétienne »[1765]. En revanche, explicitant le fait que l'adjectif « nouvelle » est à attribuer à l'*ardeur*, aux *méthodes* et aux *expressions*, le pape polonais a bel et bien voulu mettre en lumière le fait que la nouveauté de l'évangélisation concerne surtout les *sujets* et la *forme* de l'annonce.

En excluant toute sorte de fanatisme, la nouvelle évangélisation doit d'abord se distinguer par l'*ardeur* apostolique de ses *hérauts* unis profondément au Christ et enflammés par son Esprit. C'est pourquoi les apôtres pouvaient s'exclamer : « Nous ne pouvons pas ne pas parler de ce que nous avons vu et entendu. » (Ac 4,20) En fait, l'ardeur ne porte pas sur la Bonne Nouvelle qui est en elle-même ardente, ainsi que le souligne François ne cachant pas la crainte d'une possible interprétation faussée de « nouvelle évangélisation » qui soulignerait la nouveauté du contenu[1766]. En revanche, l'ardeur porte sur l'action missionnaire et sur les acteurs de la Bonne Nouvelle, lesquels sont appelés à se conformer à celle-ci, afin qu'il y ait adéquation et homogénéité entre *ce* qui est annoncé, voire entre *celui* qui est annoncé, le Christ – ce qui relève de la *fides quae* –, et *ceux* qui l'annoncent – les sujets de la *fides qua*. De toute façon, ce qui par rapport à cette première qualification de la nouvelle évangélisation demeure implicite est explicité davantage dans le document préparatoire du synode :

1764 Jean-Paul II, *Discours à la XIXe Assemblée du CELAM* (Port-au-Prince, 09.03.1983), 3 [*AAS* 75 (1983) 778], je souligne.

1765 Synode des évêques (XIIIe Assemblée générale ordinaire), *Message au peuple de Dieu*, Cité du Vatican, 26 octobre 2012, 2 [http ://www.vatican.va/roman_curia/synod/documents/rc_synod_doc_20121026_message-synod_fr.html]. Au sujet de la « nouvelle évangélisation », je signale les publications suivantes : C. Dagens, *Va au large. Des chances nouvelles pour l'Évangile*, Parole et Silence, Paris, 2001 ; Coll., *« La nouvelle évangélisation »*, *Lumen Vitae* 67/2012, pp. 121–240 ; J. Cottin, É. Parmentier (éds.), *Évangéliser. Perspectives œcuméniques et européennes*, Lit Verlag, Münster / Berlin / Zürich / Wien / London, 2015 (avec notamment la contribution d'E. Biemmi, « La "nouvelle évangélisation" dans l'Église catholique », pp. 63–79).

1766 Cf. *EG* 11.

> La parole des disciples d'Emmaüs (cf. Lc 24,13-35) est emblématique de la possibilité qu'échoue l'annonce du Christ, parce qu'incapable de transmettre la vie. Les deux disciples annoncent un mort (cf. Lc 24,21-24), racontent leur frustration et leur espérance perdue. Ils parlent de la possibilité, pour l'Église de tout temps, d'une annonce qui ne donne pas la vie mais retient dans la mort le Christ annoncé, les annonceurs et les destinataires de l'annonce. La question sur la transmission de la foi – qui n'est ni individualiste ni solitaire, mais un événement communautaire et ecclésial – ne doit pas orienter les réponses dans le sens de la recherche de stratégies efficaces de communication, ni se centrer de façon analytique, sur les destinataires – les jeunes, par exemple – ; elle doit se décliner comme une question concernant *le sujet* chargé de cette opération spirituelle. *Elle doit devenir une question de l'Église sur elle-même*. Ce qui permet de poser le problème de façon non extrinsèque mais correcte, puisqu'elle met en cause toute l'Église dans son essence et dans sa vie. De cette manière, il peut être possible aussi de comprendre le fait que le problème de l'infécondité de l'évangélisation aujourd'hui, de la catéchèse des temps modernes, est un problème ecclésiologique, qui concerne la capacité ou l'incapacité de l'Église de se configurer en une communauté réelle, en une authentique fraternité, en un corps, et non en une machine ou une entreprise[1767].

Je suis persuadé que ce passage des *Lineamenta* éclaire la nécessité de l'ardeur des acteurs de l'évangélisation pour deux raisons principales. La première relève de l'Église en tant que sujet missionnaire dans son entier[1768]. La seconde raison découle de la nature communautaire même de l'Église. Telle est la grande famille des baptisés : une réalité de communion dont les membres liés les uns aux autres forment un seul corps, le corps du Christ. C'est pourquoi l'infécondité de l'évangélisation ne saurait être imputable, d'après le document pré-synodal s'inspirant de l'icône biblique des disciples d'Emmaüs, qu'à des « dysfonctionnements » ecclésiologiques liés foncièrement à deux facteurs manquants : le manque d'« enthousiasme pneumatique » et le manque de dimension communautaire.

Le premier facteur se traduit dans une annonce vidée de la joie de l'Esprit, résignée avant même de se confronter aux défis de l'évangélisation et privée de la perspective de la résurrection, le cœur du *kérygme* et donc de la mission. Bref, un tel manque de joie et une telle condition de résignation sont le symptôme d'une absence assez importante chez les évangélisateurs : la *parrêsia*, dont parle le livre des Actes. Désignant audace, assurance et hardiesse, la *parrêsia* est le don par lequel l'Esprit Saint soutient les Apôtres dans l'annonce de la Bonne Nouvelle, de manière à ce qu'ils sachent témoigner de leur propre foi avec *franchise* (cf. Ac 28,31).

Le second facteur débouche sur une action apostolique individualiste et solitaire. Les expressions « fraternité » et « corps », soulignées dans ces *Lineamenta*, sont en fait inhérentes aux sujets de l'évangélisation, et elles constituent aussi la raison d'être d'une annonce heureuse et joyeuse de l'Évangile : le fait d'être une famille où l'on s'aime au nom de celui

1767 Synode des Évêques (XIIIe Assemblée Générale), *La nouvelle évangélisation pour la transmission de la foi chrétienne. Lineamenta*, Cité du Vatican, 2011, 2, je souligne [https://www.vatican.va/roman_curia/synod/documents/rc_synod_doc_20110202_lineamenta-xiii-assembly_fr.html#_ftn13].

1768 Voir *supra*, n. 1756.

qui nous a aimés le premier, le Christ (cf. 1 Jn 4,19). C'est bien pour cela que l'exhortation du pape François sur la nouvelle évangélisation débute par l'expression « la joie de l'Évangile »[1769]. Somme toute, contre toute fierté et tout solipsisme, « témoigner de l'Évangile n'est le privilège de personne, disent les évêques au peuple de Dieu. Ainsi reconnaissons-nous avec joie, continuent-ils, la présence de tant d'hommes et de femmes qui par leur vie se font signe de l'Évangile au milieu du monde »[1770].

L'autre caractéristique dont la nouvelle évangélisation est censée se prévaloir, d'après Jean-Paul II, est la nouveauté des *méthodes*. Par rapport à ce deuxième aspect, il convient de tenir compte du contexte des Églises latino-américaines appelées lors du discours de Jean-Paul II sur la « nouvelle évangélisation » à donner suite, par rapport à l'œuvre missionnaire, à ce que le document de *Puebla* avait déjà mis en exergue, ainsi que le souligne le pape lui-même[1771]. C'est pourquoi, quelques années plus tard, faisant référence au contexte initial où la « nouvelle évangélisation » était apparue, les évêques du synode écrivent ceci :

> Aux évêques d'Amérique latine, il [Jean-Paul II] s'adresse ainsi : « La commémoration du nouveau millénaire d'évangélisation aura tout son sens si elle signifiera votre engagement en tant qu'évêque, avec vos prêtres et vos fidèles ; un engagement non pas à ré-évangéliser, certes, mais pour une nouvelle évangélisation. Nouvelle dans son ardeur, dans ses méthodes, dans ses expressions ». Il ne s'agit pas de refaire quelque chose qui a été mal fait ou qui ne fonctionne pas, de sorte que la nouvelle évangélisation serait un jugement implicite sur l'échec de la première. La nouvelle évangélisation n'est pas une nouvelle version de la première, une simple répétition, mais elle est le courage d'oser de nouvelles *voies*, face aux nouvelles conditions au sein desquelles l'Église est appelée à vivre aujourd'hui l'annonce de l'Évangile. À cette époque, le continent latino-américain devait se mesu-

1769 *EG* 1. Cette dimension communautaire de l'évangélisation est à retenir car elle constitue le cœur du « cénacle autobiographique », où l'élément du *groupe* demeure une condition incontournable. Voir *infra* 7.1.3.

1770 Synode des évêques (XIIIe Assemblée générale ordinaire), *Message au peuple de Dieu*, 8.

1771 Dix années avant, à Medellín (1968), la IIe Conférence générale avait poussé les Églises d'Amérique latine à réaliser un tournant radical à partir d'options qui auraient par la suite des répercussions sur tout le monde chrétien : l'option préférentielle pour les pauvres, les communautés ecclésiales de bases (CEB), la ministérialité des laïcs, la dénonciation prophétique des injustices, etc. À Puebla (1979) ces choix sont non seulement confirmés, mais ils sont approfondis, argumentés de manière théologique et surtout traduits en des décisions très concrètes dans les différents domaines de la vie et de la pastorale chrétienne. Évangélisation et renouveau social vont déterminer l'aspect caractéristique des phénomènes auxquels la Conférence de Puebla se confronte, et qui sont marqués par le passage de la civilisation agricole à celle urbaine et industrielle. D'où les implications pastorales relevant de la culture et de la présence évangélisatrice et prophétique de l'Église dans les divers domaines de la vie sociale : l'option préférentielle en faveur des pauvres, l'option pour les jeunes, l'action libératrice aux côtés de tous les constructeurs d'une société pluraliste et l'action en faveur du développement intégral de la personne au niveau national et international de la société. De ce fait, à Puebla, les Églises latino-américaines font déjà entrevoir le visage de l'Église du début du troisième millénaire (cf. Conferenza Episcopale Latino-americana, *Puebla – Documenti, testo definitivo*, EMI, Bologna, 1985). Cf. aussi P. Vanzan (éd.), *Puebla, comunione e partecipazione*, AVE, Roma, 1979.

rer à de nouveaux défis (la diffusion de l'idéologie communiste, l'apparition des sectes) ; la nouvelle évangélisation est l'action qui suit le processus de discernement selon lequel l'Église en Amérique latine est appelée à lire et à évaluer la situation dans laquelle elle se trouve.

C'est dans ce sens que le terme est repris et relancé dans le Magistère du Pape Jean-Paul II à l'intention de l'Église universelle. « L'Église doit affronter aujourd'hui d'autres défis, en avançant vers de nouvelles frontières tant pour la première mission *ad gentes* que pour la nouvelle évangélisation de peuples qui ont déjà reçu l'annonce du Christ. Il est aujourd'hui demandé à tous les chrétiens, aux Églises particulières et à l'Église universelle le même courage que celui qui animait les missionnaires du passé, la même disponibilité à écouter la voix de l'Esprit. »[1772]

Soulignant l'excellent programme pastoral et missionnaire mis en place par la Conférence générale de l'épiscopat latino-américaine à *Puebla*, du fait de sa conformité aux enseignements et aux souhaits de Vatican II, Jean-Paul II exhorte les évêques assemblés à Port-au-Prince dans le sens que la « nouvelle évangélisation » doit être caractérisée par la même clairvoyance et le même courage que ceux ayant présidé aux choix de *Puebla*, ayant confirmé, entre autres, ceux de Medellín. Cela signifie que, parlant de *méthodes* par rapport à la nouvelle évangélisation, le pontife polonais n'a pas voulu mettre l'accent sur des programmes et des objectifs à réaliser, mais sur la *manière* même dont doit être menée toute réalisation pastorale et missionnaire. Au bout du compte, cette manière, s'étendant de l'Amérique latine aux Églises du monde entier, consiste dans l'action prophétique venant de la force de l'Esprit Saint et de l'écoute de ses suggestions. Une telle action est de ce fait à même de mettre en place et de traduire les choix pastoraux selon les défis historiques des cultures et selon les instances sociales et spirituelles des populations locales. Cela est légitime par le fait qu'une véritable écoute de l'Esprit doit également se traduire en une véritable écoute des hommes[1773]. Ceci confirme encore une fois que la nouveauté de l'évangélisation concerne les *sujets* et la *forme*.

La troisième caractéristique invoquée par Jean-Paul II par rapport à la nouvelle évangélisation porte sur les *expressions*. Afin de comprendre davantage le contenu de ce dernier aspect, le document préparatoire du synode vient encore une fois nous aider.

En fin de compte le terme « nouvelle évangélisation » indique l'exigence d'identifier de nouvelles expressions de l'évangélisation permettant d'être Église dans les contextes sociaux et culturels actuels en grand changement. Les figures traditionnelles et affirmées – conventionnellement indiquées par « pays de chrétienté » et « terres de mission » –, d'un concept clair, laissent désormais percevoir leurs limites. Elles sont trop simples et se réfèrent à un contexte sur le point d'être dépassé, pour pouvoir fonctionner en tant que modèles de référence pour la construction des communautés chrétiennes d'aujourd'hui. Il faut que la pratique chrétienne guide la réflexion dans un lent travail de construction d'un nouveau modèle d'être Église, qui évite les écueils du sectarisme et de « la

1772 Synode des Évêques (XIIIe Assemblée Générale), *La nouvelle évangélisation pour la transmission de la foi chrétienne. Lineamenta*, Cité du Vatican, 2011, 5, citant Jean-Paul II, *Discours à la XIXe Assemblée du CELAM* (09.03.1983), 3 [*AAS* 75 (1983) 778], et *RM* 30, j'explicite.

1773 Cette attention aux voix des gens devient proprement le style d'une praxis pastorale tout à fait narrative qui passe de l'« encadrement » audit « engendrement ». Voir *infra*, 6.1.2.

religion civile » et permette – dans un contexte post-idéologique comme celui d'aujourd'hui – de continuer à garder la forme d'une Église missionnaire. Autrement dit, dans le cadre de la variété de ses figures, l'Église a besoin de ne pas perdre le visage d'Église « domestique, populaire ». Dans des contextes de minorité et de discrimination aussi, l'Église ne peut pas perdre sa capacité d'être proche de la vie quotidienne des personnes, pour annoncer à partir de là le message vivifiant de l'Évangile. Comme l'affirmait le Pape Jean-Paul II, « nouvelle évangélisation » signifie *refaire le tissu chrétien de la société humaine*, en recomposant le tissu des communautés chrétiennes elles-mêmes ; cela signifie aider l'Église à toujours être présente « au milieu des maisons de ses fils et de ses filles », pour animer leur vie et l'orienter vers le Royaume qui vient[1774].

Citant l'exhortation *Christifideles laici* de Jean-Paul II[1775], le document encourage la réflexion ecclésiale à saisir également la « proximité » comme l'expression par excellence de la mission de l'Église. Car être proche des gens, c'est pour l'Église demeurer elle-même, c'est-à-dire demeurer fidèle à sa tâche, à sa signification et à sa présence sacramentelle dans le monde[1776]. Et d'ailleurs, elle a une nature « domestique » et « populaire », ainsi que le remarque la constitution conciliaire *Lumen gentium* consacrée à l'Église par l'emploi de la catégorie de « peuple de Dieu ». Cette dernière marque un véritable tournant ecclésiologique[1777]. En fait, mettant en cause la conception traditionnelle et vieillie de l'Église de type pyramidal, venant d'une pensée plutôt juridique, la catégorie de « peuple de Dieu », résolument biblique et théologique, rend à l'Église des caractéristiques relevant de sa propre nature, à savoir : être le Corps mystique du Christ[1778] et son mystère de communion[1779]. Bref, la troisième caractéristique de la « nouvelle évangélisation », concernant les *expressions*, semble proprement se traduire dans l'appel que voici : « Église, deviens le mystère que tu es ! »

Toutes ces considérations vont déboucher sur l'exhortation au sujet de la nouvelle évangélisation, dont le pape François précise davantage la portée de nouveauté. Celle-ci ne concerne certainement pas la proposition chrétienne en tant que telle, l'Évangile, lequel « ne vieillit jamais »[1780]. En revanche, ce sont l'Église et les chrétiens qui sont appelés à se renouveler. Le pontife argentin, déplaçant la question vers les acteurs de l'évangélisation, fait par ce biais appel à une révision et un renouveau ecclésiaux qu'on ne peut plus différer. Cela demande aux communautés chrétiennes de redoubler leurs efforts pour accomplir davantage ce que le magistère de l'Église leur a toujours recommandé, de manière à ce

1774 Synode des Évêques (XIIIe Assemblée Générale), *La nouvelle évangélisation pour la transmission de la foi chrétienne. Lineamenta*, 9, je souligne.
1775 Cf. *CL* 34 et 26, selon l'ordre de citation.
1776 Cette « proximité » de l'Église est également soulignée par François. Voir *infra*, la cit. de la n. 1781.
1777 La catégorie « peuple de Dieu » référée à l'Église est citée à maintes reprises dans le document tout entier, à partir du chapitre II (cf. *LG* 9 et les paragraphes suivants).
1778 Cf. *LG* 8 ; 23 ; 26 ; 50 et 54.
1779 Cf. *ibid.* 8 ; 13 ; 14 et 50.
1780 *EG* 11.

« qu'elles soient encore plus proches des gens, qu'elles soient des lieux de communion vivante et de participation, et qu'elles s'orientent complètement vers la mission »[1781].

Or cette proximité, cette communion et ce renouveau missionnaire ne pourront pas se réaliser pleinement sans que l'action pastorale ne « mette les agents pastoraux en constante attitude de "sortie" »[1782]. La figure qui émerge dès le début du pontificat de François est une Église carrément « en sortie ». Une Église qui est appelée, à l'exemple du Christ, à se « décentraliser »[1783]. Car, au bout du compte, sortir de soi-même, c'est mettre au centre des préoccupations l'*autre*, en particulier celui qui vit aux marges de la société, voire aux *périphéries*[1784] en attente de l'Évangile.

Ainsi, en continuité avec le pontificat de Jean-Paul II qui invitait au début de son ministère pétrinien les hommes et les peuples à ouvrir les portes au Christ – « Ouvrez, ouvrez toutes grandes les portes au Christ ! », comme le déclare sa phrase célèbre[1785] –, le pape François pour sa part presse l'Église d'ouvrir, elle-même, ses portes pour accueillir ainsi que pour sortir et aller vers les plus éloignés : « L'Église "en sortie" est une Église aux portes ouvertes. Sortir vers les autres pour aller aux périphéries humaines ne veut pas dire courir vers le monde sans direction et dans n'importe quel sens. Souvent il vaut mieux ralentir le pas, mettre de côté l'appréhension pour regarder dans les yeux et écouter, ou renoncer aux urgences pour accompagner celui qui est resté sur le bord de la route[1786]. »

Le thème des « portes ouvertes » est donc partagé par les deux pontifes, ou plutôt il est privilégié par eux du fait de son essence biblique et christologique. La théologie de la porte ouverte devient de ce fait l'expression de l'action missionnaire qui jaillit du cœur même de Dieu et qui est censée surgir également du sein maternel de l'Église, afin que tous ceux qui retrouvent ces portes parce qu'ils ont décidé d'y revenir, tel le plus jeune fils de la parabole (cf. Lc 15,11-32), puissent entrer sans difficulté[1787]. De ce fait, « si quelqu'un veut suivre une motion de l'Esprit et s'approcher pour chercher Dieu, il ne rencontre pas la froideur d'une porte close »[1788]. Car, pour le pape actuel, la mission commence par la chaleur de la maison. Il ne servirait pas à grand-chose de maintenir les portes matérielles ouvertes, celles des paroisses et celles de toutes les autres réalités communautaires, si ensuite, à l'intérieur de la maison, il manque l'accueil, l'écoute et l'accompagnement. En re-

1781 *EG* 28.
1782 *EG* 27.
1783 Cf. *EG* 32.
1784 Cf. *EG* 20. Parmi ceux qui constituent les périphéries de ce monde en tant que lieu prioritaire de l'annonce, nous pouvons mentionner les détenus, ainsi que je vais le souligner plus loin (voir *supra*, 6.3.3).
1785 Cf. Jean-Paul II, *Homélie d'intronisation* (22 octobre 1978) [*AAS* 70 (1978) 944].
1786 *EG* 46.
1787 Cf. *EG* 46.
1788 *EG* 47.

vanche, si, au sein de la demeure, se trouve un cœur qui bat et qui brûle, alors l'image d'une « Église en sortie » issue du magistère du pontife argentin pourra certainement conduire à une mission à même de parvenir jusqu'« aux extrémités de la terre » (Ac 1,8). Cette dernière est une expression que le pape privilégie et aime traduire par la formule « périphéries humaines ». Puis, une fois que les hommes sont rejoints, c'est le moment de l'annonce, voire de la première annonce de l'Évangile dont l'Église est la messagère par excellence.

Cette première annonce, c'est le kérygme, c'est-à-dire la proclamation explicite du salut : « "Jésus Christ t'aime, il a donné sa vie pour te sauver, et maintenant il est vivant à tes côtés chaque jour pour t'éclairer, pour te fortifier, pour te libérer"[1789]. » Le kérygme reste toujours le cœur de l'annonce pour François, soit qu'il s'agisse d'une première évangélisation, soit qu'il s'agisse d'étapes successives de l'annonce chrétienne. En fait, affirmer « que cette annonce est "la première", cela ne veut pas dire qu'elle se trouve au début et qu'après elle est oubliée ou remplacée par d'autres contenus qui la dépassent. Elle est première au sens qualitatif, parce qu'elle est l'annonce principale, celle que l'on doit toujours écouter de nouveau de différentes façons et que l'on doit toujours annoncer de nouveau durant la catéchèse sous une forme ou une autre, à toutes ses étapes et ses moments »[1790].

Or, ce propos renforce la thématique de la « nouvelle évangélisation », laquelle, avec cette exhortation apostolique, n'est pas identifiée exclusivement à une étape ultérieure de l'annonce de l'Évangile, désignée par l'expression de « seconde annonce », selon certaines interprétations à mon avis quelque peu risquées[1791]. En revanche, « la nouvelle évangélisa-

1789 *EG* 164.

1790 *EG* 164.

1791 En Italie, la réflexion pastorale insiste sur la subdivision du processus d'évangélisation en termes de « première annonce » et de « seconde annonce » [cf. E. Biemmi, « Il primo annuncio », relazione al *Convegno per i catechisti della diocesi di Lodi* (Lodi, 14–15 maggio 2010) dans http://www.diocesi.lodi.it/ucd/wp-content/uploads/sites/5/2016/10/2.-Relazione-Biemmi-Il-primo-annuncio.pdf ; Id., « Il "Primo annuncio". Breve mappa per orientarsi » (scheda), dans http://www.diocesi.lodi.it/ucd/wp-content/uploads/sites/5/2016/10/3.-Biemmi-Scheda-sintetica-sul-primo-annuncio.pdf ; Id. *La seconde annonce. La grâce de recommencer*, Lumen Vitae, Bruxelles, 2013 ; V. Mignozzi, « Il "Progetto secondo annuncio" : pratiche di annuncio del Vangelo agli adulti », *Catechesi*, 1 (2017), pp. 74–85]. Selon le théologien et pastoraliste italien Enzo Biemmi l'expression « deuxième annonce » citée pour la première fois par Jean-Paul II dans le contexte d'une homélie lançant l'expression « nouvelle évangélisation » (voir *supra*, la cit. relative à la n. 1763), est à détecter à l'intérieur d'*Evangelii gaudium*, comme le « devenir chair » de la première annonce [cf. Id., « La "nouvelle évangélisation" dans l'Église catholique », p. 74]. Ne mettant pas en question les options pastorales et les choix terminologiques qui en découlent par rapport aux démarches pastorales des Églises en Italie, je voudrais tout simplement préciser deux choses. La première est que Jean-Paul II, disant « comme s'il s'agissait d'une deuxième annonce », n'a certainement pas voulu configurer ainsi la « nouvelle évangélisation », ni non plus lancer le thème d'une seconde annonce, tel qu'il a été ensuite thématisé par la réflexion pastorale. Deuxièmement, étant entendu la légitimité des expressions « première annonce » et « deuxième annonce » que je ne mets pas en question, je veux également préciser qu'à l'intérieur d'*Evangelii*

tion » comprend le processus complexe de l'évangélisation dans son intégralité, y compris ses diverses étapes, lesquelles correspondent par ailleurs aux différentes situations historiques et culturelles. La « nouvelle évangélisation » est donc inhérente à trois domaines principaux, ainsi que cela est affirmé au début de l'exhortation elle-même :

> À l'écoute de l'Esprit, qui nous aide à reconnaître, communautairement, les signes des temps, du 7 au 28 octobre 2012, a été célébrée la XIIIe Assemblée générale ordinaire du Synode des Évêques sur le thème *La nouvelle évangélisation pour la transmission de la foi chrétienne.* On y a rappelé que la nouvelle évangélisation appelle chacun et se réalise fondamentalement dans trois domaines. En premier lieu, mentionnons le domaine de la pastorale ordinaire, « animée par le feu de l'Esprit, pour embraser les cœurs des fidèles qui fréquentent régulièrement la Communauté et qui se rassemblent le jour du Seigneur pour se nourrir de sa Parole et du Pain de la vie éternelle ». Il faut aussi inclure dans ce domaine les fidèles qui conservent une foi catholique intense et sincère, en l'exprimant de diverses manières, bien qu'ils ne participent pas fréquemment au culte. Cette pastorale s'oriente vers la croissance des croyants, de telle sorte qu'ils répondent toujours mieux et par toute leur vie à l'amour de Dieu. En second lieu, rappelons le domaine des « personnes baptisées qui pourtant ne vivent pas les exigences du baptême », qui n'ont pas une appartenance du cœur à l'Église et ne font plus l'expérience de la consolation de la foi. L'Église, en mère toujours attentive, s'engage pour qu'elles vivent une conversion qui leur restitue la joie de la foi et le désir de s'engager avec l'Évangile.
>
> Enfin, remarquons que l'évangélisation est essentiellement liée à la proclamation de l'Évangile à ceux qui ne connaissent pas Jésus Christ ou l'ont toujours refusé. Beaucoup d'entre eux cherchent Dieu secrètement, poussés par la nostalgie de son visage, même dans les pays d'ancienne tradition chrétienne. Tous ont le droit de recevoir l'Évangile. Les chrétiens ont le devoir de l'annoncer sans exclure personne, non pas comme quelqu'un qui impose un nouveau devoir, mais bien comme quelqu'un qui partage une joie, qui indique un bel horizon, qui offre un banquet désirable. L'Église ne grandit pas par prosélytisme mais « par attraction »[1792].

gaudium les expressions « deuxième annonce » ou « seconde annonce » ne sont pas présentes. Par conséquent, les mots « devenir chair » (*EG* 150) ne sont pas référés à une « seconde annonce », mais à la prédication de la Parole, laquelle demande aux prêcheurs de se l'approprier et de l'intérioriser avant de la prêcher. De ce fait, loin d'être celui d'une « deuxième annonce », le contexte des mots susmentionnés est celui de l'homélie et de la préparation de la prédication. De toute façon, bien que la formule « seconde » ou « deuxième annonce » ne soit presque pas employée par les papes, elle peut toutefois, à mon avis, être déduite notamment à l'intérieur du document *Catechesi tradendae* [cf. Jean-Paul II, *Exhortation apostolique* Catechesi Tradendae (16.10.1979) : *AAS* 71 (1979) 1277–1340], où le pape distingue « la première annonce de l'Évangile ou prédication missionnaire par le kérygme pour susciter la foi » (*CT* 18) de la « spécificité de la catéchèse » (*CT* 19), entendue, à l'intérieur du processus complexe de l'évangélisation, comme « apologétique ou recherche des raisons de croire » (*CT* 18). Quoi qu'il en soit, même dans ce document, les expressions « seconde annonce » ou « deuxième annonce » sont absentes. Bref, il apparaît qu'il faut comprendre la formule «seconde annonce», même dans les termes d'E. Biemmi et des diocèses italiens, comme «seconde première annonce», au sens où la première annonce doit constamment être réactivée en tant que telle, même pour ceux qui l'ont déjà reçue – mais qui ne la vivent pas vraiment.

1792 *EG* 14.

Dans ce passage, le kérygme, ou première annonce, demeurant le cœur de l'évangélisation en tant que telle et en toute sa complexité, doit traverser et habiter toute annonce, ainsi que l'affirme le pape François. De toute façon, la « nouvelle évangélisation » appelle dans ces trois domaines tout baptisé à exercer et à accomplir, au nom de l'Église et en communion avec elle, son devoir d'évangélisation. Cependant, loin d'être un « devoir qui s'impose », il s'agit d'une annonce qui est censée « résonner » comme l'invitation à un partage : c'est le partage de la joie de l'Évangile. Or, si un pareil partage ne peut être saisi et accueilli que « par attraction », cela veut dire que le cheminement de la « nouvelle évangélisation » confirme, au sommet de son développement marqué par *Evangelii gaudium*, ce que nous avons deviné et supposé au début de ce paragraphe : à savoir que la « nouvelle évangélisation » est un programme qui concerne tout d'abord les *sujets* de la mission et ensuite, par voie de conséquence, sa *forme*.

Au terme de cette excursion historique et théologique sur la nouvelle évangélisation, nous pouvons retenir quelques éléments importants. Par rapport à ses *sujet*s ou à ses *acteurs*, nous pouvons souligner ceci :

- la joie de l'évangélisateur ;
- la *parrêsia* de l'évangélisateur ;
- la capacité de l'évangélisateur d'être à l'écoute de l'Esprit et des personnes ;
- la proximité de l'évangélisateur, notamment auprès de ceux qui constituent lesdites « périphéries humaines » ;
- le courage prophétique de l'évangélisateur, en tant qu'acteur d'une action pastorale destinée à des changements importants et profonds.

Par rapport à la *forme* de la nouvelle évangélisation, nous pouvons mettre en évidence les éléments suivants :

- une évangélisation joyeuse qui prend sa source dans la résurrection de Jésus-Christ ;
- une évangélisation attentive aux besoins spirituels et humains de l'autre ;
- une évangélisation respectueuse de l'autre qui atteint celui-ci là où il est ;
- une évangélisation « incarnée », c'est-à-dire consciente de cette « sacramentalité », voire de la « christosacramentalité » qui l'habite, du fait qu'elle accomplit la « troisième étape de l'incarnation de Verbe »[1793] ;
- une évangélisation autobiographique partant de la vie de son messager ;
- une évangélisation attentive aux récits de vie d'autrui et à leur écoute.

1793 Voir *supra*, 2.3.

Tous ces éléments peuvent bel et bien constituer la « matière » des formes et des postures pastorales issues de la « nouvelle évangélisation » et qui, à mon avis, se concrétisent tout particulièrement dans ladite « pastorale d'engendrement » et dans la « catéchèse narrative », sur lesquelles le paragraphe suivant veut se pencher.

6.1.2. Des fruits mûrs de la « nouvelle évangélisation ». D'une praxis « d'encadrement » vers une pastorale plus évangélique

6.1.2.1. La « pastorale d'engendrement »

Affirmant dans *Evangelii nuntiandi* que « l'homme contemporain écoute plus volontiers les témoins que les maîtres »[1794], Paul VI met le doigt sur la condition incontournable de l'évangélisation, condition qui vient d'ailleurs de la nature même de l'Évangile. Celui-ci est en fait la confession de foi attestant le Témoin de Dieu, le Verbe fait homme. C'est pourquoi le témoignage constitue le point focal et à la fois le défi lancés par le pape de Brescia à toute l'Église et débouchant sur la « nouvelle évangélisation ». Pour leur part, les communautés chrétiennes ont concrétisé l'invitation de Paul VI à travers différentes expressions : les CEB, les mouvements ecclésiaux, les groupes de lecture de la Bible dans les maisons, les groupes de prière, les missions populaires et paroissiales dans les villes, dans les quartiers et dans les villages, et d'autres expériences de communion et de formation mises en place par les Conférences épiscopales des diverses Églises locales. Il s'agit d'une pastorale de « proximité » qui, pendant les dernières quarante années, a assumé de plus en plus un style narratif et testimonial.

On peut tranquillement affirmer qu'après Vatican II l'action pastorale a connu, elle aussi, un véritable tournant. De fait, une praxis traditionnelle d'« encadrement » et de conservation imposant des programmes « standards » et des notions doctrinales a progressivement laissé la place à un style de prédication plus proche du modèle évangélique. Ce changement important, que le jésuite André Fossion appelle, à juste titre, une « heureuse démaîtrise »[1795], concerne le style et la nature de la prédication, ce que Paul VI lui-même ne manque pas de définir à propos du lien réciproque qui noue l'évangélisation et l'Église : « Envoyée et évangélisée, l'Église elle-même envoie des évangélisateurs. Elle met dans leur bouche la Parole qui sauve, elle leur explique le message dont elle-même est dépositaire, elle leur donne le mandat qu'elle-même a reçu et les envoie prêcher. Prêcher non leurs propres personnes ou leurs idées personnelles, mais un Évangile dont ni eux ni elles ne sont maîtres et propriétaires absolus pour en disposer à leur gré, mais dont ils sont ministres

1794 *EN* 41.

1795 A. Fossion, *Dieu toujours recommencé. Essai sur la catéchèse contemporaine*, Lumen Vitae / Novalis / Cerf / Labor et Fides, Bruxelles / Montréal / Paris / Genève, 1997, pp. 52–53.

pour le transmettre avec une extrême fidélité[1796]. » Car de la vérité qu'est la Bonne Nouvelle « nous ne sommes, encore une fois, ni les maîtres ni les propriétaires, mais les dépositaires, les hérauts, les serviteurs »[1797].

Ce tournant va ainsi donner lieu à ce que les Églises francophones ont convenu d'appeler la « pastorale d'engendrement ». Il s'agit d'une approche où l'écoute attentive et les yeux ouverts permettent aux agents pastoraux et aux animateurs de la mission de valoriser la grâce de l'Évangile déjà à l'œuvre dans la vie des gens. C'est bien pour cela qu'on préfère désigner les acteurs ou animateurs d'une pastorale ainsi conçue comme « passeurs » et non pas comme « porteurs ». Car si ces derniers croient apporter et semer la Bonne Nouvelle dans un terrain pour ainsi dire aride, improductif ou entièrement « inculte », les passeurs, en revanche, s'approchent du destinataire de l'annonce comme des locuteurs qui contribuent tout simplement à « mettre au jour » ce qui « est déjà à l'œuvre en lui, de sorte qu'il peut y adhérer en toute liberté », ainsi que l'affirme C. Theobald[1798].

Cette pensée n'est par ailleurs pas neuve pour nous, car, dans le contexte de l'*analogia regni*, envisagée au chapitre 1, le théologien parisien met en évidence « l'*engendrement* gracieux » de « quiconque », en tant que « fils *engendré* » de « l'Unique *engendré* », auquel Jésus lui-même reconnaît la foi, qu'elle soit simplement une « foi humaine » ou « élémentaire »[1799]. Dans de telles expressions nous pouvons déjà trouver l'esquisse d'une pastorale d'engendrement que Theobald explicite davantage pour le contexte sociologique actuel. Voici donc ce qu'il affirme par rapport aux acteurs de la pastorale d'engendrement, définis comme « passeurs » de l'Évangile :

> [...] nous sommes réellement engendrés pour faire confiance, par d'autres qui nous ont fait confiance, sans toutefois que la responsabilité de notre propre décision de croire ou de ne pas croire en la vie puisse nous être enlevée. Certes, une parole extérieure, parole parentale ou parole de « passeur », est absolument nécessaire pour accéder à cette « foi » ; mais à quoi servirait une telle parole si elle ne réussissait pas à me convaincre ? Ne dois-je pas m'entendre murmurer à moi-même : oui, c'est vrai, la vie vaut la peine d'être vécue, j'y crois ? Le terme « conviction » dit bien qu'il s'agit là d'une victoire sur tous les messages négatifs qui traversent une existence : victoire qui nécessite le concours d'autres personnes, comme le suggère le mot « con-*viction* », mais victoire aussi que personne d'autre ne peut remporter à ma place. *En définitive, vivre et croire en la bonté de la vie sont une seule et même chose*[1800].

1796 *EN* 15.
1797 *EN* 78.
1798 C. Theobald, « C'est aujourd'hui le "moment favorable". Pour un diagnostic théologique du temps présent », dans P. Bacq et C. Theobald (dir.), *Une nouvelle chance pour l'Évangile. Vers une pastorale d'engendrement,* Lumen Vitae / Novalis / L'Atelier, Bruxelles / Montréal / Paris, 2004, pp. 47–72, ici p. 56.
1799 Voir *supra*, 1.1.3 et 1.3.1.
1800 C. Theobald, « L'Évangile et l'Église », dans P. Bacq, C. Theobald (dir.), *Passeurs d'Évangile. Autour d'une pastorale d'engendrement*, Novalis / Lumen Vitae / L'Atelier, Montréal / Bruxelles / Paris, 2008, pp. 17–40, ici p. 21.

Une telle attitude d'écoute, de respect et d'humilité de la part du « passeur » n'est pas simplement un présupposé anthropologique, mais il s'agit de la qualité même demandée aux acteurs de la « nouvelle évangélisation », ainsi que nous l'avons souligné auparavant[1801]. Pourtant, c'est surtout la condition de l'*autre,* le destinataire de l'annonce, qui est mise en valeur par la pastorale d'engendrement. N'oublions pas ce que nous avons à maintes reprises affirmé des hommes, en tant que « terrains » des *semina Verbi,* dans les cœurs desquels l'Évangile est également inscrit[1802]. À ces réflexions s'ajoutent celles du jésuite André Fossion, lequel nous rappelle, reprenant par ailleurs la pensée « théanthropologique » de Rahner qui valorise ce que ce dernier appelle l'« existentiel surnaturel »[1803], « la puissance créatrice et salvifique de Dieu qui anime tout homme »[1804]. C'est pourquoi une véritable évangélisation, atteignant les hommes dans leur situation existentielle historique et concrète – car telle se veut la tâche de la pastorale d'engendrement –, est loin d'une action pastorale qui prétend « faire » les hommes chrétiens, puisque « la foi d'un nouveau croyant sera toujours une surprise et non pas le fruit de nos efforts, le résultat d'une entreprise. Certes, la foi ne se transmet pas sans nous. Néanmoins, nous n'avons pas le pouvoir de la communiquer. Notre devoir est de veiller aux conditions qui la rendent possible, compréhensible, praticable et désirable. La pastorale travaille sur les conditions. Le reste est affaire de grâce et de liberté »[1805].

Or, une telle conception de l'évangélisation marque expressément l'abandon d'une pastorale dite « d'encadrement », et elle laisse par contre l'évangélisateur concrétiser ce à quoi la « nouvelle évangélisation » l'invite, à savoir *rejoindre les hommes là où ils sont,* ainsi que nous l'avons souligné dans le paragraphe précédent, et ainsi que le confirme Fossion lui-même : « Si Dieu n'est pas loin de l'homme et si l'homme est "capable de Dieu",

1801 Voir *supra*, 6.1.1.
1802 Voir *supra*, 4.3.2.
1803 Créé à l'image de Dieu et en vue de celui qui est la véritable image divine, le Verbe incarné, l'homme est disposé, d'après Rahner, à la rencontre avec Dieu, laquelle est une rencontre salvifique. De ce fait, la nature humaine est une « surnature ». Autrement dit, elle est « déjà grâce », une grâce toujours donnée avec l'existence. Cela signifie par conséquent que l'homme est un sujet en accomplissement et en attente d'accomplissement. Une telle disposition constitue pour Rahner ce qu'il appelle « transcendantal anthropologique », du fait de l'*a priori* (*conditio sine qua non*) de sa nature « structurée » pour s'ouvrir à la grâce de l'accomplissement dans le Christ (cf. R. GIBELLINI, *La teologia del XX secolo*, Queriniana, Brescia, 1992, 1999⁴, pp. 237–253). Voici un passage explicatif de Gibellini : « *Il concetto della grazia come esistenziale soprannaturale comporta, dunque, due elementi : a) innanzitutto, la grazia è una realtà* soprannaturale, *indebita e gratuitamente data come autocomunicazione di Dio alla sua creatura ; b) ma, insieme, è* sempre *data con l'esistenza umana, così da costituire un* apriori *e un* trascendentale *che accompagna il divenire storico e* aposteriori *della vita di ogni uomo, segnandolo in profondità e con-determinandone le decisioni. La grazia come offerta è sempre presente al centro stesso di ogni esistenza umana* […]. » (*ibid.*, p. 246)
1804 A. FOSSION, *Dieu désirable,* p. 24.
1805 *Ibid.*, p. 62.

alors tout le travail de l'évangélisateur est de rejoindre les hommes là où ils sont pour les accompagner sur le chemin de la reconnaissance de Dieu déjà là. »[1806] N'est-ce pas ce que nous pouvons constater et retrouver à l'intérieur de l'Évangile, dont la logique est carrément celle de la gratuité d'un Dieu-semeur qui répand partout sa Parole, en laissant à chacun la liberté de la faire germer ou non ? N'est-ce pas ce dont témoigne l'*agir valorisant* de Jésus lui-même, lequel, rencontrant des païens, tels le centurion romain et la femme cananéenne, reconnaît au premier « une telle foi qu'il n'en a jamais trouvé de pareille en Israël » (Mt 8,10), et à la seconde une foi qualifiée de « grande » (Mt 15,28) ?

C'est pourquoi il n'est pas hasardeux ni discriminant non plus d'estimer davantage « évangélique » une pastorale d'évangélisation qui met au centre la proximité et qui commence pour ainsi dire de l'existant, de *ce* que les personnes « ont » et sont déjà, c'est-à-dire de leurs dons et de leurs capacités intellectuelles et spirituelles. En fait, l'Évangile doit devenir de plus en plus le paradigme auquel toute pastorale d'évangélisation est censée se conformer, afin de « permettre à Dieu d'engendrer les personnes à sa propre vie grâce à une manière d'être en relation et une manière d'agir inspirées par l'Évangile », ainsi que le remarque le jésuite Philippe Bacq[1807].

Un tel changement de posture a été également souligné par F.-X. Amherdt qui en parle comme du virage d'une pastorale passant de « l'im-position » à la « pro-position »[1808]. Préoccupé, face à un contexte ecclésial marqué par des phénomènes, tels que « crise de la transmission de la foi, désaffectation des communautés, diminution du nombre d'agents pastoraux prêtres et laïcs, fermeture des institutions et bâtiments ecclésiaux, "excultura-tion" du christianisme »[1809], le théologien helvétique se demande à quoi bon continuer à « s'obstiner dans une politique volontariste d'encadrement, à coup de plans pastoraux quinquennaux, afin de "sauver les meubles", de maintenir les schémas en vigueur et de

1806 *Ibid.*, p. 60.

1807 P. Bacq, « La pastorale d'engendrement : qu'est-ce à dire ? », *Lumen Vitae* 63 (3/2008), pp. 299–317, ici p. 300.

1808 Cf. F.-X. Amherdt, « Proposer prophétiquement l'Évangile aujourd'hui : une affaire de goût et d'espérance », dans M. Delgado (éd./Hrsg.), *« Ces gens ne sont-ils pas des hommes ? » – Evangile et prophétie / « Sind sie etwa keine Menschen ? » – Evangelium und Prophetie. Colloque de la Faculté de théologie de Fribourg (1–4 décembre 2011) / Kolloquium der Theologischen Fakultät Freiburg (1.-4. Dezember 2011)*, coll. « Studia Friburgensia – Series Historica », n. 10, Academic Press, Fribourg, 2013, pp. 151–163. C'est une terminologie instaurée, ainsi que l'explicite le théologien suisse lui-même (cf. *ibid.*, p. 151, n. 2), par la *Lettre aux catholiques de France. Proposer la foi dans la société actuelle* de la Conférence des évêques français (Cerf, Paris,1996), et actualisée dans le rapport présenté devant la Conférence épiscopale de l'Hexagone par Mgr Claude Dagens en novembre 2009, *Entre épreuves et renouveaux : la passion de l'Évangile. Indifférence religieuse, visibilité de l'Église et évangélisation,* Bayard / Cerf / Fleurus-Mame, Paris, 2010.

1809 F.-X. Amherdt, « Proposer prophétiquement l'Évangile aujourd'hui : une affaire de goût et d'espérance », p. 152.

continuer à vouloir imposer une identité chrétienne "standard", avec le rêve secret de réinstaurer la situation antérieure jugée comme idyllique »[1810]. Ainsi, s'inspirant de la métaphore d'une forêt pour ainsi dire « autorégénérée », Amherdt suggère une analyse pastorale proactive recensant des propositions qui sont à même d'illustrer les caractéristiques d'un tel virage pastoral[1811].

D'abord, l'ouverture à la « grâce de la crise », afin de considérer le temps actuel comme un *kairos*, c'est-à-dire comme cette occasion favorable où les problèmes deviennent de véritables ressources pour un changement important et pour un renouveau essentiel de la vie. Deuxièmement, l'effort de transmettre le goût de la foi, car de fait elle est « affaire de goût ». D'ailleurs, si la foi personnelle, la *fides qua*, nous permet de connaître la beauté de l'Évangile et de la doctrine chrétienne, la *fides quae*, c'est possible parce que la foi perçoit la grâce de la Bonne Nouvelle par l'intermédiaire de tous les sens du corps humain[1812]. Une telle expérience opérant une mutation pour ainsi dire à 360 degrés fait de nous les protagonistes d'un christianisme adulte et les sujets d'une foi mûre qui est à même de transmettre le goût et la saveur du christianisme. C'est ainsi que nous pouvons rendre

1810 *Ibid.*

1811 Après l'ouragan Lothar, qui en 1999 a dévasté des milliers d'arbres en Europe occidentale, lors du reboisement, grande fut la surprise des groupes de responsables de l'aménagement du territoire et du paysage, lesquels se retrouvèrent face à de jeunes pousses qui étaient apparues, des souches qui s'étaient mises à refleurir et des manifestations inattendues de biodiversité qui s'étaient concrétisées. C'est pourquoi, en abandonnant leurs programmes initiaux de reboisement, ils optèrent « pour une tactique souple d'accompagnement de la régénération spontanée, afin de favoriser le surgissement d'une forêt nouvelle conforme aux potentialités naturelles » (*ibid.*).

1812 Dans le contexte d'une pastorale d'engendrement, les sens corporels sont à la base d'une « voie mystique » dans laquelle un passeur est appelé à s'engager, en vertu de son union personnelle et spirituelle avec le Christ dans l'Esprit. Car une telle union se situe à la base de ce genre de pastorale, voire en est le fondement, tout comme le met en relief l'ouvrage de Marie-Agnès de Matteo et de François-Xavier Amherdt : « Voilà la source de toute pastorale d'engendrement, voilà l'origine de toute fécondité (cf. Jn 15,5) : plus l'union au Christ est profonde, plus le rayonnement humain et ecclésial est puissant, qu'il se réalise par la rencontre visible des personnes ou par des relations invisibles tissées dans la communion des saints. Une *pastorale du parfum*, qui donne à sentir la bonne odeur de Dieu (cf. 2 Co 2,14-15). » (Id., *S'ouvrir à la fécondité de l'Esprit. Fondements d'une pastorale d'engendrement*, Saint-Augustin, Saint-Maurice, 2009, pp. 120–121, je souligne) C'est pourquoi, de même que la foi est « affaire de goût », de même l'union avec le Christ est « affaire de parfum ». D'ailleurs c'est en de pareils termes que s'exprime le chemin spirituel parcouru notamment par des saintes mystiques, telles Thérèse d'Avila et Thérèse de Lisieux. De ce fait, le passeur de la pastorale d'engendrement est en même temps appelé à se confronter également à la spiritualité de celui et de celle qu'il rencontre lui-même. Car « Dieu sait si beaucoup d'êtres sont remplis du parfum du Seigneur, des petits, des humbles, des éloignés de l'Église ! » (*ibid.*, p. 121) Une pareille implication des sens corporels relativement à une pastorale d'évangélisation, telle la pastorale d'engendrement, rejoint par ailleurs notre considération analogique relevant de la Parole-Écriture aussi bien que de l'annonce, et reposant sur la composante synesthésique, en plus de la composante autobiographique (voir *supra*, 2.3.1).

compte auprès des autres des raisons de l'espérance qui est en nous : le Christ (cf. 1 P 3,15-16), et aussi offrir le témoignage d'une expérience vivante, personnelle et intérieure du Christ. Le christianisme n'est pas d'abord une doctrine, il est plutôt une vie, faite de relation personnelle avec le Christ et de liens de communion avec ceux et celles qui rendent visible, avec nous, le sacrement du Christ qu'est l'Église.

Ces perspectives et ces chances issues de la pastorale d'engendrement, constituant cet essentiel de la foi chrétienne qui immerge la vie dans le dynamisme de l'Esprit Saint, s'avèrent être en même temps de véritables défis que le théologien suisse compare et identifie aux défis mêmes de « la nouvelle évangélisation ». En effet, citant le document préparatoire au synode sur la nouvelle évangélisation, Amherdt reconnaît les caractéristiques de la pastorale d'engendrement comme étant les traits mêmes de la « nouvelle évangélisation »[1813]. Celle-ci, mettant l'accent sur les acteurs de l'annonce, appelés « passeurs » selon le vocabulaire de la pastorale d'engendrement, souligne avec force que « tout projet de "nouvelle évangélisation", tout projet d'annonce et de transmission de la foi ne peut pas faire abstraction » de la nécessité du témoignage[1814].

De cette analyse, certes synthétique, autour de la pastorale d'engendrement, mise en regard des souhaits et des défis de la « nouvelle évangélisation », il découle qu'un témoignage partant de la vie du passeur et parvenant à la vie du destinataire de l'annonce, et inversement, un témoignage partant de la vie du destinataire et parvenant à la vie du passeur de l'annonce, ne sauraient être que des témoignages narratifs. La narration n'est d'ailleurs pas un accessoire de l'annonce, mais elle en est l'essence. Cela vaut également pour la pastorale d'engendrement. C'est pourquoi une pastorale plus évangélique – telle que la pastorale d'engendrement désire l'être –, peut à juste titre être considérée aussi en tant que pastorale narrative.

À ce stade, il est opportun d'envisager le parcours de la catéchèse visant à assumer une dimension narrative, afin de saisir, à côté de la pastorale d'engendrement, un autre fruit important de la proposition lancée par Jean-Paul II.

6.1.2.2. La « catéchèse narrative »

J'estime que la « catéchèse narrative » peut être comptée parmi ces praxis pastorales qui ont abandonné lesdits modèles traditionnels d'« encadrement », tout en assumant une configuration plus proche de l'esprit et du style attestés par l'Évangile. En 2010, l'Équipe Européenne de Catéchèse (EEC) rassemblée à Cracovie consacrait l'un de ses congrès au

1813 Cf. F.-X. Amherdt, « Proposer prophétiquement l'Évangile aujourd'hui », p. 156.

1814 Synode des Évêques (XIIIe Assemblée Générale), *La nouvelle évangélisation pour la transmission de la foi chrétienne. Lineamenta*, 22.

sujet de la narration[1815]. Les raisons principales qui justifient l'attention de la catéchèse envers un tel sujet, ainsi que l'illustre Enzo Biemmi, l'ancien président de l'EEC, sont au nombre de trois. Le congrès se situant dans un parcours antérieur particulièrement intéressé aux langages de la catéchèse et de l'annonce chrétiennne, la première raison, de nature pastorale, consiste dans le fait que la narration occupe une place importante au sein de la catéchèse aussi bien qu'au sein de la transmission de la foi, parce que précisément, elle est un type de langage[1816]. Liée à la première, la deuxième raison, d'essence théologique, découle de la reconnaissance que la narration n'est pas « un langage parmi d'autres », mais le langage originel où s'inscrit la foi elle-même. Celle-ci jaillit en fait « de la mémoire d'un événement et de son récit ininterrompu »[1817]. Enfin, devant l'analyse de Lyotard affirmant que l'âge post-moderne a « décrété » la fin des « grandes narrations »[1818], une troisième raison de type historique et sociologique pousse de manière paradoxale les spécialistes européens à remettre en jeu la narration. Les instances qu'ils opposent à la thèse du philosophe français sont au nombre de deux : d'abord, l'intérêt porté à la narration, durant les années récentes, de la part de diverses sciences humaines, telles la philosophie, la psychologie, la psychanalyse, la sociologie, la pédagogie et les sciences de l'éducation ; puis, la nécessité « de donner la parole à la vie », telle qu'elle émerge de l'époque où nous nous trouvons, en tant qu'« ère des petites autobiographies personnelles »[1819].

À l'intérieur des communautés chrétiennes, la narration fait son retour en théologie dogmatique et biblique, aussi bien qu'en théologie pastorale, à partir notamment de la provocation lancée en 1973 par le numéro de *Concilium*[1820]. Depuis lors, les communautés chrétiennes ont reconnu de plus en plus l'urgence de s'approprier la narration pour être au milieu de la société humaine une sorte « d'auberge des récits », selon l'image suggestive du prêtre italien Andreuccetti[1821]. Autrement dit, chaque communauté est aujourd'hui plus que jamais appelée à devenir un véritable espace hospitalier à même d'accueillir, outre les histoires de Dieu, celles des hommes et des femmes au service desquels se pose une catéchèse qui se veut narrative à proprement parler[1822].

Ainsi, introduisant les travaux du congrès[1823], Biemmi détecte le lien étroit qui rattache la « première annonce », le sujet de la réflexion catéchétique du précédent congrès

1815 Cf. ÉQUIPE EUROPÉENNE DE CATÉCHÈSE, *La catéchèse narrative*, *op. cit.*
1816 Cf. *ibid.*, pp. 5–6.
1817 *Ibid.*, p. 6, pour les diverses citations.
1818 Cf. J.-F. LYOTARD, *La condition postmoderne : rapport sur le savoir*, *op. cit.*
1819 EEC, *La catéchèse narrative,* p. 6, pour les différentes citations.
1820 Voir *supra*, 1.1.2.
1821 Cf. E. ANDREUCCETTI, *La locanda dei racconti*, *op. cit.*
1822 Cf. EEC, *La catéchèse narrative,* pp. 12–13.
1823 L'introduction de Biemmi aux travaux de Cracovie se trouve dans le texte italien reportant les actes du congrès : cf. E. BIEMMI, « La dimensione narrativa della catechesi. Problematica. Introduzione al

tenu à Lisbonne (2008)[1824], à la dimension narrative de la catéchèse, en soulignant que « la première annonce renvoie aux événements générateurs de la foi et à la façon originelle dont ceux-ci ont été témoignés »[1825], à savoir : les récits. C'est pourquoi, « si la première annonce vise à favoriser et à rendre "possibles les premiers pas de la foi", elle devra d'abord raconter une histoire de manière à faire entrer en elle l'histoire des femmes et des hommes d'aujourd'hui »[1826]. De plus, Biemmi met en relief l'intégration, à l'intérieur de la dimension narrative de la catéchèse, de deux approches différentes, la narration et l'autobiographie, ce qui me paraît intéressant notamment par rapport à ma recherche. Un tel choix méthodologique, « d'un côté, rend le travail davantage complexe » ; « de l'autre, [continue le théologien italien], l'approche autobiographique et l'approche narrative allant ensemble, c'est seulement alors qu'elles nous permettent de toucher le sens profond de la catéchèse en tant que témoignage, et également celui du processus d'engendrement et de maturation de la foi »[1827].

Malgré les définitions imprécises d'« autobiographie » et de « narration », selon lesquelles la première est entendue simplement comme « récit de soi-même à soi-même », et la seconde, comprise comme le récit « de soi-même aux autres »[1828], l'option de tenir ensemble narration et autobiographie est un choix important. Premièrement, parce qu'on souligne de ce fait la nature essentiellement narrative de l'autobiographie, ce qui signifie en termes théologiques, par rapport à la transmission de la foi, reconnaître le caractère testimonial du récit autobiographique. Deuxièmement, cette symbiose favorise et encourage non pas d'abord l'accueil de la narration en tant que telle – elle est déjà constitutive de l'Écriture et de la transmission de la foi –, mais plutôt celui de l'autobiographie dans le processus de la première annonce aussi bien que dans le cadre articulé de la catéchèse.

Congresso dell'EEC », dans Équipe Europea di Catechesi, *La catechesi narrativa. Atti del Congresso dell'Équipe Europea di Catechesi* (Cracovia, 26–31 maggio 2010), a cura di E. Biemmi e G. Biancardi, Elledici, Leumann, 2012, pp. 11–19.

1824 Cf. Équipe Européenne de Catéchèse, *La conversion missionnaire de la catéchèse : proposition de la foi et première annonce : actes du congrès de Lisbonne (28 mai-2 juin 2008)*, Lumen vitae, Bruxelles, 2009.

1825 E. Biemmi, « La dimensione narrativa della catechesi. Problematica. Introduzione al Congresso dell'EEC », p. 11, je traduis, ici et par la suite. Concernant la signification de la « première annonce », voir *supra*, 6.1.1, notamment la n. 1791.

1826 *Ibid.,* citant A. Fossion, « Proposta della fede e primo annuncio », *Catechesi* 78 (4/2008–2009), pp. 29–34, ici p. 30.

1827 *Ibid.,* pp. 13–14.

1828 *Ibid.,* p. 12. La distinction proposée par Biemmi n'est pas exacte, car le terme « narration » est synonyme de récit, sans forcément indiquer le récit de soi-même ; elle peut également indiquer l'action même de raconter. Au contraire, l'autobiographie est un type de récit à côté d'autres, telles la biographie ou la fiction par exemple, qui ne consiste pas seulement en la narration de soi-même à soi-même, mais aussi de soi-même aux autres, car elle peut faire l'objet de la lecture ou de l'écoute d'autrui.

Par rapport à ces deux domaines pastoraux, la dimension autobiographique commence à faire ses tout premiers débuts. C'est pourquoi le congrès de l'EEC à Cracovie constitue une occasion précieuse pour la valorisation de l'autobiographie dans la catéchèse, et, en ce sens, ses travaux offrent à la théologie pastorale des contributions très importantes. Ce n'est pas le cas des domaines dogmatiques, où la dimension autobiographique de la théologie et réciproquement la dimension théologique de l'autobiographie n'ont pas encore été explorées en profondeur. À cet égard, la présente recherche, visant à mettre en lumière et en valeur l'autobiographie comme composante de la Révélation, relativement à l'Écriture et à l'évangélisation, souhaite qu'on accorde à l'autobiographie une épaisseur théologique, et qu'on lui reconnaisse par conséquent un droit de cité à l'intérieur de la science théologique.

Revenant au congrès de Cracovie, je voudrais retenir de ses diverses contributions celles qui relient expressément la narration à l'annonce de la foi, compte tenu de la dimension pastorale de ce chapitre et de l'attention que j'entends porter à la thématique de l'évangélisation, plus précisément à celle de la nouvelle évangélisation. Dans sa contribution, le théologien Theobald souligne l'aspect relationnel de la foi, duquel surgit le récit de la foi. Ce dernier jaillit en fait comme le fruit de la rencontre du Christ, révélateur de l'histoire trinitaire, avec tous ceux et celles qu'il croise. C'est pourquoi dire que *la foi a une histoire* – ainsi que son exposé est intitulé –, c'est considérer la relation comme modèle de l'annonce de l'Évangile et de la transmission de la foi aujourd'hui. Car, si l'*autorévélation* et l'*autocommunication* de Dieu aux hommes, soulignées par Vatican II[1829], adviennent « au sein même de notre histoire et non pas en extériorité ni en surplomb »[1830], l'histoire des hommes devient le carrefour ainsi que la condition même de possibilité d'une telle communication ou narration divine qui fait accéder tous les hommes au cœur de l'histoire même de Dieu, au mystère trinitaire[1831]. La Trinité, l'être de Dieu différencié en lui-même, rencontrant les hommes là où ils sont – quelles que soient leurs histoires multiples et diversifiées et quels que soient le niveau ou la typologie de leur foi, élémentaire ou explicite –, ce mouvement semblable à une osmose est à la base d'une « inversion “spirituelle” ou “mystique” du dynamisme et de l'orientation de la foi » consistant « à laisser Dieu lui-même faire œuvre d'engendrement »[1832]. L'histoire – notre histoire –, mettant en lumière l'essence narrative de la foi et la structure de sa transmission, est censée devenir de plus en plus, d'après Theobald, le seul point d'ancrage de l'annonce chrétienne, de la théologie et de la catéchèse,

1829 Theobald se réfère à *DV* 2 pour l'*autorévélation* et à *DV* 6, pour l'*autocommunication* divine.
1830 C. THEOBALD, « La foi a une histoire », p. 43.
1831 Ruggieri aussi met en relief la dimension historique en tant que lieu théologique de la Révélation elle-même, ainsi que le remarque Vatican II. Voir *supra*, 4.3.
1832 C. THEOBALD, « La foi a une histoire », p. 43, pour les deux citations.

si l'on ne veut pas courir le risque de tomber dans ce qu'il appelle « extrinsécisme »[1833]. Il s'agit, pour donner quelques exemples, de la tentation et à la fois de la tendance à déplacer le centre de gravité de la foi « des événements et du récit vers son contenu doctrinal »[1834]. Cela peut être aussi l'identification de la foi « avec un système social et ses structures de reproduction, fondées sur un pouvoir sacré censé être dépositaire d'une idéologie religieuse »[1835]. Il arrive également que l'extrinsécisme se manifeste en catéchèse, lorsqu'on se passe « des événements imprévisibles de la foi » en faveur d'« un savoir catéchétique déterminé », « sans réfléchir à la cohérence entre *ce* qui "se transmet" et la *manière* d'y œuvrer »[1836].

Or tout cela, à l'arrière-plan de quoi on peut bel et bien discerner les traits de la pastorale d'engendrement, met en jeu une chose : que la *correspondance* – un des mots-clefs de la réflexion théologique de Theobald – entre *fides quae* et *fides qua* ne peut se résoudre qu'en termes narratifs. D'où la nécessité pour les théologiens, les pastoralistes, les agents de l'évangélisation et de la catéchèse de s'approprier à nouveau la narration en tant que dimension théologique, mais aussi ecclésiologique et pastorale, de manière à ce que théologie et pastorale soient à la hauteur des défis de la post-modernité. En fait, la réflexion théologique et la réflexion pastorale progressent véritablement dans la mesure où, en face d'une société multiculturelle, elles parviennent à adopter une forme hospitalière, telle celle attestée dans la Bible, qui témoigne d'une multiformité théologique et d'une pluralité de récits. Par conséquent, *celui* qui transmet la foi, en tant qu'« aîné » dans la foi, est de plus en plus censé se reconnaître lui-même comme « passeur »[1837] et autonarrateur.

Pour sa part, la théologienne allemande Monika Scheidler, spécialiste en théologie catéchétique, portant son attention sur l'« Église en tant que communauté de narrateurs et lieu d'apprentissage »[1838], découvre la narration comme la forme de la transmission de la foi dans le sillon de la Tradition de l'Église. Partant de la réflexion de Pottmeyer sur la Tradition à la lumière de Vatican II, elle met en relief le tournant qui a marqué le concept même de « tradition »[1839]. En fait, d'une visée qui l'avait réduite à un pur corpus doctrinal (traditionalisme), l'Église passe à la reconnaissance de la Tradition comme *communication*

1833 *Ibid.*, p. 44.

1834 *Ibid.*

1835 *Ibid.*

1836 *Ibid.*, pour toutes les citations. C'est aussi la méthodologie académique et la pédagogie pastorale adoptées par A. Binz, attentif davantage à la manière d'apprendre qu'au contenu du savoir à apprendre (voir *infra*, 6. 2)

1837 Cf. *ibid.*, p. 45.

1838 M. Scheidler, « Récits de vie et récits de la tradition comme formes élémentaires d'apprentissage en catéchèse », pp. 71–88.

1839 Cf. *ibid.*, pp. 73–74. Scheidler se réfère à l'étude suivante : J. Pottmeyer, « Die Suche nach der verbindlichen Tradition und die traditionalistische Versuchung der Kirche », dans D. Wiederkehr

vive des vérités de foi, en valorisant par conséquent les sujets mêmes qui la transmettent en tant que faisant partie intégrante de la Tradition elle-même[1840]. Toutefois, la contribution de Scheidler non seulement explore trop peu le thème de la Tradition, mais elle présente dès le début le sujet même de la catéchèse narrative sous un aspect problématique. La spécialiste allemande met en fait en relief le risque d'une tension paralysante « qui pourrait provoquer la division entre deux domaines : celui de la foi personnelle et celui de l'énoncé doctrinal englobant »[1841]. Cela pourrait advenir parce que la *partialité* des récits individuels de la foi ne peut pas saisir « la systématicité de la plénitude de la foi que vise à exprimer le catéchisme universel »[1842]. Mais pourtant, puisqu'elle est une composition d'expériences partielles de la foi contenant une multiplicité de théologies, la Bible nous enseigne, continue Scheidler, que « ce n'est que la totalité des histoires individuelles singulières qui garantit l'intégralité de la révélation »[1843]. D'où, d'un côté, la nécessité d'une visée complémentaire à l'intérieur de la transmission de la foi et de la catéchèse qui mette au centre l'élément communautaire, tel l'apprentissage de type socio-constructiviste valorisant la narration biographique[1844]. De l'autre, l'importance de la médiation des animateurs en catéchèse qui vise à favoriser la corrélation entre les récits de foi du passé, à partir de ceux racontés par la Bible, et les expériences issues des situations concrètes de la vie des destinataires de la catéchèse[1845].

En somme, si, d'une part, Scheidler met en valeur les récits de vie et la dimension communautaire de la communication par rapport à une catéchèse qui se veut narrative, d'autre part, elle exprime une préoccupation, à mon avis excessive et injustifiée, que la personnalisation et donc la partialité des récits de la foi puissent compromettre la connaissance de la totalité du dépôt de la foi ou laisser celui-ci dans l'ombre. De même, il me semble que le modèle catéchétique qu'elle propose est trop conditionné par une visée *corrélative* entre tradition biblique et tradition ecclésiale, où les récits de la première doivent « déclencher » les récits de la seconde et, vice-versa, les récits de la seconde sont censés se conformer à ceux de la première. Cela suscite, et à juste titre, la réaction forte de Molinario, un

(Hg.), *Wie geschieht Tradition ? Überlieferung im Lebensprozess der Kirche*, Herder, Freiburg im Br., Herder, 1991, pp. 89–110.

1840 Cf. M. Scheidler, « Récits de vie et récits de la tradition comme formes élémentaires d'apprentissage en catéchèse », pp. 73–74.

1841 *Ibid.*, p. 72.

1842 *Ibid.*

1843 *Ibid.*, p. 73.

1844 Cf. *ibid.*, pp. 74–83. L'approche « socio-constructiviste », valorisant la dimension de la catéchèse par groupe, favorise un apprentissage « horizontal » où chacun et chacune contribue à la co-construction du savoir d'ensemble. Par contre, dans une approche frontale ou verticale, qualifiée de « cognitiviste », l'apprentissage se limite à un savoir préconstitué venant pour ainsi dire du haut d'une chaire.

1845 Cf. *ibid.*, pp. 83–88.

des trois observateurs du Congrès et professeur de pastorale catéchétique à l'Institut catholique de Paris :

> [...] La conférence et les ateliers de Monica Scheidler [me posent une question]. Son souci est de faire concorder récit de vie et récit traditionnel. Mais ne risque-t-on pas, dans ce cas, d'inventer un nouvel extrinsécisme que la méthode voudrait combattre pourtant ? Non plus l'extrinsécisme légué par la théologie scolastique qui intellectualisa le contenu de la foi à apprendre par soumission à l'Église enseignante, mais un extrinsécisme de la méthode. En effet, en opposant vie et foi, biographie profane, d'une part, et récits de tradition, d'autre part, on enlève à la foi la possibilité d'être éprouvée comme faisant partie de l'expérience d'être homme. Puisque la vie est d'abord prise comme expérience humanisante préalable, alors la foi apparaît toujours comme un ajout à une expérience dont celle-ci n'a pas besoin puisqu'elle est déjà humaine. Le récit profane n'a-t-il pas une cohérence suffisante ? La foi apparaît alors comme un décor, comme une traduction dans une langue autre, celle de l'Église. Mais, au fond, à quoi bon traduire ? Ici, l'action catéchétique prend le parti de recueillir une expérience venue d'ailleurs. Mais alors peut-elle être encore une expérience vitale de Jésus-Christ ?[1846]

Les questions soulevées par Molinario mettent en évidence le risque tout à fait avéré que peut courir une pastorale catéchétique considérant les récits de vie comme des histoires « à sacraliser », c'est-à-dire à « convertir » à la Bible ou à la tradition chrétienne. À cet égard, notre analyse et notre relecture du *Petit Prince*, en tant que narration laïque, s'avère une véritable réfutation d'un tel préjugé envers le récit profane[1847]. Non seulement ce dernier peut contenir des traces de l'Évangile, mais il va même jusqu'à refléter la forme des paraboles du Royaume. Celles-ci ne sont-elles pas des histoires profanes tirées de la vie des hommes et de l'expérience mondaine ? Cela signifie bel et bien que la Révélation « repose » sur les contenus mondains de la nature et de la vie humaine eux-mêmes, contenus qui sont partie intégrante de la création. Pour donner un exemple, dans la parabole du gérant habile et malhonnête, ce dernier est de manière paradoxale présenté comme un « modèle » que les fils de la lumière sont censés prendre en considération. Ceux-ci sont en fait invités à s'approprier et à imiter la logique qui « sauve » le gérant congédié. De fait, sa charité « retournée », par laquelle le gérant « soulage » quelque peu, quoique de manière illégale et égoïste, ceux qui avaient des dettes envers son maître, va le soustraire à la mendicité (cf. Lc 16,1-12).

Or, si l'Évangile, ses expressions, son langage et son contenu mondains, est la Bonne Nouvelle de Dieu « habillée » d'une robe profane, cela signifie bien que l'extrinsécisme est

1846 J. Molinario, « La dimension narrative de la catéchèse. Relecture du Congrès », dans EEC, *La catéchèse narrative*, pp. 89–96, ici, p. 95, j'explicite.
1847 Voir *supra*, chap. 5.

« étranger à la foi chrétienne »[1848]. Il est la « “maladie du catholicisme moderne” »[1849], ainsi que le qualifie et à la fois le stigmatise avec véhémence François Moog, professeur au *Theologicum* de l'Institut catholique de Paris. Pour sa part, Moog explique l'extrinsécisme comme une véritable tentation qui pénètre tous les domaines théologiques et pastoraux, y compris la catéchèse, et qui consiste à séparer la grâce de la nature, le monde de l'Église et la foi chrétienne de la culture contemporaine. La conséquence de cette séparation affecte la théologie dogmatique et fondamentale, la christologie aussi bien que l'ecclésiologie, avec des séquelles pour l'évangélisation elle-même, du fait d'une corrélation théologiquement mal située. La théologie, ancrée dans le mystère de l'incarnation où « les deux natures du Christ sont intègres, parfaites et complètes », sait bien qu'« en régime extrinséciste, la Bible ne peut pas être la Parole de Dieu puisqu'elle est constituée de paroles d'hommes » ; qu'« en régime extrinséciste, il n'y a pas de médiation sacramentelle de la grâce possible, pas de sacramentalité ni de corporéité de la foi » ; et enfin, qu'« en régime extrinséciste, il n'y a pas de Christ vrai Dieu et vrai homme. Car il s'agirait dans ces trois cas de conjoindre des réalités appartenant à des ordres opposés ou contradictoires »[1850]. Même l'Église, en tant que « signe et moyen de salut pour les hommes et les femmes de ce temps »[1851], selon le rôle que Vatican II lui reconnaît[1852], n'est pas exempte du même risque. C'est pourquoi, loin de se réfugier à l'intérieur de bastions pour se protéger d'un monde « pécheur », ou loin de s'avancer à l'extérieur d'eux pour une croisade de reconquête et de prosélytisme, elle est appelée à saisir au sein même des mutations culturelles les *signes des temps* pour une annonce renouvelée de l'Évangile[1853].

Puis, concernant la corrélation, celle-ci n'est pas un élément central, ni déterminant en ce qui concerne la pastorale d'engendrement ou le « cénacle autobiographique ». Non parce que ces approches entendraient empêcher que l'histoire concrète des hommes se croise avec l'annonce du salut ! Mais, au contraire, parce qu'en ne considérant pas ces deux réalités en opposition ni en rapport d'« extranéité », mais en donnant pour acquis qu'histoire et Révélation s'interpénètrent en une sorte de rapport d'osmose – cela vient du mystère de l'incarnation ! –, elles ne sont ni obsédées ni préoccupées de veiller à ce qu'un tel croise-

1848 F. Moog, « Parler la langue de l'Évangile », dans Institut supérieur d'études œcuméniques, *Christ et César. Quelle parole publique des Églises ? Actes du colloque tenu à Paris du 9 au 11 avril 2013*, Cerf, Paris, 2018, pp. 31–46, ici p. 32.

1849 *Ibid.*, p. 31, où le théologien cite une expression d'Y. Congar tirée de la contribution Id., « Le moment “économique” et le moment “théologique” dans la Sacra Doctrina (Révélation, théologie, Somme théologique) », dans M.-T. d'Alverny, R. d'Aubert, G.-S. Qanawātī (dir.), *Mélanges offerts à M.-D. Chenu, maître en théologie*, Vrin, Paris, 1967, p. 175.

1850 *Ibid.*, p. 38, pour les trois citations.

1851 *Ibid.*, p. 34.

1852 Cf. *LG* 1 ; 9 et *GS* 43 ; 45.

1853 Cf. F. Moog, « Parler la langue de l'Évangile », pp. 34–35.

ment aboutisse. En revanche, ce qui est demandé à l'animateur ou au passeur est une attitude spirituelle de « non-soupçon » et de confiance envers l'*autre,* issue de la prise de conscience d'une vérité fondamentale : nous sommes précédés et par l'Esprit, qui est à l'œuvre dans la vie des personnes rencontrées, et par le Semeur, qui a jeté les grains de la Bonne Nouvelle partout dans le monde et en tous les membres de la grande famille des humains.

Dans sa contribution qui achève les actes du colloque, André Fossion ressaisit la tâche d'une catéchèse narrative en ces termes : « Il s'agit de considérer la catéchèse comme la rencontre de la tradition fondamentalement narrative de la foi chrétienne avec la vie de catéchisés afin que celle-ci puisse devenir et être éprouvée comme une histoire du salut[1854]. » Pour y parvenir, la réflexion de Fossion autour du processus catéchétique prend son point de départ dans la définition qu'il donne de la catéchèse en tant que telle :

> La catéchèse consiste en un dispositif qui vise à offrir les meilleures conditions pour que l'histoire du salut racontée et célébrée par la communauté chrétienne devienne, pour les catéchisés, leur propre histoire de telle sorte que leur vie soit perçue, racontée et vécue comme une histoire du salut, de par leur libre adhésion à la personne de Jésus-Christ[1855].

Dans cette formulation, nous pouvons retrouver l'élément de la corrélation, quoique posé de manière différente de celle de la perspective de M. Scheidler, car, « en l'occurrence, la corrélation est située sur un axe narratif », ainsi que le précise Fossion lui-même[1856]. Cet axe, c'est précisément celui qui lie le texte au lecteur par l'intermédiaire de la lecture, laquelle jette pour ainsi dire un pont entre le récit de la Tradition et la vie du destinataire de la catéchèse. Le jésuite belge situe donc sa réflexion en plein contexte d'art narratif avec ses propres composantes. Dans cette visée, le destinataire de la catéchèse, en tant que lecteur réel des récits de la Tradition, est appelé à prendre, s'il le veut, la place du narrataire, à savoir du lecteur implicite, de manière à ce que le récit qu'il lit puisse réaliser ce transfert qui vise à sa *refiguration,* pour utiliser le vocabulaire de Ricœur[1857]. Et bien que le monde du récit véhiculé par le texte n'appartienne pas au lecteur, la lecture implique ce dernier de manière à ce que, une fois le récit lu, le lecteur ne soit plus le même. Pour sa part, le texte se détache du contexte qui l'a produit, celui de l'auteur, tout en s'enrichissant des significations nouvelles issues du monde du lecteur, en l'occurrence, de la personne catéchisée[1858].

1854 A. Fossion, « Le récit en catéchèse. La catéchèse comme récit. Le récit de la catéchèse », dans EEC, *La catéchèse narrative,* pp. 97–106, ici p. 104.
1855 *Ibid.*, p. 101.
1856 *Ibid.*, p. 102.
1857 Voir *supra*, 3.2.2.3.
1858 Cf. *ibid.*, p. 103.

Dans un tel contexte narratologique à proprement parler, la catéchèse narrative, telle une « "alchimie subtile" entre les récits de la Tradition et le récit de la vie », est appelée premièrement à veiller à ce que « chaque lecture d'un récit de la Tradition – biblique ou autre – soit pour le sujet un "événement" qui vient s'inscrire dans sa propre histoire et y opérer les déplacements auxquels il voudra bien consentir ici ou là »[1859]. Puis, elle est censée impliquer la vie et le récit de vie des catéchistes eux-mêmes. Ces conditions remplies, la catéchèse, en plus de s'appuyer sur le récit de la Tradition, pourra être organisée elle-même « comme un récit dont les partenaires de la catéchèse sont les acteurs »[1860]. C'est à ce stade que le parcours catéchétique narratif proposé par Fossion passe de la lecture de récits à la production de récits.

Ces récits seront ceux qui vont jaillir de l'expérience même de la catéchèse vécue rendez-vous après rendez-vous et devenue elle-même objet d'un récit. Autrement dit, faisant mémoire du parcours qu'ils ont vécu, les participants de la catéchèse deviennent eux-mêmes acteurs d'une catéchèse racontée et en même temps célébrée, c'est-à-dire actualisée. Or, cela signifie bel et bien mettre en place une catéchèse mystagogique qui vise à « apprendre à partir de l'expérience, à partir de ce qui a été vécu, en s'efforçant de le mettre en récit »[1861]. Au bout du compte, de la même manière que pour la pastorale d'engendrement, l'enjeu de la catéchèse narrative est toujours le témoignage, ainsi que le confirme le jésuite belge lui-même. Car faire de la catéchèse narrative, c'est finalement rendre raison de sa propre foi à travers la verbalisation d'un chemin de foi qui devient « partie intégrante de la biographie » des sujets mêmes de la catéchèse[1862].

Au terme de cette approche de la catéchèse narrative, j'estime opportun d'évoquer le travail doctoral de Dieudonné Mushipu Mbombo, où convergent et l'instance de Theobald invoquant une catéchèse narrative capable de se conformer ou de *correspondre* au modèle narratif de type relationnel habitant l'Évangile, et l'instance de Scheidler et surtout de Fossion demandant à la catéchèse l'offre d'une médiation, dans le processus d'appropriation de la part des catéchisés, des identités issues des récits de la Tradition. De fait, proposant une relecture pastorale, et donc une interprétation du *Récit du pèlerin* de saint Ignace de Loyola, à la lumière notamment des apports des différentes sciences humaines, telles la philosophie, la pédagogie de l'éducation et de la formation aussi bien que la psychologie culturelle, Mushipu Mbombo invite à approcher le récit autobiographique du fondateur de la compagnie de Jésus, « comme récit d'un "autre", avec la conviction que nous pourrons

1859 *Ibid.*, p. 103, pour les deux citations.
1860 *Ibid.*, p. 105.
1861 *Ibid.*, p. 106.
1862 *Ibid.*

en tirer quelque chose qui pourrait nous aider à construire notre propre récit ou notre propre histoire, et nous ouvrir à une nouvelle identité »[1863].

Or, bien que le contexte du sujet de sa thèse ne soit pas celui de la catéchèse, mais celui de l'accompagnement spirituel et de la pastorale sacramentelle, la réflexion du théologien suisse d'origine africaine se situe en plein contexte relationnel, tout comme celle de Theobald, et en plein contexte narratologique, comme celle de Fossion. Se référant au texte autobiographique d'Ignace de Loyola, Mushipu Mbombo axe son discours sur l'appropriation de l'identité narrative du saint espagnol, telle que configurée dans le *Récit du pèlerin*. Car cette appropriation est à même d'engendrer une nouvelle identité humaine et spirituelle : celle du lecteur. La refiguration de celui-ci opérée par l'intermédiaire de la lecture vise d'abord à ce que le lecteur se perçoive lui-même en tant qu'« accompagné », c'est-à-dire disciple d'Ignace de Loyola. Puis, à partir d'une telle identité nouvelle – ce qui constitue aussi un gain formatif –, l'accompagné, en tant que disciple de saint Ignace, peut à son tour proposer aux autres un accompagnement spirituel qui profite du modèle narratif et pastoral issu de la lecture du *Récit du pèlerin*. Mettant donc l'accent sur le caractère *biographique* du récit[1864], la proposition lancée par D. Mushipu Mbombo consiste finalement à « déployer dans l'accompagnement spirituel et la pastorale sacramentelle un modèle de catéchèse de cheminement traduite sous une expression narrative grâce à la méthode des récits de vie »[1865].

Certes, bien qu'axé sur un texte autobiographique, le travail de Mushipu Mbombo peut sembler « biaisé » en faveur de la lecture et sur la refiguration du lecteur plutôt que de se pencher du côté de l'auteur. Car, selon une visée autobiographique à proprement parler, une relecture autobiographique devrait se préoccuper d'abord de l'auteur du récit, soit de l'autobiographe, en tant qu'objet premier d'une configuration et sujet premier d'une refiguration. C'est dans ce sens que nous nous sommes approché du texte autobiographique du *Petit Prince*[1866]. De toute façon, bien qu'elle diverge de ma recherche, la proposition pastorale de Mushipu Mbombo contribue sans doute à confirmer la valeur narrative et la valeur biographique de l'annonce chrétienne et de la transmission de la foi. En outre, comme pour la catéchèse narrative, le travail du théologien helvético-congolais met en exergue l'objectif de la lecture du texte autobiographique d'Ignace de Loyola de la part des

1863 D. Mushipu Mbombo, *Le Récit du pèlerin de saint Ignace de Loyola et son rôle formatif dans l'accompagnement spirituel. L'apport des sciences humaines par l'herméneutique classique et la psychologie culturelle dans la lecture pastorale d'un tel récit*, Academic Press, Fribourg, 2014, p. 22.

1864 C'est Mushipu Mbombo lui-même qui souligne la valeur *biographique* du récit autobiographique ignatien débouchant sur des effets formatifs et performatifs (cf. *ibid.*, pp. 375–377).

1865 *Ibid.*, quatrième de couverture.

1866 Voir *supra*, chap. 5.

destinataires de l'accompagnement formatif et spirituel, à savoir l'*engendrement* du récit autobiographique du lecteur lui-même.

À l'issue de ce paragraphe, il ressort que la pastorale d'engendrement et la catéchèse narrative répondent aux instances de la nouvelle évangélisation, du fait de leur forme et de leurs méthodes plus proches du modèle évangélique. Mais pas seulement. Débouchant toutes deux sur la voie du témoignage, ces praxis pastorales se conforment également à la nature testimoniale même de la Tradition. C'est pourquoi, envisager maintenant une pastorale autobiographique à proprement parler voudrait se présenter comme la tentative de greffer cette dernière sur l'arbre de la « nouvelle évangélisation ». En même temps, cela va être l'occasion de souligner davantage encore la valeur du témoignage autobiographique de la foi au profit de l'annonce, ce qui constitue la raison même de la Tradition.

6.2. L'autobiographie comme voie pédagogique et pastorale dans l'expérience académique du professeur Ambroise Binz

6.2.1. Interview d'A. Binz, un pionnier de la pratique autobiographique dans la catéchèse et dans la formation des adultes

Le contenu de ce paragraphe constitue une des raisons principales qui ont déterminé le choix d'entreprendre la voie doctorale de ma recherche théologique à l'Université de Fribourg, ainsi que je l'ai mentionné plusieurs fois, à commencer par l'avant-propos autobiographique de ce travail[1867]. Lors de ma licence canonique, le nom du professeur Ambroise Binz faisait autorité dans le domaine pastoral de la catéchèse et de la formation des adultes relativement à l'approche autobiographique. C'est pourquoi, ma spécialisation en anthropologie théologique achevée, lorsque ma décision de m'engager dans une recherche doctorale sur le sujet de l'autobiographie eut mûri, c'est d'abord le professeur Binz que j'ai essayé de contacter. Cependant, apprenant par lui-même qu'il avait quitté l'enseignement de la théologie un peu en avance, suite à sa décision d'abandonner également la prêtrise, je me suis adressé au professeur François-Xavier Amherdt, l'actuel titulaire de la chaire de théologie pastorale, pédagogie religieuse et homilétique pour les étudiants francophones à la Faculté de théologie de l'Université de Fribourg. Ce fut réjouissant et prometteur pour moi d'entendre de sa propre bouche qu'il était disposé à m'accompagner dans cette recherche. D'ailleurs, il est héritier d'une certaine manière du travail pédagogique et pastoral du Prof. Binz (tant à l'IFM dont il a aussi été responsable qu'à la Faculté fribourgeoise), qui, pour sa part, avait enseigné à la Faculté de théologie de l'Université de Fribourg avant d'être engagé par l'Université de Strasbourg.

1867 Voir *supra*, Avant-propos autobiographique.

Depuis mon arrivée à Fribourg, j'ai donc tenu à rencontrer le Prof. Binz. J'ai estimé important de me confronter à celui qui avait eu l'intuition d'explorer le côté spirituel et pédagogique de l'approche autobiographique et d'en tirer parti dans le domaine pastoral de la catéchèse et de la formation des adultes, notamment des étudiants et des divers agents pastoraux. C'est pourquoi, il me semble opportun d'attribuer au professeur émérite fribourgeois l'appellation de « pionnier » en Europe de l'emploi de l'autobiographie dans les contextes formatifs et spirituels visant la foi chrétienne, l'action pastorale et catéchétique de l'Église catholique et, de manière plus élargie, dans des contextes œcuméniques. Ainsi, il y a deux ans, j'ai finalement eu un long entretien avec lui, aussi bien que l'honneur et le privilège de l'interviewer. Mon interview du Prof. Binz, qui s'avère être un véritable témoignage spirituel et à la fois un fragment d'autobiographie intellectuelle, constitue non seulement un document précieux ajoutant de la valeur pastorale à ce travail, mais aussi une source biographique, culturelle et expérientielle, en plus d'être un supplément scientifique et bibliographique.

Avant de rapporter la transcription intégrale de l'interview que le Prof. Binz m'a permis d'intégrer dans cette recherche, je voudrais ci-après esquisser quelques données biographiques qui le concernent et remarquer également les moments saillants de son parcours académique. Né en Suisse en 1941, Ambroise Binz a été prêtre du diocèse de Lausanne-Genève et Fribourg. Il s'est formé d'abord en sciences humaines (sciences de l'éducation) et ensuite en théologie avant d'occuper une charge de cours en pédagogie catéchétique à l'Université de Fribourg (1974–1987). De 1974 à 1987, il a été directeur de l'École des catéchistes de Fribourg (ECF), puis, entre 1988 et 1990, directeur de l'Institut romand de formation aux ministères à Fribourg (l'IFM qui a succédé à l'ECF, où il est resté comme formateur jusqu'en 2002. À partir de 1987, il a été professeur de pédagogie religieuse à la Faculté de théologie de l'Université de Strasbourg et professeur invité à l'Université pontificale salésienne de Rome. En outre, il a été membre du Conseil international de catéchèse (COINCAT) et Président de l'Équipe Européenne de Catéchèse (EEC) de 1986 à 1994. Il a également fait partie de la Société internationale francophone œcuménique de théologie pratique (SITP) et de l'Association européenne de théologie (AET). Sa recherche et son enseignement ont concerné particulièrement l'andragogie[1868], la pastorale de l'âge adulte ainsi que les domaines de la didactique, y compris la formation à la didactique. Depuis 2003, il est à la retraite. Le professeur émérite est auteur de diverses publications réalisées en collaboration avec d'autres pastoralistes, et de contributions parues

1868 Le terme « andragogie » désigne l'éducation et la formation des adultes. Voir *infra*, 6.2.2, notamment la n. 1897.

dans plusieurs revues européennes concernant la catéchèse des adultes et les domaines proches[1869].

Mon interview du Prof. A. Binz a eu lieu le 23 avril 2018 à Villars-sur-Glâne (Suisse). Ce qui suit en est la transcription intégrale tirée de l'enregistrement audio.

1. Dans votre parcours de vie personnel et professionnel, quelle a été la source du sujet de l'« autobiographie de foi »[1870], sujet qui a fait l'objet de votre intérêt, notamment pendant votre expérience didactique ultime ?

Ma formation, c'est la pédagogie expérimentale et la psychologie. La théologie est venue après. Je suis resté dans le champ des sciences humaines, tout en gardant une composante sociologique. Je suis un disciple de Bourdieu, de Freud et de Lacan[1871]. Dans le cadre de la pédagogie scolaire, j'ai cultivé un intérêt pour

1869 Signalons ci-après quelques-uns de ses ouvrages : E. Alberich, A. Binz, *Adultes et Catéchèse. Éléments de méthodologie catéchétique à l'âge adulte*, Novalis /Cerf / Lumen Vitae, Ottawa /Paris / Bruxelles, 2000 (traduit en italien, espagnol, portugais et croate) ; E. Alberich, A. Binz, *Forme e modelli di catechesi con gli adulti*, Elledici, Leumann, 1995 (traduit aussi en espagnol) ; A. Binz, R. Moldo, A.-L. Roy (dir.) *Former des adultes en Église. État des lieux, aspects théoriques et pratiques. Hommage à Gilbert Adler*, Saint-Augustin, St-Maurice, 2000 ; A. Binz, S. Salzmann, *Documents d'andragogie. Outils pour la formation et la catéchèse des adultes*, Centre catholique romand de formation permanente, Strasbourg/Fribourg, 1996. Parmi les articles et les contributions, mentionnons : A. Binz, « Précisions de vocabulaire : biographie, autobiographie, récit de vie, récit de pratique », pp. 23–27 ; « Récits de vie, récits de pratique et leur place dans la formation », pp. 31–37 ; « Biographie et identité croyante », pp. 53–66 ; et « L'utilisation d'un récit écrit », pp. 123–131, dans G. Adler (dir.), *Récits de vie et pédagogie de groupe en formation pastorale*, Paris, L'Harmattan, 1994 ; Id., « Raccontaci la tua vita », dans G.D Cova (dir.), *Nuovi patti di pace. Saggi per Giovanni Catti nel settantesimo compleanno*, Dehoniane, Bologna 1994, pp. 53–70 ; Id., « Accompagner les adultes sur les chemins du croire », pp. 401–423, dans G. Routhier, M. Viau (dir.), *Précis de Théologie Pratique*, Novalis / Lumen Vitae, Ottawa / Bruxelles, 2004^{2} ; Id., « Neue Formen der Spiritualität, Eine Herausforderung für die Erwachsenenbildung und die Pastoral », dans W. Simon (dir.), *Meditatio : Beiträge zur Theologie und Religionspädagogik der Spiritualität*, LIT, Münster / Hamburg / London, 2002, pp. 363–381 ; Id., « Den Glauben zum Tragen bringen. Wegbegleitung als Aufgabe und Dimension der religiösen Erwachsenenbildung », *Religionspädagogische Beiträge* 21 (1988), pp. 3–11 ; Id., « Quelques dimensions pour développer la dimension catéchétique des communautés chrétiennes : vers une catéchèse intergénérationnelle », *Catéchèse* 30 (1990) 118/119, pp. 159–172 ; Id., « Costruire insieme la casa della fede adulta. Condizioni, realizzazione e impegni per gli agenti pastorali », dans Ufficio Catechistico Nazionale, *Adulti e catechesi nella comunità. Orientamenti per la catechesi degli adulti*, LDC, Leumann, 1991, pp. 100–117 ; Id., « Erzähl mir von Deinem Leben! Von der Kraft der biblischen Erzählung in der Erwachsenenkatechese », *Religionspädagogische Beiträge* 36 (1995), pp. 31–44.

1870 Cette expression constitue l'abrégé de « récit autobiographique de la foi », c'est-à-dire du récit de vie marqué notamment par la foi (cf. A. BINZ, « Biographie et identité croyante », pp. 53–66).

1871 Pierre Bourdieu est considéré comme un des sociologues les plus importants de la seconde moitié du XXe siècle. Son engagement dans le débat public fait de lui une figure importante de la vie intellectuelle française. Il se distingue notamment par sa pensée critique envers la considération économique en tant que racine sociologique du marxisme et pour sa théorie de la production culturelle contre toute stratégie de reproduction venant des pouvoirs sociaux dominants,

les enfants, et j'ai également travaillé à des programmes de pédagogie expérimentale organisés par l'État et destinés aux adultes.

Je suis parvenu à l'autobiographie par deux canaux. L'un, c'est la rencontre, les relations humaines dans le cadre de l'action pastorale. Au sein d'une relation, les gens auxquels on montre un certain intérêt commencent assez vite à se raconter. L'autre canal, c'est un approfondissement scientifique que j'ai fait, lorsque j'ai envisagé les premières études autour de la maturation des adultes, commencées aux États Unis, après la guerre de Corée. Il s'agit précisément de l'expérience faite par des psychologues engagés par l'armée pour aider les soldats qui avaient vécu la guerre à « se retrouver »[1872]. Du côté religieux, différentes équipes ont débuté, au Québec, un travail avec des adultes qui a fait l'objet de divers ouvrages. Je me réfère notamment au travail mené par le professeur de théologie Fowler[1873]. En envoyant ses étudiants interviewer des personnes adultes, à l'aide d'un canevas de questions bien structuré, celui-ci s'est rendu compte qu'au fur

et exerçant ce qu'il définit comme la « violence symbolique ». Celle-ci parvient à imposer des significations comme légitimes et dominer pour cela même la scène sociale (cf. Id., J.-C. Passeron, *La Reproduction. Éléments pour une théorie du système d'enseignement*, Minuit, Paris, 1970). Jacques Lacan est l'un des grands interprètes de Freud, dont l'enseignement de la psychanalyse prend de l'importance après la Seconde Guerre mondiale. Il précise ce que Freud n'a pas développé davantage, en focalisant son intérêt sur la communication métaphorique. D'après le psychanalyste français, celle-ci est exclue par la « forclusion », un néologisme de Lacan désignant ce que Freud appelait « Verwerfung » (rejet), à savoir ce mécanisme de défense qui est à l'origine de la psychose. Il ne s'agit pas seulement d'un mécanisme projectif vers l'extérieur de soi, mais de la non introduction dans le discours tenu à l'enfant de l'image d'un troisième élément extérieur à la relation qu'il forme avec sa mère, c'est-à-dire d'un père qui fasse symbole. Car ce qui reste sans nom, à savoir non symbolisé, devient comme quelque chose d'horrible qui déclenche le délire, telle, par exemple, l'image de l'autorité paternelle. D'où sa réflexion sur la structure du langage (cf. J. Lacan, *De la psychose paranoïaque dans ses rapports avec la personnalité,* Seuil, Paris, 1975 ; Id., *Écrits*, Le Seuil, Paris, 1966, 1999[2] ; cf. aussi : M. Arrivé, *Langage et psychanalyse, linguistique et inconscient*, PUF, Paris, 1994).

1872 Cette expression renvoie, entre autres, à la définition même que Demetrio donne de l'autobiographie (voir *supra*, 3.2.1.2 ; voir aussi *supra*, 5.2.2), et également à la configuration autobiographique du *Petit Prince*, où les deux personnages principaux, se rencontrant, se reconnaissent réciproquement et *se retrouvent* (voir *supra*, 5.1.3).

1873 J.-W. Fowler (1940–2015) était un théologien américain et un professeur de théologie et de développement humain à l'Université d'Emory. Il a été directeur du *Center for Research on Faith and Moral Development* et du *Center for Ethics* jusqu'à sa retraite en 2005. Il a été pasteur dans l'Église méthodiste unie. Il est surtout connu pour son livre *Stages of Faith*, publié en 1981, dans lequel il a cherché à développer l'idée d'un processus de développement dans la « foi humaine ». Les étapes du développement de la foi allaient dans le sens de la théorie du développement cognitif de Jean Piaget et celle du développement moral de Lawrence Kohlberg. Le modèle de Fowler a inspiré un ensemble considérable de recherches empiriques sur le développement de la foi, bien que peu de ces recherches aient été menées par Fowler lui-même (cf. Id., *Stages of Faith : The Psychology of Human Development and the Quest for Meaning*, Harper & Row, San Francisco, 1981).

et à mesure que les gens répondaient aux questions, ils commençaient à parler de leur vie, c'est-à-dire à se raconter. En ce cas, le questionnaire se réduisait à un simple prétexte.

Fowler s'est bientôt retrouvé ainsi face à une véritable récolte constituée moins des réponses diverses au sondage que de véritables biographies ou récits autobiographiques. Ces récits de vie contenaient soit des considérations de type moral ou affectif soit des réflexions expressément religieuses. Mais ce n'est pas tout. Car un bon nombre d'étudiants lui transmettaient la gratitude de beaucoup de gens rencontrés et leur souhait d'être interviewés une fois encore, du fait de leurs désirs/besoins de continuer à se raconter, ce qui a frappé Fowler et m'a aussi impressionné.

De fait, la lecture des études du pastoraliste américain allait rejoindre mes expériences personnelles et allait par conséquent aider à formaliser mes propres intuitions. C'est pourquoi, je me suis dit qu'il fallait commencer à prendre au sérieux et à approfondir la voie autobiographique et narrative. Et il fallait surtout porter mon attention sur la manière dont la personne raconte ce qu'elle a vécu, manière à laquelle l'action pastorale n'avait pas été attentive, du moins jusqu'à ce moment-là.

Avec l'équipe de recherche de Strasbourg, nous avons ainsi commencé pédagogiquement à comprendre comment se construit une autobiographie. À ce propos, nous avons tiré parti des travaux autour des récits biographiques menés par Gilbert Adler[1874], tandis qu'à l'IFM de Fribourg, nous avons invité les étudiants de la dernière année à faire un bilan de leur expérience formative de manière narrative.

2. L'expression « autobiographie de foi » est-elle de vous, ou l'avez-vous tirée soit de quelque étude soit de quelque auteur particulier ? Qu'entendez-vous par cette expression ?

Elle signifie : raconter sa vie sous l'angle religieux. Des options théologiques sont liées à la biographie d'une personne. Par exemple, si l'on ne sait pas ce que J. Ratzinger a vécu en 1968, dans son Université, quand il donnait les cours, on ne comprendra en rien ses choix théologiques. Il a été hué dans son cours. Il a dû s'arrêter. Là, dans cet événement, il y a un tournant qui a fait que Ratzinger

1874 G. Adler, décédé en 2018, était docteur en théologie et professeur de la Faculté de théologie catholique de Strasbourg. Il a été aussi directeur de la Catéchèse du diocèse de Strasbourg et directeur de l'Institut de Pédagogie Religieuse dans la même ville. Parmi ses ouvrages, signalons Id. (dir.), *Récits de vie et pédagogie de groupe en formation pastorale*, L'Harmattan, Paris, 1994.

ne soit plus le même théologien que celui qui avait accompagné Vatican II. Il est devenu plus rigide, et il commença à invoquer l'ordre, tandis qu'il se mit à renier tout ce qu'il avait écrit avant[1875].

Sans connaître la biographie d'un théologien, on ne peut pas comprendre sa théologie. Le vécu difficile de Schillebeekx détermine l'introduction en théologie de la capacité de « s'indigner », en tant que fondement sur lequel la théologie peut se construire[1876]. On songe à la stupeur qu'a suscité l'élection du Pape

1875 Un écho de ce temps troublé qui va marquer le professeur J. Ratzinger se trouve dans un article de G. Valente paru à l'intérieur du mensuel international dirigé par Giulio Andreotti, *30 jours.* J'en cite ci-après un passage : « La contestation ne connaît pas de zones franches. À Tübingen, Küng et ses amis en font aussi les frais. Les "rebelles monopolisent" la paroisse universitaire Saint-Jean et réclament l'élection démocratique de l'aumônier. Puis ils s'allongent sur les marches de l'escalier de la faculté, empêchent les professeurs d'entrer : ils n'ont plus le temps d'écouter des cours inutiles, ils doivent se préparer à la révolution qui s'approche. Ratzinger subit à plusieurs reprises ces "procès du peuple" de la part des étudiants. Voici ce que raconte Martin Trimpe : "Ils interrompaient le cours en hurlant ou montaient sur la chaire et l'obligeaient à répondre à leurs questions 'révolutionnaires'". D'autres enseignants essaient de faire des clins d'yeux aux contestataires. Le professeur bavarois répond paisiblement avec sa logique habituelle. Mais sa faible voix est souvent couverte par les hurlements. Seckler note encore ceci : "Il est très fort dans les discussions paisibles, argumentées. Mais dans l'opposition violente, il perd contenance. Il ne sait pas crier, il est incapable de parler plus fort que les autres de façon à s'imposer". [...] Le transfert de Ratzinger de Tübingen à Ratisbonne est souvent considéré comme le temps de la métamorphose, c'est-à-dire le moment où le théologien réformateur du Concile, traumatisé par l'expérience de Tübingen, commence à se transformer en conservateur lucide (ou insidieux, selon qui parle). C'est alors que naissent les mythes du Ratzinger-titan de la contre-offensive orthodoxe aux maux du temps et le mythe opposé du Ratzinger crypto-conservateur qui jette son masque de théologien réformiste et révèle ses pulsions réactionnaires viscérales. Le premier à le soustraire au rôle de repenti qu'on veut, à droite comme à gauche, lui faire endosser a été à plusieurs reprises Ratzinger lui-même. "Ce n'est pas moi qui ai changé, ce sont eux qui ont changé", dira-t-il en 1984 dans son livre-interview édité par Vittorio Messori, en parlant des théologiens qui écrivent avec lui dans *Concilium.* » [G. Valente, « Benoît XVI : 1966–1969. Les années difficiles d'enseignement à Tübingen », *30 jours. Dans l'Église et dans le monde* 5 (2006) : http://www.30giorni.it/articoli_id_10506_l4.htm]. Cf. aussi, Id., *Ratzinger professore. Gli anni dello studio e dell'insegnamento nel ricordo dei colleghi e degli allievi (1946–1977)*, San Paolo, Cinisello Balsamo, 2008.

1876 Edward Schillebeeckx est un théologien flamand dominicain qui, avant et après Vatican II, a élaboré une théologie herméneutique de l'expérience et de la praxis chrétienne, en assumant radicalement la méthode historico-critique. Sa christologie sotériologique où le Christ est le salut de Dieu pour les hommes implique que la confession de Jésus comme le Christ est à l'origine d'une nouvelle expérience : « L'histoire actuelle des chrétiens est un cinquième évangile : elle est au cœur de la christologie comme sa partie intégrante » [Id., *Il Cristo, la storia di una nuova prassi* (titre orig. : *Gerechtigheid en liefde, genade en bevrijding*, Bloomendaal, 1977), Queriniana, Brescia, 1980, p. 8, cité dans R. Gibellini, *La teologia del XX secolo*, p. 361, je traduis]. En raison de leur foi, les chrétiens sont appelés à s'engager contre la déshumanisation et l'aliénation par une attitude de solidarité fondée sur la promesse de Dieu d'une libération définitive et finale de la mort, conscients du fait que l'avenir eschatologique a tout de même le caractère de la gratuité et du don divin. De là, je crois, l'aspect souligné par Binz d'une théologie

François. Sa première expression « *buonasera* », c'était du « jamais vu ». Mais, si l'on fouille dans sa vie, notamment le temps où il était évêque auxiliaire de Buenos Aires, on peut comprendre comment l'expérience auprès de ces pauvres habitants des périphéries de la grande ville l'ait à la fois bouleversé et marqué. Même ce qui se passe dans la vie de Claudel est intéressant. Il raconte que sa conversion a lieu dans une église. Il y entre en athée, et il en sort en homme converti. Ce récit, c'est à lui[1877]. Celui de sa conversion, c'est le texte que Claudel a le plus corrigé, qu'il a retravaillé et dont il a fait plusieurs relectures.

L'autobiographie, c'est une manière de raconter. Elle est différente des faits. C'est une relecture que seulement la personne qui l'a faite est en mesure de dire pourquoi elle l'a faite. Elle l'a faite, peut-être, pour soi-même. Dans les exercices spirituels de saint Ignace, on est vers la fin amené à retraverser toute sa vie : c'est un travail autobiographique. Diverses générations ont été invitées à faire ce travail : récits autobiographiques qui n'ont pourtant pas été mis par écrit, ni gardés dans des bibliothèques.

Faire de temps en temps de l'autobiographie dans l'Église, ce serait bon pour sa salubrité publique elle-même. Car l'autobiographie aide à ne pas devenir djihadiste, à ne pas rester figé sur des théories, mais à partager la vie. La vie de l'autre a toujours des aspects semblables à la vie de celui qui est à l'écoute, lequel, pour sa part, peut s'y reconnaître[1878].

3. J'aime beaucoup un passage de la contribution « Raccontaci la tua vita », parue dans un texte italien qui a rassemblé diverses réflexions – je me réfère à *Nuovi patti di pace* –, où vous soulignez la possibilité qu'à travers l'autobiographie de foi le croyant *s'approprie* la Parole de Dieu racontée dans les Écritures, de manière à ce que la Bonne Nouvelle devienne son expérience personnelle[1879]. Cela vise la *traditio*, c'est-à-dire la transmission même de la foi chrétienne. D'ailleurs, dans le cadre de la catéchèse et de l'évangélisation, la proposition autobiographique, loin d'être une tendance « en vogue », se situe comme partie

capable de « s'indigner ». Pour une synthèse pertinente et complète de la réflexion du théologien belge, se rapporter à R. Gibellini, *La teologia del XX secolo*, pp. 345–370.

1877 La conversion du poète et dramaturge français Paul Claudel, qui a vécu entre la fin du XIXe et la première moitié du XXe siècle, est advenue dans l'église de Notre-Dame de Paris le 25 décembre 1886, jour de Noël, tandis qu'il assiste en curieux aux vêpres. C'est lui-même qui la raconte (cf. Id., *Œuvres en Prose*, Gallimard, Paris, 1989, pp. 1009–1010).

1878 C'est un des points forts de l'expérience du cénacle, où la dimension de groupe, permettant l'écoute des récits autobiographiques de tous les participants (*cenacolisti*), favorise la reconnaissance de son propre récit dans le récit de l'autre. Voir *infra*, 7.1.3.

1879 Cf. A. Binz, « Raccontaci la tua vita », p. 55.

intégrante du processus même de la transmission de la foi. Pourtant, au long de l'histoire chrétienne, les communautés croyantes, à la place de transmettre la foi *sous le mode* d'une histoire du salut devenue l'objet d'une véritable « appropriation », ont quelque peu couru le risque de la transmettre de manière « dépersonnalisée », telle la transmission d'un récit concernant d'autres témoins, ou, encore pire, telle la transmission de contenus doctrinaux. Est-ce que vous êtes d'accord ?

Bien sûr. Et à partir du moment où on n'a transmis que des contenus, la vie a disparu. Dans notre Institut romand de formation aux ministères (IFM), ce qui a causé des problèmes avec la « hiérarchie » est proprement le fait de ne pas mettre l'accent sur le contenu, mais sur la manière de l'acquérir[1880]. Pour nous, c'est le chemin qui était important, pas le résultat final. Ce dont un étudiant a besoin, c'est d'apprendre « comment acquérir ». Une communauté croyante attentive aux résultats finaux ne peut que produire des *enchiridions*. Mais la réappropriation des textes de la Bible, c'est une autre histoire. Et c'est aussi ce qui peut s'avérer dangereux. On comprend alors pourquoi, au long de l'histoire, on a eu des époques où interpeller la Bible était dangereux, déstabilisant par rapport à un certain « ordre ». On songe au nazisme, où la pensée chrétienne allait s'opposer au régime ; on songe à la théologie de la libération, alors que le vécu social difficile des communautés latino-américaines interpellait la Parole de Dieu d'une manière incisive. À ce propos, j'ai vécu une expérience singulière au Brésil. Lors d'un cercle de théologie, notamment de théologie de la libération, il fallait mettre de la musique à haut volume pour échapper au contrôle du régime militaire. La musique empêchait que des micros placés en cachette puissent enregistrer les échanges et les conversations. Même l'Église, par peur d'une interprétation communiste et fondamentaliste du message chrétien, avait assumé une attitude de « soupçon ».

La même chose est arrivée en France, par rapport aux prêtres ouvriers, lorsque l'Église craignait une sorte d'« humanisation » et de « laïcisation » du clergé. C'est pourquoi ce que j'ai vécu lors de mon mariage et de ma sortie du ministère exercé au sein de l'Église, un choix qui n'a nullement été un choix de peur, nous a ouvert, à moi et à mon épouse, les portes d'une expérience de partage d'une richesse énorme et inimaginable. La vie offre toujours la chance de faire d'autres

1880 Dans un article autobiographique, le Prof. Binz, prenant congé de son enseignement théologique et de son ministère sacerdotal, ne craint pas de « dénoncer » cette « indisponibilité » de la part de la hiérarchie ecclésiastique à saisir l'importance d'une méthode pastorale qui visait à faire de la théologie à partir de l'histoire et de l'expérience personnelle des sujets en formation. Voir l'annexe 1.

choses, des choses nouvelles et inattendues. Je n'aurais jamais imaginé devoir m'occuper du chauffage de l'immeuble, pour donner quelque exemple !

4. Est-ce que la modalité autobiographique de la transmission de la foi ne serait pas la modalité la plus privilégiée et la plus efficace pour l'évangélisation, aujourd'hui ?

Je dirais oui. C'est ce que Jésus a fait. Il a raconté, il n'a pas formalisé une théologie. Heureusement ! Ça serait horrible ! Et ce n'est pas non plus lui qui a écrit. C'est Jean et d'autres qui, dans leur sens, ont raconté. Jean, c'est à partir d'un « non-événement » qu'il raconte sa foi, c'est-à-dire à partir d'un tombeau vide, à partir du vide[1881]. Il se rend au tombeau, et là il ne voit personne. C'est fou ? Oui, peut-être, pour certains, ou non, pour d'autres, mais pour Jean, c'est sa manière à lui. La théologie des évangiles nous témoigne d'une expérience vécue et relue d'une manière personnelle. C'est pourquoi, lorsque les communautés chrétiennes n'auront plus rien à se raconter, ce sera un mauvais signe. Quand on n'a plus rien à raconter, cela veut dire qu'il n'y a plus d'histoire. Quand on n'a plus d'histoires avec un petit h, on n'a plus d'Histoire avec un grand H[1882]. Et s'il n'y a plus de passé, il n'y a plus d'avenir.

5. Dans « Raccontaci la tua vita », vous affirmez, par rapport à vos ateliers autobiographiques, que l'autobiographie n'est pas le fait de se donner soi-même comme le point de repère, ni non plus le fait de raconter ce que les autres aimeraient entendre. En revanche, vous en parlez comme d'une manière de « *tornare in se stessi e uscire da se stessi* »[1883]. Pouvez-vous expliciter ce concept ?

Ma rencontre avec Freud a été un tournant « *tremendum* ». Cela m'a amené à mettre en question tous mes acquis et mes convictions théologiques : est-ce que je peux accepter un Dieu sur lequel je ne peux pas mettre la main ? D'où la rencontre de la biographie avec la psychologie : si tu laisses traîner ces choses

1881 Cette allusion au « tombeau vide », en plus de se relier à la théologie johannique des signes (*sêmeia*) – ce qui à l'apparence est un tombeau « vide », pour le disciple bien-aimé est un tombeau « plein », du fait qu'il contient les *signes* mêmes de la résurrection du Christ ! (voir *supra*, 2.3.1 et 3.1.1) –, se rapproche de la théologie esthétique de Balthasar, laquelle, dépassant toute esthétique terrestre, s'affirme comme l'esthétique inouïe de Dieu, c'est-à-dire comme sa manière de se révéler lui-même. En effet, le Beau par excellence se manifeste par la laideur (*Un-Gestalt*) de la croix et du crucifié (voir supra, 1.3.1). C'est d'ailleurs le *sub contrario* de la théologie de Luther soulignant l'insaisissable logique divine (voir *supra*, n. 297).

1882 Cette réflexion touche, par ailleurs, à l'axiome jüngelien soulignant l'Histoire unique de Dieu. Mais elle touche en même temps au « troisième Testament », dont les histoires, traversant la Bible aussi bien que la Tradition, médiatisent l'unique Évangile qu'est Jésus-Christ.

1883 A. Binz, « Raccontaci la tua vita », p. 57.

en toi, cela risque de devenir très dangereux. Le fait même de raconter à moi-même, c'est sortir de moi-même, car même à moi-même je peux raconter mon histoire. De toute façon, le fait que je deviens auditeur de moi-même ne me dispense pas d'être accompagné, aidé par quelqu'un d'extérieur, afin d'éviter le risque de l'autosuffisance. C'est au sein d'une communauté qu'on peut construire une « théologie d'Église ». Il faut le regard d'en face. Car, en dernière instance, le regard d'en face permet ce qu'on appelle la « régulation de la foi ». Se mettre au service de la régulation de la foi, c'est indispensable, parce que les communautés se régulent entre elles.

6. À qui s'adressaient les ateliers intitulés « maisons de la foi » ? Aux catéchistes ? Aux agents pastoraux ?

J'ai travaillé avec les étudiants des deux facultés de théologie de Strasbourg. « Les maisons de la foi », c'était la manière de mettre en image et de simplifier la théorie sur les étapes de la maturation de la vie adulte. Chaque étape correspondait à une petite habitation. Ce qui était important, afin d'aider les gens à entrer dans leur autobiographie, c'était de leur montrer que passer d'un stade à l'autre prend souvent autant de temps que de vivre un stade de vie. Les changements durent des années, et se raconter, c'est reconnaître le travail d'un long parcours de vie, les changements qui se sont accomplis. Souvent j'entendais dire ceci : « Je ne comprenais pas ce que j'étais, je n'étais pas bien avec moi. Faites quelque chose pour moi… » Il était sûr que je n'avais pas la pilule magique. Se raconter, ça va prendre du temps…

7. La maison ou les maisons, c'est une image assez significative indiquant les différents moments et expériences de vie. Pourtant, c'est le sujet, ou l'« io *identitario* », ainsi que vous l'appelez, qui habite « les maisons ». Or, d'un déménagement à l'autre, ce « *je* identitaire » change-t-il ou demeure-t-il toujours lui-même ?

Ricœur dit qu'il y a quelque chose qui bouge et quelque chose qui ne change pas. Une identité croyante peut prendre des configurations différentes, tout en restant la même personne. Il n'y a qu'un *idem*, une seule et même identité qui se reconnaît en plusieurs manières d'être, tels plusieurs *ipse*.

8. Le récit autobiographique pouvant être oral ou écrit, raconté face à d'autres personnes ou formulé pour soi-même, est-ce qu'un « cercle narratif » demeure la condition la plus favorable aux récits de vie ? Le terme « autobiographie » supposant et sous-entendant l'écriture, voire l'auto-écriture, quels sont les avan-

tages qu'un cercle narratif apporte, par rapport à une expérience autobiographique qui se borne à l'écriture individuelle ?

Quand j'écris, c'est toujours pour moi et en même temps pour quelqu'un d'autre. Je suis en train de lire un roman magnifique sur une bibliothèque en Bretagne, où un bibliothécaire a ouvert une salle spéciale pour tous les manuscrits refusés par les éditeurs. Cependant, la seule condition qu'il demande, c'est que chaque auteur doive venir personnellement déposer son manuscrit, afin de savoir, lui-même, que son manuscrit sera gardé et pourra être lu. Ainsi, je me dis : « Voilà, il y a des autobiographies qui ont été écrites, mais qui très souvent restent inconnues. J'aimerais bien que quelqu'un les lise ! » Il y a des autobiographies qui attendent d'être racontées. Et pourtant, pour moi, c'est important qu'il y ait un vis-à-vis à un moment donné. Cela stimule et régule. Et comme l'Église n'est pas une communauté d'écriture – même si, en un certain temps, les communautés s'écrivaient des lettres les unes aux autres –, mais elle est une communauté narrative, il faut qu'il y ait un vis-à-vis, il faut qu'il y ait un retour pour que quelque chose se passe[1884]. Autrement dit, si se dire avec d'autres fabrique quelque chose, un cercle narratif est une mise en récit chez l'autre.

L'écriture est importante et a ses avantages. Je fais partie encore d'une génération où écrire entraîne une certaine sensualité, sensorialité. Ma femme et moi, quand nous écrivons à quelqu'un atteint par un deuil, nous ne pouvons pas écrire sur l'ordinateur, mais à la main. Qu'il y ait des traces, cela permet de pouvoir faire une relecture après coup, après un long temps. Un écrit, en plus, engendre d'autres écrits. C'est pourquoi pour moi un document dogmatique n'est jamais si dogmatique que ça. On va de nouveau écrire à partir de lui. La tradition permet de faire avancer la compréhension. On raconte que lors de l'annonce d'un Concile de la part de Jean XXIII, les gens de la curie romaine, déconcertés, avaient montré au pontife une certaine préoccupation : « Et la Tradition ? Qu'en est-il ? » Il paraît que le pape aurait répondu : « Écoutez, la Tradition, je l'aime tellement que j'en invente une nouvelle tous les jours ! » Avec Vatican II, avec les encycliques, on refabrique quelque chose. Ce qui est figé reste dans un tom-

1884 Cette affirmation de Binz est très importante parce qu'elle explique « le retour » qu'accomplit le récit – et que Ricœur appelle *refiguration* – comme quelque chose qui se passe. Et en fait quelque chose peut se passer réellement, du fait de la refiguration engendrant un changement, quel que soit le contexte de réception du récit autobiographique, celui de la lecture individuelle ou le contexte de l'écoute en groupe. Or, si dans le premier cas, ce « retour » s'accomplit lors de la *lecture* de la part d'un lecteur réel, en cas de cercle autobiographique, comment se « retour » advient-il ? D'après Binz, dans un tel contexte, c'est l'*écoute* du récit raconté ou lu par l'autobiographe lui-même qui produit ce « retour », tout en déclenchant un changement chez les auditeurs réels.

beau. Mais le tombeau est vide. Et pourtant, on a écrit des choses sur un tombeau vide, et on a fait des gardiens du tombeau vide. La vie bouge, le vivant est parti, il est dehors…

9. Vous avez affirmé que « *né il narratore, né l'ascoltatore possono fermarsi qua : avere raccontato la propria vita, non fosse che a se stessi, incita ad agire e a credere in modo rinnovato* »[1885]. Pourquoi l'autobiographie serait-elle porteuse d'une telle « *metanoia* » ?

Le fait d'avoir fait ce « retour » et de raconter dans une lumière donnée le chemin parcouru, et qui n'est pas fini, nous permet d'avancer d'une manière renouvelée.

10. Vous avez commencé la contribution susmentionnée en soulignant que la narration est une manière typique par laquelle les enfants s'expriment. Et pourtant, elle est censée devenir également, surtout dans la forme autobiographique, la modalité même de la transmission de la foi chrétienne, aussi bien que le modèle privilégié de la catéchèse et de la formation des adultes, notamment des éducateurs dans la foi, tels les catéchistes, ainsi que vous le proposez et le souhaitez. Pourquoi l'autobiographie est-elle affaire de l'âge adulte ? Quel est le potentiel qu'elle dégage dans la vie des adultes ?

Souvent, l'écriture autobiographique, c'est une thérapie. Ce retour sur la vie, et sur les blessures, c'était déjà l'intuition de Freud. Essayer un tel retour, à travers l'autobiographie, cela peut s'avérer un travail thérapeutique, car, en mettant des mots, on peut guérir. Chez Lacan il y a une expression importante : « Quelque chose qui n'a pas été porté à la parole, pourrit à l'intérieur »[1886]. Il y a des choses qui nous travaillent et nous font du mal tant qu'elles ne sont pas portées à nos lèvres. Et donc, il faut parler. Lacan dit encore : « L'être humain est un "parlêtre" », un « être-de-parole ». Parler nous permet de guérir. Et pas seulement par rapport à des choses douloureuses, mais aussi par rapport à de choses tombées dans l'oubli, sous la poussière. Il y a dans notre vie des choses latentes, cachées, restant longtemps sans être saisies et sans être regardées de près, qui nous ont pourtant marqués. Et tant qu'elles ne sont pas remises et reportées en lumière, nous n'en reconnaissons ni n'en découvrons l'importance[1887]. C'est pourquoi s'en

1885 A. Binz, « Raccontaci la tua vita », p. 63.

1886 Cela est vrai, j'en suis témoin, moi-même. J'y reviendrai plus loin (voir *infra*, 6.2.2).

1887 Ce discours se relie d'un côté au « troisième Testament », telle cette page de l'Évangile qui attend d'être mise au jour ; de l'autre côté, cela met en jeu la pastorale d'engendrement où l'évangélisateur, c'est-à-dire le « passeur », devient l'instrument ou l'intermédiaire qui fait que ce qui est caché, la foi

ré-approprier, c'est indispensable. Puis, les partager avec d'autres personnes suscite des réactions, engendre des échos[1888].

Pourtant, quand l'enfant relate, il ne fait pas un catalogue, tel l'adulte. L'enfant, au contraire, raconte une histoire. L'adulte est souvent « handicapé » du côté du sentiment. Il n'ose pas en parler. Souvent « les théoriciens du parti » sont des personnes affectivement pauvres. Il faut aller toujours plus en profondeur. Une option théologique, par exemple, d'où vient-elle ? Comment s'enracine-t-elle dans la vie d'une communauté ? La théologie ne tombe pas du ciel. Il ne faut pas être naïf. La théologie germe de la terre[1889]. Jésus a parlé du Royaume par des images tirées de la vie quotidienne et de la nature[1890]. Nous-mêmes aussi, nous pourrions donner aux paraboles une perspective qui est à nous. Il y a un testament qui attend de sortir[1891]. Chacun a un évangile à raconter, sûrement.

11. Pour finir, une dernière question un peu plus personnelle. Pour vous, et par rapport à votre chemin de vie chrétienne, Dieu est-il une évidence ?

Dieu est un mystère. Dieu, c'est un combat, tel le combat de Jacob. Dieu, dont l'Esprit est représenté par un oiseau, nous échappe. C'est ce sur quoi on ne peut pas mettre la main. Pour me le représenter, j'ai besoin d'énormément d'images, mais en même temps d'une interdiction des images qui me rappelle qu'il n'y en a pas une seule qui soit bonne. Dieu n'est pas une évidence, mais celui en qui j'essaie de croire. « *Credo quia absurdum* ». La bonne image de Dieu est celle qu'on ne peut pas imposer aux autres, car elle est à moi.

12. Finalement, j'ai abouti à Fribourg, poussé et fasciné par la pédagogie pastorale de type autobiographique que vous avez mise en place, cher Ambroise Binz, professeur émérite de théologie pastorale de l'Université de Strasbourg et ancien directeur de l'Institut romand de formation aux ministères de Fribourg. Permet-

« élémentaire » comme l'appelle Theobald, ou cet Évangile inscrit également sur le cœur des hommes, soit « engendré ».

1888 Les cénacles autobiographiques que je vais présenter au chapitre 7 constituent la vérification concrète de cette affirmation de Binz.

1889 Cette affirmation sous-entend le Psaume 84 : « La vérité germera de la terre, et du ciel se penchera la justice » (v. 12) ; et aussi l'oracle d'Isaïe : « Que la terre s'ouvre et produise le salut, et qu'alors germe aussi la justice » (45,8b). Binz fait ici allusion, quoique de manière implicite, au mystère de l'incarnation.

1890 En évoquant les paraboles, Binz met implicitement en jeu la nature analogique de la narration, ce qui la rend apte à dire la Révélation.

1891 Rejoignant à part entière ma recherche théologique, cette affirmation de Binz vient soutenir l'hypothèse du « troisième Testament », dont la caractéristique autobiographique se veut une expression analogique de la Révélation elle-même.

tez-vous que j'intègre cette interview dans ma thèse, notamment dans le chapitre VI qui va développer l'aspect pastoral de mon sujet de recherche ?

Oui, bien sûr. Comme vous savez, j'étais un peu hésitant lors de votre proposition de venir m'interviewer. Car, depuis que j'ai perdu tous mes travaux, à cause d'un « accident informatique » qui s'est passé il y a des années dans mon ordinateur, je me suis dit que cet événement était arrivé tel un signe me disant de tourner la page et de ne plus rester ancré dans mon passé, y compris dans mes acquisitions professionnelles et intellectuelles. Cette perte m'a finalement donné la possibilité de découvrir d'autres choses, mais aussi de m'y engager, tout en prenant le temps. Car l'âge de la retraite, c'est finalement le temps où l'on prend le temps, où l'on n'est plus pourchassé, plus pressé, plus programmé. Maintenant, il est temps d'observer les choses et la vie d'un regard plein de stupeur. Il est temps de se laisser émerveiller par le nouveau qui surgit.

Mille mercis, cher professeur Binz, pour cette interview et pour « ce temps que vous avez pris », tout en donnant un témoignage personnel et professionnel si brûlant et si passionnant dont l'Église, que vous aimez et servez, peut tirer parti encore une fois ! Malgré la perte de tous vos écrits et documents académiques, mon interview vous a également donné l'occasion de « mettre en récit » votre parcours humain, intellectuel et spirituel, *en portant à la parole*, pour reprendre les mots de Lacan, ce qui méritait d'être découvert et mis au jour : votre foi vivante en Dieu et votre passion pour la vérité et pour la formation de tous les hommes et femmes que vous avez rencontrés, dont moi-même, aujourd'hui. Et lorsqu'*on met des mots* à la vie et qu'on les livre à un *regard d'en face*, ainsi que vous venez de le remarquer, alors il est certain qu'il y aura un *retour*, que *quelque chose va se passer* !

6.2.2. La conception d'une théologie pastorale comme « recherche-action » et comme lieu d'élaboration d'une « andragogie religieuse »

Multiples et divers sont les éléments qui émergent de l'interview d'Ambroise Binz relativement à une pastorale qui se veut attentive à l'aspect historique et expérientiel de la foi chrétienne. C'est d'ailleurs ce que nous avons souligné plus haut, lorsque nous avons repéré, à l'aide notamment de Ruggieri, les points de discontinuité de Vatican II[1892]. En effet, l'expérience didactique, catéchétique et pastorale de l'ancien professeur suisse se situe au lendemain du Concile Vatican II, ainsi qu'il le souligne dans son fragment autobiogra-

1892 Voir *supra*, 4.3.1.

phique intellectuel où il dit comment il a pris congé de l'enseignement de la théologie et de son ministère sacerdotal[1893]. Dans cet article, constituant par rapport à ma recherche un document biographique, voire autobiographique supplémentaire, le professeur fribourgeois relie les expériences faites à l'intérieur de l'ECF et de l'IFM comme étant des traductions et des concrétisations des perspectives issues de Vatican II, et également comme étant « des observatoires privilégiés des pulsions d'une Église au rythme des saisons, avec son printemps de renouveau et l'avènement des laïcs au service ecclésial […] »[1894].

Dans ce même article, Binz définit son expérience pédagogique et pastorale comme « recherche-action »[1895] d'un travail réalisé au sein de différentes équipes où il fait croiser les sciences pédagogiques et psychologiques avec la théologie pastorale selon une perspective interdisciplinaire et multidisciplinaire[1896]. Il s'agit d'un processus de recherche et d'apprentissage dans lequel le chercheur est lui-même impliqué, où théorie et expérience se fondent en une alchimie d'intégration réciproque qui débouche sur une véritable « andragogie religieuse ». Venant de la pédagogie développée avec les adultes pendant les années 80, le terme « andragogie »[1897] est consacré officiellement à la Conférence de l'UNESCO en 1987 « pour désigner un type de formation des adultes qui veut les respecter dans leur autonomie, en leur permettant d'être pleinement sujets de leur formation »[1898].

Ainsi, en syntonie par ailleurs avec les théories pédagogiques qui reconnaissent à l'expérience autobiographique la caractéristique autoformative et performative, l'andragogie religieuse de Binz s'articule « entre expérience humaine et croyante d'une part, et la foi de l'Église de l'autre »[1899]. Cela met en jeu la corrélation entre la *fides quae*, c'est-à-dire les données de la Révélation et les dogmes, et la condition actuelle des hommes appelés à une herméneutique expérientielle et historique en tant qu'expression concrète de la *fides qua*.

1893 Voir annexe 1. Il s'agit de l'article « de prise de congé » de Binz, intitulé « Faire ses valises… pour partir en voyage » et tiré du dernier numéro d'une petite revue trimestrielle ronéotypée produite à l'intérieur de l'IFM. Selon les informations que j'ai reçues, confirmées par mon directeur de thèse lui aussi ancien directeur de l'Institut, cette revue interne de l'IFM contenait des contributions d'étudiants, de formateurs et d'amis ainsi que la liste de tous les étudiants formés par Binz et l'équipe de l'IFM.

1894 Voir annexe 1, p. 68.

1895 Voir annexe 1, p. 69.

1896 Voir annexe 1, p. 73.

1897 Créé en 1833 par un professeur allemand, Alexander Kapp, réutilisé et relancé avec succès par un autre enseignant allemand, Franz Poggeler, lequel publiait en 1957 *Introduction to Andragogy : Basic Issues in Adult Education*, le terme « andragogie » est redécouvert et largement théorisé par le professeur américain Malcom S. Knowles, pionnier dans le champ de l'éducation des adultes [cf. M.-S. Knowles, *La formazione degli adulti come autobiografia. Il percorso di un educatore tra esperienze ed idee* (titre orig. : *The Making of an Adult Educator*, 1989), Raffaello Cortina, Milano, 1996, pp. 71–72].

1898 Voir annexe 1, p. 73.

1899 Voir annexe 1, p. 74.

Ce discours corrélatif va, entre autres, dans la direction de la perspective théologique mise en place par Schillebeeckx, où la christologie sotériologique et la christologie ontologique sont comme les deux coordonnées d'une telle herméneutique. D'ailleurs, les derniers cours pastoraux donnés par Binz s'appuient fortement sur la réflexion et sur la perspective corrélative du théologien flamand[1900].

La pédagogie formative du professeur émérite de Strasbourg, s'inspirant également du sociologue Bourdieu, prend une totale distance par rapport à des « formes de conditionnement pour lesquelles la reproduction et la survie de l'institution sont les seules raisons »[1901]. En revanche, elle se fonde sur une anthropologie qui ne fait pas de l'apprentissage une « simple réaction à des stimulations », mais qui pose l'homme comme « sujet de l'élaboration de sens ("*meaning-maker*") »[1902]. Car une formation qui veut respecter le croyant adulte doit lui assurer « de devenir pleinement auteur de *sa* vie, une vie qui prend saveur et consistance dans sa relation au Dieu Père, Fils et Esprit »[1903]. Cette insistance sur la dimension « personnelle » du sujet – ce qui émerge également de l'interview – souligne la caractéristique fondamentale d'une formation qui se veut à même de poursuivre un processus permettant « à une personne de prendre forme, *sa* forme, et par conséquent d'être en forme »[1904]. Car, dans une telle visée formative, ce sont « les processus qui sont formateurs et non d'abord les résultats, la manière même de se transformer et pas la masse de choses que l'on sait ou que l'on ne sait pas »[1905].

Puis, ce qui est fondamental dans cette andragogie religieuse mise en place par Binz, c'est l'expérience d'une « Église à visage incarné », « pleine d'expérience et de créativité, qui alimentait les qualités humaines et croyantes de tant d'étudiants et d'intervenants »[1906]. Car, finalement, « celui que je suis devenu, continue le professeur émérite, doit surtout beaucoup à cette communauté d'Église pour qui la *convivialité* caractérise les "mœurs du Royaume" »[1907].

1900 Voir *supra*, 6.2.1, notamment la n. 1876.
1901 Voir annexe 1, p. 74 ; voir aussi *supra*, 6.2.1, notamment la n. 1871.
1902 Voir annexe 1, p. 74.
1903 Voir annexe 1, p. 75.
1904 Voir annexe 1, p. 73, je souligne.
1905 *Ibid.*
1906 Voir annexe 1, p. 70.
1907 *Ibid.*, je souligne. À propos de « convivialité », l'évêque italien T. Bello, mentionné ci-dessus, aimait, dans son magistère épiscopal imprégné d'images incisives, définir l'Eucharistie, l'Église, la famille et la communauté des humains comme « la convivialité des différences », en valorisant, de ce fait, les richesses et les diversités de tous les membres. Il s'agit d'une expression analogique attribuée au mystère de la Trinité que cet évêque, mort en odeur de sainteté, appliquait également aux diverses réalités communautaires, tenant compte des différences qui existent entre les deux réalités (cf. A. Bello, « La famiglia come laboratorio di pace », dans Id., *Scritti di Mons. Antonio Bello*, vol. 4 : *Scritti di pace*, Luce e vita, Molfetta, 1997, pp. 172–183, notamment pp. 175–176, § 162, et p. 178,

Ainsi, l'article en annexe – dont je viens de faire l'«exégèse» – et les réflexions issues de ma rencontre avec le professeur fribourgeois situent l'expérience pédagogique et pastorale de celui-ci dans le cadre de la « nouvelle évangélisation ». Car, comme nous l'avons souligné auparavant, les caractéristiques qui sont à la base du renouveau de l'action évangélisatrice de l'Église peuvent trouver dans la pédagogie pastorale de Binz une intéressante déclinaison. De fait, en insistant sur l'*ardeur*, les *expressions* et sur les *méthodes*, la « nouvelle évangélisation » ne saurait se réaliser sans une action pastorale valorisant la condition historique et culturelle de tous les hommes en tant qu'expression de la réalité même de l'incarnation et que lieu théologique des *semina Verbi*. De même, il n'est pas difficile de repérer dans l'andragogie religieuse de Binz les indices d'une pastorale d'engendrement où le formateur se pose comme celui qui favorise un engendrement et non pas un apprentissage préconstitué venant d'en haut ou de l'extérieur

Somme toute, du fait qu'elles valorisent et se partagent la même expérience, la pastorale d'engendrement ainsi que l'andragogie religieuse tiennent toutes deux compte de ce *visage d'en face* où l'autre est censé être reconnu comme le « sacrement du frère », et pour cela même le « sacrement d'une rencontre » où formateur et formé, c'est-à-dire évangélisateur et évangélisé, se situent dans un rapport *gracieux* d'osmose. Car le Christ, qui est toujours le même que celui que les apôtres ont rencontré, le même qui est mort et ressuscité et qui est assis à la droite du Père, n'est pas l'objet d'un savoir, mais le sujet d'une *rencontre* qui advient à l'intérieur d'une *expérience* de rencontre, de dialogue, de convivialité et de communion. C'est bien ceci qui émerge de l'expérience pastorale d'Ambroise Binz. En plus, comme celle-ci met en corrélation théologie dogmatique et théologie pratique, qu'on y *voit* germer la théologie de l'expérience, cela confirme la rencontre entre le savoir théologique et le savoir anthropologique des sciences humaines comme étant la possibilité même d'une herméneutique métadisciplinaire. Car, de ce fait, la foi et la science, le dogme chrétien et la spéculation rationnelle se trouvent comme unifiés dans le mystère même de l'incarnation, où l'humain et le divin sont parfaitement unis[1908]. D'ailleurs, c'est toujours vers cette direction intégrative que la théologie se doit à mon avis d'avancer.

C'est pourquoi, à la lumière de l'expérience académique d'Ambroise Binz et de son savoir théologique et pédagogique, ledit « cénacle autobiographique », en tant qu'union de la narration autobiographique avec la dimension cénaculaire ou conviviale, demande à être reconnu comme expression d'une théologie pastorale de type autobiographique issue de

§ 165 ; en référence à l'Eucharistie, cf. aussi Id., « Eucaristia, mia gioia », dans Id., *Scritti di Mons. Antonio Bello*, vol. 6 : *Scritti vari, interviste, aggiunte*, Luce e vita, Molfetta, 2007, pp. 174–179, notamment pp. 176–177, § 178, et pp. 178–179, § 180).

1908 La perspective métadisciplinaire est proprement un défi de ce travail, tel qu'annoncé dès le début (se reporter à *supra*, Introduction, pp. 1–10).

l'expérience. Inversement, de manière symétrique, le « troisième Testament » demande à être reconnu comme expression d'une expérience humaine, en l'occurrence l'expérience narrative de type autobiographique, habitant déjà, telle une composante analogique, la Révélation elle-même. D'où la pertinence de la réflexion de ce paragraphe que j'ai essayé de développer à partir de l'expérience racontée et témoignée par le professeur Binz. De manière plus élargie, la pratique pastorale et pédagogique que nous venons d'exposer se situe donc de manière homogène dans le cadre de ce chapitre pastoral consacré à la nouvelle évangélisation et aux pastorales strictement narratives, telles la pastorale d'engendrement et la catéchèse narrative, et telles les expériences autobiographiques à proprement parler qui vont faire l'objet des paragraphes suivants.

6.3. La formation autobiographique au cœur de quelques expériences ecclésiales mises en place en Italie

6.3.1. *Guide di comunità* : la proposition formative des Églises des Pouilles pour les prêtres

Au cours de ce dernier paragraphe, j'essaierai de compléter la réflexion pastorale envisagée dans ce chapitre, en présentant trois pratiques pastorales mises en place en Italie, mon pays d'origine, dans quelques réalités ecclésiales. Il va s'agir d'expériences formatives réalisées dans les Pouilles, dans le diocèse de Padoue et dans les prisons italiennes, lesquelles se distinguent par l'approche autobiographique qui les caractérise.

Guide di comunità – en français *Guides de communautés* – est le titre d'une expérience de formation des Églises des Pouilles, la région connue comme le *talon* de l'Italie, conçue pour les prêtres il y a 17 ans. Le projet, approuvé par les évêques, fut mis en place par l'*Istituto Pastorale Pugliese* (*IPP*), qui s'occupe de la formation pastorale des agents pastoraux de toute la région, et réalisé à l'aide de quelques experts dans le champ autobiographique. L'idée est née comme réponse concrète aux interpellations insistantes venant des fidèles de diverses paroisses qui manifestaient souvent, hier comme aujourd'hui, le besoin de « guides » compétents et de bons « accompagnateurs » à l'intérieur des communautés chrétiennes. Ces plaintes n'étaient pas d'abord dues à l'insuffisance numérique des curés, ni non plus à un manque de compétences pastorales ou de savoir théologique chez les prêtres, mais plutôt à un vide humain qui se traduisait en des personnalités immatures et peu charismatiques exerçant le ministère sacerdotal en Église. D'où la tentative d'une formation de type anthropologique et pédagogique à même de mettre au centre la réalité humaine et concrète du prêtre, son histoire, ses émotions, ses crises et ses ressources.

Les premiers interlocuteurs de l'Équipe formative ont été les évêques, auxquels a été demandé de partager le projet et de trouver dans leurs diocèses soit des curés, soit des responsables de communautés religieuses, soit des formateurs de réalités éducatives auxquels proposer l'expérience formative envisagée. Puisque la logique du projet était celle de mettre en place une « expérience-pilote » en vue de répercussions ultérieures, l'équipe a établi une limite de 40 participants. L'objectif à atteindre était « apprendre de l'expérience, selon une perspective mystagogique et spirituelle, pour un meilleur service visant la conduite des communautés, moyennant une approche narrative et autobiographique »[1909]. Cela laissait présager d'un projet qui entendait intégrer l'apprentissage expérientiel venant de sa propre vie et de celle d'autrui, le dialogue avec les sciences humaines et la contribution de la théologie pastorale.

Le parcours a été déployé en trois phases[1910]. La *première phase* de 32 heures de travail, couvrant la formation mystagogique et autobiographique, visait à l'appropriation de la méthode narrative et autobiographique. La *deuxième phase* de 40 heures de travail offrait deux pistes : la piste *A* proposait des ateliers de lecture, d'interprétation et de reconstruction narrative de l'expérience personnelle de chacun en tant que guide ; la piste *B* proposait un même atelier touchant par contre la réalité institutionnelle où chacun exerçait son ministère de guide (une paroisse, une communauté religieuse, une aumônerie, un service, etc.). Enfin, la *troisième phase*, couvrant 12 heures, était consacrée à l'évaluation du parcours et aux suggestions de propositions formatives nouvelles.

Ce parcours formatif se situait donc dans une visée de *recherche-action*, tout comme, d'ailleurs, les formations mises en place par Binz[1911], c'est-à-dire qu'à chaque personne était offerte la possibilité de *se former* (autoformation) pendant qu'elle *pratiquait* (expérience)[1912]. Le contexte demeurait toujours celui de l'expérience pastorale actuelle de tout participant, avec une attention privilégiée au rôle et à la fonction de *leadership*. Cela signifiait pour chaque sujet de ce parcours de « puiser dans sa propre intériorité, valoriser sa propre expérience de vie, accueillir le ministère pastoral comme une ressource »[1913]. Il s'agissait donc d'un véritable défi, jamais pratiqué dans le contexte pastoral et ecclésial, dont les enjeux consistaient à intégrer aux savoirs déjà acquis les histoires personnelles de chacun et l'expérience en acte dans les communautés d'appartenance respectives. Une telle

1909 A. Sabatelli, « "Guide di comunità" : il progetto nel suo sviluppo », dans P. Zuppa, S. Ramirez (dir.), *Autobiografia e formazione ecclesiale. Atti del Seminario di Studi (Fasano, 12 marzo 2005)*, Vivere In, Monopoli / Roma, 2006, pp. 135–140, ici p. 137, je traduis.

1910 Pour les détails du parcours formatif, voir l'annexe 2.

1911 Voir *supra*, 6.2.2.

1912 Cf. P. Zuppa, « Tra ricordo e memoria. Rievocazioni dall'esperienza "Guide di comunità" », dans Id., S. Ramirez (dir.), *Autobiografia e formazione ecclesiale*, pp. 141–162, ici p. 143.

1913 *Ibid.*, p. 143, je traduis, ainsi que pour les citations suivantes.

recherche, mettant en jeu l'expérience personnelle de vie et l'expérience pastorale actuelle, conduisait à travers l'expérience autobiographique même à un gain performatif visant le changement intérieur de la personne. Car, en fin de compte, c'était à ce niveau-là qu'il fallait repérer les ressources répondant aux besoins formatifs.

L'expérience, qui s'est avérée positive, a fait cependant émerger deux aspects particuliers, lesquels méritaient une réflexion importante, d'après le pastoraliste italien Pio Zuppa, et demandaient en même temps d'être pris en compte en vue d'expériences formatives futures :

> 1. d'un côté (et dès le début) la difficulté d'accepter [de la part de chaque sujet invité] la proposition en tant que réponse à ses propres besoins formatifs, et, par conséquent, de passer de l'attitude de délégué (chacun étant « choisi » et envoyé par son propre évêque), à celle du choix personnel (d'une proposition à faire « sienne » et à saisir comme une possibilité et un soutien réels et productifs pour la conduite d'une communauté) ; 2. de l'autre, (en corrélation à l'aspect précédent), le bon résultat atteint sur le plan du "contrat de formation"[1914] du parcours…[1915]

Débutant par des interventions du professeur Duccio Demetrio, et ayant pour but d'introduire les participants à l'expérience autobiographique, la première phase du parcours *Guide di comunità* mettait en jeu la mémoire en tant que fondement de la connaissance de soi. À cet égard, le livre X des *Confessions* de saint Augustin contiendrait, d'après le spécialiste de Milan, une des théories les plus puissantes de la connaissance de soi[1916]. Déjà, dans la Grèce ancienne, la perte de la mémoire équivalait à la perte de l'identité même d'une personne. C'est pourquoi notre esprit, en tant que siège de la pensée, « s'est construit étape après étape, en connectant ces histoires et ces narrations »[1917]. Celles-ci constituent dès lors le dépôt des souvenirs, telles de véritables archives de la mémoire. C'est donc à partir de la théorie augustinienne, laquelle pose la mémoire comme condition de la connaissance de soi et de la constitution de sa propre identité, que les participants du parcours formatif ont été initiés à l'écriture de soi et sollicités à élaborer leurs premiers fragments autobiographiques.

Bien qu'il mette nécessairement au centre le sujet humain et sa propre histoire de vie, le récit autobiographique ne doit pour cela même pas être qualifié d'écriture d'autosatisfaction ou de complaisance de soi. En revanche, s'il se pose au service même de la personne, c'est « parce qu'il aide à réfléchir et à penser, à faire mémoire du passé mais aussi à avoir

1914 Puisqu'une bonne partie des participants venaient au parcours sans même savoir de quoi il s'agissait, il a fallu au début présenter l'expérience formative dans sa globalité (les objectifs, les méthodes, les moyens, les temps, les lieux, les dates, etc.). Puis, il a été demandé aux participants qui voulaient entreprendre un tel parcours formatif de signer une sorte de « contrat d'engagement ».

1915 P. Zuppa, « Tra ricordo e memoria. Rievocazioni dall'esperienza "Guide di comunità" », pp. 144–145, j'explicite.

1916 Cf. *ibid.*, pp. 147–148.

1917 *Ibid.*, p. 148, n. 13.

des intuitions (*intus-legere*) du futur entre les plis, non encore accueillis, de sa propre existence »[1918]. Ainsi, conformément au caractère propre de l'andragogie, l'autobiographie conduit le sujet adulte « à *connaître sa propre manière de penser* (but métacognitif) »[1919]. Cette phase métacognitive se veut de ce fait un « moment interprétatif et explicatif » de la formation des adultes marquant un « saut de qualité »[1920]. Car le sujet en formation « est amené à la condition de comprendre la qualité de son propre processus d'apprentissage, en reconstruisant la genèse historique des penchants, des événements et des rencontres qui l'ont porté à être tel qu'il est. C'est bien ceci le moment *auto-biographique.* De ce fait, le sujet apprend à se situer lui-même dans l'ensemble qualitatif qu'est sa propre vie, à réfléchir sur ses potentialités intellectives ainsi que sur ses propres limites et, ce qui compte le plus, [...] à faire l'autoévaluation de lui-même – à faire de l'autoréférence –, même au terme du processus de formation »[1921].

La capacité d'autoréflexion, d'autoapprentissage et de métaréflexion des participants est aussi apparue lors de l'invitation « à esquisser quelques moments clefs de leur propre histoire ministérielle, orientés expressément vers la reconstruction "à travers des traces"[1922] du portrait autobiographique relatif à leur propre statut de "guide" »[1923]. À ce moment-là, l'écriture autobiographique devenait de plus en plus pour l'ensemble des participants une manière subjective d'accomplir une certaine objectivation d'eux-mêmes, et vice-versa, une manière de porter des faits et des expériences objectifs à leur propre subjectivité. Car la construction autobiographique est aussi « le besoin de construire sur mesure une manière d'être pour soi-même »[1924].

Débouchant sur la proposition adressée à toutes les personnes qui ont accompli le parcours d'écrire chacune sa propre autobiographie, la formation autobiographique proposée par l'*IPP* s'est avérée être un véritable accompagnement narratif réciproque. En effet, chaque participant est devenu un accompagnateur discret de l'autre et attentif à la crois-

1918 *Ibid.*, p. 150.

1919 L. Formenti, « Divenire adulti : la ricerca come formazione », dans Id., I. Gamelli, *Quella volta che ho imparato. La conoscenza di sé nei luoghi dell'educazione*, pp. 109–136, ici p. 121, cité dans P. Zuppa, « Tra ricordo e memoria. Rievocazioni dall'esperienza "Guide di comunità" », p. 151.

1920 D. Demetrio, « Le biografie cognitive : laboratori di apprendimento nelle organizzazioni », dans Id., D. Fabbri, S. Gherardi, *Apprendere nelle organizzazione. Proposte per la crescita cognitiva in età adulta*, Carocci, Roma, 1994, pp. 211–238, ici p. 219, cité dans P. Zuppa, « Tra ricordo e memoria. Rievocazioni dall'esperienza "Guide di comunità" », p. 151.

1921 *Ibid.*

1922 Voici les « traces » ou les *inputs* narratifs proposés : « Una valigia sempre pronta », « Paternità », « Per essere guide », « La tua vocazione », « Tempo per sé, tempo per gli altri ». Cf. P. Zuppa, « Tra ricordo e memoria. Rievocazioni dall'esperienza "Guide di comunità" », pp. 153–155.

1923 *Ibid.*, p. 153

1924 D. Demetrio, *Ricordare a scuola. Fare memoria e didattica autobiografica*, p. 90, cité dans cit. dans P. Zuppa, « Tra ricordo e memoria. Rievocazioni dall'esperienza "Guide di comunità" », p. 159.

sance de l'autre. Le setting de groupe a constitué la dimension ecclésiale et communautaire, à l'intérieur de laquelle le récit de chacun était saisi comme le témoignage d'un « disciple » en forme autobiographique. De ce fait, l'autoformation autobiographique se révélait en même temps être aussi une hétéroformation où chaque disciple du Christ essayait de construire son portrait autobiographique à l'aide du portrait autobiographique issu du récit de l'autre. Par conséquent, le langage autobiographique devenait langage testimonial d'une communauté d'autobiographes-disciples assemblés pour raconter l'œuvre de Dieu en acte dans l'histoire des croyants[1925].

Malheureusement, l'expérience que je viens de présenter n'a pas eu par la suite des incidences pastorales et formatives en tant que développement et continuation du parcours proposé par l'*IPP*. Mais les fruits de cette expérience de formation ont sans doute consisté en un élan renouvelé pour le ministère des prêtres qui ont participé au parcours *Guide di comunità*.

6.3.2. Les *Settimane di sinodalità presbiterale* et l'expérience formative de l'Église de Padoue. Les débuts d'une pédagogie et d'une pastorale autobiographiques

En 2002, presque simultanément à l'expérience formative mise en place par l'*IPP* des Églises des Pouilles, naissait dans le diocèse de Padoue l'*Istituto San Luca* (*ISL*), une institution chargée de s'occuper de la formation permanente du clergé. C'était le fruit d'une expérience de formation nouvelle qui avait débuté en automne 2001, lors d'une recherche approfondie de parcours formatifs à même de mettre au centre la personne en tant que premier sujet d'une telle action ecclésiale. Je voudrais donc esquisser dans ce paragraphe, à l'aide d'un *Cahier* décrivant l'expérience qui avait amené à la création de l'*ISL*, les premiers pas de la réalisation de ce nouveau modèle de formation, souligner les propositions formatives les plus significatives et mettre également en lumière les résultats positifs constatés[1926].

Placé sous le titre de *Settimane di sinodalità presbiterale*, ce parcours formatif a impliqué 430 prêtres sur les 700 que compte le diocèse padouan[1927]. Il s'agissait d'une formation réalisée « sur mesure », concernant la vie des prêtres et les requêtes venant de leurs situations réelles, où l'« histoire sacrée » de chacun devenait la première ressource

1925 Cf. P. Zuppa, « Tra ricordo e memoria. Rievocazioni dall'esperienza "Guide di comunità" », pp. 161–162.

1926 Cf. L. Tonello (dir.), *Formazione permanente dei presbiteri. L'esperienza dell'Istituto San Luca*, Messaggero di Sant'Antonio, Padova, 2013. Je tire également profit des notes personnelles que j'ai prises lors d'une séance de formation permanente du clergé de Sassari (Sardaigne) animée par don Marco Cagol, un prêtre de Padoue invité pour relater l'expérience formative de son diocèse.

1927 Cf. *ibid.*, p. 21.

pour la formation de soi-même et d'autrui. Pour le clergé du diocèse, c'était une grande nouveauté, un pas « initial » qui allait transformer radicalement la formation permanente des prêtres. Ce parcours formatif est apparu dès le début non pas comme un engagement supplémentaire qui allait s'ajouter aux autres initiatives spirituelles et culturelles de l'agenda diocésain, mais comme une expérience qui s'avérait de plus en plus nécessaire pour la vie même du clergé. Aujourd'hui, cette expérience, ayant certes connu au cours des années des ajustements, est considérée comme partie intégrante et incontournable de la vie même du diocèse de Padoue, par rapport au chemin formatif de tous les sujets ecclésiaux.

Les éléments principaux qui ont marqué un changement de paradigme dans la formation permanente des prêtres de Padoue sont essentiellement au nombre de quatre. Le premier élément fut la mise en valeur de l'humain. L'histoire d'une personne, faite d'événements, de relations, d'émotions, a offert la première ressource de la formation mise en place par l'*ISL*. Car la vie et l'expérience de foi d'un prêtre, telles qu'elles sont, constituent le lieu où l'on peut percevoir l'action même de Dieu, le véritable formateur de l'homme. C'est pourquoi, dans un tel contexte privilégiant l'histoire personnelle de chacun, se former, ce n'est pas « dévorer » des contenus et des notions venant d'ailleurs, mais discerner pour reconnaître, à travers une confrontation avec la Parole et la tradition de sainteté de l'Église, l'*action formatrice de Dieu* à l'intérieur de l'histoire unique et originale de chacun. Autrement dit, c'est à partir de tout ce qui fait partie de l'expérience humaine et ministérielle du prêtre que Dieu construit son royaume[1928].

Une telle visée étant attentive au prêtre en tant qu'homme tout d'abord, et également en tant que croyant, l'efficacité du processus formatif impliquait de prendre en compte la personne dans l'intégralité de sa vie et de sa foi. Cela requérait l'accueil sans préjugé et l'utilisation avec intelligence de tout apport des sciences théologiques et spirituelles, ainsi que des autres sciences humaines et des savoirs formatifs venant d'autres domaines extra-ecclésiaux[1929]. C'était le deuxième élément constituant la nouveauté d'une formation humaine et pastorale, que le clergé padouan accueillit non sans une certaine surprise[1930].

Le troisième élément marquant le nouveau modèle formatif était la méthode narrative. Il s'agissait d'une méthode expérientielle qui « s'adaptait » bien avec la centralité accordée à l'histoire du prêtre, laquelle était de ce fait *mise en valeur* et *mise en récit*. Il n'était pas question de n'importe quelle narration, mais bien de la narration de la foi censée émaner des divers groupes narratifs. Cependant, le récit de l'expérience de foi ne faisait pas abstraction de l'histoire humaine et personnelle du prêtre, mais il l'intégrait. Autrement dit, il

1928 Cf. *ibid.*, pp. 7–8.
1929 Du reste, cette visée scientifique « intégrée » est soulignée par le prof. Binz lui-même. Voir *supra*, 6.2.2.
1930 Cf. L. Tonello (dir.), *Formazione permanente dei presbiteri*, pp. 8–9.

s'agissait de construire un récit à partir de la *fides qua*, c'est-à-dire de la manière personnelle et incarnée de vivre le contenu de la foi, à savoir la *fides quae*[1931]. Se servir des savoirs humains afin de favoriser une narration authentique de soi selon toutes les dimensions humaines, n'était donc pas un exercice comme une fin en soi, telle une pratique « narcissique en vogue » issue du monde. En revanche, le récit visait à opérer une synthèse et aussi une médiation entre la vie et la foi, entre le fait d'être des hommes et le fait d'être des prêtres, ce qui impliquait par conséquent tout ce que le prêtre est dans sa relation fondamentale avec Dieu. Cela était, entre autres, une manière privilégiée d'éviter le risque de « spiritualisations », de « stratifications de vie » et surtout de « doubles-vies ».

Ce troisième élément déterminait lui aussi le changement de paradigme pour la formation du clergé, car, en l'occurrence, il allait remplacer la transmission frontale par le partage en commun et le dialogue en cercle narratif. De ce fait, la narration et l'écoute devenaient comme les deux coordonnées de la nouvelle expérience formative. La narration constitue d'ailleurs un code biblique important, car c'est à l'intérieur de l'histoire des hommes racontée par la Bible que se révèle l'action même de Dieu, voire que l'action de Dieu peut être saisie[1932].

Ainsi, libéré de tout conditionnement et de la peur du jugement, l'acte de la narration devenait pour le clergé de Padoue un exercice susceptible d'établir le contact du sujet racontant avec sa propre vérité et avec la présence de Dieu dans sa propre existence. Puis, le fait de pouvoir se dire soi-même à l'intérieur d'un contexte où tous les sujets étaient préparés et formés à une écoute respectueuse de l'autre constituait une chance importante pour les prêtres, et aussi un choix à contre-courant des contextes quotidiens de vie où les préjugés et les critiques impitoyables sur les autres prennent le dessus. En revanche, l'écoute profonde de l'autre comme celle d'une histoire sacrée devenait une occasion de contemplation de l'agir même de Dieu, de formulation de promesses, d'avènement d'espérance, bref

1931 Cf. *ibid.*, pp. 35–41.

1932 Cf. *ibid.*, pp. 21–22. Cette considération relative au code narratif de la Bible renvoie au chapitre 2 de la présente recherche, où la réflexion autour de la première étape d'une économie événementielle d'incarnation de la Parole marquée par la narration scripturaire mettait déjà en relief les récits comme forme analogique de la Révélation. Pour leur part, ces récits sont relatifs à la vie même des personnages bibliques, en tant que sujets historiques auxquels Dieu se révèle lui-même. Or, cela met en lumière le développement « symétrique » du présent travail théologique. Car, la perspective analogique de la narration autobiographique associant l'Écriture et l'annonce, la connexion existant entre le chapitre 6 et le chapitre 2 est due proprement au témoignage des croyants, tels la troisième étape et l'accomplissement même de ladite économie d'incarnation du Verbe (voir *supra*, 2. 3). C'est pourquoi le passage ci-après, tiré du texte qui relate l'expérience formative de l'*ISL*, résonne comme l'écho d'une telle symétrie : « *L'esperienza di narrazione e ascolto della fede ci rende consapevoli che* la storia sacra non è racchiusa nelle pagine della Scrittura, *ma che Dio Padre continua il mistero dell'Incarnazione nella vita della Chiesa,* continua a scrivere storia sacra con le persone, *con le famiglie, con le comunità cristiane, dentro la storia del mondo.* » (*ibid.*, p. 76, je souligne)

de conversion[1933]. Cela marquait une véritable renaissance pour la vie même du presbyterium padouan.

Le quatrième élément de ce nouveau paradigme était donc formé par la dimension communautaire, considérée et reconnue elle-même comme porteuse de formation. Car, dans une telle visée, l'écoute des histoires de la vie et de la foi devenait l'écoute même d'une *parole* à même de convertir et de former l'auditeur disponible et docile[1934]. Par conséquent, croire devenait croire ensemble, partager la vie et se comprendre les uns les autres, ce qui donnait du courage et de l'espérance à tout le monde. En effet, la dimension communautaire de la formation allait également renforcer le sentiment et la conscience de l'identité sacerdotale de tout prêtre. Être ensemble en tant que prêtres n'apparaît plus alors comme une « stratégie pastorale », mais comme la forme « véridictionnelle » du ministère sacerdotal, celle qui en manifeste la dimension « organique ». Car, loin d'être un ministère privé que chacun exerce pour son compte, le sacerdoce est un sacrement constituant tout prêtre comme membre de ce « corps sacerdotal » qu'est le presbyterium.

Or, il était envisageable que cela puisse avoir également des retombées sur l'évangélisation. En effet, une expérience narrative où chaque prêtre est appelé à se centrer sur sa propre vie humaine et sacerdotale, telle qu'elle est, ne peut que rapprocher davantage le prêtre de la vie du peuple qui lui est confié. Car croire ensemble comporte l'inclusion de toutes les composantes de l'Église : les prêtres et les laïcs. Par conséquent, dans une pareille perspective, l'évangélisation peut se décliner de plus en plus comme une marche unitaire où prêtres et laïcs font face aux mêmes fatigues de vivre et de croire, tout comme dans les premières communautés apostoliques.

De fait, dans les années qui ont suivi, les prêtres et les laïcs de l'Église de Padoue se sont partagé le même espace formatif, signe de la fécondité de ce projet initial visant la formation permanente du clergé du diocèse[1935]. Ce paradigme de formation intégratif et organique s'est mis à répandre dans le corps ecclésial tout entier un style et une méthode renforçant le processus de coresponsabilité de la mission universelle de l'Église[1936]. D'ailleurs, compte tenu de la diminution progressive du nombre de prêtres dans le monde, une formation unitaire s'avère importante, elle devient même de plus en plus une nécessité, en

1933 Cf. *ibid.*, pp. 74–75.

1934 D'où vient un tel pouvoir performatif du récit testimonial ? Ne vient-il pas du potentiel trito-testamentaire contenant les traces de l'unique Évangile du Christ *inscrit* également *dans le cœur même des hommes* ? De ce fait, l'expérience formative du presbyterium de l'Église de Padoue jette un pont vers le « troisième Testament » exploré et défini au chapitre IV, et elle anticipe l'expérience du « cénacle autobiographique » qui va faire l'objet du chapitre 7.

1935 Cf. *ibid.*, pp. 23–24.

1936 Voir *supra*, 6.1.1. À cet égard, rappelons ce que qu'affirmait Paul VI : « … évangéliser n'est pour personne un acte individuel et isolé, mais c'est un acte profondément ecclésial […]. L'Église est tout entière évangélisatrice » (*EN* 60).

direction d'une coresponsabilité ministérielle future[1937]. Cependant, une telle expérience unitaire de formation ne doit pas gommer la différence ministérielle entre prêtres et laïcs, ni non plus la nécessaire formation spécifique de chaque catégorie ecclésiale.

Au terme de cette toute première expérience formative en style narratif – que les destinataires ont beaucoup appréciée et dont ils ont saisi toute la valeur autoformative et performative –, l'Église de Padoue a pu immédiatement recueillir un premier fruit. Car les prêtres qui avaient pris part au parcours des *Settimane di sinodalità presbiterale* ont présenté à l'évêque la requête que voici : « Nous demandons un endroit, un temps, une équipe qui soutiennent notre formation permanente[1938]. » Ainsi cette demande a tout de suite « donné lieu et naissance à l'*Istituto San Luca* »[1939]. Il s'agissait d'une véritable demande de formation qui témoignait de la prise de conscience d'un presbyterium voulant désormais se diriger vers une véritable démarche synodale, fondée sur la relation humaine et fraternelle, qui fît de l'Église de Padoue un sujet d'évangélisation davantage crédible et plus proche de la vie réelle des gens.

De fait, telle une véritable expérience de communion et de formation ecclésiale unitaire et partagée, l'*ISL* n'a nullement divisé le clergé entre, par exemple, progressistes et conservateurs, mais, au contraire, il a créé plus d'unité à l'intérieur du presbyterium et autour de l'évêque du diocèse. La formation permanente de l'*ISL* a même influencé les projets pastoraux du diocèse, tout en lui offrant des suggestions importantes. Ce fut un autre résultat positif produit par cette expérience formative nouvelle. Cependant, à quoi le succès de ce nouveau paradigme formatif a-t-il été dû ? Une formation ainsi conçue, qu'a-t-elle comporté à la base et à l'origine ?

Elle n'avait qu'un présupposé théologique : le mystère de l'incarnation. La *théologie de l'incarnation* est la source où l'Église de Padoue a puisé les raisons et les impulsions de son chemin nouveau. Car ce n'est qu'à l'intérieur d'un si grand mystère que l'histoire concrète de chacun peut être saisie et comprise comme étant partie intégrante de l'histoire du salut, ce qui signifie la reconnaissance que dans la vie de toute personne, de tout prêtre, le Christ est présent[1940]. Cependant, ouvrir les sujets de l'Église à une pareille conscience n'est jamais un acte achevé.

1937 Ainsi, en Suisse, dans certaines régions, beaucoup d'éléments de la formation des laïcs, diacres et prêtres se vivent en commun. Du reste, ce qui est notamment ressorti du récent synode des évêques de l'Amazonie, à savoir la demande de prêtres mariés, se veut l'expression d'un appel à ce que s'intensifie davantage la collaboration entre laïcs et prêtres.

1938 L. Tonello (dir.), *Formazione permanente dei presbiteri*, p. 31, je traduis.

1939 *Ibid.*, je traduis.

1940 Dans la lumière du mystère de l'incarnation du Verbe, la valorisation de l'histoire du prêtre et de son récit de vie et de foi devient un carrefour sacramentel, voire christosacramentel qui rappelle le lien étroit entre le mystère de l'incarnation et l'analogie de la Révélation que nous avons souligné dans la première partie de cette recherche théologique. C'est pourquoi, l'expérience formative et pastorale de

La formation initiale, assurée et offerte par les séminaires et les instituts de formation, n'est pas suffisante. Une fois devenus prêtres et agents pastoraux, les sujets d'un telle vocation particulière sont censés continuer un chemin formatif permanent qui mette en lumière le mystère de l'incarnation au jour le jour. Autrement dit, la formation du prêtre et de l'agent pastoral laïc demande que le mystère de l'incarnation soit continuellement actualisé. Or, pour ce faire, existe-t-il une meilleure manière que la *mise en récit* de l'expérience pastorale ? Certainement pas ! L'*aggiornamento teologico*, qui procure et assure aux différents sujets ecclésiaux un nécessaire accroissement de savoir, ne saurait passer uniquement par la voie académique et systématique. En revanche, il est aussi médiatisé aussi par cette *théologie de l'incarnation* que seule une Église qui a assumé une posture synodale est apțe à mettre en place et à transmettre. Car, finalement, c'est en se rassemblant autour de *la table des récits* humains et des récits de foi de chacun de ses membres que l'Église fait l'expérience de la théologie de l'incarnation et l'enseigne[1941].

C'est pourquoi la formation humaine dans l'Église ne doit pas être envisagée exclusivement comme étant une nécessité pastorale de tous les âges, mais elle doit bel et bien être considérée comme une nécessité théologique, du fait même du mystère de l'incarnation. En tant que catégorie théologique, la relation humaine est une voie sacramentelle privilégiée et incontournable. Elle est importante d'autant plus et centrale pour un prêtre et un agent pastoral laïc, dont la vie est essentiellement caractérisée par les relations humaines qu'ils entretiennent avec des personnes de toutes conditions, en plus de la relation avec soi-même et surtout avec le Christ, l'homme-Dieu.

La formation humaine est également déterminante pour l'annonce même de l'Évangile. Celle-ci, loin d'être une pure transmission de contenus et de savoirs théologiques, est bien plutôt la transmission d'une présence, la présence même du Christ qui passe et se manifeste par cette relation humaine, quoique fragile, que tout agent de la mission instaure avec tous les destinataires de l'annonce[1942]. C'est pourquoi un accompagnement spirituel aussi bien qu'un support psychologique ne sont pas l'indice d'un « état de maladie » dû à une crise. Au contraire, de tels parcours sont censés être perçus et devenir une praxis ordinaire de formation pour le soutien humain du prêtre et pour le soutien de son ministère.

type autobiographique que l'Église de Padoue a fait sienne met en évidence la relation que la réflexion pastorale explorée au cours de cette troisième partie noue avec l'élaboration dogmatique menée dans la première partie autour de la narration autobiographique comme composante analogique et christo-sacramentelle de la Révélation.

1941 C'est d'ailleurs la même logique de « recherche-action » qui caractérise l'expérience pastorale et pédagogique de Binz aussi bien que le parcours formatif de *Guide di comunità* des Églises des Pouilles.

1942 C'est l'intention de la pastorale d'engendrement par osmose. Cf. *supra*, 6.1.2.1.

Finalement, l'expérience formative de l'Église padouane s'est avérée aussi une ressource de vie spirituelle pour tout son presbyterium. La spiritualité chrétienne étant un fait communautaire et non pas privé, le parcours synodal et formatif d'une Église ne saurait être que l'expression d'une spiritualité, en l'occurrence d'une spiritualité diocésaine, à laquelle chaque prêtre et chaque laïc peut s'abreuver. C'est pourquoi, le cœur de toute formation ecclésiale demeure la prière, individuelle et communautaire, tel le signe de la communion du corps des croyants[1943].

6.3.3. La *Chiesa in carcere* et les directives d'une pastorale de justice pénale pour une praxis de miséricorde dans les prisons italiennes

Si les deux expériences ecclésiales que je viens de décrire dans les paragraphes précédents, quoique de manière synthétique du fait du nombre et de la taille modestes des documents dont je dispose, ont mis la narration de soi au centre de la formation permanente du clergé et des agents pastoraux, je voudrais maintenant déplacer ma réflexion pastorale à propos de l'autobiographie à un autre contexte d'Église. Il s'agit des établissements pénitentiaires italiens, au sujet duquel les dernières orientations pastorales ont souligné l'importance de la narration en tant que forme privilégiée de parcours de libération, de réconciliation et de rééducation visant les personnes en situation pénale et en captivité. C'est pourquoi, telle une anticipation par paire qui relie le contenu de ce chapitre à l'expérience cénaculaire que j'exposerai au chapitre 7, je vais prendre en considération dans ce dernier paragraphe un document paru récemment qui trace les lignes de la pastorale pénitentiaire de l'Église italienne.

En 2016, dans *Il Regno-Documenti*, était publié le *Documento base* (*DB*) pour la pastorale carcérale réalisé par l'Inspectorat général des aumôniers des prisons italiennes[1944]. Il s'agit d'un texte qui met en lumière la spécificité de la mission chrétienne envers les personnes détenues et qui provoque en même temps l'Église et la société civile à rechercher et à mettre en place des stratégies à même de combler les lacunes institutionnelles de la justice publique. En effet, c'est désormais une « opinion partagée que la forme actuelle des établissements pénitentiaires ne représente pas une possibilité de rachat et de réinsertion

1943 Cf. L. Tonello (dir.), *Formazione permanente dei presbiteri*, pp. 24–25.

1944 Cf. Ispettorato dei cappellani delle carceri italiane (Ministero della Giustizia), *Documento base di pastorale nell'ambito del penale*, *Il Regno-Documenti* 51/11 (2016), pp. 339–362. Signalons également la publication officielle de ce document destinée à en favoriser la connaissance et la diffusion : Ispettorato dei cappellani delle carceri italiane (Ministero della Giustizia), *Per una pastorale della giustizia penale. Documento base*, Marcianum Press, Venezia, 2018. Quoi qu'il en soit, dans la section des annexes, j'ai intégré le *DB* correspondant précisément à l'annexe 3.

sociale. La prison représente plutôt une punition coercitive, dont le but est l'isolement »[1945]. Tirée d'un texte qui présente le *DB* et rassemble également quelques contributions de spécialistes et d'agents de la pastorale pénitentiaire, cette amère constatation de Carmine Matarazzo, professeur de théologie pastorale à la Faculté théologique de Naples, ne se veut cependant pas un message de résignation. Au contraire, la crise institutionnelle, qui est aussi une crise anthropologique du fait d'un manque de formation humaine dans les différents domaines de la vie publique, devient un véritable défi pour faire face à de tels vides et décliner la demande que voici : « Est-il possible de penser à des voies alternatives, complémentaires et réfléchies en direction d'une logique de "justice réparatrice" ? »[1946]

La réponse, d'après Matarazzo, n'est pas à rechercher très loin, car elle est déjà contenue dans les lignes directrices du *DB*, lequel est « inspiré des principes évangéliques fondamentaux pour susciter des *praxis de miséricorde* envers les personnes recluses et pour leur offrir des *parcours de guérison* »[1947].

Matarazzo met donc en évidence la possibilité réelle que la prison se mue en espace où se mettent en place des parcours libérateurs, s'il est vrai que liberté signifie au bout du compte « possibilité de changement »[1948]. Le *DB* est apparu précisément en tant qu'instrument théologique et pastoral confié et remis à la fois dans les mains des aumôniers, des bénévoles et de tous les opérateurs d'inspiration chrétienne travaillant à l'intérieur des établissements pénitentiaires afin de favoriser le changement de vie des personnes recluses. Toutefois un tel objectif ne peut se réaliser que dans la mesure où, dans le parcours de rééducation et de libération, chaque éducateur et accompagnateur devient comme une étincelle réveillant dans le cœur du détenu le désir et la volonté de se donner lui-même l'occasion et la chance du changement. Car vouloir changer est un choix personnel visant d'abord la réconciliation et la compassion envers soi-même.

La nouveauté importante et à la fois provocatrice présente dans le *DB* est précisément la conception de la justice venant de la Révélation chrétienne, selon laquelle la justice de

1945 C. Matarazzo, « L'agire della Chiesa per un cammino di liberazione », dans Id. (dir.), *La Chiesa in carcere. Il Documento di base di pastorale nell'ambito del penale e prassi di misericordia*, Dehoniane, Bologna, 2018, pp. 9–29, ici p. 17, je traduis ici et par la suite. La contribution du prof. Matarazzo se veut la synthèse d'un cours de formation intitulé *Perdono responsabile e giustizia riparativa : uno sguardo profetico* qu'il a donné pour les aumôniers des prisons et pour les personnes travaillant dans le domaine pénitentiaire.

1946 *Ibid.*

1947 *Ibid.*, pp. 16–17.

1948 Cf. *ibid.*, p. 18. Cette affirmation de Matarazzo concernant la liberté s'inspire de la pensée du philosophe Giuseppe Ferraro (cf. Id., *L'innocenza della verità. Corso di filosofia in carcere*, Filema, Napoli, 2008). C'est un passage dont se rapproche, entre autres, ma toute récente expérience des cénacles autobiographiques réalisés à l'intérieur d'une prison italienne, à propos desquels la question de la vérité envers soi-même est centrale (voir *infra* 7.2.3, et l'annexe 10).

Dieu atteint son paroxysme et se révèle pleinement dans le mystère de la croix[1949]. Par conséquent, si le *DB* confie à l'agent pastoral qui travaille dans une prison une vérité qui lui revient en tant que croyant, il n'en va de même pour le système social et institutionnel, ni pour l'opinion publique dont la conception de la justice s'oppose nettement au pardon[1950]. La pensée culturelle dominante, y compris l'opinion de beaucoup de baptisés, conçoivent la prison comme un lieu de punition et un temps de juste « rétribution de la faute »[1951]. C'est pourquoi le *DB* est un véritable défi pédagogique et éducatif visant un changement culturel et il constitue également une invitation forte adressée à toute cette catégorie de personnes ayant du mal à entrer dans la perspective de l'inclusion sociale des détenus et des ex détenus. C'est d'ailleurs ce que l'inspecteur général des aumôniers des prisons italiennes souligne, en présentant le *DB* :

> *Il Documento Base della Pastorale penitenziaria è il frutto del cammino di una Chiesa attenta all'uomo, che vuole essere una voce profetica, che spalanca orizzonti nuovi e ci offre prospettive evangeliche per sanare le molte ferite.*
>
> *Le pagine di questo semplice e profondo testo vogliono richiamare la nostra attenzione sui diversi percorsi, per recuperare pienamente un'umanità che si è smarrita soprattutto sul tema della Giustizia, che non vuole essere un sistema vendicativo, ma deve essere inteso come un aiuto per chi ha commesso del male a riprendere un cammino vero e a riconoscere le ferite del male e i traumi causati alle vittime dal loro comportamento.*
>
> *Il documento vuole incoraggiare a superare il modello vigente e ben consolidato della* « Giustizia retributiva » *con quello della* « Giustizia riparativa »*, un percorso culturale che sta crescendo sempre di più dove il reo è chiamato a riparare il danno alla vittima*[1952].

Dès lors, indépendamment du système judiciaire actuel et de la culture dominante, il faut travailler afin qu'à l'intérieur des prisons le thème de la « réparation » soit remis au centre de la question pénale, ainsi que Matarazzo lui-même le remarque : « [...] si son centre d'intérêt est la "réparation", la justice ne peut pas éviter de se référer à la nouveauté inhérente au cœur de la personne humaine, dont la possibilité de repentance et de récupération par des formes concrètes de rééducation constitue l'enjeu du dépassement du système carcéral existant[1953]. » D'ailleurs, viser à l'objectif de la justice réparatrice, c'est « activer des formes de médiation et de protection par rapport aux victimes et à leurs proches »[1954],

1949 « *Nella misericordia Dio rivela la sua giustizia, chi agisce come Lui, diventa giusto. Quello che leggiamo sulla* croce *è che, anche nell'abisso del male, Cristo compie fino in fondo la volontà del Padre, cioè amare ogni uomo, anche il proprio persecutore. Questo è fonte di giustizia e di salvezza. Dio libera dal male con l'Amore, amando e non punendo.* » (annexe 3, p. 5, je souligne)

1950 Cf. C. Matarazzo, « L'agire della Chiesa per un cammino di liberazione », p. 18.

1951 Voir annexe 3, p. 5.

1952 C'est un passage tiré de la *présentation* de R. Grimaldi à Ispettorato dei cappellani delle carceri italiane (Ministero della Giustizia), *Per una pastorale della giustizia penale. Documento base*, pp. 14–15.

1953 C. Matarazzo, « L'agire della Chiesa per un cammino di liberazione », p. 19.

1954 *Ibid.*

et c'est en même temps faire face au risque de la récidive toujours présent ! Mais qu'entend-on par « justice réparatrice » ?

Dans un cadre de dépassement de la logique du châtiment et de relecture en clef relationnelle du crime, la « justice réparatrice » peut être définie, d'après le pastoraliste italien citant Claudia Mazzucato, professeur à la Faculté des Sciences politiques et sociales de l'Université du Sacré-Cœur à Rome, dans les termes suivants :

> *Una forma di risposta al reato che coinvolge la vittima, il reo e/o la collettività nella ricerca di soluzioni agli effetti del conflitto generato dall'illecito, allo scopo di promuovere, fra l'altro, la riparazione delle conseguenze dell'evento lesivo e rafforzare, quindi, il senso di sicurezza collettivo. La mediazione reo/vittima è – in prima approssimazione – un procedimento informale in cui le parti, guidate da un'equipe di esperti, hanno la possibilità di* incontrarsi, *di discutere del reato, dei suoi effetti sulla loro vita e sulle loro relazioni, di progettare modalità di comportamento futuro assumendosi, eventualmente, anche impegni* volontari *di* riparazione *(simbolica o materiale) del danno causato*[1955].

Autrement dit, ainsi que le met en évidence le *DB* lui-même, opérer une véritable réparation, c'est « rendre justice à la victime, et non pas exécuter l'agresseur »[1956]. Or, quelle meilleure réparation peut rendre justice que d'amener le coupable à un changement de vie moyennant des parcours réparateurs et rééducatifs aboutissant au repentir et à la réconciliation avec les personnes qui ont subi le mal ? Parmi de telles expériences visant la justice réparatrice, je signale le *Progetto Sicomoro*[1957]. Présent en Italie, aussi bien qu'en d'autres pays étrangers[1958], ce projet vise à faire se rencontrer coupables et victimes (ou proches des victimes) de crimes du même type, mais non pas les victimes directes. Pour ce faire, des équipes de spécialistes organisent, après un parcours de formation et de préparation, une série de rencontres mettant en place la confrontation entre les deux parties, l'écoute de cris de douleur et de colère sans forme d'exutoire en vue d'un effort de compréhension réci-

1955 C. Mazzucato, « Il diritto minorile : un modello della cultura giuridica per le sfide della civiltà democratica. L'esempio della giustizia penale », dans M.-L. De Natale (dir.), *Pedagogisti per la giustizia*, Vita e Pensiero, Milano, 2004, pp. 165–224, ici pp. 214–215, cité dans C. Matarazzo, « L'agire della Chiesa per un cammino di liberazione », p. 20. Sur le thème de la justice réparatrice, d'autres contributions sont signalées par Matarazzo lui-même, telles celles d'A. Ceretti, « Giustizia riparative e mediazione penale. Esperienze pratiche a confronto », dans F. Scarparro (dir.), *Il coraggio di mediare. Contesti, teorie e pratiche di risoluzioni alternative delle controversie*, Guerrini e Associati, Milano, 2001, pp. 307–356, et G. Bertagna, A. Ceretti, C. Mazzucato (dir.), *Il libro dell'incontro. Vittime e responsabili della lotta armata a confronto*, Il Saggiatore, Milano, 2015.

1956 Voir annexe 3, p. 37.

1957 Pour plus d'informations sur le projet évoqué ci-dessus, voir le lien : http ://www.progettosicomoro.org

1958 Le *Progetto Sicomoro* est en cours aussi aux États-Unis, en Nouvelle-Zélande, Angleterre, Australie, Bolivie, Saïpan (Commonwealth des îles Mariannes du Nord), Colombie, Îles Cayman, Costa Rica, Guam, Hong Kong, Hongrie, Kazakhstan, Pays Bas, Irlande du Nord, République des Palaos, Philippines, Rwanda, Écosse, Îles Salomon, Afrique du Sud et Zambie.

proque et d'une tentative de pardon ou d'une confession de repentir, étant bien entendu que l'accueil d'une telle confession est indispensable. Il ne s'agit en tout cas pas d'un discours qui tournerait à l'angélisme d'un certain débat ecclésial et social, tout en banalisant le processus de réconciliation et de réparation, ainsi que le précise Matarazzo[1959]. Mais il s'agit plutôt de véritables expériences *narratives* ayant lieu dans la prison elle-même, ce qui qualifie le projet de « sérieux » et de « marquant ».

C'est bien la mise en jeu de l'élément narratif, voire autobiographique, qui m'offre la possibilité d'inclure dans ce chapitre la praxis ecclésiale de la pastorale carcérale italienne. Car celle-ci, visant notamment la réparation, la réconciliation et la rééducation des détenus, relève du cadre de l'évangélisation, le thème privilégié de ce chapitre et l'espace que la praxis carcérale se partage avec les expériences narratives et autobiographiques relatées ci-dessus, celles de la catéchèse, de la pastorale d'engendrement et des expériences formatives pour le clergé et les agents pastoraux mises en place par quelques diocèses italiens. D'autant plus que la prison est un endroit où l'annonce de la Bonne Nouvelle est urgente, voire vitale. De fait, « le *DB* considère l'évangélisation comme le cœur même de l'action des agents de la pastorale pénitentiaire, articulée en trois moments fondamentaux : le dialogue, l'annonce et la catéchèse »[1960].

Ainsi, favoriser la justice réparatrice et travailler pour la réconciliation, le repentir et la conversion d'un sujet humain, fût-il un criminel, c'est évangéliser, bien que cela ait comme point de départ non pas la Parole de Dieu directement, mais les actions humaines, en tant qu'actions « sacramentelles » véhiculant le contenu de l'Évangile. Dans ce cas, la pastorale carcérale s'accorde bien avec le style et la forme d'une évangélisation implicite et indirecte, tels qu'adoptés par la pastorale d'engendrement et par l'expérience autobiographique cénaculaire que je vais exposer au chapitre suivant. Car le détenu n'est pas qu'un criminel, mais il est en même temps un malheureux et un pauvre auquel Jésus Christ lui-même ne craint pas de s'identifier (cf. Mt 25,36).

Si nous revenons à la dimension narrative de l'action pastorale carcérale, la « pédagogie évangélique envisage un parcours courageux de restauration mettant face à face bourreau et victimes dans une condition dialogique essentielle afin de faire émerger certes, des contradictions, mais surtout, un esprit de fraternité »[1961]. D'ailleurs, la mission de l'Église dans les prisons consiste à « proposer l'évangile de libération, précisément à partir

1959 Cf. C. Matarazzo, « L'agire della Chiesa per un cammino di liberazione », p. 20.

1960 *Ibid.*, p. 26. Matarazzo se réfère à *DB*, § 4.1 (voir l'annexe 3, pp. 19–23). À l'égard de l'articulation en étapes et de la progression de la praxis évangélisatrice des détenus, l'expérience des « cénacles » à l'intérieur de la prison, telle que présentée au chap. 7, est à considérer comme étant une première étape de ce processus très particulier qu'est l'évangélisation dans les prisons.

1961 *Ibid.*

du mal commis, sans le nier, l'éviter, ni l'annuler »[1962]. Par conséquent, le travail des agents pastoraux et des bénévoles chrétiens en prison ne peut que viser le « rachat » personnel du détenu. À ce sujet, « parier sur un *nouveau commencement*, [...] en accompagnant les détenus vers le récit de soi par le récit autobiographique »[1963] implique nécessairement la reconnaissance du mal commis comme un échec, comme l'effet d'une fragilité humaine.

Matarazzo est donc explicite à l'égard de l'approche autobiographique en tant que voie d'une pastorale d'évangélisation et de justice réparatrice susceptible de marquer un nouveau début d'histoire et de concrétiser un possible rachat pour la personne recluse. En effet, le récit autobiographique étant l'occasion et constituant « la capacité de re-signifier sa propre histoire, chaque personne est mise en condition de redéfinir elle-même et de comprendre sa propre vie »[1964]. Puis, dans une ambiance d'écoute et d'amitié, sans jugement ni préjugé de la part des animateurs, ni non plus de la part des détenus, la narration s'avère être aussi une voie thérapeutique dans la mesure où la communication autonarrative qui en émerge reconstruit les *liens* significatifs de tout participant au cercle autobiographique. Car en premier lieu, le lien avec soi est fondamental pour l'accomplissement de la réconciliation, du pardon et de l'estime de soi, ce que chacun est censé rétablir avec soi-même. Il en va de même pour le lien envers les autres, lesquels représentent la partie lésée aussi bien que la partie dont le coupable attend le pardon. De ce fait, les histoires personnelles des délits peuvent « être restituées à ceux qui ont subi les effets néfastes de la catastrophe »[1965].

Ainsi, restituer l'histoire du délit, c'est la comprendre dans la perspective de la justice réparatrice qui est aussi une justice restitutive, non pas au sens de payer le prix de la faute, c'est-à-dire de rendre aux personnes lésées et à l'État ce qui leur a été enlevé, mais au sens invoqué par le *DB* d'une justice à même de restituer une nouvelle dignité à tous les intéressés, même au criminel repenti :

> *Innanzitutto, è fondamentale passare da una concezione della giustizia che pone come centrale il reato e l'espiazione della pena, ad una* « giustizia che reinstaura non solo le condizioni della legalità violata, ma anche quelle del reinserimento civile e sociale di chi ha commesso reato [...] ; una giustizia che, nell'affrontare il versante più oscuro e contraddittorio della convivenza sociale, restituisca le condizioni del riconoscimento della dignità di tutti. Quella delle vittime, quella sfigura-

1962 *Ibid.*

1963 *Ibid.*, p. 27. En soulignant l'expression « nouveau commencement », Matarazzo fait allusion à *DB*, § 3 (voir annexe 3, p. 15). Puis, à propos de sa référence à la thématique de l'autobiographie, il ne mentionne pas dans le texte que je considère ici des parcours donnés de type autobiographique mis en place à l'intérieur des prisons. En revanche, bien que ce thème soit restreint, le théologien italien met en exergue la dimension autobiographique en tant que voie pastorale et formative privilégiée pour atteindre l'objectif du changement de vie des personnes recluses.

1964 *Ibid.*

1965 A. Francia, *Il delitto raccontato. Una lettura criminologica delle novelle di Guy de Maupassant*, Franco Angeli, Milano, 2010, pp. 221–222, cité dans C. Matarazzo, « L'agire della Chiesa per un cammino di liberazione », p. 27.

ta del criminale, quella della comunità umana e civile che si muove entro le coordinate del diritto nazionale e internazionale »[1966].

La narration de l'histoire de la personne incarcérée marquée par le crime peut alors se transformer en *histoire de salut* venant de l'Évangile, en tant que Parole *inscrite dans le cœur de tout homme*, ainsi que nous l'avons répété à maintes reprises, et dès lors inscrite aussi dans le cœur d'une personne qui a commis un délit. Car, comme le dit François et comme le répète le *DB* lui-même en faisant siennes les paroles du Pape, Dieu précède et devance le pécheur, en lui offrant cette justice supérieure et vraiment équitable qui le sauve, qui le guérit et qui lui rend la dignité perdue d'homme et d'enfant de Dieu :

L'attitude de Dieu, qui *primerea*[1967] l'homme pécheur en lui offrant son pardon, se présente comme une justice supérieure, dans le même temps équitable et miséricordieuse, sans qu'il n'y ait de contradiction entre ces deux aspects. En effet, le pardon n'élimine ni ne diminue l'exigence de la correction, propre à la justice, et n'élimine pas non plus le besoin de conversion personnelle, mais va au-delà, en tentant de rétablir les rapports et de réintégrer les personnes dans la société. Il me semble que c'est ici que réside le grand défi, que nous devons affronter tous ensemble, afin que les mesures adoptées contre le mal ne se contentent pas de réprimer, de dissuader et d'isoler ceux qui l'ont provoqué, mais les aident également à réfléchir, à parcourir les chemins du bien, à être des personnes authentiques qui, loin de leurs propres misères, deviennent elles-mêmes miséricordieuses. C'est pourquoi l'Église propose une justice humanisante, authentiquement réconciliatrice, une justice qui conduise le délinquant, à travers un chemin d'éducation et de pénitence courageuse, à la réhabilitation et à la pleine réinsertion dans la communauté.

Comme il serait important et beau d'accueillir ce défi, pour qu'il ne tombe pas dans l'oubli. Comme il serait beau que l'on accomplisse les pas nécessaires afin que le pardon ne demeure pas uniquement dans la sphère privée, mais atteigne une véritable dimension politique et institutionnelle pour créer ainsi des rapports de coexistence harmonieuse. Que de bien obtiendrait-on s'il y avait un changement de mentalité pour éviter les souffrances inutiles, surtout chez les plus vulnérables[1968].

Or, décliner le souhait du Pape sur le plan de la pastorale pénitentiaire comporte l'assomption d'une responsabilité éducative et formative de qualité qui rende les agents aptes à

1966 *DB*, § 4, citant R. Mancini, « Operare con giustizia », *Rivista di Teologia Morale* 138 (2003), pp. 189–194 (voir annexe 3, p. 53).

1967 *Primerear* est une expression argentine que le Pape cite et explique pendant son dialogue avec les mouvements ecclésiaux à la Veillée de Pentecôte (Place Saint-Pierre, samedi 18 mai 2013) : « Nous disons que nous devons chercher Dieu, aller vers lui pour lui demander pardon, mais lorsque nous allons, Lui nous attend, Lui est déjà là ! En espagnol, nous avons un terme qui explique bien cela : *"Le Seigneur nous 'primerea'"*, il nous précède, il nous attend ! Et cela est vraiment une grande grâce : trouver quelqu'un qui nous attend. Tu vas en pécheur, mais Lui t'attend pour te pardonner » [http :// w2.vatican.va/content/francesco/fr/speeches/2013/may/documents/papa-francesco_20130518_veglia-pentecoste.html].

1968 Francesco, *Lettre aux participants au XIXe Congrès international de l'*Association internationale de droit pénal *et du IIIe Congrès de l'*Association latino-américaine de droit pénal et de criminologie, 3 [https ://w2.vatican.va/content/francesco/fr/letters/2014/documents/papa-francesco_20140530_lettera-diritto-penale-criminologia.html], cité également dans *DB* § 5.3 (voir la p. 40 de l'annexe 3).

« parier sur un *vase cassé*, à croire et à faire confiance à celui qui a mal agi »[1969], ainsi que le souligne avec force l'inspecteur des aumôniers italiens s'inspirant de l'anthropomorphisme théologique du prophète Jérémie (cf. Jr 18,3-4). C'est pourquoi la mission de tous les opérateurs d'inspiration chrétienne engagés dans l'œuvre rééducative des personnes en détention est censée devenir de plus en plus une action prophétique qui arrive « là où le droit n'est pas respecté, les lenteurs bureaucratiques bloquent, le désintérêt vers le plus faible prend le dessus »[1970]. Les agents pastoraux et tous les bénévoles sont surtout appelés à « être une voix prophétique, une conscience critique non pas accusatrice ou dévalorisante, mais qui fait croître davantage le sens de responsabilité de ceux qui tiennent en main le sort d'autrui[1971]. » Cela veut bel et bien dire que cette responsabilité, plus que les sujets administratifs de la Justice de l'État, interpelle les agents pastoraux eux-mêmes, appelés à incarner l'image théologique de Jérémie mentionnée plus haut d'un « Dieu-potier », afin de devenir les mains de ce potier divin qui « ne jette jamais l'argile, qui ne nous jette pas comme on le fait pour les déchets et pour des choses devenues inutiles »[1972]. En revanche, Dieu « prend dans sa main toute personne et il la refaçonne avec sa force patiente : dans les mains de Dieu, un vase cassé, c'est une chance, et le monde du bénévolat entrant dans une prison est comme la main d'un potier, ce qui devient une possibilité pour les détenus[1973]. »

Pour compléter le cadre d'une pastorale carcérale, telle qu'esquissée au cours de ce paragraphe, je voudrais prendre en considération un dernier élément : la communauté des détenus elle-même. Car les personnes incarcérées, en plus de former un ensemble d'êtres humains coupables de différents crimes, constituent aussi « une communauté chrétienne en prison », voire « une Église en prison »[1974]. Cette expression, mentionnée à plusieurs reprises dans le *DB*, qui est d'ailleurs présente dans le titre du livre dirigé par Matarazzo et qui est également reprise par l'inspecteur général des aumôniers, je l'avais d'abord entendue comme étant référée aux agents pastoraux qui se rendent à l'intérieur de la prison en tant que représentants de l'Église. C'est pourquoi combien grande et déconcertante a été ma surprise lorsque, lisant les contributions du livre *La Chiesa in carcere* aussi bien que le *DB*, j'ai finalement réalisé que cette « Église en prison » était constituée des détenus eux-mêmes et représentée par eux, telle l'« Église blessée » et l'« Église prisonnière » à l'écoute de laquelle nous mettre. Face à cette communauté chrétienne « en captivité » et

1969 R. Grimaldi, « Mettersi in ascolto di una Chiesa, ferita, prigioniera e nascosta », dans C. Matarazzo (dir.), *La Chiesa in carcere*, pp. 31–40, ici p. 36.
1970 *DB*, § 3, je traduis (voir annexe 3, p. 48).
1971 R. Grimaldi, « Mettersi in ascolto di una Chiesa, ferita, prigioniera e nascosta », p. 36.
1972 *Ibid.*, p. 35.
1973 *Ibid.*
1974 *DB*, annexe 3, *Premessa* p. 1 et p. 2 ; § 4.1, p. 19 ; § 4.2, p. 24 ; § 5.2, p. 36.

donc si différente de celle qui se dit « libre », « qu'est-ce que cela signifie concrètement pour tout le monde, [se demande Grimaldi], de se mettre en état d'écoute d'une Église, d'une communauté qui est en prison ? »[1975]

La réponse, évidemment, fait appel aux histoires de ces personne qui, par le fait même de constituer une communauté chrétienne, sont aussi des frères et des sœurs dans le Christ. Dès lors, pour les animateurs d'une « mission autobiographique », il s'agira de mettre en place une écoute capable de prendre part aux histoires de souffrances et de mises en marginalité, tels les soins pour des plaies à panser, et aux histoires imprégnées de douleurs, tels les tissus pour des larmes à essuyer. Pour ces frères et ces sœurs marqués par les blessures des délits commis, il s'agira donc de « mettre en récit » leur drame, ce qui rappelle et évoque la dramatique divine, « mise en récit » par l'Écriture, qui implique la liberté de Dieu et la liberté de l'homme[1976]. Car, au bout du compte, être en prison pour un meurtre ou pour n'importe quel crime, met nécessairement en jeu le mystère de la croix, lequel est aussi une affaire de meurtre commis. Par conséquent, si le « meurtre de Dieu » est ce crime, mis en récit dans les évangiles, qui devient l'événement même du salut, le drame d'un détenu, mis en récit et devenu objet d'écoute de la part de l'animateur pastoral aussi bien que des autres membres de l'*Église en prison*, reçoit nécessairement du « récit de la croix » cette lumière qui va le transfigurer et le transformer en une histoire de salut. Car, finalement, cette écoute, qui est l'écoute d'une Église incarnant la miséricorde du Crucifié, à quoi aboutit-elle sinon à une promesse de salut issue de la bouche même du Christ, lequel s'adresse au détenu, comme autrefois au malfaiteur crucifié avec lui, en disant ces mêmes mots : « En vérité, je te le dis, aujourd'hui tu seras avec moi dans le Paradis » (Lc 23,43) ?

Somme toute, la narration du drame de l'homme en prison a pour seul objectif d'ouvrir un chemin conduisant à la liberté, tel l'exode du peuple d'Israël en marche de l'*esclavage* d'Égypte vers la terre *promise*. C'est pourquoi, ainsi que le souligne le *DB*, « en prison, il y a une communauté chrétienne composée de frères et de sœurs *en exil* et en attente de *retourner* vers leurs communautés d'appartenance »[1977]. D'ailleurs, que peut célébrer une communauté chrétienne exilée sinon la *teshuwa*, le mot hébreu indiquant « le retour » à Dieu et à sa terre de liberté, selon l'oracle de Malachie : « Revenez à moi et je reviendrai à vous – dit le Seigneur Sabaot » (3,7) ?

Concluant ce sixième chapitre, le présent paragraphe consacré à la pastorale pénitentiaire a voulu non seulement compléter notre réflexion autour d'une pastorale narrative, voire d'une pastorale autobiographique qui s'est frayé depuis quelque temps un chemin dans le cadre de l'action évangélisatrice de l'Église. Mais il a voulu aussi explorer un autre

1975 R. Grimaldi, « Mettersi in ascolto di una Chiesa, ferita, prigioniera e nascosta », p. 37.
1976 Voir *supra*, 1.3.3, notamment la n. 484.
1977 *DB*, § 4.2, je souligne (voir annexe 3, p. 24).

aspect de la nouvelle évangélisation, laquelle est adressée à l'ensemble des femmes et des hommes de ce monde, à quelque condition qu'ils appartiennent, celle de liberté ou celle de captivité. Car, en ultime instance, même en dehors des barreaux d'une prison, on peut vivre comme des prisonniers, ainsi que je le fais remarquer dans ma lettre adressée aux détenus qui ont pris part aux cénacles autobiographiques[1978]. D'ailleurs, Jésus est venu « porter la bonne nouvelle aux pauvres », et il a été « envoyé annoncer aux captifs la délivrance, aux aveugles le retour à la vue et renvoyer en liberté les opprimés » (Lc 4,18). C'est pourquoi, ce paragraphe, tel un anneau de jonction, va nous introduire dans le contexte du chapitre 7 relatant la mise en place d'une praxis pastorale autobiographique à proprement parler, qui s'est aussi intéressée à des groupes de détenus.

* * *

Trois sont les étapes qui ont marqué l'analyse pastorale du sujet de l'autobiographie abordée dans ce chapitre, lequel a débuté par l'évocation du lancement de la proposition par Jean-Paul II d'une « nouvelle évangélisation » et qui en a déployé les impulsions successives. Tout d'abord, nous avons souligné le développement du discours analogique relatif à l'autobiographie qui, à partir notamment du chapitre 4, a commencé à se situer théologiquement dans le cadre de la Révélation concernant la Tradition. En fait, si par rapport à l'Écriture Dieu se révèle aussi à partir des histoires personnelles et autobiographiques des hommes, il en va de même pour la Tradition. Car, dans ce grand fleuve, Dieu se révèle également à travers les histoires personnelles des hommes, du fait de l'Évangile de son Fils, sa Révélation faite histoire humaine, que Dieu a inscrit en chacun d'eux. Parler, dès lors, de troisième Testament signifie non pas recenser une liste de textes trito-testamentaires, mais désigner cette dimension de la Révélation qui attend d'être pour ainsi dire « mise au jour ». C'est bien ce qu'a essayé de faire, dans le cadre de l'Écriture, notre exploration autour de la figure autobiographique du *disciple bien-aimé*, en tant que source testimoniale du quatrième évangile. Et c'est également ce à quoi visait notre analyse du *Petit Prince*, soulignant le message évangélique et théologique qui y est contenu et qui s'inscrit dans le sillage de la Tradition.

Ainsi, dans cette troisième partie de la recherche, en voulant explorer le sujet de l'autobiographie par rapport à l'annonce, avant de présenter et de relater un type d'action évangélisatrice en forme autobiographique à proprement parler, ce qui va faire l'objet du prochain chapitre, nous avons d'abord introduit le cadre ecclésial actuel concernant l'évangélisation, précisément la « nouvelle évangélisation ». L'exploration d'un tel sujet particulier nous a aidé à repérer l'importance du témoignage personnel et donc autobiographique en

1978 Voir annexe 10.

tant qu'expression même de cette *ardeur* et de ces *formes* et *expressions* renouvelées invoquées par le saint pape polonais et dont la « nouvelle évangélisation » est invitée à se prévaloir. C'est donc dans cette perspective que nous avons essayé de relire les praxis pastorales, celle dite d'engendrement et celle relative à la catéchèse narrative inspirée du récit autobiographique de la foi.

Puis, dans le deuxième paragraphe, l'interview du professeur Binz, en tant que pionnier et témoin vivant de l'emploi de la méthode autobiographique dans le domaine de la pastorale catéchétique, kérygmatique et pédagogique, nous a donné l'occasion de connaître cette toute première praxis narrative et autobiographique mise en place par le pastoraliste suisse dans le cadre didactique et catéchétique relatif à son expérience académique et à son service ecclésial. Cet entretien nous a en même temps donné l'occasion de mieux situer la présente recherche et de la comprendre comme une tentative de poursuite de l'expérience commencée dans les facultés théologiques de Fribourg et de Strasbourg où Ambroise Binz a enseigné aussi bien que dans les établissements ecclésiaux de formation où il a également œuvré.

Il en découle que les expériences autobiographiques italiennes de formation, illustrées au cours du troisième paragraphe, se veulent non seulement la prolongation du travail commencé par Binz et par les membres de son équipe, mais aussi par d'autres professeurs, tel Adler. Elles ont été présentées et relues comme étant les fruits mûrs de la « nouvelle évangélisation » elle-même. L'expérience des Églises des Pouilles et de l'*ITP*, celle du diocèse de Padoue et de l'*ISL*, et enfin la présentation et la réflexion autour de la pastorale pénitentiaire italienne à la lumière notamment des directives issues du *DB* ont souligné que l'évangélisation demande de passer par les histoires et les expériences de vie de ses acteurs. Et cela, dans tous les domaines pastoraux, même dans les plus difficiles, comme les prisons. Car, finalement, annoncer l'Évangile en forme autobiographique signifie mettre en place ce que la Tradition signifie et ce qui constitue aussi la raison même de son existence : l'actualisation du dépôt de la foi. C'est pourquoi, quelle meilleure forme d'actualisation visant la Parole de Dieu que celle du témoignage autobiographique où celle-ci prend chair et peut être saisie de manière synesthésique ?

Au bout du compte, le but des deux chapitres de cette dernière partie de la thèse consiste à essayer de mettre en lumière la composante autobiographique de la Révélation qui traverse également l'évangélisation en plus de la Parole-Écriture. Car, en dernière instance, Dieu se rend analogique par le témoignage historique et la foi des croyants – y compris ceux qui n'ont pas encore la conscience de cet Évangile semé en eux –, conformément à cette *économie événementielle d'incarnation du Verbe* esquissée dès le deuxième chapitre, et aboutissant à sa troisième étape : l'Église[1979].

1979 Voir *supra*, 2.3.

Dès lors, le « cénacle autobiographique » que je vais présenter et expliciter maintenant se voudrait non seulement l'achèvement pragmatique de ce travail, mais aussi l'achèvement théologique de l'hypothèse posée par cette recherche, à savoir : la reconnaissance dogmatique d'une théologie autobiographique, similaire à celle accordée à la théologie narrative, et également la reconnaissance d'une pastorale autobiographique, c'est-à-dire d'une théologie pastorale de type autobiographique, selon les souhaits et les efforts d'Ambroise Binz et de ses collègues, lesquels ont offert comme les débuts du cheminement et de la prise en considération théologique de l'autobiographie.

Chapitre 7

Le cénacle autobiographique

L'autobiographie étant un phénomène pragmatique, c'est-à-dire une expérience concrète, j'ai voulu compléter la présente recherche en mettant en place des ateliers autobiographiques qui accomplissent la réflexion pastorale autour de l'évangélisation, l'objet de la troisième partie de ce travail. La « scène » de ce dernier chapitre va donc être dominée par cette pratique pastorale que j'ai appelée « cénacle autobiographique », et que j'ai moi-même directement expérimentée durant l'année 2019, en Sardaigne. Il ne sera donc pas question d'argumenter ou d'explorer des considérations théoriques, ainsi que nous l'avons fait au cours des six chapitres précédents, mais de relater une toute première expérience cénaculaire, assez privilégiée, que j'ai vécue intensivement en tant qu'animateur.

Le cénacle autobiographique se veut d'abord la tentative d'une praxis d'annonce réalisée sous une forme et selon une posture autobiographiques. En même temps, il voudrait interpeller l'Église relativement à sa mission évangélisatrice, en la « provoquant » avec une proposition pastorale autobiographique à proprement parler, laquelle est à mon avis à même de remplir la fonction d'une véritable praxis d'annonce valable pour le temps présent.

Suite à l'accueil de mon projet cénaculaire de la part des évêques de deux diocèses du nord de la Sardaigne, j'ai pu d'abord mettre en œuvre mes premiers cénacles autobiographiques. Le premier a impliqué quelques fidèles d'une paroisse de Sassari. Le deuxième, des agents pastoraux engagés au sein de la *Caritas* du diocèse d'Alghero. Ensuite, ayant également proposé le projet au directeur de la *Casa di Reclusione* d'Alghero, l'autorisation étant accordée, j'ai pu aussi animer un troisième et un quatrième cénacles autobiographiques avec deux groupes de détenus, à l'intérieur même de la prison susmentionnée.

Ainsi, dans ce chapitre conclusif, avant d'exposer le déroulement de mes premiers ateliers autobiographiques, je vais d'abord expliquer ce qu'est un cénacle autobiographique, en en mettant en relief les caractéristiques, et en en explicitant les phases de réalisation et de développement (7. 1). Ensuite, j'en viendrai à présenter un par un les quatre cénacles, en essayant de « raconter », en tant qu'animateur et témoin privilégié de ces ateliers d'évangélisation, l'expérience très marquante que j'y ai vécue (7. 2). Les ateliers sont tous documentés car, pendant les séances cénaculaires, j'ai pu prendre des notes. Cependant, pour une raison de confidentialité, celles-ci ne sont pas rapportées dans leur intégralité. En revanche, les documents qui peuvent être publiés et dont l'expérience cénaculaire tire parti également, sont disponibles parmi les annexes intégrées dans le présent travail[1980].

Qualifiée de « cénacle », cette praxis autobiographique d'évangélisation est conçue pour un nombre raisonnable de personnes, 10 ou 12 au maximum *cenacolisti* par groupe cénaculaire[1981]. De ce fait, chaque cénacle formant une petite communauté narrative, les sujets impliqués constituent un contexte d'écoute indispensable, pas tant pour des raisons purement pédagogiques ou méthodologiques que pour des raisons théologiques. Car, en l'occurrence, une pareille configuration communautaire se veut l'« analogue » de l'Église, c'est-à-dire une petite communauté de croyants actuels ou futurs, quoique les *cenacolisti* n'en aient pas conscience. D'ailleurs, dans le cadre de la « nouvelle évangélisation », l'annonce de la foi n'est pas une question de stratégies de communication, ainsi que je l'ai souligné au cours du chapitre 6. En revanche, en mettant en jeu le sujet qui témoigne de la foi, l'Église, l'annonce esquissée par la nouvelle évangélisation ne peut que se prévaloir d'agents de la mission conscients d'agir au nom de l'Église et d'être Église eux-mêmes, en opérant dès lors selon une perspective ecclésiologique[1982].

C'est pourquoi, relater cette toute première et singulière expérience d'évangélisation peut permettre, nous le souhaitons, de confirmer en fin de compte la fiabilité et la validité de l'hypothèse autour de ce que nous avons appelé les récits du « troisième Testament », telle que nous l'avons formulée au cours du présent travail. Car ce que j'ai expérimenté et dont je suis un témoin privilégié porte sur une praxis d'annonce en forme autobiographique mettant réellement au jour ce « Testament autobiographique » *inscrit dans le cœur des hommes*. Cela peut par conséquent témoigner du fait que la « théologie autobiographique » issue de l'Écriture converge bel et bien dans le courant vif de la Tradition.

Ainsi, le dernier claveau posé, et l'arc en plein cintre étant finalement achevé, selon l'image que nous avons voulu choisir afin de montrer la structure de la thèse et le développement homogène de toute la recherche (voir fig. 1, p. X), nous souhaitons que ce chapitre pragmatique apporte les éléments théologiques à même de compléter et de confirmer la réflexion pastorale autour de l'évangélisation, précisément de la « nouvelle évangélisation », objet de la troisième partie de ce travail. De même, nous espérons que la proposition du cénacle autobiographique soit à la hauteur des défis lancés par la « nouvelle évangélisation ».

1980 Voir les annexes 4, 5, 6, 7, 8, 9, 10 et 11.

1981 Au singulier, le substantif italien *cenacolista* appartient au genre « ambivalent » des noms communs, c'est pourquoi il peut désigner soit un homme (un *cenacolista*) soit une femme (une *cenacolista*) participant à l'expérience cénaculaire. En revanche, au pluriel, ce terme peut être employé selon les deux genres, à savoir les *cenacolisti* et les *cenacoliste*.

1982 Voir *supra*, 6.1.1, notamment la cit. de la n. 1767.

La validité et l'urgence d'une pastorale autobiographique posées, il ne restera finalement qu'à tirer les conclusions qui s'imposent, tout en avançant les questions méthodologiques et théologiques que voici : Est-ce que l'arc en plein cintre est à même de rendre raison de l'échafaudage de la présente recherche théologique ? Arrive-t-il à montrer l'articulation et la cohésion des éléments qui le composent ? Enfin, l'hypothèse d'une théologie autobiographique et d'une pastorale autobiographique développées en perspective analogique et sacramentelle, ce que nous avons essayé de défendre au cours de ce travail, peut-elle être confirmée quant à son bien-fondé ainsi qu'à ses références et ses qualifications ? Par conséquent, cette même hypothèse sera-t-elle susceptible de recevoir une reconnaissance théologique et ecclésiologique ?

7.1. Les caractéristiques et les phases du cénacle autobiographique

7.1.1. Une praxis d'annonce sous forme d'une proposition pédagogique

Émanant de la formation autobiographique que j'ai acquise à la LUA à travers les différents parcours académiques qu'elle offre, le cénacle autobiographique est une praxis d'évangélisation qui assume une forme autobiographique. Par conséquent, se situant dans le cadre de la « nouvelle évangélisation » qui a fait l'objet du chapitre 6, ce que je vais relater dans ce chapitre conclusif vise d'abord à compléter la réflexion pastorale autour du sujet de l'autobiographie. Puis, dans la mesure où celui-ci a été exploré sous l'angle théologique, je vais essayer aussi de faire émerger la nature analogique du cénacle autobiographique. D'ailleurs, l'évangélisation étant le cœur même de la Tradition, et la Tradition étant pour sa part partie intégrante de la Révélation avec l'Écriture, une telle pratique d'annonce doit nécessairement s'avérer de caractère analogique.

Or, si Dieu se révèle aussi à partir du « dedans » de l'homme, c'est-à-dire à partir de son histoire personnelle et singulière, l'objectif de l'expérience cénaculaire ne se limite pas simplement aux apports formatifs, performatifs et thérapeutiques, ce qui est désormais considéré comme l'acquis de l'approche autobiographique. À ce propos, songeons aux diverses écoles autobiographiques aussi bien qu'aux différents traitements pédagogiques et thérapeutiques utilisant l'*écriture du moi*. S'agissant d'une praxis d'évangélisation, l'objectif relève du domaine sacramentel, quoique ce type d'annonce requière des instruments et des moyens pédagogiques. Autrement dit, en plus d'être un parcours pédagogique qui aide les sujets impliqués à mieux vivre, cherche à guérir leurs blessures et contribue à l'élaboration de leurs projets futurs, le cénacle autobiographique se veut surtout l'expression et le « signe » de la proximité de Dieu et de son amour manifesté aux hommes par l'Homme Jésus-Christ. Car, dans une telle visée, aider un homme à vivre et à être bien dans sa peau, c'est avant tout accomplir un acte d'amour, moyennant une annonce déclinant le commandement même de l'amour (cf. Jn 13,3 4-35).

Le cénacle autobiographique n'est pas un segment, une expérience ponctuelle, mais il est un chemin d'évangélisation étalé sur des étapes[1983]. Pour le dire plus clairement, c'est un parcours où l'annonce de l'Évangile suit une logique et une pédagogie de *progression.* D'ailleurs, le point de départ du cénacle autobiographique n'est pas la lecture de la Bible, ni la prière, tout comme cela se passe au sein de nombreux cercles de partage de la Parole. On songe aux groupes d'*Évangile à la maison*, aux *CVX* (*Communautés de vie chrétienne*) et à la plupart des mouvements ecclésiaux, tels le *Chemin néocatéchuménal* et les groupes charismatiques, pour donner quelques exemples. En revanche, ce qui constitue le point de départ du parcours cénaculaire, c'est l'histoire concrète et réelle de tous ses membres, telles des pages d'une sorte de « bible de la vie ».

Comment pourrait-on dès lors définir un « cénacle autobiographique » ? Dans l'affiche et dans la brochure préparées en vue de la phase de sensibilisation – le préalable de l'expérience cénaculaire[1984] –, le cénacle autobiographique est défini comme suit : « C'est un groupe de personnes (cénacle) disposées à se raconter elles-mêmes, où le récit de l'un suscite l'écoute des autres. Il s'agit d'une série de rencontres où l'on apprend à se raconter soi-même, à écrire sur soi-même, à écouter l'autre, sans juger personne, étant entendu que chacun est libre de ne raconter que ce qu'il veut, sans faux-semblants ni masques. »[1985] De plus, sont également soulignées la raison et l'utilité de la proposition autobiographique : « Raconter mon histoire est utile pour de nombreuses raisons : cela peut m'aider à attribuer une signification donnée à ma vie, à en rassembler les morceaux, à en soigner les blessures, à me réconcilier avec elle, à en comprendre la valeur, à en découvrir la beauté et à retrouver le trésor caché en elle. Bref, raconter mon histoire peut m'aider à recommencer à vivre une vie nouvelle, et cela peut aussi aider ceux qui m'écoutent à mieux vivre leur propre histoire. »[1986]

Or, ce qui saute aux yeux dans ces affiches, c'est l'absence d'explicitation de la dimension proprement « religieuse ». Cela est voulu pour différentes raisons. D'abord, en tant que proposition anthropologique, le cénacle autobiographique s'adresse à des personnes

1983 Débouchant sur la proposition adressée aux *cenacolisti* d'écrire chacun sa propre autobiographie, l'expérience cénaculaire envisage un deuxième parcours où la dimension religieuse est soulignée et explicitée davantage. Car les autobiographies rédigées devenant l'occasion d'une relecture communautaire, cela pourrait donner lieu à une confrontation entre les histoires personnelles et les pages de l'Écriture que ces histoires évoquent. Mais ce n'est pas tout. En plus d'être priés d'écrire leur propre histoire de vie, les *cenacolisti* sont aussi invités à envisager la mise en place d'un nouveau cénacle où ils peuvent eux-mêmes jouer le rôle d'animateurs. Voir *infra*, 7.2.

1984 Voir les annexes 4 et 5.

1985 Voir l'annexe 4.

1986 Voir l'annexe 5.

adultes, sans aucune restriction culturelle ou religieuse. En outre, l'évangélisation n'étant pas un acte de prosélytisme ecclésial, les ateliers autobiographiques se veulent d'abord un support répondant aux besoins humains et spirituels au sens large des termes. Cela veut bel et bien dire qu'évangéliser, c'est avant tout porter le témoignage d'un acte d'amour et d'attention envers les autres. C'est pourquoi, le cénacle autobiographique est accompagné par la lecture du conte de Saint-Exupéry *Le Petit Prince.*

L'idée de réaliser des cénacles autobiographiques ainsi conçus est née de la réflexion théologique de Jüngel portant sur ce que nous avons nommé l'analogie parabolique. De fait, si le théologien luthérien bâtit son discours analogique sur les paraboles de l'Évangile, c'est proprement pour affirmer que dans la mesure où les paraboles, relatant l'expérience intramondaine des hommes, racontent Dieu, le langage humain est l'expression même de l'avènement de l'analogie, voire il en constitue la pointe. Ce n'est pas une possibilité venant de la parole humaine en tant que telle, mais c'est Dieu lui-même qui rend le langage humain *apte à dire Dieu*[1987]. C'est pourquoi, c'est proprement parce qu'elles parlent concrètement et efficacement du mystère du monde que les paraboles parlent adéquatement de Dieu, mystère du monde. Par conséquent, tandis que la parabole ne dit pas Dieu directement ou ouvertement, elle révèle Dieu de la manière la plus précise et la plus adéquate[1988].

Or, si le récit autobiographique du *Petit Prince* comporte des éléments et des messages évangéliques, ainsi que nous l'avons mis en relief plus haut, c'est bien à cause du potentiel analogique qu'il possède[1989]. C'est pourquoi, le choix d'un texte profane et laïc pour accompagner ces premiers cénacles autobiographiques n'est pas anecdotique, mais il vise précisément à ce que les participants des quatre cercles autobiographiques parviennent à la découverte suivante : à savoir que l'histoire de chacun d'eux et de chacune d'elles recèle des traces d'Évangile attendant d'être mises au jour et en valeur[1990]. Cependant, une telle

1987 Voir *supra*, 1.2.2. Rappeler dans ce dernier chapitre le sujet de l'analogie signifie d'abord relever la cohérence de la recherche par rapport aux sujets que celle-ci envisage. Mais cela veut aussi dire mettre en relief une correspondance « symétrique » qui met en connexion le chapitre 7 et le chapitre 1. De ce fait, la question analogique visant la dimension autobiographique de la Révélation est à inscrire à l'intérieur de l'évangélisation, en plus de l'analogie à l'œuvre dans l'Écriture.

1988 Mettre en jeu dans le cadre du cénacle autobiographique le discours analogique portant sur le langage de l'Évangile, c'est situer la théorie analogique, explorée et argumentée relativement au sujet de l'autobiographie, également à l'intérieur des récits du « troisième Testament » (voir *supra*, n. 335).

1989 Voir *supra*, 5.3.

1990 Comme nous l'avons anticipé lors de la conclusion du chapitre 5 du présent travail, l'expérience des cénacles autobiographiques que je vais relater au cours de ce dernier chapitre, se veut une première étape d'évangélisation en style autobiographique, durant laquelle la lecture du *Petit Prince* a accompagné une annonce pour ainsi dire « implicite » de la Bonne Nouvelle (cf. *supra*, n. 1746). Suite à ce premier parcours autobiographique, ces mêmes *cenacolisti* du précédent cénacle pourraient participer à une seconde phase cénaculaire réalisant une annonce *explicite* de l'Évangile. En ce cas, le nouveau cénacle autobiographique pourra être bel et bien accompagné par la lecture de certains textes bibliques,

découverte peut se faire en fonction d'une implication personnelle forte et profonde par rapport au parcours autobiographique proposé. Autrement dit, plus on travaille sur soi-même, en s'engageant dans une quête de connaissance de soi, plus on reconnaît le mystère évangélique habitant tous les hommes.

De ce fait, la pédagogie progressive et graduelle d'évangélisation issue de l'expérience cénaculaire entend offrir à tout participant la possibilité d'établir un contact avec son propre *moi* et d'entrer dans un dialogue profond avec soi-même. C'est d'ailleurs ce qui advient dans le conte autobiographique du *Petit Prince*, où le contact et l'échange entre le pilote et le petit prince se veut la *mise en récit* du contact et du rapport qui s'établit entre Saint-Exupéry, l'auteur du conte, et l'enfant que celui-ci a été et qui demeure toujours au dedans de lui[1991]. Quant à la confrontation du *je* avec le *moi*, elle va déboucher sur une prise en charge de soi-même et, dans certains cas aussi, sur une réconciliation avec soi-même, ainsi que je le mets en évidence dans les lettres adressées aux *cenacolisti* au terme de leur premier parcours cénaculaire[1992]. Au bout du compte, cette « aide » et cette « offre » pédagogiques que la proposition autobiographique engage par l'intermédiaire de l'animateur du cénacle, l'agent premier de cette praxis d'évangélisation, deviennent le *lieu théologique* correspondant à la troisième étape de ce que nous avons désigné comme l'économie événementielle d'incarnation du Verbe. Car cet *Évangile inscrit également dans le cœur des hommes* trouve dans le contexte privilégié de l'expérience cénaculaire la possibilité d'émerger, tout en revêtant la forme des récits trito-testamentaires, c'est-à-dire des histoires personnelles issues des sujets évangélisés[1993].

La conviction selon laquelle l'annonce de l'Évangile peut se réaliser et passer à travers la proposition d'ateliers autobiographiques, perçus au premier abord comme étant de pures et simples approches pédagogiques visant la formation, voire l'autoformation, s'appuie sur le fait que l'évangélisateur, en l'occurrence l'animateur du cénacle autobiographique, rend déjà visible lui-même le message évangélique portant sur la proximité de Dieu et sur son amour envers les hommes. J'en ai eu la confirmation lors d'un cénacle avec les *cenacolisti* détenus de la prison d'Alghero, lorsque ceux-ci se sont exclamés à mon sujet : « Que tu sois un prêtre particulier, que tu aimes les gens, ça se voit. Car tu es venu pour nous consa-

tels des échos des récits mêmes issus du cercle autonarratif, ainsi que nous l'avons évoqué plus haut (voir *supra*, n. 1983).

1991 Voir *supra*, 5.1.2 et 5.2.2.

1992 Concernant ces lettres, se rapporter aux annexes 7, 8 et 9.

1993 À l'intérieur de la réflexion développée au chapitre 2, la troisième étape de l'économie d'incarnation de la Parole de Dieu correspond aux témoignages des croyants, en qui l'Évangile assume une forme autobiographique à proprement parler. Cela établit, entre autres, une correspondance entre les chapitres 2 et 6, telle une deuxième connexion « symétrique » (voir *supra*, n. 1987).

crer du temps et pour nous écouter au-delà de ta mission strictement sacerdotale de dispensateur des sacrements. »

Une expression si forte et absolument inattendue venait certainement du fait que ces personnes, plus que l'offre d'une proposition formative, percevaient dans la démarche une attitude de proximité, telle que soulignée à maintes reprises pendant la réflexion pastorale explorée au cours du chapitre précédent. En effet, *l'ardeur, les expressions et les méthodes* invoquées par Jean-Paul II au sujet de la « nouvelle évangélisation » concernent tout d'abord les sujets de la mission, avant quelques stratégies[1994]. Somme toute, l'évangélisation n'est pas tant question de transmission de messages, fussent-ils les enseignements mêmes de l'Évangile, que d'une rencontre, d'une relation entre les agents et les destinataires de l'annonce, de manière à ce que ces derniers puissent découvrir et saisir concrètement que *Dieu les aime*. C'est d'ailleurs le noyau du kérygme, lequel est censé traverser et habiter toutes les étapes du processus d'évangélisation, ainsi que l'affirme François[1995]. Et c'est du reste aussi la logique théologique de la christosacramentalité même de la Parole-Écriture et de l'annonce où la Révélation parvient par les voies autobiographique et synesthésique ouvertes par les sujets du témoignage de foi. Car, finalement, ce sont ceux-ci qui donnent « chair » et visibilité à la Parole annoncée[1996]. Mais il y a encore plus.

Ainsi que nous l'avons souligné ci-dessus, étant bien loin d'une praxis « d'encadrement », le cénacle autobiographique ne va pas dans la direction de « porteurs » qui viennent donner quelque chose à des « récepteurs bruts » qui ne posséderaient rien, et qui auraient tout à apprendre[1997]. Pas du tout. L'animateur du cénacle sait bien que lors d'un atelier autobiographique « quelque chose se passe », par le fait même qu'une parole créative et sacramentelle fait que « quelque chose ait lieu » et engendre par ce biais des choses nouvelles[1998].

Or, les narrations venant surtout des *cenacolisti*, cela implique que la plupart des paroles « régénératrices » issues des récits du « troisième Testament » proviennent plutôt d'eux-mêmes que de l'animateur. De ce fait, ce dernier assume toujours la posture d'un récepteur et d'un témoin plus que d'un porteur. Et si, dans la visée de la pastorale d'engendrement, l'agent de la mission évolue en tant que *passeur*, tout en se faisant un instrument

1994 Voir *supra*, 6.1.1 et 6.1.2. Se situant au sein de la Tradition, le cénacle autobiographique se veut ce lieu théologique de l'annonce et de la transmission de la foi où la *relation* interpersonnelle devient une *expression* analogique de la Révélation, ce que souligne d'ailleurs Vatican II (voir *supra*, n. 1370). J'y reviendrai plus loin (voir *infra*, 7.1.3).

1995 Cf. *EG* 164.

1996 Cette « visibilité » du message évangélique met en évidence la dimension de la synesthésie, laquelle n'est pas séparée de l'autre composante christosacramentelle de la Parole qu'est l'autobiographie.

1997 Voir *supra*, 6.1.2.

1998 Voir *supra*, 1.2.2, notamment la cit. de la n. 196 et celle relative à la n. 198 ; 3.2.2.2, notamment la n. 992 ; et 5.1.2.

de la grâce et de la Parole, à l'intérieur d'un cénacle autobiographique, ce sont souvent les *cenacolisti* eux-mêmes qui deviennent des passeurs au profit de l'animateur, sans qu'ils en soient conscients.

En effet, le cénacle se construit au jour le jour, bien que la programmation des différents ateliers soit en principe établie et prédéterminée. Un récit, une réaction peuvent engendrer des discussions et des réflexions surprenantes, ce qui fait du cénacle non pas une expérience « cadrée », « ficelée » ou « standardisée », mais une expérience porteuse d'inattendu et de beaux imprévus ! C'est pourquoi, l'animateur de l'expérience cénaculaire est appelé à assumer la posture d'un *veilleur* (cf. Is 21,11) pour être prêt à reconnaître soit dans une parole soit dans un discours le récit de ce « Testament autobiographique », le troisième, qui fait retentir la Parole-Écriture elle-même. C'est en fait à partir d'un tel retentissement que l'animateur peut évoquer vis-à-vis de ses interlocuteurs une histoire biblique. Car, de même que le *passeur* de la pastorale d'engendrement est souvent témoin « révélateur » d'une foi déjà à l'œuvre dans la vie des gens, de même l'*animateur* de l'expérience cénaculaire est témoin de la reconnaissance de *cet Évangile inscrit également dans le cœur des hommes* et jaillissant des innombrables pages de ce que j'aime désigner comme le « troisième Testament ». C'est bien à cet engendrement-là que l'animateur du cénacle autobiographique est censé veiller !

7.1.2. Les phases et le déroulement de l'expérience cénaculaire

L'expérience cénaculaire est précédée par une action de sensibilisation. Dans le cas où l'on veut porter l'expérience dans un établissement institutionnel, telle une prison, il est souhaitable d'envoyer une lettre de présentation ébauchant les caractéristiques, les finalités et les apports formatifs du cénacle autobiographique. C'est exactement ce que j'ai fait au moment où j'ai proposé au directeur de la *Casa di reclusione* d'Alghero l'expérience cénaculaire[1999]. Ma proposition acceptée, j'ai pu ensuite me rendre à la prison pour présenter aux personnes détenues les ateliers autobiographiques.

S'il s'agit d'un organisme public, telles une paroisse ou une école, on peut afficher une annonce. De fait, c'est ainsi que j'ai sensibilisé les fidèles de la paroisse de Saint-Vincent-de-Paul à Sassari. Dans ce cas, une affiche contenant les renseignements essentiels à propos du cénacle est nécessaire. L'affiche en annexe résume ce qu'est un « cénacle autobiographique », en souligne la tâche et l'utilité et indique aussi la durée, les références et le délai d'inscription[2000].

1999 Voir l'annexe 6.
2000 Voir l'annexe 4.

L'action de sensibilisation peut aussi être faite dans la rue. C'est ainsi ce que j'ai également procédé à Sassari, lorsque croisant les gens, je leur distribuais des dépliants résumant le cénacle autobiographique[2001]. Quant aux jeunes gens, notamment, je les abordais de manière informelle dans les endroits publics où ils se retrouvaient d'habitude. Cette forme de sensibilisation a été pour moi la plus marquante. D'abord, parce que c'était une expérience totalement neuve qui me demandait bien du courage. Et il en a fallu beaucoup, d'ailleurs, car j'étais seul dans cette action de sensibilisation. En outre, de temps en temps, il m'arrivait de croiser des personnes qui ne montraient pas le moindre intérêt, et qui n'acceptaient même pas le dépliant que je leur offrais. De fait, ces refus m'ont bientôt amené à réfléchir à une question cruciale concernant la poursuite de mon projet cénaculaire, laquelle allait se formuler en ces termes : « Massimiliano, [me suis-je dit], pourquoi mettre en place de tels ateliers autobiographiques ? Est-ce simplement pour compléter ta recherche, tout en y intégrant un chapitre expérientiel ? Ou est-ce bien pour évangéliser que tu fais tout cela ? » C'était une question fondamentale qui m'interpellait de manière très sérieuse et bouleversante. Car elle me demandait un déplacement intérieur : à savoir « surseoir » à mon rôle de doctorant et assumer la posture d'agent d'évangélisation. Bref, c'était une question qui mettait en jeu mon identité de chrétien et de prêtre.

C'est pourquoi, comprenant que c'était la voix même de l'Esprit Saint qui m'interpellait, j'ai entamé un travail profond sur moi-même, au terme duquel j'ai finalement donné la réponse que voici : « Bien que ma recherche tire parti des ateliers autobiographiques, ceux-ci m'offrent d'abord la possibilité de témoigner de ma foi et de mettre en place une véritable mission d'évangélisation. » Cette question préalable réglée, j'ai poursuivi l'action de sensibilisation.

Ainsi, au bout de quelques mois, avec un groupe d'onze fidèles de la paroisse de Saint-Vincent de Paul, à Sassari, j'ai commencé mon premier cénacle autobiographique. Ensuite, j'ai eu également l'opportunité de mettre en place un deuxième cénacle avec un groupe d'agents pastoraux d'Alghero, engagés notamment dans la *Caritas* du diocèse. Et pour finir, j'ai pu réaliser deux autres cénacles autobiographiques à l'intérieur même de la Prison d'Alghero en impliquant un bon nombre de personnes détenues. Cette dernière typologie de gens allait en effet constituer ce lieu théologique « extrême » où la légitimité de l'hypothèse trito-testamentaire trouverait sa vérification pleine et ultime. Car si Jésus-Christ a inscrit son Évangile aussi dans le cœur de tous les hommes, le « troisième Testament » peut même jaillir de personnes dont le crime commis ne *fait* certainement pas d'elles spontané-

2001 Voir l'annexe 5.

ment des sujets « analogiques » idéaux de cette Révélation divine s'étendant même par-delà l'Écriture[2002].

Concernant le premier atelier mis en place à la paroisse de Sassari, j'ai prévu une dizaine d'ateliers, étalés sur 5 mois, selon une périodicité de deux semaines. J'ai donc rencontré ces personnes tous les 15 jours. Mais après les trois premières séances cénaculaires, je me suis rendu compte que ce n'était pas le bon rythme. En effet, le temps qui s'écoulait d'un atelier à l'autre risquait de réduire l'enthousiasme des participants. C'est pourquoi, les derniers ateliers se sont succédé avec une cadence hebdomadaire, y compris les ateliers des cénacles ultérieurs.

Les ateliers constituant un cénacle autobiographique sont diversifiés. Le premier atelier est consacré à la présentation de tous les *cenacolisti*, de manière à créer une ambiance chaleureuse et à favoriser la connaissance réciproque des participants. Puis, l'animateur expose le parcours et demande à tout le monde quelle motivation a stimulé leur participation et quelles sont les attentes de chacun.

Le deuxième atelier, marquant le début autobiographique, vise à réveiller la mémoire, à solliciter les souvenirs personnels et à susciter de ce fait les premiers fragments autobiographiques. Pour ce faire, une sorte de *jeu de l'oie* qui prend le nom de *jeu de la vie* est

Fig. 6 : Le jeu de la vie.

2002 Voir *supra*, 4.3.2.

proposé aux *cenacolisti.*[2003]. Il s'agit d'un tableau contenant plusieurs cases, dont chacune est marquée par un mot, par exemple : boîtes, mer, aventure, pont, etc.[2004]. À partir de ces mots, chaque joueur, désigné par un pion (un petit animal), avance de case en case, à l'aide d'un dé à jeter. En réalité, c'est sur la route de sa mémoire historique que le joueur avance, tandis que, de souvenir en souvenir, il se raconte lui-même face aux autres, selon ce que le mot de la case lui évoque. Au terme du deuxième atelier, l'animateur donne à chaque *cenacolista* une tâche à accomplir pendant la semaine qui suit. Il s'agit de mettre par écrit des souvenirs qui se relient aux cinq sens corporels.

Le troisième cénacle est introduit par la lecture d'un souvenir personnel, en tant qu'animateur. Il s'agit d'une expérience qui date de mon enfance et qui évoque une de mes sorties avec mon papa à la découverte d'un vignoble majestueux[2005]. C'est un récit autobiographique qui vise à stimuler l'imagination des auditeurs et à les initier à une écoute de type synesthésique. En effet, la description fort détaillée des éléments de l'histoire veut essayer de donner aux *cenacolisti* la sensation quasi réelle de voir, d'entendre, de toucher, de sentir et de goûter la scène racontée. Puis, on en vient à la lecture des compositions autobiographiques sur les cinq sens, en laissant chaque *cenacolista* rebondir sur le fragment narratif écouté.

Le quatrième atelier est le plus marquant. Les *cenacolisti,* après avoir été préparés et renseignés, sont invités, l'un après l'autre, à entrer dans une salle annexe où ils trouvent 40 tableaux accrochés[2006]. Il s'agit de diverses images, dont quelques-unes sont tirées de la vie quotidienne et d'autres évoquent des histoires dramatiques de guerre ou de pauvreté. Après avoir observé attentivement les tableaux, chaque *cenacolista* choisit l'image la plus frappante et la plus interpellante pour lui, la décroche et l'apporte dans la salle habituelle où se déroule le cénacle. Puis, l'animateur demande d'abord à chacun(e) de raconter les sensations et les émotions éprouvées. Au terme de l'atelier, il donne une autre mission à accomplir relativement à l'image choisie. Il s'agit de rédiger une composition (ou de faire un récit oral)[2007] expliquant la raison du choix, interprétant l'image et racontant, à partir de celle-ci, une page d'histoire personnelle.

2003 Cf. D. Demetrio, *Il gioco della vita. Kit autobiografico. Trenta proposte per il piacere di raccontarsi, op. cit.*

2004 Voir la fig. 6, p. 543.

2005 Mon récit autobiographique est reporté dans l'annexe 7. Il contient des expressions en patois sicilien, telles que « *u' zu' Pippinu* » (l'oncle Joseph), « *a' ss'abbinirica* » (« que Dieu vous bénisse ») et « *cuocci 'i racina* » (des grains de raisin).

2006 Quelques-uns de ces tableaux sont reproduits dans les figures 7, 8, 9, 10, 11, 12 et 13, p. 545.

2007 À l'intérieur d'un cénacle, l'écriture autobiographique est souhaitée, mais elle n'est pas obligatoire. Un *cenacolista* peut aussi se raconter lui-même oralement.

Fig. 7 : Tableau *a*.

Fig. 8 : Tableau *b*.

Fig. 9 : Tableau *c*.

Fig. 10 : Tableau *d*.

Fig. 11 : Tableau *e*.

Fig. 12 : Tableau *f*.

Fig. 13 : Tableau *g*.

Fig. 14 : Tableau *h*.

Les séances cénaculaires qui suivent sont consacrées à la lecture des compositions autobiographiques relatives aux images choisies et, par conséquent, à l'écoute des histoires lues et racontées. C'est le cœur de l'expérience cénaculaire, où les *cenacolisti* s'engagent dans un récit autobiographique long et détaillé, en se racontant eux-mêmes de manière plus approfondie. Cela comporte une écoute plus empathique, car les récits racontés suscitent chez les autres membres du cénacle des retentissements également affectifs.

L'atelier des images achevé, c'est le tour des ateliers épistolaires. Il s'agit de la rédaction de deux lettres. La première est adressée à soi-même, ce qui implique une expérience singulière, car, en général, les lettres sont destinées à d'autres personnes. Et pourtant, à l'intérieur d'un parcours autobiographique, une lettre adressée à soi-même devient nécessaire dans la mesure où le *je* veut établir un contact et un dialogue confidentiel avec le *moi*. C'est la voie principale de la formation autobiographique, voire de l'autoformation, où chaque *cenacolista* est invité à se connaître et à se prendre en charge lui-même. La rédaction terminée, la lettre est normalement mise dans une enveloppe, le timbre collé, et elle est envoyée par courrier à l'adresse de chacun. Cela vaut également pour les personnes détenues. Puis, une fois arrivée, cette lettre va faire l'objet d'une relecture de la part des *cenacolisti*, chacun pour son compte.

L'atelier suivant consiste à rédiger une lettre à une personne importante avec laquelle la relation s'est rompue. C'est une tentative de « jeter un pont » afin de reconstruire un rapport vital qui a cependant été brisé et interrompu pour différentes raisons. Il arrive souvent que la lettre soit adressée à des personnes qui ne sont plus en vie. Dans ce dernier cas, elle est remise à l'animateur du cénacle, lequel, au nom du vrai destinataire de la lettre, peut essayer de rédiger une réponse.

La lecture du *Petit Prince* débute à partir du troisième atelier, c'est-à-dire celui des images. Chaque chapitre est choisi en connexion avec l'atelier proposé. Il s'agit d'une lecture importante, car le conte de Saint-Exupéry est un bon modèle autobiographique. En effet, il explique l'expérience autobiographique à travers la métaphore du « voyage », celui de l'aviateur aussi bien que celui du petit prince, convergeant tous deux dans un seul itinéraire de connaissance, voire de reconnaissance. C'est la reconnaissance de soi-même, où le *je* prend en charge le *moi*, ainsi que nous l'avons souligné et approfondi au chapitre 5. Ensuite, puisqu'il est composé de mots et d'images, le conte du *Petit Prince*, en plus de l'autobiographie, met en valeur la logique synesthésique selon laquelle les mots sont des images (mots imagés) et les images sont des mots (images « emparolées »). De ce fait, l'expérience figurative de l'autobiographe Saint-Exupéry racontée dès les premiers chapitres du conte est censée devenir l'expérience même des *cenacolisti,* ainsi qu'ils vont la vivre notamment lors de l'atelier des images.

Parvenu à sa conclusion, le cénacle autobiographique se termine par une séance consacrée à l'évaluation de l'expérience vécue par chaque membre du cercle narratif, où l'animateur lance aux *cenacolisti* la proposition de rédiger chacun sa propre autobiographie. Puis, l'animateur invite également chaque *cenacolista* à envisager, à l'avenir, la mise en place d'un nouveau cénacle autobiographique, tout en assumant cette fois le rôle d'animateur. Et enfin, il remet à chaque membre du groupe une lettre résumant les moments les plus saillants du parcours et transmettant tous ses remerciements[2008]. Cette lettre est importante car elle invite les *cenacolisti* à continuer l'expérience cénaculaire, tout en faisant de la posture autobiographique un « style de vie ». Car l'autobiographie est une voie privilégiée qui aide à se retrouver soi-même, à regarder la vie et à relire sa propre histoire d'un regard nouveau, tel le *regard du cœur* souligné par le conte du *Petit Prince.*

7.1.3. La dimension communautaire du cénacle autobiographique

L'expérience autobiographique que je viens de présenter est qualifiée de « cénaculaire » du fait qu'elle s'inspire de l'Évangile. Jésus n'a pas été un prédicateur solitaire. De fait, il a appelé à sa suite douze personnes. De cette manière il a constitué une petite communauté autour de lui. En outre, c'est à l'intérieur du cénacle de Jérusalem que Jésus confie aux disciples ses dernières paroles, tel un véritable testament spirituel (cf. Jn 1,3-17). On pourrait dire qu'au cénacle, parlant à ses disciples de la signification de sa mission et de l'imminent et dramatique épilogue de sa vie, Jésus a fait son récit d'intimité et de confiance, telle une sorte de partage autobiographique. C'est pourquoi dénommer cette praxis pastorale d'évangélisation « cénacle », c'est vouloir la conformer à la manière dont Jésus a accompli son ministère public et a annoncé la Bonne Nouvelle.

Le cénacle autobiographique se construit d'un atelier à l'autre dans la mesure où le cercle des *cenacolisti* se forme et s'affermit lui aussi. La dimension communautaire est fondamentale dans une visée missionnaire. Dieu lui-même a toujours parlé à un peuple, quoiqu'il n'ait appelé que des individus, tels Abraham, Moïse, Jérémie, etc. De fait, chacun d'eux représentait le peuple de Dieu. C'est pourquoi, patriarches et prophètes sont considérés comme des « figures corporatives ». En revanche, dans le Nouveau Testament, les destinataires de l'appel ne sont pas des sujets individuels, mais un groupe de personnes, les apôtres, constituant le noyau et le fondement de l'Église. De ce fait, le cénacle autobiographique assume une forme analogique par rapport à l'Église, bien que ses membres n'en soient pas conscients, exception faite pour l'animateur.

2008 Voir les annexes 8, 9 et 10.

Les ateliers se situent à l'intérieur d'un groupe de personnes comme dans un lieu théologique. Mais seul l'animateur le sait explicitement. C'est pourquoi celui-ci est censé veiller à ce que le groupe se soude et devienne une sorte de « sein maternel ». À cet égard, assez emblématiques sont les expressions « la fantasmatique du bon sein » et « la fantasmatique de la mauvaise mère », utilisées par Adler dans sa réflexion autour des dynamiques de groupe à propos de l'expérience narrative en formation pastorale[2009]. En effet, ce qui favorise une bonne expérience cénaculaire, c'est la constitution de groupes pas trop nombreux, composés au maximum de 10/12 personnes.

Or, que la communauté apostolique ait formé autour de Jésus-Christ, son maître et Seigneur, une famille, cela entraîne un élément analogique important et incontournable au sein même de la Révélation. Car, ainsi que le souligne Vatican II, et que nous n'avons pas nous-même manqué de le rappeler à maintes reprises, Jésus s'adresse à ses disciples comme à des *amis*, et il *partage* avec eux son temps et son enseignement, en un mot toute sa vie[2010]. C'est pourquoi le cénacle autobiographique ne se rapporte pas à l'expérience relationnelle de la communauté apostolique uniquement en tant que modèle de communion et d'annonce, mais aussi en tant que cette expression analogique même de la Révélation requise aussi par l'évangélisation. D'ailleurs, ainsi que nous l'avons explicité à l'intérieur du chapitre central de la dissertation représentant le claveau-clef de l'arc, l'annonce, aussi bien que la réception plénière de l'unique et du même Évangile, sont confiées par le Verbe à l'Esprit Saint, lequel les réalise par l'entremise de la Tradition ecclésiale et apostolique[2011].

De la sorte, si, de l'avis de Theobald, le Concile laissait comme en suspens cet aspect de la Révélation qu'est la *conversatio*, l'expérience cénaculaire constituerait bel et bien l'occasion ainsi que la possibilité de donner suite au souhait du théologien de Paris[2012]. De fait, les ateliers autobiographiques, étayant le parcours du cénacle d'évangélisation et de formation, loin de considérer la pratique autobiographique comme une forme solipsiste d'auto-écriture, donnent lieu à une manière nouvelle de faire de l'autobiographie. Car chaque *cenacolista* ne raconte pas son histoire qu'à lui-même, mais il / elle se raconte en même temps pour les autres et face aux autres, tout en construisant de ce fait une relation amicale, à partir du partage intime des faits de sa propre vie. De cette manière, le cénacle ne se réduit pas à un lieu de récits et d'écoute, mais il devient également un lieu de relations

2009 G. Adler, « Groupe, récits de vie et récits de pratiques », dans Id. (dir.), *Récits de vie et pédagogie de groupe en formation pastorale*, pp. 67–73, ici p. 72. Par « fantasmatique du bon sein », Adler entend la situation qui se crée à l'intérieur d'un petit groupe favorisant l'expression personnelle. Tandis que la « fantasmatique de la mauvaise mère » est la conséquence d'un groupe trop grand, à l'intérieur duquel la pluralité critique des points de vue constitue un environnement qui est source de dispersion.

2010 Cf. *DV* 2.

2011 Voir *supra*, 4.4.

2012 Se porter à *supra*, 3.1.2.2, notamment la n. 812.

et d'amitié au sein duquel l'annonce de l'Évangile se configure à l'économie même de la Révélation, comprenant la relation amicale, aussi bien que les actions et les paroles[2013]. Et d'ailleurs, dans la mesure où elle accomplit l'annonce de l'Évangile et met en place la transmission de la foi, l'évangélisation est elle-même Révélation.

Déjà, lors de l'exploration de l'analogie en termes synesthésiques et sacramentels, nous avons relevé que la Révélation n'est pas communication brute de messages divins. Elle véhicule aussi une économie événementielle d'incarnation atteignant le corps, dans la mesure où le Verbe, Parole et Image du Père, se fait proximité humaine, et donc visage, tendresse, amitié, amour, dialogue et guérison[2014]. C'est pourquoi évangéliser par l'entremise d'une communauté narrative, c'est laisser Dieu se manifester en tant que mystère non pas indicible et inconnaissable – ce à quoi s'oppose Jüngel, tout en proposant une théologie positive de la Révélation[2015] –, mais visible et palpable, en un mot saisissable par tous les cinq sens du corps humain. En ce sens, la dimension communautaire du cénacle se voudrait une « reproduction à l'échelle » et pour cela même analogique de la relation humaine que le Verbe fait chair entretenait avec ses disciples, ainsi que la constitution conciliaire sur la Révélation divine l'a mis en exergue.

En définitive, ce que nous allons retrouver à l'intérieur de ce dernier chapitre consacré à la nouvelle évangélisation sous la forme d'une pastorale autobiographique, est la même analogie christosacramentelle caractérisant la Parole-Écriture. En fait, un cénacle autobiographique étant un groupe de personnes qui parlent et se racontent non seulement par des textes et des discours autobiographiques, mais aussi à travers le fait même d'être ensemble, l'écoute, les images, les parfums, les larmes et les émotions, tous ces éléments sont complémentaires et constitutifs des récits du « Troisième testament ». Par conséquent, de même que dans l'Écriture, dans le cadre de la Tradition, on ne peut pas annoncer un Dieu *se rendant analogue* sans la réalité historique et concrète qu'il a assumée en se faisant homme, et que les relations interpersonnelles s'instaurant à l'intérieur du cénacle autobiographique véhiculent. De la sorte, ce sont celles-ci qui constituent la « matière analogique » de l'évangélisation ! En dehors de cela, il n'y a aucune expérience du *Dieu Mystère du monde*, mais pure transmission de contenus.

Un autre élément important de la dimension communautaire du cénacle autobiographique, garantissant une bonne cohésion de groupe, est l'adhésion de chaque *cenacolista* aux règles du cénacle. L'acceptation et le respect des règles, constituant une sorte de pacte autobiographique, forment la *conditio sine qua non* de l'expérience cénaculaire. D'ailleurs, si d'un côté, ce pacte offre à chaque membre du groupe la liberté de ne raconter que ce qu'il

2013 Cf. *DV* 2.
2014 Voir *supra*, 2.3.1.
2015 Voir *supra*, 1.2.2, notamment la n. 111.

estime opportun, de l'autre il demande à tous les *cenacolisti* la sincérité de leurs récits et la protection du « secret professionnel », de manière à ce que chacun s'engage à ne pas divulguer le récit d'autrui. Bref, le respect du pacte constitue donc le premier fondement du cénacle, lequel peut pour cela être comparé à une maison qui va être habitée.

L'assiduité et la fidélité de chacun de ses membres sont également déterminantes pour la construction d'un groupe cénaculaire. L'inconstance déstabilise le groupe. La preuve en est le fait emblématique qu'à un moment donné du parcours, certains *cenacolisti* d'un cercle autobiographique ont manifesté leur propre mécontentement envers ceux qui arrivaient en retard, ou qui s'absentaient fréquemment. En ce cas, l'animateur du cénacle, en tant que garant de l'unité du groupe, est censé mettre en question la participation de ceux qui seraient trop inconstants. De même, dans un autre groupe cénaculaire, il est arrivé qu'un *cenacolista* ait exprimé son regret à l'adresse de ceux qui manifestaient une certaine réticence à se raconter. Le manque d'un véritable partage va de fait affecter la cohésion d'un groupe cénaculaire. C'est pourquoi, suite à de pareilles remarques, les groupes en question ont commencé à se ressaisir, tandis que les membres respectifs ont resserré leurs liens.

De ce fait, tout ce qui arrive au long du parcours cénaculaire se situe dans la perspective de la stratégie et de la méthodologie pastorale appelée *recherche-action*, où plus qu'un savoir théorique, l'expérience devient elle-même source d'une praxéologie pastorale[2016]. Pour sa part, le chercheur, participant lui-même à la démarche en cours d'observation, tire aussi profit de l'expérience[2017]. Par conséquent, le cénacle devient le lieu d'une formation à même « de faire venir au jour les savoirs non-conscients des formés » et « de fournir aux personnes en formation (formateurs et formés) des espaces de signification »[2018]. D'ailleurs, le récit autobiographique étant une « œuvre d'interprétation »[2019], puisqu'il requiert une autoévaluation, le cénacle autobiographique est pour cela même une expérience d'autoformation.

Bref, dans la mesure où chaque *cenacolista* s'engage vraiment dans un parcours de recherche et de construction de sa propre identité, l'identité de groupe grandit et s'affermit, elle aussi. Autrement dit, lorsque les *cenacolisti* ne restent pas à la surface, mais qu'ils entreprennent un véritable voyage narratif d'introspection, alors la communauté narrante

2016 Cf. G. Adler, « Introduction : Lieu, histoire et enjeux d'une recherche », dans Id. (dir.), *Récits de vie et pédagogie de groupe en formation pastorale*, pp. 11–20.

2017 Dans le cadre théorique et pratique de la thématique envisagée, c'est-à-dire de l'autobiographie considérée sous l'angle littéraire et narratif, rhétorique et philosophique, pédagogique et formatif, et enfin théologique et pastoral, en qualité d'animateur et chercheur, je bénéficie moi-même pour ma propre recherche et mon chemin de vie de l'expérience du cénacle autobiographique.

2018 G. Adler, « Introduction : Lieu, histoire et enjeux d'une recherche », p. 16, pour les deux citations.

2019 A. Binz, « Biographie et identité croyante », dans G. Adler (dir.), *Récits de vie et pédagogie de groupe en formation pastorale*, pp. 53–66, ici p. 65.

devient un *lieu* de *révélation* et un *atelier* de constitution d'*identités nouvelles*[2020]. Car sa « forte expérience de dialogue comportant prise de parole et écoute » va bientôt se manifester « comme le récit fondateur du groupe », tout en en désignant « le trait identitaire groupal le plus frappant »[2021].

Le cadre et les caractéristiques du cénacle autobiographique étant définis, j'en viens à relater l'expérience concernant les quatre cénacles que j'ai mis en place en Sardaigne.

7.2. Mes premiers cénacles autobiographiques

7.2.1. Le cénacle des fidèles de la paroisse de St-Vincent-de-Paul à Sassari

Ma toute première expérience cénaculaire a débuté à Sassari. Après un temps de sensibilisation, ainsi que nous l'avons décrit précédemment, j'ai pu former un cercle autobiographique de 10 personnes, 2 hommes et 8 femmes. Presque tous étaient mariés, excepté une personne célibataire. Dans le groupe il y avait aussi deux veuves. La personne la plus jeune du groupe avait 45 ans, et la plus âgée 80. La plupart d'entre elles avait entendu l'annonce du cénacle pendant la célébration des messes à la paroisse de St-Vincent-de-Paul. Différentes raisons ont poussé ces personnes à participer aux ateliers autobiographiques. L'une était venue pour apprendre à parler de soi-même face aux autres. Une autre, pour apprendre à écouter et pour rencontrer de nouvelles personnes. Un autre participant avait choisi de prendre part au cénacle pour découvrir Dieu à travers les histoires de vie, celles-ci constituant selon lui des voies privilégiées pour cela. Une autre personne espérait y trouver le possible épanouissement d'une vie nouvelle. Certaines étaient attirées par la dimension cénaculaire, car l'expression *cenacolo* leur faisait penser à un foyer. Et il y avait aussi quelqu'un qui était intéressé à l'apport thérapeutique de l'écriture en tant que manière de prendre soin de soi-même.

Les ateliers ont été réalisés pendant 4 mois, depuis février jusqu'au mois de mai 2019. Les 4 premiers ont eu lieu tous les 15 jours, mais ensuite, nous nous sommes réunis selon une fréquence hebdomadaire. Le premier atelier a commencé par un tour de présentation de tous les participants. Puis, après deux heures de séance, puisque telle était la durée de chaque atelier, j'ai confié aux *cenacolisti* une première tâche consistant en la composition de petits récits relatifs aux 5 sens corporels :

2020 Cf. R. Moldo, « De l'identité personnelle dans le récit en formation », dans G. Adler (dir.), *Récits de vie et pédagogie de groupe en formation pastorale*, pp. 47–52, ici p. 49.
2021 *Ibid.*, pp. 49–50, pour toutes les citations.

1. Je me souviens d'avoir dégusté…
2. De cette odeur ou de ce parfum que j'ai senti…
3. Un souvenir lié au toucher, ma caresse à…
4. Un regard particulier, une vision inoubliable…
5. Le souvenir d'un son, d'une voix, d'une rumeur…

Le deuxième atelier a été introduit par *le jeu de la vie* (fig. 6, p. 543). Au fur et à mesure que celui-ci sollicitait la mémoire, des fragments autobiographiques faisaient l'objet de petits récits oraux. Ce jeu contribuait également à favoriser la connaissance réciproque des membres du groupe, et à tisser des liens essentiels en vue de la construction du cénacle. Ensuite, j'ai lu *A vigna r'u zu Pippinu*[2022], mon fragment autobiographique initiant les *cenacolisti* à la dimension synesthésique de l'autobiographie. Puis, après une petite pause où nous avons dégusté des biscuits et des snacks, chaque participant a lu sa composition autobiographique sur les 5 sens. Le récit d'une *cenacolista* a particulièrement touché l'ensemble du groupe. C'était un portrait narratif de sa mère en train de préparer la *ricotta*, lors de la rentrée de l'école de sa fille. L'image de cette maman qui cuisinait le lait évoquait les parfums d'autrefois. Pour la *cenacolista* en question, la description de cette scène domestique devenait de ce fait un prétexte pour parler de sa mère, du regret de ne pas avoir pleinement valorisé la relation mère-fille et de ne pas avoir vécu de manière intensive quelques moments importants de la vie familiale.

La deuxième séance cénaculaire a donc constitué un véritable « atelier synesthésique » où l'expérience sensorielle se croisait avec la réflexion, la pensée et l'écriture. Par ailleurs, à l'intérieur du groupe, il y avait aussi une personne qui aimait peindre. Ses écritures de vie souvent s'accordaient aux images de ses tableaux. C'est pourquoi, l'écriture autobiographique devenait un carrefour où le récit du passé s'entrecroisait avec l'expérience actuelle de l'écoute et des regards mutuels de tous les *cenacolisti*. L'atelier terminé, j'ai donné une autre « tâche-maison » à accomplir : choisir un objet rappelant une expérience de la vie passée et écrire une réflexion liée à cet objet-là.

Le troisième atelier autobiographique a été introduit par la lecture du début du *Petit Prince*. Une telle lecture avait pour but de préparer les *cenacolisti* à l'atelier des images. De fait, le conte de Saint-Exupéry commence par la demande du petit prince au pilote de lui dessiner un mouton. D'ailleurs, comme c'est un enfant, le petit prince possède, à l'instar de tous les enfants, un regard créatif à même de percevoir la réalité de manière imaginative. C'est pourquoi la lecture aux *cenacolisti* des premiers deux chapitres du *Petit Prince* se voulait dès le début du cénacle une invitation à se réapproprier ce regard créatif d'enfant

2022 Voir l'annexe 7.

qui ne s'arrête pas à la surface des choses. La lecture terminée, nous en sommes venus à l'écoute des fragments autobiographiques liés aux objets.

Quatre personnes ont préféré raconter leur souvenir de manière orale, les autres ont lu leur composition écrite. Une *cenacolista* a apporté une photo de son mari, décédé très jeune. Une autre personne, la photo de son propre fils, en racontant combien il avait été difficile de l'élever, et en soulignant le fait qu'un enfant marque un changement de vie. Une autre *cenacolista* a proposé le foulard qui lui rappelait son expérience de scoutisme du temps de sa jeunesse. C'était le récit d'un parcours de maturation humaine et de croissance, mais aussi le souvenir d'un temps traversé par une attitude critique envers l'Église et notamment envers sa dimension institutionnelle. Une *cenacolista*, apportant un tableau peint par elle-même, a raconté son parcours de foi. Le sujet du tableau étant la reproduction de *Notre Dame des douleurs*, elle a souligné l'aspect de la souffrance de la Vierge Marie, mais sans faire aucune allusion à une éventuelle souffrance personnelle. Je crois que cette « esquive » était tout de même une manière de manifester un problème. Du reste, en tout récit, on parle toujours de soi-même, même si les personnes ne disent presque rien d'elles-mêmes. Puis, un vieux livret de prière et de doctrine catholique apporté par un autre *cenacolista* lui a permis d'évoquer ses souvenirs d'enfance liés à sa première communion et à sa confirmation. La description des costumes de cette époque, ainsi que du déroulement de la fête et du repas préparé pour l'occasion, était fort détaillée. Ce récit racontait un temps où l'on apprenait tout par cœur, souvent sans rien comprendre, et une époque où bon nombre d'enseignants se déclaraient athées. Cette situation s'avérait cependant une bonne occasion pour approfondir les Écritures Saintes, tout particulièrement les Psaumes.

La seconde partie du troisième atelier a été consacrée au choix des images. Les *cenacolisti* ont été invités à entrer dans une grande salle où j'avais placé environ 40 tableaux. L'un après l'autre, ils ont observé avec attention les images, tandis qu'une musique de fond les accompagnait. Puis, ayant choisi l'image la plus « parlante » et la plus « interpellante » pour eux, chacun est revenu à la salle du cénacle. Ainsi nous avons repris la séance en laissant chacun rebondir sur les émotions et sur les sensations éprouvées. Voici ci-après quelques-unes de leurs réactions :

> « *Mi è sembrato di fare il percorso di una vita : come incontrare tante persone ; ho visto tanti luoghi, luoghi con sbarre ; convivialità ; miseria ; solitudine.* »
>
> « *Mi ha colpito ed emozionato la bellezza delle foto ; stavo bene in quella stanza e la musica mi piaceva molto.* »
>
> « *Avrei preferito una musica soffusa ; certe immagini sono una sorta di dilatazione della vita perché parlano di qualcosa che non si è ancora riusciti a raccontare o che non si è ancora vissuto.* »

« È stato come fare un viaggio. Mi sentivo come trasportata da una parte all'altra... Un susseguirsi di sensazioni. Ho notato i particolari delle immagini : la sporcizia ; i visi tristi ; le persone anziane ; i bambini... »

« Ho avuto un grande senso di accudimento ; ho avvertito il lavoro che c'era dietro, di chi ha preparato tutto questo per noi ; mi sono chiesta chi aveva scelto le immagini, perché aveva scelto proprio quelle... Alla fine sono stata catturata da una foto ; anzi, è la foto che ha scelto me, conquistandomi letteralmente. »

« Non mi aspettavo una cosa del genere. La prima sensazione che ho avuta è stata di disagio, di angoscia. Poi, è come se avessi iniziato a fare un viaggio. Molte immagini mi sono sfuggite. Altre immagini hanno fatto un percorso insieme con me e mi hanno come accompagnato. »

« Ero divertito. Ho notato i dettagli : la bambina in un ambiente malsano, l'albero, le radici. Alcune foto evocano cose tristi... »

« Avevo ansia di questa sorpresa. E avevo la sensazione di trovare un banchetto, sarà perché ho fame. Ho visto tante cose. Un viaggio veloce, ma piacevole. Poi il colpo di fulmine : la foto che ho scelta. »

« Mi sono ritrovata nel mio mondo, tra i colori, la musica e le emozioni. »

« Ho provato molta emozione. Ero colpita particolarmente dalla natura: le montagne, gli alberi, il sogno della casa, una casa mia... tutto era lontano. I carrarmati... erano i nostri confinanti durante la mia infanzia... »

L'atelier des images s'est confirmé comme l'un des moments les plus forts du parcours cénaculaire. C'est encore une fois une expérience synesthésique où l'image s'entrecroise avec la musique. Une telle combinaison contribue à rendre les images plus vivantes et parlantes, de sorte que les scènes, se produisant d'une manière quasi réelle, vont stimuler la mise en récit d'une expérience de vie, fût-elle du passé ou du présent. Les images ainsi que les sons possèdent un pouvoir évocateur si fort que finalement, c'est l'image elle-même qui choisit les personnes tout en capturant leur attention. C'est d'ailleurs ce qui ressortait des commentaires à vif de tous les *cenacolisti*. Au terme de ce troisième atelier, j'ai demandé à tout le monde d'écrire des réflexions sur l'image choisie par chacun et de raconter ce qu'elle évoquait pour lui.

Le quatrième atelier a été consacré à l'écoute des quelques compositions autobiographiques relatives aux images choisies pendant l'atelier précédent. Un *cenacolista* avait choisi l'image du pasteur au milieu d'un troupeau (*tableau c*, fig. 9, p. 545) : une jambe amputée, cet homme marche à l'aide d'une béquille. Sa réflexion était axée autour d'une figure spirituelle, car cette image lui évoquait le quatrième chant du serviteur (cf. Is 52,1

3-53,12), et cela, malgré le fait que la péricope d'Isaïe parle d'un agneau conduit à l'abattoir, non pas d'un pasteur. Faisant allusion aux paradoxes divins en contraste avec la logique mondaine des hommes, le *cenacolista* parlait d'un guide qui est à la fois fragile et sûr. Face à un tel récit, en m'apercevant que ce *cenacolista* faisait en réalité une sorte de détour narratif, car il ne se confrontait pas de manière directe à la véritable question de son histoire personnelle, j'ai saisi l'occasion pour exhorter, en tant qu'animateur, les membres du cénacle à ne pas manquer la cible du parcours. En effet, l'expérience cénaculaire demande aux *cenacolisti* de s'en tenir à une posture autobiographique à proprement parler. C'est pourquoi une telle intervention était nécessaire afin d'« endiguer » la dépersonnalisation narrative des récits. De fait, vers la fin du parcours, elle a produit un effet important. J'y reviendrai plus loin.

Le premier récit écouté, et après avoir laissé les autres membres du cénacle réagir au récit relatif à l'image du *tableau c*, le tour est venu d'entendre une autre *cenacolista*. La composition autobiographique de celle-ci s'inspirait du tableau reproduisant l'image d'une maison et d'un arbre très grand (*tableau g*, fig. 13, p. 545). Ce dernier représentait une sorte de tour de surveillance, mais il était aussi le symbole d'un homme enraciné qui avait grandi et qui était devenu plus grand que la maison. Cette dernière évoque la famille. Celle qui lisait sa composition se souvenait d'un jour où son père rentrait du travail en vélo, tandis qu'elle-même allait à sa rencontre. Et pourtant, dans la vie de cette *cenacolista*, il y avait un arbre coupé : le mari, qui était mort trop jeune.

Suite à l'écoute des récits, lors de la deuxième partie de l'atelier, j'ai proposé un exercice d'écriture automatique. Celui-ci consistait à écrire librement, à l'aide d'un fond de musique, des pensées surgies de manière spontanée, sans chercher absolument à suivre un fil narratif. Puis nous avons terminé la séance.

De même, au cinquième atelier, nous avons écouté d'autres récits. Un de ceux-ci s'inspirait d'une image reproduisant les mains aux ongles vernis d'une femme qui saisissaient les barreaux de la cellule d'une prison (*tableau d*, fig. 10, p. 545). La *cenacolista* a débuté la lecture de son récit en avouant être entrée dans la salle où étaient exposées les images avec un esprit et un sentiment presque d'indifférence. Puis, tout à coup, une image lui avait posé vigoureusement la question suivante : « Qui sommes-nous ? Où sommes-nous ? » Et voici la réponse : « Nous sommes des individus derrière des barreaux, derrière des limites. » Ainsi, continuant sa lecture, elle a affirmé ceci : « L'enjeu de notre vie, c'est la liberté… Car souvent nous sommes prisonniers des préjugés, de la déprime, de la vieillesse. » Cette réflexion en est arrivée à déboucher d'abord sur l'expérience relative à la jeunesse passée avec des parents trop protecteurs ayant une tournure d'esprit assez traditionaliste. Ensuite, le récit s'est concentré sur la renonciation, lors du parcours universitaire, à la soutenance d'une thèse de droit. C'était une renonciation très douloureuse et marquante, dont la *cenacolista* se montrait pourtant fière. Elle datait des années universitaires, lors d'une séance académique avec des personnes travaillant à l'intérieur d'une prison. Celles-ci avaient prononcé des expressions non appropriées à l'égard des institutions pénitentiaires, lesquelles devraient garantir aux personnes en captivité des parcours de réhabilitation et de rééducation, et non pas de répression et de coercition. Cette constatation amère et décevante avait poussé la *cenacolista* à la décision de quitter la faculté de droit.

Ce récit témoignait, d'un côté, de la prise de distance vis-à-vis de la corruption institutionnelle, et de l'autre, de l'empathie envers les personnes recluses, représentées par cette femme saisissant les barreaux, et dont les ongles vernis exprimaient le désir d'un retour à la vie sociale et à la liberté.

Après un tour de réactions de la part des autres *cenacolisti*, j'ai proposé une sorte de contrepoint biblique, en soulignant la quête de libération et la soif de liberté que tout individu porte en lui. Pour ce faire, j'ai évoqué la mission que Dieu confie à Moïse : mettre dans le cœur de ses frères, et donc de son peuple, un désir de liberté. Cependant, une pareille mission demande que le « libérateur », en l'occurrence Moïse, soit réellement une personne libre et libérée. Dans le cas contraire, l'entreprise serait vouée à l'échec du fait d'un héraut non crédible.

La réflexion autobiographique d'une autre *cenacolista* s'inspirait du tableau montrant des femmes habillées en cuisinières devant des réchauds (*tableau e*, fig. 11, p. 545). C'était une image qui lui rappelait son expérience de bénévolat. À partir de ce souvenir, cette *cenacolista* se posait une question importante : « Pourquoi est-ce que je m'occupe des autres ? » C'était une interrogation apparemment sans réponse, et destinée à rester en suspens, jusqu'à ce que la résonnance offerte par un autre *cenacolista*, avec l'allusion à la dégustation de la nourriture, lui évoque un lointain souvenir de sa mère. C'est alors qu'elle a commencé à parler de son rapport difficile avec sa maman, qui l'obligeait à manger. À ce moment-là, ce souvenir s'est rattaché à un autre souvenir. C'était l'expérience d'un atelier de type psychologique où l'animateur avait proposé aux participants que chacun donne à manger, les yeux bandés, à la personne à côté, dont les yeux étaient également bandés, puis inversement, de se laisser nourrir par celle-ci toujours de la même manière. Or, si l'évocation de cette expérience engendrait bien des souffrances chez la *cenacolista* qui la racontait, en même temps, elle offrait une réponse à sa question initiale, à savoir : « Pourquoi m'occuper des autres ? » La réponse ne pouvait qu'aller évidemment dans le sens opposé par rapport à l'expérience avec sa mère, car s'occuper des autres, c'est avant tout respecter les autres.

Une autre *cenacolista* a fait une composition autobiographique à partir du tableau reproduisant l'image opaque et renvoyée par un miroir d'une femme qui y appuie sa main (*tableau f*, fig. 12, p. 545). S'identifiant à la personne au miroir, la *cenacolista* avouait avoir de la peine à se regarder elle-même, à s'accepter. Elle racontait ne pas se connaître elle-même suffisamment. Le dégoût qu'elle éprouvait vis-à-vis d'elle-même opacifiait sa propre image. Et pourtant, durant ces ateliers, une démarche d'acceptation d'elle-même commençait à se frayer un chemin.

Ce dernier récit me donnait la possibilité de rebondir en évoquant l'évangile de la femme adultère (cf. Jn 8,1-11). Car dans cette histoire, le regard de Jésus envers cette femme, suite à la disparition des regards et des jugements impitoyables de ses accusateurs, est le seul regard qui engendre chez elle un regard nouveau : celui porté sur elle-même.

Au terme de cet atelier, j'ai proposé aux *cenacolisti* d'écrire le souvenir d'une personne de leur famille assez proche, et d'en faire un portrait narratif.

Le sixième et le septième ateliers ont été donc consacrés à l'écoute des souvenirs autour d'une personne de la famille de chacun des participants. Des diverses compositions, je souhaite retenir celle qu'a rédigée le *cenacolista* qui avait choisi l'image du pasteur (*tableau c*), et dont j'ai parlé plus haut. En effet, par rapport à la composition relative à ce tableau-là, le *cenacolista* avait à mon avis manqué la cible du point de vue autobiographique à proprement parler, du fait qu'il n'avait pas parlé expressément de lui-même. C'est pourquoi, cela m'avait amené à rappeler à tous les participants du cercle de s'en tenir à des compositions strictement autobiographiques, sans faire des « détours narratifs » débouchant sur des récits dépersonnalisés. Bref, en écrivant dans sa dernière composition autobiographique – relativement à une personne de ses proches – sur son père et sur son rapport conflictuel avec lui, ce *cenacolista* donnait finalement une identité à ce « pasteur » : c'était celle de la figure paternelle.

Ainsi, le récit autobiographique – proprement dit, cette fois-ci ! – du *cenacolista* en question racontait les derniers jours de la vie de son père, lors de l'hospitalisation de celui-ci à cause d'un cancer du pancréas. Le fils, qui assistait constamment son papa, avait dû à un moment donné s'absenter pendant quelques heures, en laissant son beau-père surveiller le malade. Quand il revint, son père lui dit, les yeux entrouverts : « Tu ne sais pas depuis combien de temps je t'attends ! » Puis, tandis qu'il essayait de donner à boire du thé à son papa, celui-ci cambra son dos et mourut. « Je crois, [racontait le *cenacolista*], que ses derniers mots ne se référaient pas tant aux heures où je m'étais absenté, mais à toute une vie pendant laquelle il s'était tenu à distance de moi, du fait de nos rapports toujours conflictuels. Ses derniers mots se voulaient, peut-être, la manifestation et la déclaration *in extremis* de son amour envers moi. » Le *cenacolista* nous a raconté en effet que lorsqu'il était jeune, son papa avait cherché à empêcher son mariage avec une fille du village. Il avait fallu l'intervention d'un ami de famille pour convaincre ce père d'accepter la volonté de son fils et de faire un pas vers la famille de cette fille pour laquelle il n'éprouvait pas de sympathie.

Le récit autobiographique de ce *cenacolista* a été important, car il confirmait d'abord le pouvoir narratif des images, ce que nous avons souligné pendant notre analyse et notre relecture du *Petit Prince*[2023]. Puis, il attestait également que le *non-dit* de nos récits autobiographiques ainsi que nos *détours* narratifs, constituent des *formes* autobiographiques et pour cela même des *mots* assez éloquents. Car ne rien dire d'une chose, c'est dire quand même des choses !

Pendant le huitième atelier, j'ai proposé aux *cenacolisti* soit de rédiger une lettre à une personne importante avec laquelle quelque chose s'était cassé soit d'écrire à eux-mêmes. Ils avaient donc le choix.

Le neuvième atelier venu, j'ai d'abord demandé aux participants de partager leur expérience épistolaire. L'une d'entre eux avait écrit à une des personnes les plus importantes de sa vie. C'était une lettre qu'elle n'aurait jamais pensé pouvoir rédiger. C'était donc une rédaction difficile qui avait pourtant produit une sorte de libération et de déblocage moral et émotionnel. Jusqu'à ce point où elle se trouvait, aucune réponse n'était arrivée suite à cette délivrance, et cependant, pour cette *cenacolista*, ce silence ouvert revêtait quand même déjà une grande valeur.

D'autres s'étaient écrit à eux-mêmes. Une *cenacolista* disait qu'écrire à elle-même, c'était une manière de s'encourager elle-même, de se faire des « câlins » affectueux. Dans cette lettre, ainsi qu'elle l'avouait, elle n'avait pas été sévère avec elle-même, en soulignant qu'elle n'était plus exigeante envers les autres comme c'était le cas auparavant. Puis elle a ajouté que ce parcours autobiographique avait satisfait son désir de faire une halte, notamment après avoir vécu une vie trop frénétique et mouvementée, où tout se faisait à toute vitesse. Et elle a ajouté ceci : « Mes 50 ans me demandent de prendre un temps pour faire un bilan de ma vie, en tant que femme et en tant que mère. »

Après avoir écouté les réactions de tous autour de cette expérience épistolaire, j'ai demandé à chacun et à chacune d'exprimer également une évaluation du parcours cénaculaire. La plupart des participants ont confirmé que le cénacle avait été positif pour eux, en soulignant les apports autoformatifs et spirituels qu'ils en avaient tirés. Ils n'ont pas manqué d'ajouter des éléments critiques soulignant leur difficulté à entrer dans une posture et une attitude autobiographiques proprement dites. Quelqu'un a également remarqué le manque d'un véritable esprit de groupe, du fait qu'au terme de chaque séance cénaculaire, la plupart des *cenacolisti* partaient en toute hâte, sans prendre du temps pour échanger, partager et nouer des liens d'amitié.

Finalement, j'ai terminé le cénacle en invitant tous les participants à écrire chacun sa propre autobiographie, et en précisant que l'expérience cénaculaire ne s'achevait pas à ce

2023 Voir *supra*, chap. 5.

moment-là. Au contraire, le cénacle autobiographique était destiné à déboucher sur la véritable écriture autobiographique, où chacun pourrait se raconter de manière plus complète et plus profonde. Puis, afin de mettre en évidence les avantages formatifs, performatifs et thérapeutiques que l'autobiographie peut engendrer, y compris les avantages spirituels, j'ai lu d'abord et commenté ensuite le chapitre VII du *Petit Prince.* À travers le récit de l'aviateur qui prend dans ses bras le petit prince angoissé et sanglotant pour le rassurer, ce chapitre m'a aidé à expliquer l'objectif le plus important auquel vise l'autobiographie, à savoir : prendre soin de soi-même.

Il ne faut pas omettre de souligner le moment de pause de chaque séance cénaculaire consacrée au partage et à la dégustation de produits délicieux, tels des snacks, du fromage, du chocolat, du pain, accompagnés par des boissons. C'était un temps de détente, mais surtout un moment de « construction » et de « formation » du groupe cénaculaire favorisant la cohésion entre ses membres. C'est pourquoi, notre dernier rendez-vous a vu tous les *cenacolisti* et moi, en tant qu'animateur du cercle autobiographique, nous retrouver dans un restaurant pour un souper symbolisant la conclusion du cénacle de Sassari. C'est pendant ce dernier repas que j'ai remis à chaque participant une lettre, telle une sorte de diplôme en souvenir de cette toute première expérience cénaculaire, où j'ai exprimé mes remerciements et où j'ai aussi résumé tout le parcours autobiographique[2024].

7.2.2. Le cénacle des agents de la *Caritas* d'Alghero

L'expérience cénaculaire qui a eu lieu à Alghero avec des agents pastoraux a été précédée par des accords pris avec le coordinateur du service de la *Caritas* du diocèse. J'estimais en fait que la proposition du cénacle autobiographique pouvait être une occasion précieuse de formation pour des agents pastoraux engagés dans l'assistance des plus pauvres et des plus démunis. Car en plus d'être une voie d'évangélisation, le cénacle autobiographique est de toute façon une expérience de formation, voire d'autoformation. C'est pourquoi il peut se révéler utile pour ceux qui souhaitaient améliorer la qualité de leur service et de leurs relations humaines dans le cadre d'un engagement en faveur de personnes défavorisées et indigentes. La proposition accueillie et approuvée, j'ai fixé une convocation de tous les agents pastoraux de la *Caritas* du diocèse d'Alghero afin de les renseigner sur la formation autobiographique que l'expérience cénaculaire allait offrir. Suite à cette rencontre préalable, nous avons pu former un groupe de participants avec lesquels a débuté le premier cénacle autobiographique d'Alghero.

2024 Voir l'annexe 8.

Ce cénacle s'est étalé sur une période de trois mois, d'avril à juin 2019. Au début, il a vu la participation de 11 personnes, laquelle s'est ensuite réduite à 9, 2 hommes et 7 femmes[2025]. Âgés de 54 à 74 ans, les participants étaient des personnes mariées, dont deux veuves et deux séparées. Les séances ont eu lieu tous les sept jours, dans une salle de la *Casa d'accoglienza Giubileo 2000*, la maison de la *Caritas* du diocèse d'Alghero destinée aux personnes détenues bénéficiant de « permis-prix »[2026].

Les motivations qui poussaient ces agents pastoraux à entreprendre un tel chemin de formation étaient multiples. Certains, poussés par leur intérêt pour l'écriture autobiographique, étaient curieux de connaître l'approche formative offerte par le cénacle. D'autres voulaient tout simplement apprendre à mieux se connaître eux-mêmes. L'un entrevoyait la possibilité du déploiement d'une vie nouvelle, et un autre avait le désir de revenir sur sa vie passée afin de comprendre davantage les raisons de certains de ses choix.

Ainsi, au premier atelier, après avoir donné l'occasion à chacun(e) de se présenter, nous en sommes venus au *jeu de la vie*[2027]. Pendant celui-ci, le mot « défaite » a tout de suite amené certains *cenacolisti* à parler des problématiques et des événements douloureux de leur vie personnelle : séparation conjugale, ruptures de relations avec leurs propres enfants ou avec d'autres membres de leur famille, interruptions de parcours académiques. D'autres termes appartenant au domaine sensoriel, tels « saveur » et « voix », évoquaient pour eux des souvenirs d'enfance. Puis, la tâche relative aux compositions sur les 5 sens du corps transmise, nous avons terminé le premier atelier.

Le deuxième atelier a été introduit par la lecture d'*A vigna r'u zzu Pippinu*[2028]. Puis, j'ai laissé les *cenacolisti* réagir quant aux sensations que l'écoute de mon fragment autobiographique avait suscitées en eux. Ce qui a été relevé, c'est le pouvoir synesthésique des mots, lesquels agissaient comme des images éveillant la mémoire sensorielle. En effet, des termes arrivaient presque à reproduire des parfums. De même, le sujet de la culture de la terre a établi une bonne connexion avec la vocation de l'homme à être un jardinier, tout comme le soulignent Gn 2 ainsi que Saint-Exupéry lui-même dans le cadre du *Petit Prince*[2029].

Concernant les compositions sur les 5 sens rédigées par les *cenacolisti*, il y a plusieurs éléments à souligner. Il est notamment surprenant que l'un d'entre eux ait rappelé qu'au XIIIe siècle, le goût était une aptitude de l'individu connectée à l'esthétique, du fait que le

2025 Certains désistements sont possibles du fait qu'il peut arriver que quelques participants ne soient plus en mesure de continuer le parcours pour diverses raisons : une santé précaire, un départ pour un voyage non programmé, une situation familiale imprévue, etc.

2026 Il s'agit d'un séjour de quelques jours en dehors de la prison.

2027 Voir la fig. 6, p. 543.

2028 Voir l'annexe 7.

2029 Voir *supra*, 5.1.1.

sens gustatif faisait également office de vision. De ce fait, sans s'en apercevoir, ce *cenacolista* parlait de la synesthésie ! Une autre participante nous a raconté une expérience qu'elle faisait au jour le jour en nous invitant à la vivre également. Elle avait en effet apporté une burette d'huile parfumée qu'elle nous a fait d'abord sentir, l'un après l'autre. Puis, elle nous a demandé de quelle fragrance il s'agissait. La plupart ont répondu que c'était le parfum d'une rose. En réalité, c'était une huile de nard qu'elle avait achetée lors de son dernier pèlerinage en Terre Sainte afin de raviver le souvenir de la pierre située à l'entrée de l'église du Saint-Sépulcre, sur laquelle, selon la tradition, avait été déposé le corps de Jésus suite à sa descente de la croix. Cette pierre dégage toujours une fragrance très intense parce que des femmes y répandent chaque jour cette même huile de nard. Tiens ! Cette *cenacolista* avait mis en place un atelier synesthésique, où une huile et son parfum devenaient les éléments sensibles, visibles et éloquents racontant le récit d'un pèlerinage en Terre Sainte et d'une expérience sensorielle très marquante !

Pendant la seconde partie de la séance, j'ai expliqué aux *cenacolisti* l'atelier des images qu'ils allaient vivre. Puis, je les ai invités à entrer, l'un après l'autre, dans une autre salle, aux parois de laquelle 40 tableaux étaient accrochés pour être visionnés, ainsi que nous l'avons expliqué ci-dessus[2030]. Les images choisies, chaque *cenacolista* est revenu dans la salle où nous étions précédemment. J'ai donc demandé à chacun(e) d'exprimer ce qu'il (elle) avait éprouvé pendant l'atelier. Et enfin, après avoir communiqué aux *cenacolisti* la tâche d'écrire une page de leur vie à partir de l'image choisie, j'ai pris congé d'eux.

À la séance suivante, j'ai donné le coup d'envoi du troisième atelier en proposant l'exercice d'écriture automatique déjà mentionné, en laissant les *cenacolisti* écrire pendant 10 minutes les pensées qui leur revenaient à l'esprit, à l'aide d'une musique de fond. Cette expérience terminée, j'ai suggéré, sans obligation, la lecture et l'écoute de quelques compositions issues de l'écriture automatique. Ainsi, la musique avait transporté une *cenacolista* à *Capocaccia*, un endroit rocailleux en face de la mer, tout près d'Alghero, où elle se rendait souvent pour rassembler ses pensées, ainsi qu'elle l'avait écrit. En imaginant être à cet endroit, elle avait dédié au Seigneur des mots de remerciement pour tous les cadeaux de la vie reçus, ce qui m'avait surpris. Car cette *cenacolista*, marquée par l'échec de son mariage, avait débuté l'expérience cénaculaire en ne soulignant que les choses négatives qui lui étaient advenues, et en se plaignant de ce dont elle ne disposait pas. Par contre, ce jour-là, entendre prononcer de sa propre bouche des mots fort positifs et même des remerciements à Dieu, constituait un changement important que je ne pouvais pas omettre de noter et de constater intérieurement, sans rien lui dire, évidemment !

2030 Voir *supra*, 7.1.2 et 7.2.1.

Puis, j'en suis venu à introduire les présentations des compositions sur les images, en lisant le chapitre 2 du *Petit Prince* de Saint-Exupéry. Ma lecture terminée, j'ai essayé d'expliquer comment l'auteur du conte avait voulu proprement exprimer dans ce chapitre en quoi consiste l'autobiographie en tant que telle, tout en laissant entrevoir un chemin autobiographique progressif. En effet, pour Antoine, l'aviateur et l'écrivain du conte, arrive le moment où une voix réveille la mémoire d'une partie de son être qui s'était endormie depuis longtemps. C'est la voix d'un petit enfant entêté et insouciant qui lui demande sans relâche le dessin d'un mouton. Ensuite, lorsque l'aviateur ébauche pour le petit prince le seul dessin qu'il sait esquisser, celui-ci se révèle être la première personne à même de l'interpréter comme le motif d'un fauve avalé par un boa. C'est alors qu'adviennent la rencontre et la reconnaissance réciproque des deux personnages du conte[2031]. De fait, si le petit prince est à même de saisir et de reconnaître cette image, c'est parce qu'il possède la même faculté de voir que celui qui a ébauché le dessin du boa fermé. Bref, en cet enfant d'environ 6 ans, Antoine reconnaît l'enfant qu'il était et qui aimait réaliser de tels dessins, un enfant qui s'avère être pour cela la seule personne avec laquelle l'aviateur peut parler véritablement.

Cela expliqué, j'ai pu comparer la voix provoquant le réveil du petit prince avec le chant du coq dont parle l'évangile (cf. Lc 22,5 4-62). Car, de même que la voix du petit prince suscite la mémoire de l'aviateur, de même le chant du coq éveille en Pierre la mémoire de la parole annonciatrice de son maître. De fait, c'est à ce moment-là que le disciple, se tournant vers Jésus, commence un cheminement de conversion qui débouchera sur le témoignage de son amour et de sa foi en son rabbi (cf. Jn 21,15-19), ce qui engendre en lui une nouvelle identité, précisément une « identité testimoniale »[2032]. De même, par rapport à l'expérience cénaculaire, l'autobiographie est censée réveiller comme une petite voix intérieure cette mémoire historique qui nous permet de nous connaître nous-mêmes et de construire une identité personnelle plus solide et renouvelée.

Mon introduction terminée, j'ai laissé les *cenacolisti* lire les récits relatifs à l'image choisie. L'une d'entre eux, prenant la parole, a commencé à raconter une partie de son histoire personnelle à partir du tableau de la femme dont les mains s'accrochent aux barreaux de la cellule d'une prison (*tableau d*, fig. 10, p. 545). Les mains féminines de l'image lui rappelaient les mains mêmes de sa mère, laquelle, devenue veuve assez jeune, avait beaucoup travaillé durant sa vie. C'est pourquoi, ainsi que le racontait la *cenacolista*, sa mère avait vécu elle aussi comme étant dans une prison, captive de ses propres sacrifices. Cependant, malgré l'incapacité de lui donner un bisou, cette mère était évoquée par son

2031 Voir *supra*, 5.2.2.
2032 Voir *supra*, 3.3.2.

enfant comme une personne forte, tel un grand chêne. La *cenacolista* exprimait en fait la certitude d'avoir été aimée quand même par sa mère, celle-ci ayant éveillé un grand sens des responsabilités chez sa fille, tout en jouant à la fois le rôle de mère et de père.

Cette même image a poussé un autre *cenacolista*, engagé dans une prison en tant que bénévole, à exprimer ses pensées autour des personnes recluses qu'il avait connues de près. Il disait que ces personnes sont davantage disposées à parler d'elles-mêmes par rapport aux personnes libres, car, la raison de leur détention étant connue, elles n'ont plus rien à cacher. Pour ma part, j'ai ajouté qu'une prison, c'est comme la petite planète du petit prince. En effet, en enlevant tout ce dont nous disposons dans la vie sociale, elle favorise la recherche de l'*essentiel*, essentiel qui ne coïncide évidemment pas avec les choses matérielles, ainsi que le conçoit Saint-Exupéry dans son conte autobiographique[2033]. Cet essentiel, pour certains, peut être situé dans la famille, dans l'amour conjugal ou dans l'amour des propres enfants. Pour d'autres, l'essentiel peut s'incarner dans la recherche de la vérité, dans l'écoute de soi-même et dans la découverte de Dieu et d'une foi religieuse finalement comprise, découverte ou retrouvée.

Puis la séance cénaculaire s'est terminée avec la transmission d'une autre tâche autobiographique par laquelle j'ai invité les *cenacolisti* à écrire à propos d'un souvenir lié à une personne chère dans leur vie.

Les cinquième et sixième séances du cénacle autobiographique ont été introduites respectivement par la lecture du chapitre VIII et IX du *Petit Prince*. Ces ateliers étant consacrés aux récits relatifs aux personnes importantes et très proches, l'histoire de la rose qui embaume la petite planète du petit prince, mais qui est bientôt abandonnée par celui-ci à cause d'un rapport conflictuel survenu entre eux, avait pour but d'aborder la question relationnelle. À cet égard, le récit d'un *cenacolista* sur son père a été très marquant.

Dès l'âge de 9 ans, il portait déjà sur ses épaules la charge de la famille, car son papa était parti pour la Belgique à la recherche d'un travail. Pendant des années, celui-ci contribua aux besoins de la famille en envoyant à sa femme et à ses enfants de l'argent. Mais, quelque temps plus tard, il ne donna plus signe de vie. C'est alors que ce *cenacolista*, lequel entre temps avait travaillé en mettant de l'argent de côté, prit la décision courageuse de partir pour la Belgique à la recherche de son père. Il lui fallait 80.000 *lire* pour rejoindre la Belgique, mais ce pauvre garçon ne disposait que de 50.000, un montant suffisant seulement pour arriver jusqu'en Allemagne. Le jeune homme partit quand même. Ayant dépensé tout l'argent pour acheter le billet du voyage, il n'avait pas de quoi manger. Dans le train qui le conduisait en Allemagne, il rencontra un monsieur bien habillé, lequel, ayant compris que ce jeune homme souffrait de faim, lui acheta une baguette et une boisson. Arrivé enfin

2033 Voir *supra*, chap. 5, notamment 5.1.1 et 5.3.2.

en Allemagne, le jeune garçon commença à y chercher un travail, afin de pouvoir gagner de l'argent et de rejoindre bientôt la Belgique.

Le jour où finalement il arriva en Belgique, il aperçut son papa, mais sans pouvoir lui parler, du fait qu'il se trouvait à ce moment-là bloqué à un guichet de change, ce qui lui fit perdre du temps. Au moment où il aurait pu s'approcher de son père, il vit un petit enfant sautant au cou de son papa, qui s'exclama : « Papa ! » Ainsi, frémissant, il resta bloqué sans plus trouver le courage d'appeler ni d'arrêter son père, tandis que celui-ci s'éloignait, tenant son petit enfant par la main. Après coup, il ne vit plus son père. Quelque temps après, une fois rentré en Italie, sa maman ayant elle-même compris que son mari avait refait sa vie en Belgique, il lui confirma son soupçon.

Mais le *cenacolista* a ajouté ensuite ne pas avoir voulu révéler cette histoire à ses frères, jusqu'à présent. Par ailleurs, cela faisait des années que ceux-ci n'avaient plus de relation avec leur frère aîné. C'est pourquoi, avouant toute son amertume du fait de l'ingratitude de ses frères, ceux-ci ayant été pris en charge par lui pendant sa jeunesse, le *cenacolista* nous a révélé son intention de leur écrire une lettre afin de leur raconter l'histoire concernant leur père, dans l'espérance de regagner leur compréhension et leur estime.

Or, une pareille histoire pouvait évoquer sans aucun doute celle de Joseph, le fils de Jacob, vendu par ses frères, telle que la raconte la Bible (cf. Gn 37-50). C'est pourquoi, en tant qu'animateur, j'étais tenu de discerner l'opportunité de faire ou de ne pas faire retentir une histoire biblique s'approchant du récit autobiographique d'un *cenacolista,* telle celle que je viens de mentionner. Les critères qui peuvent déterminer la lecture d'un récit biblique en situation sont à évaluer au cas par cas, sur la base du type des participants, c'est-à-dire selon la foi religieuse de chacun(e), ou sur la base de l'état émotionnel même du *cenacolista* racontant sa propre histoire. Il faut résolument éviter de heurter la sensibilité de ce dernier, ainsi que de donner l'impression de vouloir lui « faire la leçon », tout en lui adressant des exhortations qui peuvent résonner comme du pur moralisme[2034]. Le discours inhérent à la foi chrétienne ne doit jamais être imposé. Cette dernière est chemin long et personnel que tout individu est en train de parcourir, et dont nous ne savons ni le temps, ni les étapes, ni la trajectoire. Dieu seul connaît le chemin de chacun aussi bien que la manière dont ce chemin parvient à la découverte du sens de l'existence, à la réconciliation avec les

2034 Nous le rappelons : dans le cadre d'un cénacle autobiographique, personne, ni l'animateur en premier, n'a le droit de faire d'interventions de type moraliste, ni d'émettre des jugements. L'écoute, c'est d'abord le respect de l'autre, et chaque *cenacolista* doit être considéré à l'intérieur du cercle comme une « terre sainte », à laquelle on ne peut pas accéder les chaussure aux pieds, pour évoquer Ex 3,5. Au contraire, puisque « le récit de chacun est une *histoire sacrée*, il faut y entrer sur la pointe des pieds », ainsi que je l'ai écrit dans une des lettres remises aux *cenacolisti* (annexe 10, je traduis ici).

autres, à la guérison des blessures de la vie et à la reconnaissance de la vérité qui nous libère et nous sauve : Jésus Christ.

C'est précisément au nom d'une annonce graduelle et « implicite » que le cénacle autobiographique, en tant que parcours de formation et d'évangélisation, privilégie la lecture du *Petit Prince*[2035]. De fait, dans le conte de Saint-Exupéry, c'est proprement un chemin de recherche de vérité, et c'est également un itinéraire de réconciliation et de rapprochement des liens les plus importants et de ce qui constitue l'essentiel de la vie humaine qui est illustré. C'est pourquoi, lors des dernières séances cénaculaires, la lecture notamment du chapitre XXIV du *Petit Prince* s'avère nécessaire et précieuse pour expliquer en quoi consiste un véritable parcours autobiographique. Saint-Exupéry parle en fait d'un désert à traverser avant d'arriver à un puits contenant une eau spéciale et vitale. Cependant, cette marche n'est pas possible sans une prise en charge de la partie la plus faible de soi-même, laquelle demande non pas un regard qui juge, mais un regard plein de compassion qui sait prendre soin. Tels sont d'ailleurs l'attitude et le regard de l'aviateur envers le petit prince.

Les septième et huitième ateliers ont été consacrés à la rédaction de deux lettres : l'une à adresser à soi-même, et l'autre à une personne importante, suite notamment à une rupture de relation. Pour ce faire, la lecture du chapitre XXI du *Petit Prince* a bien introduit cette étape importante du cénacle autobiographique, car, grâce aux enseignements du renard, la découverte du petit prince de l'unicité de sa fleur devient la force qui fait renaître en lui le désir de la rejoindre. De même, la lettre avait la tâche de raviver le désir de reconstruction d'un lien perdu, soit avec un autre individu, soit avec soi-même.

Pendant ces séances, les *cenacolisti* ont donc rédigé leurs lettres. Les rédactions terminées, une *cenacolista* a voulu révéler le destinataire et la raison de sa lettre. Elle avait écrit à sa fille. Celle-ci, mariée et mère, alors que tout semblait bien aller, avait quitté son mari et décidé de vivre seule. Quelque temps après, elle avait rencontré un autre homme et commencé une nouvelle relation avec lui. C'est pourquoi, cette *cenacolista* n'avait pendant des années pas pardonné à sa fille le choix qu'elle avait fait, tout en coupant son lien avec elle. Entre autres, comme elle avait une haute opinion de son beau-fils, elle n'arrivait notamment pas à comprendre pour quelle raison sa fille avait abandonné ce dernier. Bref, elle était persuadée que la faute de cet échec conjugal incombait uniquement à son enfant.

2035 Il est opportun de rappeler ici l'analyse que nous avons consacrée au conte autobiographique de Saint-Exupéry, notamment la confrontation de celui-ci avec le discours analogique de Jüngel. En effet, selon l'analogie d'Avent de ce dernier, le discours *de* Dieu reçoit toute sa force et il devient pertinent spécialement du fait du caractère « laïc » des narrations paraboliques où Dieu n'est presque pas nommé (voir *supra*, 5.3.1). Le cénacle autobiographique suit la même logique, tout en procédant à une évangélisation « implicite », afin de laisser les récits du troisième Testament mettre au jour les traces sacramentelles de Dieu. Car celui-ci est présent dans la vie des gens et il se révèle dans les replis et recoins des histoires personnelles de chaque homme et de chaque femme (voir *supra* 4. 3).

Pour sa part, celle-ci souffrait terriblement de cette interruption de rapport avec sa mère qu'elle aimait beaucoup, et elle n'avait pas manqué de lui expliquer de mille manières les raisons de sa séparation du mari. En effet, leur relation conjugale n'allait plus depuis longtemps, malgré les apparences. Mais la *cenacolista* n'avait pas voulu la croire.

Ainsi, elle ignorait les messages que sa fille lui transmettait constamment par téléphone. Voici le contenu d'un de ces messages : « Maman, j'ai besoin de toi. Cela me fait très mal de ne plus avoir de rapport avec toi, de ne plus recevoir un petit bonjour de ta part… » Cette situation très douloureuse avait duré pendant deux ans, jusqu'à ce que l'insistance et les exhortations de nombreux amis avaient convaincu la *cenacolista* d'essayer d'écouter sa fille et de faire un effort pour comprendre les raisons de celle-ci. C'est alors que cette mère et cette fille commencèrent à dialoguer. Puis, la *cenacolista* finit même par accepter le nouvel ami de sa fille et d'en apprécier les qualités.

Des années plus tard, le cénacle autobiographique offrait à la *cenacolista* en question l'occasion d'écrire une lettre à sa fille afin de lui demander officiellement pardon de lui avoir procuré tant de souffrances.

Une autre *cenacolista* avait adressé sa lettre à sa belle-sœur qui était décédée auparavant, le cénacle autobiographique donnant à tous les participants la possibilité d'écrire également à une personne défunte. Ainsi, elle parlait du lien très fort qui existait avec sa belle-sœur. Celle-ci avait été proche d'elle pendant sa séparation conjugale. Cependant, quelque temps après, cette belle-sœur avait commencé à s'éloigner, sans aucune raison. Quelque chose s'était évidemment cassé entre elles. Mais la *cenacolista* n'avait jamais connu la raison de cette coupure. De plus, sa belle-sœur avait une fille qui souvent allait passer quelques jours chez sa tante. Par conséquent, l'interruption du rapport entre les deux belles-sœurs avait aussi marqué la relation de la *cenacolista* avec sa nièce. Peu de temps après, sa belle-sœur était décédée, suite à une maladie très grave.

C'est pourquoi, en la poussant à écrire une lettre à sa belle-sœur, le cénacle autobiographique offrait à cette *cenacolista* le moyen et la manière d'avouer à sa belle-sœur toute sa proximité, malgré les circonstances. Elle a raconté avoir été très à l'aise et très consolée lors de la rédaction de la lettre, et a ajouté qu'elle était sûre que sa belle-sœur lirait ce message.

Or, dans le cas d'un destinataire défunt, la lettre est remise à l'animateur. Il se peut également que l'animateur du cénacle adresse au *cenacolista* une lettre de réponse, tout en essayant d'interpréter le sentiment et la pensée de la personne décédée. C'est ce que j'ai essayé de faire pour la *cenacolista* en question, à laquelle j'ai envoyé par courrier une lettre rédigée au nom de sa belle-sœur elle-même. Je publie ci-après le texte[2036] :

2036 Je rappelle ici que pour des raisons de confidentialité, tout récit et tout document relatif aux cénacles autobiographiques que je relate à l'intérieur de ce chapitre sont anonymisés. Cependant, tout en respectant le pacte autobiographique et sans « trahir des secrets de fonction», je publie certains documents

Cara X,

che sorpres a la tua lettera. Ma credo sia più tu oggi ad essere sorpresa per averla scritta a me, pur sapendo che qui in cielo non si potrebbe ricevere posta dal pianeta terra. Ho usato volutamente il condizionale, perché ti assicuro – e ciò ti sorprenderà ancor di più – che l'ho ricevuta, e anche all'istante!!! Gli angeli sono i postini più affidabili e più rapidi di qualsiasi servizio postale efficace e specializzato che possa esistere. E non tanto perché hanno le ali, quanto piuttosto perché il cielo non è poi così lontano dalla terra. Esso è vicino più di quanto gli uomini non possano immaginare. Da quando il Figlio di Dio si è fatto carne, salendo al cielo, dopo la sua risurrezione, ha portato con sé l'umanità. E poi, a Pentecoste, quando Gesù ha dato il suo Spirito, che è parte di lui e del Padre, agli uomini, il cielo è sceso sulla terra. No, non è un giro vuoto di parole il mio, cara X, *ma è l'unica spiegazione più convincente che ho per farti capire che da quando mi sono trasferita in cielo sono più vicina a te di quanto non lo sia stata quando ero sulla terra. Il mio cielo lo sto vivendo nel cuore delle persone che ho amato, tra le quali tu. E ciò – non sorprenderti – non dipende da me, né da nostro Signore, ma solo da coloro che vogliono accogliere il cielo e tutto ciò che esso contiene dentro di loro. Tu, col tuo immutato amore per me, nonostante tutto, mi stai permettendo di passare il mio cielo anche sulla terra, come pure* G *e* R[2037]. *Quindi, cara* X, *rispondo volentieri e prontamente alla tua lettera per dirti anzitutto il mio grazie!*

Si, è vero, sono andata via come un'ingrata, e so bene che non lo meritavi e non lo meriti. Per questo imploro il tuo perdono, perdono che mi hai già accordato, dal momento che mi pensi, che vieni a spolverare la mia foto al cimitero, che hai ancora lacrime e sorrisi da spendere per me, ma soprattutto perché hai voluto persino scrivermi una lettera. So che sei stata bene quando l'hai scritta, non poteva essere diversamente. La tua è un'attestazione di amore. E chi ama, sta bene, soprattutto chi ama senza essere contraccambiato. Ti ho procurato un dolore immenso, cara X, *dolore che ho anche procurato a me stessa. Certo, io conosco i motivi del mio imperdonabile distacco, tu no, lo so, cosa che ha soltanto amplificato il tuo dolore. Se posso usare un'immagine a te familiare ultimamente, mi sono comportata come la rosa del piccolo principe. Ho pensato a me stessa, sono stata vanitosa, orgogliosa e sciocca. Non avrei dovuto trattarti così, mia piccola principessa* X. *Sono stata una rosa fortunata ad aver avuto una giardiniera come te, benché, nello stesso tempo, una rosa ingrata. Però sappi che anche tu sei stata per me una rosa, e io ho fatto un po' la parte del piccolo principe. Mi sono presa cura di te, anche se quel giorno non avrei dovuto prendere sul serio frasi senza importanza. Non avrei dovuto giudicarti sulle parole, ma sulle tue azioni. E le tue sono state sempre azioni d'amore nei miei confronti. Ma io ero troppo insicura per poterti amare. Sappi che dietro a quelle tre spine che avevo e che mi rendevano apparentemente autoritaria, si nascondeva un fiore fragile. Sono stata a volte un po' gelosa di te. Ti vedevo più libera e più bella dentro, oltre che fuori. Forse ho avuto paura di amarti di più e di considerarti una sorella, anzicché limitarmi al sentimento di un'amica. Ora che ho fatto un percorso di purificazione – si perché la mia malattia non è stata inutile né vana – sono pronta ad amarti come si deve e so che non è troppo tardi. Anch'io ti voglio un bene dell'anima e sono felice che oggi questo scambio epistolare ha riunito due persone che neanche la morte fisica è riuscita a separare. Ma sono felice soprattutto perché, grazie al nostro amore, anche il cielo e la terra oggi si sono ricongiunti. Si cara* X, *perché laddove c'è un perdono reciproco, il cielo scende in terra, e con esso Dio, il quale è tutto l'amore e la felicità cui ogni uomo anela.*

parmi les plus significatifs et les plus marquants. Sans nommer évidemment les personnes qui y étaient impliquées, cela me permet de mettre en exergue les apports précieux de type autoformatif, thérapeutique et performatif venant du cénacle autobiographique, et également la dimension analogique qu'une telle démarche peut dégager par rapport à une formation pédagogique et spirituelle aussi bien que par rapport à l'évangélisation.

2037 G et R sont les initiales totalement casuelles désignant la nièce et le frère de la *cenacolista* (X), qui est aussi le mari de la personne défunte (P) à laquelle « je prête ma plume ».

Per questo ora posso riprendere un percorso bellissimo con te. E non sarà più come prima, segnato dalle mie battute pungenti e dalle mie frasi dure. Ora potrò accompagnarti da sorella, dividendo con te la fatica della solitudine e il desiderio di un cuore colmo d'amore. La tua ricerca di felicità, infatti, non potrà approdare ad alcun risultato se essa non sarà abitata dall'amore che il tuo cuore cerca e che non è semplicemente quello di un compagno. Ricordati della donna samaritana, assetata di amore..., a quale pozzo credeva quel giorno di esser arrivata, quale acqua credeva quel giorno di poter attingere e poi... sorpresa! Quel giorno incontrerà l'uomo della sua vita, il suo vero compagno, l'unico che avrebbe potuto soddisfare la sete profonda del suo cuore. Ecco, a quel pozzo, che è il cuore stesso di Dio, io posso e voglio accompagnarti... Lo capirai quando ti ritroverai a leggere il capitolo XXIV e XXV del Piccolo Principe.

Ti lascio queste parole scritte perché siano sin d'ora come quell'acqua viva e fresca che fa tanto bene al cuore e all'anima. Così come le tue parole hanno fatto bene al mio cuore e alla mia anima. E non solo. Sono sicura che se R *e* G *potessero leggerle, anche loro ritroverebbero quella pace e quella voglia di sorridere alla vita che gli si era spenta dopo la mia partenza. Concludo, pregandoti di non dimenticare mai questo, cara* X*: il mio cielo io lo passerò anche nel cuore di tutti voi!*

Ti voglio bene, tesoro!

La tua cara sorella P.

Dall'eternità

L'émotion et la surprise de cette *cenacolista* ont évidemment été grandes lorsqu'elle a reçu la lettre de sa belle-sœur, à savoir la mienne ! Dans cette lettre convergeaient des pensées théologiques visant cette *communio sanctorum* qui existe entre le ciel et la terre, ainsi que des réflexions tirées du *Petit Prince*. Je me référais notamment au rapport du protagoniste du conte avec la rose apparue de manière mystérieuse dans sa petite planète, et à la marche du petit prince et de l'aviateur Antoine, en plein désert, à la recherche d'un puits[2038]. En effet, l'histoire de Saint-Exupéry reproduisait quelque peu le rapport conflictuel entre la *cenacolista* en question et sa belle-sœur, ainsi que la quête d'amour des deux femmes. En outre, cette lettre se voulait une invitation à revisiter la page johannique de la samaritaine (cf. Jn 4), dès lors que, suite à l'échec de sa propre relation conjugale qui avait abouti à une séparation, cette *cenacolista* avait toujours soif d'amour, elle aussi. D'ailleurs, telle est la situation de la femme que Jésus rencontre au puits de Jacob, laquelle, en plus de l'eau qu'elle vient puiser, cherche en réalité une fontaine intarissable. D'où le croisement, offert par le cénacle autobiographique, des récits de vie des *cenacolisti* avec les récits de la Parole-Écriture. Cela donne visibilité et continuité au troisième Testament, qui s'étend de l'Écriture à la Tradition. À ce propos, la théorie de Beauchamp sur « l'homme-récit », relativement à ce que celui-ci nomme *deuterosis*, est également confirmée par l'expérience autobiographique d'évangélisation, ainsi qu'elle émerge du cénacle. Car, tels les « récits-cadres » par rapport au « récit fondateur », les récits du troisième Testament issus de la vie des gens offrent à la Parole de l'Écriture des contextes

2038 Voir *supra*, chap. 5.

vitaux nouveaux (*Sitz im Leben*) où celle-ci peut s'accomplir et poursuivre son chemin[2039].

L'avant-dernier atelier a été introduit par la lecture du chapitre XXI du *Petit Prince*. Puis, j'ai donné la parole aux *cenacolisti* en les invitant à exprimer leur avis personnel relativement à l'allure prise par le cénacle et aux acquis formatifs du parcours autobiographique en son intégralité. En outre, je leur ai demandé s'ils étaient prêts et disposés à rédiger leur propre autobiographie et s'ils étaient d'accord avec l'éventualité de conduire eux-mêmes, à l'avenir, un cénacle autobiographique.

Voici, ci-après, les réactions des *cenacolisti* désignés par des initiales fictives :

> T : *Il percorso è andato bene. Ho superato la sfida, perché non sono capace di parlare di me stessa davanti agli altri. Il cenacolo autobiografico mi ha fatto conoscere me stessa, i lati positivi e quelli lati negativi. Mi piacerebbe scrivere la mia autobiografia, ma non so se sia in grado di farla, così come mi piacerebbe un giorno poter condurre un cenacolo autobiografico.*
>
> N : *Da questo cenacolo mi porto una parte di me fragile che ho potuto scoprire e iniziare ad attenzionare. Potrei scrivere di me, certamente. Condurre un cenacolo autobiografico? Non mi sento preparata.*
>
> Q : *Il cenacolo mi ha aiutato ad ascoltare, e le storie degli altri mi hanno aiutato a ridimensionare la mia. Mi piacerebbe scrivere l'autobiografia e la scriverò. Ma al momento non sono in grado di fare nulla.*
>
> DQ : *Il cenacolo autobiografico mi ha stimolata a far emergere di più il mio io. E ciò lo devo anche agli altri, alle loro storie. Ognuno dei cenacolisti mi ha dato qualcosa. Non so se scriverò la mia autobiografia. Mi fa paura il pensiero di aprire alcuni cassetti. Il Peter Pan che è in me è sempre vivo. Credo di non essere capace di fare un cenacolo autobiografico.*
>
> QN : *Il cenacolo autobiografico non mi ha dato una mano, a me Paola. Però il fatto che ho conosciuto delle belle persone, mi ha arricchito. Le storie degli altri mi hanno resa invidiosa in senso positivo, perché vi ho ritrovato e vi ho respirato il calore della famiglia. Non scriverò l'autobiografia e non condurrò un cenacolo autobiografico, non sono in grado di fare una cosa del genere.*
>
> NN : *Da questo cenacolo ho imparato la diversità come ricchezza, ma ho imparato soprattutto a mettermi in discussione. Non so se scriverò la mia autobiografia. Un cenacolo autobiografico mi piacerebbe condurlo e lo proporrei a persone che conosco e che hanno bisogno di verità.*

2039 Voir *supra*, 4.3.1.

ZN : *Nella lettera a me stessa, ho ripercorso la mia vita. Non ho potuto studiare. Sono finita a Cagliari per fare la babysitter quando avevo ancora 11 anni. Non ho potuto neanche fare le scuole medie. Per fortuna a Cagliari sono rimasta soltanto un anno. Andare ad abitare in Germania con mio marito, è stato molto bello. A 23 anni avevo già tre figlie. Sono cresciuta con loro. Le mie sorelle erano più stimate da mia madre. Loro avevano studiato, avevano un buon posto di lavoro e soldi. Io ho vissuto più poveramente, ma non ho fatto mai mancare nulla ai miei figli. A Natale, anche un piccolo regalino c'era per tutti. Con i miei sacrifici sono riuscita a comprarmi una casa. Io non ho studiato, ma ai miei ragazzi ho dato la possibilità di studiare. Il gruppo di preghiera è stato un dono inaspettato. Ancora oggi faccio questo cammino. Scrivere a me stessa è stato fare un bilancio positivo della mia vita. Il cenacolo mi ha fatto stare bene, portandomi ad essere più aperta, più esplicita con gli altri. Non so se scriverò la mia autobiografia, né se condurrò un giorno un cenacolo autobiografico.*

D : *Io non ho seguito tutto il cenacolo. Ma mi ha aiutato a riprendere quella parte di me, soprattutto il vissuto della mia infanzia, che ho sempre preferito non ricordare. La mia infanzia è stata segnata da una mancanza di risorse economiche. Ciò malgrado, mamma e babbo a modo loro mi hanno fatto sentire bene e amato. Ciò ha colmato la precarietà economica. Mi piacerebbe non tanto condurre un cenacolo, quanto avere un rapporto tra eguali. Non mi piace avere dei ruoli direttivi.*

Z : *Non sono riuscita a scrivere a me stessa. Avevo iniziato con la mia infanzia, ma giunta all'età adolescenziale, mi sono bloccata. Sono stata male e non ce l'ho fatta ad andare avanti. Non so se ci riuscirò in futuro. Credo di essermi rafforzata. Il cenacolo mi ha portato a dire e a fare quello che sento. Gli altri? Si arrangino. Devo volermi più bene, tanto il mondo non scappa con i suoi problemi. Io non credo di voler scrivere la mia autobiografia. Invece, con le giuste direttive, mi piacerebbe condurre un cenacolo. Ma sarei più severa, non tollererei distrazioni, né l'uso del telefono. Non so a chi lo proporrei...*

Le cénacle autobiographique des agents pastoraux de la *Caritas* d'Alghero s'est terminé avec un repas, au terme duquel j'ai lu le chapitre XXV du *Petit Prince*. Puis, j'ai invité les *cenacolisti* à considérer sérieusement la possibilité d'écrire leur histoire autobiographique, en leur donnant quelques directives rédactionnelles. Pour finir, j'ai remis à chaque participant une lettre de remerciement, dans laquelle j'ai également résumé les moments les plus saillants du parcours cénaculaire[2040]. Comme il s'agissait d'agents

2040 Voir l'annexe 9.

pastoraux qui offrent leurs services aux plus pauvres et aux plus démunis, y compris aux personnes détenues, je n'ai pas manqué dans mon message de souligner l'acquis formatif de type professionnel dégagé par le parcours cénaculaire afin de leur permettre de spécifier et de qualifier davantage leur coopération à l'intérieur de la *Caritas*. Car – j'en suis vraiment persuadé – être bien dans notre peau, c'est transmettre à tous ceux et à toutes celles que nous croisons et dont nous prenons soin une très grande sérénité.

7.2.3. Les expériences cénaculaires dans la prison d'Alghero

Les cénacles mis en place dans la prison d'Alghero ont débuté par une séance générale à laquelle ont participé environ 70 personnes incarcérées et les membres de l'équipe éducative. Pendant cette première rencontre, j'ai eu la possibilité de présenter le parcours autobiographique et d'expliquer les objectifs et les apports formatifs qui pourraient en découler, y compris la valeur pédagogique et anthropologique de l'expérience cénaculaire. L'intérêt porté à un tel sujet formatif de la part des personnes détenues a débouché sur l'adhésion d'un petit nombre de participants, qui est allé croissant durant les jours ultérieurs précédant le début officiel du cénacle autobiographique. C'est pourquoi l'inscription de 18 personnes a impliqué la formation de deux groupes cénaculaires.

Le premier groupe était constitué de 10 personnes âgées de 30 à 58 ans, tandis que le second était formé par 8 individus âgés de 26 à 60 ans. Le nombre des deux groupes a quelque peu diminué à partir du troisième atelier, et il s'est stabilisé à 12 personnes, 8 dans le premier groupe et 4 dans le second[2041]. Les ateliers, chacun d'une durée de 2 heures, ont été au nombre de 9, et ils ont eu lieu une fois par semaine, pour une totalité de 16 ateliers, dont les 2 dernières séances se sont déroulées en un groupe unifié, du fait de la vision du film du *Petit Prince* et de la dernière rencontre cénaculaire qui s'est terminée par un moment de fraternité accompagné par la dégustation d'un dessert sicilien que j'ai préparé avec l'aide des participants eux-mêmes.

Le premier atelier autobiographique a été consacré, dans les deux groupes, à la présentation de tous les participants. Pendant cette séance, j'ai demandé à tous les *cenacolisti*, en tant qu'animateur du cénacle, d'expliciter la motivation qui les avait poussés à participer au parcours autobiographique. J'avoue que, dès le début, il s'est instauré dans

2041 Dans une prison, certaines personnes détenues suivent des cours de type scolaire, d'autres ont des tâches à accomplir, de petits travaux, ce qui empêchait quelques-uns des participants de venir au cénacle régulièrement. Par conséquent, même si le nombre du second groupe s'est réduit, du fait que je ne pouvais pas y admettre des personnes qui s'absenteraient souvent, je n'ai cependant pas fusionné les deux groupes, soit pour éviter la constitution d'un groupe trop nombreux soit pour ne pas déstabiliser la cohésion qui s'était déjà établie entre les membres de chaque cercle autobiographique.

les deux cercles une ambiance empathique, ce qui a favorisé le commencement du parcours. Cela a été dû à quelques présentations imprégnées d'une bonne dose d'humour, ainsi que l'attestent les phrases que voici : « Je suis là (en prison) parce qu'on m'a offert des vacances. Heureusement je ne suis pas marié et je n'ai pas d'enfants. Actuellement je fais des études de médiation linguistique (anglais et espagnol). J'ai choisi de participer au cénacle autobiographique parce qu'étant assez introverti, je souhaite que cette expérience formative m'aide à me "dé-scotcher" et à devenir davantage sociable. »

D'autres présentations avaient un ton sérieux, car c'étaient des sujets marqués par la souffrance, l'humiliation et la gêne vis-à-vis de l'opinion publique, telle la présentation que voici : « J'ai une condamnation à perpétuité. J'ai une mère, une sœur et un enfant. Ici, je me sens comme si j'étais un animal. J'ai choisi de faire ce parcours car c'est une activité formative qui me permet d'être engagé et de me confronter également à quelqu'un qui vient de l'extérieur. Les gens qui sont dehors ne savent pas qu'en prison il y a aussi des personnes qui ne méritent pas d'être là. Cet atelier autobiographique est une occasion qui peut contribuer à améliorer le regard d'autrui envers nous. » Un autre *cenacolista* s'est présenté de la façon suivante : « Cela fait déjà dix ans que je me trouve ici. Ma vie, en prison, a évolué. Une association culturelle que j'ai connue il y a quelques années m'a fait découvrir la passion pour l'écriture, ce qui m'a aidé à me connaître moi-même. Ainsi, j'ai commencé à composer des poésies et quelques écrits autobiographiques enrichis de fantaisie littéraire. J'ai participé de temps en temps à des concours nationaux conçus pour les gens en prison. L'approche scripturaire m'a amené à faire un travail d'introspection très important, en considérant qu'en prison on a tendance à se sous-évaluer soi-même. Cette mise en jeu personnelle a eu également un impact sur la relation avec ma famille, laquelle demeure un point de repère pour moi. C'est vrai : en fin de compte, on ne peut comprendre les choses que lorsque celles-ci deviennent un souvenir. C'est pourquoi, choisir de participer à ce cénacle autobiographique, c'est continuer à cultiver ce parcours scripturaire que j'avais commencé dans la prison où j'étais avant, où, par ailleurs, le nombre de suicides est élevé. »

Le tour de présentation terminé, dans le premier groupe ainsi que dans le second, nous avons pris une pause de 15 minutes, pendant laquelle les participants ont pu croquer quelques snacks que je leur avais apportés ou aller fumer une cigarette. Puis, l'atelier s'est poursuivi avec le *jeu de la vie*[2042]. Je joins ci-après, en distinguant les divers intervenants par des initiales fictives, quelques fragments narratifs relativement aux termes contenus dans les cases du jeu autobiographique :

2042 Voir la fig. 6, p. 543.

Fiore. L : *Mi ricorda la sera prima dell'arresto. Ero in giro per fare shopping, mi fermai per comprare un'orchidea a mia madre. Oggi quella pianta è cresciuta ed è nuovamente fiorita.*

Sconfitte. N : *Voglio superare le sconfitte. La sconfitta più grande è quella di non essere creduto. Mi viene in mente una frase di Voltaire per me molto significativa : « Mentre la verità si allaccia le scarpe, la bugia ha già fatto il giro del mondo. »*

Sconfitte. G : *Ho creduto nelle Istituzioni, nello Stato. Ora mi sto rendendo conto che ciò in cui credevo è proprio una delusione, una sconfitta.*

Scatole. B : *La scatola mi evoca tanta tristezza. Penso ad esempio a quella che mi è arrivata la prima volta qui in carcere da parte della mia famiglia che non potevo più vedere.*

Sconfitte. NQ : *Le mie grandi sconfitte sono la condanna al carcere, aver buttato via un lavoro sicuro e aver perso una fidanzata. Tutto ciò per via di una scemenza. Ma dalle sconfitte si rinasce, perché a volte il successo viene proprio dalla caduta. In America si dice che chi viene sconfitto farà grandi cose.*

Ce premier atelier s'est terminé par la demande de rédiger une composition autobiographique sur les 5 sens faite à tous les *cenacolisti*.

Dans le premier aussi bien que dans le second groupe cénaculaires, l'atelier n. 2 a commencé, encore une fois, par deux tours du *jeu de la vie.* Ensuite, après la pause-snacks, nous avons repris la séance par la lecture d'*A vigna r'u zzu Pippinu*[2043]. Puis, j'ai invité les *cenacolisti* à lire leurs compositions sur les 5 sens corporels. Parmi celles-ci, il y avait une poésie sur le toucher rédigée par une personne détenue s'inspirant des mains de ses parents, lors de leur visite en prison :

> *Le mani dei miei genitori sul tavolo del colloquio sono le mie ancore di salvezza che impediscono che la corrente della malinconia mi trascini via, sono i pilastri, le fondamenta che mi permettono di non sprofondare nella desolazione, sono le ali che mi fanno volare in alto, senza paura di cadere, con la certezza che qualunque cosa accada non lasceranno mai la presa.*
>
> *Mani che mi accompagneranno verso un futuro migliore fatto di felicità, amore e libertà*[2044].

Dans une prison, les 5 sens deviennent des voies privilégiées auxquelles les personnes détenues donnent beaucoup d'importance. En effet la privation, l'isolement, le manque de relation et de contact avec le monde extérieur, avec les gens et avec la nature en viennent à amplifier tous les sens corporels de manière à ce que rien ne passe inaperçu.

2043 Voir l'annexe 7.

2044 C'est un extrait de la poésie *Il tatto*, dont j'avais demandé à la personne qui l'a composée une copie. Le texte intégral de cette composition sur le sens du toucher se trouve à l'annexe 11.

L'un des *cenacolisti* me disait qu'en régime de captivité, lors d'une communication téléphonique, ils prêtent attention à tous les mots de la conversation, et ils sont attentifs même à un soupir, à une pause, car le temps dont ils disposent est très court et tout instant devient précieux. C'est pourquoi un autre d'entre eux me demandait de bien mettre en fonction mes 5 sens, notamment celui de l'ouïe car, « à cause de magistrats fautifs, disait-il, beaucoup d'entre nous ne peuvent pas profiter des 5 sens ! »

Au terme de l'atelier, j'ai prié les *cenacolisti* d'écrire quelque souvenir à partir d'un objet important de leur vie.

Le troisième atelier a débuté donc par l'écoute des compositions autobiographiques attachées à des objets. La plupart des *cenacolisti* s'étaient inspirés d'une photo de famille. Une personne détenue du premier groupe m'a demandé de lire sa composition à sa place, car l'émotion l'empêchait de le faire. Ainsi ai-je pris son cahier et j'ai lu ces mots : « *Si scrive mamma, ma si legge gioia. Si scrive papà, ma si legge uomo... È una foto storica, ma quando la guardo riprende a vivere...* » Un autre *cenacolista* avait écrit une réflexion à partir d'une photo de ses grands-parents. C'était un concentré de douleur et de regret : « *Questa è una foto che ho voluto come copertina di un libro. La macchina dei ricordi fa male. Ma ascoltare gli oggetti a me più cari mi aiuta a riflettere sui punti nodali della mia vita. È una foto che mi accompagna. I miei nonni sono delle stelle adesso, ma non so se hanno voglia di brillare per me. Potranno mai perdonarmi ?* » Sans le savoir, ce *cenacolista* devançait la réflexion de Saint-Exupéry lui-même sur la rose du petit prince. Elle n'était plus visible du fait d'être très au loin, sur la petite planète où il l'avait laissée. Et pourtant, lorsque le petit prince regardait depuis la terre le ciel étoilé, la lumière d'une étoile lui parlait de sa fleur, tout en ravivant en lui le désir de la rejoindre. Car « ce qui est important, dit le petit prince, ne se voit pas... »[2045] Un autre *cenacolista* s'était inspiré de la montre en or de son père que sa mère lui avait donnée le jour du décès de celui-ci : « *L'ho sempre custodito nel cassetto del comò. Mio padre è morto all'età di 76 anni, quando io ne avevo 30. Ho bei ricordi di lui. Quando andavamo al cimitero, mi mostrava le tombe nobiliari, tra le quali quella di Totò ... Prima, uscire con un genitore era una novità. L'orologio di mio padre esteticamente non mi piace, non lo indosso, ma ha un grande valore. Quando mio padre è andato via, il tempo si è fermato. Con il tempo ho un rapporto conflittuale. Qui, in carcere, ho il tempo di riflettere, di pensare, di amare... si, anche di amare. Prima, tutto era un'abitudine, tutto era scontato, tutto era fatto di corsa. Fuori, il tempo passa in fretta. Qui, passa lento. Qui conti i mesi, i giorni, e i momenti della giornata si pesano.* »

2045 A. de Saint-Exupéry, *Le Petit Prince*, p. 91 (chap. XXIV).

Après la pause-snacks, j'ai lu pour les *cenacolisti* du premier groupe ainsi que pour ceux du second, à des dates différentes évidemment, le premier chapitre du *Petit Prince*, de manière à les acheminer vers l'atelier des images. En effet, dès le début du conte de Saint-Exupéry, l'image est un sujet dominant. Ensuite, après avoir expliqué comment cet atelier allait se dérouler, je les ai tous invités à entrer, l'un après l'autre, dans la grande salle de la bibliothèque, où j'avais accroché les 40 tableaux. Une musique de fond créait l'ambiance, tandis que les *cenacolisti* admiraient les images et se laissaient « interpeller » par elles. Ce moment écoulé, chaque *cenacolista* est allé s'asseoir autour de la table, son tableau choisi à la main. Mais il est arrivé que l'un d'entre eux fût entré et sorti de la grande salle assez rapidement et sans aucune image. C'est pourquoi, croyant qu'il avait oublié de prendre avec lui l'image choisie, je l'ai invité à rentrer dans la salle. Mais je n'avais pas noté, au premier abord, qu'il était en larmes. Et quand je lui ai demandé s'il avait envie d'expliquer pourquoi il pleurait, il m'a répondu ne pas avoir eu le courage de prendre l'image qui l'interpellait de la manière la plus forte. Je lui ai dit de rester dehors tant qu'il voulait pour qu'il se calme. Puis, quelques minutes après, il est rentré dans la salle, le regard bas, et il est allé s'asseoir sans image. Alors, je lui ai demandé si je pouvais prendre à sa place l'image qu'il avait choisie, ce qu'il a accepté. Ainsi, lui ai-je apporté le tableau qu'il avait choisi. C'était l'image d'une jeune mère qui portait à ses joues son petit enfant (*tableau a*, fig. 7, p. 545). Le tableau devant lui, il est resté assis, immobile et sans rien dire.

Puis, j'ai demandé aux *cenacolisti* d'exprimer leurs émotions relativement à l'expérience de l'atelier. Tous ont avoué avoir éprouvé des sentiments contrastés, de joie et de tristesse en même temps, car certaines images racontaient des moments de bonheur de la vie, d'autres évoquaient la souffrance, la guerre, la pauvreté, la solitude. Contrairement à ce qui s'était passé lors des cénacles précédents, où personne n'avait été frappé par l'image de l'horloge (*tableau h*, fig. 14, p. 545), pour les *cenacolisti* de la prison d'Alghero, ce tableau n'est pas passé inaperçu. Et cela à juste titre, car une personne en captivité, ainsi que nous l'avons souligné plus haut, accorde au temps une valeur et une importance plus grandes qu'une personne libre. Une autre image assez frappante pour les *cenacolisti* détenus a été celle représentant la table dressée pour le repas de Noël (*tableau b*, fig. 8, p. 545), évoquant la chaleur de la famille et le bonheur des fêtes religieuses. Mais ce qui m'a le plus surpris et impressionné, c'est le fait que certains *cenacolisti* n'avaient pas manqué de se laisser interpeller par le tableau qui évoquait pourtant la raison même de leur détention et qu'ils avaient courageusement choisi. Il a été également surprenant, à la fin de la séance, de voir la personne qui pleurait pendant l'atelier et qui n'arrivait pas à décrocher son tableau, sortir de son silence et prendre la parole : « *Tutte le foto rappresentano il senso della vita, e raccontano come si era e come si diventa. La potenza delle immagini mi ha fatto ricordare ciò che tu ci dicevi* (il se référait à moi en tant qu'animateur) *quando ci parlasti di quella spiaggia bruciata e di quei germogli che uscivano dal legno carbonizzato. La vita fiorisce anche dalla cenere. Sono stato molto male di fronte a certe foto. Alla fine ho scelto la foto che mi ha fatto più soffrire e piangere.* » En effet, j'avais auparavant raconté aux *cenacolisti* de ce groupe une expérience que j'avais vécue il y a des années, en Sicile, quand, me rendant à une plage, j'avais remarqué, à ma grande stupéfaction, que sur des arbres presque carbonisés suite à un vaste incendie, des bourgeons verts commençaient à pousser. Dans un contexte pareil, tel celui de la prison, l'image de mon souvenir offrait à mon avis un message d'espérance et de renaissance assez prégnant pour des gens dévastés par l'horreur du crime commis. La séance terminée, j'ai demandé aux *cenacolisti* d'écrire un morceau autobiographique à partir du tableau choisi.

Au quatrième atelier, consacré à l'écoute des récits issus des images, j'ai lu le chapitre II du *Petit Prince*, où le mystérieux enfant demande à l'aviateur le dessin d'un mouton. La raison de cette demande assez bizarre et au premier abord incompréhensible, s'avère comporter vers la fin du conte un véritable potentiel figuratif qui permet à l'aviateur de comprendre la vie et de la *voir* au-delà des apparences. D'où l'importance d'un tel atelier, où une image recèle et suggère une histoire autobiographique.

Pourtant, pour une question de confidentialité, s'agissant entre autres de détenus dont beaucoup ont des procès pénaux en cours, je ne puis relater ici que l'ouverture du cœur de ces personnes et l'engagement qu'elles ont montré en prenant au sérieux l'expérience du cénacle autobiographique. En outre, j'ai pu aussi constater que la modalité de groupe n'a pas constitué un obstacle par rapport à leur volonté de se raconter et de confier leurs histoires aux autres *cenacolisti*, y compris à moi-même. Au contraire, au fur et à mesure que le cénacle devenait plus exigeant, la plupart d'entre eux, sauf quelques désistements[2046], ont choisi de continuer le parcours autobiographique.

Écouter des histoires, d'où émergeaient tantôt l'acceptation de la peine, tantôt la récrimination contre une condamnation « injuste », a été l'occasion de parler à ces personnes souffrantes et humiliées d'un homme qui a « touché le fond », lui aussi, dans la mesure où il a voulu connaître l'humiliation d'une condamnation à la peine de mort, sans se soustraire au carcan de l'opinion publique. Cet homme, il ne s'agit pas de n'importe quel homme, mais de l'Homme juste avec majuscule, injustement condamné : Jésus Christ, l'Homme-Dieu. C'est pourquoi, le cénacle étant une voie d'évangélisation en plus d'une expérience de formation humaine, c'est grâce à l'Histoire de l'humanité du Dieu-

2046 Cf. *supra*, n. 2041.

condamné, carrefour où convergent les histoires réelles des personnes condamnées, que l'annonce de la Bonne Nouvelle acquiert toute sa force et toute son actualité.

Cependant, si la *distinction* entre l'Histoire du Dieu condamné et les histoires des hommes condamnés ne laisse ni les secondes remplacer la première, ni la première se dissoudre ou se faire absorber par les secondes, cela ne va pas pour autant dans la direction d'une *oscillation* sans résolution entre elles, tel le rapport oscillant « ressemblance-dissemblance » qui est à la base de l'*analogia entis*, selon le catholique Przywara[2047]. En revanche, une telle distinction est à considérer, d'après Jüngel, comme cette *différence* qui constitue l'essence même du discours analogique, ce que Danet souligne, elle aussi[2048]. Car, se faisant homme, c'est bien ce qui est *différent* de lui que Dieu assume. Mais pas uniquement. S'anéantissant lui-même à travers la voie kénotique du mystère de la croix, l'Homme-Dieu va jusqu'à assumer la *différence extrême* culminant dans la non-figure du crucifié (*Un-Gestalt*). D'ailleurs, c'est cette *imago* de laideur résumant la chute humaine qui constitue la pointe de l'esthétique analogique proposée par Balthasar[2049]. Nous y reviendrons à la conclusion du chapitre.

En revenant aux cénacles de la prison d'Alghero, les histoires autobiographiques des personnes détenues racontaient *sous un autre mode* la laideur humaine que le Christ a connue, non pas évidemment en conséquence de crimes qu'il n'a d'ailleurs pas commis, mais en raison d'un amour poussé à l'extrême, *jusqu'à la fin* (cf. Jn 13,1), c'est-à-dire jusqu'à *toucher le fond* de l'humiliation qu'est la condition d'un condamné à mort. Car telle est l'Histoire de l'humanité de Dieu et de son amour inouï pour les hommes, ainsi que l'affirme l'apôtre Paul : « Celui qui n'avait pas connu le péché, Dieu l'a fait péché pour nous, afin qu'en lui nous devenions justice de Dieu » (2 Co 5,21). Par conséquent, le Christ partageant le sort même des pécheurs, les histoires des hommes marquées par le péché en arrivent à constituer véritablement le *récit-cadre* où le *récit fondateur* du Juste « fait péché » trouve son accomplissement ultime advenant *hors de tout livre*, pour le dire avec la terminologie de Beauchamp[2050].

C'est pourquoi, ce n'est pas Dieu qui a *une multitude d'histoires*, ainsi que l'affirme Theobald[2051]. En retour, d'innombrables histoires d'hommes et de femmes, jouant le rôle

2047 Voir *supra*, 1.2.1.

2048 Voir *supra*, 1.2.2, notamment la n. 189 ; voir aussi 2.3.1, notamment la n. 691.

2049 Voir *supra*, 1.3.1 et 1.3.3.

2050 Voir *supra*, 4.3.1. Si « l'acte du Christ », à savoir le fait historique de l'incarnation du Verbe, est, d'après Beauchamp, l'« *hors de tout livre* » où s'accomplissent les Écritures, cela s'étend jusqu'à l'Église, le corps mystique du Christ et le prolongement de son incarnation, et même à tout homme, en tant que « sacrement du frère » auquel le Christ s'identifie lui-même (cf. Mt 25,31-46).

2051 Voir *supra*, 1.2.3, ainsi que 1.2.4.2, notamment la n. 341 annonçant la conclusion du débat théologique entre Jüngel et Theobald, et la raison ultime de notre choix de plaider en faveur de l'axiome du théologien luthérien.

de récit-cadre, peuvent raconter, au sens d'accomplir, l'*Histoire unique* de l'humanité de Dieu, à savoir l'*ephapax* de l'événement Jésus-Christ. Car, somme toute, Dieu fait de la *différence* des histoires de l'Histoire son expression analogique, c'est-à-dire le « *sous un autre mode* » ou le « *sub his figuris* » par lequel la *latens Deitas* se révèle elle-même, pour le dire avec saint Thomas d'Aquin[2052]. Par conséquent, de même que la chair pécheresse constitue le « *sub contrario* » de l'épiphanie de Dieu, de même les récits du troisième Testament constituent la lettre « inadéquate » où l'Homme-Récit se révèle lui-même[2053].

Cela étant, quant à la requête pour plus de justice issue des cénacles avec les personnes détenues, elle n'assume pas seulement le ton d'un reproche adressé aux tribunaux « fautifs » de la société civile. Elle se veut aussi un appel à la société civile elle-même demandant, voire exigeant une véritable « justice réparatrice » qui vise à la rééducation et la réadaptation des personnes recluses, tout comme le souhaite et l'affirme d'ailleurs le *DB* de la pastorale de la justice pénale en Italie[2054].

Au cinquième atelier, nous avons continué à écouter les récits autobiographiques relatifs aux images choisies. À cette occasion j'ai encore une fois introduit l'atelier par la lecture d'un chapitre du *Petit Prince*, en l'occurrence par celle du quatrième, où l'auteur regrette son âge de six ans. Car, c'est l'âge où l'on voit au-delà des apparences, en arrivant même à percevoir la proie qu'un boa a avalée ou un mouton dans le simple dessin d'une caisse. En retour, les grandes personnes s'intéressent aux chiffres, mais non pas à ce qui est essentiel. C'est pourquoi, le but de la lecture du chapitre IV du *Petit Prince* se voulait une invitation aux *cenacolisti* à revenir à l'âge de leur enfance, tout en établissant un rapport avec l'enfant que chacun d'eux avait été.

S'agissant de personnes qui ont commis des crimes, un récit autobiographique implique que dans la mesure où un prisonnier raconte son histoire passée, il cherche à établir un contact avec ce jeune garçon qui ne pouvait pas imaginer, ni deviner, qu'il deviendrait un jour un criminel. D'où la question implicite que le conte du *Petit Prince* suscite : qu'en est-il du garçon que chacun a été ? Un récit autobiographique étant la tentative de l'interpeller, que voudrait-on dire à ce garçon-là ? Inversement, si celui-ci pouvait parler, que dirait-il aujourd'hui à la grande personne qu'il est devenu, c'est-à-dire à l'homme criminel ou à celui qui a échoué ? Car, de même que le petit prince enseigne l'aviateur, de même le jeune innocent peut certainement enseigner le prisonnier ! De fait, des récits que j'ai écoutés, il émanait une demande pressante de pardon de la part de l'homme criminel à l'adresse du garçon intègre que celui-là avait été.

2052 Voir *supra*, 1.3.2, entre autres la n. 432.
2053 Voir *supra*, 4.3.1.
2054 Voir *supra*, 6.3.3, ainsi que l'annexe 3.

Le sixième atelier a été introduit par la lecture des chapitres VII et XXIV du conte de Saint-Exupéry. Ce sont les chapitres qui racontent respectivement le début et le développement de l'attention que l'aviateur, tout concentré sur la tentative désespérée de réparer le moteur de son avion, accorde finalement au petit prince. Pour sa part, celui-ci avait besoin autant de gagner un ami que de retrouver le désir de revenir à sa rose. C'est pourquoi, la narration contenue dans ces chapitres du *Petit Prince* pouvait éveiller chez les *cenacolisti* la nécessité de reconstruire des relations importantes et vitales, telles la relation de chacun avec soi-même, ou celle concernant une personne avec laquelle un lien important avait été rompu. Le sixième atelier visait la première reconstruction.

Pour ce faire, j'ai proposé aux *cenacolisti* d'écrire une lettre à eux-mêmes. C'était une manière adéquate d'essayer de rétablir une connexion avec cette partie d'eux-mêmes, qui ne se limitait pas simplement à l'enfant que chacun d'eux avait été, mais qui était aussi la part la plus intime d'eux-mêmes. Autrement dit, cette lettre se voulait la tentative par laquelle le *je* de chaque *cenacolista* tentait un dialogue et un rapport d'amitié avec le *moi*, en toute transparence et en toute vérité. C'est d'ailleurs ce qui advient à l'intérieur du conte de Saint-Exupéry, où la rencontre, le dialogue, la connaissance et la prise en charge réciproque des deux personnages, le petit prince et l'aviateur, ne sont que la mise en récit du mouvement du *je* vers le *moi*. En l'occurrence, le premier est joué et représenté par Antoine, et le second, par l'enfant qui lui est apparu en plein désert[2055].

D'ailleurs, la lettre destinée à soi-même a été si centrale dans le cénacle que je n'ai pas manqué de le souligner dans le message que j'ai adressé aux *cenacolisti* de la prison d'Alghero au terme de leur parcours autobiographique[2056]. De fait, dans une visée autobiographique à proprement parler, rédiger une lettre pour soi-même, c'est se prendre en charge soi-même, c'est se prendre dans ses propres bras pour commencer à s'aimer, pour se réconcilier avec soi-même et pour se pardonner, tout en adressant un regard de bienveillance sur soi-même. Car, par rapport au temps présent, chaque individu, qu'il soit en prison ou en état de liberté sociale, tend à « effacer » la personne qu'il a été et sur laquelle pèse toujours la marque de la faute, ou vers laquelle est pointé le doigt du jugement !

Quant à moi, depuis ma posture d'animateur, j'ai essayé de mieux expliquer l'attitude de compassion et de prise en charge de soi-même que l'autobiographie met en place, en citant aux *cenacolisti* l'exemple de ce qu'un père est disposé à faire pour sauver un fils rebelle et pour récupérer un enfant égaré (cf. Lc 15,11-32). De même, cette partie

2055 Aboutissant à une véritable rencontre de reconnaissance, ce mouvement du *je* vers le *moi* est proprement ce à quoi vise l'écriture autobiographique ; ou mieux, c'est le pouvoir que celle-ci possède, ainsi que nous l'avons souligné ci-dessus, lors de notre relecture et de notre analyse du *Petit Prince* à la lumière de ladite *mimèsis* II de Paul Ricœur (voir *supra*, 5.1.2).

2056 Voir l'annexe 10.

égarée et fautive de soi-même demande à être sauvée, à être pardonnée. D'ailleurs, dans le conte de Saint-Exupéry, bien qu'Antoine ne soit pas un criminel, cette « prise en charge » réciproque des deux personnages est mise en récit ou codée proprement par le geste d'une étreinte[2057]. L'atelier épistolaire a donc reçu un bon accueil chez les personnes détenues des deux cénacles, sauf chez l'un des participants qui a préféré l'espace de sa cellule et le temps d'une semaine pour rédiger cette lettre à adresser à lui-même.

Les lettres rédigées, les *cenacolisti* m'ont confié leurs papiers. C'est moi qui me suis occupé en effet de trouver des enveloppes, d'y indiquer l'adresse de la prison, d'acheter des timbres et d'envoyer les lettres par courrier. Au bout de quelques jours, chacun d'eux recevrait sa propre lettre, et il la lirait comme si l'expéditeur était une autre personne que lui-même. Car, si lors de la rédaction le *je*, écrivant au *moi*, joue le rôle d'émetteur, au moment de la lecture de la lettre les rôles s'inversent, et le *je* devient le destinataire.

J'ai ouvert la septième séance cénaculaire en demandant aux *cenacolisti* s'ils avaient reçu leur lettre. Presque tous l'avaient déjà reçue. Parmi les réactions éprouvées lors de la lecture, voici ci-après la signification donnée par un *cenacolista* : « Je n'imaginais pas que la lecture de cette lettre me transmettrait tant d'émotion. Les deux moments ont été très beaux. Car, lors de la rédaction, je me suis senti comme un père qui écrivait à son fils, et quand j'ai lu la lettre, je me suis senti comme un fils. De toute façon, j'ai aperçu un amour réciproque s'établir entre eux. » Puis, j'ai introduit l'atelier en lisant le chapitre VIII du *Petit Prince*.

Il s'agit du moment où l'aviateur apprend l'histoire de la fleur apparue dans la petite planète du petit prince, et il va apprendre également la décision de celui-ci de quitter sa planète : il fuyait sa rose. Cette lecture constituait donc une invitation aux *cenacolisti* à se tourner vers la sphère de leurs relations personnelles et à se concentrer notamment sur la brisure d'un lien important. De fait, cet atelier consistait en la rédaction d'une autre lettre à adresser cette fois-ci à une « fleur », pour utiliser la même métaphore que le conte de Saint-Exupéry, abandonnée ou coupée, qu'il s'agisse d'une personne vivante ou défunte. Une telle missive, certainement guère facile à rédiger, se voulait une manière de combler un vide soit pour définir ou compléter quelque chose resté en suspens, soit pour dire un mot jamais prononcé ou partager un regard jamais renvoyé, soit pour tenter une réconciliation ou pour demander un pardon. Bref, cette lettre pouvait signifier le choix courageux de se confronter à un être cher, de regarder enfin en face une réalité donnée et ne plus la fuir.

2057 « Je le pris dans les bras. Je le berçai » [A. DE SAINT-EXUPÉRY, *Le Petit Prince*, p. 34 (chap. VII)]. « Comme le petit prince s'endormait, je le pris dans mes bras, et je me remis en route. J'étais ému. Il me semblait porter un trésor fragile » [*ibid.*, p. 82 (chap. XXIV)].

Au terme de cet atelier, j'ai donné aux *cenacolisti* la possibilité de rebondir sur cette expérience particulière d'écriture épistolaire. Certains d'entre eux avaient écrit à des personnes qui n'étaient plus en vie, suite à une mort naturelle ou à un meurtre. D'autres ont écrit à un membre de leur famille, un frère, un fils ou à un ami. Les lettres destinées à des personnes existantes ont été placées dans une enveloppe, affranchies et envoyées à l'adresse indiquée par les *cenacoslisti*. Quant aux lettres adressées à des personnes décédées, c'est moi, en tant qu'animateur du cénacle, qui les ai reçues. Parmi ces lettres, il y avait celle d'un *cenacolista* qui avait écrit à sa grand-mère, en lui demandant pardon de ne pas avoir voulu assister à son enterrement. Car sa présence en menottes, avait-il écrit, aurait troublé la cérémonie d'adieu, ce que sa mamie ne méritait pas.

L'avant-dernier atelier a été remplacé par un ciné-forum qui n'était pas prévu initialement dans le cadre du cénacle, mais comme l'une des éducatrices de la prison d'Alghero possédait le *dvd* du film du *Petit Prince*, j'en ai estimé le visionnement opportun[2058]. J'ai d'abord lu aux *cenacolisti* le chapitre XXI du conte de Saint-Exupéry. C'est la partie centrale du récit parlant d'un renard que le petit prince rencontre pendant sa marche sur la terre. L'amitié que tous deux vont nouer est expliquée dans les termes d'un « apprivoisement » réciproque, et elle débouche sur la révélation de la part du renard d'un secret très précieux.

Que ce secret parvienne à l'enfant par un animal, c'est tout à fait cohérent avec l'enseignement véhiculé par le conte, selon lequel les enfants « savent » lire les messages que la nature apporte, telle une arche contenant un grand trésor. Par conséquent, le message que le chapitre XXI du *Petit Prince* entend transmettre à tout lecteur, et, en l'occurrence, à tout *cenacolista* consiste à ce que chacun développe cette capacité de lecture, laquelle est aussi une vision à même de saisir le mystère de la réalité, c'est-à-dire son aspect invisible. C'est d'ailleurs ce que les enfants *savent* faire ! C'est un message codé et imagé. En effet, confiant au petit prince que « l'essentiel est invisible pour les yeux »[2059], mais non pas pour le cœur, le renard éveille chez l'enfant, aussi bien que chez tout lecteur, *ce regard* qui fait une chose si importante et unique au monde : l'amour[2060]. Car, au bout du compte, nous aimons vraiment ce que nous cultivons, ce dont nous prenons soin et ce à quoi nous consacrons du temps. Tel est le regard que les enfants possèdent et que souvent les adultes perdent.

2058 Le film *Le Petit Prince*, sorti en 2015, a été réalisé par Mark Osborne, produit par On Animation Studios, Onyx Films, Mikros Image, Orange studio, LPPTV (co-production), M6 Films (co-production), On Entertainment et Paramount Animation, et distribué par Paramount Pictures France.

2059 A. DE SAINT-EXUPÉRY, *Le Petit Prince*, p. 76 (chap. XXI).

2060 Cf. *ibid.*

Or, dans la mesure où l'enfant, à savoir le petit Antoine, apprend à l'aviateur, le grand Antoine, *ce* regard, l'autobiographie, établissant normalement une relation entre l'adulte et l'enfant, peut devenir pour les *cenacolisti* une source de révélation d'un pareil secret. Car c'est proprement de l'enfant que l'autobiographe a été qu'il peut apprendre l'*essentiel* de sa vie. Somme toute, les enfants ne vivent-ils pas les choses les plus essentielles ? C'est pourquoi, la lecture du chapitre XXI terminée, j'ai essayé de partir de l'enseignement du renard, pour souligner les acquis formatif et performatif auxquels vise le cénacle autobiographique[2061]. Puis, nous en sommes venus au visionnement du film, la grande salle de la bibliothèque étant équipée d'un vidéoprojecteur et d'un grand écran.

Au neuvième et dernier atelier, j'ai lu pour les *cenacolisti* le chapitre XXV du *Petit Prince* évoquant le puits, la bonne eau, ainsi que les significations portant sur la soif, la quête et l'apprivoisement[2062]. Dans ce chapitre situé vers la fin de l'œuvre de Saint-Exupéry, les parcours initialement séparés des deux personnages ne vont faire plus qu'un. C'est bien ce nouveau chemin qui conduit l'aviateur et l'enfant à un puits. C'est pourquoi, commentant cette histoire, je n'ai pas manqué de faire allusion au puits de Jacob auprès duquel l'évangéliste Jean situe la rencontre de Jésus avec la femme samaritaine (cf. Jn 4,5-30). Dans le quatrième évangile, aussi bien que dans le *Petit Prince*, l'eau devient le symbole de la vérité trouvée suite à un parcours de recherche. Concernant la Samaritaine, sa quête coïncide avec la foi en Jésus Christ, tandis que pour les *cenacolisti*, avec le parcours même balisé par le cénacle autobiographique.

En effet, pour les personnes en captivité notamment, la recherche et la conquête de la vérité sont des gains très précieux et très importants. Car la reconnaissance d'un crime commis et la volonté d'abandonner un style de vie délinquant marquent le début de la réappropriation de la liberté qui doit nécessairement précéder l'effective remise en liberté d'une personne recluse. Ce lien indissoluble vérité-liberté est par ailleurs confirmé par Jésus lui-même, lors qu'il déclare aux disciples : « Si vous demeurez dans ma parole, vous êtes vraiment mes disciples et vous connaîtrez la vérité et la vérité vous libérera » (Jn 8,31-32). Cette vérité, c'est Jésus lui-même, mais c'est aussi la vérité personnelle de tout individu. Car quiconque vit dans le mensonge n'est pas une personne libre. C'est pourquoi le courage de se raconter en toute vérité, attesté par les récits autobiographiques de la plupart des *cenacolisti* reclus, témoigne soit d'une quête, soit d'une conquête de

2061 Les acquis susmentionnés ont d'ailleurs été soulignés dans la lettre remise aux *cenacolisti* de la prison d'Alghero, ainsi que le passage suivant l'atteste : « ... *il mio invito a* scrivere la vostra autobiografia *è foriero di tale speranza : quella dell'inizio di* uno sguardo nuovo *su voi stessi, sulla vostra storia, sugli altri e su Dio. È a partire da un simile sguardo che possono guarire le ferite del cuore e della vita, mentre voi fruirete di conseguenza di quel* guadagno formativo, performativo, terapeutico e riconciliatore *che l'autobiografia elargisce.* » (annexe 10, je traduis ici).

2062 Voir *supra*, 5.2.1, 5.3.1 et 5.3.2.

vérité, ce à quoi le cénacle a certainement contribué. C'est d'ailleurs ce que j'ai souligné dans la lettre remise aux *cenacolisti* de la prison d'Alghero au terme de leur parcours :

> …Je suis persuadé que « Le cénacle autobiographique », que vous avez vécu dans la Maison de réclusion d'Alghero, vous a offert, comme jamais auparavant, la possibilité de vous mettre devant vous-même avec l'attitude de qui veut « prendre soin de soi » et se réapproprier un regard *nouveau* envers soi-même, envers les autres et aussi envers Dieu. Ce Dieu vers lequel, lors de votre enfance, vous vous tourniez avec confiance en toutes circonstances. Puis, une fois devenus grands, vous n'avez plus eu le courage de le prier, du fait que vous vous reconnaissiez comme « sales » et « pas dignes » devant lui, comme vous l'avez souligné à maintes reprises. À partir de cela, vous avez tous compris, je crois, les buts principaux du cénacle : *vivre mieux* sa propre vie, et *s'aimer soi-même* davantage, en plus de *se mettre à nu et en question*. L'approche autobiographique peut en effet s'avérer une aide efficace afin de prendre la décision de jeter ce masque qu'on aime souvent porter, à l'instar d'une pièce de théâtre où l'on joue à tromper « les autres », tout en étant pourtant conscient qu'il n'est pas possible de mentir à soi-même. En l'occurrence, je suis aussi persuadé que le cénacle autobiographique a semé en vous *un désir profond de liberté*, celle du cœur. Car à quoi bon sortir un jour *hors* de la prison, alors que vous continueriez à être des prisonniers *au dedans* de vous-même, c'est-à-dire dans votre cœur, dans votre âme et dans votre conscience ? Au bout du compte, ce n'est pas l'absence de barreaux ou de portes sécurisées qui constituera votre liberté, ni le fait de faire ce que vous voudrez. Ce qui peut vous rendre dès maintenant la liberté véritable, c'est en revanche la décision que voici : *vouloir vivre dans la vérité*[2063].

Puis, cette *eau* « bonne pour le cœur », qui parvient à étancher la soif du petit prince et celle de l'aviateur, peut être aussi la métaphore de ce qu'ont produit l'effort et l'engagement du parcours autobiographique, à savoir : la prise en charge de soi-même, l'amour retrouvé pour la vie et la réconciliation avec la « fleur coupée ». Car c'est bien cela que le petit prince cherchait, tout comme le raconte l'aviateur et autobiographe Antoine. Et c'est aussi ce que tout homme cherche, ainsi qu'un *cenacolista*, en tant qu'autobiographe, peut lui aussi le reconnaître et le raconter[2064].

2063 *Lettera ai partecipanti a* Il cenacolo autobiografico *svoltosi nella Casa di Reclusione* G. Tomasiello (annexe 10, je traduis ici). Ce passage très important, tiré de la lettre remise aux *cenacolisti* de la prison d'Alghero, m'offre une fois de plus l'occasion de mettre en exergue la question de la vérité, en tant que dimension centrale de l'expérience autobiographique. Mais pas seulement. La vérité n'est pas un souci du lecteur ou de l'auditeur visant l'objectivité et la fiabilité d'un récit autobiographique. Au contraire, elle est un fait qui met en jeu la subjectivité de l'autobiographie, relevant, en l'occurrence, de l'autobiographe. Celui-ci, lors de la décision d'écrire son autobiographie ou de raconter sa vie, ne s'est engagé pas tant avec les autres qu'avec lui-même, tout en *signant* un « pacte autobiographique » (voir *supra*, 3.2.1.3). Une configuration autobiographique n'est pas un déguisement (voir *supra*, n. 1712). En revanche, vouloir se déguiser, ce qui est certainement possible, c'est mettre en place une véritable défiguration, tout en manquant pourtant la cible autobiographique, à savoir l'horizon possible de ressemblance du personnage configuré au modèle du hors-texte coïncidant avec l'auteur de l'autoconfiguration, ainsi que l'explique le schéma de Lejeune (se reporter à *supra*, p. 259, fig. 3). De la sorte, l'écriture autobiographique est un acte d'humilité et d'honnêteté envers soi-même faisant appel à la responsabilité de l'autobiographe, ce qui est une attitude propre de l'âge mûr ou de l'*adultità*, ainsi que l'appelle Demetrio.

2064 Je fais allusion à la connaissance à laquelle parvient l'aviateur, c'est-à-dire le narrateur et auteur du *Petit Prince*, lorsque se référant à l'enfant, il avoue ceci : « Et je compris ce qu'il avait cherché ! » [A.

C'est pourquoi, à partir de tels symboles, j'ai pu souligner non seulement la valeur et l'importance du langage métaphorique à l'intérieur d'un récit autobiographique, mais aussi le fait que l'œuvre *Le Petit Prince* en elle-même est à considérer comme une grande métaphore, voire une métaphore vive ! En effet, à la lumière de l'étude de Ricœur, la *refiguration* que ce conte autobiographique opère d'abord par rapport à son auteur, en tant que premier lecteur, met proprement au jour la véhémence ontologique et performative que le texte possède[2065]. Par conséquent, dans la mesure où l'expérience cénaculaire est une initiation métaphorique de type autobiographique, les *cenacolisti* peuvent parvenir à leur propre *refiguration*, du fait de la véhémence ontologique et performative que leur narration autobiographique comporte et produit[2066].

De fait, à l'intérieur du *Petit Prince*, le puits et l'eau vive que le désert « cache… quelque part… »[2067], que constituent-ils ensemble sinon cette image « emparolée » aidant à vivre ? Et cette dernière, qu'est-elle sinon une véritable métaphore vive ? En effet, dans la mesure où la panne en plein désert *met en récit* la crise existentielle de l'aviateur écrivain[2068], ce conte autobiographique devient l'expression, non pas de n'importe quelle métaphore, mais d'une métaphore vive à même de *re-signifier* la vie de l'autobiographe, Antoine de Saint-Exupéry. De même, tel un puits de bonne eau « qui embellit le désert »[2069], la *parole nouvelle et performative issue du cœur et de la plume*[2070] est susceptible d'opérer chez les sujets d'un cénacle autobiographique de véritables changements et de déboucher sur une existence renouvelée, dans la mesure où ce dernier rend « vive » la métaphore autobiographique.

de Saint-Exupéry, *Le Petit Prince*, p. 85 (chap. XXV)].

2065 Voir *supra*, 3.2.2.1 et 5.1.3.

2066 Le fait que l'autobiographie se veut *la vie mise en récit* de sa propre histoire de vie peut justifier l'expression de « métaphore autobiographique ». De plus, la métaphore étant un transfert sémantique, l'autobiographie est également une métaphore « vive » car elle vise à une signification nouvelle de la vie de tout lecteur, à commencer par la vie de l'autobiographe lui-même, en tant que lecteur premier de son propre récit. Cela se rattache, entre autres, à la dynamique analogique et métaphorique de l'Évangile illustrée au chapitre 3 (voir fig. 5, p. 323), et également à l'expérience des détenus concernant la lettre à eux-mêmes, comme nous l'avons mentionnée ci-dessus.

2067 A. de Saint-Exupéry, *Le Petit Prince*, p. 82 (chap. XXIV).

2068 La panne de l'aviateur est une situation existentielle extrême (une question de vie ou de mort) que l'auteur du conte a réellement vécue, laquelle correspond à l'état d'âme très douloureux que Saint-Exupéry traverse au moment où il rédige *Le Petit Prince*, ainsi que nous l'avons remarqué précédemment (voir *supra*, 5.1.3, notamment la n. 1646).

2069 A. de Saint-Exupéry, *Le Petit Prince*, p. 82 (chap. XXIV).

2070 Ces mots soulignés sont tirés de la lettre adressée aux *cenacolisti* de la Prison d'Alghero, ainsi que l'atteste le passage suivant : « *Fissate dunque bene nella vostra mente che quando vi raccontate qualcosa succede, e tutto inizia a cambiare, proprio in virtù di* una parola nuova e performativa *uscita dal vostro cuore, oltre che dalla vostra penna* » (annexe 10).

Or, un cénacle autobiographique ne se contente pas d'atteindre le seul but performatif, mais il vise également à faire ressortir de la parole autobiographique son essence christosacramentelle, la réalité cachée (*mysterion*) qui l'habite. N'oublions pas que dans *Le Petit Prince* lui-même, *ce qui embellit le désert* est « caché ». Il en va de même pour le mystère de la foi chrétienne. De fait, c'est dans la figure – soit la non figure (*Un-Gestalt*), ainsi que le dirait Balthasar – d'un homme « sans beauté ni éclat pour attirer nos regards » (Is 53,2), « comme quelqu'un devant qui on se voile la face » (Is 53,3), que se cache « le plus beau des enfants des hommes » (Ps 45,3). C'est pourquoi, s'il a plu à Dieu que la Beauté increée se révèle dans la laideur d'un « maudit » et d'un condamné à la croix, ainsi qu'il est écrit dans la Loi de Moïse : « Un pendu est une malédiction de Dieu » (Dt 21,23), un cénacle autobiographique composé de personnes condamnées et même « maudites » vis-à-vis de la société contemporaine, ne devient-il pas un lieu théologique de révélation ? Autrement dit, si le Christ est « devenu lui-même malédiction pour nous » (Ga 3,13), ainsi que l'affirme l'apôtre Paul, et s'il a assumé la condition d'un homme condamné, une personne recluse, sa présence physique ainsi que son histoire, peut-elle être considérée bel et bien comme l'*analogue* de la *figure*, voire de la *non figure* christosacramentelle manifestant le mystère même du Christ ? Je dirais oui, dans la mesure où le témoignage autobiographique d'une personne recluse n'est pas simplement la mise en récit d'une histoire personnelle marquée par le crime, mais il véhicule en même temps l'*Histoire* du Crucifié. Car, au bout du compte, c'est bien là, c'est-à-dire dans cette réalité christosacramentelle et analogique habitant le récit autobiographique, que résident le fait déroutant de l'évangélisation et son véritable défi. Quant au cénacle autobiographique, celui-ci se veut le lieu théologique de la reconnaissance de l'« apophatisme évangélique », pour lequel l'Évangile se cache ou se déguise derrière les histoires individuelles des *cenacolisti*, et il habite dès lors la Tradition.

De la sorte, affirmer que le troisième Testament est *inscrit dans le cœur des hommes*, c'est inclure tous les hommes, les justes aussi bien que les injustes, les hommes qui vivent en liberté ainsi que ceux qui sont dans une prison et auxquels le Christ s'identifie également (cf. Mt 25,36), ce qui est déconcertant, voire irrecevable pour un « évangélisateur commun » ! Et pourtant, ce qui n'est pas recevable, à savoir ce qui apparaît comme un fait scandaleux, est proprement la voie analogique que Dieu choisit pour se révéler lui-même, comme l'atteste l'Écriture. De fait, le *sub contrario* est tellement intégré dans la Révélation que la généalogie de Jésus-Christ inclut en son sein le nom de certains personnages évoquant des histoires de crimes et de péchés (cf. Mt 1,1-17)[2071].

2071 Parmi ces histoires, Matthieu fait allusion à celle relative à l'union de Juda avec sa belle-fille, Thamar (cf. Gn 38), à celle concernant l'union de Salmon avec Rahab, une prostituée de Jéricho (cf. Jos 2-6 ;

Cela étant, bien que les *cenacolisti* n'en soient pas conscients, l'animateur d'un cénacle autobiographique est censé disposer de cette compréhension du mystère du salut et de cette foi mûre et adulte qui lui permet de *voir* cet *essentiel* constituant le *mysterion* de la foi chrétienne, à savoir Jésus-Christ, « l'image du Dieu invisible » (cf. Col 1,15). Car, ainsi que l'affirme Balthasar, le témoignage de la foi est uniquement témoignage « de cette image contemplée par les yeux de la foi et de l'intelligence de foi »[2072]. Cela vaut notamment pour tout agent d'évangélisation, en tant que témoin de cette image se révélant *sous le mode* christosacramentel, portée par tout *cenacolista*, sacrement du frère, et par son récit autobiographique ! Quant aux destinataires de l'annonce, la lecture de l'Histoire du Christ dans l'histoire de chacun d'eux peut être sollicitée de la part de l'animateur, dans la mesure où, pendant les séances d'un cénacle autobiographique, s'en présente l'occasion. En plus de cela, dans une phase successive, visant une action évangélisatrice plus explicite par rapport au premier cénacle, un parcours autobiographique plus avancé va être accompagné par la lecture de certains textes bibliques auxquels les *cenacolisti* sont appelés à se confronter.

Finalement, la lecture du *Petit Prince* terminée, j'ai ramassé les relectures des *cenacolisti* concernant l'expérience cénaculaire à laquelle ils avaient participé jusqu'au bout. Voilà, ci-après, ce qui a émergé de leurs avis personnels[2073] :

> G : *L'esperienza del cenacolo è positiva. Se non altro perché confrontarsi con persone che vengono dall'esterno, come te, è vitale per me. Così come è stato importante confrontarci tra noi su argomenti molto delicati. Il cenacolo ci ha offerto un'alternanza di emozioni e di felicità. Mi auguro che questa esperienza possa servire anche a chi vive fuori da queste mura, per capire le situazioni che viviamo et farsene portavoce. Mi riferisco soprattutto a quelle situazioni che ci vedono « vittime » di paladini della giustizia. Un magistrato che sbaglia è più delinquente di chi sta in carcere. La nostra non è polemica ma richiesta e ricerca di aiuto.*
>
> Z : *Mi sono emozionato. Sono stato bene. Ho scritto, mi sono confrontato... L'autobiografia è stata un'esperienza positiva.*

Rt 4,21) et à l'histoire de David avec la femme d'Ourias, l'homme que David fait ensuite tuer (cf. 2 S 1 1-12).

2072 H.U. VON BALTHASAR, *La Gloire et la Croix. Les aspects esthétiques de la révélation,* t. I : *Apparition*, p. 26. Voir aussi *supra*, 1.2.4.1, notamment la n. 292, ainsi que 1.3.1 et 4.1.1.

2073 Les opinions des participants (désignés par des initiales fortuites) des deux groupes constituent une sorte de bilan de l'expérience cénaculaire.

F : *Il cenacolo autobiografico è stata un'esperienza abbastanza positiva. Particolarmente incisivo è stato il laboratorio figurativo, perché l'immagine aiuta la memoria a far riemergere i ricordi del passato.*

NN : *All'inizio ero un po' scettico. Non pensavo che il cenacolo mi avrebbe dato ciò che poi mi ha dato realmente. Mi ha portato a interagire con me stesso, con gli altri e con te. Sono stato male per poi star bene. Ho conosciuto di più me stesso e i compagni con cui ho fatto questo percorso.*

T : *È stato un percorso dalle emozioni assai forti, che mi ha permesso di fare autocritica e di tornare soprattutto ad una fase importante della mia vita, ossia la mia infanzia.*

H : *Il cenacolo autobiografico è stata la possibilità di condividere cose delicate, cosa che non avevo mai fatto.*

TN : *Ero scettico e scettico sono rimasto. Non ho percepito molta profondità nel gruppo. C'era molta reticenza nell'affrontare determinate tematiche della propria vita. Da parte mia, ho fatto il percorso fino in fondo. Tuttavia mi aspettavo più coinvolgimento da parte degli altri.*

N : *Io ho partecipato a questa esperienza perché mi aveva colpito la parola « cenacolo ». Ho vissuto questo percorso come qualcuno che mi ha portato per mano. Ma allo stesso tempo sono stato anch'io a portare per mano il bambino che sono stato. Questa è stata una cosa da cui sono rimasto tanto colpito. A volte sono stato aggressivo nell'esprimere la mia rabbia, e te ne chiedo scusa, caro don Massimiliano. Era comunque uno sfogo. Ho provato empatia nell'ascoltare le storie altrui. Grazie per avermi aiutato con la tua pazienza a farmi uscire dalla rabbia per concentrarmi su « altro ».*

D *Questo percorso mi ha riportato all'infanzia. Avevo dimenticato il bambino che sono stato. L'uva mi ha portato ai bei ricordi che mi hanno consolato e protetto. Ho cercato di migliorare la scrittura. Spero con la « scuola alberghiero » di migliorare ancora questa carenza. È stato un percorso pesante, difficile, però tanto positivo.*

NQ : *Il cenacolo autobiografico è stata un'esperienza bellissima. Un modo per conoscere gli altri ma anche se stessi. Si sono affrontati dei temi difficili che richiedevano coraggio. Il legame tra noi è stato molto positivo. Mi sono divertito ed emozionato. Spero che il prossimo anno si rifaccia l'esperienza.*

Ensuite, nous avons partagé un temps de fraternité où nous avons dégusté des *cannoli siciliani*, un dessert typique de la Sicile réalisé sur place avec des biscuits que les *cenacolisti* s'étaient procurés et avec la *ricotta* que j'avais apportée. Puis, je leur ai remis une lettre[2074] résumant l'expérience cénaculaire et contenant mes remerciements à tous les participants.

* * *

Relater dans ce chapitre conclusif l'expérience des mes premiers cénacles autobiographiques, ce n'est pas rapporter la transcription de tous les échanges et récits personnels des sujets qui y ont été impliqués. Les quatre cercles narratifs que j'ai mis en place dans cette région du nord de la Sardaigne étant de petits groupes « à portes fermées » et constitués seulement des personnes qui s'étaient inscrites et avaient accepté de faire tout le parcours cénaculaire, l'objectif de ce chapitre a été celui d'exposer d'abord le déroulement d'un cénacle autobiographique, tel que je le conçois, en présentant la spécificité de chaque atelier qui le compose. Car, ce faisant, j'ai eu la possibilité de faire connaître et de proposer une pareille approche pédagogique et pastorale en tant que praxis et forme d'évangélisation qui peuvent correspondre aux caractéristiques requises par la « nouvelle évangélisation », ainsi que Jean Paul II a voulu la dénommer[2075]. Il s'agit de caractéristiques qui portent plutôt sur les agents de la mission que sur les méthodes ou les moyens. Rappelons brièvement ici les approches pastorales et missionnaires considérées dans la troisième partie de la présente recherche et répondant à l'appel du pape polonais, notamment ce que l'on appelle la « pastorale d'engendrement »[2076]. En fait, celui-ci s'éloigne des modèles pastoraux d'autrefois relativement à la manière de proposer la foi chrétienne, marqués par une certaine imposition de contenus et par un style d'« encadrement » à tendance uniformisante. Par contre, la « pastorale d'engendrement » met en place une évangélisation qui adopte foncièrement une posture d'écoute, et qui vise à valoriser ce que les destinataires de l'annonce possèdent déjà en eux-mêmes. C'est dans ce même sillage que le cénacle autobiographique s'inscrit, tandis qu'il fait de la vie et de l'histoire des personnes son point de départ, tout en considérant ces dernières comme ce lieu théologique d'où émerge l'unique Évangile, *inscrit également dans le cœur des hommes.*

De fait, les ateliers que j'ai mis en place et que j'ai essayé de présenter, malgré la contrainte de la confidentialité et du secret de fonction – ce qui relève, entre autres, dudit « pacte autobiographique » proposé par Lejeune[2077] –, ont explicité de manière plénière ce qu'a constitué l'objet du chapitre 4, à savoir la définition du contenu théologique du « troisième Testament »[2078]. En effet, j'ai essayé de préciser, à l'aide notamment

2074 Voir l'annexe 10.
2075 Voir *supra*, 6.1.1.
2076 Voir *supra*, 6.1.2.1.
2077 Voir *supra*, 3.2.1.3.
2078 Voir *supra*, 4.3.

de Ruggieri et de Beauchamp, que ce Testament ne consiste pas dans une sorte de « catalogue » prédéterminé de récits trito-testamentaires, qui en accueille certains et en exclut d'autres. Pas du tout ! Car, déjà à partir de la théologie johannique du témoignage esquissant les caractéristiques principales d'une théologie autobiographique, nous avions souligné et mis en exergue la dimension autobiographique de la Révélation, ce qui implique en même temps une essence testimoniale[2079]. Par conséquent, le « troisième Testament » n'accueille pas seulement les récits autobiographiques, à l'exclusion de tous les autres témoignages, à partir de ceux qui traversent la tradition multiséculaire de l'Église. Ce n'est pas une question de forme littéraire, mais une question analogique visant la Révélation elle-même. Car, de même que Dieu se révèle lui-même également à partir de l'histoire personnelle d'hommes et de femmes, telle l'histoire des patriarches, des prophètes, des disciples et de beaucoup d'autres personnages dont est tissé l'immense « filet » de la Parole-Écriture[2080], de même des pareilles traces autobiographiques analogiques et révélatrices sont contenues et sont pour cela même à détecter et à chercher au « dedans » des personnes, c'est-à-dire dans leur vie quotidienne et à l'intérieur de leurs histoires personnelles.

Cela étant, par rapport aux quatre cénacles autobiographiques que j'ai proposés, ce ne sont pas les récits en tant que tels, issus des différents ateliers cénaculaires, qui « méritent » pour ainsi dire d'être intégrés dans ce testament autobiographique témoignant de Dieu et par lequel Dieu se révèle, que j'appelle « troisième Testament ». Mais c'est à l'intérieur des différents récits de vie dégagés par les cénacles autobiographiques que j'ai « vu » et « lu » les traces autobiographiques de la Révélation selon le sens analogique que j'ai essayé d'appliquer à l'autobiographie au long de ce travail, et qu'à ce stade final, nous pouvons considérer dans sa totalité et dans l'articulation de ses thématiques et chapitres. C'est en ce sens que j'ai choisi d'englober dans ma réflexion le conte autobiographique le plus connu d'A. de Saint-Exupéry. Ce n'est pas *Le petit Prince* en tant que tel qui peut ou qui ne peut pas faire partie du « troisième Testament ». À ce propos, je crois que l'expression « faire partie », que je viens d'utiliser et qui est peut-être apparue au cours de ce travail, peut prêter à confusion et à une interprétation faussée de la formule « troisième Testament », c'est-à-dire selon une considération désignant celui-ci comme « le catalogue des récits trito-testamentaires ». Il est donc mieux de dire que dans *Le Petit*

2079 Il s'agit de cette théologie « testimoniale » issue du quatrième évangile et modelée sur la figure du disciple bien-aimé. Cf. *supra*, chap. 3.

2080 Cf. *supra*, la cit. de la n. 1211, où Balthasar s'inspire de l'image du *filet* pour expliquer le rapport intrinsèque et le lien indissociable existant entre Parole attestée, le Verbe, et parole attestante, l'Écriture.

Prince, nous pouvons relever des traces du troisième Testament. C'est proprement ce que nous avons souligné lors de l'analyse consacrée à l'ouvrage du pilote et écrivain français, alors que nous avons mis en exergue le fait que *Le Petit Prince* est une histoire autobiographique gardant en son sein ces pages de l'unique Histoire de l'humanité de Dieu qui la racontent en partie[2081].

Puis, du point de vue méthodologique relatif à la pratique pastorale, en me prévalant des compétences acquises lors de ma formation autobiographique lointaine à la *LUA,* sous la conduite du professeur D. Demetrio, les ateliers que je vient de présenter m'ont offert la possibilité d'intégrer, à l'intérieur du cénacle autobiographique, la méthodologie pédagogique de type autobiographique et la posture pastorale souhaitée et invoquée par la « nouvelle évangélisation ». De fait, dans le cadre de la « pastorale d'engendrement », si l'évangélisateur est un véritable « passeur », l'animateur d'une pastorale autobiographique, telle que conçue et appliquée dans le contexte d'un cénacle autobiographique, est proprement un « veilleur » appelé à reconnaître, vis-à-vis des histoires, des attitudes et des visages des *cenacolisti,* l'Évangile et l'Image du Christ qui se révèlent et se montrent durant l'expérience cénaculaire *sous un autre mode,* c'est-à-dire à travers les voies analogiques de l'autobiographie et de la synesthésie.

Dans une telle visée pastorale, les critères que j'ai adoptés, en essayant d'exposer dans ce chapitre l'expérience des cénacles autobiographiques, s'accordent foncièrement avec la protection de la confidentialité, ce qui ne m'a cependant pas empêché de rapporter les récits et les réactions de certains *cenacolisti.* Pour ce faire, j'ai choisi ceux qui me semblaient pouvoir mettre davantage en lumière les apports autoformatifs et thérapeutiques du parcours autobiographique, aussi bien que certaines histoires favorisant des contrepoints bibliques et dégageant pour cela même des « pages » du troisième Testament. En outre, la lecture du texte du *Petit Prince,* étayant les divers et différents ateliers, a constitué un autre critère important et nouveau que j'ai adopté. Car, contrairement à la manière dont se déploie une « pastorale d'encadrement », la pastorale autobiographique n'impose pas la lecture de textes bibliques en tant que points de départ expressément religieux et spirituels, mais elle préfère utiliser, du moins dans sa première phase évangélisatrice, un texte « laïc » – en l'occurrence le conte de Saint-Exupéry – qui puisse être à la portée de toute personne, indépendamment de sa religion et de sa formation culturelle. De plus *Le Petit Prince* est un texte qui s'adapte davantage à une pareille approche pastorale, du fait de son caractère autobiographique. Mais ce n'est pas tout. Soulignant l'importance des relations humaines, ce texte peut comporter des effets éducatifs et thérapeutiques. Enfin, ainsi que l'a relevé l'analyse de ce texte aménagée au chapitre 5,

2081 Voir *supra*, notamment la n. 1514, et 5.3.1.

notamment lors de *mimèsis* I, à savoir de l'étude du contexte historique qui précède la mise en récit du *Petit Prince*[2082], certains éléments de ce conte évoquent quelques histoires bibliques, ce qui m'a permis, en tant qu'animateur, d'en remarquer l'arrière-fond chrétien et scripturaire, tout en m'ouvrant la possibilité de quelques excursus théologiques.

Concernant la dimension communautaire du cénacle autobiographique, une bonne cohésion entre les membres s'est réalisée à l'intérieur des cercles, et cela malgré les différentes typologies sociales et culturelles des quatre groupes. Le cénacle de la paroisse de Saint-Vincent-de-Paul a été une sorte de vérification pour ses participants. Car le fait de former une petite famille narrative et d'avoir la possibilité d'une connaissance réciproque approfondie et intime, a mis en lumière l'identité même des fidèles d'une communauté chrétienne et paroissiale, dont les membres en général ne se rencontrent que pour des moments liturgiques, sans que les célébrations favorisent nécessairement la cohésion et la connaissance des fidèles entre eux. Or, cela demeure un véritable obstacle dans la vie même de l'Église, car la connaissance interpersonnelle est une des conditions préalables et indispensables de la communion ecclésiale elle-même. Celle-ci n'est ni simplement un concept théologique, ni un idéal évangélique, mais un fait historique véhiculant la sacramentalité universelle même de l'Église[2083]. C'est pourquoi, si d'un côté, pour les *cenacolisti* de Sassari, le cénacle a été l'occasion privilégiée pour qu'ils se découvrissent comme des croyants au Christ, non pas pris singulièrement, mais en tant qu'Église, de l'autre, cette expérience narrative en groupe étant pour eux nouvelle, cela a révélé le fait que la plupart de ces *cenacolisti* n'étaient pas prêts à un tel parcours, ce qui a entraîné que certains ont eu de la peine à se raconter et y ont mis plus de temps pour s'ouvrir et pour faire confiance aux autres.

Par rapport au groupe des agents pastoraux de la *Caritas* d'Alghero, l'unité et la cohésion du groupe se sont instaurées rapidement. L'appartenance à des communautés paroissiales différentes, aussi bien que leurs milieux sociaux d'origine respectifs, ont favorisé davantage la dimension communautaire et, par conséquent, la confiance et l'ouverture lors du récit de leurs histoires personnelles. Chaque séance terminée, la plupart d'eux m'invitaient à aller boire quelque chose ensemble dans un bar. Cela attestait leur joie de prolonger la communion au-delà du temps de l'atelier. Actuellement, nous demeurons en contact, malgré la distance qui nous sépare. Et souvent, me confirmant le beau souvenir de l'expérience cénaculaire qu'ils ont vécue, ils me manifestent le désir d'un cénacle ultérieur.

2082 Voir *supra*, 5.1.1.
2083 Cf. *LG* 1.

Les deux groupes cénaculaires de la *Casa di reclusione d'Alghero* ont été les plus particuliers. D'abord, parce que, pour moi, c'était la toute première fois que j'entrais dans une prison et me retrouvais face à des personnes incarcérées. Pourtant, le fait que je ne m'y suis pas senti mal à l'aise, mais, au contraire, que j'y ai découvert comme une ambiance familiale, cela a créé une bonne condition pour que les membres des deux groupes s'amalgamassent entre eux, en me faisant en même temps confiance. Je suis sûr que dans la mesure où ces cénacles ont favorisé ma posture de « veilleur » et de « passeur », cela a permis aux *cenacolisti* reclus de se raconter eux-mêmes en totale ouverture, tout en assumant, dès le premier atelier, une véritable posture autobiographique, par rapport aux *cenacolisti* des deux premiers cénacles, lesquels ont peiné quelque peu avant d'entrer dans la visée autobiographique à proprement parler.

Le premier groupe de la *CR* d'Alghero était le plus ample, parce que ceux qui ont décidé pour de diverses raisons de ne pas continuer le parcours ont été peu nombreux. Tandis que le second groupe, qui, selon les inscriptions parvenues, aurait dû correspondre à un nombre équivalant de participants, suite déjà au deuxième atelier, s'était réduit de moitié. Cependant, j'ai estimé opportun de ne pas fusionner les deux groupes, parce que, dans chaque cercle, les participants avaient déjà commencé à se raconter avec un esprit de confiance et de liberté vis-à-vis de leurs « copains ». Au-delà de la question quantitative, les deux groupes ont maintenu leur cohésion et leur enthousiasme jusqu'à la fin du cénacle.

Je n'ai pas enregistré de différences marquantes entre les deux cercles, où ce n'étaient que les histoires personnelles qui changeaient. Pour ces *cenacolisti* détenus, ce qui a été important était le fait de pouvoir se raconter de manière à faire connaître aux autres copains de prison chacun sa propre histoire et aussi sa propre personnalité. Car une connaissance réciproque plus approfondie n'est pas un fait automatique à l'intérieur d'une prison. Quant à moi, parmi les aspects divers et assez poignants de ces deux derniers cénacles, du fait aussi qu'il s'agissait soit d'histoires marquées par les crimes commis, soit de douloureuses « décisions de justice » pour des crimes que certains affirmaient ne pas avoir commis, j'ai pu qualifier chacun de ces groupes comme une portion d'« Église en prison ». Loin de tout jugement, j'ai en revanche essayé dès le début de revêtir les « habits » d'humiliation et de souffrance de ces incarcérés, ce qui m'a permis d'entrevoir et d'apercevoir en eux le Christ lui-même, humilié et souffrant.

Ainsi, ce qui pour eux était l'occasion de se dire et de se confronter mutuellement, devenait pour moi la possibilité privilégiée de vivre de manière directe ce que j'ai approfondi au premier chapitre de ce travail, par rapport notamment à l'esthétique théologique de Balthasar débouchant sur ce que le théologien suisse appelle « théodramatique »[2084]. Car son *analogia pulchri* aboutissant à la laideur de la Figure, c'est-à-dire au drame du Crucifié, cette même théorie analogique devenait pour moi une théologie réelle et vivante, par laquelle la Figure, voire la non Figure (*Un-Gestalt*) prenait le visage de ces frères. Quant à ces derniers, ils assumaient, sans s'en apercevoir, la fonction d'« analogués », mais aussi d'analogues de cette *analogia pulchri* « retournée », et ces « sacrements du frère »[2085] où, au travers de leur laideur de fils d'hommes défigurés par le péché et le crime, resplendissait « le plus beau des enfants des hommes » (Ps 45,3). Par conséquent, la multiplicité de leurs récits autobiographiques contenait et à la fois mettait au jour l'*Historia crucis*, tels autant de « récits-cadre » où le récit fondateur du Verbe atteignait la dernière et troisième étape de son économie événementielle d'incarnation[2086], et telles ces pages du troisième Testament dégageant leur dimension analogique et christo-sacramentelle. Évidemment, c'est moi qui étais conscient de tout cela, tandis que je devenais, en tant que premier lecteur de ces récits trito-testamentaires l'objet d'une refiguration où je me découvrais « frère » des frères incarcérés, sacrements du Frère incarcéré et condamné à la mort : Jésus-Christ[2087].

Oui, l'expérience cénaculaire avec les prisonniers d'Alghero m'a marqué au point que, depuis janvier de cette année 2020, mon évêque m'a demandé d'assumer le ministère d'aumônier des personnes détenues à Palerme, ma ville d'origine. J'ai également continué de garder le contact avec la prison d'Alghero. Je me mets notamment en relation avec les éducatrices, avec lesquelles j'ai instauré un rapport de collaboration très fort, et qui restent les intermédiaires principales de mon lien avec les détenus des deux cénacles autobiographiques. De fait, jusqu'à présent, j'essaie de temps en temps de communiquer avec eux moyennant un échange épistolaire, ce qui me permet de continuer de suivre ces frères et de leur transmettre cette proximité humaine et sacramentelle que le cénacle autobiographique a scellée entre nous.

Le cénacle ne se termine donc pas au dernier atelier, mais il continue à travers la relation interpersonnelle, en garantissant en plus de l'accompagnement, les conditions pour la mise en place d'un second cénacle autobiographique. Car, dans mon invitation ultime, j'avais proposé à tous mes *cenacolisti* d'écrire chacun sa propre autobiographie. Un tel travail peut constituer le point de départ d'un cénacle autobiographique où l'histoire personnelle que chacun a rédigée peut faire l'objet d'une confrontation directe avec

2084 Voir *supra*, 1.3.1.
2085 Voir *supra*, 3.3.2, notamment la n. 1147.
2086 Voir *supra,* 2.3.
2087 Par rapport à cette *refiguration* débouchant sur ladite « identité testimoniale », se rapporter à l'étude où j'ai essayé de mettre au jour et de défendre une théologie autobiographique (voir *supra*, 3.3.2).

les histoires bibliques qui s'en rapprochent davantage. Si cela pouvait se réaliser, j'y verrais comme une étape plus avancée et plus explicite du processus d'évangélisation entamé au premier cénacle, dans la mesure où l'annonce de la Bonne Nouvelle reste le cœur et l'objectif ultime du cénacle autobiographique.

Conclusion

À l'issue de ce travail théologique autour de l'hypothèse d'une théologie impliquant la parole autobiographique des hommes en tant que composante analogique de la Révélation par rapport à l'Écriture aussi bien qu'à la Tradition, je voudrais tirer quelques conclusions à partir de la perspective offerte par le chapitre consacré à la présentation des cénacles autobiographiques, à savoir le dernier chapitre. C'est pourquoi, résumer le développement et l'enchaînement de cette étude, consistera à essayer une relecture « rétrospective ».

D'abord, selon les prémisses méthodologiques que j'ai exposées dans l'introduction, l'ampleur et la complexité de la thématique envisagée m'ont amené à articuler le sujet de l'autobiographie dans un cadre théologique déterminé, c'est-à-dire celui de la Révélation, ainsi que l'illustre l'image de l'arc en plein cintre représentant la structure de la thèse (voir fig. 1, p. X). Par conséquent, puisque le septième chapitre du présent travail correspond au dernier claveau de l'arc, l'expérience qui y est relatée peut certainement expliquer la mise en place des autres claveaux. De fait, dans le cénacle autobiographique convergent tous les éléments théologiques, philosophiques, narratologiques et pédagogiques étayant l'ensemble du projet, ce que je n'ai pas manqué de relever notamment au terme du chapitre conclusif[2088].

Deuxièmement, l'autobiographie étant un phénomène éminemment anthropologique et susceptible pour cela même d'être exploré par diverses sciences humaines, relire la thèse à partir des ateliers pédagogiques et pastoraux qui ont formé l'expérience cénaculaire se veut une manière de vérifier l'aboutissement de cette méthodologie transdisciplinaire ou « métadisciplinaire » annoncée dès l'introduction. Car, dans la mesure où, en plus d'une formation destinée à des personnes adultes, il a voulu en même temps mettre en place une action évangélisatrice, le cénacle autobiographique a fait se croiser la dimension narrative de type autobiographique avec la dimension théologique de type *analogique et sacramentel*, objets des études explorées et développées dans tous les chapitres qui composent ce travail. J'espère dès lors qu'en adoptant un pareil modèle scientifique, la présente recherche théologique, comprise en son intégralité, s'est avérée comme cet espace de rencontre, de dialogue et de collaboration entre les sciences humaines qui y sont impliquées et le lieu d'une synthèse et d'un savoir théologiques « omni-compréhensifs »[2089]. Entre autres, impliquant plusieurs disciplines scientifiques, une telle méthodologie peut apporter une contribution modeste relativement à cette posture théologique « hospitalière » invoquée par

2088 Voir *supra*, chap. 7, pp. 588–594.
2089 Voir *supra*, Introduction.

Christoph Theobald[2090], où l'*accueil* d'un pluralisme culturel et spirituel devient le signe « analogique » de l'*accueil* même que Jésus montre à tous les hommes, ainsi que l'atteste l'Évangile, le témoignage exemplaire d'un christianisme appelé à rencontrer les diversités intellectuelles et à s'y confronter, et l'objectif souhaité d'une Église située au milieu de ce monde comme le « sacrement » de l'unité de la famille humaine et de l'universalité de la foi chrétienne[2091].

Enfin, du fait que l'expression « troisième Testament » désire dès le titre de la thèse annoncer et résumer le contenu même de l'hypothèse d'une théologie autobiographique, en tant qu'objectif de la recherche, les récits autobiographiques issus des cercles narratifs présentés au chapitre 7 ont pu expliciter et mettre en valeur ultérieurement, d'un côté, cette *parole* à la fois autobiographique et analogique habitant la Révélation ; de l'autre, l'importance et l'incidence du témoignage autobiographique de la foi vis-à-vis de la « nouvelle évangélisation ». Car si, dans le contexte d'une pastorale d'« encadrement »[2092], la transmission de la foi, partant de raisons de type « dogmatique » et « apologétique », peut soit aboutir à une certaine imposition de la foi, soit être suspectée de prosélytisme religieux, dans le cadre d'une pastorale autobiographique à proprement parler, évangéliser ne comporte pas la préoccupation d'« apporter » des contenus, mais de se mettre d'abord à l'écoute de la vie et des histoires des autres, tels de véritables « lieux » théologiques, afin d'en faire émerger cet Évangile *inscrit également dans le cœur des hommes* et attendant d'être mis au jour.

Puisque les principales thématiques envisagées ont convergé vers l'expérience d'évangélisation que j'ai voulu dénommer « le cénacle autobiographique », j'en viens à les évoquer pour souligner leur place et leur impact à l'intérieur de la présente recherche théologique. D'abord, la question analogique. Posée en tant que préalable théologique de ce travail et développée dans la première partie sous l'angle christologique et sacramentel, cette question incontournable et transcendantale par rapport à la Révélation a abouti à la conception d'une analogie christosacramentelle[2093]. Explorée sous l'angle christologique, en tirant parti des catégories christologiques de la *parole* et de l'*image* issues des analogies de la foi proposées respectivement par Jüngel et par Balthasar, pareille analogie a voulu se caractériser par les composantes anthropologiques de l'autobiographie et de la synesthésie habitant la Révélation, ce qui exprime la manière même par laquelle Dieu a voulu se révéler aux hommes. Par conséquent, dans la mesure où l'essence anthropologique de ces composantes analogiques puise ses sources au mystère même de l'incarnation du Verbe, l'unique révé-

2090 Voir *supra*, 1.1.3, notamment la n. 89.
2091 Cf. *LG* 1.
2092 Cf. *supra*, 6.1.2.
2093 Voir *supra*, chap. 1 et 2.

lateur du Père, la proposition d'une analogie christosacramentelle, telle que je l'ai conçue, s'est avérée être une véritable *analogia incarnationis* concernant les deux voies de la Révélation, à savoir la Parole-Écriture et la Tradition.

C'est à partir d'un tel scénario et d'un tel préalable théologique que nous avons essayé d'explorer et de développer une étude sur la Parole de Dieu placée notamment dans le cadre d'une économie événementielle d'incarnation étayée sur trois étapes. Et puisque, selon celles-ci, le Verbe se fait d'abord Parole-Écriture, puis se fait chair dans l'Homme Christ-Jésus et finalement s'incarne chez tous les hommes, à commencer par les *christifideles* formant l'Église, l'analogie christosacramentelle, qui se prévaut de l'autobiographie et de la synesthésie, s'étend jusqu'à la Tradition orale, tout en impliquant le témoignage personnel des croyants et de tous les individus humains, en tant que sujets mêmes d'une foi « implicite »[2094].

Or, la dimension autobiographique constitue d'abord l'essence historique et analogique des attestations scripturaires, ce qui implique les écrivains sacrés ou les hagiographes, les hérauts de l'annonce de l'Évangile, à commencer par les premiers témoins du Christ, les apôtres, ainsi que les évangélistes. Parmi ces derniers, nous avons tourné notre attention sur le témoin de la tradition johannique que le quatrième évangile qualifie de « disciple que Jésus aimait »[2095]. Figure paradigmatique du témoignage autobiographique, celui-ci s'est révélé comme le fondement même de l'hypothèse d'une théologie autobiographique. Car, dégageant l'essence et la nature « testimoniale » de la Révélation, ce disciple constitue une figure christosacramentelle ne faisant plus qu'un avec le quatrième évangile, et il peut dès lors être considéré lui-même comme « évangile-hypostasié », ainsi que le fait remarquer Ignace de la Potterie[2096]. Dans la continuité, et en tant que garant de la tradition johannique, le « porte-parole » du disciple bien-aimé, à savoir le rédacteur, mérite d'être qualifié d'« homme-récit », selon l'expression théologique conçue par Beauchamp[2097], et également de figure christosacramentelle et de témoin autobiographique, dans la mesure où il fait sien le quatrième évangile[2098]. Ainsi, ce rédacteur et disciple du bien-aimé devient ce nouveau « récit-cadre » où le quatrième évangile, en tant que « récit fondateur », s'incarne et s'actualise. Dans une pareille visée testimoniale, qui est aussi une visée autobiographique et analogique, nous avons donc pu saisir et soutenir l'hypothèse dudit « troisième Testament », en tant que cœur même d'une théologie autobiographique visant la Parole-Écriture aussi bien que la Tradition.

2094 Cf. *supra*, notamment la n. 101.
2095 Voir *supra*, chap. 3, notamment 3.1.
2096 Voir *supra*, 3.1.2.
2097 Voir *supra*, 4.3.1.
2098 Voir *supra*, n. 891 et n. 1394.

En effet, continuant sa course au-delà de la Parole-Écriture, grâce au double « renoncement » du Verbe en faveur de l'Esprit et de la Tradition ecclésiale[2099], la Révélation entraîne la dimension autobiographique, non seulement comme l'essence du témoignage scripturaire, mais également comme l'essence de l'évangélisation. C'est pourquoi, voulant interpréter les souhaits de Jean-Paul II par rapport à une action évangélisatrice renouvelée de la part de toute l'Église, et les caractéristiques esquissées par le pape polonais lui-même dont la « nouvelle évangélisation » doit se prévaloir[2100], nous y avons reconnu les traits mêmes d'une évangélisation de type autobiographique à proprement parler, objet et objectif de la troisième partie de ce travail théologique. Il s'agit d'une approche pastorale nouvelle qui a connu ses débuts en Europe, grâce notamment aux expériences pédagogiques et catéchétiques mises en place par Ambroise Binz, un ancien professeur helvétique de pédagogie religieuse et de théologie pastorale qui a enseigné pendant les années 80 et 90 à Fribourg et à Strasbourg[2101]. Pionnier d'une pastorale autobiographique, ainsi que cela est apparu dans l'interview que je lui ai consacrée, le professeur Binz a constitué pour ainsi dire comme l'« étincelle » d'autres expériences ecclésiales formatives de type autobiographique, telles celles réalisées dans quelques diocèses italiens et relatées à l'intérieur de ce travail[2102].

Finalement, tout le discours autobiographique exploré sous l'angle théologique a abouti au cénacle autobiographique, l'expérience d'évangélisation que j'ai mise en place en Sardaigne, et que j'ai présentée dans le dernier chapitre de la présente recherche, au sein de la nouvelle évangélisation. Puisqu'il s'agit d'une approche pédagogique et narrative, le cénacle autobiographique a intégré en son sein les aspects formatifs visant particulièrement l'éducation des adultes. C'est proprement ce qui a émergé au cours de la deuxième partie de la thèse, lors notamment de notre confrontation avec les théories des experts majeurs en autobiographie[2103]. Entre autres, j'ai pu réaliser ces ateliers autobiographiques grâce également à ma formation lointaine, par laquelle j'ai acquis un certain nombre de compétences nécessaires[2104].

Pourtant si, quant à la méthodologie, il a assumé la forme d'une expérience pédagogique, quant à sa raison essentielle et à son objectif ultime, le cénacle autobiographique s'est voulu une praxis d'annonce et par ce biais un lieu théologique de la Tradition elle-même. Cela n'a pas été une pure coïncidence que les ateliers autobiographiques aient été

2099 Voir *supra*, 4.4.
2100 Se reporter à *supra*, 6.1.1.
2101 Voir *supra*, 6.2.
2102 Cf. *supra*, 6.3.
2103 Voir *supra*, 3.2.1.
2104 Cf. *supra*, Introduction, notamment n. 16.

accompagnés par la lecture du *Petit Prince* d'Antoine de Saint-Exupéry, un texte autobiographique qui s'inscrit dans le sillage de la Tradition et que nous avons exploré du point de vue de la philosophie du récit proposée par Paul Ricœur[2105] aussi bien que sous l'angle narratologique et autobiographique[2106].

Ainsi, dans la mesure où les récits issus des cénacles ont constitué l'objectif de la troisième étape et l'aboutissement ultime de cette économie événementielle de la Parole selon laquelle le Verbe s'incarne finalement dans la vie même de tous les hommes, le septième chapitre a présenté également l'union de l'Évangile avec la vie, et celle de la Parole de Dieu avec la parole humaine. Ce faisant, la vie et la parole humaine ont mis au jour la matière analogique et sacramentelle de ce que j'ai voulu dénommer « troisième Testament ». Consacré à une pastorale d'évangélisation qui s'est déclinée en termes autobiographiques, ce chapitre conclusif a donc cherché à compléter la troisième partie de notre dissertation, ce qui nous a permis d'explorer le sujet de l'autobiographie également sous l'angle pastoral. En fait, la proposition de la « nouvelle évangélisation », explorée au cours du sixième chapitre sous l'aspect théorique aussi bien qu'à la lumière de quelques expériences pastorales de type autobiographique, telles celles mises en place en France et en Suisse par Ambroise Binz, et celles qui ont eu lieu en Italie, a trouvé dans l'expérience du cénacle autobiographique une forme singulière de réalisation et de déclinaison. C'est pourquoi, ce chapitre a cherché à étoffer également la réflexion pastorale qui a fait l'objet de la troisième partie de la présente recherche.

Après cette relecture globale, réalisée à la lumière du chapitre représentant le dernier claveau de l'arc en plein cintre, et à travers laquelle j'ai essayé de montrer à la fois l'articulation et l'homogénéité du déploiement même de la thèse en sa totalité, je voudrais mettre en exergue un autre apport important. Car ce même chapitre 7 joue également une fonction inclusive par rapport aux aspects théologiques explorés et soulignés durant la première partie de ce travail.

Si nous revenons au premier chapitre, les discours analogiques de Jüngel et de Balthasar jettent en effet une lumière assez importante sur les récits du troisième Testament, le cœur même du cénacle. En fait, puisque l'unique Évangile ne se borne pas uniquement à l'Écriture, du fait qu'il est *également inscrit sur le cœur des hommes*, les *histoires* issues des cercles autobiographiques possèdent elles aussi nécessairement une nature analogique. Une telle possibilité ne vient pas de l'homme, mais de Dieu lui-même qui a rendu le langage humain apte à véhiculer sa Révélation, ainsi que nous l'avons mis en évidence à l'aide notamment d'E. Jüngel, [2107]. Et non seulement la parole humaine *sic et simpliciter*, mais

2105 Voir *supra*, 3.2.2.
2106 Cf. *supra*, chap. 5.
2107 Voir *supra*, 1.2.1.

aussi la parole autobiographique. Rappelons à ce propos notre argument de départ soutenant fortement l'hypothèse d'une théologie autobiographique. Il s'agit proprement de ce que le théologien luthérien E. Jüngel désigne comme ce « dedans »[2108] de chaque individu humain – c'est-à-dire sa pensée intérieure et son « dire de soi » – à partir duquel Dieu se révèle également lui-même. Ce faisant, Dieu assume ce qui est *différent* de lui, c'est-à-dire la nature humaine et tout ce qui en découle, y compris le langage humain, ce sur quoi reposent d'ailleurs les analogies de la foi que nous avons considérées dès le début de notre recherche. Par conséquent, se concentrant et culminant, d'après Jüngel, dans la parabole, la *différence* du langage humain devient apte à révéler Dieu de manière propre et efficace[2109].

Quant à Balthasar, l'*Un-Gestalt* de la Figure constitue proprement cette *différence* paradoxale de l'esthétique théologique, c'est-à-dire le *sub contrario* par lequel Dieu se révèle lui-même[2110]. C'est pourquoi, en vertu du mystère de l'incarnation où Dieu a assumé, non pas le péché, mais les conséquences les plus extrêmes que le péché provoque dans notre humanité, les récits du troisième Testament sont à même de mettre au jour l'*Histoire* unique de l'humanité de Dieu qu'est son Fils. Car c'est proprement la *différence* de nos histoires personnelles, marquées par le péché et racontées par nos récits autobiographiques, qui vient constituer la nature analogique et christosacramentelle du troisième Testament[2111].

Cela étant, les récits d'un cénacle autobiographique sont susceptibles d'être considérés comme des « récits-cadre » où s'accomplit l'Évangile lui-même, selon la logique semblable à celle de la *deuterosis* soulignée par Beauchamp[2112]. Après tout, ce ne sont pas nos histoires humaines, mais c'est l'Histoire unique de l'humanité de Dieu en tant que « récit fondateur » qui s'accomplit enfin *hors de tout livre* ! C'est pourquoi, en dernière instance, l'axiome péremptoire de Jüngel, se dressant contre toute tentative de dissolution de l'*Histoire* de l'humanité de Dieu en des *histoires* d'hommes, retrouve toute sa force et sa raison d'être, malgré l'avis critique et contraire de Christoph Theobald[2113]. En effet, ce n'est pas « un Dieu selon moi » que les récits du troisième Testament mettent au jour, mais l'Histoire unique et objective de Dieu. Du reste, le sens ultime de ce que nous nommons « histoire du salut » réside dans le fait que celle-ci, s'étendant jusqu'à nos histoires personnelles, les sauve et les sanctifie dans l'Esprit. Car le christianisme ne consiste pas en des histoires d'« auto-salvation » ni d'« auto-libération », mais en cette Histoire de salut réalisée une fois pour toutes (*ephapax*) par Jésus-Christ. Une Histoire autant unique que *différente* par rapport à laquelle

2108 Cf. *supra*, la cit. de la n. 230.
2109 Voir *supra*, 2.3.1, notamment la n. 696.
2110 Voir *supra*, 1.2.4.1, notamment la n. 297 et aussi 1.3.1.
2111 Voir *supra*, 4.3.
2112 Voir *supra*, 2.1.1 et 4.3.1.
2113 Voir *supra*, 1.1.3 et 1.2.3.

les innombrables histoires humaines, elles-mêmes si différentes et à la fois si uniques, possèdent la possibilité d'en dégager et d'en refaire, non pas comme une répétition, mais *sous un autre mode*, le récit analogique. Autrement dit, c'est l'Évangile que mon histoire personnelle est censée engendrer moyennant la voie analogique du récit autobiographique. Et pas seulement la mienne, qui est marquée par ma foi dans le Christ. Tous les récits autobiographiques de tous les hommes contiennent et « cachent » l'Évangile, s'il est vrai que celui-ci à été *également inscrit dans le cœur de tous les hommes*, selon l'expression issue des débats de Trente[2114], laquelle en est venue à constituer un autre argument fort appuyant l'hypothèse du «troisième Testament».

À ce propos, au chapitre 5, en choisissant non pas une autobiographie religieuse, mais un texte « laïc » vis-à-vis du grand fleuve de la Tradition, j'ai voulu proprement montrer comment un récit autobiographique, tel *Le Petit Prince* d'Antoine de Saint-Exupéry racontant l'histoire personnelle d'un aviateur, est apte à contenir des pages de ce « Testament autobiographique » en tant que pages mêmes de l'unique Évangile inscrit aussi dans le cœur des hommes. En fait, bien que Dieu n'y soit pas nommé, les traces de la Révélation qui habitent ce conte sont multiples pourtant, ce à quoi notre analyse a tenté de parvenir. N'est-ce pas ce qui advient dans les paraboles du royaume des cieux ? Comment se fait-il que Dieu s'y révèle malgré des histoires tirées de la réalité intramondaine qu'elles racontent ?

À ces questions, Jüngel répond que cette manière dont les paraboles sont conçues est proprement l'analogie, c'est-à-dire l'expression langagière par laquelle s'accomplit la Révélation. Mais alors, ce qui vaut pour les paraboles ne devrait-il pas valoir aussi pour cette parole humaine issue du « dedans » de l'homme et de l'expérience de sa vie intramondaine ? Le récit autobiographique du *Petit Prince* a bel et bien montré cette possibilité. C'est pourquoi, à l'exemple de l'histoire de Saint-Exupéry, les récits autobiographiques issus des quatre cénacles autobiographiques relatés et présentés au dernier chapitre de la présente thèse ont voulu confirmer et expliciter l'intuition même de Jüngel. Mais il y a même plus.

L'hypothèse d'une théologie autobiographique que j'ai soutenue au long de ce travail ne s'est pas limitée à expliciter ce « dedans » humain, en tant qu'expression analogique à partir de laquelle Dieu se révèle lui-même. Car s'il est vrai que la parole humaine révèle et véhicule la Parole de Dieu, il est indéniable que celle-ci, en tant que Parole hypostasiée du Verbe incarné, manifeste le « dedans » même de Dieu, c'est-à-dire sa vie trinitaire. C'est en ce sens que nous pourrions affirmer que le concept même de Révélation, explicité et traduit par Vatican II en termes d'autorévélation[2115], apporte déjà, en lui-même, la signifi-

2114 Se reporter à *supra*, 4.1.2.
2115 Cf. *DV* 2.

cation autobiographique la plus éminente, à savoir la signification d'une théologie autobiographique.

De même, une telle conception autobiographique de la Révélation peut rejoindre et également expliciter et développer, peut-être, l'esquisse d'une théologie de la Parole de Dieu formulée dans une visée sacramentelle par B. Hallensleben. Car, selon la théologienne helvético-allemande, l'expression « Parole de Dieu », en plus de constituer l'« *ad extra* » de la Révélation, c'est-à-dire le récit de l'action salvifique de Dieu, « doit nécessairement dire et communiquer la réalité de l'être et de la nature de Dieu *ad intra* »[2116]. Une pareille affirmation, non seulement veut préserver la Parole de Dieu de l'érosion d'une certaine réduction à de pures instructions et transmissions doctrinales, mais surtout dégager, à mon avis, l'essence sacramentelle, je dirais en l'occurrence christosacramentelle, par laquelle la Parole véhicule, en plus de la présence de Dieu en tant que Père, Fils et Esprit dans notre histoire et dans notre vie, également son être tri-personnel et sa pensée, ainsi que le souligne Boulgakof dans son étude sophianique du *nom*. En fait, à partir de la parole humaine en tant qu'« incarnation » de la pensée, le théologien orthodoxe développe une véritable théologie de la Parole débouchant sur le nom de Jésus-Christ, en tant que nom hypostatique du *Logos* lui-même[2117].

À l'issue des considérations théologiques évoquées ci-dessus, la Parole de Dieu pourrait donc être qualifiée aussi d'une « Parole autobiographique et sacramentelle » – ce qui veut dire aussi analogique – qui « parle Dieu et l'homme, pour ainsi dire, ensemble », pour le dire avec Jüngel[2118], et qui, pour cela même, véhicule et raconte en même temps le « dire *sur* Dieu » de l'homme, le « dire *sur* l'homme » de Dieu, le « dire même *de* Dieu » et le « dire même *de* l'homme ». Somme toute, la proposition d'une théologie autobiographique que j'ai essayé d'argumenter et de défendre au long de ce travail se veut une explicitation et un déploiement ultérieurs de *Gaudium et Spes* 22. C'est pourquoi, une telle théologie autobiographique demande droit de cité à l'intérieur de l'ensemble des diverses disciplines théologiques, à l'instar de la théologie narrative, par rapport à laquelle la présente recherche a voulu faire un pas supplémentaire vers l'avant.

En dernier ressort, ce que j'appelle « troisième Testament » exprime *sous un autre mode*, précisément sous le mode analogique, ce « Testament autobiographique » où reposent, dans l'attente d'être engendrés, les récits-cadre du Récit fondateur, c'est-à-dire de cet *Évangile inscrit dans le cœur des hommes* par lequel et dans lequel Dieu se révèle lui-même ainsi qu'il révèle l'homme à lui-même. En ce sens, le cénacle autobiographique se veut une approche pastorale et une forme d'annonce capable de favoriser un tel « engen-

2116 Se porter à *supra*, 3.1.3.
2117 Cf. *supra*, 2.1.1.
2118 Voir *supra*, la cit. de la n. 230.

drement », de concrétiser d'une manière propre les caractéristiques de la « nouvelle évangélisation » et de répondre ainsi aux souhaits de cette dernière. Par conséquent, il demande également à être reconnu en tant que « lieu théologique » d'une pastorale autobiographique destinée à de petites communautés autonarratives. Celles-ci sont susceptibles, de leur côté, d'être considérées comme le signe sacramentel de cette Église « domestique » ou « en prison » qui revient à se raconter elle-même, comme c'était le cas à l'origine, et dont les membres, « sacrements du frère », par l'action pneumatologique et christosacramentelle de la Révélation et par les composantes de l'autobiographie et de la synesthésie qui l'habitent, donnent corps et récit, *image* et *parole* au Sacrement du Père : Jésus-Christ.

Annexes

ANNEXE I

Faire ses valises... pour partir en voyage

Il est deux manières de quitter définitivement un travail. On peut, avec beaucoup de regrets, ramasser sur le bureau les objets qui personnalisaient ces années, les mettre dans un carton et serrer une dernière fois la main des collègues. Je préfère quant à moi, « faire mes valises », en y voyant l'occasion de partir en voyage. Et lorsqu'on prépare ses bagages, on anticipe déjà dans son imagination les jours à venir, les nouveaux horizons à découvrir, de nouveaux liens à tisser. Bien sûr on y met les objets indispensables pour la nouvelle aventure ; souvent il n'est d'ailleurs pas facile de faire ses choix et de se restreindre. Mais on tient aussi à emporter avec soi d'autres choses : un cadeau à apporter, un nouveau vêtement acheté pour la circonstance, l'appareil de photo pour capter les instants magiques, des lectures pour le plaisir. Si le carton de celui qui part se remplit du passé, pour moi la valise du voyage se charge pour l'avenir. Alors, après ces trente années passées successivement à l'Ecole des Catéchistes de Fribourg, puis à l'ifm, je souhaite avec vous « faire mes valises ».

Pour commencer ce ne sont pas d'abord les nombreux souvenirs en tant que tels que je souhaite mettre dans mes bagages, qu'ils soient ombrageux pour quelques uns et lumineux en plus grand nombre. Mais ce qui est indispensable pour le voyage, c'est précisément celui que j'ai pu devenir grâce à cette aventure, débutée presqu'au lendemain du Concile Vatican II. L'ECF et l'ifm étaient des observatoires privilégiés des pulsions d'une vie d'Eglise au rythme des saisons, avec son printemps de renouveau et l'avènement des laïcs au service ecclésial, aussi avec son « hiver » comme l'avait nommé jadis le grand Karl Rahner, ses étés exubérants et parfois à la chaleur qui plombe ou encore l'automne avec ses récoltes si variées et parfois inattendues. J'ai pu participer en tant qu'acteur à de nombreux tournants de la catéchèse, d'un Directoire catéchétique (1971) à l'autre (1997), au sein de commissions régionales (CRC), nationales (Commission Catéchétique de la Conférence des évêques) ou internationales (Equipe Européenne de Catéchèse, Conseil mondial de la Catéchèse de la Congrégation du clergé). Le pédagogue que j'étais de par la formation a trouvé dans cette aventure un champ extraordinaire, à défricher au début, car les problématiques de la formation des adultes commençaient tout juste à susciter l'intérêt, puis un champ à labourer et à retravailler sans cesse. Nombreux étaient les compagnons de route de cette « Recherche-Action » continuelle, puisqu'au fur et à mesure que les questions concrètes se posaient il fallait pousser la réflexion grâce à une recherche sérieuse permettant de fonder et d'améliorer les pratiques de formation. Les premiers stimulateurs de ces recherches étaient les étudiants avec leurs questions, leurs difficultés et leurs nombreuses suggestions de changements. Mais si je suis devenu formateur-chercheur, c'est uniquement grâce au travail d'équipes, celles successives à l'ECF et l'ifm, mais aussi ces équipes nées autour des Instituts et Centres de formation en France, les « groupes Vavin » et leur fameux texte programmatique « Sur la formation » en 1978 (j'étais à cette époque membre du groupe Centre-Est autour de Georges Duperray), l'équipe de l'IPR de Strasbourg avec qui celle de Fribourg a annuellement organisé une session de réflexion commune, le « Groupe d'Analyse du Langage, des Institutions et du Pouvoir » autour de l'ISPC de Paris. Il y avait aussi les nombreux collègues québécois, dont surtout Paul-André Giguère, français, dont Robert Comte, Jean Joncheray, Denis Villepellet et Catherine Soublin ou italiens, notamment les amis de l'Institut catéchétique de l'Université Pontificale Salésienne emmenés par Emilio

Alberich, puis Enzo Biemmi. Ils se sont intéressés à notre travail en le faisant connaître, ont souvent incité la recherche à ouvrir de nouveaux chantiers ou encore ont souhaité s'appuyer sur nos expériences. Celui que je suis devenu doit surtout beaucoup à cette communauté d'Eglise pour qui la convivialité caractérise les « moeurs du Royaume ». Dès le début j'ai connu durant quelques mois un embryon d'équipe de formateurs, mise sur pied par le Père Bullet en 1971, avec Sr Marcelle, future coordinatrice de stages pendant de nombreuses années, et Pierre Pythoud qui plus tard assura la co-direction de l'ifm. La communauté, dynamique et toujours en transformation était celle des collègues devenus des compagnons et commensaux, depuis la première équipe, après quelques années à avoir animé tout seul cette ECF, celle des Gérald Crausaz et Raphaël Pasquier, puis Marcel Durrer et Pierre Pythoud ainsi que Joël Bielmann et Philippe Christe, et surtout les compagnes actuelles, Marie-Brigitte et Sylviane, fidèles de longue date, grâce auxquelles la récente tourmente m'a permis de mûrir encore, de découvrir la concrétisation d'une Eglise humaine et respectueuse. Avec elles profondeur et humour se rejoignaient depuis la responsabilité commune que nous partagions sans cesse jusque dans les temps de détente si importants. La connivence présente est le fruit de ce qui a pu naître et grandir entre nous tant au plan humain que spirituel. Mais cette Eglise à visage incarné a aussi été celle, pleine d'espérance et de créativité, qui alimentait les qualités humaines et croyantes de tant d'étudiants et d'intervenants (en cherchant à les compter, j'en dénombre plus de deux cents cinquante).

Dans la valise, il y a surtout ce qui nous a fait vivre les uns les autres et qui continuera à alimenter le voyage. Ce sont ces qualités déjà évoquées. Ce sont ces amitiés riches, tissées au long des années, et qui faisaient qu'en équipe nous pouvions compter les uns sur les autres. Ce sont ces joies et aussi ces coups de colère qu'il ne fallait pas garder pour soi tout seul. Ce sont le partenariat qu'il m'a été donné de goûter à tous les niveaux, au sein des différents conseils et au jour le jour. Ce sont ces multiples « clins d'œil du Bon Dieu » comme les appelle Sylviane qui se disaient à travers un geste de sollicitude, un sourire, une confiance manifestée au quotidien. Ces « clins d'œil » étaient autant le « petit bonjour » dit en passant par un ancien qui venait boire un café, le coup de fil du président du Conseil de fondation demandant comment nous allions, l'invitation à un repas amical par notre Administrateur Jean-Pierre Equey, le « bon dia » de Maria-José et l'organisation des petites fêtes d'anniversaire du personnel par Muriel. C'était la présence discrète et amicale d'Eliane, d'accord de laisser tomber son travail de documentaliste, pour chercher un article, une référence ou encore donner son avis à partir de son expérience, prête à égayer les partages par son rire communicatif. Ce qui nous a fait vivre sont autant le professionnalisme que nous ont reconnu nos partenaires financiers et exprimé par Jean-Philippe Gogniat que la présence fidèle à toutes les fêtes de Noël de notre architecte Philippe Arnold ; ce sont ces moments de partage dont tant d'intervenants nous gratifiaient en venant bavarder ou échanger plus gravement dans un de nos bureaux ou devant la photocopieuse pendant que les étudiants faisaient un travail de groupe ; ce sont la présence de ces amis et anciens lors de nos fêtes, qui ne craignaient pas pour certains de longs déplacements, ou encore ces visages épanouis d'anciens qui nous confiaient combien ce temps de formation avait été une véritable naissance pour eux. Tant et tant de richesses nous ont fait vivre et continuent de le faire. Elles permettent de dépasser la bêtise et la méchanceté soigneusement entretenus par d'autres ou encore l'incompétence prodiguant des jugements définitifs sur le travail accompli du haut d'une arrogance suffisante qui n'a jamais pris la peine de venir vérifier sur place le bien fondé des allégations et encore moins d'oser risquer une parole d'encouragement, de reconnaissance ou simplement d'excuse à la suite du gâchis causé. Ce n'est pas cette Eglise qui me permet de vivre, mais bien celle qu'il m'a été donné de côtoyer au jour le jour dans son humanité reflétant quelque chose de la tendresse de Dieu. Ce qui fait vivre, c'est cette fidélité des amis, l'honnêteté foncière, le langage vrai et le témoignage de tant de proches qui malgré les vicissitudes continuent de croire en un Dieu qui croit en l'homme et qui s'emploient à rendre proche son Royaume. Parmi eux je voudrais tout particulièrement mentionner mes amis et collègues de Strasbourg : Gilbert Adler, Robert Moldo et Alain Roy. Oui, il est indispensable de mettre dans la valise du voyage ce qui fait vivre, car c'est le viatique, le pain du voyage.

Finalement je vais placer dans le bagage la conscience d'avoir pu vivre avec d'autres, tout au long de ces années, une mission exaltante. C'est grâce à ce ministère que nous pouvions affirmer en vérité aux étudiants que leur présence nous donnait sens et nous faisait vivre. Si certains ont pu être blessés, se sentir incompris et n'avoir pas pu s'épanouir à l'ECF ou à l'ifm, je leur demande pardon. Je les emporte aussi dans mes bagages avec l'espoir qu'ils auront pu et pourront encore rencontrer sur leur route des compagnons qui leur permettent de vivre debout et grandis. J'ai toujours voulu faire de la bonne ouvrage, et même si j'ai pu faillir et décevoir, je pars avec une valise pleine du plaisir d'avoir pu faire ce qui m'était demandé. S'y ajoutent quelques convictions dont Sylviane fait écho dans son message. La plus importante demeure celle qui donne sens à la formation. Elle n'est pas une accumulation de connaissances et d'habiletés à acquérir qui constitueraient une sorte « ration de vie et de survie » que l'on emporte dans son sac à dos. Pour moi former est ce processus d'une alchimie subtile qui permet à une personne de prendre forme, sa forme, et par conséquent d'être en forme. C'est donc les processus qui sont formateurs et non d'abord les résultats, la manière même de se transformer et pas la masse de choses que l'on sait ou que l'on ne sait pas. Ma propre formation première, celle des sciences de l'éducation, m'a amené au cours de ces années à affiner continuellement les enjeux et les mises en œuvre de ces processus. Comme premier j'ai eu l'honneur de faire connaître en francophonie dès 1974 les perspectives d'une formation qui s'oriente en fonction d'objectifs et non selon des listes de matières. J'ai pu retrouver des intuitions que je portais et que formalisait la toute jeune discipline de l'andragogie dès les années 80. Et lorsque la Conférence de l'UNESCO a consacré le terme en 1987 pour désigner un type de formation des adultes qui veut les respecter dans leur autonomie, en leur permettant d'être pleinement sujets de leur formation, je m'y retrouvais pleinement avec ce que nous cherchions à faire. Pareille formation se situe résolument du côté du savoir-être dans une perspective de l'agir. Elle a pour caractéristiques : la dimension holistique (la tête, le cœur et les mains), l'orientation à partir du sujet et vers lui, le rapport avec la situation et l'expérience, les objectifs liés aux capacités indispensables à la gestion de la vie, soit en premier lieu l'autonomie ainsi que les capacités relationnelles. Elle met l'accent sur l'apprentissage social, l'interdisciplinarité et la multidisciplinarité. Elle comporte aussi bien la transmission et l'acquisition de compétences dans le domaine du savoir, des relations et des méthodes (compétences dans le domaine personnel et professionnel, compétence relationnelle et compétence méthodologique), que la capacité de gérer les défis de la vie, de se remettre en question et de continuer d'apprendre (life-long-learning). Les processus mis en œuvre sont globaux ; ils articulent le savoir et le faire de manière à favoriser la réflexion et l'agir dans des situations complexes grâce à un ancrage dans des valeurs choisies et une option de vie sous-jacente (gérer la contingence). C'est donc bien plus qu'une technologie ou ingénierie. Mais cette conception de la formation que j'ai toujours voulu privilégier est simplement incompatible avec toutes les formes de conditionnement pour lesquelles la reproduction et la survie de l'institution sont les seules raisons. Elle se fonde sur une anthropologie pour qui apprendre n'est pas simple réaction à des stimulations, mais pour qui l'homme est le sujet de l'élaboration de sens (« meaning-maker »). En voulant « proposer la foi » aux adultes d'aujourd'hui, la pastorale ne pouvait qu'entrer en résonance avec cette nouvelle approche de l'apprentissage et de la formation. En effet, la pastorale ne pouvait plus se concevoir comme une discipline d'application de ce qui aurait été élaboré préalablement de manière théorique. Du coup, il devenait impensable de commencer par donner des bases théoriques, puis en un second temps, d'apprendre les mises en œuvre dans le cadre de stages. Pareille succession obéirait à la logique d'une théorie (orthodoxie) rectrice de la pratique. L'andragogie ne prône pas une orthopraxie pour autant. Car ce serait alors remplacer une idéologie par une autre. Avec elle, la pastorale peut se concevoir comme le lieu même d'une articulation constante où le savoir théorique et le savoir d'expérience se fécondent mutuellement. C'est donc bien une andragogie religieuse que j'ai cherché à mettre en œuvre au cours de ces années avec l'aide active de tous les partenaires ; sa finalité est une foi mûre, autonome et responsable, à la source du projet de vie de l'adulte croyant et de son engagement dans le monde et dans l'Eglise au cœur et dans un vivre-ensemble ecclésial (convivialité). Ce choix implique un nouveau rapport au savoir et à la vérité, un nouveau mode du vivre-ensemble ecclésial, une pratique renouvelée de la responsabilité institutionnelle et de la manière de s'y référer, une articulation constante entre expérience humaine et croyante d'une part, la foi de l'Eglise de l'autre. C'est cette formation qui doit assurer à l'adulte de devenir pleinement auteur de sa vie, une vie qui prend saveur et consistance dans sa relation au Dieu Père, Fils et Esprit.

Reste la question où le voyage va mener. Le lieu exact, je ne le connais pas. Je préfère partir vers un pays à découvrir. Mais c'est le pays des hommes et des femmes de notre temps avec leurs joies et leurs peines et leur désir de donner sens à la vie et à celle du monde. Ils ne sont pas nécessairement chrétiens, mais certainement croyants. Avec toutes les richesses contenues dans ma valise, je souhaite vivre avec eux et découvrir avec eux la passion de Dieu pour les hommes. Dans ce pays il n'y a pas que des églises ou des lieux de culte, peut-être n'y en a-t-il pas du tout. Mais on y trouve certainement à découvrir d'innombrables lieux de fraternité où fleurissent des qualités incontestables du Royaume. Mon projet de voyage est de contribuer à ma mesure à l'épanouissement d'un monde où « justice et vérité se rencontrent, où amour et paix s'embrassent ».

Ambroise Binz

ANNEXE 2

Appendice

Conferenza Episcopale Pugliese

Istituto Pastorale Pugliese - Commissione Regionale "Clero e Vita consacrata"

GUIDA DI COMUNITÀ

Percorso di formazione

"Un nuovo secolo, un nuovo millennio si aprono nella luce di Cristo. Non tutti però vedono questa luce. Noi abbiamo il compito stupendo ed esigente di esserne il 'riflesso'. È il mysterium lunae così caro alla contemplazione dei Padri"
(Giovanni Paolo II, *Novo millennio ineunte*, 54)

"La memoria, difesa ed educata in noi stessi per gli altri tramite l'autobiografia, ci restituisce al senso di aver vissuto e di poter insegnare quel poco che della vita siamo riusciti a capire"
(Duccio Demetrio, www.lua.it)

Significato

L'odierna pratica pastorale e ministeriale esige di essere accompagnata, supervisionata e "studiata". Si può riferire ad ogni guida di comunità ciò che la Congregazione per il clero scrive a proposito della formazione permanente dei preti (con riferimento a *2Tm* 1, 6): "*Si tratta di una necessità intrinseca allo stesso dono divino che va continuamente vivificato perché il presbitero possa rispondere adeguatamente alla sua vocazione*"[1]. Troppa letteratura, di fatto, si limita però all'ambito pur necessario delle prescrizioni e degli obiettivi da realizzare, per lo più considerati

[1] *Direttorio per il ministero e la vita dei presbiteri*, n. 69.

e avvertiti da tutti, anche dagli agenti coinvolti, come indicazioni eccessive, per quanto concrete e urgenti, ai fini di una competente qualificazione spirituale del ministero presbiterale. In tale contesto di attese ed "urgenze", questo percorso di formazione intende offrire una possibilità "sperimentale" di aiuto secondo la visione propriamente formativa della *ricerca-azione* che, in pratica, riflette agendo e mentre sperimenta e dà ai partecipanti l'opportunità di fare formazione (meglio autoformarsi) ne ricava, al tempo stesso, importanti e inedite sollecitazioni per la ricerca propriamente pedagogico-pastorale.

L'ambito di riferimento scelto riguarda in particolare la conduzione/organizzazione di una comunità, attraverso un'attenzione privilegiata e concreta al ruolo (e/o compiti) di direzione e coordinamento (*leadership*). Obiettivo di questa offerta formativa sarà, pertanto, quello di favorire il cosiddetto, e tanto conclamato oggi, "*apprendere dall'esperienza*", *in ottica mistagogico-spirituale, per migliorare, a partire dal ministero svolto e in atto, il servizio di guida nella/della comunità*, con un approccio ai saperi acquisiti e alle esperienze vissute in chiave narrativa e autobiografica, al fine di valorizzare e arricchire, dall'interno, la propria/attuale "esistenza" ministeriale.

Destinatari, tempi e durata

La proposta è rivolta, specificatamente, a *parroci* (o guide di comunità religiose) scelti e "mandati" dai Vescovi della Regione Puglia, con almeno 5 anni di esperienza, per un totale di 40/50 partecipanti (due per Diocesi di appartenenza).

Lungo l'arco di un intero anno pastorale, tutto il percorso di formazione prevede, all'interno di un *continuum* tra minimo e massimo, 70/100 ore di lavoro formativo in gruppo, distribuite in giornate residenziali (dal primo pomeriggio del giovedì al venerdì sera) e, in qualche momento più continuativo, nei periodi di vacanze (estate, natale, pasqua).

Svolgimento e fasi previste di attuazione

– *Prima fase* (20/25 ore): Approccio teorico-pratico alla formazione mistagogico-autobiografica come itinerario di educazione degli adulti e laboratorio sperimentale di ricerca/azione nell'ottica della pedagogia della memoria e dell'autonarrazione.

I partecipanti si approprieranno didatticamente del *metodo narrativo-autobiografico* attraverso lezioni frontali, esercitazioni individuali e lavoro a piccoli gruppi.

- *I MODULO* - *Trainer*: prof. Duccio Demetrio, docente di Educazione degli adulti presso l'Università di Milano-Bicocca e direttore della Libera Università dell'Autobiografia (LUA) di Anghiari (AR)
- *II MODULO* – *Trainer*: prof. Ivano Gamelli, docente di psicopedagogia del corpo nella Facoltà di Scienze della Formazione di Milano-Bicocca, fa parte del comitato scientifico della LUA dove tiene periodici seminari di formazione.

– *Seconda fase* (40 ore): Laboratorio narrativo di lettura, interpretazione e ricostruzione scritta del vissuto personale di guida (*pista A*) o della realtà istituzionale e organizzativa di cui si è guida (*pista B*).

Sia per la "pista A" che per la "pista B", il laboratorio è connotato narrativamente ed è espressamente orientato all'elaborazione orale e scritta della propria "*autobiografia ministeriale*"[2].

- *I MODULO* – Acquisizione del metodo proprio di lavoro:
  - "*Pista A*": prof. Ferdinando Montuschi, ordinario di Pedagogia speciale all'Università "La Sapienza" di Roma
  - "*Pista B*": dott.ssa Isabella Venturi, formatrice ed esperta in Comunicazione e Organizzazione del lavoro, collabora con la LUA di Anghiari (AR)
- *II MODULO* – Ripresa del lavoro autobiografico e ultimazione della propria autobiografia (prof. I. Gamelli e dott.ssa I. Venturi)

– *Terza fase* (10 ore): Consegna dello scritto autobiografico, valutazione del percorso e ipotesi di nuove proposte formative. *Trainers:* proff. Angelo Sabatelli e Pio Zuppa, dell'Istituto Pastorale Pugliese e docenti presso l'Istituto Teologico Pugliese di Molfetta (Ba).

[2] La necessità di guardarsi dentro "dal di fuori", in modo da potersi raccontare agli altri e/o scrivere di sé in modo (auto)intellegibile, permetterà di scoprire cose nuove non solo di sé ma anche del proprio lavoro apostolico/professionale. E questo, se accolto e ripreso dentro la propria esperienza di fede e/o vocazionale, può aprire a un futuro carico di sorprese e ricco certamente di speranza e di avvenire. Per sé e per gli altri.

Referenti e aspetti logistico-organizzativi

– *Direzione e responsabili del corso:* l'Istituto Pastorale Pugliese [IPP] con d. Mimino Damasi, in qualità di direttore dell'IPP, e d. Sandro Ramirez, come responsabile dell'Ufficio Programmazione nell'IPP.

– *Codirezione e coordinamento scientifico-didattico:* l'Équipe di lavoro dell'IPP con Angelo Sabatelli e Pio Zuppa - *Segreteria organizzativa e amministrativa*: Marco Cisternino.

– *Costi e sede:* Oltre alla quota d'iscrizione dei singoli partecipanti è prevista in bilancio un consistente contributo dell'Istituto Pastorale Pugliese; per quanto riguarda la/e sede/i si terrà conto delle diverse disponibilità offerte dai centri di formazione e di spiritualità presenti in regione, oltre che dalla determinazione "in itinere" del calendario e dalla concreta disponibilità dei docenti/formatori coinvolti.

Calendarizzazione effettuata

La *periodizzazione* ipotizzata del *calendario* relativo all'intero percorso formativo è legata a una molteplicità di fattori e, ovviamente, non solo ai tempi di avvio, ma anche ai tempi di contattazione e alla concreta disponibilità dei formatori.

I Fase
- 1° Modulo: Roca (Le) 2-3 luglio 2002 (prof. D. Demetrio)
- 2° Modulo: Conversano 17-19 settembre 2002 (proff. F. Montuschi e I. Gamelli)

II Fase
- 3° Modulo: Trani 14-16 ottobre 2002 (dott.ssa I. Venturi)
- 4° Modulo: Conversano 21-23 gennaio 2003 (prof. I. Gamelli)

III Fase
- 5° Modulo: Conversano 31 marzo/1 aprile 03 (prof. I. Gamelli)

Nota Bene

La partecipazione/ammissione al percorso di formazione è preceduta – all'interno del primo modulo di presentazione/avvio – da un *colloquio/contratto* personale finalizzato a motivare e verificare le condizioni di base necessarie alla realizzazione del tipo di esperienza richiesta dal percorso (tempi, assiduità di frequenza, esercitazioni, ecc.).

L'intera esperienza formativa – all'interno dell'IPP – è anche finalizzata all'elaborazione e sperimentazione successiva di un *ciclo permanente di formazione* nell'area ecclesiale della *leadership* per formatori e responsabili di comunità ecclesiali della Regione Puglia.

Annexe 3

Documento base di pastorale nell'ambito del penale

PREMESSA

La Chiesa di fronte al problema del male e nei confronti delle persone coinvolte ha espresso al suo interno e proposto sempre all'umanità dei cammini di liberazione fondati sull'amore misericordioso di Dio Padre. Percorsi vissuti in carcere attraverso operatori della pastorale che formano lì la comunità cristiana: persone inviate dai vescovi e dalle stesse comunità cristiane, persone detenute che condividono responsabilità di servizio ecclesiale ed operatori dell'istituzione che hanno a cuore il cammino di fede. In carcere promuovono, con il dono dello Spirito Santo, la vita buona in Cristo.

La Chiesa compie questa missione anche attraverso le azioni che propongono fuori dal carcere cammini concreti di risocializzazione e di riconciliazione.

Il Signore Gesù è venuto sulla terra per compiere la riconciliazione dell'uomo con Dio e la riconciliazione tra gli uomini e con il creato, come ci ha insegnato Papa Francesco nella sua lettera enciclica ***Laudato si'***.

Come cristiani che vivono nel mondo della giustizia penale abbiamo riletto le nostre prassi per riformulare un cammino di fede in particolare tra noi cappellani, religiosi/e, volontari laici insieme con le vittime, con gli autori dei reati, con gli operatori istituzionali che si occupano delle persone coinvolte in problemi penali.

Desideriamo che la comunità cristiana in carcere viva la buona notizia del Padre misericordioso, ricevendola e ridonandola alle altre comunità cristiane e a tutta l'umanità.

Ci domandiamo dunque: è eticamente, culturalmente e socialmente rilevante per la nostra società e la nostra Chiesa la questione del recupero integrale di coloro che scontano una pena? Quali risorse politiche, sociali, ecclesiali stiamo mettendo in atto come cittadini cristiani? In carcere che ruolo riabilitante possono esercitare la coscienza morale della persona e la forma sanante della misericordia?

Liberare e aiutare a liberarsi dal male sono le prospettive a cui siamo chiamati come Chiesa e come società nell'amministrazione della giustizia, consapevoli che il liberare di Gesù è insieme l'origine e il modello del liberare che la comunità cristiana è chiamata a compiere verso tutte le persone coinvolte nel mondo del penale.

Consegniamo al Padre il male compiuto o subito perché attraverso Gesù, dono di perdono, si trasformi con l'azione dello Spirito Santo in nuova vita buona per tutti.

Questo lavoro parte dal contesto in cui viene collocata la pastorale nell'amministrazione della giustizia penale, per proporre poi la missione della Chiesa a tutti coloro che ne sono coinvolti. Evidenzia l'orizzonte di salvezza che si apre nella condivisone dei doni dello Spirito tra comunità cristiana negli istituti di pena e comunità parrocchiali. Si vive fortemente nel messaggio di misericordia di Dio Padre e si incarna nella riconciliazione offerta da Gesù.

Questo lavoro è il frutto di un cammino di condivisione solidale di molte persone, impegnate a costruire la Chiesa in carcere e la comunione ecclesiale nelle parrocchie in cui vivono o ritornano tutte le persone toccate da reati penali.

Attraverso questo strumento proviamo con semplicità a suggerire discernimenti e, nei riquadri del testo, indicazioni di azioni, percorsi e progetti pastorali.

1. IL CONTESTO

Il nostro vivere la fede in Cristo si colloca nel concreto dell'amministrazione della giustizia e nella scelta delle modalità con cui le nostre comunità ecclesiali pensano la giustizia di Dio e la giustizia tra gli uomini.

1.1. L'AMMISTRAZIONE DELLA GIUSTIZIA

Da sempre la società civile s'interroga su come intervenire nei conflitti tra gli uomini e tra i popoli e su quale sia la risposta giusta alla violazione delle leggi penali.

Il carcere presuppone, nella mentalità comune, che ci sia una chiara demarcazione tra coloro che delinquono e i bravi cittadini, che sia luogo in cui finiscono i cattivi mentre la società resta abitata dalle persone pulite. Nella realtà le cose non stanno così. Fuori del carcere ci sono condizioni ingiuste e difficili per tutti, che interpellano la responsabilità morale individuale e sociale in diversi modi.

Il condannare al carcere è una scorciatoia sul tema antropologico del male, come se fosse possibile separare i buoni dai cattivi, i delinquenti dagli onesti. Il modo con cui i reati vengono oggi puniti, anche se le norme debbono tendere costituzionalmente alla rieducazione, non raggiunge i risultati di risocializzazione e di riconciliazione desiderati.

Il male commesso sembra quasi inarrestabile laddove soprattutto colpisce con una forma di corruzione stratificata e attraverso organizzazioni criminali. Di fatto assistiamo a pene che nella maggior parte colpiscono i più deboli e i più poveri, persone già socialmente svantaggiate. Illuminanti sono le parole di Papa Francesco: *«Negli ultimi decenni si è diffusa la convinzione che attraverso la pena pubblica si possano risolvere i più disparati problemi sociali, come se per le più diverse malattie ci venisse raccomandata la medesima medicina. Non si tratta di fiducia in qualche funzione sociale tradizionalmente attribuita alla pena pubblica, quanto piuttosto della credenza che mediante tale pena si possano ottenere quei benefici che richiederebbero l'implementazione di un altro tipo di politica sociale, economica e di inclusione sociale».*[1]

La persona detenuta, come anche chi sconta la propria pena sul territorio, è in uno stato di sofferenza, è persona ferita - anche se si rifiuta di ammetterlo - e che un tempo ha procurato dolore. L'isolamento dalla comunità degli uomini è una ferita aperta in chi è ristretto in carcere. La privazione della libertà di movimento e la percezione di essere ridotti ad un numero di matricola ti consegnano totalmente nelle mani dell'istituzione. È una ferita che tocca le carni mentre lacera lo spirito. Ogni altro aspetto della vita in carcere ritorna a questo punto bruciante. I sentimenti che insorgono tentano di ricomporre questa lacerazione o attraverso la strada della rassegnazione, che elabora la situazione e quasi la metabolizza, o attraverso la strada della ribellione, sorda o aperta, che cerca una resistenza ad ogni costo. Nella persona detenuta tuttavia ci stanno anche risorse che la rendono capace di farsi carico responsabilmente della propria situazione e di riprogettare la propria esistenza con un rinnovato orizzonte d'attese. Si avvia per questa strada un percorso di guarigione della ferita del proprio cuore, tanto più partecipato quanto più la persona vive la propria liberazione nella speranza.

Altrettanta sofferenza e fatica del vivere tocca le famiglie e le vittime, molto spesso lasciate sole con il proprio dolore e condizionate dall'unica preoccupazione di punire il colpevole. Faticoso è pure il lavoro degli operatori, dei volontari e dei ministri di culto che operano nelle istituzioni preposte all'esecuzione della pena, sia all'interno che all'esterno del carcere.

In questi ultimi anni sono cresciuti i luoghi e le norme che offrono percorsi di buon reinserimento sociale con la proposta di una giustizia che riconcilia e ripara il male, ma il clima culturale generale rimanda ad un senso vendicativo dell'esecuzione della pena. La scorciatoia carcere rimane ancora azione prioritaria per esprimere il desiderio di giustizia a livello personale, sociale e politico-legislativo.

[1] PAPA FRANCESCO, *Discorso alla delegazione dell'Associazione Internazionale del diritto penale*, del 23 ottobre 2014.

1.2. LA CULTURA DELLA COLPA E DELLA PENA IN AMBITO ECCLESIALE

Nella Chiesa cresce oggi l'attenzione a segni di misericordia e di riconciliazione.

Nel pensiero cristiano e nella cultura teologica, nel corso della storia, si sono determinati complessi rapporti tra asserzioni teologiche e giustificazioni delle modalità punitive statuali, specie con riferimento all'idea di pena come retribuzione della colpa.

Oggi sempre di più la modalità retributiva di concepire il rapporto tra colpa e pena è percepita come radicalmente agli antipodi del messaggio cristiano.[2]

L'idea che possa nascere un bene dal principio "occhio per occhio, dente per dente" sembra il contrario del senso di giustizia che emerge dalla Bibbia nel suo insieme. Pensiamo, ad esempio, al racconto drammatico di Abele e Caino: entrambi fanno l'esperienza del male e, a prescindere da qualsiasi pena, sperimentano che il male non rende felici. Spesso si veicola il messaggio che il male non si deve fare perché c'è Dio che punisce o perché un giudice umano ti mette in galera. In realtà il male non si deve fare, perché in sé non ti realizza come uomo.

Dio, cosa fa di fronte all'omicidio? Di fronte a quest'uomo che si è posto in una condizione d'estraniazione da se stesso? Lo va a cercare, fa il primo passo verso di lui, cerca di fargli prendere coscienza del male compiuto e, nello stesso tempo, lo difende in quanto omicida dalla vendetta degli uomini.

Nella misericordia Dio rivela la sua giustizia, chi agisce come Lui, diventa giusto. Quello che leggiamo sulla croce è che, anche nell'abisso del male, Cristo compie fino in fondo la volontà del Padre, cioè amare ogni uomo, anche il proprio persecutore. Questo è fonte di giustizia e di salvezza. Dio libera dal male con l'Amore, amando e non punendo.

Il cuore del cristianesimo sta proprio in questo: è blasfemo pensare di produrre il bene con il male, l'unica fecondità sta nel bene.

Il messaggio cristiano offre un orientamento al pensiero giuridico per organizzare un'amministrazione della giustizia meno vendicativa, promuovendo un forte cambiamento culturale. Sono proponibili, anche alla cultura giuridica, le esigenze

[2] Cfr. Documenti e visite nelle carceri dei sommi pontefici del secolo scorso e degli anni duemila
CARLO MARIA MARTINI, *Scritti sulla giustizia*.
LUCIANO EUSEBI, *La chiesa e il problema della pena*.

evangeliche dell'amore e del perdono, sono praticabili nella progettazione di un intervento giuridico-sociale che sia eticamente valido e socialmente efficace. Papa Francesco l'ha suggerito ai giuristi come loro specifico compito.

2. PRENDERE L'INIZIATIVA

L'annuncio della salvezza inaugurata dalla Pasqua di Gesù rivolto a tutti, soprattutto a chi si sente abbandonato nella propria afflizione e ha il cuore chiuso nel male. Per alcuni significa ascoltare per la prima volta un tale annuncio, per altri è occasione per uscire dall'indifferenza e da una fede di sole reminiscenze infantili.

La Chiesa "in uscita" e la comunità dei discepoli missionari suggeritaci da papa Francesco nell'**Evangelii Gaudium**[3] è l'orizzonte, anche nel campo penale, per una rinnovata evangelizzazione.

Cogliamo il grido di sofferenza di molte persone che si trasforma in desiderio di incontro con il Padre e con la Buona Notizia. Sono le persone che rappresentano una sfida per una Chiesa realmente "in missione" e che si lascia condurre dal soffio dello Spirito Santo, cooperando alla piena realizzazione del disegno di Dio[4].

Le vittime, le persone detenute, i loro famigliari, gli operatori istituzionali, le comunità cristiane,attendono e realizzano i segni del Regno di Dio.

La comunità cristiana missionaria ed evangelizzatrice «si mette mediante opere e gesti nella vita quotidiana degli altri, accorcia le distanze, si abbassa fino all'umiliazione se è necessario, e assume la vita umana, toccando la carne sofferente di Cristo nel popolo»[5].

All'interno di questa dinamica di annuncio e di testimonianza si colloca lo specifico della pastorale penitenziaria, come esperienza di Chiesa "in cammino" che rivolge la sua attenzione umana, spirituale e pastorale a quanti si lasciano "accompagnare" e "guidare" dalla sua sollecitudine in un percorso segnato dal dialogo, dalla comunione e dalla condivisione. In tale direzione, si possono intravedere attenzioni di impegno concreto, nelle quali rendere realmente efficace la missione della pastorale penitenziaria come testimonianza dell'amore e della misericordia di Dio nel suo rapporto con l'umanità fragile.

[3] PAPA FRANCESCO, *Evangelii Gaudium*, 21-24.
[4] Cf. *LG*, 17.
[5] PAPA FRANCESCO, *Evangelii Gaudium*, 24.

Anche in carcere vi è una comunità ecclesiale che, nella fatica dolorosa della quotidianità ristretta, si sforza di vivere il suo cammino di fede attraverso la catechesi, la liturgia e la testimonianza della carità.

2.1. LE VITTIME

«Allora il Signore disse a Caino: "Dov'è Abele, tuo fratello?". Egli rispose: "Non lo so. Sono forse io il custode di mio fratello?"» (Gn 4,9). Le parole che il Creatore rivolge a Caino in seguito all'uccisione del giusto Abele, manifestano la sollecitudine paterna nei confronti di chi, a causa della violenza e del peccato, è stato vittima del male compiuto. Questa sollecitudine e questa attenzione rivelano che la preoccupazione del Creatore, nell'incontrare Caino e nell'instaurare un dialogo con lui, è orientata alla "prima vittima" del male commesso dall'uomo nei confronti di un altro uomo all'interno della Storia Sacra narrata dal libro della Genesi. Sollecitudine e attenzione paterna che interpellano tutti gli operatori della pastorale penitenziaria. A partire dall'attenzione dell'Onnipotente nei confronti di Abele (cf. Gn 4,9), la pastorale penitenziaria deve mettersi alla ricerca di quanti innalzano il loro grido di aiuto e di consolazione a Dio per l'esperienza dolorosa del male subito in maniera diretta o tramite una persona cara. Ancora oggi la voce del sangue innocente delle vittime innalza al cielo un'invocazione di aiuto, di giustizia e di consolazione. Ancora oggi *«la voce del sangue di tuo fratello grida a me dal suolo»* (Gn 4,10). Per tutti noi credenti *«Gesù vuole che tocchiamo la miseria umana, che tocchiamo la carne sofferente degli altri. Aspetta che rinunciamo a cercare quei ripari personali o comunitari che ci permettono di mantenerci a distanza dal nodo del dramma umano, affinché accettiamo veramente di entrare in contatto con l'esistenza concreta degli altri e conosciamo la forza della tenerezza. Quando lo facciamo, la vita ci si complica sempre meravigliosamente e viviamo l'intensa esperienza di essere popolo, l'esperienza di appartenere a un popolo»*[6].

[6] PAPA FRANCESCO, *Evangelii gaudium*, 270.

8

Medesima attenzione come vittima va posta anche a chi è in carcere innocente e ad ogni persona detenuta che vien lesa nei suoi diritti fondamentali.

Per accogliere il grido di giustizia delle vittime è necessario che vi siano:

Azioni:

- Luoghi di ascolto della sofferenza e di difesa dei diritti
- Persone preparate che visitino le famiglie delle vittime
- Guide spirituali per accompagnare i cammini di perdono

9

2.2. LE PERSONE CON PROBLEMI PENALI

«Sapete perché sono venuto? Perché sono mandato. Inviato da chi? Bisogna risalire molto indietro, e troveremo che se Gesù Cristo non avesse detto un giorno a quelli che per primi l'ascoltavano: andate, cercate i poveri, visitate i miseri, per aiutarli e consolarli, andate ai peccatori, portatevi ovunque c'è un dolore da mitigare, io non sarei qui. Non avrei nessun titolo e forse, nella mia pochezza, non sentirei nemmeno il desiderio. E invece! Sono felice di essere qui, mandato da Nostro Signore Gesù Cristo. Questo comando divino, questa spinta che parte dal Vangelo, questa attualità della nostra fede rendono non solo facile e bello, ma doveroso e pieno di gaudio l'incontro con voi»[7]. Le parole pronunciate dal beato Paolo VI nel 1964, durante la sua visita al carcere romano di "Regina Coeli", riassumono il valore autentico e fondamentale della missione ecclesiale, voluta da Gesù Nostro Signore e Redentore, che s'interessa delle persone detenute, della loro vita segnata dalla fragilità e del loro futuro n ella comunità cristiana e nella società. A partire dal "mandato missionario" ricevuto dal Risorto, e ricuperando la dimensione della sollecitudine cristiana nei confronti delle persone detenute – *«ero in carcere e siete venuti a trovarmi»* (Mt 25,36) – il vissuto della comunità cristiana in carcere e nelle comunità sorelle nel territorio è richiamato ad una visitazione reciproca come quella di Maria ad Elisabetta in cui accompagnare nuove nascite esultanti per la presenza di Dio nell'umanità. E oggi «più che mai abbiamo bisogno di uomini e donne che, a partire dalla loro esperienza di accompagnamento, conoscano il modo di procedere, dove spiccano la prudenza, la capacità di comprensione, l'arte di aspettare, la docilità allo Spirito».[8] «Dove sembra che tutto sia morto, da ogni parte tornano ad apparire i germogli della risurrezione e continua il cammino della Chiesa. È una forza senza uguali. È vero che molte volte sembra che Dio non esista: vediamo ingiustizie, cattiverie, indifferenze e crudeltà che non diminuiscono. Però è altrettanto certo che nel mezzo dell'oscurità comincia sempre a sbocciare qualcosa di nuovo, che presto o tardi produce un frutto. In un campo spianato torna ad apparire la vita, ostinata e

[7] PAOLO VI, «Il più alto e permanente conforto d'ogni anima nella adesione generosa e costante al Redentore del mondo», in *L'Osservatore Romano*, 10 Aprile 1964, 1.
[8] PAPA FRANCESCO, *Evangelii gaudium*, 171.

10

invincibile, [...] è la forza della risurrezione e ogni evangelizzatore è uno strumento di tale dinamismo».[9]

Prioritario diventa accogliersi con senso di ascolto dello Spirito Santo che agisce in tutti e crea cose nuove:

Azioni:

- Rendere possibile l'incontro iniziale con chi entra in carcere
- Promuovere ed aumentare l'accoglienza solidale nelle celle
- Incontrare nelle loro abitazioni le persone che vivono le alternative alla pena nelle nostre comunità cristiane

2.3. LE FAMIGLIE DELLE PERSONE DETENUTE

Esperienza concreta di "Chiesa in uscita" è anche la missione della pastorale penitenziaria indirizzata alle famiglie delle persone detenute. Restringere il raggio d'azione della cura pastorale e spirituale solo all'interno delle mura del carcere risulterebbe infatti un'operazione priva di un elemento indispensabile: la dimensione familiare che contraddistingue il vissuto di ogni persona detenuta nel percorso di maturazione umana e spirituale. Bisogna accompagnare tutti coloro che hanno a che fare, direttamente o indirettamente, con l'esperienza della detenzione in un istituto penitenziario. Difatti, quando dietro ad un detenuto si chiudono le porte del carcere, al di fuori rimangono gli affetti. Madri, padri, mogli, mariti, figlie e figli del detenuto pagano a loro volta un prezzo molto alto, quello della perdita di un caro e spesso della stigmatizzazione da parte delle società. Un considerevole numero di famiglie è coinvolto in problemi connessi alla detenzione. Per queste persone le comunità cristiane sono chiamate a svolgere un delicato compito di ascolto e di accoglienza non solo dei bisogni di povertà materiali che sorgono con la carcerazione di un famigliare, ma pure a porre gesti di vicinanza che combattano contro l'esclusione sociale e religiosa dei figli e dei partner. Gesù privilegia l'incontro con i peccatori

[9] PAPA FRANCESCO, *Evangelii gaudium*, 276.

11

pubblici, li va a visitare in casa, li difende dal fare giustizia sommaria (lapidazioni), comunica loro l'affetto misericordioso del Padre.

È necessario che le famiglie non perdano la propria identità, mantengano i contatti e vincano i pregiudizi sociali. Strumenti utili possono essere:

Azioni:

- I Centri di ascolto all'entrata del carcere
- Contatti telefonici e personali fatti dagli operatori pastorali del carcere, dove è legittimamente consentito
- La comunicazione alla parrocchia della presenza di una persona in carcere per sostegno alla famiglia, previa autorizzazione del detenuto.

2.4. GLI OPERATORI ISTITUZIONALI

Nel contesto della dinamica missionaria che contraddistingue l'agire della comunità cristiana, s'inserisce la necessità di favorire un proficuo rapporto di interazione, dialogo e collaborazione con tutti gli operatori che prestano il loro servizio soprattutto all'interno del carcere. Per gli operatori cristiani dell'amministrazione della giustizia è un compito arduo e delicato, ma irrinunciabile, coniugare la misericordia con la giustizia.

All'interno dell'Istituto penitenziario, la presenza del Direttore, del Comandante, degli Agenti di Polizia Penitenziaria, di quanti operano nell'area educativa e nell'area sanitaria, *in primis*, interpella l'azione della comunità cristiana perché ogni proposta, ogni progetto e ogni iniziativa spirituale e pastorale, concepita nell'ambito della missione cristiana, accompagni *« "il trattamento rieducativo", offrendo il suo apporto specifico e contribuendo a generare, nelle persone di cui si prende cura, la vita buona che nasce dal Vangelo».*[10]

Da tale prospettiva, nasce la necessità di favorire, all'interno del carcere e nelle relazioni con i diversi operatori, un clima di reciproco ascolto e di dialogo, di confronto e di condivisione, quale via maestra per raggiungere gli obiettivi comuni dell' "accompagnamento", della "rieducazione" e del "reinserimento nella società" di coloro che hanno commesso reati.

Gesù di fronte a Pilato parla di ricerca della verità, e in questa ricerca comune della verità si pone la base del nostro servire la giustizia umana sia come credenti che cittadini.

Lavoriamo ed operiamo insieme al servizio comune della dignità di ogni persona, per questo favoriamo come comunità cristiana:

Azioni:

- Incontri di accoglienza con i nuovi operatori
- Momenti di disponibilità per colloqui personali
- Partecipazione a percorsi di co-formazione

[10] M. CROCIATA, *Orientamenti pastorali e pastorale carceraria. Educare alla vita buona in Cristo: i volti nella giustizia*, pro manuscripto, 5.

2.5. LE ISTITUZIONI

«Compito della pastorale carceraria […] è di richiamare, secondo le vie possibili e nei modi più consoni, la necessità da parte dei pubblici poteri di far sì che il carcere diventi un luogo realmente educativo»[11], assieme a tutte le istituzioni che sul territorio hanno compiti di reinserimento sociale e di riparazione del danno. *«A tale scopo, gioverà sicuramente la possibilità offerta ai detenuti di approfondire il loro rapporto con Dio, come pure il loro coinvolgimento in progetti di solidarietà e di carità. Ciò contribuirà ad accelerarne il recupero sociale, riportando al tempo stesso l'ambiente carcerario a condizioni di maggiore vivibilità»*[12]. Contribuendo a favorire una nuova condizione di vita delle persone, nuove dinamiche, e una riorganizzazione dei vari ambienti della struttura carceraria, dialogando con le Istituzioni, con le autorità e con la stessa società nella quale devono essere reinseriti i detenuti, la missione dei discepoli di Gesù potrà realmente essere orientata alla *«costruzione di un popolo in pace, giustizia e fraternità»*[13].

Produrre migliore giustizia nel mondo del penale stimola tutti i credenti a responsabilità specifiche nella comunità cristiana fuori e dentro il carcere

Azioni:

- Coordinarsi con altri attori sociali per sviluppare attenzione politica sull'amministrazione della giustizia
- Proporre progetti di reinserimento sociale

[11] M. Crociata, *Orientamenti pastorali e pastorale carceraria. Educare alla vita buona in Cristo: i volti nella giustizia*, pro manuscripto, 10.
[12] Giovanni Paolo II, *Messaggio per il Giubileo delle Carceri*, 24 Giugno 2000, 7
[13] Francesco, *Evangelii gaudium*, 221.

14

3. LA SCOPERTA DELLA BUONA NOTIZIA

«Dopo che Giovanni fu arrestato, Gesù andò nella Galilea, proclamando il Vangelo di Dio, e diceva: "Il tempo è compiuto e il regno di Dio è vicino; convertitevi e credete nel Vangelo"» (Mc 1,14-15). L'inizio della missione di Gesù in Galilea è segnato dall'annuncio della "Buona Notizia". Per tutti gli uomini si è adempiuto il tempo propizio e si è fatto vicino il Regno di Dio: segno della presenza dell'Onnipotente in mezzo al suo popolo e invito impellente a condividere il progetto di una nuova vita. L'invito di Gesù alla "conversione" muove i suoi passi a partire dalla situazione di male e di peccato bisognosa di un rimedio per un nuovo inizio. Gesù, che annuncia il Vangelo di Dio e invita gli uomini alla conversione, prende atto della condizione fragile dell'uomo e conosce quelle situazioni di peccato che separano le creature dal giusto rapporto con il loro Creatore. I destinatari della "Buona Notizia" sono tutti gli uomini e le donne di buona volontà, anche chi ha avuto a che fare con il male e con il peccato, compiendolo direttamente o subendolo. La "Buona Notizia" del Dio di Gesù Cristo che invita alla conversione e apre gli orizzonti a una nuova umanità parte, appunto, dal male commesso e subito, quale esperienza di fragilità e di limite che si apre – con il dono della grazia di Cristo – alla misericordia di Dio che risana e solleva. Tutta la missione salvifica di Gesù è orientata al ricupero dell'umanità deturpata dal peccato.

La missione della Chiesa è orientata a portare a tutti gli uomini e a tutte le donne di buona volontà la "Buona Notizia" di un "Dio vicino" che si preoccupa di quanti hanno avuto a che fare, direttamente o indirettamente, con l'esperienza del male.

In tale contesto di annuncio e di conversione si colloca la pastorale penitenziaria, impegnata quotidianamente a proclamare la "Buona Notizia" e a vivere l'invito dell'autore sacro della Lettera gli Ebrei: «ricordatevi dei carcerati, come se foste loro compagni di carcere, e di quelli che sono maltrattati, perché anche voi avete un corpo» (Eb 13,3). La missione del Cappellano del carcere e di tutti gli operatori della pastorale carceraria, *«non si riduce a un aiuto materiale o all'espletazione di servizi, pure utili e necessari, ma è condivisione profonda della condizione dell'altro. Essa trova il suo modello nel Signore che, passando accanto all'uomo ferito dal peccato e*

15

sentendone compassione, come buon Samaritano si china su di lui e se ne prende cura»[14].

[14] M. CROCIATA, *Orientamenti pastorali e pastorale carceraria*, op. cit., 2.

3.1. SCOPRIRE LA "BUONA NOTIZIA" A PARTIRE DAL MALE COMMESSO

Il ministero di ogni operatore pastorale del mondo del penale è prevalentemente orientato a entrare in contatto con persone che hanno "commesso" il male. *«Non si tratta di persone "di serie B", ma sovente di uomini e donne che, pur essendosi macchiati di crimini più o meno gravi, hanno vissuto sofferenze e difficoltà, e ora hanno bisogno di comprensione e dell'appoggio della società per potersi rialzare e reinserire nelle normali relazioni sociali»*.[15] Per molte persone, cadute fragilmente nelle strette trame del male, credere nella "Buona Notizia" del Dio di Gesù Cristo, che invita a sfruttare il "tempo favorevole" per la conversione e per l'inizio di una nuova vita, non è affatto semplice. Il peso del male commesso crea, spesso, un riverbero inalterabile che sussiste nel tempo e si promana nello spazio e nelle relazioni. Le persone vivono direttamente questo tipo di esperienza in un contesto ambientale, soprattutto nella struttura carceraria, fortemente segnati dal male computo. Quando Gesù inizia la sua missione in Galilea,[16] annunciando la "Buona Notizia" di un Dio interessato all'umanità fragile e caduca, comunica la vicinanza e la prossimità del Regno del Padre.

Il "Dio-con-noi" nonostante il male, condividendo le conseguenze del male dona a tutti una buona notizia: non sei il tuo male, il Padre si fida di te. Ti ama, vuole perdonarti e renderti libero.

Per non rimanere invischiati nel male commesso, la testimonianza di possibilità di liberazione dal male e di bontà di Dio Padre sono favoriti da:

<u>*Percorsi*</u>:

- dialoghi sulla bontà di Dio
- confronti con l'esempio di santi convertiti, di persone che hanno donato la vita per il bene di tutti
- testimonianze positive di altre persone detenute

[15] M. CROCIATA, *Orientamenti pastorali e pastorale carceraria*, op. cit., 2.
[16] Cf. *Mc 1,14-15*

3.2. SCOPRIRE LA "BUONA NOTIZIA" A PARTIRE DAL MALE SUBÌTO

Le persone che hanno commesso reati e vengono condannati a scontare la pena in carcere subiscono un di più di sofferenza. Papa Benedetto ha parlato di ingiusta doppia pena ai detenuti nella sua visita al carcere romano di Rebibbia nel dicembre 2011[17].

La sofferenza delle famiglie è altrettanto ingiusta e ancor di più la sofferenza delle vittime. Accorgersi che Dio sente il dolore delle ingiustizie è una buona notizia che consola, guarisce e, attraverso persone che non ti lasciano solo nel tuo dolore, interviene per difenderti e liberarti.

La storia del popolo d'Israele rivela questa peculiare sollecitudine del Dio dell'alleanza nei confronti di chi soffre e sperimenta il dolore ingiusto.

In Gesù di Nazareth, venuto a inaugurare una nuova umanità, la "Buona Notizia" del definitivo interessamento di Dio per quanti hanno bisogno della sua presenza sanante e beneficante, acquisisce piena visibilità e profondo radicamento.

Le parole con cui Gesù chiama a sé gli uomini e le donne provati dalle ingiustizie, dalla fatica e dalle ferite del quotidiano – *«venite a me, voi tutti che siete stanchi e oppressi, e io vi darò ristoro»* (Mt 11,28) – rivelano la sua vicinanza salvifica.

La comunità cristiana è chiamata, come il suo Maestro, a sentir fremere le proprie viscere e a lasciarsi coinvolgere da coloro che hanno subito ingiustizia.

Accogliendo la sofferenza del dolore ingiusto promuoviamo:

Percorsi:

- Scuola di preghiera nelle carceri con i testi biblici di Dio liberatore e preghiere elaborate da chi vive il carcere
- Incontri per le persone detenute con altre persone sofferenti e vittime di ingiustizia
- Incontri nelle comunità cristiane per far conoscere le ingiustizie, assumere atteggiamenti di compassione e promuovere incontri di riconciliazione

[17] *«E' importante che le istituzioni promuovano un'attenta analisi della situazione carceraria oggi, verifichino le strutture, i mezzi, il personale, in modo che i detenuti non scontino mai una "doppia pena"; ed è importante promuovere uno sviluppo del sistema carcerario, che, pur nel rispetto della giustizia, sia sempre più adeguato alle esigenze della persona umana, con il ricorso anche alle pene non detentive o a modalità diverse di detenzione».*

4. LA PASTORALE CARCERARIA

La pastorale nel mondo del penale si articola dal momento in cui succede il compimento di un delitto, fino alla ricollocazione in libertà delle persone. In particolare prendiamo in considerazione ora la pastorale in carcere, che si svolge ordinariamente come nelle altre comunità cristiane, ma ha sue peculiarità; Chiesa chiusa tra le sbarre, isolata dal resto della convivenza civile, fatta, in parte, di uomini e donne che sono considerati peccatori pubblici. Una Chiesa, pure lei in uscita, *«comunità di discepoli missionari che* ***prendono l'iniziativa, che si coinvolgono, che accompagnano, che fruttificano e festeggiano****»*,[18] una Chiesa cattolica che vive la presenza di chiese sorelle, di credenti in altre religioni, presenza che si incarna fino nel vissuto della stessa angusta casa, la cella di reclusione. Una Chiesa in uscita che simbolicamente realizza la sua missione nell'uscire dal carcere, nel ritornare ad una vita nuova nella libertà dei figli di Dio. Una chiesa che proprio perché in uscita ritrova continuamente il senso dell'unità e della comunione presieduta dai Vescovi delle chiese locali.

Dentro questo evento di salvezza e liberazione si compie il vissuto ecclesiale in carcere come esodo verso la terra promessa e desiderio di ritorno a casa con fratelli e sorelle liberi e contenti di vivere la misericordia come carattere della propria figliolanza in Gesù Cristo.

4.1. L'EVANGELIZZAZIONE

L'azione degli operatori della pastorale penitenziaria, compresi i cappellani che presiedono la ***Chiesa che è in carcere***,[19] ha come suo centro e cardine l'evangelizzazione, intesa anzitutto come "orizzonte" – vero dinamismo missionario dell'agire ecclesiale che tende a incontrare il volto di ogni uomo e poi come processo contrassegnato, a livello pratico, da tre momenti fondamentali: il dialogo, l'annuncio e la catechesi.[20]

[18] PAPA FRANCESCO, *Evangelii Gaudium*, 24

[19] Cf. *Rm 1,7; 1Cor 1,2; 2Cor 1,1; Ef 1,1; Fil 1,1; Col 1,2.*

[20] Cf. CONFERENZA EPISCOPALE ITALIANA, *Incontriamo Gesù. Orientamenti per l'annuncio e la catechesi*, 19

L'evangelizzazione si pone come incontro di un Dio buono e misericordioso con chi soffre, con chi è lontano da casa, con chi è pubblico peccatore.

4.1.1.IL DIALOGO

Il compito di evangelizzare – anche tra le mura del carcere – non può che partire dall'instaurazione di un sincero e dialogico rapporto umano fatto di ascolto, di comprensione e di fiducia, tenendo conto che ogni persona detenuta vive situazioni diversificate sia dal punto di vista giuridico, che della sua situazione socio famigliare.

Ulteriore attenzione e rispetto va posto per le persone che hanno una fede diversa dalla nostra, il primo incontro dialogico esprime anche per loro un annuncio di bontà di Dio.

La Rivelazione di Dio nella storia sacra ha manifestato il suo desiderio di dialogare con gli uomini. Fin dall'antica alleanza, il Signore si compiace veramente nel dialogare con il suo popolo. Lo cerca, lo chiama, lo ascolta e lo accoglie.

Così non si tratta solo di pronunciare parole ma di esprimere parole che fanno "ardere i cuori".[21] *«Un dialogo è molto di più che la comunicazione di una verità. Si realizza per il piacere di parlare e per il bene concreto che si comunica tra coloro che si vogliono bene per mezzo della parola»*.[22] A maggior ragione, l'esperienza dell'ascolto delle persone detenute, *«è un ascolto che fa proprio l'intreccio di problematiche, speranze, sbagli e sofferenze che il detenuto porta in sé e che trasmette incontrandoci. Non è un mero esercizio interiore, ma l'offerta all'altro di ospitalità, di un luogo di riparo, simile a quello che gli uccelli del cielo, stando alla parabola evangelica, trovano sul grande albero che è il regno di Dio: esso è come un piccolo seme che, una volta cresciuto, fa ombra e diventa un luogo di riparo. Analogamente, il dialogo solidale è un piccolo gesto, ma offre un grande sollievo e fa percepire il conforto stesso di Dio»*.[23]

È necessario lasciarsi "***coinvolgere***" attraverso:

<u>*Azioni*</u>:

- La costituzione di equipe di accoglienza (persone detenute, volontari, operatori)

[21] Cf. *Lc 24,32*
[22] FRANCESCO, *Evangelii gaudium*, 142.
[23] M. CROCIATA, *Orientamenti pastorali e pastorale carceraria*, op. cit., 3.

20

attenti in particolare alle persone più povere e meno capaci di comprendere i meccanismi del carcere

- Percorsi di formazione al dialogo ecumenico per creare un clima di rispetto della diversità e di pace

4.1.2. L'ANNUNCIO

Solo in un contesto di fiducia segnato dal dialogo può innestarsi e attecchire il "primo annuncio", che *«ha per oggetto Gesù Cristo incarnato, per noi crocifisso, morto e risorto, in cui si compie la piena e autentica liberazione dal male, dal peccato e dalla morte»*[24] e *«per obiettivo la chiamata a conversione con la proposta dell'incontro con Gesù stesso»*[25]. Considerando il vissuto delle persone coinvolte in problemi penali l'annuncio della Buona notizia di Gesù trova nel suo essere condannato innocente un terreno buono di comprensione e di vicinanza.

D'altro canto il male commesso e la situazione di male subito si esprime in grida di dolore e di sfida alla bontà di Dio Padre. Grida che, come nei salmi, diventa protesta e richiesta pressante *«liberami dal carcere»*.[26]

L'annuncio della vicinanza di Dio accetta le sfide e, nella comunione delle fatiche e delle gioie, della ricerca di bene, nelle tenebre del male, trova cammini di liberazione.

L'ascolto e la lettura della parola di Dio, impastata con la vita è per molti fonte di consolazione e di buona promessa. Si assiste con gioia al sorgere di desideri di nuova vita, laddove la vita è prevalentemente messa in attesa di decisioni prese da altri uomini che vedono soprattutto il male che hai commesso.

L'intento è di "***accompagnare***", di far gustare la compagnia di Dio Padre, di Gesù Cristo che vive lì con te attraverso

<u>*Azioni*</u>:

- Progetti di primo annuncio della vicinanza di Dio
- Settimane di condivisione dell'annuncio di Gesù salvatore sullo stile delle Missioni parrocchiali.

[24] CONFERENZA EPISCOPALE ITALIANA, *Incontriamo Gesù. Orientamenti per l'annuncio e la catechesi*, 20.
[25] CONFERENZA EPISCOPALE ITALIANA, *Incontriamo Gesù. Orientamenti per l'annuncio e la catechesi*, 20.
[26] *«Fa' uscire dal carcere la mia vita, perché io renda grazie al tuo nome»*. (Sal 142,8)

21

«Grazie alla catechesi, il kérygma[27] *evangelico viene approfondito, sviluppato e spiegato da un discorso che fa appello anche alla ragione, orientando alla pratica cristiana nella Chiesa e nella società».*[28] La pastorale penitenziaria, impegnata in prima linea nella missione evangelizzatrice tra le mura del carcere, esprime la sua predilezione per due ambiti circoscritti della catechesi: quella per l'iniziazione cristiana e quella per la formazione permanente dei giovani e degli adulti.

a) La richiesta dell'iniziazione cristiana è frequente in carcere. Per tante persone detenute la richiesta di prepararsi ai sacramenti dell'iniziazione cristiana è occasione favorevole di incontro con il Padre misericordioso e con la comunità; nasce da motivazioni diverse, che vanno valorizzate. Possono scaturire dall'esigenza di essere come gli altri credenti, di accompagnare i propri figli nello stesso cammino di fede, di riscoprire le proprie radici cristiane, di benedire le proprie nozze, di essere perdonati, di conoscere la fede cristiana.

b) Il tempo da dedicare alla formazione catechetica permanente di quanti hanno già celebrato i sacramenti dell'iniziazione cristiana rimane, anche in carcere, uno spazio per riappropriarsi dell'amore di Dio per l'umanità. Sono importanti i cammini di catechesi comunitaria. A volte è necessario un accompagnamento personalizzato, per approfondire i motivi del credere. Vi è spesso un'esigenza di gustare la misericordia e la bontà di Dio. Nella Parola del Vangelo, Gesù viene percepito come colui che ti riaccompagna al Padre Buono: non sei un peccatore da condannare, ma un figlio amato e sempre atteso.[29]

Papa Francesco, esorta in proposito: *«non si deve pensare che nella catechesi il kérygma venga abbandonato a favore di una formazione che si presupporrebbe*

[27] Il termine *kérygma* deriva dal greco e significa "annuncio". Quando si usa questa parola si fa riferimento in genere alla predicazione dei primi apostoli di cui possiamo trovare degli esempi sia negli Atti degli Apostoli che nelle varie Lettere Paoline. La cosiddetta "nuova evangelizzazione" si basa sull'annuncio kerigmatico di Gesù Cristo, cioè, sullo stesso tipo di annuncio che caratterizzò la primitiva predicazione apostolica e grazie al quale si è sviluppata la Chiesa. Il primo esempio di kerygma lo troviamo in Atti 2,22, è il discorso di Pietro alla folla il giorno di Pentecoste subito dopo la discesa dello Spirito Santo: «Uomini d'Israele, ascoltate queste parole: Gesù di Nazaret - uomo accreditato da Dio presso di voi per mezzo di miracoli, prodigi e segni, che Dio stesso operò fra di voi per opera sua, come voi ben sapete - , dopo che, secondo il prestabilito disegno e la prescienza di Dio, fu consegnato a voi, voi l'avete inchiodato sulla croce per mano di empi e l'avete ucciso. Ma Dio lo ha risuscitato, sciogliendolo dalle angosce della morte, perché non era possibile che questa lo tenesse in suo potere».

[28] Cf. GIOVANNI PAOLO II, *Catechesi tradendae. Educare alla fede oggi*, 25.

[29] Cf. *Lc 15,11-24*

essere più "solida". Non c'è nulla di più solido, di più profondo, di più sicuro, di più consistente e di più saggio di tale annuncio. Tutta la formazione cristiana è prima di tutto l'approfondimento del kérygma che va facendosi carne sempre più e sempre meglio, che mai smette di illuminare l'impegno catechistico, e che permette di comprendere adeguatamente il significato di qualunque tema che si sviluppa nella catechesi».[30] E infine, sempre il Papa, suggerisce la "via della bellezza" che *«significa mostrare che credere in Lui e seguirlo non è solamente una cosa vera e giusta, ma anche bella, capace di colmare la vita di un nuovo splendore e di una gioia profonda, anche in mezzo alle prove».*[31]

Molte volte la bellezza del credere in Cristo nasce dalla testimonianza di compagni di prigionia e la ricerca della ragionevolezza della fede scaturisce anche dall'invito di altri detenuti, oppure dal dover testimoniare la propria fede in un contesto di pluralità di appartenenze religiose.

Per **accompagnare** la vita dei figli in Gesù mettiamo radici nella Parola di Dio.

Azioni:

- Cammini di catechesi di presentazione della storia di salvezza con consegna finale della Bibbia
- Percorsi di dialogo sulle tematiche del bene , del male, della giustizia alla luce della parole di Dio disseminate anche nelle altre religioni
- Incontri in forma dialogica sulla Parola di Dio domenicale impastata con i vissuti delle persone in carcere

[30] FRANCESCO, *Evangelii gaudium*, 165.

[31] *Ibid.*, 167.

4.2. IL DONO DELLA FIGLIOLANZA DIVINA

In carcere c'è una comunità cristiana che celebra, composta da fratelli e sorelle in esilio, in attesa del ritorno nelle comunità di appartenenza. Perciò, in ogni istituto, lo spazio sacro della cappella dà la possibilità a tutti coloro che rispondono alla "chiamata" di Dio e intendono condividere con i fratelli e le sorelle la celebrazione della Parola e dei sacramenti.

4.2.1. LA CELEBRAZIONE DEI SACRAMENTI

«I sacramenti sono ordinati alla santificazione degli uomini, all'edificazione del corpo di Cristo, e infine a rendere culto a Dio; in quanto segni, hanno poi anche la funzione di istruire. Non solo suppongono la fede, ma con le parole e gli atti rituali la nutrono, la irrobustiscono e la esprimono; perciò vengono chiamati "sacramenti della fede". Conferiscono la grazia, ma la loro celebrazione dispone anche molto bene i fratelli a ricevere con frutto la stessa grazia, ad onorare Dio in modo adeguato e ad esercitare la carità».[32]

La celebrazione dell'Eucaristia è il momento in cui la comunità cristiana in carcere si stringe attorno al suo Signore, diritto e dovere di ogni cristiano. Come l'ultima cena di Gesù essa è celebrata in un contesto di sofferenza, di tenebre, in cui ciascuno consegna le paure personali e famigliari e attende la sua liberazione. È frequentata da persone che sentono il bisogno di Dio, desiderio immediato per alcuni e, per altri, compreso dopo tempi di lontananza dettati non solo da indifferenza, ma pure da sentimenti di indegnità rispetto alla propria colpa.

Fondamentalmente è un abbraccio del Padre: si è a casa, soprattutto laddove è possibile celebrare in una chiesa, cosa non sempre realizzabile per tutti a causa dei problemi giuridici e strutturale del carcere. In generale è luogo in cui si esprime la propria libertà. Come gli apostoli si è lì anche con le proprie incoerenze, con i travisamenti dell'agire di Dio, tutti si é un po' come Giuda.

Si sperimenta anche in ciò che Dio Padre non ci condanna e continua nella storia ad offrirci Gesù come segno di misericordia e di perdono.

Gesù ci dona la possibilità di sentirci figli dello stesso Padre.

[32] SC, 59.

24

La celebrazione del sacramento della riconciliazione è segno e strumento della misericordia del Padre, è il sacramento più sentito dopo l'Eucaristia. Difatti, *«coloro che si accostano al sacramento della penitenza ottengono dalla misericordia di Dio il perdono delle offese a lui arrecate e la riconciliazione con la chiesa che hanno ferito col loro peccato, ma che opera alla loro conversione con la carità, l'esempio e la preghiera»*[33]. La necessità di sentirsi perdonati, riaccolti, non legati per sempre al male commesso, nasce nella coscienza di molti e si esprime nella richiesta della confessione, a volte inizia con un desiderio impellente di sentirsi un po' in pace rispetto ai propri pesanti sentimenti di colpa, altre volte percorre cammini di conversione più tortuosi che sfociano in una specie di resa a Dio come ultima spiaggia o ancora di salvezza. Per questo l'accostarsi al sacramento della confessione in carcere, almeno all'inizio, necessita di particolari cammini di accoglienza che iniziano nei colloqui personali con i cappellani, con i volontari, con i compagni di carcere.

La richiesta di celebrare il Battesimo e la Cresima hanno origini e motivazioni simili. È necessario un accompagnamento sostanzioso e discreto, soprattutto quando si tratta di conversione da altre fedi. Sono doni di Dio da accettare in umiltà e con gioia, sapendo che passano a volte attraverso lacerazioni familiari, amicali ed etniche.

Il sacramento dell'Unzione degli infermi è forse il meno vissuto, a causa di una difficile comprensione, come avviene nelle comunità parrocchiali. Negli eventi suicidari è molto importante l'azione del cappellano, che accompagna gli operatori, gli altri detenuti, i famigliari e le parrocchie in cui avverranno i funerali.

Tutto queste considerazioni valgono anche per gli operatori del carcere che chiedono, soprattutto al cappellano, di vivere il dono di Dio Padre attraverso i sacramenti dell'iniziazione cristiana e la preparazione al Matrimonio cristiano.

Nella celebrazione dei sacramenti vediamo ***fruttificare*** la bontà di Dio

<u>*Percorsi*</u>:

- Cammini di iniziazione cristiana personalizzati
- Cammini di preparazione ai sacramenti che partano dalle attese esistenziali delle persone in carcere

[33] *Ibid.*

25

➢ Celebrazioni ecumeniche della Parola

➢ Incontri di condivisione della Parola di Dio domenicale

4.2.2. L'ANNO LITURGICO IN CARCERE

La celebrazione dell'Eucaristia festiva, degli altri sacramenti e l'alternarsi dei tempi liturgici e delle feste, contribuiscono fortemente a qualificare e a rendere significativo lo scorrere del tempo, che nel carcere pare fluire senza tappe ed è scandito da molte attese: l'attesa del processo, di una lettera, di una visita di famigliari o di amici.

L'anno liturgico rappresenta il tempo come dono di Dio, rivivendo e celebrando i misteri della redenzione. La Chiesa «*apre ai fedeli i tesori della potenza e dei meriti del suo Signore, in modo da renderli come presenti a tutti i tempi, affinché essi possano venirne a contatto ed essere pieni della grazia di salvezza*».[34] L'Avvento, il Natale, la Quaresima, la Pasqua possono essere vissuti come storia dell'incontro della storia di Gesù con la storia degli uomini, che scoprono la somiglianza delle attese, dei problemi, delle sofferenze, delle speranze, con la vicenda di Gesù, con la sua morte e risurrezione. Tutto l'anno liturgico conferma la costante fedeltà dell'amore misericordioso del Padre, in un luogo in cui anche la fedeltà degli affetti è posta maggiormente in crisi. Il Dio fedele che si celebra costantemente è una certezza per la vita.

La storia di Gesù rivissuta annualmente permette la possibilità di ritornare alla casa del Padre sempre ed ogni volta che lo si ridecide; per chi ha una condanna lunga la certezza dell'amore di Dio che permane diventa grembo materno e paterno che rende possibile continuare a vivere con dignità.

Lo scorrere del tempo liturgico è, e può diventare, la possibilità di identificazione tra i condannati di oggi e il Cristo nato e vissuto povero, condannato, crocifisso e risorto.

Le celebrazione dei tempi liturgici, in particolare di avvento e natale, quaresima e tempo pasquale, possono offrire occasioni di ***festeggiare*** la salvezza donata da Gesù

Percorsi:

➢ AVVENTO e NATALE

- Proposte di incontri e omelie che esprimano la condivisone di Cristo con la nostra umanità

[34] Cf. SC, 102.

- Allestimento dei presepi con l'aiuto di tutti coloro che vivono il carcere come segno di preparazione alla venuta del Signore Gesù

➢ QUARESIMA e TEMPO PASQUALE

- Celebrazione della via crucis che attraversi, dove è possibile, tutto il carcere.
- Percorsi ed omelie che presentino il vissuto del condannato Gesù e la speranza donata dalla risurrezione

4.3. LA COMUNIONE ECCLESIALE E LA TESTIMONIANZA DELLA CARITÀ

Insieme all'evangelizzazione e alla celebrazione dei sacramenti, l'intima natura della Chiesa si manifesta attraverso il servizio della testimonianza della carità, espressione irrinunciabile della sua stessa essenza.[35] «*Con il passare degli anni e con il progressivo diffondersi della Chiesa, l'esercizio della carità si confermò come uno dei suoi ambiti essenziali, insieme con l'amministrazione dei Sacramenti e l'annuncio della Parola: praticare l'amore verso le vedove e gli orfani, verso i carcerati, i malati e i bisognosi di ogni genere appartiene alla sua essenza tanto quanto il servizio dei Sacramenti e l'annuncio del Vangelo. La Chiesa non può trascurare il servizio della carità così come non può tralasciare i Sacramenti e la Parola*».[36] Consapevoli dell'urgenza di testimoniare con la vita la carità di Cristo – che chinandosi sui discepoli, lavò loro i piedi in segno di totale dedizione[37] – anche nella pastorale penitenziaria si esercita il ministero della carità quale segno della presenza di Gesù risorto tra i fratelli e le sorelle segnati dalla povertà umana, materiale e spirituale.

Nella comunità carcere vi sono uomini e donne segnati da povertà diverse che richiedono da parte di tutti un risposta di carità. La situazione di povertà estrema di molte persone richiede una costante attenzione da parte di chi vuole essere testimone di Gesù. Anche in carcere vi è chi è più ricco e chi è più povero. Ciascuno è chiamato a condividere e la solidarietà è una sfida in ogni cella. Accogliere o sfruttare chi è più debole è una scelta quotidiana.

Non pensare solo al proprio dolore, condividere con gli altri la fatica della carcerazione, sostenersi nei momenti di solitudine sono il frutto dell'amore che Dio sostiene nei cuori degli uomini anche quando sono profondamente feriti dal male.

I piccoli e grandi gesti di solidarietà e carità fanno vivere la comunione ecclesiale.

L'opera di misericordia di visitare i carcerati è vissuta in prima persona da loro che sono ospiti l'uno dell'altro nelle celle. I tratti del volto di Cristo sono accolti anche inconsapevolmente, come ci suggerisce Gesù nel Vangelo, e sono promessa di giustizia fra gli uomini. Si esprime nel credere in Dio che è lì accanto a te, come più

[35] Cf. CONGREGAZIONE PER I VESCOVI, *Direttorio per il ministero pastorale dei Vescovi. Apostolorum Successores*, 194.
[36] BENEDETTO XVI, *Deus Caritas est*, 22.
[37] Cf. *Gv 13,1-20*

volte suggerito da Papa Francesco alle persone detenute, ed anche nella ribellione a un Dio che vorresti liberatore immediato e a cui rivolgi lamentazioni, come avviene in molti salmi dell'Antico Testamento. Scoprire l'amore di Dio dentro la propria sofferenza e le proprie incoerenze risana, consola, sostiene perché scopriamo che in questo sta l'amore: *«non siamo stati noi ad amare Dio, ma è lui che ha amato noi e ha mandato il suo Figlio come vittima di espiazione per i nostri peccati»* (1Gv 4,9-10). Apre così alla comunione perché *«l'amore non chiede altro compenso che di essere contraccambiato; per questo Dio, in cambio del suo amore, non ci domanda altro che il nostro amore»*.[38]

Per ***festeggiare*** insieme l'amore di Dio

Azioni:

- Valorizzazione dei gesti di carità reciproca (accoglienza nella cella, custodia dei più deboli, vigilanza sui tentati suicidi)
- Promuovere un consiglio della comunità che progetti insieme il cammino ecclesiale

[38] H. U. von Balthasar, *Solo l'amore è credibile*, Borla, Roma 2002, 89.

5. IL CAMMINO DI LIBERAZIONE

Chi è in carcere o fuori sottoposto a controllo sociale perché ritenuto colpevole sperimenta la sete di salvezza più di ogni altro. la pastorale nel mondo della pena non può che tener conto di azioni che propongano alle persone cammini, relazioni personali e comunitari che evochino il bene, annuncino la libertà e la riconciliazione.

5.1. EVOCARE IL BENE

Il primo santo, riconosciuto da Gesù stesso mentre pativa la medesima fine, è un malfattore crocifisso con lui: *«Fammi stare con te nel tuo regno»*.[39]

In questa ricerca finale di essere salvato nel momento della condanna vi è tutta l'enorme possibilità di ricerca del bene che attraversa ogni condizione umana anche quella di chi è definito delinquente. Non siamo di fronte ad una ricerca filosofica di definizione di bene, ma ad una ricerca di relazione salvifica per la vita.

Questo è la culla di un nascere al bello, al buono, al bene. È la meta ultima di ogni ricerca umana che riconosce il bisogno di essere accolto anche nel proprio male. Di fronte ad un innocente che non ti condanna, puoi bestemmiare o chiedergli di indicarti la strada.

Vi è un bene che é una ricerca di relazione finalmente giusta, ricercata, desiderata sempre, anche quando fallisce nei suoi obiettivi e nelle sue realizzazioni concrete. Proprio perché tale ricerca è fallita, rimane sempre desiderata nel suo realizzarsi in novità e in una speranza riaccesa.

Molte volte le persone in carcere rimandano fortemente la loro contentezza di essere cambiati allo scoprire, per esempio, che è meglio non reagire con violenza ai violenti. Con stupore dicono di essere non solo felici di essere riusciti a dominare i propri istinti di vendetta, ma di aver assistito ad un decantare dell'astio anche nei loro offensori.

Altri parlano, un po' preoccupati ma sereni, del loro piangere per la sofferenza causata ai loro famigliari, della contentezza nel cogliere i propri errori e tradimenti commessi nei loro confronti, riconoscenti del rimanere fedeli dei loro parenti, anche

[39] Cf. *Lc 23,39-43*

di fronte alla comunanza di condanna da parte dell'opinione pubblica. La sofferenza innocente dei loro famigliari fa rinascere il desiderio di essere ricercatori e ricostruttori di bene.

Molte persone dicono del loro sentire oggi la fede in Gesù come un amico che sprona ad andare verso una vita piena di significato.

Sono espressioni del desiderio di accompagnarsi con altri verso una vita buona. Il desiderio di ritornare alla casa del Padre misericordioso esprime un'attesa che é sempre presente nel vissuto del carcere. A volte ci si dispera, altre si resta al cospetto dell'impossibile. È necessario accogliere tutto, sia la disperazione che la speranza, la voglia di vivere e il desiderio di rinunciare alla vita, e testimoniare in uno spazio di dialogo la gioia di essere stati cercati e ritrovati dal Pastore Buono.[40]

La convivenza all'interno del carcere è coatta, si è costretti ad accompagnarsi ad uomini sconosciuti, ma fin dai primi giorni del proprio esserci si scoprono mondi solidali assieme ad inimicizie o a finte cortesie. Fare scelte di bene in mezzo ad un marasma di male può essere possibile, se qualcuno si rende compagno di viaggio nella propria ricerca positiva.

In un libro della Bibbia abbandonato in cella, in un invito a partecipare all'Eucaristia, in un volto che ti rimanda vicinanza gratuita, Dio si rivela accanto a te nella cella, come suggerisce Papa Francesco.[41] La parabola del Padre misericordioso, ascoltata nella sofferenza della pena, annuncia che questa vicinanza è sempre offerta. Ti anticipa, non guarda troppo gli errori, ti rivuole come figlio.

Per ***accompagnare*** la scoperta dell'Amore misericordioso

Azioni:

- Formazione di volontariato di accompagnamento relazionale e spirituale
- Strumenti di valorizzazione e crescita di solidarietà di base

[40] Cf *Lc 15,1-7*

[41] *«Il Signore è vicino, ma dite con i gesti, con le parole, con il cuore che il Signore non rimane fuori, non rimane fuori dalla loro cella, non rimane fuori dalle carceri, ma è dentro, è lì. Potete dire questo: il Signore è dentro con loro; anche lui è un carcerato, ancora oggi, carcerato dei nostri egoismi, dei nostri sistemi, di tante ingiustizie, perché è facile punire i più deboli, ma i pesci grossi nuotano liberamente nelle acque. Nessuna cella è così isolata da escludere il Signore, nessuna; Lui è lì, piange con loro, lavora con loro, spera con loro; il suo amore paterno e materno arriva dappertutto»* (dal discorso di papa Francesco ai partecipanti al Convegno Nazionale dei Cappellani delle Carceri italiane, 23 ottobre 2013).

- Fondo di solidarietà per i più poveri fuori e dentro negli istituti di pena finanziato anche dalle persone che vivono in carcere
- Elaborare con gli operatori cristiani dei criteri deontologici da vivere e proporre per tutte le persone che lavorano in carcere

L'autore della lettera agli Ebrei scrive: *«Ricordatevi dei carcerati, come se foste loro compagni di carcere, e di quelli che sono maltrattati, perché anche voi avete un corpo»* (Eb 13,3).

San Giustino martire nella sua prima apologia dei cristiani, scrivendo dell'Eucaristia, afferma: *«Alla fine coloro che hanno in abbondanza e lo vogliono, danno a loro piacimento quanto credono. Ciò che viene raccolto, è deposto presso colui che presiede ed egli soccorre gli orfani e le vedove e coloro che per malattia o per altra ragione sono nel bisogno, quindi anche coloro che sono in carcere e i pellegrini che arrivano da fuori. In una parola, si prende cura di tutti i bisognosi».*[42]

Le comunità ecclesiali devono riconoscere che vi è una comunità cristiana in carcere, con cui costruire comunione.

Alle persone che subiscano sanzioni o altre misure penali in carcere è garantito il diritto dell'esercizio della libertà religiosa. Stesso diritto dovrebbe essere offerto da parte delle comunità cristiane a chi è agli arresti o in detenzione domiciliare presso la propria famiglia o abitazione.

La presenza della comunità cristiana nell'ambito penale dimostra immediatamente che dinnanzi a Dio non vi è alcuna distinzione fra gli esseri umani fondata su provvedimenti giudiziari. Ciò favorisce una matura rielaborazione del proprio passato, che apre al sincero pentimento circa eventuali responsabilità e, in tal caso, all'impegno per la riparazione e la riconciliazione.

Nessuno è escluso dall'azione salvifica divina e dall'appello alla conversione. Si tratta dunque di testimoniare che, nonostante l'asprezza della condizione di non libertà, è possibile sperimentare attualmente la vicinanza e la misericordia di Dio, aprendosi a stili di vita ispirati all'amore piuttosto che alla prevaricazione.

Per coloro che sono in carcere l'incontro con operatori pastorali – siano essi presbiteri, religiosi/e o laici – che offrono ascolto in modo disinteressato e gratuito, rappresenta la prova più credibile della praticabilità di rapporti intersoggettivi fondati sulla solidarietà e sulla premura di ciascuno verso l'altro. I volontari cristiani diventano dei "ponti" con le comunità parrocchiali.

[42] GIUSTINO, *Prima Apologia*, LXVII,6

Nell'amministrazione della giustizia le comunità cristiane, dentro e fuori, sono chiamate a fare opera di comunione e di discernimento, valorizzando ciò che promuove il bene di tutti ma anche denunciando altresì le scorciatoie che promuovono più vendetta che giustizia.

Il Compendio della Dottrina Sociale delle Chiesa afferma che la risposta giuridica al reato *«da un lato deve favorire il reinserimento delle persone condannate, d'altro promuovere una giustizia riconciliatrice».*[43]

Anche nelle nostre comunità ecclesiali vi è una necessità di verificare costantemente se davvero si sta producendo un cambiamento di mentalità, che ci faccia abbandonare qualsiasi desiderio di vendetta. Papa Giovanni Paolo II ci ha insegnato che il male si vince con il bene.

In un documento dei cappellani si afferma:

«Le nostre comunità sono i luoghi in cui vivono, da cui provengono, e ove ritornano gli uomini e le donne che incontriamo in carcere; è lì che si producono i conflitti e, ancor prima, i germi del bene e del male ed è lì che si possono prevenire e curare le ferite.

Come cappellani incontriamo diversi "pubblicani", siamo testimoni del loro desiderio di salvezza e notiamo le loro fatiche per uscire dal male. Ci scontriamo pur con la necessità di conversione di chi pensa di essere giusto e sa solo pretendere cambiamenti nei confronti di chi ha sbagliato ed è stato messo in carcere.

Alle nostre comunità ci offriamo come segni di dialogo. Come Paolo operiamo per riconsegnare i nostri "Onesimo" non più come schiavi ma come fratelli».[44]

Le comunità cristiane accogliendo nelle proprie relazioni le persone coinvolte in problemi penali percorrono strade di riconciliazione e vivono frammenti di resurrezione, sperimentando la vittoria del bene sul male.

Il compiersi del bene, laddove è avvenuto il male, non può limitarsi alla crescita personale, ma si allarga a tutto il bene comune possibile. La Chiesa ha la forza per favorire nella comunità degli uomini una amministrazione della giustizia ricca di possibilità di riconciliazione.

[43] *Compendio della Dottrina Sociale della Chiesa*, n. 403.
[44] CAPPELLANI DELLE CARCERI DELLA LOMBARDIA, *La Missione. EDB: Bologna, pag. 20-21.*

La realizzazione della riconciliazione tra la Chiesa in carcere e le altre comunità cristiane conduce ad una capacità di condividere, nei progetti pastorali delle varie diocesi, la crescita di esperienze di riconoscimento dei volti delle vittime, delle persone detenute, dei loro famigliari in ogni settore della vita ecclesiale.

Per far ***fruttificare*** i doni dello Spirito tra la comunità in carcere e quelle fuori promuoviamo

Azioni:

- Incontri di pastorale giovanile in carcere
- Presenza di volontariato in carcere nel Piano di Formazione dei futuri sacerdoti
- Schede di catechesi sulle tematiche della colpa e della pena nei progetti di catechesi delle comunità ecclesiali
- Sinergie progettuali con le Caritas, la pastorale sociale, gli uffici Migrantes, la pastorale giovanile
- Incontri di testimonianza di perdono da parte dalle vittime di reato in carcere e nelle comunità parrocchiali
- Promuovere nelle diocesi uffici di giustizia riparativa

Papa Francesco ci suggerisce in modo straordinario come annunciare la libertà, come rendere conto della schiavitù del male e come progettare la responsabilità della libertà.

Riportiamo di seguito, quasi integralmente, la lettera che il Papa ha indirizzato ai partecipanti del XIX Congresso internazionale dell'Associazione Internazionale di diritto penale e del III Congresso dell'Associazione Latinoamericana di Diritto penale e Criminologia. Ci pare possa essere la conclusione ideale e la sintesi del percorso che abbiamo svolto.

«La Chiesa vorrebbe dire una parola come parte della sua missione evangelizzatrice, e in fedeltà a Cristo, che è venuto per «proclamare ai prigionieri la liberazione» (Lc 4, 18). [...]

Fin dai primi tempi cristiani, i discepoli di Gesù hanno cercato di far fronte alla fragilità del cuore umano, tante volte debole. In modi diversi e con svariate iniziative, hanno accompagnato e sostenuto quanti soccombono sotto il peso del peccato e del male. Nonostante i cambiamenti storici, tre elementi sono stati costanti: la soddisfazione o riparazione del danno causato; la confessione, attraverso la quale l'uomo esprime la propria conversione interiore; e la contrizione per giungere all'incontro con l'amore misericordioso e risanante di Dio.

1. La riparazione. *Il Signore a poco a poco ha insegnato al suo popolo che esiste un'asimmetria necessaria tra il delitto e la pena, che non si pone rimedio a un occhio o un dente rotto rompendone un altro. Si tratta di rendere giustizia alla vittima, non di giustiziare l'aggressore.*

Un modello biblico di riparazione può essere il Buon Samaritano. Senza pensare a perseguitare il colpevole perché si assuma le conseguenze del suo atto, assiste colui che è rimasto ferito gravemente sul ciglio della strada e si fa carico dei suoi bisogni (cfr. Lc 10, 25-37).

Nelle nostre società tendiamo a pensare che i delitti si risolvano quando si cattura e condanna il delinquente, tirando dritto dinanzi ai danni provocati o senza prestare sufficiente attenzione alla situazione in cui restano le vittime.

Ma sarebbe un errore identificare la riparazione solo con il castigo, confondere la giustizia con la vendetta, il che contribuirebbe solo ad accrescere la violenza, pur se istituzionalizzata. L'esperienza ci dice che l'aumento e l'inasprimento delle pene spesso non risolvono i problemi sociali, e non riescono neppure a far diminuire i tassi di criminalità. E inoltre si possono generare gravi problemi per la società, come sono le carceri sovrappopolate e le persone detenute senza condanna... In quante occasioni si è visto il reo espiare la sua pena oggettivamente, scontando la condanna senza però cambiare interiormente né ristabilirsi dalle ferite del cuore.

A tale proposito, i mezzi di comunicazione, nel loro legittimo esercizio della libertà di stampa, svolgono un ruolo molto importante e hanno una grande responsabilità: sta a loro informare correttamente e non contribuire a creare allarme o panico sociale quando si danno notizie su fatti delittuosi. A essere in gioco sono la vita e la dignità delle persone, che non possono diventare casi pubblicitari, spesso addirittura morbosi, condannando i presunti colpevoli al disprezzo sociale prima che vengano giudicati, o forzando le vittime, per fini sensazionalistici, a rivivere pubblicamente il dolore provato.

***2. La confessione** è l'atteggiamento di chi riconosce e si rammarica della propria colpa. Se il delinquente non viene sufficientemente aiutato, se non gli viene offerta un'opportunità perché possa convertirsi, finisce con l'essere vittima del sistema. È necessario fare giustizia, ma la vera giustizia non si accontenta di castigare semplicemente il colpevole. Bisogna andare oltre e fare il possibile per correggere, migliorare ed educare l'uomo affinché maturi da ogni punto di vista, di modo che non si scoraggi, affronti il danno causato e riesca a reimpostare la sua vita senza restare schiacciato dal peso delle sue miserie.*

Un modello biblico di confessione è quello del buon ladrone, al quale Gesù promette il paradiso perché è stato capace di riconoscere il suo errore: «Noi

38

giustamente, perché riceviamo il giusto per le nostre azioni, egli invece non ha fatto nulla di male» (Lc 23, 41).

Siamo tutti peccatori; Cristo è l'unico giusto. Anche noi qualche volta corriamo il rischio di farci trascinare dal peccato, dal male, dalla tentazione.

In tutte le persone la capacità di fare molto bene convive con la possibilità di causare tanto male, anche se lo si vuole evitare (cf. Rm 7, 18-19). E dobbiamo domandarci perché alcuni cadono e altri no, essendo della stessa condizione umana.

Non poche volte la delinquenza affonda le sue radici nelle disuguaglianze economiche e sociali, nelle reti della corruzione e nel crimine organizzato, che cercano complici tra i più potenti e vittime tra i più vulnerabili. Per prevenire questo flagello, non basta avere leggi giuste, è necessario formare persone responsabili e capaci di metterle in pratica. Una società retta solamente dalle regole del mercato e che crea false aspettative e bisogni superflui, scarta quanti non sono all'altezza e impedisce ai lenti, ai deboli e ai meno dotati di farsi strada nella vita (cf. Evangelii Gaudium, n. 209).

***3. La contrizione** è il portico del pentimento, è quel sentiero privilegiato che porta al cuore di Dio, che ci accoglie e ci dà un'altra opportunità, sempre che ci apriamo alla verità della penitenza e ci lasciamo trasformare dalla sua misericordia. Di essa ci parla la Sacra Scrittura quando descrive l'atteggiamento del Buon Pastore, che lascia le novantanove pecore che non hanno bisogno delle sue cure e va a cercare quella errante e sperduta (cfr. Gv 10, 1-15; Lc 15, 4-7), o quella del Padre buono, che accoglie il figlio minore senza recriminazioni e con il perdono (cfr. Lc 15, 11-32).*

Significativo è anche l'episodio della donna adultera, alla quale Gesù dice: «va' e d'ora in poi non peccare più» (Gv 8, 11). E allude al contempo al Padre comune, che fa sorgere il sole sopra i malvagi e sopra i buoni, e piovere sui giusti e sugli ingiusti (cf. Mt 5, 45), Gesù invita i suoi discepoli a essere misericordiosi, a fare il bene a chi fa loro del male, a pregare per i nemici, a porgere l'altra guancia, e a non serbare rancore...

39

L'atteggiamento di Dio, che primerea[45] *l'uomo peccatore offrendogli il suo perdono, si presenta così come una giustizia superiore, allo stesso tempo equanime e compassionevole, senza che ci sia contraddizione tra questi due aspetti. Il perdono, di fatto, non elimina né sminuisce l'esigenza della correzione, propria della giustizia, e non prescinde neppure dal bisogno di conversione personale, ma va oltre, cercando di ristabilire i rapporti e di reintegrare le persone nella società. Mi sembra che sia qui la grande sfida, che tutti insieme dobbiamo affrontare, affinché le misure adottate contro il male non si accontentino di reprimere, dissuadere e isolare quanti lo hanno causato, ma li aiutino anche a riflettere, a percorrere i sentieri del bene, a essere persone autentiche che, lontane dalle proprie miserie, diventino esse stesse misericordiose. Pertanto, la Chiesa propone una giustizia che sia umanizzatrice, genuinamente riconciliatrice, una giustizia che porti il delinquente, attraverso un cammino educativo e di coraggiosa penitenza, alla riabilitazione e al totale reinserimento nella comunità.*

Quanto sarebbe importante e bello accogliere questa sfida, perché non cadesse nell'oblio. Che bello sarebbe se si compissero i passi necessari affinché il perdono non restasse unicamente nella sfera privata, ma raggiungesse una vera dimensione politica e istituzionale per creare così rapporti di convivenza armoniosa. Quanto bene si otterrebbe se ci fosse un cambiamento di mentalità per evitare sofferenze inutili, soprattutto tra i più indifesi».[46]

[45] cfr. il discorso del 18 maggio 2014 di Papa Francesco: «Ci diciamo che dobbiamo cercare Dio, ma quando noi andiamo verso di Lui, Lui ci sta già aspettando. Lui è già lì e, userò un'espressione che usiamo in Argentina: il Signore ci *primerea*, ci anticipa, ci sta aspettando: pecchi e Lui ti sta a spettando per perdonarti. Lui ci aspetta per accoglierci, per darci il Suo amore, e ogni volta la Fede cresce».

[46] PAPA FRANCESCO, *Lettera per XIX congresso internazionale diritto penale*, del 30 maggio 2014.

ALLEGATI

Nella pastorale penitenziaria vi sono alcuni ambiti che interrogano il nostro agire ecclesiale. A questi dedichiamo alcuni ALLEGATI, proposti come prospettive di servizio particolare.

Si tratta di realtà particolari e specifiche, in continuo mutamento e, quindi bisognose di essere lette come "segni dei tempi" che interpellano la nostra testimonianza cristiana.

La presenza degli stranieri, nella nostra società e nelle nostre carceri, è innanzi tutto una sfida alla capacità di dialogare con persone di culture e religioni diverse, come ci suggerisce il messaggio di Sua santità Giovanni Paolo II per la Giornata Mondiale del Migrante e del Rifugiato 2002: «*Non sempre il dialogo è facile. Per i cristiani, però, la paziente e fiduciosa ricerca di esso costituisce un impegno da proseguire da sempre*».[47]

«*Se comune è la volontà di dialogare pur essendo diversi, si può trovare un terreno di proficui scambi e sviluppare un'utile e reciproca amicizia che può tradursi anche in un'efficace collaborazione per obiettivi condivisi al servizio del bene comune*».[48]

Da questa ricerca di dialogo si deve partire per interrogarci sul modo in cui incontriamo i fratelli e le sorelle stranieri che credono nel nostro stesso Dio o hanno altri credi religiosi.

Si tratta di accostarci alle persone prima che ai problemi. Queste ultime sono il "luogo" del nostro grazie e della nostra lode al Padre per la sua volontà, espressa in Gesù di Nazareth, di salvezza per tutti gli uomini. Gli stranieri sono uomini e donne, che interrogano la nostra capacità di accogliere e comprendere la diversità culturale e religiosa, come espressione dell'abbondanza dell'effusione dello Spirito Santo nel suo popolo (LG 12).

Sono "luogo" del nostro grazie e lode al Padre per la sua volontà di salvezza per tutti gli uomini, espressa in Gesù di Nazareth.

Suggerisce la prima lettera a Timoteo:

«*Ti raccomando dunque, prima di tutto, che si facciano, domande, suppliche, preghiere e ringraziamenti per tutti gli uomini. [...] Questa è una cosa bella e gradita al cospetto di Dio, nostro Salvatore, il quale vuole che tutti gli uomini siano salvati e arrivino alla conoscenza della verità.*»[49]

[47] GIOVANNI PAOLO II, *Messaggio per la Giornata Mondiale del Migrante e del Rifugiato*, 2002, n.2.
[48] GIOVANNI PAOLO II, *Messaggio per la Giornata Mondiale del Migrante e del Rifugiato*, 2002, n.3.
[49] *1Tim. 2,1.4*

L'incontro

In alcune carceri la maggioranza degli stranieri è cristiana, in altre invece c'è una forte presenza di mussulmani e di appartenenti ad altre religioni. Si tratta, per tutti, di un incrocio di modi molto diversi di esistere, di esprimere la propria ricerca di senso della vita.

In un ambiente in cui la convivenza è obbligata e non scelta, in cui la libertà è sospesa, la giustizia è subita dagli stranieri in modo ancora più ineguale, si perpetua in carcere la situazione di alta conflittualità già presente nella società.

Siamo in presenza di molti problemi di convivenza che sfociano a volte in agitazioni, violenze su di sé e su gli altri, dovute alla minore possibilità di essere attori autonomi della propria dignità.

La salute, la religione, la sanità si amministrano ancora troppo come beneficio invece che come diritti inalienabili. L'essere straniero detenuto rende più labile la difesa dei propri diritti e il riconoscimento della propria dignità.

La maggiori difficoltà per accedere alle misure alternative, dovuta alla mancanza di risorse personali, familiari e sociali, aumentano la percezione della propria inutilità che sfocia a volte in atti inconsulti di autolesionismo. Oltretutto, mancano per gli stranieri i riferimenti esterni: famiglia, affetti, rappresentanze istituzionali, consolati, associazioni di connazionali, mediatori culturali ...

L'istituzione "carcere", in questi ultimi anni, ha promosso assieme al volontariato e agli enti pubblici corsi scolastici di alfabetizzazione, di formazione, attività di mediazione culturale. Dove vi sono progettazione degli interventi e persone attente a motivare all'impegno, si rileva una migliore integrazione e comprensione reciproca, minore conflittualità per gli stranieri che vi partecipano.

La presenza

Nel messaggio di pace per il 2002 di Giovanni Paolo II si afferma: «*Ogni giorno, in tante parti del mondo, migranti, rifugiati e sfollati si rivolgono a parrocchie e organizzazioni cattoliche in cerca di sostegno e sono accolti senza tenere conto della loro appartenenza culturale e religiosa. Il servizio della carità, che sempre i cristiani sono chiamati a compiere, non può limitarsi alla mera distribuzione di soccorsi umanitari. Si vengono in tal modo a creare nuove situazioni pastorali, delle quali la Comunità ecclesiale non può non tener conto. Spetterà ai suoi membri di cercare occasioni opportune per condividere con coloro che vengono accolti il dono della rivelazione del Dio-Amore che ha tanto amato il mondo da dare il suo figlio unigenito».*[50]

Per questo è importante operare per:

- Imparare e capire dalle persone il loro modo di credere.
- Accogliere i bisogni primari come richiesta di rispetto di dignità.
- Offrire solidarietà come segno della Chiesa che si prende cura di tutti gli uomini di ogni razza e nazione.
- Accettare le incomprensioni culturali come interrogativo sulla nostra capacità di testimonianza della fede.
- Percorrere cammini comuni di ricerca della verità.
- Educarci assieme alla convivenza nel rispetto reciproco.
- Promuovere progetti di integrazione sociale.

«Il compito è il proseguimento della missione della Chiesa, che dal giorno della Pentecoste continua a proclamare le grandi opere che Dio compie tra gli appartenenti alle differenti razze, popoli e nazioni».[51]

Tutti ci scontriamo con la fatica di dialogare, trovare risorse, attivare le istituzioni, promuovere discernimento ecclesiale nei confronti di altre culture e fedi all'interno delle nostre comunità ecclesiale.

La presenza dei cappellani e quella dei volontari può fungere da stimolo per la crescita del dialogo interculturale e religioso anche laddove è più faticoso, perché, più immediatamente, nel nostro immaginario prevalgono solo i tratti del non amabile e del nemico.

Si può creare in tal senso la possibilità di una sorta di laboratorio multietnico, dove le comunità cristiane possono attingere esempi di cammini di convivenza pacifica. Infatti, a tutti gli uomini che sanno vivere come operatori di giustizia e di pace è riservata la beatitudine promessa da Cristo nel Vangelo[52].

[50] GIOVANNI PAOLO II, *Messaggio per la Giornata Mondiale del Migrante e del Rifugiato*, 2002, n.4.
[51] GIOVANNI PAOLO II, *Messaggio per la Giornata Mondiale del Migrante e del Rifugiato*, 2002, n.5.
[52] Cf. *Mt 5,9-10*

Compito

L'azione evangelizzatrice nella quotidianità si rapporta all'istituzione dell'amministrazione della giustizia e ai suoi operatori. Il compito, da una parte va riletto alla luce delle indicazioni evangeliche, dall'altra deve trovare, nella luce dello Spirito, l'annuncio e la testimonianza dialogante con gli uomini di oggi che amministrano la giustizia.

Gesù, parlando ai suoi discepoli, li ha ammoniti ad essere sale e lievito nei confronti del mondo, così dicendo ha posto nella giusta prospettiva l'incontro tra l'annuncio del regno e l'organizzazione umana del mondo.

La mediazione possibile nell'amministrazione della giustizia la suggerisce Gesù stesso nel suo processo davanti a Pilato.

Solo la ricerca sincera della Verità può porre il potere di fare giustizia al servizio dell'uomo e dall'altra parte il cristiano è chiamato ad assumere l'atteggiamento di Gesù che pone la domanda di ricerca di verità con fermezza e senza violenza.

Ne deriva che l'azione sulle istituzioni e gli operatori è impegnativa perché non può limitarsi a dei proclami di giustizia divina, ma deve porsi nell'ottica di una testimonianza del possibile.

Le prassi di una giustizia più equa, che sperimentiamo dentro e fuori del carcere con le nostre comunità cristiane, sono la premessa pratica e teorica migliore per una traduzione praticabile nello stato di una giustizia che cerca la verità per l'uomo.

Di fronte alle difficoltà e alle molte contraddizioni della giustizia umana, il Signore della storia testimonia che non ha avuto un successo di potere umano, ha salato e fatto lievitare la pasta dell'umanità attraverso la sua morte e resurrezione.

Difesa dei diritti

Di fronte a situazioni che denotano mancanza di rispetto dei diritti vi è la necessità e il dovere di intervenire, individuando un metodo e uno stile.

Il metodo non è definibile a priori, possiamo solo valutare caso per caso tenendo conto di alcuni criteri, ricordando che siamo fratelli e sorelle sia degli agenti sia delle persone detenute.

Lavorare con equilibrio, non sul sentito dire, trovare strade di mediazione, avere un atteggiamento di pazienza per comprendere i meccanismi che producono i conflitti, agire tenendo conto di che cosa producono le nostre azioni sul vissuto delle persone detenute.

Lo stile che ci deve accompagnare è quello di un forte discernimento evangelico, dove non si tratta di mostrare il nostro potere, ma di servire la verità; l'intento è cambiare i cuori. Solo questo modifica, alla fine, i rapporti di conflittualità.

Carcere e territorio

«Comportatevi come cittadini degni del Vangelo». Questa frase della lettera ai Filippesi (1,27) è la prospettiva di fondo di ogni azione dei cristiani nella costruzione della città dell'uomo ed è il rimando essenziale ad altre indicazioni nel Nuovo Testamento per l'agire della chiesa nella storia, nell'attesa della città celeste.

Benedetto XVI, parlando alla chiesa italiana a Verona e pure nel discorso al Presidente Napolitano ha riaffermato *«la Chiesa non è e non intende essere un agente politico»*, ma *«ha un interesse profondo per il bene della comunità politica, la cui anima è la giustizia»*.[53]

In carcere e fuori, ci sono molti uomini e donne crocifissi ed alla Chiesa è chiesto di far sì che i singoli volti non si perdano dentro l'elencazione di numeri e condanne, ma che siano considerati a tutti gli effetti persone e cittadini.

Il Vangelo letto e ricompreso a partire dalla comunità del carcere, ci rimanda in positivo di suggerire scelte innovative e coraggiose, per cambiare le situazioni di ingiustizia ed oppressione. Le comunità cristiane sono chiamate ad essere coscienza critica ed ad avere una funzione pastorale di natura profetica.

In modo del tutto improvviso e come dono di Dio, nascono cammini di conversione delle persone che si liberano dal male e questo ci obbliga a dire ad ogni

[53] PAPA BENEDETTO XVI, Convegno di Verona, *Rapporti civili e politiche dei cattolici.*

autorità che la giustizia umana è sempre limitata e difettosa. Esiste però un'eccedenza della libertà e dell'amore dell'uomo che dobbiamo essere pronti a cogliere e a favorire.

In modo particolare la Chiesa è chiamata:

- a sostenere la formazioni dei credenti impegnati nell'ambito della giustizia penale alla luce della dottrina sociale della Chiesa;
- a favorire una cultura di giustizia che accolga lo stile di giustizia di Dio;
- a promuovere strutture segno dell'amicizia di Dio verso coloro che vengono giudicati colpevoli.

Tessitori di giustizia

I volontari che collaborano alla pastorale penitenziaria sono chiamati ad esprimersi in una ricerca di giustizia che amplia i propri consueti canoni di azione. Partendo da dove giustizia non avviene. L'impegno dei volontari e il loro tempo vanno spesi laddove il diritto acquisito non è rispettato, le lentezze burocratiche bloccano, il disinteresse verso il più debole predomina.

L'esercizio della giustizia può essere aberrante, se non si accorge del volto delle persone, delle loro storie, delle loro fatiche.

Chi le rappresenta per coloro che non riescono ad esprimersi e per coloro che non hanno strumenti per farsi riconoscere o insistere per farsi ascoltare?

Annodare i fili strappati, tessere nuove tele di convivenza, portare il peso della pena ad un senso di reciprocità sociale impegna i volontari ad essere *tessitori di giustizia*.

Assieme ad altri, i volontari sono chiamati a proporre nuovi strumenti legislativi, nuove prassi di riparazione sociale che portino la giustizia ad essere più equa, più capace di rafforzare e ricostruire i legami. In questo, anche al volontariato è chiesto di promuovere il cambiamento nel sistema penale, agendo sul pensiero e sulla cultura comune per capire il senso e la maggior bontà delle prassi riparative-mediative rispetto a quelle semplicemente retributive.

La giustizia del volontario

Se è vero che la giustizia va data prioritariamente rispetto alle azioni di solidarietà e carità, è altrettanto vero che senza l'amore diventa fredda e impersonale, non scalda il cuore e alla fine può rischiare sempre di diventare un'accozzaglia di trucchi per pareggiare i conti. Formalmente i conti sono pareggiati.

Di solito il senso di giustizia che si alimenta è di tipo utilitarista e non appaga né l'offeso né l'offensore. Gli aspetti più affettivi, psicologici e anche spirituali nel senso ampio del termine sono lasciati fuori.

D'altronde l'amicizia, la solidarietà vera, l'affetto, il perdono, la riconciliazione non possono essere trovati attraverso una legge; possono essere favoriti da leggi che li promuovono o li facilitano, ma sono eminentemente gratuiti pur se tremendamente necessari per vivere in una società civile e giusta. Possono essere vissuti entrando in una relazione gratuita, che è il compito specifico del volontario.

Si è chiamati quindi a portare nell'amministrazione della giustizia l'afflato della vicinanza, come elemento basilare per costruire il rapporto e rimarginare le ferite.

Suscitare il desiderio e la volontà di impegnarsi in rapporti corretti e solidali parte dall'incontro di persone che credono e praticano rapporti giusti tra loro e con gli altri.

La gratuità dell'azione e dello scambio interpersonale testimonia che una vita giusta è buona da vivere ed è premio a se stessa. È dono che, lasciando liberi, si propone come stile giusto del vivere. In definitiva il volontario è costruttore di giustizia proponendo se stesso come uomo virtuosamente giusto nei rapporti con tutti: detenuti e loro famiglie, altri volontari, vittime dei reati, operatori, agenti di polizia penitenziaria.

Nell'amministrazione della giustizia, in particolare, il volontario si offre come valore aggiunto che non chiude gli occhi davanti al male, ma lo sente come sfida per interrogarsi sulla sua origine e per esprimere interventi praticabili, per operare una migliore convivenza tra le persone.

Il Giusto

Per chi è credente cristiano, il Giusto è uno solo, Gesù Cristo e su di Lui va misurata la giustizia.

Ciò che accomuna il volontario a Lui è l'assumere il male e le sue conseguenze personalmente. Dio Padre ha reso Gesù causa di giustizia per tutti, anche per i suoi persecutori, ed i volontari sono beati perché hanno sete e fame di giustizia.

Il volontario cristiano dovrebbe avere un bisogno quasi fisico della realizzazione della giustizia. Se la lotta per la giustizia non è questo desiderio primario- tale che ogni piccola e grande ingiustizia fa male, scuote, non lascia tranquilli, fa sentire lontani da Di- si fanno delle buone azioni, senza che la nostra giustizia sia migliore di quella dei farisei.

Il "di più" evangelico è prendere su di se il male e spezzarne le catene per liberare.

Ciò che è vero per ogni credente lo è in particolare per il volontario che accosta gli uomini che sono definiti dalla società delinquenti, peccatori pubblici, riferendoci alle categorie del tempo di Gesù.

Il malfattore codificato richiede pur egli di essere giustificato, nel senso cristiano di essere salvato. Non molti sono disponibili a dare la vita per le persone amiche; al volontario è chiesto di darla laddove altri non vogliono.

Perché esiste il volontariato cristiano nella e per la giustizia? Per testimoniare che nessuno può presumere di essere giusto davanti a Dio, ma lo si diventa offrendo segni che testimoniano che la giustizia è vera se salva l'altro gratuitamente, come Dio fa con noi.

Qui si colloca anche l'accompagnamento della ricerca e della costruzione della possibilità del perdono; non perdonismo, ma cammini di ricerca impegnativa e responsabilizzante per chi commette reati; non semplice vendetta o ritorsione da parte della società, ma giusta comprensione delle vittime.

I volontari offrono la loro collaborazione a partire da chi è meno tutelato e ha meno risorse, per sviluppare progetti di riconciliazione individuale e collettiva, chiedendo alle istituzioni di essere sollecitati in tal senso, senza essere usati per far quadrare meglio i bilanci o tappare le falle.

Se parecchie volte il volontariato agisce nella mera assistenza è perché nell'incontro con le singole persone non può ignorare le ferite aperte che necessitano d'immediato soccorso.

I volontari, proprio perché si lasciano toccare dal male che incontrano, desiderano interagire con tutti per migliorare la qualità della giustizia.

Per questo offrono il loro essere cittadini solidali, per una maggiore collocazione dell'espiazione della pena sul territorio verso una giustizia che non separa ma ricompone il conflitto. Si propongono come costruttori di pace laddove il male si è compiuto.

Il desiderio di giustizia è un'evidenza che si impone ogni qualvolta la persona umana si sente defraudata. Scatta un meccanismo di rivendicazione che esprime la volontà di ricomposizione di un equilibrio che è stato rotto.

Comunemente si pensa che, se qualcuno ha rotto le regole stabilite, ne debba pagare le conseguenze, e che le persone singole o le comunità danneggiate escano rafforzate nella propria sicurezza se il colpevole viene punito.

La richiesta di giustizia, di fronte al male, si sviluppa attorno ad alcuni principi ampiamente condivisi:

- il male produce danni,
- chi lo commette va fermato,
- il colpevole devi risponderne,
- la società deve difenderci dalle ingiustizie.

Più diversificato e complesso diviene il modo con cui si vuole che lo Stato intervenga nell'amministrazione della giustizia e nel punire coloro che infrangono le leggi.

Non tutte le infrazioni sono sentite con lo stesso grado di gravità da parte della maggioranza. Pensiamo per esempio alle frodi fiscali, ai danneggiamenti all'ambiente, all'abusivismo edilizio. Vi è una sorta di richiesta di giustizia che aumenta in misura esponenziale quando riguarda comportamenti degli altri e si depotenzia quando riguarda comportamenti propri o di categoria sociale.

Si sviluppa da una parte una richiesta di dilatazione di espressione della propria libertà individuale, quasi senza regole, dall'altra una forte richiesta di punizione di chi infrange le leggi. Vi è una sorta di schizofrenia che produce un desiderio di vedere puniti gli altri, in maniera esemplare, con pene severe che portano alla richiesta di più carcere, e di assoluzione agli stili di vita che producono e alimentano il mercato dell'illegalità.

In maniera eclatante emerge nelle problematiche legate alla prostituzione e alla tossicodipendenza. Siamo forse di fronte ad una richiesta *di giustizia a fisarmonica* che si comprime o si dilata a seconda del suonatore e della musica desiderata. Di fatto, questo modo di ricercare giustizia, sfocia nel volere un modo di amministrare le pene che sia il più esemplare e simbolico possibile, le cui conseguenze sono:

- la richiesta di un colpevole immediatamente identificato,
- una punizione la più rapida possibile,
- la certezza che la pena carcere sia effettivamente scontata,
- la convinzione che ogni persona indagata o in carcere sia colpevole ,
- il ricorso alla pena carcere come la miglior prevenzione dei reati.

La pena deve avere un senso, altrimenti non potrebbe essere un elemento della giustizia umana. La sua giustificazione ha degli aspetti di principio ma pure delle attenzioni nel modo di applicarla. Il dibattito culturale attorno al senso della pena, si sta sviluppando attorno a delle riflessioni che passano dal vedere come centrale l'elemento di restrizione della libertà al tentare strade di ricomposizione dei conflitti.

Oggi, in modo più frequente, ci si chiede se abbia senso semplicemente punire, se questo serva alla società per essere più sicura; a colui che commette reato per modificare il suo stile di vita, alle vittime per avere giustizia. Nel dibattito in corso si intrecciano percorsi riconducibili a modelli che schematicamente si possono sintetizzare in:

*Giustizia espiativa, l'uomo che commette il male diventa debitore del male fatto e quindi deve pagare con un male e patire. Di fronte ad un reato commesso si paga con la restrizione della libertà. Il fattore penale diventa predominante, l'elemento affittivo è ipotizzato come sufficiente per spingere al cambiamento e adeguato a placare il desidero di giustizia delle vittime.

*Giustizia risarcitoria - economica, una visione che porta ad amministrare una giustizia che restituisca alle vittime o alla società ciò che è stato tolto. Il modello è prettamente economico, si monetizza il danno, sia materiale che quello morale, e si prefigura una amministrazione della giustizia di tipo contrattuale. In una società in cui la moneta è il cardine su cui tutto si commisura, diventa prioritario pagare la penale per gli accordi contrattuali stabiliti e non osservati.

*Giustizia rieducativa, concezione di una giustizia che si fonda sul pensiero che chi commette reati abbia necessità di ristrutturarsi psicologicamente. La persona deve dimostrare il cambiamento della propria personalità delinquenziale o la modifica dei

propri comportamenti che lo inducono a delinquere. Centrali sono le figure che decidono sulla verifica degli stili di vita. Alla persona viene offerta la possibilità di collaborare con gli operatori nel piano rieducativo deciso, prioritariamente, dagli operatori.

*Giustizia conciliativa, l'amministrazione della giustizia parte dalle vittime per ricomporre le fratture e far reincontrare le volontà di convivenza. La centralità viene posta sulla convinzione che il male fa parte della vita degli uomini, che nel loro convivere accadono conflitti con responsabilità personali e sociali, che il male è sempre comunque male anche quello somministrato al colpevole. Diventa prioritaria l'assunzione di responsabilità nello scegliere il bene possibile, cercato assieme, di fronte al male commesso.

Le idee per una nuova cultura dell'amministrazione della giustizia

Innanzitutto, è fondamentale passare da una concezione della giustizia che pone come centrale il reato e l'espiazione della pena, ad una *«giustizia che reinstaura non solo le condizioni della legalità violata, ma anche quelle del reinserimento civile e sociale di chi ha commesso reato ... una giustizia che, nell'affrontare il versante più oscuro e contraddittorio della convivenza sociale, restituisca le condizioni del riconoscimento della dignità di tutti. Quella delle vittime, quella sfigurata del criminale, quella della comunità umana e civile che si muove entro le coordinate del diritto nazionale e internazionale».*[54]

Le idee guida per produrre con arte, fiducia e amore, una cultura di giustizia più equa si coagulano attorno ai temi:

- *della legalità*, intesa come rispetto delle norme che regolano la ricerca del bene comune, in particolare promovendo i diritti sia delle vittime che delle persone inquisite o in carcere;
- *della prevenzione dei conflitti personali e sociali*, come il luogo più proficuo in cui agire per rimuovere molte cause socio educative di produzione di illegalità;
- *dell'uso del carcere come risorsa residuale*, ancora troppo si utilizza il carcere sia attraverso la custodia cautelare sia come modo per espiare la pena;

[54] MANCINI ROBERTO, Operare con giustizia, RTM 2003, n.138.

- *della giustizia conciliativa*, le esperienze in atto di conciliazione tra le vittime e le persone che hanno commesso reati sono possibili e migliorano la qualità della giustizia;
- *della pena territoriale*, vivere la pena del proprio reato nelle comunità sociali di appartenenza, dove possibile, in un'altro territorio, se dettato da esigenze di sicurezza o per altri motivi, implica l'assunzione di responsabilità lavorativa e sociale in modo più proficuo che il semplice trascorrere del tempo in carcere;
- *della mediazione espiativa ecclesiale*, il male commesso produce sofferenza, sia in chi lo riceve che in chi lo compie, le comunità cristiane assumono la responsabilità di portare assieme il peso e le fatiche del cambiamento. Prendono su di sé la responsabilità del male per trasformarlo in bene.

Le idee sopra indicate sono da partecipare e ampliare per creare una cultura di base condivisa e per produrre un'azione coerente.

Il "non senso" del modello di giustizia retributiva, ravvisato e sperimentato da coloro che propongono la giustizia riparativa e dal mondo ecclesiale che lavora in carcere, è pensato come ragionevole e pieno di "buon senso"da buona parte dell'opinione pubblica. Per questo lo sforzo culturale non si limita a segnalare il livello non umano, ma deve produrre un linguaggio dialogico con il non condiviso, conoscendo a fondo le ragioni e i significati umani sottesi ad una volontà di giustizia definita retributiva.

Il momento storico in cui viviamo è caratterizzato da una percezione d'insicurezza generalizzata, che innesca una ricerca di fantasmi simbolici con i quali narcotizzare le paure, canalizzandole verso uomini "diversi", produttori del male, nuove streghe da bruciare per sentire il proprio quotidiano più protetto.

Produrre una cultura di giustizia più umana significa intercettare anche queste paure e produrre nel quotidiano un senso di sicurezza diversa. L'accoglienza nei territori di persone con problemi penali in alternativa al carcere, i cammini di riconciliazione con le vittime, il lavoro di volontariato o di pubblica utilità sono un segno visibile di possibilità di convivenza, anche con chi ha infranto la legge.

Segni pedagogici, nell'ambito della giustizia dell'amministrazione della giustizia, sono la riuscita dei progetti concreti sul territorio, la cui realizzazione modifica il modo di pensare della gente, avvicina i volti e produce meno fantasmi di insicurezza.

Segni pedagogici concreti sono stati vissuti nelle comunità parrocchiali ed hanno dimostrato che è possibile vivere la propria responsabilità di fronte al male commesso in modo positivo e costruttivo.

CARCERI MINORILI (IPM)

Nelle carceri minorili a fronte di un gruppetto di adolescenti è sempre più cospicua la presenza di quanti da tempo hanno compiuto i 18 anni. Attualmente[55], le cifre parlano di 33 soggetti dai 14 ai 15 anni, di 49 e 86 rispettivamente con 16 anni e 17 anni su un totale di 449 presenze, dove i giovani adulti (ovvero coloro che hanno compiuto i 18 anni) rappresentano il 62% delle presenze. Questa situazione si ha per effetto dell'art. 5 della LEGGE 11 agosto 2014, n. 117.

I ragazzi detenuti, circa 450, sono distribuiti nei 16 Istituti penali agibili sul territorio nazionale, con realtà geograficamente diversificate.

Lavorare pastoralmente con questo gruppo particolare di detenuti, proprio per il carattere unico del periodo evolutivo di crescita che stanno attraversando, rappresenta per la comunità civile ed ecclesiale una grande sfida educativa.

L'impegno educativo

I cappellani in questi anni hanno costantemente richiamato l'attenzione sulla sfida educativa. È una sfida impellente. In un contesto carcerario per giovani, infatti, non si può arretrare rispetto all'educazione. Sembra pertanto evidente che: tutta l'organizzazione della vita carceraria, i progetti lavorativi sull'esterno, le attività proposte all'interno debbano mirare alla costruzione di futuro e non essere solo un riempitivo della giornata. L'attenzione educativa non si deve esaurire all'interno degli Istituti di pena, ma deve uscire sul territorio favorendo la costruzione di reti di volontariato, di socialità, di reinserimento.

È una sfida per tutta la Chiesa italiana perché si senta responsabile anche di questi ragazzi. Sono anch'essi protagonisti della pastorale giovanile, anch'essi porzione dell'amore di Gesù verso i piccoli e i poveri.

Si può cosi parlare di pastorale giovanile "interno - esterno", quasi come una relazione che si crea tra il figlio maggiore con il figlio minore della parabola evangelica.[56] Crescono i gruppi parrocchiali che a vario titolo prestano un qualche

[55] Dati relativi al 30 giugno 2015.
[56] Cf. Lc 15,25-32

servizio di volontariato, animando messe, partecipando ad attività socio-ricreative. È urgente un'interazione con l'ufficio Pastorale del lavoro e con le Caritas per creare progetti di lavoro che favoriscano un contatto con l'esterno e il reinserimento.

La comunità ecclesiale

Alcuni anni fa la maggioranza dei detenuti erano italiani e in qualche modo avevano avuto un contatto con la Chiesa. Oggi la realtà è diversa, molti ragazzi detenuti sanno nulla di cosa è Chiesa, per cui si tratta di partire da un discorso di pre-evangelizzazione. Siamo in un contesto sociale giovanile che, purtroppo, ammortizza le differenze tra dentro e fuori del carcere, tra i ragazzi dei quartieri più marginali, con bassa scolarità e famiglie deprivate (specie culturalmente) e quelli del carcere. Alle comunità cristiane si chiede una forza rigeneratrice che parta dagli ultimi e gli ultimi sono quelli che vivono in carcere. Il mondo giovanile ci chiede di avere il coraggio di ragionare in un modo diverso dal mondo di oggi, di scoprire il linguaggio di annunciare il Vangelo. La fatica che si respira è legata all'incapacità di adottare un linguaggio nuovo, non parlato, ma testimoniato come messaggio ideale di vita riuscita, reso possibile.

Alcune sfide

1. Rispetto al genere. La presenza delle ragazze è relativamente piccola[57] distribuita in tre istituti diversi (Nord, Sud, Centro), con una forte prevalenza di ragazze straniere. Il mondo femminile richiede un diversa attenzione e cura, specie quando le ragazze sono detenute in un carcere isolato da altri contesti penitenziari e il rischio è quello di essere considerate "figlie di un Dio minore".
2. La questione dell'affettività. I ragazzi e le ragazze che incontriamo, come tutti i giovani, sono attratti dalla sessualità. Molti di loro hanno figli, convivono oppure sono indipendenti dalla famiglia, tuffati per cosi dire in vite abbastanza disordinate nella logica del prendere quello che riesci a prendere, nella considerazione della donna come persone da comandare e possedere. Il tema della sessualità e dell'affettività è un tema per lo più rimosso, al più soggetto di

[57] Al 26 ottobre 2015 ci sono 49 ragazze in carcere.

ammiccamenti e di grossolane volgarità. Come cappellani e volontari cristiani siamo chiamati ad essere in grado di motivare la nostra scelta di vita celibe, rimandando alla nostra scelta vocazionale, al fatto che Dio invita a offrire la propria vita per amore del prossimo. In quest'ottica è da apprezzare la presenza delle religiose che testimoniano la loro scelta vocazionale.

3. La presenza stranieri e italiani. Nell'immaginario collettivo, alimentato dai media, pare che quelli che fanno ingresso negli IPM siano tutti stranieri. I dati ufficiali parlano di un totale di 259 italiani e 291 stranieri.[58] La presenza dei ragazzi stranieri tuttavia rappresenta una grande sfida, perché siamo impreparati sia a livello culturale, della lingua, delle tradizioni da cui i ragazzi provengono. Corriamo il rischio di offrire progetti che puntano sì all'integrazione, ma poco attenti a non sradicare del tutto i ragazzi immigrati dalla loro cultura d'origine. Questo anche dal punto di vista religioso. L'assenza di figure religiose di riferimento (iman, clero ortodosso) porterà alla fine a un vuoto di risposte di senso, a un agnosticismo generalizzato che non aiuta la crescita educativa integrale della persona.
4. La presenza dell'Islam. Il lavoro con i ragazzi musulmani è in continua evoluzione. Bisogna cercare dei percorsi che partano dal bisogno della persona, senza far pesare troppo il tema della differenza. Solitamente essi vivono bene i momenti di preghiera insieme. Si inizia facendo le stesse cose che si fanno "con" e "per" i cristiani: questo è un modo di testimoniare che per noi non ci sono discriminazioni. Dobbiamo tener conto che i nostri gesti hanno delle ripercussioni. È altrettanto importante essere attenti al fenomeno del fondamentalismo islamico, perché i soggetti delle nuove generazioni, a motivo della loro fragilità e malleabilità, tendono ad aderire al radicalismo. Per i minori questo fenomeno potrebbe crescere tantissimo, perché sono soggetti deboli e influenzabili.
5. Il dopo carcere ovvero le comunità. Si fa largo impiego della misura cautelare della comunità. I ragazzi, tuttavia, sono sovente poco preparati e il più delle volte,

[58] Considerando gli ingressi del primo semestre 2015, per una diversificazione di etnia e di genere, ci risultano entrati 11 femmine e 248 maschi italiani, a fronte di 67 femmine e 224 maschi stranieri.

58

a causa delle fuga, viene ripristinata la misura carceraria. I percorsi nelle comunità in sede di convalida falliscono e i ragazzi ritornano in carcere. Le comunità date in "messa alla prova" funzionano al 50% quando vengono monitorate a lungo termine. Ci si dovrebbe interrogare di più su quali attenzioni educative debbano avere le comunità che si rendono disponibili ad accogliere minori in misura penale. Si avverte il bisogno di una qualificazione maggiore delle comunità per minori in ambito penale o di reinserimento sociale. Vanno inoltre contraddistinte da quelle per tossicodipendenti o da altre nelle quali i ragazzi sono troppo lasciati a se stessi.

In conclusione, di fronte al numero dei minori in carcere e alla possibilità di strumenti di pena scontata sul territorio, ci possiamo chiedere se sia ancora necessario il carcere minorile. Come Chiesa potremmo offrire spazi, luoghi e vicinanze per favorire anche per i minori il non utilizzo del carcere.

59

STRUMENTI PASTORALI

Negli Atti degli Apostoli di fronte ad un problema di servizio ai poveri fu costituito il gruppo dei diaconi. In analogia si potrebbe pensare di costituire degli strumenti pastorali che sensibilizzino le comunità cristiane alle persone che sono toccate dell'amministrazione penale della giustizia.

In ogni diocesi potrebbe nascere o un ufficio di pastorale del mondo del penale o una cappellania che specificamente si occupi di questo settore.

UFFICIO DIOCESANO DI PASTORALE PENITENZIARIA

L'ufficio Diocesano di Pastorale Penitenziaria è un organismo diocesano, non giuridico bensì funzionale che collabora col Vescovo nella direzione, promozione e coordinamento dell'attività pastorale in tutte le dimensioni del mondo del penale.

Obiettivo generale

L'obiettivo generale dell'ufficio Diocesano di Pastorale Penitenziaria intende promuovere, accogliere, incoraggiare, potenziare, coordinare le istituzioni, i servizi e le persone che vi lavorano.

Settori della pastorale penitenziaria

La Pastorale Penitenziaria si interessa delle persone e delle istituzioni che lavorano negli ambiti della prevenzione dei conflitti, della detenzione, del reinserimento sociale e della mediazione penale.

LA CAPPELLANIA PENITENZIARIA

La Cappellania penitenziaria è una comunità o gruppo di fedeli cristiani ristretti temporaneamente in un istituto penitenziario, stabilita come comunità ecclesiale di ambito in quella frazione di Popolo di Dio che è "la Chiesa che abita nel Carcere", ed è affidata dal Vescovo diocesano ad un cappellano.

60

Obiettivi e funzioni

La Cappellania o comunità penitenziaria è la "casa della misericordia", aperta a tutto l'insieme di uomini e donne che abitano nell'istituto penitenziario, nella quale si offre la possibilità di ricevere l'annuncio cristiano, di condividerlo, di crescere nell'illuminazione della Parola, di celebrare l'eucaristia ed i sacramenti, e di testimoniare l'evangelizzazione della Carità.

La Cappellania penitenziaria è la struttura fondamentale della pastorale nell'Istituto penitenziario dove si realizzano - come nelle altri comunità ecclesiali - tutte le dimensioni della Pastorale.

Il cappellano penitenziario

Il cappellano penitenziario è un sacerdote a cui si affida la presidenza della comunità cristiana nell'Istituto penitenziario.

Come pastore della comunità affidata, il cappellano esercita la cura pastorale sotto l'autorità del vescovo diocesano, con la cooperazione di altri presbiteri o diaconi, e con l'aiuto di religiosi/e e fedeli laici volontari, operatori e detenuti.

Se la cura pastorale di qualche Cappellania penitenziaria è stata affidata solidalmente a vari Cappellani, l'attività pastorale dei cappellani sarà unita e sarà coordinata da un Cappellano moderatore, designato dal vescovo.

Il Consiglio pastorale penitenziario

Per il servizio della pianificazione dell'azione pastorale e della corresponsabilità degli operatori pastorali, nella Cappellania penitenziaria può costituirsi un Consiglio pastorale che animi l'apostolato della Cappellania nel campo dell'evangelizzazione, nel campo della santificazione e nel campo caritativo-sociale.

Il Consiglio Pastorale penitenziario è formato da:

- il cappellano che lo convoca e lo presiede,
- i presbiteri e diaconi che collaborano direttamente col cappellano,
- i religiose/i e laici responsabili delle diverse aree pastorali della Cappellania,
- i responsabili delle associazioni che collaborano con la cappellania in attività pastorali,

61

- un rappresentante del Consiglio Pastorale parrocchiale,
- se possibile una rappresentanza dei detenuti e degli operatori.

INDICE

Annexe 4

Il cenacolo autobiografico
La storia della tua vita
può aiutare a vivere...
Raccontamela
Perché raccontare la mia storia è utile?
Il racconto della mia vita può aiutarmi a comprenderne il valore, a darle un significato, a rimetterne insieme i pezzi, a guarirne le ferite, a fare pace con essa, a scoprirne la bellezza e tutto il tesoro che vi si trova nascosto. Raccontarmi può aiutarmi soprattutto a ricominciare una nuova vita, e può aiutare chi mi ascolta a vivere meglio la sua.
Cos'è un "cenacolo autobiografico"?
È un piccolo gruppo di persone disposte a raccontarsi, dove il racconto di uno è ascolto degli altri. Si tratta di una serie di incontri dove si impara a raccontare di sé, a scrivere di sé, ad ascoltarsi e ad ascoltare l'altro, senza giudicare nessuno, nell'assoluta libertà di raccontare solo ciò che si vuole, senza finzioni e senza maschere.
L'animatore del cenacolo è don Massimiliano che puoi raggiungere scrivendo a **panormus71@gmail.com**, oppure telefonando al **333 5327341**.
Cogli l'opportunità!

Annexe 5

Il cenacolo autobiografico

L'animatore del cenacolo è don Massimiliano.
Se sei interessato e vuoi farne parte, rivolgiti al tuo cappellano padre Gabriele.

La storia della tua vita è preziosa e può aiutare a vivere meglio...
Raccontamela

Perché raccontare la mia storia è utile?

Raccontare la mia storia è utile per tanti motivi: può aiutarmi a dare un significato alla mia vita, a rimetterne insieme i pezzi, a guarirne le ferite, a fare pace con essa, a comprenderne il valore, a scoprirne la bellezza e a ritrovare tutto il tesoro che vi si trova nascosto. Raccontare la mia storia può dunque aiutarmi a iniziare una vita nuova e può aiutare chi mi ascolta a vivere meglio la sua.

Cos'è un "cenacolo autobiografico"?

È un piccolo gruppo di persone (cenacolo) dove ciascuno è disposto a raccontare la storia della sua vita (autobiografia) e ad ascoltare la storia degli altri. Si tratta di una serie di incontri durante i quali si impara a parlare e a scrivere di se stessi e ad ascoltare se stessi e gli altri, senza giudicare nessuno e nell'assoluta libertà di raccontare solo ciò che si vuole, senza finzioni e senza maschere.

Cogli l'opportunità!

Annexe 6

Al Direttore della Casa Circondariale di Alghero
Dott.ssa **Elisa Milanesi**

Oggetto: **Presentazione del progetto antropologico ed educativo *"Il cenacolo autobiografico"***

Gentile Direttore,

dopo un nostro previo incontro, avvenuto una settimana fa, in cui le illustravo sinteticamente le linee del progetto in oggetto, e dopo un esaustivo colloquio avuto con i collaboratori dell'area educativa della Casa di reclusione che lei dirige, con la presente le illustro a grandi linee il progetto che desidererei attuare con i detenuti, e se lei lo ritiene opportuno, anche con il personale che lavora all'interno della prigione.

Io sono un sacerdote della diocesi di Palermo, attualmente in Sardegna, col consenso del mio vescovo, per far conoscere il metodo autobiografico come pedagogia antropologica e pastorale. A Sassari, sto svolgendo un laboratorio autobiografico presso la parrocchia di S. Vincenzo. Il mio auspicio è che anche ad Alghero, dopo aver avuto il parere positivo del Vescovo della stessa diocesi, Mons. Morfino, io possa attuare il progetto in oggetto, e in maniera particolare con i detenuti. Questi, ritengo, possano essere considerati quali destinatari "privilegiati" di un simile percorso formativo. In quanto persone segnate da drammi, con una vita mezza distrutta, l'autobiografia può offrire ai detenuti un valido aiuto al fine di ricostruire un progetto di vita che è andato in frantumi. Il metodo autobiografico, infatti, differentemente dalla terapia psicologica o psicoanalitica, offre all'adulto l'opportunità e gli strumenti per un'autoformazione. Si, perché la scrittura e il racconto autobiografico conducono il soggetto che ne fa esperienza a riallacciare anzitutto un rapporto con se stesso, quasi uscendo da se per guardarsi in faccia e per parlarsi. In tal modo, il proprio *sé* diventa come se fosse *un altro*, per dirla col filosofo della narrazione, P. Ricœur. Chi ha letto il capolavoro di Antoine de Saint-Exupéry *Il Piccolo Principe* si è trovato dinanzi ad un racconto autobiografico che illustra propriamente una tale dinamica: il piccolo principe, infatti, rappresenta quella parte di *sé* dell'autore, che lo "forma", come fosse un piccolo saggio e un maestro di vita. Pertanto, parlare di autobiografia significa parlare di autoformazione. Ovviamente, tutto ciò è possibile grazie a una condizione, ossia l'età adulta dei soggetti che si sottopongono a un percorso del genere, giacché, come afferma il fondatore della *Libera Università dell'autobiografia*, il Prof. D. Demetrio, "l'autobiografia è faccenda adulta e per adulti".

Ho acquisito delle competenze in questo particolare settore delle scienze umane, nella fattispecie delle scienze dell'educazione, dopo la mia specializzazione in antropologia teologica, frequentando un corso di base e 2 altri corsi di specializzazione presso la suddetta università fondata dal Prof. Demetrio, e che ha sede ad Anghiari (Toscana).

"Il cenacolo autobiografico" che propongo e che sottopongo alla sua attenzione è concepito per un gruppo congruo di persone, che non deve superare il numero di 10/12 partecipanti per cenacolo. Esso prevede una decina di laboratori della durata di due ore ciascuno, i quali potrebbero avere una cadenza settimanale. Tale percorso predilige dunque la dinamica di gruppo. E ciò perché la scrittura autobiografica (o anche il racconto autobiografico orale) non diventi un solipsismo. Nel cenacolo, il racconto di uno, diventando ascolto degli altri, offre a quest'ultimi elementi che possono gettare

1/2

nuova luce sulla storia personale di ciascuno dei componenti. Fondamentale è la figura dell'animatore del cenacolo, il quale propone le varie attività laboratoriali e coordina gli interventi dei partecipanti. Il percorso è progressivo, non ci si racconta la prima volta che ci si incontra. I primi laboratori, introduttivi al racconto di sé, prevedono esercizi che mirano a sollecitare la memoria e a fare esternare frammenti autobiografici della storia di vita di ciascuno. Riporto alcuni esempi: una specie di gioco dell'oca autobiografico, una mostra fotografica di immagini di cui ogni partecipante sceglierà quella che lo "cattura", la scrittura automatica sollecitata dall'ascolto della musica, ecc. Preciso inoltre che il laboratorio non prevede la pubblicazione dei testi autobiografici dei detenuti. Qualora, al termine del percorso, uno o più detenuti volessero scrivere la propria storia di vita e desiderassero anche pubblicarla, spetta in ogni caso alla competente autorità carceraria autorizzare o meno la pubblicazione di un tale eventuale scritto.

La mia presenza all'interno della Casa di reclusione, limitandosi esclusivamente all'attuazione del progetto in oggetto, non interferirà di conseguenza con il lavoro di accompagnamento spirituale e con la prassi pastorale propri del cappellano del carcere. Si tratta infatti di un'attività pedagogica e antropologica quella che intendo offrire, malgrado il mio ruolo ecclesiastico di sacerdote cattolico.

Nell'attesa di un positivo accoglimento della proposta in essere, le porgo i miei più cordiali saluti, rimanendo a disposizione, come suggerito dagli stessi responsabili dell'area educativa, per un incontro di presentazione del progetto autobiografico con i detenuti e, eventualmente, col personale di servizio della Casa di reclusione.

Massimiliano Scalici

Sac. Massimiliano Scalici

Allego i seguenti documenti:

Carta di identità personale
Codice Fiscale
Tessera ecclesiastica di riconoscimento

2/2

ANNEXE 7

La vigna r'u zzu Pippinu

Quando ero piccolo, mio padre ogni tanto mi portava in campagna, a Piano dell'occhio. Tra tutte, la volta che mi è rimasta più impressa nella mente e nel cuore fu un pomeriggio di ottobre. Io potevo avere 7 o 8 anni. L'aria era già fresca, e l'autunno aveva ormai dipinto il paesaggio con i suoi caldi colori. Accanto alla nostra proprietà, c'era un vigneto assai esteso, bellissimo. Quel pomeriggio le sue viti parvero ai miei occhi di bambino come delle eleganti signore vestite a festa. Le grandi foglie, di un verde intenso e tutte bagnate di rugiada, nascondevano e lasciavano in parte intravedere i maestosi grappoli carichi d'uva bianca e nera. Le sfumature dei chicchi andavano dal violaceo al giallo oro. Ma ciò che più mi colpiva di ciascuna vite, erano quei riccioli verdi che spuntavano dai tralci, come fossero dei boccoli di capelli. Infilare il mio ditino e srotolare quei riccioli mi divertiva parecchio. Intanto, mentre osservavo questo spettacolo inedito, spuntò di mezzo alla vigna un anziano signore che mio padre salutò con tale espressione: "Assa binirica, zzu Pippinu!". Si trattava del vignaiolo, un ometto di Torretta, tutto dedito alla cura di quella invidiabile vigna che non abbandonava mai un solo giorno. Chinandosi tra i rami, l'anziano proprietario della vigna non esitò a regalarci un paio di quei grappoli freschi e gustosissimi. La scena che passò davanti ai miei occhietti attenti ed estasiati fu talmente intensa che potrei ancora oggi dipingerla, se ne fossi capace. Pertanto, posso limitarmi a raccontarla, giacché il racconto ha la stessa carica visiva di un quadro. E di fatti, prima delle pupille gustative, quei deliziosi "cuocci 'i racina", che amavo accompagnare con il pane casereccio r'u zzu Caliddru, io li avevo già assaporati con gli occhi.

Oggi, dopo circa quarant'anni, ascoltando il vangelo di Giovanni 15,1-17, ho rivissuto quel lontano pomeriggio di ottobre. E finalmente, devo dire, ho potuto penetrarne il significato. Le pagine più straordinarie della Bibbia sono quelle in cui essa ci parla di Dio e della sua relazione con gli uomini attraverso l'analogia. Si tratta di un concetto così fondamentale in teologia, che già nel lontano medioevo san Tommaso d'Aquino lo portava all'attenzione di filosofi e teologi. Pertanto, se la spiegazione filosofica dell'analogia sembra interessare poco e pochi, l'analogia presentata da Gesù nel Vangelo affascina molto e molti. Sì, perché, utilizzando le immagini della vita umana e della natura, Gesù ci dice che per capire Dio non dobbiamo poi andare così lontano. Anche un vignaiolo e una vite, con i suoi grappoli e i suoi tralci, ci possono raccontare, e quindi farci udire, farci vedere e farci assaporare questa storia di Dio con gli uomini, storia che Gesù è venuto a svelarci nei termini di "regno dei cieli". Perciò, se il Padre è il vignaiolo, se la vite è il suo Figlio Gesù Cristo, se i tralci sono i suoi discepoli e se i frutti sono le opere d'amore che lo Spirito ci fa produrre se restiamo uniti alla vite.... e beh, allora 'u zzu Pippinu incarnava bene il Padre, la vite di Piano dell'occhio mostrava bene il Figlio, i tralci e il loro boccoli lasciavano trasparire che significa essere cristiani e quindi che cosa è la Chiesa, e infine i grappoli d'uva raccontavano l'opera dello Spirito. Insomma, posso dire di aver vissuto oggi l'Eucaristia con gli occhi estasiati, col palato deliziato e con gli orecchi affascinati da un racconto che ha narrato l'amore di Dio e il suo vivere per noi e con noi. Come è stato bello capire che il Padre ha piantato il Cristo nel mondo come una vite perennemente radicata. E come è stato bello scoprire che Cristo non è la vite che dice di essere senza i tralci. Perciò la nostra vita non può essere fruttuosa e feconda se non con Gesù, rimanendo cioè innestati in lui. Ecco, ho voluto condividere con voi questa esperienza e questo stupore.

ANNEXE 8

Ai partecipanti al 1° Cenacolo autobiografico,
svoltosi in Sassari, presso la parrocchia "S. Vincenzo De' Paoli" dal 5 febbraio al 28 maggio 2019,
e al parroco, don Salvatore Fois.

Cari cenacolisti di Sassari,

F., M., Q., NB., L., Z., T., N., U. e G.

Giunti alla fine di questo primo in assoluto cenacolo autobiografico della mia vita – potete esserne orgogliosi, se volete! – vorrei anch'io "scrivere" una lettera a voi, come gruppo cenacolare e a ciascuno, come dono prezioso che ho ricevuto. E voglio iniziare queste mie righe rivolgendo a tutti voi il mio infinito "GRAZIE"! Anzitutto, per aver accettato di partecipare a questa esperienza con umiltà, ma anche con impegno, fedeltà e progressivo entusiasmo. Ma voglio anche ringraziarvi per il coraggio che avete dimostrato mettendovi, forse per la prima volta come non mai, davanti a voi con l'atteggiamento di chi vuole "prendersi cura di sé". Da questo punto di vista, credo che tutti abbiate potuto centrare l'obiettivo del cenacolo autobiografico che vuole anzitutto aiutare chi vi partecipa a vivere meglio la propria vita.

Dalla mia posizione e postazione di animatore, mi sento di essere un testimone privilegiato della progressiva apertura di ciascuno verso se stesso. Perché se parlare di sé agli altri è già difficile, lo è ancor più parlare di sé a se stessi. Ciò è stato particolarmente evidente nel laboratorio delle immagini, come anche nel laboratorio che vi ha visti autori di una coraggiosa lettera inviata, almeno da alcuni, a voi stessi. Tale apertura, ne sono certo, porterà frutto a suo tempo.

Da parte mia, posso assicurarvi e confessarvi di aver vissuto l'esperienza cenacolare con grande empatia e profondo coinvolgimento interiore, consapevole fondamentalmente delle due dinamiche del cenacolo autobiografico: che il racconto di ciascuno è storia sacra, davanti alla quale approcciarsi in punta di piedi, e che quando voi vi raccontavate qualcosa accadeva, in voi stessi e in ciascuno che ascoltava in riverente silenzio il racconto dell'altro.

Vorrei ritornare, ancora una volta, su un punto fermo dell'esperienza autobiografica: il potere delle parole, soprattutto delle parole scritte. Si tratta infatti di un potere creativo, ereditato dal nostro Creatore, la cui Parola con la maiuscola è un'azione, un fatto, un evento: Gesù Cristo. Fissate dunque bene nella vostra mente che quando vi raccontate, qualcosa succede, e tutto inizia a cambiare. Pertanto, il mio invito a scrivere la vostra autobiografia è foriero di tale speranza: quella dell'inizio di uno sguardo nuovo su voi stessi, sulla vita, sugli altri.

Infine, vi rilancio la sfida: che ciascuno di voi possa un giorno poter trasmettere e insegnare l'esperienza del cenacolo autobiografico ad altre persone, stavolta da animatori, credendo fortemente, come me, che scrivere e raccontare la propria vita aiuta a vivere meglio, se non altro perché è un esplicito gesto di "prendersi in cura". È proprio ciò che fa Antoine de Saint-Exupéry, quando, precipitato in pieno deserto geografico ed esistenziale, incontra quella parte di se stesso, sia pure il bambino che è sempre stato, il piccolo principe appunto, abbandonandosi insieme a lui ad un abbraccio reciproco di amicizia, di compassione e di perdono. Tutte cose queste che guariscono le ferite del cuore e della vita.

A conclusione di queste mie righe, vorrei ringraziare particolarmente te, caro Salvatore, in qualità anzitutto di parroco della parrocchia "S. Vincenzo De' Paoli", per avermi dato la possibilità di realizzare il mio primo Cenacolo autobiografico presso la tua comunità. In essa ho vissuto, come sacerdote, una bella esperienza pastorale, per mezzo della quale ho conosciuto dei fratelli "attenti" alla Parola di Dio e lieti di aver ricevuto, dalla mia povera persona, una parola, un sorriso e un abbraccio di incoraggiamento e di amicizia. Grazie don, perché il primo segno divino e umano di comunione ecclesiale e di fraternità cristiana sei stato tu, con il tuo carattere schietto, con la tua apertura mentale e con la tua carica umana che ti ha permesso anche di raccontarti!

Cari amici, scrivervi questi pensieri, che vorrebbero compendiare l'avventura che ho condiviso con voi in questi mesi vissuti a Sassari, significa per me ufficializzare non la conclusione di un cammino o di una relazione, ma annunciarvi, al contrario, che ora tutto comincia. Perché, come dice il profeta Isaia, "la pioggia e la neve scendono sulla terra per farla germogliare, e non tornano da dove sono scaturite senza aver raggiunto lo scopo per il quale sono state riversate sulla terra". Così sia del vostro nascente percorso autobiografico. Il racconto del Piccolo Principe, che ci ha accompagnati, possa svelarvi sempre più il senso e il valore dell'autobiografia, per ritrovare nel più profondo del vostro essere quell' "essenziale" della vita che si rende visibile solo ad uno sguardo nuovo su se stessi, sugli altri, sulle cose, sulla storia e su Dio: quello del cuore.

Buon cammino a tutti voi e che Dio porti a compimento l'opera iniziata in ciascuno. Vi voglio bene!

Vostro animatore cenacolare,

don Massimiliano Scalici

Sassari, 1 giugno 2019

Annexe 9

Ai partecipanti al Cenacolo autobiografico
svoltosi in Alghero, presso il Centro della Caritas diocesana "Giubileo 2000",
dal 28 marzo al 27 giugno 2019,
e al direttore della Caritas di Alghero-Bosa, il diacono Franco Deiana.

Cari cenacolisti di Alghero,
T., N., Q., DQ., QN., NN., ZN., D. e Z.,

giunti alla fine di questo cenacolo autobiografico, il primo che effettuo con degli operatori pastorali, sento di scrivervi una lettera, come gruppo cenacolare e come singoli. E voglio iniziare queste mie righe rivolgendo indistintamente a tutti il mio sentito e sincero "GRAZIE", cosciente che ognuno di voi costituisce per me un dono prezioso. Siete stati davvero coraggiosi ad accettare di partecipare all'esperienza del "Cenacolo autobiografico". Ciò è segno di una sfida superata, anzitutto, ma anche di un'apprezzabile virtù di umiltà. Avete fatto questo percorso, durato circa due mesi e mezzo, con impegno, fedeltà e progressivo entusiasmo. Forse per la prima volta come non mai vi siete posti davanti a voi stessi con l'atteggiamento di chi vuole "prender cura di sé". Da questo punto di vista, credo che tutti abbiate potuto centrare l'obiettivo del cenacolo autobiografico, che vuole anzitutto aiutare chi vi partecipa a vivere meglio la propria vita, a volersi bene di più, oltre che a mettersi a nudo e in discussione.

Dalla mia postazione di animatore, sento di essere un testimone privilegiato della progressiva apertura di ciascuno verso se stesso e verso gli altri. Cosa non scontata, perché se parlare di sé agli altri è già difficile, lo è ancor di più parlare di sé a se stessi. Ciò è stato particolarmente evidente nel laboratorio delle immagini, come anche nel laboratorio che vi ha visti autori di due coraggiose lettere, una inviata ad una persona cara, e l'altra a voi stessi. Tutto ciò, ne sono certo, porterà frutto a suo tempo.

Da parte mia, posso assicurarvi e confessarvi di aver vissuto l'esperienza cenacolare con grande empatia e profondo coinvolgimento interiore, consapevole di quelle che sono le due dinamiche fondamentali di un cenacolo autobiografico: la prima, che il racconto di ciascuno è storia sacra, nella quale bisogna entrare in punta di piedi; la seconda, che quando una persona si racconta qualcosa accade, in chi parla come pure in chi ascolta. Ed io posso confermarvi che queste due dinamiche si sono realizzate pienamente durante il vostro percorso cenacolare.

Vorrei ritornare, ancora una volta, su un punto fermo dell'esperienza autobiografica: il potere delle parole, soprattutto delle parole scritte. Si tratta infatti di un potere creativo, ereditato dal nostro Creatore, la cui Parola con la maiuscola è un'azione, un fatto, un evento: Gesù Cristo. Fissate dunque bene nella vostra mente che quando vi raccontate qualcosa succede, e tutto inizia a cambiare, proprio in virtù di una parola nuova e creativa uscita dal vostro cuore oltre che dalla vostra penna. Pertanto, il mio invito a scrivere la vostra autobiografia è foriero di tale speranza: quella dell'inizio di uno sguardo nuovo su voi stessi, sulla vostra storia, sugli altri.

Infine, vi rilancio la sfida: che ciascuno di voi possa un giorno poter trasmettere e insegnare l'esperienza del cenacolo autobiografico ad altre persone, stavolta da animatori, credendo fortemente, come me, che scrivere e raccontare la propria vita aiuta a vivere meglio, se non altro perché è un esplicito gesto di "prendersi in cura". È proprio ciò che fa Antoine de Saint-Exupéry, quando racconta dell'incontro, in pieno deserto geografico ed esistenziale, con quella parte di se stesso, sia pure il bambino che è stato, il piccolo principe appunto, che lo porta ad abbandonarsi insieme a quest'ultimo in un abbraccio reciproco di amicizia, di compassione e di perdono. Tutte cose queste che guariscono le ferite del cuore e della vita, confermando il guadagno formativo, performativo, terapeutico e riconciliatore che l'autobiografia possiede.

A conclusione di queste mie righe, vorrei ringraziare anche te, caro Franco, come uomo anzitutto, giacché, dopo il tuo caro vescovo Padre Mauro Maria, tu sei stato il secondo segno divino e umano di comunione ecclesiale e di fraternità cristiana qui ad Alghero. Il tuo carattere schietto, la tua apertura mentale e la tua carica umana sono qualità che avvalorano il tuo ministero diaconale e il tuo servizio caritativo alla tua diocesi e alla Chiesa di Cristo. E poi ti ringrazio per avermi dato, in qualità di direttore della Caritas della diocesi di Alghero-Bosa, la possibilità di realizzare il mio primo cenacolo autobiografico con un gruppo di operatori pastorali. Tu, infatti, hai creduto che "Il cenacolo autobiografico" potesse offrire anche a coloro che ti collaborano nel servizio ai poveri, ai carcerati e ai più disagiati una formazione atta a qualificare meglio la loro cooperazione. Del resto, sono convinto anch'io che chi dentro la propria pelle vi sta bene e abita con serenità la propria casa, non potrà che trasmettere altrettanta serenità a chi incontra e soccorre, rendendo un servizio umano e di amore veramente autentico, oltre che competente e professionale. Quanto più coloro che hanno a che fare con i fratelli più derelitti.

Cari amici, scrivervi questi pensieri, che vorrebbero compendiare l'avventura che ho condiviso con voi in questi mesi vissuti nella splendida città dell'Alguer, significa per me ufficializzare non tanto la conclusione di un cammino, quanto annunciarvi che ora tutto comincia. Perché, come dice il profeta Isaia, "la pioggia e la neve non tornano al cielo da dove sono scaturite senza aver raggiunto lo scopo per il quale sono state mandate sulla terra: ossia quello di irrigarla e farla germogliare". Così sia del vostro nascente percorso autobiografico. Il racconto del *Piccolo Principe*, che ci ha accompagnati, possa svelarvi sempre più il senso e il valore dell'autobiografia, aiutandovi a ritrovare nel più profondo del vostro essere quell'*essenziale* della vita che è visibile solo ad uno sguardo nuovo su se stessi, sugli altri, sulle cose, sulla storia e su Dio: quello del cuore.

Buon cammino a tutti voi, e che Dio porti a compimento l'opera iniziata in ciascuno. Vi voglio bene.

Vostro animatore cenacolare,

don Massimiliano Scalici

Alghero, 27 giugno 2019

Annexe 10

Al direttore della Casa di Reclusione di Alghero "G. Tomasiello" Dott.ssa Elisa Milanesi,
all'equipe educativa coordinata dalla Dott.ssa Luisa Villanti,
e
all'Ispettore generale dei Cappellani delle carceri italiane, don Raffaele Grimaldi,
al Vescovo di Alghero-Bosa, S. E. Mons. Mauro Maria Morfino,
al Direttore della Caritas diocesana di Alghero-Bosa, il diacono Franco Deiana,
e a S. E. Mons. Corrado Lorefice, arcivescovo di Palermo, diocesi di appartenenza del sottoscritto

Caro Direttore e cari membri dell'equipe educativa,

le pagine che vi allego, sotto forma di messaggio di gratitudine rivolto ai detenuti dei due gruppi cenacolari, contengono i punti salienti dei "Cenacoli autobiografici" che ho svolto all'interno della Casa circondariale di Alghero. L'esperienza che ho vissuto con 16 detenuti (di cui 4 non hanno completato il percorso) nell'arco di questi due mesi appena trascorsi si è rivelata straordinaria sotto ogni punto di vista. Queste mie righe oltre che a introdurre l'allegato, vogliono essere la mia attestazione di gratitudine e di stima anche nei vostri confronti.

Grazie anzitutto a lei, Direttore, per aver accolto con fiducia e con alto senso di responsabilità e di attenzione formativa che le derivano dal ruolo che occupa la proposta del "Cenacolo autobiografico" all'interno della Casa circondariale di Alghero. Si è trattato di un percorso di natura antropologica e pedagogica che ha potuto offrire alle persone recluse che hanno accolto la proposta dei laboratori autobiografici un percorso narrativo di "autoformazione". Come avrà modo di conoscere leggendo l'allegata lettera, i suddetti *cenacoli* sono stati vissuti dai detenuti in piena conformità rispetto alla valenza formativa, performativa e terapeutica dell'approccio autobiografico, e nella fattispecie dell'approccio autobiografico in modalità gruppale. A conferma di ciò si aggiunge il feedback positivo che ho raccolto da parte dei cenacolisti, come pure dai membri dell'area educativa e dallo stesso cappellano. Di fatto, questa esperienza cenacolare e autobiografica mi ha fatto toccare con mano l'importanza di un simile percorso ai fini di quella reclusione che non vuole limitarsi alla pena punitiva, ma che vuole tradursi sempre più nell'auspicabile "giustizia riparativa e riabilitativa". Quest'ultima è stata fra l'altro sottolineata nel *documento di base* della Pastorale della giustizia penale pubblicato recentemente dall'Ispettorato dei Cappellani delle carceri italiane.

Ringrazio altresì voi, cari membri dell'equipe educativa, nella persona della responsabile, la Dott.ssa Luisa Villanti, e nelle colleghe, la Dott.ssa Giusi Pisanu e la Dott.ssa Isabella Nieddu per la fiducia accordatami, oltre che alla preziosa collaborazione. Anche voi siete testimoni del coinvolgimento positivo dei detenuti dei due gruppi cenacolari dal momento che il vostro servizio professionale all'interno del carcere vi ha permesso di constatare ciò. Il vostro cordiale e costruttivo approccio nei miei riguardi ha qualificato e avvalorato maggiormente l'esperienza e ha suscitato persino il desiderio di una collaborazione futura per nuovi laboratori ed eventuali progetti antropologici ed educativi da attuare in avvenire.

1/5

Colgo l'occasione per rivolgere un grazie speciale anche a lei, caro Ispettore generale dei cappellani delle carceri italiane, don Raffaele Grimaldi, che mi sta leggendo, per avermi incoraggiato a introdurre all'interno delle case circondariali un metodo, quello autobiografico, che già molti cappellani ed associazioni cattoliche utilizzano nella missione a servizio dei fratelli reclusi. Spero che l'esperienza che ho vissuto e che ho voluto riassumere e condensare nella lettera rivolta ai detenuti si riveli feconda e foriera di nuovi progetti pastorali finalizzati alla giustizia riparativa e all'evangelizzazione all'interno delle case di reclusione.

E infine ringrazio anche voi, cari vescovi e caro diacono. Grazie caro Mons. Morfino, Vescovo di Alghero-Bosa, perché la proposta autobiografica che le avevo partecipato a suo tempo ha trovato appoggio e accoglienza in lei, *in primis*, permettendomi di attuare il cenacolo persino con un gruppo di operatori pastorali impegnati nei vari servizi della Caritas diocesana. Ne approfitto per augurarle una rapida ed efficace ripresa, a seguito del malore che l'ha portata recentemente a subire un delicato intervento chirurgico.

Grazie anche a lei, caro Direttore della Caritas di Alghero-Bosa, non solo per avermi accordato di offrire un percorso formativo ai suoi preziosi collaboratori, ossia i volontari che operano all'interno della Caritas, ma anche per aver creduto nella valenza pedagogica e formativa che il cenacolo autobiografico può offrire ai detenuti. Molti fra questi, i cosiddetti "permessisti", sono accolti e fatti alloggiare nella casa "Giubileo 2000" messa a disposizione dalla Caritas diocesana, in un progetto di collaborazione con le stesse istituzioni carcerarie di questo territorio sardo.

E grazie anche a lei, caro Mons. Corrado Lorefice, arcivescovo di Palermo, per aver accordato con fiducia, entusiasmo e condivisione pastorale ad un suo prete di sperimentare in alcune diocesi del nord Sardegna, come Sassari ed Alghero, il progetto del cenacolo autobiografico, progetto antropologico e di evangelizzazione che speriamo innervi sempre più l'azione pastorale delle Chiesa e in particolare delle Chiese italiane.

Con stima ed estrema gratitudine,

don Massimiliano Scalici

Alghero, 3 luglio 2019

2/5

Allegato

Ai partecipanti a *"Il cenacolo autobiografico"*
svoltosi in Alghero presso la Casa di Reclusione "G. Tomasiello"
dal 8 maggio al 3 luglio 2019

Cari cenacolisti del gruppo n. 1,
NQ., G., F., T., N., B., Z. e H.,

e cari cenacolisti del gruppo n. 2,
D., TN., HQ. e NN.,

giunti alla fine di questo percorso formativo intitolato *"Il cenacolo autobiografico"* e realizzato all'interno della Casa circondariale di Alghero dove siete reclusi, sento di scrivervi una lettera, come gruppi cenacolari e come singoli, per dire indistintamente a tutti voi i miei sinceri e molteplici "GRAZIE".

Il primo "GRAZIE" deriva dalla coscienza di una cosa indiscutibile: il dono prezioso che ciascuno di voi è per me. Di fatto, facendo insieme con voi questo percorso autobiografico che ci ha visti incontrare settimanalmente per circa due mesi, il primo ad uscirne arricchito sono proprio io.

Molti fattori, del resto, hanno contribuito a creare un clima ideale perché i nostri cenacoli diventassero veri e propri laboratori narrativi, ma soprattutto veri cenacoli di condivisione, di amicizia, di conoscenza reciproca e di apertura del cuore: l'ascolto empatico di tutti, il modo semplice e spontaneo di rapportarci gli uni con gli altri, la costanza agli incontri e la fiducia interpersonale. Tutto ciò ha fatto sì che ciascuno di voi potesse sentirsi a proprio agio, protetto e sicuro di poter confidare e affidare la propria storia a tutti coloro che in tal modo hanno formato una vera e propria famiglia. Da qui il mio secondo "GRAZIE" perché questa condizione cenacolare indispensabile l'avete costruita e realizzata voi, anzitutto.

Il terzo "GRAZIE" ve lo rivolgo per il coraggio che avete dimostrato accettando di partecipare ad un percorso che man mano si rivelava davvero difficile. Me lo avete esternato molto chiaramente, ed io, con altrettanta chiarezza, consapevole della grave esperienza che vi proponevo, vi ho subito rincuorati, preannunciandovi in una frase emblematica il guadagno *performativo* del percorso cenacolare: *"Non è il cammino che è difficile, ma è il difficile che è cammino!"*. Lo avete capito, e avete accettato di percorrere questa strada fino in fondo, almeno la maggior parte di voi. Ciò è segno di una sfida affrontata, anzitutto, ma anche di un'apprezzabile virtù di umiltà. È stato doloroso per ciascuno di voi "ritornare" sul "motivo" che lo ha condotto ad una casa di reclusione, perché questo ha comportato la riapertura di una ferita sempre viva e il riportare lo sguardo su ciò che preferite piuttosto rimuovere e cancellare. Tuttavia, sapendo meglio di me che ciò non è possibile, avete accettato spontaneamente, senza forzature e con estrema fiducia, di "ritrovarvi" nuovamente di fronte a quel soggetto che siete stati – il criminale, l'irresponsabile, lo stupido, il debole... – per guardarlo negli occhi e per tentare un dialogo tremendo ma sincero con lui. Proprio a questo vi hanno condotto i laboratori che hanno scandito l'esperienza cenacolare, mettendo a dura prova tutto il vostro essere, e non soltanto il vostro. Non vi nascondo che, in certi momenti, anch'io ho fatto l'esperienza devastante di "vestire" i vostri panni e di comprendere da vicino il vostro dramma. E se le lacrime non rigavano visibilmente il mio viso, esse scendevano a fiumi dagli occhi del mio cuore.

Il vostro prendere sul serio – fortunatamente per voi e per me! – l'esperienza cenacolare, vi ha concesso di entrare pienamente nell'ottica di un cenacolo autobiografico, focalizzandone in tal modo l'obiettivo: incontrare se stessi per *ritrovarsi*, e ritrovarsi per *prendersi in cura e in carico*. Cosa che avete iniziato a

3/5

fare fin dai primi laboratori, quali *il gioco della vita* e *la composizione mnemonica relativa ai 5 sensi*. Poi è stata la volta del *laboratorio figurativo*, con la conseguente scelta dell'immagine che più vi colpiva o catturava, a partire dalla quale avete dato voce e penna a un racconto autobiografico davvero sincero, oltre che estremamente doloroso. Molti di voi hanno scelto proprio l'immagine che riconduceva al crimine commesso. Infine, i due *laboratori epistolari* vi hanno visto protagonisti della stesura di due lettere, di cui la prima indirizzata *a voi stessi*. Il senso? Lo stesso di quello che racchiude il racconto de *Il Piccolo Principe*, testo che ha scandito i nostri appuntamenti cenacolari, svelandoci a poco a poco cos'è un racconto autobiografico. Infatti, attraverso questa "apparente" favola per bambini, il pilota e narratore Antoine racconta in realtà del *ritrovamento*, in pieno deserto geografico ed esistenziale, di quella parte di se stesso, sia pure del bambino che è stato, il *piccolo principe*, appunto. Questi gli farà da maestro e pedagogo, portando il *grande* Antoine e il *piccolo* Antoine ad abbandonarsi in un abbraccio reciproco di amicizia, di compassione e di perdono che prende il nome di "addomesticamento". Solo dopo un tale *ritrovamento* e *riconoscimento* reciproci i due daranno seguito ad un cammino congiunto di ricerca dell'*essenziale* della vita. Allo stesso modo, scrivendo al bambino o al giovane che siete stati, anche voi avete cominciato ad *addomesticare* quella parte di voi stessi, seppur ingenua, cattiva o disprezzabile che sia stata, di cui vi vergognate e di cui non andate fieri. Un simile "ritrovarvi" ha segnato, ne sono certo, l'inizio di un nuovo rapporto di compassione, di comprensione, di riconciliazione e di perdono di sé. Per quanto straziante per molti di voi, anche la *lettera indirizzata ad una persona cara*, quale posa della prima pietra nella ricostruzione di un ponte crollato, vi ha visti compiere il tentativo importante d'interpellare, incontrare e di parlare a una persona che avete amato e "annientato" allo stesso tempo. Alcuni hanno deciso di scrivere proprio alla vittima del crimine commesso, pur consapevoli che si trattasse di una lettera senza risposta. Eppure, io vi dico che la risposta a questa lettera è già racchiusa nel vostro stesso desiderio di rivolgere a quella persona un grido di perdono o, a seconda dei casi, di lanciare attraverso di essa un'invocazione di pietà a Dio. Anche attraverso una simile lettera, forse senza neanche accorgervene, avete iniziato, quasi sulle orme del piccolo principe, un cammino di *ritorno* al *fiore spezzato*, un tempo oggetto del vostro amore e della vostra cura. Di fatto, il desiderio di ritornare ad *essere responsabili e custodi* della vostra vita e della vita degli altri, è già segno di una volontà di riscatto e indice di quella giustizia espiativa, conciliativa, rieducativa e riparativa che il tempo della reclusione spero vi ottenga. Di fronte a questo difficile ma fecondo percorso, non posso non dirvi "GRAZIE" per il vostro coraggio quasi eroico, cari amici!

Pertanto, sono convinto che *"Il Cenacolo autobiografico"* che avete vissuto dentro le mura della Casa circondariale di Alghero vi abbia dato come non mai la possibilità di porvi davanti a voi stessi con l'atteggiamento di chi vuole "prendersi cura di sé" e riconquistare uno sguardo *nuovo* verso se stesso, verso gli altri, ma anche verso Dio. Quel Dio cui, da bambini, vi rivolgevate con fiducia in ogni circostanza e che, diventati grandi, non avete più avuto il coraggio di pregare giacché vi sentite "sporchi" o "indegni", come avete più volte sottolineato. Da questo punto di vista credo che tutti abbiate potuto comprendere le finalità principali del cenacolo autobiografico: *vivere meglio* la propria vita e *volersi bene* di più, oltre che *mettersi a nudo e in discussione*. L'approccio autobiografico può essere infatti un aiuto efficace per decidere di gettare una determinata *maschera* che spesso si preferisce indossare, in un gioco teatrale atto a ingannare "gli altri", ma anche consapevole che non si può mentire a se stessi. A tal proposito, sono certo altresì che il cenacolo autobiografico vi abbia messo nell'intimo un *desiderio di libertà*, quella del cuore, giacché è inutile un giorno uscire *fuori* da un carcere se poi si continua ad essere prigionieri *dentro*, nel cuore, nell'anima e nella coscienza. In fin dei conti, non è la mancanza di sbarre di ferro o di porte blindate che rende liberi, né la condizione di poter fare quello che si vuole. La vera libertà può restituirla solo una decisione: *voler vivere nella verità*.

4/5

Cari amici e fratelli detenuti, la mia postazione di animatore mi ha fatto sentire e diventare realmente un testimone privilegiato della progressiva apertura di ciascuno verso se stesso e verso gli altri. Cosa non scontata, perché se parlare di sé agli altri è già difficile, lo è ancor di più parlare di sé a se stessi. Vi confesso altresì di aver vissuto l'esperienza cenacolare con grande empatia e profondo coinvolgimento interiore, consapevole di quelle che sono le due dinamiche fondamentali di un cenacolo autobiografico: la prima, che il racconto di ciascuno è *storia sacra*, nella quale bisogna entrare in punta di piedi; la seconda, che *quando ci si racconta qualcosa accade*, in chi parla come pure in chi ascolta. Ed io posso confermarvi che queste due dinamiche si sono in buona parte realizzate durante i due percorsi cenacolari. A tal proposito, vi ribadisco ancora una volta un punto fermo dell'esperienza autobiografica: il *potere delle parole*, soprattutto delle parole scritte. Si tratta infatti di un *potere creativo e redentivo* ereditato dal nostro Creatore, la cui Parola con la maiuscola è un'azione, un fatto, un evento: Gesù Cristo. Fissate dunque bene nella vostra mente che quando vi raccontate qualcosa succede, e tutto inizia a cambiare, proprio in virtù di *una parola nuova e performativa* uscita dal vostro cuore, oltre che dalla vostra penna. Pertanto, il mio invito a *scrivere la vostra autobiografia* è foriero di tale speranza: quella dell'inizio di *uno sguardo nuovo* su voi stessi, sulla vostra storia, sugli altri e su Dio. È a partire da un simile sguardo che possono guarire le ferite del cuore e della vita, mentre voi fruirete di conseguenza di quel *guadagno formativo, performativo, terapeutico e riconciliatore* che l'autobiografia elargisce.

Infine, vi rilancio la sfida: che ciascuno di voi, una volta uscito da qui – ma anche qui, perché no! –, possa un giorno *trasmettere e insegnare l'esperienza del cenacolo autobiografico ad altre persone*, stavolta da animatori, credendo fortemente, come me, che scrivere e raccontare la propria vita *aiuta a vivere* meglio, se non altro perché è un esplicito gesto di "prendersi in carico".

Cari amici, scrivervi questi pensieri che vorrebbero compendiare l'avventura che ho condiviso con voi in questi mesi vissuti nella splendida città dell'*Alguer* significa per me ufficializzare non tanto la conclusione di un cammino, quanto annunciarvi che ora tutto comincia. Perché, come dice il profeta Isaia, *"la pioggia e la neve non tornano al cielo da dove sono scaturite senza aver raggiunto lo scopo per il quale sono state mandate sulla terra: ossia quello di irrigarla e farla germogliare"*. Così sia per il vostro nascente percorso autobiografico. Il racconto del *Piccolo Principe*, che ci ha accompagnati lungo il percorso cenacolare, possa svelarvi sempre più il *senso* e il *valore* dell'autobiografia, aiutandovi a ritrovare nel più profondo del vostro essere quell'*essenziale* della vita che è *visibile solo ad uno sguardo nuovo*: *lo sguardo del cuore*.

Buon cammino a tutti voi, e che Dio porti a compimento l'opera iniziata in ciascuno. Vi voglio bene.

Vostro animatore cenacolare,

don Massimiliano Scalici

Alghero, 3 luglio 2019

Annexe II

Il tatto

Per quanto riguarda il tatto il mio soggetto sono le mani, precisamente quelle dei miei genitori.

Quelle di mia madre, piccole, con le vene in risalto a causa dei lavori domestici che come dice lei « non finiscono mai », mani consumate ma sempre ben curate, mani fredde che peró riescono a scaldare il cuore nei momenti di difficoltá.

Mani che mi hanno accolto e protetto appena nato, mi hanno nutrito, accarezzato, mani che mi hanno accompagnato nei primi passi incerti e che continuano a sorreggermi ancora oggi che sono piú grande e che nonostante questo le mie gambe tremano ancora.

Quelle di mio padre, mani grandi che mi hanno sempre fatto da scudo nella vita, tanto forti quanto delicate.

Mani capaci di incutere timore senza mai posarsi su di me.

Mani esperte di un tuttofare che ha la passione e la creativitá per creare, smontare e sistemare qualunque cosa.

Mani che esprimono sentimenti meglio delle parole, mani calde che danno serenitá e sicurezza.

Le mani dei miei genitori sul tavolo del colloquio sono le mie ancore di salvezza che impediscono che la corrente della malinconia mi trascini via, sono i pilastri, le fondamenta che mi permettono di non sprofondare nella desolazione, sono le ali che mi fanno volare in alto, senza paura di cadere, con la certezza che qualunque cosa accada non lasceranno mai la presa.

Mani che mi accompagneranno verso un futuro migliore fatto di felicitá, amore e libertá.

Bibliographie

Textes bibliques

Novum Testamentum Graece et Latine, éd. par A. Merk, Sumptibus Pontificii Instituti Biblici, Romae, 1992[11]

Bible de Jérusalem, [http ://www.cerbafaso.org/textes/bioethique/bible_de_jerusalem.pdf]

Traduction Œcuménique de la Bible (TOB), Cerf et Société Biblique Française, Paris, 2004

Textes patristiques

Ambroise, *Expositio Evangelii secundum Lucam* 6, 33 (*SCh* 45)

Augustin d'Hippone, *Confessions*, X, 8 (*PL* 32, 782–783) ; X, 27 (*PL* 32, 791)

–, *Contra mendacium* 15, 26–27 (*PL* 40, 506)

–, *De catechizandis rudibus*, IV, 8 (*PL* 40, 316)

–, *Epistola* 187, 11, 34 (*PL* 33, 845)

–, *Enarrationes in Psalmos*, 21, 2, 15 (*PL* 36, 175) ; 100, 13 (*PL* 37, 1293)

–, *In Iohannis evangelium tractatus*, IX, 3 : (PL 35, 1459) ; LXXX, 3 (*PL* 35, 1840)

–, *Sermo* 117, 3, 5 (*PL* 38, 663)

–, *Quaestiones* in Heptateucum, 2, 73 (*PL* 34, 623)

Bède, (*Lib. De var. quaest.*, 9, 4) *De tabernaculo et vasis ejus ac vestibus sacerdotum, l.* I, *c.* VI (*PL* 91, 410)

Clément d'Alexandrie, *Stromata*, VI, 2, 18 (*PG* 9, 211–212)

Eusèbe, *Historia Ecclesiastica*, V, 28, 6 *(PG* 20, 514)

Grégoire le Grand, *Homiliae in Ezechielem prophetam* 1, 10, 38 (*PL* 76, 901)

–, *Registrum epistolarum*, 4, 31 (*PL* 77, 705–706)

Hilaire de Poitiers, *In Evangelium Matthaei commentarius,* 13,1 (*PL* 9, 993)

Ignace d'Antioche, *Ad Philadelphenses*, 5, 1 (*PG* 5, 827)

Irénée de Lyon, *Adversus Haereses,* III, 12, 12 (*PG* 7, 906) ; III,1,1 (*PG* 7, 845) ; III, 19, 1 (*PG* 7, 939)

Jérôme, *Adversus Luciferianos,* 28 (*PL*, 23, 182 A)

–, *Commentarius in Ecclesiasten*, n. 313 : *CCSL* 72,278

Justin, *Apologie* II, 7 (8),1–5 [Ch. Munier, *Justin. Apologie pour les chrétiens* (introduction, texte critique, traduction et notes d'Id.), Cerf, Paris, 2006, pp. 339–343]

Origène, *Commentarius in Canticum canticorum,* 3 (*SCh* 376)

–, *Commentaire sur l'évangile selon saint Jean*, XXXII, 21

–, *De oratione* 22, 4 (*GCS* 3, 348–349).

–, *De principiis* 1, 2, 6 (*SCh* 252 , 120 – 5) ; 4, 4, 1 (*SCh* 268, 402)

–, *Philocalie*, 15, 19 (*SCh* 302, 436–444)

Macaire, *Homélie,* 46,1 (*PG* 34, 791–792)

Novatien, *Epistulae,* LXVIII, 5,2 (Y. Congar, *La tradition et les traditions*, t. II : *Essai théologique*, p. 102)

Tertullien, *Adversus Marcionem*, 14, 39 (Y. Congar, *La tradition et les traditions*, t. II : *Essai théologique*, pp. 148)

Vincent de Lérins, *Commonitorium,* 2 (*PL* 50, 639)

Textes théologiques anciens

BONAVENTURE, *Collationes in Hexaëmeron*, 1.12, 17
JEAN DE LA CROIX, *Montée du Carmel*, t. I, livre II, Cerf, Paris 1982
T. NETTER, *Doctrinale Antiquitatum Fidei Catholicae Ecclesiae*, F. B. Blanciotti, Venice, 1757
THOMAS D'AQUIN, *Summa Theologiae* : I, *q*. 1, *a*. 8, *ad* 2 ; I, *q*. 5, *a*. 4 ; III, *q*. 60, *a*. 1, *ad* 1 ; III, *q*. 60, *a*. 2 ; III, *q*. 60, *a*. 2 sc.
–, *Super epistolam ad Hebraeos : c. 12 lect. 1*
–, *Expositio et lectura super epistolas Pauli apostoli (super Romanos)* : *c*. 1 *lect*. 5 ; *c*. 12 *lect*. 3
WALTRAMUS, *De unitate Ecclesiae conservanda*, W. Schwenkenbecher, Hannoverae, 1883

Magistère ecclésial

BENOÎT XVI, *Foi, Raison et Université : souvenirs et réflexions* (Rencontre avec les représentants du monde des sciences, Ratisbonne, 12 septembre 2006) [http ://w2.vatican.va/content/benedict-xvi/fr/speeches/2006/september/documents/hf_ben-xvi_spe_20060912_university-regensburg.html]
–, *Verbum Domini,* Exhortation apostolique post-synodale (30.9.2010), AAS 102 (2010)
CATÉCHISME DE L'ÉGLISE CATHOLIQUE, Centurion / Cerf, Paris, 1988
COMMISSION BIBLIQUE PONTIFICALE, *L'interprétation de la Bible dans l'Église* (15.4.1993), Cerf, Paris, 1994
COMMISSION THÉOLOGIQUE INTERNATIONALE, *Le Dieu rédempteur : questions choisies* (1995), dans *Documents II* (1986–2009), Cerf, Paris, 2013
–, *L'Interprétation des dogmes* (1989), dans ID., *Documents* II (1986–2009), éd. par Gilles Emery, Cerf, Paris, 2013
CONCILIUM TRIDENTINUM, Sess. XIII, 11 octobris 1551, *Decr. De ss. Eucharistia*, c. 3 : *Diariorum, Actorum, Epistolarum, Tractatuum nova collectio*, ed. Soc. Goerresianae, t. VII, *Actorum pars* IV, Friburgi Brisgoviae, 1961
CONCILE VATICAN II, Constitution sur la liturgie *Sacrosanctum concilium, AAS* 56 (1964)
–, Décret sur l'œcuménisme *Unitatis redintegratio, AAS* 57 (1965)
–, Constitution sur l'Église *Lumen gentium, AAS* 57 (1965)
–, Constitution dogmatique *Dei Verbum, AAS* 58 (1966)
–, Constitution pastorale sur l'Église dans le monde de ce temps dogmatique *Gaudium et spes, AAS* 58 (1966)
–, Décret sur la formation des prêtres *Optatam totius, AAS* 58 (1966)
–, Décret sur le ministère et la vie des prêtres *Presbyterorum ordinis*, *AAS* 58 (1966)
–, Décret sur la rénovation et l'adaptation de la vie religieuse *Perfectae caritatis, AAS* 58 (1966)
CONFERENZA EPISCOPALE LATINO-AMERICANA, III Assemblea generale (Puebla 1979), *Puebla – Documenti, testo definitivo*, EMI, Bologna, 1985
FRANÇOIS, *Angelus*, Place Saint-Pierre (10.1.2016) [http ://www.vatican.va/content/francesco/fr/angelus/2016/documents/papa-francesco_angelus_20160110.html]
–, *Evangelii gaudium*, Exhortation apostolique (24.11.2013), *AAS* 105 (2013)
–, *Lumen fidei*, Lettre encyclique (29.6.2013), *AAS* 105 (2013)
JEAN-PAUL II, *Catechesi Tradendae*, Exhortation apostolique (16.10.1979), *AAS* 71 (1979)
–, *Christifideles laici*, Exhortation apostolique post-synodale (30.12.1988), *AAS* 81 (1989)
–, *Discours à la XIXe Assemblée du C.E.L.AM.* (Port-au-Prince 9.3.1983), *AAS* 75 (1983)
–, *Homélie au Sanctuaire de la Sainte-Croix* (Mogila, Cracovie, 9.6.1979), *AAS* 71 (1979)
–, *Homélie d'intronisation* (22.10.1978), *AAS* 70 (1978)
PAUL VI, *Evangelii nuntiandi*, Exhortation apostolique (8.12.1975), *AAS* 68 (1976)
–, *Mysterium Fidei,* Lettre encyclique (3.9.1965), *AAS* 57 (1965)

PIE XII, *Humani generis,* Lettre encyclique (12.8.1950), *AAS* 42 (1950)
SYNODE DES ÉVÊQUES (XIIIe Assemblée générale), *La nouvelle évangélisation pour la transmission de la foi chrétienne. Lineamenta*, Cité du Vatican, 2011 [http ://www.vatican.va/roman_curia/synod/documents/rc_synod_doc_20110202_lineamenta-xiii-assembly_fr.html#_ftn13]
SYNODE DES ÉVÊQUES (XIIIe Assemblée générale ordinaire), *Message au peuple de Dieu*, Cité du Vatican, 26 octobre 2012 [http ://www.vatican.va/roman_curia/synod/documents/rc_synod_doc_20121026_message-synod_fr.html]

Dictionnaires

DICTIONNAIRE GREC-FRANÇAIS DU NOUVEAU TESTAMENT, préparé par J.-C. Ingelaere – P. Marval – P. Prigent [adapt. de *A Concise Greek English Dictionary of the New Testament*, prepared by Barclay M. Newman, Jr.], Alliance Biblique Universelle, 1988
G. KITTEL, G. FRIEDRICH (éds.), *Grande Lessico del Nuovo Testamento* (*GLNT*), Paideia, Brescia, 1969

Ouvrages et articles

G. ADLER (dir.), *Récits de vie et pédagogie de groupe en formation pastorale*, Paris, L'Harmattan, 1994
E. ALBERICH, *Forme e modelli di catechesi con gli adulti*, Elledici, Leumann, 1995
–, A. BINZ, *Adultes et Catéchèse. Éléments de méthodologie catéchétique à l'âge adulte*, Novalis / Cerf /Lumen Vitae, Ottawa / Paris / Bruxelles, 2000
G. ALCAMO (dir.), *Far toccare Dio. La narrazione nella catechesi*, Paoline, Cinisello Balsamo, 2016
J.-N. ALETTI, *L'art de raconter Jésus Christ. L'écriture narrative de l'évangile de Luc*, Seuil, Paris, 1989
–, *Quand Luc raconte. Le récit comme théologie*, Cerf, Paris, 1998
I. ALFEYEV, *Le Nom grand et glorieux. La vénération du Nom de Dieu et la prière de Jésus dans la tradition orthodoxe*, Cerf, Paris, 2007
N. ALLET, L. JENNY, « L'autobiographie. Méthodes et problèmes », Département de Français moderne, Université de Genève, Genève, 2005 [https ://www.unige.ch/lettres/framo/enseignements/methodes/autobiographie/abintegr.html]
W. ALTMANN, *Der Begriff der Tradition bei Karl Rahner,* H. Lang, Bern, 1974
F.-X. AMHERDT, *L'herméneutique philosophique de Paul Ricœur et son importance pour l'exégèse biblique. En débat avec la New Yale Theology School*, Cerf, Paris, 2004
–, *Proposer prophétiquement l'Évangile aujourd'hui : une affaire de goût et d'espérance*, dans M. DELGADO (éd./Hg.), *« Ces gens ne sont-ils pas des hommes ? » - Evangile et prophétie / « Sind sie etwa keine Menschen ? » - Evangelium und Prophetie. Colloque de la Faculté de théologie de Fribourg (1–4 décembre 2011) / Kolloquium der Theologischen Fakultät Freiburg (1.-4. Dezember 2011)*, coll. « Studia Friburgensia – Series Historica », n. 10, Fribourg, Academic Press, 2013, pp. 151–163
E. ANDREUCCETTI, *La locanda dei racconti*, EDB, Bologna, 2007
L.-E. ANGUS, K.-K. HARDTKE, « Margaret's story : An intensive case analysis of insight and narrative process change in client-centred psychotherapy », dans L. G. CASTONGUAY & C. HILL (éd.), *Insight in Psychotherapy*, American Psychological Association, Washington, 2007, pp. 187–205

Animation Biblique Œcuménique Romande, *L'évangile de Jean. Une lecture narratologique. Notes exégétiques et plan d'animation*, Évangile et culture, Centre catholique romand de formation permanente, Lausanne, 1992
A. Antonietti, S. Rora, *Raccontare l'apprendimento. Il diario narrativo : come ricostruire e monitorare percorsi formativi*, Raffaello Cortina, Milano, 2004
M. Arrivé, *Langage et psychanalyse, linguistique et inconscient*, PUF, Paris, 1994
C. Asprey, « Karl Barth et Dietrich Bonhoeffer : actualisme théologique ou ontologie sociale », dans J.-L. Souletie (dir.), *Nommer Dieu. L'analogie revisitée*, Lessius, Namur, 2016, pp. 161–194
R.-C. Atkinson, R.-M. Shiffrin, *Human memory. A proposed system and its control processes*, dans K.-W. Spence, J.-T. Spence, *The Psychology of Learning and Motivation : Advances in Research and Theory*, Academic Press, New York, 1968, pp. 89–195
J. Audinet (dir.), *Le déplacement de la théologie*, Beauchesne, Paris, 1977
P. Babin (dir.), *Audiovisuel et Foi*, Éditions du Chalet, Lyon, 1970
P. Bacq, « La pastorale d'engendrement : qu'est-ce à dire ? », *Lumen Vitae* 63 (3/2008), pp. 299–317
–, C. Theobald (dir.), *Passeurs d'Évangile. Autour d'une pastorale d'engendrement*, Lumen Vitae / Novalis / L'Atelier, Bruxelles / Montréal / Paris, 2008
–, C. Theobald (dir.), *Une nouvelle chance pour l'Évangile. Vers une pastorale d'engendrement*, Lumen Vitae / Novalis, Bruxelles / Paris / Montréal, 2004
J.-S. Baden, *The Composition of the Pentateuch : Renewing the Documentary Hypothesis*, Yale University Press, New Haven, 2012
V. Balaguer, « La teologia narrativa », *Scripta theologica* 28 (3/1996), pp. 689–712
V.-A. Baldassarre (dir.), L. Di Gregorio, A.-C. Scardicchio, *La vita come paradigma. L'Autobiografia come strategia di Ricerca-Form-Azione*, Edizioni dal Sud, Modugno (Ba), 1999
H.-U. von Balthasar, *Abbattere i bastioni* [titre orig. : *Schleifung der Bastionem*, Joannes Verlag, Einsiedeln, 1966], Borla, Torino-Leumann, 1966
–, *Karl Barth. Présentation et interprétation de sa théologie*, Cerf, Paris, 2008
–, *La Dramatique divine*, t. II : *Les Personnes du drame*, vol. 1 : *L'Homme en Dieu*, [titre original : *Theodramatik. Die Personen des Spieles. Der Mensch in Gott*, Johannes Verlag, Einsiedeln, 1976, trad. de l'all. par Yves Claude Gélébart, coll. Camille Dumont], Culture et Vérité / Lethielleux / Le Sycomore, Namur / Paris, 1986
–, *La Dramatique divine*, t. II : *Les Personnes du drame*, vol. 2 : *Les personnes dans le Christ* [Titre orig. : *Theodramatik. Die Personen des Spieles. Die Personen in Christus*, trad. de l'all. par Robert Givord, coll. Camille Dumont], Culture et Vérité / Lethielleux / Le Sycomore, Namur / Paris, 1988
–, *La Gloire et la Croix. Les aspects esthétiques de la révélation*, t. I : *Apparition* [Titre original : *Herrlichkeit. Eine theologische Ästhetik*, I. *Schau der Gestalt*, Johannesverlag, Einsiedeln, 1961, trad. de l'all. par Robert Givord], Aubier-Montaigne, Paris, 1965
–, « L'Esprit-Saint, l'Inconnu au-delà du Verbe », *Lumière et vie* 67 (1964), pp. 115–126
–, *Saggi Teologici*, t. I : *Verbum caro* [titre original : *Verbum caro. Skizzen zur Theologie* 1, Johannes Verlag, Einsiedeln / Freiburg, 1960, 1990^3, trad. italienne de G. Colombi, révision d'E. Guerriero], Morcelliana / Jaka Book, Brescia / Milano, 1968, 2005
–, *Théologie de l'Histoire*, Plon, Paris, 1955
R. Baroni, « Ce que l'intrigue ajoute au temps. Une relecture critique de Temps et récit de Paul Ricœur », *Poétique* 2010/3 (163), pp. 361–382
P.-J. Bauer, L.-A. Hertsgaard, G.-A. Dow, « After eight months have passed : long term recall of events by one and two year old children », *Memory* 2 (1994), pp. 353–382
P. Beauchamp, *L'un et l'autre Testament*, t. I : *Essai de lecture*, Seuil, Paris, 1976
–, *L'un et l'autre Testament*, t. II : *Accomplir les Écritures*, Seuil, Paris, 1990

A. Bello, « Eucaristia, mia gioia », dans Id., *Scritti di Mons. Antonio Bello*, vol. 6 : *Scritti vari, interviste, aggiunte*, Luce e vita, Molfetta, 2007, pp. 174–179

–, « La famiglia come laboratorio di pace », dans Id., *Scritti di Mons. Antonio Bello*, vol. 4 : *Scritti di pace*, Luce e vita, Molfetta, 1997, pp. 172–183

G. Bellusci, *L'universale concretum, categoria fondamentale della Rivelazione a partire dall'analisi del ciclo natalizio*, Pontificia Università Gregoriana, Roma, 2006

R. Bergner, « Therapeutic storytelling revisited », *American Journal of Psychotherapy* 61 (2007), pp.149–162

G. Bertagna, A. Ceretti, C. Mazzucato (dir.), *Il libro dell'incontro. Vittime e responsabili della lotta armata a confronto*, Il Saggiatore, Milano, 2015

E. Biemmi, « Il primo annuncio », relazione al *Convegno per i catechisti della diocesi di Lodi* (Lodi, 14–15 maggio 2010) [http ://www.diocesi.lodi.it/ucd/wp-content/uploads/sites/5/2016/10/2.-Relazione-Biemmi-Il-primo-annuncio.pdf]

–, « Il "Primo annuncio". Breve mappa per orientarsi » (scheda) [http ://www.diocesi.lodi.it/ucd/wp-content/uploads/sites/5/2016/10/3.-Biemmi-Scheda-sintetica-sul-primo-annuncio.pdf]

–, « La dimensione narrativa della catechesi. Problematica. Introduzione al Congresso dell'EEC », dans Équipe Europea di Catechesi, *La catechesi narrativa. Atti del Congresso dell'Équipe Europea di Catechesi (Cracovia, 26–31 maggio 2010)*, a cura di E. Biemmi e G. Biancardi, Elledici, Leumann, 2012, pp. 11–19

–, « La "nouvelle évangélisation" dans l'Église catholique », dans J. Cottin, É. Parmentier (éds.), *Évangéliser. Perspectives œcuméniques et européennes*, LIT Verlag, Münster / Berlin / Zürich / Wien / London, 2015, pp. 63–79

–, *La seconde annonce. La grâce de recommencer*, Lumen Vitae, Bruxelles, 2013

A. Binz, « Accompagner les adultes sur les chemins du croire », dans G. Routhier, M. Viau (dir), *Précis de Théologie Pratique*, Novalis / Lumen Vitae, Ottawa / Bruxelles, 2004², pp. 401–423

–, « Costruire insieme la casa della fede adulta. Condizioni, realizzazione e impegni per gli agenti pastorali », dans Ufficio Catechistico Nazionale, *Adulti e catechesi nella comunità. Orientamenti per la catechesi degli adulti*, LDC, Leumann, 1991, pp. 100–117

–, « Den Glauben zum Tragen bringen. Wegbegleitung als Aufgabe und Dimension der religiösen Erwachsenenbildung », *Religionspädagogische Beiträge* 21 (1988), pp. 3–11

–, « Erzähl mir von Deinem Leben ! Von der Kraft der biblischen Erzählung in der Erwachsenenkatechese », *Religionspädagogische Beiträge* 36 (1995), pp. 31–44

–, « Neue Formen der Spiritualität, Eine Herausforderung für die Erwachsenenbildung und die Pastoral » dans W. Simon (dir.), *Meditatio : Beiträge zur Theologie und Religionspädagogik der Spiritualität*, LIT, Münster /Hamburg / London, 2002, pp. 363–381

–, « Prérecisions de vocabulaire : biographie, autobiographie, récit de vie, récit de pratique », pp. 23–27 ; « Récits de vie, récits de pratique et leur place dans la formation », pp. 31–37 ; « Biographie et identité croyante », pp. 53–66 ; et « L'utilisation d'un récit écrit », pp. 123–131 dans G. Adler (dir.), *Récits de vie et pédagogie de groupe en formation pastorale*, Paris, L'Harmattan, 1994

–, « Quelques dimensions pour développer la dimension catéchétique des communautés chrétiennes : vers une catéchèse intergénérationnelle », *Catéchèse* 30 (1990) 118/119, pp. 159–172

–, « Raccontaci la tua vita », dans G.-D. Cova (dir.), *Nuovi patti di pace. Saggi per Giovanni Catti nel settantesimo compleanno*, Dehoniane, Bologna 1994, pp. 53–70

–, R. Moldo, A.-L. Roy (dir.), *Former des adultes en Eglise. Etat des lieux, aspects théoriques et pratiques. Hommage à Gilbert Adler*, Saint-Augustin, St-Maurice, 2000

–, S. Salzmann, *Documents d'andragogie. Outils pour la formation et la catéchèse des adultes*, Centre catholique romand de formation permanente, Strasbourg / Fribourg, 1996

P. Blanco, « *Analogia entis, analogia fidei*. Karl Barth dialoga con teólogos católicos », *Scripta Theologica* 51 (2019) pp. 67–95

J.-C. Boillat, F.-X. Amherdt, *Web & Co et pastorale. Les nouvelles technologies de l'information et de la communication et la transmission de la foi*, Saint-Augustin, Saint-Maurice, 2013

G. Bonvalot, B. Courtois, « L'autobiographie-projet », *Education Permanente* 72/73 (1984), pp. 151–164

P. Bordeyne, « Vatican II, un concile dans l'histoire », *Études* 12 (2005), pp. 649–658

S. Boulgakov, *La philosophie du verbe et du nom* [titre original : *Filosofia Imeni*, trad. du russe par Constantin Andronikof], L'Âge d'Homme, Lausanne, 1991

P. Bourdieu, J.-C. Passeron, *La Reproduction. Éléments pour une théorie du système d'enseignement*, Minuit, Paris, 1970

F.-M. Braun, *Jean le Théologien et son Évangile dans l'Église ancienne*, Gabalda, Paris, 1959

R.-E. Brown, *Giovanni. Commento al vangelo spirituale*, vol. 1, Cittadella, Assisi, 1979

–, *The* Sensus Plenior *of Sacred Scripture*, Wipf & Stock, Eugene, 1955

–, J.-A. Fitzmyer, R.-E. Murphy (éds.), *Nuovo Grande Commentario Biblico* [titre original : *The New Jerome Biblical Commentary*], Queriniana, Brescia, 2002[2]

J. Bruner, *Autobiografia. Alla ricerca della mente*, Armando, Roma, 1984

–, « La costruzione narrativa della realtà », dans M. Ammaniti, D. Stern (dir.), *Rappresentazioni e narrazioni*, Laterza, Roma / Bari, 1991, pp. 17–42

–, *La cultura dell'educazione. Nuovi orizzonti per la scuola*, Feltrinelli, Milano, 1998

–, *La fabbrica delle storie. Diritto, letteratura, vita*, Laterza, Roma / Bari, 2002

–, *La ricerca del significato. Per una psicologia culturale*, Bollati Boringhieri, Torino, 1997

–, « L'invenzione dell'io : l'autobiografia e le sue orme », dans D.-R. Olson, N. Torrance (dir.), *Alfabetizzazione e oralità*, Raffaello Cortina, Milano, 1995, pp. 137–157

P. Bühler - J.-F. Habermacher (dir.), *La narration, quand le récit devient communication*, Labor et Fides, Genève, 1988

F. Cambi, *L'autobiografia come metodo formativo*, Laterza, Roma-Bari, 2002

G. Canobbio, P. Coda (edd.), *La teologia del XX secolo. Un bilancio. Prospettive storiche*, vol. 1, Citta Nuova, Roma, 2003

J.-R. Carballo, « Biblia », dans A. T. Queiruga (éd.), *10 palabras clave en Religión*, Verbo Divino, Estella (Navarra), 1992, pp. 253–295

C. Casagrande – S. Vecchio, *Histoire des péchés capitaux au Moyen Âge*, Aubier, Paris, 2000

A. Ceretti, « Giustizia riparative e mediazione penale. Esperienze pratiche a confronto », dans F. Scarparro (dir.), *Il coraggio di mediare. Contesti, teorie e pratiche di risoluzioni alternative delle controversie*, Guerrini e Associati, Milano, 2001, pp. 307–356

J.-F. Chiantaretto, *De l'acte autobiographique. Le psychanalyste et l'écriture autobiographique*, Champ Vallon, Ceyzérieu, 1998

–, (dir.), *Écritures de soi, écritures des limites*, Hermann, Paris, 2014

–, A. Clancier, A. Roche, *Autobiographie, journal intime et psychanalyse*, Économica Anthropos, Paris, 2005

Coll., *« La nouvelle évangélisation »*, *Lumen Vitae* 67/2012, pp. 121–240

Coll., *Autoformazione*, *Adultità* 10 (1999)

J.-F. Collange, *Énigmes de la deuxième épître de Paul aux Corinthiens. Étude exégétique de 2 Cor. 2 : 14–7 : 4*, Cambridge University Press, Cambridge, 1972

J. Colson, *L'énigme du disciple que Jésus aimait*, Beauchesne, Paris, 1969

Commission théologique internationale, *Le Dieu rédempteur : questions choisies* (1995), dans *Documents II* (1986–2009), Cerf, Paris, 2013

Y. Congar, *Im Geist und im Feuer. Glaubensperspektiven*, Herder, Freiburg im Breisgau, 1987

–, *Je crois en l'Esprit Saint*, Cerf, Paris 1997[2]

–, *La Tradition et les traditions*, t. I : *Essai historique* ; t. II : *Essai théologique*, Cerf, Paris, 2010

M.-A. Conway, « Memory and the self », dans *Journal of Memory and Language*, 53 (2005), pp. 594–628
J. Cottin, É. Parmentier (éds.), *Évangéliser. Perspectives œcuméniques et européennes*, Lit Verlag, Münster / Berlin / Zürich / Wien / London, 2015
R.-A. Culpepper, *Anathomy of the Fourth Gospel*, Fortress Press, Philadelphia, 1983
C. Dagens, *Entre épreuves et renouveaux : la passion de l'Évangile. Indifférence religieuse, visibilité de l'Église et évangélisation*, Bayard / Cerf / Fleurus-Mame, Paris, 2010
–, *Va au large. Des chances nouvelles pour l'Évangile*, Parole et Silence, Paris, 2001
S.-A. Dagradi, « L'autobiografismo nietzscheiano tra assoggettamento, maschera e soggettività polimorfa : 1. L'autobiografismo negli scritti della giovinezza » [http ://www.cooperweb.it/societaeconflitto/nietzsche1.html]
G. Dahan, *L'exégèse chrétienne de la Bible en Occident médiéval, XIIe-XIVe siècle*, Cerf, Paris, 1999
J. Dalarun (dir.), *François d'Assise* : *Écrits, Vies, témoignages*, vol. 1, Cerf / Éd. Franciscaines, Paris, 2010
H. Danet, *Gloire et croix de Jésus-Chist. L'analogie chez H. Urs von Balthasar comme introduction à sa Christologie*, Desclée, Paris, 1987
P. Dalloz, *Vérités sur le drame du Vercors*, F. Lanore, Paris, 1979
H. De Lubac, *Exégèse médiévale. Les quatre sens de l'Écriture*, vol. I, t. 2, Aubier, Paris, 1959
A. Del Agua, « L'identité narrative des chrétiens selon le Nouveau Testament », *Concilium* 285 (2000), pp. 113–121
J. De La Torre, « The therapist tells a story : A technique in brief psychotherapy », *Bulletin of the Menninger Clinic*, 36 (1972), pp. 606–616
H. Delhougne, « Une Bible pour les oreilles et pour les lèvres. La traduction liturgique de la Bible 2013 », dans Luxembourg School of Religion & Society – Department of Religion, Communication, Education, *Pas d'Humanité sans Parole : La Sacramentalité de la Parole entre parole humaine et Parole divine. Actes du Colloque scientifique, international et interdisciplinaire, Luxembourg, 28–30 janvier 2016*, Centre Jean XXIII, Luxembourg, à paraître
G. Dimaggio, A. Montano, R. Popolo, G. Salvatore, *Terapia metacognitiva interpersonale dei disturbi di personalità*, Raffaello Cortina, Milano, 2013
G. De Rosa, « Significato e contenuto di "Evangelizzazione" », *La Civiltà Cattolica* 128 (1977), pp. 321–336
D. Demetrio, *Autoanalisi per non pazienti. Inquietudine e scrittura di sé*, Raffaelle Cortina, Milano, 2003
–, « Fare essere in formazione », *Adultità* 2 (1995), pp. 2–8
–, *Il gioco della vita. Kit autobiografico. Trenta proposte per il piacere di raccontarsi*, Guerini e Associati, Milano, 1997
–, (dir.), *L'educatore auto(bio)grafo. Il metodo delle storie di vita nelle relazioni di aiuto*, Unicopoli, Milano, 1999
–, *L'età adulta*, NIS, Roma, 1990
–, « La ricerca autobiografica come cura di sé e processo cognitivo », *Animazione sociale* 7 (1994), pp. 55–61
–, *La scrittura clinica. Consulenza autobiografica e fragilità esistenziali,* Raffaello Cortina, Milano, 2008
–, *Raccontarsi. L'autobiografia come cura di sé*, Raffaello Cortina, Milano, 2001.
–, *Ricordare a scuola. Fare memoria e didattica autobiografica*, Laterza, Roma / Bari, 2003
–, D. Fabbri, S. Gherardi, *Apprendere nelle organizzazione. Proposte per la crescita cognitiva in età adulta*, Carocci, Roma, 1994
M.-L. De Natale (dir.), *Pedagogisti per la giustizia*, Vita e Pensiero, Milano, 2004

P. Dominicé, *L'histoire de vie comme processus de formation*, L'Harmattan, Paris, 1990

P.-J. Dufief, *Les écritures de l'intime de 1800 à 1914 : autobiographies, mémoires, journaux intimes et correspondances*, Bréal, Paris, 2001

L. Formenti, *La formazione autobiografica. Confronti tra modelli e riflessioni tra teoria e prassi*, Guerini Studio, Milano, 2000

U. Eco, *Art et beauté dans l'esthétique médiévale*, Grasset, Paris, 1997

–, *Lector in fabula* [trad. de l'italien par M. Bouzaher], B. Grasset, Paris, 1985

Équipe Européenne de Catéchèse, *La catéchèse narrative. Actes du congrès de l'Équipe Européenne de Catéchèse. Cracovie, du 26 au 31 mai 2010*, dirigé par E. Biemmi et A. Fossion, Lumen Vitae, Bruxelles, 2011

Équipe Europea di Catechesi, *La catechesi narrativa. Atti del Congresso dell'Équipe Europea di Catechesi* (Cracovia, 26–31 maggio 2010), a cura di E. Biemmi e G. Biancardi, Elledici, Leumann, 2012

L. Estang, *Saint-Exupéry par lui-même*, Seuil, Paris,1956

C. Fabro, *Opere Complete*, vol. 10 : *Dio. Introduzione al problema teologico*, Editrice del Verbo Incarnato, Segni (Roma), 2007

G. Ferraro, *L'innocenza della verità. Corso di filosofia in carcere*, Filema, Napoli, 2008

M. Flick, « Il problema dello sviluppo del dogma nella teologia contemporanea », *Gregorianum* 33 (1/1952), pp. 5–24

U. Follena (éd.), *Il Piccolo Principe commentato con testi di Papa Francesco*, Àncora, Milano, 2017

L. Formenti, *La formazione autobiografica. Confronti tra modelli e riflessioni tra teoria e prassi*, Guerini Associati, Milano, 1998

–, «Divenire adulti : la ricerca come formazione », dans Id., I. Gamelli, *Quella volta che ho imparato. La conoscenza di sé nei luoghi dell'educazione*, Raffaello Cortina, Milano 1998, pp. 109–136

B. Forte, *La trasmissione della fede*, Queriniana, Brescia, 2014

T. Fortna, *The Fourth Gospel and its Predecessor*, T&T Clark, Edinburgh, 1989

A. Fossion, *Dieu désirable. Proposition de la foi et initiation*, Novalis / Lumen Vitae, Montréal / Bruxelles, 2010

–, *Dieu toujours recommencé. Essai sur la catéchèse contemporaine*, Lumen Vitae / Novalis / Cerf / Labor et Fides, Bruxelles / Montréal / Paris / Genève, 1997

–, « Proposta della fede e primo annuncio », *Catechesi* 78 (4/2008–2009), pp. 29–34

J.-W. Fowler, *Stages of Faith : The Psychology of Human Development and the Quest for Meaning*, Harper & Row, San Francisco, 1981

A. Francia, *Il delitto raccontato. Una lettura criminologica delle novelle di Guy de Maupassant*, Franco Angeli, Milano, 2010

G. Galvagno, F. Giuntoli, *Dai frammenti alla Storia. Introduzione al Pentateuco*, Elledici, Torino, 2013

I. Gamelli (dir.), *Il prisma autobiografico. Riflessi interdisciplinari del racconto di sé*, Unicopoli, Milano, 2003.

–, L. Formenti, *Quella volta che ho imparato. La conoscenza di sé nei luoghi dell'educazione*, Raffaello Cortina, Milano 1998

J.-R. Geiselmann, « *Schrift - Tradition - Kirche*, ein ökumenisches Problem », dans M. Roesle, O. Cullmann (Hg.), *Begegnung der Christen. Studien evangelischer und katholischer Theologen*, Evangelisches Verlagswerk / Verlag Josef Knecht / Carolusdruckerei, Stuttgart / Frankfurt am Main, 1959, pp. 131–159

J. Gevaert, *Prima evangelizzazione*, LDC, Leumann, 1990

M. Giguère, « Les symboles religieux dans Le petit prince », 23.6.2015, [https ://prezi.com/fxjrfa3ci_js/les-symboles-religieux-dans-le-petit-prince/]

S. GIANNATEMPO, *Il vangelo sencondo il Piccolo Principe*, Claudiana, Torino, 2015

J. GOETTMANN, *Saint Jean. Évangile de la Nouvelle Genèse*, Cerf, Paris, 1982

A. GRABAR, *Les origines de l'esthétique médiévale*, Macula, Paris, 1992

A.-J. GREIMAS, « Les actants, les acteurs et les figures », dans C. CHABROL (éd.), *Sémiotique, narrative et textuelle*, Larousse, Paris, 1973, pp. 161–176

–, *Maupassant. La sémiotique du texte : exercices pratiques*, Seuil, Paris, 1976

P. GRELOT, « Dix propositions sur l'inspiration scripturaire », *Esprit et Vie* 46 (1986), pp. 97–105

G. GUSDORF, *Les écritures du moi*, vol. 1 : *Lignes de vie* ; vol. 2 : *Auto-bio-graphie*, Odile Jacob, Paris, 1991

B. HALLENSLEBEN, « La sacramentalité de la Parole entre communication humaine et la Parole de Dieu », dans LUXEMBOURG SCHOOL OF RELIGION & SOCIETY – DEPARTMENT OF RELIGION, COMMUNICATION, EDUCATION, *Pas d'Humanité sans Parole : La Sacramentalité de la Parole entre parole humaine et Parole divine. Actes du Colloque scientifique, international et interdisciplinaire, Luxembourg, 28–30 janvier 2016*, Centre Jean XXIII, Luxembourg, à paraître

H. HÄRING, « L'histoire de Jésus comme origine et fondement de l'identité religieuse », *Concilium* 285 (2000), pp. 123–137

J. HOFF, « The Wor(l)d before the Word : Sacramental Realism after the Decline of the 'Linguistic Turn' », dans LUXEMBOURG SCHOOL OF RELIGION & SOCIETY - DEPARTMENT OF RELIGION, COMMUNICATION, EDUCATION, *Pas d'Humanité sans Parole : La Sacramentalité de la Parole entre parole humaine et Parole divine. Actes du Colloque scientifique, international et interdisciplinaire, Luxembourg, 28–30 janvier 2016*, Centre Jean XXIII, Luxembourg, à paraître

H. HOLSTEIN, *La tradition dans l'Église*, Grasset, Paris 1960

V. HOLZER, « L'"analogie de l'être" et l'irruption de la "différence ontologique" : approche historique d'une mutation théologique », dans J.-L. SOULETIE (dir.), *Nommer Dieu. L'analogie revisitée*, Lessius, Namur, 2016, pp. 11–39

T.-D. HUMBRECHT, « L'analogie au travail. Son importance en théologie, lorsqu'elle est présente et aussi lorsqu'elle manque », *Communio* 215 (2011) pp. 11–22

ISPETTORATO DEI CAPPELLANI DELLE CARCERI ITALIANE (Ministero della Giustizia), *Documento base di pastorale nell'ambito del penale*, *Il Regno-Documenti* 51 (11/2016), pp. 339–362

–, *Per una pastorale della giustizia penale. Documento base*, Marcianum Press, Venezia, 2018

M. JACQUIN, « Melchior Cano et la théologie moderne », *Revue de sciences philosophiques et théologiques* 14 (1920), pp. 121–141

C. JOURNET, *Connaissance et inconnaissance de Dieu*, Saint-Maurice, 1969,1996[2]

E. JÜNGEL, *Dieu Mystère du monde. Fondement de la théologie du Crucifié dans le débat entre théisme et athéisme,* t. II [titre original : *Gott als Geheimnis der Welt. Zur Begründung der Theologie des Gekreuzigten im Streit zwischen Theismus und Atheismus*, Mohr Siebeck, Tübingen, 1977, trad. de l'all. sous la direction de Horst Hombourg], Cerf, Paris, 1983

C. KANEKLIN, G. SCARATTI (dir.), *Formazione e narrazione. Costruzione di significato e processi di cambiamento personale e organizzativo*, Raffaello Cortina, Milano, 1998

E. KANT, *Prolégomènes à toute métaphysique future qui voudra se présenter comme science*, dans ID., *Œuvres philosophiques*, t. II : *Des Prolégomènes aux écrits de 1791*, édition publiée sous la direction de F. ALQUIÉ, trad. de l'all. par Jacques Rivelaygue Gallimard, Paris, 1985, pp. 15–172

E. KÄSEMANN, *Il problema del Gesù storico*, in ID. (dir.), *Saggi esegetici*, Marietti, Casale Monferrato, 1985, pp. 30–57

W. KNOCH, *Dio alla ricerca dell'uomo. Rivelzione, Scrittura e Tradizione* [Titre orig. : *Gott sucht den Menschen. Offenbarung, Schrift, Tradition*, trad. de l'all. par Liborio Asciutto], vol. 4, Jaka Book, Milano, 1999

M.-S. KNOWLES, *La formazione degli adulti come autobiografia. Il percorso di un educatore tra esperienza ed idee*, [titre original : *The Making of an Adult Educator :An Autobiographical Journey*, Jossey-Bass, San Francisco, 1989, trad. par L. Formenti], Raffaello Cortina, Milano, 1996

A. KRAGERUD, *Der Lieblingsjünger im Johannesevangelium,* Oslo, 1959

J. LACAN, *De la psychose paranoïaque dans ses rapports avec la personnalité,* Seuil, Paris, 1975

–, *Écrits*, Le Seuil, Paris, 1966, 1999²

F.-J. LEENHARDT, *L'épître de saint Paul aux Romains*, Labor et Fides, Genève, 1995

J. LE GOFF - N. TRUONG, *Une histoire du corps au Moyen Âge*, Liana Levi, Paris, 2003

P. LEJEUNE, *L'autobiographie en France*, A. Colin, Paris, 1971

–, *Le pacte autobiographique*, Seuil, Paris, 1975

–, *Qu'est-ce que le pacte autobiographique ?* [https ://www.autopacte.org/pacte_autobiographique.html]

–, *Signes de vie. Le pacte autobiographique 2*, Paris, Seuil, 2005

G. LEONE, *La memoria autobiografica. Conoscenza di sé e appartenenze sociali*, Carocci, Roma, 2001

D. LUCIANI, « Paul et la Loi », *Nouvelle Revue Théologique* 115 (1993), pp. 40–68

J. LUDWIG, *Die Primatworte Mt. 16,18–19 in der altekirchlichen Exegese*, Münster, 1952

M. LUTHER, *Œuvres*, vol. XII : *Commentaires de l'Épître aux Romains,* t. II [trad. par M. Lagarrigue], *Labor et Fides*, Genève, 1985

LUXEMBOURG SCHOOL OF RELIGION & SOCIETY - DEPARTMENT OF RELIGION, COMMUNICATION, EDUCATION, *Pas d'Humanité sans Parole : La Sacramentalité de la Parole entre parole humaine et Parole divine. Actes du Colloque scientifique, international et interdisciplinaire, Luxembourg, 28–30 janvier 2016*, Centre Jean XXIII, Luxembourg, à paraître

J.-F. LYOTARD, *La condition postmoderne : rapport sur le savoir*, Minuit, Paris, 1979

J.-B. MAILLARD, *Dieu et internet. 40 questions pour mettre le feu au web*, Éditions des Béatitudes, Châteaudun, 2011

R. MANCINI, « Operare con giustizia », *Rivista di Teologia Morale* 138 (2003), pp. 189–194

V. MANNUCCI, *Giovanni il Vangelo narrante. Introduzione all'arte narrativa del quarto Vangelo*, Dehoniane, Bologna, 1993

J. MANSIR, *« Je Suis ». L'identité de Jésus, Fils de l'Homme et Fils de Dieu, selon l'évangile de Jean*, Cerf, Paris, 2013

F. MANZI, *Seconda lettera ai Corinzi. Nuova versione, introduzione e commento*, Ed. Paoline, Milano, 2002

R. MANTEGAZZA (dir.), *Verso una pedagogia narrativa*, dans CENTRO DI EDUCAZIONE ALLA MONDIALITÀ, *Per una pedagogia narrativa. Riflessioni, tracce, progetti*, EMI, Bologna, 1996, pp. 7–10

I. MARCHESIN, « Le corps et le Salut. Quelques aspects de l'illustration du Cantique des Cantiques au Moyen Âge », dans *Il cantico dei cantici nel Medioevo. Actes du colloque de Gargano sul Garda, 22–24 mai 2006*, Galluzzo, Florence, 2008, pp. 277–294

J. MARITAIN, *Distinguer pour unir ou les Degrés du savoir*, *Œuvres Complètes*, vol. IV (1929–1932), Desclée De Brouwer, Fribourg / Paris, 1983

S. MARSILI, « Sacramenti », dans D. SARTORE, A.-M. TRIACCA, C. CIBIEN (dir.), *Liturgia*, San Paolo, Cinisello Balsamo, 2001, pp. 1750–1752

C.-M. MARTINI, *La Parola di Dio alle origini della Chiesa*, Università Gregoriana Editrice, Roma, 1980

C. MATARAZZO (dir.), *La Chiesa in carcere. Il Documento di base di pastorale nell'ambito del penale e prassi di misericordia*, Dehoniane, Bologna, 2018

M.-A. DE MATTEO, F.-X. AMHERDT, *S'ouvrir à la fécondité de l'Esprit. Fondements d'une pastorale d'engendrement*, Saint-Augustin, Saint-Maurice, 2009

C. MAZZUCATO, « Il diritto minorile : un modello della cultura giuridica per le sfide della civiltà democratica. L'esempio della giustizia penale », dans M.-L. DE NATALE (dir.), *Pedagogisti per la giustizia*, Vita e Pensiero, Milano, 2004, pp. 165–224

R.-M. MCINERNY, *The Logic of Analogy. An Interpretation of St Thomas*, Martinus Nijhoff / The Hague, Netherlands, 1971

M. MERLEAU-PONTY, *Phénoménologie de la perception*, Gallimard, Paris, 1945

J.-B. METZ, *Dibattito sulla teologia politica*, Queriniana, Brescia, 1974

–, *La foi, dans l'histoire et dans la société : Essai de théologie fondamentale pratique*, traduit de l'allemand par Paul Corset et Jean-Louis Schlegel, Cerf, Paris, 1979

–, « Petite apologie du récit », *Concilium* 85 (1973), pp. 57–69

R. MEYER, « κόλπος », dans G. KITTEL, G. FRIEDRICH (éd.), *Grande Lessico del Nuovo Testamento* (*GLNT*), t. V., Paideia, Brescia, 1969, pp. 761–768

T. MICHELET, *« Sacra doctrina ». Mystère et sacramentalité de la Parole dans la Somme de théologie de S. Thomas d'Aquin*, Thèse de Doctorat de Théologie sous la direction du Pr. B.-D. de la Soujole, Université de Fribourg (Suisse), 2016

M. MIDALI, *Teologia pratica*, vol. I, LAS, Roma, 2005

D. MIETH, *La possibilità di raccontare il futuro. Riflessioni sulla teologia narrativa sotto la guida di Robert Musil e Thomas Mann*, dans ID. – E. SCHILLEBEECKX – H. SNIJDEWIND (dir.), *Cammino e visione. Universalità e regionalità della teologia del XX secolo*, Queriniana, Brescia, 1996, pp. 163–183

V. MIGNOZZI, « Il "Progetto secondo annuncio" : pratiche di annuncio del Vangelo agli adulti », *Catechesi* 1 (2017), pp. 74–85

C. MOLARI, *Natura e ragioni di una teologia narrativa*, dans B. WACKER, *Teologia narrativa*, Queriniana, Brescia, 1981, pp. 5–29.

F.-J. MOLONEY, « Teologia giovannea », dans R.-E. BROWN, J.-A. FITZMYER, R.-E. MURPHY (éds.), *NUOVO GRANDE COMMENTARIO BIBLICO*, pp. 1863–1875

P. MONNET, J.-C. SCHMITT (dir.), *Autobiographies souveraines*, Publications de la Sorbonne, Paris, 2012

B. MONTAGNES, *La doctrine de l'analogie de l'être d'après saint Thomas d'Aquin*, Nauwelaerts, Louvain-Paris, 1963

Y.-M. DE MONTCHEUIL, *Problèmes de vie spirituelle*, Epi, Paris, 1947[3]

F. MOOG, « Parler la langue de l'Évangile », dans INSTITUT SUPÉRIEUR D'ÉTUDES ŒCUMÉNIQUES, *Christ et César. Quelle parole publique des Églises ? Actes du colloque tenu à Paris du 9 au 11 avril 2013*, Cerf, Paris 2018, pp. 31–46

L. MORENI, *Lo specchio del racconto : educare alla relazione e curare con la scrittura*, Unicopoli, Milano, 2003

CH. MUNIER, *Justin. Apologie pour les chrétiens* [introduction, texte critique, traduction et notes d'ID.], Cerf, Paris, 2006

D. MUSHIPU MBOMBO, *Le Récit du pèlerin de saint Ignace de Loyola et son rôle formatif dans l'accompagnement spirituel. L'apport des sciences humaines par l'herméneutique classique et la psychologie culturelle dans la lecture pastorale d'un tel récit*, Academic Press, Fribourg, 2014

J. NAVONE, *L'amore evangelico : una teologia narrativa*, Borla, Roma, 1986

–, T. COOPER, *Narratori della Parola*, Piemme, Casale Monferrato, 1986

J. NEGEL, « Gottes Stimme sehen. Synästhesie der Christuserfahrung als Herausforderung für das interkonfessionelle Gespräch », *Freiburger Zeitschrift für Philosophie und Theologie* 63/1 (2016), pp. 156–172.

M. NERI, *La testimonianza in H.-U. von Balthasar. Evento originario di Dio e mediazione storica della fede*, Dehoniane, Bologna, 2001

E. Nunnenmacher, « Evangelizzazione », dans *Dizionario di missiologia*, Dehoniane / PUU, Bologna / Roma, 1993, pp. 245–252
J.W. O' Malley, *Che cosa è successo nel Vaticano II*, Vita e pensiero, Milano, 2010
É. Palazzo, *L'invention chrétienne des cinq sens dans la liturgie et l'art au Moyen Âge*, Cerf, Paris, 2014
– (dir.), *Les cinq sens au Moyen Âge*, Cerf, Paris, 2016
G. Pani, « "Il Piccolo Principe" e la Bibbia », *La Civiltà Cattolica*, 2 (2005), pp. 79–83
M. Paradiso, *La Sacra Scrittura in Hans Urs von Balthasar*, Città Nuova, Roma, 2012
É. Parmentier, *L'Écriture vive. Interprétations chrétiennes de la Bible*, Labor et Fides, Genève, 2004
G. Pascoli, *Il fanciullino*, éd. par G. Agamben, Feltrinelli, Milano, 1996
P. Perkins, « Il vangelo di Giovanni », dans R.-E. Brown, J.-A. Fitzmyer, R.-E. Murphy (éds.), *Nuovo Grande Commentario Biblico*, pp. 1234–1291
J.-P. Perrenx, *L'Évangile de la vie*, t. II : *À la lumière de la foi*, Beauchesne, Paris, 1999
M. Perrin, *L'homme antique et chrétien. L'anthropologie de Lactance, 250–325*, Beauchesne, Paris, 1981
A. Persili, *Sulle tracce del Cristo Risorto. Con Pietro e Giovanni testimoni oculari,* Centro Poligrafico Romano, Tivoli, 1988
M. Petricola, *La rilevanza del cristianesimo come* paradosso *e* con-compassione. *Itinerari teologico-fondamentali in I. Mancini e J. B. Metz*, Pontificia Università Gregoriana, Roma 2015
C. Pickstock, « Sense and Sacrament », dans : M. Levering - H. Boersma (éd.),*The Oxford Handbook of Sacramental Theology*, Oxford University Press, Oxford, 2015, pp. 657–674
E. Pigani, « L'Enfant intérieur, qu'est-ce que c'est ? » [https ://www.psychologies.com/Moi/Se-connaitre/Personnalite/Articles-et-Dossiers/Retrouver-l-enfant-en-nous/L-enfant- interieur-qu-est-ce-que-c-est]
M. Pineau, *Produire sa vie : autoformation e autobiographie*, Edilig / Albert Saint-Martin, Paris / Montréal, 1983
G. Pineau, J.-L. Le Grand, *Les histoires de vie*, PUF, Paris, 1996[2]
–, G. Jobert (dir.), *Les histoires de vie*, t. 1 : *Utilisation pour la formation* ; t. 2 : *Approches multidisciplinaires*, L'Harmattan, Paris, 1989
S. Pintor, « Evangelizzazione », dans Centro Internazionale Vocazionale Rogate (éd.), *Dizionario di Pastorale vocazionale*, Rogate, Roma, 2001, pp. 479–485
–, *L'uomo della Chiesa*, Dehoniane, Bologna, 1992
M. Pivot, *Un nouveau souffle pour la Mission*, Atelier, Paris, 2000
M. Pollo, « Narrazione e linguaggio simbolico nell'evangelizzazione », *Note di Pastorale Giovanile* 15 (5/1981), Elledici, Leumann (TO), pp. 29–38
I. de la Potterie, *La vérité en Saint Jean*, t. I : *Le Christ et la vérité*, Biblical Institute Press, Rome, 1977
–, « Le témoin qui demeure : le disciple que Jésus aimait », *Biblica* 67 (1986), pp. 343–359
–, *Storia e mistero. Esegesi cristiana e teologia giovannea*, Società Editrice Internazionale (SEI) / Trenta Giorni Società Cooperativa, Torino / Roma, 1997
E. Przywara, « Metaphysik, Religion, Analogie », dans Id., *Analogia entis. Metaphysik, Schriften*, vol. III, Johannes-Verlag, Einsiedeln, 1962
M. Quesnel, « La création chez Saint-Exupéry », *Études littéraires* 33/2 (2001), pp. 13–26 [https :// www.erudit.org/fr/revues/etudlitt/2001-v33-n2-etudlitt2269/501290ar.pdf]
G. von Rad, *Théologie de l'Ancien Testament*, 1 : *Théologie des traditions historiques d'Israël* [trad. en français par Etienne de Peyer], Labor et Fides, Genève, 1963
K. Rahner, « Écriture et tradition à propos du schéma conciliaire sur la Révélation divine », dans Id., *Écrits théologiques* [trad. par Henri Rochais], t. VII, Desclée de Brouwer, Paris, 1967, pp. 79–93

–, « Écriture sainte et théologie », dans Id., *Écrits théologiques*, t. VII, pp. 65–75
–, J. Ratzinger, *Révélation et tradition* [titre original : *Offenbarung und Überlieferung*, trad. de l'allemand par Henri Rochais et Jean Evrard], Desclée de Brouwer, Paris, 1972
J. Ratzinger, « Essai sur le problème du concept de tradition », dans K. Rahner, J. Ratzinger, *Révélation et tradition*, pp. 37–112
–, « Un tentativo circa il problema del concetto di tradizione », dans K. Rahner, J. Ratzinger, *Rivelazione e Tradizione* [titolo originale dell'opera : *Offenbarung und Überlieferung*, Verlag Herder, Freiburg im Breisgau, 1965, traduzione di Antonio Bonora], Morcelliana, Brescia, 2006, pp. 27–73
P. Richardson, S. Westerholm, *Law in Religious communities in the Roman Period. The Debate over Torah and in post-Biblical Judaïsm and Early Christianity*, Wilfried Laurier University Press, Waterloo, 1991
P. Ricœur, *La mémoire, l'histoire, l'oubli*, Seuil, Paris, 2000
–, *La métaphore vive*, Seuil, Paris, 1975
–, « L'identité narrative », postface à P. Bühler, J.-F. Habermacher (dir.), *La narration, quand le récit devient communication*, Labor et Fides, Genève, 1988, pp. 287–300
–, *Réflexion faite. Autobiographie intellectuelle*, Esprit, Paris, 1995
–, *Temps et récit*, t. I, Seuil, Paris, 1983
–, *Temps et récit*, t. II : *La configuration du temps dans le récit de fiction*, Seuil, Paris, 1984
–, *Temps et récit*, t. III : *Le temps raconté*, Seuil, Paris, 1985
E. Romeo (éd.), *Il Piccolo Principe commentato con la Bibbia*, Àncora, Milano, 2015
E. Ronchi, M. Marcolini, *Le ragioni della speranza. Commenti ai Vangeli domenicali. Anno C*, Paoline, Milano, 2012
S. Rougier, *« Que peut-on dire aux hommes ? » : Saint Exupéry à l'approche de Dieu*, Mame, Paris, 2017
–, « Saint-Exupéry, le tourmenté de Dieu », 20.1.2007 [https ://www.la-croix.com/Archives/2007-01-20/Saint-Exupery-le-tourmente-de-Dieu-_NP_-2007-01-20-281990]
G. Routhier, P.-J. Roy, K. Schelkens (dir.), *La théologie catholique entre intransigeance et renouveau. La réception des mouvements préconciliaires à Vatican II*, Brepols, Louvain-la-Neuve : Collège Erasme, 2011
S. de Rozières, « Antoine de Saint Exupéry avait-il la foi ? », 31 octobre 2017 [https ://fr.aleteia.org/2017/10/31/antoine-de-saint-exupery-avait-il-la-foi/]
G. Ruggieri, *Ritrovare il concilio*, Giulio Einaudi, Torino, 2012
J.-L. Ruiz de la Peña, *Imagen de Dios. Antropología teológica fundamental*, Sal Terrae, Santander, 1988
A. Sabatelli, « "Guide di comunità" : il progetto nel suo sviluppo », dans P. Zuppa, S. Ramirez (dir.), *Autobiografia e formazione ecclesiale. Atti del Seminario di Studi (Fasano, 12 marzo 2005)*, Vivere In, Monopoli / Roma, 2006, pp. 135–140
A. de Saint-Exupéry, *Citadelle*, dans Id., *Œuvres complètes* [éd. par M. Autrand et M. Quesnel], t. II, Gallimard, Paris, 1999, pp. 365–843
–, *Il Piccolo Principe*, Bompiani, Milano, 2004
–, *Le Petit Prince*, Folio, Paris, 2016 (Gallimard 1946, Gallimard 1999 pour la présente édition)
–, *Lettre à Pierre Dalloz,* [30 juillet 1944], dans Id., *Œuvres complètes*, t. II, pp. 1050–1051
–, *Lettre à un otage,* dans Id., *Œuvres complètes*, t. II, pp. 88–104
–, *Lettre aux Français*, dans Id., *Œuvres complètes*, t. II, pp. 69–73
–, *Lettre au général X*, dans Id., *Œuvres complètes*, t. II, pp. 328–334
–, *Pilote de guerre*, dans Id., *Œuvres complètes*, t. II, pp. 113–228
–, *Pilote de guerre* [https ://ebooks-bnr.com/ebooks/pdf4/saint_exupery_pilote_de_guerre.pdf], éd. par l'Association Les Bourlapapey, bibliothèque numérique romande [http ://www.ebooks-bnr.com/] en janvier 2015

–, *Terre des hommes*, dans ID., *Œuvres complètes* [éd. par M. AUTRAND et M. QUESNEL], t. I, Gallimard, Paris, 1994, pp. 171–296
–, *Un sens à la vie*, Gallimard, Paris, 1956
E. SALMANN, *La teologia è un romanzo. Un approccio dialettico a questioni culturali*, Paoline, Milano, 2000
T. SARBIN (dir.), *Narrative Psychology. The Storied Nature of Human Conduct*, Praeger, New York, 1996
M. SCHEIDLER, « Récits de vie et récits de la tradition comme formes élémentaires d'apprentissage en catéchèse », dans ÉQUIPE EUROPÉENNE DE CATÉCHÈSE, *La catéchèse narrative. Actes du congrès de l'Équipe Européenne de Catéchèse. Cracovie, du 26 au 31 mai 2010*, dirigé par E. BIEMMI et A. FOSSION, Lumen Vitae, Bruxelles, 2011, pp. 71–88
B. SCHETTINI, *Il lavoro autobiografico come ricerca e formazione in età adulta*, dans V. SARRACINO, M.-R. STROLLO (dir.), *Ripensare la formazione*, Liguori, Napoli, 2000, pp. 183–219
E. SCHILLEBEECKX, *Gesù la storia di un vivente*, Queriniana, Brescia, 1976
–, *Le Christ, sacrement de la rencontre de Dieu. Étude théologique du salut par les sacrements*, Cerf, Paris, 1977
R. SCHNACKENBURG, *Il Vangelo di Giovanni* [titre orig. : *Das Johannesevangelium*, III. Teil, *Kommentar zu Kap. 13–21*, Verlag Herder, Freiburg im Breisgau, 1975, 1979[3], trad. en italien par Gino Cecchi],vol. 3, t. IV, Paideia, Brescia, 1981
S.-M. SCHNEIDERS, *Le Texte de la rencontre. L'interprétation du Nouveau Testament comme écriture sainte*, [titre original : *The Revelatory Text Interpreting the New Testament as Sacred Scripture*, trad. de l'anglais par Jean-Claude Breton et Dominique Barrios-Delgrado], Cerf/ Fides, Paris, 1995
E. SCHWEIZER, *Gesù, la parabola di Dio. Il punto sulla vita di Gesù*, Queriniana, Brescia, 1996
C. SCORDATO, « Lo statuto epistemologico della teologia narrativa », dans G. ALCAMO (éd.), *Far toccare Dio. La narrazione nella catechesi*, Paoline, Cinisello Balsamo, 2016, pp. 45–75
M. SECKLER, « Il significato ecclesiologico del sistema dei "loci theologici" », dans ID., *Teologia, Scienza, Chiesa. Saggi di teologia fondamentale*, Morcelliana, Brescia, 1988, pp. 171–206
A.-F. SEGAL, « Torah and nomos in Recent Scholarly Discussion », *Studies in Religion* 13 (1984), pp. 19–27
G. SEGALLA, « Il discepolo che Gesù amava e la tradizione giovannea », *Rivista Biblica* 14 (1989), pp. 217–244
M. SEGURÓ, « *Analogia entis* : la disputa cayetano-suarista como antesala para una teoría actual de la analogía (M. Beuchot) », dans *Rivista di Filosofia Neo-Scolastica*, 103/1 (2011), pp. 3–20
G. SIEGWALT, *Dogmatique pour la catholicité évangélique. Système mystagogique de la foi chrétienne*, t. I, vol. 2, Cerf / Labor et Fides, Paris / Genève, 1987
I. SIVIGLIA, *Antropologia teologica in dialogo*, Dehoniane, Bologna, 2007
J.-L. SOULETIE (dir.), *Nommer Dieu. L'analogie revisitée*, Lessius, Namur, 2016
–, J. BRÉCHOIRE, « L'analogie sacramentelle », pp. 195–222, dans J.-L. SOULETIE (dir.), *Nommer Dieu. L'analogie revisitée*, Lessius, Namur, 2016
A. SPREAFICO, *Esegesi dell'Antico Testamento*, dans G. CANOBBIO, P. CODA (éds.), *La teologia del XX secolo. Un bilancio. Prospettive storiche*, vol. 1, Citta Nuova, Roma, 2003, pp. 89–129
M.-R. STROLLO, *Le memorie dell'uomo. Il lavoro narrativo della mente fra retrospettiva, prospetticità e autobiografia*, Guerini Studio, Milano, 2004
A. STRUMIA, *Analogia* [http ://disf.org/analogia]
C. THEOBALD, « "Analogia Regni" : approche contextuelle du "principe" de la théologie chrétienne », dans J.-L. SOULETIE (dir.), *Nommer Dieu. L'analogie revisitée*, Lessius, Namur, 2016, pp. 41–87

–, « C'est aujourd'hui le "moment favorable". Pour un diagnostic théologique du temps présent », dans P. Bacq et C. Theobald (dir.), *Une nouvelle chance pour l'Évangile. Vers une pastorale d'engendrement,* Lumen Vitae / Novalis, Bruxelles / Paris / Montréal, 2004, pp. 47–72

–, *« Dans les traces... » de la constitution « Dei Verbum » du concile Vatican II. Bible, théologie et pratiques de lecture*, Cerf, Paris, 2009

–, « I racconti di Dio », *Il regno - Attualità* 2 (2010), pp. 50–62

–, « La foi a une histoire. La structure narrative de la transmission et sa régulation ecclésiale », dans Équipe Européenne de Catéchèse, *La catéchèse narrative. Actes du congrès de l'Équipe Européenne de Catéchèse. Cracovie, du 26 au 31 mai 2010*, dir. E. Biemmi et A. Fossion, Lumen Vitae, Bruxelles, 2011, pp. 27–45

–, « La réception des Écritures inspirées », dans P. Gibert et C. Theobald (dir.), *La réception des Écritures inspirées. Exégèse, histoire et théologie*, Bayard / RSR, Paris, 2007, pp. 269–297

–, « "La transmission de la Révélation divine" : à propos de la réception du chapitre II de "Dei Verbum" », dans P. Bordeyne, L. Villemin (éd.), *Vatican II et la théologie. Perspectives pour le XXI*e *siècle*, Cerf, Paris, 2006, pp. 107–126

–, *Le christianisme comme style. Une manière de faire de la théologie en postmodernité,* t. 1, Cerf, Paris, 2007

–, « L'Évangile et l'Église », dans P. Bacq, C. Theobald (dir.), *Passeurs d'Évangile. Autour d'une pastorale d'engendrement*, Novalis / Lumen Vitae / L'Atelier, Montréal /Bruxelles / Paris, 2008, pp. 17–40

–, P. Bacq (dir.), *Passeurs d'Évangile. Autour d'une pastorale d'engendrement pastorale d'engendrement* Lumen Vitae / Novalis / L'Atelier, Bruxelles / Montréal / Paris, 2008

–, P. Bacq (dir.), *Une nouvelle chance pour l'Évangile. Vers une pastorale d'engendrement,* Lumen Vitae / Novalis, Bruxelles / Paris / Montréal, 2004

M.-E. Thrall, *A Critical and Exegetical Commentary on the Second Epistle to the Corinthians*, vol. 1 : *Introduction and Commentary on II Corinthians I-VII*, T&T Clark, Edinburgh, 1994

J.-Y. Tilliette, « Le symbolisme des cinq sens dans la littérature morale et spirituelle des XIe et XIIe siècles », *Micrologus* 10 (2002), pp. 15–32

R. Tonelli, *La narrazione nella catechesi e nella pastorale giovanile*, Elledici, Leumann, 2002

L. Tonello (dir.), *Formazione permanente dei presbiteri. L'esperienza dell'Istituto San Luca*, Messaggero di Sant'Antonio, Padova, 2013

A. Vaccari, « Un preteso scritto perduto di Papia », *Biblica* 20 (1939), pp. 413–414

G. Valente, « Benoît XVI : 1966–1969. Les années difficiles d'enseignement à Tübingen », *30 jours. Dans l'Église et dans le monde* 5 (2006) [http://www.30giorni.it/articoli_id_10506_l4.htm]

–, *Ratzinger professore. Gli anni dello studio e dell'insegnamento nel ricordo dei colleghi e degli allievi (1946–1977)*, San Paolo, Cinisello Balsamo, 2008

A. Vanhoye, « La réception dans l'Église de la Constitution dogmatique *Dei Verbum*. Du concile Vatican II à aujourd'hui », *Esprit et Vie* 107 (2004), pp. 3–13

P. Vanzan (éd.), *Puebla, comunione e partecipazione*, AVE, Roma, 1979

R. de Vaux, *Histoire ancienne d'Israël. Des origines à l'installation en Canaan*, J. Gabalda et Cie, Paris, 1971

R. Vignolo, *Personaggi del Quarto Vangelo. Figure della fede in san Giovanni*, Glossa, Milano, 1994

A. Vircondelet, *La véritable histoire du Petit Prince*, Flammarion, Paris, 2008

B. Wacker, *Teologia narrativa*, Queriniana, Brescia, 1981

G. Wallis, « Torah-Nomos : Zur Frage nach Gesetz und Heil », *Theologische Literaturzeitung* 105 (1980), pp. 321–332

P. Webster, *Saint-Exupéry. Vie et mort du petit prince* [traduit de l'anglais par C. Richetin], Le Félin, Paris, 2002

H. Weinrich, « Théologie narrative », *Concilium* 85 (1973), pp. 47–55

B. F. Westcott, *The Gospel According to St John*, James Clarke, London, 1958

J. Zumstein, « Analyse narrative, critique rhétorique et exégèse johannique », dans P. Bühler, J.-F. Habermacher (dir.), *La narration. Quand le récit devient communication*, Labor et Fides, Genève, 1988, pp. 37–56

P. Zuppa, « Tra ricordo e memoria. Rievocazioni dall'esperienza "Guide di comunità" », dans Id., S. Ramirez (dir.), *Autobiografia e formazione ecclesiale. Atti del Seminario di Studi (Fasano, 12 marzo 2005)*, Vivere In, Monopoli / Roma, 2006, pp. 141–162

–, S. Ramirez (dir.), *Autobiografia e formazione ecclesiale. Atti del Seminario di Studi (Fasano, 12 marzo 2005)*, Vivere In, Monopoli / Roma, 2006

Table des sigles et abréviations

I. Documents

AG : *Ad gentes*
CEC : *Catéchisme de l'Église catholique*
CL : *Christifideles laici*
DV : *Dei Verbum*
EN : *Evangelii nutiandi*
EG : *Evangelii gaudium*
GS : *Gaudium et spes*
LF : *Lumen fidei*
LG : *Lumen gentium*
PC : *Perfectae caritatis*
PO : *Presbyterorum ordinis*
SC : *Sacrosanctum concilium*
UR : *Unitatis redintegratio*
VD : *Verbum Domini*

II. Abréviations bibliques

Ac : Actes des Apôtres
Ap : Apocalypse
Ba : Baruc
1 Co : 1re lettre aux Corinthiens
2 Co : 2e lettre aux Corinthiens
Col : Lettre aux Colossiens
Dt : Deutéronome
Ex : Exode
Ep : Lettre aux Éphésiens
Ez : Ézékiel
Ga : Lettre aux Galates
Gn. : Genèse
He : Lettre aux Hébreux
Is : Isaïe
Jc : Lettre de saint Jacques
Jn : Jean
1 Jn : 1re lettre de saint Jean
2 Jn : 2e lettre de saint Jean
3 Jn : 3e lettre de saint Jean
Jos : Josué
Jr : Jérémie
Lc : Luc
Lv : Lévitique
2 M : 2e livre des Martyrs d'Israël (Maccabées)
Mc : Marc
Mt : Mathieu
Me : Néhémie
Nb : Nombres
2 P : 2e lettre de saint Pierre
Ph : Lettre aux Philippiens
Pr : Proverbes
Ps : Psaumes
1 R : 1er livre des Roi
Rm : Lettre aux Romains
Rt : Ruth
2 S : 2e livre de Samuel
Sg : Sagesse
Si : Ben Sira (Ecclésiastique) ; Prol. : Prologue
1 Th : 1re lettre aux Thessaloniciens
2 Th : 2e lettre aux Thessaloniciens
1 Tm : 1re lettre à Thimothée

III. Autres abréviations

a. : *articulus (Summa theologiae)*
ap. JC : après Jésus-Christ
AAS : *Acta Apostolicae Sedis*
ad : solution *(Summa theologiae)*
AET. : *Association européenne de théologie*
all. : allemand
av. JC. : avant Jésus-Christ
CCSL : *Corpus christianorum, Series latina*
CEB. : Communautés ecclésiales de base
CEI. : *Conférence épiscopale italienne*
CELAM. : *Conférence épiscopale latino-américaine*
c. : *caput*
card. : cardinal
cf. : *confer* (comparer, se reporter à)
chap. : chapitre
cit. : citation(s)

COINCAT :	*Conseil international de catéchèse*
Coll. :	collectif, collection, collaborateur
CR :	*Casa di reclusione*
CT :	Concile de Trente
CVX :	*Communautés de vie chrétienne*
DB :	*Documento base*
Denz. :	*Denzinger-Schönmetzer : Enchiridion Symbolorum* (1854)
dir. :	dirigé
éd. :	éditeur ou édition
éd. n. :	édition numérique
ECF :	*École des catéchistes de Fribourg*
EEC. :	Équipe Européenne de Catéchèse
fig. :	figure
GCS. :	*Die Griechischen Christlichen Schriftsteller*
GLNT. :	*Grande Lessico del Nuovo Testamento*
I. :	*Prima pars (Summa theologiae)*
ibid.. :	*ibidem (au même endroit)*
id. :	*idem (le même auteur)*
IFM :	*Institut romand de formation aux ministères*
infra :	ci-dessous
IPP :	*Istituto Pastorale Pugliese*
ISL :	*Istituto San Luca*
l.. :	*liber*
lect.. :	*lectio*
LUA :	*Libera Università dell'Autobiografia*
LXX :	version grecque de l'Ancien Testament dite « Septante »
n. :	note
op. cit. :	*opere citato* (ouvrage déjà mentionné)
orig. :	originel
p.:	page
par.:	paragraphe
PG :	*Patrologia graeca*
PL :	*Patrologia latina*
pp.:	pages
prol. :	*prologus*
q. :	*quaestio (Summa theologiae)*
rééd.:	réédité, réédition
sc. :	*sed contra (Summa theologiae)*
SCh :	*Sources chrétiennes*
SITP :	*Société internationale francophone œcuménique de théologie pratique*
ss. :	*sanctissima*
S. Th. :	*Summa theologiae*
supra :	ci-dessus
t. :	tome
TOB. :	Traduction Œcuménique de la Bible
trad. :	traduction
vol. :	volume

Table des figures

Table des annexes

Table des matières

Remerciements

Au terme de ce travail, je souhaite remercier toutes les personnes qui m'ont soutenu durant le temps de la rédaction, à commencer par le directeur de thèse, le professeur F.-X. Amherdt qui m'a accompagné et soutenu d'une manière responsable, passionnante et exemplaire, et qui m'a aidé à améliorer mon écriture en français. De même, je tiens à remercier tous les professeurs de la Faculté de théologie de l'Université de Fribourg, avec lesquels je me suis confronté par rapport à mon sujet de recherche, et desquels j'ai reçu des conseils et des suggestions précieux, notamment le professeur émérite de Théologie pastorale et pédagogie religieuse, Ambroise Binz, que j'ai interviewé. Je remercie également le Card. Paolo Romeo, qui m'a accordé d'entreprendre la voie doctorale, Mons. Corrado Lorefice, archevêque de Palerme (Sicile), mon Église d'origine, qui m'a permis d'accomplir ce travail, et les deux évêques de Sardaigne, Mons. Gian-Franco Saba, archevêque de Sassari et Mons. Mauro-Maria Morfino, évêque d'Alghero. Un très grand merci tout particulièrement à mes chers *cenacolisti* car ils m'ont donné de faire une expérience missionnaire très marquante et de mettre en même temps en œvre la dimension pratique de la présente recherche. À ce propos, un tout grand merci à la direction et à au personnel œuvrant dans la prison d'Alghero pour la disponibilité et la confiance qu'ils m'ont accordées. Je remercie enfin les évêques, les prêtres et tous les amis suisses qui m'ont encouragé et aidé pendant mon séjour fribourgeois, y compris ceux qui ne sont plus sur la terre, mais qui, pourtant, continuent de m'accompagner depuis le Ciel.

Dulcis in fundo, Deo gratias !

Das Signet des Schwabe Verlags
ist die Druckermarke der 1488 in
Basel gegründeten Offizin Petri,
des Ursprungs des heutigen Verlags-
hauses. Das Signet verweist auf
die Anfänge des Buchdrucks und
stammt aus dem Umkreis von
Hans Holbein. Es illustriert die
Bibelstelle Jeremia 23,29:
«Ist mein Wort nicht wie Feuer,
spricht der Herr, und wie ein
Hammer, der Felsen zerschmeisst?»